Leonie Senne

Kanada-
Osten

IWANOWSKI´S REISEBUCHVERLAG

**Kanada-Osten
12. Auflage 2017**

© Reisebuchverlag Iwanowski GmbH
Salm-Reifferscheidt-Allee 37 • 41540 Dormagen
Telefon 0 21 33/26 03 11 • Fax 0 21 33/26 03 34
info@iwanowski.de
www.iwanowski.de

Titelfoto: huber-images.de / Schmid Reinhard
Alle anderen Farbabbildungen: s. Abbildungsverzeichnis S. 603
Layout: Monika Golombek, Köln
Karten und Reisekarte: Klaus-Peter Lawall, Unterensingen
Titelgestaltung sowie Layout-Konzeption: Point of Media, www.pom-online.de
Redaktionelles Copyright, Konzeption und deren
ständige Überarbeitung: Michael Iwanowski

Gesamtherstellung: Grafisches Centrum Cuno, Calbe
Printed in Germany

ISBN: 978-3-86197-184-9

 ## Alle Karten zum Gratis-Download

So funktioniert's: In diesem Reisehandbuch sind alle Detailpläne mit sogenannten **QR-Codes** versehen, die per Smartphone oder Tablet-PC gescannt
und bei einer bestehenden Internet-Verbindung auf das eigene Gerät geladen
werden können. Alle Karten sind im **PDF-Format** angelegt, das nahezu jedes
Gerät darstellen kann. Für den Stadtbummel oder die Besichtigung unterwegs hat man so die Karte mit besuchenswerten Zielen und Restaurants auf
dem Telefon, Tablet-PC, Reader oder als praktischen DIN-A-4-Ausdruck dabei.
Mit anderen Worten – der „gewichtige" Reiseführer kann im Auto oder im Hotel bleiben und die Basis-Infos sind immer und überall ohne Roaming-Gebüh-
ren abrufbar. Sollten wider Erwarten Probleme beim Karten-Download auftreten, wenden Sie sich bitte direkt an den Verlag. Unter info@iwanowski.de erhalten Sie die entsprechende Linkliste zum Herunterladen der Karten.

Überblick

Reiserouten

Reiserouten

Reiserouten

Reiserouten

Reiserouten

Reiserouten

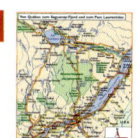

Karten und Grafiken

Interessantes

Legende

i	Information		Schiffsanleger, Fähre		Aussichtspunkt
★	Sehenswürdigkeit		Bahnhof		Strand
	Kirche		Busbahnhof		Paddeln
	Kathedrale	M	Metrostation		Tauchen
M	Museum		Trans Canada Highway		
	wichtiges Gebäude	⚓	Hafen	9	Unterkünfte
	Leuchtturm	✈	Flughafen, Flugplatz	9	Essen und Trinken

EINLEITUNG

Eine Reise durch das zweitgrößte Land der Erde verspricht die verschiedenartigsten Eindrücke, Erlebnisse und Erfahrungen. Im Osten beginnt die Geschichte Kanadas; überall treffen Sie auf die Spuren der Menschen, die in den vergangenen Jahrhunderten aus Europa nach Kanada kamen. Sie bewahrten das europäische Erbe, passten sich den Erfordernissen und Möglichkeiten ihrer neuen Heimat an und formten eine eigenständige Kultur.

Stadturlaub und Naturerlebnis – im Osten Kanadas ist dies kein Gegensatz, denn die unberührte Natur fängt nicht weit entfernt von den großen Städten an. Staunen Sie in den Metropolen über einige der modernsten Bauwerke unserer Zeit, genießen Sie das internationale Leben und das Sprachengewirr auf den Straßen, in den Geschäften und Restaurants, besuchen Sie die hervorragend gestalteten Museen oder die Konzerte und Theateraufführungen mit Künstlern von Weltrang, oder lassen Sie sich bei einer Sportveranstaltung von der Begeisterung der Zuschauer mitreißen.

Daneben steht das große Naturerlebnis; an den Küsten des Atlantiks können Sie Robben und Wale beobachten, in den Wäldern begegnen Ihnen Elche und Bären, in den Lüften sehen Sie Adler kreisen, und in den Flüssen und Seen leben Lachse und Forellen. Sie können sich mit dem Kanu die großen Seenlandschaften erschließen, zu den Indianern und Inuit in den Norden aufbrechen oder die Eisberge vor Newfoundland entdecken. Die Möglichkeiten sind unbegrenzt, um die unberührte Natur, die Stille und Einsamkeit des weiten Landes und die Aufgeschlossenheit, Hilfsbereitschaft und Freundlichkeit seiner Bewohner kennenzulernen.

Der Osten Kanadas ist nicht nur das wirtschaftliche, politische und kulturelle Zentrum des Staates, sondern auch ein ideales Ferienland mit seinen weiten Wald- und Seenlandschaften. Allein in Ontario gibt es mehr als 250.000 Seen, die ebenso wie die zahlreichen National- und Provinz-Parks zum Entspannen, Kanufahren, Angeln und Baden einladen. Dem Fremdenverkehr kommt in der Ostprovinzen große Bedeutung zu, denn Attraktionen wie die Niagara Falls oder der Algonquin Provincial Park, die Städte Toronto, Montréal, Québec und Ottawa, das Mennonitenland um Kitchener, die Museumsdörfer aus den alten Pioniertagen wie Fort Henry und das Upper Canada Village sind zu jeder Jahreszeit eine Reise wert.

Als beste Reisezeit gelten die Monate Juni bis September, jedoch bedingt die Weite des Landes sehr unterschiedliche Klimaverhältnisse. Während im Norden an der Hudson Bay fast schon subarktisches Klima mit strengen Wintern und kühlen Sommern herrscht, wirkt sich im Süden das Kontinentalklima mit Sommertemperaturen um 30 °C aus. Besonders reizvoll sind die Herbstmonate September und Oktober, wenn sich im Indian Summer das Laub der Bäume traumhaft schön färbt.

Die praktischen Hinweise und Routenbeschreibungen sind aktuell recherchiert, jedoch sind bei der Fülle der Informationen und der Schnelllebigkeit touristischer Angebote kurzfristige Veränderungen nicht auszuschließen.

Die Provinzen im Osten Kanadas laden mit einer Fülle an Sehenswürdigkeiten und ihrem großen Reichtum an Naturschönheiten zum Kennenlernen und Entdecken ein; lassen auch Sie sich verzaubern vom Land der „Abenteurer und Träumer".

Nicht versäumen möchte ich, mich bei allen zu bedanken, die zum Gelingen des Reisehandbuchs Kanada Osten beigetragen haben. Mein besonderer Dank gilt Frau Marita Bromberg und Herrn Dirk Kruse-Etzbach für die Zustimmung, einige Abschnitte mit ihrem Reisehandbuch „USA-Große Seen" abzugleichen.

Gute Reise!

Leonie Senne

I. KANADA –
LAND UND LEUTE

Allgemeiner Überblick

Kanada auf einen Blick	
Fläche	9.984.670 km² (davon 755 109 km² Binnengewässer)
Bevölkerung	35.151.728 Einwohner (Januar 2017)
Bevölkerungsdichte	3,92 Einwohner/km²
Bevölkerungswachstum	1,2 % pro Jahr
Sprachen	Amtssprachen sind Englisch und Französisch
Hauptstadt	Ottawa, 934.000 Einwohner Großraum Ottawa-Gatineau 1.323.000 Einwohner (2016)
Staats- und Regierungsform	Staatsform ist die parlamentarische Monarchie im britischen Commonwealth mit Königin Elizabeth II. als Staatsoberhaupt; Regierungssystem ist die parlamentarische Demokratie, Sitz des Bundesparlaments in Ottawa/Ontario. Bundesstaat, bestehend aus zehn Provinzen und drei Territorien.
Flagge	in den Farben Rot und Weiß, mit einem roten Ahornblatt auf weißem Grund
Feiertage	Victoria Day am Montag vor dem 25. Mai, Canada Day am 1. Juli (Nationalfeiertag), Labour Day (Tag der Arbeit) am 1. Montag im September, Thanksgiving Day (Erntedankfest) am 2. Montag im Oktober
Religion	39 % Katholiken, 29 % andere Christen, 3,2 % Muslime, 1 % Juden, 1,5 % Hindus, 1,4 % Sikhs, 23,9 % ohne Bekenntnis
Städte	70 % der Bevölkerung leben in den Ballungsgebieten der Städte Toronto, Montréal, Ottawa, Calgary und Vancouver. (Einwohnerzahlen innerhalb der Stadtgrenzen; in Klammern: Einwohner im Großraum/Metropolitan Area – Quelle: Census 2016) • Toronto 2,73 Mio. (Großraum 5,9 Mio. Einwohner) • Montréal 1,7 Mio. (Großraum 4,1 Mio. Einwohner) • Vancouver 631.000 (Großraum 2,46 Mio. Einwohner) • Calgary 1,24 Mio. (Großraum 1,39 Mio. Einwohner) • Ottawa 934.000 (Großraum 1,32 Mio. Einwohner) • Québec 532.0000 (Großraum 800.000 Einwohner)
Außenhandel	Handelspartner: Europäische Union (v. a. Deutschland, Italien, Niederlande), USA, China, Mexiko, Commonwealth, Japan, Südkorea und Hongkong
Bodenschätze	Kanada besitzt reiche und sehr ergiebige Roh- und Brennstoffvorkommen wie Uran- und Zinkerze, Nickel, Blei, Gold, Silber und Kupfer sowie Kohle, Erdöl und Erdgas
Landwirtschaft	Die Landwirtschaft ist sehr leistungsfähig und besonders ertragreich in den Prärieprovinzen, wo 80 % der Landfläche landwirtschaftlich genutzt werden, Anbau von Weizen, Mais, Obst, Kartoffeln, Tabak
Arbeitslosigkeit	6,9 % (Juli 2016)
Inflation	1,1 % (Juli 2016)
Klima	Kanada liegt in den gemäßigten bis arktischen Breiten; im größten Teil des Landes herrscht typisches Kontinentalklima mit trockenen, heißen Sommern und langen, sehr kalten und schneereichen Wintern

Kanada gliedert sich in **zehn Provinzen und drei Territorien** mit jeweils eigener Provinzhauptstadt. Dies sind von Osten nach Westen:

- **Newfoundland/Labrador** (NL) mit der Hauptstadt St. John's
- **New Brunswick** (NB) mit der Hauptstadt Fredericton
- **Prince Edward Island** (PE) mit der Hauptstadt Charlottetown
- **Nova Scotia** (NS) mit der Hauptstadt Halifax
- **Québec** (QC) mit der Hauptstadt Québec City
- **Ontario** (ON) mit der Hauptstadt Toronto
- **Manitoba** (MB) mit der Hauptstadt Winnipeg
- **Saskatchewan** (SK) mit der Hauptstadt Regina
- **Alberta** (AB) mit der Hauptstadt Edmonton
- **British Columbia** (BC) mit der Hauptstadt Victoria und die drei Territorien:
- **Nunavut** (NU) mit der Hauptstadt Iqaluit
- **Northwest Territories** (NT) mit der Hauptstadt Yellowknife
- **Yukon Territory** (YT) mit der Hauptstadt Whitehorse.

Die Hauptstadt Kanadas ist **Ottawa**.

Innerhalb Kanadas gibt es, wie die Faltkarte zeigt, sechs verschiedene **Zeitzonen**; für die Provinzen im Osten Kanadas gilt

- in **Ontario** und **Québec** die Eastern Standart Time (EST = MEZ -6 Stunden) ,
- in den Atlantikprovinzen **Nova Scotia**, **New Brunswick** und **Prince Edward Island** die Atlantic Standart Time (AST = MEZ -5 Stunden),
- in **Newfoundland** die Newfoundland Standart Time (NST = MEZ -4,5 Stunden) .

Auch in Kanada gilt vom letzten Sonntag im April bis zum letzten Samstag im Oktober die **Sommerzeit**.

In diesem Reise-Handbuch werden die östlichen Provinzen Ontario und Québec sowie die Atlantikprovinzen Nova Scotia, New Brunswick, Prince Edward Island und Newfoundland & Labrador beschrieben.

Ontario

Größe: 1.076.395 km² = 10,8 % der Gesamtfläche
Einwohner: 14 Mio. (Ende 2016) = 38,5 % der Gesamtbevölkerung

Die Provinz Ontario hat innerhalb Kanadas die größte politische und wirtschaftliche Bedeutung. Ottawa, die Hauptstadt Kanadas, ist eine ruhige Stadt mit vielen Parks und gepflegten Grünanlagen, mit eindrucksvollen Regierungsgebäuden, die sich oberhalb des Ottawa-Flusses erheben, und einigen hervorragenden Museen.

Toronto ist die moderne Hauptstadt der Provinz Ontario, eine pulsierende Wirtschaftsmetropole mit interessanten architektonischen Glanzlichtern und dem hoch aufragenden CN Tower, von dessen Aussichtsterrasse sich dem Besucher ein großartiger Ausblick auf die Stadt bietet. Nur eine Autostunde von Toronto entfernt, liegen die tosenden Niagara Falls, denen Sie mit einem Boot oder Hubschrauber aufregend nahe kommen können.

Überall in der Provinz gibt es reizvolle Museumsdörfer, in denen die Geschichte der Besiedlung Kanadas durch europäische Siedler lebendig dargestellt wird. Außerdem bietet Ontario ein einzigartiges Naturerlebnis: Zahllose Bäche, Flüsse, Ströme und Seen sind ein Paradies für Wassersportler, wo sie nicht nur schwimmen, surfen und segeln, sondern mit Kanu, Kajak oder Wildwasserfloß in die unberührte Wildnis vordringen können. Endlose Wälder, die sich im „Indian Summer" in ein leuchtendes Farbenmeer verwandeln, laden wie die National- und Provinzparks zu langen Wanderungen ein.

Québec

Größe: 1.542.056 km² = 15,4 % der Gesamtfläche
Einwohner: 8,33 Mio. (Ende 2016) = 22,9 % der Gesamtbevölkerung

Québec ist flächenmäßig die größte Provinz Kanadas; Französisch ist hier die offizielle Landessprache. Die Provinz ist durch das französische Erbe geprägt, wie z. B. in den Städten Montréal und Québec, in deren Altstadt Lebensfreude und französische Lebensart deutlich spürbar sind. Theater, Restaurants, Unterhaltungslokale und das Nachtleben zählen zum Besten, was Kanada zu bieten hat.

Aber auch die übrige Provinz lädt zu einer Erkundungsfahrt ein: die Halbinsel Gaspésie mit kleinen Fischerdörfern und steil abfallenden Klippen, der breite St.-Lorenz-Strom, den riesige Schiffe befahren und in dessen Wasser sich Wale tummeln, die eindrucksvollen Vogelschutzgebiete am Percé-Felsen, die Laurentinischen Berge mit ihren tiefen Ahornwäldern und ausgezeichneten Wintersportmöglichkeiten und die weiten, teilweise noch unerforschten Gebiete im Norden der Provinz, die ein Abenteuer in der Wildnis versprechen.

Nova Scotia

Größe: 55.284 km² = 0,6 % der Gesamtfläche
Einwohner: 949.500 (Ende 2016) = 2,6 % der Gesamtbevölkerung

Nova Scotia – schon der Name „Neuschottland" deutet auf die ersten europäischen Siedler hin. Halifax ist eine liebenswerte Hafenstadt, in der sich Altes und Neues harmonisch verbindet.

Nova Scotia ist geprägt durch ruhige, noch menschenleere Buchten, steile Küsten, gewaltige Gezeitenunterschiede, weite Hochmoore und bezaubernde Fischerdörfer.

Die Insel Cape Breton wird im Nordteil von einer der schönsten Panoramastrecken der Welt umrundet, dem fast 300 km langen Cabot Trail. Sommerfeste sowie schottische und bretonische Volksfeste laden ebenso wie die ausgezeichneten Sportmöglichkeiten für Golf, Angeln, Wandern, Segeln, Rudern und Mountainbiken zum längeren Verweilen in dieser Provinz ein.

New Brunswick

Größe: 72.908 km² = 0,7 % der Gesamtfläche
Einwohner: 756.780 (Ende 2016) = 2,09 % der Gesamtbevölkerung

New Brunswick ist die einzige wirklich zweisprachige Provinz Kanadas. Zu den wenigen spektakulären Sehenswürdigkeiten New Brunswicks zählen die Bucht von Fundy mit dem größten Gezeitenunterschied der Welt und der „Magnetische Hügel" bei Moncton, wo Autos im Leerlauf einen Hügel bergauf zu fahren scheinen. Sonst ist das Leben in New Brunswick eher geruhsam und beschaulich.

Die Landschaft New Brunswicks ist geprägt durch fruchtbares Bauernland mit saftigen Weiden, riesige Wälder, klare Bäche und Flüsse, in denen sich Lachse tummeln, und lange, feinsandige Strände, die zum ausgiebigen Muscheln- und Krebse-Sammeln einladen. In den historischen Ortschaften von New Brunswick wird man immer wieder an die Akadier, die ersten Einwanderer aus Frankreich, erinnert.

New Brunswick ist auch als winterliches Reiseziel geeignet. Das „weiße Gold von Neu-Braunschweig" verzaubert nicht nur die Landschaft, sondern bietet auch optimale Voraussetzungen zum Skilaufen, Schneewandern, zum Eisfischen und Eisklettern, zu Fahrten mit dem Hundeschlitten oder dem Schneemobil.

Prince Edward Island

Größe: 5.660 km² = 0,1 % der Gesamtfläche
Einwohner: 148.650 (Ende 2016) = 0,41 % der Gesamtbevölkerung

Prince Edward Island, auch P.E.I. genannt, ist Kanadas kleinste Provinz und wirkt wie die Seiten eines aufgeschlagenen Bilderbuches: fruchtbare rote Erde mit schnurgeraden Ackerfurchen, weiß gestrichene Bauernhäuser, kleine Kirchen, rote Sandsteinklippen und kilometerlange Sandstrände. Prince Edward Island ist ein ideales Ziel für Reisen mit der ganzen Familie.

Kinder können im Wasser spielen und toben, denn das Meerwasser ist in den Sommermonaten durch den Einfluss des Golfstroms angenehm warm. Die Insel verfügt über viele ausgezeichnete Golfplätze, die sich harmonisch in die Landschaft einfügen; im Sommer werden hoch dotierte Pferderennen ausgetragen, an denen Pferde und Reiter aus aller Welt teilnehmen. Höhepunkt des Jahres ist die Hummersaison, wenn in vielen Ortschaften Hummerfeste, „Lobster Suppers", gefeiert werden.

Newfoundland & Labrador

Größe: 404.517 km² = 4,0 % der Gesamtfläche
Einwohner: 530.100 (Ende 2016) = 1,46 % der Gesamtbevölkerung

Newfoundland ist das Reiseziel für Naturfreunde und Wanderer. Im bewaldeten Landesinneren sieht man Schwarzbären, Elche und Karibus, in den Gewässern gibt es

Thunfische, Kabeljau, Forellen und Lachse, und vor den Küsten kann man Wale beobachten und Eisberge sehen.

Als erste Europäer kamen die Wikinger schon um das Jahr 1000 nach Newfoundland, wie die Siedlung L'Anse aux Meadows bezeugt.

Historischer Überblick

Frühgeschichte

Archäologische Funde weisen darauf hin, dass die Ureinwohner Amerikas, die Vorfahren der heutigen Inuit und Indianer, ursprünglich aus Asien stammen. Die urzeitlichen Menschen zogen in mehreren Einwanderungswellen vor ca. 20.000 bis 12.000 Jahren als Jäger und Sammler über die damals noch bestehende Landbrücke zwischen Sibirien und Alaska nach Nordamerika.

Etwa um 6000 v. Chr. breiteten sich ausgeprägt mongolide Nomaden über die gesamte Arktis bis zum heutigen Grönland aus. Sie lebten von der Jagd auf Seehunde, Walrosse und Wale. Ab 500 v. Chr. entwickelte sich die durch zahlreiche Funde belegte **Dorset-Kultur**.

Entdeckung und Besiedlung Nordamerikas

Um 875 n. Chr.: Irische Mönche erreichen den St.-Lorenz-Golf (noch nicht gesicherte Annahme).

Um 1000: Wikinger unter **Leif Erikson** segeln nach Labrador und Newfoundland, erste Siedlungsversuche in L'Anse-aux-Meadows.

Um 1400: Portugiesische, baskische, normannische, englische und bretonische Fischer entdecken die reichen Fischgründe vor Newfoundland.

1497: **Giovanni Caboto** (John Cabot) segelt im Auftrag englischer Kaufleute nach Newfoundland und Cape Breton Island, um die Westpassage oder Gold zu entdecken. Er beansprucht das Land für den englischen König Heinrich VIII. Bei seiner Rückkehr nach England kann er seine Auftraggeber nicht zufriedenstellen, denn er kann „nur" auf den großen Fischreichtum dieser Region hinweisen.

1534: Der Seefahrer **Jacques Cartier** erkundet den St.-Lorenz-Strom, erreicht

Jacques Cartier

das Irokesendorf Hochelaga (an der Stelle des heutigen Montréal), hisst die französische Flagge und macht damit den Besitzanspruch Frankreichs deutlich; Cartier sowie französische Kolonisten und Pelztierjäger suchen einen Weg ins Landesinnere. In den Berichten Cartiers wird zum ersten Mal das Wort „Canada" benutzt; wahrscheinlich hat er dabei das indianische Wort „kanata" verwendet, das „Siedlung" oder „Dorfgemeinschaft" bedeutet.

1576: Auf der Suche nach der Nordwestpassage erforscht **Martin Frobisher** die arktischen Gewässer zwischen Grönland und Nordamerika und beansprucht das Gebiet für die englische Krone.

Erste Niederlassungen

1583: Die Engländer gründen eine Siedlung bei St. John's Harbour auf Newfoundland.

1604: **Samuel de Champlain** erforscht den St.-Lorenz-Strom und gründet mit **Pierre de Monts** die erste dauerhafte französische Siedlung in Port Royal in der Bay of Fundy.

1605: Die Franzosen nehmen unter Sieur de Monts Akadien in Besitz.

1608: Champlain gründet die Siedlung Québec und baut ein weites Netz von Handelsrouten für den ertragreichen Pelzhandel aus.

1610: Auf der Suche nach der Nordwestpassage stößt der englische Seefahrer **Henry Hudson** auf das große Binnenmeer im Nordosten Kanadas, die später nach ihm benannte Hudson Bay.

1615: Champlain dringt bis zu den Großen Seen vor, der Ottawa River wird zur wichtigen Pelzhandelsstraße.

1625: Jesuiten kommen nach Québec und beginnen mit der Missionierung der Indianer.

1642: Französische Katholiken gründen Montréal und errichten Missionsstationen, Schulen und Krankenhäuser; sie werden aber durch die heftigen Indianerkämpfe gefährdet, in denen sich Irokesen auf der einen Seite und Huronen und Algonquin auf der anderen Seite gegenüberstehen.

1663: Ludwig XIV. von Frankreich erklärt auf Anraten seines Finanzministers Colbert Neufrankreich zu einer „königlichen Kolonie", zu deren Schutz er Truppen nach Nordamerika schickt.

Um 1650: Der Pelzhandel weitet sich aus; die Waldläufer, die **Coureurs de Bois**, suchen neue Pelzregionen und dehnen die Grenzen der französischen Kolonie nach Westen und Süden aus.

1672: Nach der Gründung der privaten Handelsgesellschaft „Hudson's Bay Company" in London überträgt der englische König Charles II. der Gesellschaft das Pelzhandelsmonopol für alle Ländereien, deren Flüsse in die Hudson Bay fließen; außerdem wird ihr das Recht zugestanden, Männer zum Schutz ihrer Interessen auszubilden.

1689: In der Folgezeit kommt es zu erbitterten Auseinandersetzungen zwischen England und Frankreich, denn die Franzosen wollen ihre Pelzhandelsgewinne nicht mit der Hudson's Bay Company teilen. Die Handelsposten geraten abwechselnd in französischen oder englischen Besitz.

Henry Hudson

Der First Nations Day und der Port-Royal National Historic Site

17. Jh.: Die Franzosen gründen zahlreiche Siedlungen am St.-Lorenz-Strom und in Akadien, das jedoch immer wieder unter die wechselnde Herrschaft von Franzosen und Engländern gerät.

1690–1713: Die Kriege zwischen England und Frankreich dehnen sich von Europa auch auf die Kolonien aus.

1713: Im **Frieden von Utrecht** wird den Engländern der größte Teil von Nova Scotia zugesprochen, Cape Breton Island, New Brunswick und Prince Edward Island gehören weiterhin zu Frankreich.

1713–1745: In dieser friedlichen Zeit wächst durch den gewinnbringenden Pelzhandel, den Schiffbau und das Handwerk der Wohlstand des Landes.

1745–1748: Erneuter Ausbruch der Kriegshandlungen zwischen England und Frankreich, die um ihre Besitztümer in Nordamerika kämpfen; die Engländer nehmen die Festung Louisbourg ein.

1749: Halifax wird als Marinestützpunkt gegründet und zieht viele englische Einwanderer an.

1755: Fast 10.000 Akadier, die ihrem Heimatland Frankreich treu ergeben sind und sich weigern, den Treueeid auf England abzulegen, werden von den Engländern von ihrem Land vertrieben und in weit entfernte englische Kolonien verschleppt.

1756–1763: Der Siebenjährige Krieg zwischen England und Frankreich entscheidet über die Herrschaft in ganz Nordamerika. Nach der Eroberung der Städte Québec und Montréal durch die Engländer werden im **Frieden von Paris** alle französischen Besitzungen in Nordamerika England zugesprochen; Frankreich behält nur die Inseln St.-Pierre und Miquelon vor Newfoundland.

Kriegerische Auseinandersetzungen

Die englische Kolonialzeit (1763–1867)

1764: Nach dem Friedensschluss leben 60.000 französische, aber nur 3.000 englische Siedler im Gebiet des heutigen Kanada.

1774: Um Konflikte in den ehemaligen französischen Gebieten zu vermeiden, garantiert England den Québécois im „**Québec Act**" u. a. das Recht auf die eigene, französische Sprache, die französische Zivilgesetzgebung und das Recht auf die freie Ausübung der katholischen Religion.

1775–1783: Im **Amerikanischen Unabhängigkeitskrieg**, in dessen Verlauf sich 13 rebellierende Kolonien vom englischen Mutterland lösten und die Vereinigten Staaten von Amerika bildeten, bleibt Kanada neutral. Am Ende des Krieges verlassen mehr als 60.000 Menschen, die England die Treue halten, die USA und siedeln sich in Nova Scotia, New Brunswick und in Südontario an; Kanada wird dadurch ein überwiegend englischsprachiges Land.

1783: Im 2. Frieden von Paris wird die Grenze zwischen Kanada und den USA festgelegt.

1791: Die britische Regierung teilt im „Constitutional Act" die Kolonie am Ottawa River auf in Upper Canada (das heutige Ontario) und Lower Canada (das heutige Qué-

„Soldaten" an der Fortress Louisbourg auf Cape Breton Island

bec) mit jeweils eigenem Gouverneur und einer gewählten Volksvertretung mit beschränktem Selbstverwaltungsrecht.

1793: Eine Expedition unter der Führung von Alexander Mackenzie durchquert erstmals den Kontinent und erreicht den Pazifischen Ozean.

1808: **Simon Fraser** gelangt über die Rocky Mountains zu dem nach ihm benannten Fraser River, dem er bis zu dessen Mündung in den Pazifik folgt.

1812–1814: Unstimmigkeiten über den Grenzverlauf und verstärkte Einflussnahme der USA in Kanada führen zu kriegerischen Auseinandersetzungen zwischen den USA und England. Die USA nehmen York, das heutige Toronto, ein und brennen es nieder; im Gegenzug zerstören die Briten Washington.

1815: Der Krieg wird durch den **Friedensvertrag von Gent** beendet.

• **1818**: England und die USA einigen sich darauf, zwischen den Großen Seen und den Rocky Mountains den 49. Breitengrad als Grenze festzulegen.

1830–1850: In dieser Zeit wandern, so lauten die Schätzungen, etwa 800.000 Menschen nach Kanada ein; darunter vor allem Iren, Schotten und Deutsche, die Arbeit im Schiffsbau, in der Landwirtschaft und in der Holzindustrie finden.

Kanada als britische Kolonie **1841**: Ober- und Unterkanada werden zur britischen Kolonie Kanada vereinigt; die Regierung besteht aus dem Gouverneur, dem Gesetzgebenden Rat und einem vom Volk gewählten Unterhaus, in dem die beiden früheren Provinzen gleich stark vertreten sind.

1846: Der 49. Breitengrad wird als Grenze von Ontario bis zur Pazifikküste bestimmt.

1848: Nova Scotia erhält als erstes Besitztum die politische Selbstverwaltung.

1858: British Columbia wird zur Kronkolonie erklärt.

1867: Durch den „British North America Act" werden die Provinzen Nova Scotia, New Brunswick, Ontario und Québec zum autonomen „Dominion of Canada" vereinigt.

Das Dominion of Canada (1867–1914)

1867: Die Regierung der neuen parlamentarischen Monarchie setzt sich zusammen aus dem „Senate", zu dem die Vertreter der Provinzen gehören, dem „House of Commons", in dem die gewählten Volksvertreter sitzen, und dem Generalgouverneur, dem Vertreter des britischen Königshauses. Ottawa wird zur Hauptstadt Kanadas erklärt.

1869: Die Hudson's Bay Company tritt ihr riesiges Land an Kanada ab, das dadurch sein Staatsgebiet verdreifacht und wertvolles Siedlungsland dazugewinnt.

1869: Unter der Führung des **Louis Riel** rebellieren im Westen des Landes die französisch-indianischen Métis gegen die kanadische Regierung, weil sie durch die von der Regierung angestrebte Neubesiedlung des Westens um ihre nicht festgelegten Landrechte und um ihre kulturelle Eigenständigkeit fürchten; der Aufstand wird niedergeschlagen.

1870: Bei der Entstehung der Provinz Manitoba werden die Forderungen der Métis berücksichtigt.

1871: British Columbia schließt sich dem kanadischen Bundesstaat unter den Bedingungen an, dass finanzielle Erleichterungen geschaffen werden und vor allem, dass innerhalb von zehn Jahren eine Eisenbahnlinie von Ostkanada nach British Columbia gebaut wird.

1873: Prince Edward Island tritt als 7. Provinz dem Bundesstaat bei.

1885: Der Eisenbahnbau der „Canadian Pacific Railway Company" wird fertiggestellt. Die von weißen Siedlern von ihren Besitzungen vertriebenen Métis verbünden sich unter Louis Riel mit den Prärie-Indianern zu einem weiteren Aufstand gegen die Regierung. Diese benutzt die neue Eisenbahn, schickt Truppen gegen die Aufständischen und lässt Riel hinrichten.

1890: In dem riesigen Land von den Rocky Mountains bis zur Westgrenze Ontarios leben nur ca. 200.000 Menschen.

1896: Am Klondike/Yukon wird Gold gefunden und versetzt das ganze Land in einen *Goldrausch* Goldrausch. Yukon, das bis dahin zu den North West Territories gehört, wird zur eigenständigen Provinz.

1899–1902: 7.000 freiwillige kanadische Soldaten kämpfen für die Briten im Burenkrieg.

1914: Großbritannien erkennt das Recht Kanadas auf selbstständige Unterzeichnung des Versailler Friedensvertrages und auf eine eigene Vertretung im Völkerbund an.

Kanada im 20. Jahrhundert

1901: Marconi empfängt auf dem Signal Hill bei St. John's auf Newfoundland den ersten transatlantischen Funkspruch.

1905: Alberta und Saskatchewan treten dem Bundesstaat bei.

1914–1918: Kanada nimmt an der Seite Englands mit 600.000 Mann am 1. Weltkrieg teil. Wirtschaftlich setzt durch den Anstieg der landwirtschaftlichen Produktion, die Entdeckung neuer Rohstofflager und den Bau von Industriebetrieben ein großer Aufschwung ein.

1919–1925: Nach dem Krieg kommt es zu erbittert geführten Streiks der Arbeiter, die soziale Gerechtigkeit fordern.

1920: Die kanadischen Forscher **Banting** und **Best** entdecken das Insulin.

1921: William Lyon **Mackenzie King** übernimmt das Amt des Premierministers.

1929: Die Weltwirtschaftskrise erfasst auch Kanada; 1933 liegt die Arbeitslosenrate bei 20 %.

Eigen-
ständiger
Staat
1931: Im „Statut von Westminster" wird die staatliche Unabhängigkeit des Dominions von England gesetzlich anerkannt; Kanada ist ein eigenständiger Staat im British Commonwealth of Nations.

1939–1945: Kanada erklärt Deutschland den Krieg und nimmt mit 1 Mio. Soldaten am Kriegsgeschehen teil; bei der Verteidigung des Nordatlantiks arbeitet Kanada eng mit den USA zusammen. Der Rüstungsbedarf führt zur Stärkung der kanadischen Industrie.

1942: Der Trans-Canada Highway wird fertiggestellt.

1945: Kanada unterstützt die Gründung der Vereinten Nationen und erklärt seinen Beitritt.

1949: Newfoundland schließt sich als letzte Provinz dem kanadischen Bundesstaat an. Kanada wird Mitglied des Nordatlantikpakts (NATO).

1959: Durch die Fertigstellung des St.-Lorenz-Seeweges, eines großen kanadisch-amerikanischen Projekts, wird eine Verbindung zwischen dem Atlantischen Ozean und den Großen Seen geschaffen.

1960: Das Parlament gesteht den Indianern und Inuit in der „Bill of Rights" das Recht zu, an Bundeswahlen teilzunehmen.

1963: In der Provinz Québec zeigen sich verstärkt Spannungen zwischen Anglo- und Frankokanadiern; die nationalistischen Bestrebungen wachsen weiter.

1965: Kanada erhält eine eigene Nationalfahne: die Flagge mit dem roten Ahornblatt auf weißem Grund.

100-jähriges
Bestehen
Kanadas
1967: In ganz Kanada wird das hundertjährige Bestehen gefeiert. In Montréal findet die Weltausstellung EXPO '67 statt; der französische Staatspräsident de Gaulle ruft vom Balkon des Rathauses „Vive le Québec libre!" (Es lebe das freie Québec) und löst damit hitzige Diskussionen aus.

1968: Pierre Trudeau wird Premierminister; René Lévesque gründet die „Parti Québecois", deren Ziel die Gründung eines unabhängigen, frankophonen Staates ist.

1969: Der „Official Languages Act", der Englisch und Französisch als offizielle Landessprachen anerkennt, tritt in Kraft.

1970: Ausschreitungen, Bombenanschläge, die Entführung des britischen Trade Commissioners und die Ermordung des Arbeitsministers von Québec durch Extremisten der FLQ (Front de Libération du Québec) sind Ausdruck der Québec-Krise. Trudeau reagiert auf die Attentate mit der Verhängung des Kriegsrechts.

1976: In Montréal finden die XXI. Olympischen Sommerspiele statt.

1980: In einer von René Lévesque und seiner Partei geforderten Volksabstimmung entscheiden sich etwa 60 % der Bevölkerung von Québec für den Verbleib in der kanadischen Konföderation.

1982: Durch den „Canada Act" tritt London das Recht an die Regierung in Ottawa ab, Änderungen der kanadischen Verfassung vorzunehmen. Damit sind die letzten Vollmachten des britischen Parlaments aufgehoben. Kanada nimmt die „Canadian Charter of Rights and Freedoms" an und garantiert darin die Menschenrechte.

1986: In Vancouver findet die Internationale Weltausstellung EXPO '86 statt.

1987: Québec stimmt als letzte Provinz der neuen kanadischen Verfassung zu.

1988: Die Bundesregierung sichert den Vertretern der Indianer und Métis Landrechte in den Northwest Territories und eine 500-Mio.-Dollar-Abfindung zu. Der Multikulturalismus wird im Gesetz verankert. Kanada und die USA ratifizieren ein Freihandelsabkommen. In Calgary finden die Olympischen Winterspiele statt.

1990: Kanada erkennt die deutsche Einheit an.

1993: Rücktritt Mulroneys; Kim Campbell wird seine Nachfolgerin. Nach den Wahlen im Oktober 1993 wird Jean Chrétien neuer Premierminister.

1994: Das Handelsabkommen **NAFTA** (North American Free Trade Association) zwischen den USA, Kanada und Mexiko tritt in Kraft.

1995: Am 30. Oktober 1995 werden die Bürger Québecs aufgerufen, in einem Referendum zu entscheiden, ob die Provinz Québec bei Kanada bleiben oder unabhängig werden sollte. Bei einer Wahlbeteiligung von 93 % entscheiden sich 50,6 % der knapp 5 Mio. Wähler gegen die Unabhängigkeit; 49,4 % stimmen dafür. Nur etwa 53.000 Stimmen sind dafür ausschlaggebend, dass die französischsprachige Provinz bei Kanada bleibt.

1997: Bei den Parlamentswahlen behauptet sich die seit 1993 regierende Liberale Partei mit einer knappen absoluten Mehrheit. Jean Chrétien bleibt damit weiterhin Premierminister.

1999: Der östliche Teil der North West Territories wird zu einem eigenständigen Verwaltungsgebiet mit Namen „Nunavut" („Unser Land") erklärt; der Westteil heißt *Nunavut* weiterhin „Northwest Territories". Damit wird die seit vielen Jahren geplante Aufteilung der Nordwest-Territorien offiziell vollzogen, die in den 1960er-Jahren mit Landansprüchen der dort lebenden Urbevölkerung begonnen hatte.

1999: Adrienne Clarkson wird zur neuen Generalgouverneurin ernannt. Sie ist Kanadas erstes Staatsoberhaupt, das zur Bevölkerungsgruppe der Einwanderer gehört.

Kanada im 21. Jahrhundert

2000: Nach den Parlamentswahlen stellt Kanadas „Liberal Party" mit Premierminister Jean Chrétien zum dritten Mal die Regierung.

2003: Premierminister Jean Chrétien übergibt die Amtsgeschäfte an Paul Martin.

2005: Den etwa 5.000 Ureinwohnern der Provinz Newfoundland & Labrador wird im nördlichen Teil der Provinz Land zugesprochen, das sie nun selber verwalten und wirtschaftlich nutzen können. Damit ist der 1977 begonnene Übergabeprozess abgeschlossen.

2005: Michaelle Jean wird zur neuen Generalgouverneurin von Kanada ernannt und von Königin Elizabeth II. als ihre offizielle Vertreterin auf kanadischem Boden bestätigt.

2006: Bei der Parlamentswahl setzt sich die Konservative Partei erstmals nach 1993 als stärkste Partei durch. **Stephen Harper** wird als 22. Premierminister Kanadas vereidigt. 2008 und 2011 wird Harper von den Wählern im Amt bestätigt.

2006: Der tibetische Dalai Lama wird zum Ehrenbürger Kanadas ernannt.

2007: Die neue Volkszählung zeigt, dass jeder fünfte Kanadier im Ausland geboren ist. Erstmals kommt die Mehrzahl der Einwanderer nicht mehr aus Europa, sondern aus asiatischen Ländern und dem Nahen Osten.

2009: Auf Prince Edward Island wird mit 55 Turbinen der größte Windpark in den Atlantikprovinzen eröffnet, der rund 25.000 Haushalte mit Energie versorgen wird.

2010: Die XXI. Olympischen Winterspiele werden im Februar 2010 in Vancouver und *Olympische* im Wintersportort Whistler mit großem Erfolg ausgetragen. Damit ist Kanada zum *Winterspiele* dritten Mal Gastgeber von Olympischen Spielen.

2010: Kanada richtet in Huntsville/Ontario den 36. G-8-Wirtschaftsgipfel aus, dem das G-20-Treffen der führenden Industrie- und Schwellenländer in Toronto folgt.

2013: Die kanadische Schriftstellerin Alice Munro erhält für ihr Lebenswerk den Nobelpreis für Literatur.

2014: Die Liberale Partei Québec (PLQ), die sich gegen die Unabhängigkeit der frankophonen Provinz und für einen Verbleib in der Kanadischen Föderation einsetzt, gewinnt die Parlamentswahl in Québec mit 41,5 %.

2015: Bei der Parlamentswahl im Oktober gelingt der Liberalen Partei ein Erdrutsch-sieg, ihr Vorsitzender Justin Trudeau, Sohn des früheren Regierungschefs Pierre Trudeau, wird im November neuer Premierminister.

2016: Die kanadische Eishockey-Nationalmannschaft der Herren verteidigt bei den Weltmeisterschaften in Russland ihren Titel.

Jubiläum **2017**: Kanada feiert seinen 150. Geburtstag mit zahlreichen Veranstaltungen.

Verfassung und Verwaltung Kanadas

Kanada ist als unabhängiger Bundesstaat im Britischen Commonwealth of Nations eine
Parla- parlamentarische Monarchie. Königin Elizabeth II. von England ist das nominelle Staats-
mentarische oberhaupt, das durch den Generalgouverneur vertreten wird. Seit 1980 hat Kanada
Monarchie eine eigene Nationalhymne und seit 1982 auch eine eigene Verfassung; der „Canadian Act of 1982" löste den aus dem Jahre 1867 stammenden „British North America Act" ab und beendete die Zuständigkeit des britischen Parlamentes für kanadische Verfassungsfragen.

Zum Bundesstaat Kanada gehören zehn Provinzen und drei Territorien. Das kanadische Parlament besteht aus dem „House of Commons" (Unterhaus) und dem „Senate" (Oberhaus). Im Unterhaus sitzen 282 Abgeordnete, die alle fünf Jahre nach einfachem Mehrheitswahlrecht gewählt werden. Das Oberhaus setzt sich aus 104 Senatoren zusammen, die die Interessen der Provinzen vertreten und auf Vorschlag des Premierministers vom Generalgouverneur ernannt werden.

Zum Premierminister wird der Führer der Mehrheitspartei im Unterhaus ernannt; er bildet sein Kabinett aus Mitgliedern des Unterhauses.

Die Bundesregierung besitzt die Finanzhoheit und ist zuständig für Außenpolitik, Verteidigung, Handel, Transport und Verkehr sowie das Strafrecht.

Jede der zehn Provinzen besitzt eine eigene Verfassung und ein eigenes Parlament. Zum Kompetenzbereich der Provinzen gehören die Erhebung der Provinzsteuern, die Gesetzgebung in Bürgerrechtsfragen und zur Gemeindeverwaltung, die Erziehung, das Gesundheitswesen und die Nutzung der Bodenschätze.

Die drei Territorien unterstehen der Bundesregierung und werden von einem Commissioner verwaltet; die Territorien erhalten jedoch zunehmend größere Eigenständigkeit und streben den „Provinzstatus" an.

Geografischer Überblick

Zuerst ein paar knapp gefasste Fakten: Kanada ist mit einer Fläche von 9.984.670 km^2 das zweitgrößte Land der Erde; davon sind 891.163 km^2 Binnengewässer, die wiederum ein Drittel aller Süßwasservorräte der Welt ausmachen! Die natürlichen Grenzen des Landes werden durch den Atlantischen Ozean im Osten, den Pazifischen Ozean im Westen und das Nordpolarmeer im Norden gebildet. Im Süden grenzt Kanada an den Nachbarstaat USA.

Für Europäer schwer vorstellbar ist die Ausdehnung des Landes: die größte Entfernung in Nord-Süd-Richtung beträgt 4.634 km, die Ost-West-Ausdehnung beträgt 5.514 km.

Das bedeutet, dass die Entfernung zwischen dem östlichsten und westlichsten Punkt Kanadas weiter ist als von Europa zur Ostküste Kanadas! *Ausdehnung des Landes*

Ostkanada umfasst geografisch das dicht bevölkerte Tiefland des St.-Lorenz-Stromes mit seinen Nebenflüssen, den Bereich zwischen den Großen Seen bis zur Hudson Bay sowie das Land an der Atlantikküste. Verwaltungsmäßig sind dies die riesigen Provinzen Ontario und Québec sowie die kleineren Atlantikprovinzen New Brunswick, Nova Scotia, Prince Edward Island und Newfoundland & Labrador.

Geologisch-morphologische Gliederung

Der geologische Aufbau des kanadischen Raumes ist durch drei Regionen bestimmt: *Geologischer Aufbau*
- den „Kanadischen Schild",
- Tiefländer und Plateaus,
- Gebirge mit eingeschlossenen Hochplateaus.

Der älteste geologische Kern und zugleich das Herzstück des nordamerikanischen Kontinents ist der Kanadische Schild, der im Umkreis der Hudson Bay liegt und aus uralten, bis ins Archaikum nachgewiesenen Gesteinen besteht. Der Kanadische Schild ist von einem Kranz von Tiefländern und Plateaus umgeben; dazu gehören das arktische Tiefland im Norden, die Inneren Ebenen (Interior Plains) im Westen und das St.-Lorenz-Tiefland im Süden. Um diesen Kranz zieht sich ein zweiter Ring, der durch Gebirgszüge mit eingeschlossenen Hochplateaus gebildet wird; dies sind die Appalachen im Südosten, die Kordilleren im Westen und die Innuitians im Norden.

Neben der geologischen Struktur ist die eiszeitliche Überprägung ein wichtiges Formungselement. Mehr als 95 % des heutigen kanadischen Gebietes waren in vier Eiszeiten von Eisdecken überzogen, die für die Oberflächengestaltung bedeutsam waren. Die jüngste Eiszeit war die Wisconsin-Vereisung, die vor 72.000 Jahren begann. Merkmale der eiszeitlichen Überformung sind die riesigen Eisstauseen, zu denen auch die Großen Seen gehören, weit verzweigte Flusssysteme mit Stromschnellen und Wasserfällen, Drumlin-Felder und Oser.

Der **Kanadische Schild** umfasst eine Fläche von 5 Mio. km^2 und ist mit einem Flächenanteil von 43 % die größte Region des Landes, die für die landwirtschaftliche Nutzung nur in geringem Maße geeignet ist, deren große wirtschaftliche Bedeutung sich aber aus den riesigen Wäldern, den zahlreichen, ganzjährig Wasser führenden Flüssen und den außerordentlich reichen Erzvorkommen ergibt. Bis heute ist der Kanadische Schild ein weitgehend unberührt gebliebener Naturraum, der vom Menschen nur an wenigen Stellen erschlossen ist.

Die **Inneren Ebenen** (Interior Plains) grenzen sich deutlich vom Kanadischen Schild ab; im Westen nehmen sie ca. 15 % der Gesamtfläche Kanadas ein. Der geologische Untergrund der Ebenen besteht aus mächtigen Sedimenten, die auf dem Felsuntergrund des Kanadischen Schildes abgelagert sind. Die südlichen Bereiche der kanadischen Ebenen werden morphologisch als „weit gespannte Schichtstufenlandschaft" bezeichnet, die aus drei Flächen (Schichttafeln) bestehen und durch zwei sich deutlich abhebende Stufen voneinander getrennt sind.

Das **Tiefland des St.-Lorenz-Stromes** wird vom Kanadischen Schild im Norden und dem Hügelland der Appalachen im Süden begrenzt. Zusammen mit Südontario macht es nur 3 % der Staatsfläche aus. Auch in dieser Region wurden auf dem Untergrund des Kanadischen Schildes Sedimente abgelagert.

In **Südontario** sind sehr widerstandsfähige Kalkablagerungen des Silur zu Stufen herausgebildet worden, die deutlich in Erscheinung treten. Ein Beispiel dafür ist das Niagara Escarpment, das vom amerikanischen Bundesstaat New York bis zur Spitze von Manitoulin Island reicht.

Die wirtschaftliche Bedeutung der Region wird bestimmt durch kleinere Erdöl- und Erdgasvorkommen, intensive Landwirtschaft und vor allem durch die außergewöhnlich günstige Verkehrslage. Der über 3.000 km lange St.-Lorenz-Strom verbindet das Landesinnere mit dem Atlantischen Ozean und ist das Herzstück einer Region, von der die Erschließung und Entwicklung des ganzen Landes ausgingen.

Die **Appalachenregion**, die sich an das St.-Lorenz-Tal anschließt, nimmt den östlichsten Raum Kanadas ein und reicht über die Gaspésie-Halbinsel bis zu den Atlantikprovinzen. Sie macht mit 500.000 km² 4 % der Gesamtfläche Kanadas aus.

Bergzüge und Täler

Die nördlichen Appalachen sind ein aus gefalteten paläozoischen Gesteinen aufgebautes Rumpfgebirge. Es ist ein Mittelgebirgsland, in dem härtere Gesteine langgestreckte Bergzüge bilden, während in den weicheren Gesteinen vielfach breite Längstäler ausgeräumt wurden, die durch zahlreiche Quertäler verbunden sind. Die höher aufragenden Gebirgsketten, deren höchste auf der Gaspésie-Halbinsel 1.268 m erreicht, nehmen nach Südosten, zum Atlantischen Ozean hin, ständig ab. In den Atlantikprovinzen, z. B. auf Newfoundland oder auf Cape Breton Island, liegt das Hochland zwischen 300 und 800 m hoch. An die **Highlands** schließen sich flachwellige Plateaus an, die sogenannten **Uplands**, die eine Höhenlage von 150–300 m erreichen und von Flüssen stark gegliedert sind. Die unter 150 m gelegenen Bereiche sind die **Lowlands**, zu denen u. a. die dem St.-Lorenz-Golf zugewandten Gebiete von New Brunswick, Nova Scotia und Prince Edward Island gehören.

Die wirtschaftliche Bedeutung der Appalachenregion liegt in der Nutzung der ausgedehnten Wälder, die 70 % der Fläche bedecken, in der intensiv bewirtschafteten Region an der Fundy Bay und auf Prince Edward Island, in den zahlreichen Fischereihäfen der Atlantikprovinzen, in den Kohlevorkommen bei Sydney und in der Nutzung der hohen Gezeitenunterschiede in der Bay of Fundy.

Ozeane, Flüsse und Seen

Wasser ist ein beherrschendes Element in Kanada. Zwischen dem Atlantischen Ozean im Osten und dem Pazifischen Ozean im Westen liegen unzählige Flüsse und Seen im Landesinneren. Die Wasserflächen machen etwa 7 % der Staatsfläche aus. Die Zahl der Seen wird allein in Ontario auf über 250.000 geschätzt; im gesamten Bereich des Kanadischen Schildes kommen weitere Hunderttausende hinzu. Die Süßwasserfläche in Québec ist so groß wie die Staatsflächen von Frankreich und Großbritannien!

St.-Lorenz-Strom

Der St.-Lorenz-Strom, der zu den größten Stromsystemen der Welt zählt, durchzieht den Osten Kanadas. Zusammen mit dem St.-Lorenz-Seeweg verbindet er als wichtige Verkehrsstraße den Atlantischen Ozean mit den Großen Seen. Die Großen Seen, von denen Lake Huron, Lake Ontario, Lake Erie und Lake Superior zur Hälfte zu Kanada gehören, sind die wichtigsten Binnengewässer des Landes und zugleich mit einer Fläche von 246.000 km² die größte zusammenhängende Süßwasserfläche der Erde. Auch in den Atlantikprovinzen gibt es zahlreiche Flüsse und Seen, von denen der St. John River die größte Bedeutung hat.

Klima und Reisezeit

Drei Faktoren bestimmen das Klima Kanadas:
➤ die nördliche Lage in den gemäßigten bis arktischen Breiten,
➤ die Temperatur- und Strömungsverhältnisse der Ozeane an den Grenzen,
➤ die kontinentale Landmasse und die Oberflächengestaltung des Landes.

Auch im Osten Kanadas herrscht ein überwiegend kontinentales Klima, das durch kurze, trockene, heiße Sommer und lange, sehr kalte Winter gekennzeichnet ist. Dabei werden von Süden nach Norden die Sommer immer kürzer und die Winter immer länger. Die in Nord-Süd-Richtung verlaufenden Gebirge und Bergketten bestimmen auch das Klima: Im Winter können arktische Kaltluftmassen aus dem Norden bis weit nach Süden vordringen und sogar Frosteinbrüche bis nach Florida bringen, im Sommer können feuchte Heißluftmassen ungehindert von Süden bis hoch in den Norden ziehen. Der Labradorstrom bringt an der Küste kaltes Wasser weit in den Süden und beeinflusst die Temperaturen negativ. Daher sind die Temperaturen deutlich niedriger als in gleichen Breitengraden Europas.

Im Gebiet der **Großen Seen** und des **St.-Lorenz-Stroms** wird das kontinentale Klima mit seinen winterkalten und sommerwarmen Temperaturen durch die Einflüsse der Großen Seen gemildert. Die Niederschläge sind gleichmäßig über das ganze Jahr verteilt.

Im Jahreszeitenrhythmus zeigt sich, dass sich das Land im März/April rasch erwärmt. Im Sommer gibt es längere Schönwetterperioden, die die durchschnittlichen Juli-Temperaturen bis über 22 °C ansteigen lassen. Dabei kommt es vor allem im Bereich der Großstädte gelegentlich zu hoher Luftfeuchtigkeit, die eine schwüle Hitze bewirkt.

Wenn der „Indian Summer" Anfang September beginnt, sind die Tagestemperaturen angenehm mild, aber die Nächte sind bereits kühl und können auch erste Nachtfröste bringen. Die Wintermonate sind durch heftig anhaltende Schneefälle gekennzeichnet, die mit sonnigen Hochdrucklagen abwechseln; die Schneedecke liegt im Schnitt mehr als 2 m hoch. Gelegentlich treten plötzliche arktische Lufteinbrüche auf; bei diesen „Blizzards" brechen Schneestürme mit Windstärken von mehr als 40 km/h schnell herein.

Kalte Winter sind selbstverständlich:
Schlittschuhläufer auf dem Rideau-Kanal in Ottawa

Auf den **Inseln des St.-Lorenz-Stromes** und auf der **Halbinsel Gaspésie** bestimmen atlantische Einflüsse das Klima. Die Sommer dauern nicht länger als zwei Monate, die Winter sind sehr rau und lang. In Montréal gibt es 12–14 Wochen Schnee, im Ort Québec 16–18 Wochen und am Nordufer des St.-Lorenz-Stromes sogar bis zu 24 Wochen.

In den **Atlantikprovinzen** wird das Klima an den Küsten vom Meer beeinflusst, wohingegen im Landesinneren Kontinentalklima vorherrscht. Während die Temperaturen im Inneren durch starke Gegensätze mit sommerlichen Werten zwischen 20 und 30 °C und winterlichen Durchschnittswerten unter -10 °C gekennzeichnet sind, ist das Klima in den Küstenregionen gemäßigter, jedoch durch häufige Einbrüche feuchter Meeresluft auch wechselhaft und niederschlagsreich. Das Frühjahr beginnt in den Atlantikprovinzen erst im April, in Newfoundland sogar erst in der zweiten Maihälfte. Dabei treten im Frühjahr und im Frühsommer an den Küsten von Newfoundland und Nova Scotia häufig Nebel auf, die sich aber im Laufe des Vormittags meist auflösen.

Jahreszeiten Der Sommer ist relativ kurz; auch in den beiden wärmsten Monaten Juli und August liegen die Durchschnittstemperaturen unter 20 °C, jedoch kann es örtlich durchaus zu Temperaturen um 30 °C kommen. Während des Sommers sind die Niederschläge gering, allerdings können nach Norden ziehende Hurrikane gelegentlich heftige Regengüsse mitbringen. Im Herbst gibt es auch in den Atlantikprovinzen längere Perioden mit sonnigem Wetter und prächtiger Laubfärbung; durch die ausgleichende Wirkung des Meeres kann sich der Herbst bis in den November hinziehen. Der Winter beginnt mit Regen bringenden Stürmen und setzt sich mit lang andauernden Schneefällen und Minustemperaturen fort. Die Schneedecke, die weit über 2 m reicht, bleibt oft bis in den April erhalten.

Kanadas Osten ist ein Ferienland für alle **Jahreszeiten**:
- Im **Frühjahr** bieten sich vor allem Rundfahrten, Städtereisen und Wandertouren durch die allmählich erwachende Natur an. In vielen Ortschaften werden

St. John's/NL				Halifax/NS			
	Lufttemperatur (°C)		**Niederschlag (mm)**		**Lufttemperatur (°C)**		**Niederschlag (mm)**
Monat	Mittleres Minimum	Mittleres Maximum	Mittlere Monatsmenge	**Monat**	Mittleres Minimum	Mittleres Maximum	Mittlere Monatsmenge
Januar	-7.0	-0.6	145	Januar	-7.8	-0.2	147
Februar	-7.6	-0.8	156	Februar	-8.3	-0.1	129
März	-5.5	0,6	133	März	-4.6	3.1	112
April	-2.2	4.4	114	April	-0.1	8.1	105
Mai	1.1	9.9	99	Mai	4.4	13.6	110
Juni	5.5	15.3	89	Juni	9.1	18.3	85
Juli	10.4	20.1	83	Juli	13.1	21.9	92
August	11.3	19.6	113	August	13.6	22.0	94
September	7.9	15.9	112	September	10.5	18.9	94
Oktober	3.6	10.7	139	Oktober	5.9	13.9	113
November	0.4	6.5	169	November	1.6	8.4	152
Dezember	-4.3	1.7	167	Dezember	-4.8	2.5	148

„Springtime Festivals" gefeiert, und Kanadas Hauptstadt Ottawa verwandelt sich alljährlich im Mai in ein leuchtendes Tulpenblütenmeer.

- Der **Sommer** ist ebenfalls eine geeignete Zeit für Rundreisen. In den Städten, den zahlreichen Vergnügungsparks und den interessanten Museumsdörfern herrscht reges Leben; auf dem Land werden in vielen Dörfern Volksfeste gefeiert, die das Brauchtum der ersten Einwanderer lebendig erhalten und besonders leicht den Kontakt mit der einheimischen Bevölkerung ermöglichen. Der Sommer ist ebenfalls eine

Québec/QC			
	Lufttemperatur (°C)		Niederschlag (mm)
Monat	Mittleres Minimum	Mittleres Maximum	Mittlere Monatsmenge
Januar	-16.2	-7.1	86
Februar	-15.6	-5.7	77
März	-8.9	0.2	69
April	-1.6	8.1	75
Mai	4.6	16.6	81
Juni	10.2	22.3	102
Juli	13.3	25.1	108
August	12.0	23.5	103
September	2.6	18.5	106
Oktober	5.9	11.8	82
November	-3.1	3.6	100
Dezember	-12.4	-4.7	101

Montréal/QC			
	Lufttemperatur (°C)		Niederschlag (mm)
Monat	Mittleres Minimum	Mittleres Maximum	Mittlere Monatsmenge
Januar	-12.6	-5.2	80
Februar	-11.3	3.8	71
März	-4.9	2.1	75
April	2.4	10.9	77
Mai	8.9	18.2	75
Juni	14.5	23.6	87
Juli	17.2	26.0	93
August	16.1	24.7	92
September	11.6	20.1	87
Oktober	6.3	13.9	79
November	0.1	5.7	93
Dezember	-8.9	-2.6	91

Toronto/ON			
	Lufttemperatur (°C)		Niederschlag (mm)
Monat	Mittleres Minimum	Mittleres Maximum	Mittlere Monatsmenge
Januar	-7.7	-1.1	63
Februar	-7.3	-0.3	57
März	-2.9	4.2	66
April	3.2	11.9	67
Mai	8.4	17.9	73
Juni	14.1	24.2	63
Juli	16.8	26.8	81
August	16.2	25.9	67
September	12.3	21.6	61
Oktober	7.1	15.3	62
November	1.8	7.8	67
Dezember	-4.8	1.2	64

Ottawa/ON			
	Lufttemperatur (°C)		Niederschlag (mm)
Monat	Mittleres Minimum	Mittleres Maximum	Mittlere Monatsmenge
Januar	-15.6	-6.4	60
Februar	-14.4	-4.7	57
März	-7.5	1.3	61
April	0.3	10.9	68
Mai	6.5	18.3	70
Juni	12.3	24.0	73
Juli	14.8	26.4	81
August	13.5	25.1	82
September	9.1	20.1	79
Oktober	3.6	13.8	66
November	-2.4	5.1	79
Dezember	-11.6	-3.7	77

Für den Sommer haben manche Kanadier ihre eigene Insel

besonders gute Zeit für Wassersportler und Naturliebhaber. Tausende von Seen und Flüssen laden zum Kanu fahren, Surfen und Segeln ein, und die kilometerlangen Sandstrände an der Atlantikküste und das warme Meerwasser locken alle Badefreunde. In den National- und Provinzparks können Sie auf Ihren Wanderungen Rehe, Hirsche, Biber, Elche, Seeadler und vielleicht auch Bären sehen, an den Küsten können Sie Robben, Seehunde und Wale beobachten.

- Der **Herbst** ist die Zeit des „Indian Summer". In den weiten Wäldern färbt sich das Laub; vor allem die Blätter der Ahornbäume glühen in allen Gelb-, Gold- und Rottönen und verwandeln das Land in ein einziges leuchtendes Farbenmeer. Auf dem Land wird das Erntedankfest gefeiert, und in Kitchener, im südlichen Ontario, fühlt man sich nach München versetzt, wenn hier das zweitgrößte Oktoberfest der Welt stattfindet.

- Der **Winter** ist die Jahreszeit der Wintersportler, die in Kanada optimale Schneeverhältnisse vorfinden und lange Warteschlangen an den Liften nicht zu fürchten brauchen. Die meisten Skizentren sind von den größeren Städten aus mit dem Auto schnell zu erreichen; in den Wintersportorten gibt es ein großes Angebot an Pauschalangeboten, Ski- und Snowboard-Verleih und Unterricht für Anfänger und Fortgeschrittene.

Bei der Reiseplanung ist jedoch zu bedenken, dass nur während der Sommermonate alle touristischen Einrichtungen geöffnet sind. Noch im Mai und wieder ab Mitte September sind kleinere Museumsdörfer oder Museen zeitweise geschlossen, und Bootsausflüge, geführte Wanderungen und Naturveranstaltungen werden häufig nur noch an Wochenenden durchgeführt.

Pflanzen- und Tierwelt

Die Pflanzenwelt

Der Breitenlage entsprechend, ändert sich die Vegetation in den unterschiedlichen Klimazonen. Der südliche Landstreifen in der St.-Lorenz-Tiefebene wird landwirtschaftlich durch den Anbau von Obst und Wein genutzt. Nach Norden schließt sich eine Mischwaldzone an, in der Birken, Buchen, Ulmen, Eichen, Eschen und Ahorn zusammen mit Hemlocktannen und Kiefern wachsen. Vor allem im Süden der Provinz Québec wächst auch der Zuckerahorn; sein Blatt, das „maple leaf", ist das kanadische Staatssymbol. Aus seinem Saft wird der in Kanada so beliebte Ahornsirup hergestellt.

Klimazonen

Reist man weiter nach Norden, so werden Birken, Espen und Ahornbäume immer seltener, bis der Mischwald allmählich in den borealen Nadelwald übergeht. Typisch für diese Zone sind Weiß- und Schwarztannen, Fichten und Kiefern. Nördlich des 51. Breitengrades, wo der Boden auch im Sommer nur an der Oberfläche auftaut, sieht man nur noch vereinzelte Bäume, das Knieholz dominiert. Der hohe Norden wird überwiegend von der Tundra eingenommen; hier überziehen Moose und Flechten die Gesteinsmassen.

Die Atlantikprovinzen sind reich bewaldet; wie in den Provinzen Ontario und Québec können Sie auch in diesem Bereich den „Indian Summer" besonders intensiv erleben.

Indian Summer

info

Jedes Jahr bezaubert und überwältigt der „Indian Summer" mit seiner Farbenpracht die Menschen. Der Indian Summer, die Zeit der intensiven Laubfärbung der Bäume, beginnt nach den ersten Kälteeinbrüchen im Osten Kanadas und breitet sich von Norden nach Süden aus. Die Algonquin-Indianer erklärten die alljährliche Laubfärbung mythologisch: Sie glaubten, dass das Rot der Bäume vom Großen Bären stamme, den der himmlische Jäger im Herbst erlegt habe und dessen Blut nun auf die Erde herab tropfe.

In der modernen Biochemie sieht man die Laubfärbung viel nüchterner: Danach ist diese durch die Pigmentierung durch gelbe Karotine und Anthocyane (rötliche Schattierungen) begründet. Die Karotine, denen z. B. auch die Mohrrüben ihre Farbe verdanken, sind bereits im Sommer in den Blättern enthalten. Doch erst im Herbst, wenn kein grünes Chlorophyll produziert wird, kommen die gelben Karotin-Pigmente zum Vorschein. Anthocyane, die z. B. die Eichen- und Ahornblätter leuchtend rot werden lassen, entstehen aus überschüssigem Zucker, der in eiskalten Nächten nicht mehr zum Stamm zurücktransportiert wird.
Der Osten Kanadas bietet perfekte Bedingungen für den Altweibersommer. Während die Tage noch warm und sonnenklar sind, bringen Nord- und Nordwestwinde schon sehr kalte und trockene Luft heran, sodass die Abende und Nächte sehr kühl werden. Gerade dieser Gegensatz von sonnigen Tagen und kühlen Nächten bewirkt die besonders lebhafte Laubfärbung.

Die ungewöhnlich eindrucksvolle Farbenpracht und -vielfalt ist vor allem für Europäer überraschend, die aus ihrer mitteleuropäischen Heimat vergleichbare klimatische Bedingungen und verwandte Baumarten kennen.

Indian Summer

Während aber in Europa aufgrund der ungünstigeren topografischen Verhältnisse im Verlauf der letzten Eiszeit viele Baumarten ausgestorben sind, konnten in Nordamerika die meisten Baumarten nach dem Rückgang des Eises ihre frühere Heimat wieder besiedeln.

Dieser Artenreichtum der Laubwälder (etwa 20 Ahornarten und neun Eichenarten) sorgt für das prächtige Farbenspiel; jedoch entsteht die eindrucksvolle und fast überwältigende Laubfärbung nicht nur aus der Leuchtkraft der einzelnen Farben, die Wirkung wird noch verstärkt durch die Weite der riesigen Waldbestände und durch den Kontrast zum strahlendblauen Himmel.

Um den Indian Summer in vollen Zügen genießen zu können, ziehen in jedem Jahr viele Besucher mit der Foliage mit. An den Highways sind Hinweisschilder mit aktuellen Informationen zur Laubfärbung aufgestellt; über Telefon, Rundfunk und Fernsehen erfahren Sie, wie weit sich die Farbenpracht schon im Land ausbreitet.

Die Tierwelt

Die vielfältigen Landschaftsformen Kanadas bieten Lebensraum für 578 **Vogelarten**; dabei konnte nachgewiesen werden, dass 426 Arten auf ihren Brutplatz in Kanada haben. Vogelkundler und -liebhaber können die besten Beobachtungen während der Brutzeit von Ende Mai bis Juli machen und im September, wenn die Zugvögel sich sammeln. Der Point Pelee National Park in Südontario, der genau an der Kreuzung von zwei Zugvogelrouten liegt, gilt sogar als einer der besten Vogelbeobachtungsplätze in ganz Nordamerika.

Im Mai und besonders Ende September/Anfang Oktober sammeln sich auf **Cap Tourmente** die Schneegänse – ihre Zahl wird auf über 200.000 geschätzt! Von April bis Juni und im September können Sie auf der **Gaspésie-Halbinsel** riesige Vogelkolonien beobachten, u. a. auch Basstölpel, die hier die zweitgrößte Kolonie der Welt haben. Von Mitte Juni bis Mitte August leben viele Seevögel, wie z. B. der Basstölpel oder die Dreizehenmöwe, in großen Kolonien in **Cape St. Mary's** auf Newfoundland.

Auch **Cape Breton** ist ein Vogelparadies. Sturmvögel, Alken, Papageitaucher und viele andere Vögel leben auf den Klippen und an den Steilküsten, während Adler auf dem

Hochland in den Lüften kreisen. **Tintamarre National Wildlife Area** in New Brunswick ist der ideale Lebensraum für alle Arten von Wasser- und Watvögeln. Besonders häufig können Sie hier den „Loon" beobachten, der zum Nationalvogel Kanadas wurde. Aber das Paradies ist nicht ungefährdet, denn die Ausdehnung landwirtschaftlich genutzter Flächen, der Einsatz von Insektiziden und die Erschließung von Feuchtgebieten verringern den Tierbestand. Kanadische Vogelschützer bemühen sich deshalb seit Jahrzehnten um die Einrichtung großer Vogelschutzgebiete zum Erhalt bedrohter Arten.

Vogelschutzgebiete

Haubentaucher: Der „Loon" gehört zu den Lieblingstieren der Kanadier und zur Familie der Seetaucher. Er ist auf vielen Gewässern Kanadas heimisch und durch sein schwarzes Federkleid mit der unverwechselbaren weißen Zeichnung sehr auffällig. Am Ende des Winters kehren die Haubentaucher von der Atlantik- oder Pazifikküste zu den Nistplätzen an den kanadischen Seen zurück und bauen im Frühjahr ihre Nester in Bodenvertiefungen dicht am Uferrand. Nach 28-tägiger Brutzeit schlüpfen meist zwei Junge aus, die schon wenige Stunden später hinter ihren Eltern her schwimmen, aber erst nach elf Wochen fliegen können. Der Loon ist ein hervorragender Schwimmer und Taucher, wie er bei der schnellen Unterwasserjagd nach Fischen und anderen Wassertieren beweist. Wie der Kuckuck bei uns den Frühling ankündigt, so stimmt das Lachen des Loon die Kanadier auf den Sommer ein, auf das Leben in der unberührten Natur, auf die Ruhe beim Kanufahren und Angeln. Der Loon braucht für die Aufzucht seiner Jungen fischreiche, saubere Gewässer, deshalb ist seine Anwesenheit den Kanadiern ein Zeichen für die Sauberkeit des Wassers.

Der Loon

In den kanadischen **Waldgebieten** gibt es eine vielfältige Tierwelt, zu der u. a. Hasen, kleine Nagetiere, Rotfüchse, Marder, Biber, Schwarzbären, Rehe, Hirsche und Elche gehören. **Moskitos** und **Stechmücken** sind die Plagegeister der Sommermonate. Sie treten in Massen auf und finden an feuchten Stellen und an Wassertümpeln geeignete Lebensbedingungen vor.

Elche sind die größten und wohl auffälligsten der heute noch lebenden Hirsche. Sie werden etwa pferdegroß, wiegen bis zu 800 kg und tragen ein meist zur Schaufel verbreitertes Geweih, das mehr als 20 kg wiegen kann. Elche ernähren sich vorwiegend von saftrindigen Ästen, Sumpf- und Wasserpflanzen, Gräsern, Moor- und Heidekräutern. Das Lebensalter der Elche beträgt 20–25 Jahre. Sie sind sehr gute Schwimmer; sie ziehen in ihrem weiten Einstandsgebiet unregelmäßig herum und machen, vor allem in der Brunftzeit, oft Wanderungen von mehreren hundert Kilometern. Die beste Jahreszeit, um Elche zu sehen, sind die Monate Mai und Anfang Juni. Dann halten sie sich manchmal sogar ganz in der Nähe von Straßen auf, wo sie das leicht salzige Wasser in den Gräben entdecken, die sich in den Wintermonaten am Straßenrand gebildet haben. Etwa bis Ende Juni sind sie dann äsend auf Lichtungen, an seichten Plätzen oder kleinen Weihern zu beobachten, während sie sich im Hochsommer in den Wäldern aufhalten. Ende September/Anfang Oktober, zur Zeit des Indian Summer, beginnt die Brunftzeit der Elche, die dann weite Strecken auf der Suche nach einer Elchkuh zurücklegen und wieder häufiger beobachtet werden können.

Lebensraum der Elche

Biber zählen zu den größten Nagetieren; auf dem Lande wirken sie unbeholfen, im Wasser dagegen zeigen sie sich als ausgezeichnete Schwimmer und Taucher. Sie leben an dicht bewachsenen Ufern von Bächen, Flüssen und Seen, wo sie Burgen bauen, die mindestens zwei, oft sogar vier oder fünf Eingänge haben, die immer unter Wasser liegen und für Feinde nicht zugänglich sind. Biber sind ausschließlich Pflanzenfresser, die sich im Sommer von Schilf, Uferstauden, jungen Trieben von Pappeln und Weiden und im Winter von den Rinden selbst gefällter Bäume ernähren. Zum Schutz ihrer Bauten bauen die Biber Dämme; dazu stecken sie abgeschnittene Zweige und Stämme senk-

Ein „moose"-Weibchen am Cabot Trail im Cape Breton Highlands National Park

recht in den Grund des Wassers und beschweren sie mit Steinen, Schlamm und Schilf. Wann immer das gestaute Wasser steigt, müssen die Biber den Damm erhöhen, damit die Eingänge zu ihren Wohnburgen nicht freigelegt werden. Für den Bau eines 10 m langen Dammes braucht eine Biberfamilie etwa eine Woche; große Dammbauten werden von mehreren Bibergenerationen instand gehalten. Erst wenn in der Umgebung ihrer Burg nicht mehr ausreichend Nahrung vorhanden ist, verlassen die Biber diese Gegend. Im Sommer sind Biber am ehesten in den Abendstunden zu beobachten, während sie im Herbst auch tagsüber zu sehen sind, wenn sie ihre Dämme bauen und reparieren.

Bären: Obwohl etwa 2.000 Schwarzbären im Gebiet des Algonquin Provincial Park leben, sind sie heute nur noch selten zu sehen. Der kanadische Schwarzbär ist etwa 1,50–1,80 m groß und erreicht ein Gewicht bis zu 150 kg. Im Frühjahr halten die Bären sich vorzugsweise an Flüssen und Seen auf, im Sommer leben sie in den Wäldern, und im Winter ziehen sie sich zum Winterschlaf in ihr Lager zurück. Bären ernähren sich überwiegend von Pflanzen, Blättern und Beeren, sie fressen aber auch Reh- und Elchkälber, wenn sie sie erbeuten können. Wie alle Tiere sind auch Bären ständig auf Nahrungssuche und lassen sich dabei vor allem von ihrem stark ausgebildeten Geruchssinn leiten. Wenn nun die Menschen Nahrungsmittel nicht richtig aufbewahren oder Abfälle nicht ordnungsgemäß vernichten, locken sie damit die Bären an, die nur allzu schnell lernen, dass in der Nähe der Menschen leicht Nahrung zu finden ist.

Deshalb müssen bei einem Aufenthalt in der Wildnis einige **Verhaltensregeln** unbe-

Vorsicht bei dingt beachtet werden:
Bären!
• Bären dürfen niemals gefüttert werden!
• Alle Nahrungsmittel sind gesichert aufzubewahren!
• Alle Zeltplätze müssen ganz sauber gehalten werden!

Überall im Algonquin Provincial Park wurden auf den Zelt- und Picknickplätzen und am Anfang der Trails bärensichere Abfalleimer aufgestellt.

In der **Tundra** sind zahlreiche **Pelztierarten** anzutreffen; hier ist die Heimat von Luchsen, Mardern, Nerzen, Hermelinen, Bibern, Bisamratten und Wölfen, aber auch Schneehasen und Karibus.

Die **Gewässer** Ostkanadas sind für ihren **Fischreichtum** bekannt. In den Flüssen und Seen leben mehr als 100 verschiedene Süßwasserfische, unter denen der Lachs besonderes Interesse findet.

Lachse: Das Verbreitungsgebiet des Atlantischen Lachses erstreckt sich von Europa über Island, den Südzipfel Grönlands und über Newfoundland bis zum Cape Cod im Nordosten der USA. Lachse sind Wanderfische, die ihre Jugendjahre in den Oberläufen großer Flüsse verbringen. Dann wandern sie ins Meer, wo sie recht schnell heranwachsen, um dann als erwachsene Fische zum Laichen wieder in die Flüsse aufzusteigen. In der Zeit von November bis Januar ziehen die Lachse zur Laichablage in die Bachregionen der Flüsse. Im April oder Mai des darauf folgenden Jahres schlüpfen die Larven. Nachdem die Jungfische ein bis vier Jahre im Süßwasser gelebt und eine Länge von 10–20 cm erreicht haben, beginnen sie ihre große Wanderschaft. Sie schwimmen dem Meer zu, halten sich aber zunächst einige Zeit in den Flussmündungen auf, um sich allmählich an das Salzwasser zu gewöhnen. Dann beginnt die Verwandlung vom Süßwasser- zum Salzwasserfisch.

Etwa im 6. Lebensjahr brechen die Lachse zu ihrer „Hochzeitsreise" und zum Laichen auf. Die Laichplätze liegen direkt im Quellgebiet der Flüsse, wo die Wassertiefe gering und das Wasser sauber und sauerstoffreich ist. Durch die Anstrengungen während der Laichwanderung und beim „Hochzeitsfest" verlieren die Lachse 30–40 % ihres Gewichtes. Die meisten Lachse überstehen die Strapazen nicht und sterben; nur etwa 6 % überleben. Es gehört zu den eindrucksvollen Erlebnissen in Kanada, die Wanderungen der Lachse zu beobachten, wenn sie in den Flüssen aufsteigen.

Der Nahrungsreichtum an der Atlantikküste zieht nicht nur riesige Fischschwärme an, sondern bietet auch Walen und Hundsrobben ideale Lebensbedingungen. Außerdem gibt es im gesamten Mündungsbereich des St.-Lorenz-Stromes und im St.-Lorenz-Golf Wale und große Robbenkolonien.

Wale: Vor allem Québec und die Atlantikprovinzen bieten von Juni bis September beste Voraussetzungen zur Walbeobachtung. So tummeln sich z. B. im mehrere Kilometer breiten St.-Lorenz-Strom zehn verschiedene Walarten, darunter Buckel- und Blauwale und die seltenen Belugas. Unter allen Säugetieren haben sich die Wale in ihrer Lebensweise am deutlichsten von der Ursprungsform entfernt und sich u. a. in Gestalt, Atmung, Wärmehaushalt, Fortbewegung, Ernährung und Fortpflanzung so weit an das Leben im Wasser angepasst, dass sie an Land nicht mehr lebensfähig sind. Besonders schwierig war dabei sicherlich die Anpassung der Atmung, denn anders als die kiemenatmenden Fische sind die Wale gezwungen, zum Luftholen an die Wasseroberfläche zu kommen. Dabei stößt der Wal zuerst die feuchte Luft aus den Lungen mit großem Druck aus, was gut zu beobachten ist. Die Form dieser Dampfwolke ist bei den einzelnen Walarten verschieden, sodass der Beobachter daraus auf die jeweilige Walart schließen kann.

Gelegenheit zum Whale Watching

Der Mensch hat schon frühzeitig begonnen, Wale zu fangen und sie wirtschaftlich zu nutzen. Die starke Verfolgung der Tiere führte zur drastischen Abnahme des Walbe-

Ein Erlebnis: Wale in freier Natur (hier bei Digby Neck)

Walfang standes, sodass 1936 ein erstes Walfangabkommen geschlossen wurde. Heute sind in der internationalen Walfangkommission 18 Regierungen vertreten, die zahlreiche Einschränkungen des Walfanges und Schutzbestimmungen verfügt hat, wie z. B. genau begrenzte Fangzeiten, Mindestkörpergrößen, Fangverbot für Weibchen mit Kälbern und Festlegung einer Gesamtfangquote.

Natur- und Umweltschutz

Schon seit den 1960er-Jahren wurde in Kanada erkannt, dass Maßnahmen zum Schutz der Natur allein nicht ausreichen, sondern durch einen allgemeinen Umweltschutz erweitert werden müssen. Sensible Problembereiche sind u. a. die Zerstörung des natürlichen Gleichgewichts, Bodenerosion, die Wasser- und Luftverschmutzung, die Überfischung in den kanadischen Gewässern, die Ausweitung des Robbenfangs, übermäßiger Holzeinschlag in den Wäldern und zu große Ausbeutung der Bodenschätze. Aber auch die steigende Belastung durch private Nutzer muss erwähnt werden, wozu vor allem die immer beliebter werdenden SUV und Vans sowie motorisierte Sportgeräte (Boote, Motorschlitten etc.) beitragen.

Wirtschaftlicher Überblick

Kanada gehört mit seinem Reichtum an Bodenschätzen und Energievorkommen, mit riesigen Waldbeständen, einer leistungsfähigen Landwirtschaft, einer wachsenden Industrie mit modernen Betrieben und qualifizierten Arbeitskräften zu den wirtschaftlich hoch entwickelten Ländern. Die Stärke der kanadischen Wirtschaft ist wesentlich abhängig von den Handelsbeziehungen zu anderen Ländern. Das bereits am 1. Januar 1994 zwischen Kanada, den USA und Mexiko abgeschlossene Freihandelsabkommen (NAFTA) ermöglichte den Abbau der gegenseitigen Handelsbeschränkungen und weiteres Wachstum. Das wirtschaftliche Herz Kanadas schlägt in Ontario und Québec, wo über 60 % des Bruttoinlandsprodukts erwirtschaftet werden. Seit etwa Mitte der 1990er-Jahre belegt Kanada mit einem ununterbrochenen Wirtschaftswachstum einen Spitzenplatz unter den G8-Staaten. Die Staatsfinanzen sind gesund, da schon seit einigen Jahren ein Überschuss erwirtschaftet und konsequent zur Schuldentilgung eingesetzt wird. *Wirtschaftswachstum*

Die Zahl der Beschäftigten ist in Kanada über mehrere Jahre in Folge gestiegen. Die Zunahme neuer Arbeitsplätze, höhere Löhne sowie die zu erwartenden Steuersenkungen werden nach den aktuellen Einschätzungen dafür sorgen, dass das verfügbare Einkommen der Kanadier steigt.

Die Atlantikprovinzen und die arktischen Gebiete liegen wirtschaftlich hinter den anderen Provinzen zurück. Nach dem Einbruch traditioneller Erwerbsquellen, wie z. B. des Fischfangs, werden die Ausbeutung von Rohstoffen, z. B. Erdöl vor Newfoundland, und Investitionen in den Fremdenverkehr vorangetrieben.

Land- und Forstwirtschaft

Die Landwirtschaft ist ein wichtiger Sektor der kanadischen Wirtschaft, denn Kanada ist weltweit einer der größten Nahrungsmittelproduzenten. Die **Landwirtschaft** ist aufgrund des hohen Mechanisierungsgrades, der Spezialisierung und der besonderen Dünge- und Mastverfahren sehr leistungsfähig. Die Farmen, deren Durchschnittsgröße bei ca. 220 ha liegt, werden fast ausschließlich als Familienbetriebe geführt.

Eine Farm in Nova Scotia

Während Weizen das wichtigste Anbauprodukt in den drei Prärieprovinzen ist, sind die Betriebe in Südontario und Québec auf Obst-, Gemüse- und Weinanbau sowie Geflügelzucht spezialisiert. Dabei kommt der Tiefebene des St.-Lorenz-Stromes, die wegen des fruchtbaren Bodens und der günstigen klimatischen Bedingungen reiche Erträge an Milch, Butter, Käse, Fleisch, Kartoffeln, Gemüse, Obst, Tabak und Zuckerrüben ermöglicht, besondere Bedeutung zu.

In den Atlantikprovinzen ist intensive Landwirtschaft nur in geringerem Maße möglich; z. B. in Nova Scotia oder auf Prince Edward Island, wo auf sehr fruchtbarem Boden vor allem Kartoffeln angebaut werden.

Holz-
reichtum
Nördlich des St.-Lorenz-Stromes dehnen sich riesige Waldgebiete aus, die einen Teil von Kanadas schier unerschöpflichem Holzreichtum ausmachen. Die **Forstwirtschaft** war allerdings in den letzten Jahren zunehmender Kritik, vor allem im Ausland, ausgesetzt; beanstandet wurden der in Kanada im Gegensatz zu Europa übliche Kahlschlag der Wälder und die unzureichende Aufforstung durch Fichten-Monokulturen.

Fischerei

Zu den günstigen Voraussetzungen für eine intensive Fischwirtschaft zählen in Kanada die mehr als 20.000 km lange, stark gegliederte Küste, die Grand Banks (Neufundlandbank), wo durch das Aufeinandertreffen von Labrador- und Golfstrom mit ihren unterschiedlichen Temperaturen besonders ergiebige Fischgründe liegen, und die zahllosen sauberen Bäche, Flüsse und Seen im Binnenland.

Ein typisches Fischerdorf in den Atlantikprovinzen

Trotz dieser günstigen natürlichen Voraussetzungen hat die Fischerei an der kanadischen Gesamtwirtschaft nur einen geringen Anteil. Das ist vor allem darin begründet, dass die Fischerei nicht modern organisiert und technisiert ist. Vor allem in den Atlantikprovinzen liegt die Fischerei in den Händen einzelner Fischer, die nach herkömmlicher Weise mit ihrem Boot in den frühen Morgenstunden ausfahren, am Nachmittag zurückkehren und gleich am Hafen ihren Fang verkaufen. Diese Art des Fischfangs ist sehr arbeitsintensiv und bietet dennoch nur einen geringen Verdienst. Das Erbe der Vorfahren, der geringe Wohlstand und die hohe Arbeitslosigkeit der Bevölkerung in den Atlantikprovinzen erschweren jedoch die Umstellung von der traditionellen Fischerei auf eine moderne, technisch gut ausgerüstete Fischwirtschaft, die in stärkerem Maße auch die Hochseefischerei einbezieht. *Nur geringe Bedeutung*

Trotz der genannten Schwierigkeiten ist Kanada einer der größten Fischexporteure der Welt. In den Atlantikprovinzen, wo besonders ergiebige Fanggebiete liegen, stellen Kabeljau, Scholle, Hering, Muscheln und Hummer die größten Fangerträge; dabei machen die Schalentiere ungefähr ein Drittel der Fänge aus.

Bergbau und Energie

Kanada verfügt über außerordentlich reiche und ergiebige Bodenschätze, die maßgeblich seine wirtschaftliche Entwicklung bestimmt haben und zum Reichtum des Landes beitragen. Kanada steht hinter den USA und Russland an dritter Stelle in der Rangliste der Förderländer. Dabei ist die Vielfalt der Bodenschätze von besonderer Bedeutung, denn Kanada deckt die ganze Palette der Bodenschätze ab: Es besitzt *Reiche Bodenschätze*
- reiche Metallerzvorkommen wie Kupfer, Eisen, Gold, Zink, Nickel, Uran, Silber, Blei und Molybdän,
- Nichtmetalle wie Kalisalz, Schwefel und Asbest,
- Brennstoffe wie Erdöl, Erdgas und Kohle,
- Steine und Erden.

In Labrador liegt das größte Eisenerzlager Kanadas, das im Tagebau abgebaut werden kann; in Newfoundland wird ebenfalls Eisenerz gewonnen; in New Brunswick finden sich vor allem Metallerze, z. B. Zinn bei Fredericton; in Nova Scotia gibt es Braunkohle und Eisenerzlager; in der Provinz Québec werden Titanoxyd, Feldspat und Magnesiumdolomit gefördert; in Ontario liegen bei Sudbury die größten Nickellager der Welt.

Die Energieerzeugung erwirtschaftet fast 7 % des Bruttonationalproduktes; der Energiesektor ist nach der verarbeitenden Industrie Kanadas zweitwichtigster Industriebereich. *Energiewirtschaft*

Kanada gehört im internationalen Vergleich zu den Ländern mit dem höchsten **Energieverbrauch**; Ursachen dafür sind
- das Klima mit langen, strengen Wintern und entsprechend langen Heizperioden,
- die großen Transportwege, die durch die Größe des Landes bedingt sind,
- die hoch entwickelte Landwirtschaft und Industrie und
- der hohe Lebensstandard der Bevölkerung mit allen Annehmlichkeiten der Zivilisation.

Gleichzeitig verfügt Kanada aber über verschiedene **Energieträger**, sodass die Versorgung der Bevölkerung und der Wirtschaft aus eigenen Quellen gesichert ist. Die Vielfalt der Energieträger erleichtert zudem die Umstellung von Erdöl, das zusätzlich importiert werden muss, auf Erdgas und Kohle, die ausreichend vorhanden sind.

Ein großer Vorteil Kanadas liegt im Vorhandensein vieler Flüsse, die für die Gewinnung von Wasserkraft genutzt werden können; besonders günstige Voraussetzungen finden sich im Bereich des Kanadischen Schildes.

Industrie und Neue Technologien

Die verarbeitende Industrie ist gegenwärtig der wichtigste Wirtschaftszweig Kanadas mit den großen Zentren in Ontario, Québec und British Columbia und hat am stärksten zum Wachstum beigetragen. Experten rechnen damit, dass in den nächsten Jahren der Wirtschaftsbereich der Informationstechnologien für Kanada ebenso bedeutend wird wie der Sektor der Naturressourcen.

Ottawa-Hull, die Region um die kanadische Hauptstadt, verdankt der schnellen Entwicklung auf dem Hochtechnologiesektor ihre führende Stellung unter allen vergleichbaren städtischen Regionen Kanadas.

Tourismus

Der Tourismus ist einer der wachsenden Wirtschaftszweige Kanadas. Von den ausländischen Besuchern kamen mehr als 92 % aus den USA, es folgen Großbritannien, China, Frankreich, Deutschland, Australien, Japan, Mexiko, Südkorea and Indien (2015).

Für Mitteleuropäer erweist Kanada sich aufgrund der guten Flugverbindungen, der vergleichsweise günstigen Reisekosten, der sehr guten touristischen Infrastruktur, der niedrigen Kriminalitätsrate, des hohen Lebensstandards und der ausgezeichneten individuellen Gestaltungsmöglichkeiten zunehmend als ein interessantes Reiseziel. Dabei gehören die Provinzen British Columbia, **Ontario** und **Québec** zu den beliebtesten Zielgebieten, aber auch die Atlantikprovinzen wurden in den letzten Jahren in stärkerem Maße von europäischen Reisenden besucht.

Gesellschaftlicher Überblick

Bevölkerung

Seit vielen Jahren gehört Kanada nach Einschätzung der UNO zu den Ländern mit der besten **Lebensqualität**, die durch die Kriterien Lebenserwartung, Schulbesuch, Pro-Kopf-Einkommen und Bildungsstand der erwachsenen Bevölkerung definiert wird.

Bevölkerungs-
daten

Für das Jahr 2016 wird die Bevölkerungszahl Kanadas mit gut 35.151.000 Einwohnern angegeben. Kanada, das flächenmäßig zweitgrößte Land der Erde, liegt im allgemeinen Vergleich nach der Bevölkerungszahl weltweit erst auf dem 38. Platz. Die für das ganze Land mit 3,92 Einwohner/km² angegebene Bevölkerungsdichte sagt jedoch nur wenig aus, denn die Bevölkerungsverteilung ist höchst unterschiedlich, was sich am extremsten im Vergleich des fast menschenleeren Nordens mit den Ballungsgebieten von Toronto, Montréal und Vancouver zeigt.

Alberta, Yukon, Nunavut und Northwest Territories	12 % der Bevölkerung
Ontario und Québec	67 % der Bevölkerung

In dem schmalen Streifen entlang dem St.-Lorenz-Strom und nördlich des Lake Erie und des Lake Ontario liegt die Bevölkerungsdichte bei 60 Einwohnern/km²; das ist die höchste Bevölkerungskonzentration in Kanada – zum Vergleich: in Deutschland liegt der Durchschnittswert bei 230 Einwohnern/km²!

Ursachen für die dichte Besiedlung dieser kanadischen Region sind die außergewöhnlich günstige Verkehrslage, der ertragreiche Boden und das milde Klima, das schon die ersten europäischen Siedler zu schätzen wussten. Sie siedelten sich im fruchtbaren Tiefland des St.-Lorenz-Stroms und an den Großen Seen an.

Kanada ist ein klassisches Einwanderungsland; vor dem 1. Weltkrieg und in den 1920er-Jahren war es das Ziel ganzer Einwanderungsströme, und seit dem 2. Weltkrieg wanderten mehr als 5 Mio. Menschen nach Kanada ein. Dabei war die kanadische Einwanderungspolitik vielen Veränderungen unterworfen; Restriktionen und Kontingentierungen richteten sich immer auch nach wirtschaftlichen und gesellschaftlichen Bedürfnissen. Die Bestimmungen wurden in der Regel aber sehr liberal gehandhabt und durch zahlreiche Ausnahmeregelungen ergänzt. Noch bis in die 1960er-Jahre wurden Einwanderer aus England, Irland, Frankreich und den USA bevorzugt aufgenommen; danach waren vor allem beruflich qualifizierte West- und Nordeuropäer erwünscht, während zeitweise Beschränkungen für Afrikaner und Asiaten galten. *Einwanderungspolitik*

Diese Beschränkungen wurden zurückgenommen; im Jahr 2001 trat ein neues Einwanderungsgesetz in Kraft, aufgrund dessen die ethnische Vielfalt der Einwanderer deutlich zunahm. 2009 stammte erstmals die Mehrzahl der Einwanderer nicht mehr aus Europa, sondern aus asiatischen Ländern und dem Nahen Osten. Bevölkerungsprognosen gehen davon aus, dass der Anteil der Immigranten aus Asien, Afrika, Lateinamerika und der Karibik weiter zunehmen wird, während weniger Menschen aus den europäischen Ländern nach Kanada einwandern werden. In jüngster Zeit stiegen zudem die Flüchtlingszahlen deutlich an, v. a. aus Syrien.

Bevölkerungsgruppen

Unter der Zielsetzung der multikulturellen Gesellschaft wird immer wieder die Frage nach der Identität der Kanadier gestellt. Ist es möglich, alle Gruppen mit ihren verschiedenen Traditionen, Kulturen und Sprachen zu vereinigen? Ist gerade die Vielfalt das eigentlich typisch Kanadische?

Bereits 1971 wurde der Multikulturalismus zur offiziellen Regierungspolitik erklärt. In einer Regierungserklärung aus dem Jahr 1978 heißt es dann: „Gerade die Ablehnung der Uniformität, die Weigerung, sich selbst und ihre Nation als homogen zu betrachten, prägt die Kanadier. Im Laufe der kanadischen Geschichte haben die Kanadier von jeher diese persönlichen, gesellschaftlichen, örtlichen, regionalen, kulturellen und sprachlichen Unterschiede gefühls- und verstandesmäßig bejaht und beibehalten. Das ist die kanadische Lösung der Frage nach Identität". *Kulturelle Vielfalt*

Im Juli 1988 trug die kanadische Regierung durch die Verabschiedung des kanadischen Multikulturalismus-Gesetzes dem Wandel der kanadischen Gesellschaft Rechnung. Das Gesetz garantiert, dass jedem kanadischen Bürger, ungeachtet seiner Herkunft, die gleichen Möglichkeiten eingeräumt werden, uneingeschränkt am gesellschaftlichen Leben des Landes teilzunehmen. Das ethnische Profil Kanadas findet seine Entsprechung in der Geschichte des Landes. Die Ureinwohner und Menschen aus den beiden Gründernationen Frankreich und England machten zunächst einen Anteil von über 80 % aus;

Schottisches Erbe: Dudelsack pfeifende Kanadier beim Pipefest Nova Scotia in Halifax

es folgten die deutschen Einwanderer in großem Abstand mit 5 %, dann Italiener und Chinesen mit je 2 %. In den letzten Jahrzehnten wuchs die Vielfalt der Herkunftsländer; die meisten kleineren Gruppen nahmen zahlenmäßig zu, während sich der Anteil der **Anglo- und Frankokanadier** verringerte.

Das ethnische Mosaik ist zu einem bestimmenden Merkmal des Landes und seiner Bevölkerung geworden; als Ziel wird eine multikulturelle Gesellschaft angestrebt, in der Menschen jeglicher Herkunft ihre Verwirklichung erfahren können.

Damit grenzt sich die kanadische Konzeption deutlich von der amerikanischen Ideologie des „Schmelztiegels" ab; nicht die Gleichheit, sondern die Vielfalt wird in Kanada angestrebt.

Die Menschen sollen die Bindungen an ihre Heimatländer behalten, ihre traditionellen Sitten und Gebräuche pflegen, ihre Feste nach altem Brauch feiern und die verschiedenen Muttersprachen bewahren; sie sollen unter Beibehaltung ihrer kulturellen Wurzeln in die kanadische Gesellschaft integriert werden.

Kanadische Ureinwohner

Der amerikanische Kontinent wurde vor mehr als 30.000 Jahren erstmals besiedelt. Die Menschen kamen wahrscheinlich von Asien über die damals bestehende Landbrücke der Beringstraße und drangen über Alaska nach Süden und Osten vor. Als die ersten Europäer die Region erforschten, zählte die Urbevölkerung der Inuit und Indianer im Gebiet des heutigen Kanada ca. 220.000 Menschen. Durch Kriege, Vertreibungen *In der* und Krankheiten, die aus Europa eingeschleppt wurden, verringerte sich die Zahl vor *Minderheit* allem der Indianer sehr deutlich; erst in diesem Jahrhundert stieg die Zahl wieder an, wobei sich die Verbesserung der Gesundheitsfürsorge und der wirtschaftlichen Lebensverhältnisse positiv auf die Geburtenrate auswirkten.

Etwa 4 % der kanadischen Gesamtbevölkerung zählen zur Bevölkerungsgruppe der Ureinwohner, das sind:
- ca. 850.000 Angehörige der First Nations, wie die indianischen Ureinwohner genannt werden,

- ca. 450.000 Métis, die Nachkommen von indianischen Frauen und europäischen Pelzhändlern,
- ca. 60.000 Inuit und
- etwa 26.000 Indigene, auf die keine eindeutige ethnische Zuordnung zutrifft.

In neuerer Zeit gibt es Bestrebungen, die politische und wirtschaftliche Benachteiligung der Ureinwohner zu beenden. So wurden die Rechte der Indianer als erste Besitzer des Kontinents in der kanadischen Verfassung 1982 offiziell anerkannt, Kompensationszahlungen geleistet und weitgehende Autonomie in den Reservaten eingeräumt. Das wachsende Selbstbewusstsein der Indianer und Inuit zeigt sich in einer stärkeren Politisierung und in der verstärkten Hinwendung zu ihrer eigenen Kultur und den alten Traditionen.

Die Indianer

Heute leben etwa 330.000 Indianer in 3.100 Reservaten; die meisten von ihnen gehören zu einer der mehr als 600 „bands", den traditionellen Stammesgruppen mit gemeinsamem Besitz, gleicher Sprache und überlieferten Lebensformen. Es gibt mehr als 60 Indianersprachen und -dialekte, von denen allerdings einige durch die weite, zunehmende Verbreitung der englischen Sprache, vor allem durch das Fernsehen, vom Aussterben bedroht sind. Erst in jüngster Zeit findet eine Rückbesinnung auf die eigene Kultur, verbunden mit einer höheren Wertschätzung, statt, die auch die Bewahrung der Sprache einbezieht.

Die wirtschaftliche Situation der indianischen Bevölkerung ist schwierig. Da die ihnen zugewiesenen Reservate oft nur sehr klein, nur begrenzt wirtschaftlich nutzbar und meistens sehr abgelegen sind, bieten sie keine ausreichenden Erwerbsmöglichkeiten, sodass ca. 70 % der Indianer von staatlicher Unterstützung abhängig sind. Problematisch ist die hohe Arbeitslosenrate, die dreimal höher als der kanadische Durchschnitt ist. Sehr viel günstiger ist die Situation in jenen Reservaten, die über Bodenschätze, Holzreichtum oder touristische Anziehungspunkte verfügen und deren Besitz in Eigenverantwortung verwaltet wird.

Lebensbedingungen der Indianer

Besonders schwierig sind die Lebensbedingungen für die nicht registrierten Indianer, deren Zahl auf 213.900 geschätzt wird. Sie leben nicht in den Reservaten, sondern wandern auf der Suche nach Arbeit und besserem Verdienst zumeist in die Großstädte ab. Einige sind dabei erfolgreich, die Mehrheit aber bleibt arbeitslos und gerät in einen sozialen Teufelskreis. Die Interessen und Rechte der Indianer werden zunehmend stärker ins Blickfeld der Bevölkerung gerückt. 1991 wurde den Indianern Recht gegeben, als sie Einspruch dagegen erhoben, dass von ihnen als heilig betrachtetes Land in einen Golfplatz umgestaltet werden sollte; in den Territorien, wo Indianer und Inuit die Mehrheit der Bevölkerung ausmachen, sollen ihre Forderungen nach weitreichender Selbstverwaltung stärkere Berücksichtigung finden.

Die Inuit

Die Zahl der in den arktischen Gebieten Grönland, Alaska, Russland und Kanada lebenden „Eskimos" wird auf etwa 60.000 geschätzt. Für diese Volksgruppe wird inzwischen überwiegend die Bezeichnung „Inuit" verwendet. Das bedeutet in ihrer eigenen Sprache „Mensch" und beinhaltet aus der Sicht der Inuit keine Diskriminierung – im Gegensatz zum Wort „Eskimo", das mit „Rohfleischesser" aus der Indianersprache übersetzt werden kann.

Um 1920 lebten etwa 6.000 Inuit auf kanadischem Gebiet, ihre heutige Zahl liegt bei ca. 50.000 Menschen. Sie sind in acht Gruppen gegliedert und leben vorwiegend in den Northwest Territories, in Labrador, am Rande der Hudson Bay in der Provinz Québec und in Nunavut. Ihre Sprache ist das „Inuktitut", das in sechs Dialekten gesprochen wird. Im Verlaufe des 20. Jh. haben sich die Lebensbedingungen der Inuit drastisch verändert; sie leben nicht länger als nomadisierende Fischer und Jäger, die mit den Karibuherden ziehen und den Robben zu ihren Plätzen folgen, sondern wurden sesshaft in *Lebensweise* kleinen, verstreut liegenden Siedlungen von 25–500 Einwohnern. Sie wohnen nicht *der Inuit* mehr in selbstgebauten Iglus, sondern in gut isolierten Fertighäusern, die mit elektrischen Haushaltsgeräten und Fernsehern ausgestattet sind, mit denen sie über Satellit mehrere Fernsehprogramme empfangen können, von denen einige in ihrer eigenen Sprache ausgestrahlt werden.

Aufgrund der allgemeinen Beschulung und durch intensive Trainingsprogramme sind die meisten Inuit des Lesens und Schreibens kundig. In den größeren Siedlungen gibt es Krankenstationen, in Notfällen stehen Ambulanzflugzeuge bereit, sodass die medizinische Versorgung der Inuit gesichert ist.

Trotz dieser offensichtlichen „Verbesserungen" der Zivilisation gibt es große Probleme, die sich vor allem aus der veränderten Lebensweise ergeben. Die Situation vieler Inuit und besonders vieler Jugendlicher ist gekennzeichnet durch Arbeitslosigkeit, Langeweile und Perspektivenmangel; durch erhöhten Alkoholkonsum versuchen viele Inuit dieser Trostlosigkeit zu entgehen. Deshalb fordern Führer der Inuit von der Regierung in Ottawa erhöhte Investitionen zur Schaffung von Arbeitsplätzen in den Bergwerken und den Ölförderstätten.

Eigenes Am 1. April 1999 wurde der östliche Teil der „North West Territories" zu einem eigen-
Verwaltungs- ständigen Verwaltungsgebiet mit Namen „**Nunavut**" („Unser Land") erklärt. Damit
gebiet wurde die seit vielen Jahren geplante Aufteilung des Territoriums offiziell vollzogen, die in den 1960er-Jahren mit Landansprüchen der dort lebenden Urbevölkerung begonnen hatte und 1993 mit der Unterzeichnung des „Nunavut Land Claims Agreement" den Inuit das Recht auf Selbstverwaltung zugestand.

Nunavut erstreckt sich nördlich des 60. Breitengrads über den Ostteil der kanadischen Arktis; auf einer Fläche von 2,25 Mio. km² leben rund 25.000 Einwohner, 85 % davon sind Inuit. Die Bevölkerungsdichte wird mit 1,01 Einwohner/km² angegeben. Die Hauptstadt ist Iqaluit, das frühere Frobisher Bay, mit 6.700 Einwohnern; die Amtssprachen sind Inuktitut, Englisch und Französisch.

Der Tourismus ist eine neue Erwerbsquelle für die Inuit; hier bietet sich bei vorsichtiger Förderung die Chance, an Traditionen und Fertigkeiten anzuknüpfen und wirtschaftliche Erfolge damit zu verbinden.

Die touristische Erschließung von Nunavut hat schon begonnen. Zu den besonderen Erlebnissen für Touristen gehören organisierte Fahrten mit Hundeschlitten, Walbeob-
Fremden- achtungen an der zerklüfteten Küste von Baffin Island und die Beobachtungen der Ster-
verkehr ne und des Nordlichts; besonders sehenswert sind der Auyuittuq National Park auf Baffin Island sowie der Qaummaarviit Territorial Park und der Kekerten Territorial Park. Als beste Reisezeiten für Besucher gelten die wenigen Sommerwochen von Juli bis Mitte August.

Ein weiteres Beispiel für die Erschließung neuer Erwerbsquellen ist die „Inuit-Kunst", die nicht nur Arbeiten von hohem künstlerischen Wert umfasst, sondern auch handwerkliche Arbeiten aus Speckstein oder Granit, die in Inuit-Kooperativen hergestellt werden.

Kanadisches Mosaik

Sprachen

Gegenwärtig leben in Kanada über 200 ethnische Gruppen mit mehr als 200 verschiedenen Sprachen, wobei die englische und französische Sprache mit über 80 % beteiligt sind. Seit dem „Official Language Act" aus dem Jahr 1969 ist Kanada offiziell ein zweisprachiges Land. Im öffentlichen Leben und in der Politik werden Englisch und Französisch als Amtssprachen gleichberechtigt nebeneinander benutzt. In der regionalen Verbreitung der Sprachen zeigen sich jedoch Unterschiede, wobei im Osten Kanadas der Sprachendualismus besonders deutlich wird. In den Atlantikprovinzen **Newfoundland**, **Prince Edward Island** und **Nova Scotia** ist der Anteil der englischsprachigen Bevölkerung mit über 90 % außergewöhnlich hoch. In **New Brunswick** verwendet etwa ein Drittel der Bevölkerung Französisch als Muttersprache; diese Bevölkerungsgruppe lebt überwiegend im nördlichen Grenzbereich zu Québec und zählt zu den Nachfahren der französischen Akadier. **Québec** ist die Heimat der meisten frankophonen Kanadier, die hier einen Anteil von über 79 % haben. In **Ontario** wird die englische Sprache bevorzugt; nur in den Grenzregionen zu Québec wird auch Französisch gesprochen.

Zwei-sprachigkeit

Es hat sich in den letzten Jahren zunehmend gezeigt, dass Neu-Einwanderer eher die englische als die französische Sprache übernehmen; des Weiteren zeigt sich, dass Englisch als Muttersprache wachsende Anteile aufweist, während die französische Sprache prozentual zurückgeht. Bei einer repräsentativen Umfrage erwiesen sich vier von fünf Kanadiern als zweisprachig und befürworteten die Zweisprachigkeit des Landes.

Eine der zahlreichen Dorfkirchen

Religionsgemeinschaften

Glaubens-gemein-schaften

Rund 67 % der Kanadier sind Christen; davon sind 38 % römisch-katholisch, 28 % gehören den unterschiedlichen protestantischen Glaubensgemeinschaften an, wie z. B. der United Church of Canada, in der sich Methodisten, Kongregationalisten und ein Teil der Presbyterianer zusammengeschlossen haben, und der Anglican Church of Canada, die zusammen ca. 3,6 Mio. Mitglieder haben. Daneben gibt es eine Vielfalt von religiösen Gruppierungen und Sekten, die nach eigenen, überlieferten Glaubensregeln leben. Zu ihnen gehören u. a. auch die Mennoniten, Mährischen Brüder und Hutterer, die auf der Suche nach Religionsfreiheit im vergangenen Jahrhundert von Europa nach Kanada auswanderten, wo sie bis heute streng religiös nach den Geboten des Glaubens leben und die moderne Zivilisation ablehnen.

Unter den Einwanderern waren auch griechisch-orthodoxe und russisch-orthodoxe Christen und Juden; aus den asiatischen Herkunftsländern brachten Buddhisten, Mohammedaner, Hindus u. a. ihre Glaubensvorstellungen mit.

Die Zugehörigkeit zu den verschiedenen Religionsgemeinschaften ist in den einzelnen Provinzen sehr unterschiedlich und im Zusammenhang mit der ethnischen Gliederung zu sehen. So leben die meisten Katholiken in den von Franzosen besiedelten Provinzen Québec und New Brunswick, während in den anderen Provinzen die protestantischen Kirchen dominieren; Juden leben vorwiegend in den Großstädten von Ontario und Québec, wo sie knapp 2 % der Bevölkerung ausmachen; japanische Buddhisten leben vornehmlich im Westen Kanadas, während südostasiatische Buddhisten sich verstärkt in Toronto finden.

Die Zahl der Konfessionslosen stieg in den letzten Jahren deutlich an; gleichzeitig nahm auch die Mitgliederzahl der nichtchristlichen Vereinigungen und Sekten zu.

Kunst und Kultur

Wesentliche Elemente der kanadischen Kultur sind die Sitten und Gebräuche der Urbevölkerung und der Einwanderer aus vielen verschiedenen Ländern, unter denen die von den ersten europäischen Siedlern mitgebrachten englischen und französischen Traditionen besonders prägend waren. Die kanadische Kunst ist das Spiegelbild der multikulturellen Gesellschaft und hat drei wesentliche Wurzeln: die Kunst der Inuit mit ihren unverwechselbaren Schnitzereien und Skulpturen, die Kunst der Indianer, deren Einfluss in der frühen Geschichte des Landes besonders wirksam war, und die Kunst der europäischen Einwanderer.

Gegenwarts-kunst

Obwohl die bewusste Suche nach einer eigenständigen kanadischen Kultur erst nach dem 2. Weltkrieg begann, gibt es in der Gegenwart eine Vielzahl an künstlerischen Ausdrucksformen:
- weltweit bekannte Theaterfestivals, – wie z. B. das Stratford Festival und das Shaw Festival in Niagara-on-the-Lake – sowie interessante Aufführungen der avantgardistischen Stücke junger kanadischer Künstler,
- Malereien der „Montreal School", Performances und fotografische Installationen,
- international anerkannte Filme, in denen die Sozialproblematik des Menschen dargestellt wird, der im Spannungsfeld zwischen modernem Industriestaat und weltabgeschiedener Wildnis lebt,
- die Veröffentlichungen frankokanadischer und anglophoner Schriftsteller wie Margaret Atwood und Alice Munro, der Literaturnobelpreisträgerin,

- die ausgezeichneten Orchester und Ballettensembles der großen Städte, die Weltruhm erworben haben,
- die herausragenden Meisterleistungen der Architekten Moshe Safdie, Douglas Cardinal, Jones & Kirkland u. a., die z. B. die Kulturbauten in Ottawa oder Québec entworfen haben,
- die Folk-Musik, die historische Themen und Musik aus der Pionierzeit mit modernen Techniken verbindet und
- die zahlreichen folkloristischen Festlichkeiten, die die Kulturformen der Einwanderergruppen bewahren und den kanadischen Multikulturalismus fördern.

Lobster, Quilts und Kanufahrten

Immer einen Besuch wert:
die National- und Provinzparks

> 👉 **Hinweis**
>
> Zur Feier des 150jährigen Bestehens Kanadas gilt für alle Nationalparks und historischen Stätten des Landes für das **gesamte Jahr 2017 freier Eintritt**.

Nationalparks

Es ist nun 130 Jahre her, dass in Westkanada ein 26 km² großes Gebiet erstmals unter staatlichen Naturschutz gestellt wurde – „zum Wohle, Vorteil und Vergnügen der Bevölkerung Kanadas", wie es im „Rocky Mountains Park Act" aus dem Jahre 1887 formuliert wurde. Der Begriff „Park" ist dabei für Mitteleuropäer wohl etwas irreführend, *Naturschutz* denn es handelt sich bei den kanadischen Parks nicht um gepflegte Rasenflächen mit *seit 130* schön angelegten Blumenbeeten und Wasserspielen, sondern um große Naturschutz- *Jahren* gebiete und „wilderness areas", die nur am Rande touristisch erschlossen sind.

Inzwischen gibt es in Kanada 46 Nationalparks mit einer Fläche von zusammen ca. 300.000 km²; sie werden vorbildlich von der Behörde **Parks Canada** (*www.pc.gc.ca*) verwaltet, die dem kanadischen Umweltministerium unterstellt ist. Mit der Einrichtung der Nationalparks ist die Idee verbunden, jede typische Landschaft Kanadas in einer ausgewählten Region unter Schutz zu stellen, einzigartige Ökosysteme und die Tier- und Pflanzenwelt vor menschlichen Eingriffen zu bewahren und für nachfolgende Generationen unversehrt zu erhalten. Zur Rettung gefährdeter Pflanzen- und Tierarten hat Parks Canada besondere Schutzprogramme für sechs Nationalparks entwickelt, von denen allein vier in Ontario und New Brunswick gelegen sind.

Alle Parks verfügen über Picknickplätze sowie meist auch über Campingplätze. In den Besucherzentren erhalten Sie alle notwendigen Informationen, gutes Kartenmaterial für Wanderungen und Kanutouren, Angellizenzen und Veranstaltungshinweise. Oft gibt es auch ein kleines Museum zur Naturgeschichte der Region; in den Sommermonaten stehen „Ranger" als sachkundige Ansprechpartner zur Verfügung und bieten geführte Wanderungen an.

Verhaltensregeln

Zum Schutz vor wilden Tieren sollten Sie folgende Regeln beachten:

- Alle Lebensmittel müssen gut verpackt und in sicherer Entfernung vom Zelt aufbewahrt werden.

Aufpassen
bei
Wildtieren!

- Jeglicher Abfall muss zuverlässig beseitigt werden.
- Um Gerüche zu vermeiden, sollte das Geschirr sofort nach den Mahlzeiten, möglichst in einiger Entfernung vom Zeltplatz, abgespült werden.
- Wildlebende Tiere sollen auf keinen Fall gefüttert werden!

Übersicht über die Nationalparks im Osten Kanadas

Ontario
Bruce Peninsula National Park (Fläche: 154 km²)
Der Park ist Teil des Niagara Escarpment und weist sehr unterschiedliche Landschaftsformen auf, wie z. B. Klippen, Höhlen, Buchten, Dünen, Marsche und kilometerlange Strände. Es gibt Wander- und Reitwege und im Winter gute Voraussetzungen zum Langlauf. Besondere Aufmerksamkeit verdienen die seltenen Orchideenarten, die Sie auf Ihren Wanderungen entdecken können.
Fathom Five National Marine Park (Fläche: 112 km²)
In Kanadas erstem „Marine Park" können Sie beim Tauchen im besonders klaren Wasser der Georgian Bay oder bei einer Fahrt mit dem Glasbodenboot über 20 versunkene Schiffe und ungewöhnliche geologische Formationen entdecken sowie kleine Inseln mit hoch aufragenden Kalksteinfelsen besuchen.

Bruce Peninsula National Park in Ontario

Georgian Bay Island National Park

Der Park umfasst 59 waldreiche Inseln mit zerklüfteten Küsten und schönen Badebuchten am südöstlichen Rand der Georgian Bay; dort leben Waschbären, Biber und
Rotwild. Der Zugang ist nur mit Boot oder Wassertaxi möglich. Das Besucherzentrum ist auf Cedar Spring.

Point Pelee National Park (Fläche: 15 km²)

Der Nationalpark ist eine etwa 20 km lange Sandbank im Südwesten Ontarios, die in
den Lake Erie hineinragt. Strände, Marschen und Laubwälder sind die Merkmale des
Parks, in dem sich im Mai und September Zehntausende von Zugvögeln sammeln; im
sumpfigen Gelände sind viele Vogel- und Reptilienarten und Falter heimisch. Im Sommer lädt der Park zum Schwimmen, Wandern, Kanu- und Radfahren ein.

Pukaskwa National Park (Fläche: 1.878 km²)

Der Nationalpark ist ein Paradies für Wildnis erfahrene Kanuten und Wanderer. Ein
68 km langer Wanderweg führt vielfach am Wasser entlang, außerdem gibt es mehrere Naturlehrpfade. Besonders beeindruckend ist die felsige, zerklüftete Küste. Auch
im Sommer steigen die Temperaturen selten über 15 °C an.

Thousand Islands National Park

Den Park bilden 21 verstreut liegende Inseln aller Größen im oberen Lauf des St.-Lo-
renz-Stroms zwischen Kingston, Brockville und Mallorytown Landing. Den Park kann
man am besten mit dem Boot erkunden; auch Wassertaxis fahren zu den Inseln.

Québec

Parc National Forillon (Forillon National Park) (Fläche: 244 km²)

Der Park liegt an der Nordspitze der Halbinsel Gaspésie; von den Klippen lassen sich
besonders gut Wale, Robben und viele Seevögel beobachten. Im Fichten bestandenen
Parkinneren leben Elche, Schwarzbären, Kojoten und Luchse. Das Besucherzentrum
liegt am Hwy. 132.

Parc National de La Mauricie (La Mauricie National Park) (Fläche: 536 km²)

Der Park mit dichten Wäldern, Seenketten und Stränden ist noch vergleichsweise
wenig besucht und lohnt sich wegen der Artenvielfalt vor allem für Vogelliebhaber;
aber auch Elche, Schwarzbären, Kojoten und Luchse sind hier heimisch.

Réserve de Parc National de l'Archipel-de-Mingan (Mingan Archipelago National Park Reserve)

Der Park umfasst eine Gruppe von etwa 40 Inseln (ca. 150 km²); an Land finden Sie
viele seltene Pflanzen, das Wasser ist der Lebensraum von Seehunden, Walen und Pa-
pageientauchern. Das Besucherzentrum liegt auf dem Festland; der Park ist gut geeignet zum Kajak- und Kanufahren, Tauchen und Fischen.

in den Atlantikprovinzen

New Brunswick

Fundy National Park (Fläche: 206 km²)

Der Fundy National Park liegt am Nordufer der Bay of Fundy, die wegen ihrer extre-
men Gezeitenunterschiede, die bis zu 21 m betragen können, bekannt ist. Zerklüftete
Küsten und Klippen fallen steil zum Meer ab, in den dichten Laubwäldern leben noch
Elche, Rehe und Wildkatzen. 80 km Wanderwege führen durch Wälder und Schluchten und zu Wasserfällen.

Kouchibouguac National Park

Der Park bietet ein ausgezeichnetes Wanderwegenetz, viele Kanustrecken und ein 60 km langes Fahrradwegenetz, das zu den schönsten in den Atlantikprovinzen zählt. Es gibt viele Gelegenheiten zur Tierbeobachtung.

Nova Scotia

Cape Breton Highlands National Park (Fläche: 950 km²)

Karges Hochland, Seen und Sümpfe, kleine Fischerdörfer und einsame Strände sind die Merkmale von Cape Breton Island; von der Küste aus können Sie den im Meer vorbeiziehenden Walen zuschauen oder die Adler beobachten, die in den Lüften kreisen. Ein besonderes Erlebnis ist die Farbenpracht im Indian Summer. Der Cabot Trail gilt als eine der schönsten Küsten-Panorama-Straßen Nordamerikas.

Kejimkujik National Park (Fläche: 403 km²)

Wenn Sie zu Fuß oder mit Kanu die unberührte Landschaft mit Flüssen, Seen, Inseln, Sümpfen und Wäldern erkunden, werden Sie Füchse, Elche, Damwild, Vögel, vielleicht Bären und Biber beobachten können.

Sable Island National Park

Kanadas neuester Nationalpark liegt etwa 290 km südöstlich von Halifax. Es ist eine 42 km lange, halbmondförmige Sandbank, die an ihrer breitesten Stelle nur 1,5 km breit ist. Die Insel, geprägt von Sanddünen und Teichen, ist der Lebensraum zahlreicher Zug- und Brutvögel und Heimat von mehr als 400 Wildpferden, die von Pferden abstammen, die schon im 18. Jh. auf die Insel gebracht worden waren.

Prince Edward Island

Prince Edward Island National Park (Fläche: 22 km²)

Der Park bietet lange Sandstrände mit einer schönen Dünenlandschaft, Süßwasserteichen und Salzwassermarschen und beeindruckt vor allem durch die roten Sandsteinklippen und die artenreiche Tierwelt, zu der auch der „Blue Heron" gehört.

Newfoundland & Labrador

Gros Morne National Park (1.805 km²)

Im Gros Morne National Park erleben Sie tief eingeschnittene Süß- und Salzwasser-Fjorde, Seen und Strände, bis zu 450 m hohe Klippen sowie Steinwüsten ohne jede Vegetation.

Terra Nova National Park (400 km²)

Sie finden hier eine wilde Landschaft mit tiefen Fjorden, massigen Eisbergen und reichem Tierleben in den Wäldern und vor der Küste; Sie können Wale, Elche und Adler beobachten und werden auf Ihren Touren gelegentlich vielleicht auf Luchse, Bären, Biber und Otter stoßen. Der Trans-Canada Highway führt durch den Nationalpark hindurch.

Torngat Mountains National Park (Fläche: 9.700 km²)

Der 2005 gegründete Park ist geprägt durch die Gebirgslandschaft Nord-Labradors mit nur einem geringem Baumbestand von Schwarzfichten. Hier sind u. a. Karibus, Wölfe, Eis- und Schwarzbären, Polarfüchse und Polarhasen beheimatet. In den Fjorden leben Seehunde, verschiedene Robbenarten, Zwerg-, Finn- und Buckelwale.

Die National- und Provinzparks bieten vielfältige Erholungsmöglichkeiten

Provinzparks

Neben den Nationalparks wurden von den jeweiligen Provinzregierungen **Provincial Parks** eingerichtet, die ebenfalls unter Naturschutz stehen, aber in stärkerem Maße für Besucher erschlossen sind und vielfältige Erholungsmöglichkeiten mit Sport- und Freizeitaktivitäten bieten. Besucherzentren informieren über die Besonderheiten des jeweiligen Parks. 1993 feierte die Provinz Ontario den 100. Geburtstag des „Provincial Park System"; denn bereits 1893 wurde der Algonquin Park zum Provincial Park erklärt. Gegenwärtig gibt es allein in Ontario 330 Provincial Parks, die jährlich von fast 8 Mio. Menschen besucht werden und eine Fläche von fast 8 Mio. ha einnehmen – das ist etwa die Fläche der Bundesländer Niedersachsen und Schleswig-Holstein zusammen.

Aktivitäten in den National- und Provinzparks

Im Folgenden werden einige Aktivitäten aufgezählt, die den Reiz eines Aufenthaltes in den National- und Provinzparks ausmachen und zum „Naturerlebnis Kanada" gehören:

- **Veranstaltungen**: Fast jeder National- und Provinzpark hat ein Veranstaltungsprogramm, das im Besucherzentrum und in den ausgelegten Veröffentlichungen angezeigt wird. Die lehrreichen Veranstaltungen werden von Rangern durchgeführt und umfassen Kurse, Exkursionen, Wanderungen, Filme, Diavorführungen und Diskussionen. Für Kinder werden oftmals spezielle Programme angeboten. In jedem Fall ist es empfehlenswert, sich zu Beginn des Parkbesuches im Visitor Center über die Besonderheiten der Region zu informieren.

- **Wandern**: Die Parks laden zum Wandern ein, wobei die Möglichkeiten vom kurzen Spaziergang über Lehrpfade bis hin zu mehrtägigen Expeditionen reichen. In den Besucherzentren erhalten Sie detailliertes Kartenmaterial und nützliche Tipps. Längere Wanderungen in die Wildnis sollten Sie aus Sicherheitsgründen im Besucherzentrum anmelden. Jeder Park verfügt über ein ausgedehntes Netz markierter Wanderwege. Häufig wurden für Lehrpfade interessante Informationsschriften erstellt, die in „Informationskästen" am Anfang des Pfades ausliegen. Dort kann sich jeder Besucher ein Exemplar herausnehmen, das er dann am Ende des Weges wieder in den dort aufgestellten Kasten zurücklegt.
- **Zelten**: Vor Ihrem Aufbruch zu mehrtägigen Wanderungen müssen Sie sich im Besucherzentrum für einen Zeltplatz anmelden. Die Plätze sind im Allgemeinen an besonders schönen Stellen angelegt, sind gepflegt und bieten viel Raum; die Zeltplätze im Hinterland sind meist sehr einfach. Lassen Sie sich von den Park Rangern über richtiges Verhalten in der Natur und bei Begegnungen mit wilden Tieren beraten. Nehmen Sie ausreichend Lebensmittel und Wasser mit. In Parks, in denen noch Bären leben, dürfen Sie die Lebensmittel nicht im Zelt aufbewahren, sondern müssen sie in einem luftdichten Beutel an einem Baumast in einiger Entfernung aufhängen. Hinterlassen Sie das Gelände immer so sauber, wie Sie es vorgefunden haben.
- **Tierbeobachtung**: In den Parks sind nicht nur die Landschaften geschützt, sondern auch alle darin lebenden Tiere. In den Besucherzentren erhalten Sie Informationsmaterial über die vorkommenden Tierarten, die besten Standorte und günstigsten Zeiten zur Beobachtung. Teleobjektiv und Fernglas sind Ihnen dabei nützliche Helfer. Denken Sie daran, dass das Füttern der Tiere grundsätzlich verboten ist!

Cape Breton Highlands National Park

- **Angeln**: In zahlreichen Seen und Flüssen vieler Parks gibt es gute Angelmöglichkeiten. Die erforderliche Lizenz (fishing license) erhalten Sie i. A. bei der Parkverwaltung. Dort werden Sie auch über Schonzeiten, Fanggrößen, Angelmaterial etc. informiert.
- **Boot- und Kanufahren**: Viele der Seen und Flüsse in den Parks können mit Kanus befahren werden. Es gibt in der Umgebung der meisten Parks Bootsverleihstationen; dort werden häufig auch geführte ein- und mehrtägige Touren angeboten. In den Besucherzentren oder von den Park Rangern erhalten Sie Informationen über die befahrbaren Gewässer.
- **Wintersport**: Viele Parks bieten Wintersportmöglichkeiten. Es gibt abgesteckte Loipen und Pisten unterschiedlicher Längen und Schwierigkeitsgrade. In den nächstgelegenen Ortschaften haben sich Wintersportzentren mit Übernachtungsmöglichkeiten, Ausrüstern und Restaurants entwickelt.

Neben den National- und Provinzparks gibt es noch die **National Historic Sites Parks**; dies sind wichtige Stätten der kanadischen Geschichte, historische Gebäude, Wasserstraßen, Schleusen, Festungsanlagen, Handelsposten, Bauern- und Bürgerhäuser, die sorgfältig restauriert oder rekonstruiert wurden. Dazu gehören auch ehemalige Routen der Tierjäger, Pelzhändler, Goldgräber und Baumfäller, die zugänglich gemacht wurden. Meist gehört ein Besucherzentrum dazu, in dem Sie sich über die Bedeutung des jeweiligen Ortes informieren können. *Historisch bedeutsame Stätten*

 Tipps

Am Eingang mancher Parks sind Hinweisschilder aufgestellt: „Carry in – carry out" – d. h. alle Besucher müssen ihre Abfälle wieder mitnehmen.
Wenn Sie auf einem Campingplatz in einem der National- oder Provinzparks übernachten wollen, sollten Sie es in der Hauptreisezeit so einrichten, dass Sie sich schon ab 14 Uhr nach einem Platz umschauen, denn die Nachfrage ist groß.

Überall gegenwärtig: das Erbe der Pionierzeit

Die Kanadier sind stolz auf ihr historisches Erbe und sehr bemüht, die Vergangenheit lebendig zu erhalten. Sitten und Gebräuche der Vorfahren werden ebenso gepflegt wie die historischen Stätten, die an die ersten Siedler auf dem Kontinent erinnern. Im gesamten kanadischen Osten werden Sie noch in den kleinsten und abgelegensten Ortschaften auf alte, sorgfältig gerichtete und jetzt als Museum genutzte Häuser stoßen, in denen Dokumente, alte Möbel und alter Hausrat, Bilder und Zeichnungen aus dem Besitz vieler Familien zusammengetragen wurden, um etwas von der regionalen Geschichte oder einer Persönlichkeit dieser Gegend zu vermitteln.

Zu den großen Attraktionen gehören die **Museumsdörfer**, die nach sorgfältiger Restaurierung oder detailgetreuer Rekonstruktion dem Besucher einen Einblick in die Geschichte geben. Diese Art von „Geschichtsunterricht" können Sie an vielen historischen Orten und Plätzen erleben, an denen die Konzeption der „living history" umgesetzt wird. Die liebevoll gestalteten Museumsdörfer bieten den Besuchern ein anschauliches Bild vom Leben der Menschen zur damaligen Zeit. Die „Dorfbewohner", meist Studenten und ehrenamtliche Helfer, schlüpfen in die Tracht und Rolle ihrer Vorfahren und erzählen in der Sprache jener Zeit mit großer Begeisterung und Sachkenntnis vom Leben und Treiben vergangener Epochen und zeigen anschaulich die Verrichtung der alltäglichen Arbeiten. *Reisen in die Vergangenheit*

- In **L'Anse aux Meadows/NL** können Sie drei rekonstruierte Grassoden-Häuser besuchen, die in der Nähe eines Wikingerdorfes aus der Zeit um 1000 n. Chr. liegen.
- Im Innern der **Habitation Port Royal/NS** treffen Sie auf Handwerker, Soldaten, einen Priester, Schmied und Bäcker, auf Händler und Reisende.
- In der Missionsstation **St. Mary among the Hurons/ON** leben Indianer und Weiße zusammen. Sie arbeiten in der großen Gemeinschaftsküche, im Gemüse- und Kräutergarten, in den Ställen oder auf einer Krankenpflegestation. Sie sehen den Zimmerer, Schmied, Steinmetz und Schneider bei der Arbeit, während Indianer ihre Wigwams richten.
- In der Festung **Louisbourg/NS** paradieren die Soldaten, Fischer laden ihren Fang aus, Seeleute bessern Boote aus, Händler preisen ihre Waren an, Dienstboten und Mägde führen Besorgungen aus, während der Bäcker kräftige Kommissbrote backt, der Schmied das Feuer schürt und ein Gendarm einen Betrunkenen abführt.
- Im Dorf **Upper Canada Village/ON** putzen, kochen und handarbeiten Frauen in ihren Häusern, versorgen die Kinder und füttern Hühner, Kühe oder Schweine. Die Männer bestellen die Felder, der Schmied beschlägt ein Pferd, der Arzt berät Patienten, der Müller schleppt Getreidesäcke, der Lehrer unterrichtet die Schüler, der Händler im General Store bedient Kunden, und der Wirt versorgt seine Gäste.
- In **Kings Landing/NB** am St. John River erleben Sie im britischen Loyalistendorf des 19. Jh., wie die Männer die Ochsen vor die Pflüge spannen, die Frauen an den Webstühlen arbeiten und im Wirtshaus herzhafte Speisen nach Art der Pioniere zubereitet werden.
- Im **Old Fort William/ON** lernen Sie eine wichtige Pelzhandelsstation am Anfang des 19. Jh. kennen, wo die von den Pelztierjägern aufgekauften Pelze und Felle zu Ballen gepresst und von den „Voyageurs" in Frachtkanus bis nach Montréal verschifft wurden.

Upper Canada Village

Schmied in Kings Landing

Chronologische Folge der Museumsdörfer

- um 1000   L'Anse aux Meadows in Newfoundland
- 1605   Habitation Port Royal bei Annapolis
- 1639   St. Mary among the Hurons bei Midland
- 1744   Festung Louisbourg
- 1770–1949   Acadian Historical Village bei Caraquet
- 1780–1910   Kings Landing Historical Settlement bei Fredericton
- um 1800   Old Fort William bei Thunder Bay
- 1820–1850   La Citadelle in Québec City
- 1826–1832   Old Fort Henry in Kingston
- um 1850   Black Creek Pioneer Village bei Toronto
- 1866   Upper Canada Village bei Morrisburg

Kanada aktiv:
Outdoor-Aktivitäten und Sportvergnügen

Schon sehr bald werden Ihnen auf Ihrer Fahrt durch den kanadischen Osten nicht nur die vielen ausgezeichneten, gut angelegten Rast- und Picknickplätze an den Fernstraßen und in den Parks auffallen, sondern auch die mit großformatigen Kühlboxen bepackten kanadischen Familien, die es bei schönem Wetter ins Grüne zieht. Das „picknicking" erfreut sich bei Alt und Jung großer Beliebtheit; schnell werden ein paar Lebensmittel eingepackt oder eingekauft, dann fährt man hinaus an einen der zahllosen Seen oder in einen der vielen Parks, grillt dort an einem der auf nahezu jedem Rastplatz eingerichteten Grillplätzen und erholt sich beim Schwimmen, Angeln, Wandern, Rad- oder Kanufahren und genießt die Natur.

Tageszeitungen und Illustrierte informieren regelmäßig durch Beiträge und Sonderseiten über Kanutouren, Wanderungen in der Wildnis, Tierbeobachtungen und andere Freizeitaktivitäten in der Natur. Im ganzen Land gibt es Spezialgeschäfte mit guter Fachberatung für die „Outdoor Activities" und die dafür nötigen Ausrüstungen, Buchhandlungen mit Fachliteratur, die vom einfachen Wanderführer bis zu Kochbüchern für das Lagerfeuer reicht, und Spezialveranstalter, die Abenteuerreisen, Wildnistouren und Überlebenskurse anbieten.

Sport hat in Kanada große Bedeutung, denn das Land bietet zu jeder Jahreszeit eine Fülle hervorragender Sportmöglichkeiten.

Kanufahren ist in Kanada **der** Wassersport schlechthin. Es hat eine lange Tradition, denn in der unwegsamen Wildnis der Wälder waren die Flüsse und Seen oft die einzigen Verkehrswege, und Indianer, Trapper und Waldläufer schätzten das Kanu als das geeignete Fortbewegungsmittel. Nicht zu zählen sind die Seen und Flüsse, die heute mit dem Kanu zu befahren sind; dabei können Sie wählen zwischen einer kurzen, beschaulichen Paddeltour auf einem ruhigen See, wo Sie vielleicht den Ruf des Eistauchers vernehmen, einem mehrstündigen Ausflug zum Angeln bis hin zu einer mehrtägigen oder vielleicht sogar mehrwöchigen Fahrt in die Wildnis, um Elche, Hirsche, Biber, Wildgänse oder Seeadler zu beobachten. Besonders beliebt, und auch für Anfänger geeignet, sind die Seen in den National- und Provinzparks und besonders im Algonquin Provincial Park.

Wildwasser-Rafting ist ein Sport für Abenteuerlustige, an dem unter Anleitung eines erfahrenen Bootsführers auch Anfänger teilnehmen können. In großen Schlauchbooten durchqueren die Teilnehmer, die Paddelanweisungen sorgfältig beachtend, die tosenden Wasser der Flüsse. Für das Rafting besonders geeignet sind der Ottawa River und der Madawaska River in Ontario.

Angeln ist für Kanadier fast eine Selbstverständlichkeit. Besucher können sich für jede Provinz eine Angellizenz besorgen und damit in den zahllosen Seen, Bächen und Flüssen Lachse, Hechte oder Forellen fischen. In den Atlantikprovinzen können Sie zum Hochseefischen ausfahren, und im Winter können Sie noch beim Eisfischen ihr Glück versuchen.

Golfspielen auf Plätzen, die zu den besten der Welt zählen – das ist in Kanada möglich. Von den mehr als 2.300 kanadischen Golfplätzen liegen viele im Osten des Landes; die meisten sind öffentlich, die Greenfee beträgt zwischen 20 und 30 Dollar. Trainerstunden ermöglichen auch dem Anfänger den Einstieg in diese Sportart.

Wintersport in Kanada ist für den Anfänger genauso attraktiv wie für den erfahrenen Skifahrer oder Eisläufer. Zwischen Ende November und April sind die Schneeverhältnisse ideal; ob Sie zum Skilanglauf aufbrechen, als Anfänger sich auf gut präparierten Abfahrten üben oder als Alpinskifahrer Weltcup- oder Olympiapisten hinunterrasen, ob Sie auf zugefrorenen Seen und Flüssen eislaufen, ob Sie schnelle, aufregende Fahrten mit dem Snowmobile wagen, im Tiefschnee Heli-Skiing versuchen, oder ob Sie mit einem Hundegespann durch verschneite Wälder und über zugefrorene Seen ziehen – die Auswahl ist unbegrenzt.

Eisfischen erfreut sich besonderer Beliebtheit. Wenn im Winter die Flüsse und Seen zufrieren, werden auf dem zugefrorenen Wasser kleine Hütten aus Brettern errichtet. In einer Aussparung innerhalb der Hütte oder auch vor dem Häuschen werden in das meterdicke Eis mühevoll die Löcher zum Eisfischen gehackt; der Fang wird dann sofort in den Hütten, wo kleine Öfchen bullern, gebraten und an Ort und Stelle verspeist oder zum Einfrieren vor die Tür gelegt.

Daneben sind die Ballsportarten wie Baseball, Basketball und Eishockey sehr beliebt, und Ligaspiele mit den Profiteams der Toronto Maple Leafs oder der Montréal Canadiens ziehen immer viele Zuschauer an. Ein besonderes Erlebnis ist der Besuch einer großen Sportveranstaltung mit vielseitigem Rahmenprogramm, die mit ihrer besonderen Atmosphäre auch Nicht-Kanadier begeistern kann.

Aus Küche und Keller

Ein so vielseitiges Land wie Kanada hat auch eine abwechslungsreiche Küche zu bieten. Die Frage nach „typisch kanadischen Speisen" ist schwer zu beantworten, denn **„das kanadische Nationalgericht"** gibt es nicht, vielmehr ist gerade die Vielfalt der Speisen typisch für die kanadische Küche. Die ersten Europäer, Franzosen und Engländer, brachten die traditionellen Gerichte ihrer Heimat mit in die neue Welt, wandelten sie ab, weil manche Zutaten nicht vorhanden waren, ergänzten sie durch einheimische Früchte und Gemüse und verwendeten statt Zucker den vitaminreichen, süßen Ahornsirup. Genauso machten es die späteren Einwanderer, die aus allen Teilen der Welt nach Kanada kamen, sodass ein Streifzug durch die kanadische Küche heute eine kleine Reise um die Welt sein kann.

Der kanadische Osten ist für seine gute Küche weithin bekannt. Außer den zahllosen Fast-Food-Läden, Coffee Shops und Kettenrestaurants gibt es in den Großstädten viele ethnische Restaurants, Restaurants mit erstklassiger französischer Küche und Gasthäuser mit deftigen Gerichten, deren Rezepte aus der Zeit der ersten Siedler stammen. Vor allem in den ländlichen Gegenden finden Sie häufig Restaurants mit dem Hinweis „homecooking", und in den Atlantikprovinzen lernen Sie schnell die kleinen, meist sehr guten Fischrestaurants schätzen. *Regionale Küche*

In **Ontario** ist es vor allem die Vielfalt der zahllosen ethnischen Restaurants, die nicht nur in den Weltstädten, sondern auch in vielen kleineren Orten zu finden ist. In den **Atlantikprovinzen** gehören Meeresfrüchte, Hummer, Muscheln und frische Fische zum alltäglichen Speiseplan. Typisch sind die köstlichen „Chowders", sahnige Fischsuppen mit Muschel- und Hummereinlagen. Höhepunkte des kulinarischen Kalenders sind die üppigen „Lobster Suppers", wie sie z. B. auf Prince Edward Island im Sommer in Kirchsälen und Gemeindehäusern gefeiert werden. In **Québec** herrscht die französische Küche mit köstlichen Wildgerichten, Pasteten, Käse und gutem Wein.

Die Küche von Québec

info

Feinschmecker zählen die Küche von Québec, die das Typische der französischen Küche an die Lebensgewohnheiten in der Neuen Welt anpasst, zu den besten regionalen Küchen Nordamerikas. Obwohl auch Weine und Käse, Espresso und Croissants auf jeder Speisekarte zu finden sind, besteht ein typisches Québecer Gericht aus herzhaften, traditionellen Zutaten. Diese energiereichen Speisen, die ursprünglich die Menschen während der langen Wintermonate kräftigen sollten, bestehen überwiegend aus den einheimischen Zutaten Mais, Kartoffeln, Schweinefleisch, Kabeljau, Lachs von der Halbinsel Gaspésie, Blaubeeren und Ahornsirup.

Bei besonderen Festlichkeiten wird in vielen frankokanadischen Familien noch heute „sixpâtes" serviert, eine mit Rebhuhn, Wachtel, Hase, Schinken und Kartoffel gefüllte und mit Nelken gewürzte Pastete. Andere Spezialitäten sind z. B.

info

„tourtière", eine Fleischpastete, „soupe aux pois à la canadienne", eine Suppe aus getrockneten gelben Erbsen, „fèves au lard", gebackene Bohnen, oder „tarte au sucre", ein Pie mit Ahornsirup.

Québec hat aber auch im Bereich der Fast-Food-Gerichte einen guten Namen, wie die „steamé", Würstchen in Brotteig, oder die „poutine" zeigen; letzteres ist eine Schüssel mit Pommes frites und Cheddar-Käsestückchen, die mit brauner Bratensauce übergossen werden.

Hier noch einige Spezialitäten der ostkanadischen Provinzen:

- **Bannock**: Indianer, Pelzhändler und Trapper bereiteten einen Teig aus Mehl, Salz, Fett und Wasser, formten ihn zu einer Rolle, steckten diese auf einen Holzspieß und backten den „Brotersatz" über dem Lagerfeuer
- **Caribou**: süßer Rotwein und Whisky sind die Zutaten zu diesem Getränk, mit dem sich die Leute in der Provinz Québec während der langen Wintermonate aufwärmen
- **Cod's Tongues**: vom fangfrischen Dorsch werden auf Newfoundland vor allem die gebackenen oder frittierten „Zungen" als Leckerbissen genossen
- **Digby Scallops**: weltweit bekannt sind die Jakobsmuscheln aus der Bay of Fundy in Nova Scotia
- **Dulse**: in der Bay of Fundy und auf Prince Edward Island wird der rötlich-schwarze Seetang nach der Ernte getrocknet und dann als kleine Knabberei verzehrt
- **Lobster**: Atlantikhummer sind im Geschmack unverwechselbar; an der Atlantikküste sind sie in fast jedem Restaurant und in vielen Imbissläden zu bekommen
- **Malpeque Oysters**: im Norden von Prince Edward Island wachsen die Austern in der Malpeque Bay
- **Smoked Meat Sandwiches**: eine Montréaler Spezialität sind die dick mit herzhaft gewürztem Rauchfleisch belegten Brote
- **Solomon Gundy**: in Nova Scotia werden Heringe nach schottischem Rezept mariniert
- **Submarine Sandwiches**: mit Käse, Fleisch und anderen beliebigen Zutaten belegte Baguettebrote
- **Tarte aux bleuets**: in Québec geschätzter Kuchen mit Heidelbeeren
- **Tourtière**: im ganzen frankokanadischen Raum bekannte Pastete, die ursprünglich mit Wildbret gefüllt wurde, inzwischen aber auch mit Rindfleisch zubereitet wird

info

Ahornsirup

Die reichliche Verwendung von **Maple Syrup** ist etwas typisch Kanadisches! Der süße Saft der Ahornbäume wird nur in Ontario, Québec und in den Neuenglandstaaten der USA gewonnen, denn nur in diesen Landschaften liegen die nötigen klimatischen Voraussetzungen vor. Im späten, noch verschneiten Winter herrscht tagsüber strahlender Sonnenschein, während die Nächte frostreich und klirrend kalt sind. Bei solchen Wetterverhältnissen fließt der Saft einiger Ahornarten besonders reichlich.

Zum Sammeln des Safts wird die Baumrinde eingeschnitten, damit er in kleine, am Baumstamm befestigte Behälter fließen kann. Manchmal werden statt des Behälters auch Plastikschläuche an den Bäumen angebracht, durch die der Saft von mehreren Bäumen in einen Sammelbehälter fließt. Anschließend wird der Saft durch Erhitzen zum Sirup eingedickt.

Der Arbeitsaufwand ist insgesamt sehr hoch, entsprechend ist der Preis.

Ahornsirup wird bei der Zubereitung vieler Gerichte verwendet und ist besonders beim Kuchenbacken und als Sauce bei Pfannkuchen beliebt. Da der Bedarf groß ist, wird inzwischen ersatzweise Sirup aus Mais hergestellt; dieser ist preiswerter und wird in vielen Familien und einfacheren Restaurants zu den traditionellen Pfannkuchen gereicht.

Bekannte kanadische Produkte sind auch der mindestens 40 %ige **Whisky** der bekannten Marken „Seagram's" und „Canadian Club" und die **Biere** der großen Brauereien „Molson", „Labatt's", „Carling O'Keefe" und „Moosehead". Die kanadischen **Weine** haben in den letzten Jahren kontinuierlich größere internationale Anerkennung gefunden. Die Anbaugebiete im Osten Kanadas liegen in Ontario, Québec und Nova Scotia, etwa auf dem Breitengrad von Mailand. Eine Besonderheit sind die Eisweine, die weltweit Spitzenplätze belegen. Von der hohen Qualität der Weine können Sie sich am besten selbst auf den ausgeschilderten „wine routes" überzeugen.

Mahlzeiten im Restaurant

Frühstück

Zuerst wird Ihnen auffallen, dass die Tische im Coffee Shop oder im Restaurant (auch Fast Food) schon zum Frühstück gut besetzt sind. Berufstätige, Familien mit Kindern, Geschäftsleute und Reisende nehmen dort häufig das Frühstück ein. Sie können beim Frühstück zwischen dem bescheidenen **Continental Breakfast** (mit Toast oder Croissant, Marmelade oder Honig) und dem üppigen **American Breakfast** (mit Eiern, Schinken oder Speck, Kartoffeln, Toast, Marmelade u. v. m.) wählen. Der **Kaffee** ist weniger geröstet als bei uns, daher weniger aromatisch, wird aber kostenlos nachgeschenkt.

Lunch

Das Mittagessen wird meistens nur als kleine **Zwischenmahlzeit** in einem Coffee Shop, einem Fast-Food-Restaurant oder einer Cafeteria eingenommen. Dazu gehören Hamburger, Pommes frites, Sandwiches oder „poutine", aber auch frische Salate. Wollen Sie auf Ihr Mittagessen nicht verzichten, können Sie in vielen Restaurants schon die „daily specials" bestellen, die häufig zum Lunch preiswerter als zum Abendessen angeboten werden.

Dinner

Das Abendessen ist die **Hauptmahlzeit** der Kanadier und wird zwischen 18 und 21 Uhr eingenommen. Es besteht mindestens aus Vorspeise, Hauptgericht, Dessert und Kaffee oder Tee. Oft sind die Portionen auch in guten Restaurants sehr groß; es ist durchaus üblich, ein Menü mit zwei Gedecken zu bestellen. Sehr gut sind in der Regel die reichhaltigen Salatbüfetts. Vor der eigentlichen Dinnerzeit werden häufig die sogenannten „**early bird dinners**" zu einem deutlich niedrigeren Preis angeboten; dies ist eine gute Möglichkeit, mit Kindern frühzeitig zu Abend zu essen.

Abendessen als Hauptmahlzeit

Getränke

Die Kanadier trinken die meisten Erfrischungsgetränke eiskalt; deshalb werden die Softdrinks (Limonaden, Obst- und Gemüsesäfte) auch mit reichlich Eiswürfeln serviert. Anders als der Name es vermuten lässt, handelt es sich beim beliebten „**root beer**" nicht um ein Bier, sondern um ein sehr süßes, alkoholfreies Getränk aus kohlensäurehaltigem Wasser, Maiszucker, Zitronensäure, Birkenöl u. v. m. Da **Bier** in Kanada sehr beliebt ist, gibt es zahlreiche Brauereien, in denen u. a. auch alkoholarmes Bier gebraut wird. In Bars wird Bier oft vom Fass gezapft. **Alkoholische Getränke** werden nur in ausgewählten Restaurants mit einer entsprechenden Lizenz ausgeschenkt.

2. KANADA ALS REISEZIEL

Hinweis

In den **Allgemeinen Reisetipps** finden Sie – alphabetisch geordnet – reisepraktische Hinweise für die Vorbereitung Ihrer Reise und für Ihren Aufenthalt im Osten Kanadas. Die folgenden **Grünen Seiten** (ab S. 91) geben Auskunft über Beförderungskosten und Aufenthaltskosten im Reisegebiet. **Regionale Reisetipps** – Infostellen, Sehenswürdigkeiten, Adressen und Öffnungszeiten, Unterkünfte, Restaurants, Verkehrsmittel, Einkaufs- und Sportmöglichkeiten etc. – finden Sie in den Kapiteln 4–10 bei den jeweiligen Orten und Routenbeschreibungen. Alle Angaben über Preise, Telefonnummern, Websites, Öffnungszeiten etc. waren zum Zeitpunkt der Drucklegung gültig, sind aber konstant Änderungen unterworfen.

Allgemeine Reisetipps A–Z

Abkürzungen

Häufige Abkürzungen, die in Kanada auf Landkarten, Informationsbroschüren, Straßenschildern u. ä. gebraucht werden, sind:

a.m.	ante meridiem (vormittags)	NP	National Park
Ave.	Avenue	Pk.	Peak (Gipfel)
Bldg.	Building	Pkwy.	Parkway
Blvd.	Boulevard	Pl.	Place
CVB	Convention & Visitors Bureau	p.m.	post meridiem (nachmittags)
Dept.	Department	PP.	Provincial Park
Dr.	Drive	Q.E.W.	Queen Elizabeth Way
E.	East	Rd.	Road
Frwy.	Freeway	Rte.	Route
Hwy.	Highway	Res.	Reservoir (Stausee)
I.	Interstate (Autobahn)	RR	Rural Road
Ind. Res.	Indian Reservat	RV	Recreational Vehicle (Wohnmobil)
Ln.	Lane	S.	South
Mi	mile (Meile) 1,6 km	SP	State Park
Mt.	Mount	Sq.	Square
Mtn.	Mountain	SR	State Road
N.	North	St.	Street
Nat'l For.	National Forest	VC	Visitor Center (Besucherinformation)
NHS	National Historic Site	W.	West
NM	National Monument		

An- & Einreise

Knotenpunkte des internationalen Flugverkehrs im Osten Kanadas sind die Flughäfen von Toronto, Montréal und Halifax, zu denen täglich direkte **Linienflugverbindungen** von Europa aus bestehen, z. B. von Lufthansa, KLM/Northwestern, British Airways, Air France und Swiss von Frankfurt/Main, Düsseldorf, Zürich, Amsterdam, Paris und London aus.

Die größte kanadische Fluggesellschaft **Air Canada** (www.aircanada.com) gehört zur Star Alliance und hat ebenfalls regelmäßige Direktverbindungen nach Europa. In Zusammenarbeit mit Lufthansa werden ganzjährig jede Woche ca. 50 Nonstop-Flüge zwischen Deutschland und Kanada durchgeführt.

Von Mai bis Oktober gibt es auch **Nonstop-Charterflüge**, z. B. mit **Condor** von Frankfurt nach Toronto, von Münster/Osnabrück nach Halifax und weiter nach St. John´s/Newfoundland, oder mit der kanadischen Chartergesellschaft **Air Transat** ab Amsterdam nach Toronto und ab Brüssel und Basel nach Montréal.

▶ Einreise
Ähnlich wie die USA wird Kanada ein elektronisches Einreiseverfahren einführen, das kostenpflichtig ist. Das System heißt „**Electronic Travel Authorization**" (eTA)

und wird von allen Flugreisenden erhoben, die nicht visapflichtig sind. Die neue Regelung gilt seit dem 15. März 2016 und kostet $ 7 (ca. 5 €). Kanada-Reisende können sich ähnlich wie beim US-Verfahren ESTA online registrieren. Angaben müssen sie laut Ministerium nur wesentliche persönliche Daten, die auch bisher schon schriftlich bei der Einreise erhoben wurden. Die eTA-Genehmigung soll binnen weniger Minuten erteilt werden und ist dann fünf Jahre lang gültig. Informationen und Registrierung unter: http://www.cic.gc.ca/english/visit/eta.asp.

Für Aufenthalte bis zu sechs Monaten ist **kein** Einreisevisum erforderlich. Deutsche, Österreicher und Schweizer benötigen für die Einreise einen noch sechs Monate gültigen **Reisepass**; auch jedes Kind benötigt ein eigenes Ausweisdokument mit Foto, Kindereinträge im Reisepass der Eltern sind nicht mehr gültig. Kanada-Reisende müssen im Besitz eines Rückflug- oder Weiterreise-Tickets sein, bei der Einreise wird das genaue Rückreisedatum in den Reisepass gestempelt. **Impfungen** sind nicht vorgeschrieben.

> **Hinweis**
> Bei Kindern unter 18 Jahren, die allein oder nur mit einem Elternteil oder einer anderen Person nach Kanada reisen, muss eine Kopie der Geburtsurkunde und eine Einverständniserklärung des nicht mitreisenden Elternteils mitgeführt werden.

Für Haustiere muss ein amtstierärztliches Gesundheitszeugnis mit Eintrag der Tollwutschutzimpfung vorliegen; diese muss mindestens einen Monat und darf höchstens ein Jahr alt sein.

Auch in Kanada wurden in den letzten Jahren die allgemeinen Sicherheitsmaßnahmen zum Schutz vor terroristischen Anschlägen verstärkt, was zu deutlich zeitaufwendigeren Kontrollen führt.

Die „Customs Declaration Card" wird im Flugzeug verteilt und ausgefüllt und im Flughafengebäude dem Beamten von „Immigration Canada" zusammen mit dem Pass vorgelegt. Dann folgt ein längeres Gespräch mit dem Beamten, der nach dem Grund der Reise, der Dauer des Aufenthaltes und dem genauen Aufenthaltsort fragt. Es empfiehlt sich, die Anschrift der ersten Unterkunft mit Postleitzahl bereit zu halten.

Am Ende des Gesprächs bekommt man den Einreisestempel in den Reisepass, auch die Zollkarte wird gestempelt und dem Reisenden wieder ausgehändigt. Beim Verlassen der Abfertigungshalle muss man die Karte dem Zollbeamten abgeben.

Beachten Sie bitte:
- Familien mit maximal fünf Mitgliedern, die alle dieselbe Anschrift haben, brauchen nur eine Karte auszufüllen;
- unter „Part B" muss die geplante Aufenthaltsdauer in Kanada angegeben werden;
- Jedes Geschenk mit einem Wert über $ 60 muss einzeln aufgeführt und gegebenenfalls auch verzollt werden;
- Für Besucher, die in Kanada studieren wollen, gibt es ein eigenes Feld;
- die Einfuhr von Pflanzen, Fleisch- und Wurstwaren oder anderer landwirtschaftlicher Produkte ist nicht erlaubt.

Auskunft (s. auch Botschaften/Konsulate S. 69)

Destination Canada
Destination Canada, 800-1045 Howe St., Vancouver, BC, V6Z 2A9, info@destination-canada.com, https://de-keepexploring.canada.travel.

Büro Deutschland: TravelMarketing Romberg TMR GmbH, Schwarzbachstr. 32, 40822 Mettmann, ☎ 0207-389-9984, info@travelmarketing.de, www.travelmarketing.de
Fremdenverkehrsämter der kanadischen Provinzen
* **Ontario**: www.ontariotravel.net/ger/home und www.ontariotourism.com
* **Québec**: www.quebecregion.com/en
* **New Brunswick**: www.tourismnewbrunswick.ca
* **Newfoundland & Labrador**: www.newfoundlandlabrador.com
* **Nova Scotia**: www.novascotia.com
* **Prince Edward Island**: www.tourismpei.com

▶ **Vertretungen der kanadischen Provinzen in Deutschland**
* **Ontario Tourismus**, Bavariaring 38, 80336 München, ☎ 089-689063837, info@lieb-management.de, www.ontariotravel.net/ger/home.
* **Québec Original, Tourisme Québec**, c/o Global Communication Experts GmbH, Hanauer Landstr. 184, 60314 Frankfurt, ☎ 069-175371030, quebec.original@gce-agency.com, www.quebecoriginal.com/en
* **Nova Scotia Tourismus Information**. c/o Travel Marketing Romberg, Schwarzbachstraße 32, 40822 Mettmann, ☎ 02104-286672, www.novascotia.com/deutsch/willkommen-in-nova-scotia

Weitere Informationen finden Sie bei den jeweiligen Ortsbeschreibungen in den einzelnen Reisekapiteln.

Autofahren

Im Allgemeinen fährt man entspannter, langsamer, weniger hektisch und Fußgängern gegenüber rücksichtsvoller als in Europa. Die **Verkehrsvorschriften** in Kanada entsprechen im Wesentlichen den europäischen. Es wird rechts gefahren; es besteht Anschnallpflicht; alle Entfernungen sind in Kilometern angegeben; das Fahren unter Alkoholeinfluss ist grundsätzlich strafbar. In allen kanadischen Provinzen ist eine Haftpflichtversicherung gegen Schäden bei Dritten zwingend vorgeschrieben.

Beachten Sie bitte:
* Die Alkoholgrenze liegt je nach Provinz zwischen 0–0,8 Promille, meist bei 0,5 Promille. Für Fahranfänger und Fahrer bis 21 Jahren gilt allerdings generell 0,0. Alkoholische Getränke, die nicht mehr original verpackt sind, müssen im Kofferraum transportiert werden.
* Es ist nicht üblich, die Fahrspur häufig zu wechseln. Jeder Spurwechsel muss deutlich angezeigt werden.
* An unübersichtlichen Stellen, Kreuzungen, Bahnübergängen, Kurven und Kuppen besteht generelles Überholverbot.
* Auf den Autobahnen beträgt die Höchstgeschwindigkeit meist 110 km/h, auf Landstraßen 80 km/h, in Ortschaften 50 km/h. Alle Geschwindigkeitsbeschränkungen sind deutlich markiert und werden in der Regel eingehalten.
* Im Bereich von Verkehrsampeln, 15 m vor und hinter Bahnübergängen und vor Hydranten herrscht absolutes Halteverbot.
* An haltenden Schulbussen mit eingeschaltetem roten Warnblinklicht darf in keiner Richtung vorbeigefahren werden.
* Auf mehrspurigen Autobahnen wird die rechte Fahrspur oft, gelegentlich sogar recht unvermittelt, zur Rechtsabbiegespur ausgewiesen mit den Worten „this lane must turn right".

Außerdem ist zu beachten:
* Die Ampeln an den Kreuzungen sind jeweils **hinter** der Kreuzung und meist relativ hoch über der Mitte der Fahrbahn angebracht; das Licht wechselt direkt von Rot auf Grün.

- In einigen Provinzen ist auch bei **rotem Lichtsignal** das Rechtsabbiegen erlaubt, sofern die Straße frei ist.
- Wenn nicht anders ausgeschildert oder an Stoppschildern mit der Ergänzung „4 ways" gilt an vielen Kreuzungen „wer zuerst kommt, fährt zuerst" („first in – first out"), abweichend von unserer bekannten Rechtsvorfahrt.
- Die Geschwindigkeitsbeschränkung (speed limit) wird zweimal angekündigt und gilt erst ab dem Hinweis „speed limit begins"; dabei unterscheidet sich das Hinweisschild für Geschwindigkeitsbegrenzungen von dem deutschen Schild.

Zur besseren Orientierung hier eine kurze **Übersicht über die gebräuchlichsten französisch sprachigen Verkehrsschilder** in Québec:

Arrêt	Halt
Arrêt Interdit	Halten verboten
Cul-de-sac	Sackgasse
Demi-tour Interdit	kein Wenden in Gegenrichtung
Déviation	Umleitung
Fin	Ende
Lentement	langsam
Stationnement	Parkzone
Stationnement Interdit	Parkverbot
Vitesse	Geschwindigkeit

Automobilclubs

Größter kanadischer Automobilclub ist die CAA (Canadian Automobile Association, www.caa.ca). Für ADAC-Mitglieder oder vergleichbare assoziierte europäische Automobilclubs stellt der CAA sein umfangreiches Informations- und Kartenmaterial kostenlos zur Verfügung.

Zweigstellen des CAA finden Sie in allen größeren Städten des Ostens:
- **CAA North & East Ontario**, Ottawa, P.O.Box 8350 STN T CSC, K1G 3T2, ☎ 613-820-1890 oder 1-800-267-8713, www.caaneo.on.ca
- **CAA South Central Ontario**, Thornhill, 60 Commerce Valley Dr. E., ☎ 905-771-3000 oder 1-866-988-8878, www.caasco.com
- **CAA Niagara**, Thorold, 3271 Schmon Pky, ☎ 905-984-8585, www.caaniagara.ca
- **CAA Québec**, Québec, 444 Bouvier St., ☎ 514-861-7575 oder 1-800-686-9243, www.caaquebec.com/en
- **CAA Atlantic**, Saint John, 378 Westmorland Rd., ☎ 1-800-561-8807, www.atlantic.caa.ca

Der **ADAC** hat in den Sommermonaten eine deutschsprachige Notrufstation in Orlando/Florida eingerichtet, die aus Kanada und den USA unter der kostenlosen Telefonnummer 1-888-222-1373 erreichbar ist.

Autovermietung

Die großen internationalen Firmen wie Avis, Nationalcar, Hertz oder Budget haben Niederlassungen in fast jeder Stadt und immer in der Nähe der internationalen Flughäfen. Daneben gibt es eine Anzahl lokaler Vermieter, die meist etwas preisgünstiger sind, jedoch im Schadensfall hinter den Leistungen der großen Firmen zurückstehen. Die Anschriften der Mietwagenfirmen finden Sie auf den Gelben Seiten des Telefonbuches unter „car rental" oder „automobile rentals".

Die Preise sind abhängig von der Größe des Fahrzeugs, der Mietdauer und besonderen Vereinbarungen (Kilometerbeschränkung, Einwegmieten u. ä.). Die Fahrzeugflotten der großen Mietwagenfirmen haben eine breit gefächerte und neuwertige Angebotspalette:

Economy	(A)	Kleinwagen
Compact	(B)	untere Mittelklasse
Intermediate/Mid Size	(C)	obere Mittelklasse
Full Size	(D)	Oberklasse
Station Wagon	(F)	Kombi / SUV
Minivan	(V)	Kleinbus mit 7 Sitzplätzen

Alle Mietwagen sind mit Automatik, Radio, meistens auch mit Klimaanlage, Tempomat und elektrischen Fensterhebern ausgestattet. Es ist meist preisgünstiger, den Wagen schon im Heimatland zu buchen, am besten zusammen mit dem Flug oder der Unterkunft. Dabei kommen günstigere Tarife zur Anwendung; außerdem können Sie sicher sein, dass das Auto direkt am Flughafen bereitsteht.

Rufnummern (in Kanada) einiger internationaler Mietwagenfirmen
Avis: ☏ 1-800-879-2847   **Budget**: ☏ 800-268-8900
Hertz: ☏ 1-800-654-3131

Erkundigen Sie sich:
• ob der Wagen eine unbegrenzte Kilometerleistung hat;
• welche Steuern im Preis enthalten oder noch zusätzlich zu entrichten sind; die staatlichen Steuern sind obligatorisch;
• welche Versicherungen im Preis enthalten oder noch zu zahlen sind,
• welche Kosten für Einwegmieten oder Rückführungen anfallen;
• welche Kosten bei verspäteter Abgabe entstehen.

Für die Bezahlung und die erforderliche Kaution werden in der Regel ausschließlich Kreditkarten (Visa, American Express, Mastercard/Eurocard, Diners) akzeptiert. Beachten Sie bitte bei einem Preisvergleich immer den Endpreis, denn die eingeschlossenen Leistungen sind sehr unterschiedlich.

Führerschein
Zwischen Deutschland und Kanada wurde eine Vereinbarung zur Anerkennung des deutschen Pkw-Führerscheins getroffen, sodass bis zu einer Aufenthaltsdauer von drei Monaten mit dem deutschen Führerschein gefahren werden kann. Die meisten Mietwagenfirmen verlangen den nationalen Führerschein bei einem Mindestalter von 21 Jahren, bei Wohnmobilen von 25 Jahren, vorsorglich sollte man auch einen internationalen Führerschein mitnehmen. Der internationale Führerschein hat in Verbindung mit dem nationalen Führerschein drei Jahre Gültigkeit.

Straßenverkehr
Das kanadische Straßennetz ist sehr gut ausgebaut. Die wichtigsten Städte des Landes sind durch Highways miteinander verbunden. Alle Highways sind nummeriert und ausgeschildert. Anders als in Deutschland werden auf den Hinweisschildern meist keine Ortsnamen, sondern nur die Highway-Nummern genannt; das gleiche gilt für die Ausfahrten, die ebenfalls nummeriert sind. Zusätzlich wird neben der Nummerierung noch die Himmelsrichtung North, South, East oder West angegeben, in der der Highway auf seiner Gesamtstrecke verläuft. Es empfiehlt sich deshalb, sich bei der Reiseplanung die genauen Nummerierungen einzuprägen, vielleicht sogar aufzuschreiben.

Die Highways sind klassifiziert:
• „Expressways" sind mehrspurige, deutschen Autobahnen vergleichbare Hauptverkehrsstraßen in den Ballungsgebieten. Sie sind sehr gut ausgebaut, meist in sehr gutem Zustand und die schnellsten Verkehrswege innerhalb einer Region.

- Die **„King's Highways"** sind Fernverkehrsstraßen zwischen den Großstädten. Sie sind in der Regel ebenfalls mehrspurig und kreuzungsfrei ausgebaut; in geringer besiedelten ländlichen Gegenden sind sie meist nur noch zweispurige Fernverkehrsstraßen.
- Die anderen Fernverkehrsstraßen **„Secondary Highways"** und **„Tertiary Roads"** sind ebenfalls in der Regel zweispurige Verbindungsstraßen, die etwa unseren Landstraßen entsprechen.
- Das nur sehr schwach besiedelte Landesinnere und der hohe Norden sind teilweise durch **„Gravel Highways"**, geschotterte Pisten, erschlossen, bei denen eine vorsichtige Fahrweise unbedingt anzuraten ist.

Die vorgegebenen **Geschwindigkeitsbegrenzungen** werden auf den Highways häufig kontrolliert. Beachten Sie bitte bei Ihrer Reiseplanung, dass Sie aufgrund der generellen Geschwindigkeitsbegrenzung sehr viel kürzere Tagesetappen einplanen, als dies in Europa der Fall wäre.

Hinweis
Auf der Express Toll Route 407 von Toronto nach Niagara Falls erfolgt die Mautbezahlung per Erfassung des Kennzeichens über die Toll Bridges. Die Mietwagenfirma belastet den Fahrer, zusätzlich fallen jedoch Verwaltungskosten der Verleihfirma an.

Tankstellen

In den Vororten der Großstädte in Ontario und Québec, an den großen Einkaufsmalls und vor allem entlang der Highways gibt es viele Tankstellen; auch in den ländlichen Gebieten im Süden von Ontario und Québec und in den Atlantikprovinzen ist das Tankstellennetz ausreichend ausgebaut. Bei Fahrten ins weite, schwach besiedelte Landesinnere und in den Norden empfiehlt es sich, an jeder Tankstelle voll zu tanken oder unbedingt ausreichend Benzinvorräte mitzunehmen. Als Kraftstoffe werden in Kanada **Diesel** und bleifreies **Benzin** *(unleaded)* getankt, das nach der Höhe der Oktanzahl unterschieden wird: Regular 87 Oktan, Mid Grade 89 Oktan, Premium 91 Oktan.

Behinderte

Reisenden mit Behinderung *(handicapped persons)* tritt man freundlich, natürlich und hilfsbereit gegenüber. Besondere Einrichtungen wie kostenlose Bereitstellung von Rollstühlen auf Flughäfen und in Vergnügungsparks, abgesenkte Bordsteinkanten an Kreuzungen, Behindertenparkplätze, behindertengerechte Telefonzellen, Toiletten und Eingänge und rollstuhlgerechte Wege in Nationalparks sind weit verbreitet.

Im Internet finden Sie englischsprachige Informationen für behinderte Reisende unter www.accesstotravel.gc.ca.

Botschaften/Konsulate

Deutsche Vertretungen in Kanada
- **Deutsche Botschaft**, 1 Waverley St., Ottawa, ON, K2P 0T8, ☏ 613-232-1101, www.kanada.diplo.de
- **Deutsches Generalkonsulat**, 1250 René-Lévesque Boulevard West, Suite 4315, Montreal, QC H3B 4W8, ☏ 416-925-2813, www.kanada.diplo.de
- **Deutsches Generalkonsulat**, 1250, boulevard René Lévesque, Montréal, QC, H3B 4W8, ☏ 514-931-2277, www.montreal.diplo.de

- **Deutsches Honorarkonsulat**, 2 Winter Place, St. John's, NL, A1B 1J6, ☏ 709-739-9727
- **Deutsches Honorarkonsulat**, 1100 Purdy's Wharf Tower One, 1959 Upper Water St., Halifax, NS, B3J 3E5, ☏ 902-420-1599

Österreichische Vertretungen in Kanada
- **Österreichische Botschaft**, 445 Wilbrod St., Ottawa, ON, K1N 6M7, ☏ 613-789-1444, www.bmeia.gv.at
- **Österreichisches Konsulat**, 1096 Marginal Rd., Suite 140, Halifax, NS, B3H4N4, ☏ 902-444-3891, www.bmeia.gv.at
- **Österreichisches Generalkonsulat**, 1100, rue Sherbrooke ouest, Suite 1604, Montréal, QC, H3A 2R7, ☏ 514-845-8661, www.bmeia.gv.at
- **Österreichisches Honorargeneralkonsulat**, 30 St. Clair Ave. W., Suite 607, Toronto, ON., M4V 3A1, ☏ 416-967-4867, www.bmeia.gv.at

Vertretungen der Schweiz in Kanada
- **Schweizer Botschaft**, 5 Marlborough Ave., Ottawa, ON, K1N 8E6, ☏ 613-235-1837, www.eda.admin.ch/canada
- **Schweizer Generalkonsulat**, 1572 Av. Dr. Penfield, Montréal, QC, H3G 1C4, ☏ 514-932-7181, www.eda.admin.ch/montreal
- **Schweizer Konsulat**, 1550 Bedford Highway, Suite 304, Bedford, NS, B4A 1E6, ☏ 902-835-1291, www.eda.admin.ch/canada
- **Schweizer Konsulat**, 7545 Av. Grignon, Québec, QC, G1H 6V7, ☏ 418-803-5717, www.eda.admin.ch/canada

Kanadische Vertretungen in Deutschland
- **Kanadische Botschaft**, Leipziger Platz 17, 10117 Berlin, ☏ 030-203120, www.canadainternational.gc.ca/germany-allemagne/
- **Konsulat von Kanada**, Benrather Straße 8, 40213 Düsseldorf, ☏ 0211-17 2170
- **Konsulat von Kanada**, Tal 29, 80331 München, ☏ 089-2199-570
- **Honorarkonsul von Kanada**, Leitzstraße 45, 70469 Stuttgart, ☏ 0711-223-9678

Kanadische Vertretung in Österreich
- **Kanadische Botschaft**, Laurenzer Berg 2, A-1010 Wien, ☏ 01531-383000, www.canadainternational.gc.ca/austria-autriche/

Kanadische Vertretung in der Schweiz
- **Kanadische Botschaft**, Kirchenfeldstr. 88, CH-3005 Bern, ☏ 031-3573-200, www.canadainternational.gc.ca/switzerland-suisse/

Camping

Kanada verfügt in allen Ostprovinzen über eine große Anzahl von Campingplätzen (campgrounds), die in der Regel sehr sauber sind. Die Preise sind abhängig von der Ausstattung; Grillstelle und ein Picknicktisch mit Bänken gehören zu fast jedem Platz. Besonders zu empfehlen sind die Zelt- und Stellplätze (campsites) in den National- und Provinzparks (www.pc.gc.ca oder www.pccamping.ca), da diese immer in landschaftlich schönen Gegenden liegen und fast immer sehr viel Raum bieten. Reservierungen sind nicht für alle Parks möglich; in dem Fall wird so verfahren, dass der zuerst Kommende den Platz erhält, sodass es vor allem in der Hochsaison günstig ist, schon früh am Tag anzukommen und den Platz zu belegen. In den National- und Provinzparks ist das Campen nur auf den ausgewiesenen Plätzen erlaubt. **Wildes Campen** in der Natur ist in der Regel unzulässig, aber in manchen Parks kann man im Besucherzentrum ein „permit" erwerben, das das Übernachten auf einem „wilderness campground" erlaubt.

Private Campingplätze sind teurer, häufig aber auch komfortabler, da sie über bessere sanitäre Einrichtungen, Einkaufsmöglichkeiten, Restaurant, Aufenthaltsräume mit Fernsehen und PC verfügen.

Eine gute Zusammenstellung der Campingplätze in Ontario, Québec und den Atlantikprovinzen finden Sie in den CAA-**Camp Books**, die Sie in den Zweigstellen des CAA erhalten oder bei dem Unternehmen KOA (Kampgrounds of America, www.koa.com), das in Kanada knapp 50 gut ausgestattete Campingplätze betreibt, die meist in der Nähe touristischer Sehenswürdigkeiten liegen.

Auch entlang der Highways gibt es einige „Rest Areas", auf denen das Übernachten erlaubt ist – entsprechende Schilder sind aufgestellt.

▶ Camperverleih

Kanada ist aufgrund seines guten Straßennetzes und der ausgezeichneten Campingplätze für Camperferien sehr geeignet. Die Kosten für ein Reisemobil liegen in der Hauptsaison je nach Größe zwischen $ 80 und $ 200 pro Tag. Dabei wird unterschieden zwischen „Camper(vans)" und „Motorhomes". Da die Nachfrage in den Sommermonaten sehr groß ist, ist eine frühzeitige Reservierung über ein heimisches Reisebüro empfehlenswert.

Bei der Anmiete eines Reisemobils ist u. a. Folgendes wichtig:
- Beachten Sie bei der Routenplanung, dass zu lange Fahrstrecken pro Tag nicht sinnvoll sind.
- Wählen Sie den Wagen je nach Personenzahl nicht zu klein.
- Planen Sie den Tag nach Ihrer Ankunft noch nicht als Reisetag ein, denn Sie brauchen die Zeit für organisatorische Dinge und Einkäufe und um das Wohnmobil kennenzulernen.
- Bei der Übernahme müssen Sie für das Ausrüstungspaket (convenience kit) eine Gebühr ab ca. $ 50 pro Person bezahlen; dies enthält Schlafsack, Kopfkissen, Bettlaken, Handtücher und die Küchenausstattung.
- Lassen Sie sich bei der Fahrzeugübergabe genau informieren, vor allem über die Systeme der Abwasser- und Wassertanks, Heizung, Warmwasserzubereitung, Kühlschrank, Klimaanlage und Gasversorgung.
- Halten Sie den vereinbarten Rückgabetermin ein (meist Mo–Sa zwischen 9 und 11 Uhr), denn bei verspäteter Rückgabe wird eine Gebühr von mindestens $ 25 pro Stunde erhoben.
- Das Mindestalter für den Fahrer ist 25 Jahre (u. U. auch 21 Jahre); Fahrten in die USA, z. B. nach Niagara Falls, sind erlaubt, nicht jedoch nach New York City.

Einkaufen

Einkaufen wird dem Kunden in kanadischen Städten im Hinblick auf das Warenangebot, die Öffnungszeiten und den Service leicht gemacht. In allen größeren Orten gibt es große Einkaufszentren, moderne Kaufhäuser und Boutiquen. In den großen, verglasten Malls, wie z. B. im Eaton Centre in Toronto und den unterirdischen Einkaufspassgen von Montréal, ist das Einkaufen in Hunderten von großen und kleinen Geschäften auch noch in den kalten Wintermonaten möglich. Kleine, originelle Läden findet man in alten, inzwischen renovierten Stadt- oder Hafenvierteln wie Queens Quay in Toronto oder in den Historic Properties in Halifax.

Es gibt keine einheitlichen Öffnungszeiten. In der Regel sind Supermärkte Mo–Sa bis 22 Uhr geöffnet, in den Großstädten auch manchmal 24 Stunden an jedem Tag des Jahres. Kleinere Geschäfte sind meist Mo–Sa von 9.30–18 Uhr geöffnet, Do/Fr manchmal bis 21 Uhr. In den Malls haben die Geschäfte häufig auch So bis 18 oder 20 Uhr geöffnet.

Anders sieht es in den abgeschiedenen ländlichen Regionen aus, wo ein einzelner „Store" alles anbietet, was im alltäglichen Leben gebraucht wird, nicht nur Lebensmittel, sondern auch Kleidung, Werkzeug, Holz oder Benzin. Vor einer Fahrt ins weite Hinterland oder in den hohen Norden ist es deshalb ganz wichtig, die eigenen Vorräte bei jeder sich bietenden Gelegenheit aufzufüllen. .

Essen & Trinken

➤ Alkoholische Getränke

Alkoholische Getränke werden nur in staatlich kontrollierten „Liquor Stores" verkauft an Personen, die mindestens 18 (in den Provinzen Alberta, Manitoba und Québec) bzw. 19 Jahre (in anderen Provinzen) Jahre alt sind (jüngere Menschen dürfen Alkohol auch nicht konsumieren); das gilt auch für Bier. In Supermärkten gibt es nur alkoholfreies Bier oder „Light Beer". Die „Liquor Stores" sind im Allgemeinen Mo–Fr von 10–18 Uhr, Sa von 9–12 Uhr geöffnet. Eine Ausnahme ist die Provinz Québec, wo man Alkohol auch in einigen Lebensmittelgeschäften kaufen kann.

In der Öffentlichkeit sind alkoholische Getränke generell nicht erlaubt. Da auch Coffee-Shop- und Fast-Food-Ketten an den Highways und in den Malls keine Lizenz haben, dürfen nur Restaurants, die durch den Hinweis „fully licensed" gekennzeichnet sind, alkoholische Getränke ausschenken.

➤ Restaurantbesuche (s. auch „Aus Küche und Keller" S. 59)

Fast-Food-Ketten, Restaurantketten, Hotelrestaurants, Landgasthäuser, Diner – die Auswahl an Restaurants ist riesig, genauso wie die Vielfalt der Küchen, die häufig von den Herkunftsländern der Restaurantbesitzer geprägt ist.

Einige Besonderheiten gibt es beim Restaurantbesuch:

- Zunächst ist es üblich, außer in den Fast-Food-Restaurants, auf die Zuweisung eines Tisches zu warten, wie die Hinweise „please, wait to be seated" anzeigen.
- Die Portionen sind häufig sehr groß, deshalb ist es nicht ungewöhnlich, ein Gericht für zwei Personen zu bestellen oder die Überreste im „doggy bag" mitzunehmen.
- Nachmittags zwischen 16 und 18 Uhr werden häufig „Early Bird Dinner" zum ermäßigten Preis angeboten.
- Es ist nicht üblich, sich nach dem Essen noch lange im Restaurant aufzuhalten. Meist wird gleich nach dem Abräumen die Rechnung gebracht, und es wird erwartet, dass der Gast seinen Platz schnell verlässt. Nach dem Essen wechselt der Kanadier lieber noch in eine Bar, um sich dort in Ruhe zu entspannen
- Es wird allgemein erwartet, dass der Gast ein Trinkgeld von 15–20 % gibt, da das Trinkgeld eine wichtige Ergänzung des sehr niedrigen Lohnes der Angestellten ist. Die Rechnung wird häufig an einer Kasse am Ausgang bezahlt; das Trinkgeld (tip) wird für den Kellner auf den Tisch gelegt.
- Auch aufgrund des Steuerzuschlags von je nach Region 13–15 % (s. auch „Preise", S. 78) ist der Besuch namentlich von etwas „gehobeneren" Restaurants z. T. spürbar teurer als hierzulande.

Rauchen ist in Restaurants generell nicht erlaubt.

Feiertage & Festivals

Neben den kirchlichen Festen gibt es eine Reihe jährlich wiederkehrender Feste; einige dieser Feste haben kein festes Datum, sondern liegen jeweils auf einem bestimmten Montag, wodurch den freizeitbewussten Kanadiern mehrere verlängerte Wochenenden möglich sind. Darüber hinaus gibt es zusätzliche Feiertage in den einzelnen Provinzen.

> **Feiertage**

Neujahr	1. Januar
Karfreitag	(nicht in Québec, wechselnde Daten)
Ostermontag	(wechselnde Daten)
Victoria Day	letzter Montag vor dem 25. Mai
Canada Day	1. Juli (Nationalfeiertag)
Labour Day	1. Montag im September
Thanksgiving	2. Montag im Oktober
Remembrance Day	11. November
Christmas Day	25. Dezember
Boxing Day	26. Dezember (nicht in Québec)

An allen gesetzlichen Feiertagen sind Banken, Geschäfte und Behörden geschlossen.

> **Festivals**

In allen Provinzen wird gerne und häufig gefeiert; nahezu jeder kleine Ort begeht seine eigenen Festtage. Zu den großen Veranstaltungen und Festivals zählen:

Ontario	
Januar	**Winter Festivals** in Toronto
Februar	**Winterlude Festival** in Ottawa mit Wintersport und Eisskulpturen-Wettbewerb, **Bon Soo Winter Carnival** in Sault-Ste-Marie mit Schlittenhunderennen
März	**Ahornsirupfestival** in Elmira mit Pferdekutschfahrten und Vorführungen zur Herstellung von Ahornsirup
April	**Stratford Festival** in Stratford, bekannte Theateraufführungen von Ende April bis Oktober
Mai	**Canadian Tulip Festival** in Ottawa, **Shaw-Festival** in Niagara-on-the-Lake, von Ende Mai bis Oktober
Juli	**International Picknick** in Toronto, **Great Rendezvous Pageant** in Thunder Bay, **Cambridge Scottish Festival** in Cambridge
August	**Wikwemikong Indian Pow Wow** auf Manitoulin Island, **Caribana** in Toronto, **Six Nations Indian Pageant** in Brantford, **Canadian National Exhibition** in Toronto
September	**Toronto International Film Festival** in Toronto, **Muskoka Calvacade of Colour** in Muskoka
Oktober	**Oktoberfest** in Kitchener-Waterloo
November	**The Royal Agricultural Winter Fair** in Toronto
Dezember	**Santa Claus Parade** in Ottawa
Québec	
Januar	**International Curling Tournament** in Québec
Februar	**Winter Carnival** in Québec
April	**Ahornsirupfest** in Plessisville bei Québec
Juni	**Jazz Festival** in Montréal, **Jahrmarkt Expo** in Trois-Rivières
Juli	**Festival d'été** in Québec, **Schwimmfestival** am Lac Saint-Jean, **Internationaler Feuerwerkerwettbewerb** in Montréal

August	**Internationales Filmfestival** in Montréal
September	**Kanurennen** bei Trois-Rivières
Oktober	**Erntedankfeste** in der ganzen Provinz
Dezember	**Santa Claus Festival** in Québec
Atlantikprovinzen	
März	**Ahornsirupfeste** in Nova Scotia
Mai	**Apfelblütenfest** im Annapolis Valley/NS, **Scotia Festival of Music** in Halifax/NS
Juni	**Nova Scotia Tattoo** in Halifax/NS, **Charlottetown Festival** auf Prince Edward Island
Juli	**Highland Games** in Antigonish/NS, **Signal Hill Tattoo** in St. John's/NL
August	**Gaelic Mod** in St. Ann's/NS, **Highland Village Day** in Iona/NS, **Royal St. John's Regatta** in St. John's/NL, **Une Longue Veille** in Cape St. George/NL.
Oktober	Erntedankfeste
Dezember	**Grand Parade** am 31. Dezember in Halifax/NS

Flüge (s. auch Anreise S. 61)

Knotenpunkte des internationalen Flugverkehrs im Osten Kanadas sind die Flughäfen von Toronto, Montréal und Halifax. Von diesen Zentren aus gibt es Flugverbindungen zu allen anderen Landesteilen und zu den amerikanischen Metropolen, z. B. Chicago, Boston und New York.

Der wichtigste Flughafen ist der **Toronto Pearson International Airport**, die größte kanadische Fluggesellschaft mit einem dichten Flugnetz ist Air Canada (www.aircanada.com). Daneben gibt es weitere nationale Airlines wie Westjet (www.westjet.com), Porter Airlines (www.flyporter.com) und in den einzelnen Provinzen oder Regionen mehrere kleinere regionale Fluggesellschaften, zu deren Leistungsangebot auch Flüge mit kleinen Maschinen und Wasserflugzeugen gehören. Diese sind für den kanadischen Alltag sehr wichtig, da sie in den dünn besiedelten, durch keine Straßen erschlossenen Gebieten des Nordens oftmals die einzige Verbindung zur Außenwelt sind.

Für den innerkanadischen Flugverkehr gibt es für Touristen, besonders für Jugendliche und Studenten, preisgünstige Sondertarife, die schon zusammen mit dem Transatlantikflug gebucht werden müssen.

Auf für innerkanadische Flüge wurden zum Schutz vor terroristischen Anschlägen die allgemeinen Sicherheitsmaßnahmen verschärft. Auf den Flughäfen muss man deshalb verstärkt mit Kontrollen rechnen.

Geld, Geldwechsel & Zahlungsmittel

Wechselkurs (Stand April 2017)
1 kanadischer $ (CAD) = 0,70 €, 1 € = 1,43 CAD,
1 kanadischer Dollar (CAD) = 0,75 CHF, 1 CHF = 1,34 CAD

1 kanadischer Dollar hat 100 Cent.

Im Umlauf sind Münzen zu 1, 5, 10, 25, 50 Cent, $ 1 und $ 2 sowie Banknoten zu $ 5, $ 10, $ 20, $ 50 und $ 100, aber in vielen Geschäften werden Banknoten nur bis 50 $ angenommen. Die $-1.000-Note ist seit 2000 nicht mehr im Umlauf, aber nach wie vor gültig. Die Münzen haben eigene Namen: der Cent (1 c), der Nickel (5 c), der Dime (10 c), der Quarter (25 c), der Half Dollar (50 c), der Loonie (1 $) und der Toonie (2 $).

Auf der Vorderseite aller Münzen ist das kanadische Staatsoberhaupt, Queen Elizabeth II., abgebildet.
Europäische Währungen werden in Banken, Wechselstuben und großen Hotels umgetauscht, aber **Geldumtausch** ist in der Regel schwierig und zeitaufwendig.

Traveller-Schecks, die auf kanadische Dollar ausgestellt sind und aus Sicherheitsgründen empfohlen werden, tauscht man am einfachsten an den Flughäfen und im Zentrum der Großstädte um. Es kann passieren, dass sie in Geschäften nicht mehr überall wie Bargeld akzeptiert werden.

Ein- und Ausfuhr von kanadischen Dollars und fremden Währungen sind nicht beschränkt.

▸ Banken
Die kanadischen Banken sind normalerweise von Mo–Fr zwischen 10 und 15 Uhr geöffnet; in den Großstädten gelten häufig längere Öffnungszeiten.

▸ Kreditkarten
Kreditkarten sind das gebräuchlichste Zahlungsmittel, das viel häufiger als in europäischen Ländern benutzt und auch bei kleinsten Beträgen in Geschäften, Restaurants oder an der Tankstelle eingesetzt wird. Hotel- oder Mietwagenreservierungen sind nur mit Kreditkarten möglich, von denen Mastercard und Visa, American Express und Diners Club am weitesten verbreitet sind. Inzwischen kann man auch mit einer Maestro-fähigen BankCard (der ehemaligen EC-Karte) und der entsprechenden PIN an den meisten Geldautomaten (ATM, Automated Teller Machines) Bargeld abheben.

☞ **Kreditkartenverlust**
Bei Verlust oder Diebstahl der Kredit- oder Bankkarte gibt es in Deutschland eine einheitliche Sperrnummer: ☎ 0049-116 116 oder im Internet www.sperr-notruf.de. Es ist empfehlenswert, vor der Abreise eine Kopie von Vorder- und Rückseite der Kreditkarte zu machen und sich die Service- und Notfallnummer der ausstellenden Bank zu notieren.

Gesundheit

▸ Apotheke
Medikamente, auch rezeptpflichtige, erhalten Sie in den „pharmacies", die meistens in Drugstores, großen Kaufhäusern und Malls zu finden sind, wo außer Medikamenten auch Toiletten- und Kosmetikartikel verkauft werden. Reisende, die auf die Einnahme eines bestimmten Medikamentes angewiesen sind, sollten dieses sowie eine Rezeptkopie oder eine ärztliche Verordnung in englischer Sprache mit nach Kanada nehmen, damit ein Arzt im Bedarfsfall das Rezept erneuern kann. In Notfällen stehen die Ambulanzkliniken (emergency clinics, ambulances) zur Verfügung.

▸ Insektenschutz
Ab Juni ist es empfehlenswert, wegen der vielen örtlich auftretenden Mücken und Moskitos Insektenschutzmittel (insect repellent) zu kaufen. Die Mitnahme von Stiften oder

Sprays nach Kanada lohnt sich nicht, da viele Mücken resistent gegenüber den europäischen Mitteln sind.

▶ Medizinische Versorgung

Kanada mit dem staatlichen Gesundheitssystem Medicare hat flächendeckend eine sehr gute medizinische Versorgung. Jedoch sind Arzt-, Behandlungs- und Krankenhausaufenthaltskosten sehr hoch, sodass der Abschluss einer Auslandskrankenversicherung mit Rücktransport auf jeden Fall empfehlenswert ist. In einem akuten Notfall ruft man die Ambulanz (**Notruf 911**) oder geht in eine sogenannte „Walk-in-clinic" oder in die Notaufnahme (emergency room) eines Krankenhauses. Die Kosten müssen vor Ort bezahlt werden.

Kartenmaterial

Neben der diesem Buch beigefügten Karte im Maßstab 1:4.000.000 bekommen Sie bei den Fremdenverkehrsämtern der einzelnen Provinzen und in den Touristenbüros der Städte gutes Informations- und Kartenmaterial meist kostenlos. Sehr empfehlenswert sind auch die Karten des CAA. In den kanadischen Buchhandlungen ist das Angebot an guten regionalen Karten groß; die Karten sind meist preiswerter als in Europa.

Kinder

Kanada ist ein sehr kinderfreundliches Land; viele touristische Einrichtungen sind auf die Bedürfnisse von Kindern eingerichtet, z. B. mit Wickeltischen, Kinderstühlen, Kindermenüs und Spielplätzen. In den National- und Provinzparks und in vielen Museen werden spezielle Veranstaltungen für Kinder und didaktisch ausgezeichnet aufbereitete Ausstellungen angeboten.

Kleidung & Reiseutensilien

Im Allgemeinen ist die Kleidung angebracht, die man zur selben Jahreszeit auch in Mitteleuropa trägt. Geeignet ist bequeme, lockere Freizeitkleidung; für die oft auch im Sommer recht kühlen Abende sind Pullover und Windjacken zu empfehlen. In den Atlantikprovinzen brauchen Sie auch im Sommer gelegentlich einen Regenschutz. Im Norden und in den ausgedehnten Wäldern ist wetterfeste Outdoorkleidung praktisch, auch die dicken, weit geschnittenen „Holzfällerhemden" und Fleecepullover und -jacken haben sich bewährt, die auch einen guten Schutz gegen Moskitos bieten. In den Großstädten, vor allem in Toronto und Montréal, ist für Theater- und Konzertbesuche, für elegante Restaurants und Hotels (vor allem abends) formelle Kleidung angebracht.

Kriminalität & Vorsichtsmaßnahmen

Kanada gilt im internationalen Vergleich als sicheres Reiseland: nach der aktuellen Veröffentlichung von „Statistics Canadas" zeigt die Kriminalitätsrate zum wiederholten Male fallende Tendenz. Trotzdem sind auch in Kanada Umsicht und Vorsicht angebracht:

- vor der Reise Kopien der wichtigsten Reisedokumente wie Pass, Flugtickets und Kreditkarten anfertigen und diese separat im Koffer aufbewahren,
- Ausweispapiere, Zahlungsmittel, Wertsachen, Notebooks, Flugtickets und den Pass mit Einreisestempel im Hotel- oder Zimmersafe deponieren und nur Kopien der Ausweispapiere mitnehmen,
- bei Ausflügen nur so viel Bargeld mitnehmen, wie man am Tag voraussichtlich benötigt,
- Geld, Kreditkarten, Ausweise möglichst am Körper in Gürteltaschen oder Brustbeuteln tragen,

- keine Wertgegenstände sichtbar im Auto liegen lassen und alle wichtigen Papiere beim Verlassen des Autos mitnehmen,
- keinen teuren Schmuck mit auf die Reise nehmen.

In den National- und Provinzparks ist das Campen nur auf den ausgewiesenen Plätzen erlaubt. **Wildes Campen** in der Natur ist in der Regel unzulässig, aber in manchen Parks kann man im Besucherzentrum ein „permit" erwerben, das das Übernachten auf einem „wilderness campground" erlaubt.

Maßeinheiten

Bei Maßen und Gewichten gilt das metrische System, sodass es für Europäer keine Schwierigkeiten gibt. Gelegentlich treffen Sie jedoch noch auf Temperaturangaben in Grad Fahrenheit statt in Celsius, beim Tanken auf „gallons" statt auf Liter, bei Rezeptangaben auf „ounces" statt auf Gramm. Auf jeden Fall aber müssen Sie bei einem Abstecher in die USA beachten, dass dort die Entfernungen in Meilen, nicht in Kilometern angegeben sind. Beachten Sie bitte: 1 mi (mile, Meile) = 1,6 km.

Medien

Rundfunk und Fernsehen

In Kanada gibt es eine Vielzahl von Rundfunk- und Fernsehstationen, die das Publikum mit qualitativ höchst unterschiedlichen Programmen rund um die Uhr versorgen. Dazu gehören u. a. die beliebten, täglich wiederkehrenden Unterhaltungs-, Quiz- und Spielsendungen, Übertragungen von Sportveranstaltungen, Parlamentsdebatten, Nachrichten und Spielfilme, aber auch ein ganztägiger Wetterdienst (auf dem „weather channel"), sehr gut aufbereitete Naturfilme, anspruchsvolle kulturelle Sendungen in englischer und französischer Sprache und Kauf- und Verkaufsangebote von Immobilien bis zum Schmuck. Fernsehapparate mit großer Programmauswahl gehören zur Standardausrüstung der meisten Hotels; außerdem werden in vielen Hotels „pay TV-Filme" angeboten.

Zeitungen

Einige **Zeitungen** in Ostkanada sind: „Toronto Star", „The Chronicle Herald", „Montreal Gazette", „The Western Star" und „The Globe and Mail" (landesweit).

Deutsche Zeitungen und Magazine kann man nur in den großen Städten wie Toronto und Montréal an ausgewählten Kiosken *(Newsstands)* in der City oder am Airport kaufen. Meist sind sie nicht mehr druckfrisch. Es ist also sinnvoller, sein Notebook mitzunehmen und die aktuellen Onlineausgaben deutscher Blätter zu lesen.

National- & Provinzparks (s. auch S. 49)

Informationen über die Nationalparks Kanadas erhalten Sie durch **Parks Canada**, 30 Victoria St., Gatineau, Quebec, Canada, J8X 0B3, ☎ 1-888-773-8888, www.pc.gc.ca. Zudem unterhalten die Parks natürlich eigene Informationsstellen (s. die entsprechenden Abschnitte im Reiseteil).

 Tipp

Zur Feier des 150jährigen Bestehens Kanadas gilt für alle Nationalparks und historischen Stätten des Landes für das **gesamte Jahr 2017 freier Eintritt**.

Notruf

Die gemeinsame **Notrufnummer** von Polizei, Feuerwehr und Krankenwagen ist überall **911**. Außerdem verbindet in Notfällen der Telefon-Operator, der von allen Telefonapparaten unter der gebührenfreien Nummer „0" erreichbar ist, auch mit der Polizei, der Feuerwehr oder dem Notarzt. Bei Autopannen und Unfällen hilft die Canadian Automobile Association CAA unter der Notrufnummer 800-CAA-HELP (1-800-222-4357).

ADAC-Notrufstation in Kanada/USA: ☎ 1-888-222-1373 (deutschsprachig)

Öffnungszeiten

Banken: im Allgemeinen Mo–Fr 10–15 Uhr.
Postämter: im Allgemeinen Mo–Fr 9–17 Uhr, größere Postämter auch Sa vormittags.
Geschäfte: es gibt keine offiziell festgelegten Öffnungszeiten. Kernzeiten sind Mo–Sa von 9.30–18 Uhr, Supermärkte sind Mo–Sa bis 22 Uhr geöffnet, in den Großstädten auch manchmal 24 Stunden an jedem Tag des Jahres.

Post

Die Postämter (*post offices*) sind im allgemeinen Mo–Fr von 9–17 Uhr geöffnet, die Hauptpostämter in den Großstädten auch Sa vormittags. Auch in den kleinsten Ortschaften gibt es Postämter, die oft in Läden untergebracht und nur wenige Stunden täglich geöffnet sind.

An öffentlichen Plätzen, Autobusstationen und Flughäfen sind häufig Wertzeichenautomaten aufgestellt. Ein Brief oder eine Postkarte (Höchstgewicht 20 g) nach Europa kostet zzt. $ 2.50 und ist im Allgemeinen per Luftpost (*Air Mail*) 5–6 Tage unterwegs. Postlagernde Sendungen werden in den Postämtern 15 Tage aufbewahrt und müssen folgendermaßen adressiert sein: Name des Empfängers, c/o General Delivery, Main Post Office, Stadt, Provinz und Postleitzahl.

Ein Brief (Höchstgewicht 30 g) innerhalb Kanadas kostet 85 Cent. Bei der postalischen Anschrift innerhalb Kanadas ist die Reihenfolge der Angaben zu beachten:
Name, Straße und Hausnummer, Wohnort, Kürzel für die Provinz
Postleitzahl (zip code) am Schluss

Preise, Mehrwertsteuer & Preisermäßigungen

In Kanada sind die angezeigten Preise meist Nettopreise, sodass der Endpreis, den Sie bezahlen müssen, deshalb immer höher als der ausgezeichnete Preis ist. Auf den Nettopreis wird noch eine Steuer aufgeschlagen, die sich aus der allgemeinen Mehrwertsteuer (GST – Goods and Services Tax) von 5 % und einer Provinzsteuer (PST – Provincial Tax) zusammensetzt; diese variiert in den einzelnen Provinzen. In Québec ergibt GST 5 % zzgl. PST 9.9 % gesamt 14,9%. In Ontario und den Atlantikprovinzen ersetzt die HST (Harmonized Sales Tax) die GST und PST; sie beträgt:
• in Ontario 13 %,
• in New Brunswick, Newfoundland, Nova Scotia und auf Prince Edward Island 15 %.

Für Kinder, Schüler und Studenten mit gültigem Ausweis, Senioren und Behinderte gelten bei Eintritten, Fahrkosten u. Ä. in der Regel ermäßigte Preise. In Zeitschriften, Zeitungen, Werbeprospekten und touristischen Broschüren sind oft Coupons für einen Preisnachlass enthalten, z. B. für den Eintritt in Vergnügungsparks, für Hotel- oder Restaurantketten, Tankfüllungen u. v. m.

Reisezeit

Kanada wird auch für Europäer wegen der ausgezeichneten Wintersportbedingungen immer mehr zu einem ganzjährigen Reiseziel. Wenn Sie aber vor allem Land und Leute kennenlernen wollen, sind die Monate Mai bis Oktober die beste Reisezeit für den Osten Kanadas. Die Kanadier orientieren sich mit dem Saisonbeginn bzw. -ende an ihren Feiertagen: Die Saison beginnt spätestens am Victoria Day, der am Montag vor dem 25. Mai gefeiert wird, und reicht bis etwa zum Thanksgiving Day, dem 2. Montag im Oktober. In dieser Zeit sind alle touristischen Einrichtungen sowie die National- und Provinzparks geöffnet. In den Museen, Museumsdörfern und Parks gibt es zahlreiche Führungen, Veranstaltungen und verlängerte Öffnungszeiten; für alle Outdoor-Aktivitäten gibt es ein großes Angebot. Mit einigen Einschränkungen im Veranstaltungsprogramm muss man aber schon ab Labour Day, dem 1. Montag im September, rechnen; dann sind z. B. in manchen Museumsdörfern die kostümierten „Dorfbewohner" ebenso wie Kanuvermieter in den Parks nur noch an den Wochenenden anzutreffen. Wenn Sie außerhalb der Hochsaison reisen, ist es ratsam, sich telefonisch nach Öffnungszeiten zu erkundigen.

Das Klima der Ostprovinzen wird als kontinental beschrieben mit Temperaturen, die jenen in Mitteleuropa im Allgemeinen vergleichbar sind. Angenehme Tagestemperaturen gibt es in den Monaten Mai, Juni und September, jedoch sind die Abende und Nächte kühl. Die **Sommermonate** sind durch eine stabile Schönwetterlage geprägt mit Temperaturen um 25 °C; in den Großstädten wird es im Hochsommer oft heiß und schwül. Da viele Kanadier deshalb die Städte verlassen, können die großstadtnahen Feriengebiete in dieser Zeit voll werden, rechtzeitige Hotelreservierungen sind empfehlenswert. Eine Hauptreisezeit, in der auf jeden Fall rechtzeitige Übernachtungsreservierungen erforderlich sind, ist die Zeit des „**Indian Summer**" mit seiner prächtigen Laubfärbung der Wälder ab Mitte September/Anfang Oktober. Ende Oktober setzt schon der Winter mit Nachtfrösten und Schneefällen ein. Die **Wintermonate** gelten als schneesicher und bieten gute Voraussetzungen zum Skilaufen und Snowmobilfahren; während Ontario und die Atlantikprovinzen sich eher für den Langlauf anbieten, gibt es in der Provinz Québec einige Bergregionen, die auch für anspruchsvolle Abfahrtsläufer geeignet sind. Aber auch in den Städten können Sie winterlichen Vergnügungen nachgehen, z. B. die hervorragend gestalteten Museen und Galerien mit ihren wertvollen Sammlungen in Ruhe besuchen oder in einem der attraktiven, unterirdischen Einkaufsparadiese einen Einkaufsbummel unternehmen.

In Ottawa wird im Februar an drei Wochenenden das „Winterlude" mit Schlittenfahrten, einem Wettbewerb für die schönsten Schnee- und Eisskulpturen gefeiert, und der Rideau Canal wird zu einer 8 km langen Eisbahn für Schlittschuhläufer. Québec steht zu dieser Zeit im Zeichen des Winter-Karnevals mit einem Schneeskulpturen-Wettbewerb, Hundeschlittenrennen, nächtlichen Paraden, Bällen und einem Feuerwerk.

Souvenirs

Als landestypische Souvenirs besonders beliebt sind kunstgewerbliche Arbeiten der Inuit, wie z. B. Grafiken und Skulpturen aus Speckstein. Die Preise sind, je nach Bekanntheitsgrad des Künstlers, recht hoch. Preiswerte Arbeiten sind häufig Imitationen aus Fernost. Auch indianische Handarbeiten sind als Souvenirs beliebt, z. B. handgefertigte Mokassins, Brustbeutel und Perlenstickereien. Als Mitbringsel aus den Atlantikprovinzen werden gerne die dicken, handgestrickten Pullover gewählt. Landestypisch sind auch die vielen Produkte aus Ahornsaft, besonders der hoch geschätzte Ahornsirup, sowie kanadischer Wein oder Whisky.

Sport & Outdoor-Aktivitäten

Kanada ist ein ideales Reiseland für Sportbegeisterte aller Art. Volkssportarten sind Baseball, Football, Eishockey, Tennis und Golf. In vielen Orten gibt es gut gewartete öffentliche Sportplätze, deren Benutzung entweder kostenlos oder sehr preiswert ist. Wassersport jeder Art kann an den zahllosen Seen und an der Atlantikküste betrieben werden; für Wanderungen und Wildnistouren sind die National- und Provinzparks besonders geeignet.

▶ Golf

Golf gehört in Kanada zu den Volkssportarten, entsprechend groß ist die Zahl der Golfplätze; allein in Ontario gibt es weit über 500. Die Plätze sind im Allgemeinen sehr schön der Landschaft angepasst; einige liegen sogar mitten in den Provinzparks. Gastspieler sind auf vielen Plätzen zugelassen, oft sind auch Trainerstunden möglich. Genauere Informationen erhalten Sie bei den regionalen Golfverbänden (Golf Associations), wie z. B.:

- **Golf Canada**, 1333 Dorval Dr., Oakville, ON, L6M 4X7, ☏ 905-849-9700, www. golfcanada.ca
- **Golf Association of Ontario**, 96 Elgin Park Dr., Uxbridge, ON, L9P 0C2, ☏ 905-852-1101, www.gao.ca
- **Golf Québec**, 4545 Pierre-De Coubertin, Montréal, QC, H1V 0B2, ☏ 514-252-3345, www.golfquebec.org

▶ Jagd

Das Jagen wird durch Bundes- und Provinzgesetze geregelt. Für Nicht-Kanadier werden in jeder Provinz Jagdlizenzen ausgestellt. In den Nationalparks und in vielen Provinzparks und Wildschutzgebieten sind das Jagen und das Mitführen von Waffen verboten. Genauere Informationen über Jagd- und Angellizenzen geben die folgenden Stellen:

- **National Parks of Canada**, Environment Canada, Ottawa, ON, K1A 0H3
- **Department of Environment and Natural Resources**, www.canada.ca/envi ronmentnaturalresources
- **Ontario: Ministry of Natural Resources and Forestry**, Information Centre (NRIC), 300 Water St., Peterborough, ON, K9J 8M5, ☏ 1-800-667-1940, www.on tario.ca/page/hunting
- **Québec: Ministère des Forêts**, de la Faune et des Parcs, 5700, 4e Av. Ouest, A 409, QC, G1H 6R1, ☏ 1-877-346-6763, www.mffp.gouv.qc.ca
- **Nova Scotia: Department of Natural Resources**, P.O. Box 698, Halifax, NS, B3J 2T9, ☏ 902-424-5935, www.novascotia.ca/natr/hunt/
- **New Brunswick: Energy and Resource Development Department**, Hugh John Flemming Forestry Centre, P.O. Box 6000, Fredericton, NB, E3B 5H1, ☏ 1-800-561-0123 oder 506-453-3826, www.fishandhuntnewbrunswick.ca
- **Prince Edward Island: Communities, Land and Environment Department**, 4th Floor, Jones Building, 11 Kent St., PO Box 2000, Charlottetown, PE, C1A 7N8, ☏ 1-866-368-5044, www.princeedwardisland.ca/en/topic/angling-hunting-and-trapping-licences
- **Newfoundland and Labrador: Department of Environment and Conservation**, Wildlife Division, Conservation Services, P.O. Box 2007, 117 Riverside Dr., Corner Brook, NL A2H 7S1, ☏ 709-637-2006

▶ Kanu-, Kajak- und Schlauchbootfahrten (Rafting)

Hunderttausende von Seen, zahllose Flüsse und Bäche bieten optimale Möglichkeiten zum Kanufahren. In vielen Orten und Provinzparks können Kanus bei den „Outfitters" gemietet werden, die auch Tipps für die richtige Ausrüstung und Routenplanung geben.

Das Kanu ist besonders geeignet, um sich das Land zu erschließen und in vom Menschen noch unberührte Räume vorzudringen. Für mehrtägige Kanufahrten muss die Ausrüstung sehr sorgfältig zusammengestellt werden; lassen Sie sich von Ausrüstern oder Parkrangers in den Provinz- und Nationalparks beraten! Auf jeden Fall gehören zur Ausrüstung u. a. Schwimmwesten, Gummistiefel, Ersatzkleidung, wasserdichte Säcke zum Verstauen von Kleidung und Lebensmitteln, ein Zelt, gutes Kartenmaterial, Sonnen- und Insektenschutzmittel.

Abenteuer auf dem Wasser

Weniger beschaulich als das Kanuwandern ist das „Rafting", das mit großen Schlauchbooten auf reißenden Flüssen unter Anleitung erfahrener, ortskundiger Führer durchgeführt wird. In den Sommermonaten müssen Sie Ihre Wildwasserfahrt frühzeitig bei den Veranstaltern reservieren; für die Tagesausflüge werden Schwimmwesten, Neoprenanzüge und Verpflegung bereitgestellt. Mehrtägige Touren mit und ohne Begleitung sind eher für erfahrene Kanufahrer geeignet.

▸ Outfitter

„Outdoor-Ausrüster" finden Sie in den Großstädten, in der Nähe der Provinz- und Nationalparks und an den Zugängen zu Wildnisgebieten. Sie führen alle denkbaren Artikel, die man für einen Aufenthalt in der Wildnis oder für einen Abenteuerurlaub braucht. Sie verfügen im Allgemeinen über ausgezeichnete Ortskenntnisse und können beste Beratung leisten. Manche Ausrüster bieten sich auch als Führer durch die Wildnis an, bringen Reisende mit Kanus zu abgelegenen Seen oder transportieren Passagiere mit Privatmaschinen, Wasserflugzeugen oder Hubschraubern zu den sogenannten „Fly-in Camps" in der Wildnis.

Ganz gleich, wie lange Ihr Aufenthalt in der Wildnis dauern soll, nehmen Sie auf jeden Fall eine Überlebensausrüstung mit, bestehend u. a. aus: Rettungsdecke mit Alufolie, Angelhaken mit Nylonschnur, Kerzen, Signalspiegel, Trillerpfeife, Schnur, Draht, Bouillonwürfel, Keks, Tee, Salz, Schokolade.

▸ Radfahren

Radfahren und Mountainbiking wird in Kanada immer beliebter. In National- und Provinzparks gibt es sowohl ausgeschilderte Radwege als auch für Radfahrer zugelassene Wanderwege; in manchen Städten, wie z. B. Ottawa, gibt es ausgeschilderte Radrundwege. Berühmt unter Fahrradfreunden ist der Cabot Trail auf Cape Breton Island, der zwar hohe körperliche Anforderungen stellt, aber auch ein unvergessliches Erlebnis ist. Leichter zu fahren ist der 435 km lange Confederation Trail, der die ganze Provinz Prince Edward Island durchquert.

Die „**Route verte**" ist ein für den Fahrradtourismus konzipiertes Wegenetz mit Routen, die durch die schönsten Regionen der Provinz Québec führen (www.routeverte.com/e).

- **Ontario Cycling Association**, 2-2015 Pan Am Boulevard, Milton, ON, L9E 0K7, ☏ 416-855-1717 (Toronto) und 613-604-4485 (Ottawa), www.ontariocycling.org
- **Vélo-Québec**, 1251 Rachel St. E., Montréal, QC, H2J 2J9, ☏ 514-521-8356, www.velo.qc.ca
- **Velo-Halifax Bicycle Club**, PO Box 125, Dartmouh, NS, B2Y 3Y2, ☏ 902-835-8045, www.velohalifax.com

❯ Wandern

Ausgezeichnete Wandermöglichkeiten auf markierten Wegen gibt es in den National- und Provinzparks. In den Besucherzentren, wo Sie sich ausführlich über Strecken, Dauer und Schwierigkeitsgrade beraten lassen können, steht in der Regel gutes Kartenmaterial zur Verfügung. „Backpacking" (Wandern mit dem Rucksack) und „Trekking" (mehrtägige Touren) werden zunehmend beliebter, setzen aber sorgfältige Planung und Vorbereitung und gute körperliche Kondition voraus. In manchen Parks ist für mehrtägige Wanderungen ein „backcountry permit" erforderlich, das Sie in den Besucherzentren erhalten.

Wandern in Kanada ist nicht mit einer Wanderung z. B. in Deutschland vergleichbar, denn selbst in den National- und Provinzparks führt der Weg durch urwüchsige, men-

Langlaufen im Gatineau Park, Ottawa

schenleere Landschaften, die ebenso wie die Wildnis bestimmte Sicherheitsvorkehrungen und Verhaltensweisen erfordern:
• planen Sie die Route gründlich,
• schätzen Sie die eigene Leistungsfähigkeit nicht zu hoch ein,
• nehmen Sie neben vernünftiger Kleidung auch ein Insektenschutzmittel, eine Erste-Hilfe-Ausrüstung bzw. eine Überlebensausrüstung mit,
• informieren Sie jemanden vor dem Start über Ihre Route und die voraussichtliche Rückkehr,
• bleiben Sie auf der festgelegten Route,
• verwahren Sie alle Vorräte vorschriftsmäßig auf und verbrauchen Sie diese nicht zu früh,
• gehen Sie sorgfältig mit dem Lagerfeuer um,
• schlagen Sie rechtzeitig Ihr Lager auf,
• lassen Sie keine Abfälle zurück.

Wintersport
Die bergigen Regionen Ostkanadas bieten sehr gute Wintersportmöglichkeiten und gelten in der Zeit von Ende November bis April als „schneesicher". In vielen Skigebieten werden günstige „Skiwochen" mit Unterkunft, Verpflegung, Skikurs und Freizeitspaß angeboten. Auch wenn einige der Skigebiete im Osten Kanadas in der Nähe der Großstädte liegen und von den Kanadiern gerne auch zum Wochenende aufgesucht werden, sind diese Gebiete längst nicht so überlaufen wie die mitteleuropäischen Skizentren. Langlaufmöglichkeiten gibt es in fast allen National- und Provinzparks und in den Naherholungsgebieten.

Auswahl bekannter Skigebiete

in Ontario:
• **Collingwood**: Kanadas größte Liftanlagen
• **Muskoka Region**: ausgezeichnete Langlauf- und Snowmobile-Möglichkeiten
• **Thunder Bay**: ideales Wintersportzentrum für Abfahrts- und Langläufer, Trainingsgebiet für Skispringer

in Québec:
• **Laurentides**: Pisten unterschiedlicher Schwierigkeitsgrade
• **Estrie**: beliebtes Skigebiet für Lang- und Abfahrtslauf
• **Gatineau Park**: sehr gute Langlaufmöglichkeiten

Sprache

Der „Official Language Act" erklärte die englische und französische Sprache offiziell zu gleichberechtigten Amts- und Umgangssprachen. Mehr als 60 % der kanadischen Bevölkerung haben Englisch als Muttersprache, etwa 25 % Französisch. Die frankophonen Kanadier leben zu 85 % in der Provinz Québec; in New Brunswick sind aufgrund der Bevölkerungszusammensetzung beide Sprachen gleichmäßig vertreten. Immerhin gut 400.000 Menschen in Kanada haben als Muttersprache übrigens Deutsch. Als Tourist kommen Sie auch in Québec und New Brunswick in der Regel mit englischen Sprachkenntnissen zurecht.

Als **kleine französische Sprachhilfe** soll die folgende Zusammenstellung dienen, in der Sie einige französische Wörter finden, die Ihnen vielleicht bei Ihrem Aufenthalt in den Provinzen Québec und New Brunswick begegnen, sei es auf Landkarten, Speisekarten, auf Schildern in der Stadt oder Wegweisern in der Natur.

Amuse-gueule: Vorspeise
Arrêt: Stopp
Auberge: Landgasthaus
Autoroute: Schnellstraße
Baie: Bucht
Bière: Bier
Bleuet: Spitzname für Menschen am Saguenay-Fluss und am See Saint-Jean
Calèche: Pferdekutsche
Chemin: Weg, Straße
Coureur des bois: Waldläufer
Déjeuner: Frühstück
Dépanneur: Tabakgeschäft, das bis spät in die Nacht und an Wochenenden geöffnet hat
Est: Osten
Fleuve: großer Fluss, Strom
Frites: Pommes frites
Garçon: Kellner
Gîte du passant: Pension mit Übernachtung und Frühstück
Joie de vivre: Lebensfreude
Lac: See
Librairie: Buchhandlung
Météo: Wetterbericht
Métro: Untergrundbahn
Mont o. **Montagne**: Berg
Moulin: Mühle
Musée: Museum
Nord: Norden

Ouest: Westen
Parc: Park
Pâté chinois: französisch-kanadische Version einer schottischen Pastete
Patriotes: französische Kanadier, die um 1830 gegen die britische Krone rebellierten
Pic: Gipfel, Spitze
Piste cyclable: Fahrradweg
Pont: Brücke
Potage: Suppe
Pourvoyeur: Angel- und Jagdausstatter
Poutine: Pommes frites mit Käse in einer Barbecue-Sauce
Québécois: Leute aus Québec City oder der Provinz Québec
Rangs: schmale Streifen Bauernland
Réserve faunique: Tierschutzgebiet
Rivière: Fluss
Rue: Straße
Salle à manger: Speiseraum
Salut: Hallo
Séminaire: Seminar
Skidoo: Snowmobile
Souper: Abendessen
Sud: Süden
Table d'hôte: Tagesgerichte auf einer Speisekarte
Tourtière: Fleischpastete
Traversier: Fähre

Strom

In Kanada gibt es Wechselstrom 110/120 V, 60 Hz. Für die Steckdosen benötigen Sie einen Zwischenstecker (Amerika-Stecker); für nicht auf 110 V umschaltbare Elektrogeräte (Rasierapparat, Fön, Bügeleisen) bekommen Sie im Elektrofachgeschäft einen Transformator.

Telefonieren

Internationale Vorwahl von Europa nach Kanada: 001
Internationale Vorwahl von Kanada nach Europa:
    nach Deutschland 01149 + Ortsvorwahl (ohne 0) + Teilnehmernummer,
    nach Österreich 01143 + Ortsvorwahl (ohne 0) + Teilnehmernummer,
    in die Schweiz 01141 + Ortsvorwahl (ohne 0) + Teilnehmernummer.

Die kanadischen Telefonnummern bestehen aus der 3-stelligen Ortsvorwahl (area code) und der 7-stelligen Teilnehmernummer. Bei Ferngesprächen innerhalb Kanadas wird immer eine „1" vorangestellt.

Telefonapparate, die schwarz-silbernen „pay-phones", finden Sie in allen Einkaufsmalls, Supermärkten, Hotels, Restaurants und auf den Straßen. Für **Ortsgespräche** („local calls") werfen Sie 50 Cent ein und wählen die (einschließlich der Vorwahl) 10-stellige

Rufnummer. Anleitungen für **Ferngespräche** („long-distance calls") finden Sie auf den Telefonapparaten oder in Hotels auf beigefügten Informationsblättern. Der **Operator** ist unter der Rufnummer „0" erreichbar; er gibt Auskünfte und vermittelt **Auslands-Ferngespräche** („overseas calls"). Über den Operator können Sie auch **R-Gespräche** („**collect calls**") anmelden und **„person-to-person-calls"**.

Weit verbreitet bei Hotelketten, Autovermietungen, Fährgesellschaften, Touristeninformationen u. a. sind die **gebührenfreien Telefonnummern** (Toll free) **1-800**, **1-877**, **1-866** oder **1-888**, über die man Reservierungen vornehmen lassen kann.

▶ **Telefonkosten**
- Ortsgespräche (= 1 Einheit) je nach Region 25–50 Cent
- 3-Minuten-Gespräch Toronto–Montréal ca. $ 4
- 3-Minuten-Gespräch von Kanada nach Deutschland ca. $ 10

Diese Preise gelten in einer Telefonzelle mit Münzeinwurf.

Wesentlich preisgünstiger ist das Telefonieren mit **Telefonkarten** (calling card), die es von vielen Anbietern gibt, z. B. AT&T, MCI, Sprint. Mit einer solchen Karte kann man von jedem Apparat, auch von Telefonzellen aus, telefonieren, die Abrechnung erfolgt über die Kreditkarte oder, bei einer Prepaid-calling-card, durch das im Voraus bezahlte Telefonguthaben. Mit der Telefonkarte wählt man zunächst eine kostenfreie 1-800-Nummer, gibt dann die eigene PIN-Nummer und dann die gewünschte Teilnehmernummer ein.

Telefonkarten kann man in Drogeriemärkten, Zeitungsläden, Kaufhäusern und vielen anderen Geschäften kaufen.

Viele Hotelketten, Mietwagenfirmen und öffentliche Einrichtungen können nicht nur über Ziffern, sondern auch über Buchstaben angewählt werden, z. B. Metro Montréal - A.U.T.O.B.U.S. oder der Automobilclub CAA - 800-CAA-HELP.

▶ **Mobil telefonieren**
Obwohl es recht gut ausgebaute GSM-Mobilfunknetze gibt, werden weiterhin in erster Linie nur die großen Ballungsgebiete und einige wichtige Highways abgedeckt, oftmals gibt es in ländlichen Regionen und im weiten Hinterland Funklöcher, wo man kein Netz bekommt. Da die nordamerikanischen GSM-Netze in den Frequenzbereichen 850 und 1900 MHz funken, benötigt man entweder ein Handy (cell phone), das diese Bereiche abdeckt oder ein Triband- oder Quattroband-Handy.

Beachten Sie aber, dass die „Toll Free"-Nummern mit Vorwahlen wie 1-800 oder 1-888 nur vom Festnetz aus kostenlos zu erreichen sind.

Bei einem längeren Aufenthalt lohnt sich eventuell der Kauf einer lokalen Prepaid-Karte.

Auch der **SMS-Empfang** wird von einigen amerikanischen Netzbetreibern berechnet. Das gleiche gilt für nicht zustande gekommene Gespräche, für die Dauer des Rufaufbaus und Freizeichens.

Trinkgeld

Ein Trinkgeld (tip, gratuity) wird in Kanada für fast alle Dienstleistungen gegeben. Da Bedienungsgelder in der Regel nicht im Preis inbegriffen sind, ist es üblich, in Hotels, Restaurants, Taxis u. ä. 15– 20 % des Rechnungsbetrages als Trinkgeld zu geben, zumal die Löhne im Hotel- und Gaststättengewerbe sehr niedrig sind. Für das Tragen eines

Gepäckstückes ist im Allgemeinen $ 1 angemessen; Zimmermädchen erwarten bei mehrtägigem Aufenthalt ca. $ 5.

Unterkunft

Die Fremdenverkehrsämter der Provinzen geben alljährlich detaillierte Hotel- und Unterkunftsverzeichnisse sowie eine Übersicht über Campingplätze heraus. Darin finden Sie notwendige Details wie Adressen, Ausstattung, Preise etc. Alle Übernachtungsmöglichkeiten sind klassifiziert und bieten insgesamt einen hohen Standard.

Die Mehrzahl der **Motels** liegt an den großen Fernverkehrsstraßen und an Stadtein- und -ausfahrten. Daneben gibt es viele kleinere Hotels in Privatbesitz, zu denen gemütliche **Landgasthäuser** und alte, traditionsreiche Häuser gehören. Zunehmend beliebter werden die **Bed&Breakfast**-Angebote, die häufig in stilvollen, viktorianischen Häusern eingerichtet wurden. Die kanadischen **Campingplätze** sind beispielhaft sauber, gut ausgestattet und in der Regel sehr schön mit weit auseinander liegenden Stellplätzen angelegt. In der Regel sind die Zimmer aller Unterkünfte sauber, relativ groß und zweckmäßig eingerichtet. In den Preisen ist nur im Ausnahmefall das Frühstück inbegriffen, meist als „complimentary breakfast" im hoteleigenen Coffee Shop. Reservierungen können Sie über die kostenlosen 1-800-Telefonnummern vornehmen; das Zimmer wird für Sie, nachdem Sie Ihre Kreditkartennummer genannt haben, bis spätestens 18 Uhr reserviert.

Eine kleine Hilfe ist bei der Bettenwahl angezeigt, denn Bett ist nicht gleich Bett! Hier sind die Erklärungen:
• King Size = ein Bett mit einer Länge und Breite von 2 m
• Queen Size = Bettenbreite zwischen 1,40 und 1,60 m, die Länge beträgt i. d. R. 2 m
• Twin Bed = zwei voneinander getrennte Einzelbetten
• Double Bed = wird wahlweise für ein großes Bett oder zwei Einzelbetten verwendet
• Wall Bed = Klappbett

Bettbezüge, wie sie in Deutschland benutzt werden, sind nicht üblich. Stattdessen werden Wolldecken in Leinentücher, die „Sheets", eingeschlagen. Steppdecken werden „Comforter" genannt, „Down Comforter" sind Daunendecken für den Winter.

Wenn Sie in mehreren Hotels oder Motels derselben Kette übernachten wollen, können Sie Reservierungen an der Rezeption vornehmen lassen. Da die Nachfrage in der Hochsaison sehr groß ist, sollten Sie, falls Sie keine Reservierung haben, möglichst bis 15 Uhr an Ihrem Zielort ankommen und sich nach einer Übernachtungsmöglichkeit umsehen. Dabei sind Ihnen die Touristenbüros behilflich.

Hotels
Hotels liegen häufig im Innenstadtbereich oder in der Nähe des Flughafens und sind in Kategorien eingeteilt. Zur Standardeinrichtung gehören zwei „King Size-Betten", Dusche/WC, Fernsehen, Radio, Telefon und Klimaanlage; die besseren Hotels verfügen außerdem über Swimmingpool, Sauna, Restaurant, Bar, eventuell auch Sporteinrichtungen. Der Preis wird nicht pro Person, sondern pro Zimmer angegeben. Oft bieten die Hotels Spezialtarife, z. B. an den Wochenenden in Großstädten.

Motels
Motels befinden sich an den großen Schnellstraßen und in den Vororten und Vorstädten. Große Reklameschilder an den Highways weisen auf die Motels, oft auch auf deren Ausstattung hin. Die Standardausstattung der Motels unterscheidet sich nicht sehr von der

Stilvolle Unterkunft

eines Hotels, die wesentlichen Unterschiede sind, dass die Motels nicht im Stadtzentrum liegen und im Allgemeinen das Auto direkt vor dem Zimmer geparkt werden kann.

Tipp
Die Entscheidung, ob Sie ein Hotel oder ein Motel wählen, wird von Ihren Plänen und Aktivitäten abhängen. Für Stadtbesichtigungen oder mehrtägige Großstadtaufenthalte ist es günstiger, ein zentral gelegenes Hotel auszusuchen; so sind Sie nicht auf das Auto angewiesen und können bei Bedarf die öffentlichen Verkehrsmittel benutzen. Wenn Sie nur eine bequeme Übernachtungsmöglichkeit suchen, ist das Motel gut geeignet.

Bed&Breakfast-Häuser
Übernachtungen in Bed&Breakfast-Häusern sind in Kanada sehr beliebt. Zum Angebot gehören auch preiswerte Unterkünfte, die nicht immer über ein eigenes Bad verfügen, meist aber sind es Übernachtungsmöglichkeiten in sehr gepflegten Wohnhäusern, häufig auch in sorgfältig restaurierten und liebevoll eingerichteten historischen Häusern.

Die meisten Gastgeber geben sich viel Mühe, den Aufenthalt für Ihre Gäste erholsam und interessant zu gestalten; dazu gehört auch die Zubereitung eines meist reichhaltigen, abwechslungsreichen Frühstücks. Übernachtungen in Bed&Breakfast-Häuser eignen sich besonders für Individualreisende, die eine persönliche Atmosphäre schätzen und Kontakte mit Kanadiern aufnehmen möchten.

Eine gute Übersicht über B&B finden Sie im Internet unter www.bbcanada.com.

Wie bei Hotels und Motels kann auch bei den B&B-Häusern der offiziell angegebene Zimmerpreis nur eine Richtlinie sein; eine genaue Nachfrage ist immer empfehlenswert. Die Preise der meisten Häuser liegen zwischen $ 90 und $ 125.

Inns, Lodges und Resort-Hotels
Inns sind meistens gepflegte Landgasthäuser mit gutem Restaurant; eine Lodge, häufig rustikal eingerichtet, liegt abseits der Städte, umgeben von freier Natur. Resort-Hotels bieten wie in einer Ferienanlage ein breites Sportangebot wie Golf, Tennis, Reiten, Segeln und Bootsfahren.

▶ Jugendherbergen und Studentenwohnheime

Jugendherbergen und Studentenwohnheime bieten preiswerte Unterkünfte ab $ 25 für ein Mehrbettzimmer in den Häusern des YMCA und YWCA und während der Semesterferien in Studentenwohnheimen der großen Universitäten. Aktuelle Informationen über die 80 Jugendherbergen in Kanada erhalten Sie durch

YMCA Canada, 1867 Yonge St., Suite 601, Toronto, ON, M4S 1Y5, ☎ 416-967-9622, www.ymca.ca

Canadian Hostelling Association (CHA) National Office, 301-20 James St., Ottawa, ON, K2P 0T6, ☎ 613-237-7884, www.hihostels.ca

☞ Preiskategorien Unterkunft

$	bis $ 60
$$	$ 60–120
$$$	$ 120–170
$$$$	$ 170–250
$$$$$	$ 250 und mehr

Bei der Auswahl einer Unterkunft sind auch folgende Zusammenstellungen sehr hilfreich: **Tour Books**, vom CAA, der Canadian Automobile Association, herausgegebene Führer, die über Übernachtungsmöglichkeiten, Restaurants und Sehenswürdigkeiten in allen Provinzen Kanadas informieren. Die **CAA Camp Books** geben eine Übersicht über die Campingplätze in Ontario, Québec und in den Atlantikprovinzen. Für Mitglieder eines deutschen Automobilclubs gibt es dieses Informationsmaterial in englischer Sprache kostenlos in allen Geschäftsstellen des CAA.

Zum Schluss einige nützliche Vokabeln:

bell captain (boy)	Gepäckträger, Gepäckaufsicht
check-in, check-out	An- und Abmeldung
elevator	Aufzug
front desk/ reception desk	Rezeption
incidentals	Nebenkosten
kingsize bed	großes Doppelbett
vacancy	frei, nicht ausgebucht
no vacancy	besetzt, ausgebucht
room service	Zimmerbedienung
single room	Einzelzimmer

Hausboote

Ideale Regionen für Ferien auf dem Hausboot sind u. a. der Trent-Severn Waterway, das Rideau-Kanalsystem und der Lake of the Woods. Die Hausboote können von Mai bis September für mindestens drei Tage gemietet werden, mehrwöchige Fahrten sind möglich. Vor dem Start erfolgt eine Einführung in die Handhabung; ein Bootsführerschein ist nicht erforderlich.

Verkehrsmittel

▶ Bahn

Die beiden großen kanadischen Bahngesellschaften „Canadian National" und „Canadian Pacific" haben sich für den Personenverkehr unter dem Namen VIA-Rail zusammengeschlossen. Das Bahnnetz ist im Osten besonders dicht und wird vor allem von der VIA-Rail und der amerikanischen Gesellschaft Amtrak bedient:

- auf der Korridorstrecke von Windsor über Toronto, Kingston, Montréal nach Québec City verkehren die Züge mehrmals täglich,
- Ottawa ist mit Toronto und Montréal verbunden,
- die Atlantikprovinzen sind ebenfalls an das Netz angeschlossen,
- auf der Nordland-Strecke von North Bay über Cochrane nach Moosonee an der Hudson Bay verkehren Züge der Ontario Northland Gesellschaft,
- von Toronto verkehrt einmal täglich ein Zug nach New York; nach Boston gibt es keine Direktverbindung, nur den „Umweg" über New York,
- zwischen Toronto und Chicago bestehen ebenfalls Zugverbindungen.

Ein besonderes Erlebnis ist die Fahrt mit dem berühmten „**The Canadian**", der die 4.466 km lange Transkontinentalstrecke Toronto–Vancouver in vier Tagen zurücklegt. Man reist komfortabel im Schlaf- oder Liegewagenabteil, mit Speisewagen, Aufenthaltsräumen und zwei „Domecars" mit gläsernen Kuppeln, die zum Genießen der Landschaft einladen. Für die Hauptreisezeit von Juni bis September sind rechtzeitige Reservierungen erforderlich.

Eindrucksvoll ist auch die 21-stündige Fahrt mit dem Zug „**The Ocean**", die von Montréal am St.-Lorenz-Strom entlang durch die Provinz Québec führt und weiter durch New Brunswick bis nach Halifax/Nova Scotia. Auch dieser Zug bietet Schlafsessel oder bequeme Schlafabteile, einen Speisewagen und einen Panoramawagen.

Anschriften:
- **VIA-Rail Canada Inc.**, P.O. Box 8116, 2, Station „A", Montréal, QC, H3C 3N3, ☎ 1-888-842-7545, www.viarail.ca
- **Ontario Northland Transportation Commission**, 555 Oak St. E., North Bay, ON, P1B 8L3, ☎ 1-705-472 4500 oder 1-800-363-7512, www.ontarionorthland.ca
- **Algoma Central Railway**, P.O. Box 7000, 129 Bay St., Sault Ste. Marie, ON, P6A 6Y2, ☎ 1-800-242-9287, www.agawacanyontourtrain.com
- **Amtrak National Railroad Passenger Corporation**, 60 Massachusetts Ave. NE, Washington, DC 20002, USA, ☎ 1-800-872-7245, www.amtrak.com

Busreisen/Busverbindungen
Ein dichtes Autobusliniennetz verbindet die kanadischen Ortschaften und Städte miteinander. Die Überlandbusse sind in der Regel gut ausgestattet; ein „Buspass" ermöglicht preisgünstige Fahrten. Informationen erhalten Sie in den örtlichen Touristeninformationen. Zu den wichtigsten Autobusunternehmen im Osten Kanadas zählen:
- **Greyhound Canada**, 1111 International Blvd., Ste. 700, Burlington, ON, L7L 6W1, 1-877-463-6446, www.greyhound.ca
- **Ontario Northland Transportation Commission**, 555 Oak St. E., North Bay, ON, P1B 8L3, ☎ 1-705-472 4500 oder 1-800-363-7512, www.ontarionorthland.ca
- **VIA Rail Canada Inc. (Motor Coach Service)**, P.O. Box 8116, 2, place Ville-Marie, Montréal, QC, H3C 3N3, ☎ 1-888-842-7545, www.viarail.ca
- **Orleans Express**, Suite 1000, 740 Notre-Dame St. W., Montréal, QC, H3C 3X6, ☎ 514-395-4000 oder 1-888-999-3977, www.orleansexpress.com

Fähren
Die **wichtigsten Fährverbindungen** sind:
- Tobermory/ON–South Baymouth/Manitoulin Island/ON
- Digby/NS–Saint John/NB
  Yarmouth/NS–Portland/Maine, USA
- Wood Island/PE–Caribou/NS
- Sydney/NS–Port aux Basques/NL
- Sydney/NS–Argentia/NL

Außerdem gibt es mehrere Fährverbindungen über den St.-Lorenz-Strom und zu den Inseln im St.-Lorenz-Golf. Genauere Angaben finden Sie bei der Beschreibung der einzelnen Fährhäfen.

▶ Taxi

Die Taxigebühren variieren von Provinz zu Provinz, sind aber im Allgemeinen etwas höher als in Mitteleuropa.

Versicherungen

Empfehlenswert ist der Abschluss einer **Auslandskranken- und Unfallversicherung**, die den gesamten Zeitraum des Aufenthaltes in Kanada abdeckt und auch eine Rücktransportversicherung einschließt, denn die Behandlungskosten sind sehr hoch. Entsprechende Policen bekommt man bei fast jeder Versicherung; außerdem werden Versicherungspakete angeboten, die neben der Reisekrankenversicherung auch Haftpflicht, Reisegepäck oder Rechtsbeistand umfassen. Bei Buchung einer Pauschalreise ist der Abschluss einer Reiserücktrittversicherung empfehlenswert.

Zeit

In Kanada gibt es sechs verschiedene Zeitzonen; die Abweichung zur mitteleuropäischen Zeit (MEZ) beträgt im Osten Kanadas:

Newfoundland Time: MEZ -4,5 Stunden
Atlantic Time: MEZ -5 Stunden
Eastern Time: MEZ -6 Stunden

Da die Stunden in Kanada nicht von 0 bis 24 Uhr durchgezählt werden, tragen die Stunden zwischen 0 und 12 Uhr immer den Zusatz a. m. (ante meridiem); die Stunden nach 12 Uhr werden mit 0 bis 12 Uhr p. m. (post meridiem) bezeichnet.

In Kanada beginnt jeweils am letzten Sonntag im April die Sommerzeit (daylight saving time), die bis zum letzten Sonntag im Oktober dauert.

Zoll

Touristen können Gegenstände des persönlichen Bedarfs zoll- und gebührenfrei einführen; dazu zählen auch Sportausrüstung, Fahrrad, Foto- und Videokameras etc. Landwirtschaftliche Produkte dürfen nicht eingeführt werden. Angelsport- und Jagdwaffen sind bei der Einreise gesondert anzugeben.

Zollfrei sind folgende Waren:
• 200 Zigaretten oder 50 Zigarren oder 200 g Tabak für Personen über 18 Jahre, 1,5 l Wein, 1,1 l Spirituosen oder 8,5 l Bier
• Geschenkartikel außer Tabak, alkoholische Getränken und Werbematerial im Wert bis zu $ 60.

Zahlungsmittel im Wert von über $ 10.000 müssen deklariert werden.

Erkundigen Sie sich bitte vor der Rückreise nach den Einfuhrbestimmungen Ihres Heimatlandes.

DAS KOSTET SIE
KANADAS OSTEN

(Stand Frühjahr 2017)

Die „Grünen Seiten" geben Ihnen Preisbeispiele für Ihren Urlaub im Osten Kanadas, damit Sie sich ein ungefähres Bild von den Kosten einer Reise und eines Aufenthaltes machen können. Die angegebenen Preise sind jedoch nur als Orientierungshilfe zu verstehen, da die saisonalen Schwankungen z. B bei den Unterkünften oder touristischen Angeboten beträchtlich sein können.

 Wechselkurs (Stand April 2017)

1 kanadischer Dollar (CAD) = 0,70 €, 1 € = 1,43 CAD,
1 kanadischer Dollar (CAD) = 0,75 CHF, 1 CHF = 1,34 CAD

Beförderungskosten

➤ Flüge

Das Angebot an Transatlantikflügen und Rundreisen im Osten Kanadas ist groß. Von Mitteleuropa aus bestehen gute Flugverbindungen nach Toronto, Montréal und Halifax mit täglichen Flügen z. B. von Air Canada, Lufthansa, Austrian Airlines, Swiss, British Airways oder KLM. Von April bis Oktober werden zusätzlich verschiedene Ziele von Charterfluggesellschaften angeflogen, wie z. B. von Air Transat und Condor. Die Flugpreise nach Toronto, Montréal oder Halifax variieren je nach Saison, Abflug- und Zielflughafen und Buchungskategorie; außerhalb der Hochsaison gibt es preisgünstige, allerdings meistens kontingentierte Sondertarife.

Linienflüge (Economy Class) in der Hochsaison
- Frankfurt–Toronto   ca. 600–1.500 €
- Frankfurt–Montréal   ca. 550–1.500 €
- Frankfurt–Halifax   ca. 550–1.600 €

Charterflüge je nach Saison
- Frankfurt–Toronto   ab 799 €
- Frankfurt–Montréal   ab 625 €
- Frankfurt–Halifax   ab 600 €

In der Nebensaison sind die Preise um 200–300 € niedriger.

Zusätzliche Flugkosten: Zollgebühren, Abflugsteuern, Einreiseabfertigungsgebühren, Sicherheitsgebühren.

Empfehlenswert ist oftmals eine kombinierte Buchung von Flug und Mietwagen. Der Flugpreis kann dabei etwas höher sein, wird aber durch den günstigeren Mietwagenpreis („Paket") wieder ausgeglichen. Bei Preisvergleichen sollten besonders die Zusatzleistungen beachtet werden.

Inlandsflüge

Kurzfristig gebuchte Inlandsflüge sind relativ teuer, während besondere Ferientickets zu günstigeren Preisen erhältlich sind. Beispiele:

- Toronto–Montréal   ab ca. $ 230
- Toronto–Halifax   ab ca. $ 320
- Toronto–St. John's/NL   ab ca. $ 435

Innerkanadische Flüge bietet auch die preiswerte Fluggesellschaft Westjet, ☎ 1-888-937-8538, www.westjet.com, mit Flügen ab u. a. Halifax, London, Moncton, Montréal, Ottawa, St. John's, Thunder Bay, Toronto und Windsor. Porter Airlines, ☎ 416-619-8622 oder 1-888-619-8622, www.flyporter.com, fliegt vom Toronto City Centre Airport nach u. a. Montréal, Ottawa, Québec, Halifax, St. John's/NL, Thunder Bay und New York.

➤ Mietwagen

Alle größeren internationalen Mietwagenfirmen haben etwa das gleiche Preis- und Versicherungsniveau. Das „Versicherungspaket" schließt dabei eine Vollkasko-Versicherung (CDW/LDW) und alle Steuern und Gebühren ein; außerdem werden weitere Zusatzversicherungen angeboten, deren Notwendigkeit von den individuellen Wünschen abhängig ist.

> ☞ **Tipp**
> Achten Sie bei Preisvergleichen darauf, ob zu den in Deutschland berechneten Mietwagenpreisen noch vor Ort zu bezahlende Versicherungskosten erwähnt werden.

In der Regel sind Fahrzeuge der Gruppe 1 zu klein für mehrere Reisende für einen mehrwöchigen Urlaub mit dem entsprechenden Gepäck. Empfehlenswert ist eher ein Wagen der Kategorie C – Midsize, ein viertüriger Mittelklassewagen, der ausreichend Platz und Fahrkomfort bietet.

Preisbeispiele für 7 Tage ab Toronto/Flughafen

- Kategorie Compact (z. B. Mazda 2, einschließlich Versicherung) in der Hochsaison ab ca. 250 €
- Kategorie Midzise (z. B. Toyota Corolla, einschließlich Versicherung) in der Hochsaison ab ca. 265 €

Preisbeispiele für 7 Tage ab Halifax/Flughafen

- Kategorie Compact (z. B. Mazda 2, einschließlich Versicherung) in der Hochsaison ab ca. 250 €
- Kategorie Midzise (z. B. Toyota Corolla, einschließlich Versicherung) in der Hochsaison ab ca. 280 €
- Minivan (z. B. Dodge Grand Caravan, einschließlich Versicherung) in der Hochsaison ab ca. 390 €

Achten Sie darauf, dass hohe **Rückführungsgebühren** anfallen können, wenn Sie den Wagen nicht an der Ausgangsstation, sondern an einem anderen Ort zurückgeben. Entscheidend für die Höhe der Rückführgebühr, die zwischen $ 50 und 500 liegt, ist die Entfernung zwischen Anmiet- und Abgabestation. Bei einzelnen Anbietern und Mietstationen gibt es jedoch auch kostenlose Einwegmieten, z. B. zwischen Toronto und Montréal.

Wohnmobile/Camper

Auch bei der Anmietung eines Wohnmobils ist die frühzeitige Vorausbuchung zu empfehlen.

Die Preise sind stark saisonabhängig. So kostet ein Camper der kleinsten Klasse in der Nebensaison ab ca. 350 € pro Woche, während dasselbe Fahrzeug in der Hochsaison mehr als das Doppelte kosten wird. Zur Grundgebühr werden noch Bereitstellungsgebühren, Kosten für die Endreinigung, ggf. Zuschläge, Kaution und Kosten für die gefahrenen Kilometer berechnet.

Bei Campern sind im Allgemeinen keine Freikilometer im Preis inbegriffen. 1 km kostet ca. $ 0,35/km, alternativ kann man auch „km-Packages" kaufen, z. B. 100 km $ 20 bzw. 500 km $ 120. Bedenken Sie bei der Kostenberechnung, dass die Entfernungen groß sind, der Treibstoffverbrauch hoch ist und dass noch Kosten für die Campingplätze anfallen. So kostet z. B. der Stellplatz in einem Provincial Park für ein Wohnmobil inklusive 2 Personen ab ca. $ 25.

Benzin
Bleifreies Normalbenzin kostet ca. $ 1,15–1,20 pro Liter; je weiter man nach Norden fährt, umso teurer wird es.

▶ Taxifahrten
Die Taxigebühren variieren von Provinz zu Provinz und sind auch in den einzelnen Städten unterschiedlich hoch.

Preisbeispiele
- Toronto: Startgebühr $ 3.25, $ 1.74 per km, Trinkgeld ca. 15 % der Gesamtsumme.
- Montréal: Startgebühr $ 3.45, $ 1.70 per km, Trinkgeld ca. 15 % der Gesamtsumme.
- Halifax: Startgebühr $ 3.20, $ 1.70 per km, Trinkgeld ca. 15 % der Gesamtsumme.

▶ Busfahrten
Das Busstreckennetz im Osten Kanadas ist sehr gut ausgebaut. Neben Greyhound gibt es viele regionale Busgesellschaften, die auch abgelegene Gegenden bedienen. Der beliebte „Greyhound Discovery Pass", der auf allen Strecken in Kanada und den USA gültig war, wurde 2014 abgeschafft. Man kauft jetzt Einzelfahrkarten, die immer eine Sitzplatzreservierung einschließen; einen kleinen Rabatt bekommt man bei einer Online-Buchung.

Preisbeispiele für den kanadischen Osten für eine **einfache** Fahrt/Erwachsener/Sitzplatz/ Hochsaison (die Preise schwanken z. T. innerhalb weniger Tage sehr stark):
- Toronto–Montréal   ab $ 33
- Toronto–Niagara Falls   ab $ 16
- Halifax–Fredericton $ 72,50
- Montréal–Québec   ab $ 28

▶ Bahnfahrten
Preisbeispiele für den kanadischen Osten für eine **einfache** Fahrt/Erwachsener/Sitzplatz/ Hochsaison (Achtung: Die Preise schwanken z. T. spürbar):

Toronto–Montréal $ 65 inkl. Steuern
Montréal–Halifax $ 167 inkl. Steuern
Montréal–Québec $ 56 inkl. Steuern
Toronto–Niagara Falls $ 26 inkl. Steuern

Wenn Sie Ihre Fahrkarte 5–7 Tage im Voraus kaufen, gewährt VIA Rail eine Preisermäßigung von 25–40 %. Zu bestimmten Saisonzeiten, auf bestimmten Streckenabschnitten oder innerhalb einer vorgegebenen Zeitdauer gibt es besondere Preisnachlässe und „Bahnpässe" bei VIA Rail (www.viarail.ca), z. B.:

BizPak, 10 one-way-Fahrten zwischen 2 vorher festgelegten Orten (Economy Class), 1 Jahr gültig: z. B. Ottawa-Montréal $ 600; **Commuter ePass**, 20 one-way-Fahrten (oder 10 Hin- und Rückfahrten) zwischen 2 vorher festgelegten Orten im Korridor Québec City – Windsor/ON, 30 Tage gültig, z. B. Strecke Toronto–Cobourg $ 289,80; besonders interessant ist der **Canrailpass**, der in diversen Varianten flexibles Bahnreisen ermöglicht. Nähere **Infos** und weitere Pässe unter: www.viarail.ca/en/fares-and-packages/rail-passes.

Aufenthaltskosten

➤ Übernachtung

Hotels/Motels/Lodges
Genaue Preise anzugeben ist schwer, da Angebot und Nachfrage, Reisezeit, Rabatte und die Lage den Preis bestimmen. Während in den Großstädten einige Hotels an den Wochenenden preisgünstigere Übernachtungen anbieten, werden in ländlichen Gebieten gerade an den Wochenenden Zuschläge erhoben. Hotels und Motels, die an den Einfahrtsstraßen der Städte dicht bei einander liegen, werben mit „special rates" um die Gäste.

Als unterste Grenze müssen $ 65 pro Nacht für ein Doppelzimmer angesetzt werden, die Durchschnittspreise in einfachen Motels liegen eher bei $ 70–75. Mittelklasse-Hotels (private oder z. B. Holiday Inns und Best Western) verlangen zwischen $ 80–130 für ein Doppelzimmer. In sehr guten Hotels (z. B. Radisson, Sheraton) und in Resorthotels mit Sportangeboten kostet die Übernachtung ca. $ 110–250.

In den Großstädten, vor allem in Toronto, Montréal und Niagara Falls, liegen die Hotelpreise deutlich über den genannten Preisen.

Bed&Breakfast-Häuser
Das Angebot an Bed&Breakfast-Unterkünften ist groß und wird auch von den Kanadiern als interessante Alternative zum Hotel sehr geschätzt.

Je nach Ausstattung und Service variieren die mittleren Preise zwischen $ 75 und 120/DZ, wobei in diesem Preis ein reichhaltiges Frühstück inbegriffen ist.

➤ Lebensmittelpreise
Im Allgemeinen sind die Lebensmittelpreise mit denen in Deutschland vergleichbar. Brot, Obst und Gemüse kosten etwa das gleiche; Milchprodukte sind geringfügig teurer, Fleisch ist preiswerter als in Deutschland, Fisch und Meeresfrüchte sind vor allem in den Atlantikprovinzen deutlich preiswerter.

➤ Telefonkosten
• Ortsgespräche (= 1 Einheit) je nach Region 25–50 Cent
• 3-Minuten-Gespräch Toronto–Montréal ca. $ 4
• 3-Minuten-Gespräch von Kanada nach Deutschland ca. $ 10

Diese Preise gelten in einer Telefonzelle mit Münzeinwurf. Wesentlich preisgünstiger ist das Telefonieren mit Telefonkarten, die man in vielen Geschäften und Kaufhäusern kaufen kann.

Hotels berechnen meist nur niedrige Gebühren für ein Ortsgespräch, haben dagegen aber oft teurere Ferngesprächstarife. Am bequemsten telefonieren Sie mit einer internationalen Telefonkarte, z. B. der AT&T Calling Card oder der MCI Calling Card.

▶ **Flughafen-Transfers**
- Toronto: Lester B. Pearson International Airport nach Downtown: Taxi ca. $ 60, Union Pearson Express $ 24, öffentliche Verkehrsmittel $ 3
- Montréal: Flughafen Trudeau: Taxi ca. $ 40, 747 Express Bus $ 10, öffentliche Verkehrsmittel $ 3,25
- Ottawa: International Airport: Taxi ca. $ 30, öffentliche Verkehrsmittel $ 3,65
- Halifax: International Airport: Taxi ca. $ 56, Flughafenbus $ 22, Hin- und Rückfahrt $ 40 (Mai-Oktober), öffentliche Verkehrsmittel $ 3,50.

▶ **Eintritts- und Parkgebühren**
Die Ausgaben für den Besuch von Museen, Museumsdörfern, Provinz-, National- und Vergnügungsparks können ein großes Loch in die Reisekasse reißen. Achten Sie deshalb auf Ermäßigungen, die Kindern, Schülern, Studenten, Senioren und Behinderten eingeräumt werden. Oft gibt es auch reduzierte Eintrittspreise für Familien.

Preisbeispiele:
- Royal Ontario Museum in Toronto: Eintritt Erwachsene $ 17, Senioren und Studenten $ 15,50, Kinder $ 14
- Upper Canada Village: Eintritt Erwachsene $ 19, Senioren $ 18, Kinder von 5–12 J. $ 12
- Biodôme de Montréal: Eintritt Erwachsene $ 19,75, Senioren $ 18,25, Studenten $ 14,50, Kinder und Jugendliche von 5–17 J. $ 10, Familienkarte $ 55; Parkgebühr $ 12
- Canadian Museum of History in Hull/Ottawa: Eintritt Erwachsene $ 15, Senioren $ 13, Studenten $ 11, Kinder von 3–12 J. $ 9, Familienkarte $ 36
- Green Gables House in Cavendish, PEI, Eintritt Erwachsene $ 7,80, Senioren $ 6,55, Schüler $ 3,90, Familienkarte $ 19,60

Bei den kleineren Museen liegen die Eintrittspreise meist zwischen $ 2 und 5; manchmal wird auch nur um eine „Spende" gebeten.

In den National- und Provinzparks liegen die Tagespreise zwischen $ 3 und 10.

Aussichtspunkt im Forillon National Park

3. REISEN IM OSTEN KANADAS

Routenvorschläge

Der kanadische Osten ist ein riesiges und vielseitiges Land, das Naturschönheiten, Sehenswürdigkeiten und Erholungsmöglichkeiten für mehr als eine Reise bereithält. Die Weite des Landes und die großen Entfernungen werden immer wieder unterschätzt. Es ist deshalb sinnvoll, bei den Vorüberlegungen für die Reiseplanung den Zeitfaktor im Auge zu behalten und von der zur Verfügung stehenden Zeit auch die Entscheidung abhängig zu machen, ob die Rundreise mit Pkw oder Wohnmobil gemacht werden soll, ob eine kombinierte Pkw- und Flugreise günstiger oder ob die Beschränkung auf nur eine Region zweckmäßig ist.

Im Folgenden werden vier Routen vorgestellt, die individuell verkürzt oder verlängert oder miteinander kombiniert werden können. Als Ausgangspunkt ist Toronto angegeben. Natürlich können die Rundreisen auch in Montréal begonnen werden. Für eine Rundreise durch die Atlantikprovinzen bietet sich Halifax als Startpunkt an. Genauere Angaben und Übernachtungsvorschläge finden Sie in den entsprechenden reisepraktischen Kapiteln.

Route 1: Die Höhepunkte Ostkanadas

Routenvorschlag für eine **2–3-wöchige Rundreise** *zu den großen* **Städten und Naturparks in Ontario und Québec** *(Routenverlauf s. vordere Klappkarte und in der Faltkarte)*

Wenn Sie sich für Kunst, Kultur und Architektur interessieren, werden Ihnen die Städte **Toronto**, **Montréal**, **Québec** und **Ottawa** gefallen. Sie können dort das moderne Kanada erleben, das aus dem fruchtbaren Miteinander britischer und französischer Einflüsse entstanden und jetzt von vielen verschiedenen ethnischen Gruppen geprägt ist. Die Umgebung dieser Metropolen lädt mit zahlreichen Naherholungsgebieten ein, das „Naturerlebnis Kanada" kennen zu lernen, das einen Höhepunkt mit dem Besuch der **Niagara Falls** erreicht.

Highlights

Ontario
- Städtereisen nach **Toronto, Kingston** und **Ottawa**
- **Tierbeobachtung** und **Kanutouren** im Algonquin Provincial Park oder in den anderen zahlreichen Provinzparks
- Besuch des **Fort Henry** in **Kingston** und der Museumsdörfer **Upper Canada Village** und **Sainte-Marie among the Hurons**
- Bootsfahrt zu den **Thousand Islands** im St.-Lorenz-Strom
- Schwimmen und Faulenzen an den Stränden der **Georgian Bay**
- Fahrt durch das Mennonitenland bei **Kitchener** und **Waterloo**
- Besuch der **Niagara Falls** und Fahrt mit der „Maid of the Mist" oder den „Hornblower Cruises"

Québec
- **Pferdekutschfahrten** durch die Altstädte von Montréal und Québec
- Fahrt durch den **Gatineau Park** und durch den **Parc Laurentides**
- Besuch des **Canadian Museum of History** in Hull/Gatineau

Route 2: Kultur und Natur – Kontrastreiches Kanada

Routenvorschlag für eine **3–4-wöchige Rundreise** *zu den großen* **Städten und Natur-parks in Ontario und Québec** *(Routenverlauf s. vordere Klappenkarte und in der Falt-karte)*

Wie Rundreise I führt Sie auch diese Route zu den Großstädten **Toronto, Montréal, Ottawa, Québec** und **Niagara Falls**, wird dann aber nach Osten erweitert um die Fahrt zum mächtigen **Saguenay Fjord** bei Tadoussac und zur Halbinsel **Gaspésie** und nach Westen um die Fahrt nach North Bay, zur Georgian Bay mit der Inselwelt der 30.000 Inseln.

Nehmen Sie sich nach dem pulsierenden Treiben in den Großstädten Zeit für die kleinen, reizvollen Ortschaften und für die Museumsdörfer, in denen die Vergangenheit lebendig ist, erleben Sie auf Wanderungen die Stille der riesigen Wälder, erfahren Sie auf Kanutouren die Schönheiten der zahllosen Seengebiete und beobachten Sie die vielfältige Tierwelt.

Highlights

Provinz Ontario
- Städtereisen nach **Toronto, Ottawa** und **Niagara Falls**
- **Kanutouren** im Algonquin Provincial Park oder im Frontenac Provincial Park
- die Museumsdörfer **Upper Canada Village** und **Sainte-Marie among the Hurons**
- Bootsfahrt durch die Inselwelt der „**Thousand Islands**" bei Kingston oder der „**30.000 Islands**" bei Parry Sound
- Besuch der **Niagara Falls** und Fahrt mit der „Maid of the Mist" oder den „Horn-blower Cruises"

Provinz Québec
- **Pferdekutschfahrten** durch die Altstädte von Montréal und Québec
- **Bootsfahrt** durch den eindrucksvollen **Saguenay Fjord**
- **Walbeobachtungen** im St.-Lorenz-Strom und an der Mündung des Saguenay River
- Rundfahrt über die Halbinsel **Gaspé**sie mit Ausflügen nach Percé, zur Vogelinsel **Bonaventure** und zum Forillon National Park
- Fahrt durch den **Gatineau Park** und durch den **Parc Laurentides**
- Besuch des **Canadian Museum of History** in Hull/Gatineau

Route 3: Der weite Westen Ontarios

Routenvorschlag für eine **3–4-wöchige** *Rundreise in den* **Westen Ontarios** *(Routenver-lauf s. vordere Klappenkarte und in der Faltkarte)*

Diese Fahrt führt von Toronto über Sudbury, Sault Ste. Marie am Lake Superior entlang nach Thunder Bay, von dort weiter nach Kenora und zum wunderschönen Seengebiet „Lake of the Woods". Es sind vor allem Landschaft und Natur, die diese weite Fahrt zu einem Erlebnis machen.

Für diese Route gibt es drei Ergänzungsvorschläge:

➤ Von Sudbury nach Timmins und Cochrane. Dort beginnt die Eisenbahnfahrt mit dem „Polar Bear Express" nach Moosonee und zur James Bay. Für die Weiterfahrt wählen Sie die Strecke von Timmins nach Wawa, wo Sie auf die Straße von Sault Ste. Marie nach Thunder Bay treffen.

➤ Nach einem Aufenthalt in Kenora und dem Lake of the Woods können Sie über die Grenze in die USA und über Duluth, Minneapolis, Milwaukee und Chicago nach Toronto fahren. Für diese Fahrt um die „Großen Seen" sollten Sie etwa 4 Wochen Zeit zur Verfügung haben.

➤ Wenn Sie die Rückfahrt von Kenora nach Toronto vermeiden wollen, bietet sich als Alternative der Rückflug ab Winnipeg nach Toronto oder direkt nach Europa an. Von Kenora sind es nur 42 km bis zur Grenze nach Manitoba und ca. 110 km bis zur Hauptstadt Winnipeg.

Highlights

- **Toronto** mit seinen vielfältigen Sehenswürdigkeiten
- Fahrt über die **Bruce Peninsula** nach Tobermory und zum **Fathom Five National Marine Park**
- **Sudbury** mit dem sehenswerten Science North und Dynamic Earth Center Museum
- Eisenbahnfahrt mit dem „**Polar Bear Express**" an die James Bay
- **Sault Ste. Marie** mit den riesigen Schleusen „Soo Locks"

Fontaine de Tourny, Québec

- Eisenbahnfahrt durch den **Agawa Canyon**
- Wanderungen, Kanufahrten und Tierbeobachtungen im **Lake Superior Provincial Park** und im **Pukaskwa National Park**
- **Thunder Bay** und ein Besuch im Museumsdorf **Fort William Historical Park**
- Besichtigung der **Amethyst- und Achatminen** in der Umgebung von Thunder Bay
- **Kenora** und die wunderschöne Seen- und Inselwelt des **Lake of the Woods**

Route 4: Die Maritimes

Routenvorschlag für eine **3–4-wöchige** *Rundreise durch die* **Atlantikprovinzen** *(Routenverlauf s. vordere Klappenkarte und in der Faltkarte)*

Jede der vier Atlantikprovinzen hat einen ganz eigenen Charakter. **Nova Scotia** bestätigt mit vielfältigen Sehenswürdigkeiten den eigenen Slogan „so much to see", **New Brunswick** lädt zu abwechslungsreichem Naturaufenthalt ein und bietet eindrucksvolle Naturschauspiele, **Prince Edward Island** lockt mit kilometerlangen Sandstränden und ausgezeichneten Golfplätzen, und die Provinz **Newfoundland & Labrador** ist ein unberührtes Naturparadies mit Fjorden und Berglandschaften.

Highlights

Nova Scotia
- **Halifax** und Umgebung
- Fahrt entlang der **Leuchtturmroute** an der Südküste Nova Scotias
- Fahrt über den **Cabot Trail** auf Cape Breton Island
- Besuch der rekonstruierten Festung **Louisbourg**
- Tagesfahrt mit dem **Segelschooner Bluenose II** in Halifax oder Lunenburg
- Teilnahme an einem „**Lobster Dinner**"

New Brunswick
- die Provinzhauptstadt **Fredericton**
- Besuch des **Fundy National Park** und der **Hopewell Rocks**
- Besichtigung der „**Reversing Falls**" in Saint John
- Besuch des **Acadian Historical Village** in Caraquet
- Fahrt über den „**Magnetic Hill**" bei Moncton
- Besuch des Museumsdorfes **Kings Landing**
- Besuch des New Brunswick **Botanical Garden** bei Edmundston
- **Lachsfischen** im Landesinneren

Prince Edward Island
- die Inselhauptstadt **Charlottetown**
- **Strandwanderungen** im Prince Edward Island National Park
- **Golfspielen** auf ausgezeichneten Golfplätzen
- Besuch der Ausflugsziele von „**Anne of Green Gables**"

Newfoundland & Labrador
- die Inselhauptstadt **St. John's**
- Besuch der **L'Anse aux Meadows Historic Site** und des **Gros Morne National Park**
- Beobachtung von **Eisbergen** vom Boot oder von der Steilküste aus
- Walbeobachtungsfahrten
- Wild- und Vogelbeobachtungen

4. VON TORONTO ÜBER KINGSTON NACH MONTRÉAL

Toronto
Überblick

In einer Informationsbroschüre wird Toronto, die Metropole am Lake Ontario, „Action City, eine Stadt zum Leben und Erleben" genannt, denn die größte Stadt Kanadas ist eine der lebendigsten Städte Nordamerikas mit einem reichen Kulturleben und vielen touristischen Attraktionen, die der Bedeutung ihres indianischen Namens „Treff- und Sammelpunkt" durchaus gerecht wird.

Toronto, die Hauptstadt der Provinz Ontario, liegt am Nordufer des Lake Ontario, durch den die Grenze zwischen Kanada und den USA verläuft. 1953 schloss sich die City of Toronto mit zwölf umliegenden Ortschaften zu einer gemeinsamen Verwaltung zusammen und bilde-

Redaktionstipps

> Besuch des **Rogers Centre** (S. 105) und Fahrt auf den **CN Tower** (S. 104): Auf Wagemutige wartet hier in 350 m Höhe der **EdgeWalk** (S. 105)
> Besuch des **Royal Ontario Museum** (S. 111) und des **Ontario Science Centre** (S. 118)
> **Einkaufsbummel** durch Eaton Centre (S. 110), Kensington Market (S. 113) und Chinatown (S. 114) und in „Underground Toronto" (S. 108)
> Bootsfahrt zu den **Toronto Islands** (S. 115)
> Besuch eines Musicals oder einer Sportveranstaltung (S. 117)

te damit die erste Metropole dieser Art in Nordamerika. Durch eine neue Provinzverordnung wurde Toronto am 1. Januar 1998 mit den umliegenden Städten North York, York, East York, Etobicoke und Scarborough zusammengeschlossen. Die sogenannte „Megacity" ist nun mit ca. 3 Mio. Einwohnern die größte Stadt Kanadas und nach New York, Chicago, Los Angeles und Mexiko City die fünftgrößte Stadt Nord- und Mittelamerikas.

Toronto ist ein bedeutendes Industrie-, Handels- und Wirtschaftszentrum mit der viertgrößten Börse Nordamerikas und einem hochmodernen Banken- und Versicherungsviertel; zum wirtschaftlichen Aufschwung der Stadt trug wesentlich die Fertigstellung des St.-Lorenz-Seeweges im Jahr 1959 bei. Ein Fünftel aller in Kanada hergestellten Waren stammt aus Toronto, zu dessen wichtigsten Industriezweigen u. a. Maschinen- und Fahrzeugbau, Elektronik, Druck und Papier und die Lebensmittelproduktion zählen; die Betriebe sind vor allem in der Nähe des Hafens und der Flughäfen angesiedelt.

Toronto – die Megacity

Von Toronto über Kingston nach Montréal

Toronto hat sich nach dem 2. Weltkrieg zu einer kulturellen Metropole entwickelt mit zwei hervorragenden Universitäten und mehreren sehr guten Hochschulen, ausgezeichneten Museen, Galerien, Orchestern und Theatern; dabei zählt die Stadt mit 125 professionellen Theater-Ensembles und über 10.000 Aufführungen zu den führenden Theaterzentren der englischsprachigen Welt.

Mehrfach wurde Toronto von der UNO zur multikulturellsten Stadt der Welt erklärt, in der jede Kultur ihre eigene Identität bewahren kann. Torontos internationale Gastronomie und die ganz unterschiedlichen Wohnbezirke, die noch die Herkunftsländer der Menschen erkennen lassen, sind ein Beweis dafür.

Hohe Lebensqualität

Toronto bietet eine hervorragende Lebensqualität und ist sehr touristenfreundlich; die Stadt verfügt über zahlreiche Sehenswürdigkeiten, gute Hotels, vielfältige Restaurants und Straßencafés, elegante Boutiquen, große Einkaufszentren und die bekannte unterirdische Einkaufsstadt „Underground Toronto". Alle wichtigen Einrichtungen sind mit öffentlichen Verkehrsmitteln sehr gut zu erreichen; ein gut ausgebautes Verkehrsnetz verbindet alle Gemeinden mit der Innenstadt. Zu den besonderen Vorzügen zählen die auffallende Sauberkeit und die geringe Kriminalitätsrate, die deutlich niedriger ist als in anderen Städten dieser Größenordnung.

Ein Einkaufsbummel in Toronto ist ein besonderes Vergnügen; die riesigen, gläsernen und glitzernden Einkaufszentren wie z. B. das **Eaton Centre** und das **First Canadian Place Centre** laden mit vielen Geschäften zum Bummeln, Schauen, Staunen, Aussuchen und Kaufen ein. Besonders exklusive Geschäfte finden Sie in Yorkville und in den **Hazelton Lanes**.

Wenn Sie die bekannten Sehenswürdigkeiten aufgesucht und die reichhaltigen Auslagen in den über- und unterirdischen Einkaufsstraßen bestaunt haben, können Sie einen Bummel oder eine Fahrt mit der Streetcar 506 vom High Park im Westen bis zur Main Street im Osten quer durch die kleinen Stadtviertel machen, deren Bewohner aus den unterschiedlichsten Ländern stammen. Besuchen Sie die engen Gassen mit den fremdartigen Gerüchen in **Chinatown**, das sich südlich vom Kensington Market ausdehnt, oder **Little Italy** an der College Street, wo sich vor allem an Sonntagen die Menschen in den Straßen drängen oder in einem der zahllosen Eiscafés ausruhen, oder **Greektown**, wo Sie an der Danforth Avenue die Volta, eine griechische Promenade des Sehens und Gesehenwerdens, kennenlernen und in einem griechischen Restaurant essen können.

Das alte Rathaus am Nathan Phillips Square

Toronto trägt seit Jahren das Etikett „Hollywood des Nordens", denn seit den 1980er-Jahren wurden hier viele international erfolgreiche Filme und Fernsehserien gedreht. So werden Sie bei Ihren Spaziergängen vielleicht auch auf ein Aufnahmeteam stoßen. Alljährlich im September findet das angesehene „Toronto International Film Festival" statt, das zahlreiche Kinobesucher anzieht.

„Hollywood des Nordens"

Bei Ihren Stadtgängen werden Sie überraschend viele Parkanlagen und Grünflächen entdecken, die von den Bewohnern zu allen Tageszeiten gerne für kleine Pausen und Familienpicknicks aufgesucht werden; im Winter werden die Plätze der Stadt als Eislaufflächen genutzt.

Geschichtlicher Überblick

Als erster Europäer erreicht der französische Forscher Etienne Brulé **1615** das Land der Huronen.
- **1749** gründen französische Pelzhändler das Fort Rouillé.
- **1763** wird Französisch-Kanada durch den Vertrag von Paris zum englischen Territorium erklärt. Nach der Unabhängigkeitserklärung der USA von England kommen viele „Loyalisten", Anhänger der britischen Krone, an das Nordufer des Ontariosees.
- **1793** lässt der englische Gouverneur Simcoe an der Stelle eines Indianersammelplatzes eine Siedlung nach europäischem Vorbild anlegen, der er zu Ehren des Herzogs von York den Namen York gibt.
- **1813** wird die Siedlung in die Auseinandersetzungen zwischen England und den USA einbezogen.
- **1834** erhält York die Stadtrechte; die ca. 9.000 Einwohner wählen William Mackenzie zum ersten Bürgermeister der Stadt, die nun den indianischen Namen Toronto übernimmt. Die verkehrsgünstige Lage der Stadt und der Bau der Eisenbahn begünstigen Handel und Wirtschaft; der Hafen wird ausgebaut; Handwerksbetriebe werden angesiedelt.
- **1879** findet die erste Industriemesse statt.
- Um **1900** leben etwa 200.000 Menschen in der Stadt, 20 Jahre später zählt die Stadt bereits eine halbe Million Einwohner.

Auch die beiden Weltkriege regen das Wirtschaftswachstum weiter an; nach dem 2. Weltkrieg suchen mehr als 400.000 Menschen aus Europa in Toronto eine neue Heimat. 1953 und noch einmal 1998 schließt sich Toronto mit mehreren Vorstädten zum Metropolitan Toronto zusammen; in diesem Großraum leben jetzt etwa 6 Mio. Einwohner.

Orientierung in Toronto

Das Zentrum der Stadt, der Central Business District, dehnt sich im Norden bis zur Bloor Street, im Süden bis zur Hafenfront, im Westen bis zur Spadina Avenue und im Osten bis zur Parliament Street aus. Die Straßen verlaufen gerade in Nord-Süd- bzw. West-Ost-Richtung; die beiden von Norden nach Süden verlaufenden Hauptverkehrsstraßen Yonge Street und University Avenue führen auf den Bahnhof, die Union Station, und den Hafen zu. Zwischen dem Bahnhof und der neu gestalteten Harbour Front verläuft der mehrspurige Gardiner Expressway.

Tipp
Für kulturinteressierte Besucher lohnt sich der Erwerb eines „Toronto City Pass" (s. S. 116, Toronto als Kulturstadt).

Sehenswertes in Toronto

Die **Skyline** von Toronto gehört zu den schönsten in Nordamerika. Fahren Sie hinüber zu den vorgelagerten Toronto Islands, schauen Sie von dort auf den reizvollen Harbourfront Park mit luxuriösen Hotels, Büros, Galerien, Boutiquen, Theatern und Restaurants, hinter dem supermoderne Wolkenkratzer mit Aluminium- oder spiegelnden Glasfassaden emporwachsen, die ihrerseits vom zweithöchsten Turm der Welt, dem 553 m hohen CN Tower, überragt werden, an dessen Fuß sich die riesige Kuppel des Rogers Centre wölbt.

Rund um den CN Tower

Zweit-höchster Bau der Welt

Beginnen Sie die **Stadtbesichtigung** mit dem Besuch des CN Tower; von der 447 m hoch gelegenen Plattform können Sie einen großartigen Blick auf die Stadt genießen und sich zugleich einen sehr guten Überblick über die Stadtanlage verschaffen. Dabei können Sie unterscheiden:

- die Toronto Islands und die Hafenfront Harbourfront Park,
- die Hochhäuser des Central Business District, dem Verwaltungs- und Geschäftszentrum der Stadt,

- die beiden in Nord-Süd-Richtung verlaufenden Verkehrsachsen Yonge Street und University Avenue, in deren Nähe viele der Sehenswürdigkeiten liegen,
- das Rogers Centre und das Convention Centre zu Füßen des CN Tower.

Der zwischen 1972 und 1976 gebaute **CN Tower (1)** war mit 553,35 m lange Zeit das höchste freistehende Gebäude der Erde, bevor 2010 in Dubai der Wolkenkratzer Burj Khalifa eröffnet wurde. 1.537 Menschen arbeiteten am CN Tower, der am 26. Juni 1976 eingeweiht wurde. Während der Treppengang über 1.760 Stufen nach oben führt, bringt ein gläserner Aufzug die Besucher in nur 58 Sekunden hinauf zum **Glass Floor Level**, wo man über eine gläserne Plattform geht und auf die 342 m tief unter sich liegende Stadt schaut. Auch von der luftigen **Outdoor Sky Terrace** bietet sich ein großartiger Blick auf die Stadt.

Noch ein Stockwerk höher auf 346 m liegt das **Look Out Deck** mit einer Außen- und einer Innenaussichtsplattform, Fernseh- und Radiosendeanlagen, einer Ausstellung zur Baugeschichte des Turms und dem „360 The Restaurant", dem größten und höchsten Drehrestaurant der Welt. Hier können Sie in 90 Minuten das ganze Stadtpanorama an sich vorbeiziehen

553 m hoch: der CN Tower

lassen. In 350 m Höhe wartet auf Abenteuerlustige Torontos spektakulärste Attraktion: der **EdgeWalk**! Jeweils sechs Wagemutige werden nach einer kurzen Einführung
zuerst durch ein Klettergeschirr, das an einem Seil bei der Umrundung mitläuft, gesichert. Dann beginnt der „Spaziergang an der Kante", der auf einem nur 1,50 m schmalen Steg ohne Geländer einmal um den Turm herum führt. Etwa 30 Minuten dauert der
höchste freihändige Panorama-Spaziergang der Welt – „Mutprobe" und Nervenkitzel
pur! Buchungen für den **EdgeWalk** sind erforderlich, $ 195.

Spaziergang in 350 m Höhe

Von der Innenplattform kann man noch einmal einen Aufzug besteigen, der zum 447 m
hohen **Sky Pod** hochfährt. Von hier aus können Sie sich mithilfe der Hinweistafeln einen guten Überblick über die 6-Millionen-Stadt am Lake Ontario verschaffen und bei
klarem Wetter sogar nach Süden bis zu den Niagara-Fällen und nach Norden bis hin
zum Lake Simcoe schauen.

Im unteren Teil des CN Tower gibt es zahlreiche Geschäfte, Restaurants, einen „Marktplatz", Kinos und eine Spielhalle mit Raumfahrt-Simulatoren sowie Laser- und Compu-
terspielen. Aus Anlass des 40-jährigen Jubiläums wurde 2016 eine interaktive Ausstellung eröffnet, die den Besucher auf dem Weg zum Fahrstuhl über die Arbeitsweise und
Nutzung des Turmes informiert. An einer neuen Wetterwand kann man die Wetter-
verhältnisse an der Turmspitze ablesen oder die „Spaziergänger" auf dem EdgeWalk beobachten.
CN Tower, *301 Front St. W.,* ☏ *416-868-6937, www.cntower.ca, geöffnet ganzjährig von
9–22 Uhr, Eintritt Aufzug zu den Aussichtsdecks Erwachsene $ 35, Senioren $ 30, Kinder von
4–12 J. $ 25, für den Skypod zusätzlich $ 12; für Restaurantbesucher ist der Aufzug kostenlos.*

☞ **Tipp**
Lange Wartezeiten kann man vermeiden, wenn man schon früh morgens
bzw. nach 17 Uhr zum CN Tower geht oder durch Vorbestellung der Karten unter www.cntower.com.

Am Fuße des CN Tower wurde 1989 der **SkyDome** eingeweiht, der seit 2005 den Namen
Rogers Centre (2) trägt. Die riesige Sportarena bietet bis zu 69.000 Zuschauern Platz und
verfügt auf fünf Ebenen über 161 Logen, Restaurants, Cafés, Fitnessräume, Medientrakte und
ein luxuriöses Hotel. Eine besondere Attraktion ist das bewegliche, 32.000 m² große Kup-
peldach, das bei gutem Wetter innerhalb von 20 Minuten geöffnet werden kann, sodass
Sportveranstaltungen, Konzerte und Events unter freiem Himmel stattfinden können. Mehrmals täglich werden einstündige Führungen durchgeführt, die mit einem eindrucksvollen Film
beginnen und den Blick auch in solche Bereiche ermöglichen, die sonst nicht für die Öffentlichkeit zugänglich sind.
Rogers Centre Tour Experience, *1 Blue Jays Way, am CN Tower,* ☏ *416-341-2770,
www.rogerscentre.com, Führungen tgl. 11–15 Uhr, Eintritt Erwachsene $ 16, Senioren und Ju-
gendliche von 12–17 J. $ 12, Kinder von 5–11 J. $ 10.*

Gewaltige Arena

Das Rogers Centre ist das Heimatstadion des Footballteams der „Argonauts" und
der Baseballmannschaft der „Blue Jays". Die „Blue Jays" sind sehr populär und haben
mit mehr als 3 Mio. Zuschauern pro Jahr eine begeisterte Anhängerschaft. Alle Heim-
spiele, die oft schon lange im Voraus ausverkauft sind, werden im Rogers Centre ausgetragen. An der **Front Street** West in Richtung Rogers Centre liegen viele Sport-
geschäfte, in denen Fans der Blue Jays und Argonauts ihre Sportartikel und Souvenirs
kaufen können.

Ebenfalls am Fuße des CN Tower wurde 2013 das **Ripley's Aquarium of Canada** eröffnet mit mehr als 16.000 Meerestieren 450 verschiedener Arten. Zu den besonderen

Attraktionen gehören ein Becken mit der Unterwasserwelt der Großen Seen, des Atlantiks und Pazifiks, Fühlbecken mit Bambushaien und ein 96 m langer gläserner Tunnel mit einem beweglichen Pfad, der durch die Welt der Haie, Rochen, Meeresschildkröten, Hummer und Quallen führt.

Ripley's Aquarium of Canada, *288 Bremner Boulevard,* ☎ *647-351-3474, www.ripley aquariums.com, geöffnet tgl. 9–20, im Sommer bis 23 Uhr, Eintritt Erwachsene $ 31, Senioren und Jugendliche von 6–13 J. $ 21, Kinder von 3–5 J. $ 10.*

Ein „**Skywalk**" verbindet den CN Tower mit Torontos Hauptbahnhof, der **Union Station**, 65 Front St. W. **(3)**, die zwischen Bay und York Street liegt und einen Besuch wert ist. Mit der Planung des historischen Gebäudes wurde bereits 1907 begonnen, zu einer Zeit also, als die Eisenbahn noch aufregend und eine Fahrt noch ein kleines Abenteuer war. 1927 weihte der Prinz von Wales das Gebäude mit der riesigen, lichtdurchfluteten Halle auf 22 Pfeilern feierlich ein; 1975 wurde es zur „National Historic Site" erklärt. In den 1970er-Jahren und erneut seit 2010 wurden umfassende Renovierungs- und Umbaumaßnahmen durchgeführt, die noch nicht vollständig abgeschlossen sind. Die Union Station ist auch der Knotenpunkt für den öffentlichen Nahverkehr.

Alles über Eishockey

Östlich der Union Station zeigt die **Hockey Hall of Fame & Museum (4)** alles Wissenswerte rund um das Thema Eishockey, eine der beliebtesten Sportarten Kanadas. **Hockey Hall of Fame & Museum**, *Front St./Yonge St., www.hhof.com, geöffnet Mo–Fr 10–17, Sa 9.30–18, So 10.30–17 Uhr, im Sommer Mo–Sa 9.30–18, So 10–18 Uhr, Eintritt Erwachsene $ 18, Senioren $ 14, Kinder von 4–13 $ 12.*

Neben der Union Station entstanden auf dem riesigen, ehemaligen Gelände der Canadian National-Eisenbahngesellschaft einige der interessantesten modernen Bauwerke Torontos, wie z. B. der CN Tower, das Rogers Centre, Konzerthäuser und das **Metro Toronto Convention Centre (5)**, Kanadas größtes Kongresszentrum mit Platz für bis zu 40.000 Menschen. **Metro Toronto Convention Centre**, *255 Bremner Boulevard,* ☎ *416-585-8000, http://www.mtccc.com.*

Zwei Straßenblöcke vom CN Tower entfernt liegt die **Roy Thomson Hall (6)**. Diese Konzerthalle wurde 1982 nach Plänen des bekannten Architekten Arthur Erickson errichtet und ist wegen ihrer kreisrunden Form ebenso berühmt wie wegen ihrer außergewöhnlich guten Akustik. Künstler und Orchester von internationalem Ruf sind häufig zu Gast. **Roy Thomson Hall**, *60 Simcoe St./King St. W.,* ☎ *416-872-4255, www.roythomson.com.*

> ☞ **Tipp**
> Musikliebhaber finden im The Roy Thomson Hall Music Store eine große Auswahl an CDs mit Aufnahmen klassischer Musik und Aufnahmen von Orchesterproben.

Am **Queens Quay** zieht sich die Hafenregion von Toronto entlang. Der CN Tower und das Rogers Centre sind die herausragenden Projekte bei der Neugestaltung der **Harbourfront (7)**. Im Laufe der Jahre wurden die alten Schuppen und Lagerhäuser abgerissen und an ihrer Stelle Sport- und Parkanlagen, Theater und Hochhäuser gebaut. So präsentiert sich jetzt Torontos **Harbour Square Park** auf einer 38 ha großen Fläche mit modernen Hotels, teuren Apartmenthäusern, eleganten Boutiquen, Kunstgalerien, Theatern, Restaurants und Cafés sowie einem Yachthafen, ausgedehnten Parkanlagen für erholsame Spaziergänge und dem schönen Toronto Music Garden, 475 Queens Quay, wo man Ruhe in der Hektik der Stadt finden kann. Östlich des Harbour Square Park liegt die Abfahrtsstelle der Boote zu den Toronto Islands.

Blick auf die Harbourfront

Das **Harbourfront Centre** ist mit seinen Kunstgalerien und Theatern ein großartiger Ort für Konzerte, Ausstellungen, Festivals und Unterhaltung jeder Art. Auf den Terrassen der Restaurants und Cafés kann man den Ausblick auf den Lake Ontario und die Toronto Islands oder auf den Yachthafen genießen.
Harbourfront Centre, *235 Queens Quay W.,* ☎ *416-973-4000, www.harbourfrontcentre.com.*

Nordwestlich des Harbourfront Centre liegt **Historic Fort York (8)**, die älteste noch bestehende Verteidigungsanlage Kanadas, die 1793 von Gouverneur Simcoe errichtet wurde. 1813 wurde das Fort von amerikanischen Truppen zerstört, aber schon bald wieder aufgebaut. Das neue **The Fort York Visitor Centre** informiert anschaulich über die Militärgeschichte von Upper Canada. In den Sommermonaten paradieren Soldaten in den historischen Uniformen des 8. Königlichen Regiments.
Historic Fort York, *250 Fort York Boulevard,* ☎ *416-392-6907, www.toronto.ca/fortyork, geöffnet Mai–Sept. tgl. 10–17 Uhr, sonst Mo–Fr 10–16, Sa/So 10–17 Uhr, Eintritt Erwachsene $ 8, Senioren und Jugendliche $ 5, Kinder 6–12 J. $ 4.*

An den modernen Harbourfront Park schließt sich nach Westen das riesige Messegelände, **Exhibition Place (9)**, an; hier findet bereits seit 1879 in jedem Jahr eine der größten Industriemessen der Welt statt. Dem Messegelände ist der Vergnügungspark **Ontario Place (10)** vorgelagert, der 1971 auf drei künstlichen Inseln im Lake Ontario gebaut wurde. Der multifunktionale Unterhaltungskomplex ist zurzeit geschlossen, die Fertigstellung der ersten Umgestaltungsphase ist für Sommer 2017 vorgesehen. *Vergnügungspark im Lake Ontario*

Im Zentrum der Stadt

Das Herz der Stadt liegt in dem Viereck zwischen der Yonge Street im Osten und der Spadina Avenue im Westen, zwischen der College Street im Norden und der Front Street im Süden. Dieser Bereich, in dem 1793 die ersten Häuser der Stadt gebaut wurden, wird heute von den modernen Wolkenkratzern dominiert, die zwischen 28 und 76 Stockwerke hoch aufragen, z. B. das **Toronto Dominion Centre,** Ecke King/Wellington Sts., ein Komplex mit mehreren Wolkenkratzern, der nach Plänen u. a. von Mies van der Rohe entstand, und der **First Canadian Place,** Ecke King/Bay Sts., mit der 72 Stockwerke hohen Bank of Montréal. Im **Stock Market Place,** 130 King Street W., können Sie die Hektik der Börse von Toronto und die Welt der Finanzen durch informative Ausstellungen und interaktive Spiele kennenlernen. Am östlichen Ende des Finanzdistrikts fällt das 1891 aus roten Backsteinen gebaute **Gooderham Building** auf, das wegen seiner Form auch „Flatiron Building" (Bügeleisen-Haus) genannt wird.

Hier, wo in den Hochhäusern des **Financial District**, auch Central Business District (CBD) genannt, überwiegend Versicherungen, Banken, Börsen, Verwaltungen, Behörden und Hotels konzentriert sind, spielt sich das Leben auf drei Ebenen ab.

Weitver-
zweigtes
Tunnelsystem

Während die oberen Stockwerke von Handels-, Finanz- und Dienstleistungsunternehmen genutzt werden, finden Sie in den unteren Geschossen Geschäfte aller Art, Banken, Arztpraxen, Cafés und Restaurants; unter der Erde liegen nicht nur die U-Bahnstationen und zahlreiche Parkhäuser, sondern auch ein großes Geschäftsviertel mit zahllosen Geschäften, Boutiquen und großen Kaufhäusern. Dieses 28 km lange Tunnelsystem, **PATH** genannt, durchzieht die gesamte Innenstadt und verbindet die Bürokomplexe miteinander, sodass die Menschen auch bei schlechtem Wetter oder in den kalten Wintermonaten in den mehr als 1.100 Geschäften bequem ihre Einkäufe machen, Ämter, Ärzte oder Banken aufsuchen, in den zahllosen Restaurants essen oder sich in einem der vielen Kinos und Theater unterhalten lassen können, www.torontopath.com. Eine Erweiterung des Tunnelsystems auf 60 km ist geplant.

Tipp
In der Touristeninformation ist eine Orientierungskarte erhältlich. Der besseren Orientierung dienen auch die überall angebrachten Buchstaben, die auf die Himmelsrichtung hinweisen, in die der jeweilige Weg führt: T (blau) = Norden, P (rot) = Süden, A (orange) = Westen, H (gelb) = Osten.

Zu ebener Erde haben die Straßen ein ganz unterschiedliches Gesicht. Die wichtigste Nord-Süd-Achse ist seit Bestehen der Stadt die **Yonge Street**, die mit 170 km Länge als „die längste Straße der Welt" gilt. Auf dem 3 km langen Abschnitt zwischen der

Am Yonge Dundas Square

Die New City Hall

Bloor Street im Norden und der Hafenfront im Süden herrscht bei Tag und Nacht reges Treiben. Die Yonge Street ist eine Straße voller Gegensätze, die sich in ihrem unteren Bereich mit den überwiegend zwei- und dreistöckigen Häusern recht merkwürdig zwischen den hohen Wolkenkratzern ausnimmt. An der Yonge Street treffen sich die wichtigsten Linien der öffentlichen Verkehrsmittel; hier bieten die großen Einkaufszentren ebenso wie zahllose kleine Geschäfte und Straßenhändler ihre Waren an; hier finden Sie Kinos, Restaurants, Bars, Diskotheken und Spielsalons, aber auch kleine Parkanlagen, Hotels, Kirchen, Rundfunksender und Zeitungsverlage. Am Nordausgang des Eaton Centre, wo Yonge Street und Dundas Street aufeinanderstoßen, liegt der **Yonge-Dundas Square**, ein viel besuchter Platz mit Fußgängerzone, Springbrunnen, Geschäften, Restaurants und Kinos.

Ein ganz anderes Gesicht hat die **Queen Street** in ihrem westlichen Abschnitt zwischen der Universität und Spadina Street mit ihren Antiquitätenläden, Antiquariaten, Buchhandlungen, Boutiquen und Galerien, aber auch Restaurants, Bars und Clubs.

An dem Straßenblock Queen Street/Bay Street steht am Nathan Philips Square vor den Gebäuden der Stadtverwaltung die Bronzeskulptur „Der Bogenschütze" von Henry Moore. Neben der **Old City Hall (11)**, 60 Queen St. W., dem aus dem Jahr 1891 stammenden Rathaus mit Giebeln und Türmchen, wurde 1965 die **New City Hall (12)** gebaut. Dieses bemerkenswerte Bauwerk entstand nach den Plänen des berühmten finnischen Architekten Viljo Revell: Zwischen zwei halbrunden Hochhäusern mit 20 und 27 Stockwerken liegt ein flacher Kuppelbau, in dem das Parlament der Stadt und des Großraums Toronto tagt. Im Sommer ist der große Vorplatz ein beliebter Treffpunkt zum Ausruhen und Sonnen mitten in der Stadt, im Winter lädt der Platz mit einer großen Eisfläche zum Eislaufen bei Musik ein. *Altes und neues Rathaus*

New City Hall, *Nathan Philips Square, ☎ 416-338-0338, geöffnet Mo–Fr von 8.30–16 Uhr, Eintritt frei.*

Das sehenswerte **Textilmuseum (13)** liegt recht versteckt. Hier finden Sie eine mehr als 12.000 Ausstellungsstücke umfassende Sammlung einzigartiger Textilien, Gewänder, Tapeten und Wandbehänge aus aller Welt aus mehr als zwei Jahrtausenden. Besonders schön sind die Ausstellungsstücke aus Tibet und Indonesien.

Textile Museum of Canada, *55 Centre Ave.*, ☏ *416-599-5321, www.textilemuseum.ca, geöffnet tgl. 11–17, Mi bis 20, Führungen So um 14 Uhr, Eintritt Erwachsene $ 15, Senioren $ 10, Studenten und Kinder 6–14 J. $ 6, Familienkarte $ 30.*

Ganz in der Nähe des Rathauses sehen Sie zwei schmucke Häuser aus der Anfangszeit der Stadt. Westlich der City Hall liegt inmitten eines schönen, alten Parks der ehemalige Sitz des Obersten Gerichtshofes, **Osgoode Hall**.

In der Queen Street 160 W. steht das **Campbell House**, in dem von 1825–1829 Sir William Campbell lebte, der in jener Zeit Oberster Richter von Upper Canada war. Das Haus ist mit schönem Mobiliar des 19. Jh. ausgestattet; hier werden von Mo–Fr Führungen angeboten. Nicht weit entfernt finden Sie die Art Gallery of Ontario.

Die **Art Gallery of Ontario (14)** ist eine der wichtigsten Kunstsammlungen Kanadas mit über 17.000 Ausstellungsstücken. Neben regelmäßig wechselnden Ausstellungen

The Grange

gibt es hervorragende Sammlungen europäischer Meister vom 15. Jh. bis zur Gegenwart, eine Ausstellung früher und zeitgenössischer kanadischer Malerei mit Werken der „Group of Seven" sowie eine Kollektion von Wandteppichen, Grafiken und Skulpturen der Inuit. Besondere Beachtung gilt dem Trakt, der den Skulpturen, Lithographien und Skizzen Henry Moores vorbehalten ist. Dem Museum neu angefügt wurden die „George Weston Hall" und das gläserne „Sculpture Atrium".

Art Gallery of Ontario, *317 Dundas St. W.*, ☏ *416-979-6648, www.ago.net, geöffnet Di u. Do 10.30–17, Mi u. Fr –21, Sa/So –17.30 Uhr, Eintritt Erwachsene $ 19.50, Senioren $ 16, Studenten und Kinder von 6–17 J. $ 11, Familienkarte $ 49, Mi 18–21 Uhr freier Eintritt; im Eintrittspreis ist der Besuch von „The Grange" bereits enthalten.*

Gleich neben dem Museum liegt das sorgfältig restaurierte ehemalige Galeriegebäude **The Grange (15)**, das aus dem Jahr 1817 stammt und das älteste Ziegelsteingebäude Torontos ist. 1913 wurde hier die „Gallery of Ontario" eingeweiht. Sie können an Führungen durch dieses alte Herrenhaus teilnehmen, das einen lebendigen Eindruck vom Alltagsleben im Jahr 1830 vermittelt.

Shopping-Paradies

Bevor Sie zur Yonge Street zurückkehren, sollten Sie unbedingt einen Bummel durch das Einkaufszentrum **Toronto Eaton Centre (16)** machen! In dem Straßenviereck zwischen Yonge Street, Queen Street, Bay Street und Dundas Street dehnt sich über und unter der Erde eine riesige Einkaufslandschaft aus, zu der die beiden großen kanadischen Warenhausketten The Bay und Sears sowie mehrere 100 Einzelhandelsgeschäfte gehören. Der ganze Komplex liegt unter einer großen Glaskuppel; die hellen Ladenstraßen sind mit Blumenbeeten, Baumgruppen, Springbrunnen, Wasserspielen, Sitzgruppen und Kinderspielplätzen freundlich ausgestaltet; Cafés und Restaurants laden zum Ausruhen ein, und zur Entspannung gibt es 17 Kinos mit unterschiedlichen Anfangszeiten, Diskotheken und ein Luxushotel, das sich für einen längeren Aufenthalt anbietet.

Universitätsviertel

Nördlich des Central Business District liegen **Queen's Park, Universität** und **Royal Ontario Museum**.

Am nördlichen Rand der Innenstadt liegt am Ende der University Avenue der gepflegte Queen's Park mit dem Regierungssitz der Provinz Ontario und den Regierungsgebäuden. Das **Parliament Building (17)** wurde zwischen 1885 und 1892 im neugotischen Stil erbaut und kann wochentags (im Sommer täglich) bei Führungen besichtigt werden.

Westlich des Queen's Park liegt seit 1827 die traditionsreiche **University of Toronto (18)**, an der zurzeit etwa 50.000 Studenten eingeschrieben sind. Die Colleges sind inzwischen in mehr als 170 Gebäuden untergebracht, von denen die ältesten im viktorianischen Stil erbaut wurden. Da die Universität sich in den letzten Jahren ständig vergrößerte, wurden in den beiden Vororten Scarborough und Mississauga zwei weitere Einrichtungen geschaffen. Die „U of T" hat international einen hervorragenden Ruf; an dieser Forschungsstätte entdeckten 1921 Frederick Banting und Charles Best den Wirkstoff Insulin, hier wurde der erste Herzschrittmacher gebaut.
U of T, Nona Macdonald Visitor Centre, *25 King's College Circle,* ☎ *416-978-5000, Führungen Mo–Fr 11 und 14 Uhr.*

Nur wenige Schritte weiter liegt das **Royal Ontario Museum (19)**, eines der interessantesten Museen Kanadas mit archäologischen, geologischen, mineralogischen und paläontologischen Ausstellungen. Aufsehen erregt der vom Architekten Daniel Libeskind entworfene neue Eingangsbereich, eine kristallähnliche Konstruktion, die nur durch Fußgängerbrücken mit dem alten Museumsbau verbunden ist.

Beeindruckende Architektur

Mehr als 6 Mio. Exponate besitzt das Museum, das damit eines der größten Museen der Welt ist. Besondere Beachtung verdient die größte Sammlung außerhalb Asiens mit chinesischen und koreanischen Kunstwerken aus vier Jahrtausenden; sehenswert sind auch die Ausstellungen altägyptischer und nubischer Kunst, Musikinstrumenten- und Edelsteinsammlungen sowie die Ausstellung zur Vor- und Frühgeschichte Ontarios. Großes Interesse findet auch die Ausstellung über die Geschichte des Lebens auf der Erde; in Dioramen sind verschiedene Lebensräume nachgebildet und Saurierskelette zusammengesetzt. Auch für Kinder ist ein Besuch nicht langweilig, denn es gibt viel für sie zu tun und zu entdecken, z. B. in der „Discovery Gallery", wo Kinder ab sieben Jahren Museumsobjekte selbst untersuchen und erforschen können, in der „Dinosaurier Galerie" oder in der originalgetreuen Nachbildung einer Fledermaushöhle.
Royal Ontario Museum, *100 Queen's Park, Ecke Bloor St./Avenue Rd.,* ☎ *416-586-8000, www.rom.on.ca, geöffnet tgl. 10–17.30, Fr –19 Uhr, Eintritt Erwachsene $ 17, Senioren und Studenten $ 15.50, Kinder $ 14, bei Sonderausstellungen andere Preise.*

Zum Museumskomplex gehört auch das **Gardiner Museum (20)**. Es ist das einzige Museum dieser Art in Nordamerika, mit sehr guten Sammlungen europäischer Keramikkunst des 15.–18. Jh. Außerdem gibt es eine interessante Ausstellung präkolumbianischer Kunst. Im Museumsshop finden Sie sehr schöne kanadische Keramik; originell sind die vielen verschiedenen Teekannen.
Gardiner Museum, *111 Queen's Park,* ☎ *416-586-8080, www.gardinermuseum.on.ca, geöffnet Mo–Do 10–18, Fr –21 Uhr, Sa/So –17 Uhr, Eintritt Erwachsene $ 15, Senioren $ 11, Studenten $ 9, Kinder unter 12 J. frei.*

Nur fünf Gehminuten entfernt ist das **Bata Shoe Museum (21)**, ein neues, reizvoll gestaltetes Museum, das in interessanten Ausstellungen mit über 10.000 Schuhen die

Geschichte und Herstellung der Fußbekleidungen von den Anfängen bis zur Gegenwart in der ganzen Welt deutlich macht; zu sehen sind u. a. Schuhe von Elvis Presley, Elton John, Schuhe aus dem 17. Jh., Socken von Napoleon oder Schuhe der Apollo-Astronauten.

Bata Shoe Museum, *327 Bloor St. W., ☎ 416-979-7799, www.batashoemuseum.ca, geöffnet Mo–Sa 10–17, Do bis 20, So 12–17 Uhr, Eintritt Erwachsene $ 14, Senioren $ 12, Studenten $ 8, Kinder von 5–17 J. $ 5, Familienkarte $ 35.*

Hinweis
Sie brauchen nur die hinter dem ROM verlaufende Bloor Street zu überqueren, um in das sehenswerte Viertel Yorkville zu kommen.

Yorkville und The Annex

Vor etwa 40 Jahren wurde mit der mustergültigen Renovierung des Stadtteils begonnen, sodass sich Yorkville heute mit seinen viktorianischen Häusern, blumengeschmückten Innenhöfen, gepflegten Gärten und den zahlreichen Straßencafés als eleganter, beliebter und attraktiver Bezirk präsentiert. Yorkville ist eines der teuersten Einkaufsviertel Torontos; hier finden Sie vor allem exklusive Boutiquen, teure Pelzgeschäfte, Juweliere, Antiquitätenläden und Galerien, aber auch die angesehenen Ladenkomplexe Hazelton Lanes und Cumberland Court.

Stadtteilerlebnis Yorkville Sehen und Gesehenwerden ist das Motto der Besucher Yorkvilles, die durch die Geschäfte bummeln und sich anschließend in den Cafés oder in den ausgezeichneten Restaurants verwöhnen lassen.

Im Osten wird Yorkville durch die **Yonge Street** begrenzt, wo an der Kreuzung mit der Bloor Street das große Kaufhaus The Bay liegt; im Westen Yorkvilles verläuft die Spadina Avenue, an der in einem gepflegten Park die viel besuchte Sehenswürdigkeit Casa Loma liegt.

Casa Loma (25) ist eine Kuriosität, 900 m nördlich der Bloor Street, die sich der kanadische Finanzier und Multimillionär Sir Henry Pellatt zwischen 1911 und 1914 für $ 3 Mio. nach dem Vorbild einer mittelalterlichen Burg bauen ließ. Nach der Fertigstellung hatte das Schloss nicht nur Türme, Zinnen und unterirdische Gänge, sondern auch 98 mit kostbaren Möbeln und Kunstgegenständen eingerichtete Zimmer, prachtvolle Ballsäle, 30 Badezimmer mit vergoldeten Wasserhähnen, 25 offene Kamine, einen Swimmingpool, eine Orgel und den angeblich größten Weinkeller Nordamerikas. Sir Pellatt lebte nur wenige Jahre in seiner Burg; da er 1920 aufgrund der Weltwirtschaftskrise Teile seines Vermögens verlor, konnte er die hohen Grundsteuern für die Casa Loma nicht mehr bezahlen und musste den Besitz an die Stadt Toronto abtreten.
Das Schloss wurde für kurze Zeit als Hotel geführt; heute ist es nicht nur eine Touristenattraktion, sondern wird von den Einheimischen und besonders von Brautpaaren gerne als Ort für private Festlichkeiten angemietet.

Casa Loma, *1 Austin Terrace, an den Spadina und Davenport Rds., ☎ 416-923-1171, www.casaloma.org, geöffnet tgl. 9.30–17 Uhr, Eintritt Erwachsene $ 25, Senioren und Jugendliche $ 20, Kinder von 4–13 J. $ 15.*

Nur ein paar Schritte entfernt liegt ein herrschaftliches Anwesen aus dem Jahr 1866, das **Spadina Historic House and Gardens (26)**. Das vollständig restaurierte Haus wurde mit antikem Mobiliar eingerichtet und kann mit seinen schönen Gartenanlagen besichtigt werden; besonders einladend ist die im edwardianischen Stil eingerichtete Küche, wo manchmal Kostproben nach Rezepten jener Zeit hergestellt werden.

Spadina Historic House and Gardens, *285 Spadina Rd.,* ☏ *416-392-6910, www.to ronto.ca/culture/museums, geöffnet April bis August Di–So 12–17, sonst Di–Fr 12–16, Sa/So 12–17 Uhr, Eintritt Erwachsene $ 8, Senioren und Studenten $ 6, Kinder von 6–12 J. $ 5.*

Zu beiden Seiten der Spadina Road liegt zwischen Bathurst Street und Avenue Road der Stadtteil **The Annex** mit altem Baumbestand und Häusern aus der Zeit des ausgehenden 19. Jh., in denen sich heute originelle Geschäfte und Boutiquen, Secondhandläden, Antiquariate und kleine Restaurants befinden.

👉 **Tipp**
Wenn Sie nach den vielen kulturellen Besichtigungen eine kleine Pause brauchen, schauen Sie sich die interessanten Stadtviertel an, z. B. Kensington Market, Chinatown oder Little Italy; stöbern Sie in den kleinen Geschäften oder halten Sie nach Ihrem Traumhaus Ausschau in **Rosedale**, nördlich der Bloor St. und östlich der Yonge St., in **Forest Hill**, nördlich und südlich der Eglinton Avenue, zwischen Bathurst Street und Avenue Road oder am **Bridle Path**, nördlich der Lawrence Avenue und östlich der Bayview Avenue.

Kensington Market, Chinatown und Little Italy

Westlich der Spadina Avenue, zwischen Queen Street W. und College Street, liegen der Kensington Market und Torontos Chinatown.

Im **Kensington Market (22)** können Sie das multikulturelle Toronto mit seiner ethnischen Vielfalt am besten kennenlernen; hier treffen Sie Menschen aller Hautfarben und Nationalitäten, die in allen Sprachen der Welt alle nur denkbaren Waren, vom lebenden Kaninchen bis zum Computer, kaufen und verkaufen. In der Anfangszeit ließen sich in diesem Teil der Stadt zunächst europäische Juden und Einwanderer aus Süd- und

Multikulturelles Toronto

Eine Einkaufsstraße in Chinatown

Südosteuropa nieder, denen später Menschen aus allen Ländern der Welt folgten. Sie brachten ihre eigenen, ganz unterschiedlichen Sitten, Lebens- und Glaubensformen mit und versuchten, diese in der neuen Heimat zu bewahren. So sind es bis heute vor allem jüdische, italienische, portugiesische und aus der Karibik stammende Händler, die dem täglich stattfindenden Markt, zu dem Einheimische und Kauflustige sich gleichermaßen einfinden, vor den alten, manchmal grell bemalten Häusern und in den schmalen Gassen sein lautes, buntes und sehr geschäftiges Gepräge geben. Zwischen den gestapelten Waren, den Fischhändlern und Metzgern, den Blumenständen und Schallplattenläden gibt es kleine Cafés und Snackbars, und am Abend laden alte Kneipen zur Live-Musik ein. Der Markt findet Mo–Sa von 7–19 Uhr statt.

Ein Hauch von Fernost

Südlich vom Kensington Market, nur durch die Dundas Street W. getrennt, breitet sich in den kleinen Straßen zwischen Beverley Street und Bathurst Street Torontos **Chinatown (23)** aus. Während in der ersten Hälfte dieses Jahrhunderts nur etwa 4.000 Chinesen in Toronto lebten, wuchs die Zahl nach dem 2. Weltkrieg rasch an. Heute leben hier über 100.000 Chinesen; hinzu kommen noch Einwanderer aus anderen Ländern Südostasiens, darunter auch viele Vietnamesen, die alle auf engem Raum zusammenleben. Einen Hauch von Fernost vermitteln die vielen Menschen, die bunten Reklameschilder mit den chinesischen Schriftzeichen, die zweisprachig abgefassten Straßenschilder, die aus den Häusern nach außen dringende fremdartige Musik und die exotischen Gerüche, die aus den vielen Garküchen und Restaurants stammen.

Mittelpunkt ist das **Chinatown Centre,** ein riesiges chinesisches Einkaufszentrum in der Spadina Avenue; daneben gibt es zahllose kleine Lebensmittelgeschäfte mit asiatischen Obst- und Gemüsesorten, Kräutern, Fischen und Meeresfrüchten und fertig zubereiteten Delikatessen; Sie finden winzige Läden mit fernöstlichen Alltagsgegenständen: Koch- und Essgeschirr, Essstäbchen, Bambuskörbe, Rattanmöbel, aber auch Geschäfte mit kostbarem Porzellan, kunstvollen Elfenbeinschnitzereien, reizvollem Jadeschmuck und reich bestickter Seidenkleidung.

Westlich der Bathurst Avenue erstreckt sich **Little Italy** rund um die College Street. Aber wo früher viele italienische Geschäfte und Pizzerien waren, gibt es heute nur noch wenige echte italienische Restaurants, denn Little Italy ist heute ein beliebtes Ausgehviertel mit Kneipen und Restaurants vor allem für junge Leute. Die meisten Bewohner mit italienischem Ursprung sind in andere Stadtteile, z. B. nach **Corso Italia,** St. Clair Avenue W., oder in die Vorstädte umgezogen.

Old Town, St. Lawrence und Distillery Historic District

Östlich der Yonge Street zwischen Queen Street E. im Norden und King Street E. im Süden liegt die **Old Town** mit zahlreichen Gebäuden aus dem 19. Jh. wie z. B. **Toronto´s First Post Office**, 260 Adelaide Street, noch heute für Philatelisten einen Besuch wert, oder das wegen seiner markanten Dreiecksform sehenswerte **Flat Iron Building**, 49 Wellington Street, das 1892 errichtet wurde.

Torontos Wurzeln

Rund um den **St. Lawrence Market**, 92 Front Street E., lagen die Anfänge der Stadt Toronto, als dem Lake Ontario Land abgerungen wurde, um ein Industrie- und Lagerhausviertel aufzubauen. Der älteste Markt, der erstmals 1803 stattfand, besteht aus drei Gebäuden: im „North Market" bieten Bauern aus der Umgebung auf dem Farmers' Market (Sa 5–15 Uhr) ihre frischen Produkte an; „South Market", einstmals das erste Rathaus Torontos, bietet (Di–Do 8–18, Fr 8–19, Sa 5–17 Uhr) Delikatessen, Fleisch, Fisch, Käse, Brot, verschiedene Teesorten, Blumen und Pflanzen an und die Arbeiten von Künstlern, Galeristen und Kunsthandwerkern. Im 2. Stock von South

Market finden Sie die „Market Gallery" mit wechselnden Ausstellungen zur Geschichte der Stadt. Die elegante St. Lawrence Hall wird für Tagungen, Konferenzen und festliche Anlässe genutzt.

Östlich von St. Lawrence Market, zwischen Parliament, Mill Street und Cherry Street, liegt der **Distillery Historic District**, ein ehemaliges Brauereiviertel mit der im 19. Jh. größten Destillerie der Welt. Das Gelände mit Kopfsteinpflasterstraßen und 44 denkmalgeschützten Backsteinhäusern aus viktorianischer Zeit wurde aufwendig restauriert und ist heute ein beliebtes Vergnügungsviertel mit Cafés, Restaurants, Musikkneipen, Boutiquen und kleinen Läden zum Stöbern, aber auch mit Galerien, Ateliers, einem interessantem Kulturprogramm mit Theateraufführungen und Jazzkonzerten im Sommer und einem Weihnachtsmarkt im Winter. Wegen seiner besonderen Atmosphäre wurde der Distillery District schon häufig als Filmkulisse genutzt, z. B. für den Hitchcock-Film „Die Vögel". In den Sommermonaten werden Führungen und Segway-Touren angeboten.

Parks, Wanderwege und Spaziergänge

Besonders beliebt ist der **High Park** im Westen der Stadt an der Bloor Street W. und Parkside Drive, den Sie mit der U-Bahn erreichen (Haltestellen Dundas West oder High Park). Im größten Park der Stadt mit den Hillside Gardens, dem Grenadier Pond und der Colborne Lodge finden Sie kilometerlange Rad- und Wanderwege, schön angelegte Beete und Naturpfade, einen Streichelzoo, Ententeiche und Pferdekoppeln, einen Bootsverleih, schöne Picknickplätze, ein Restaurant und können in den Sommermonaten den Konzertveranstaltungen zuhören.

Schöne Parkanlagen

In den **Kew Gardens**, die zwischen Queen Street E. und Harbourfront liegen, finden in den Sommermonaten Festivals, Konzerte und Ausstellungen statt, im Juli z. B. Kanadas größtes Jazz-Festival, das **Beaches International Jazz Festival**.

Der **Toronto Music Garden** liegt sehr schön am Marina Quay West mit Blick auf den Lake Ontario. Die insgesamt sechs Gärten wurden in Anlehnung an die Cello-Suite Nr. 1 von Johann Sebastian Bach gestaltet. Bei gutem Wetter finden von Juli bis Mitte September Do 19 Uhr und So 16 Uhr Konzerte statt.
Toronto Music Garden, *479 Queen's Quay W., ☎ 416-973-4000, Erklärungen zur Musik und zur Gartengestaltung gibt es im Marina Quay West Information Centre, 539 Queen's Quay W., Kopfhörer $ 6.*

Bei Spaziergängern, Radfahrern und Joggern besonders beliebt sind der **Martin Goodman Trail**, der sich über 22 km an der Hafenfront entlang zieht, der 16 km lange **Humber River Trail** im Westen der Stadt und der 18 km lange, gelegentlich ansteigende **Don Valley Trail** im Osten. Schön sind auch die Wege im **Taylor Creek Park**, die am Bach entlang führen, oder im **E. T. Seton Park**.

Im Stadtgebiet von Toronto werden sogenannte „**Discovery Walks**" angeboten. Diese durch Hinweisschilder gekennzeichneten Spaziergänge, die auch für Familien mit Kindern geeignet sind, führen durch besonders interessante Viertel, zu schönen Grünanlagen und Strandabschnitten am Lake Ontario oder zu historischen Sehenswürdigkeiten.

Toronto Islands Park

Nur 3 km vom Hafen entfernt, gegenüber der Innenstadt, liegen die Toronto Islands, das beliebteste Ausflugsziel der Einheimischen. Bevor Sie mit der Fähre hinüber fahren, sollten Sie sich Zeit nehmen, um sich im **Queen's Quay Terminal (24)** mit über

Naherholungsgebiet

100 Geschäften und Boutiquen, Cafés, Restaurants, Wasserspielen, Marktbuden und einem Tanztheater umzuschauen oder an der Promenade das bunte Treiben zu genießen.

Blick von den Toronto Islands

Vom **Queen's Quay Island Ferries Terminal**, am Beginn der Bay St., fahren die Fähren in nur 10 Minuten hinüber zu den drei größeren Inseln Ward´s Island, Centre Island und Hanlan´s Point. Zum Archipel gehören noch viele kleine, teilweise auch bewohnte Inseln, die durch Brücken miteinander verbunden sind. Die Inseln sind für die Großstädter mit Schwimmbädern, Wasserrädern, Stränden, Dünen, Lagunen, Spiel-, Sport- und Picknickplätzen, Wander- und Fahrradwegen, Kanu- und Bootsverleih ein beliebtes Erholungsgebiet sind. Im Sommer locken Folk-, Jazz- und Reggae-Festivals noch mehr Besucher an, die dann im Schein der untergehenden Sonne den prächtigen Blick auf die Skyline von Toronto genießen. Höhepunkt des Jahres ist die Anfang August stattfindende „Caribana" mit Musik, Tänzen und Paraden aus der Karibik.

Fähren
Die Abfahrtsstelle der Fähren liegt hinter dem „Westin Harbour Castle Hotel", Fahrtdauer nach Wards Island Dock zehn Minuten.

Toronto als Kulturstadt

☞ Hinweis

Mit dem „Toronto City Pass" können Sie fünf der bekanntesten Sehenswürdigkeiten zum ermäßigten Eintrittspreis kennenlernen: den CN Tower, die Casa Loma, das Royal Ontario Museum, das Ripley´s Aquarium of Canada, den Toronto Zoo oder das Ontario Science Centre. Das Gutscheinheft ist für neun Tage gültig und erspart lange Warteschlangen an den Kassen. Der Pass kostet für Erwachsene $ 72, für Kinder von 4–12 Jahren $ 46. Weitere Informationen unter ☎ 208-787-4300, http://de.citypass.com/toronto.

Weitere Museen in Toronto

Museen-vielfalt

➤ Canadian Broadcasting Centre (**CBC Museum**), mehr als 4.000 Ausstellungsstücke informieren über die Entwicklung des kanadischen Rundfunks. Auf geführten Touren können Sie auch hinter die Kulissen des CBC Radio- und Fernsehsenders schauen. *250 Front St. W., www.cbc.ca/museum, geöffnet Mo–Fr 9–17 Uhr, Eintritt frei.*

➤ **The Redpath Sugar Museum**, hier erfahren Sie alles Wissenswerte über Herstellung, Verpackung, Versand und Gebrauch von Zucker sowie Wissenswertes über gesunde Ernährung.
95 Queens Quay E., ☎ 416-366-3561, http://redpathsugar.com, geöffnet Mo–Fr 10–12 und 13–15.30 Uhr, Eintritt frei.

➤ **Toronto Police Museum and Discovery Centre**, hier lernt der Besucher Arbeitsgeräte, Uniformen, Arbeitsmethoden und interessante Fälle der Polizeiarbeit kennen. Eine telefonische Voranmeldung ist erwünscht.
40 College St., ☎ 416-808-7020, www.torontopolice.on.ca/museum/, geöffnet Mo–Fr 8.30–16 Uhr, Eintritt: Erwachsene $ 3, Senioren $ 2, Kinder $ 1.

➤ **Toronto's First Post Office**, das schon 1833 eröffnete Postamt wird noch heute als Postamt genutzt und zeigt im angeschlossenen Museum das Postwesen in früherer Zeit. Philatelisten freuen sich über einen Stempel mit der Aufschrift „York Toronto 1833“.
260 Adelaide St. E., www.townofyork.com, geöffnet Mo–Fr 9–17.30, Sa 10–16, So 12–16 Uhr, Spende von $ 2 erbeten.

Übersicht über Theater und Konzerthallen

➤ **Sony Centre for the Performing Arts**, das Kulturzentrum ist mit 3.220 Plätzen Torontos größtes Theater. Es stammt aus dem Jahr 1960 und ist für seine modernen Shows und Broadway-Musicals bekannt.
1 Front St. E., ☎ 1-855-872-7669, www.sonycentre.ca.

➤ **Four Seasons Centre For the Performing Arts**, Torontos großes Opernhaus mit Vorstellungen des „National Ballet of Canada“ und der „Canadian Opera Company“.
145 Queen St. W., ☎ 416-363-8231 oder 1-800-250-4653, www.fourseasonscentre.ca.

➤ **Royal Alexandra Theatre**, das Theater wurde 2016/2017 grundlegend restauriert und erinnert mit seinen Plüschsitzen, dem barocken Schmuck, den schönen Logen und hohen Rängen an die großen europäischen Theater. Im Theater werden Musicals und moderne Shows aufgeführt.
260 King St. W., ☎ 416-872-1212 oder 1-800-593-8562, www.mirvish.com.

➤ **Elgin & Winter Garden Theatres**, es lohnt sich, an der einstündigen Führung teilzunehmen, denn das Besondere dieses Theatergebäudes ist, dass zur optimalen Nutzung des Geländes zwei Theater übereinander gebaut wurden.
189 Yonge St., ☎ 416-314-2901, www.heritagetrust.on.ca, einstündige Führungen jeweils Do 17, Sa 11 Uhr, Erwachsene $ 12, Senioren und Studenten $ 10.

➤ **Ed Mirvish Theatre**, eines der Theater von Toronto, schon in den 1920er-Jahren erbaut, dann als Kino benutzt und 1989 mit der sehr erfolgreichen Aufführung des „Phantom of the Opera“ wiedereröffnet.
244 Victoria St., ☎ 416-872-1212 oder 1-800-593-8562 www.mirvish.com.

➤ **Princess of Wales Theatre**, das Theater wurde 1993 für Aufführungen des Musicals „Miss Saigon“ gebaut und bietet 2.000 Zuschauern Platz.
300 King St. W., ☎ 416-872-1212 oder 1-800-593-8562, www.mirvish.com.

➤ **Massey Hall**, die 1894 gebaute Konzerthalle bietet 2.757 Zuschauern Platz und wird wegen ihrer außergewöhnlich guten Akustik sehr geschätzt; wie in der Vergangenheit treten hier viele große, international bekannte Künstler und Orchester auf.
178 Victoria St., ☎ 416-872-4255, www.masseyhall.com.

➤ **Roy Thomson Hall**, das bekannte „Toronto Symphony Orchestra“ ist in der sehr modernen Konzerthalle aus dem Jahr 1982 ebenso zu Hause wie der „Toronto Mendelssohn Chor“; neben klassischen Konzerten mit erstklassigen Solisten findet alljährlich im Juni das „Toronto Jazz Festival“ statt.
60 Simcoe St., ☎ 416-872-4255, www.roythomson.com.

☞ **Tipps**
Ticketmaster, ☎ 1-855-985-5000, www.ticketmaster.ca, ist Kanadas größter Anbieter für Eintrittskarten für Theater-, Musik-, Tanz- und Sportveranstaltungen.
Ein besonderer Tipp: Eintrittskarten für denselben Tag zum halben Preis erhalten Sie beim **T.O. TIX**, 5 Dundas St. E., ☎ 416-536-6468 oder 1-888-655-9090, www.totix.ca, gegenüber vom Eaton-Centre. Di–Sa 12–18.30 Uhr, Verkauf nur mit persönlicher Abholung oder online.

Sehenswertes in der Umgebung von Toronto

Der Botanische Garten von Toronto liegt südlich des Hwy 401. Schöne Wege führen durch das weitläufige Gelände mit Blumenrabatten, Felsengärten, Wasserfällen. Besonders reizvoll ist ein Spaziergang am Don River entlang.
Edwards Gardens, *755 Lawrence Ave. E., ☎ 416-392-8188, http://torontobotanicalgarden.ca, der Garten ist ganzjährig bis zum Einbruch der Dämmerung geöffnet, die Gebäude mit Shop, Café und Bücherei sind Mo–Fr 9–17, Sa/So 10–17 Uhr geöffnet, Eintritt frei.*

Naturwissenschaftliches Museum

Im Nordosten der Stadt liegt das **Ontario Science Centre**. Das Museum wurde 1969 zur Erinnerung an die 100-jährige Geschichte Kanadas gebaut und zeigt Interessantes aus allen Bereichen der Naturwissenschaften; viel Raum wird durch die Installation moderner Versuchsstationen und Computer auch dem eigenen Forschen und Entdecken der Besucher eingeräumt. Eine Attraktion ist das **OMNIMAX Theatre** mit seiner 24 m hohen Leinwand.
Ontario Science Centre, *770 Don Mills Road, ☎ 416-696-1000, www.ontariosciencecentre.ca, Mo–Fr 10–16, Sa 10–20, So 10–17 Uhr, Eintritt Erwachsene $ 22, Senioren und Jugendliche von 13–17 J. $ 16, Kinder von 3–12 J. $ 13. Parkgebühr $ 10.*
OMNIMAX Theatre: *Erwachsene $ 13, Senioren, Jugendliche und Kinder $ 9; das Kombiticket kostet Erwachsene $ 28, Senioren und Jugendliche von 13–17 J. $ 22, Kinder von 3–12 J. $ 19.*

In Scarborough, etwa 40 km nordöstlich des Stadtzentrums, dehnt sich auf einer Fläche von 283 ha der weitläufige **Toronto Zoo** aus. Der Park wurde nach Erdteilen und Klimazonen gegliedert, sodass die über 5.000 Tiere der über 500 Tierarten in einer natürlich wirkenden Umgebung leben. Besonders interessant sind der nordamerikanische Lebensraum mit Grizzlybären und Bisons, die acht tropischen Pavillons, die vier „Entdeckerpfade" und die Fahrt durch den Zoo mit dem Zoomobile oder der Monorail. Eine besondere Attraktion sind seit 2013 das Panda Interpretive Centre und zwei Pandabären.
Toronto Zoo, *Meadowvale Rd., Hwy 401, Exit 389, ☎ 416-392-5929, www.torontozoo.com, geöffnet im Sommer tgl. von 9–19.30, im Winter 9.30–16.30, Eintritt Erwachsene (Sommer) $ 28, Senioren $ 23, Kinder von 3–12 J. $ 18, Parkgebühr $ 10.*

Lebendige Vergangenheit

Etwa 30 km nordwestlich der Innenstadt liegt das Freilichtmuseum **Black Creek Pioneer Village**, die authentische Rekonstruktion eines Dorfes aus der Zeit von 1790–1860. In Wohnhäusern, Handwerksbetrieben, einer Mühle und einer Schmiede zeigen originalgetreu gekleidete „Pioniere" Szenen aus dem alltäglichen Leben und lassen so die Vergangenheit lebendig werden.
Black Creek Pioneer Village, *1000 Murray Ross Pkwy., ☎ 416-736-1733, www.blackcreek.ca, geöffnet Mai/Juni tgl. 9.30–16, Juli/August 10–17, Sept. bis 23. Dez. 9.30–16, an Wochenenden immer 11–17 Uhr, Eintritt Erwachsene $ 15, Studenten und Senioren $ 12, Kinder von 5–14 J. $ 11, Parkgebühr $ 7.*

Besonders bei Kindern beliebt ist der Freizeit- und Vergnügungspark **Canada's Wonderland** mit vielen Fahrgeschäften, 16 Achterbahnen und Shows. Der Park ist in acht Themenbereiche gegliedert, zu denen z. B. ein mittelalterlicher Markt und ein Wildwasser-Canyon gehören.

Canada's Wonderland, *9580 Jane St., Vaughan, am Hwy 400, ca. 30 km nordwestlich vom Stadtzentrum, ☎ 905-832-7000, www.canadaswonderland.com, geöffnet tgl. Juni 10–20, Juli–Sept. 10–22 Uhr, Eintritt Erwachsene $ 63, Senioren und Kinder von 3–6 Jahren $ 37.95.*

Etwa 40 km nordwestlich vom Stadtzentrum liegt der Ort **Kleinburg** mit der sehr sehenswerten **McMichael Canadian Art Collection**. Es ist eine Stiftung von Robert und Signe McMichael, die 1952 das Land in der Hügellandschaft des Humber Valley kauften. Sie bauten unter alten Bäumen ein Haus aus Holz und Stein und sammelten Landschaftsbilder kanadischer Künstler. Ihre Sammlung wurde so bekannt, dass sie sich 1965 entschlossen, Haus und Gemäldesammlung der Provinz von Ontario zu schenken. Die einzigartige Sammlung kanadischer Kunstwerke, die inzwischen auf über 5.000 Werke angewachsen ist, umfasst Arbeiten der kanadischen Maler Tom Thomson, David Milne, Emily Carr, der Group of Seven und zeitgenössischer Künstler sowie Skulpturen, Schnitzarbeiten und Lithographien von Indianern und Inuit und wird durch Sonderausstellungen ergänzt.

Über 5.000 kanadische Kunstwerke

McMichael Canadian Art Collection, *10365 Islington Ave., westlich vom Hwy 400, ☎ 905-893-1121, www.mcmichael.com, geöffnet Mai–Okt, tgl. 10–17, sonst 10–16 Uhr, Eintritt Erwachsene $ 18, Senioren und Studenten $ 15, Kinder unter 5 J. frei, Familienkarte $ 36, Parkgebühr $ 5.*

☞ **Tipp**

Nehmen Sie sich Zeit für einen Spaziergang auf dem wunderschönen Parkgelände, für ein ländliches Picknick oder für ein Essen in dem vorzüglichen Restaurant des Museums.

Die Maler der Group of Seven

info

Zur „Group of Seven" zählen jene kanadischen Maler, die erstmals eine eigenständige kanadische Kunstrichtung schufen. Der Maler Tom Thomson war durch lange Aufenthalte im Algonquin Provincial Park und Norden Ontarios so von der Natur beeindruckt, dass er diese Landschaft in seinen Bildern darzustellen versuchte. Die Maler Lawren Harris, A.Y. Jackson, J.E.H. MacDonald, Franklin Carmichael und gelegentlich auch Frederick Varley nahmen oft an seinen Ausflügen in die unberührte Natur teil und suchten wie Thomson nach eigenen Ausdrucksformen zur Darstellung der rauen kanadischen Landschaft.

Nach dem Tode Thomsons schlossen sich die Künstler mit Arthur Lismer und Frank Johnston zur „Group of Seven" zusammen und stellten erstmals 1920 gemeinsam in Toronto aus. Diese Ausstellung löste starke Kritik aus, da kanadische Künstler sich bis dahin weitgehend darauf beschränkt hatten, europäische Szenen und Motive aufzugreifen; die Maler der „Group of Seven" stellten nun die raue, von Menschen unberührte Wildnis Kanadas dar, geleitet von einer Idee, die Jackson so formulierte: „Nur durch die Pflege einer eigenständigen kanadischen Kunst können wir uns zu einem Volk entwickeln." Die Arbeiten der „Group of Seven" wurden in Toronto, Montréal und in Städten der USA mit wechselnden Erfolgen ausgestellt; seit 1932 wurden sie dann als Vertreter einer der „größten Schulen der Landschaftsmalerei" anerkannt.

Reisepraktische Informationen zu Toronto

Stadtplan siehe hintere Umschlagklappe

ℹ️ Information

Tourism Toronto, 207 Queen's Quay W., ☎ 416-203-2600 oder 1-800-499-2514, www.seetorontonow.com, geöffnet Mo–Fr 8.30–17 Uhr.

Tourist Information Centre Union Station, 65 Front St. W., ☎ 416-392-9300, www.ontariotravel.net, geöffnet tgl. 10–18 Uhr, die Touristeninformation befindet sich im Bahnhofsgebäude zwischen der Panorama Lounge und der UP Express Station im Skywalk.

In beiden Zentren gibt es ausführliches, kostenloses Informationsmaterial zu allen Sehenswürdigkeiten, Stadt- und Fahrpläne und Hotelreservierungen in Toronto und Ontario.

☞ Telefon-Hinweis

Es gibt **drei** Vorwahlnummern 416, 647 und 905 für die Stadt: Central Toronto hat die Vorwahl 416, die Vororte haben die Vorwahl 905, und neue Anschlüsse haben die Vorwahl 647. Auch bei Ortsgesprächen muss immer die Vorwahlnummer mit gewählt werden, sodass alle Rufnummern zehnstellig sind.

☞ Wichtige Anschriften und Telefonnummern

Polizei, Feuer, Medizinischer Notdienst: ☎ 911
Behinderten-Notruf: ☎ 416-338-0338
Canadian Automobile Association CAA: ☎ 1-800-268-3750, www.caa.ca
Wetterbericht: ☎ 416-661-0123

 Unterkunft

Für die Hauptreisezeiten im Sommer und Herbst sowie während der Messen empfiehlt sich eine rechtzeitige Zimmerreservierung.
Gleich am Flughafen können Sie sich an einer Schautafel über die freien Hotelkapazitäten informieren und eine telefonische Reservierung vornehmen.
Außerdem können Sie sich informieren und reservieren bei **Toronto Convention & Visitors Association**, 207 Queen's Quay W., ☎ 416-203-2500 oder 1-800-499-2514, www.seetorontonow.com, geöffnet Mo–Fr 8–17 Uhr.
Viele der großen Hotels in der Innenstadt bieten bei vorheriger Reservierung reduzierte Wochenendpreise an.

▸ **Hotels in Flughafennähe**

$$$ Best Western Plus Toronto Airport Hotel, 5825 Dixie Rd., Mississauga, ☎ 905-670-8180 oder 1-800-260-3333, www.bestwesterntorontoairportwest.com, gut geführtes Hotel mit 164 geräumigen Zimmern, Pool, Sauna, Restaurant und kostenlosem Zubringerdienst zum Flughafen.

$$$ Travelodge, 925 Dixon Rd., 2 km entfernt, ☎ 416-674-2222 oder 1-800-578-7878, www.travelodgedixon.com, Mittelklassehotel mit 284 gut ausgestatteten Zimmern, Swimmingpool, Sauna, Restaurant und Mietwagenstation. Wegen Renovierungsarbeiten bietet das Hotel voraussichtlich bis Ende September 2017 nur einen eingeschränkten Service.

$$$$$ Sheraton Gateway Hotel, am Terminal 3, ☎ 905-672-7000, 1-800-325-3535, www.sheraton.com/torontoairport, dieses Hotel ist das einzige Hotel im Flughafengebäude mit direktem Zugang zu den Terminals, mit 474 komfortablen, ruhigen Zimmern, Swimmingpool, Sauna und Restaurant.

$$$$$ Hilton Toronto Airport Hotel & Suites, 5875 Airport Rd., Mississauga, ☎ 905-677-9900, http://hiltonhonors3.hilton.com, ca. 2 km entfernt liegendes Hotel mit 419 geräumigen, ansprechend eingerichteten Zimmern. Zum Angebot gehören außerdem ein Pool, ein Fitnesscenter und Flughafentransfer.

▶ Hotels im Zentrum

$$$ Howard Johnson Hotel Toronto-Yorkville (2), 89 Avenue Rd., ☏ 416-964-1220, www.wyndhamhotels.com/hojo, älteres, einfaches Hotel in Yorkville, in der Nähe von Royal Ontario Museum, Casa Loma und Universität.

$$$–$$$$ Bond Place Hotel (14), 65 Dundas St. E., ☏ 416- 362-6061 oder 1-800-268-9390, www.bondplace.ca, angenehmes Haus mit modern eingerichteten Zimmern und Restaurant ganz in der Nähe des Eaton Centre.

$$$–$$$$ Comfort Hotel Downtown (7), 15 Charles St. E., ☏ 416-924-1222, www.choicehotels.ca, kleines, freundliches Hotel mit persönlichem Service, günstige Lage zu den Geschäften der Bloor St.

$$$$ Strathcona Hotel (23), 60 York St., ☏ 416- 363-3321, www.thestrathconahotel.com, einfaches Hotel in zentraler Lage, nur 5 Gehmin. von CN Tower und Rogers Centre entfernt.

$$$$$ Holiday Inn Express Toronto Downtown (18), 111 Lombard St., ☏ 416-367-5555, www.hiexpress.com, renoviertes, verkehrsgünstig gelegenes Hotel mit Frühstück.

$$$$–$$$$$ The Omni King Edward Hotel (20), 37 King St. E., ☏ 416-863-9700, www.omnihotels.com/hotels/toronto-king-edward, traditionsreiches, 1903 gebautes Hotel, mit Marmorsäulen und einer Glaskuppel, luxuriös ausgestattete Räume.

$$$$$ Holiday Inn Toronto Downtown Centre (10), 30 Carlton St., ☏ 416-977-6655 oder 1-800-181-6068, www.holidayinn.com, in der Nähe der Yonge St. gelegenes Hotel mit 536 Zimmern, Pool, Sauna und Restaurant.

$$$$$ Hotel Victoria (21), 56 Yonge St., ☏ 416-363-1666 oder 1-800-363-8228, www.hotelvictoria-toronto.com, kleines, zentral in der Innenstadt gelegenes, schon 1909 eröffnetes Hotel mit 56 ordentlichen, aber sehr kleinen Zimmern.

$$$$$ Holiday Inn Toronto Bloor Yorkville (5), 280 Bloor St. W., ☏ 416-968-0010, www.hitorontoblooryorkville.ca, das Hotel bietet 210 ordentliche Zimmer in guter Lage zum Zentrum der Stadt, in der Nähe des Royal Ontario Museum und der Einkaufsstraßen von Yorkville.

$$$$$ Cambridge Suites Hotel (17), 15 Richmond St. E., ☏ 416-368-1990, www.cambridgesuitestoronto.com, die schönen 2-Raum-Suiten mit allem Komfort liegen sehr günstig zum Zentrum; im Haus gibt es eine Sauna und einen Whirlpool.

$$$$$ Park Hyatt Toronto (6), 4 Avenue Rd., ☏ 416-925-1234, www.parkhyatttoronto.com, sehr gutes Hotel gegenüber dem Royal Ontario Museum in Yorkville, von der Bar auf der Dachterrasse bietet sich ein sehr schöner Blick auf die Skyline von Toronto.

$$$$$ Radisson Admiral Hotel Toronto Harbourfront (9), 249 Queen's Quay W., ☏ 416-203-3333, 1-800-967-9033, www.radissonadmiral.com, das elegante Hotel bietet rund 160 Zimmer an der Harbourfront sowie eine Dachterrasse mit schönem Blick auf den Lake Ontario.

$$$$$ Renaissance Toronto Downtown Hotel (24), 1 Blue Jays Way, ☏ 416-341-7100, 1-888-627-7175, www.marriott.com/hotels/travel/yyzbr-renaissance-toronto-downtown-hotel, elegantes Hotel im Rogers Centre, viele Sportmöglichkeiten.

$$$$$ Sheraton Centre Toronto (16), 123 Queen St. W., ☏ 416-361-1000, 1-800-325-3535, www.sheratontoronto.com, Luxushotel in zentraler Lage gegenüber der City Hall mit Garten und Wasserfall im Innenhof, Restaurant mit Panoramablick im 43. Stockwerk.

$$$$$ The Fairmont Royal York (22), 100 Front St. W., ☏ 416-368-2511, www.fairmont.com, großes, elegantes und traditionsreiches Hotel der Canadian Pacific 1929 gegenüber dem Hauptbahnhof erbaut. Das Wert auf Nachhaltigkeit legende Hotel hat im Juni 2014 auf der Dachterrasse ein „Bienen-Hotel" eröffnet; die begrünte Terrasse ist schon seit Jahren Heimat mehrerer Bienenstämme.

$$$$$ The Westin Harbour Castle (12), 1 Harbour Square, ☏ 416-869-1600, www.westinharbourcastletoronto.com, Luxushotel mit knapp 1.000 Zimmern in Zwillingstürmen, von denen sich ein herrlicher Blick über den Hafen und den Lake Ontario bietet, alle Annehmlichkeiten, Sportanlagen, ausgezeichnete Restaurants.

$$$$$ Toronto Marriott Bloor Yorkville Hotel (3), 90 Bloor St. E., ☎ 416-961-8000 oder 1-800-859-7180, www.marriott.com/hotels/travel/yyzmc-toronto-marriott-bloor-yorkville-hotel, empfehlenswertes Hotel mit freundlichem Service, 256 geräumigen und gut ausgestatteten Zimmern in sehr verkehrsgünstiger Lage. Das Hotel ist in den Gebäudekomplex des Hudson Bay Shopping Centre integriert, hat eine Tiefgarage und direkten Zugang zur U-Bahnstation. Zu Fuß sind es nur wenige Minuten zum Eaton Centre, nach Yorkville und zum Royal Ontario Museum.

$$$$$ Toronto Marriott Downtown Eaton Centre Hotel (15), 525 Bay St., ☎ 416-597-9200 oder 1-800-597-5911, www.marriott.com/hotels/travel/yyzec-toronto-marriott-downtown-eaton-centre-hotel, sehr komfortables Hotel, das mit dem Eaton Centre verbunden ist, Innen-Swimmingpool und Fitness-Club, gutes Steakhouse.

Außerdem gibt es viele Hotels und Motels aller Preiskategorien **im Nordosten der Stadt**, *die am Hwy 401 ausgeschildert sind.*

▶ **Bed&Breakfast**

Informationen über private Unterkünfte in Toronto und Umgebung erhalten Sie bei **Toronto Bed & Breakfast**, ☎ 512-322-2710, www.bedandbreakfast.com/toronto-ontario.html.

$$ Feathers Bed and Breakfast (1), 132 Wells St., ☎ 416-534-1923, www.bbcanada.com/1115.html. Elegantes, viktorianisches Haus in zentraler Lage mit hilfsbereiten Gastgebern.

$$–$$$ Madison Manor Boutique Hotel (4), 20 Madison Ave., ☎ 416-922-5579 oder 1-877-561-7048, http://madisonmanorboutiquehotel.com, das kleine viktorianische Hotel mit 23 stilvoll eingerichteten Zimmern liegt in einer ruhigen Seitenstraße in der Nähe der Spadina U-Bahnstation.

$$$ Les Amis Bed and Breakfast (11), 31 Granby St., ☎ 416-591-0635, www.bbtoronto.com, zentral, trotzdem ruhig gelegenes Haus mit gemütlichen Gästezimmern und einem guten, vegetarischen Frühstück; die Innenstadt und die Sehenswürdigkeiten sind gut zu erreichen.

▶ **Jugendherbergen**

$–$$ The Hostelling International Toronto Hostel (19), 76 Church St., ☎ 416-971-4440 oder 1-877-848-8737, www.hostellingtoronto.com, Jugendherberge und Familienunterkunft mit 182 Betten in Mehrbett- und Doppelzimmern, Gemeinschaftsraum, Küche und WLAN.

$$ Neill Wycik College Hotel (13), 96 Gerrard St. E., ☎ 416-977-2320 oder 1-800-268-4358, www.neill-wycik.com, preiswerte, einfache Unterkünfte von Mitte Mai–Ende Aug. in einem Studentenwohnheim.

$$ Die **Victoria University (8)**, 140 Charles St. W., ☎ 416-585-4524, www.vic.utoronto.ca, bietet während der Semesterferien einfache Unterkünfte in den Studentenwohnheimen an, Frühstück und die Benutzung der Sporteinrichtungen sind im Preis enthalten.

🍴 **Essen und Trinken**

Mehr als 20 Seiten des Branchenverzeichnisses umfasst die Übersicht über die Restaurants der Stadt, die die große ethnische Vielfalt widerspiegelt. Bei einem Bummel durch die Innenstadt oder durch die verschiedenen Wohnviertel fällt es nicht schwer, genau das Passende zu finden; das Angebot reicht von der kleinen Hamburger-Bude bis zur internationalen Spitzengastronomie.

Barberian's (4), 7 Elm St., ☎ 416-597-0335, eines der besten Steakrestaurants Torontos wurde in einem viktorianischen Haus eingerichtet.

Canoe (10), 66 Wellington St. W., im Toronto Dominion Tower, ☎ 416-364-0054, das Canoe ist gleichermaßen bekannt für seine köstlichen, regionalen kanadischen Spezialitäten und für den schönen Blick, der sich vom 54. Stockwerk auf den Lake Ontario und die Toronto Islands bietet. Mittleres Preisniveau ab $ 18.

Grasshopper Restaurant (7), 310 College St., ☎ 647-340-3666, Restaurant mit guter vegetarischer Küche

Margarita´s Fiesta Room (5), 14 Baldwin St., ☎ 416-977-5525, gute mexikanische Gerichte und riesige Drinks.

Mengrai Thai (9), 82 Ontario St., ☎ 416-840-2759, authentische, gut zubereitete thailändische Küche.

North 44 (2), 2537 Yonge St., ☎ 647-955-4863, eines der besten Restaurants von Toronto, Spezialitäten sind sehr gut zubereitete kalifornische Gerichte. Gehobenes Preisniveau ab ca. $ 38.

Rodney's Oyster House (11), 469 King St. W., ☎ 416-363-8105, das beliebte Restaurant ist bekannt für die Vielfalt der Saucen, die zu den Muschel- und Fischgerichten angeboten wird; erstklassig ist auch das „Lobster Chowder". Mittleres Preisniveau zwischen $ 12 und 25.

Scaramouche (1), 1 Benvenuto Pl., ☎ 416-961-8011, exklusives Restaurant in Yorkville mit spektakulärem Blick auf das Zentrum Torontos.

Taste of China (8), 338 Spadina Ave., ☎ 416-348-8828, gutes chinesisches Restaurant, das vorwiegend von chinesischen Familien besucht wird.

The Real Jerk (3), 842 Gerrard St. E., ☎ 416-463-6055, preiswertes Restaurant mit Gerichten aus Jamaica und Reggae-Musik in einer farbenfrohen Umgebung.

Vegetarian Haven (6), 17 Baldwin St., ☎ 416-621-3636, kleines Restaurant mit frisch zubereiteten, täglich wechselnden Gerichten.

> ### Kleine Köstlichkeiten für zwischendurch und fürs Picknick

Auf dem **Yonge Street Strip**, dem Abschnitt der Yonge Street zwischen Dundas Street und College Street, gibt es Fast Food-Restaurants aller Art. In der **Underground City PATH** findet man viele Lebensmittelmärkte; ein sehr guter asiatischer Lebensmittelmarkt ist im Tiefgeschoss von **Dragon City** in Chinatown, 280 Spadina Ave. Eine reiche Auswahl frischer Lebensmittel für ein Picknick bieten **St. Lawrence Market** (Front St. und Jarvis St.) und **Kensington Market** (bei der Spadina und Dundas St.). Im **Eaton Centre** befinden sich in der Urban Eatery die verschiedenartigsten Imbiss-Stände, von Burgen, Thai Cuisine und Steakhouse ist für jeden Geschmack etwas dabei.

▼ Pubs und Bars

Allen's, 143 Danforth Ave., ☎ 416-463-3086, beliebte Bar im New Yorker Stil mit außergewöhnlicher Weinkarte und schönem Garten unter alten Weiden.

C'est What, 67 Front St. E., ☎ 416-867-9499, in einem historischen Warenhaus, 40 lokale und importierte Biere vom Fass, regionale Weine, gelegentlich Livemusik.

Hard Rock Café Toronto, 279 Yonge St., ☎ 416-362-3636, Filiale der weltweit beliebten Cafés, gegenüber dem Eaton Centre.

Library Bar, 100 Front St. W., ☎ 416-368-2511, Lounge mit ruhiger, entspannter Atmosphäre im Royal York Hotel, Sie sitzen in bequemen Armsesseln in einer Bibliothek

Madison Avenue Pub, 14 Madison Ave., ☎ 416-927-1722, der Pub ist in drei alten viktorianischen Häusern im britischem Stil eingerichtet, es gibt eine Pianobar, Billardtische, Tanzflächen und eine schöne Dachterrasse.

The One Eighty, 55 Bloor St. W., ☎ 416-967-0000, im Manulife Centre, ein Express-Aufzug führt direkt hinauf ins 51. Stockwerk, wo Sie bei einem Cocktail, einem Kaffee oder einem ausgezeichneten Essen den schönen Blick auf die Skyline von Toronto, die Toronto Islands und einen herrlichen Weitblick genießen können. Das Restaurant ist Mo–So 17–1, Do–Sa bis 2 Uhr geöffnet, abends sollte man einen Tisch reservieren.

The Roof Lounge, 4 Avenue Rd., im Park Hyatt, ☎ 416-925-1234, elegante Hotelbar mit Blick auf Torontos Skyline.

Wayne Gretzky's, 99 Blue Jays Way, ☎ 416-348-0099, Sportbar, die dem beliebten kanadischen Hockeystar Wayne Gretzky gehört.

Im Einkaufsparadies Eaton Centre

🎁 Einkaufen

Toronto zählt zu den besten Einkaufsstädten der Welt. Nicht nur das Superkaufhaus The Eaton Centre lädt zum Shopping ein, sondern auch Chinatown Centre mit fernöstlichen Kuriositäten, einige große Einkaufszentren und zahlreiche originelle und exquisite Geschäfte, Galerien und Boutiquen. An Wochenenden bieten große Kaufhäuser, wie z. B. The Bay oder Sears gelegentlich „Surprise Sales" an; dabei werden an den Kassen Gutscheine verteilt, die für alle Waren gültig sind und eine Ersparnis von 10–50 % ausmachen können.

▸ Überblick über einige der interessantesten Einkaufsgegenden

Bloor Street, *westlich der Yonge St., exklusive, teure Einkaufsstraße, auch Kanadas „Fifth Avenue" genannt. Hier finden Sie Designer-Geschäfte wie Holt Renfrew, Birk's, Chanel oder Tiffany's.*

Torontos **Chinatown** *wächst von Jahr zu Jahr und zieht sich an der Dundas St. und Spadina Ave. entlang. Hier können Sie Fernöstliches aller Art erstehen, auch am Sonntag.*

Front Street, *in der Nähe des St. Lawrence Market, lebendige, aufstrebende Gegend mit interessanten und ausgefallenen Geschäften.*

Harbourfront, *am Queen's Quay, renovierte Handelshäuser mit interessanten Verkaufsständen, Geschäften und Boutiquen.*

Toronto Antiques on King, *284 King St. W., ☏ 416-345-9941, mit mehr als 30 Händlern, die Möbel, Porzellan, Bücher und Schmuck anbieten.*

Hazelton Lanes, *Avenue Rd./Yorkville Ave., wahrscheinlich Torontos exklusivste und teuerste Einkaufsgegend.*

Manulife Centre, *55 Bloor St. W., mit eleganten Geschäften, einer Bank, einem Foodcourt, Rolltreppen und Aufzügen. Ein Express-Aufzug führt direkt hinauf ins Restaurant Panorama im 51. Stock.*

Mirvish Village/Markham Street, *in der Nähe von Bloor St. und Bathurst St., in den eleganten viktorianischen Häusern finden Sie kleine Kunstgalerien, Buchhandlungen und Boutiquen.*

Queen Street West, *zwischen University Ave. und Bathurst St., Gegend mit künstlerischem, avantgardistischem Anstrich wie New Yorks Greenwich Village. Hier finden Sie gebrauchte Bücher, topmodische Kleidung und Galerien.*

Suburban Shopping Malls: *auch in Torontos Vorstädten gibt es einige sehr gute Einkaufsgegenden; zu den besten gehören:* **Square One** *mit 350 Geschäften in Mississauga, westlich von Toronto am Hwy 10 und Burnhamthorpe Rd., und* **Woodbine Centre**, *ein großes Einkaufszentrum am Hwy 27 in der Nähe des Flughafens mit Vergnügungspark im Inneren und Riesenrad.*

The Beaches, *Queen St., östlich der Woodbine Ave., mit vielen ungewöhnlichen Geschäften, Eisdielen, Cafés und Pubs.*

The Eaton Centre, *Yonge St./Dundas St., wöchentlich besuchen über eine Million Menschen dieses riesige, aufwendig mit Glas, Pflanzen und Wasserspielen gestaltete Einkaufszentrum mit mehr als 300 Geschäften. Auch nachdem die Kaufhäuser u. a. von Sears aufgekauft wurden, werden sie weiterhin unter dem Namen Eaton's geführt. Das Eaton Centre ist durch eine verglaste Fußgängerpassage mit dem* **The Bay-Kaufhaus** *verbunden.*

Yonge Street Strip, *von der Dundas St. zur Bloor St., zahlreiche Straßenhändler und winzige Geschäfte, in denen alles nur Denkbare gehandelt und verkauft wird.*
Yorkville, *in der Nähe von Bloor St. und Avenue Rd., ultra-chice, teure Einkaufsgegend mit Designer-Boutiquen, Juweliergeschäften und privaten Kunstgalerien; in den kleinen Seitenstraßen können Sie manche Rarität entdecken.*

▶ Interessante Geschäfte

Craft Ontario, *118 Cumberland St.*, ☎ *416-921-1721, gutes kanadisches Kunsthandwerk und Kunst der Inuit und Indianer.*
Mountain Equipment Co-op MEC, *400 King St. W.*, ☎ *416-340-2667, ausgezeichnetes Geschäft für Wanderer und Camper.*
Soma Chocolatemaker, *443 King St. W.*, ☎ *416-599-7662, gleich an zwei Orten gibt es selbst hergestellte köstliche Schokolade, Pralinen und Trüffel: im Laden an der King Street und im kleinen Café im Distillery District, 32 Tank House Lane,* ☎ *416-815-7662, mit seiner guten Kaffee-, Tee- und Schokoladen-Auswahl. Das Café ist Mo–Sa 10–20 Uhr, So 11–18 Uhr geöffnet.*
The Travel Stop, *130 Cumberland St.*, ☎ *416-961-6088, Boutique mit feinem Reisezubehör.*
Tilley Endurables, *900 Don Mills Rd.*, ☎ *647-351-3511, bekanntes Geschäft mit Reise- und Abenteuerausstattungen von guter Qualität.*
St. Lawrence Market: *der Farmers' Market findet Sa ab 5 Uhr statt; South Market Di–Do 8–18, Fr 8–19, Sa 5–17 Uhr.*

👁 Rundfahrten/Touren/Besichtigungen/Führungen

City Sightseeing Toronto, *249 Queen's Quay W.*, ☎ *416-410-0536, www.city sieghtseeingtoronto.com, es werden „hop on – hop off"-Rundfahrten in roten Doppeldeckerbussen angeboten, die zu 21 Haltestellen in der Nähe der wichtigsten Sehenswürdigkeiten fahren; das Ticket ist für zwei aufeinanderfolgende Tage gültig und kostet mit beliebig vielen Fahrten für Erwachsene $ 38.50, für Kinder $ 20.35. Die Busse verkehren von Juni–Aug. tgl. von 9–17 Uhr im 30-Minutentakt, in der übrigen Zeit von 9–15 Uhr in größeren Zeitabständen. Von Mai bis Okt. ist eine Hafenrundfahrt eingeschlossen.*
Harbour Star, ☎ *416-410-0536, www.citysieghtseeingtoronto.com, Hafenrundfahrt zu den Inseln, Mai–Okt. Abfahrten am Harbourfront Centre, Fahrpreis: Erwachsene $ 13.27, Senioren, Studenten und Kinder $ 10.62.*
Toronto Harbour Tours, ☎ *416-203-6994, www.harbourtourstoronto.ca, einstündige Hafenrundfahrten, Abfahrtsstelle Pier 6, 145 Queens Quay W./Ecke York St., von Mai–Sept. tgl. alle 30 Minuten von 10–18 Uhr.*
Mariposa Cruises, ☎ *1 866-627-7672, www.mariposacruises.com, einstündige Rundfahrten durch den Hafen und zu den Toronto Islands mit einem Flussdampfer, tgl. Abfahrten am Queen's Quay Terminal von Mitte Mai–Mitte Sept.*
The Tall Ship Kajama, *249 Queens Quay W.*, ☎ *416-203-2322, www.tallshipcruisesto ronto.com, zweistündige Fahrten entlang der Hafenfront auf einem Schoner für 72 Passagiere, Abfahrten am Queen's Quay Terminal von Mitte Mai–Mitte Sept. tgl. von 10–17 Uhr.*

🚶 Spaziergänge

Genova Tours, ☎ *416-367-0380, www.genovatours.com, Führungen mit unterschiedlichen Themenstellungen für Einzelreisende und kleine Gruppen.*
Heritage Toronto, *157 King St. E., Historic St. Lawrence Hall*, ☎ *416-338-1338, www.he ritagetoronto.org, verschiedene geführte Spaziergänge durch Toronto.*
Muddy York Walking Tours, ☎ *416-487-9017, www.muddyyorktours.com, interessante Führung durch das historische Toronto.*
TAP in TO! *Toronto Greeters*, ☎ *416-338-2786, www.toronto.ca/tapto, Spaziergänge mit Einheimischen durch die verschiedenen ethnisch geprägten Stadtviertel Torontos.*

✈ Flughafen

Toronto wichtigster Flughafen ist der **Toronto Lester B. Pearson International Airport**, ☎ 1-866-207-1690, www.torontopearson.com, der ca. 27 km nordwestlich vom Stadt-zentrum entfernt liegt. Der Flughafen hat zwei Terminals, die durch den „**LINK-Train**" miteinan-der verbunden sind; in allen Terminals gibt es Informationsstellen, Banken, Restaurants und Läden.

Flughafeninformationen erhalten Sie für **Terminal 1 und 3** unter ☎ 416-247-7678, für **Terminal 2** unter ☎ 416-776-5100. Zurzeit werden alle internationalen Flüge in den Terminals 1 und 3 abgefertigt:
In **Terminal 1** u. a. Air Canada, Lufthansa; in **Terminal 3** u. a. British Airways, Condor, Air France und andere europäische Fluggesellschaften

☞ Tipp

Nehmen Sie sich etwas Zeit und schauen Sie sich im Terminal 3 um, das wegen seiner modernen Architektur und der aufwendigen Innengestal-tung mit Glas und Stahl einen Besuch wert ist.

Air Canada: ☎ 1-888-247-2262
Lufthansa: ☎ 1-800-563-5954
British Airways: ☎ 1-800-247-9297
Air Transat: ☎ 1-877-872-6728

Für die Fahrt vom Flughafen ins Zentrum und in Gegenrichtung gibt es:
Union Pearson Express (**UP Express**), www.up.express.com; UP Express bietet seit 2015 eine direkte Verbindung zwischen Flughafen (Terminal 1) und Union Station/Bloor Street im Stadtzentrum. Die schnellen, bequemen Züge fahren im 15-Minuten-Takt, Fahrzeit ca. 25 Minuten, Fahrpreis: $ 12, Senioren $ 6. Für die Weiterfahrt zum Hotel kann man dann vom Bahnhof aus ein Taxi nehmen.
Taxis und Kleinbusse (limousine service), Fahrzeit ca. 30–45 Minuten, Fahrpreis ins Zentrum ab ca. $ 50 pro Strecke, **Schnellbusse der TTC** fahren vom Flughafen direkt zur U-Bahn-Station Kipling, von dort kann man in die U-Bahn zum Zentrum umsteigen, Fahrzei-ten: Mo–Sa 5.30–2, So 8.15–14.15 Uhr, Fahrpreis: Erwachsene 3.25, Senioren $ 2, Kinder un-ter 12 Jahren frei.
Außerdem gibt es am Flughafen **direkte Busverbindungen** zu anderen Städten Ontarios, z. B. Kingston und Niagara Falls.

🚌 Öffentliche Verkehrsmittel

Das öffentliche Verkehrssystem in Toronto (**Toronto Transit Commission TTC**) ist sehr gut organisiert. Dazu gehören drei U-Bahn-Linien in Nord-Süd- bzw. West-Ost-Richtung mit sauberen, sicheren, pünktlichen und leistungsfähigen U-Bahnen, die in kurzen Zeitabständen fah-ren. Wichtige **Umsteigebahnhöfe** sind Bloor/Yonge Street, St. George und Spadina. Neben dem U-Bahn-System gibt es ein weites Netz von **Bussen**, **Trolley-Bussen** und **Straßenbah-nen**. Die Buslinien versorgen den Großraum Toronto und haben Anschluss an die U-Bahn-Statio-nen. Die U-Bahnen verkehren Mo–Sa von 6–1.30, So 8–1.30 Uhr.

Für eine Fahrt mit der U-Bahn muss man zuerst in der U-Bahn-Station am Automaten, am Schalter oder in einer der vielen Verkaufsstellen (z. B. Geschäfte, Supermärkte, Drogerien) Fahrscheinmünzen („Token"), Tickets oder Pässe kaufen und kann diese nur mit Bargeld be-zahlen. Ein Token gilt für eine einfache Fahrt, die beliebig lang sein kann und Sie, auch durch Umsteigen, in alle Winkel der Stadt bringt. Der Token wird am Eingang zu den Gleisen in ein Drehkreuz gegeben, danach haben Sie Zugang zur Haltestation.
Fahrpreise: Die **Einzelfahrkarte** („Token") kostet für Erwachsene $ 3.25, für Senioren und Studenten $ 2, für Kinder unter 12 J. frei; Mehrfahrtenkarten sind preisgünstiger: 3 Token: $ 8.70, 7 Token: $ 19.60.

Ein **Tagespass** kostet $ 12, ist auf allen Strecken (außer Downtown Express Routen) gültig und gilt vom angezeigten Datum bis 5.30 Uhr am Folgetag. An Wochenenden gilt der Tagespass für insgesamt zwei Erwachsene und bis zu fünf Kindern unter 19 Jahren.
Der Großraum Toronto wird durch Bahnen und Busse von „**GO Transit**" bedient; dieses Verkehrsnetz ist mit TTC an der Union Station verbunden.
Go Transit, ☎ 416-869-3200, www.gotransit.com

Informationen, wie Sie bestmöglich Ihr Ziel mit öffentlichen Verkehrsmitteln erreichen, erhalten Sie bei **Toronto Transit Commission TTC**, ☎ 416-393-4636, www.ttc.ca, ist telefonisch jederzeit erreichbar zwischen 7 und 23.30 Uhr. Außerdem hat das TTC einen nützlichen „Ride Guide" veröffentlicht, der an vielen U-Bahnstationen erhältlich ist.

Bahn
Torontos Hauptbahnhof ist die berühmte Union Station im Stadtzentrum an der Front St. zwischen Bay und York St., gegenüber dem Fairmont Royal York Hotel, wo auch der Flughafenbus hält. Von hier aus unterhalten die kanadische Eisenbahngesellschaft VIA Rail, ☎ 1-888-842-7245, www.viarail.ca, Zugverbindungen zu allen Großstädten Kanadas und die amerikanische Eisenbahngesellschaft Amtrak, ☎ 1-800-872-7245, www.amtrak.com, zu den Städten an der amerikanischen Ostküste.
Die ungefähren **Fahrzeiten** dauern von Toronto nach Ottawa 4 Std.; nach Niagara Falls 2 Std.; nach Montréal 4,5 Std.; nach New York City ca. 13 Std.

Überlandbusse
Der **Toronto Coach Terminal**, der Busbahnhof der Linien **Greyhound**, ☎ 1-800-661-8747, www.greyhound.ca, und **Coach Canada**, ☎ 1-800-461-7661, www.coachcanada.com, befindet sich 610 Bay St., ☎ 416-393-7911, www.torontocoachterminal.com.
Es gibt mehrmals täglich Verbindungen mit allen größeren kanadischen Städten und mit einigen Großstädten der USA. Die ungefähren **Fahrzeiten** dauern von Toronto nach Ottawa 5 Std.; nach Niagara Falls 1 Std 45 Min.; nach Montréal 6 Std. 45 Min.; nach New York City ca. 13 Std.

Der **Union Station Bus Terminal**, 141 Bay St., gegenüber dem Bahnhof, ist der Knotenpunkt des Bahn- und Bussystems von **GO Transit**, ☎ 416-869-3200, www.gotransit.com, das den Südwesten Ontarios (z. B. Niagara Falls, Kitchener) versorgt.

Fähren
Die Abfahrtsstelle der Fähren, Bay St., ☎ 416-392-8193, liegt hinter dem Westin Harbour Castle, Fahrtdauer nach Ward's Island Dock zehn Minuten. Fahrpreis: Hin- und Rückfahrt $ 7.50, Senioren und Jugendliche $ 5, Kinder bis 14 Jahren $ 3.65.

Mietwagen
Alle großen Autovermietungen haben Stationen sowohl direkt am Flughafen als auch in der Innenstadt: **Avis** ☎ 416-964-2051 oder 1-800-879-2847; **National** ☎ 416-925-4551 oder 1-877-222-9058; **Budget** ☎ 416-364-7104 oder 1-800-268-8900; **Thrifty** ☎ 416-868-0350 oder 1-800-334-1705; **Hertz** ☎ 416-620-9620 oder 1-800-654-3001.

Konsulate
Deutsches Generalkonsulat, 2 Bloor St. E., 25. Etage, Toronto, ON, M4W 1A8, ☎ 416-925-2813, www.toronto.diplo.de, Mo–Do 8–16.45, Fr 8–14 Uhr, **Notfalltelefon außerhalb der Dienstzeiten**: ☎ 416-953-3817.
Österreichisches Generalkonsulat, 30 St. Clair Ave. W., Suite 607, Toronto, ON, M4V 3A1, ☎ 416-967-4867, www.botschaftkonsulat.com/at/vertretung/2545.
Schweizerisches Konsulat Toronto, 175 Bloor St. E., North Tower, Suite 901, Toronto, ON, M4W 3R8, ☎ 905-939-0922, www.eda.admin.ch/montreal.

Von Toronto über Kingston nach Montréal

 Wegstrecke

Die schnellste Straßenverbindung zwischen Toronto und Kingston ist der Hwy 401, der am Nordufer des Lake Ontario entlang führt; fast parallel dazu verläuft der Hwy 2 mit interessanten Sehenswürdigkeiten. Diese Strecke wird ab Seite 128 beschrieben. Eine reizvolle Alternative ist die Fahrt durch das „Getaway Country" und nach Peterborough mit der größten Hydraulikschleuse der Welt und zum Petroglyphs Provincial Park. Für diese Strecke, die ab Seite 136 beschrieben wird, sollten Sie mindestens drei Tage einplanen.
Toronto–Kingston: 256 km, Toronto–Peterborough–Kingston: 324 km.

Von Toronto am Nordufer des Lake Ontario entlang nach Kingston

Pickering

Pickering ist eine moderne Stadt am Lake Ontario, die noch vollständig zum Einzugsgebiet von Toronto gehört. Für Touristen interessant sind der an jedem Wochenende stattfindende Flohmarkt, das moderne Stadtzentrum mit über 300 Geschäften, mehrere Outlet-Geschäfte und ein Besuch im Museumsdorf Pickering Museum Village mit 14 historischen Häusern aus den Jahren 1890–1930. Pickering ist Standort eines Kernkraftwerkes und eines großen Windparks zur Stromerzeugung. Über die **Pickering Nuclear Generating Station** und über die nukleare Energiegewinnung erhalten Sie im Informationszentrum ausführliche Informationen; auf dem 7,5 km langen „Waterfront Trail" können Sie die nähere Umgebung kennenlernen.
Pickering Nuclear Information Centre, *1675 Montgomery Park Rd.,* ☎ *905-837-7272, geöffnet ganzjährig Mo–Fr 9–15.30 Uhr, Eintritt frei.*

i **Information**
Durham Region Tourism, ☎ *905-668-7711 und 1-800-413-0017, www.dur hamtourism.ca*
Pickering Museum Village, *2365 6th Concession Rd., Greenwood, ON, L0H 1H0,* ☎ *905-683-8401, www.pickering.ca/en/museum.asp, geöffnet Juli/Aug. Mi–Sa 10–16.30 Uhr, So 12–16.30 Uhr, Juni/Sept. nur an den Wochenenden, Eintritt Erwachsene $ 8, Senioren und Studenten $ 7, Kinder von 4–12 J. $ 5, Familienkarte $ 25.*

Oshawa

Oshawa ist ein wichtiges Industriezentrum dieser Region mit knapp 150.000 Einwohnern, das sich aus einem kleinen Hafenort entwickelt hat. Hier ist mit General Motors ein Schwerpunkt der kanadischen Automobilindustrie angesiedelt.

ℹ️ Information

Oshawa Tourist Information Centre, *2 Bloor St. E.,* ☏ *905-725-4523, www. oshawa.ca, von Mitte Mai–Mitte Okt. tgl. 9–18 Uhr geöffnet.*
The Greater Oshawa Chamber of Commerce, *44 Richmond St. W.,* ☏ *905-728-1683, www.oshawachamber.com.*

Sehenswert sind:

➤ 19 **Wandmalereien** junger kanadischer Künstler, die an Häusern der Innenstadt Szenen aus der Geschichte der Stadt darstellen.

➤ das **Canadian Automotive Museum**, Ausstellungen zur Geschichte der Auto- *Automuseum* mobilherstellung sowie eine Sammlung von mehr als 90 Autos, von denen eines aus dem Jahr 1890 stammt.
99 Simcoe St. S., ☏ *905-576-1222, www.canadianautomotivemuseum.com, geöffnet Mo–Fr 10–16.30, Sa/So 10–16 Uhr (Nov–März So und feiertags geschlossen), Eintritt Erwachsene $ 10, Senioren und Jugendliche $ 8, Kinder von 6–11 J. $ 5.*

➤ das **Oshawa Museum** mit drei historischen Häusern aus den Jahren 1835–1849.
1450 Simcoe St., ☏ *905-436-7624, www.oshawamuseum.org, geöffnet Juli/Aug. Mo–So 11–16, sonst Di–Fr 12–16, So 12–16 Uhr, Eintritt frei, Spende erwünscht (z. B. Erw. $ 5).*

➤ das Herrenhaus **Parkwood Estate** mit 55 Zimmern und einer schönen Gartenanlage, in dem R.S. McLaughlin, der „Mr. General Motors" von Kanada, lebte.
270 Simcoe St. N., ☏ *905-433-4311, www.parkwoodestate.com, geöffnet Anfang Juni–Anfang Sept. tgl. 10.30–17, sonst Di–So 13.30–16 Uhr, Eintritt Erwachsene $ 10, Senioren $ 9, Jugendliche von 14–17 J. $ 8, Kinder von 6–13 J. $ 7, Familienkarte $ 25.*

➤ **Courtice Flea Market**, in sechs Gebäuden und auf dem Außengelände werden u. a. regionale Produkte auf dem Farmer's Market, Kleidung, Geschenkartikel, Kunsthandwerk und Antiquitäten angeboten.
☏ *905-436-1024, www.courticefleamarket.com, 4 km östlich von Oshawa, der Weg vom Hwy 401/Courtice Road ist ausgeschildert, geöffnet Sa/So 9–16.30 Uhr.*

Ein beliebtes Naherholungsgebiet ist das **McLaughlin Bay Wildlife Reserve**, Col. Sam Drive, mit Rad- und Wanderwegen, Rastplätzen und Gelegenheit zur Vogelbeobachtung (☏ *905-644-1689, www.mclaughlinbay.org).*

Port Hope

Im Zentrum der Stadt lockt der in einem Wettbewerb ausgezeichnete historische Distrikt mit mehr als 250 restaurierten Häusern aus dem frühen 19. Jh. In den alten Häu- *Sehenswerter* sern mit ihren im Sommer üppig blühenden Gärten gibt es viele Galerien, Antiquitäten- *historischer* und Kunstgewerbegeschäfte. Bekannt sind das **Canadian Firefighters Museum** und *Distrikt* das aufwendig renovierte **Capitol Theater**, in dem in den Sommermonaten Komödien aufgeführt werden.
Canadian Firefighters Museum, *95 Mill St. S.,* ☏ *905-885-8985, www.firemuseum canada.com, geöffnet Mai/Juni/Sept./Okt. Do-Mo und Juli/Aug. Do-Di 10-16 Uhr, Eintritt: Spende.*

ℹ️ Information

Port Hope Tourism Office & Visitor´s Information Centre, *20 Queen St., im Cameco Capitol Arts Centre,* ☏ *905-885-2004 oder 1-888-767-8467, www.visit porthope.ca, geöffnet ganzjährig Mo–Fr 10–18, Sa/So 12–16 Uhr; außer Informationen, Broschüren und Souvenirs erhalten Sie hier auch einen Tagespass zum kostenlosen Parken in der Innenstadt.*

Cobourg

Auch in der Stadt Cobourg, die schon 1798 gegründet wurde und seit 1819 den Namen zu Ehren des Prinzen Leopold von Sachsen-Coburg trägt, sind noch einige Häuser aus der Mitte des 19. Jh. erhalten, wie z. B. die Victoria Hall aus dem Jahre 1856, in der heute das Rathaus und eine Kunstgalerie untergebracht sind. Anziehungspunkte der Stadt sind zahlreiche Galerien, Antiquitätengeschäfte und Cafés in schönem Ambiente, die Seepromenade, der Victoria Park mit sommerlichen Abendkonzerten und lange Strände.

Brighton

Der kleine Ort mit knapp 11.000 Einwohnern liegt eingebettet zwischen weiten Obstplantagen. Von Mai bis Oktober verkaufen die Farmer am Samstag auf dem „Farmers' Market" ihre Produkte; jedes Jahr im September wird rund um die Main Street das Apple Fest mit Musik, Aktionen und vielen Grill- und Verkaufsständen gefeiert.

Natur-beobachtung im Provinzpark

Brighton ist der Ausgangsort für eine Fahrt zum **Presqu'ile Provincial Park**. Der ca. 800 ha große Park liegt auf einer Halbinsel, die in den Lake Ontario ragt. Eine Fahrstraße und Wander- und Radwege führen durch den landschaftlich reizvollen Park mit schönen Badebuchten, Campingplätzen, einem alten Leuchtturm und einem Museum. Vor allem im Frühjahr und im Herbst ist der Park ein ideales Revier für die Vogelbeobachtung. In der Zeit um den Labour Day sind hier Monarch-Schmetterlinge auf ihrem Weg nach Mexiko, im März und Oktober große Schwärme von Kanada-Gänsen zu beobachten.

Freunde alter Eisenbahnen können sich im alten, inzwischen stillgelegten Bahnhof von Brighton eine alte Dampflok, mehrere Waggons und das Brighton Memory Junction Railway Museum, (*60 Maplewood Street, www.memoryjunctionmuseum.ca*), anschauen. **Presqu'ile Provincial Park**, *328 Presquile Parkway, ca. 3 km südlich von Brighton, ☎ 613-475-4324, www.ontarioparks.com/park/presquile, geöffnet Mai–Anfang Okt. tgl. 8–22, sonst 8–16.30 Uhr, Eintritt $ 11.25 pro Fahrzeug, Fußgänger $ 2.*

🛏 Unterkunft

$$ Burken Bed & Breakfast, *14257 County Rd. # 2, ☎ 613-475-5267, www.burken.ca, stilvoll eingerichtetes Haus mit zwei Zimmern und ansprechendem Frühstückszimmer, von einem schönen Garten umgeben, nicht weit vom Presqu'ile Provincial Park entfernt; die Besitzer sprechen deutsch.*

Trenton

Am westlichen Ende des Loyalist Parkway liegt die kleine Stadt Trenton mit ca. 19.000 Einwohnern. Sie bietet nicht nur gute Wasser- und Wintersportmöglichkeiten, sondern besitzt auch ein interessantes Museum, das **Royal Canadian Air Force Museum**.

Luftfahrt-museum

Das Museum wurde 1984 anlässlich des 60-jährigen Bestehens der kanadischen Luftwaffe eröffnet und zeigt Ausstellungsstücke und Bilddokumentationen zur Geschichte der Luftfahrt und der kanadischen Luftwaffe. **Royal Canadian Air Force Museum**, *220 RCAF Rd., ☎ 613-965-7223, www.airforcemuseum.ca, geöffnet Mai–Sept. tgl. 10–17, sonst Mi–So 10–17 Uhr, Eintritt frei.*

In Trenton beginnt das Trent-Severn-Kanalsystem, das über 386 km von Trenton am Lake Ontario bis nach Port Severn an der Georgian Bay führt.

Bootstouren

Ontario Waterway Cruises Inc., *Box 6 Orillia, ON,* ☎ *1-800-561-5767, www. ontariowaterwaycruises.com, 5–7-tägige Fahrten auf dem Trent Severn Waterway und auf dem Rideau Canal mit der „Kawartha Voyager" auf folgenden Strecken:*
- von **Peterborough nach Big Chute** *und zurück,*
- von **Kingston nach Peterborough** *und zurück,*
- von **Kingston nach Ottawa** *und zurück.*

Der Trent-Severn Waterway

info

Als der französische Forscher Samuel de Champlain 1615 das Land zwischen Lake Ontario und Georgian Bay bereiste, folgte er einer alten Wasserstraße. Dabei mussten die Strecken zwischen den Seen und Flüssen zu Fuß zurückgelegt werden! Da die rasch wachsende Wirtschaft Ontarios im 19. Jh. gute und schnelle Verkehrs- und Transportwege benötigte, wurde der Bau eines Kanalsystems zwischen dem Lake Ontario und der Georgian Bay geplant. Als die Arbeiten nach 87-jähriger Bauzeit endlich fertig gestellt waren, waren längst andere, schnellere Transportwege gefunden worden.

Das Trent-Severn-Waterway-System ist nun ein touristischer Anziehungspunkt. Zahllose Seen sind durch das Kanalsystem miteinander verbunden, wie z. B. der Rice Lake, der Stony Lake, der Pigeon Lake, der Balsam Lake und der Lake Simcoe.

Mit dem Ausflugsschiff, dem eigenen Motorboot oder geruhsamer noch mit dem Kanu oder mit einem gemieteten Hausboot können Sie durch das Land der „Ka-

Geruhsam mit dem Hausboot unterwegs

warthas" fahren, vorbei an stillen Wäldern, über klare Flüsse und Seen. Dabei müssen Sie auf der Gesamtstrecke 44 Schleusen passieren, darunter auch die beiden Hydraulikschleusen bei Peterborough und Kirkfield, die zu den größten der Welt zählen. Am historischen Kirkfield Lift Lock, der Schleuse Nr. 36, werden die Boote in wenigen Minuten um 15 m abgesenkt oder gehoben.

Technisch besonders interessant, für den Anfänger in der Praxis allerdings auch aufregend, ist die „Wassertreppe" bei Campbellford, wo durch sieben nahe beieinander liegende Schleusen sogar ein Höhenunterschied von 24 m überwunden wird.

Lesetipp
In den Touristeninformationsbüros gibt es Informationen, Vorschriften und Anweisungen für richtiges Verhalten beim Passieren der Schleusen mit dem eigenen Boot: „Locking Through Safely – Trent-Severn Waterway, Rideau Canal".

☞ Streckenhinweis

Von Trenton können Sie weiter den beiden Hwys 401 oder 2 in Richtung Kingston folgen; reizvoller ist jedoch die Fahrt über den „Loyalist Parkway" (Hwy 33), der über die Halbinsel Prince Edward mit den ansprechenden Ortschaften Wellington, Bloomfield, Picton und Bath nach Kingston führt. Es lohnt sich, für diesen kurzen Streckenabschnitt ein paar Tage Zeit einzuplanen, denn hier können Sie nicht nur viel über das Leben der Pioniere erfahren, sondern durch kleine, gepflegte Orte mit verschieden farbigen viktorianischen Häuern schlendern, in Antiquitätenläden und Galerien stöbern, Farmen und Weingüter besuchen, die vorzügliche Küche der Region genießen und Ruhe in stilvollen Bed&Breakfast-Häusern finden.

Der „Loyalist Parkway" von Trenton nach Kingston

Der Reisende auf dem „Loyalist Parkway" folgt den Spuren der britischen Loyalisten, die zwei Jahrhunderte zuvor die amerikanischen Kolonien verließen und das Land besiedelten. Sie wurden Loyalisten genannt, weil sie loyal zur britischen Krone standen. An der 94 km langen Strecke zwischen Trenton und Kingston liegen inmitten fruchtbaren Farmlandes reizvolle Ortschaften mit historischen Gebäuden, alten Kirchen und kleinen Museen, mit zahlreichen Geschäften und Handwerksbetrieben. Etwa auf der Hälfte der Strecke verlassen Sie in Glenora die Halbinsel Prince Edward und fahren in 15 Minuten kostenlos mit der Fähre hinüber nach Adolphustown. Von dort geht es über Bath, Millhaven und Amherstview nach Kingston.

Der Loyalist Parkway durchquert die buchtenreiche Halbinsel Prince Edward mit ihren hübschen Ortschaften, reizvollen Provinzparks und schönen Ausflugszielen. Die ersten Siedler waren Bauern, die am Lake Ontario Felder und Obstgärten anlegten, ihnen folgten Handwerker und Kaufleute, die zum Wohlstand der Region beitrugen. Heute kann man im hügeligen Bauernland neben Farmen auch Weingüter besichtigen und nicht nur frisches Obst, sondern auch Rot- und Weißweine probieren und kaufen.

Sonnen im Sandbanks Provincial Park

Ein weiteres Merkmal der Halbinsel ist die einzigartige Dünenlandschaft mit langen Sandstränden im Südwesten. Als Teil der Großen Seen gehört der Lake Ontario zum größten Süßwasser-Reservoir der Erde; seine Dünen, von denen einige eine Höhe von 80 m erreichen, bilden das größte Süßwasser-Dünensystem der Welt. *Dünen ...*

In den Provinzparks von Prince Edward laden klare Badeseen und lange Sandstrände zu unbeschwerten, abwechslungsreichen Ferientagen ein: *... und lange Sandstrände*

▶ **Lake on the Mountain**, R.R.1, Picton, der kleine, sehr klare See, der 61 m über dem Lake Ontario liegt, ist ein beliebtes Ausflugsziel. Oberhalb des Sees gibt es Picknickplätze und Bootsanlegestellen, jedoch keine Übernachtungsmöglichkeiten.
Lake on the Mountain, ☎ *613-293-3319, www.ontarioparks.com/park/lakeonthemountain, geöffnet Mitte Mai–Mitte Okt.*

▶ **North Beach**, R.R.3, Consecon, kleiner Park mit Picknickplätzen, Badestrand, nahe gelegenem Bootsverleih, aber ohne Übernachtungsmöglichkeiten.
North Beach, ☎ *613-393-3319 (Sept.-Juni) und 613-399-2030 (3. Woche Juni bis Labour Day), www.ontarioparks.com/park/northbeach, geöffnet Mitte Juni–Anf. Sept.*

▶ **Sandbanks Provincial Park**, 3004 County Rd. 12 RR#1, Picton, beliebter Park mit guten Bade- und Surfmöglichkeiten; im Informationszentrum können Sie die Funde einer archäologischen Grabung anschauen, die belegen, dass hier schon vor 6.000 Jahren Fischfang betrieben wurde. Es gibt einen Campingplatz und sehr schöne Wanderwege.

Sandbanks Provincial Park, ☎ 613-393-3319, www.ontarioparks.com/park/sand
banks, geöffnet Anfang Mai–Mitte Okt., Zeltplätze können unter der Nummer 1-888-ONT-
Park (1-888-668-7275) oder 1-519-826-5290 (von außerhalb Nordamerikas) reserviert
werden.

Künstlerort

Bloomfield ist ein malerischer kleiner Ort mit schönen viktorianischen Häusern; der
Ort hat viele Künstler angezogen, die ihre Studios und Galerien für den Besucher öff-
nen. An der Hauptstraße finden Sie Antiquitätengeschäfte, Läden und Ateliers mit
kunstgewerblichen Arbeiten.

Picton

Der kleine Ort mit knapp 4.000 Einwohnern wurde schon 1786 nach der Ankunft der
ersten Loyalisten gegründet und nach einem General der Napoleonischen Kriege benannt. Heute ist Picton Verwaltungssitz des Prince Edward County und wegen seines
sicheren Hafens bei Sportbootfahrern und wegen der vielen schönen Radwanderwege
auch bei Radfahrern sehr beliebt.

Der **Macaulay Heritage Park** zwischen Union St. und Church St., umfasst die restaurierte St. Mary Magdalene Kirche, in der das Prince Edward County Museum eingerichtet wurde, den alten Friedhof und das 1830 gebaute Macaulay Haus, das Wohnhaus
des ersten Kirchenvorstehers, ein Kutscherhaus und schöne, alte Gartenanlagen. Das
Museum zeigt heimatkundliche und historische Ausstellungen; im Sommer finden auch
handwerkliche Vorführungen statt.
Macaulay Heritage Park, 35 Church St., www.pecounty.on.ca/government/community_
development/museums/macaulay.php, geöffnet Mai–Anfang Sept. Mi–So 9.30–16.30 Uhr, im
Winter geschl., Eintritt Erwachsene $ 5, Senioren und Studenten $ 4, Kinder bis 12 J. $ 3, Fa-
milienkarte $ 14.

Ein Ausflug führt zur südlich von Picton gelegenen Birdhouse City; hier wurde eine
Ausstellung mit 85 verschiedenen Vogelhäusern eingerichtet, die von Schulklassen,
Jugendgruppen und Privatleuten gebaut und gestiftet wurden. Ein Besuch ist jederzeit
möglich.

Reisepraktische Informationen zu Picton und Umgebung

i **Information**
Prince Edward County Chamber of Tourism and Commerce, 116 Main
St., Picton, ☎ 613-476-2421 oder 1-800-640-4717, www.pecchamber.com.

Unterkunft
$$–$$$ **Sandbanks Beach Resort**, 1818 County Rd. 12, ☎ 613-393-3022, www.
sandbanksbeachresort.com, familienfreundliche, einfache Anlage mit 14 Cottages am West
Lake.
$$$ **The Waring House**, 395 Sandy Hook Rd., Picton, 1,5 km westlich von Picton, ☎
613-476-7492 oder 1-800-621-4956, www.waringhouse.com, das alte Landhaus wurde 1860
gebaut und verfügt heute über 16 antik eingerichtete Zimmer, ein ausgezeichnetes Restaurant
und 49 komfortable Zimmer in zwei neu errichteten Gebäuden.
$$$ **The Picton Harbour Inn**, 33 Bridge St., ☎ 613-476-2186 oder 1-800-678-7906,
www.pictonharbourinn.com, Motel-Anlage mit 29 freundlich eingerichteten Zimmern am Pic-
ton Harbour, gutes Frühstück im Lighthouse Restaurant.

$$$$ Isaiah Tubbs Resort & Conference Centre, *1642 County Rd. 12 R.R. 1,* ☎ *613-393-2090 oder 1-800-724-2393, www.isaiahtubbs.com, Ferienanlage am West Lake mit 14 Cottages und 74 Wohneinheiten, Wassersportangebot, Tennis, Golf.*
$$$$ Merrill Inn, *343 Main St. E.,* ☎ *613-476-7451 oder 1-866-567-5969, www.merrill inn.com, das restaurierte viktorianische Haus im Zentrum von Picton verfügt über 13 stilvoll eingerichtete Zimmer mit Kamin oder Whirlpool und ein bekanntes Restaurant mit vorzüglichem Weinkeller.*

▶ Bed&Breakfast-Häuser
$$$–$$$$ The Edwardian House Bed & Breakfast, *352 Main St., Picton,* ☎ *613-471-1619, www.edwardianhousebandb.com, schönes Haus im Queen Ann Stil mit altem Garten, drei liebevoll eingerichteten Zimmern und gemütlichem Aufenthaltsraum.*
$$$$ Jackson's Falls Country Inn, *1768 County Rd. 17, R.R. # 2, Milford,* ☎ *613-476-8576, www.jacksonsfalls.com/inn.html, das kleine alte Schulhaus mit neuem Restaurant liegt ganz ruhig in ländlicher Umgebung; im Anbau können Sie sich in schönen, mit Antiquitäten eingerichteten Zimmern wohlfühlen.*

❚❚ Essen und Trinken
Slickers, *254 Main St., Bloomfield,* ☎ *613-393-5433, www.slickersicecream.com, das Eis wird hier selbst gemacht mit frischem Obst der Umgebung.*
The Black River Cheese Co., *913 County Rd. 13, R.R. # 2, Milford,* ☎ *613-476-2575 oder 1-888-252-5787, www.blackrivercheese.com, ca. 12 km südlich von Picton, Käsefreunde sollten einen Abstecher zu dieser ausgezeichneten Käserei machen, die auch kleine Snacks anbietet.*
The Bean Counter, *172 Main St.,* ☎ *613-476-1718, www.beancountercafe.com, hier bekommen Sie verschiedene Kaffeesorten, leckeres Eis und frische Sandwiches.*
The Waring House Restaurant and Inn, *Hwy 33, 1,5 km westlich von Picton,* ☎ *613-476-7492, im alten Landhaus aus dem Jahre 1860 können Sie in stilvoller Umgebung die feine Küche genießen (***Amelia's Garden Dining Room***, Reservierungen* ☎ *613-476-7492 od. 1-800-621-4956, www.waringhouse.com/seasonal-dining). Im Barley Room Pub gibt es eine große Auswahl an Bieren vom Fass, gute Weine und alten Scotch, aber auch Apfelmost aus der Region.*

Glenora

In Glenora können Sie dann mit der Glenora Ferry nach Adolphustown zurück aufs Festland fahren; die Fahrt dauert nur etwa 15 Min. und ist kostenlos; von Adolphustown folgt man dem Hwy 33 nach Kingston. Der Glenora Ferry Service verkehrt ganzjährig zwischen 6 Uhr und Mitternacht im 30-Minutentakt, Mitte Mai bis Mitte September alle 15 Min. Die Fähre legt in Glenora jeweils zur vollen Stunde ab, in Adolphustown jeweils 15 Min. vor und nach der vollen Stunde.

Sehenswertes auf der Halbinsel Prince Edward

▶ das **Ameliasburgh Heritage Village** in Ameliasburgh, ist ein kleines Museumsdorf mit einer Kirche aus dem Jahre 1868, in der jetzt das Museum eingerichtet ist, einer Schmiedewerkstatt, Webstuben und alten landwirtschaftlichen Geräten.
Ameliasburgh Heritage Village, *517 County Rd. 19,* ☎ *613-476-2148, www.pe county.on.ca/museums.html, geöffnet Mai–Sept. Mi–So 9.30–16.30, Sept. nur an Wochenenden, Eintritt Erwachsene $ 5, Senioren und Studenten $ 4, Kinder 5–12 J. $ 3, Familienkarte $ 14.*
▶ das **Mariners Park Museum**, South Bay, südlich von Milford, 1966 gegründetes Museum mit einer sehr umfangreichen Ausstellung mit Ankern, Schiffsmotoren, Schiffsmodellen, Karten und alten Fotografien zur Seefahrt und Handelsschifffahrt dieser Region.

Mariners Park Museum, *2065 Country Rd.,* ☏ *613-476-2148, www.pecounty.on.ca/ museums.html, geöffnet Mai–Sept. Mi–So 9.30–16.30, Sept. nur an Wochenenden, Eintritt frei.*

Auf dem Hwy 33 nach Kingston erreichen Sie den Ort **Millhaven**, von dem eine Fähre hinübergeht nach **Amherst Island**, einer kleinen, ruhigen Insel, die sich für einen Tagesausflug mit schönen Spaziergängen, Radtouren oder zum Baden eignet.

Von Toronto über Peterborough nach Kingston

Von Toronto folgen Sie zunächst dem Hwy 401, wechseln dann hinter Port Darlington auf den Hwy 35/115 und folgen dem Hwy 115 bis nach Peterborough. „Getaway Country" wird diese Region genannt, die von den Ausläufern der Metropole Toronto in fruchtbares Farmland übergeht und einige sehr reizvolle Provinzparks und zahlreiche Sehenswürdigkeiten besitzt.

Peterborough

Peterborough liegt im Feriengebiet der Kawartha Lakes an beiden Ufern des Otonabee River und am Trent-Kanal, der den Lake Ontario mit dem Lake Huron verbindet. Es ist eine freundliche, lebendige und geschäftige Stadt mit ca. 75.000 Einwohnern, die wegen der zahlreichen Sehenswürdigkeiten in der näheren Umgebung, der schönen Parkanlagen und der guten Erholungsmöglichkeiten auch als Ferienort sehr beliebt ist.

Die große Schleuse in Peterborough

Die Anfänge der Stadt gehen auf die Zeit um 1808 zurück, als am Otonabee River ein Sägewerk gebaut wurde; im Zentrum sind einige der Häuser aus dem 19. Jh. noch erhalten. Lange bevor die Europäer sich hier niederließen, war diese Region Siedlungsgebiet der Irokesen. Heute ist Peterborough das wirtschaftliche Zentrum der Region. Die Stadt ist außerdem gut geeignet als Ausgangsort für Boots- und Kreuzfahrten auf den Kawartha Lakes oder auf dem Trent-Severn Waterway.

Peterborough hat zahlreiche Sehenswürdigkeiten, zu denen vor allem die großen Schleusen am Trent-Severn Waterway zählen. Zunächst können Sie sich im Besucherzentrum, dem **Lift Lock Visitor Centre** am Trent-Severn Waterway, über das Schleusensystem informieren und sich einen Film und die Arbeitsweise am Modell des 1905 gebauten hydraulischen Schiffshebewerks anschauen. Eindrucksvoller ist es natürlich, direkt an der Schleuse zu stehen und zu beobachten, wie die Schiffe in die mit Wasser gefüllten Tröge einfahren und mit diesen gehoben oder abgesenkt werden und dabei einen Höhenunterschied von 20 m überwinden. Die Schleuse, von deren Typ auf der ganzen Welt nur acht gebaut wurden, ist Teil des Trent-Severn Waterway und von Mai bis Oktober in Betrieb. Auf zweistündigen Bootsfahrten können Sie den Schleusenvorgang ganz aus der Nähe miterleben.

Bedeutendes Schiffshebewerk

Lift Lock Visitor Centre, *353 Hunter St. E., ☎ 705-750-4950, geöffnet Juli–Anfang Sept. Mo–Do 9–18, Sa/So 9–19, Mai/Juni Mo–Do 10–16 und Fr–So 9–19, Sept./Okt. Mo–Fr 10–16 und Sa–So 9–17 Uhr;* **Bootsfahrten**, *☎ 705-742-9912, www.liftlockcruises.com, zweistündige Ausflugsfahrten von Mitte Mai–Mitte Okt., Mo–Fr 12.30 Uhr, Sa/So 10.30 und 13 Uhr, Reservierungen sind empfehlenswert, Abfahrten am Dock neben dem Holiday Inn Hotel, Erwachsene $ 26.50, Senioren und Studenten $ 24.50, Kinder von 2–12 J. $ 13.50.*

Hutchison House Museum, das Haus wurde 1836/37 für den damaligen Arzt Dr. John Hutchison gebaut. Es ist im Stil dieser Zeit eingerichtet und zeigt medizinische Instrumente, Bücher, Haushaltsgeräte und einen historischen Kräutergarten. Kostümierte Führer erzählen vom damaligen Leben. Gelegentlich gibt es Koch- und Backvorführungen und im Juli/August wird täglich stilvoll ein „Scottish Tea" serviert.

Hutchison House Museum, *270 Brock St., ☎ 705-743-9710, www.hutchisonhouse.ca, geöffnet Mo–Fr 10–16 Uhr, Mitte Juni–Sept. Di–Fr 10–16, Sa/So 11–16 Uhr, Eintritt: Spende, Scottish Tea $ 7.*

Das **Canadian Canoe Museum** zeigt eine interessante Ausstellung alter Kanus und Kajaks, die deren Bedeutung für die Erschließung Ontarios deutlich macht; im Sommer kann man Handwerkern beim traditionellen Bootsbau zuschauen.

Canadian Canoe Museum, *910 Monaghan Rd., ☎ 705-748-9153, www.canoemuseum. ca, geöffnet Mo–Sa 10–17, Do –20 (freier Eintritt ab 17), So 12–17 Uhr, Eintritt Erwachsene $ 12, Senioren und Kinder von 5–17 J. $ 9.50, Familienkarte $ 30.*

Das **Peterborough Centennial Museum and Archives** liegt auf dem Armour Hill und zeigt eine große Sammlung von Möbeln, Keramik, Textilien und Arbeitsgeräten, die die Geschichte und Kultur der hier ansässigen Indianer und ersten Siedler veranschaulicht.

Peterborough Centennial Museum and Archives, *300 Hunter St. E., ☎ 705-743-5180 und 1-855-738-3755, www.peterboroughmuseumandarchives.ca, geöffnet Mo–Fr 9–17, Sa/So 12–17 Uhr, Eintritt frei, Spende erwünscht.*

Die Art Gallery of Peterborough, 250 Crescent St., bietet wechselnde Ausstellungen mit zeitgenössischer und traditioneller Kunst.

Der **Riverview Park** ist ein beliebtes Ausflugsziel mit einem kleinen Zoo, einer Miniatureisenbahn, einem alten Siedlerhaus und schönen Picknickplätzen.
Riverview Park, *1230 Water St. N., ☎ 705-748-930, geöffnet 8.30 Uhr bis zur Dämmerung, Eintritt frei.*

In der Zeit vom 1. Mai bis zum 31. Oktober zieht jeden Samstag von 7–13 Uhr der **Farmers' Market** am Morrow Park, Lansdowne St., viele Käufer und Besucher an, wenn die Bauern der Umgebung ihre frischen Produkte feilbieten. In den Wintermonaten wird der Markt in der Halle veranstaltet (☎ 705-742-3276, *www.peterboroughfarmersmarket.com*). Ebenfalls nahe dem Morrow Park findet jeden Sonntag von 9–16 Uhr der **Flohmarkt** Lakefield Fairgrounds, mit Antiquitäten, Kunsthandwerk und Sammlerstücken statt.

Im Hochsommer wird seit gut 30 Jahren das **Peterborough Musicfest** mit Konzerten im Del Crary Park am Little Lake gefeiert (*Infos unter* ☎ *www.ptbomusicfest.ca, Anfang Juli–Ende Aug. Mi und Sa abends, Eintritt frei*).

Reisepraktische Informationen zu Peterborough

Information
Peterborough and Kawartha Tourism, *1400 Crawford Dr., ☎ 705-742-2201 oder 1-800-461-6424, http://thekawarthas.net, geöffnet ganzjährig Mo–Fr 9–17 Uhr.*

Unterkunft
$$$ Best Western Plus Otonabee Inn, *84 Landsdowne St. E., ☎ 705-742-3454, www.bestwestern.com, das Hotel mit 76 gepflegten Zimmern und fünf Cottages liegt 2,5 km außerhalb am Fluss in einer schönen Gartenanlage, Swimmingpool und Bootsanlegestelle.*
$$$ Comfort Inn, *1209 Landsdowne St. W., ☎ 705-740-7000, www.comfortinn.com, ordentliches Hotel mit 104 geräumigen Zimmern, Swimmingpool und Restaurant; das Frühstück ist im Preis inbegriffen.*
$$$ Holiday Inn Peterborough Waterfront, *150 George St., ☎ 705-743-1144, https://www.holidayinn.com/hotels/gb/en/reservation, das Hotel liegt im Zentrum direkt am Little Lake, viele der 155 ansprechend eingerichteten Zimmer haben Balkons mit einem schönen Blick auf den Fluss, Swimmingpool, Bootsanlegestelle.*
$$$ The Moffat House B&B, *597 Weller St., ☎ 705-743-7228 oder 1-877-415-1646, www.moffathouse.ca, das 1905 gebaute Haus bietet fünf stilvoll eingerichtete Zimmer und einen großen, gepflegten Garten, die freundlichen Besitzer bemühen sich sehr um das Wohl ihrer Gäste.*

Essen und Trinken
Electric City Gardens, *373 Queen St., ☎ 705-749-1909, kleines, empfehlenswertes Restaurant mit guter Küche, freundlichem Service und der Möglichkeit, im Freien zu sitzen.*
The Food Forest, *641 George St., ☎ 705-874-1888, Restaurant mit guter vegetarischer und veganer Küche und einladender Saftbar sowie vielen verschiedenen Tee- und Kaffeesorten.*
The Favourite Greek, *360 George St. N., ☎ 705-536-3046, gern besuchtes Restaurant mit authentischer griechischer Küche, Tischreservierung empfehlenswert.*

Einkaufen
Portage Place Shopping Centre, *1154 Chemong Rd., ☎ 705-749-0212, großes, in schöner Architektur errichtetes Einkaufszentrum mit über 50 Fachgeschäften und mehreren großen Supermärkten.*

Whetung Ojibwa Crafts and Art Gallery, *Curve Lake Indian Reservation*, ☎ 705-657-3661, www.whetung.com, etwa 20 Fahrminuten nördlich von Peterborough finden Sie kunsthandwerkliche Arbeiten, die in diesem Reservat angefertigt werden, aber auch Bücher, Schmuck und Bilder.

Wanderwege
Am Trent River entlang wurde ein schöner Wanderweg angelegt: Der 4 km lange Jackson Creek Kiwanis Trail, der dem Lauf des Jackson Creek folgt, ist Teil des Trans-Canada-Trails und führt vom Jackson Park in Peterborough zur Ackinson Rd.

Flughafen
Der Peterborough Municipal Airport, County Rd. 11, ☎ 705- 743-6708, www.peterboroughairport.com, liegt südwestlich der Stadt.*

Sehenswertes in der Umgebung von Peterborough
Indianische Felszeichnungen im Petroglyphs Provincial Park

☞ Wegbeschreibung

55 km nordöstlich von Peterborough, nach Norden über den Hwy 28 bis Northey's Bay Road, dann noch etwa 11 km über den Hwy 6 bis zum Parkeingang.

Die Felszeichnungen wurden 1954 entdeckt; der Petroglyphs Provincial Park wurde 1976 zum Schutz der einzigartigen Felsmalereien eingerichtet, die vor 500 bis 1.000 Jahren von den Algonquin-Indianern in die Felsen geritzt wurden. 1984 wurde ein Schutz-

Felszeichnungen der Algonquin-Indianer

haus über der Hauptfundstelle errichtet, sodass die Besucher auf einem Rundgang die Zeichnungen ganz aus der Nähe betrachten können. Die etwa 900 Felszeichnungen, die u. a. Menschen, Vögel, Schlangen und Schildkröten zeigen, haben auch heute noch eine spirituelle Bedeutung für die Ojibwa-Anishinabe-Indianer, die dieses Gebiet als heilige Stätte verehren.

Auch landschaftlich ist der Park mit seiner großen Pflanzenvielfalt und dem Tierreichtum sehr reizvoll; gut beschilderte Rundwanderwege führen durch Wälder, Feuchtgebiete und über felsige Hügelketten. Picknickplätze am McGinnis Lake und Minnow Lake laden zur Rast ein.

Petroglyphs Provincial Park, *2249 Northey's Bay Rd., Woodview,* ☎ *705-877-2552, www.ontarioparks.com/park/petroglyphs, geöffnet Anfang Mai–Mitte Okt., im Sommer tgl. 10–17 Uhr, im Frühjahr und Herbst Mo/Di geschlossen, Tagespass pro Pkw $ 12.75, Fußgänger $ 2.*

Hinweis
Im Besucherzentrum erhalten Sie einen Faltplan mit Übersichtskarte.
In den Sommermonaten müssen Sie verstärkt mit Mücken rechnen; Sie sollten deshalb ein Schutzmittel mitnehmen. Schwimmen ist in den Seen leider nicht erlaubt.

Lohnende Ausflugsziele

➤ **Lang Pioneer Village Museum** ist ein originalgetreu rekonstruiertes Dorf der ersten Siedler und liegt am Indian River. Es besteht aus 20 Gebäuden, z. B. einem Gemischtwarenladen, einer Druckerei, einer Schmiede, zwei Mühlen und einer Schule. Kostümierte „Dorfbewohner" führen ihre alltäglichen Verrichtungen durch; manchmal kann man auch beim Scheren der Schafe oder bei militärischen Übungen zuschauen.

Lang Pioneer Village Museum, *104 Lang Rd., Keene, ON, K0L 2G0 (Anfahrt von Peterborough: 10 km nach Osten auf dem Hwy. 7, dann 6 km nach Süden auf der Country Road 34 (Heritage Line), Hinweisschilder beachten),* ☎ *705-295-6694 oder 1-866-289-5264, www.langpioneervillage.ca, geöffnet Mitte Juni–Anfang Sept. tgl. 10–16, sonst Mo–Fr 10–16 Uhr, Eintritt Erwachsene $ 8, Senioren und Jugendliche von 15–18 J. $ 7, Kinder von 5–14 J. $ 4, Familienkarte $ 20.*

➤ Der **Serpent Mounds Park** ist eine Begräbnisstätte der Irokesen aus der Zeit zwischen 100 und 300 n. Chr.; das größte der Gräber, in dem ein Toter von hohem Rang bestattet wurde, ist 60 m lang und 2 m hoch. Die Grabbeigaben zeigen, dass die Irokesen zur damaligen Zeit einen regen Handel trieben, denn es wurden u. a. Kupferarbeiten vom Lake Superior und Silber aus Nordontario gefunden. Das Gebiet von Serpent Mounds wurde an die Hiawatha zurückgegeben, die zur Stammesfamilie der Irokesen gehören. Der Park lädt mit schönen Sandstränden und klaren Seen zum Schwimmen ein; sehr schön ist der Blick auf den Rice Lake.

Serpent Mounds Park, *20 km südlich von Peterborough am Hwy 34, 221 Serpent Mounds Rd., Keene, www.hiawathafirstnation.com/business-tourism/serpent-mounds-park. Der Park derzeit geschlossen, ein Wiedereröffnungstermin war bei Redaktionsschluss noch nicht bekannt.*

➤ Die **Warsaw Caves** sind eine in vorgeschichtlicher Zeit vom Indian River geschaffene Höhlenwelt mit Gletschertöpfen, Tunnel, einem Wasserfall und fossilen Abdrücken von Fischen, Pflanzen, Schnecken und einer großen Libelle. Im Sommer trocknet der 4 m hohe Wasserfall aus, und das letzte Rinnsal sucht sich unterirdisch seinen Weg. Bringen Sie einer Taschenlampe und festes Schuhwerk mit, um alles anschauen zu können. Das Gebiet rund um die Warsaw Caves wird von einem Wegenetz durchzogen und eignet sich gut zum Wandern, Kanufahren und Schwimmen.

Warsaw Caves, *289 Caves Rd., Douro-Dummer, ON, 18 km östlich von Peterborough,* ☎ *705-652-3161 oder 1-877-816-7604, www.warsawcaves.com, geöffnet Mitte Mai–Mitte Okt. (Höhlen: April–Nov.), Eintritt Erwachsene $ 5.50, Kinder $ 3, Führungen $ 3, Pkw $ 14.*

➤ **Millbrook**, der kleine Ort, der südlich von Peterborough liegt, ist als Künstlerdorf bekannt geworden. Hier finden in den Sommermonaten häufig Freilichtaufführungen statt.

 Streckenhinweis

1. Alternative: Von Peterborough fahren Sie nach Süden auf den Hwy 28, dem Sie bis Port Hope folgen. Dort treffen Sie auf die Hwys 2 und 401, die Sie nach Kingston führen.
2. Alternative: Von Peterborough führt der Hwy 7 Sie direkt nach Ottawa.

Kingston

Kingston ist eine reizvolle, liebenswerte Stadt, die zu einem längeren Aufenthalt einlädt. Sie liegt etwa auf halbem Wege zwischen den beiden Großstädten Toronto und Montréal und ist auch von Ottawa weniger als zwei Autostunden entfernt.

Es macht Spaß, durch die alte Universitätsstadt mit ihren viktorianischen Häusern zu schlendern und die zahlreichen Sehenswürdigkeiten, wie z. B. das Old Fort Henry, zu besuchen. In der näheren Umgebung laden zahllose Seen und interessante Provinzparks zum Wandern, Schwimmen und Kanufahren ein. Haupttouristenattraktion ist eine Bootsfahrt durch das Gebiet der Thousand Islands, für die Kingston ein geeigneter Ausgangsort ist. Rund um Kingston liegen über 200 Schiffswracks, darunter Kriegsschiffe, Schoner, Barken und Dampfschiffe, deren älteste aus dem 18. Jh. stammen. Dank der vielen Zebramuscheln ist die Sicht unter Wasser besonders gut, was viele Taucher zu schätzen wissen, sodass Kingston neben Tobermory das beste Gebiet zum Wracktauchen in Ontario ist.

Redaktionstipps

➤ Bummel durch die **Innenstadt** mit Rathaus und Hafen (S. 143)
➤ **Thousand-Islands-Kreuzfahrt** (S. 150)
➤ Besuch von **Fort Henry** (S. 145)
➤ Besuch der **Bellevue House National Historic Site** (S. 145)
➤ **Kanufahrt** im Frontenac Provincial Park (S. 152)

Geschichtlicher Überblick

Die Geschichte Kingstons beginnt im Jahr 1673. In dem Gebiet, das von den Indianern Cataraqui genannt wird, gründen die Franzosen eine Pelzhandelsstation, die durch den Bau des Fort Frontenac erweitert und geschützt wird. 1758 wird das Fort von den Briten unter Colonel Bradstreet erobert, 1784 kommen die ersten Loyalists. Um ihre Treue zu Georg III. zu zeigen, nennen sie den Ort King's Town, aus dem sich seit 1788 der offizielle Name Kingston herleitet. In der Zeit der kriegerischen Auseinandersetzungen zwischen England und Amerika wird 1812 das Fort Henry gebaut. Es dient dem Schutz der Handelsschifffahrt auf dem St.-Lorenz-Strom und dem Rideau Canal, der 1832 zwischen Ottawa und Kingston fertig gestellt wurde.

Um die Mitte des 19. Jh. beginnt die Blütezeit der Stadt. Kingston ist in den Jahren 1841–1844 die Hauptstadt der „Vereinigten Provinzen Kanadas"; in dieser Zeit entstehen viele der viktorianischen Häuser, die den Charme der heutigen Stadt ausmachen. 1841 wird auch der Grundstein für eine der besten kanadischen Universitäten gelegt: durch ein königliches Dekret wird das „Queen's College at Kingston" gegründet, das seit 1912 als

Queen's University bekannt ist. Heute leben etwa 120.000 Menschen verschiedenster *Universitäts-*
Herkunft, Kultur und Sprache in Kingston, zu dessen Haupterwerbsquelle sich immer *stadt und*
mehr der Fremdenverkehr entwickelt. *Ferienort*

Sehenswertes in Kingston

Bei einem Stadtrundgang durch Kingston werden Ihnen die für Kanada ungewöhnlich
vielen Kalksteinhäuser auffallen, die Kingston den Beinamen „Limestone City" geben,
und schöne viktorianische Häuser mit Veranden und schmiedeeisernen Geländern, gepflegte Gärten und Parkanlagen, die reizvolle Hafenfront und die lebhaften Geschäftsstraßen; einen Besuch wert sind auch die 17 Museen und historischen Stätten, die Sie auf
einem Rundgang kennenlernen können, der am Informationsbüro am Hafen beginnt.

Mittelpunkt des Ortes ist die **City Hall (1)**, gebaut in den Jahren 1841/43 nach den Plänen des Architekten George Brown, als Kingston die Hauptstadt der „Vereinigten Provinzen von Upper and Lower Canada" war. Die Kosten für den Bau waren sehr hoch,
entsprechend groß war die Enttäuschung, als bald nach der Fertigstellung die Regierung
nach Montréal überwechselte.
City Hall, *216 Ontario St.,* ☎ *613-546-4291, geöffnet Mo–Fr 8.30–16.30 Uhr, von Mai–*
Okt. Führungen, Eintritt frei.

Vor der City Hall liegen der hübsche **Confederation Park** mit der „Springbrunnen-Brü-
cke" und die stattliche Marina mit den Ausflugsschiffen zu den Thousand Islands. Im Park
befindet sich auch die Touristeninformation mit reichhaltigem Material zur Stadt und zu
ihrer Umgebung. Vor der Touristeninformation, leicht erkennbar an einer alten Lokomoti-
ve der Canadian Pacific Railways, ist die Abfahrtsstelle der „Confederation Tour Trolleys".

Hinter der City Hall liegen der **Market Square** mit dem 3 x wöchentlich stattfindenden Markt und das kleine **Graham's Pharmacy Apothecary Museum** (*328 King*
St.) mit seiner alten Apothekeneinrichtung und einer Sammlung historischer Gerätschaften.

Nur wenige Schritte weiter steht in der King St./Ecke Johnson St. das interessante
Kalksandsteingebäude der **Anglican Cathedral of St. George** mit schönen Tiffany-
Glasfenstern; folgt man dem Straßenverlauf weiter, kommt man zur international angesehenen **Queen's University** und zum 1846 erbauten **Murney Tower (4)**, der als ei- *Alter Verteidi-*
ner der besterhaltenen Verteidigungstürme Nordamerikas gilt. Seit 1925 dient er als *gungsturm*
militär- und kulturgeschichtliches Museum, und seit 2007 ist er Teil der „Rideau Canal
and Kingston Fortification World Heritage Site" – der einzigen in Ontario.
Murney Tower, *King St./Barrie St.,* ☎ *613-572-5181, www.kingstonhistoricalsociety.ca/*
Murney_Tower.html, geöffnet Mitte Mai–Anfang Sept. tgl. 10–17 Uhr, Eintritt $ 5, Senioren
und Studenten $ 4, Familienkarte $ 12.

An der Marina am Confederation Park beginnt der 8 km lange „**Waterfront Pathway**
– Rideau Trail", der am St.-Lorenz-Strom entlangführt.

Die Pumpstation **Pump House Steam Museum (3)** aus dem Jahr 1849 wurde vollständig restauriert; ausgestellt sind riesige Pumpen und viele dampfbetriebene Maschinen. Außerdem gibt es eine Modell-Eisenbahnanlage mit 20 Zügen aus aller Welt.
Pump House Steam Museum, *23 Ontario St.,* ☎ *613-542-7867, www.steammuseum.*
ca, geöffnet Mai–Sept. Di–Sa 10–19, Do –20, So 12–18 Uhr, Sept.–Anf. Nov. Do und Fr 12–
16, Sa 10–17 Uhr, Eintritt Erwachsene $ 5, Senioren und Studenten $ 4.22, Kinder $ 1.70, Fa-
milienkarte $ 11,95.

Auf dem Weg zum Marine Museum vermittelt das **Penitentiary Museum (6)** in der King St. W. einen Eindruck von der Inhaftierung von Häftlingen und den Bestrafungs-maßnahmen vergangener Zeiten. Das Gefängnis-Museum ist in einem schönen Verwal-tungsgebäude inmitten einer gepflegten Gartenanlage untergebracht und zeigt über 500 Gegenstände aus kanadischen Gefängnissen.
Penitentiary Museum, 555 King St. W., ☏ 613-530-3122, www.penitentiarymuseum.ca, geöffnet Mai–Ende Okt. Mo–Fr 9–16, Sa/So 10–16 Uhr, Eintritt frei, Spende erwünscht.

Schifffahrt auf den Großen Seen Im **Marine Museum of the Great Lakes (2)** wird die Geschichte der Schifffahrt auf den Großen Seen seit 1678 in wechselnden Ausstellungen durch Schiffsmodelle, nauti-sche Geräte und Informationen zum Schiffsbau dargestellt. Besonders sehenswert ist der 3.000 t große Eisbrecher Alexander Henry.
Marine Museum of the Great Lakes, 53 Yonge St., ☏ 613-542-2261, www.marmuse um.ca, geöffnet Mai–Sept. tgl. 10–17, sonst Mo–Fr 10–16 Uhr, Schiff tgl. 10–16 Uhr geöffnet, Eintritt Erwachsene $ 8.50, Senioren/Studenten $ 7.75, Kinder von 5–14 J. $ 5.50, Familien-karte $ 12.50.

Kingston

0 Unterkünfte
1 Best Western Fireside Inn
2 Ambassador Hotel & Conference Centre
3 Thriftlodge Kingston
4 Holiday Inn Express & Suites
5 Rosa's B & B
6 Secret Garden Inn
7 Holiday Inn Kingston Waterfront
8 Delta Kingston Waterfront Hotel
9 Frontenac Club Inn
10 Donald Gordon Conference Centre
11 De Haan's B & B
12 Elizabeth's Rose Cottage

0 Essen & Trinken
1 Amadeus Café Restaurant
2 Windmills Casual Fine Dining
3 Curry Original
4 Lone Star Texas Grill
5 Morrison's Restaurant
6 The Kingston Brewing Company Pub
7 Woodenheads Gourmet Pizza

© graphic

Beim **Portsmouth Olympic Harbour** wurden 1976 die olympischen Segelwettbe-
werbe ausgetragen. An den Hafen schließt sich der Lake Ontario Park mit hübschen
Plätzen zum Picknicken an.
Portsmouth Olympic Harbour, *53 Yonge St.,* ☏ *613-546-4291.*

Eine weitere Sehenswürdigkeit ist die **Bellevue House National Historic Site (5)**.
In diesem besonders gelungenen Beispiel für toskanische Bauart in Kanada, eingerichtet
im Stil des 19. Jh., lebte 1848/49 der erste kanadische Premierminister Sir John A. Macdonald mit seiner Familie. In den Sommermonaten geben kostümierte Angestellte Auskunft über Leben und Arbeit in jener Zeit. Beginnen Sie mit dem Rundgang im angeschlossenen Besucherzentrum, wo Sie in Bild und Ton über die Geschichte des Hauses
und das Leben Macdonalds informiert werden.
Bellevue House National Historic Site, *35 Centre St.,* ☏ *613-545-8666, www.pc.gc.*
ca/eng/lhn-nhs/on/bellevue/visit.aspx, geöffnet Ende Mai–Anfang Okt. Do–Mo 10–17, Juli/
Aug. tgl. 10–17 Uhr, Eintritt Erwachsene $ 3,90, Senioren $ 3.40, Kinder (6–16 J.) $ 1.90, Fa-
milienkarte $ 9.80.

Das Kunstmuseum, **Agnes Etherington Art Centre at Queen's (7)**, mit dem aus
dem 19. Jh. stammenden Haus der Kunstmäzenin Agnes Etherington und sieben angeschlossenen Galerien gilt als eines der besten von Kanada und zeigt kanadische, europäische, afrikanische und Inuit-Kunst.
Agnes Etherington Art Centre at Queen's, *Queen's University, 36 University Ave.,*
☏ *613-533-2190, www.agnes.queensu.ca, geöffnet Di–Fr 10–16.30, Sa/So 13–17 Uhr, frei,*
Spende erwünscht.

Das naturwissenschaftliche **Miller Museum of Geology and Mineralogy**, liegt auf
dem Universitätsgelände und zeigt neben Mineralien und Fossilien ein Labor des 19. Jh.
und eine seismographische Station.
Miller Museum of Geology and Mineralogy, *36 Union St.,* ☏ *613-533-6767, www.*
geol.queensu.ca/museum, geöffnet Mo–Fr 8.30–16.30 Uhr, Eintritt frei.

Frontenac County Schools Museum, das liebevoll eingerichtete Museum in der al-
ten Kingston Public School von 1853 verdeutlicht mit vielen Ausstellungsstücken das
Schulleben des 19. Jh.
Frontenac County Schools Museum, *414 Regent St., Barriefield,* ☏ *613-544-9113,*
www.fcsmuseum.com, geöffnet Juli/Aug. Di–Fr 10–15 Uhr, sonst Mo und Mi 9–12 Uhr, Jan./
Feb. geschl., Eintritt frei, Spende erwünscht.

Die größte Sehenswürdigkeit von Kingston ist **Fort Henry (8)**. Das 1812 gebaute
Fort war einst die mächtigste Befestigungsanlage im britischen Kanada und dient heute als Museum mit Ausstellungen zur britischen und kanadischen Militärgeschichte.
Da Kingston auch heute noch mit seinen berühmten Militärschulen eine wichtige   *Fort Henry*
Ausbildungsstätte für das kanadische Militär ist, wirken Kadetten in historischen Uni-
formen bei den täglichen Vorführungen mit. Dabei sind Exerzierübungen, Wachablösun-
gen, Salutschüsse aus den alten Kanonen und Militärparaden beim Publikum besonders beliebt.
Fort Henry, *1 Fort Henry Dr.,* ☏ *613-542-7388 oder 1-800-437-2233, www.forthenry.*
com. Das Fort liegt gegenüber von Kingston, zu erreichen vom Zentrum aus über den Lasalle
Causeway und der Ausschilderung zum Fort folgen. Parkplätze sind ausreichend vorhanden.
Geöffnet Mitte Mai–Mitte Sept. tgl. 9.30–16.30 Uhr; um 14.30 Uhr findet die halbstündige
„Kommandanten-Parade" statt; im Juli/Aug. wird jeden Mittwoch und an ausgewählten Sams-
tagen um 20 Uhr in einer Zeremonie die Fahne eingeholt. Eintritt ab 6 J. $ 20, Senioren $ 18.

Reisepraktische Informationen zu Kingston

i Information
Visitor Information Office, 209 Ontario St., in der alten Bahnstation am Hafen, gegenüber der City Hall, ☎ 613-548-4415 oder 1-888-855-4555, www.tourism.kingston canada.com, im Sommer tgl. 9.30–20, sonst 17 Uhr.

Feste und Veranstaltungen
Farmers' Market, seit 1801 findet der Markt am Rathaus statt. Jeden Di, Do und Sa 9–18 Uhr von April–Nov. werden hier alle landwirtschaftlichen Produkte der jeweiligen Saison angeboten; außerdem finden Sie hier auch ein großes Sortiment handwerklicher Erzeugnisse (www.kingstonpublicmarket.ca).
Kingston Sunday Antique Market, am Marktplatz hinter dem Rathaus, von Ende April–Anfang Okt. findet der Markt an jedem So statt (www.kingstonantiquemarket.ca).
Während der Sommermonate gibt es in der Stadt zahlreiche Veranstaltungen für Einheimische und Besucher, wie z. B. **Buskers Rendezvous**, das viertägige Festival mit Straßenkünstlern – Zauberern, Musikanten, Jongleuren, Tänzern und Schauspielern – findet Mitte Juli statt; **Kingston Summer Festival**, den ganzen Sommer über gibt es Schauspiele, Konzerte, Kunstausstellungen, Märkte; **Music in the Park**, jeden Di, Do und Sa gibt es Konzerte im Confederation Park, Infos unter: www.downtownkingston.ca/enjoy/2016/music-in-the-park; **Olympic Training Regatta Kingston**, wie die Kieler Woche zieht im August auch die Segelregatta von Kingston Segler und Sportbegeisterte aus aller Welt an.

Wichtige Anschriften und Telefonnummern
Polizei, Feuer, Medizinischer Notdienst: 911
Canadian Automobile Association CAA: 613-546-2596
Wetter: 613-545-8550

Unterkunft
$$–$$$ Thriftlodge Kingston (3), 1187 Princess St., ☎ 613-546-4411 oder 1-800-706-0698, www.thriftlodgekingston.com, Hotel mit 74 geräumigen, freundlichen Zimmern.
$$$ Ambassador Hotel & Conference Centre (2), 1550 Princess St., ☎ 613-548-3605 oder 1-800-267-7880, www.ambassadorhotel.com, gut ausgestattetes, zentral gelegenes Hotel mit Sportangebot, Swimmingpool und Innenwasserrutsche.
$$$ Best Western Fireside Inn (1), 1217 Princess St., ☎ 613-549-2211 oder 1-800-567-8800, www.bestwesternkingston.ca, geräumige Zimmer, Swimmingpool und vier „Fantasie-Suiten", die einem Thema entsprechend eingerichtet sind, z.B. orientalische Suite, Mondsuite.
$$$ Donald Gordon Conference Centre (10), 421 Union St., ☎ 613-533-2221 oder 1-886-455-2655, www.donaldgordoncentre.com, 75 ordentlich ausgestattete Zimmer im Konferenzzentrum der Queen's Universität, Frühstück und Parken im Preis inbegriffen.
$$$ Holiday Inn Express & Suites (4), 11 Benson St., ☎ 613-546-3662, www.ihg.com, modernes, freundliches Hotel mit Pool und Frühstück.
$$$ Holiday Inn Kingston Waterfront (7), 2 Princess St., ☎ 613-549-8400, www.hikingstonwaterfront.com, direkt am Hafen gelegenes, schon älteres Hotel mit 197 geräumigen Zimmern und schönem Blick, Dachgartenrestaurant, Swimmingpools.
$$$$ Delta Kingston Waterfront Hotel (8), 1 Johnson St., ☎ 613-549-8100 oder 800-185-4422 (gratis aus DE), www.marriott.de, empfehlenswertes Hotel mit 127 gut möblierten Zimmern und schönem Blick auf den Lake Ontario, Swimmingpool.

Bed&Breakfast-Häuser
$$ De Haan's B & B (11), 1107 King St.W., ☎ 613-766-9900, www.bbcanada.com/12680.html, gepflegtes Haus gegenüber einer Parkanlage mit drei freundlich eingerichteten Zimmern; ca. 3 km vom Zentrum entfernt, die hilfsbereiten Gastgeber sprechen auch deutsch.

$$ Elizabeth's Rose Cottage (12), 290 Frontenac St., ☎ 613-546-4733, *gemütliches B & B im Universitätsviertel, großartiges Frühstück.*
$$$ Rosa´s B & B (5), 629 Johnson St., ☎ 613-546-4848, *www.bbcanada.com/4518.html, kleines Haus mit drei einfachen Zimmern, davon eines mit eigenem Bad.*
$$$$ Frontenac Club Inn (9), 225 King St. E., ☎ 613-547-6167, *www.frontenacclub. com, das historische Gebäude aus dem Jahre 1845 mit 15 komfortablen Zimmern liegt in der Innenstadt, günstig zu allen Sehenswürdigkeiten, freies Parken.*
$$$$ Secret Garden Inn (6), 73 Sydenham St. S., ☎ 613-531-9884 oder 1-877-723-1888, *www.thesecretgardeninn.com, 1888 erbautes Haus mit antik eingerichteten Zimmern und schönem Innenhof, nur wenige Gehminuten zur Innenstadt.*

🍴 Essen und Trinken

Für die zahlreichen Besucher, die alljährlich nach Kingston kommen, bietet die Stadt ein breites Spektrum an Restaurants und Cafés. Kleine preiswerte Restaurants und die bekannten Kettenrestaurants liegen vor allem an der Division St., südlich des Hwy 401, und an der Bath Rd. im Westen.
Amadeus Café Restaurant (1), 170 Princess St., ☎ 613-546-7468, *www.amadeuscafe. ca, Restaurant mit Biergarten und österreichischen und deutschen Gerichten, z. B. verschiedene Schnitzel, Rouladen, dazu spielt im Hintergrund leise klassische Musik.*
Curry Original (3), 253 A Ontario St., ☎ 613-531-9376, *www.curryoriginal.ca, beliebtes und sehr gelobtes indisches Spezialitätenrestaurant.*
Lone Star Texas Grill (4), 251 Ontario St., ☎ 613-548-8888, *www.lonestartexasgrill.com, beliebtes texanisch-mexikanisches Familienrestaurant mit origineller Einrichtung und Außenterrasse.*
River Mill Restaurant, 2 Cataraqui St., ☎ 613-549-5759, *www.rivermill.ca, vom Restaurant in der historischen Mühle haben Sie einen herrlichen Blick auf den Hafen, während Sie die frischen Fisch- und Lammgerichte genießen.*
The General Wolfe Hotel, 1237 County Rd. 96, auf Wolfe Island, ☎ 613-385-2611, *www.generalwolfehotel.com, die Überfahrt nach Wolfe Island lohnt sich für ein Abendessen in einem der besten Restaurants der Region, Gourmet Dinner, Reservierung empfehlenswert.*
Woodenheads Gourmet Pizza (7), 192 Ontario St,. ☎ 613-549-1812, *www.woodenheads.com, Pizzarestaurant mit Holzofen, sehr gute Salate.*

▶ Kleine Köstlichkeiten für zwischendurch und für's Picknick

Great Chow Express, 689 A Princess St., ☎ 613-547-1133, *www.greatchow.ca, chinesische Gerichte, „Picnic plan" mit Hinweisen zu nahegelegenen Picknickplätzen.*
Morrison's Restaurant (5), 318 King St. E., ☎ 613-542-9483, *einfaches Traditionsrestaurant gegenüber dem Marktplatz, in dem an Markttagen ein herzhaftes Frühstück serviert wird.*
Windmills Casual Fine Dining (2), 184 Princess St., ☎ 613-544-3948, *www.windmills-cafe.com, Café im New Yorker Stil mit Sandwiches, Salaten und vegetarischen Gerichten.*
White Mountain Ice Cream, 176 Ontario St., ☎ 613-545-3474, *sehr gutes, selbstgemachtes Eis.*

🍸 Pubs and Bars

Chez Piggy, 68 Princess St., ☎ 613-549-7673, *www.chezpiggy.com, die Bar wurde im Stall eines restaurierten, aus dem Jahr 1810 stammenden Backsteinhauses eingerichtet, Sommergarten.*
The Kingston Brewing Company Pub (6), 34 Clarence St., ☎ 613-542-4978, *www.kingstonbrewing.ca, hier wird das Dragon's Breath Ale an Ort und Stelle gebraut, großer Innenhof hinter dem Gebäude aus dem 19. Jh.*
The Pilot House, 265 King St. E., ☎ 613-542-0222, *www.pilothousekingston.ca, freundlicher Pub mit importierten Bieren vom Fass, beliebt wegen seiner „Fish and chips" nach britischer Art.*
Tir Nan Og, 200 Ontario St., ☎ 613-544-7474, *www.facebook.com/kingston.tirnanog, authentischer irischer Pub mit keltischer Livemusik.*

Einkaufen

Es gibt drei große Einkaufszentren: **Cataraqui Town Centre** *mit mehr als 140 Geschäften, 945 Gardiners Rd./Hwy 2,* **Frontenac Mall** *mit Fachgeschäften und Restaurants, 1300 Bath Rd.,* **Kingston Centre** *mit 80 Geschäften, Macdonald Blvd./Bath Rd. In der Innenstadt, rund um Ontario St., Princess St. und deren Nebenstraßen, findet man viele kleine, originelle Läden und Boutiquen.*

Cooke's Fine Foods and Coffee, *61 Brock St.,* ☎ *613-548-7721, www.cookesfinefoods. com, Geschäft mit europäischen Spezialitäten, das mit dem Originalmobiliar der viktorianischen Zeit eingerichtet ist.*

Cornerstone, *255 Ontario St.,* ☎ *613-546-7967, www.cornerstonecanadianart.com, lokales Kunsthandwerk und Töpfereiwaren.*

Roots, *229 Princess St.,* ☎ *613-546-7668, www.roots.com, in Kanada gefertigte, hochwertige Kleidung, Schuhe und Sportartikel.*

Trailhead, *262 Princess St.,* ☎ *613-546-4757, www.trailheadkingston.ca, ausgezeichnetes Geschäft für Wanderer und Camper, komplette Ausrüstungen vom Schlafsack bis zum Zelt werden vermietet.*

Flüge

Der Flughafen von Kingston, Norman Rogers Airport, liegt etwa 10 km außerhalb der Stadt, 114 Len Birchall Way, ☎ *613-389-6404, tgl. sieben Flüge nach Toronto von* **Air Canada**, ☎ *1-888-247-2262.*

Öffentliche Verkehrsmittel
▶ Bus/Stadtverkehr

Kingston Transit, ☎ *613-546-0000, www.cityofkingston.ca/residents/transit, gut ausgebautes Bussystem, Fahrpreise: einfache Fahrt Erwachsene $ 2.75, Jugend/Senioren $ 2.50, Mehrfahrtenkarte (6) Erwachsene 13.75, Jugend/Senioren $ 10.50, Tagespass mit beliebig vielen Fahrten Erwachsene $ 7.25, Familien $ 14.50.*

▶ Überlandbusse

Kingston Bus Terminal, *1175 John Counter Blvd.,* ☎ *613-547-4916, tgl. Verbindungen von Kingston nach Toronto, Ottawa und Montréal mit den Unternehmen Mega Bus (https://ca. megabus.com) und Greyhound (www.greyhound.ca) mit zusätzlichen Verbindungen in die USA.*

Kingston–Ottawa	8 x tgl., Fahrzeit ca. 3 Std.
Kingston–Montréal	6 x tgl., Fahrzeit ca. 3 Std. 15 Min.
Kingston–Toronto	9 x tgl., Fahrzeit ca. 3 Std.

▶ Bahn

Der **VIA-Rail-Bahnhof**, *1800 John Counter Boulevard,* ☎ *1-888-842-7245, Kingston liegt an der wichtigen VIA-Rail-Bahnstrecke zwischen Toronto und Montreal.*

Kingston–Ottawa	5 x tgl., Fahrzeit ca. 2 Std.
Kingston–Montréal	4 x tgl., Fahrzeit ca. 2 Std. 45 Min.
Kingston–Toronto	11 x tgl., Fahrzeit ca. 2,5 Std.

Mietwagen

Avis, *1412 Princess St.,* ☎ *613-531-3311 oder 613-389-2228 (Flughafen)*
Budget, *1412 Princess St.,* ☎ *613-546-3231*

Fähre und Ausflugsfahrten mit dem Schiff oder Bus
Wolfe Island Ferry, *s. S. 150.*

Kingston Trolley Tours, ☎ *613-549-5544, die etwa 75-minütige Fahrt mit dem roten Trolley führt an der Hafenfront und dem Universitätsgelände entlang zu den Museen der Stadt und bietet einen Blick auf Fort Henry und Fort Frontenac. Die Fahrten beginnen am*

Confederation Park gegenüber dem Rathaus (209 Ontario St.), an allen Sehenswürdigkeiten kann man beliebig oft aus- und später wieder zusteigen. Abfahrt Ende Mai–Sept. alle 45 Minuten zw. 10 und 17 Uhr, 24-Std.-Pass Erwachsene $ 26, Kinder $ 13, 48-Std.-Pass $ 38/19. Tickets sind am Cruise Ticket Booth, 1 Brock St., gegenüber vom Rathaus, und online erhältlich.

1000-Island-Kreuzfahrt, 1 Brock St., ☏ 613-549-5544 oder 1-800-848-0011, www. 1000islandcruises.ca, 1,5–3-stündige Fahrten zur Inselwelt des St.-Lorenz-Stromes mit den Schiffen Island Queen, Island Star und Island Belle, Abfahrt April (wetterabhängig) bis Okt., je nach Tour und Monat mehrfach die Woche bzw. (z. T. mehrmals) tgl. (genaue Termine s. Website). Fahrkarten 248 Ontario St. Von Besuchern, die nicht die kanadische oder US-amerikanische Staatsbürgerschaft haben, wird die Vorlage des Reisepasses verlangt.

▶ **Fahrpreise**
Heart of the Islands Cruise: dreistündig, Erwachsene $ 64, Kinder $ 44
Discovery Cruise: 1,5-stündig, Erwachsene $ 30, Kinder $ 15
Heart of the Island Brunch Cruise: dreistündig, Erwachsene $ 60, Kinder $ 42, nur Juli/Aug. Sa/So, sonst an ausgewählten Wochenenden und selten Mo
Heart of the Islands Lunch Cruise: dreistündig, Erwachsene $ 64, Kinder $ 44
Sunset Dinner Cruise: dreistündig, Erwachsene $ 78, Kinder $ 58, meist nur an Wochenenden (Fr–So)

Sehenswertes in der Umgebung von Kingston

Wolfe Island

Wolfe Island, nur 20 Fährminuten von Kingston entfernt, ist mit 124 km² zwar die größte Insel unter den „Thousand Islands", dennoch aber eine kleine Insel von 36 km Länge und 12 km Breite, die Angler und Fischer und immer mehr Besucher zu einem geruhsamen und beschaulichen Ausflug einlädt. Wolfe Island liegt an der Stelle, wo der Lake Ontario endet und der St.-Lorenz-Strom seinen Weg zum Atlantischen Ozean beginnt. Auf der Insel leben ca. 1.400 Menschen, von denen viele schottischen, irischen oder holländischen Ursprungs sind. Sie leben von der Landwirtschaft und dem Fremdenverkehr, vermieten Ferienhäuschen, Motor- und Fischerboote und Fahrräder und fühlen sich heute alle als „Wolfe Islanders". Der Hauptort ist Marysville mit öffentlichen Einrichtungen, Geschäften und Restaurants, der Wolfe Island Town Hall und dem ältesten Haus der Insel, dem Old House Museum, das in den Sommermonaten geöffnet ist.

Fähre nach Wolfe Island

Reisepraktische Informationen zu Wolfe Island

i **Information**
Wolfe Island Business & Tourism Association, ☏ 613-385-1875, www.wolfe island.com.

🚢 **Fähren**
Wolfe Island Ferry, ☏ 613-548-7227, www.wolfeisland.com/ferry.php, kostenlose Fahrt, ca. 25 Min., zwischen Kingston und Wolfe Island ca. stdl. (6–24 Uhr), im Sommer häufiger.
Cape Vincent Ferry, ☏ 613-385-2262, www.hferry.com, von Wolfe Island können Sie in den Sommermonaten nach Cape Vincent im US-amerikanischen Bundesstaat New York übersetzen. Die Fähren zwischen Wolfe Island und Cape Vincent/USA verkehren von Mai–Okt. etwa stdl. zwischen 8 und 19.30 Uhr, Dauer der Überfahrt ca. 10 Min. Gebühr Auto/Fahrer $ 18, Passagiere $ 2, Fahrrad $ 3. Bei jedem Passagier wird eine gründliche Passkontrolle bei der Einreise in die USA durchgeführt.

🍴　🛏　**Restaurant und Hotel**
$$ Brown's Bay Inn, *direkt am See,* ☏ *613-385-2533 oder 1-877-221-7771, älteres, zwangloses Ferienhotel mit beliebtem Ausflugsrestaurant, Ferienhäuser, gute Angelmöglichkeiten direkt am Haus, Bootsverleih.*
$$ The General Wolfe Hotel, *1237 County Rd. 96, in der Nähe der Schiffsanlegestelle,* ☏ *613-385-2611 oder 1-800-353-1098, www.generalwolfehotel.com, das bereits 1860 gebaute Hotel verfügt über neun geräumige Zimmer mit schönem Blick auf den St.-Lorenz-Strom und ein sehr gutes Restaurant, das mehrfach ausgezeichnet wurde. Tischreservierung empfehlenswert.*

Mac Lachlan Woodworking Museum: Das Museum wurde unter dem Motto „Holz im Dienste des Menschen" in einem Blockhaus eingerichtet. Die Ausstellung zeigt, wie vielfältig Holz in der Pionierzeit genutzt wurde; in einem neuen Haus wird über Wachstum, Bedeutung und Nutzung des Waldes informiert. Eine schöne Pause zum Rasten und Schwimmen kann man am Ufer des St.-Lorenz-Stroms einlegen.
Mac Lachlan Woodworking Museum, *Grass Creek Park, 2993 Hwy 2 E., 16 km östlich von Kingston am Hwy 2, im Grass Creek Park in Pittsburgh Township,* ☏ *613-544-4442; www.woodworkingmuseum.ca, geöffnet Mitte Mai–Anfang Sept. Di–So 10–17, sonst Di–Fr 12–16 Uhr, Sa 10–17 Uhr, Eintritt Erwachsene $ 5.30, Senioren und Studenten $ 4.55, Kinder 5–12 J. $ 1.60, Familienkarte $ 12.70.*

Thousand Islands

👉　**Hinweis**
Einige Ausflugsfahrten legen einen Stopp auf Heart Island zum Besuch von Schloss Boldt ein. Das restaurierte Haus kann jetzt auch von innen besichtigt werden. Heart Island gehört zu den USA, deshalb müssen Besucher, die nicht kanadische oder US-amerikanische Staatsbürger sind, die für die Einreise von Kanada in die USA notwendigen Formalitäten erfüllen. Aufgrund möglicher Änderungen sollte man sich hierzu besser kurzfristig informieren: www.cbp.gov/travel/international-visitors/visa-waiver-program.

Bootsfahrt zu den Thousand Islands

Die „Tausend Inseln" liegen im Ausfluss des Lake Ontario und im Oberlauf des St.-Lorenz-Stromes. Zu ihrer Entstehungsgeschichte gibt es zwei Erklärungen:
• Die naturwissenschaftliche Version besagt, dass vor mehr als 900 Mio. Jahren sich große Gebirge an der Stelle des heutigen St.-Lorenz-Stromes befanden, deren Spitzen von Gletschern und Wassermassen geglättet wurden, bis nur die Inseln und Sandbänke zurückblieben.
• Die Geschichte der Indianer lautet anders. Das ganze Gebiet war einst eine große Wasserfläche, an deren Ufer der Große Geist einen wunderschönen Garten geschaffen hatte. In diesem Paradiesgarten sollten alle verfeindeten Stämme in Frieden miteinander leben. Als die Menschen aber weiter kämpften, bündelte der Große Geist den Garten in eine große Decke und flog zurück in den Himmel. Aber die Decke riss, das Paradies brach in tausend Stücke und stürzte in das große Wasser!

Der heutige Name „Thousand Islands" stammt von den ersten französischen Einwanderern – heute wird die Zahl der Inseln mit 1.753 angegeben, von denen etwa zwei Drittel zu Kanada gehören. Inseln aller Größen zählen dazu, und unter der Wasseroberfläche liegen nochmals Hunderte als Sandbänke oder Riffe verborgen. Die Inseln sind mit Pinien, Fichten, Birken oder Zedern bewachsen, viele von ihnen sind bewohnt. Auf Ihrer Kreuzfahrt passieren Sie Inseln mit unterschiedlichster Bebauung: mit kleinen Holzhäuschen, rustikalen Blockhütten, niedrigen Wohnhäusern, eleganten Villen und sogar mit einem Schloss.

Boldt Castle

Dieses Schloss, **Boldt Castle**, liegt auf Heart Island und kann auch von innen besichtigt werden. Es erinnert mit seinen spitzen Giebeln, den wehrhaften Rundtürmen und der Burgmauer an die Burgen am Rhein. George C. Boldt, der in Deutschland aufwuchs, mittellos nach Amerika auswanderte und dort erfolgreicher Besitzer berühmter Hotels, wie z. B. des Waldorf Astoria in New York, wurde, war der Bauherr dieses Schlosses. Er ließ es als Zeichen seiner Liebe für seine Frau bauen, die jedoch verstarb, bevor das Haus bezugsfertig war. Boldt ließ alle Bauarbeiten abbrechen, verließ die Insel für immer und ließ das Schloss unbewohnt auf Heart Island zurück. 1977 erwarb die „Thousand Islands Bridge Authority" das Grundstück und restaurierte das Schloss und andere Gebäude auf Heart Island.

Ein Schloss aus Liebe

Mit einer kleinen Fähre kann man zum **Boldt Yacht House** auf Wellesley Island übersetzen, wo eine Sammlung alter Holzboote besichtigt werden kann.
Boldt Castle, *geöffnet Mai–Juni und Sept. 10.30–18.30 Juli–Aug. –19.30, Okt. –17 Uhr, Eintritt Erwachsene $ 9, Kinder $ 6.*

Mitten durch die Inselwelt der Thousand Islands verläuft die Grenze zwischen Kanada und den USA. Am deutlichsten können Sie diesen Verlauf an der kleinen Insel erkennen, auf der das Wohnhaus auf amerikanischer Seite steht, der Fahnenmast des Hauses aber schon zu Kanada gehört. Die „Tausend Inseln" zählen zu einem der beliebtesten Feriengebiete Kanadas mit vielfältigem Angebot zum Bootfahren, Wandern, Fischen, Wassersport und zu Naturbeobachtungen.

Frontenac Provincial Park

Der Frontenac Provincial Park bietet trotz seiner Nähe zu Kingston ein Stück Wildnis, das es zu Fuß oder mit dem Kanu zu erforschen und zu erleben gilt. Der Park ist ca. 5.200 ha groß, hat 22 Seen und ein Wanderwegenetz mit mehr als 250 km Länge.

Streckenhinweis

Von der Princess Street in Kingston biegen Sie auf die Sydenham Road (Hwy 9) in Richtung Elginburg ab und folgen dann der Ausschilderung nach Sydenham und zum Frontenac Provincial Park über die Landstraßen 10 oder 19. Fahrzeit ab Kingston ca. 45 Min.

Reisepraktische Infos zum Frontenac Provincial Park

ℹ Information

Das **Informationsbüro** (Trail Centre), 6700 Salmon Lake Rd., ☎ 613-376-3489, www.frontenacpark.ca, liegt am Otter Lake, geöffnet Sept./Okt. So–Do 8–16.30, Fr/Sa 8–19 Uhr. Hier erhalten Sie topografische Karten, Veranstaltungshinweise und Camping-Genehmigungen.

Unterkunft

$$ Desert Lake Family Resort, 1009 Chester Lane, Harlington, ☎ 613-374-2196 oder 613-374-1969, www.desertlakeresort.on.ca, einfache Unterkünfte und Campingplatz 5 km vom Frontenac Park entfernt, Bootsverleih.
$$ Michaels Olde Frontenac Landing, 2163 Devil Lake Rd., Westport, ☎ 613-273-5294, www.michaelscottages.com, Camping- und Trailerplatz, fünf Cottages am Devil Lake. Im Frontenac Park gibt es 13 Campingplätze, die ganzjährig geöffnet sind. Die Zufahrtswege sind ausgeschildert. Die Anmeldung erfolgt im Informationszentrum, Reservierungen können telefonisch erfolgen. Wenn das Trail Centre geschlossen ist, können Sie sich an der Self-Service-Registration eintragen. Autos, Wohnmobile und Wohnwagen sind im Park verboten. Die Aufenthaltsgenehmigung gilt für jeweils zwei aufeinanderfolgende Nächte.

🚗 Autofahren

Am Eingang des Provinzparks gibt es ausreichend Parkplätze. Vom 1. Apr.–31. Okt. ist die einzige Straße des Parks geöffnet; sie führt vom Otter Lake zum Big Salmon Lake. Die Permits für Autos gibt es im Trail Centre.

🚶 Wandern

Es gibt zehn ausgeschilderte Wanderwege unterschiedlicher Länge und Schwierigkeit, z. B.
Arab Lake Gorge: 1,5 km, 40 Min.   Big Salmon Lake: 19 km, 5–7 Std.
Doe Lake: 3 km, 1–2 Std.   Little Salmon Lake: 15 km, 3–5 Std.
Informationsmaterial erhalten Sie im Trail Centre.

🛶 Kanufahren

Die Seen des Frontenac Provincial Park bieten ausgezeichnete Kanumöglichkeiten für Anfänger und Fortgeschrittene. Die Portagen sind zwischen 200 und 1.625 m lang; im Trail Centre sind Übersichtspläne erhältlich. Bootsverleih, Kanu, Kajak- und Camping-Ausstattung bei **Frontenac Outfitters**, am Park-Eingang, ☎ 613-376-6220, www.frontenac-outfitters.com.

Von Kingston am Rideau Canal entlang nach Ottawa

Sie können mit dem eigenen oder einem gemieteten Boot von Kingston über den Rideau Canal nach Ottawa fahren.

Rideau Lake und Rideau Canal

Das Rideau-Canal-System

info

Das Rideau-Canal-System ist eine Kette von miteinander verbundenen Flüssen, Seen und Kanälen, der sich zwischen Kingston und Ottawa über eine Länge von 202 km hinzieht. Er ist einer der neun historischen Wasserstraßen Kanadas, wird vom Canadian Park Service betreut und wurde in die Liste des Weltnaturerbes aufgenommen.

Die Planung des Rideau Canal geht auf die Zeit des kanadisch-amerikanischen Krieges von 1812 zurück, als sich die englische Kolonie von den Amerikanern bedroht fühlte und der St.-Lorenz-Strom als die wichtigste Verkehrsader für den Handel und die Versorgung der Bevölkerung und der Truppen nicht ausreichend gesichert schien. Deshalb wurde zwischen 1826 und 1832 aus strategischen Gründen der Rideau Canal erbaut. Die schwierigen und aufwendigen Arbeiten gehören zu den technischen Meisterleistungen des 19. Jh. Der Rideau Canal wurde zu einer wichtigen Handelsstraße, deren Bedeutung erst durch den Bau der Eisenbahnstrecken nachließ. Heute dient der Rideau Canal in erster Linie dem Freizeitvergnügen der vielen Bootsfahrer, die in aller Ruhe die reizvollen, häufig wechselnden Landschaften an den Ufern des Kanals an sich vorbeiziehen lassen. Die beschauliche Fahrt wird immer wieder durch Schleusen unterbrochen, von denen es auf der Gesamtstrecke 45 gibt.

Von Kingston am Lake Ontario aus steigt der Kanal von See zu See stetig an und erreicht seinen höchsten Punkt im Upper Rideau Lake. Auf diesem Streckenabschnitt wird durch 14 Schleusen ein Höhenunterschied von 50 m überwunden. Danach senkt sich der Kanal langsam durch die Rideau-Seen und den Rideau River zum Ottawa River hin, den die Schiffe und Boote durch nochmals 31 Schleusen erreichen.

Weitere Informationen unter www.rideautrail.org.

Boote beim Durchqueren der Schleusen des Rideau-Kanals in Ottawa

Lesetipp
Das Rideau Trail Guidebook mit ausführlichen Beschreibungen und Hinweisen erhalten Sie in den örtlichen Buchhandlungen oder bei der Rideau Trail Association, Box 15, Kingston, Ontario, K7L4V6, ☎ 613-545-0823, www.rideautrail.org
- Rideau Canal, Between Kingston and Ottawa, Faltblatt des Park Service
- Rideau Canal Navigation Data, Faltblatt des Umweltministeriums
- Rideau Canal Shorelines, Faltblatt des Park Service

Wenn Sie die Strecke nicht als Freizeitkapitän mit dem Boot durch Kanäle, Seen oder Flüsse fahren wollen, können Sie auch von der Straße her einen guten Eindruck vom reizvollen Rideau-Canal-System gewinnen und das ländliche Ontario mit idyllischen Ortschaften, abgelegenen Farmen, bekannten Pferde- und Hundezuchten, kleinen Bootshäfen und Schleusen kennenlernen. Dabei können Sie beim Besuch der historischen Schleusen den Park Rangern zuschauen, die die Schleusen auch heute noch von Hand bedienen.

👉 Streckenhinweis

In Kingston fahren Sie zunächst auf dem Hwy 401 nach Osten und biegen hinter Barriefield auf den Hwy 15 ab, der nach Smiths Falls führt. Von dort folgen Sie dem Hwy 43 und biegen hinter Kemptville auf den Hwy 416 ab, dem Sie bis Ottawa folgen. Die Entfernung beträgt 180 km. Die genaue Beschreibung von Ottawa und die reisepraktischen Informationen finden Sie im Kapitel 6, Seite 264.

Sehenswertes an dieser Strecke

Kingston Mills Blockhouse
4 km nördlich von Kingston liegt diese Schleusenstation, die den Eingang zum Rideau-Canal-System bildet. In einem restaurierten Blockhaus, das aus der Zeit um 1835 stammt, lernen Sie die Lebensweise der Soldaten jener Zeit kennen, und im Besucherzentrum sehen Sie einen Film über die Loyalisten und die Fertigstellung der Schleuse im Jahr 1832.

Smiths Falls
Etwa auf der halben Strecke zwischen Kingston und Ottawa liegt Smiths Falls, ein Handelszentrum der Region mit knapp 10.000 Einwohnern. Einen Besuch lohnt auf jeden Fall das **Rideau Canal Visitor Information Centre** im historischen Gebäude einer Mühle des 19. Jh. Hier wird die Geschichte des ältesten nordamerikanischen Wasserweges dargestellt und gezeigt, wie die Menschen in der zweiten Hälfte des 19. Jh. lebten. Jedem der vier Stockwerke wurde ein Thema zugeordnet, das u. a. durch Filme und Videopräsentationen verdeutlicht wird; außerdem liefern Computer weitere Informationen und stellen Quizfragen zum jeweiligen Themengebiet. Am besten beginnen Sie Ihren Rundgang im 4. Stock, wo Sie vom Aussichtsturm einen schönen Rundblick auf Smiths Falls haben; lassen Sie sich dann durch den „Tunnel of History" führen, wo Sie in Dioramen die Welt der Indianer und die frühe Geschichte der Region kennenlernen.
Rideau Canal Visitor Information Centre, *34 Beckwith St. S., ☎ 613-283-5170, www.pc.gc.ca, geöffnet Mitte Mai–Anfang Sept. tgl. 9–16.30, Eintritt frei, Spende erwünscht.*

Sehenswertes Besucherzentrum

Das **Heritage House Museum** wurde nahe am Rideau River in einem Haus aus dem Jahr 1860 eingerichtet und zeigt in sieben Räumen die Lebensumstände einer wohlhabenden Familie aus der Zeit zwischen 1860 und 1890.
Heritage House Museum, *11 Old Sly's Rd., ☎ 613-283-6311, geöffnet Mai–Ende Dez. tgl. 10.30–16.30 Uhr, sonst Mo–Fr 10.30–16.30, Eintritt Erwachsene $ 4.50, Senioren $ 4, Kinder und Jugendliche von 6–18 J. $ 3.50, Familienkarte $ 14.*

Außerdem können Sie noch in der ehemaligen Bahnstation von 1914 das **Eisenbahn-museum** mit alten Lokomotiven und Waggons besichtigen. Von Mai bis Oktober verkehren an den Wochenenden historische Züge.
Railway Museum of Eastern Ontario, *90 William St. W.,* ☎ *613-283-5696, www. rmeo.org, geöffnet Mai–Okt. tgl. 10–17 Uhr, Eintritt Erwachsene $ 7, Senioren/Studenten $ 6, Kinder unter 12 J. $ 5, Familienkarte $ 20.*

Reisepraktische Informationen zu Smith Falls

i **Information**
Smiths Falls and District Chamber of Commerce, *77 Beckwith St. N.,* ☎ *613-283-4124 oder 1-800-257-1334, www.smithsfalls.ca.*

🛏 **Unterkunft**
$$$ Best Western Colonel By Inn, *88 Lombard St.,* ☎ *613-284-0001 oder 1-866-918-9555, www.smithsfallshotel.com, modernes Hotel mit 40 ansprechend eingerichteten Zimmern und Swimmingpool am Hwy 15.*

Merrickville

Merrickville ist eine der reizvollsten Ortschaften am Rideau Canal und wurde als „schönstes Dorf Kanadas" ausgezeichnet. „Juwel am Rideau" nennen die Einheimischen ihre Stadt mit schattigen Alleen und zahlreichen historischen Gebäuden des 19. Jh., in denen Restaurants, Boutiquen, Galerien und Antiquitätengeschäfte eingerichtet wurden. Besucher werden durch den „Towne Crier" willkommen geheißen, der in der Tracht des 19. Jh. durch die Straßen läuft. Im Blockhouse Museum an der Schleuse St. Lawrence Street können Sie sich von Mitte Mai bis Mitte Oktober über die frühe Geschichte der Region informieren und dem lebhaften Bootsverkehr an der Schleuse zuschauen. Sie können ein Kanu oder ein Kajak mieten und zur Vogelbeobachtung im Naturschutzgebiet am Rideau River aufbrechen.

„Schönstes Dorf Kanadas"

Reisepraktische Informationen zu Merrickville

i **Information**
Merrickville Chamber of Commerce, *Merrickville,* ☎ *613-269-2229, www. realmerrickville.ca.*

🛏 **Unterkunft**
$$ 1840 Guest House, *223 Main St. W.,* ☎ *613-269-3025, www.1840guesthouse.ca, das Haus, das aus dem Jahr 1840 stammt, liegt im historischen Viertel, nur wenige Minuten vom Rideau Canal entfernt und verfügt über vier geräumige, luftige Zimmer, teilweise mit Kanalblick.*
$$$ Millisle Bed & Breakfast, *205 Mill St.,* ☎ *613-269-3627, www.bbcanada.com/ millislebb, viktorianisches Haus aus dem Jahr 1850 mit fünf unterschiedlich großen, freundlich eingerichteten Gästezimmern, Nichtraucherhaus.*

Perth

Perth, das nach dem gleichnamigen Ort in Schottland benannt wurde, entstand aus einer militärischen Siedlung und entwickelte sich zu einer reizvollen kleinen Stadt mit ansprechend renovierten Häusern aus dem 19. Jh. und vielen kleinen Geschäften, die zum Bummeln einladen.

Das **Perth Museum/Matheson House**, das in einem 1840 erbauten Herrenhaus eingerichtet wurde, zeigt eine Ausstellung über die Lebensweise einer wohlhabenden Familie um die Mitte des 19. Jh., Gebrauchsgegenstände der Indianer, die an den Rideau Lakes siedelten und informiert über die Herstellung des kanadischen Whiskys.
Perth Museum, 11 Gore St. E., ☎ 613-267-1947 oder 1-855-326-1947, geöffnet tgl. März–Dez. 10–18, sonst –17 Uhr, Eintritt frei, Spende erwünscht.

Köstlicher Sirup · Perth ist landesweit bekannt für die hervorragende Qualität des hier produzierten Ahornsirups; im März und April wird der Saft der Ahornbäume abgezapft und in den „Sugar Camps" zu Sirup eingekocht. Alljährlicher Höhepunkt ist dann Ende April das „Festival of the Maples".

Reisepraktische Informationen zu Perth

 Information
Visitor Information Centre, 11 Gore St. E., ☎ 613-267-1947 oder 1-855-326-1947, www.perth.ca oder www.beautifulperth.com.

 Unterkunft
$$$ Perth Manor Boutique Hotel, 23 Drummond St. W., ☎ 613-264-0050, www.perthmanor.com, das Haus aus dem Jahr 1878 verfügt über sechs komfortable, geräumige Zimmer; frisch zubereitetes, reichhaltiges Frühstück.

Kemptville

Der um 1800 gegründete Ort ist bekannt durch sein „College of Agricultural Technology", wo man ebenso wie in der „G. Howard Ferguson Forest Station" alles über Land- und Forstwirtschaft erfahren kann. Wander- und Fahrradwege sowie Picknickplätze laden zur Erholung ein.

 Wandern
*Der **Rideau Trail** ist ein fast 400 km langer Wanderweg zwischen Kingston und Ottawa, der sorgfältig mit orangefarbenen Dreiecken markiert ist; Seitenwege sind durch blaue Dreiecke gekennzeichnet. Der Trail führt über kleine Straßen und Wege vom Lake Ontario durch Marschen, Wälder, Felder bis zu den **Chaudière-Wasserfällen** in Ottawa. Wechselnde Landschaften, schöne Ausblicke und historische Sehenswürdigkeiten machen den Reiz dieses Wanderwegenetzes aus, das sowohl abschnittsweise für eintägige als auch für mehrtägige Wanderungen genutzt werden kann.*

 Hinweis
Vor allem im Frühsommer müssen Sie bei Ihren Wanderungen durch die Feuchtgebiete entlang des Weges mit Moskitos rechnen.

Von Kingston nach Montréal

☞ Wegstrecke

309 km. Die schnellste Verbindung zwischen Kingston und Montréal ist der Hwy 401, der an der Provinzgrenze zu Québec in den Hwy 20 übergeht; parallel zum St.-Lorenz-Strom verläuft der Hwy 2, der Sie zu reizvollen kleinen Ortschaften und beliebten Ferienorten bringt.

Gananoque

Am Ufer des St.-Lorenz-Stromes und am Beginn der Thousand Islands liegt der hübsche Ferienort Gananoque mit dem Feriengebiet von „Gannon-ock-way". Der historische Ort am Ufer des Lake Ontario hat viele kleine Geschäfte, die zum Stöbern und Kaufen einladen, z. B. an der Uferstraße, wo Sie in viktorianischen Häusern die kleinen historischen „Thousand Islands-Geschäfte" finden, in denen Geschenkartikel, Souvenirs, aber auch Bücher und Kleidung und sehr gutes selbst gemachtes Eis verkauft wird.

Tor zu den Thousand Islands

Gananoque ist ein geeigneter Ausgangspunkt für den Besuch der **Thousand Islands**. Die Boote legen für 1-, 3- und 5-stündige Fahrten an der Swing Bridge/Custom Dock ab. Für die mehrstündigen Fahrten müssen Sie Ihren Pass mitnehmen, da die amerikanische Grenze überquert wird.

Im ehemaligen Gananoque Historic Museum am Confederation Park aus dem Jahr 1863 wurde das Gananoque Visitor Services Centre eingerichtet. Hier gibt es Informationen zu den „Historic Walking Tours", die zu den schön restaurierten Häusern des 19. Jh. führen.

Im **Arthur Child Heritage Museum of the 1000 Islands** gibt es Sehenswertes zur Geschichte und Natur der Inselwelt.
Arthur Child Heritage Museum of the 1000 Islands, *125 Water St.,* ☏ *613-382-2535, http://1000islandsheritagemuseum.com, geöffnet Mitte Mai–Aug. 10–17, Sept.–Okt. –16 Uhr, kein Eintritt, aber Spende erwünscht.*

Alljährlich im August findet an der Seepromenade das „Festival of the Islands" mit allerlei Aktionen statt.

Reisepraktische Informationen zu Gananoque

ℹ Information
Touristeninformation, *10 King St. E.,* ☏ *613-382-8044 oder 1-844-382-8044, geöffnet Juli/Aug. tgl. 8–20, Mitte Mai/Juni und Sept. tgl. 9–17, Okt. Di–So 10–16, Nov.–Mitte Mai Di–Sa 10–16 Uhr.*

🛏 Unterkunft
Die Häuser der bekannten Motelketten liegen am Ortsrand, in der Ortsmitte gibt es einige hübsche, individuelle Übernachtungsmöglichkeiten.
$$–$$$ **1000 Islands Squire Resort**, *715 King St. E.,* ☏ *613-382-3511, https://1000islandscountrysquireresort.com, ruhige Anlage mit 68 gut ausgestatteten Zimmern im Haupthaus und in Cottages, mit Restaurant, zwei Swimmingpools, Spa-Angebot und großem Garten.*
$$–$$$ **Ramada Provincial Inn**, *846 King St.,* ☏ *613-382-2038, www.ramadaprovincialinn.ca, das Hotel verfügt über 77 ansprechend eingerichtete Zimmer, Tennisplatz, Swimmingpool und Restaurant.*
$$–$$$ **Trinity House Inn**, *90 Stone St. S.,* ☏ *613-382-8383 oder 1-800-265-4871, www.trinityinn.com, im Jahr 1859 gebautes Haus mit eleganter Einrichtung, schönem Garten und gepflegtem Restaurant.*
$$$ **Seaway Manor Bed and Breakfast**, *465 Stone St. S.,* ☏ *613-463-9538, www.seawaymanor.com, restauriertes viktorianisches Haus mit schönen Zimmern, ein gutes Frühstück ist im Preis eingeschlossen, das Haus liegt nur wenige Gehminuten von den Sehenswürdigkeiten entfernt.*

☞ **Tipp**
Eine andere Übernachtungsmöglichkeit bieten Ihnen **Houseboat Holidays Ltd.**, ☎ 613-382-2842, www.gananoque.com/hhl, wo Sie tage- oder wochenweise eines der 22 Hausboote mieten können.

🍴 **Essen und Trinken**
The Old English Pub, *124 King St. E., ☎ 613-382-8008, www.theoldenglishpub. ca, angenehmer Pub im britischen Stil mit guten Fleischpasteten, „Fish and chips" und Burgern.*
Trinity House Inn, *90 Stone St. S., ☎ 613-382-8383, gutes Speiserestaurant in eleganter Umgebung.*

🎁 **Einkaufen**
An der Hauptstraße, der King St., gibt es einige kleine, interessante Geschäfte, z. B.
Woodchuck Gallery, *99 King St. E., ☎ 613-382-4693, mit kanadischen Geschenkartikeln, Souvenirs und Kunstdrucken.*
An der Uferstraße finden Sie die kleinen historischen „Thousand Islands-Geschäfte", in denen Geschenkartikel, Souvenirs, aber auch Bücher und Kleidung verkauft werden. Eine Erfrischung bekommen Sie bei „White Mountain Homemade Ice Cream".

🚢 **Bootstouren**
Gananoque Boat Line, *☎ 613-382-2144 oder 1-888-717-4837, www.ganboat line.com. Ausländische Fahrgäste, auch Kinder, die weder die kanadische noch die US-amerikanische Staatsangehörigkeit haben, benötigen einen Reisepass und ein gültiges Visum, um auf Heart Island (Boldt Castle) an Land gehen zu können. Fahrpreise: einstündige Fahrten Erwachsene $ 24.95, Kinder $ 12.83, Senioren $ 21.53, 2,5-stündig $ 36.50, 14.01 und 32.24, fünfstündige Fahrten mit zwei Stunden Aufenthalt auf Boldt Island $ 46.50, 17.50 und 40.88 plus Eintritt Boldt Castle.*

 Fahrräder
Im Informationsbüro erhalten Sie Informationen zu Fahrradvermietung und -wegen.

6 km östlich von Gananoque liegt **Landon Bay Centre**, ein großes Naturreservat mit reicher Flora und Fauna, wo abwechslungsreiche Spazier- und Wanderwege durch Felder, Marschland und Wälder führen. Während der Sommermonate werden naturkundliche Wanderungen angeboten. Der Weg zum von schönen Gärten umgebenen „Rosette Pavillion" ist auch für Rollstuhlfahrer geeignet, der kurze Riverview Trail bietet herrliche Ausblicke auf den St.-Lorenz-Strom und die Welt der 1000 Inseln.

In der **Half Moon Bay**, am südöstlichen Ende von Bostwick Island, 3 km südwestlich von Gananoque, werden im Sommer an Sonntagnachmittagen ungewöhnliche Gottesdienste abgehalten: der Priester predigt von einer Felsenkanzel aus, während die Besucher der Predigt von ihren Booten aus zuhören. Die aktuellen Termine erfahren Sie bei der 1000 Islands Gananoque Chamber of Commerce.

Zwischen Gananoque und Mallorytown verläuft der **Thousand Islands Parkway**, eine kleine Straße, die am St.-Lorenz-Strom entlangführt. Immer wieder bieten sich von der Uferstraße und dem ebenfalls am Strom entlang führenden Fahrradweg, dem **Thousand Islands Bikeway**, schöne Ausblicke auf die Inseln im Strom. Der Fahrradweg ist von Gananoque nach Brockville 37 km lang und lädt mit mehreren Plätzen zum Rasten ein (*www.1000islandstourism.com/outdoor/hiking-cycling*).

Ein Paradies für Kanufahrer

Ivy Lea

Nur wenige Kilometer ostwärts liegt die kleine Ortschaft Ivy Lea, in deren Nähe die „International Bridge" die kanadische Provinz Ontario mit dem amerikanischen Bundesstaat New York verbindet.

Verbindung Kanada – USA

Wenn Sie die Thousand Islands aus der Höhe betrachten wollen, können Sie zum **1000 Islands Tower** fahren, der auf Hill Island zwischen den Tragseilen der Brücke steht. Ein Aufzug bringt Sie auf das 122 m hohe Aussichtsdeck, wo Sie einen großartigen Blick über die Welt der 1.000 Inseln genießen können.

1000 Islands Tower, *716 Highway 137, Lansdowne,* ☎ *613-659-2335, www.1000islands tower.com, geöffnet Mai–Ende Okt. tgl. 9–18 Uhr, Eintritt Erwachsene $ 10,62, Kinder 6–12 Jahre $ 6.*

Bootstouren
Eine Reihe von Unternehmen, z. B. **Gilbert Marine Ltd**. *(☎ 1-800-906-9290, www.gilbertmarine.on.ca), vermietet Boote, mit denen man die Inselwelt ganz individuell erkunden kann. Weitere Anbieter unter: www.1000islandstourism.com/outdoor/boating.*

Unterkunft
$$$ **Glen House Resort**, *Thousand Islands Parkway,* ☎ *613-659-2204 oder 1-800-268-4536, www.glenhouseresort.com, schönes Resorthotel am St.-Lorenz-Strom mit Strand und Innen- und Außenpools.*

Rockport

Der kleine Ort, dessen Bewohner früher als Holzfäller oder Bootsbauer arbeiteten, hat sich mit Restaurants, Geschäften, Bootsanlegestellen, Marinas und Ausflugsbooten auf die Besucher eingestellt, die von hier aus Ausflüge durch die Inselwelt des St.-Lorenz-Stromes unternehmen. Im Ort steht die 1892 gebaute katholische Kirche St. Brendan's, die den Strom überblickt.

Reisepraktische Informationen zu Rockport

Unterkunft
$$$ **Boathouse County Inn**, 19 Front St., ☎ 613-659-2348, www.boathousecountryinn.com, das Haus verfügt über zwei Zimmer und eine Suite im historischen Haus und über acht Nichtraucherzimmer im angeschlossenen Motel, schöner Blick auf den St.-Lorenz-Strom, Restaurant.
$$$ **Caiger's Sports Resort**, 853 Thousand Islands Parkway, ☎ 613-659-2266, www.caigers.com, am Thousand Islands Parkway zwischen Gananoque und Rockport gelegenes Hotel direkt am St.-Lorenz-Strom mit einfach eingerichteten Zimmern, Restaurant und großem Sportangebot.

Essen und Trinken
Besonders beliebt sind die an der Wasserfront liegenden Restaurants, wie z. B.:
Boathouse Restaurant, ☎ 613-659-2348, Terrassen und Speiseraum mit Blick auf den Fluss, Tagesgerichte, kleine Speisen und hausgemachte Pies. Im Winter geschlossen.
Cornwall's Pub and Eatery, ☎ 613-659-2338, www.cornwallspub.com, gute Pub-Küche in gemütlicher Atmosphäre. Auch bei den Einheimischen beliebt.

Bootsfahrten
Thousand Islands Cruises Rockport, 20 Front St., ☎ 613-659-3402 oder 1-800-563-8687, www.rockportcruises.com, von Mai–Ende Okt. werden tgl. von 9–17 Uhr ein- und mehrstündige Ausflugsfahrten zu den Thousand Islands angeboten, die auch an Boldt Castle vorbeiführen, je nach Fahrtdauer dort auch halten. Erwachsene ab $ 28, Senioren ab $ 24, Kinder von 5–12 J. ab $ 12.

Mallorytown Landing

Ein Nationalpark im St.-Lorenz-Strom

In Mallorytown Landing können Sie Kanadas kleinsten Nationalpark besuchen, den **Thousand Islands National Park**, der vor allem von Bootsurlaubern als kleines Paradies bezeichnet wird und nur von Mallorytown Landing aus mit dem Auto zu erreichen ist. Der Park besteht aus einem kleinen Gebiet am Nordufer des St.-Lorenz-Stromes, aus 21 teilweise dicht bewaldeten Inseln und 80 kleinen Felsinselchen. Der Park lädt zum Schwimmen, Fischen und zum Picknicken ein, aber auch zu Wanderungen durch die sehr artenreiche Natur mit mehr als 800 verschiedenen Pflanzenarten sowie 65 Vogel-, 35 Fisch- und 28 Reptilienarten.

Auf dem Festlandteil des Parks gibt es ein interessantes Informationszentrum mit Wissenswertem zur Region der Thousand Islands. Auf fast allen Inseln finden Sie Wanderwege, beaufsichtigte Badestrände, Picknick- und Kinderspielplätze, Bootsverleih und Campingplatz; für Bootsfahrer gibt es zahllose Kanurouten. Der Parkeingang liegt in Mallorytown Landing.
Thousand Islands National Park, ☎ 613-923-5261, www.pc.gc.ca/sli, die Wanderwege auf dem Festland sind ganzjährig zugänglich, die Inseln nur von Mitte Mai–Mitte Okt., das **Mallorytown Landing Visitor Centre**, 1121 Thousand Islands Parkway, ist geöffnet Mitte Mitte Mai–Juni Sa/So und Feiertage, Juli–Aug. tgl. 10–16 Uhr, Eintritt pro Pkw $ 7, mit Wohnwagenanhänger $ 20.

Brockville

Der kleine Ort Brockville wurde schon 1784 von dem amerikanischen Loyalisten William Buell gegründet, an den der ursprüngliche Name „Buell's Bay" erinnerte. 1812 wurde der rasch wachsende Ort nach dem General Isaac Brock umbenannt. An den mit Bäumen bestandenen Straßen sehen Sie einige schöne alte Häuser wie das **Carriage House Hotel** (1820), die **Victoria School** (1855) oder **Orange Lodge** (1825). Erst in den letzten Jahren wurde die Straße vom Courthouse Green zur King Street mit Kopfsteinen gepflastert, um das ursprüngliche Stadtbild zu bewahren.

Wichtiger Anziehungspunkt von Brockville sind die 1- und 2,5-stündigen Fahrten durch die Inselwelt der 1000 Islands, die auf Blockhouse Island beginnen; außerdem gilt das Gebiet um Brockville als ein gutes Tauchrevier, wo Taucher 18 alte Schiffswracks erforschen können, die aus dem Krieg von 1812 stammen. *Gutes Tauchrevier*

An der Nordseite des schon 1809 mit Wasserspielen angelegten **Stadtparks** steht das **Rathaus**, das in der 1862 gebauten „Victoria Hall" eingerichtet wurde.

Südlich des Rathauses liegt der Eingang zu Kanadas ältestem **Eisenbahntunnel**, der unter der Stadt herführt und zwischen 1854 und 1860 gebaut wurde. 1954 durchfuhr die letzte Dampflokomotive den 527 m langen Tunnel, der zunächst still gelegt wurde, jetzt aber in den Sommermonaten den Besuchern offen steht. Auf den ersten 279 m informieren Schautafeln über die Geschichte des Brockville-Tunnels.

Brockville Museum, in dem 1824 gebauten, 1840 erweiterten Haus gibt es Ausstellungen zur Entwicklung und Geschichte der Stadt zu sehen.
Brockville Museum, *5 Henry St., ☎ 613-342-4397, www.brockvillemuseum.com, geöffnet Mo–Sa 10–17, So 13–17 Uhr, in den Wintermonaten Sa geschl., Eintritt frei, Spende erwünscht.*

Fulford Place: Die Besichtigung dieses edwardianischen Herrenhauses vermittelt einen Eindruck vom großzügigen und luxuriösen Lebensstil einer reichen Familie zu Beginn des 20. Jh.
Fulford Place, *287 King St. E., ☎ 613-498 3003, www.heritagetrust.on.ca/Fulford-Place/Home.aspx, geöffnet Mitte Mai–Aug. 10–17 Uhr, stündliche Führungen, Eintritt Erwachsene $ 6, Senioren und Jugendliche von 12–18 J. $ 5, Familienkarte $ 15.*

Reisepraktische Informationen zu Brockville

i **Information**
Tourism Department, *City of Brockville, 10 Market St., ☎ 613-342-4357 oder 1-888-251-7676, www.brockvilletourism.com.*

Unterkunft
$$ Misty Pines B&B, *1389 County Road 2 W., ☎ 613-342-4325, www.bbcanada.com/1704.html, schönes Steinhaus mit vier freundlichen Zimmern, schönem Garten, Patio und einem reichhaltigen Frühstück.*
$$$–$$$$ Comfort Inn, *7777 Kent Blvd., ☎ 613-345-0042, www.comfortinn.com/hotel-brockville-canada-CN258, angenehmes Hotel mit geräumigen, gut ausgestatteten Zimmern in der Nähe der 1000 Island Mall, mit Schwimmbad.*
$$$–$$$$ Denaut Mansion Country Inn, *5 Matthew St. Delta, ☎ 613-928-2588, www.denautmansion.com, mehrfach ausgezeichnetes Landgasthaus mit vier individuell eingerichteten Zimmern und einem Apartment in einem 150 Jahre alten Haus.*

$$$ Holiday Inn Express & Suites, 7815 Kent Blvd, ☎ 613-342-1883 oder 1-800-181-6068, www.ihg.com, am Hwy 401 gelegenes Hotel mit 80 geräumigen Zimmern, Pool und Fitnessraum, gutes Frühstück.

Einkaufen
An der Kings St. finden Sie in den schönen Häusern der historischen Hauptstraße viele kleine Geschäfte.

Kreatives
1000 Islands Summer School of the Arts, am St. Lawrence College, von Ende Juni–Ende Juli finden ein- und mehrwöchige Zeichen-, Mal-, Töpfer- und Handwerkskurse statt, die sich großer Beliebtheit erfreuen. Informationen erhalten Sie beim St. Lawrence College, 2288 Parkedale Ave., Brockville, ☎ 613-345-0660 oder 1-866-276-6601, www.sl.on.ca.

Ausflüge zum Charleston Lake und nach Athens
Ein lohnender Tagesausflug führt zum 900 ha großen **Charleston Lake Provincial Park**, wo Sie wandern, schwimmen, picknicken oder ein Kanu mieten können, und weiter nach Athens. Die Attraktion des kleinen Ortes, der seit 1890 den Namen **Athens** trägt, sind die Malereien an den Häusern. Seit 1986 wurden von bekannten kanadischen Künstlern zwölf Häuserfassaden großflächig mit Motiven aus der Vergangenheit des kleinen Ortes eindrucksvoll gestaltet.

Bootsfahrten/Tauchen/Hausboote
1000 Islands & Seaway Cruises, ☎ 613-345-7333 oder 1-800-353-3157, www.1000islandscruises.com, Fahrpreise: 1–3-stündige Fahrten, Preise 1,5-stündige Fahrt: Erwachsene $ 24, Senioren und Jugendliche $ 21, Kinder von 4–12 J. $ 12,50, Familienkarte $ 67,50.

Gemalte Geschichte in Athens

Dive Brockville, *12 Water St. E.,* ☎ *613-345-2800, www.divebrockville.com, Verleih von Taucherausrüstungen, Kajaks und Fahrrädern.*
Chasen Fish Charters, *184 Ferguson Dr.,* ☎ *613-342-3102, Vermietung von gut ausgestatteten Fischerbooten auf dem Lake Ontario und dem St.-Lorenz-Strom.*
Gilbert Marine, *15 Jessie St.,* ☎ *613-342-3462 oder 1-800-906-9290, www.gilbertmarine.on.ca, die komplett ausgestatteten Hausboote können auch tageweise gemietet werden.*

Markt
Farmers' Market, *Mai–Dez. jeden Di, Do und Sa findet von 7–13 Uhr der traditionelle Markt mit Gemüse, Obst, Blumen, Backwerk und Handwerk in der Market St. statt. Infos: www.brockvillefarmersmarket.ca.*

Prescott

Aus dem 19. Jh. stammen die historischen Häuser an der Hauptstraße des Städtchens wie z. B. das Ephraim-Jones-Haus; aus neuerer Zeit stammt die „Internationale Brücke", die Prescott mit Ogdensburg im amerikanischen Bundesstaat New York verbindet.

Ganz in der Nähe von Prescott liegt am St.-Lorenz-Strom **Fort Wellington National Historic Site**. Nachdem das erste Fort im Kriege von 1812 zerstört worden war, wurde das dreistöckige Blockhaus um 1830 als Militärposten wiederaufgebaut und beherbergt heute im Erdgeschoss ein kleines Museum. Jeweils im Juli finden Paraden in den historischen Uniformen kanadischer, französischer und amerikanischer Regimenter statt. Von Mitte Mai bis Mitte Oktober beleben zeitgenössisch gekleidete Führer das Blockhaus und die Offiziersquartiere.
Fort Wellington National Historic Site, *direkt am Hwy 2,* ☎ *613-925-2896, www.prescott.ca und www.pc.gc.ca, geöffnet Mitte Mai–Juni und Sept.–Nov. Do-Mo, Juli/Aug tgl. 10–17 Uhr, Eintritt Erwachsene $ 4, Senioren und Studenten $ 3.50, Kinder 6–16 J. $ 2, Familienkarte $ 10.*

Reisepraktische Informationen zu Prescott

Information
Prescott Chamber of Commerce, *360 Dibble St. W.,* ☎ *613-925-2812, www.prescott.ca.*

Unterkunft
$$ Dewar's Inn on the River, *1649 County Rd. 2,* ☎ *613-925-3228 oder 1-877-433-9277, www.dewarsinn.com, in diesem Gasthaus, das wie die sechs gut ausgestatteten Cottages sehr schön am Fluss liegt, finden Sie gemütliche, ruhige Zimmer; im Preis ist ein kleines Frühstück inbegriffen, nicht geeignet für Kinder unter 12 J.*

Morrisburg

Das Land um Morrisburg zählt zu den ältesten Siedlungsgebieten Kanadas. Jahrhunderte lang war der St.-Lorenz-Strom die wichtigste Handelsstraße Kanadas, aber seine gefährlichen Stromschnellen erschwerten die Fahrt mit Booten oder Schiffen sehr. 1954 wurde mit dem Bau des St.-Lorenz-Seeweges begonnen, nach dessen Fertigstellung der Schiffs-verkehr erheblich erleichtert wurde. Jedoch hatte der Bau die Zerstörung von acht Ort-schaften zur Folge, denn die aufgestauten Wassermassen überfluteten die Ufer. Da diese Dörfer bereits gegen Ende des 18. Jh. von den ersten Siedlern gebaut worden waren, ret-tete man einige Gebäude dadurch, dass sie zunächst vorsichtig abgebaut und später auf si-cherem Grund wieder aufgebaut wurden – so entstand Upper Canada Village.

Upper Canada Village

Museumsdorf

Der Name Upper Canada Village bezieht sich auf den Namen der zwei Provinzen Kana-das im 19. Jh. „Lower Canada" wurde das Land am unteren St.-Lorenz-Strom genannt, das der heutigen Provinz Quebéc entspricht; „Upper Canada", das am oberen St.-Lo-renz-Strom lag, wird heute Ontario genannt.

Upper Canada Village ist das interessanteste Freilichtmuseum Ost-Ontarios, das in den 1960er-Jahren entstand und aus 35 Wohnhäusern und mehreren öffentlichen Ge-bäuden besteht. Es ist ein sehr gutes Beispiel für die Umsetzung des Konzeptes der „Le-bendigen Geschichte" und eines der besten für die detailgetreue Rekonst-ruktion einer Siedlung aus der Zeit zwischen 1780 und 1867.

Upper Canada Village, *13740 County Rd. 2, ☎ 613-543-4328 oder 1-800-437-2233, www.uppercanadavillage.com, ge-öffnet Anfang Mai–Ende Aug. tgl. 9.30–17 Uhr, Sept. Mo/Di geschlossen, Eintritt Er-wachsene $ 19, Senioren $ 18, Kinder von 5–12 J. $ 12.*

 Tipp
Für den Besuch des Muse-umsdorfes sollten Sie sich 2–4 Stunden, vielleicht sogar einen Tag Zeit nehmen; versäumen Sie dabei nicht eine Kutschfahrt durch den Ort. Auf dem Gelände gibt es mehrere schöne Picknickplätze.

In den Sommermonaten herrscht re-ges Leben im Dorf, wenn die „Dorf-bewohner" in zeitgemäßer Kleidung den damaligen Alltag darstellen. Sie vermitteln einen Eindruck von den Arbeiten und Pflichten der Bewoh-ner: die Frauen backen Brot in mit Holz befeuerten Backöfen, stellen Butter und Käse her, spinnen, weben und nähen; die Männer bestellen die Felder, beschlagen die Pferde, arbei-ten in der Mühle oder in der Drucke-

„Dorfbewohner" im Upper Canada Village bei der Arbeit

rei. Eine Pferdekutsche fahrt durch die holperigen Straßen, in der Schule werden die Dorfkinder unterrichtet, und der Arzt behandelt seine Patienten.

Auch an den Festen, die stets die Höhepunkte des Jahres waren, können die Besucher teilnehmen: im Mai wird der Geburtstag der Königin Victoria gefeiert, im Juli und August tritt eine Gauklertruppe auf, und im September findet der Jahrmarkt statt.

Reisepraktische Informationen zu Upper Canada Village

Ausflüge

Upper Canada Migratory Bird Sanctuary, *als Vogelschutzgebiet ein wichtiger Rastplatz für nordamerikanische Zugvögel; es bietet sehr gute Möglichkeiten zur Vogelbeobachtung, u. a. der Kanadagänse. Geeignete Monate sind März und Ende Sept.–Anfang Nov. 11 km östlich von Morrisburg auf Hwy 2, ☎ 613-537-2024, www.stlawrenceparks.com/birdsanctuary; die Wanderwege sind immer zugänglich, Eintritt frei.*

Prehistoric World, *vor allem bei Kindern beliebter Park mit 50 lebensgroßen Dinosaurier-Nachbildungen; in einer großen Sandgrube können die Kinder nach Saurierzähnen, -knochen und -eiern graben. 7 km östlich der Upper Canada Road, am Hwy 401 Exit 758, ☎ 613-543-2503, geöffnet Ende Mai–Anfang Sept. tgl. 10–16 Uhr, Eintritt Erwachsene $ 10, Senioren $ 8, Kinder von 4–15 J. $ 6.*

Zwischen Morrisburg und Cornwall liegt ein Abschnitt des insgesamt 75 km langen **St. Lawrence Recreational Path**, *☎ 613-938-4748, www.cornwalltourism.com, der nach Osten noch bis zur Grenze von Québec ausgebaut werden soll. Es ist ein gut ausgeschilderter Wander- und Radweg, der zu schönen Parks, Rastplätzen, Tierbeobachtungsstellen und historischen Stätten am Ufer des St.-Lorenz-Stromes entlang führt. An der Straße gibt es ausreichend Parkplätze.*

Unterkunft

$$ McIntosh Country Inn, *12495 Hwy 2 E., ☎ 613-543-3788 oder 1-888-229-2850, www.mcintoshcountryinn.com, Mittelklasse-Hotel mit 59 Zimmern in verschiedenen Größen, Swimmingpool, Sauna, Tennisplätzen und zwei beliebten Restaurants.*

Cornwall

Der Ort, der der gleichnamigen englischen Grafschaft benannt wurde, war im 19. Jh. ein Zentrum der Baumwollverarbeitung. Eine der „Baumwollmühlen" war die erste Fabrik, die von Thomas Edison mit elektrischem Licht ausgestattet worden ist. Heute leben ca. 47.000 Menschen in der Stadt, von denen ein großer Teil Französisch als Muttersprache hat. Cornwall ist der Verwaltungssitz des „St.-Lorenz-Seeweges". Wenn Sie durch die Straßen der Stadt laufen, werden Ihnen nicht nur einige reizvolle Häuser, nette Geschäfte und Restaurants auffallen, sondern auch zwölf Wandmalereien an den Häuserfassaden, die von verschiedenen Künstlern gestaltet wurden und besondere Ereignisse aus der Geschichte der Stadt darstellen.

Im **Cornwall and the Counties Tourism Centre** (*691 Brookdale Ave., Unit D,* ☎ *613-938-4748 oder 1-800-937-4748, www.cornwalltourism.com*) erhalten Sie eine Broschüre mit einer Karte, in der die Wandmalereien gekennzeichnet sind.

Eine weitere Sehenswürdigkeit ist die **Seaway International Bridge**, die Kanada und die USA verbindet.

Der St.-Lorenz-Strom und der St.-Lorenz-Seeweg

Der 3.000 km lange St.-Lorenz-Strom ist der Abfluss der großen nordamerikanischen Seen. Er erschließt die rohstoffreichsten Gebiete des Landes und ist die Hauptverkehrsachse Kanadas. An seinen Ufern liegt das älteste kanadische Siedlungsgebiet, in dem heute ca. 60 % aller Kanadier leben. Vom Lake Ontario bis nach Montréal bildet der Strom die Grenze zwischen Kanada und den USA.

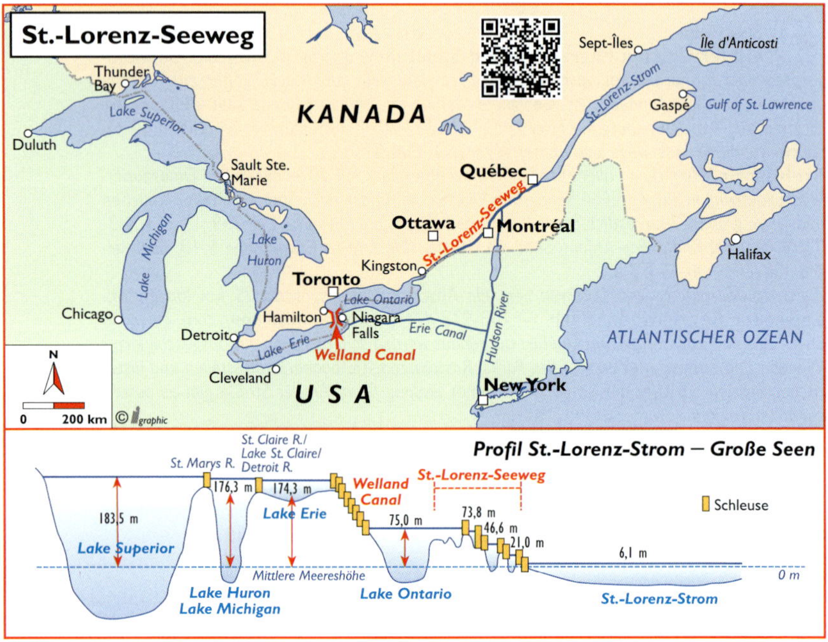

St.-Lorenz-Seeweg

Thunder Bay · Lake Superior · Duluth · Sault Ste. Marie · Lake Michigan · Lake Huron · Chicago · Detroit · Lake Erie · Hamilton · Niagara Falls · Welland Canal · Cleveland · Toronto · Lake Ontario · Kingston · Ottawa · Québec · Montréal · Sept-Îles · Gaspé · Île d'Anticosti · Gulf of St. Lawrence · Halifax · New York · Erie Canal · Hudson River

KANADA · **St.-Lorenz-Strom** · **St.-Lorenz-Seeweg** · **ATLANTISCHER OZEAN** · **U S A**

N · 0   200 km · ©*graphic*

Profil St.-Lorenz-Strom — Große Seen

St. Marys R. · St. Claire R./Lake St. Claire/ Detroit R. · 176,3 m · 174,3 m · **Welland Canal** · **St.-Lorenz-Seeweg** · 73,8 m · Schleuse · 183,5 m · **Lake Erie** · 75,0 m · 46,6 m · 21,0 m · 6,1 m · **Lake Superior** · Mittlere Meereshöhe · **Lake Ontario** · 0 m · **Lake Huron / Lake Michigan** · **St.-Lorenz-Strom**

Unterhalb des Austritts aus dem Lake Ontario erweitert er sich zu dem von vielen kleinen Inseln durchsetzten „Lake of the Thousand Islands". Bei Québec beginnt der lange Mündungstrichter. Obwohl der St.-Lorenz-Strom in den Wintermonaten von dicken Eisschichten bedeckt ist und nur von April bis Dezember befahren werden kann, ist er eine der verkehrsreichsten Binnenwasserstraßen der Welt.

Dazu trägt ganz wesentlich der St. Lawrence Seaway bei. 1951 initiierte Kanada den „St. Lawrence Seaway Authority Act", obwohl zu der Zeit in den Vereinigten Staaten noch eine starke Opposition gegen das Projekt bestand. 1954 wurde auch in Washington der entsprechende „St. Lawrence Seaway Act" erlassen, und wenig später wurde mit dem Bau begonnen.

Problembereiche des Projekts waren vor allem die großen Höhenunterschiede, die z. B. an den Niagara Falls und bei Sault Ste.-Marie überwunden werden mussten. Zu den erforderlichen Maßnahmen gehörten die Anlage von Seitenkanälen und leistungsfähigen Schleusen sowie der Straßen- und Brückenbau; zu den begleitenden Maßnahmen gehörten der Ausbau von Häfen und Industrieanlagen und die Energiegewinnung durch Wasserkraftwerke, die neu errichtet wurden oder deren Leistungen erhöht werden sollten. Schwierigkeiten ergaben sich im Zuge der Arbeiten an vielen Orten durch die Überschwemmungen, die das Kulturland zerstörten. Mehrere Dörfer mussten aufgegeben und rund 6.500 Menschen umgesiedelt werden.

Der St.-Lorenz-Seeweg wurde schon 1959 fertig gestellt und offiziell von Königin Elizabeth II. von England und dem amerikanischen Präsidenten Dwight D. Eisenhower eingeweiht. Es ist ein ausgebautes Kanalsystem mit einer Fahrwassertiefe von 8,23 m und einer Fahrwasserbreite von 61 m zwischen den Großen Seen und Montréal.

Auf dem rund 300 km langen Streckenabschnitt zwischen Montréal und dem Lake Ontario wurden sieben große Schleusen anstelle der bisherigen 22 kleineren Durchgänge eingebaut, da auf 70 km ein Gefälle von 70 m ausgeglichen werden musste; auf der 43 km langen Strecke zwischen dem Lake Ontario und dem Lake Erie wird durch acht Schleusen eine Höhendifferenz von 100 m überwunden.

Der Seeweg ermöglicht auch großen Schiffen bis 15.000 t die Einfahrt in die Großen Seen; dadurch erübrigt sich das bis dahin notwendige Umladen der Fracht auf kleinere Schiffe, sodass ein durchgehender Verkehr vom Atlantik über 3.650 km bis zum Westende des Lake Superior möglich ist. Viele Häfen und Industriegebiete entlang des Seeweges verzeichneten nach der Fertigstellung einen großen Aufschwung. Seine allgemeine wirtschaftliche Bedeutung liegt in der direkten Verschiffbarkeit der Güter, zu denen vor allem Weizen, Eisenerze, Eisen und Stahl gehören.

Reisepraktische Informationen zu Cornwall

i **Information**
Cornwall and the Counties Tourism Centre, *691 Brookdale Ave., Unit D,*
☎ *613-938-4748 oder 1-800-937-4748, www.cornwalltourism.com.*

Unterkunft
$$ First Canada Inns, *1618 Vincent Massey Dr.,* ☎ *1-800-545-3689, www.first canadainns.ca, kleines Motel mit 19 geräumigen, ansprechend eingerichteten Zimmern.*
$$–$$$ Comfort Inn, *1625 Vincent Massey Dr.,* ☎ *613-937-0111, www.comfortinncornwall.com, modernes Hotel mit 115 Zimmern, ein kleines Frühstück ist im Preis enthalten.*
$$$ Best Western Parkway Inn, *1515 Vincent Massey Dr.,* ☎ *613-932-0451, http:// hotelsincornwallon.h.bestwestern.com, gut ausgestattetes Hotel mit 91 Zimmern, von denen einige einen elektrischen Kamin haben, beheizter Swimmingpool, Sauna, Whirlpool, Fitnessraum, 1,5 km von der International Bridge entfernt.*
$$$ Ramada Inn, *805 Brookdale Ave.,* ☎ *613-933-8000 oder 1-888-900-5762, www. cornwallramada.com, modernes Hotel mit 116 Zimmern, kleines Frühstück, Swimmingpool, Sauna, Whirlpool, Fitnessraum, am Fuße der International Bridge.*

5. MONTRÉAL, QUÉBEC CITY UND DIE PROVINZ QUÉBEC

Montréal

Überblick

2012 feierte die Stadt ihren 370. Geburtstag, 2017 wird das 150-jährige Jubiläum der Staatsgründung, das ebenfalls mit vielen Festveranstaltungen, Theater- und Konzertaufführungen, Jazz- und Popfestivals, Straßenfesten und historischen Paraden gefeiert. Aber nicht nur zur Festzeit zeigt Montréal Lebensfreude und Weltoffenheit; auch im Alltag verstehen die Montréaler es, das Leben in der Metropole zu genießen, wo sich auf einzigartige Weise französisches Flair, europäische Kultur und amerikanisches Großstadtleben miteinander verbinden. Die Stadt Montréal liegt auf der gleichnamigen Insel im St.-Lorenz-Strom; es ist die zweitgrößte Stadt Kanadas und nach Paris die zweitgrößte französischsprachige Stadt der Welt.

Im Großraum Montréal leben knapp 4 Mio. Menschen, von denen etwa 70 % Französisch sprechen. Obwohl der französische Einfluss in fast allen Lebensbereichen spürbar ist, ist Montréal zugleich auch eine zweisprachige Stadt. Der Tourist hat keine Verständigungsprobleme, denn auch der Frankokanadier antwortet dem Fremden bereitwillig in englischer Sprache.

Montréal ist eine wichtige Industrie- und Handelsstadt Kanadas; große Bedeutung hat der Hafen, der gleichermaßen Binnen- und Seehafen ist, obwohl Montréal 1.600 km vom Atlantischen Ozean entfernt

Redaktionstipps

➤ Kutschfahrt durch **Vieux-Montréal** (S. 173) und Besichtigung der wichtigsten Sehenswürdigkeiten

➤ Fahrt auf den **Olympischen Turm** (S. 181) und Besuch des **Olympiaparks** (S. 181) und des Botanischen Gartens (S. 182)

➤ Besuch des „lebendigen" Museums „**Biodôme**" (S. 182)

➤ Besuch der **Insel Sainte-Hélène** mitsamt dem Vergnügungspark „La Ronde" (S. 183f.)

➤ Besuch einer der zahlreichen Theateraufführungen (S. 185f.) oder einer Sportveranstaltung (S. 191)

➤ Bootsfahrt mit den „Lachine Rapids Tours" durch die **Stromschnellen des St.-Lorenz-Stroms** (S. 193)

➤ Machen Sie einen Einkaufsbummel durch „**Montréals Untergrundstadt**" (S. 190)

➤ Bummeln Sie durch eines der reizvollen **Stadtviertel**, z. B. Westmount (S. 184) oder Outremont (S. 184)

➤ Probieren Sie in einem der zahlreichen Restaurants der Unterstadt Spezialitäten der Provinz Québec (S. 188)

Montréal, Québec City und die Provinz Québec

ist. Zu den großen Produktionszweigen, wie dem Eisenbahn- und Flugzeugbau, der petrochemischen Industrie, der Nahrungs- und Genussmittelindustrie und dem Textilgewerbe, kommen viele Hightech-Firmen hinzu, die ihren Sitz in Montréal haben und den Ruf der Stadt bestätigen, führend in der technologischen Entwicklung zu sein.

Montréal ist auch das Banken- und Wirtschaftszentrum der Provinz Québec, Verwaltungssitz der Eisenbahngesellschaft Canadian Pacific Railways, Heimathafen der nationalen Fluglinie Air Canada und Zentrale der „International Air Transport Association" (IATA) und „International Civil Aviation Organisation" (ICAO).

Montréal ist ein bedeutendes Kulturzentrum mit großartigen Museen und Galerien, zahlreichen Theatern mit erstklassigen Opern-, Konzert- und Ballettaufführungen, mit Jazz- und Filmfestivals und vier Universitäten, von denen jeweils zwei französisch- und zwei englischsprachig sind. Die Bedeutung Montréals als Kulturstadt zeigt sich sowohl in der starken Förderung und Pflege der frankokanadischen Kultur als auch in der fruchtbaren Begegnung und Auseinandersetzung mit der anglokanadischen Kultur.

Auch als Sportstadt hat Montréal einen guten Ruf. Vorbildliche Sportstätten und bekannte professionelle Sportmannschaften ziehen viele Sportler und Zuschauer an. Besonders begeistern sich die Montréaler natürlich für die Spiele ihrer Mannschaften; das sind vor allem die Hockeyspieler von „Montréal Canadiens". Im Laufe des Jahres finden internationale Turniere statt wie das Formel-1-Autorennen „Grand Prix Montréal", das Tennisturnier „Rogers Cup" sowie Golfturniere, Pferderennen und Laufwettbewerbe.

Das Klima Montréals ist von starken jahreszeitlichen Gegensätzen geprägt. Die Stadt liegt wie Mailand auf dem 45. Breitengrad, die Sommermonate sind entsprechend warm, teilweise sogar heiß bei sehr hoher Luftfeuchtigkeit. In den Wintermonaten sind die Temperaturen mit Durchschnittswerten von minus 10 °C im Januar sehr niedrig, da die Stadt nach Norden und Süden ungeschützt ist. Während die Straßen der Innenstadt häufig noch schneefrei gehalten werden können, sind die Außenbezirke tief verschneit. Der St.-Lorenz-Strom friert von Dezember bis Anfang März zu und ist nicht befahrbar.

Die „caleche" steht zur Fahrt bereit

Geschichtlicher Überblick

Im Jahr **1535** kam der französische Forscher und Seefahrer Jacques Cartier bei seiner zweiten Entdeckungsfahrt auf dem neuen Kontinent als erster Europäer mit seiner Mannschaft in das von Indianern besiedelte Gebiet. Den Berg in der Nähe der Irokesen-Siedlung Hochelaga, in der etwa 1.000 Menschen lebten, nannte Cartier zu Ehren des französischen Königs „Mont Réal" oder „Mont Royal" und errichtete ein Kreuz auf der Spitze des Berges. 75 Jahre später, im Jahr **1609**, erreichte Samuel de Champlain die Stelle des inzwischen verlassenen Indianerdorfes. Er erkannte sofort die günstige Lage der Insel am Zusammenfluss des Ottawa River mit dem St.-Lorenz-Strom und ließ einen befestigten Handelsposten errichten. **1642** gründeten Paul de Chomedey, Sieur de Maisonneuve, und die Nonne Jeanne Mance zusammen mit 53 Kolonisten die Siedlung und Missionsstation „Ville Marie de Mont-Réal".

*Stadt-
gründung*

In der Folgezeit kam es zu häufigen Kämpfen mit den Irokesen, die sich über fünf Jahrzehnte hinzogen; erst nach dem Abschluss eines Friedensvertrages mit den Indianern im Jahre **1701** konnte der Pelzhandel intensiv aufgebaut werden und der Ort sich zu einem bedeutenden Pelzhandelszentrum entwickeln. Die Zeit um die Jahrhundertmitte war durch die heftigen Auseinandersetzungen zwischen England und Frankreich in Europa bestimmt, die sich auch auf dem amerikanischen Kontinent auswirkten. **1759** begannen die Engländer mit der Eroberung von „Neufrankreich", **1760** nahmen britische Truppen Montréal kampflos ein. **1774** wurde allen französischsprachigen Bewohnern durch den „Québec Act" das Recht auf ihre Sprache und Religion zugesprochen.

Nach der amerikanischen Revolution im Jahre **1776** ließen sich viele königstreue britische Loyalisten in Montréal und am St.-Lorenz-Strom nieder; sie wandten sich verstärkt dem Pelzhandel zu, gründeten **1784** die „Northwest Trading Company", die zunächst erfolgreich mit der „Hudson Bay Company" konkurrierte, und machten Montréal zu einem wichtigen Handelsplatz. Nach harten Konkurrenzkämpfen zwischen den beiden Gesellschaften schlossen diese sich im Jahre **1821** nach schweren Verhandlungen zusammen; die „North West Trading Company" und damit auch Montréal verloren ihre beherrschende Stellung im Pelzhandel. Holzindustrie und Schiffsbau wurden die wichtigsten Erwerbszweige von Montréal.

Gegen Ende des Jahrhunderts begann Montréal mit dem Ausbau der Schifffahrt auf dem St.-Lorenz-Strom. Nach der Fertigstellung des Canal de Lachine konnten **1809** die ersten Dampfschiffe zwischen Montréal und Québec verkehren; **1836** wurde mit dem Bau der Eisenbahn begonnen, wodurch Montréal als großer Warenumschlagplatz noch weiter an Bedeutung gewann.

Die Bevölkerung wuchs rasch und stieg im Jahre **1844** auf 44.000 Einwohner an, wobei sich die Zusammensetzung der Bevölkerung durch mehrere Einwanderungswellen veränderte. Nach der Einwanderung vieler Iren und Schotten war Montréal um **1830** zur Hälfte englischsprachig geworden; erst ab **1860** nahm die Zahl der französisch sprechenden Bewohner wieder zu, die dann ab **1867** die Mehrheit der Bevölkerung ausmachten. Ab **1900** wanderten viele Menschen aus Süd- und Osteuropa ein, sodass die Einwohnerzahl **1922** auf 470.000 Einwohner anstieg.

Bevölkerung

Auf die Zeit der Hochkonjunktur nach dem 1. Weltkrieg folgten Depression und Wirtschaftskrisen; erst nach dem 2. Weltkrieg setzte der Aufschwung ein, der Montréal zu einem der wichtigsten kanadischen Wirtschafts-, Handels- und Bankenzentren machte.

Große Projekte wie der Bau des St.-Lorenz-Seeweges, der Bau der Untergrundbahn und der Untergrundstadt und die Ansiedlung vieler Unternehmen gaben der Wirtschaft bedeutende Impulse; die günstige Lage machte die Stadt zum wichtigen Verkehrsknotenpunkt für die Schifffahrt, den Bahn- und Straßenverkehr und die Fluglinien.

Orientierung in Montréal

Am St.-Lorenz-Strom und am alten Hafen beginnt die Altstadt „Vieux-Montréal". An den alten Siedlungskern auf der Île de Montréal schließt sich das moderne Stadtzentrum mit den Hochhäusern der Banken, Verwaltungen und Versicherungen, mit großen Geschäftsstraßen und der unterirdischen Einkaufsstadt an. Dahinter beginnen die Wohnviertel, deren dichte Bebauung immer wieder von schönen Grünanlagen unterbrochen ist. Die beiden größten Parkanlagen sind der **Parc Mont Royal**, ein beliebtes Familienausflugsziel, und der **Parc Maisonneuve** mit dem sehenswerten Botanischen Garten und dem Olympiagelände, von dessen Turm Sie sich einen guten Überblick über die Stadt verschaffen können.

> ☞ **Hinweis**
> Alle Straßenschilder in Montréal sind in französischer Sprache beschriftet, deshalb bezieht sich auch der folgende Text auf die französischen Straßenbezeichnungen. Englischsprachige Stadtbeschreibungen, wie die Broschüre des Touristenbüros, verwenden die englischen Straßennamen. Beispiel: rue Sherbrooke = Sherbrooke Street.

Sehenswertes in Montréal

Um die Stadt in ihrer Lebendigkeit und Vielfalt kennenzulernen, sollten nicht nur die großen Sehenswürdigkeiten auf Ihrem Programm stehen, sondern auch ein Bummel durch die verschiedenen Stadtteile, von denen jeder ganz unverwechselbar und typisch für seine Bewohner ist, ein Spaziergang durch die Parkanlagen oder eine kurze Rast in einem der beliebten Straßencafés. Schauen Sie sich die Bilder der vielen Straßenmaler an, fahren Sie mit der Kutsche durch die alte Stadt, machen Sie einen Einkaufsbummel auf der rue Ste. Catherine, genießen Sie den Blick auf die Stadt von einer der hohen Aussichtsplattformen, oder statten Sie Montréals Untergrundstadt einen Besuch ab!

Aussichtstürme   Um einen Gesamteindruck von der sich weithin ausdehnenden Stadt zu bekommen, bietet sich der Aufstieg zu einem der Aussichtstürme an. Besonders lohnend ist der Ausblick vom:

- **Tour du Parc olympique**, 4141, avenue Pierre-De-Coubertin, U-Bahnstation: Viau. Mit einer Seilbahn fahren Sie in zwei Minuten hinauf zur 165 m hohen Spitze des höchsten geneigten Turms der Welt. Sie haben einen herrlichen Panorama-Blick und können bei gutem Wetter ca. 80 km weit sehen (s. S. 181).
- **Aussichtsturm Chalet du Mont Royal**, im Mont Royal Park, U-Bahnstation: Mont Royal. Sie haben einen schönen Blick auf das Stadtzentrum, den Hafen und den St.-Lorenz-Strom.

Die meisten Sehenswürdigkeiten der Stadt sind gut mit der U-Bahn oder dem Bus zu erreichen, sodass Sie für Besichtigungen innerhalb der Stadt kein Auto brauchen. Schauen Sie sich ein bisschen in den U-Bahn-Stationen um, denn jede der 65 Stationen wurde anders gestaltet und dekoriert, so z. B. Berri-UQAM mit Glasmalereien oder Place d'Armes mit einer kleinen Sammlung archäologischer Funde.

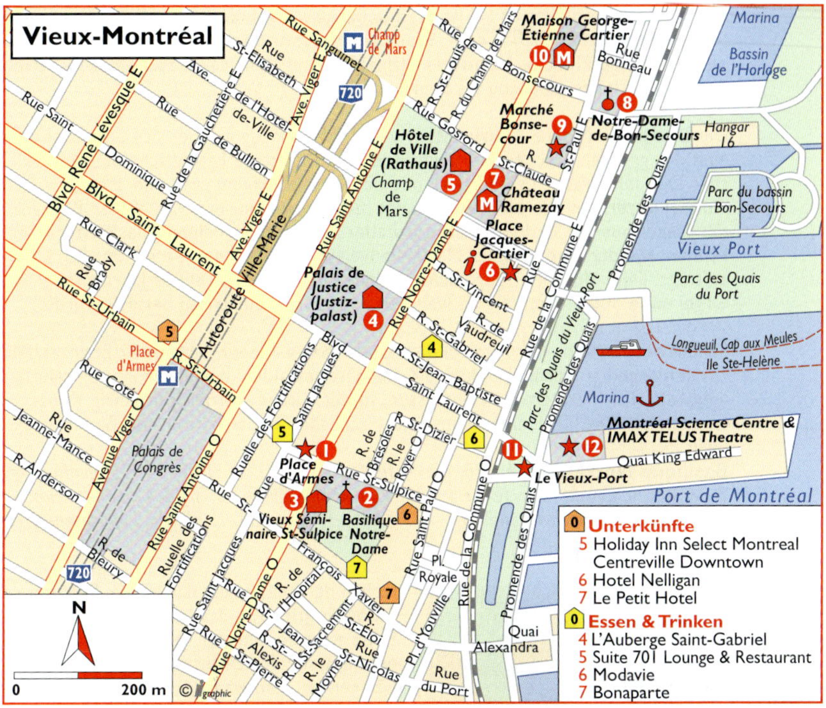

Vieux-Montréal

(Kartenbeschriftung:)

Rue Sanguinet · Rue Saint-Elisabeth · Ave. de l'Hôtel-de-Ville · Rue St-Louis · Rue de Bresoles · Rue du Champ de Mars · Champ de Mars · Rue de Bonsecours · Rue Bonneau

Marina · Bassin de l'Horloge

Maison George-Étienne Cartier **10 M**

Rue Saint René Levesque E · Ave. Viger E · Blvd. René Dominique · Blvd. Saint Laurent · Rue de la Gauchetière E

Rue Gosford · Hôtel de Ville (Rathaus) **5** · Champ de Mars

Marché Bonse-cour **9** · Notre-Dame-de-Bon-Secours **8** · Hangar 16

Château Ramezay **7 M** · R. St-Claude · Place Jacques-Cartier · **i** **6**

Rue Clark · Rue St-Urbain · Rue Brady · Rue St-Urbain

Palais de Justice (Justizpalast) **4**

R. St-Gabriel · R. de Vaudreuil · Saint Laurent · R. St-Dizier · R. de Brésoles · R. le Royer O · **6**

Parc du bassin Bon-Secours · Vieux Port · Parc des Quais du Port

Longueuil, Cap aux Meules · Ile Ste-Hélène

Place d'Armes **5** · Rue Côté O · M · R. St-Urbain

Jeanne-Mance · Avenue Viger · R. Anderson · Palais de Congrès · Palais de Congrès

Marina

Montréal Science Centre & IMAX TELUS Theatre **11 12** · Quai King Edward

Le Vieux-Port **11**

Port de Montréal

Place d'Armes **1** · Rue St-Sulpice · **3 2** · Vieux Séminaire St-Sulpice · Basilique Notre-Dame · **7** · **6** · Pl. Royale · **7**

Quai Alexandra · Rue du Port

0 Unterkünfte
5 Holiday Inn Select Montreal Centreville Downtown
6 Hotel Nelligan
7 Le Petit Hotel

0 Essen & Trinken
4 L'Auberge Saint-Gabriel
5 Suite 701 Lounge & Restaurant
6 Modavie
7 Bonaparte

N · 0 · 200 m · © graphic

 Hinweis

Mit dem „Montréal Museum Pass", dem „MTL-Passeport", können Sie 23 der wichtigsten Sehenswürdigkeiten der Stadt zum ermäßigten Eintrittspreis erleben, z. B. das Kunstmuseum Musée des Beaux-Arts, den Olympia Park mit dem Montréal Tower und dem Biodôme, das Casino oder Bootsfahrten im Vieux Port.
Der 2-Tages-Pass kostet für Erwachsene $ 84, der 3-Tages-Pass $ 95; im Preis eingeschlossen sind unbegrenzte Fahrten mit dem öffentlichen Nahverkehr. Der Pass ist erhältlich in den Touristeninformationen (Adressen s. S. 186), in größeren Hotels und bei La Vitrine, 2, rue Sainte-Cathérine Est.

Vieux-Montréal – die Altstadt von Montréal

Vieux-Montréal, die größte Altstadt auf dem nordamerikanischen Kontinent, liegt zwischen dem St.-Lorenz-Strom und der modernen Innenstadt und lädt mit verwinkelten, kopfsteingepflasterten Gassen, alten, meist restaurierten Häusern aus dem 17., 18. und 19. Jh., kunstvollen Wirtshaus- und Ladenschildern, Straßencafés und vielen kleinen Restaurants zum Verweilen ein. Die Altstadt ist der Bezirk zwischen dem Fluss und den Straßen McGill, Notre-Dame und Berri.

Größte Altstadt Nordamerikas

Der Platz **Place d'Armes (1)** ist das alte Bankenviertel der Stadt. Hier sehen Sie ein Standbild von Paul de Chomedey, **Sieur de Maisonneuve**, dem Gründer der Missionsstation Ville-Marie de Montréal im Jahr 1642, und Montréals ersten Wolkenkratzer, das New York Life-Gebäude aus dem Jahr 1887.

Die **Basilique Notre-Dame (2)** wurde 1829 im neugotischen Stil erbaut und ist eine der größten Kirchen Nordamerikas und die älteste katholische Stadtpfarrkirche. Der Innenraum beeindruckt mit dem großen Hauptaltar und meisterhaften Holzschnitzereien, die blau leuchtenden Glasfenster wurden von Victor Bourgeau mit Szenen aus der Stadtgeschichte gestaltet. So ist z. B. auf einem Glasfenster zu erkennen, wie der Stadtgründer Maisonneuve ein Kreuz auf den Berg Mont Royal hinaufträgt. Dem Hochaltar gegenüber befindet sich seit den 1890er-Jahren die große Orgel mit 6.500 Pfeifen, die als weltweit erste Orgel elektrisch bespielt wurde.

Sehenswert ist auch der Altar in der Kapelle Sacré-Coeur, der aus 32 Bronzetafeln zusammengefügt wurde. Die kleine Kapelle ist besonders bei jungen Leuten sehr beliebt, die sich hier gerne trauen lassen. In der Kirche werden ganzjährig Konzerte veranstaltet. Im kleinen Museum sind kirchliche Gerätschaften und Bilder ausgestellt.
Basilique Notre-Dame, *110, rue Notre-Dame ouest, ☎ 514-842-2925, geöffnet tgl. 8–16.30 Uhr, Eintritt Erwachsene $ 6, Kinder und Jugendliche bis 17 J. $ 4, geführte einstündige Touren: Mo–Fr halbstündlich 9–16.30, Sa 9–15.30, So 13–15.30 Uhr, Erwachsene $ 12, Jugendliche $ 8.*

Ein beliebter Treffpunkt der Montréaler: der Place Jacques-Cartier

Neben der Kirche liegt das **Vieux Séminaire Saint-Sulpice (3)**, das 1685 gegründet wurde. Es ist einer der ältesten Steinbauten der Stadt, der im Besitz der Ordensgemeinschaft der Sulpizianer ist. Zum Haus, das nicht öffentlich zugänglich ist, gehört ein schöner Uhrenturm aus dem Jahr 1710, den man durch das schmiedeeiserne Tor sehen kann.

Das nahe gelegene Museum **Pointe-à-Callière** vermittelt mit einer Multimediashow einen lebendigen Eindruck von der Geschichte Montréals; bei einem Rundgang sieht man archäologische Funde, z. B. die Restmauer der alten Stadt und einen kleinen Friedhof. Mit dem Aufzug kann man zum Museumsrestaurant und zur Aussichtsterrasse des Turmes fahren, von wo sich ein schöner Blick auf den Hafen bietet.
Pointe-à-Callière, *350, Place Royale, ☎ 514-872-9150, www.pacmusee.qc.ca, geöffnet Juni–Aug. Mo–Fr 10–18, Sa/So 11–18 Uhr, sonst Mo geschlossen, Eintritt Erwachsene $ 20, Senioren $ 18, Studenten $ 13, Kinder von 6–12 J. $ 8, Familienkarte $ 44.*

Östlich davon liegen das neue Gerichtsgebäude, der alte, klassizistische **Palais du Justice** (Justizpalast) **(4)** aus dem Jahr 1856 und das Rathaus **Hôtel de Ville (5)**, das zwischen 1872 und 1878 gebaut und nach einem Brand 1926 wieder aufgebaut wurde. Besucher können den eindrucksvollen Rathaussaal und die Ruhmeshalle besichtigen.
Hôtel de Ville, *275, rue Notre Dame, ☎ 514-872-0311, geöffnet Mo–Fr 8–17 Uhr, im Sommer finden stündlich 30minütige Führungen statt.*

Der **Place Jacques-Cartier (6)** ist einer der beliebtesten Treffpunkte der Stadt, ein Platz zum Sehen und Gesehenwerden, mit mehreren Straßencafés und Restaurants, von denen aus Sie den Straßenmalern und Musikanten zuschauen können. Ehemals lag hier der Garten des Marquis de Vaudreuil, der im Jahr 1804 zum Marktplatz umgestaltet wurde. Hier, wo 1809 ein Denkmal von Lord Nelson zur Erinnerung an seinen Sieg bei Trafalgar errichtet worden ist, findet jetzt täglich ein Blumenmarkt statt.

Das Museum **Château Ramezay (7)** wurde von dem Gouverneur Claude de Ramezay 1705 gebaut und bis 1724 bewohnt, später auch als Universität und Justizpalast genutzt. Im Museum sind Möbel, Gemälde und Kleidungsstücke des 18. und 19. Jh. sowie eine Sammlung indianischer Kunst ausgestellt. Der schöne Garten lädt mit einer Caféterrasse zu einer kleinen Pause ein.
Château Ramezay, *280, rue Notre-Dame est, ☎ 514-861-3708, www.chateauramezay.qc.ca, geöffnet Juni–Anfang Sept. tgl. 9.30–18 Uhr, Sept.–Mai Di–So 10–16.30 Uhr, Eintritt Erwachsene $ 11, Senioren $ 10, Studenten $ 8.75, Kinder von 5–17 J. $ 5.75, Familienkarte $ 26.50.*

Notre-Dame-de-Bon-Secours (8) ist die älteste Kirche Montréals. 1657 wurde am Übergang von der Altstadt zum Hafen ein kleines Gotteshaus von der ersten Lehrerin Montréals, der 1982 heilig gesprochenen **Marguerite Bourgeoys**, errichtet, das jedoch dreimal einem Brand zum Opfer fiel; 1771 entstand der heutige Bau auf den Überresten der alten Kirche. In der Kirche befand sich eine wundertätige Marienfigur aus dem Jahr 1672, die alle Brände der Kapelle heil überstanden hat, jetzt aber durch eine Nachbildung ersetzt ist. Auf der Kirchenkuppel, dem Hafen zugewandt, steht eine 9 m hohe Marienstatue; im Kircheninneren sehen Sie viele Schiffsmodelle als Votivgaben, die von Seeleuten gestiftet wurden. Neben der Kirche liegt ein kleines Museum, in dem das Leben der Kirchengründerin veranschaulicht wird.
Notre-Dame-de-Bon-Secours, *400, rue St. Paul est, www.marguerite-bourgeoys.com, geöffnet Mai–Okt. Di–So 10–18 Uhr, sonst Di–So 11–16 Uhr, Eintritt Erwachsene $ 12, Senioren und Studenten $ 9, Kinder unter 13 J. $ 7.*

Marché Bonsecours (9), 330, rue St. Paul est, wurde von 1845–1852 von dem Architekten William Fortner gebaut und seitdem als Rathaus, Parlamentssitz, Konzertsaal und von 1878–1964 als Markthalle genutzt. Nach seiner vollständigen Renovierung lädt der Marché Bonsecours nun mit Boutiquen, Cafés, Restaurants und Gesellschaftsräumen, aber auch mit Ausstellungen und Aufführungen ein.

Im **Maison George-Étienne Cartier (10)**, das aus zwei Steinhäusern besteht, lebte Cartier, einer der „Väter der Konföderation" von 1841–1871. Im östlichen Gebäudeteil wird das Leben und Wirken Cartiers dargestellt, während der westliche Teil so restauriert wurde, dass der Besucher einen Eindruck vom bürgerlichen Leben im viktorianischen Zeitalter erhält. Kostümierte Führer übernehmen die Rollen von Cartiers Freunden und seinem Dienstpersonal und lassen die Zuschauer am Alltagsleben teilnehmen.
Maison George-Étienne Cartier, *458, rue Notre-Dame est, ☎ 514-463-6769, www. pc.gc.ca/eng/lhn-nhs/qc/etiennecartier/index.aspx, geöffnet Mitte Juni–Sept. Mi–So 10–17 Uhr, Sept.–Mai Fr–So 10–17 und 13–17 Uhr, Eintritt Erwachsene $ 3.90, Senioren $ 3.40, Kinder von 6–16 J. $ 1.90, Familienkarte $ 9.80.*

Die ausgedienten Hafenanlagen am alten Hafen **Le Vieux-Port (11)** wurden mit großem Aufwand restauriert und zu einem beliebten Treffpunkt der Bevölkerung umgestaltet.

Auf 2 km Länge bietet der **Vieux-Port** vielerlei Unterhaltung: im Informationszentrum Lockkeeper's Hut, Ecke rues McGill/de la Commune, können Sie sich über den Bau der Schleusen am Canal de Lachine informieren, Sie können über den Flohmarkt bummeln, in einem der Theater-Cafés einer Aufführung oder einem der vielen Straßenkünstler

Unterhaltung im Hafen

zuschauen, sich einen Weg durch das 2 km lange „S.O.S. Labyrinthe" suchen, ein Fahr-rad mieten, eine Kutschfahrt oder einen Schiffsausflug machen oder einfach nur in ei-nem der hübschen Straßencafés ausruhen und das Treiben im Yachthafen beobachten. Am östlichen Ende des Vieux-Port steht der 51 m hohe **Uhrenturm** (Tour de l´Horloge) aus dem Jahr 1922, dessen Spitze über 192 Stufen erreichbar ist. Von oben bietet sich ein weiter Blick über die Stadt, den Hafen und den St.-Lorenz-Strom.
Le Vieux-Port, *www.oldportofmontreal.ca, geöffnet tgl. 10–0 Uhr.*

Eine weitere Attraktion in Vieux Montréal ist das **Montréal Science Centre (12)** mit vielen interaktiven Ausstellungen zu den verschiedensten Wissensgebieten und dem IMAX-TELUS-Theater.
Montréal Science Centre, *quai King Edward,* ☎ *514-496-4724, www.montrealscience centre.com, Museum geöffnet Ende April–Anfang Sept. Mo–Fr 9–16 Uhr, Sa/So 10–17, sonst tgl. 10–17 Uhr, Eintritt Erwachsene $ 15, Kinder $ 8.50, Imax Theater ganzjährig Mo 10–16, Di–So 10–20.30 Uhr, Eintritt Museum und IMAX Theater Erwachsene $ 28.50, Senioren und Jugendliche bis 17 J. $ 24.50, Kinder bis 12 J. $ 18, Familienkarte $ 82.*

Ville-Marie – die Innenstadt von Montréal

Métro-Stationen Bonaventure oder McGill

Die moderne Innenstadt, die sich zwischen dem Mont Royal und der historischen Alt-stadt ausbreitet, lässt sich am besten von den U-Bahnstationen Bonaventure und Mc-Gill aus erreichen. Zwischen diesen beiden Stationen liegt der Place Ville-Marie, das Zentrum der Stadt. Hier begann 1962 mit dem Bau des **Place Ville-Marie (1)** ein neuer Abschnitt der kanadischen Stadtarchitektur. Erstmals wurde bei diesem kreuz-förmigen Gebäudekomplex, der aus vier 223 m hohen Hochhäusern mit je 49 Stock-werken besteht, der unterirdische Raum mit in die Planung einbezogen. Während in den oberen Etagen vorwiegend Büros, Verwaltungen und Praxisräume eingerichtet wurden, entstand im Erdgeschoss und in den unterirdischen Gängen ein großes Ge-schäftszentrum. Außerdem wurde ein Hotel in den Gebäudekomplex integriert, in dem inzwischen 15.000 Menschen arbeiten.

Als diesem Bauwerk weitere folgten und dann noch, rechtzeitig zur Weltausstellung 1967, die Untergrundbahn fertig gestellt wurde, war der entscheidende Schritt zur Ent-stehung der **weltweit größten** „**Untergrundstadt**" getan. In den folgenden Jahren wurden die großen Gebäudekomplexe und alle wichtigen Plätze der Stadt unterirdisch durch ein weit verzweigtes Wegenetz und durch U-Bahn-Stationen, Bahnhöfe und Busbahnhöfe miteinander verbunden.

In den Tunnels, Passagen und Malls der Untergrundstadt, die den offiziellen Namen „**RESO**" (d. h. Netzwerk) trägt, entstand auf einer Gesamtfläche von 288.000 m² ein Einkaufsparadies mit Hunderten von Geschäften, mehr als 180 Restaurants und Cafés, mit Hotels, Banken, Kinos, Konzertsälen und Theatern. Gläserne Aufzüge, Springbrun-nen, Wasserspiele, Blumenbeete und Pflanzenarrangements schaffen eine helle, freund-liche Atmosphäre. Besonders geschätzt wird die Untergrundstadt natürlich bei Schnee und Eiseskälte im Winter, denn, vom U-Bahnhof kommend, können alle Besorgungen im unterirdischen Bereich erledigt werden, und wenn auch noch der Arbeitsplatz in ei-nem der Bürohochhäuser liegt, ist man von den Außentemperaturen völlig unabhängig.

☞ **Tipp**
Bei der Touristeninformation erhalten Sie einen Plan der Untergrundstadt, in dem alle unterirdischen Fußwege, die „pedestrian corridors", einge-zeichnet sind.

Das Stadtbild prägen die schönen Plätze **Place du Canada** und **Place Dorchester** mit dem ehemaligen, im viktorianischen Stil gebauten Hotel Windsor, mit modernen Hochhäusern und einer Plastik von Henry Moore, die **Cathédrale Marie-Reine-du-Monde (2)**, die 1894 in verkleinertem Maßstab dem Petersdom in Rom nachgebaut wurde, die anglikanische Kirche **Saint George** aus dem Jahr 1870, die anglikanische Bischofskirche **Cathédrale Christ Church** und das **Maison des Coopérants**, in dessen moderner Glasfassade sich die Türme der Christ Church spiegeln.

Als beste Einkaufsstraßen gelten die **rue Sainte-Catherine** mit großen Kaufhäusern, vielen Geschäften und Restaurants und die **rue Sherbrooke** mit interessanten Galerien, Boutiquen und Antiquitätenläden. Am **Place des Arts (3)** liegt das große Kulturzentrum der Stadt mit dem Théâtre Maisonneuve (1.450 Plätze), dem Théâtre Jean-Duceppe (755 Pl.) und dem riesigen Konzertsaal Salle Wilfrid-Pelletier (3.000 Pl.). *Montréal als Einkaufsstadt*

Der **boulevard Saint-Laurent**, eine wichtige Nord-Süd-Achse der Stadt, bildete früher die Trennlinie zwischen dem englischsprachigen und französischsprachigen Teil der Stadt. Heute ist hier das bunte Völkergemisch am besten zu beobachten, denn den jüdischen Einwanderern in der ersten Hälfte des vorigen Jahrhunderts folgten Griechen, Portugiesen, Italiener, Lateinamerikaner, Chinesen und Menschen aus vielen anderen Ländern. Sie alle brachten ihre eigenen Sitten und Gebräuche mit in die neue Heimat.

Rund um die Kreuzung von rue Ste. Cathérine und blvd. Saint Laurent breitet sich das neu gestaltete „**Quartier des Spectacles**" aus mit schönen öffentlichen Plätzen, Fußgängerzonen und Parkanlagen, vor allem aber mit Theatern, Kinos, Musikbühnen, Restaurants und Geschäften – 40 Festivals werden hier im Jahr gefeiert, darunter auch das international angesehene Jazzfestival.

Gleich neben dem „**Place des Festivals**" steht das auffällige, moderne Gebäude des **Museums für Zeitgenössische Kunst** mit Werken kanadischer und internationaler Künstler; im Skulpturengarten befindet sich eine Skulptur von Henri Moore. **Musée d´Art Contemporaire de Montréal**, *185 Sainte-Cathérine Ouest,* ☎ *514-847-6226, www.macm.org/en, Öffnungszeiten: Di–Fr 11–18, Sa/So 10–18, Mi bis 21 Uhr, Eintritt Erwachsene $ 15, Senioren $ 12, Studenten $ 10, Jugendliche 13–17 J. $ 5, Familienkarte $ 30, Mi halber Preis von 17–21 Uhr.*

An der Rue Sainte-Cathérine E und zwischen Rue Amherst und Rue Champlain liegt „**Le Village**". Das Viertel wurde in den 1990er-Jahren vor allem von Schwulen und Lesben bewohnt und zählt heute zu den touristischen Attraktionen der Stadt. In den Sommermonaten sind die Straßen für den Autoverkehr gesperrt, die mit pinkfarbenen Ballons geschmückten „Fußgängerzonen" laden mit vielen Boutiquen und Restaurants zum Stadtbummel ein.

Die rue Saint-Denis, die rue Prince Arthur und die avenue Duluth liegen im **Universitätsviertel** der Stadt und erinnern mit ihren ethnischen Restaurants, Straßencafés, Studentenkneipen, Bier- und Jazzlokalen, mit der großen Bibliothek, den Buchhändlern, Straßenmalern, Musikanten und Straßenkünstlern an Paris und werden gerne als das „Quartier Latin de Montréal" bezeichnet.

Bedeutende Museen in der Innenstadt

➤ Kanadas ältestes Kunstmuseum, das 1860 gegründete **Musée des Beaux-Arts (4)**, zeigt in 65 Räumen Gemälde, Zeichnungen, Radierungen und Skulpturen aus allen Epochen. Bemerkenswert sind die Ausstellungen mit Gemälden des 19. Jh. und die sehr gute Sammlung kanadischer Kunstwerke, ebenso wie die hervorragenden Wechsel-

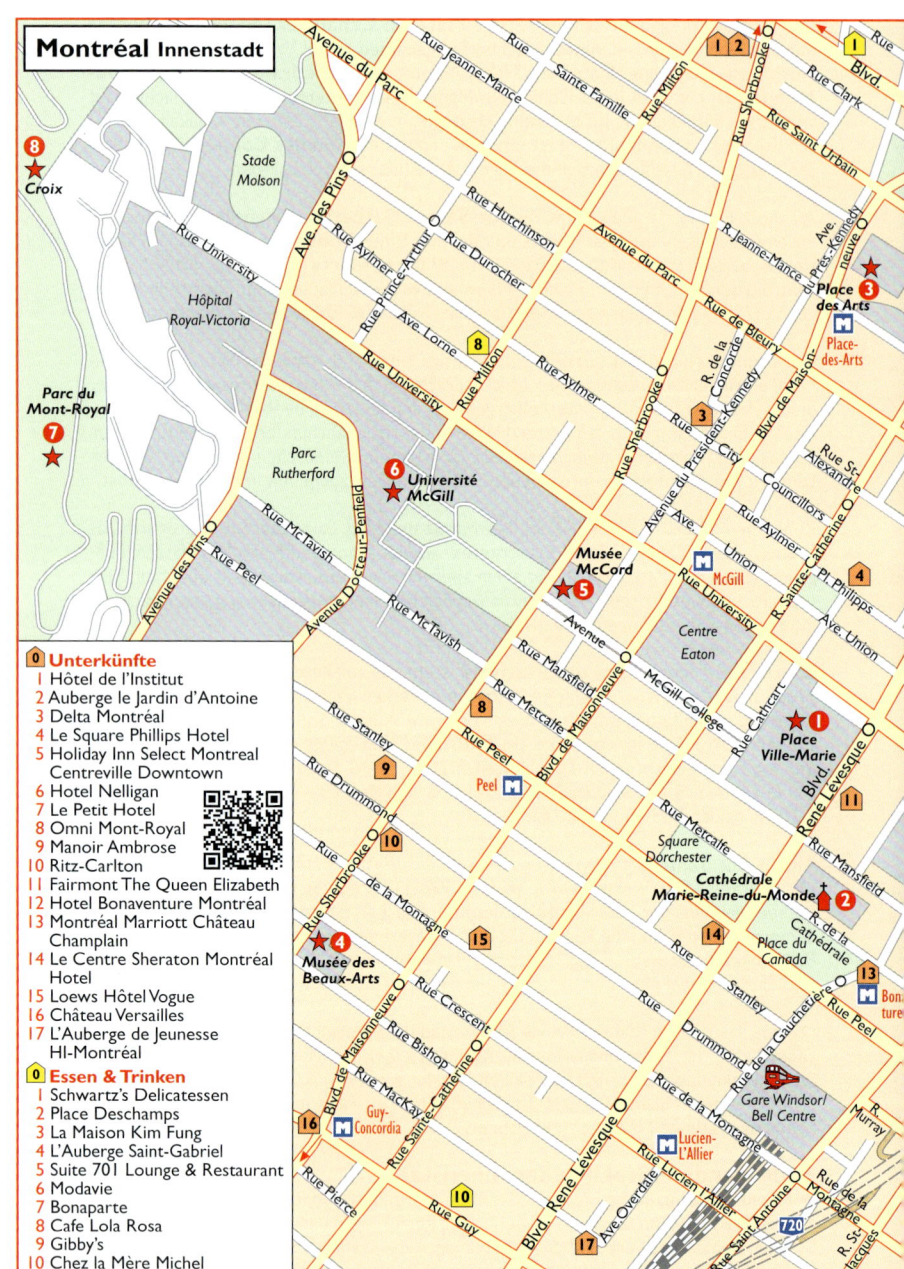

Montréal Innenstadt

Unterkünfte

1. Hôtel de l'Institut
2. Auberge le Jardin d'Antoine
3. Delta Montréal
4. Le Square Phillips Hotel
5. Holiday Inn Select Montreal Centreville Downtown
6. Hotel Nelligan
7. Le Petit Hotel
8. Omni Mont-Royal
9. Manoir Ambrose
10. Ritz-Carlton
11. Fairmont The Queen Elizabeth
12. Hotel Bonaventure Montréal
13. Montréal Marriott Château Champlain
14. Le Centre Sheraton Montréal Hotel
15. Loews Hôtel Vogue
16. Château Versailles
17. L'Auberge de Jeunesse HI-Montréal

Essen & Trinken

1. Schwartz's Delicatessen
2. Place Deschamps
3. La Maison Kim Fung
4. L'Auberge Saint-Gabriel
5. Suite 701 Lounge & Restaurant
6. Modavie
7. Bonaparte
8. Cafe Lola Rosa
9. Gibby's
10. Chez la Mère Michel

ausstellungen. 2016 wurde als fünftes Gebäude im Museumskomplex der „Michal and Renata Hornstein Pavillon for Peace" mit internationalen Kunstwerken eröffnet. Außerdem gibt es eine Cafeteria, ein Restaurant und einen Museumsshop.

Musée des Beaux-Arts, *1380, rue Sherbrooke ouest, Métro Peel oder Guy-Concordia,* ☎ *514-285-2000, www.mmfa.qc.ca, geöffnet Di–Fr 11–17, Mi 11–21, Sa/So 10–17 Uhr, Eintritt Erwachsene $ 20, Jugendliche und Studenten $ 12, Kinder bis 12 J. frei, halber Preis Mi 17–21 Uhr.*

➤ Das **Musée McCord (5)** präsentiert sich als bestes ethnografisches und historisches Museum der Stadt mit einem Dokumentationszentrum, Leseräumen, einem Atrium, einem Teesalon und sehr umfangreichen sozialgeschichtlichen Sammlungen und Dokumentationen zur Geschichte der Stadt und der Ureinwohner des Landes und als einziges kanadisches Museum mit einer Dauerausstellung historischer Kostüme.

Musée McCord, *690, rue Sherbrooke ouest, Métro McGill,* ☎ *514-398-7100, www.mc cord-museum.qc.ca, geöffnet Di–Fr 10–18, Mi –21, Sa/So 10–17 Uhr, Eintritt Erwachsene $ 15, Senioren $ 12, Studenten $ 8, Kinder frei, Familienkarte $ 30.*

➤ **Le Centre d'Histoire de Montréal**: In dem schönen Gebäude aus dem späten 19. Jh. wird mit Videoanimationen und mehr als 300 Ausstellungsstücken das Alltagsleben der Menschen in Montréal von der Zeit der ersten Siedler bis zur Gegenwart dargestellt.

Le Centre d'Histoire de Montréal, *335, Place d'Youville,* ☎ *514-872-3207, www. museesmontreal.org, geöffnet Mi –So 10–17 Uhr, im Sommer auch Di geöffnet, Eintritt Erwachsene $ 6, Senioren $ 5, Kinder und Jugendliche von 6–17 J. $ 4, Familienkarte $ 15.*

➤ Die **McGill University (6)** ist die angesehene englischsprachige Universität Montréals mit ca. 20.000 Studenten. Das McGill College wurde 1821 gegründet und geht auf die Stiftung des Pelzhändlers und Politikers James McGill zurück. Auf dem weitläufigen Universitätsgelände lohnt der Besuch des naturgeschichtlichen **Redpath Museum**, des **Arboretums** mit schönen Wanderwegen, des ökologischen **Ecomuseum** und des **Versuchsbauernhofs**.

McGill University, *805, rue Sherbrooke, Métrostation McGill.*

Weitere interessante Sehenswürdigkeiten in Montréal

Schöne Parkanlagen **Parc du Mont-Royal (7)**; der Berg, der der Stadt seinen Namen gab, erhebt sich 232 m über Montréal und ist für die Montréaler ein beliebtes Ausflugziel. Der 200 ha große Park wurde von dem amerikanischen Gartenarchitekten Frederick Law Olmsted geplant und gestaltet, der auch den Central Park in New York entworfen hat. Viele Spazierwege durchziehen den Park, führen zu kleinen Teichen, zum Bibersee, zu alten Friedhöfen, zu Denkmälern berühmter Persönlichkeiten und zu schön gelegenen Picknickplätzen. Geruhsam holpern Pferdekutschen über die Wege, wo im Sommer Jogger und im Winter die Skiläufer ihre Bahnen ziehen. Im **Besucherzentrum** erhalten Sie Informationen über Flora und Fauna des Parks und Hinweise auf interessante Veranstaltungen. Auf der Höhe des Berges erhebt sich ein über 30 m hohes, in der Dunkelheit beleuchtetes **Kreuz (8)**, das an ein Versprechen von Maisonneuve erinnert: Als die Stadt im Jahr 1642 von einer großen Flut bedroht wurde, gelobte Maisonneuve ein Kreuz zu errichten, wenn die Stadt verschont bliebe.

Unterhalb des Kreuzes wurde ein Aussichtspunkt eingerichtet, von dem sich ein herrlicher Panoramablick über die Stadt und den St.-Lorenz-Strom eröffnet.

Parc du Mont-Royal, *Métro-Station Mont Royal, geöffnet tgl. bis zum Einbruch der Dämmerung.* **Besucherzentrum**, ☎ *514-843-8240, www.lemontroyal.qc.ca.*

Westlich vom Parc du Mont-Royal liegt auf halber Höhe die große, berühmte Wallfahrtskirche **Oratoire Saint-Joseph**, zu der eine hohe Treppe hinauf führt. Es ist eine mächtige Kuppelbasilika, die 1924 an der Stelle einer kleinen Kapelle gebaut wurde, in der dem Mönch André vom Orden des Heiligen Kreuzes viele Wunderheilungen gelungen sein sollen. Das Grab des 1982 selig gesprochenen Bruders André befindet sich in der kleinen, stillen Kapelle.

Im **Museum** sehen Sie eine Sammlung religiöser Kunst; von Ende November bis Anfang Februar gibt es alljährlich eine sehr schöne Weihnachtsausstellung mit mehr als 200 Krippen aus 60 Ländern. Das aus 56 Glocken bestehende Glockenspiel ertönt in der Mittagszeit.

Oratoire Saint-Joseph, *3800 chemin Queen Mary, Métro Côte des Neiges, ☎ 514-733-8211, www.saint-joseph.org, geöffnet tgl. 7–22 Uhr, Eintritt frei, Glockenspiel Mi–Fr 12 und 15 Uhr, Sa/So 12 und 14.30 Uhr.*

An den Parc du Mont Royal schließt sich das Gelände der **Université de Montréal** an. Dies ist außerhalb von Paris die größte französischsprachige Universität mit 13 Fakultäten, einer Wirtschaftshochschule und einer Technischen Hochschule, an der fast 58.000 Studenten eingeschrieben sind.

Der **Parc Maisonneuve** liegt ca. 8 km vom Stadtzentrum entfernt und umfasst das Gelände des Olympiaparks und des sehenswerten Botanischen Gartens und ist darüber hinaus ein beliebter Freizeitpark mit einem Golfplatz, einer Rollschuhbahn, Wander- und Fahrradwegen, gebahnten Loipen im Winter und zahlreichen Picknickplätzen. *Großes Freizeitangebot*

Parc Maisonneuve, *Métro-Station Pie IX oder Viau.*

Der Olympiapark, **Parc Olympique**, war der Austragungsort der olympischen Sommerspiele von 1976. Zur Anlage gehören die verschiedenen Sportstätten wie das Schwimmstadion, Tennisplätze und die Sportanlagen für Leichtathletik; die Wohnbauten des ehemaligen „Olympischen Dorfes" werden heute als Wohnungen genutzt. In den Sommermonaten können Sie an einer 30-minütigen Fahrt durch das Parkgelände teilnehmen. Das **Schwimmstadion** mit sechs großen Becken ist ganzjährig geöffnet.

Parc Olympique, *4141, avenue Pierre-De-Coubertin, Metro Pie IX, ☎ 514-252-4141 oder 1-877-997-0919, http://parcolympique.qc.ca, geöffnet tgl. 10–18 Uhr, Führungen durch das Stadion tgl. 11 und 14 Uhr auf Französisch, 12.40 und 15.40 Uhr auf Englisch.*

Besonders interessant ist das große **Stade Olympique** (**Olympiastadion**), in dem bis zu 75.000 Zuschauer den großen Baseballspielen zuschauen oder an Messen und Shows teilnehmen können. Das Äußere erinnert an die Form einer Muschel, in deren Innerem sechs übereinanderliegende Ebenen die Wettkampfarena umschließen. Ein bewegliches Dach, das je nach Witterung geöffnet oder geschlossen werden kann, wird von dem 165 m hohen, etwas geneigten **Tour Montréal**, gehalten, der 1987 als „Olympiaturm" errichtet worden ist. Sie können mit einer Seilbahn auf die Plattform

Blick aus dem Botanischen Garten auf den Olympia-Turm

an der Spitze des Turmes hinauffahren und von dort oben den herrlichen Panoramablick auf die Stadt und die Umgebung genießen.

Stade Olympique, *4141, avenue Pierre-de-Coubertin, Metro Viau, ☏ 514-252-4141 oder 1-877-997-0919, http://parcolympique.qc.ca, geöffnet Mitte Juni–Anfang Sept. Di–So 9–21 Uhr, Mo 13–21 Uhr, sonst 9–17 Uhr, die Seilbahn verkehrt tgl. 9–17 Uhr, Eintritt inkl. Seilbahnfahrt Erwachsene $ 23.25, Senioren $ 21, Studenten $ 18.50, Kinder bis 17 J. $ 11.50, Familienkarte $ 58.*

Der **Biodôme** liegt ebenfalls im Olympischen Park und ist ein hochinteressantes, „lebendiges" Museum, das die Abhängigkeiten und Wechselbeziehungen von Mensch und Natur in vier Lebensbereichen des nord- und südamerikanischen Kontinents anschaulich verdeutlicht.

Tipp
Richten Sie sich mit Ihrer Kleidung auf die sehr unterschiedlichen Temperaturen in den vier Zonen ein.

Über einen 500 m langen Informationspfad erreichen Sie die verschiedenen Ökosysteme:
- im **tropischen Regenwald** lernen Sie die große Vielfalt der Pflanzen- und Tierwelt kennen,
- im Bereich des **Laurentinischen Waldes**, dessen Lebenswelt durch große jahreszeitliche Unterschiede gekennzeichnet ist, können Sie Tiere und Pflanzen an einem Biberdamm beobachten,
- das **Ökosystem im Golf des St.-Lorenz-Stromes** wird mit seinen charakteristischen Landschaftsformen, wie z. B. tiefen Buchten, Klippen, Marschen und den hier vorkommenden Wasserpflanzen und Tieren lebendig,
- **Arktis und Antarktis** sind mit ihren unterschiedlichen Lebensformen in Flora und Fauna erlebbar.

Biodôme, *4777, avenue Pierre-De-Coubertin, ☏ 514-868-3000, http://espacepourlavie. ca/biodome, geöffnet Mitte Juni–Anfang Sept. tgl. 9–18, sonst Di–So 9–17 Uhr, Eintritt Erwachsene $ 19.75, Senioren $ 18.25, Studenten $ 14.50, Kinder und Jugendliche von 5–17 J. $ 10, Familienkarte $ 55, Parkgebühr $ 12.*

Tipp
Es gibt einen kostenlosen Shuttlebus zwischen dem Olympiapark, dem Botanischen Garten und der Métro-Station Viau.

Zweitgrößter Botanischer Garten weltweit Der **Jardin Botanique de Montréal** ist einer der bedeutendsten botanischen Gärten in Nordamerika und der zweitgrößte der Welt. Er wurde 1931 von Bruder Marie Victorin angelegt und zeigt auf einer Fläche von 73 ha in zehn Gewächshäusern und über 30 Außenanlagen mehr als 21.000 verschiedene Pflanzenarten, darunter allein 10.000 Rosensträucher.

Sie können mit einer kleinen Bahn durch das weite Parkgelände fahren, um sich einen ersten Überblick zu verschaffen. Themenbezogene Gärten wechseln ab mit weiten Parklandschaften; in Gewächshäusern und auf Zuchtbeeten können Sie Neuzüchtungen kennenlernen und bei den wechselnden Ausstellungen nützliche Informationen sammeln.

Besondere Anziehungspunkte sind der 2,5 ha große **Chinesische Garten** im Stil der Ming-Dynastie mit einem Wasserfall, einem Teich und kleinen Pavillons sowie der gleich große **Japanische Garten** mit kleinen Teichen, Bachläufen und Brücken, einem Hof mit Bonsai-Pflanzen und einem Teehaus. Im August 2001 wurde der **First Nations Garden** eröffnet: In einer modernen, von Birken- und Ahornwäldern umgebenen Außenanlage lernen die Besucher das Alltagsleben der Ureinwohner, ihre tiefe Kenntnis und Verbundenheit mit der Natur und die Traditionen der Indianer und Inuit kennen. Das **Insektarium** zeigt Sammlungen von Schmetterlingen und anderen Insekten aus mehr als 100 Ländern.

Jardin Botanique de Montréal, *4101, rue Sherbrooke est,* ☎ *514-872-1400, Métro-Station Pie IX, www.ville.montreal.qc.ca/jardin, geöffnet tgl. 9–18 Uhr, bei besonderen Veranstaltungen und im Hochsommer auch länger. Eintritt für den Botanischen Garten, die Gewächshäuser und das Insektarium Mitte Mai–Nov. Erwachsene $ 19.75, Senioren $ 18.25, Studenten $ 14.50, Kinder von 5–17 J. $ 10, Familienkarte $ 55.*

Das **Planétarium Rio Tinto Alcan** bietet in einer sehr interessanten Dauerausstellung mit audiovisuellen Präsentationen und mit zwei lohnenden, thematisch wechselnden Shows eine gute Einführung in die Astronomie.

Planétarium Rio Tinto Alcan, *4801, avenue Pierre-De Coubertin, Métro Viau* ☎ *514-868-3000, http://espacepourlavie.ca/planetarium, geöffnet Di–So 12.30–17, im Sommer bis 18.30 Uhr, Erwachsene $ 19.75, Senioren $ 18.25, Studenten $ 14.50, Kinder von 5–17 J. $ 10, Familienkarte $ 55, Shows in Englisch und Französisch ab 9.30 Uhr im Wechsel alle 30 Minuten.*

Port de Montréal, der Hafen von Montréal, ist ein international wichtiger Handelshafen und Kanadas größter Containerhafen.

Der **St. Lawrence Seaway**, der 1959 vom amerikanischen Präsidenten Eisenhower und der englischen Königin Elisabeth II. eingeweiht wurde, beginnt in Montréal und führt über eine Gesamtlänge von 3.650 km bis zu den großen nordamerikanischen Seen. Der 10 m hohe Aussichtsturm am Südende der Victoria-Brücke, der **St. Lawrence Seaway Lookout**, vermittelt einen guten Überblick.

Mit dem Fahrrad können Sie eine schöne Tour von den Schleusen am Seeweg entlang bis zur Insel Notre-Dame machen.

St. Lawrence Seaway, *Informationszentrum* ☎ *450-672-4110, geöffnet Ende März–Ende Dez. tgl. 8–19 Uhr, Eintritt frei.*

Île Sainte-Hélène und Île Notre-Dame

Im St.-Lorenz-Strom, der alten und modernen Stadt vorgelagert, liegen im Parc Jean-Drapeau die Inseln Ste. Hélène und Notre-Dame.

Métro-Station
Jean-Drapeau

Auf diesen beiden Inseln fand 1967 die Weltausstellung „EXPO 67“ statt, zu deren Eröffnung die 22 m hohe und 60 t schwere Skulptur „L'homme“ von Alexander Calder geschaffen wurde. Von weither sichtbar ist die riesige Kuppel des „**Biophère**“; ursprünglich der Pavillon der USA bei der EXPO 67, fungiert das Gebäude seit 1995 als Wasser- und Umweltmuseum mit interaktiven Ausstellungen zum Naturschutz und der eindrucksvollen Show „Design the Future“. Vom Aussichtspunkt im 3. Stock lohnt der Blick über den St-Lorenz-Strom hinüber nach Montréal.

Biosphère, *160, chemin Tour-de-l`Isle, Île Ste-Hélène,* ☎ *514-283-5000, www.biosphere.ec.gc.ca, von Juni–Okt. täglich 10–18 Uhr, Nov.–Mai Di–So 10–17 Uhr.*

Die Insel **Sainte-Hélène** ist heute ein großer, beliebter Freizeitpark mit Schwimmbädern, Picknickplätzen, einem Aqua-Park mit 20 langen Wasserrutschen und dem großen Vergnügungspark **La Ronde**, der mit über 30 verschiedenen Karussells, Achterbahnen, Autoscootern, Wildwasserrutschen, Wildwestshows, Zaubershows u. Ä., einem nachgebildeten frankokanadischen Dorf des 19. Jh., Restaurants, Snackbars und Musikveranstaltungen besonders viele Besucher anzieht. Die Insel ist jedes Jahr auch der Austragungsort des Formel-1-Grand-Prix-Rennens und der an den Wochenenden von Ende Juni bis Ende Juli stattfindenden „Montréal International Fireworks Competition", bei der die weltbesten Feuerwerkstechniker ihre Künste zeigen.

La Ronde/Île Sainte-Hélène, ☎ *514-397-2000, www.laronde.com, geöffnet Mitte Mai–Anfang Sept. tgl. 10–23 Uhr, im Sept./Okt. am Wochenende 12–21 Uhr, Tagesticket Erwachsene $ 63.99, Senioren und Kinder unter 12 J. $ 46.99.*

Sehenswert ist das **alte Fort** (Le Vieux Fort), das 1822 auf Befehl des Duke of Wellington errichtet wurde, um Montréal und den St.-Lorenz-Strom vor möglichen amerikanischen Angriffen zu schützen. Im Fort, wo in den Sommermonaten Paraden und Tanzvorführungen stattfinden, thematisiert das **Musée Stewart** den Einfluss Europas auf die Entwicklung Nordamerikas. Vom gläsernen Turm bietet sich ein schöner Blick über das Fort und die Stadt.

Musée Stewart, *20, chemin du Tour-de-l'Isle,* ☎ *514-861-6701, www.stewart-museum. org, geöffnet Mi–So von 10–17 Uhr, im Sommer auch Di, Eintritt Erwachsene $ 10, Senioren, Jugendliche und Kinder von 6–17 J. $ 8, Familienkarte $ 20.*

Künstliche Insel

Die künstlich aufgeschüttete **Insel Notre-Dame** lockt ebenfalls viele Besucher an. Sommerattraktionen sind die schönen Parkanlagen, der Badestrand und Aktivitäten wie Segeln, Surfen, Wandern oder Kanufahren; im Winter sind Skilanglauf und Schlittschuhfahren besonders beliebt. Abendunterhaltung bietet das **Casino de Montréal**. Im Februar findet auf der Insel das berühmte **Schneefestival** statt, zu dem auch Hundeschlittenrennen sowie Wettbewerbe im Schneeburgenbauen und Skifahren gehören.

Casino de Montréal, *1 rue du Casino,* ☎ *514-392-2746, www.casinos-quebec.com, täglich 24 Stunden geöffnet.*

Stadtviertel von Montréal

Franzosen und Engländer prägten das Bild der Stadt, bevor Einwanderer aus allen Ländern der Welt nach Montréal kamen. Sie leben noch heute in den Stadtbezirken häufig nach ihren Herkunftsländern zusammen und bewahren ihre Traditionen.

Westmount (südöstlich vom Parc du Mont-Royal, Métrostation Atwater) ist innerhalb Montréals eine kleine Stadt für sich. Hier leben traditionsgemäß die englischsprachigen Bürger der Stadt, die schon recht wohlhabend sein müssen, um die Grundstücks- und Mietpreise dieses Stadtteiles bezahlen zu können. Schlendern Sie über die Hügel aufund abwärtsführenden, baumbestandenen Straßen, betrachten Sie die modernen Hochhäuser am Westmount Square, die u.a. vom Architekten Mies van der Rohe entworfen und 1966 fertiggestellt wurden, und werfen Sie einen Blick auf die viktorianischen Häuser und herrschaftlichen Villen, die Sie vor allem in dem Straßenviereck von Ste. Catherine und Edgehill, avenue Greene und avenue Victoria finden.

Outremont ist das französischsprachige Gegenstück zu Westmount, das vornehme Wohnviertel der frankokanadischen Gesellschaft am Nordosthang des Parc du Mont-Royal. Es entstand etwa um 1875, als wohlhabende Bürger sich hier auf eigenem Farmland niederließen. Inzwischen wurden viele dieser Besitzungen in kleinere Baugrundstücke aufgeteilt, aber die ursprünglichen Häuser stehen noch zwischen neuen, herrschaftlichen Häusern, großen Villen und gepflegten Gartenanlagen. Besonders schöne

Häuser finden Sie an der Côte Ste. Catherine und der Parallelstraße avenue Maple-wood; in der avenue Laurier können Sie sich in originellen Boutiquen umsehen oder sich in einem der hübschen Cafés ausruhen.

Im südwestlichen Vorort **Baie d'Urfé**, in einem schönen Park, liegt die Alexander-von-Humboldt-Schule, 216, rue Victoria, die einzige deutsche Ganztagsschule in Kanada.

Entlang der rue de la Gauchetière liegt das **Chinesenviertel** von Montréal, das schon in der Mitte des 19. Jh. entstand, als viele chinesische Arbeiter in die Stadt kamen. Hier finden Sie viele kleine Geschäfte und gute, authentische Restaurants.

Montréal als Kulturstadt

Montréal hat durch seine hervorragend gestalteten Museen, sehr gute Theater, inter-nationale Gastspiele und alljährlich stattfindende Festivals einen ausgezeichneten Ruf als Kulturstadt, die besonders von der lebendigen Auseinandersetzung zwischen engli-scher und französischer Kultur lebt.

Übersicht über weitere Museen in Montréal

➤ **Centre Canadien d'Architecture**, umfangreiche Sammlung und Ausstellung zur Architekturgeschichte.
1920, rue Baile, ☎ 514-939-7026, www.cca.qc.ca, geöffnet Mi–So 11–17, Do 11–21 Uhr, Eintritt Erwachsene $ 10, Senioren $ 7, Studenten und Kinder frei, Do freier Eintritt nach 17.30 Uhr.
➤ **Bank of Montréal Museum**, Nachbildung des ersten Bankbüros, Ausstellung von Banknoten, Münzen, Raritäten,
129, rue Saint-Jacques ouest, ☎ 514-877-6810, geöffnet Mo–Fr 10–16 Uhr, Eintritt frei.
➤ **Musée du Cinéma**, Ausstellung zur Geschichte des kanadischen Films.
335, boulevard de Maisonneuve est, ☎ 514-842-9763, www.cinematheque.qc.ca, geöffnet Mo–Fr 9–17 Uhr.
➤ **La Caverne de Saint-Léonard (Cave Exploration)**, 500 Mio. Jahre alte Felsfor-mationen, Diashow, Höhlengänge.
5200, boulevard Lavoisier, ☎ 514-252-3006, geöffnet Mitte Juni–Mitte Aug.
➤ **Exporail – Musée ferroviaire canadien (Canadian Railway Museum)**, in die-sem Museum wird die Geschichte der kanadischen Eisenbahnen mit Dampflokomo-tiven und Straßenbahnen dargestellt.
110, rue St.-Pierre in St.-Constant, ☎ 514-632-2410, www.exporail.org, 26 km südlich von Montréal, Bahnfahrten Mai–Sept. tgl. 9–17 Uhr, Fahrpreis: Erwachsene $ 18, Kinder von 4 –12 J. $ 9, Familienkarte $ 48.

☞ **Tipp**
U. a. bei den Informationsstellen **Infotouriste** und **La Vitrine** (s. S. 186) sowie online (http://museesmontreal.org/en/passes/the-passes) kön-nen Sie den „**Montréal Museums Pass**" kaufen, der für drei aufeinanderfolgen-de Tage gültig ist und zum Besuch von zahlreichen lokalen Museen berechtigt. Preis: $ 75 oder $ 80 (inkl. öffentlicher Verkehrsmittel).

Theater und Kinos in Montréal

Karten für Theater-, Konzert- und Kinoveranstaltungen erhalten Sie am Kiosk im La Baie-Kaufhaus, rue Sainte-Catherine.

- ▶ **Place des Arts**, Konzerte, Opern, Ausstellungen, *175, rue Ste.-Catherine,* ☎ *514-842-2112*
- ▶ **Centaur Theatre**, überwiegend englischsprachige Aufführungen, *453, rue St.-Francois-Xavier,* ☎ *514-288-3161*
- ▶ **Théâtre du Nouveau Monde**, moderne und klassische französische Aufführungen, *84, rue Ste.-Catherine ouest,* ☎ *514-866-8667*
- ▶ **Salle Claude Champagne**, klassische Konzerte, Volksmusik, ethnische Musikgruppen, *220, avenue Vincent d'Indy,* ☎ *514-343-6000*
- ▶ **Maison-Théâtre**, Kindertheater, *245, rue Ontario est,* ☎ *514-288-7211*
- ▶ **Segal Centre**, jüdisches Theater, Kunstausstellungen, *5170, Chemin de la Côte-Sainte-Catherine,* ☎ *514-739-2301*
- ▶ **Cirque du Soleil**, international bekannter, äußerst erfolgreicher Zirkus, *8400, 2e Avenue, Montréal,* ☎ *514-722-2324*
- ▶ **IMAX Cinéma**, exklusive Filme auf einer sieben Stockwerke hohen Leinwand, *boulevard Saint Laurent/rue de la Commune,* ☎ *514-496-4629*

Reisepraktische Informationen zu Montréal

i Information

Montréal Infotouriste Centre, *1255, rue Peel,* ☎ *514-844-5400 oder 1-877-266-5687, www.quebecoriginal.com; geöffnet Mitte Juni–Anfang Sept. tgl. 8.30–19.30, sonst 9–18 Uhr.*

Infotouriste *in Vieux-Montréal, 174, rue Notre Dame/Ecke Place Jacques-Cartier, www.tourisme-montreal.org, geöffnet Juni–Anfang Sept. tgl. 9–19, sonst 9–17 Uhr.*

La Vitrine, *2, rue Sainte-Cathérine est,* ☎ *514-285-4545, www.lavitrine.com, hier erhalten Sie alle Informationen über das kulturelle Leben der Stadt, Eintrittskarten für Theater und Shows und den Museums Pass (s. o.), Öffnungszeiten: So/Mo 11–18 Uhr, Di–Sa 11–20 Uhr.*

☞ Wichtige Anschriften und Telefonnummern

Polizei, Feuer, Medizinischer Notdienst: ☎ *911*

Canadian Automobile Association Québec: *1180, rue Drummond,* ☎ *514-861-5111 für Informationen,* ☎ *514-861-1313 bei Notfällen, Mo–Mi 8.30–18, Do/Fr 8.30–19, Sa 9.30–16 Uhr.*

Wetterbericht: *514-283-4006*

🛏 Unterkunft

Montréal bietet Übernachtungsmöglichkeiten von der einfachen Jugendherberge und bescheidenen Pension bis hin zum international renommierten Luxushotel. Messen und Tagungen finden ganzjährig in Montréal statt; je nach Belegung und Nachfrage werden von vielen Hotels an den Wochenenden besonders günstige Preisangebote gemacht, sodass es sich immer lohnt, nach Sondertarifen zu fragen.

▶ Hotels in Flughafennähe

$$ Best Western Montreal Airport Hotel, *13000 Côte-de-Liesse,* ☎ *514-631-4811 oder 1-800-361-2254, www.bestwestern.com. Wegen Renovierungsarbeiten bis Frühjahr 2018 geschlossen.*

$$$$ Hilton Garden Inn Montréal Airport, *7880 Côte-de-Liesse,* ☎ *514-788-5120, 1-800-567-2411, http://hiltongardeninn3.hilton.com, komfortable Zimmer, nur wenige Min. vom Flughafen entfernt.*

▶ Hotels in der Innenstadt

$$–$$$ Manoir Ambrose (9), *3422, rue Stanley,* ☎ *514-288-6922, www.hotelambrose.ca, 22 ansprechend eingerichtete Zimmer in einem viktorianischen Haus aus dem Jahr 1910 in zentraler Lage, reichhaltiges Frühstück inklusive.*

$$$$ **Château Versailles (16)**, *1659, rue Sherbrooke ouest, ☎ 514-933-3611 oder 1-888-933-8111, www.chateauversaillesmontreal.com, 70 elegant eingerichtete Räume in einem guten, historischen Stadthotel.*

$$$$ **Montréal Marriott Château Champlain (13)**, *1050, rue de la Gauchetiere ouest, ☎ 514-878-9000 oder 1-800-200-5909, www.montrealmarriottchateauchamplain.com, die gut eingerichteten Zimmer des 36-stöckigen Hotels bieten großartige Ausblicke auf die Stadt, mit Swimmingpool und Fitnessraum.*

$$$$$ **Delta Montréal (3)**, *475, avenue du Président-Kennedy, ☎ 514-286-1986 oder 1-888-890-3222, www.marriott.com/hotels/travel/yuldt-delta-hotels-montreal, 458 gut ausgestattete Zimmer in guter Lage, Innen- und Außenswimmingpools, beaufsichtigtes Kinderspielzimmer.*

$$$$$ **Le Petit Hotel (7)**, *168, rue Saint-Paul ouest, ☎ 514-940-0360 oder 1-877-530-0360, www.petithotelmontreal.com, gepflegtes Hotel in guter Lage in Vieux Montréal, gutes Frühstück, freundlicher Service.*

$$$$$ **Le Square Phillips Hotel (4)**, *1193, Place Phillips, ☎ 514-393-1193, www.squarephillips.com, historisches Haus mit 100 geräumigen, komfortabel eingerichteten Zimmern und Studios im Stadtzentrum, Dachterrasse mit Pool und schöner Aussicht, Frühstück im Preis enthalten.*

$$$$$ **Omni Mont-Royal (8)**, *1050, rue Sherbrooke ouest, www.omnihotels.com, elegante, sehr schön ausgestattete Räume, Swimmingpool, Fitnesszentrum und eine Bar in der Eingangshalle.*

$$$$$ **Fairmont The Queen Elizabeth (11)**, *900, boulevard René-Lévesque ouest, ☎ 514-861-3511, www.fairmont.com/queen-elizabeth-montreal, das größte Hotel der Stadt mit über 1.000 Zimmern und gutem Service, in günstiger Lage direkt über dem Hauptbahnhof und mit Zugang zur Métrostation. Nach aufwendigem Umbau erfolgt die Wiedereröffnung voraussichtlich Ende Juli 2017.*

$$$$$ **Hotel Bonaventure Montreal (12)**, *900, rue de la Gauchtière ouest, ☎ 878-2332 oder 1-800-267-2575, http://hotelbonaventure.com, erstklassiges Hotel im oberen Teil eines Handelsgebäudes, ganzjährig beheizter Swimmingpool auf der Dachterrasse, sehr schön gestalteter Dachgarten.*

$$$$$ **Holiday Inn Select Montreal Centreville Downtown (5)**, *99, avenue Viger ouest, ☎ 514-878-9888; www.ihg.com/holidayinn/hotels/de/de/montreal/yulca/hoteldetail, auffällig ist die Fassade des Hotels, das am Rande von Chinatown liegt, mit ihren Pagodentürmchen, 235 gut möblierte Zimmer, Swimmingpool, Fitnessraum und gutes chinesisches Restaurant.*

$$$$$ **Hotel Nelligan (6)**, *106, rue St.-Paul ouest, ☎ 514-788-2040 oder 1-877-788-2040, www.hotelnelligan.com, empfehlenswertes Hotel in zentraler Lage in einem historischen Gebäude mit geräumigen, sehr gut ausgestatteten Zimmern.*

$$$$$ **Le Centre Sheraton Montréal Hotel (14)**, *1201, boulevard René-Lévesque ouest, ☎ 514-878-2000 oder 1-888-627-7102, www.sheratoncentremontreal.com, modernes Luxushotel mit Swimmingpool, Fitnessraum und sehr schönem Atrium mit einer Pianobar, gute, zentrale Lage.*

$$$$$ **Loews Hôtel Vogue (15)**, *1425, rue de la Montagne, ☎ 514-285-5555 oder 1-800-465-6654, www.loewshotels.com/montreal-hotel, neueres Hotel mit gut eingerichteten Zimmern, sehr hilfsbereites Personal.*

$$$$$ **Ritz-Carlton (10)**, *1228, rue Sherbrooke ouest, ☎ 514-842-4212, www.ritzcarlton.com/en/hotels/canada/montreal, traditionsreiches, elegantes Hotel mit prominenten Gästen, sehr guten Restaurants und hübschem Gartencafé.*

▶ Hotels nördlich von Ville-Marie

$$$ **Accueil Chez François B & B**, *4031, avenue Papineau, ☎ 514-239-4638, www.chezfrancois.ca, schönes, altes Haus mit fünf wohnlich eingerichteten Zimmern und einladender Terrasse nicht weit von der Innenstadt und dem Quartier Latin entfernt.*

$$$ **Auberge le Jardin d'Antoine (2)**, *2024, rue St.-Denis, ☎ 514-843-4506 oder 1-800-361-4506, www.aubergelejardindantoine.com, kleines Hotel mit einfachen Zimmern im quirligen Quartier Latin, nur fünf Minuten zur Metrostation und ca. 20 Gehminuten ins Zentrum.*

$$$ Gouverneur Hôtel Place Dupuis, 1415, rue St.-Hubert, ☏ 514-842-4881 oder 1-888-910-1111, www.gouverneur.com/fr/hotel/placedupuis, 359 freundlich eingerichtete Zimmer, Innenswimmingpool und Fitnessraum, in der Nähe der Restaurants und Nachtlokale in der rue St. Denis.

$$$ Lord Berri, 1199, rue Berri, ☏ 514-845-9236 oder 1-888-363-0363, www.lordberri.com, älteres Mittelklassehotel im Quartier Latin, stadtnahe Lage, für 2017 ist eine umfassende Renovierung vorgesehen.

$$$$$ Hôtel de l´Ínstitut (1), 3535, rue St.-Denis, ☏ 514-282-5120 oder 1-855-229-8189, www.ithq.qc.ca/en/hotel, das Hotel mit geräumigen, modern eingerichteten Zimmern mit Balkon gehört zur Hotelfachschule und befindet sich auf zwei Etagen des Gebäudes, gutes Restaurant im Haus, freundlicher, sehr bemühter Service, ca. 15 Minuten Fußweg nach Vieux Montréal, U-Bahnstation in der Nähe.

▸ Bed&Breakfast-Häuser

$$$ Gingerbread Manor Bed and Breakfast, 3445, avenue Laval, ☏ 514-597-2804, www.gingerbreadmanor.com, das viktorianische Haus aus dem Jahr 1885 verfügt über fünf Nichtraucher-Zimmer, teilweise mit eigenem Bad, gutes Frühstück, nahe zur U-Bahn gelegen.

$$$ La Loggia Bed & Breakfast, 1637, rue Amherst, ☏ 514-524-2493 oder 1-866-520-2493, www.laloggia.ca, zentral gelegenes Haus mit fünf ansprechend eingerichteten Zimmern, teils mit eigenem Bad. Das mit Zutaten aus der Region frisch zubereitete Frühstück wird bei schönem Wetter auch im kleinen Garten serviert.

▸ Jugendherberge

$ L'Auberge de Jeunesse HI-Montréal (17), 1030, rue Mackay, ☏ 514-843-3317 oder 1-866-843-3317, www.hostellingmontreal.com, die Jugendherberge von Montréal verfügt auch über einige Doppel- und Familienzimmer, Küchenbenutzung ist möglich.

🍴 Restaurants

Mit Hunderten von Cafés, Bistros, Pubs und Restaurants ist Montréal eine der besten, möglicherweise die beste Stadt, um die Vielseitigkeit der kanadischen Küche kennenzulernen. Alle Preiskategorien, vom einfachen Fast-Food-Laden bis zum 5-Sterne-Gourmet-Restaurant sind vorhanden. Außerdem gibt es eine große Vielfalt ethnischer Küchen. In einigen Straßen reihen sich die Restaurants aneinander, wie z. B. in der rue Crescent, rue St. Denis, in der Altstadt oder in der rue Prince Arthur, wo es erlaubt ist, den eigenen Wein mitzubringen, den man zuvor in einem nahegelegenen „Dépanneur" oder in einem „Liquor store" gekauft hat.

Bonaparte (7), 443, rue St.-François-Xavier, ☏ 514-844-4368, das kleine Restaurant im Pariser Stil liegt versteckt in der Altstadt, gute französische Küche, Hauptgerichte zwischen $ 30 und $ 45.

Cafe Lola Rosa (8), 545 rue Milton, ☏ 514-287-9337, beliebtes, preiswertes Restaurant mit mexikanischen Spezialitäten in der Altstadt.

Chez la Mère Michel (10), 1209, rue Guy, ☏ 514-934-0473, ein Feinschmeckerrestaurant mit ausgezeichneter französischer Küche, Tischreservierung erforderlich, So geschlossen, gehobenes Preisniveau.

Gibby's (9), 298, place d'Youville, ☏ 514-282-1837, berühmtes Steak- und Seafoodhaus in einem 200 Jahre alten restaurierten Stall in der Altstadt, Spezialität ist der selbst geräucherte Lachs, köstlich sind die Desserts, mit schöner Terrasse, Hauptgerichte zwischen $ 30 und $ 50.

La Maison Kim Fung (3), 1111, rue St.-Urbain, ☏ 514-878-2888, zur Mittagszeit wird „dim-sum" auf dem Servierwagen angeboten.

L'Auberge Saint-Gabriel (4), 426, rue St.-Gabriel, ☏ 514-878-3561, in alten Gemäuern werden herzhafte Québecer Gerichte, internationale Speisen und ausgezeichnete Weine serviert, in der Altstadt, nahe dem Place Jacques-Cartier, gehobenes Preisniveau.

Place Deschamps (2), 175, rue Sainte-Cathérine, ☏ 514-564-3155, angenehmes Restaurant mit vielseitiger Küche und beliebter Bar im Complex Desjardins, in der Nähe des Place des Arts.

Modavie (6), 1, St.-Paul ouest, ☏ 514-287-9582, beliebtes Restaurant in der Altstadt mit guter Weinkarte und tgl. Livemusik am Abend.

Schwartz's Delicatessen (1), *3895, boulevard St.-Laurent, ☎ 514-842-4813, seit 1928 besteht das viel besuchte jüdische Restaurant, das vor allem wegen seines guten, traditionell hergestellten Rauchfleischs bekannt ist, Sandwiches mit Rauchfleisch werden auch im Laden verkauft, preisgünstig und gut.*

Suite 701 Lounge & Restaurant (5), *701, Côte de la Place d'Armes, ☎ 514-904-1201, zentral gelegenes Restaurant, in dem man zu jeder Tageszeit in schöner Atmosphäre Gerichte der traditionellen Québecer und der modernen französischen Küche oder einen Drink genießen kann.*

▶ Kleine Köstlichkeiten für zwischendurch

Kleinigkeiten finden Sie in den vielen verschiedenen Fast-Food-Läden in der rue Ste.-Catherine und in den großen Supermärkten (Food Courts) der Untergrundstadt, z. B. im Eaton Centre, Place Montréal Trust oder Promenades de la Cathédrale.

Ben & Jerry's, *1316, boulevard de Maisonneuve ouest, ☎ 514-286-6073, großes Eiscremesortiment mit vielen ausgefallenen Geschmacksrichtungen.*

Brûlerie St.-Denis, *3967, rue St.-Denis, ☎ 514-286-9158, große Auswahl an frisch gemahlenen und frisch aufgebrühten Kaffeesorten.*

Duc de Lorraine, *5002, chemin de la Côte-des-Neiges, ☎ 514-731-4128, eine der besten Konditoreien mit köstlichen Kuchen, Torten und Desserts, aber auch herzhaften Sandwiches, Quiches und Croissants.*

La Binerie Mont-Royal, *367, avenue du Mont-Royal est, ☎ 514-285-9078, in diesem einfachen und winzigen Restaurant wird seit mehr als 50 Jahren die Québecer Spezialität „fèves au lard" (ein hausgemachtes Bohnengericht) serviert.*

St. Viateur Bagel, *263, rue St.-Viateur ouest, ☎ 514-276-8044, Leute aus allen Teilen der Stadt kommen hierher, um frische Bagels aus dem holzgefeuerten Backofen zu kaufen, 24 Stunden täglich geöffnet.*

▼ Pubs und Bars in Montréal

Das Nachtleben von Montréal mit zahllosen beliebten und originellen Pubs, Diskotheken und Bars gehört zu den lebendigsten der Welt. Die meisten Lokale, von denen viele bis 3 Uhr nachts, manche sogar noch länger geöffnet sind, finden Sie an der rue Ste.-Catherine, im Studentenviertel an der rue St.-Denis, am boulevard St.-Laurent, an den Straßen Crescent und Bishop sowie in Vieux-Montréal.

Außerdem haben die meisten Hotels der Innenstadt ruhige Piano-Bars in der Lobby.

Les Deux Pierrots, *104, rue St.-Paul est, ☎ 514-861-1270, beliebtes, recht geräuschvolles Lokal in Vieux-Montréal mit Auftritten junger Québecer Künstler.*

House of Jazz, *2060, rue Aylmer, ☎ 514-842-8656, stadtbekannter Jazzclub mit wechselnden Bands.*

Hurley's Irish Pub, *1225, rue Crescent, ☎ 514-861-4111, lebhafter irischer Pub mit verschiedenen Bieren vom Fass und keltischer Livemusik am Abend.*

Sir Winston Churchill Pub, *1459, rue Crescent, ☎ 514-288-3814, Pub nach britischer Art, der vor allem von anglophonen Montréalern besucht wird.*

Einkaufen

Montréal ist eine verführerische Einkaufsstadt mit vielen unter- und überirdischen Geschäften, die zu jeder Jahreszeit für jedes Auge und jeden Geldbeutel etwas Passendes anbieten. In allen Stadtvierteln gibt es beliebte Einkaufsstraßen, die zum ausgiebigen Einkaufsbummel, zum Schauen, Vergleichen und Einkaufen einladen:

Chabanel, *im nördlichen Stadtgebiet, westlich vom boulevard St. Laurent, samstags morgens bieten hier viele Kleiderfabrikanten ihre Waren den Käufern direkt zu günstigen Preisen an.*

Chinatown, *boulevard St.-Laurent/rue de la Gauchetière, hier finden Sie Chinesisches aller Art.*

Crescent, *zwischen boulevard de Maisonneuve und Sherbrooke, ist bekannt für gute Juweliergeschäfte, exklusive Schuhmode und Modeboutiquen.*

Greene, im vornehmen Wohnviertel Westmount finden Sie interessante Kunstgewerbeläden, Galerien und Boutiquen in kleinen Stadthäusern.

Laurier ouest, vom boulevard St.-Laurent zur Côte Sainte-Catherine, elegante Geschäfte und Boutiquen im französischsprachigen, sehr renommierten Viertel Outremont.

Notre-Dame ouest, zwischen rue Guy und avenue Atwater, hier finden Sie zahlreiche, winzige Läden mit Antiquitäten und Kuriositäten.

Sherbrooke, zwischen rue de la Montagne und rue Guy, in der Nähe des Kunstmuseums gibt es einige hervorragende private Kunstgalerien.

St. Denis, nördlich der rue Sherbrooke, eine der Hauptgeschäftsstraßen mit sehr guten Geschäften und Boutiquen.

St. Laurent, von der rue Rachel zur rue St.-Viateur, interessante Mischung von avantgardistischen Modegeschäften, Lederwarengeschäften und kleinen Läden mit Waren aus einem besonderen Herkunftsland.

St. Paul in Vieux Montréal, viele interessante Geschäfte mit Kunst und Kunsthandwerk, moderne Boutiquen und Souvenirshops.

Sainte Catherine, zwischen rue Peel und boulevard St.-Laurent eine der wichtigsten Einkaufsstraßen in der Innenstadt mit Hunderten von Geschäften aller Art und den großen, bekannten Warenhäusern La Baie, Simons und Ogilvy.

Ein richtiges Einkaufsparadies ist die **Untergrundstadt**. Ein ganzes Netzwerk von Tunneln verbindet Einkaufszentren, öffentliche Gebäude und Métrostationen in der Innenstadt miteinander. Hier können Sie, unabhängig noch vom schlechtesten Wetter, völlig ungestört ihre Einkäufe machen.

Nur wenige Minuten mit der U-Bahn von der Innenstadt entfernt liegen die drei Einkaufszentren:

Complexe Desjardins, rue St.-Catherine ouest/rue Jeanne-Mance, schönes Einkaufszentrum auf mehreren Ebenen, U-Bahnstation Place des Arts.

Le Faubourg Ste. Catherine, 1616, rue Ste.-Catherine ouest/rue Guy, interessante, kleine Geschäfte und Stände mit Geschenkartikeln in einem renovierten ehemaligen Fabrikgebäude, U-Bahnstation Guy.

Square Westmount Shopping Centre, rue Ste.-Catherine/rue Greene, viele elegante Geschäfte und Boutiquen, U-Bahnstation Atwater.

Weitere beliebte Warenhäuser sind:

Holt Renfrew, 1300, rue Sherbrooke ouest, ☎ 514-842-5111, heute finden Sie Mode der „Haute Couture" in dem Geschäft, das schon 1837 die britische Königsfamilie mit Pelzen belieferte.

La Baie, 585, rue Ste.-Catherine ouest, ☎ 514-281-4422, diese Warenhauskette besteht seit 1843; versäumen Sie nicht, den Supermarkt im Tiefgeschoss zu besuchen.

Ogilvy, 1307, rue Ste.-Catherine ouest, ☎ 514-842-7711, elegantes Kaufhaus mit vielen bekannten Designer-Boutiquen.

Zuletzt noch einige empfehlenswerte und interessante Geschäfte:

Birks, 1240, Square Phillips, gegenüber vom Kaufhaus La Baie, ☎ 514-397-2511, elegantes Geschäft mit viktorianischer Inneneinrichtung, in dem Sie edlen Schmuck, Chinaporzellan, kostbares Glas und ausgefallene Geschenke finden.

Canadian Guild of Crafts, 1460, rue Sherbrooke ouest, ☎ 514-849-6091, große Auswahl an gutem kanadischem Kunsthandwerk.

Galerie de Bellefeuille, 1367, avenue Greene, ☎ 514-933-4406, sehr bekannte Kunstgalerie mit Arbeiten kanadischer und international angesehener Künstler.

Images Boreales, 4, rue Saint-Paul est, ☎ 514-439-1987, und Galerie le Chariot, 446, Place Jacques-Cartier, ☎ 514-875-4994, die beiden großen Galerien in Vieux Montréal präsentieren Werke der Inuit-Kunst.

La Boutique du Musée, *1380, rue Sherbrooke ouest,* ☏ *514-285-1600, ausgezeichnetes Angebot an Kunstbänden, Drucken, Karten und Geschenkartikeln im Kunstmuseum Musée des Beaux Arts.*
Maison de la Presse Internationale, *mehrere Läden mit Zeitungen und Zeitschriften aus aller Welt auf der rue Ste.-Catherine.*
Paragraphe, *2220, avenue McGill College,* ☏ *514-845-5811, schöne Buchhandlung mit Café.*

Sicher fallen Ihnen auch die vielen Straßenverkäufer auf, die vor allem am Phillips Square, gegenüber dem La Baie-Kaufhaus, an der rue Ste. Catherine und der rue Union und natürlich auch in der Gegend am Alten Hafen alles nur irgend Vorstellbare anbieten.

Veranstaltungen
Eine Stadt wie Montréal bietet vielseitige, gute und abwechslungsreiche Unterhaltung für jeden Geschmack. Vom **Montréal Infotouriste Centre** *und anderen Fremdenverkehrsbüros werden monatlich aktualisierte* **Broschüren** *mit den aktuellen Veranstaltungshinweisen herausgegeben. Vielleicht haben Sie Gelegenheit,*
- *ein Konzert des Montréal Symphony Orchestra zu besuchen,*
- *während des Jazz-Festivals, das von Ende Juni bis zur zweiten Juliwoche stattfindet, den Künstlern in der rue Ste.-Catherine zuzuhören,*
- *während der internationalen Tennisturniere im August den großen Tennisstars zuzuschauen,*
- *im Juni das Formel-1-Rennen „Grand Prix Montréal" mitzuerleben,*
- *im Juni und Juli beim „International Fireworks Competition" eindrucksvolle Feuerwerke zu erleben oder*
- *sich von einem der Spiele der Hockeymannschaft „Montréal Canadiens" mitreißen zu lassen.*

Rundfahrten/Touren/Besichtigungen
Gray Line, *1255, rue Peel,* ☏ *514-934-1222, www.grayline.com, 2–3-stündige und ganztägige Stadtrundfahrten, zweistündige Spaziergänge durch die Untergrundstadt, Treffpunkt am Dorchester Square und bei den großen Stadthotels.*
Calèche Tours, ☏ *514-846-3277, sehr beliebte Kutschfahrten durch Alt-Montréal, Abfahrtsstellen am Place d'Armes, Dorchester Square und Place Jacques-Cartier.*

Bootsfahrten
Maritime Shuttles of the St. Lawrence, *Jacques-Cartier Pier, Vieux Port,* ☏ *514-281-8000, die Shuttle-Fähren für Fußgänger und Radfahrer verbinden von Mitte Mai bis Mitte Oktober den Alten Hafen mit den Inseln Île Sainte-Hélène und Île Notre-Dame im Parc Jean-Drapeau und mit Longueuil. Einfache Fahrt: Erwachsene $ 4.25, nach Longueuil $ 7.75.*
Montréal Harbour Cruises, *King Edward Pier,* ☏ *1-866-856-6668, www.croisieresaml. com, 1–3-stündige Bootsfahrten durch den Hafen, vom 15. Mai–15. Okt.*
Bateau-Mouche-Cruises, *Jacques-Cartier Pier,* ☏ *514-849-9952, www.bateaumouche. ca, 1,5-stündige Fahrten, tägliche Abfahrten von Mitte Mai bis Ende Oktober, Mittags- und Abendfahrten.*
Saute-Moutons, *Clock Tower Pier,* ☏ *514-284-9607, www.jetboatingmontreal.com, Fahrt in einem „jet-boat" über die Stromschnellen bei Lachine.*

Flüge
Der **Montréal – Pierre Elliott Trudeau International Airport**, ☏ *514-394-7377 oder 1-800-465-1213, www.admtl.com, liegt ca. 22 km westlich vom Zentrum der Stadt; hier starten und landen alle Maschinen der größeren internationalen Fluggesellschaften. Für die Fahrt vom Flughafen ins Zentrum und in Gegenrichtung gibt es:*
Taxis und Kleinbusse *(limousine service), Fahrzeit ca. 20–30 Min., ca. $ 40 pro Strecke.*
Zudem gibt es den **Flughafen-Shuttlebus „Aérobus 747"**, ☏ *514-786-4636, die Busse fahren 24 Stunden tgl. vom Flughafen über neun Haltestellen in der Nähe der großen Ho-*

tels zum zentralen Busbahnhof Berry-UQAM, Fahrzeit ca. 45–60 Min., Fahrpreis ab $ 10 pro Fahrt. Die Abfahrtsstelle der Busse in Richtung Flughafen liegt in der 777, rue de la Gauchetière ouest, in der Nähe des Hauptbahnhofes.

Air Canada: ☎ 514-393-3333, www.aircanada.com; **Lufthansa**: ☎ 1-800-563-5954, www.lufthansa.com; **Air Transat**: ☎ 514-636-3630, www.airtransat.ca

Öffentliche Verkehrsmittel

Das öffentliche Verkehrssystem ist sehr gut ausgebaut; die meisten Sehenswürdigkeiten der Stadt sind mit U-Bahn und/oder Bus zu erreichen. Das U-Bahnnetz erstreckt sich über 64 km mit vier farbig gekennzeichneten Hauptlinien und 65 Stationen. Die Bahnen fahren in der Zeit von 5.30–1 Uhr im Abstand von 3–7 Min.
Métro und Bus – **Stm**: **Société de transport de Montréal**, ☎ 514-786-4636, www.stm.info

Fahrscheine kann man am Métro-Automaten oder beim Busfahrer kaufen; zum Umsteigen braucht man ein „Transfer Ticket", das für Bus und Metro zwei Stunden gültig ist. Für alle Fahrstrecken gibt es einen einheitlichen Tarif: Erwachsene $ 3.25, Senioren und Kinder von 5–13 J. $ 2.25. Tageskarten für $ 10, einen 3-Tage-Pass für $ 18 und Mehrfahrtenkarten mit zehn Tickets zu $ 30. Informationen über Stationen, Verbindungen und Fahrzeiten gibt es an den wichtigen Metrostationen und Mo–Fr von 8–18 Uhr:
für die Metro: ☎ 514-786-4636,
für den Bus: ☎ 514-288-6287.

Bahnverbindungen

Montréals Hauptbahnhof „**Central Station**", ☎ 514-989-2626, liegt an der 895, rue de la Gauchetière ouest, neben dem Fairmont The Queen Elizabeth Hotel. Der Bahnhof ist unterirdisch mit der Bonaventure Métro Station verbunden.
Vom Hauptbahnhof aus fahren Züge der kanadischen Gesellschaft **VIARail** zu allen größeren kanadischen Städten; Züge der amerikanischen Eisenbahngesellschaft **Amtrak** verbinden Montréal mit den amerikanischen Städten an der Ostküste.
Die ungefähren **Fahrzeiten** sind von Montréal nach Toronto 4,5 Std.; nach Québec 2 Std. 45 Min.; nach Ottawa 2 Std.; nach New York City 9,5 Std.
VIARail, ☎ 514-989-2626 oder 1-888-842-7245, www.viarail.com
Amtrak, ☎ 1-800-872-7245, www.amtrak.com

Überlandbusse

Die Busgesellschaft **Orleans Express Motorcoaches**, ☎ 1-888-999-3977, www.orleansexpress.com, verbindet Montréal mit allen größeren Orten in den Provinzen Ontario und Québec. Außerdem gibt es innerkanadische Busverbindungen der amerikanischen Busgesellschaft **Greyhound**, ☎ 1-800-661-8747, www.greyhound.ca, die auch zwischen Montréal und New York City verkehrt.

Die ungefähren Fahrzeiten sind von Montréal nach Toronto 6 Std.; nach Québec 3 Std.; nach Ottawa 2,5 Std.; nach New York City 8,5 Std.
Abfahrtstelle für die Busse beider Gesellschaften ist die Montréal Bus Central Station, 505, boulevard de Maisonneuve est, Métro Berri-UQAM.

Mietwagen

Avis: 1225, rue Metcalfe, ☎ 514-866-2847
Budget: 895, rue de la Gauchetière ouest, ☎ 514-866-7675
Hertz: 1475, rue Aylmer, ☎ 514-842-8537
Thrifty: 975, boulevard Roméo-Vachon N., ☎ 514-631-5567

Fahrradverleih

Bixi – *bei dem* **öffentlichen Radleihsystem „Bixi"**, *das über 5.000 Räder ver-*
fügt, können Räder von April bis November tageweise ausgeliehen werden. Ein 24-Stunden-
Pass mit beliebig vielen Ausleihen kostet $ 7, 72 Stunden kosten $ 15.
Bixi, ☎ *514-789-2494, www.montreal.bixi.com*

Schon in den 1970er-Jahren wurde mit dem Ausbau eines **Radwegenetzes** begonnen, das
inzwischen 240 km lang ist. Es gibt in den Informationszentren Kartenmaterial über die beliebtesten Strecken, wie z. B. am Canale de Lachine entlang (ca. 11 km), von der Schleuse
Saint-Lambert nach Sainte-Catherine oder durch den Parc Angrignon. Die Fahrräder können
im hinteren Wagen der Métro mitgenommen werden; Mo–Fr nach 7 Uhr, So/Fei ganztägig.
Montreal on Wheels, 22, de la Commune St. E., ☎ 514-866-0633, www.caroulemontre
al.com, Vermietung von Fahrrädern, Scootern und Rollerblades.

Konsulate

Deutsches Generalkonsulat, *1250, boulevard René Lévesque ouest, Montréal,*
QC, H3B 4W8, ☎ *514-931-2277, www.montreal.diplo.de.*
Österreichisches Generalkonsulat, *1010, rue Sherbrooke ouest, Suite 1604, Mont-*
réal, QC, H3A 2RL, ☎ *514-849-3708, www.bmaa.gv.at.*
Schweizer Generalkonsulat, *1572, avenue Dr. Penfield, Montréal, QC, H3G 1C4,*
☎ *514-932-7181, www.eda.admin.ch/canada.*

Sehenswertes in der Umgebung von Montréal

Ein Aufenthalt in der kosmopolitischen Stadt Montréal lässt sich sehr gut mit einem Ausflug ins schöne
Hinterland verbinden. Nur eine knappe Autostunde
von Montréal entfernt, können Sie schon in den Laurentinischen Bergen kanadische Wildnis schnuppern
und unberührte Natur erleben oder in den Eastern
Townships schöne Naturschutzgebiete und hübsche,
alte Ortschaften besuchen. Diese Ausflüge sind zu allen Jahreszeiten sehr reizvoll:

* in den Sommermonaten können Sie vor allem wandern, schwimmen, Kanu fahren oder fischen,
* im Herbst zieht die prächtige, leuchtende Waldfär-
  bung des „Indian Summer" die Besucher an,
* und im Winter finden Sie ein Wintersportgebiet
  mit idealen Skibedingungen vor.

Lachine

Hinweis
Die Bootstouren beginnen in Montréal (s. o.).

Bootsfahrten
Saute-Moutons, ☎ *514-284-9607, www.jetboatingmontreal.com, Métrostation
Champs-de-Mars, 1,5-stündige aufregende Bootsfahrt durch die Stromschnellen des St.-Lorenz-
Stromes, Abfahrten am Südende der rue Berri am Clock Tower Basin, von Ende April–Ende Sept.
tgl. 10, 12, 14, 16 und 18 Uhr, Fahrpreise Erwachsene $ 67, Jugendliche bis 18 J. $ 57, Kinder von
6–12 J. $ 47, Kinder unter 6 J. können nicht mitfahren, Voranmeldung erwünscht.*

Redaktionstipps

➤ Machen Sie einen Ausflug zu den
Stromschnellen (S. 193) und zur **Lachine National Historic Site** (S. 194)!
➤ Besuchen Sie die 50 m tiefe Schlucht
am **Coaticook River** und wagen Sie sich
über die mit 169 m längste Fußgänger-
Hängebrücke der Welt (S. 195f.)!
➤ Lassen Sie sich Mitte Juli in **Sherbrooke** vom Feuerwerk-Wettbewerb beeindrucken (S. 195)!
➤ Genießen Sie im August/September
beim Herbstfest in **Magog** (S. 196) die
vorzüglichen Weine und die ausgezeichnete Küche Québecs!

Le Bateau-Mouche, ☎ *514-849-9952 oder 1-800-361-9952, www.bateau-mouche.com, ein- oder mehrstündige Fahrten im Glasdachboot mit englisch- und französischsprachigen Informationen, Abfahrten am Jacques-Cartier-Pier im Alten Hafen Mitte Juni–Anfang September tgl. 11, 14.30, 16 und 17.30 Uhr, in der Nebensaison nur 1–2 Fahrten täglich, Fahrpreise Erwachsene ab $ 25, Senioren und Studenten ab $ 23, Kinder von 2–14 J. ab $ 12.50.*

Hinweis

Obwohl Regenmäntel, wasserdichte Hüte und Schuhe bereitgestellt werden, müssen Sie damit rechnen, dass Sie ganz durchnässt werden und sich anschließend umziehen müssen.

Vom alten Hafen geht es zu den Stromschnellen von Lachine

Über die Bedeutung der Stadt als wichtiges Pelzhandelszentrum im 18. und 19. Jh. wird man informiert von **The Fur Trade At Lachine National Historic Site**. In diesem alten Gebäude, das 1803 gebaut und als Pelzlager benutzt wurde, werden die Geschichte des Pelzhandels und das Leben der Pelzjäger und Pelzhändler anschaulich dargestellt.

The Fur Trade At Lachine National Historic Site, *1255 boul. St.-Joseph, ☎ 514-637-7433, www.pc.gc.ca/eng/lhn-nhs/qc/lachine/index.aspx, geöffnet Mitte Juni– Anfang Sept. tgl. 10–17 Uhr, Eintritt Erwachsene $ 3.90, Senioren $ 3.40, Kinder und Jugendliche von 6–16 J. $ 1.90, Familienkarte $ 9.80.*

Lachine-Kanal

Der **Canal de Lachine** führt vom alten Hafen in Montréal über 13,4 km nach Lachine. Die Idee, die Stromschnellen des St.-Lorenz-Stromes zu umgehen, die die Durchfahrt und den Transport behinderten, entwickelte der Vorsteher des Sulpizianer-Seminars, Dollier de Caisson, schon im Jahr **1680**. **1689** wurde mit dem Bau des Kanals begonnen, doch der Tod de Caissons beendete die Bauarbeiten. Erst **1825** wurde der Kanal mit sieben Schleusen zur Überwindung eines Höhenunterschiedes von 14,3 m fertig gestellt. Er war bis zum Jahr **1969** in Betrieb und verlor erst durch den Bau des St.-Lorenz-Seeweges an Bedeutung. Heute ist der Kanal ein beliebtes Ausflugsziel mit Spazierwegen, einem schönen 11 km langen Fahrradweg und Picknickplätzen. Die Bootsfahrt durch die Stromschnellen von Lachine ist ein besonderes Erlebnis.

Das **Lachine Museum** verteilt sich über mehrere historische Gebäude und zeigt Möbel, Kleidungsstücke, Zeichnungen und Wechselausstellungen zeitgenössischer Künstler. Dazu gehört auch die alte Handelsstation aus den Jahren 1670–1685, eines der ältesten Häuser der Region.

Lachine Museum, *1, chemin du Musée, ☎ 514-634-3471, geöffnet Ende März–Ende Nov., Mi–So 12–17 Uhr, Eintritt frei.*

Reisepraktische Information zu Lachine

Information
Tourism Eastern Townships, *20, rue Don-Bosco Sud, Sherbrooke,* ☏ *1-800-355-5755, www.easterntownships.org.*

Unterkunft
$$–$$$ Hôtellerie Jardins de Ville, *4235, boulevard Bourque, Sherbrooke,* ☏ *819-566-6464, www.jardinsdeville.com, ruhiges, angenehmes Hotel mit ansprechend eingerichteten Nichtraucher-Zimmern.*
$$$ Studiotel Bromont, *229, boulevard de Bromont, Bromont,* ☏ *450-534-9999 oder 1-877-534-9990, www.studiotelbromont.com, ruhig gelegenes Motel mit zwölf freundlich eingerichteten Nichtraucher-Zimmern, teilweise mit Küchenzeile.*

Nördlich von Montréal, nur eine Autostunde entfernt, liegt das weite Gebiet der **Laurentides**, der Laurentinischen Berge (s. auch S. 252, Feriengebiete zwischen Montréal und Ottawa). Es ist ein bevorzugtes Naherholungsgebiet der Montréaler Bevölkerung und eines der beliebtesten Reisegebiete Kanadas, eine wunderschöne Berglandschaft mit dichten Wäldern, klaren Seen und gischtenden Wasserfällen, mit 30 Golfplätzen, mehr als 20 Wintersportzentren und zahlreichen Reitschulen. In die Landschaft eingebettet liegen kleine, hübsche Ortschaften wie St.-Sauveur und Ste.-Agathe-des-Monts, in denen Sie vorzüglich übernachten und speisen können, und einige exklusive Resort-Hotels.

Ganzjährig ein lohnendes Ausflugsziel

Südöstlich von Montréal liegt die Region der **Eastern Townships**, auch unter dem Namen **Estrie** bekannt, die mehr als andere Gegenden Kanadas das englische und französische Erbe harmonisch in sich vereint. Auch diese hügelige Farmlandschaft, die schon im 18. Jh. besiedelt wurde, ist ein beliebtes Naherholungsgebiet, besonders geeignet zum Wandern, Reiten, Schwimmen, Kanu- und Skifahren. Sommerkonzerte und kleine Handwerkermärkte laden ebenso wie gemütliche Hotels und Landgasthäuser zum kurzweiligen Aufenthalt ein.

Die beste Reisezeit für die Eastern Townships ist der Herbst, wenn sich die weiten Mischwälder in ihrer schönsten Farbenpracht zeigen – sehr wohl vergleichbar mit dem Indian Summer der Neuenglandstaaten.

Die Townships liegen an den nördlichen Ausläufern des Appalachengebirges und waren zuerst von den Abenaki-Indianern bewohnt. Nach den „Loyalisten", die nach der amerikanischen Unabhängigkeitserklärung aus den USA in dieses Gebiet kamen, und den Iren, die sich im frühen 19. Jh. hier ansiedelten, kamen in der zweiten Hälfte des 19. Jh. französische Waldarbeiter und ließen sich hier nieder. Heute sind die Eastern Townships überwiegend frankophones Gebiet.

Zentrum der Estrie ist die Stadt **Sherbrooke** mit etwa 150.000 Einwohnern, die bereits 1796 am Zusammenfluss des Magog mit dem St. Francis River gegründet wurde. Jedes Jahr im Juli findet hier das berühmte „Molson Great Canadian Fireworks Festival" statt; dabei zeigen die besten Feuerwerker der Welt an sechs Abenden pyrotechnische Glanzlichter mit entsprechender Begleitmusik.

Im **Parc de la Gorge de Coaticook**, 135, rue Michaud/400, rue St-Marc, können Sie die Schlucht des Coaticook River auf der mit 169 m längsten Fußgänger-Hängebrücke überqueren; außerdem finden Sie im Park schöne Wanderwege, kleine Wasserfälle, Höhlen, zwei Aussichtstürme und ein nachgebautes Dorf der Abenaki-Indianer.

In **Magog** wird im August/Anfang September das **Magog-Orford Wine Harvest Festival** gefeiert: ganz in der Nähe des Lac Memphrémagog werden große Zelte aufgebaut, in denen Sie die besten traditionellen Gerichte, frisch gebackenes Brot, würzige Käsesorten und natürlich auch vorzügliche Weine probieren und genießen können.

Den Reiz dieser Region lernen Sie am besten bei einer Fahrt über die vielen kleinen Nebenstraßen kennen, die Sie durch eine stille, wenig spektakuläre, dafür aber ländlich idyllische Landschaft führen.

In den kleinen Dörfern finden Sie zu jeder Jahreszeit schöne Unterkünfte in exklusiven Schlosshotels, gepflegten, Landgasthäusern oder in gemütlichen Bed&Breakfast-Häusern.

Reisepraktische Infos zur Umgebung von Montréal

Unterkunft

\$\$\$ Auberge du Château, 95, rue de Montmorency, **Bromont**, ☎ 450- 543-3433, www.chateaubromont.com, in eine sanfte Hügellandschaft eingebettet, liegt das Hotel mit seinen 40 Zimmern, einer bekannt guten Küche, einem 18-Loch-Golfplatz, Tennisplatz und Swimmingpool, Wanderwege und Loipen im Winter sind ganz in der Nähe.

\$\$\$ Hôtel Cheribourg, 2603, chemin du Parc, **Magog-Orford**, ☎ 819-843-3308 oder 1-877-845-5344, www.hotelsvillegia.com/en/hotel-cheribourg, weitläufige Anlage in schöner Umgebung mit 118 gemütlich eingerichteten Zimmern, ausgezeichneter Küche, Innen- und Außenswimmingpools, Tennisplätzen, Wander- und Skimöglichkeiten.

\$\$\$ Le Château Bromont Hôtel-Spa, 90, rue de Stanstead, **Bromont**, ☎ 450-534-3433, www.chateaubromont.com, das schön gelegene Schlosshotel verfügt über 154 elegante Räume; zum Sportangebot gehören Tennis- und Squashplätze, Innen- und Außenswimmingpools sowie Massage- und Kuranwendungen; ein Wasserpark und ein Reitzentrum sind leicht erreichbar.

\$\$\$–\$\$\$\$ Estrimont Suites & Spa, 44, avenue de l'Auberge, **Magog-Orford**, ☎ 819-843-1616 oder 1-800-567-7320, www.estrimont.ca, das schön gelegene Hotel bietet in 77 gut ausgestatteten Suiten mit Balkon und Kamin allen Komfort, Feinschmecker-Restaurant, Sportmöglichkeiten.

\$\$\$\$ Manoir Hovey, 575, rue Hovey, **North Hatley**, ☎ 819-842-2421, www.manoirhovey.com, das Hotel wurde in einem alten Herrenhaus sehr schön mit Antiquitäten eingerichtet; einige Zimmer verfügen über einen Kamin. Das Haus ist wegen seiner ausgezeichneten französischen Küche bekannt. Es bietet einen schönen Blick auf den See Massawippi und verfügt über Tennisplätze, beheizten Swimmingpool und einen Strand.

\$\$\$\$–\$\$\$\$\$ Ripplecove Hotel & Spa, 700, Ripplecove, **Ayer's Cliff**, ☎ 819-838-4296, www.ripplecove.com, mehrfach ausgezeichnetes Landgasthaus mit 24 Zimmern, umgeben von einem schön angelegten englischen Garten und großen, alten Bäumen.

Hinweis

Weitere Hinweise zu diesen Feriengebieten finden Sie ab S. 250: Nationalparks, Provinzparks und Resort-Hotels in Québec

Von Montréal am Südufer des St.-Lorenz-Stromes entlang nach Québec City

 Wegstrecke

Von Montréal aus kann man auf beiden Seiten des St.-Lorenz-Stromes nach Québec fahren. Entfernung ca. 230–260 km. Die Beschreibung der Nordroute erfolgt ab S. 255.

Am **Südufer** führen von Montréal aus der Hwy 20 und der Hwy 132 nach Québec:

➤ Der **Hwy 20** ist die schnellste Verbindung zwischen Montréal und Québec und führt über St. Hyacinthe und Drummondville. Ebenfalls am Hwy 20 liegt der kleine Ort **Saint-Louis-de-Blanford**, wo 1½-stündige Planwagenfahrten durch die landesweit größten Cranberry-Plantagen angeboten werden, aber man kann die Plantagen auch zu Fuß erkunden *(Öffnungszeiten: Mitte Sept. bis Mitte Okt. Do–So 9–17 Uhr, Erwachsene $ 12, Kinder $ 6).*

Drummondville wurde schon 1815 gegründet und ist heute eine Industriestadt mit ca. 71.000 Einwohnern. Im Museumsdorf **Village Québécois d'Antan** (Pioneer Village) sehen Sie, wie die Menschen im 19. Jh. lebten und arbeiteten. In den 70 restaurierten Häusern wird die Vergangenheit durch die Vorführungen und Erzählungen der kostümierten „Dorfbewohner" lebendig.
Village Québécois d'Antan *(Pioneer Village), 1425, rue Montplaisir, ☎ 819-478-1441, geöffnet Ende Mai–Mitte Juni Mi–Fr 10–16, Sa/So 10–17.30, Mitte Juni–Mitte Sept. tgl. 10–17.30, Sept. Mo–Do geschlossen, Eintritt Erwachsene $ 25, Senioren $ 23, Studenten $19, Kinder von 4–12 J. $ 15, Familien $ 64.*

Der **Parc des Voltigeurs** zieht sich mit sehr schönen Wanderwegen am St. Francois River entlang; im Informationszentrum **Domaine Trent** wurde ein Küchenmuseum eingerichtet, wo gelegentlich Wein- und Käseproben angeboten werden. Es gibt viele Campingplätze im Park.
Parc des Voltigeurs, *575, rue Montplaisir, ☎ 819-477-1360, geöffnet bis zum Einbruch der Dämmerung. Informationszentrum* **Domaine Trent,** *☎ 819-472-3662, geöffnet Ende Mai–Anfang Sept. 10–18 Uhr, Eintritt frei.*

Reisepraktische Informationen zu Drummondville

Information
Drummondville Tourism Bureau, *1350 rue Michaud, ☎ 819-477-5529, www.tourisme-drummond.com.*

Unterkunft
$$ Comfort Inn, *1055 rue Hains, ☎ 819-477-4000, www.drummondvillecomfortinn.com, angenehmes Motel mit 49 frisch gerichteten Zimmern, Einkaufszentren, Restaurants und das Museumsdorf sind in der Nähe.*
$$–$$$ Hotel Le Dauphin, *600 boul St.-Joseph, ☎ 819-478-4141, www.le-dauphin.com, ansprechendes Hotel mit freundlichen Zimmern, schönem Swimmingpool, neuem Fitnessraum und Innenpool.*
$$$ Best Western Hotel Universel, *915, rue Hains, ☎ 819-478-4971, www.universel.com, gut geführtes Hotel mit 108 geräumigen Zimmern und 7 Suiten, Swimmingpool und Restaurant.*

Der **Hwy 132** führt durch viele kleine, reizvolle Ortschaften am Südufer des St.-Lo-

Reizvolle Ort- renz-Stroms entlang, wie z. B.
schaften am
St.-Lorenz-
Strom

- **Sorel**, ein bekannter Werfthafen und Anlegestelle der Ausflugsschiffe, die zu den Inseln des St.-Lorenz-Stromes fahren,
- **Odanak**, interessant ist das kleine Museum, in dem von Mai bis September über die Lebensweise der Indianer informiert wird,
- **Nicolet** mit mehreren kleinen Kirchen, einer Kathedrale und einem „Musée des Réligions", das von Mai bis Oktober geöffnet ist,
- **Bécancour**, ebenfalls eine Siedlung der Abenaki, in der ca. 10.500 Indianer leben,
- **Gentilly** mit dem einzigen Kernkraftwerk der Provinz Québec,
- **St.-Pierre-Les Becquets**, das hoch über dem St.-Lorenz-Strom liegt und schöne Ausblicke bietet,
- **Ste.-Croix** mit einem alten Herrenhaus aus dem Jahr 1840; hier finden von Juni bis September an jedem Sonntagmorgen klassische Konzerte statt.

Québec City
Überblick

Redaktionstipps

➤ Fahren Sie zuerst hinauf auf die **Aussichtsplattform des Marie-Guyart-Gebäudes** (S. 205), wo Sie von der Höhe den besten Ausblick auf Québec und die Umgebung haben
➤ Genießen Sie den Ausblick von der **Terrasse Dufferin** (S. 202) auf den St.-Lorenz-Strom und werfen Sie einen Blick in das prächtige Hotel **Château Frontenac** (S. 202)
➤ Rundfahrt mit einer „**calèche**" durch die Straßen von Vieux-Québec (S. 207) oder Stadtrundgang zu den wichtigsten Sehenswürdigkeiten (S. 200)
➤ Spaziergang vom Château Frontenac über die **Promenade des Gouverneurs** (S. 203) zur **Citadelle** (S. 203)
➤ Fahren Sie mit dem **Funiculaire** hinunter in die malerische Unterstadt mit dem **Place Royale** (S. 207) und der **Notre-Dame des Victoires** (S. 207)
➤ Genießen Sie auf der **Fähre** nach Lévis (S. 216) den herrlichen Blick auf die Stadt und auf den St.-Lorenz-Strom

Québec ist die am meisten französisch anmutende Stadt in Kanada. Sie wurde 1608 vom französischen Entdecker **Samuel de Champlain** am Steilufer des St.-Lorenz-Stromes als befestigte Siedlung gegründet und diente ihm als Ausgangspunkt für seine Forschungsreisen ins Landesinnere. Den Reiz einer großen historischen Vergangenheit bewahrt Québec noch heute; als eine der ältesten Städte Kanadas wird sie häufig die „Wiege der französischen Zivilisation in Nordamerika" genannt. Québec ist auch in der Gegenwart das Zentrum der französischen Kultur in Nordamerika; 94 % der ca. 765.000 Einwohner im Großraum Québec sprechen französisch; französische Lebensart und Lebensfreude sind überall lebendig.

Québec ist die Hauptstadt der gleichnamigen Provinz. Um zwischen der Provinz und der Stadt zu unterscheiden, benutzen die englischsprachigen Kanadier die Bezeichnung Quebec City, wenn sie die Stadt meinen; die französischsprachigen Kanadier aber nennen ihre Stadt einfach Québec, wie auch in diesem Kapitel verfahren wird.

Québec besteht aus zwei Teilen:
➤ Innerhalb der alten Stadtmauern liegt die Altstadt mit der mächtigen Zitadelle, prächtigen Regierungsgebäuden, historischen, in den letzten Jahren aufwendig restaurierten Häusern, engen Gassen, kleinen Plätzen und dem prachtvollen Château Frontenac, dem Wahrzeichen der Stadt.

➤ Vor den Stadtmauern dehnen sich die modernen Vororte mit Verwaltungsgebäu-
den, Einkaufszentren und
Wohnsiedlungen immer wei-
ter aus. Hier wirkt Québec
wie jede andere moderne kanadische Stadt, während Sie
sich beim Bummel durch die
malerische Altstadt in eine
französische Kleinstadt versetzt fühlen.

Québec ist bei Kanadiern,
US-Amerikanern und ande-
ren ausländischen Besuchern
ein gleichermaßen beliebtes
Reiseziel; ein Hauch von Ro-
mantik, eine Erinnerung an
Europa liegt über der alten

Blick auf Québec City

Stadt, die nördlich von Mexiko die einzige befestigte Stadt in Nordamerika ist, unter
Denkmalschutz steht und in die Liste des Weltkulturerbes der UNESCO aufgenommen
wurde.

Zu den Höhepunkten des Jahres zählt in Québec seit 1888 der **Karneval**, der Ende Januar mit der Ankunft des „Bonhomme Carnaval", eines riesigen Schneemannes, beginnt und
vierzehn Tage dauert. Mehr als 1 Mio. Menschen nehmen jedes Jahr an den Karnevalsver-
anstaltungen teil und schauen begeistert beim Hundeschlittenrennen, beim Eiskunstlauf
oder beim Eisschnelllaufen zu. Viel Beachtung findet der Wettbewerb, bei dem es um die
Gestaltung des schönsten oder originellsten Schneemannes geht – aber auch Konzerte,
Theateraufführungen, Shows, Paraden und ein Feuerwerk gehören zum Programm.

*Karnevol in
Québec*

Geschichtlicher Überblick

Im Jahr **1535** landete der französische Seefahrer und Entdecker Jacques Cartier im Gebiet des heutigen Québec, in der Nähe des Huronendorfes Stadacona. **1608** erreichte
Samuel de Champlain den St.-Lorenz-Strom und gründete am Zusammenfluss von St.-
Lorenz-Strom und St. Charles River eine kleine befestigte Siedlung, die er nach dem indianischen Wort „Kebek", d. h. „Vereinigung der Wasser", Québec nannte. **1615** kamen Franziskaner nach Neufrankreich, um die Indianer zu christianisieren. Durch den
Handel mit Pelzen, die Ausstattung der Forscher, die zu Expeditionen ins Landesinnere
aufbrachen, und die ertragreiche Landwirtschaft gewann der Ort zunehmend an Bedeutung und wurde zum Zentrum Neufrankreichs.

Auseinandersetzungen mit den Indianern folgten bald erste Kämpfe mit den Engländern; deren Angriffe in den Jahren **1690** und **1711** konnten jedoch aufgrund der günstigen strategischen Lage und der starken Befestigungsanlagen zurückgeschlagen werden.

Im Sommer **1759** griffen die Engländer die Stadt erneut an; auf den „Plaines d'Abraham"
kam es zum Kampf zwischen den von General Wolfe geführten britischen Truppen und
den französischen Soldaten unter General Montcalm. In dieser entscheidenden Schlacht,
in der beide Generäle den Tod fanden, wurden die Franzosen besiegt. Durch den Pariser

Friedensvertrag wurde Neufrankreich England zugesprochen; mit dem „Québec Act" aus dem Jahr 1774 wurde der französischen Bevölkerung durch die britische Regierung das Recht zugesichert, ihre Kultur, Religion und Rechtsprechung beizubehalten.

Im Jahr 1775, kurz nach dem Ausbruch des Amerikanischen Unabhängigkeitskrieges, belagerten amerikanische Truppen die Stadt, konnten jedoch zurückgeschlagen werden. Aus Furcht vor weiteren Angriffen wurden zwischen 1820 und 1850 die Befestigungsanlagen und die Zitadelle weiter verstärkt, aber Québec wurde in den britisch-amerikanischen Krieg von 1812 und in den Aufstand von Oberkanada 1837 nicht einbezogen.

Das im Jahr 1635 von François de Montmorency-Laval gegründete Seminar wurde 1852 zur Université Laval umgewandelt, die noch heute zu den besten Hochschulen des Landes zählt.

Nach der Entstehung des „Dominions of Canada" im Jahr 1867 wurde Québec, die ehemalige Hauptstadt Neufrankreichs, Hauptstadt der französischsprachigen Provinz Québec.

Im 19. Jh. wuchs die wirtschaftliche Bedeutung der Stadt, deren wichtigste Wirtschaftszweige der Weizen- und Holzhandel sowie der Schiffsbau waren. Als England gegen Ende des 19. Jh. seine Garnisonen aus Québec abzog, verließen viele englischstämmige Bewohner die Stadt und zogen nach Montréal oder weiter nach Westen, sodass Québec wieder eine rein frankokanadische Stadt wurde. Als zu Beginn des 20. Jh. nicht länger Holzschiffe gebaut wurden, mussten viele Werften schließen. Es begann eine Zeit wirtschaftlicher Stagnation, die erst in den 1960er-Jahren endete.

Heute ist Québec eine lebendige Verwaltungs- und Wirtschaftsstadt, das Zentrum der französischen Kultur in Kanada und zugleich eine der schönsten Städte Nordamerikas.

Orientierung in Québec

Québec gliedert sich in:
➤ die Altstadt **Vieux-Québec** mit der Unterstadt Basse-Ville, wo die erste Siedlung der Franzosen errichtet wurde, und der Oberstadt Haute-Ville, wo die meisten historischen Gebäude liegen,
➤ die **moderne Stadt**, z. B. Sillery und Sainte-Foy, in denen viele Hotels, Einkaufszentren, Gewerbebetriebe und die modernen Universitätsgebäude liegen.

P   **Parken**
Da die Sehenswürdigkeiten innerhalb Vieux-Québecs nicht weit auseinander liegen, ist ein Auto für die Besichtigung nicht erforderlich. Es gibt zwar Parkmöglichkeiten z. B. am boulevard Sainte Anne, am Château Frontenac, an der rue d'Auteuil und am boulevard Champlain, aber freie Parkplätze sind nur schwer zu finden.

Sehenswertes in Québec
Vieux-Québec – die Oberstadt

Im Herzen der Altstadt liegt der **Place d'Armes (1)**. Hier wurden früher die Paraden abgehalten und öffentliche Reden vorgetragen. Heute ist es ein gepflegter Platz, in dessen Mitte ein Denkmal an die Ankunft der ersten Missionare im Jahr 1615 erinnert. In der näheren Umgebung dieses Platzes liegen die wichtigsten Sehenswürdigkeiten der Altstadt.

Vieux-Québec

❶ Unterkünfte

1 Best Western Plus Centre-Ville Québec
2 Manoir Victoria
3 Hôtel du Vieux-Québec
4 Auberge Sainte-Antoine
6 Manoir d'Auteuil
5 Auberge internationale de Québec
7 Fairmont Le Château Frontenac
8 Manoir Sainte-Geneviève
9 Au Château Fleur de Lys
10 Le Château de Pierre
11 Hôtel Cap-Diamant
12 Québec Hilton
13 Delta Québec
14 Hotel Le Concorde Québec

❶ Essen & Trinken

1 Aviatic Club
2 Tournebroche
3 Au Petit Coin Breton
4 1640 Bistro
5 Le Saint-Amour
6 Aux Anciens Canadiens
7 Restaurant Continental
8 Le Champlain
9 Le Cochon Dingue
10 Le Ciel
11 Graffiti
12 Le Lapin Sauté

© graphic

Das **Musée du Fort (2)** zeigt ein Modell der Stadt aus der Zeit um 1750. In einer Ton- und Lichtschau werden wichtige Ereignisse der Stadtgeschichte dramatisch dargestellt, darunter auch die Schlacht auf den Plaines d'Abraham.

Musée du Fort, 10 rue Sainte-Anne, ☎ 418-692-2175, www.museedufort.com, geöffnet von April–Okt. tgl. 10–17 Uhr, Nov., Feb. und März Do–So 11–16 Uhr, Eintritt Erwachsene $ 8, Senioren $ 7, Studenten $ 6.

Schlosshotel von 1892

Das **Château Frontenac (3)** ist das Wahrzeichen der Stadt, ein großes, weithin sichtbares Schlosshotel, das 1892 im Auftrag der Canadian-Pacific-Railway errichtet wurde. Zuvor stand an dieser Stelle das Château Saint-Louis, die Residenz der Gouverneure von Neufrankreich. Dieses war durch Brände und feindliche Angriffe mehrfach beschädigt und 1834 vollständig zerstört worden.

Das Hotel wurde nach dem Comte de Frontenac benannt, einem der Gouverneure Québecs. Die gewaltige Anlage wurde 1925 durch den Bau des 17 Stockwerke hohen Mittelturmes fertiggestellt und beherrscht mit ihren Türmen seitdem die Stadt. Das Hotel verfügt über 500 Zimmer und mehrere Konferenzsäle, in denen 1943 und 1944 die historischen Konferenzen zwischen dem amerikanischen Präsidenten Franklin D. Roosevelt und dem britischen Premierminister Winston Churchill stattfanden. Viele berühmte Persönlichkeiten haben das Château Frontenac im Laufe der Jahre besucht, so z. B. Königin Elizabeth II., der amerikanische Flieger Charles Lindbergh und der Regisseur Alfred Hitchcock.

Werfen Sie einen Blick in die noble Eingangshalle oder speisen Sie in einem der erstklassigen Restaurants.

Vor dem Château Frontenac und 65 m über dem St.-Lorenz-Strom liegt die **Terrasse Dufferin (4)**, ein breiter Plankenweg, ein beliebter Treffpunkt und eine vielbesuchte Promenade mit Aussichtspunkten, Pavillons, Straßenmusikanten und Gauklern und wundervollen Ausblicken auf den St.-Lorenz-Strom, den St.-Charles River, die Île d'Orléans und die Côte de Beaupré. In den Wintermonaten wird seit mehr als 100 Jahren am westlichen Ende der Terrasse eine hohe Rodelbahn aufgebaut, die zu Schlittenfahrten einlädt.

Beim Spaziergang über die Promenade fallen gläserne Überdachungen auf, unter denen **archäologische Funde** zu sehen sind. Freigelegt wurden bei den Ausgrabungen von 2005 bis 2007 die Überreste von Wohn-

Chateau Frontenac – das Wahrzeichen von Québec

häusern britischer und französischer Gouverneure, die zwischen 1620 und 1834 im „Fort Saint-Louis" amtierten (*Tickets für Führungen sind am Kiosk an der Promenade erhältlich, Erwachsene $ 9.70, Kinder $ 4.90*).

Am Nordende der **Terrasse Dufferin** steht das **Samuel-de-Champlain-Denkmal**, das den Gründer der Stadt darstellt. Von der Terrasse Dufferin können Sie mit der **Funiculaire du Vieux-Québec (5)**, einer Seilbahn, hinunterfahren zum Place Royale, dem Zentrum der alten Unterstadt. Die Bahn wurde bereits 1879 gebaut und zuerst mit einer Dampfmaschine, später dann mit Strom betrieben; seit 1978 kann man den Blick durch große Panoramascheiben genießen. **Fahrzeiten:** *Juli–Sept. tgl. 7.30 Uhr bis Mitternacht, sonst bis 11 Uhr, Fahrpreis $ 2.25.*

Fahrt mit der Seilbahn

Von der Terrasse Dufferin führt ein Treppenweg zum **Parc des Gouverneurs (6)**, in dem ein gemeinsames Denkmal an die beiden feindlichen Generäle Wolfe und Montcalm erinnert. Die beiden Befehlshaber standen sich mit ihren Truppen bei der Schlacht auf den Plains of Abraham gegenüber und fanden beide den Tod. Das Denkmal gedenkt der Toten, des Siegers und des Besiegten.

Die zunächst etwa 50 m lange Terrasse Dufferin wurde 1838 angelegt und 40 Jahre später auf 427 m verlängert. 1960 wurde sie an ihrem westlichen Ende mit der **Promenade des Gouverneurs (7)** verbunden, die unterhalb der mächtigen Festungsmauern verläuft, sodass nun eine Verbindung zwischen dem Château Frontenac und der Zitadelle besteht. Sie sollten diesen Spaziergang nicht versäumen!

Die **Citadelle (8)** liegt auf dem vorspringenden Cap Diamant, etwa 110 m über dem St.-Lorenz-Strom; der Eingang zur Zitadelle liegt am Stadttor Porte St.-Louis, an der côte de la Citadelle. Die Zitadelle wurde in den Jahren von 1820–1852 an der Stelle einer älteren Festung gebaut. Es ist eine der größten Festungsanlagen auf dem nordamerikanischen Kontinent, eine riesige, gut erhaltene, sternförmige Anlage, deren Bauten durch Festungsmauern, Wälle und Gräben geschützt sind.

Große Festungsanlage

Eines der restaurierten Gebäude dient heute als Sommerresidenz des Generalgouverneurs; in einem Pulverturm des 18. Jh. wurde ein **Militärmuseum** eingerichtet. Von dort kann man die gesamte Anlage gut überblicken. In der Zitadelle ist heute das 22. Königliche Regiment stationiert. *Von Mitte Juni–Anfang Sept. findet tgl. um 10 Uhr die zeremonielle **Wachablösung** statt; Sa können Sie um 18 Uhr dem Zapfenstreich beiwohnen. Außerdem gibt es **Führungen** auf Englisch und Französisch, geöffnet von Mai bis Okt. tgl. 9–17, sonst tgl. 9–16 Uhr.* ☎ *418-694-2815, www.lacitadelle.qc.ca. Preise Erwachsene $ 16, Senioren, Studenten $ 13, Kinder und Jugendliche von 7–17 J. $ 6; Familienkarte $ 30, kostenlose Parkmöglichkeiten sind ausreichend vorhanden.*

Westlich der Zitadelle liegt der ca. 80 ha große **Parc des Champs-de-Bataille (9)** mit den **Plaines d'Abraham**. Hier fand 1759 eine entscheidende Schlacht im Krieg zwischen England und Frankreich statt. Schautafeln informieren über den Schlachtverlauf. Der Kampf endete mit dem Sieg der britischen Truppen, der wesentlich zur Eroberung Neu-Frankreichs durch Großbritannien beitrug.

Im Sommer fährt ein Shuttlebus zu den Sehenswürdigkeiten auf dem Gelände; dazu gehören das **Wolfe Monument**, die mächtigen **Martello Towers**, die zur Abwehr feindlicher Angriffe gebaut wurden, und die **Grey-Terrasse**, die einen eindrucksvollen Ausblick über das weite Tal des St.-Lorenz-Stromes bietet. Der Park ist heute trotz seiner düsteren Vergangenheit ein beliebter Ort zum Spazierengehen, Picknicken, Radfahren und Ski- und Eislaufen im Winter.

Im Parc des Champs-de-Bataille liegt auch das **Musée National des Beaux-Arts du Québec**, das Nationalmuseum von Québec, das über die Geschichte Québecs informiert und Werke von Künstlern aus der Provinz Québec, aber auch großartige Wechselausstellungen präsentiert. Das 1933 im klassizistischen Stil errichtete Museum wurde im Laufe der Jahre durch andere Bauten erweitert, zuletzt 2016 um einen Pavillon aus Beton und Glas. Sehenswert sind auch der Skulpturengarten und eine Ausstellung der Inuit-Kunst.

Musée National des Beaux-Arts du Québec, *179 Grande Allee Ouest, ☎ 418-643-2150, Öffnungszeiten: Di–So 10–17, Mi bis 21 Uhr, Eintritt: Erwachsene $18, Senioren $ 16, Studenten $ 10, Kinder unter 12 Jahren frei, Familienkarte $ 40, Mi von 17–21 Uhr $ 9.*

Zu den immer wieder ausgebauten **Befestigungsanlagen** der Stadt, 100 rue St-Louis, gehören Bastionen, Türme, Tore, Mauern und Wälle. Der die Altstadt schützende 4,6 km lange Wall aus Sand und Granitsteinen wurde 1832 fertiggestellt und 1957 zum historischen Bauwerk erklärt. Im alten **Pulvermagazin** neben dem Stadttor Porte St.-Louis befindet sich ein Informationszentrum.

Nördlich davon liegt der **Parc Historique de l'Artillerie (15)** mit wichtigen Militärbauten des 17. und 18. Jh. Drei Gebäude können besichtigt werden: das Informationszentrum mit einer stadtgeschichtlichen Ausstellung und einem Modell der Stadt Québec aus der Zeit um 1808, die Dauphine Redoute (1712–1748) mit mächtigen Mauern und Offizierswohnungen, in dem sich ein Informationszentrum für Kinder befindet.

Parc Historique de l'Artillerie, *2, rue D'Auteuil, ☎ 648-4205, www.pc.gc.ca/artillerie, geöffnet Mitte Mai–Mitte Okt. tgl. 10–17 Uhr, Eintritt Erwachsene $ 4, Senioren und Studenten $ 3.40, Kinder $ 1.90, Familienkarte $ 9.80. Führungen in englischer und französischer Sprache.*

Das große **Regierungsviertel** von Québec liegt westlich vom Stadttor Saint-Louis, auf dem Parlamentshügel außerhalb der alten Stadtmauern. Hier verläuft die Prachtstraße Québecs, die **Grande Allée Est**, die häufig mit den Champs-Elysées in Paris verglichen wird. In den schönen, oft im viktorianischen Stil gebauten Häusern gibt es viele kleine Restaurants und Straßencafés, hierher kommt man zum Sehen und Gesehenwerden!

Das Rathaus, das **Hôtel du Parlement (10)**, wurde zwischen 1877 und 1886 gebaut und ähnelt den großen französischen Schlössern des 16. Jh. Besucher sind im großen Sitzungssaal der Nationalversammlung und im Saal der Legislative zugelassen. Voraussichtlich bis 2019 werden jedoch umfangreiche Baumaßnahmen durchgeführt.

Das Parlament

Hôtel du Parlement, *Ecke avenue Honoré Mercier/Grande Allée Est,* ☎ *418-643-7239, www.assnat.qc.ca, halbstündige Führungen Mitte Juni–Anfang Sept. tgl. 9–16.30, sonst werktags 9–16.30 Uhr, Eintritt frei.*

In den umliegenden Regierungsgebäuden sind die Amtsräume der Provinzregierung von Québec und die städtischen Verwaltungen untergebracht. Das **Centre des Congrès** ist ein großer Gebäudekomplex mit Hotels, Geschäften, Verwaltungen und einem Kongresszentrum.

Tipp: Blick auf Québec vom „Observatoire de la Capitale"

Versäumen Sie nicht, mit dem Aufzug auf die Höhe des höchsten Gebäudes von Québec City zu fahren. Im 31. Stockwerk des **Marie-Guyart-Gebäudes** haben Sie von der 221 m hoch gelegenen Aussichtsplattform „L'observatoire de la Capitale" einen sehr schönen Panoramablick über die Stadt und das weite Umland.

Aussichtsplattform

Èdifice Marie-Guyart, *Ecke boul. René Lévesque/rue de la Chevrotière,* ☎ *418-644-9841, geöffnet mit Führungen auf Englisch und Französisch tgl. 10–17 Uhr, Mitte Okt.–Ende Feb. Mo geschlossen, Eintritt Erwachsene $ 14, Senioren und Studenten $ 11, Kinder unter 12 J. frei.*

Das Ursulinenkloster, **Musée des Ursulines (11)**, wurde schon 1639 gegründet und diente als Bildungsanstalt für junge Französinnen und Indianermädchen. Die schon im 17. Jh. als Heilige verehrte Marie de l'Incarnation stammte aus der französischen Stadt Tours und widmete sich in ihrer neuen Heimat besonders der Verständigung mit den Indianern vom Stamm der Algonquin und Irokesen. Zu diesem Zweck verfasste sie die ersten Wörterbücher der beiden Indianersprachen. Die kleine Kapelle, in der Marie de l'Incarnation beigesetzt ist, ist ein Wallfahrtsort. Sehenswert sind die aus dem 18. Jh. stammenden Altäre, Statuen und Elfenbeinkreuze, das Museum mit Informationen über das Leben im Kloster und der Schädel des französischen Generals Montcalm.
Musée des Ursulines, *12, rue Donnacona,* ☎ *418-694-0694, www.museedesursulines.com, Kapelle geöffnet Di–Sa 10–11.30 und 13–16.30, So 13–17 Uhr; Museum geöffnet von Mai–Sept. Di–So 10–17, So 13–17, sonst Di–So 13–17 Uhr, vom 22. Dez.–5. Jan. geschlossen, Eintritt Erwachsene $ 8, Senioren und Studenten $ 6, Kinder und Jugendliche von 13–17 J. $ 4.*

Die anglikanische Kirche, **Cathedral of the Holy Trinity (12)**, 31, rue des Jardins (☎ 418-692-2193), wurde 1800–1804 nach dem Vorbild der Londoner Kirche Saint-Martin-in-the-Fields gebaut. Es ist die erste anglikanische Kathedrale, die außerhalb Großbritanniens gebaut wurde. Sehr schön sind das aus Eiche gefertigte Chorgestühl und die Empore und die Silberkollektion. Seit 1830 werden die acht Glocken im 47 m hohen Glockenturm regelmäßig geläutet. Im Sommer finden regelmäßig Orgelkonzerte in der Kirche statt.

Die **Basilique-Cathédrale Notre-Dame de Québec (13)**, die hervorgegangen ist aus der alten, von Samuel de Champlain 1664 errichteten Kapelle, feierte 2014 ihr 350-jähriges Bestehen. Die heutige, dreischiffige Kirche wurde in den 1920er-Jahren gebaut und steht seit 1966 unter Dekmalschutz. Sehenswert sind das reich geschmückte Kircheninnere mit schönen Glasfenstern, Malereien und die Orgel auf der Westempore.
Basilique-Cathédrale Notre-Dame de Québec, *16, rue Buade,* ☎ *418-692-2533, www.notre-dame-de-quebec.org, geöffnet tgl. 7.30–16 Uhr, Führungen von Mai bis Nov. tgl. 9–17 Uhr, Eintritt frei.*

Das Jesuitenseminar **Séminaire de Québec (14)**, 2, côte de la Fabrique, wurde 1663 vom Bischof Laval gegründet. Aus diesem Priesterseminar entwickelte sich die Universität Laval, die heute von 22.000 Studenten besucht wird. Die modernen **Universi-**

Künstlerstraße Rue du Trésor

tätsgebäude liegen im Vorort Sainte-Foy; in den alten Seminargebäuden befinden sich noch die mehr als 300.000 Bände umfassende Bibliothek und das Musée de l'Amérique francophone.

Das **Musée de L'Amérique francophone** zeigt in seinen Ausstellungsräumen Werke europäischer und kanadischer Künstler, alte Bücher- und Münzsammlungen, Gold- und Silberarbeiten sowie ethnologische Studien. Der Schwerpunkt der Ausstellungen liegt auf der Darstellung der Geschichte der Franzosen in Nordamerika. Ebenfalls zum Seminar gehört die **Briand-Kapelle**, die 1785 gebaut und mit Holzschnitzereien ausgeschmückt wurde.

Musée de L'Amérique francophone, 2, côte de la Fabrique, ☎ 418-692-2843, geöffnet Ende Juni–Ende Sept. tgl. 9.30–17, im Winter nur Sa/So 10–17 Uhr. Im Sommer finden Führungen statt, die an der 2, côte de la Fabrique beginnen und das Jesuitenseminar einbeziehen. Eintritt Erwachsene $ 8, Senioren $ 7, Studenten $ 5.50, Kinder von 12–17 J. $ 1.

Bei Ihrem Stadtrundgang wird Ihnen auffallen, wie unterschiedlich einzelne Straßen sind:

- Die **rue Sainte-Anne** ist eine lebhafte Straße mit vielen Geschäften, Boutiquen, kleinen Hotels und Restaurants.
- Die **côte de la Fabrique** ist eine beliebte Einkaufsstraße mit schönen Boutiquen und vielseitigen Geschäften; ihren Reiz machen die historischen Häuser aus, die zu den ältesten von Québec zählen.
- Die **rue Saint-Jean** ist ebenfalls eine geschäftige Einkaufsstraße mit vielen Geschäften und gern besuchten Restaurants; die **avenue Cartier** lockt mit zahlreichen Boutiquen, Buchläden, Antiquitätengeschäften, Bistros und stadtbekannten Konditoreien. Am Abend trifft „man" sich in den Pubs in der rue Cartier.
- Die **rue du Trésor** liegt zwischen der rue Sainte-Anne und der rue Buade. Hier werden Sie an das Pariser Künstlerviertel Montmartre erinnert, denn auch hier stellen viele Künstler ihre Arbeiten aus, fordern Sie zum Portraitieren auf und führen lebhafte Gespräche mit den Passanten. Der Name stammt aus der Zeit, als hier die Kolonisten noch ihre Abgaben an die Staatskasse Frankreichs leisten mussten.

Künstlerviertel

Vieux-Québec – die Unterstadt

☞ Tipp

Von der Oberstadt können Sie folgende Wege in die Unterstadt benutzen:
• ausgehend vom Place d'Armes gehen Sie über die rue du Fort in die côte *Wege in die* de la Montagne, passieren die Stadtmauer durch das Stadttor Porte Prescott und *Unterstadt* steigen über die steile Treppe „Escalier Casse-Cou" hinunter zur Unterstadt,
• in der Nähe des Champlain-Denkmals vor dem Château Frontenac führt eine Treppe hinunter zur côte de la Montagne und zur Unterstadt,
• die bequemste Art ist die Fahrt mit dem Funiculaire, der von der Terrasse Dufferin abfährt.
Wenn Sie aus den Vororten direkt in die Unterstadt wollen, können Sie den Bus Linie 1 benutzen, der zur Unterstadt und zum Alten Hafen fährt.

Die Unterstadt, **Basse-Ville**, lockt viele Besucher an, die den Reiz der liebevoll restaurierten historischen Häuser und die lebendige Atmosphäre gleichermaßen genießen.

ℹ Information

Centre Infotouriste de Québec, *12, rue Ste.-Anne,* ☏ *418-641-6290 oder 1-877-266-5687, www.quebecoriginal.com, Informationen über alle Veranstaltungen in der Unterstadt, Treffpunkt der geführten Wanderungen, geöffnet von Mitte Juni–Ende Aug. tgl. 9–19 Uhr, sonst tgl. 9–17 Uhr.*

Mittelpunkt der Unterstadt ist der **Place Royale (16)**; hier begann im Jahr 1608 die französische Kolonisation in Nordamerika. Mit dem Bau der „habitation", dem ersten Wohn- und Lagerhaus, gründete Samuel de Champlain die erste dauerhafte Siedlung in Neufrankreich, die schon bald um einen Pelzhandelsposten erweitert wurde. Der Handel blühte, der Ort wuchs, und der Platz entwickelte sich zu einem geschäftigen Markt- *Wie im* platz, an dem um die Mitte des Jahrhunderts wohlhabende Händler ihre Wohnhäuser *17. Jh.* bauten. 1686 wurde eine Büste Ludwigs XIV., des Sonnenkönigs, aufgestellt und der Platz ihm zu Ehren Place Royale genannt. In den letzten Jahren wurden viele der Häuser sorgfältig restauriert und vermitteln jetzt einen sehr guten Eindruck von einer französischen Stadt des 17. und 18. Jh.
Musée de la Place Royal, *27, rue Notre Dame,* ☏ *418-646-3167 oder 1-866-710-8031, www.mcq.org, in einem historischen Gebäude wird in Ausstellungen und einer Multi-Media-Show gezeigt, wie in der Vergangenheit am Place Royale Handel getrieben wurde, außerdem gibt es eine Ausstellung zur 400-jährigen Geschichte der Stadt, geöffnet von Ende Juni–Ende Aug. tgl. 9.30–17 Uhr, sonst Di–So 10–17 Uhr. Eintritt Erwachsene $ 7, Senioren $ 6, Studenten $ 5, Kinder von 13–17 J. $ 1.*

Nur ein paar Schritte entfernt, in der rue Notre Dame, steht das **Haus Soumande** mit der sehr lebendig wirkenden Wandmalerei „La Fresque des Québécois", die die Geschichte der Stadt und ihrer Bewohner erzählt. Hinter den gemalten Fenstern sind historische Figuren zu erkennen, z. B. Samuel de Champlain, aber auch Sehenswürdigkeiten wie die historischen Häuser der Unterstadt, die Stadtmauern oder die steilen Treppen zwischen Ober- und Unterstadt.

Anlässlich des 400-jährigen Stadtjubiläums entstanden zwischen 1999 und 2008 mehrere dieser großflächigen Wandmalereien, die zu touristischen Anziehungspunkten wurden und von kostümierten Stadtführern zur Einführung in die Stadtgeschichte genutzt werden.

Zu den sehenswerten Gebäuden in der Unterstadt zählen:
➤ die kleine Kirche **Notre-Dame-des-Victoires (17)**, 1688 erbaut und trotz starker Zerstörung durch die Engländer im Jahr 1759 nach den Originalplänen wieder

aufgebaut; wurde 1969 einer gründlichen Renovierung unterzogen. Im Kircheninneren fällt der Altar auf, der wie eine Festung gestaltet ist.
Notre-Dame-des-Victoires, *Place Royale*, ☎ *418-692-1650, geöffnet tgl. 9.30–17 Uhr, Eintritt frei.*

➤ das **Maison Chevalier (18)** besteht aus drei Gebäudeteilen und wurde zwischen 1675 und 1752 errichtet. In dem restaurierten Gebäude gibt es eine ethnografische Ausstellung mit alten Landkarten, Stichen, Töpferwaren und Handarbeiten.
Maison Chevalier, *50, rue du Marché-Champlain, geöffnet Mitte Juni–Ende Sept. tgl. 10–17 Uhr, Eintritt frei.*

➤ Das **Quartier du Petit-Champlain (19)** liegt am Fuße des Treppenweges „Casse-Cou", der nicht ganz so gefährlich ist, wie der Name „Halsbrechertreppe" vermuten lässt. Nach umfangreichen Restaurierungsarbeiten ist das Viertel heute der Blickfang der Unterstadt. In den engen Gassen drängen sich die Besucher, Straßenhändler bieten ihre Waren an, Musiker, Tänzer und Akrobaten führen ihre Künste vor. In den historischen Häusern wurden viele kleine Geschäfte, Boutiquen, Galerien und Ateliers eingerichtet, in denen Sie gutes Kunsthandwerk, indianische Lederwaren, Kunst der Inuit und Bilder junger Künstler finden. In kleinen Cafés und Restaurants kann man eine Pause einlegen und sich stärken.
Am Fuß der „Halsbrechertreppe", 102, rue du Petit-Champlain, ist die kürzlich renovierte Wandmalerei „Fresque du Petit-Champlain" zu sehen, die die Geschichte des Cap-Blanc und das Leben der Hafenbewohner darstellt.

Quirliges Viertel

➤ Das **Maison Louis-Jolliet**, 26 rue Petit-Champlain, wurde 1683 für Louis Jolliet, der den Mississippi erforscht hatte, gebaut. Das Haus ist heute Abfahrtsstelle des Funiculaire, der die Unterstadt mit der Oberstadt verbindet.

➤ Im **Théâtre Petit-Champlain**, 68, rue du Petit-Champlain, finden im Sommer regelmäßig Konzerte statt.

➤ Das **Musée de la Civilisation (20)** entstand 1988 und ist ein gelungenes Beispiel einer Verbindung zwischen einem modernen Hauptgebäude aus Beton, Stahl und Glas mit zwei historischen Häusern aus dem 18. und frühen 19. Jahrhundert. Das Museum zeigt in Dauer- und Wechselausstellungen verschiedene Aspekte der Menschheitsgeschichte und im Besonderen der Geschichte und Kultur Québecs sowie moderne Erfindungen und technische Neuerungen und deren Auswirkungen auf das Leben der Menschen. Die Ausstellungen sind durchgängig französisch beschriftet, es gibt aber an der Information auch englischsprachige Führer. Von der Dachterrasse bietet sich ein schöner Blick auf den St.-Lorenz-Strom.
Musée de la Civilisation, *85, rue Dalhousie*, ☎ *418-643-2158 oder 1-866-710-8031, www.mcq.org, geöffnet von Ende Juni –Ende Aug. tgl. 9–18, sonst Di–So 10–17 Uhr, Eintritt Erwachsene $ 16, Senioren $ 15, Studenten $ 10, Kinder von 12–16 J. $ 5.*

Der alte Hafen erreichte in der ersten Hälfte des 19. Jh., in der Zeit der großen Segelschiffe, seine größte Bedeutung. Das große Gelände am Bassin Louise war ein wichtiger Holzhandelsplatz und ein bedeutendes Schiffsbauzentrum. Die Anlagen wurden in den vergangenen Jahren gründlich erneuert und sind heute **Vieux-Port de Québec (21)** ein beliebtes Ausflugsziel.

Zum Bereich des Alten Hafens gehören noch ein Jachthafen, ein Freilufttheater am St.-Lorenz-Strom, der **Marché du Vieux-Port**, 160, quai St.-André, wo Bauern schön präsentiertes Obst, Gemüse, Wein oder Ahornsirup verkaufen, und das **Imax Theatre**, 5401, boulevard des Galeries, mit einer Riesenleinwand.

In den kleinen Straßen wie z. B. rue Saint-Paul oder quai Saint-André, gibt es schöne Boutiquen, Antiquitätenläden, Kunstgalerien und gemütliche Cafés.

Weitere Sehenswürdigkeiten in der Stadt und in der näheren Umgebung

Im Vorort Sainte-Foy liegt eines der größten Aquarien Kanadas in einer schönen Umgebung, das **Aquarium du Québec**. Die Gegend rund um das Aquarium lädt zum Wandern und zu einem Picknick ein und bietet herrliche Ausblicke auf den St.-Lorenz-Strom. Zweimal täglich findet eine Seehund-Schau statt.

Aquarium du Québec, *1675, avenue des Hôtels,* ☎ *418-659-5264 oder 1-866-659-5264, www.sepaq.com/ct/paq, geöffnet in den Sommermonaten tgl. 9–17 Uhr, sonst 10–16 Uhr, Eintritt Erwachsene $ 18.50, Senioren $ 16.50, Kinder von 3–17 J. $ 9.25, Familienkarte $ 55.50.*

Das **Lévis Forts National Historic Site** liegt am südlichen Ufer des St.-Lorenz-Stromes in Lévis. Es war in den Jahren 1865–1872 von den Briten zum Schutz der Stadt gebaut worden.

Lévis Forts National Historic Site, ☎ *418-835-5182, www.pc.gc.ca, geöffnet Mitte Mai–Ende Aug. tgl. 10–17 Uhr, Eintritt Erwachsene $ 4, Senioren und Studenten $ 3.50, Kinder von 6–16 J. $ 2, Familienkarte $ 10.*

Die **Wasserfälle von Montmorency** liegen an der Stelle, wo die Flüsse Montmorency und St.-Lorenz zusammenfließen, in Beauport, etwa 12 km nordöstlich von Québec entfernt. Die Wasser des Montmorency-Flusses stürzen 83 m tief über einen Felsvorsprung in die Tiefe – das übertrifft sogar die Niagarafälle! Eine Gondel führt hinauf zum Vorgebirge und bietet einen besonders schönen Ausblick auf die Wasserfälle. Rund um die Wasserfälle wurde ein Park mit schönen Wanderwegen angelegt; in diesem Park liegen ein altes Fort aus dem Jahr 1759 und das **Manoir Montmorency** (Kent House), das von 1791–1794 das Wohnhaus des Herzogs von Kent, des Vaters der Königin Victoria, war.

Gondelfahrt

Parc de la Chute-Montmorency, ☎ *418-663-3330 oder 1-800-665-6527, www.sepaq.com/ct/pcm, ganzjährig ohne Eintritt zugänglich, geöffnet Mitte Juni–Ende Aug. tgl. 9–21, Preis für eine einfache Gondelfahrt: Erwachsene $11.25, Kinder von 6–16 J. $ 5.75, Hin- und Rückfahrt Erwachsene $ 13.25, Kinder $ 6.75, Familienkarte $ 43, Parkgebühr $ 10.*

Die **Côte-de-Beaupré** zieht sich von Québec am Nordufer des St.-Lorenz-Stromes entlang bis zum Cap Tourmente. In diesem fruchtbaren Landstrich liegen die ältesten französischen Siedlungen; alte Bauernhäuser und Mühlen erinnern an die Zeit der frühen Siedler, gemütliche Landgasthäuser laden zum Verweilen ein.

Das **Centre d'interprétation de la Côte-de-Beaupré** wurde in einer Mühle aus dem Jahr 1695 eingerichtet. Fotos, Drucke, Landkarten und Videoaufzeichnungen stellen die soziale und historische Entwicklung der ersten Siedlungen in Québec dar.

Centre d'interprétation de la Côte-de-Beaupré, *7976, avenue Royale,* ☎ *418-824-3677, www.histoire-cotedebeaupre.org, geöffnet Mitte Mai–Mitte Okt. tgl. 9–17, sonst Mo–Fr 9–16 Uhr, Eintritt Erwachsene $ 6, Senioren $ 5, Studenten $ 4, Kinder unter 17 J. frei.*

Der Wasserfall von Montmorency

Die Île d'Orléans

 Tourist Information, *490, côte du Pont, Saint-Pierre-de-Île d'Orléans,* ☎ *418-828-9411 oder 1-866-941-9411, www.tourisme.iledorleans.com.*

Die **Île d'Orléans**, eine 35 km lange und 9 km breite Insel im St.-Lorenz-Strom, ist über die Hwys 440E oder 138 zu erreichen, von denen dann der Hwy 368 abzweigt und über die schon 1935 gebaute Brücke zur Insel führt. Jacques Cartier hatte der Insel ursprünglich den Namen Bacchusinsel gegeben; erst später erhielt die Insel den Namen zu Ehren des Herzogs von Orléans. 1608 besuchte Samuel de Champlain die Insel, und bald folgten die ersten Siedler. Eine knapp 70 km lange Rundfahrt über die bezaubernde Insel führt zu sechs Inseldörfern mit alten Kirchen aus den Jahren 1718–1746, schönen Bauernhäusern, Mühlen und ansprechenden Übernachtungsmöglichkeiten und bietet immer wieder herrliche Ausblicke auf den St.-Lorenz-Strom und die Insel, die zunehmend von Künstlern und wohlhabenden Québecern als Wohnsitz gewählt wird.

Im kleinen Ort Saint-Jean-de-Île d'Orléans ist in den Sommermonaten das **Manoir Mauvide-Genest** zu besichtigen, das 1734 gebaut wurde und nach der Renovierung mit wertvollem, altem Mobiliar eingerichtet wurde.
Manoir Mauvide-Genest, *1451, chemin Royale,* ☎ *418-829-2630, www.manoirmauvidegenest.com.*

Wallfahrtsort
Ste.-Anne-de-Beaupré ist ein bekannter Wallfahrtsort, ca. 40 km nordöstlich von Québec, der alljährlich von mehr als einer Million Pilger und Besucher aufgesucht wird. 1658 stifteten bretonische Seeleute der heiligen Anna aus Dankbarkeit für ihre Rettung eine Kapelle, mit der sich schon bald Geschichten von wundertätigen Heilungen verbanden. Nachdem die Kapelle durch Hochwasser beschädigt worden war, wurde 1661 eine neue Kapelle errichtet. Die 1872 gebaute Basilika wurde durch einen Brand zerstört; die heutige Kirche entstand 1923 und wurde mit Mosaiken, bunten Glasfenstern, Skulpturen und Bildern reich geschmückt.

Sehenswert sind weiterhin ein Kreuzweg, eine „Heilige Treppe", ein Wachsfigurenmuseum mit Szenen aus dem Leben der heiligen Anna und das **Cyclorama de Jérusalem**, ein 14 m hohes und 110 m breites Panoramagemälde, das 1895 in München angefertigt wurde und die Stadt Jerusalem und die nähere Umgebung zu Lebzeiten Jesu zeigt. Das Panorama schaut man sich von einer Plattform innerhalb des Gemäldes an.
Cyclorama de Jérusalem, *8 rue du Sanctuaire, am Hwy 138,* ☎ *418-827-3101, www.cyclorama.com, geöffnet Mitte Mai–Mitte Okt. tgl. 10–17 Uhr, Juli/Aug. bis 18 Uhr, Eintritt Erwachsene $ 12, Kinder von 6–16 J. $ 8.*

Fähre
Von Ste.-Anne-de-Beaupré fahren Boote und Wassertaxis hinüber zur Insel **Grosse Île and Irish Memorial National Historic Site**, *die zum* **Archipel de L'Îsle-aux-Grues** *gehört.*

Wasserfälle
Wenige Kilometer nördlich von Ste.-Anne-de-Beaupré liegen die Wasserfälle **Grand Canyon des Chutes Ste.-Anne** und **Sept-Chutes**. Die Wasser des Ste.-Anne-Flusses zwängen sich durch enge Schluchten und stürzen sich in Wasserfällen und Strudeln hinab zum St.-Lorenz-Strom. Ein Lehrpfad, Brücken und Aussichtsterrassen bieten schöne Ausblicke auf den Strom; Regenbogen schillern in allen Farben.
Grand Canyon des Chutes Ste.-Anne, *CP 2087, 206, Route 138 est, Beaupré,* ☎ *827-4057, www.canyonsa.qc.ca, geöfffnet Juli/Aug. 9–18 Uhr, Mai/Juni und Sept./Okt. 9–17 Uhr, Eintritt Erwachsene $ 13.50, Jugendliche von 13–17 J. $ 10, Kinder von 6–12 J. $ 7.*

Sept-Chutes, *4520 avenue Royale, Saint-Ferréol-des Neiges,* ☎ *826-3139, http://septchu tes.com, geöffnet Mitte Mai–Anfang Okt. tgl. 10.30–16.30 Uhr, Juli/Aug. 9.30–17.45 Uhr, Eintritt Erwachsene $ 10.50, Senioren und Studenten $ 9.50, Kinder von 6–17 J. $ 7.50, Familienkarte $ 28.50.*

Reisepraktische Informationen zu Québec

Information

Centre Infotouriste de Québec, *12 rue Ste.-Anne, Place d'Armes, vor dem Château Frontenac,* ☎ *418- 873-2015 oder 1-877-266-5687, www.quebecregion.com, geöffnet Mitte Juni–Ende Aug. tgl. 9–18 Uhr, sonst tgl. 9–17 Uhr.*
Außerdem gibt es im Bereich der Altstadt den **Mobile Service***; das sind junge Leute, die zu Fuß oder auf einem grünen Motorroller, der durch einen Wimpel mit Fragezeichen gekennzeichnet ist, durch die Altstadt fahren und Auskünfte erteilen.*

Entfernungen

Québec – Montréal 253 km	*Québec – Toronto 802 km*
Québec – Ottawa 456 km	*Québec – Halifax 1.097 km*

Wichtige Anschriften und Telefonnummern

Polizei, Feuer, Medizinischer Notdienst*: 911*
Canadian Automobile Association*: 444, rue Bouvier,* ☎ *418-624-2424 oder 1-800-222-4357*
Notdienst*:* ☎ *1-800-222-4357*   **Wetterdienst***:* ☎ *418-648-7766*

Unterkunft

Québec City ist eines der beliebtesten Reiseziele in Kanada mit Übernachtungsmöglichkeiten in jeder Preisklasse, von der Jugendherberge bis zum 5-Sterne-Hotel.
Wegen großer Nachfrage ist eine rechtzeitige Hotelreservierung immer zu empfehlen. Die Mehrzahl der modernen Mittelklassehotels und Motels liegt im Vorort Sainte-Foy, besonders am boulevard Laurier und am boulevard Wilfrid-Hamel, von wo Busverbindungen zur Altstadt bestehen. Die großen Luxushotels liegen außerhalb der Stadtmauern der Altstadt; innerhalb der Stadtmauern gibt es eine große Zahl von kleinen, familiär geführten Gästehäusern, Pensionen und Bed&Breakfast-Häusern, die oftmals in historischen Gebäuden eingerichtet wurden und eine sehr reizvolle Atmosphäre haben.
$$ Best Western Plus Centre-Ville Québec (1), *330, rue de la Couronne,* ☎ *418-649-1919, 1-888-702-0876, http://bestwesternquebec.com/hotels/best-western-plus-city-centre-cen tre-ville, zentral gelegenes Hotel mit geräumigen, freundlich eingerichteten Zimmern.*
$$–$$$ Au Château Fleur de Lys (9), *15, avenue Sainte-Geneviève,* ☎ *418-694-1884, www.chateaufleurdelys.com, 18 Zimmer unterschiedlicher Größe in einem 1876 gebauten, 2014 renovierten Haus in der Altstadt zwischen dem Zentrum und der Zitadelle.*
$$–$$$ Manoir Sainte-Geneviève (8), *13, avenue Sainte-Geneviève,* ☎ *418-694-1666, www.leshotelsduparc.com, historisches Gasthaus aus dem Jahr 1800 mit neun gemütlichen Zimmern, in der Nähe des Château Frontenac.*
$$$ Hôtel Cap-Diamant (11), *39, avenue Sainte-Geneviève,* ☎ *418-694-0313, www.ho telcapdiamant.com, kleines, gemütliches Haus im viktorianischen Stil mit neun antik möblierten Zimmern und einem schönen Garten, in der Nähe von Plains of Abraham, das Frühstück ist im Preis inbegriffen.*
$$$ Le Château de Pierre (10), *17, avenue Sainte-Geneviève,* ☎ *418-694-0429, www.chateaudepierre.com, 15 elegante Zimmer in einem früheren Herrenhaus mit Marmorkamin, gleich hinter dem Château Frontenac, sehr freundliche, hilfsbereite Eigentümer.*

$$$ **Hotel Le Concorde Québec (14)**, 1225, Cours du Général-de Montcalm, ☎ 418-647-2222 oder 1-800-463-5256, www.hotelleconcordequebec.com, elegantes Hotel mit großen, luxuriösen Zimmern, vom Dachrestaurant haben Sie großartige Ausblicke auf den St.-Lorenz-Strom, die Altstadt oder die Plains of Abraham, Swimmingpool.

$$$–$$$$ **Delta Québec (13)**, 690, boulevard René-Lévesque est, ☎ 418-647-1717, 1-888-890-3222, www.marriott.com/hotels/travel/yqbdr-delta-hotels-quebec, modernes, erstklassiges Hotel in guter Lage.

$$$$ **Hôtel du Vieux-Québec (3)**, 1190, rue Saint-Jean, ☎ 418-692-1850, 1-800-361-7787, www.hvq.com, in der Altstadt gelegenes Hotel mit 45 komfortablen, gut ausgestatteten Zimmern, freundlicher Service.

$$$$ **Manoir d'Auteuil (6)**, 49, rue d'Auteuil, ☎ 418-694-1173, www.manoirdauteuil.com, schön restauriertes Gebäude aus dem Jahr 1835 mit 27 stilvoll eingerichteten Zimmern in Vieux-Québec.

$$$$ **Manoir Victoria (2)**, 44, Côte du Palais, ☎ 418-692-1030, 1-800-463-6283, www.manoir-victoria.com, sehr schön renoviertes Hotel in der Altstadt mit 150 modern eingerichteten Zimmern, Swimmingpool, Fitnessraum.

$$$$ **Québec Hilton (12)**, 1100, boulevard René-Lévesque est, ☎ 418-647-2411, www.hiltonquebec.com, großes, modernes Hotel mit schöner Aussicht, Swimmingpool, Fitnessraum.

$$$$–$$$$$ **Auberge Sainte-Antoine (4)**, 8, rue Saint-Antoine, ☎ 418-692-2211, 1-888-692-2211, www.saint-antoine.com, preisgekrönter luxuriöser Landgasthof mit sehr schönem Blick auf den St.-Lorenz-Strom, elegant eingerichtete Zimmer, einige Suiten haben einen Whirlpool, ein reichhaltiges Frühstück ist im Preis inbegriffen, sehr freundliche Besitzer.

$$$$$ **Hôtel de Glace Quebec-Canada**, 9530, rue de la Faune, ☎ 418-623-2888 oder 1-877-505-0423, www.hoteldeglace-canada.com. Falls Sie im Winter in Québec sind, können Sie Nordamerikas einzigartiges Eishotel erleben. In der Nähe von Québec City entsteht in jedem Winter neu ein **Eishotel** aus 4.500 Tonnen Schnee und 250 Tonnen Eis. Bis zur Schneeschmelze bleibt das Hotel geöffnet, um dann im nächsten Winter wieder neu erbaut zu werden. Im kostspieligen Übernachtungspreis sind Schlafsackmiete und ein warmes Frühstück enthalten.

$$$$$ **Fairmont Le Château Frontenac (7)**, 1, rue des Carrières, ☎ 418-692-3861, 1-866-540-4460, www.fairmont.de/frontenac-quebec, das 1893 im Renaissance-Stil erbaute Hotel ist das Wahrzeichen von Québec und Aufenthaltsort vieler Prominenter. Viele Zimmer bieten einen fantastischen Blick auf den St.-Lorenz-Strom. Die Eingangshalle und die öffentlichen Räume sind sehr eindrucksvoll.

▶ Hotels in Ste. Foy

$$ **Résidences Université Laval**, 2255, rue de l'Université Québec, ☎ 418-656-2921, www.residences.ulaval.ca, preiswerte Übernachtungsmöglichkeiten von Mai–Ende Aug. in den Studentenwohnheimen der Universität.

$$–$$$ **Hôtel Clarion Sainte-Foy**, 3125, boulevard Hochelaga, ☎ 418-653-4901, 1-800-463-5241, www.clarionquebec.com, 233 gut ausgestattete, geräumige Zimmer in der Vorstadt, Innenswimmingpool, Fitnessraum und Shuttlebus ins Zentrum.

$$–$$$ **Hôtel Classique**, 2815, boul. Laurier, ☎ 418-658-2793 oder 1-800-463-1885, www.hotelclassique.com, Hotel mit 263 Zimmern, einige mit Küchenzeile, Swimmingpool mit Whirlpool, in der Nähe der großen Einkaufszentren.

$$$$ **Le Bonne Entente**, 3400, Chemin Ste.-Foy, ☎ 418-653-5221, 1-888-653-5221, www.lebonneentente.com/, sehr gutes, für Familien geeignetes Vorstadthotel mit geräumigen Zimmern auf einem großen Grundstück, Swimmingpool, Tennisplätze, Kinderspielplatz.

▶ Bed&Breakfast-Häuser

$$–$$$ **B&B Relais Charles-Alexandre**, 91, Grande Allée est, ☎ 418-523-1220, www.relaischarlesalexandre.com, sehr gut restauriertes Bed&Breakfast-Haus mit persönlicher Atmosphäre, ein gutes, abwechslungsreiches Frühstück ist im Preis inbegriffen.

$$$ B&B Cap Diamant, *39, Avenue Sainte-Geneviève, ☎ 418-694-0313 oder 1-888-694-0313, www.hotelcapdiamant.com, historisches Haus aus dem Jahre 1826 mit vier stilvoll eingerichteten Zimmern, nur fünf Gehminuten vom Château Frontenac entfernt.*

> **Jugendherberge**

Auberge internationale de Québec (5), *19, rue Sainte-Ursule, ☎ 418-694-0755, www.aubergeinternationaledequebec.com, preiswerte Übernachtung.*
YWCA, *855, avenue Holland, ☎ 418-683-2155, www.ywcaquebec.qc.ca, das Haus ist nicht nur für Frauen und Mädchen geöffnet, sondern nimmt auch Männer und Paare auf.*

> **🍴 Essen und Trinken**
> Québec City bietet eine große Auswahl an Restaurants, unter denen sich einige der besten kanadischen Feinschmeckerrestaurants, aber auch traditionsreiche Lokale mit bodenständiger Küche befinden.

1640 Bistro (4), *20, rue Saint-Anne, ☎ 418-694-1876, elegantes Restaurant-Bistro, Hauptgerichte ab $ 25.*
Au Petit Coin Breton (3), *1029, rue Saint-Jean, ☎ 418-694-0758, Pfannkuchen und Crêpes aller Art bringt Ihnen die Bedienung in traditionellen Kostümen, im Sommer wird das Essen auch auf der Terrasse serviert, Hauptgerichte zwischen $ 10 und 20.*
Aux Anciens Canadiens (6), *34, rue Saint-Louis, ☎ 418-692-1627, dieses berühmte Restaurant befindet sich im ältesten Haus von Québec, das aus dem Jahre 1675 stammt. Dies ist der beste Platz, um einige der traditionellen, herzhaften Québecer Spezialitäten zu probieren, wie z. B. „tourtière" (eine Fleischpastete) oder „fèves au lard" (Schweinefleisch mit Bohnen). Dazu passt ein „Caribou" (ein starkes Getränk mit Rotwein und Whisky) und als Dessert ein „Tarte au sucre" (ein Pie mit Ahornsirup). Gehobene Preiskategorie.*
Aviatic Club (1), *450, de la Gare-du-Palais, ☎ 418-522-3555, das Restaurant ist in der alten, inzwischen restaurierten Bahnhofsstation eingerichtet. Der Gastraum ist mit alten Fotos von Flugzeugen und Flugzeugmodellen dekoriert, gutes Essen, freundlicher Service, schöne Lounge.*
Graffiti (11), *1191, avenue Cartier, ☎ 418-529-4949, chices Bistro mit kreativer Küche, Tagesgerichte zu günstigen Preisen, gute Auswahl an Weinen.*
Le Ciel (10), *1225, Cours du Général-de Montcalm, ☎ 418-640-5802, Drehrestaurant im 28. Stockwerk des Hotels Le Concorde Québec, sehr schöner Ausblick auf Québec und Umgebung, beliebter Ort für den Sonntags-Brunch, gehobenes Preisniveau.*
Le Champlain (8), *1, rue des Carrières, ☎ 418-266-3905, elegantes, imposantes Restaurant im Château Frontenac, wo Sie die feine französische Küche bei dezenter Harfenmusik genießen können.*
Le Cochon Dingue (9), *46, boul. Champlain, ☎ 418-692-2013, beliebtes Café-Restaurant in der Unterstadt in der Nähe der Fähre, das Steaks, Muschelgerichte und sehr gute Desserts serviert, Hauptgerichte zwischen $ 10 und $ 25.*
Le Lapin Sauté (12), *52, rue du Petit Champlain, ☎ 418-692-5325, kleines, gern besuchtes Restaurant in der historischen Gegend Petit Champlain.*
Le Saint-Amour (5), *48, rue Sainte-Ursule, ☎ 418-694-0667, sehr gutes Restaurant mit schönem Wintergarten und erstklassiger französischer Küche; interessante, mehrgängige Menuvorschläge, gehobenes Preisniveau.*
Restaurant Continental (7), *26, rue Saint-Louis, ☎ 418-694-9995, hier werden seit mehr als 30 Jahren klassische französische und Seafood-Gerichte zubereitet, angenehme Einrichtung, guter Weinkeller, gehobene Preiskategorie.*
Tournebroche (2), *1190, rue Saint-Jean, ☎ 418-692-5524, renommiertes, elegantes Restaurant in der Nähe des Hôtel de Ville, mit ausgezeichneten Geflügelgerichten.*

> **Kleine Köstlichkeiten für zwischendurch**

Die üblichen Fast-Food-Kettenrestaurants finden Sie vorwiegend in der rue Saint-Jean und auf dem boulevard Laurier im Vorort Sainte-Foy.
Vielleicht wollen Sie ein Picknick am Alten Hafen oder auf der Dufferin-Terrasse in der Nähe des Château Frontenac machen, die Zutaten dafür finden Sie z. B. im **„Marché du Vieux Port"**,

160 rue Saint-André, wo die Bauern des Umlandes frisches Obst und Gemüse anbieten. Oder Sie gehen zum traditionsreichen Laden **Epicerie J. A. Moisan**, *699 rue Saint-Jean,* ☎ *418-522-8268, der schon seit 1871 existiert und täglich frisches Obst und Gemüse anbietet, geöffnet Mo–Fr 9–18, Sa/So 9–17 Uhr. Für gute Snacks zwischen den Mahlzeiten sind bekannt:*
Café Krieghoff, *1089, rue Cartier,* ☎ *418-522-3711, angenehmes Café in einem alten Steinhaus, köstliche, selbstgemachte Desserts.*
Casse-Crêpe Breton, *1136, rue Saint-Jean,* ☎ *418-692-0438, gute, frisch zubereitete Waffeln nach Wunsch.*
Chez Temporel, *25, rue Couillard,* ☎ *418-694-1813, freundliches und gemütliches, französisches Café mit guten Croissants, kleinen Snacks und Quiches.*

Pubs und Bars

Québec bietet ein lebendiges Nachtleben. Im Sommer sind natürlich die Gartenlokale und kleinen Straßencafés besonders beliebt. Das Nachtleben spielt sich hauptsächlich in der rue Saint-Jean, Grande Allée, rue du Petit Champlain, avenue Cartier und am Alten Hafen ab. Die meisten der Innenstadt-Hotels haben eine Lobby-Bar. Weitere Möglichkeiten für den Abend sind:
Jules et Jim, *1060, rue Cartier,* ☎ *418-524-9570, ruhige, bequeme Bar mit altmodischer Einrichtung und freundlicher Bedienung.*
Le Ciel, *1225, Cours du Général-de Montcalm,* ☎ *418-640-5802, Dachterrassenbar des Hotels Le Concorde Québec mit großartigen Ausblicken auf die Stadt.*
L'Emprise, *57, rue Sainte-Anne,* ☎ *418-692-2480, Art-déco-Bar im Hotel Clarendon.*
L'Inox, *655, Grande Allée est,* ☎ *418-692-2877, traditionelle Brauerei, hier wird noch an Ort und Stelle gebraut.*
Les Yeux Bleus, *1, rue Saint-Jean,* ☎ *418-694-9118, einfaches Lokal mit Volksmusik.*
Pape-Georges, *8, rue Cul-de-Sac,* ☎ *418-692-1320, gemütliche Bar, wo Sie Wein und Käse in der Atmosphäre einer mittelalterlichen Burg genießen können; gelegentlich gibt es Live-Musik.*

Einkaufen

Québec hat sich mit seinem Warenangebot ganz auf die Wünsche der Touristen eingestellt. Die Auswahl an Geschenken und Souvenirs in den vielen kleinen Geschäften und Boutiquen ist riesengroß. Die meisten Läden konzentrieren sich an der rue Saint-Jean, an der côte de la Fabrique, an der avenue Cartier und an der rue Saint-Paul in der Gegend am Alten Hafen. Einige Empfehlungen:
Les Promenades du Vieux-Québec, *43, rue De Buade, historisches, renoviertes Gebäude mit kleinen Boutiquen.*
Quartier du Petit Champlain, *altes, renoviertes Viertel in der Innenstadt; in den kleinen Läden finden Sie vor allem Schmuck, Kunsthandwerk, Lederwaren, Puppen u. Ä.*
Rue du Trésor, *kleine, enge Gasse mit Kunstgewerbegeschäften und Souvenirläden gegenüber vom Château Frontenac.*
Galerie Art Inuit Brousseau, *35, rue Saint-Louis,* ☎ *418-694-1828, authentische Skulpturen und Kunst der Inuit.*
Erico, *634, rue Saint-Jean,* ☎ *418-524-2122, hier finden Sie köstliche Schokolade in allen Variationen und ein kleines Schokoladenmuseum.*
La Dentellière, *56, boulevard Champlain,* ☎ *418-692-2807, Boutique mit handgearbeiteten Tischdecken, Vorhängen und Seidenmalereien.*
La Fudgerie, *La boutique, 16, rue du Cul-de-Sac,* ☎ *418-692-3834, in dem kleinen Geschäft im Quartier Petit Champlain gibt es Karamell-Konfekt in vielen Formen und Geschmacksrichtungen.*
La Maison Simons, *20, côte de la Fabrique,* ☎ *418-692-3630, gutes, altes Kaufhaus von 1840.*
Boutique métiers d´art du Québec, *29 Rue Notre Dame,* ☎ *418-694-0267, Ausstellung mit Arbeiten von Künstlern und Kunsthandwerkern aus der Region.*

Drei der besten Einkaufszentren in den Vororten sind:
Les Galeries de la Capitale, *5401, boulevard des Galeries,* ☎ *418-627-5800, 10 Min. von der Innenstadt entfernt, im Nordwesten der Stadt gelegener Gebäudekomplex mit 250 Geschäften, kleinem Vergnügungspark und IMAX-Theater,* ☎ *418-624-4629.*

Place Fleur de Lys, *552, boulevard Wilfrid-Hamel,* ☎ *418-529-0728, in Sainte-Foy, 15 Min. entfernt, große Auswahl in 250 Geschäften.*
Laurier Québec, *2700, boulevard Laurier,* ☎ *418-651-5000, in Sainte-Foy, 15 Minuten entfernt, 350 verschiedene Geschäfte, die Kaufhäuser „La Baie" und „Sears" und ein Food-Court. Ebenfalls in Sainte-Foy wird jeden Sonntag an der rue Place-de-Ville ein* **Flohmarkt** *abgehalten.*

✈ Flüge
Der Flughafen Jean Lesage International Airport, 500, rue Principale, ☎ *418-640-3300 oder 1-877-769-2700, www.aeroportdequebec.com, liegt etwa 22 km nordwestlich der Stadt im Vorort Sainte-Foy. Es bestehen Flugverbindungen u. a. mit Toronto, Montréal, Ottawa, Halifax und anderen kanadischen Städten.*
Air Canada: ☎ *1-888-247-2262, www.aircanada.com*
Air transat, ☎ *1-866-391-6654, www.airtransat.com*

Taxifahrten *zur Innenstadt kosten ca. $ 35, in den Vorort Sainte-Foy ca. $ 15.*
Die **Buslinie Nr. 78**, ☎ *418-627-2511, verkehrt zwischen dem Flughafen und der Innenstadt Mo–Fr 2 x stündlich. Einzelfahrt $ 3.50.*

🚌 Busse
Die Busse der **„Résau de transport de la capitale"** *(***RTC***) verkehren tgl. zwischen 5.30 und 1 Uhr. Eine Fahrt kostet $ 3.50, passendes Fahrgeld bereithalten; preisgünstiger sind Mehrfahrtenkarten oder ein Tagespass für $ 8.25, Wochenendkarte $ 15. Auskünfte erhält man unter der Rufnummer 418-627-2511.*
Der **Busbahnhof** *für die Linien der näheren Umgebung befindet sich 320, rue Abraham Martin,* ☎ *418-525-3000.*
Die Busse von **Orléans Express** *verbinden Québec mit Montréal, Ottawa und anderen kanadischen und amerikanischen Städten; Haltestellen sind 320, rue Abraham Martin,* ☎ *418-525-3000, und 3001, chemin des Quatre Bourgeois,* ☎ *418-650-0087 in Sainte-Foy.*

🚃 Bahnverbindungen
Québec hat drei Bahnhöfe, die alle unter der Rufnummer von VIA Rail 1-888-842-7245 oder unter www.viarail.ca zu erreichen sind. Informationen, Fahrplanauskünfte und Reservierungen tgl. 8–22 Uhr.
Die **VIA Rail**-*Züge verkehren zwischen Québec und Montréal über Trois-Rivières, Fahrzeit ca. 3 Std. 15 Min.; zwischen Québec und Montréal über Drummondville, Fahrzeit ca. 2 Std., 40 Min.; zwischen Québec und der Halbinsel Gaspésie, Fahrzeit ca. 16 Std.*
Die Bahnhöfe sind **Gare du Palais**, *450, rue de la Gare-du-Palais, der sehr schön renoviert wurde,* **Gare de Sainte-Foy**, *3255, chemin de la Gare und* **Gare de Charny**, *2326, rue de la Gare, wo die Züge zu Städten der Atlantikprovinzen abfahren.*

🚗 Mietwagen
Hertz *am Flughafen* ☎ *418-871-1571, in Vieux-Québec* ☎ *418-694-1224, in Québec* ☎ *418-647-4949, in Sainte-Foy* ☎ *418-658-6795*
Thrifty: *am Flughafen* ☎ *418-877-2870*
Avis: *am Flughafen* ☎ *418-872-2861, in Québec* ☎ *418-523-1075*
National: *am Flughafen* ☎ *418-877-9822, in Québec* ☎ *418-523-6136*

👁 Rundfahrten/Touren/Besichtigungen
> **mit dem Bus**
Es werden „hop on – hop off"-Rundfahrten in roten Doppeldeckerbussen angeboten, die zu zwölf Sehenswürdigkeiten der Stadt führen; das Ticket ist für zwei aufeinanderfolgende Tage gültig und kostet mit beliebig vielen Fahrten $ 35.95. Die Busse verkehren von April–Okt. zwischen 9.30 und 16 Uhr im 30-45-Minuten-Takt, im Juli/Aug. zwischen 8.30 und 16 Uhr 2 x stündlich. Außerdem gibt es 3-stündige kombinierte Bus-/Schifffahrten, 4,5-stündige Fahrten

nach Sainte-Anne-de-Beaupré und zu den Montmorency-Wasserfällen sowie ganztägige Fahrten durch Québec und das Umland angeboten.

Tours du Vieux-Québec, ☎ 418-664-0460 oder 1-800-267-8687, www.toursvieuxquebec. com, Fahrkarten gibt es in der Touristeninformation, 12, rue Ste-Anne, und am Château Frontenac.

➤ mit dem Boot

Croisières AML, 124, rue Saint-Pierre, ☎ 1-800-563-4643, www.croisieresaml.com; die Bootsfahrten auf dem St.-Lorenz-Strom dauern ca. 1,5 Std.; 3–4 Abfahrten tgl. am Chouinard Pier, 10, rue Dalhousie.

Tipp: Wenn Sie nur einen kurzen Ausflug machen wollen, können Sie mit der Fähre nach **Lévis** fahren; die Fahrt (ca. 15 Min.) bietet einen schönen Blick auf die Stadt. **Québec City Ferry Terminal**, 10, rue des Traversiers, ☎ 418-644-3704 oder 1-877-787-7483, www.traversiers. com, **Lévis Ferry Terminal**, 6001, rue Laurier, ☎ 418-837-7612.

➤ zu Fuß

Les Tours Voir Québec, 12, rue St. Anne, ☎ 418-694-2001 oder 1-866-694-2001, www.toursvoirquebec.com, die täglichen Spaziergänge durch das historische Québec beginnen an 12, rue Ste.-Anne.

➤ mit der Pferdekutsche

Besonders beliebt sind Fahrten mit den bunt geschmückten Pferdekutschen, die zum Hotel bestellt werden können (Calèches du Vieux-Québec, ☎ 418-683-9222, www.calecheduvieux quebec.com), die aber auch feste Halteplätze haben, z. B. am **Place d'Armes**, in der Nähe von Château Frontenac. Es werden verschiedene Fahrten angeboten, z. B. „The Frontenac", Dauer: ca. 40 Min., $ 100.

Rundreisen durch die Provinz Québec

Redaktionstipps

➤ Besuch der Städte **Montréal** (S. 169ff.) und **Québec** (S. 198ff.)

➤ Ausflug zu den Stromschnellen von Lachine und zur **Lachine National Historic Site** (S. 193)

➤ **Walbeobachtungen** bei **Tadoussac** am Zusammenfluss von St.-Lorenz-Strom und Saguenay River (S. 223)

➤ Besuch des **Saint-Félicien Wild Animal Zoo** in Saint-Félicien (S. 227)

➤ Spaziergang bei Ebbe zum **Rocher Percé** in Percé (S. 245)

➤ Fahrt zum Nationalpark **Île Bonaventure** (S. 246)

➤ Tierbeobachtungen im **Forillon National Park** oder im **La Mauricie National Park** (S. 250)

Die folgenden Routenvorschläge führen Sie in die Weiten der Provinz Québec, die mit 1,7 Mio km² die größte aller kanadischen Provinzen ist und als Ferienlandschaft noch immer als Geheimtipp gilt. Bei Ihrer Reise durch die Provinz finden Sie eine große Vielfalt an Landschaften und Sehenswürdigkeiten: sanfte, hügelige Flusslandschaften, weite Naturparks mit unendlichen Wäldern und herrlichen Seen, die zum Campen, Wandern, Kanufahren und zur Tierbeobachtung einladen, Flüsse, in denen sich Seehunde, Belugawale und Delfine tummeln, riesige, unerschlossene und schwer zugängliche Gebiete, in denen nur einige Jäger- und Anglerhütten stehen, und kleine, malerische Dörfer, in deren Restaurants Sie die Spezialitäten der Region versuchen sollten. Unterkunft finden Sie in komfortablen Hotels, gemütlichen Bed&Breakfast-Häusern oder in luxuriösen Resorthotels.

Zu den Höhepunkten einer Reise durch Québec zählen die rauen Klippen der Halbinsel Gaspésie, der mächtige Saguenay-Fjord und der Laurentides-Provinzpark; die einzelnen Rundreisen sind gut mit einander zu kombinieren.

Die Entfernungen in der Provinz sind riesig, sodass Sie für Ihre Fahrten viel Zeit benötigen; nutzen Sie diese Zeit, um die Vielfalt der Naturerlebnisse und das besondere Flair zu erfahren, das Québec von den anderen Reisegebieten in Nordamerika unterscheidet.

Routenvorschlag 1: von Québec nach Tadoussac, zum Saguenay Fjord, zum Parc Laurentides und zur Côte Nord

Streckenhinweis

Québec City–Tadoussac–Saguenay Fjord–Chicoutimi–Lac Saint-Jean–Parc Laurentides–Québec City
Länge und Dauer der Rundfahrt: ca. 800–875 km, mindestens 5 Tage

Die Rundfahrt führt von Québec City über den Hwy 138 am St.-Lorenz-Strom entlang durch die Landschaft des **Charlevoix** zum Ort Tadoussac, der an der Mündung des Saguenay River in den St.-Lorenz-Strom liegt. An beiden Flussufern führen Straßen am Rivière Saguenay entlang bis Chicoutimi und weiter zum schönen Feriengebiet am Lac Saint-Jean. Der zweite Teil der Rundfahrt führt Sie über den Hwy 155 oder die Hwys 169 und 175 durch den Laurentides-Park mit unendlichen Wäldern und unzähligen Seen, die Sie auf Wanderungen und Kanufahrten erkunden können. Die Rundfahrt endet wieder in Québec Stadt.

🛏 Unterkunft
Hinweise zu Übernachtungsmöglichkeiten an dieser Strecke finden Sie bei den Ortschaften Pointe-au-Pic (S. 221), Tadoussac (S. 223), Île-aux-Coudres (S. 220), Petit-Saguenay (S. 230), Chicoutimi (S. 226), Alma (S. 228), St. Félicien (S. 227) und Roberval (S. 228).

Die Region **Charlevoix**, die 1989 von der Unesco zum Biosphärenreservat erklärt wurde, gehört mit ihren felsigen Küsten, langen Sandstränden, sanften Ufern, klaren Seen und dichten Wäldern zu den schönsten Landschaften Québecs. Dominierend ist der St.-Lorenz-Strom, der sich schon wenige Kilometer hinter Québec City so verbreitert, dass sein gegenüberliegendes Ufer kaum mehr zu sehen ist. Am diesseitigen Ufer liegen kleine Dörfer und Weiler mit bunt gestrichenen Holzhäusern, die von Feldern und Wiesen umgeben sind. Gleich hinter den Dörfern steigen die schroffen Laurentides, die Laurentinischen Berge, bis auf 1.000 m Höhe an; in den ausgedehnten Mischwäldern leben noch Schwarzbären, Elche und Karibus.

Reizvolle Landschaft

Für einen kurzen Zwischenstopp mit dem Auto sind die ausgeschilderten „bellevues" besonders geeignet, um die großartigen Ausblicke von der kurvenreichen Küstenstraße aus zu genießen.

Von Québec nach Tadoussac

Nur etwa 30 Min. von Québec entfernt liegt bei Sainte-Anne-de-Beaupré das Naturschutzgebiet **Réserve nationale de faune du cap Tourmente**, wo im Frühjahr und Herbst Tausende von Schneegänsen auf ihrem Weg nach Süden oder bei ihrer Rückkehr in den Norden eine Rast einlegen. Die Zahl der jährlich durchziehenden Vögel wird auf 325.000 geschätzt. Ein Netz von Wanderwegen durchzieht den Park und bietet ebenso wie der Aussichtsturm gute Gelegenheit zur Tierbeobachtung. Im Besucherzentrum können Sie sich über die 250 verschiedenen hier brütenden oder durchziehenden Vogelarten und andere Tierarten informieren.

Réserve nationale de faune du cap Tourmente (Cap Tourmente National Wildlife Area), *570, chemin du Cap Tourmente, ☎ 418-827-4591, www.ec.gc.ca/ap-pa, geöffnet Okt.–Mitte Mai 9–16, sonst Mo–Fr 8.30–16 Uhr (geschlossen 21. Dez.–4. Jan.), Eintritt Erwachsene $ 6, Senioren, Studenten und Jugendliche von 12–18 J. $ 5.*

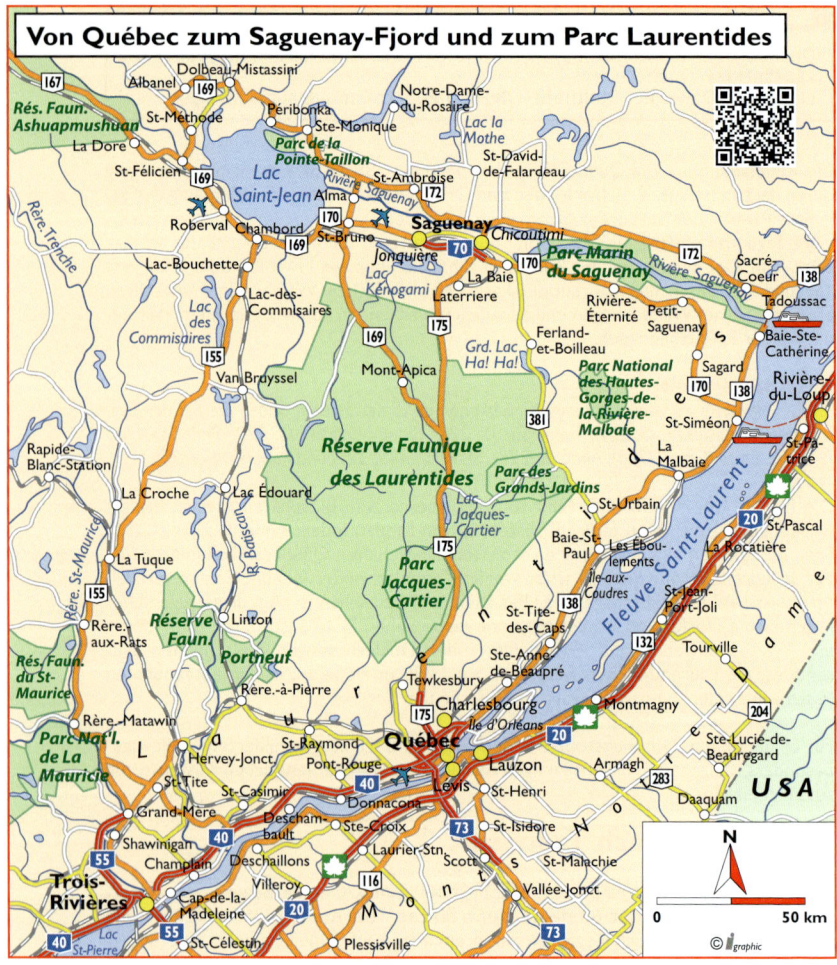

Baie-Saint-Paul

Baie-Saint-Paul, das zu den ältesten Orten Québecs gehört, ist seit vielen Jahren wegen seiner malerischen Lage ein Anziehungspunkt für Schriftsteller, Maler, Bildhauer und andere Künstler – und inzwischen auch ein beliebter Ferienort. Die Werke der Künstler des Charlevoix sind in zahlreichen Ateliers, Galerien und Museen ausgestellt; besonders interessant ist das **Musée d'art contemporain de Baie-Saint-Paul**. Bei einem Spaziergang durch den Ort sehen Sie in der rue Saint-Joseph noch einige der alten Häuser, die im traditionellen Stil mit den typischen Mansarden gebaut wurden; die rue Sainte-Anne führt hinunter zum Hafen und zu einem schönen Sandstrand.

Musée d'art contemporain de Baie-Saint-Paul, *23, rue Ambroise-Fafard ☎ 418-435-3681, www.macbsp.com, geöffnet Mitte Juni–Aug. tgl. 10–17, sonst Di–So 11–17 Uhr, Eintritt Erwachsene $ 10, Senioren un Studenten $ 7, Familienkarte $ 15.*

Das **Centre d'histoire naturelle de Charlevoix** gibt einen umfassenden Überblick über die geologische Entwicklung, die Tier- und Pflanzenwelt, die klimatischen Bedingungen und die Geschichte des Charlevoix.

Centre d'histoire naturelle de Charlevoix, *44, boul. Mgr-De Laval (route 138), ☎ 418-435-6275, geöffnet Mai–Okt. Zur Erkundung des Parks werden Führungen auf Französisch, eine zweistündige Bustour und Vorschläge für eine Radtour angeboten.*

Reisepraktische Informationen zu Baie-Saint-Paul

ℹ️ Information

Touristeninformation, *444, boul. Mgr-De Laval, ☎ 418-665-4454 oder 1-800-667-2276, geöffnet Mitte Mai–Juni 9–17, Juli/Aug. 8.30–19, Sept. 8.30–17, Okt.–Mitte Mai 9–16 Uhr.*

🛏️ Unterkunft

$$ Domaine Belle Plage, *192, rue Sainte-Anne, ☎ 418-435-3321 oder 1-888-463-6030, www.belleplage.ca, Anlage mit drei Gebäuden am Ufer des St.-Lorenz-Stromes mit 37 freundlich eingerichteten Nichtraucherzimmern und Restaurant.*

$$ Hotel Baie-Saint-Paul, *8, chemin du Golf Baie-Saint-Paul, ☎ 418-435-3683 oder 1-800-650-3683, www.hotelbaiestpaul.com, Motor Inn mit 62 geräumigen und angenehmen Zimmern am Hwy 138.*

$$$ La Maison Otis, *23, rue Saint-Jean-Baptiste, ☎ 418-435-2255 oder 1-800-267-2254, www.maisonotis.com, gepflegtes Landhaus mit 30 geräumigen, in verschiedenem Stil eingerichteten Zimmern in einem alten Steinhaus und zwei Anbauten; Restaurant mit ausgezeichneter regionaler und französischer Küche.*

Ein besonderes **Ausflugsziel** für Wanderer und Naturfreunde ist der **Parc National des Grands-Jardins** bei **Saint-Urbain**. Der 310 km² große Park wurde 1981 eingerichtet und ist geprägt durch Tundra-Vegetation mit Granitfelsen, Hochmooren und einsamen Seen; in den dichten Schwarzkieferwäldern leben noch Schwarzbären, Luchse und Elche; seit einigen Jahren ziehen auch wieder Karibu-Herden durch. Gleich am Parkeingang beginnt ein 2,7 km langer Wanderweg, der auf den 980 m hohen Berg Lac des Cygnes hinaufführt. Im Château-Beaumont-Besucherzentrum können Sie sich über Flora und Fauna des Parks informieren.

Lohnender Ausflug für Naturfreunde

Parc National des Grands-Jardins bei **Sainte-Urbain**, *ca. 42 km von Baie-Saint-Paul entfernt, über den Hwy 381 erreichbar, ☎ 1-800-665-6527, www.sepaq.com/pq/grj, geöffnet tgl. Juli/Aug. tgl. 8–20, Sept. Mo–Do 9–17, Fr 8–20, Sa/So 8–18, Okt. tgl. 9–16, Ende Mai–Juni Mo–Do 9–17, Fr 8–20, Sa/So 8–17.30 Uhr; von Dez.–Mitte April ist der Park von Sa–Mi für Wintersportler geöffnet, Eintritt Erwachsene $ 8.*

Die Straße führt von Baie-Saint-Paul in abschüssigen Kurven zum kleinen Ort **Saint-Jo-seph-de-la-Rive**, der seinen Wohlstand einst mehreren Schiffswerften verdankte. An die Vergangenheit erinnern die Werft und drei alte Schoner im **Musée Maritime de Charlevoix**. Die Führer erzählen anschaulich vom harten Leben der Seeleute auf dem Strom. **Musée Maritime de Charlevoix**, *305, rue de l'Eglise,* ☎ *418-635-1131, www.museema ritime.com, geöffnet Mitte Mai–Mitte Okt. tgl. 9–17 Uhr, Eintritt Erwachsene $ 7, Kinder $ 4, Familienkarte $ 18.*

Nicht weit entfernt liegt die **Papeterie Saint-Gilles** mit einer kleinen Mühle, wo Sie zuschauen können, wie Papier in einer Technik des 17. Jh. hergestellt wird. Besonders wertvolles Papier wird mit eingelegten Blättern und Blüten gedruckt. Im angeschlossenen Laden können Sie die originellen Produkte auch kaufen. **Papeterie Saint-Gilles**, *304, rue Félix-Antoine-Savard,* ☎ *418-635-2430, www.papete riesaintgilles.com, geöffnet tgl. 9–17 Uhr, Eintritt frei, Führungen nach vorheriger Anmeldung gegen Gebühr.*

Île-aux-Coudres

Fähre
Eine stündlich zwischen 7 und 23 Uhr verkehrende Fähre, ☎ *418-438-2743, www. traversiers.gouv.qc.ca, verbindet Saint-Joseph-de-la-Rive mit der Îsle-aux-Coudres, Fahrzeit ca. 20 Minuten.*

Inselatmo-sphäre

Von Saint-Joseph-de-la-Rive bringt die Autofähre Sie kostenlos hinüber zur 11 km langen und 5 km breiten **Île-aux-Coudres**, in deren Bucht Jacques Cartier 1535 ankerte und ihr den Namen „Insel der Haselnüsse" gab. Die Fähre legt in Saint-Bernard-sur-Mer an; dort können Sie Fahrräder mieten, mit denen Sie die kleine Insel mit ihren drei Dörfern auf der 26 km langen Inselstraße am besten erkunden können.

Zu den Sehenswürdigkeiten der Insel zählen das **Musée Les Voitures d'Eau**, 1922, chemin des Coudriers, mit einem Schoner und maritimen Ausstellungsstücken, das **Musée de L'Île-aux-Coudres**, 231, chemin des Coudriers, mit Ausstellungen zur Geschichte und Natur der Insel, und die beiden gut erhaltenen **Mühlen** aus dem 19. Jh. **Les Moulins de Île-aux-Coudres**, *36, chemin du Moulin, Île-aux-Coudres,* ☎ *418-760-1065, http://lesmoulinsdelisleauxcoudres.com, geöffnet Mitte Mai–Mitte Okt. tgl. 10–17 Uhr, Eintritt Erwachsene $ 8.70, Jugendliche (6–15 J.) $ 4, Familienkarte $ 24.*

Unterkunft
Auf der Insel gibt es einige gemütliche Bed&Breakfast-Häuser und kleine Hotels; in den Restaurants mit guter französischer Küche sollten Sie die Spezialitäten der Region probieren.
*$$ **Hôtel La Roche Pleureuse**, 2901, chemin des Coudriers, Île-aux-Coudres,* ☎ *418-438-2734, www.rochepleureuse.com; das 1930 gebaute Hotel hat 87 gemütliche Zimmer, mit Antiquitäten eingerichtete Aufenthaltsräume, schöne Gartenanlagen und ein Restaurant; Tennisplatz, beheizter Außenswimmingpool, schöner Blick auf den St.-Lorenz-Strom.*
*$$$ **Auberge La Coudrière**, 2891, chemin des Coudriers, Île-aux-Coudres,* ☎ *418-438-2838 oder 1-888-438-2882, www.aubergelacoudriere.com, schönes, im traditionellen Stil gebautes Landgasthaus mit 50 stilvoll eingerichteten Zimmern mit Blick auf den St.-Lorenz-Strom oder einen See, in der Nähe des Hauses beginnt ein ca. einstündiger Wanderweg. Geöffnet Juni–Okt.*

Sainte-Irénée

Nach der Rückkehr zum Festland führt die Küstenstraße zum malerischen Ort Sainte-Irénée mit einem feinsandigen Strand und der **Domaine Forget**, einem ehemaligen

Landsitz der Familie Forget. Hier findet jeden Sommer in der modernen Konzerthalle mit ausgezeichneter Akustik das „Domaine Forget International Festival" statt, bei dem international bekannte Klassik- und Jazz-Künstler auftreten.
Domaine Forget, *5, rang St.-Antoine*, ☎ *418-452-8111 oder 1-888-336-7438, www.do maineforget.com, Tickets ab $ 16.*

Pointe-au-Pic

Der kleine Ort am Ufer des St.-Lorenz-Stromes gilt seit dem Ende des 19. Jh. als beliebtes Feriendomizil wohlhabender kanadischer und US-amerikanischer Familien. Eines der alten Luxushotels ist das Hotel „Fairmont Le Manoir Richelieu" (**$$$$$ Fairmont Le Manoir Richelieu**, *181, rue Richelieu, La Malbaie*, ☎ *418-665-3703, www.fairmont. de/richelieu-charlevoix*), das noch heute zu den besten Hotels im Osten Kanadas zählt. Es wurde 1899 als Holzbau errichtet, 1928 durch einen Brand zerstört, dann im Stil eines französischen Schlosses wieder aufgebaut und mit großem Aufwand restauriert. Die 400 originalgetreu eingerichteten Zimmer und Aufenthaltsräume, die ausgezeichnete Küche, der hoteleigene Golfplatz und das Casino de Charlevoix bieten allen denkbaren Luxus. Das schön am St.-Lorenz-Strom gelegene **Musée de Charlevoix** informiert über die Geschichte der Region und zeigt in Wechselausstellungen Kunstwerke kanadischer Künstler.
Musée de Charlevoix, *10, chemin du Hâvre*, ☎ *418-665-4411, www.museedecharlevoix. qc.ca, geöffnet Juni–Mitte Okt. tgl. 9–17 Uhr, sonst Mo–Fr 10–17 und Sa/So 13–17 Uhr, Eintritt Erwachsene $ 8, Senioren, Kinder und Jugendliche von 11–18 J. $ 6, Familienkarte $ 20.*

🛏 Unterkunft

$$ Auberge La Châtelaine, *830, chemin des Falaises*, ☎ *418-665-4064, www.aubergelachatelaine.com, gepflegtes Landgasthaus von 1892 in schöner, ruhiger Lage mit sechs geräumigen Zimmern und zwei Suiten, Restaurant und Frühstücksbuffet.*
$$ Hôtel au Petit Berger, *20, rue Desbiens*, ☎ *418-665-4428 oder 1-800-314-4428, www.aubergeaupetitberger.com, freundliches Haus mit 37 hell und freundlich eingerichteten Zimmern und Swimmingpool, schöner Blick auf den St.-Lorenz-Strom.*
$$$ Auberge des Falaises, *250, chemin des Falaises*, ☎ *418-665-3731 oder 1-800-386-3731, www.aubergedesfalaises.com, sehr schönes Landgasthaus mit bekannter, hervorragender Küche, 44 großen, schön eingerichteten Räumen, z. T. mit Whirlpool, Kamin und Balkon; großartige Ausblicke auf den St.-Lorenz-Strom.*

La Malbaie

La Malbaie ist das Verwaltungszentrum des Charlevoix und ein beliebter Ferienort mit dem zweitältesten Golfplatz Kanadas, einer kleinen Künstlerkolonie, mehreren Kunstgalerien und Kunstgewerbegeschäften. Ein schönes Ausflugsziel ist der **Parc des Hautes-Gorges-de-la-Rivière-Malbaie**, etwa 44 km von La Malbaie entfernt. Die enge und kurvenreiche Schotterstraße führt am Rivière Malbaie entlang, der seinen Weg durch eine bis zu 700 m hoch aufragende, teilweise bewaldete Bergwelt sucht, bis zu der Felslandschaft der Hautes-Gorges. Am Besucherzentrum beginnen verschiedene geführte Wanderungen sowie Fahrrad- und Bootstouren auf dem Rivière Malbaie (*Informationen: www.sepaq.com/pq/hgo/information.dot*).

Eindrucksvolle Felsenlandschaft

🛏 Unterkunft

$$ Le Petit Manoir du Casino, *75, rue des Villas*, ☎ *418-665-0000 oder 1-800-618-2112, www.petitmanoirducasino.ca, großes Hotel mit 153 Zimmern und Studios, mit Kamin und schönem Blick auf den St.-Lorenz-Strom, neu sind 48 Villas oben auf dem Kliff.*
$$$ Auberge des Trois Canards, *115 Côte Bellevue*, ☎ *418-665-3761 oder 1-800-461-3761, www.auberge3canards.com, ansprechendes historisches Haus mit 48 komfortablen Zimmern mit Blick auf den Strom; ausgezeichnetes Restaurant.*

In **Saint-Siméon** zweigt der Hwy 170 landeinwärts ab, der nach Chicoutimi und zum Lac Saint-Jean führt. Eine Fähre verbindet Saint-Siméon mit Rivière-du-Loup am Südufer des St.-Lorenz-Stroms. Den Reiz des Ortes machen drei sehr schöne Badebuchten und der kleine Fischerhafen aus, wo Sie den Fischern beim Auslaufen der Boote oder der Rückkehr vom Fang zuschauen können.

Fähre
Travers/Ferry, *199 Rue Hayward, Rivière-du-Loup, ☎ 418-862-5094, https:// traverserdl.com/, 2–4 x täglich verkehren Fähren zwischen Saint-Siméon mit Rivière-du-Loup.*

Baie-Sainte-Cathérine

Whale Watching und Bootsfahrten

Baie-Sainte-Cathérine, das sich aus einem alten Holzfällerdorf entwickelt hat, liegt an der Mündung des Saguenay River in den St.-Lorenz-Strom und ist durch eine regelmäßig verkehrende **kostenlose Fähre** mit Tadoussac verbunden.

Besondere Attraktionen des Ortes sind die guten Möglichkeiten zur Walbeobachtung – zu Wasser und zu Land – und Bootsfahrten auf dem Saguenay-Fjord. Die besten Beobachtungsmöglichkeiten bieten sich am **Pointe-Noire** am Hwy 138, direkt am Zusammenfluss von Saguenay und St.-Lorenz-Strom. Das Besucherzentrum zeigt Filme über die Lebensgewohnheiten der verschiedenen Wale.
Centre d'Interpretation et d'Observation de Pointe-Noire, *☎ 418-237-4383 oder 418-235-4703 (Nebensaison), www.pc.gc.ca, geöffnet Mitte Juni–Aug. tgl. 10–17, Sept./ Okt. Fr–So 10–17 Uhr, Eintritt Erwachsene $ 6, Senioren $ 5, Schüler $ 3, Familienkarte $ 15.*

Fähre
Die kostenlosen Fähren zwischen Baie-Sainte-Catherine und Tadoussac (1,6 km) verkehren täglich, in der Hauptsaison halbstündlich, sonst stündlich. Die Überfahrt dauert 10 Min.

Übernachtung
*$$ **Au gîte de la chute**, 389 Route de la Grande Alliance , Baie-Sainte-Cathérine, ☎ 418-237-4020, sympathisches Bed&Breakfast mit fünf kleinen, gemütlichen Zimmern, teilweise mit Gemeinschaftsbad. Freundliche Gastgeber, sehr gutes Frühstück.*

info

Walbeobachtung *(in Anlehnung an Informationen der WDCS)*

Da in den letzten Jahren die Zahl der Ausflugsboote wegen der immer stärker wachsenden Nachfrage nach kommerziellen Walbeobachtungsausflügen zunimmt, hat die „Whale and Dolphin Conservation Society (WDCS)" zusammen mit der Kanadischen Tourismusbehörde (CTC) ein Kooperationsprojekt zum Schutz bedrohter Walarten im St.-Lorenz-Strom gestartet.

Der St.-Lorenz-Strom ist der Lebensraum für zahlreiche Wal- und Delfinarten, wie z. B. die zu den Bartenwalen zählenden Blauwale, Buckelwale, Finnwale und Zwergwale oder die zur Gruppe der

Von den Klippen des Marine Park halten die Besucher Ausschau nach Walen

info

Zahnwale gehörenden Belugas (Weißwale), Entenwale, Schweinswale, Schwertwale, Weißseitendelfine und viele mehr. Die besten Voraussetzungen zur Walbeobachtung bieten sich im Mündungsbereich des Saguenay River in den St.-Lorenz-Strom, wo sich das Süßwasser aus dem Saguenay mit den bereits salzig gewordenen Fluten des St.-Lorenz-Stroms vermischt. Die Meeressäugetiere werden durch die reichen Vorkommen von Krill, Plankton und kleinen Fischen angezogen, die unter dem Einfluss der kalten, sauerstoffreichen Strömung des Labradorstroms besonders gut gedeihen.

Die beste Zeit zur Walbeobachtung sind die Monate Juni bis Oktober, wenn Delfine und Wale sich in der Mitte des Stromes tummeln. Am häufigsten werden dann die bis zu 20 Meter langen Finnwale, die etwas kleineren Minkwale und die bis zu 16 m messenden Buckelwale gesichtet, aber mit etwas Glück kann man auch die weißen Belugawale oder einen riesigen Blauwal entdecken, der eine Länge von über 30 Metern und ein Gewicht von 140 Tonnen erreichen kann.

Da die Walbeobachtungstouren in der Hauptsaison sehr schnell ausgebucht sind, sollten Sie mindestens einen Tag vorher Plätze reservieren. Für die Fahrt brauchen Sie wetterfeste, auch warme Kleidung und ein möglichst starkes Fernglas.

Tadoussac

Nur knapp 10 Minuten dauert die Überfahrt von Baie Sainte-Catherine nach Tadoussac, einem malerischen Ort an der Mündung des Saguenay-Fjords in den St-Lorenz-Strom.

Malerischer Ort

Schon um 1600 kamen französiche Fischer in diese Gegend; ihnen folgten Händler, die Waren mit den ansässigen Indianern tauschten und unter Pierre Chauvin 1599 eine Handelsstation gründeten, und Forscher, die von Tadoussac aus zu ihren Reisen aufbrachen. Zunehmend wurde der Walfang zur wichtigsten Lebensgrundlage der Bevölkerung, und auch die Walbeobachtung zog seit der Mitte des 19. Jh. immer mehr Besucher

Blick auf Tadoussac

an, die auf Kreuzfahrtschiffen den St.-Lorenz-Strom bereisten. Aus dem Jahr 1864 stammt das unverwechselbare Wahrzeichen der Stadt, das weiße, im Kolonialstil erbaute **Hôtel Tadoussac** mit seinem leuchtend roten Dach, das als Kulisse für den 1984 gedrehten Film „Hotel New Hampshire" nach der Romanvorlage von John Irving diente. Sehenswert ist die alte, 1747 gebaute Holzkirche **La Petite Chapelle**, 138, rue Bord de l'Eau, mit ihrem spitzen Kirchturm, die an der Stelle der ältesten indianischen Missionsstation steht. Die ursprüngliche Jesuitenkapelle war 1642 gebaut und bei einem Brand im Jahr 1665 zerstört worden. Nur wenige Schritte entfernt liegt die **Poste de Traite Chauvin**, eine Nachbildung der ersten Pelzhandelsstation.

Poste de Traite Chauvin, *157, rue du Bord-de-l'Eau,* ☏ *418-235-4657, geöffnet von Mitte Mai–Mitte Okt. Eintritt Erwachsene $ 4, Senioren $ 3, Kinder $ 2.50.*

Aber die meisten Besucher kommen zur Walbeobachtung hierhin, denn Tadoussac gilt als einer der besten Walbeobachtungsplätze der Welt. Das Angebot an Bootstouren in den Saguenay-Fjord ist groß; wahlweise kann man sich den Walen mit Zodiac-Booten oder auf Passagierschiffen nähern. Eine Besonderheit ist, dass man in der Umgebung Tadoussacs die Wale auch vom Ufer aus beobachten kann, dazu laden schöne Wanderwege mit Aussichtspunkten am Fjord ein.

Planen Sie auch einen Besuch im **CIMM** ein, dem Informations- und Forschungszentrum für Meeressäugetiere. Hier erfahren Sie interaktiv und sorgfältig aufbereitet alles Wissenswerte über die Wale; Mitarbeiter geben Hinweise zur Sichtung der großen Meeressäuger.

Centre d'Interprétation des Mammifères Marins (CIMM, Marine Mammal Interpretation Centre), *108, rue de la Cale-Sèche,* ☏ *418-235-4701, www.gremm.org/ en/education_e und http://baleinesendirect.org/en, Mitte Mai-Mitte Juni 12–17, Mitte Juni– Mitte Sept. 9–20, Mitte Sept.–Okt. 11–18 Uhr, Eintritt Erwachsene $ 12, Kinder frei.*

Reisepraktische Informationen zu Tadoussac

i   **Maison du Tourisme de Tadoussac,** *197, rue des Pionniers,* ☏ *418-235-4744 oder 1-866-235-4744, geöffnet von Anfang Mai–Mitte Okt.*

Fähre
Die Fähren zwischen Baie-Sainte-Cathérine und Tadoussac verkehren täglich in der Hauptsaison im 30-Minuten-Takt, sonst stündlich. Die Überfahrt von 1,6 km dauert 10 Min. und ist kostenlos.

Unterkunft
$$ **Gîte du Bouleau**, *102, rue des Bouleau,* ☏ *418-235-4601, www.gitedubou leau.com, einfaches B&B mit drei Zimmern, traditonelles Quebecer Frühstück.*
$$$ **Auberge Maison Gagné**, *139, rue du Bateau-Passeur,* ☏ *418-235-4526 oder 1-877-235-4526, www.aubergemaisongagne.ca, angenehmes Haus in ruhiger Lage mit elf komfortablen Nichtraucher-Zimmern mit eigenem Bad, ganzjährig geöffnet.*
$$$ **Hôtel-Motel Georges**, *135, rue du Bateau-Passeur,* ☏ *418-235-4393, www.hotel georges.com, in der Nähe der Fähre gelegenes Hotel am Ortseingang mit 30 einfach eingerichteten Zimmern und freundlichem Service, Badesee hinter dem Haus.*
$$$ **Le Béluga**, *191, rue des Pionniers,* ☏ *418-235-4784, www.le-beluga.qc.ca, im Ortszentrum gelegenes Hotel mit 39 stilvoll eingerichteten Zimmern und gutem Restaurant.*
$$$$ **Hôtel Tadoussac**, *165, rue du Bord-de-l'Eau,* ☏ *418-235-4421 oder 1-800-561-0718, www.hoteltadoussac.com, schön gelegenes, historisches Hotel mit britischem Ambiente*

und großartiger Aussicht, mit 149 Zimmern, teilweise mit schon älterer Ausstattung, günstiger Ausgangsort für Walbeobachtungsfahrten und Ausflüge zum Saguenay-Fjord. Geöffnet Mai–Okt.

🛏️ Jugendherberge
Auberge de Jeunesse de Tadoussac, *158, rue du Bateau Passeur,* ☎ *418-235-4372, www.ajtadou.com, ganzjährig geöffnetes Haus mit 65 Betten in Einzel- oder Familienzimmern und Gruppenräumen.*

⛴️ Bootstouren
Das Angebot an Ausflugsfahrten zur Walbeobachtung und zur Fahrt auf dem Fjord ist in den Sommermonaten sehr groß. Die Schiffe können zwischen zwölf und 400 Passagieren aufnehmen.
Otis Excursions, *431, rue du Bateau-Passeur,* ☎ *418-235-4197 oder 1-877-235-4197, www.otisexcursions.com, Zodiac-Boote für bis zu 36 Passagiere, vier Abfahrten täglich, 2–4-stündige Fahrten, Fahrpreis: Erwachsene $ 64 bzw. 74, Kinder $ 48 bzw. 53.*
Croisières AML, ☎ *1-866-856-6668, www.croisieresaml.com, von Mai–Okt. mehrere Abfahrten tgl. in Zodiac- oder Passagierbooten, Fahrtdauer: 2,5–3 Stunden.*

✈️ Rundflüge
Aviation du Fjord, *231, rue des Pionniers,* ☎ *1-800-563-4643 (Wasserflugzeug) oder 1-418-237-4274 (Hubschrauber), www.aviationdufjord.com, die Rundflüge über den St.-Lorenz-Strom, den Saguenay Fjord und weite Seen und Wälder werden von Juli–Okt. durchgeführt.*

Von Tadoussac durch den Saguenay Park zum Lac Saint-Jean

👉 Streckenhinweis

Von Tadoussac können Sie zu einer Rundfahrt zum Lac Saint-Jean starten. Sie fahren zunächst auf dem Hwy 138 weiter nach Norden bis zur Kreuzung mit dem Hwy 172; dieser führt am Nordufer des Saguenay entlang und stößt auf den Hwy 169, der den See ganz umrundet. Für den Rückweg können Sie den Hwy 170 wählen, der über Chicoutimi nach Saint-Siméon und Tadoussac zurückführt, oder alternativ durch den Parc Laurentides zurück nach Québec fahren.

1998 wurde der **Parc marin du Saguenay-Saint-Laurent (Saguenay-St. Lawrence Marine Park)** als erster maritimer Nationalpark Québecs eröffnet. Der Park mit einer Fläche von 1.246 km² zieht sich am nördlichen St.-Lorenz-Strom und am Saguenay River entlang. Teil des Nationalparks ist der 300 km² große **Parc National du Fjord-du-Saguenay**, der sich an beiden Ufern des Flusses Saguenay mit herrlichen Wanderwegen, dichten Wäldern, schönen, von Felsen eingeschlossenen Buchten, steilen Kaps und großartigen Ausblicken ausdehnt. An den gut ausgeschilderten Wanderwegen zwischen 1 und 15 km Länge sind teilweise Informationstafeln aufgestellt; einige Wege sind als Rundweg angelegt, wie z. B. der 3 km lange Weg von Tadoussac zum Aussichtspunkt auf dem Hügel L´Anse de la Barque.

Nationalpark am Saguenay River

Im Saguenay Fjord Interpretation Centre, in **Rivière-Éternité**, informieren Park Ranger über die Tier- und Pflanzenwelt und die Entstehung des Fjords.

Saguenay Fjord Interpretation Centre, ☎ 418-272-1556, geöffnet Ende Mai–Mitte Juni Fr–So 10–17, Mitte Juni–Aug. tgl. 8.30–19, Sept. tgl. 9–16 Uhr.

Der **Saguenay River**, der mit 170 km Länge größte Nebenfluss des St.-Lorenz-Stroms, entspringt im Lac Saint-Jean und fließt in südöstlicher Richtung zum St.-Lorenz-Strom, in den er bei Tadoussac mündet. Der Fluss sucht sich in vielen Windungen einen Weg durch die steil abfallenden Klippen der Laurentinischen Berge, die am Kap Eternité und am Kap Trinité mehr als 480 m hoch sind. Er weitet sich dann vor der Mündung in den St.-Lorenz-Strom zu dem fast 100 km langen, 2 km breiten und bis zu 275 m tiefen **Saguenay Fjord**.

Ausflugsboote und Kreuzfahrtschiffe fahren tief in den Fjord hinein, der bis Chicoutimi schiffbar ist. An Bord bieten sich Ihnen immer wieder wunderschöne Ausblicke auf die reizvollen Landschaften und auf kleine Dörfer, wie z. B. L'Anse-Saint-Jean und Sainte-Rose-du-Nord, die im Schutze des vorspringenden Felsengebirges liegen.

Saguenay

Seit 2002 haben sich die Ortschaften am Saguenay-Fjord zur neuen Stadt Saguenay zusammengeschlossen. Der reizvoll am Ufer des Saguenay River liegende Stadtteil Chicoutimi entwickelte sich aus einem alten Handelsplatz der Indianer und ist mit ca. 67.000 Einwohnern das Verwaltungszentrum dieser Region. Arbeitsplätze bieten vor allem mehrere Zellstoff- und Papierfabriken sowie eine große Aluminiumfabrik in Arvida, die von den Wasserkraftanlagen im Oberlauf des Saguenay River mit dem notwendigen Strom versorgt werden.

Auf dem Gelände der **Pulperie de Chicoutimi lieu historique et musée** (**Pulpmill of Chicoutimi Historic Site and Museum**) können Sie die ehemalige Papierfabrik besuchen, die zu Beginn des 20. Jh. einer der größten Industriekomplexe Québecs war und heute ein vielbesuchtes Ausflugsziel ist.
Pulperie de Chicoutimi lieu historique et musée, 300, rue Dubuc, ☎ 418-698-3100 oder 1-877-998-3100, www.pulperie.com, geöffnet Ende Juni–Anfang Sept. tgl. 9–18, sonst Mi–So 10–16 Uhr, das Gelände ist ohne Eintritt frei zugänglich; Museumseintritt Erwachsene $ 14.50, Senioren $ 12, Studenten $ 10, Kinder von 5–17 J. $ 7, Familienkarte $ 35.

Höhepunkt des Jahres ist im Februar das „Carnaval Souvenir", das mit Bällen, Kostüm- und Trapperfesten, deftigen Speisen und Süßigkeiten aus Ahornsirup gefeiert wird.

Von Chicoutimi aus werden kombinierte Bus- und Schiffsreisen durchgeführt. Auf dem Motorschiff Marjolaine erleben Sie eine eindrucksvolle Fahrt auf dem Saguenay River bis in den Fjord und zum Cap Eternité und Cap Trinité.

Reisepraktische Informationen zu Chicoutimi

i Information
Chicoutimi Tourisme Bureau, 295, rue Racine est, ☎ 418-698-3157 oder 1-800-463-6565, www.tourisme.saguenay.ca.

Unterkunft
$$–$$$ **Le Montagnais-Hotel**, 1080 boul. Talbot, ☎ 418-543-1521 oder 1-800-463-9160, http://lemontagnais.qc.ca, großes Hotel- und Kongresszentrum mit 307 Zimmern unterschiedlicher Größe und Ausstattung.
$$$ **Comfort Inn**, 1595, boul. Talbot, ☎ 418-693-8686, www.choicehotels.ca, Motel mit 81 Zimmern, in der Nähe eines Einkaufszentrums.

Folgen Sie weiter dem Hwy 172, so erreichen Sie nach ca. 55 km den **Lac Saint-Jean**. Der Lac Saint-Jean, der wegen seiner Größe von 1.350 km² auch als Binnenmeer bezeichnet wird, hat sich während der letzten Eiszeit gebildet. Der durchschnittlich ca. 20 m tiefe See ist von fruchtbaren Tälern, weiten Wäldern und hohen Bergen umgeben. Der See lädt zum Schwimmen, Kanufahren, zu Bootsfahrten oder zu einer Tagesfahrt mit einem Katamaran oder Segelboot ein; Abfahrtshäfen sind Alma oder Roberval.

Fahrrad

Rund um den Lac Saint Jean verläuft die 256 km lange, gut ausgeschilderte „Véloroute des Bleuets", der „Blaubeeren-Radweg", der immer wieder herrliche Ausblicke auf den Lac Saint-Jean bietet. Die Strecke ist fast durchgehend asphaltiert und lädt an den schönsten Punkten mit Picknickplätzen, Aussichtsplattformen und Infotafeln zur Rast ein.
Véloroute des Bleuets, *1692, avenue du Pont Nord, Alma,* ☎ *418-668-4541 oder 1-866-550-4541, www.veloroute-bleuets.qc.ca.*

An der Rundfahrtstrecke liegen folgende Ortschaften:

➤ **Dolbeau-Mitassini**: von Ende Juli bis Anfang August feiert man hier das große „Blaubeerenfest", www.festivaldubleuet.com.

➤ **Saint-Félicien**: In Saint Félicien sollten Sie einen Besuch des im Jahr 1960 gegründeten **Saint-Félicien Wild Animal Zoo** nicht versäumen, der weltweit als vorbildlich gilt. Auf dem 485 ha großen Gelände, das von einem Flusslauf durchzogen wird, leben 75 heimische Tierarten, u. a. Schwarzbären, Bisons, Präriehunde, Karibus, Büffel und Pumas in freier Wildbahn. Die Besucher fahren wie bei einer Safari auf sicheren Fahrzeugen durch den Park und beobachten die Tiere. Ein besonderes Erlebnis ist es, die Eisbären zu beobachten, die nur durch eine Glaswand vom Besucher getrennt sind. Auf einem 7 km langen Weg, der Sie zu einem traditionellen Indianerdorf und einer Pioniersiedlung führt, lernen Sie zugleich die einheimische Tier- und Pflanzenwelt kennen. Im Besucherzentrum gibt es ein interessantes naturkundliches Museum und zwei Filmtheater.
Safari durch den Zoo von Saint-Félicien
Zoo Sauvage de Saint-Félicien, *2230, boul. du Jardin,* ☎ *418-679-0543 oder 1-800-667-5687, http://zoosauvage.org, geöffnet tgl. Mai und Sept./Okt. 9–17, Juni/Aug. 9–18, Juli 9–19 Uhr, Eintritt Erwachsene $ 48,50, Senioren und Studenten $ 42, Kinder von 6–14 J. $ 35, Kinder 3–5 Jahre $ 23, Familienkarte $ 140.*

Reisepraktische Informationen zu Saint-Félicien

Information
Bureau d'information touristique de Saint-Félicien, *1209, boul. Sacré-Coeur,* ☎ *418-679-9888 oder 1-877-525-9888, www.ville.stfelicien.qc.ca*

Unterkunft
$$$ Hotel du Jardin, *1400, boul. du Jardin, Saint Félicien,* ☎ *418-679-8422, www.hoteldujardin.com, modernes Hotel mit 85 geräumigen Zimmern, zehn davon mit Whirlpool, nicht weit vom Zoo entfernt.*

➤ Das **Indianerreservat Mashteuiatsh** (**Pointe-Bleue**), liegt ca. 6 km nordwestlich von Roberval: Es wurde bereits 1856 eingerichtet. Erste Kontakte der Indianer mit europäischen Walfängern, Trappern, Fischern und Pelzhändlern entwickelten sich bereits im 16. Jh. Durch die Erschließung und Besiedelung des Landes durch die Europäer wurden die Montagnais aus ihrem Lebensraum verdrängt. Im Reservat werden unter sachkundiger Leitung mehrtägige Ausflüge, Wanderungen, Kanufahrten, Tierbeobachtungen durchgeführt; in den Läden kann man kunstgewerbliche Arbeiten kaufen, aber auch Schneeschuhe, Mokassins und Hüte.

Im interessanten **Musée Amérindien** können Sie sich anhand von Ausgrabungsfunden, Filmen und Dias über die Kultur der Montagnais-Indianer informieren. Diese durchzogen bereits vor 6.000 Jahren diese Region als Nomaden, wie Funde von 14 Ausgrabungsstätten belegen.

Musée Amérindien, *1787, rue Amishk, Mashteuiatsh, ☎ 418-275-4842 oder 1-888-875-4842, www.museeilnu.ca, geöffnet Jan.–Mai tgl. 9–18 Uhr, Juni–Sept. Mo–Fr 9–12 und 13–16.30 Uhr, Eintritt Erwachsene $ 12, Senioren 11, Studenten $ 10, Kinder 6–12 J. $ 7, Familienkarte $ 32.*

➤ In **Roberval** am Südwestufer des Sees findet alljährlich am letzten Sonntag im Juli der internationale Schwimmwettbewerb „Traversée internationale du lac Saint-Jean" statt, bei dem die Schwimmer den See von Roberval nach Péribonka durchqueren müssen.

🛏 Unterkunft

$$–$$$ **Motel Roberval**, *256, Boulevard Marcotte, ☎ 418-275-3957, www.motel-roberval.com*, nettes Motel mit 54 zweckmäßig eingerichteten Zimmern und Outdoorpool, gut als Ausgangsort für Ausflüge in die Umgebung geeignet.

➤ **Val-Jalbert Historic Village**, die 1902 entstandene Fabriksiedlung mit „modernen" Wohnhäusern, die über fließendes Wasser und elektrisches Licht verfügten, einer Kirche, Schule und Lebensmittelläden, in der die Arbeiter einer großen Zellstofffabrik Arbeit fanden, wurde mit der Schließung der Fabrik im Jahre 1927 verlassen. Seit den 1990er-Jahren wurden 40 Häuser restauriert; so kann man heute in der ehemaligen Schule eine Ausstellung zum Leben der Menschen in der Stadt besuchen oder sich in der früheren Papiermühle über die Herstellung von Zellstoff informieren. Außerdem gibt es ein Restaurant mit einer herrlichen Aussicht auf die nahegelegenen Wasserfälle, Übernachtungsmöglichkeiten und eine gläserne Aussichtsplattform, die man über vierhundert Stufen oder mit einer Kabinenbahn erreicht, mit großartiger Sicht auf den 72 m hohen Wasserfall Quiatchouan und den Lac Saint-Jean.

Val-Jalbert Historic Village/Village historique, *95, rue Saint-Georges, Chambord, ☎ 418-275-3132 oder 1-888-675-3132, www.valjalbert.com, geöffnet Ende Mai–Ende Sept. tgl. 10–17, Juli/Aug. –18 Uhr (Abendessen 17–22.30 Uhr), Eintritt Erwachsene $ 27.40, Kinder 6–16 J. $ 14, Familienkarte $ 65.*

Alma

Die Stadt mit ca. 31.000 Einwohnern liegt am Saguenay River und ist ein beliebter Ferienort am Lac Saint-Jean. Ein besonderer Anziehungspunkt ist der **Parc thématique L'Odyssée des Bâtisseurs**, wo Sie sich in mehreren Gebäuden durch interaktive Ausstellungen und auf Lehrpfaden über die Bedeutung des Wassers für diese Region informieren können.

Parc thématique L'Odyssée des Bâtisseurs, *1671, avenue du Pont Nord, ☎ 418-668-2606 oder 1-866-668-2606, www.odysseedesbatisseurs.com, geöffnet Mitte Juni–Mitte Aug. tgl. 9–17.30, bis Ende Sept. 9–16.30 Uhr, Okt.–Mai nur Indoor-Aktivitäten Mo–Fr 9–12 und 13–16.30 Uhr, Eintritt Erwachsene $ 15, Senioren $ 14, Studenten $ 13, Kinder 6 bis 17 J. $ 7.75, außerhalb der Hochsaison ermäßigte Preise ($ 8.75, 7.75, 6.75 und 4).*

Inselausflug Von Ende Mai bis Anfang Oktober fährt die kleine Personenfähre „Le Maligneau", die auch Fahrräder transportiert, zur Insel Maligne mit Kiefern- und Zedernbeständen und schönen Rad- und Wanderwegen. Hier finden Sie auch das Pulvermagazin, das während der Errichtung der Wasserkraftanlagen zu Beginn des 20. Jh. in Gebrauch war.

Die Wanderwege führen zum Ferienresort **Complexe touristique de la Dam-en-Terre**, 1385, chemin de la Marina, wo Sie sich an feinen Sandstränden, bei Kayak- und Kanutouren oder einer Bootsfahrt auf dem See entspannen und erholen können.

Reisepraktische Informationen zu Alma

i Information
Tourisme Alma Lac-Saint-Jean, *1682, av. du Pont Nord,* ☏ *418-668-3611 oder 1-877-668-3611, http://tourismealma.com.*

Unterkunft
$$ L'Almatoit Gîte, *755, rue Price ouest,* ☏ *418-668-4125 oder 1-888-668-4125, www.almatoit.com, gepflegtes, großes Bed&Breakfast-Haus aus dem Jahr 1905.*
$$–$$$ Comfort Inn Alma, *870, avenue du Pont Sud,* ☏ *418-668-9221, www.alma comfortinn.com, Motel mit 59 freundlich eingerichteten Zimmern, wenige Minuten von Einkaufszentren und Wanderwegen entfernt.*
$$–$$$ Hotel Universel, *1000, boul. des Cascades,* ☏ *418-668-5261 oder 1-800-263-5261, www.hoteluniversel.com, modernes Hotel mit 71 Zimmern im Stadtzentrum.*

Fähre/Bootsfahrten/Outfitter
Le Maligneau-Fähre, *zur Insel Maligne, www.veloroute-bleuets.qc.ca/en/traverses_de_bateaux,* **Fahrzeiten***: Juni–Aug. tgl. 9–12 und 12.30–18 Uhr, im Sept. Mo–Do 11–14 Uhr, Fr–So 10–12 und 12.30–16 Uhr. Die Überfahrt dauert fünf Minuten und ist kostenfrei.*
Marina Dam-en-Terre, *1385, chemin de la Marina,* ☏ *418-668-3016 oder 1-888-289-3016, www.damenterre.qc.ca/, von Juli–Sept. Di–Sa zweistündige Fahrten an Bord der La Tournée. Abfahrtszeiten 14 Uhr, zusätzliche Fahrten Juli und Aug.*
Equinox Adventures, *1385, chemin de la Marina,* ☏ *418-480-7226 www.equinoxaventure.ca, im Ferienzentrum Dam-en-Terre werden Kajak- und Kanuausflüge mit erfahrenen Lehrern und Führern sowie geführte Radtouren angeboten.*

Wald und Wasser soweit das Auge reicht

La Baie: In den Sommermonaten wird mit großem Aufwand das historische Stück „La fabuleuse histoire d'un Royaume" im Théâtre du Palais Municipal, 1831, 6e avenue, aufgeführt (*Informationen: www.diffusion.saguenay.ca*).

Petit-Saguenay: die wunderschöne Umgebung des Ortes lädt zum Wandern ein und bietet eindrucksvolle Ausblicke auf den Saguenay River. Ein schöner, 10 km langer Wanderweg führt zu dem hübschen Ferienort **L'Anse Saint-Jean** mit seiner „covered bridge", der sehr schön eingebettet zwischen dem Fjord und den Bergen liegt. Der Ort bietet ausgezeichnete Wander- und Wintersportmöglichkeiten. Eine Besonderheit sind die Steinbacköfen, wo Sie frisch gebackenes Brot probieren können.

Unterkunft
$$ **Auberge du Jardin**, *71, boul. Dumas, Petit-Saguenay, ☏ 418-272- 3444 oder 1-888-272-3444, www.aubergedujardin.com, kleines, gepflegtes Landgasthaus in ruhiger Lage im Saguenay Park mit zwölf ansprechend eingerichteten Zimmern.*

 Streckenhinweis

Von Petit-Saguenay können Sie dem Hwy 170 bis St.-Siméon folgen und von dort über den Hwy 138 nach Tadoussac zurückfahren.

Zwischen dem Lac Saint-Jean und dem St.-Lorenz-Strom dehnt sich der riesige Park **Réserve Faunique des Laurentides** mit tief eingeschnittenen Flusstälern, dicht bewachsenen Bergen, landwirtschaftlich genutzten Hochflächen, Seen und Flüssen aus, der zu jeder Jahreszeit ein beliebtes Ferienziel ist. Die Hwys 169 und 175 durchziehen den Park von Norden nach Süden. Informationen und Kartenmaterial erhalten Sie in den Informationszentren am **Parc Jacques-Cartier** und am **Parc des Grands-Jardins**.

Im Reservat, das bereits 1895 eingerichtet wurde, leben neben dem Kleinwild auch Karibus, Schwarzbären, Luchse, Wölfe und Hirsche. Das Jagen im Park ist verboten; Angeln ist in allen Flüssen und Seen erlaubt.

i Information
Tourism Laurentides, *La Porte-du-Nord, Exit 51 von der Autoroute des Laurentides, ☏ 450-224-7007 oder 1-800-561-6673, www.laurentides.com.*

Von Tadoussac zur Côte-Nord

Die Nordküste – die Côte-Nord – beginnt nordöstlich von Tadoussac. Nur die Route 138 führt an der schroffen Küste entlang durch die hügelige und nur dünn besiedelte Region bis nach Blanc-Sablon an der Grenze von Labrador. An dieser Strecke bieten sich immer wieder spektakuläre Ausblicke auf den St.-Lorenz-Strom, der sich nordwärts bis auf fast 100 km verbreitert. Im Landesinneren dehnen sich weite Moore und Sümpfe und unendliche Wälder aus, die nur von Flüssen und Seen unterbrochen werden. Indianer und Inuit durchzogen dieses Gebiet, bevor sich die ersten baskischen Fischer und Walfänger, und später, im 19. Jh. Akadier und Neufundländer hier niederließen. Fischreichtum, Waldbestände, Eisenerzvorkommen und Wasserkraft machen den natürlichen Reichtum der Region aus, der intensiv genutzt wird.

Einsame Landschaft der Côte Nord

2002 einigten sich die Provinzregierung von Québec und Vertreter der Cree-Indianer darauf, im Norden der Provinz mit dem Bau eines seit Jahrzehnten umstrittenen riesigen Wasserkraftprojektes zu beginnen; die Fertigstellung durch Hydro Québec steht noch aus.

Der Fremdenverkehr ist nur wenig ausgeprägt, nimmt aber allmählich zu. Zu den touristischen Höhepunkten gehören die ausgezeichneten Möglichkeiten zur Walbeobachtung, auch vom Land aus, zum Angeln, Kajakfahren und Wandern. In den kleinen Ortschaften gibt es einfache Übernachtungsmöglichkeiten.

Grandes-Bergeronnes: 6 km hinter dem Ort wurde das **Centre d'Interpretation et d'Observation du Cap-de-Bon-Desir (Cap de Bon-Désir Interpretation and Observation Centre)** eingerichtet. Vom steilen Kap aus, zu dem ein Plankenweg vom Besucherzentrum hinführt, kann man ausgezeichnet Wale, Robben und Vögel beobachten. Mitarbeiter des Zentrums stehen für Fragen zur Verfügung.
Centre d'Interpretation et d'Observation du Cap-de-Bon-Desir, *13, chemin de Cap de Bon Desir, ☎ 418-232-6751 oder 1-888-773-8888, www.pc.gc.ca, geöffnet Juli/Aug. tgl. 9–18, Sept.–Okt. Mi–So 9–17 Uhr, Eintritt Erwachsene $ 8, Senioren $ 7, Kinder von 6–12 J. $ 4, Familienkarte $ 20.*

Zwischen Tadoussac und **Baie-Comeau**, der mit ca. 23.000 Einwohnern größten Stadt der Côte-Nord, liegen ca. 175 km. Baie-Comeau ist ein Zentrum der Papier- und insbesondere der Zeitungspapierherstellung. Die großen Staudämme und Wasserkraftwerke der staatlichen Elektrizitätsgesellschaft Hydro Québec sichern die Energieversorgung der Provinz und ermöglichen den Export von Strom. Von Baie-Comeau aus führt die für den Bau der Staudämme angelegte Straße 200 km ins Landesinnere zu den Staudämmen Manicouagan 2, 3 und 5; Manic 4 wurde nicht gebaut. Besucher können Manicouagan 2 und 5, zwei der größten Wasserkraftanlagen der Welt, besichtigen.
Manicouagan 2 Hydroelectric Dams and Installation *liegt 22 km nördlich an der Route 389*, **Manicouagan 5** *liegt 214 km nördlich am Hwy 389. Führungen finden von Ende Juni–Aug. auf Französisch um 9, 11, 13:30 und 15.30 Uhr statt (Führungen auf Englisch sind für Gruppen ab 10 Pers. möglich); Anmeldungen sind erforderlich, ☎ 1-866-526-2642, www.hydro quebec.com/visit. Das Besucherzentrum liegt an der Kreuzung der Hwys 138 und 389 und informiert über die Energiegewinnung in der Provinz Québec.*

Staudämme und Wasserkraftwerke

Reisepraktische Informationen zu Côte-Nord

i **Information**
Tourisme Côte-Nord Manicouagan (TCNM), *337, boul. La Salle, Baie-Comeau, ☎ 418- 294-2876 oder 1-888-463-5319, http://tourismecote-nord.com.*

Fähren
Zwischen **Les Escoumins** *und* **Trois-Pistoles** *am gegenüber liegenden Ufer des St.-Lorenz-Stromes verkehrt von Juni–Okt. eine Fähre. Die Überfahrt dauert ca. 90 Minuten, für Pkw ist eine Reservierung erforderlich. Die genauen Abfahrtszeiten erfahren Sie unter* **Traverse Les Escoumins/Trois Pistoles**, *II, rue du Parc, Trois-Pistoles, ☎ 418-851-4676 oder 1-877-851-4677, www.traversiercnb.ca. Fahrpreise: einfache Fahrt Erwachsene (12–64 J.) $ 21, Senioren $ 19.50, Kinder $ 13.50, Pkw $ 46, Hin- und Rückfahrt Erwachsene $ 26, Senioren $ 25, Kinder $ 20.*
Auch weiter nördlich zwischen **Forestville** *und* **Rimouski** *verkehrt von Mai–Sept. 2–4-mal tgl. eine Fähre. Die Überfahrt dauert eine knappe Stunde, für Pkw ist eine Reservierung erforderlich. Die genauen Abfahrtszeiten erfahren Sie unter* **CNM Évolution**, *☎ 418-725-2725 oder 1-800-973-2725, https://ssl.pqm.net/cnmevolution, Fahrpreise: einfache Fahrt Erwachsene $ 24, Senioren $ 23, Kinder $ 15, Pkw $ 48, Hin- und Rückfahrt Erwachsene $ 27, Senioren $ 26, Kinder $ 19.*

Von **Baie-Comeau** *verkehren Fähren ganzjährig nach* **Matane/Gaspésie** *– Dauer der Überfahrt: 2 Std. 20 Min., Reservierungen sind empfehlenswert bei Reederei Société des Tra-*

versiers Québec, ☎ *418-562-2500 oder 1-877-562-6560, www.traversiers.com, tgl. 9–17 Uhr. Fahrpreis Erwachsene $ 19.70, Senioren $ 16.70, Kinder von 5–11 J. $ 12.15 (mit Rückfahrt $ 35.40, 30.35 und 20.25), Pkw $ 48.*

☞ **Hinweis für Abenteurer und Entdecker**
Seit 2010 ist auch das letzte Teilstück des Trans-Labrador Highway (Hwy 389) fertiggestellt. Damit ist eine Fahrt durch Labrador möglich geworden: von Baie-Comeau folgt man dem Trans-Labrador Highway nach Norden bis Labrador City und fährt dann nach Osten über Goose Bay und Cartwright nach Blanc-Sablon, wo es eine Fährverbindung nach St. Barbe/Newfoundland gibt. Von dort aus kann man den Nationalpark L'Anse aux Meadows besuchen, dann an der Westküste von Newfoundland entlang nach Süden zum Gros Morne National Park und weiter über Corner Brook nach Port aux Basques fahren. In Port aux Basques legt die Fähre nach North Sydney/Nova Scotia ab. Die Gesamtstrecke ist ca. 2.650 km lang!

▶ **Fähren**
Blanc Sablon – St. Barbe
Provincial Ferry Services, ☎ *709-535-0810 oder 1-866-535-2567, www.tw.gov.nl.ca/ferryservices/index.html, Abfahrt 1-mal tgl., Juli/Aug. 3-mal tgl., Fahrzeit: knapp 2 Stunden, Fahrpreis: Pkw mit Fahrer $ 35.25, Erwachsene $ 11.75, Kinder $ 9.50.*

Blanc Sablon – Corner Brook
Provincial Ferry Services, ☎ *709-535-0810 oder 1-866-535-2567, www.tw.gov.nl.ca/ferryservices/index.html, Abfahrt Mo, Mi, Fr und Sa einmal tgl. um 7 Uhr, Fahrzeit: 12 Stunden, Fahrpreis: Pkw mit Fahrer $ 129.50, Erwachsene $ 43.25, Kinder $ 41.*

North Sydney – Port aux Basques
Marine Atlantic Ferries, in North Sydney, Abfahrtsstelle der Fähren nach Newfoundland, ☎ *1-800-341-7981; www.marine-atlantic.ca., Abfahrten ganzjährig, Fahrzeit. ca. 6 Std., für die Tag- und Nachtfahrten können Sie Kabinen buchen; Abfahrtszeiten Ende Juni–Mitte Sept. 2–3-mal tgl., sonst 1–2-mal tgl., Fahrpreis einfache Fahrt Erwachsene $ 44, Senioren $ 40, Kinder $ 20, Pkw $ 114.*

Godbout

Godbout, ein ehemaliger Pelzhandelsposten der Hudson Bay Company, ist heute ein kleiner Fischerort, der vor allem bei Lachsfischern sehr beliebt ist. Einen Besuch wert ist das **Musée Amérindian et Inuit de Godbout**, das Kunsthandwerk der Ureinwohner zeigt. Gelegentlich kann man den Künstlern und Handwerkern bei der Arbeit zuschauen.

Kunst der Ureinwohner

Musée Amérindien et Inuit de Godbout, *134, chemin Pascal-Comeau,* ☎ *418-568-7306, www.mungodbout.ca, geöffnet Mitte Juni–Ende Sept.*

🛥 **Fähre**
Zwischen **Godbout** und **Matane/Gaspésie** *ganzjähriger Fährverkehr 1–2-mal tgl., Dauer der Überfahrt 2 Std. 10 Min., Reservierungen sind empfehlenswert bei Reederei Société des Traversiers Québec,* ☎ *418-562-2500 oder 1-877-562-6560, www.traversiers.com, Fahrpreis Erwachsene $ 19.70, Senioren $ 16.70, Kinder von 5–12 J. $ 12.15, Pkw $ 48.*

Die Region ist nur dünn besiedelt. Das Klima im Mündungsgebiet des St.-Lorenz-Stroms ist sehr rau und bringt den Menschen einen von Oktober bis April dauernden Winter mit Kälte und Frost bei Temperaturen von bis zu Minus 30 °C. Für Besucher gibt es Übernachtungsmöglichkeiten in Privathäusern und Jagdcamps.

Streckenhinweis

Die Weiterfahrt nach Sept-Îles und zum Parc National de L'Archipel-de-Mingan ist nur Anglern und Jägern und Reisenden zu empfehlen, die die riesigen Entfernungen nicht scheuen und die völlige Abgeschiedenheit, Einsamkeit und Unberührtheit in der Natur suchen. Der Hwy 138 führt am St.-Lorenz-Strom entlang über Baie-Trinité, Sept-Îles, Havre-St.-Pierre bis nach Natashquan. Die weiteren Ortschaften sind nur per Boot, Wasserflugzeug oder Hubschrauber zu erreichen.

An dieser Wegstrecke liegen:
➤ **Baie-Trinité**, wo man beobachten kann, wie Lachse über eine Lachsleiter die Höhenunterschiede überwinden; es gibt einige schöne Sandstrände;
➤ **Sept-Îles** ist die Verwaltungshauptstadt der Côte-Nord mit ca. 25.000 Einwohnern.

 Information

Tourisme Sept-Îles, *1401, boul. Laure Ouest,* ☏ *418-962-1238 oder 1-888-880-1238, www.tourismeseptiles.ca.*

Der Hafen, in dem das im Norden abgebaute Eisenerz verladen wird, ist mit einem Umschlag von mehr als 23 Mio. Tonnen Erz, Kohle und Aluminium einer der großen Industriehäfen Kanadas. Besucher halten sich gern am Old Wharf Urban Park auf, wo Händler entlang der Promenade frischen Fisch und Souvenirs anbieten.

Musée regional de la Côte-Nord, das Museum informiert mit vielfältigen Ausstellungsstücken über die regionale Geschichte.
Musée regional de la Côte-Nord, *500, boul. Laure,* ☏ *418-968-2070, www.mrcn. qc.ca, geöffnet Ende Juni–Anfang Sept. tgl. 9–17, sonst Di–Do 10–12 und 13–17, Fr 10–17, Sa/So 13–17 Uhr, Eintritt Erwachsene $ 7, Senioren und Studenten $ 6, Kinder bis 12 J. frei .*

Vieux Poste de Traite, Rekonstruktion eines französischen Handelsposten aus dem 17. Jh., an dem Sie sich über archäologische Funde und die Fauna der Region informieren können.
Vieux Poste de Traite, *99, boul des Montagnais,* ☏ *418-968-6237, geöffnet Juli–Aug. Di–Fr 9–18, Mo bis 17 Uhr, Eintritt Erwachsene $ 12, Senioren und Studenten $ 10.*

➤ **Havre-St.-Pièrre** ist vor allem als Ausgangsort für Besuche des **Mingan-Nationalparks** und für Ausflüge zur **Île d'Anticosti** mit ihren großen Seevogelkolonien geeignet. Außerdem gibt es von Ende April bis Ende Januar eine wöchentliche Schiffsverbindung nach Blanc-Sablon, der Grenzstadt zu Labrador.

➤ Der **Parc National de L'Archipel-de-Mingan** (**Mingan Archipelago National Park Reserve**) besteht aus einer Gruppe von mehr als 1.000 kleinen, unbewohnten Inseln im St.-Lorenz-Strom, die sich über 150 km hinziehen. Der Nationalpark ist per Hubschrauber oder Flugzeug oder über den Hwy 138 zu erreichen, der bis Havre-St. Pierre führt; von dort aus fährt man mit Wassertaxi oder Fähre weiter zu den Inseln. Der Park ist eines der wichtigsten Vogelschutzgebiete im Nordosten Québecs und bietet außerdem ausgezeichnete Möglichkeiten zur Wal- und Seehundbeobachtung. Die Pflanzenwelt ist durch kleine Nadelwälder, Farne und Moose geprägt. Hervorstechendes Merkmal des Parks sind die bizarren Kalksteinskulpturen, die die letzte Eiszeit aus dem Fels geschliffen hat. *Insel-Nationalpark*

Informationen *über den Park erhalten Sie von* **Parcs Canada**, *1010, Promenade des Anciens, Havre-Saint-Pierre,* ☏ *418-538-3285, Eintritt Erwachsene $ 6, Senioren $ 5, Kinder von 6–16 J. $ 3.*

➤ **Harrington-Harbour** liegt auf einer Felsinsel im St.-Lorenz-Golf. Die Einwohner von Harrington sind Nachfahren von Fischern, die vor mehr als 100 Jahren aus Newfoundland an die Küste Québecs kamen.

Routenvorschlag 2: zur Halbinsel Gaspésie

 Streckenhinweis

Québec City–Rivière-du-Loup–Halbinsel Gaspésie–Parc National de Forillon–Felsen von Percé–Vogelinsel Bonaventure–Québec City
Länge und Dauer der Rundfahrt: ca. 1.530 km, ab Rimouski ca. 830 km, 6 Tage

Diese schöne Rundfahrt führt über den Hwy 132 von Québec City am Südufer des St.-Lorenz-Stroms entlang nach Rivière-du-Loup, Rimouski und Sainte-Flavie bis zur großartigen Halbinsel Gaspésie mit dem Parc National de Forillon, dem Felsen von Percé und der Vogelinsel Bonaventure. Auf dieser abwechslungsreichen Fahrt sollten Sie sich genügend Zeit nehmen für die kleinen traditionellen Bauerndörfer und Fischerhäfen, die langen Sandstrände, für Walbeobachtungsfahrten auf dem 10 km breiten St.-Lorenz-Strom, für Wanderungen durch die eindrucksvollen Naturparks und für Pausen in den kleinen Landgasthäusern mit ihrer vorzüglichen Küche.

Gaspésie-Halbinsel

Sehenswürdigkeiten an dieser Strecke

Im Ort **Beaumont** finden Sie historische Häuser aus dem 17. und 18. Jh. Zu den schönsten gehört die **Moulin de Beaumont**, 2, route du Fleuve. Die 1821 gebaute Walkmühle wurde später um Mühlsteine und Sägen erweitert, um auch als Getreidemühle und Sägewerk genutzt zu werden. Heute können Sie in dem dreistöckigen Gebäude beim Backen zuschauen und frisches Brot und köstliche Muffins probieren. Nehmen Sie sich Zeit für ein Picknick auf dem Rastplatz in der Nähe der Backstube oder gehen Sie zum St.-Lorenz-Strom, zu dem eine Treppe hinunterführt. Im Besucherzentrum informieren ein Videofilm und Ausgrabungsfunde über die Geschichte der Mühle und der nahen „Moulin Peán".

Historische Ortschaften

Montmagny, eine der frühen Siedlungen am St.-Lorenz-Strom, ist das Handelszentrum dieser Region. In der Innenstadt finden Sie vor allem in der rue Saint-Jean Baptiste und der rue Saint-Thomas kleine Geschäfte, Boutiquen, Kunstgewerbeläden und mehrere Cafés in historischen Häusern.

Im Küstenbereich sammeln sich alljährlich im Frühjahr und Herbst Hunderttausende von kanadischen Schneegänsen. Im Besucherzentrum können Sie sich über die jahresperiodisch wiederkehrenden Wanderungen der Vögel informieren. Im Oktober findet das „Snow Goose Festival" mit vielen Veranstaltungen statt.

Montmagny und **Berthier-sur-Mer** sind Ausgangspunkte von Booten und Wassertaxis für Fahrten zum **Archipel de L'Îsle-aux-Grues**, der aus 21 kleinen Inseln besteht. Die schon seit 1679 besiedelte **L'Îsle-aux-Grues** ist die größte der Inseln und ganzjährig bewohnt. Hier gibt es zwei Gasthäuser und einige private Übernachtungsmöglichkeiten, denn Île-aux-Grues ist ein beliebtes Ziel für Vogelkundler und Ruhe suchende Urlaubsgäste.

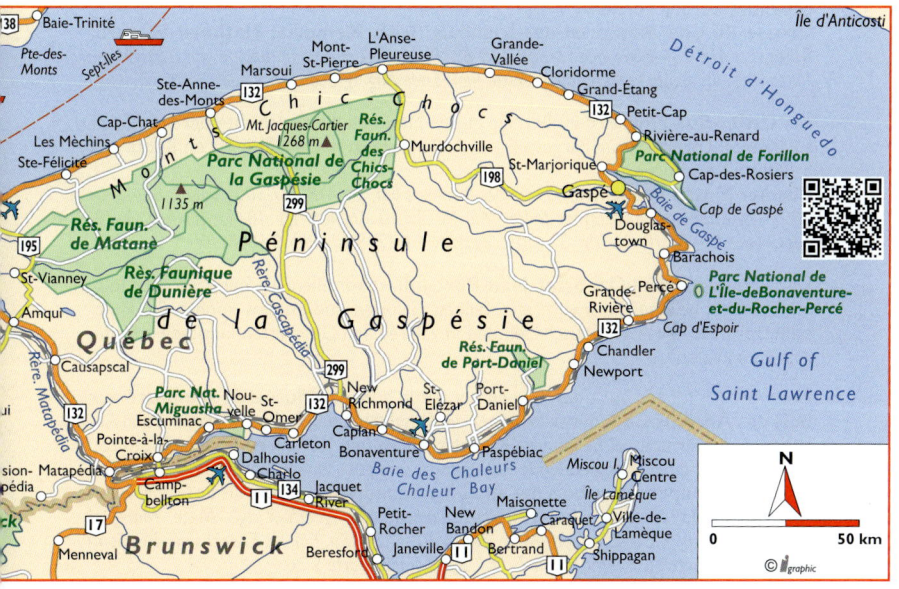

Reisepraktische Informationen

i Information

Montmagny Tourism Information Bureau, *45, av. du Quai,* ☎ *418-248-9196 oder 1-800-463-5643, http://montmagnyetlesiles.chaudiereappalaches.com.*

Unterkunft

$$–$$$ Hotel L'Oiseliere, *105, chemin des Poirier,* ☎ *418-248-1640 oder 1-800-540-1640, www.montmagny.oiseliere.com, 71 gemütliche Zimmer und Suites, Gourmet-Restaurant, Pools und Spa.*

Fähre

Die Auto- und Personenfähre zur Île-aux-Grues verkehrt von April–Dez. täglich, die 20-minütige Überfahrt ist kostenlos, ☎ *418-248-2379, Abfahrt am Montmagny Dock.*

Croisières AML, *110, rue de la Marina, Berthier-sur-Mer,* ☎ *418-259-2140 o. 1855-268-9090, tgl. Abfahrten zu den Inseln Île-aux-Grues und Grosse-Île von Mai–Okt., Fahrpreis zur Île-aux-Grues Erwachsene ab $ 55, zur Gross-Île $ 65 (englisch- und französischsprachige Inselführungen inklusive).*

Archipel   Zum Archipel gehört ebenfalls die Insel **Grosse-Île**, die früher als Quarantäne-Insel bekannt war. Von 1832–1941 wanderten über 4 Mio. Menschen über Québec nach Kanada ein, Tausende von ihnen mussten aus gesundheitlichen Gründe zunächst in Quarantäne bleiben, um die Ausbreitung von Cholera und Typhus in der Neuen Welt zu verhindern. An der höchsten Stelle der Insel steht ein keltisches Kreuz zur Erinnerung an die irischen Einwanderer, von denen viele an Typhus erkrankten und auf der Insel begraben wurden. Es gibt mehr als 100 teilweise restaurierte historische Gebäude auf Grosse-Île, von denen einige bei einer zweistündigen Führung über die Insel besichtigt werden können.

Grosse-Île und Memorial-des-Irlandais (Irish Memorial National Historic Site), ☎ *418-234-8841 oder 1-888-773-8888, www.pc.gc.ca, Führungen: von Mitte Mai–Mitte Okt., die Boote verkehren von Mitte Juni–Ende Aug. tgl., sonst nur nach Voranmeldung.*

Auf **L'Islet-Sur-Mer** wird im Bernier Musée Maritime die Geschichte der Schifffahrt auf dem St.-Lorenz-Strom dargestellt; im Außenbereich sind ein Eisbrecher, Boote und Schiffe zu besichtigen.

Bernier Musée Maritime, *55, rue des Pionniers Est,* ☎ *418-247-5001 oder 1-844-310-5001 www.mmq.qc.ca, geöffnet März–Mai Mi–So 10–16, Juni tgl. 10–17, Juli/Aug. 9–18, Sept.–Nov. Di–Do 10–16 Uhr, Eintritt Erwachsene $ 12, Studenten $ 10, Kinder $ 8.*

Künstlerort Saint-Jean-Port-Joli   Der 1721 gegründete Ort **Saint-Jean-Port-Joli** ist vor allem als Zentrum der Holzschnitzkunst bekannt. In mehreren Ateliers, Galerien und Studios können Sie Holzschnitzern bei der Arbeit zuschauen und in zahlreichen Geschäften kunstgewerbliche Arbeiten kaufen.

Einen Besuch lohnen auch die Museen der Stadt, z. B. das **Musée de sculpture sur bois des Anciens Canadiens**, das über die Geschichte der Region informiert und Arbeiten der international bekannten Künstler André und Jean-Julien Bourgault besitzt. Im Ort gibt es einige ansprechende Restaurants und gute Übernachtungsmöglichkeiten

Musée de sculpture sur bois des Anciens Canadiens, *332, avenue de Gaspé Ouest,* ☎ *418-598-3392, www.museedesancienscanadiens.com, geöffnet tgl. Mitte Mai–Juni 9–17.30, Juli/Aug. 8.30–20, Sept.–Mitte Okt. 8.30–17.30 Uhr, Eintritt Erwachsene $ 8, Senioren und Studenten $ 6, Kinder von 7–12 J. $ 3, Familienkarte $ 20.*

Unterkunft
$$ Auberge Du Faubourg, *280, avenue de Gaspé ouest, Saint-Jean-Port-Joli, ☏ 418-598-6455 o.1-800-463-7045, www.aubergedufaubourg.com, angenehmes Hotel mit 68 Zimmern, die einen schönen Ausblick auf den St.-Lorenz-Strom bieten, und sieben Cottages am Fluss, Restaurant mit bekannt guter Küche.*

Rivière-du-Loup
Die Stadt wurde nach dem hier in den St.-Lorenz-Strom einmündenden Wolfsfluss benannt, der wiederum seinen Namen wegen der hier besonders zahlreich auftretenden Seehunde (frz. loups marins) erhielt. Noch immer gibt es in diesem Gebiet reiche Bestände an Seehunden; von Juni bis Oktober treten Herden von Walen auf, unter denen auf Walbeobachtungsfahrten weiße Belugawale ebenso wie große Blauwale gesichtet werden können. Die Geschichte der Stadt beginnt bereits 1673, aber der wirtschaftliche Aufschwung begann erst 1802 mit der Ankunft Alexander Frasers und dem Bau der ersten Sägemühle sowie der Eröffnung der Eisenbahnlinie im Jahr 1859. Heute ist die Stadt mit ca. 20.000 Einwohnern noch immer ein wichtiges Handels- und Verwaltungszentrum, aber auch ein beliebter Ferienort mit schönen viktorianischen Häusern, guten Übernachtungsmöglichkeiten, einer gern genutzten Marina, schönen Stränden und acht Wasserfällen in der näheren Umgebung.

Walbeobachtungsfahrten

Zu den Sehenswürdigkeiten der Stadt zählen
• der **Parc des chutes** (Park der Wasserfälle), der über die rue Frontenac und die rue de la Chute zu erreichen ist,
• das am Abend beleuchtete **Kreuz** hoch über der Stadt mit einem herrlichen Ausblick über den St.-Lorenz-Strom und die Stadt,
• das **Musée de Bas-Saint-Laurent** (**Lower St. Lawrence Museum**), Ausstellung zur regionalen Geschichte und Werken zeitgenössischer Künstler,
Musée de Bas-Saint-Laurent, *300, rue St-Pierre, ☏ 418-862-7547, www.mbsl.qc.ca, geöffnet Ende Juni–Mitte Okt. tgl. 9–17, sonst Di–So 13–17 Uhr, Eintritt Erwachsene $ 7, Senioren und Studenten $ 5, Familienkarte $ 18.*
• und die private **Sammlung von Glockenspielen**, 393, rue Témiscouata, mit Glocken verschiedenster Größen, von denen die größte 1.000 Kilogramm wiegt.

Reisepraktische Informationen zu Rivière-du-Loup

Information
Rivière-du-Loup Tourism & Information Bureau, *189, boul. de l' Hôtel-de-Ville, ☏ 418-862-1981 oder 1-888-825-1981, www.tourismeriviereduloup.ca, geöffnet Ende Juni–Ende Aug. tgl. 8.30–19.30, Sept.–Juni Mo–Fr 8.30–16.30 Uhr. Hier erhalten Sie u. a. die Broschüre „Heritage Tour", die zu den historischen Häusern der Stadt, den Kirchen und Parkanlagen führt oder die Radwanderkarte zum* **Parc linéaire interprovincial Petit Témis** (**Petit Témis Interprovincial Linear Park**).

Unterkunft
$$ Auberge la Sabline, *343 rue Fraser ouest, ☏ 418-867-4890, viktorianisches Gästehaus aus dem Jahr 1895 mit zwei großen, hell und stilvoll eingerichteten Zimmern, Veranda, schöner Aussicht und gutem Frühstück. Mindestaufenthalt: fünf Tage.*
$$ Comfort Inn, *85, boul. Cartier, ☏ 418-867-4162, www.choicehotels.ca, Motel mit 66 freundlich eingerichteten Zimmern, in der Nähe des Hafens.*
$$$ Best Western Plus Hotel Lévesque, *171, rue Fraser, ☏ 418-862-6927 oder 1-800-463-1236, www.hotellevesque.com, ansprechendes Ferienhotel mit 117 schönen Zim-*

mern, Gartenanlage, Swimmingpool, Minigolf, Fahrradverleih und Spielplatz, Golf- und Reitgelegenheit in der Nähe.

Fährverbindungen nach
Saint-Siméon, ☎ *418-862-5094, Apr–Jan*
M. V. Trans-Saint-Laurent Ferry, ☎ *418-862-9545, http://traverserdl.com, Fahrzeit: ca. 65 Min., Preis einfache Fahrt: Erwachsene $ 19.20, Senioren $ 17.40, Kinder $ 12.80, Pkw $ 45.50.*

Bootsfahrten
Lower St. Lawrence Island Cruises, *Société Duvetnor Ltée,* ☎ *418-867-1660 oder 1-877-867-1660, www.duvetnor.com, täglich ein- und mehrstündige Bootsfahrten zu den Inseln im St.-Lorenz-Strom, ganz- und mehrtägige Fahrten zur Île aux Lièvres mit Übernachtung im Leuchtturm. Platzreservierung empfehlenswert.*
Whale Watching Cruises, *3,5-stündige Fahrten zur Walbeobachtung am Zusammenfluss von St.-Lorenz-Strom/Saguenay River und zu den Inseln, tgl. Abfahrten von Anfang Juni–Mitte Sept.*
Croisières AML, *Marina,* ☎ *1-866-856-6668 (allgemein) oder 1-800-563-4643 (Rivière-du-Loup), www.croisieresaml.com.*

Fahrradweg
Eine Freude für Radfahrer ist der **Parc linéaire interprovincial Petit Témis** *(Petit Témis Inter Provincial Linear Park), ein 130 km langer Fahrrad- und Wanderweg, der am Madawaska River entlangführt und Rivière-du-Loup mit Edmundston/NB verbindet. Auskünfte und eine Streckenkarte erhalten Sie in der Touristeninformation.*

☞ Streckenhinweis

Von Rivière-du-Loup können Sie über den Hwy 185 nach Edmundston/New Brunswick fahren und eine Rundfahrt durch die Atlantikprovinzen machen.

Cacouna ist schon seit etwa 1840 ein beliebter Ferienort, der von den wohlhabenden Familien Québecs zur Erholung aufgesucht wurde. Einige der schönen Herrenhäuser können auf einem Stadtrundgang besichtigt werden, ebenso die 1845 gebaute Kirche Saint-Georges de Cacouna mit einem sehenswerten Altar des Holzschnitzers Louis-Thomas Berlinguet.

Trois-Pistoles
Trois-Pistoles ist mit schönen Sandstränden, mehreren Sprachschulen, Restaurants, Geschäften und einem beliebten Sommertheater ein ansprechender Ferienort. Interessant ist das **Musée Saint-Laurent** mit alten Autos, die für Filme und Fernsehsendungen eingesetzt waren.
Musée Saint-Laurent, *552, rue Notre-Dame Ouest,* ☎ *418-851-2224, www.museestlaurent.com, geöffnet Mitte Juni–Mitte Sept. tgl. 9–17 Uhr, Eintritt Erwachsene $ 5, Kinder $ 2.*

Motorboote der Société Provancher fahren in 15 Min. zur kleinen, nur etwa 2 km langen Insel **Île aux Basques**, die seit 1929 ein bekanntes **Vogelschutzgebiet** ist. Aber auch historisch ist die Insel bedeutsam, die im Laufe der Jahrhunderte von indianischen Stämmen, baskischen Fischern und Walfängern, katholischen Missionaren und europäischen Einwanderern besiedelt wurde und zu den Stätten zählt, wo erste Kontakte zwischen Indianern und Europäern stattfanden. Im ausgehenden 16. Jh. kamen baskische Seeleute auf der Jagd nach Walen über Newfoundland und Labrador bis in diese Gegend.

Archäologen entdeckten zwischen 1990 und 1993 bei ihren Ausgrabungen die Überreste großer Öfen, die zwischen 1584 und 1637 aus Schiefergestein errichtet worden waren und einen Außendurchmesser von fast 4 m hatten. In diesen Öfen hatten die baskischen Walfänger das wertvolle Walfett gekocht. Außerdem wurden Ziegel, Nägel, Töpferei- und Glasfragmente, Glasperlen und Feuersteine entdeckt. Die Ausgrabungen vermitteln einen guten Eindruck vom Alltagsleben der baskischen Seeleute.

Reisepraktische Informationen zu Trois-Pistoles

Information
Ville de Trois-Pistoles, *5, rue Notre-Dame est,* ☏ *418-851-1995, www.ville-trois-pistoles.ca.*

Unterkunft
$$ Motel Rivière Trois-Pistoles, *141 Route 132 W.,* ☏ *418-851-4178 oder 1-866-751-4178, www.motelrivieretroispistoles.com, das inhabergeführte Motel liegt ca. 4 km außerhalb des Ortes und bietet zweckmäßig eingerichtete, saubere Zimmer.*
$$ Motel La Seigneurie-des-Basques, *734, rue Notre-Dame est,* ☏ *418-851-2736 o. 1-888-851-2736, www.motellaseigneurie.com, Haus mit 20 netten Zimmern und Restaurant, ganzjährig geöffnet.*

Fähre
Zwischen Trois-Pistoles und Les Escoumins am gegenüber liegenden Ufer des St.-Lorenz-Stromes verkehrt von Juni–Okt. eine Fähre. Die Überfahrt dauert ca. 90 Minuten, für Pkw ist eine Reservierung erforderlich. Die genauen Abfahrtszeiten erfahren Sie unter **Traverse Les Escoumins/Trois Pistoles**, *11, rue du Parc,* ☏ *418-851-4676 oder 1-877-851-4677. Fahrpreise: einfache Fahrt Erwachsene $ 21, Senioren $ 19.50, Kinder $ 13.50, Pkw $ 46, Hin- und Rückfahrt Erwachsene $ 26, Senioren $ 23, Kinder $ 20.*

In **Saint-Fabien** starten von Ende Juni bis Anfang September Shuttle- und Trolleybusse zu etwa 2-stündigen Fahrten zum Gipfel des 350 m hohen Pic Champlain, wo sich großartige Ausblicke auf den St.-Lorenz-Strom und den Parc National du Bic bieten. Zeltplätze, ein ausgedehntes Netz von Wander- und Fahrradwegen, schöne Strände und gute Kajakrouten machen den Park zu einem empfehlenswerten Ausflugsziel.

An der zerklüfteten Küste zwischen Trois-Pistoles und Rimouski liegt direkt an der Route 132 das etwa 33 km² große Naturschutzgebiet **Parc National du Bic**, das 1984 zum Schutz der Pflanzen- und Tierwelt eingerichtet wurde. Der Park ist ein ideales Wandergebiet, wo Sie zahlreiche Meeresvögel wie Möwen, Kormorane und Kraniche und verschiedene Robbenarten beobachten können. *Naturschutzgebiet*

Rimouski
Rimouski, dessen Gebiet die Indianer noch „Land der Elche" nannten, ist heute ein Seehafen und Industriezentrum mit knapp 50.000 Einwohnern. Sehenswert sind einige historische Häuser, die den großen Brand von 1950 überstanden, Ein ausgeschilderter Fußweg, der **Circuit patrimonial de Rimouski**, führt zu den Sehenswürdigkeiten der Innenstadt. Interessantes über die lokale Geschichte erfahren Sie im **Musée régional de Rimouski.**
Musée régional de Rimouski, *35, rue St Germain ouest,* ☏ *418-724-2272, geöffnet Mitte Juni–Anfang Sept. tgl. 9.30–18, sonst Mi 12–20, Do–So –17 Uhr, Eintritt Erwachsene $ 6, Senioren und Kinder von 5–17 J. $ 4, Familienkarte $ 14.*

Ein beliebtes Ausflugsziel ist der **Parc Beauséjour**, Boulevard de la Rivière, der sich mit schönen Wander- und Fahrradwegen am Ostufer des Flusses Rimouski entlang zieht.

Reisepraktische Informationen zu Rimouski

Information
Office du Tourisme et des congrès, *50, rue Saint-Germain Ouest,* ☎ *418-723-2322 oder 1-800-746-6875, http://tourismerimouski.com, geöffnet Mai–Mitte Juni Mo–Fr 9-16.30, Juni–Aug. tgl. 8.30–19.30, Sept.–Okt. Mo–Fr 8.30–17.30 und Sa/So 11–16, Okt.–Mai Mo–Fr 9–12 und 13–16.30 Uhr.*

Unterkunft
$$ Gouverneur Hôtel Rimouski, *155, boul. René-Lepage est,* ☎ *1-888-910-1111, www.rimouski.gouverneur.com, gut ausgestattetes Hotel mit 163 ansprechend eingerichteten Zimmern, Swimmingpool und Restaurant.*
$$$ Hôtel Rimouski, *225, boul. René-Lepage est,* ☎ *418-725-5000, www.hotelrimouski.com, älteres Hotel mit 185 geräumigen Zimmern, von denen einige einen schönen Blick auf den Strom haben, Swimmingpool, Fahrradverleih.*
$$$ Le Navigateur, *130, avenue Belzile,* ☎ *418-724-6944 oder 1-888-724-6944, www.groupelenavigateur.com, modernes Hotel mit 92 Zimmern und Suiten in der Innenstadt mit Restaurant und Bar.*

10 km nördlich von Rimouski liegt der kleine Fischerort **Pointe-au-Père** mit der interessanten **Site historique maritime**. Im dazugehörigen empfehlenswerten Empress of Ireland Museum. Im Museum ist der tragische Untergang des gleichnamigen Passagierdampfers im Jahr 1914 ausführlich mit Fotos, Videofilmen und v. a. einer 20-minütigen Multimedia-Show dokumentiert. Bei diesem Unglück fanden 1.012 Menschen den Tod. **Site historique maritime de la Pointe-au-Père**, *1000, rue du Phare,* ☎ *418-724-6214, www.shmp.qc.ca, geöffnet Mitte Juni–Anfang Okt. tgl. 9–18 Uhr, Eintritt Erwachsene $ 24, Kinder von 8–15 J. $ 17.*

Eine der vielen kleinen Ortschaften auf Gaspésie

Von Rimouski führt der Hwy 132 auf die Halbinsel **Gaspésie**. „Gaspé" bedeutet in der Sprache der seit mehr als 2.500 Jahren in diesem Gebiet ansässigen Micmac-Indianer „Ende der Welt". Nachdem Jacques Cartier 1534 zum ersten

Mal die Halbinsel umschifft und das Land für den französischen König in Besitz genommen hatte, wurde die Gaspésie zur Heimat für Akadier, Bretonen, Basken, Briten, Iren, Schotten und Franzosen. Die heutigen Bewohner bewahren die Traditionen und pflegen die Gebräuche ihrer Vorfahren, was sich in ihrer Sprache, ihrer Musik und den Tänzen ausdrückt. Auf Ihrer Rundreise treffen Sie auf alte akadische Dörfer, britisch oder französisch geprägte Ortschaften oder auch indianische Siedlungen.

Die 250 km lange Halbinsel Gaspésie ist im Inneren eine wilde, raue und unzugängliche Landschaft mit Hochplateaus, Felsen und Bergspitzen, die vom Hwy 132 ganz umrundet und im Inneren nur von den Hwys 299 und 198 durchzogen wird. Die Nordküste ist steil und abweisend; die Hauptstraße windet sich in stetem Wechsel immer wieder zu Vorgebirgen hinauf, führt an schroff abfallenden Felswänden entlang oder senkt sich wieder zum St.-Lorenz-Strom herab. In malerischen Buchten liegen kleine Fischerdörfer mit gemütlichen, einladenden Restaurants. Die Südküste dagegen ist weniger zerklüftet, das Klima ist milder und der Boden fruchtbarer.

| ¶¶ | **Restaurants**

In den urigen Restaurants der kleinen Fischerdörfer werden Sie oft eine hervorragende Küche genießen können, die auf besten französischen Traditionen beruht. Besonders gut sind Fisch- und Hummergerichte und Meeresfrüchte, die Ihnen fangfrisch und köstlich zubereitet werden, aber auch Wildgerichte.

Sainte-Flavie

Sehenswert ist die Kunstgalerie **Centre d'Art Marcel Gagnon**, deren Besonderheit ist, dass die 80 Skulpturen des Künstlers Marcel Gagnon den Gezeiten ausgesetzt sind und je nach Wasserstand auftauchen oder verschwinden. Angeschlossen ist ein Restaurant; außerdem weren Zimmer vermietet.
Centre d'Art Marcel Gagnon, *564 route de la Mer,* ☎ *1-866-775-2829, www.centre dart.net.*

Von **Grand-Métis** aus können Sie einen Abstecher zu den **Jardins de Métis** machen, einer zu Beginn des 20. Jh. angelegten Parkanlage mit mehr als 2.000 verschiedenen, teilweise sogar exotischen Pflanzenarten. Die Gärten zählen zu den schönsten Nordamerikas.
Jardins de Métis, *220, route 132,* ☎ *418-775-2222, www.jardinsdemetis.com, von Juni–Okt. tgl. 8.30–18, Juli/Aug. bis 20 Uhr geöffnet, Eintritt Erwachsene $ 20, Senioren $ 19, Studenten $ 17, Jugendliche $ 10.*

Matane

Matane liegt an der Mündung des gleichnamigen Flusses in den St.-Lorenz-Strom und ist das Verwaltungszentrum dieser Region; die Menschen finden Arbeit vor allem in der Forstwirtschaft, der Fisch- und Shrimpszucht sowie in den Zementfabriken. Von Ende Juni bis Anfang Juli findet in jedem Jahr das große „Festival de la Crevette" statt.

Gleich bei der modernen Matane City Hall liegt das **Centre d'observation du Saumon Atlantique**, wo Sie ausführlich durch Texte, Schautafeln und Videos über den Lebenszyklus der Lachse informiert werden. Vom Aussichtspunkt aus können Sie beobachten, wie die Lachse über die Fischleiter den Damm überwinden, und an der Marie-Marsolais-Brücke kann man flussauf- und abwärts Fischern und Anglern zuschauen. *Informationen zum Lachs*
Centre d'observation du Saumon Atlantique, *260, avenue St.-Jérôme,* ☎ *418-562-7006, www.zecsaumonmatane.com, geöffnet Mitte Juni–Anfang Sept., tgl. 9–17 Uhr, Juli/Aug. bis 21.30 Uhr. Eintritt Erwachsene $ 5, Studenten $ 3, Kinder bis 12 J. frei.*

Reisepraktische Informationen zu Matane

ℹ️ Information
Tourisme Matane, 968, av. du Phare ouest, ☎ 418-562-1065 oder 1-877-762-8263, www.tourismematane.com.

🛏️ Unterkunft
$$ Auberge Bruine Océane, 125, rue Druilette, ☎ 418-560-6836, www.bruineoceane.ca, das um 1900 gebaute Haus wurde liebevoll restauriert und komfortabel eingerichtet. Das Haus verfügt über vier geräumige Zimmer mit Bad, die einen schönen Blick auf den St.-Lorenz-Strom bieten. Im Preis ist ein frisch zubereitetes, köstliches Frühstück inbegriffen.
$$ La Marina, 1032, av. du Phare Ouest, ☎ 418-562-3234 o. 1-888-664-3234, www.motellamarina.com, einfaches Motel mit 41 Zimmern, teilweise mit Blick auf den St.-Lorenz-Strom, Restaurant und Swimmingpool. Geöffnet Juni–Sept.
$$$ Quality Inn & Suites Matane, 1550, av. du Phare ouest, ☎ 418-562-6433 oder 1-800-463-2466, www.qualityinnmatane.com, modernes Hotel mit geräumigen Zimmern, nicht weit vom Fähranleger entfernt.
$$$ Riôtel Matane, 250, av. du Phare Est Matane, ☎ 418-566-2651 oder 1-888-566-2651, www.riotel.com, gutes, modernes Hotel mit 96 geräumigen Zimmern mit schönem Ausblick auf den Golf, nur wenige Schritte vom Ort und vom Hafen entfernt, breites Sportangebot sowie Kanu- und Fahrradverleih.

🚢 Fähre
Die Fähren verkehren ganzjährig 1–2-mal tgl. zum anderen Ufer des St.-Lorenz-Stromes nach Godbout und nach Baie-Comeau, wo die Besichtigung eines modernen Wasserkraftwerkes möglich ist, Reservierung für Pkw ist erforderlich bei Reederei Société des Traversiers Québec, ☎ 418-643-2019 oder 1-877-562-6560, www.traversiers.com, Fahrpreis Erwachsene (12–64 J.) ab $ 20, Senioren $ 17, Kinder $ 12, Pkw $ 48.

Windmühlen-park
Etwas außerhalb von **Cap-Chat**, das seinen Namen dem an einen Katzenbuckel erinnernden Felsen verdankt, finden Sie den „Le Nordais Windmill Park", der mit 133 Windrädern weltweit zu den größten Anlagen gehört. Im Besucherzentrum können Sie sich über alternative Energiegewinnung und technische Angaben informieren.

Sainte-Anne-des-Monts und der Parc National de la Gaspésie

Die schöne Lage am St.-Lorenz-Strom und nahe am landeinwärts gelegenen Parc National de la Gaspésie machen Sainte-Anne-des-Monts zu einem beliebten Reiseziel. Lohnenswert ist ein Besuch im **Exploramer**, wo man die Unterwasserwelt des St.-Lorenz-Stromes in 21 Becken beobachten und auf Boostausflügen hautnah kennenlernen kann.
Exploramer, 1, rue du Quai, ☎ 418-763-2500, www.exploramer.qc.ca, geöffnet Anfang Juni–Mitte Okt. tgl. 9–17 Uhr, Eintritt Erwachsene $ 15, Kinder 6–17 J. $ 9.50, Studenten $ 12.50, Familienkarte $ 36.50, Bootsfahrt Erwachsene $ 48, Kinder 6–17 J. $ 28, Kinder bis 5 J. $ 21, Studenten $ 40, Familienkarte $ 130.

Parc National de la Gaspésie
Sainte-Anne-des-Monts ist der geeignete Ausgangsort für einen Abstecher ins Landesinnere zum **Parc National de la Gaspésie**. Der 802 km² große Park wurde bereits 1937 zum Schutz der seltenen Pflanzen- und Tierwelt gegründet. Der Hwy 299 führt Sie auf steilen Bergstraßen in die eindrucksvolle Bergwelt. Ein sehr gut ausgebautes Wanderwegenetz durchzieht den ganzen Park; einige der gut ausgeschilderten Wanderwege beginnen gleich am Hwy 299, führen an Seen vorbei, durch das weite Hochland und über kahle Bergrücken hinauf auf die Berggipfel und auch zum höchsten Berg

der Provinz, dem 1.268 m hohen Mont Jacques-Cartier. Im Besucherzentrum können Sie sich über Wanderwege, Flora und Fauna informieren.

Der Park ist ein ideales Feriengebiet für Botaniker und Angler; Tierfreunde werden mit etwas Glück Karibus und Elche beobachten können.

Der **Parc National de la Gaspésie** *ist ganzjährig zugänglich.* **Besucherzentrum,** *1981, route du Parc,* ☎ *418-763-7494, www.sepaq.com/pq/gas/index.dot, geöffnet Ende Juni –Anfang Sept. tgl. 8–22 Uhr, Mai/Juni und Sept. tgl. 8–17 Uhr, Eintritt Erwachsene $ 8.50, Kinder unter 8 J. frei.*

Reisepraktische Informationen zu Sainte-Anne-des-Monts und zum Parc National de la Gaspésie

Unterkunft

Übernachtungsmöglichkeiten gibt es in Sainte-Anne-des-Monts und am Mont Albert.

$$–$$$ Motel Beaurivage, *245, 1re av. ouest, am Hwy 132,* ☎ *418-763-2291 o. 1-888-763-2291, www.motelbeaurivage.com, Motel mit 47 geräumigen Zimmern und neun Cottages in schöner Lage am Ufer des St.-Lorenz-Stromes.*

$$$–$$$$ Hotel Gite du Mont-Albert, *2001, route du Parc, am Hwy 299,* ☎ *418-763-2288, www.sepaq.com/pq/gma, gepflegtes Landgasthaus mit ausgezeichneter Küche mitten im Nationalpark; es ist sehr gut geeignet als Ausgangsort für Wanderungen, Fahrradtouren und Langlauf im Park Gaspésie.*

Wandern

Die Möglichkeiten reichen von kurzen Spaziergängen bis hin zu mehrtägigen Wanderungen. Ein ca.17 km langer, stellenweise beschwerlicher Rundweg beginnt am Hotel Gite du Mont-Albert und belohnt Sie am Ende mit einem großartigen Rundblick über die ganze Halbinsel Gaspésie.

An der Küste des Forillon-Nationalparks

Zwischen Sainte-Anne-des-Monts und Rivière-au-Renard liegt der schönste Küstenabschnitt der Gaspésie. Schon von der Straße her bieten sich immer wieder herrliche Ausblicke auf den St.-Lorenz-Strom, auf die kleinen Fischerdörfer mit ihren weißen Kirchenturmspitzen und auf die stark abfallenden Steilküsten, die im Sommer bei Drachenfliegern besonders beliebt sind.

Der 244 km² große **Parc National Forillon** an der nordöstlichen Spitze der Gaspésie-Halbinsel wurde 1974 eingerichtet. Er zählt zu den schönsten Parks Ostkanadas und bietet neben großartigen Naturerlebnissen auch ausgezeichnete Wander-, Radfahr- und Bademöglichkeiten. Die Wald-, Berg- und Küstenlandschaften dieses Parks sind typisch für das maritime Kanada. Auf Ihren Wanderungen durch das gebirgige Hochland werden Sie Spuren von Elchen, Hirschen, Schwarzbären, Füchsen, Bibern, Nerzen und Koyoten entdecken. Sehr eindrucksvoll sind die Kalksteinklippen, die sich fast 200 m über dem Atlantischen Ozean erheben; von Ende Mai bis Oktober können Sie Wale und Seehunde beobachten, die von dem großen Fischreichtum angelockt werden und in Schwärmen regelmäßig um das Cap Gaspé ziehen, und ganze Kolonien von Seevögeln, die in den Steilwänden und Felstürmen nisten.

Parkeingänge und Informationsstellen, die von Mitte Juni bis Anfang September geöffnet sind, gibt es in der Nähe von Penouille und L'Anse-au-Griffon. Das Cap-des-Rosier **Interpretation Centre** liegt am Hwy 132 bei Cap-des-Rosiers; hier informieren Schautafeln, Diavorführungen und Filme über die Geschichte der Region und über die artenreiche Tier- und Pflanzenwelt. Außerdem können Sie hier Touren zur Walbeobachtung, Kajaktouren und Tauchgänge buchen. Vom Besucherzentrum führt eine Straße zum **Cap-Bon-Ami** mit einem schönen, von hohen Felsen umgebenen Kieselstrand und zum ehemaligen Fischerdorf Grand-Cave, das Sie nach 17 km erreichen. Die ursprüngliche Heimat der hier bis in die 1950er-Jahre lebenden Fischer und ihrer Familien

Sechs Dolmen erinnern an die Ankunft Jacques Cartiers

waren die britischen Kanalinseln; inzwischen wurden die alten, verlassenen Fischerhäuser restauriert. In Grand-Cave endet die asphaltierte Straße; nur ein sehr schöner Wanderweg führt an der Steilküste entlang bis zum Ort Gaspé.

Parc National Forillon, Informationszentrum, *am Hwy 132, am Parkeingang nahe Cap-des-Rosiers;* ☎ *418- 368-5505 o. 1-888-773-8888, www.pc.gc.ca, geöffnet Juni–Mitte Okt tgl. 10–17 Uhr. Der Park ist ganzjährig zugänglich. Eintritt Erwachsene $ 8, Senioren $ 7, Studenten $ 4, Familienkarte $ 20, Übernachtung ist auf Campingplätzen möglich, eine rechtzeitige Anmeldung ist zu empfehlen.*

Gaspé

Gaspé, ein ca. 15.000 Einwohner zählendes Städtchen, liegt an der Mündung des York River und ist das Handels- und Verwaltungszentrum der Gaspésie.

Etwa 2 km nördlich sieht man am Hwy 132 das **Musée de la Gaspésie** und das **Jacques Cartier Monument,** das aus sechs bronzenen Stelen besteht, auf denen die Stationen der Landung Cartiers dargestellt sind. Das Denkmal erinnert an Jacques Cartier, der hier im Juli 1534 den amerikanischen Kontinent betrat und im Namen seines Königs das Land in Besitz nahm. Das interessante **Musée de la Gaspésie** informiert sehr anschaulich über die Forschungsreisen Cartiers und anderer Entdecker, über die regionale Geschichte und die harten Lebensbedingungen der Bevölkerung. Zum Gelände gehören noch ein Amphitheater und ein historischer Lehrpfad.

Musée de la Gaspésie, *80, boul. Gaspé,* ☎ *418- 368-1534, geöffnet Ende Juni–Anfang Sept. tgl. 9–17, sonst Mi–Fr 10–17, Sa/So 12.30–17 Uhr, Eintritt Erwachsene $ 12.25, Senioren und Studenten $ 10, Kinder 6–17 J. 6, Familienkarte $ 30.50.*

Reisepraktische Informationen zu Gaspé

i **Information**
Gaspé Tourist Information Bureau, *1-8, rue de la Marina,* ☎ *418-368-8525 oder 418-368-6335, www.cctgaspe.org/tourisme, geöffnet tgl. Okt.–Juni 8.30–16.30, Juli–Mitte Aug. –19, Mitte Aug.–Okt. –17 Uhr.*

Unterkunft
$$ Motel Adams, *20, rue Adams,* ☎ *418-368-2244 o. 1-800-463-4242, www.moteladams.com, im Ort gelegenes Motel mit 97 einfachen Zimmern und Restaurant.*
$$–$$$ Les Petites Maisons du Parc, *910, boul. Forillon,* ☎ *418-892-5873 o. 1-866-892-5873, www.chaletsduparc.com, rustikale, zweistöckige Ferienhäuser mit Blick auf die Gaspé-Bucht; der Forillon-Park-Strand ist zu Fuß zu erreichen, geöffnet von Juni–Mitte Okt., Mindestaufenthalt Juli/Aug. fünf, sonst zwei Nächte.*

Percé

Percé ist der größte und meist besuchte, im Sommer sogar häufig überfüllte Ferienort der Gaspésie mit zahlreichen Cafés, Restaurants und Unterkünften, der seine Beliebtheit der reizvollen Lage an der Ostspitze der Halbinsel verdankt. Percé ist ein wichtiger Fischerhafen für Hummerfangboote und Schleppnetzfischerboote, früher wurde der Hafen für den Schiffsverkehr mit Europa genutzt. Der besondere Anziehungspunkt ist der **Rocher Percé**: ein 438 m langer, 88 m hoher, 5 Mio. t schwerer Kalksteinfelsen, der sich steil aus dem Meer erhebt. Wasser und Wind haben im Laufe von 350 Mio. Jahren einen 20 m hohen Torbogen in den Felsen genagt. Bei Ebbe können Sie über eine Sandbank zum Felsen hinüber laufen und die im Felsen eingeschlossenen Fossilien anschauen.

Fossilien im Fels

Das Museum **Le Chafaud** wurde in einem der ältesten Gebäude eingerichtet und veranschaulicht das kulturelle Erbe der Gaspésie-Halbinsel.
Musée Le Chafaud, *142, route 132, ☎ 418-782-5100, www.musee-chafaud.com, geöffnet Mitte Juni–Ende Sept. tgl. 10–20 Uhr, Eintritt Erwachsene $ 5, Senioren und Studenten $ 3.50, Kinder unter 13 J. $ 2, Familienkarte $ 13.*

Ein Ausflug mit dem Auto oder auch zu Fuß führt auf den 320 m hohen Berg Sainte-Anne, wo sich ein herrlicher Panoramablick auf den Ort und den Felsen Percé bis hinüber zur Île Bonaventure bietet. Percé ist auch bei Unterwassersportlern sehr beliebt; es gibt eine Tauchschule, Schnorchel- und Tauchausflüge und einen Verleih von Ausrüstungen.

Ausflugsboote bringen Besucher von Mai bis September von Percé zum **Parc national de l'Île-Bonaventure-et-du-Rocher-Percé**. Auf der unbewohnten, knapp 4 km² großen **Insel Bonaventure** liegt die größte und zugleich am leichtesten zugängliche Brutkolonie von Seevögeln des nordamerikanischen Kontinents. In diesem Vogelschutzgebiet leben und lärmen ca. 250.000 Seevögel, unter ihnen z. B. Kormorane, Papageientaucher, Dreizehenmöwen und Tord-Alken und eine Kolonie von ca. 60.000 Basstölpeln. Informationen über die hier nistenden und brütenden Vogelarten erhalten Sie auf einem Naturlehrpfad, der von der Bootsanlegestelle zu einem Aussichtspunkt führt.
Parc national de l'Île-Bonaventure-et-du-Rocher-Percé, *www.sepaq.com, geöffnet Juni–Mitte Okt. tgl. von 9–16, Juli/Aug. –17 Uhr, Eintritt Erwachsene $ 8.50, Kinder frei. Im* **Informationszentrum** *in Le Chafaud, 4, rue du Quai, ☎ 418-782-2240, können Sie sich ausführlich informieren.*

Brutkolonie

Reisepraktische Informationen zu Percé

ℹ️ Information
Percé Tourist Information Bureau, *142, route 132, ☎ 418-782-5448 o. 1-855-782-5448, www.perce.info oder www.rocherperce.qc.ca, von Mai–Okt. täglich geöffnet von 9–17, Juli/Aug. –20 Uhr.*

🛏️ Unterkunft
$$ Au Pic de l'Aurore, *1, route 132, ☎ 1-866-882-2151, www.percechalet.com, am Ortseingang gelegene ältere Anlage mit einem Motel, Ferienhaus und einfach eingerichteten Studios, jeweils mit Küchenzeile, und großartigem Blick auf den Felsen. Geöffnet Juni–Okt.*
$$$ Le Mirage, *288, route 132, ☎ 418-782-5151 o. 1-800-463-9011, www.hotelmirage perce.com, das Hotel liegt oberhalb der Stadt, die 67 geschmackvoll eingerichteten Zimmer haben alle Balkon oder Terrasse und einen großartigen Blick auf den Felsen und die Insel Bonaventure, geöffnet von Anfang Mai–Ende Okt.*
$$$, Riôtel Percé, *261, route 132, ☎ 418-782-2166 o. 1-800-463-4212, www.riotel.com/hotels/perce, das Hotel, das nur wenige Schritte vom Ortszentrum entfernt liegt, verfügt über 90 moderne Zimmer mit eindrucksvollem Blick auf den Felsen, Restaurant, Bar und Terrasse, geöffnet von Juni–bis Ende Sept.*
$$$$ Hotel La Normandie, *221, route 132, ☎ 418-782-2112 o. 1-800-463-0820, www. normandieperce.com, das Hotel hat 45 freundlich eingerichtete Zimmer, die meisten mit Balkon und Blick auf den Felsen. Es liegt in einem schönen Garten dicht am Meer und ist von Anfang Mai–Mitte Okt. geöffnet.*

🚤 Bootsfahrten
Les Bateliers de Percé, *Percé, ☎ 418-782-2974 oder 1-877-782-2974, www.les bateliersdeperce.com, von Ende Mai–Ende Okt. werden 2-stündige Bootsfahrten um die Insel durchgeführt. Voranmeldung ist erforderlich. Erwachsene $ 30, Kinder bis 12 J. $ 14.*

Blick auf den Ort und auf den Felsen Percé

Der Hwy 132 führt von Percé zur flacheren, weniger dramatischen Südküste mit klei-nen Ortschaften und schönen Sandstränden. Die Südküste ist geprägt durch sanftes Hügelland, bestellte Felder und fischreiche Flüsse, unter denen der Matapédia-Fluss wegen seiner reichen Lachsvorkommen besonders bekannt ist.

In **Bonaventure** gibt das historische und ethnologische **Musée Acadien du Québec** Einblick in die wechselvolle und auch tragische Geschichte der Akadier. Die heutigen Bewohner pflegen das akadische Erbe durch Veranstaltungen mit Musik, Tanz und vie-len Geschichten, die im Sommer regelmäßig auf der Museumsterrasse stattfinden.
Musée Acadien du Québec, *95, avenue Port-Royal,* ☎ *418-534-4000, www.museeaca dien.com, ganzjährig geöffnet Mitte Juni–Mitte Okt. tgl. 9–17, sonst Mo–Fr 9–12 und 13– 16 Uhr, So 13–16.30 Uhr, Eintritt Erwachsene $ 12, Senioren $ 10, Studenten $ 8, Kinder bis 5 J. gratis, Familienkarte $ 26.*

New Richmond bewahrt das britische Erbe im **Museumsdorf Gaspesian British Heritage Village**, das die Zeit von 1800 bis 1900 widerspiegelt und inzwischen aus 24 historischen Gebäuden besteht. Besonders interessant sind der General Store mit dem Besucherzentrum, das kleine Schulhaus, die Sillersville Kirche und der Duthy Point Leuchtturm, der die Baie des Chaleurs bewacht.
Gaspesian British Heritage Village, *351, boul. Perron ouest,* ☎ *418-392-4487, www. gaspesianvillage.org, geöffnet Ende Juni–Ende Sept. Mo–Fr 10–17 Uhr, Eintritt Erwachsene $ 8, Jugendliche $ 5.*

Seevögel bei der Gefiederpflege

Carleton

Carleton hat sich in den letzten Jahren wegen seiner schönen Sandstrände zu einem beliebten Ferienort mit guten Übernachtungsmöglichkeiten entwickelt. Ein Ausflug führt über die rue de la Montagne hinauf auf den Gipfel des Mont-Saint-Joseph, wo sich ein herrlicher Blick über die Baie des Chaleurs bis nach New Brunswick bietet.

Die **Miguasha-Halbinsel** im Süden der Gaspésie ist vor allem für Geologen und Paläontologen interessant. Im **Parc National de Miguasha**, *(231, route Miguasha ouest, www.sepaq.com)* finden Sie in den Felsformationen verschiedenartige Versteinerungen wie Tier- und Pflanzenfossilien.

Welt-
kulturerbe

Wegen dieser umfassenden Funde ist der Miguasha-Park von der UNESCO in die Liste des Weltkulturerbes aufgenommen worden. In Miguasha wurden ca. 14.300 urzeitliche Fossilien von Amphibien registriert; die Hälfte davon wird im heimischen Park aufbewahrt. Die übrigen rund 7.000 Zeugen der Vorzeit wurden an Museen, Universitäten und Forschungsinstitute in neun Länder abgegeben. Miguashas berühmtestes, dreidimensionales Fundstück ist der „Eusthenopteron foordi", der erste Fisch, bei dem sich Anzeichen einer Anpassung an das Leben an Land nachweisen lassen.

Das ausgezeichnete **Musée d'histoire naturelle (Museum of Natural History)** im Forschungs- und Informationszentrum des Parks gibt eine gute Einführung in die Gesteinskunde; ein Lehrpfad führt hinunter zum Strand.
Musée d'histoire naturelle, *im Miguasha-Nationalpark,* ☏ *418-794-2475, geöffnet Juni–Anfang Okt. tgl. 9–17 Uhr, Mai/Okt. Mo–Fr 8.30–12 und 13–16.30 Uhr, Eintritt Erwachsene $ 10, Kinder bis 17 J. gratis.*

Unterkunft

$$$ Hostellerie Baie Bleue, *482, boulevard Perron, Carleton-sur-Mer, an der route 132, ☎ 418-364-3355 oder 1-800-463-9099, www.baiebleue.com, große Hotelanlage auf beiden Seiten des Highways mit 95 schönen Zimmern, die teilweise Blick auf den Baie des Chaleurs haben, mit Swimmingpool, Strand und Tennisplatz.*

Von **Matapédia** folgen Sie weiterhin dem Hwy 132, der durch das breite Matapédia-Tal mit dichten Wäldern, klaren Flüssen, malerischen „covered bridges" und an dem schönen Lac Matapédia entlang wieder zurück zur Nordküste bis Sainte-Flavie führt. Von dort können Sie über Rivière-du-Loup und weiter über den Hwy 20 zurück nach Québec fahren.

Von **Matapédia** können Sie auch in die Nachbarprovinz New Brunswick hinüberfahren (s. S. 464).

Routenvorschlag 3: zum Archipel Îles-de-la-Madeleine

Die Îles-de-la-Madeleine, die mitten im St.-Lorenz-Strom liegen, sind 215 km von der Küste der Halbinsel Gaspésie entfernt. Zum 96 km langen Archipel gehören ein Dutzend Inseln, von denen sechs durch lange Dünen miteinander verbunden sind, die einen 70 km langen Landweg bilden. Die Inseln Grosse-Île, Île-de-la-Grande-Entrée, Île-aux-Loups, Île-du-Havre-aux-Maisons, Île-du-Cap-aux-Meules und die Île-du-Havre-Aubert werden von ca. 12.500 Menschen bewohnt. Besucher sind meist überrascht von der einladenden Ferienregion mit saftig grünen Wiesen, bunt bemalten Holzhäusern und roten Sandsteinklippen, die sich eindrucksvoll vom tiefblauen Atlantik abheben. Kilometerlange feine Sandstrände laden zum Baden, Faulenzen und ausgedehnten Ausritten ein.

Information

Tourisme Îles de la Madeleine, *128, chemin Principal, Cap-aux-Meules, ☎ 418-986-2245 oder 1-877-624-4437, www.tourismeilesdelamadeleine.com.*

Hinweis

Die Inseln sind **per Boot** von Montréal aus und von Souris/PE (von Souris tgl. nach Île-du-Cap-aux-Meules) zu erreichen; **Flugverbindungen** bestehen während des Sommers täglich mit Montréal und Gaspé/QC.

Das Inselinnere lässt sich sehr gut auf langen Wande-

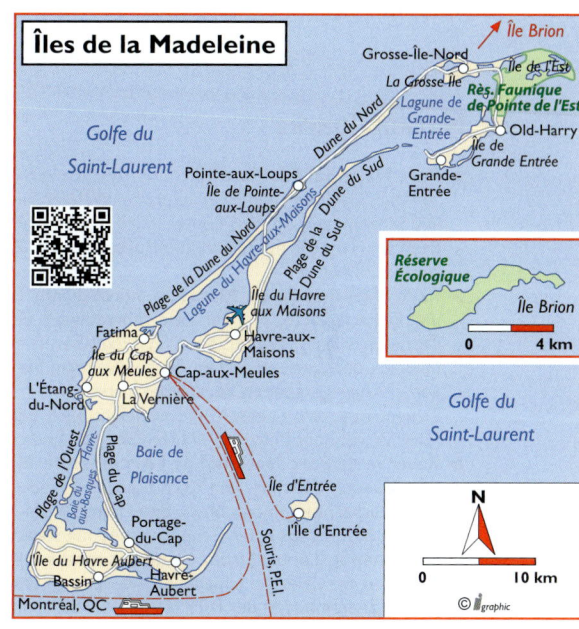

Îles de la Madeleine

rungen oder Fahrradtouren erkunden; dabei bieten sich herrliche Ausblicke auf die Steilküste, die langen Sandstrände und die malerischen Klippen. Im Frühjahr und Herbst sind mehr als 50 Vogelarten auf ihrem Vogelzug zu beobachten; zur Vogelbeobachtung kann man mit Fischern zum großen Vogelschutzgebiet Rocher-aux-Oiseaux fahren.

Ein besonderes Ereignis wird jedes Jahr Anfang März auf der **Île-de-la-Grande-Entrée** erwartet, wenn Tausende von Seehunden aus Grönland ankommen, um auf den Eisschollen vor den Inseln ihre Jungen zur Welt zu bringen. Es werden geführte Touren zu den Eisbänken angeboten.

Île-du-Cap-aux-Meules ist die größte der Inseln mit guter Infrastruktur und dem Fährhafen. Die Inselortschaften sind durch Straßen miteinander verbunden. Auf dem ganzen Archipel gibt es nette Restaurants, einladende Bed&Breakfast-Häuser, kleine Hotels, Kunstgewerbeläden, Boutiquen und kleine Museen. Das „Musée de la Mer" auf der **Île-du-Havre-Aubert**, informiert über die Geschichte, Geografie und Tier- und Pflanzenwelt der Inseln. Die **Île Brión** ist seit 1970 unbewohnt. Mit einem Permit kann sie von Juni bis September bei einem Tagesausflug zur Tierbeobachtung besucht werden.

Nationalparks, Provinzparks und Resorthotels in Québec

National- und Provinzparks in Québec bieten schier unerschöpfliche Freizeit- und Erholungsmöglichkeiten. Alle Parks sind während der Sommermonate geöffnet und bieten häufig Übernachtungsmöglichkeiten in kleinen Lodges und auf Campingplätzen. Einige Parks sind auch ganzjährig geöffnet; hier können Sie im Herbst die überwältigende Farbenpracht des Indian Summer erleben oder im Winter die ausgezeichneten Wintersportmöglichkeiten nutzen.

Hier eine Kurzübersicht über die Lage und Ausstattung der größten und schönsten Parks:

Nationalparks

➤ **Parc National Forillon**, 20 km nordöstlich von Gaspé auf der Halbinsel Gaspésie, 244 km², Camping- und Picknickplätze, Wander- und Fahrradwege, Bootsanlegestellen, Schwimmen, Angeln, Wintersport, Tierbeobachtungen, Snackbar, Besucherzentrum am Hwy 132 mit Informationsprogrammen, **Zufahrt** über den Hwy 132; ganzjährig geöffnet.
➤ **Parc National de La Mauricie**, nördlich von Trois-Rivières, 536 km², Camping- und Picknickplätze, Wander- und Fahrradwege, Bootsverleih, Angeln, Schwimmen, Tierbeobachtung, Wintersport, Snackbar, Besucherzentrum. Der Nationalpark liegt inmitten der Laurentinischen Berge. Nehmen Sie sich Zeit zur Vogelbeobachtung; von 193 hier gesehenen Vogelarten nisten 116 Arten im Park; außerdem können Sie Elchen, Koyoten, Luchsen und vielleicht auch Bären begegnen. Zufahrt über den Hwy 55; geöffnet Mitte Mai–Mitte Okt. und Ende Dez.–Ende März.
➤ **Réserve de Parc National de l'Archipel-de-Mingan**, 800 km nördlich von Québec, 150 km², Camping- und Picknickplätze, Wanderwege, Kanufahren, Angeln, Snackbar, Übernachtungsmöglichkeit, Besucherzentrum in Havre-Saint-Pierre. Der Nationalpark besteht aus einer Gruppe von 40 mit Kiefernwäldern bewachsenen Inseln im nördlichen St.-Lorenz-Strom; besonders sehenswert sind die ungewöhnlichen Felsformationen, die vielen verschiedenen Wasservogelarten sowie Seehunde und Wale. Von Juni bis September ist der Park ein beliebtes Ziel für Angler, Taucher und Kanufahrer,

Ruhe und Erholung findet man in den zahlreichen Parks

die in die Wildnis vordringen wollen. Für das Zelten in der Wildnis ist eine Erlaubnis erforderlich, die Sie im Besucherzentrum bei der Anmeldung erhalten. Sie können den Park mit dem Hubschrauber oder mit dem Auto erreichen; die Anfahrt mit dem Auto über den Hwy 138 führt bis nach Havre-Saint-Pierre, von dort fahren von Juni bis September Boote zu den einzelnen Inseln; eine Voranmeldung ist erforderlich.

Provinzparks

➤ **Aiguebelle**, 43 nördlich von Rouyn-Noranda, 243 km², Camping- und Picknickplätze, Wander- und Radwege, Bootsverleih, Angeln, Wintersport, Besucherzentrum mit Informationsveranstaltungen.

➤ **Bic**, südlich von Bic, Camping- und Picknickplätze, Wander- und Fahrradwege, Wintersport, Snackbar, Übernachtungsmöglichkeit, Zufahrt über den Hwy 132.

➤ **Frontenac**, 162 km südlich von Québec, 150 km², Camping- und Picknickplätze, Wander- und Radwege, Bootsverleih, Bootsanlegestellen, Angeln, Schwimmen, Snackbar, Übernachtungsmöglichkeit.

➤ **Gaspésie**, 90 km westlich von Murdochville, 802 km², Camping- und Picknickplätze, Wander- und Radwege, Naturlehrpfade, Kanufahren, Bootsverleih, Angeln, Wintersport, Besucherzentrum, Snackbar, Übernachtungsmöglichkeit.

➤ **Grands-Jardins**, 42 km nördlich von Baie-Saint-Paul, Camping- und Picknickplätze, Wanderwege, Bootsverleih, Angeln, Wintersport, Besucherzentrum, Snackbar, Übernachtungsmöglichkeit.

➤ **Îles-de-Boucherville**, 10 km östlich von Montréal, Picknickplätze, Wander- und Radwege, Bootsverleih, Kanufahren, Angeln, Besucherzentrum mit Naturprogrammen, Snackbar.

➤ **Jacques-Cartier**, 40 km nordwestlich von Québec, 670 km², Camping- und Picknickplätze, Wander- und Radwege, Angeln, Kanufahren, Wintersport, Besucherzentrum, Übernachtungsmöglichkeit. Von Anfang Dezember bis Anfang April werden auch Hundeschlittenfahrten angeboten; insgesamt 150 Huskies und Malamute-Hunde bilden 24 Teams, die zu ein- und mehrtägigen Fahrten aufbrechen.

➤ **Mont-Orford**, südöstlich von Montréal, 39 km², Camping- und Picknickplätze, Wanderwege, Bootsverleih, Kanufahren, Golf, Angeln, Schwimmen, Wintersport, Besucherzentrum, Snackbar.

➤ **Mont-Saint-Bruno**, 25 km nördlich von Montréal, Picknickplätze, Wanderwege, Wintersport, Besucherzentrum mit Informationsprogramm.

➤ **Mont-Tremblant**, 1.248 km², Camping- und Picknickplätze, Wander- und Radwege, Reiterhof, Bootsanlegestellen, Bootsverleih, Angeln, Schwimmen, Wintersport, Besucherzentrum mit Informationsveranstaltungen, Snackbar, Übernachtungsmöglichkeit.

➤ **Oka**, 1,5 km östlich von Oka, 16 km², Camping- und Picknickplätze, Wander- und Fahrradwege, Reiterhof, ein Kreuzweg aus dem 18. Jh., Bootsverleih, Bootsanlegestellen, Kanufahren, Angeln, Schwimmen, Wintersport, Eisfischen, Besucherzentrum mit Naturwanderungen, Snackbar.

➤ **Parc National du Fjord-du-Saguenay**, bei Rivière-Eternité, 300 km², Camping- und Picknickplätze, Wander- und Radwege, Angeln, Wintersport, Snackbar.

➤ **Pointe-Taillon**, südlich von Péribonka, Picknick- und Campingplätze, Wanderwege, Kanufahren, Bootsverleih, Schwimmen, Windsurfen, Snackbar.

➤ **Yamaska**, 20 km nordöstlich von Granby, 13,7 km², Picknickplätze, Wanderwege, Kanufahren, Bootsverleih, Angeln, Schwimmen, Wintersport, Snackbar.

Feriengebiete zwischen Montréal und Ottawa

Die Provinz Québec ist bekannt für ihre gemütlichen Landgasthäuser und ausgezeichneten Resort-Hotels, die in landschaftlich reizvollen Lagen höchsten Komfort und mit hervorragenden Sport- und Freizeitangeboten größtmögliche Abwechslung und Erholung bieten.

Rechtzeitige Zimmerreservierungen sind für jede Jahreszeit empfehlenswert, für die Hochsaison im Juli/August und im Februar/März auf jeden Fall aber nötig. Viele Hotels bieten „packages" zu einem günstigen Preis an, Pauschalarrangements mit einem bestimmten Schwerpunkt, Wochenendreisen, Golf- oder Reitertage, Feinschmeckertage u. Ä.

Herrliche
Gletscherseen

Die **Laurentides** liegen im Nordwesten und sind nur etwa eine Autostunde von Montréal entfernt. Hier steigt der Kanadische Schild zu den knapp 1.000 m hohen Laurentides mit ihren bewaldeten Bergkuppen und den traumhaft schönen Gletscherseen an. Nirgends sonst im Osten Nordamerikas finden Sie so viele Skigebiete mit erstklassigen Abfahrtspisten und ausgezeichneten Langlaufloipen. Im Sommer ziehen Golf- und Tennisplätze die Besucher ebenso an wie die vielen Seen und Flüsse, wo jede Art von Wassersport möglich ist.

In den kleinen Orten gibt es Hotels, Restaurants, Geschäfte und Cafés in jeder Preisklasse; einige der besten Resort-Hotels Québecs liegen in den Laurentides.

In den Laurentides liegen die beiden beliebten und ganzjährig viel besuchten Provinz-parks **Mont-Tremblant Provincial Park** und **Oka Provincial Park**.

Eine Autostunde nördlich von Montréal liegt am St.-Lorenz-Strom das Feriengebiet **Lanaudière** mit stillen Buchten und donnernden Wasserfällen. Auch hier werden im *Buchten und* Sommer Schwimmen, Surfen, Segeln, Angeln, Golf, Tennis und Reiten großgeschrieben, *Wasserfälle* während der Winter für Ski- und Snowmobile-Fahrer keine Wünsche offen lässt. In den hübschen Dörfern gibt es gute Übernachtungsmöglichkeiten.

Reisepraktische Informationen

Unterkunft

$$ Motel Chantolac, *156 rue Morin, Sainte-Adèle*, ☎ *450-229-3593 oder 1-800-561-8875, www.motelchantolac.com, einfaches Motel im Ortszentrum mit 26 hellen Zimmern, nur ca. 150 m vom Lac Rond entfernt.*

$$–$$$ Auberge le Voyageur B & B, *900, rue Coupal, Mont Tremblant*, ☎ *819-429-6277 und 1-800-205-7173, www.bbvoyageur.com, die sympathische Herberge überzeugt mit fünf hübsch eingerichteten Zimmern, das gute Frühstück ist inklusive. Gemütliches Kaminzim-mer, sehr freundliche Gastgeber.*

$$$ Plumes et Glisse, *17 chemin des Pentes Nord, Lac Supérieur*, ☎ *1-819-688-3444, www.plumesetglisse.com, das kleine Bed&Breakfast bietet drei gut ausgestattete Zimmer, Mo/Di und Do-Sa wird auch ein leckeres Dinner serviert. Kinder erst ab 14 J.*

$$$ Best Western Plus Hotel St. Jerome, *420 Blvd Msg.-Dubois, Saint-Jerôme*, ☎ *450-438-1155 o. 1-800-718-7170, www.bwlaurentides.com, angenehmes Hotel mit geräumi-gen, ansprechend eingerichteten Zimmern, Swimmingpool und gutem Restaurant.*

$$$ Le Chantecler, *1474 chemin du Chantecler, Sainte-Adèle*, ☎ *1-888-910-1111, www.lechantecler.com, bekanntes, traditionsreiches Hotel in schöner Umgebung mit 135 eleganten Räumen und Suiten, Feinschmecker-Restaurant und Wintergarten; 18-Loch-Golfplatz, Privat-strand, Reitstall, Fitnesszentrum, Schwimmbäder, Segelboote und gute Wintersportmöglich-keiten.*

$$$$ L'Auberge du Vieux Foyer, *3167, 1 er Rang Doncaster, Val-David*, ☎ *819-322-2686 oder 1-800-567-8327, http://aubergeduvieuxfoyer.com, das Hotel ist bekannt für die herzliche Atmosphäre und exzellente Küche.*

$$$$ Manoir St-Sauveur, *246, chemin du Lac Millette, Saint-Sauveur*, ☎ *450-227-1811 oder 1-800-361-0505, www.manoir-saint-sauveur.com, komfortables Hotel mit 250 Gäste-zimmern und großen Tagungsräumen, Swimmingpool, Sauna, Tennis- und Squashplätze sowie gute Wintersportmöglichkeiten.*

Unterkunft zu Lanaudière

$$–$$$ Auberge Le Louis-Philippe II, *5650, rue Principale, Notre-Dame-de-Lourdes*, ☎ *450-753-5019 oder 1-866-753-5019, www.lelouisphilippe2.com, ganzjährig ge-öffnetes, an einem kleinen See gelegenes stilvolles Bed&Breakfast-Haus mit fünf unterschied-lich eingerichteten Zimmern mit schöner Aussicht, ca. zehn Autominuten von Joliette entfernt.*

6. VON QUÉBEC
NACH OTTAWA

Von Québec über Trois-Rivières nach Montréal

 Streckenhinweis

Am Nordufer des St.-Lorenz-Stromes führen zwei Straßen von Québec nach Montréal:
- die schnellere Strecke ist der Hwy 40 über Trois-Rivières nach Montréal,
- der Hwy 138 folgt weitgehend dem Lauf des St.-Lorenz-Stromes und führt nach Trois-Rivières und durch viele kleine Ortschaften.

Sehenswürdigkeiten zwischen Québec und Montréal

In vielen der kleinen Ortschaften am Hwy 138 gibt es historische Gebäude aus dem 17. bis 19. Jh. Wohnhäuser, Kirchen, Klöster und Pfarrhäuser sowie eine ehemalige Poststation und eine Mühle wurden sorgfältig restauriert und werden nun als kleine Heimatmuseen oder als Kunstgalerien genutzt. Beispiele sind
- die in den Jahren 1754–1768 gebaute Kirche in **Cap-Santé**,
- das alte Pfarrhaus von 1816 mit einem kleinen regionalen Museum in **Batiscan**,
- die ehemalige Poststation am Chemin du Roy in **Champlain**,
- die 1765–1788 gebaute Mühle Tonnancour in **Pointe-du-Lac**,
- die historischen Häuser von **Louiseville** mit kleinen Kunstgewerbeläden und einem Landwirtschaftsmuseum, in dem Sie sich über die Herstellung von Produkten aus Ahornsirup informieren können,

Redaktionstipps

➤ Freunde des Motorsports erwartet in Berthierville das Gilles-Villeneuve-Museum (S. 256)
➤ In Trois-Rivières findet im September das International Classic Canoe Race auf dem St.-Maurice-River statt (S. 257)
➤ Eine schöne, 45 km lange Rundfahrt führt durch den Gatineau Park bei Hull/Gatineau (S. 262)

Von Québec über Montréal nach Ottawa

- die älteste protestantische Kirche in Québec aus dem Jahr 1787 in **Berthierville** mit sehr schönen Holzschnitzereien im Kircheninneren.

Aber es gibt nicht nur historische Sehenswürdigkeiten. In **Berthierville** können Freunde des Motorsports das **Gilles-Villeneuve-Museum** besuchen, das 1995 zu Ehren des Formel-1-Rennfahrers eingerichtet wurde und Besuchern die Möglichkeit gibt, ihre eigenen Fahrkünste in einem Simulator zu testen oder Filme bekannter Rennen anzuschauen. **Musée Gilles-Villeneuve**, *960, avenue Gilles-Villeneuve, ☎ 1-800-639-0103, geöffnet tgl. 9–17 Uhr.*

Trois-Rivières

Trois-Rivières wurde 1634 als befestigter Pelzhandelsposten an der dreiarmigen Mündung des Saint-Maurice-Flusses, die der Stadt auch ihren Namen gab, in den St.-Lorenz-Strom gegründet und ist die zweitälteste französische Stadtgründung in Québec. Zum wirtschaftlichen Aufschwung des Ortes trugen die für den Handel günstige Lage auf halber Strecke zwischen Montréal und Québec bei sowie die Nutzung der großen Wälder im Norden der Stadt. Der große Holz- und Wasserreichtum ermöglichten seit 1820 den Aufbau einer starken Holz- und Papierindustrie, die auch heute noch das wirtschaftliche Fundament der Stadt ist und den Beinamen „Papierhauptstadt der Welt" erklärt.

„Papier-hauptstadt der Welt"

Zu den Sehenswürdigkeiten der Industriestadt zählt vor allem die schön **restaurierte Altstadt** am Fluss mit ihren verwinkelten Gassen und den historischen Häusern des 18. Jh.

- ➤ **Manoir Boucher-de-Niverville**, das 1729 für den ersten Seigneur der Stadt erbaut wurde und heute die Touristeninformation beherbergt und in zwei Räumen eine Ausstellung frankokanadischer Möbel des 18. Jh. zeigt.
  168, rue Bonaventure, ☎ 819-372-4531, www.manoirdeniverville.ca, geöffnet in den Sommermonaten tgl. 10–18, April/Mai und Sept./Okt. tgl. 12–17 Uhr, Eintritt frei.
- ➤ **Manoir de Tonnancour**, das aus dem frühen 18. Jh. stammt und nach einem Brand 1974 nach alten Plänen rekonstruiert wurde.
  864, rue des Ursulines, geöffnet Di–Fr 10–12 und 13.30–17, Sa/So 13–17 Uhr, Eintritt frei.
- ➤ **Maison Hertel-de-la-Fresnière**, das 1821 gebaut wurde und gelegentlich Ausstellungen regionaler Künstler zeigt.
  802, rue des Ursulines, unregelmäßige Öffnungszeiten, je nach Ausstellung.

Das **Ursulinenkloster** stammt aus dem Jahre 1697; im **Klostermuseum** sehen Sie Sammlungen von Textilien, Büchern, Silberarbeiten, Skulpturen und kirchlichen Gerätschaften. Vom gegenüberliegenden Klostergarten bieten sich schöne Ausblicke auf den St.-Lorenz-Strom.
Ursulinenkloster, Couvent des Ursulines, *734, rue des Ursulines, ☎ 819-375-7922, www.musee-ursulines.qc.ca, geöffnet Mai–Nov. Di–So 10–17, März/April Mi–So 13–17 Uhr, Eintritt Erwachsene $ 5, Senioren und Studenten $ 4.*

Im **Boréalis** (**Centre d'Exposition sur l'Industrie des Pâtes et Papiers**), erfahren Sie durch Modelle, Fotos, Dias, Videofilme und Führungen alles Wissenswerte über die Zellstoff- und Papierindustrie.
Boréalis, *200, avenue des Draveurs, ☎ 819-372-4633, www.borealis3r.ca, geöffnet Juni–Sept. tgl. 10–18 Uhr, sonst nur nach Voranmeldung, Eintritt Erwachsene $ 10, Senioren, Jugendliche und Kinder 6–18 J. $ 8, Kinder unter 6 J. frei.*

Das **Musée québécois de culture populaire** informiert in sechs Ausstellungen über Leben und Gesellschaft in der Region Mauricie; auf einer Führung lernt man nicht nur das ehemalige Gefängnis kennen, das von 1822 bis in die 1990er-Jahre genutzt wurde, sondern erfährt auch viel über das Alltagsleben der Menschen.

Musée québécois de culture populaire, *200, rue Laviolette,* ☎ *819-372-0406, www. culturepop.qc.ca, geöffnet im Sommer. tgl. 10–18, sonst Mi–Fr 10–16, Sa/So –17 Uhr, Eintritt Erwachsene $ 13, Senioren $ 12, Studenten $ 10, Kinder von 5–17 J. $ 8, Familienkarte $ 32.*

Im **Musée Pierre-Boucher** werden Arbeiten regionaler Künstler sowie alte Möbel, Werkzeuge und Haushaltsgegenstände gezeigt.

Pierre Boucher Museum, *858, rue Laviolette,* ☎ *819-376-4459, www.museepierrebou cher.com, geöffnet Mo–Fr 9–12 und 13–16.30, Sa/So 13–17 (Juni-Sept. Sa/So ab 11), Fr/Sa auch 18.30-20.30 Uhr, Eintritt frei.*

Außerhalb der Stadt, ca. 13 km nördlich, liegt das **Freilichtmuseum Lieu historique national des Forges du St-Maurice**. Hier wurde 1729 zum ersten Mal in Kanada Eisen erschmolzen. Die Anlage war bis 1883 in Betrieb; im Informationszentrum wird die Geschichte und Bedeutung der Eisenverhüttung seit ihren Anfängen im 18. Jh. durch Ausstellungen, Diavorführungen, Filme und 30-minütige Führungen deutlich gemacht.

Lieu historique national des Forges du St-Maurice, *10 000, boulevard des Forges,* ☎ *514-283-2282 oder 1-888-773-8888, www.pc.gc.ca, geöffnet Mitte Juni–Anfang Sept. tgl. 10– 17 Uhr, Eintritt Erwachsene $ 3.90, Senioren und Studenten $ 3.40, Kinder bis 16 J. $ 1.90, Familienkarte $ 9.80.*

Reisepraktische Informationen zu Trois-Rivières

i Information
Tourism Trois-Rivières, *1457, rue Notre-Dame Centre,* ☎ *819-375-1122 oder 1-800-313-1123, www.tourismetroisrivieres.com.*

Feste
Ende Juni: **Trois-Rivières Festival**, *Volksfest mit Feuerwerk, Handwerkermärkten, Musik und Tanz*
Anfang Juli: **Country Fair**, *Kunst- und Kunsthandwerksmärkte, Straßenmusikanten, Konzerte*
Anfang September: **International Classic Canoe Race**, *internationales Kanurennen, das an drei Tagen auf dem St.-Maurice-River auf einer 193 km langen Strecke zwischen Trois-Rivières und La Tuque stattfindet. Zu den Schwierigkeiten dieses Rennens gehört auch, dass die schweren Boote mehrmals über Hügel und an Wasserfällen vorbei getragen werden müssen.*

Unterkunft
$$$ **Gouverneur Hôtel Trois-Rivières**, *975, rue Hart,* ☎ *819-379-4550, http:// trois-rivieres.gouverneur.com, Hotel mit 122 Zimmern in ruhiger Lage in der historischen Altstadt.*
$$$ **Delta Trois Rivières**, *1620, rue Notre Dame,* ☎ *819-376-1991, www.deltahotels. com, zentral gelegen, mit 159 ansprechend eingerichteten Zimmern, Pool, Sauna, Fitnessraum.*
$$$ **Les Suites de Laviolette**, *7201, rue Notre Dame,* ☎ *819-377-4747 oder 1-800- 567-4747, www.suiteslaviolette.com, freundliches Hotel mit 88 gut eingerichteten Zimmern und Suiten, Swimmingpool und Tennisplatz.*
$$$$ **Auberge Godefroy**, *17 575, boul. Bécancour, Bécancour,* ☎ *819-233-2200, www.au bergegodefroy.com, zehn Fahrminuten von Trois-Rivières entfernt, ruhiges und gutes Ferienhotel mit 71 gut ausgestatteten Zimmern, ausgezeichneter Küche, Pool, Sauna, Golf, Fitnessraum.*

Einkaufen
Einkaufsmöglichkeiten in den Malls **Le Centre Commercial Les Rivières**, *4225, boul. des Forges, und* **Le Carrefour Trois-Rivières-Ouest**, *4520, boul. Récoletts.*

Von Montréal über Hull/Gatineau nach Ottawa

Ferien-gebiet am Ottawa River

Zwischen Montréal und Ottawa dehnt sich an beiden Ufern des Ottawa River die Landschaft **L'Outaouais** aus. Als Samuel de Champlain im Jahr 1603 dieses Gebiet erstmals bereiste, erkannte er sogleich die große Bedeutung des Ottawa River, der für die Indianerstämme der Huronen und Algonquin die Verbindung zwischen den Großen Seen im Westen und dem St.-Lorenz-Strom im Osten war. In der Folgezeit nutzten auch die weißen Missionare und Forscher den Fluss, ebenso wie die Pelztierjäger, die mit ihren Kanus ins Landesinnere aufbrachen und im Herbst mit reicher Fellbeute zurückkehrten, und die Pelzhändler, die weit auf dem Fluss nach Westen vordrangen.

☞ Wegstrecke

Entfernung 198 km
Ein dichtes Straßennetz verbindet Montréal mit Ottawa; die Ihnen zur Verfügung stehende Zeit entscheidet, welchen Weg Sie wählen:
- der Hwy 40, der ab der Grenze zu Ontario als Hwy 417 weiterführt, ist die direkte und schnellste Verbindung zwischen den beiden Städten,
- der Hwy 17 führt, alternativ zum Hwy 417, am Südufer des Ottawa River entlang,
- der Hwy 344/148 führt durch die Ortschaften am nördlichen Ufer des Ottawa River und über Hull nach Ottawa.

Zu Beginn des 19. Jh. gewann der Fluss vor allem für die schnell wachsende Holzindustrie an Bedeutung. Im englischen Mutterland war der Bedarf an Holz für den Bau von Schiffen sehr groß, und im Gebiet des Ottawa River war Holz im Überfluss vorhanden. 1806 wurde durch den Amerikaner Philemon Wright in Gatineau erstmals eine Holzlieferung auf Flößen über den Ottawa River zum St.-Lorenz-Strom geschickt.

Der Versuch gelang; in den nächsten Jahren wurden weitere Holzgesellschaften gegründet, die Holzfäller, Flößer, Bauern und Händler aus England, Irland, Schottland und den Vereinigten Staaten anzogen. Frankokanadier, unter der Führung der Familie Papineau, gründeten Ortschaften wie Papineauville, Montebello, Notre-Dame-de-la-Paix oder Chénéville. Das fruchtbare Land wurde in lange, sehr schmale Streifen unter den Bauern aufgeteilt, damit möglichst viele von ihnen einen direkten Zugang zum Fluss hatten, auf dem das Erntegut befördert wurde.

Die Bedeutung der Holzwirtschaft blieb für diese Region bis in die Gegenwart hinein erhalten.

 Fähren
Mehrere Ortschaften sind durch Fähren mit dem südlichen Ufer des Ottawa River verbunden:
Oka–Hudson: ☎ 450-458-4732, http://traverseoka.ca, tgl. 7–17 Uhr, im Sommer bis 22 Uhr
Pointe-Fortune–Carillon: ☎ 450-537-3412, März –Dez. tgl. 7–21 Uhr
Montebello/Fassett–Lefaivre: ☎ 819-986-8180, http:// traversierslepasseur.com, April–Dez, tgl. 6–24 Uhr
Masson-Angers–Cumberland: http://www.traversiersbourbonnais.com, ganzjährig, Tag und Nacht
Quyon–Fitzroy Harbour: ☎ 819-458-2032, www.quyonferry.com, April–Dez, tgl. 5.30–22 Uhr

Sehenswürdigkeiten an dieser Strecke

Anstelle über den schnelleren Hwy 50 von Montréal nach Ottawa zu fahren, bietet es sich an, die etwas südlichere Straße, die nah am Ottawa River verläuft (Hwy 148), ab Hull/Gatineau zu nehmen. Der Highway ist die älteste Fahrstraße der Provinz Québec und trägt den Beinamen „Chemin du Roy" oder „King's Highway".

Im heutigen Ferienort **Oka** liegt ein Zisterzienserkloster, das eines der ältesten Klöster in Nordamerika ist; im Kloster stellten die Trappistenmönche den bekannten Oka-Käse her, der noch heute hier erzeugt und wegen seiner guten Qualität sehr geschätzt wird.

In **Saint-Placide** wurde **Adolphe-Basile Routhier** (1839–1920) geboren, der den französischen Text der kanadischen Nationalhymne verfasste.

Der heutige Industrieort **Grenville** wurde 1809 von englischen Siedlern gegründet und entwickelte sich zu einem wichtigen Handelsposten; in der Zeit von 1819–1833 wurde der **Grenville-Kanal** gebaut, nach dessen Fertigstellung die gefährlichen Stromschnellen des Long-Sault umschifft werden konnten.

Montebello

Der Ort Montebello rückte 1981 ins allgemeine Interesse, als im dortigen Schlosshotel **Château Montebello** das Gipfeltreffen der Staats- und Regierungschefs der sieben wichtigsten westlichen Industrienationen stattfand.

Sehenswert ist das **Manoir Louis-Joseph-Papineau**, das sich der Abgeordnete der gesetzgebenden Versammlung von Unterkanada und spätere Anführer der „Patrioten" Papineau nach 8-jährigem Exil in den USA und Paris zwischen 1846 und 1850 hatte errichten lassen. Das Haus liegt in der Nähe des Château Montebello, am Hwy 148. Zwanzig Zimmer, die der damaligen Zeit entsprechend eingerichtet wurden, sind zum Besuch freigegeben.
Manoir Louis-Joseph-Papineau, *500, rue Notre-Dame,* ☏ *819-423-6965, www.pc. gc.ca, geöffnet Mitte Juni–Anfang Sept. tgl. 10–17, Mai–Ende Juni/Sept./Okt. Fr–So 10–17 Uhr, Eintritt Erwachsene $ 8, Senioren $ 7, Kinder 6–16 J. $ 4, Familienkarte $ 20.*

Lohnend ist auch ein Ausflug zum **Parc Oméga**, knapp 5 km nördlich von Montebello, wo Bisons, Schwarzbären, Füchse, Elche und Wölfe leben. Wenn Sie Ihr Autoradio mit FM 90.1 einschalten, erhalten Sie Informationen über die Lebensbedingungen und Verhaltensweisen der Tiere. Zwei Naturlehrpfade bieten ebenfalls interessante Hinweise. Im Sommer ist auch ein Restaurant mit schönem Panoramablick geöffnet. *Naturerlebnis Oméga Park*
Parc Oméga, *399 route 323 nord,* ☏ *819-423-5487, http://parcomega.ca, Einlass Mitte Mitte Juni–Anfang Sept. tgl. 9–17, sonst 10–16 Uhr (Park schließt je 2 Std. nach letztem Einlass), Eintritt schwankt saisonal stark, s. Website.*

Ein Abstecher führt nach **Plaisance** zum **Plaisance Heritage Interpretation Centre**, einem großen Gelände mit schönem Wasserfall, Wanderwegen, Picknickplätzen, Aussichtspunkten und Informationen über die drei historischen Siedlungen dieser Region, die aus der Zeit der Algonquin-Indianer, der Holzfäller und der Siedler um 1900 stammen.
Plaisance Heritage Interpretation Centre, *276, rue Desjardins,* ☏ *819-427-6400, www.smq.qc.ca, geöffnet Mitte Juni–Anf. Sept. tgl., Mitte April-Mitte Juni und Anfang Sept.-Anfang Nov. Sa-Di 10-17 Uhr, es werden auch einstündige Führungen angeboten, Eintritt Erwachsene $ 6, Senioren $ 5, Studenten $ 3, Kinder unter 12 J. frei, Familienkarte $ 13.*

Reisepraktische Informationen zu Montebello

ℹ Information
Outaouais Tourism, *103 Laurier St.,* ☎ *819-778-2222 oder 1-800-265-7822, www.tourismeoutaouais.com, geöffnet Mo–Fr 8.30–16.30, Sa/So 10–16 Uhr.*

🛏 Unterkunft
$$$$$ Fairmont Le Château Montebello, *392, rue Notre Dame,* ☎ *819-423-6341 und 1-866-540-4462, www.fairmont.com/montebello, das ganz aus Zedern- und Pinienholz gebaute Schlosshotel verfügt über alle Annehmlichkeiten eines First-Class-Hotels und sehr gut ausgestattete Tagungsräume; dazu gehört auch ein ausgezeichnetes Sportprogramm: Golf, Tennis, Reiten und Wassersport im Sommer, Langlauf und Schlittenfahrten im Winter.*

Hull/Gatineau

Ende 2002 schlossen sich die Gemeinden Hull, Aylmer, Gatineau, Masson-Angers und Buckingham zur neuen Stadt Gatineau zusammen. Hull, die 72.000 Einwohner zählende Schwesterstadt der kanadischen Hauptstadt, liegt am Nordufer des Ottawa River, der kanadischen Hauptstadt direkt gegenüber und ist durch Brücken mit ihr verbunden.

Wirtschaftsregion Gatineau
Hull ist eine der ältesten Siedlungen dieser Region und wurde um 1800 von Philemon Wright gegründet, der die Holzwirtschaft zu einem wichtigen Erwerbszweig machte. Hull ist bis heute ein wichtiges Zentrum der Holz- und Forstwirtschaft sowie der Papier- und Zellstoffherstellung. Darüber hinaus ist Hull/Gatineau eine Wirtschaftsregion mit hohem Anteil an Hightech-Unternehmen und Forschungsinstituten und eine Verwaltungsstadt mit vielen Dienststellen der Regierungsbehörden.

☞ Hinweis
Obwohl der offizielle Name jetzt **Gatineau** ist, wird im täglichen Gebrauch weiterhin häufig **Hull** benutzt.

Gatineau ist auch ein beliebter Fremdenverkehrsort; die Innenstadt ist voller Kontraste: Straßen wie die rue Champlain mit alten Häusern aus der Zeit der Jahrhundertwende, moderne Bauten wie das Museum of History an der rue Laurier, lebhafte Plätze voller Treiben bei Tag und Nacht wie die Promenade du Portage, stille Parks wie der Parc du Ruisseau-de-la-Brasserie oder der Parc des Portageurs mit schönen Spazierwegen und Kunstwerken. Eine besondere Attraktion ist die Stadtrundfahrt mit einem Amphibienfahrzeug, das Sie zu den Sehenswürdigkeiten von Hull und Ottawa führt und schöne Ausblicke auf die Parlamentsgebäude von Ottawa und das Museum of History bietet.

Die Stadt hat zwei große Anziehungspunkte, die jährlich von mehr als 1 Mio. Touristen besucht werden und unbedingt einen Besuch lohnen: das Canadian Museum of History und den Gatineau Park.

Canadian Museum of History

MuseumsHighlight
Das **Canadian Museum of History** (früher: Canadian Museum of Civilization) zählt mit seinen verschiedenen Abteilungen zu den am besten besuchten und eindrucksvollsten Museen im Land. Das 1989 entstandene architektonische Meisterwerk von Douglas Cardinal liegt am Ufer des Ottawa River und soll nach den Aussagen des Architekten durch seine gerundeten und geschwungenen Formen an die von Wind, Wasser und Eis geprägte kanadische Landschaft erinnern. Das ursprüngliche Gebäude wurde durch einen Neubau ergänzt, der Cardinals Ideen noch einmal aufgreift. Ausstellungen, Samm-

lungen, Filme, Diavorführungen und Theateraufführungen veranschaulichen das Leben der Ureinwohner und die vielen verschiedenen Kulturen der heutigen kanadischen Bevölkerung. Besonders eindrucksvoll ist die Grand Hall, die mit sechs Holzhäusern und mächtigen Totempfählen den sechs Indianerstämmen an der Westküste Kanadas gewidmet ist. Anlässlich der 150-Jahr-Feier der Föderation am 1. Juli 2017 ist die neue „Canadian History Hall" entstanden, die wie bei einer Zeitreise die Geschichte Kanadas von ihren Anfängen vor fast 4.000 Jahren bis zur Gegenwart darstellt. Außerdem gibt es wechselnde Ausstellungen zeitgenössischer Kunst, Kunst der Indianer und Inuit und kunstgewerbliche Ausstellungen. Das Kindermuseum lädt die jungen Besucher zum Spielen und Entdecken ein. Vom japanischen Zen-Garten und von der großen Terrasse bietet sich ein schöner Blick auf die Landeshauptstadt am gegenüberliegenden Ufer des Ottawa-Flusses.

Canadian Museum of History, *100, rue Laurier,* ☎ *819-776-7000, www.historymuseum.ca, geöffnet Juli–Anfang Sept. tgl. 9.30–18, Do/Fr bis 20, sonst Mo–So 9–17, Do bis 20 Uhr. Eintritt Erwachsene $ 15, Senioren $ 13, Studenten $ 11, Kinder von 3–12 J. $ 9, Familienkarte $ 36, Do 16–20 Uhr Eintritt frei, Parkgarage im Haus.*

Eine besondere Attraktion im selben Gebäude ist das **IMAX-Theater** mit einer riesigen, sieben Stockwerke hohen Leinwand und einer Kuppel von 23 m Durchmesser. Im Theater fühlt man sich durch die Kombination einer Imax- und Omnimax-Leinwand direkt ins Filmgeschehen versetzt.

Die **Öffnungszeiten des IMAX**, ☎ *819-776-7010, weichen gelegentlich von den Öffnungszeiten des Museums ab. Karten für das IMAX Erwachsene $ 11, Senioren und Jugendliche bis 17 J. $ 9, Kinder 3–12 J. $ 7, Familienkarte $ 35.*

Außerdem gibt es **Kombikarten für Museum und IMAX**: *Erwachsene $ 23, Senioren $ 20, Jugendliche bis 17 J. $ 16, Kinder von 3–12 J. $ 13, Familienkarte $ 56.*

Neben dem Museum ist das **Casino du Lac-Leamy** eine große Attraktion von Gautineau. Die moderne Architektur und diverse Wasserspiele sollen Kanadier und Touristen einladen, an den 45 Baccarat-, Blackjack- und Roulettetischen sowie an den

In der Eingangshalle des Canadian Museum of History

1.250 Spielautomaten ihr Glück zu versuchen. In dem Gebäudekomplex gibt es außerdem Restaurants, Geschäfte und Konferenzräume.
Casino du Lac-Leamy, *1 boulevard du Casino, ☎ 819-772-2100, geöffnet 9–4 Uhr, Mindestalter 18 J.*

Gatineau Park

Der Park dehnt sich über 35.600 ha nördlich des Ottawa River aus. Mehr als 40 Seen, von denen der Lac Philippe, der Lac des Fées und der Lac la Pêche die beliebtesten sind, laden im ehemaligen Jagdgebiet der Algonquin-Indianer zum Schwimmen, Bootfahren und Fischen ein. Der Gatineau Park liegt nur wenige Kilometer von Hull und Ottawa entfernt. Er ist zu erreichen über
• den Boulevard Taché in Hull,
• den Hwy 5, Exit 12 nach Old Chelsea und
• die Hwys 105 und 366 nach Sainte-Cécile-de-Masham im Norden des Parks.

Rundfahrt durch den Gatineau Park Sie können mit dem Wagen eine ca. 45 km lange Rundfahrt durch den Südteil des Gatineau Park machen, wenn Sie dem Gatineau Parkway, dem Fortune Lake Parkway und dem Champlain Parkway folgen. An den Parkstraßen gibt es zahlreiche Picknick- und Campingplätze; an landschaftlich besonders schönen Stellen wurden Aussichtsplätze angelegt, wo an Wochenenden Park Ranger Flora und Fauna des Parks erklären, wie z. B. am Champlain Lookout, Etienne Brûlé oder Huron.

Reisepraktische Informationen zum Gatineau Park

i **Information**
Das **Gatineau Park Visitor Centre** *liegt in Chelsea, 33 Scott Rd., ☎ 819-827-2020 oder 1-866-456-3016, www.ncc-ccn.gc.ca/places-to-visit/gatineau-park/visitor-information, ganzjährig geöffnet, Eintritt frei. Von Mitte Mai–Anfang Sept. kostet die Zufahrt zu den Stränden an den Seen Meech, La Pêche und Philippe für Pkw $ 11.*

Bootsfahrten
Von Mai–Nov. werden 1,5-stündige Bootsfahrten auf dem Ottawa River mit Ausblicken auf die Parlamentsgebäude von Ottawa und das Canadian Museum of History angeboten.
Paul's Boat Lines Ltd., *Hull Marina, ☎ 613-225-6781, www.paulsboatcruises.com.*
Lady Dive Amphibus, *☎ 613-524-2221, www.ladydive.com.*

Tipp
Die Angellizenz für die Provinz Québec erhalten Sie in den Sportgeschäften in Hull.

Im Sommer lädt der Park **Spaziergänger, Wanderer und Radfahrer** zu schönen Ausflügen ein. Es gibt gut ausgeschilderte Wanderwege, wie z. B. den Larriault Trail (3 km) oder den Ridge Trail (6 km) und vor allem im südöstlichen Teil des Parks ein gut ausgebautes Fahrradwegenetz mit über 100 km Länge. Im Winter gibt es im Gatineau Park ausgezeichnete Skipisten und Loipen. Eine 5 km lange **Wanderung auf dem Lusk Cave Trai**l, südlich vom Philippe Lake, führt Sie zu einer 150 m langen Höhle mit einem unterirdischen Fluss, der hier kleine Teiche und einen kleinen Wasserfall bildet. Sie sollten eine Taschenlampe mitnehmen, um die Stalagmiten und Stalaktiten anzuschauen, die sich in den Lusk Caverns vor über 12.500 Jahren gebildet haben.

„Moorside" – die Sommerresidenz von Mackenzie King

Zu den Sehenswürdigkeiten des Parks zählen das Mackenzie King Estate und die historische Mühle von Wakefield.

Das **Mackenzie King Estate**, Moorside war die Sommerresidenz des langjährigen kanadischen Premierministers William Lyon Mackenzie King, an den eine Ausstellung erinnert. Audiovisuelle Präsentationen und Infotafeln geben einen Überblick über die kanadische Geschichte von 1921–1948. Sehr schön ist der Garten, wo Sie von Gärtnern fachkundige Auskünfte über die Anlage und Pflege englischer Gärten erhalten können. Für Besucher gibt es im ersten Stock des Hauses einen Teeraum und eine Snackbar.
Mackenzie King Estate, *Moorside, rue Barnes, ☎ 819-827-2020, www.ncc-ccn.gc.ca/places-to-visit/mackenzie-king-estate, geöffnet Mitte Mai–Mitte Okt. Mo–Fr 10–17 Uhr, Sa/So 11–18 Uhr, Eintritt und Parkgebühr $ 10.*

Reisepraktische Informationen zu Hull/Gatineau

ⓘ Information
La Maison du Tourisme, *103 rue Laurier, ☎ 819-778-2222 oder 1-800-265-7822, www.tourismeoutaouais.com, geöffnet Mo–Fr 8.30–20 Uhr, Sa/So 9–18 Uhr, nur ca. 3 Gehminuten vom Museum entfernt.*

☞ Wichtige Anschriften und Telefonnummern
Polizei: *819-310-4141*
Medizinischer Notdienst: *116, boul. Lionel-Emond, ☎ 819-595-6000*
Canadian Automobile Association CAA: *290, boul. Saint-Joseph, ☎ 819-778-2225*
Wetterdienst: *613-998-3439*

🛏 Unterkunft
$$$ Crowne Plaza Gatineau-Ottawa, *2 rue Montcalm, ☎ 819-778-3880 oder 1-800-181-6068, www.ihg.com/crowneplaza/hotels/de/de/gatineau/yowcp/hoteldetail, modernes Hotel mit 239 geräumigen Zimmern, von denen viele einen sehr schönen Ausblick*

auf die Parlamentsgebäude und den Ottawa River bieten, Innenswimmingpool, Sauna, Fitness-raum, sehr gutes Restaurant.

$$$ Four Points by Sheraton Gatineau-Ottawa, *35 rue Laurier,* ☎ *819-778-6111, www.fourpoints.com/gatineau, gegenüber vom Museum of History gelegenes Hotel mit 202 an-sprechend eingerichteten Zimmern, Pool, Sauna, die Zentren von Hull und Ottawa sind zu Fuß er-reichbar.*

$$$$$ Best Western Plus Gatineau-Ottawa, *131 rue Laurier,* ☎ *819-770-8550, www.bestwesterngatineau.ca, Hotel mit 131 geräumigen Zimmern, teilweise mit Balkon und schöner Aussicht, Pool, Sauna, die Zentren von Hull und Ottawa sind zu Fuß erreichbar.*

Wakefield

Am Rande des Gatineau Park liegt die kleine Ortschaft Wakefield, 32 km nördlich von Hull, am Hwy 105. Wakefield ist ein beliebtes Ausflugsziel, das mit gemütlichen Restau-rants und Bed&Breakfast-Häusern auf Besucher eingestellt ist. Die beiden historischen Sehenswürdigkeiten stammen aus dem frühen 19. Jh.:

MacLaren Mill und das **Fairbairn House Heritage Centre**, *Eintritt Erwachsene $ 5, Jugendliche $ 2, Kinder unter 12 J. frei.*

Auf dem MacLaren Cemetery wurde Premierminister Lester B. Pearson begraben.

Unterkunft

$$$–$$$$ Les Trois Erables, *801, chemin Riverside,* ☎ *819-459-1118 oder 1-877-337-2253, www.lestroiserables.com, der elegante viktorianische Gasthof hat fünf komfortable Gästezimmer mit Bad, einen gemütlichen Aufenthaltsraum und einen schönen Garten.*

$$$$ Wakefield Mill and Spa, *60 chemin Mill,* ☎ *819-459-1838, www.wakefieldmill. com, in der 1838 erbauten Steinmühle wurde ein sehr schönes Landgasthaus mit komfortab-len Zimmern und einem guten Restaurant eingerichtet. Die Wakefield-Mühle liegt land-schaftlich sehr reizvoll im Gatineau Park und ist in nur etwa 20 Fahrminuten von Ottawa zu erreichen.*

Ottawa

Ottawa beeindruckt nicht wie andere nordamerikanische Großstädte durch hohe Wol-kenkratzer und riesige Geschäftsviertel, sondern eher durch den Charme einer liebens-werten Stadt in einer außergewöhnlich schönen landschaftlichen Umgebung. Ottawa liegt am Zusammenfluss des Ottawa River und des Rideau River, wird durchzogen vom Rideau Canal und ist umgeben von einer wald- und seenreichen Landschaft mit vielfältigen Erho-lungsmöglichkeiten. Ottawa ist eine liebenswerte und zu jeder Jahreszeit reizvolle Stadt.

Bundes-hauptstadt Als Bundeshauptstadt Kanadas ist die Bevölkerung Ottawas zu 44 % britischer und zu 41 % französischer Abstammung. Die Stadt ist Sitz der Bundesregierung, des General-Gouverneurs der britischen Krone, des Obersten Gerichtshofes, der hohen Verwal-tungsbehörden sowie der Botschaften und Handelsniederlassungen von 90 Nationen. Als fünftgrößte Stadt Kanadas besitzt Ottawa mehrere Universitäten, Hochschulen, Colleges und wissenschaftliche Institutionen; sie ist Sitz eines katholischen Erzbistums und eines anglikanischen Bischofs.

Wahrzeichen der Stadt sind die Parlamentsgebäude auf dem Parliament Hill, das Châ-teau Laurier Hotel und der Rideau Canal, an dessen nördlichem Ende die Stadt liegt.

In den kalten Januar- und Februartagen wird der zugefrorene Rideau Canal zur längsten Schlittschuhbahn der Welt. Bekannt sind die Bilder von formell gekleideten Herren mit Aktentaschen, die auf Schlittschuhen zu ihren Arbeitsplätzen fahren und sich zwischendurch mit einem Becher Kaffee aufwärmen, der von zahlreichen Händlern am Kanal angeboten wird. Im Frühling, in der zweiten Mai-Hälfte, verwandelt sich die Stadt entlang des Rideau Canal und auf dem Parliament Hill in ein Blütenmeer von Tausenden von Tulpen und Narzissen, die der Stadt von der niederländischen Königin Juliana als Dank für das ihr und ihrer Familie während des 2. Weltkrieges gewährte Asyl geschenkt wurden. Am 1. Juli beginnt in Ottawa alljährlich das Canada Festival; einen Monat lang wird mit Konzerten, Theateraufführungen, Paraden, Sportveranstaltungen, Kinderfesten und einem Feuerwerk die Einheit Kanadas gefeiert. Im Herbst lockt dann der Indian Summer die Bevölkerung in die nahe gelegenen Wälder und Erholungsgebiete, wo sich die herrlich bunt gefärbten Bäume in den zahllosen Seen spiegeln.

Redaktionstipps

> Besichtigung der Parlamentsgebäude auf dem **Parliament Hill** (S. 268) und Zuschauen beim „Changing of the Guard" (S. 270)
> Besuch des **Museum of History** in Hull/Gatineau (S. 260)
> Bummel durch die **Sparks Street** (S. 271) und über **Byward Market** (S. 273)
> Bootsfahrt auf dem **Ottawa River** (S. 268) und dem **Rideau Canal** (S. 268)
> Besuch der **National Gallery of Canada** (S. 272)
> Rundfahrt durch den **Gatineau Park** (S. 262)
> **Fahrradtour** am Rideau Canal und Rideau River entlang (S. 268)
> Spaziergang durch den **Rockcliffe Park** mit Sommerkonzert (S. 274)

Geschichtlicher Überblick

Seit alters her war die Gegend am Zusammenfluss von Ottawa River und Rideau River ein Treffpunkt für Pelzhändler, Holzfäller, Forscher, Entdecker und Abenteurer. 1615 errichtete Samuel de Champlain an dieser Stelle ein Basislager für weitere Expeditionen von Québec zum Lake Huron, denn der Ottawa River war, wie auch in den beiden folgenden Jahrhunderten, noch der beste Weg, um ins Landesinnere vorzudringen. Die

Blick auf die Hauptstadt Kanadas

ersten Siedler waren der Puritaner Philemon Wright, der sich mit seiner Familie im Jahr **1796** hier niederließ, und Nicholas Spark, der **1800** eine Farm im heutigen Stadtgebiet von Ottawa errichtete. Veteranen aus dem Napoleonischen Krieg von **1812** und britische Loyalisten folgten. **1826** wurde der britische Offizier John By beauftragt, den Bau eines Wasserweges zwischen Montréal und dem Lake Ontario in die Wege zu leiten. Der Rideau Canal, zunächst gedacht als sicherer Weg für die britische Kriegsmarine, entwickelte sich schnell zu einer wichtigen Handelsstraße, an deren Ufer sich immer mehr Menschen ansiedelten. Eine Niederlassung trug den Namen Bytown, die **1857** nach dem Stamm der dort lebenden Outaouac-Indianer in Ottawa umbenannt und von Königin Victoria zur Hauptstadt der Vereinigten Provinzen von Ontario und Québec bestimmt wurde. Damit beendete Victoria den heftigen Wettstreit der Städte Montréal, Toronto und Kingston um die Anerkennung als Hauptstadt. Als Hauptstadt wurde Ottawa großzügig geplant und angelegt, wie die Parlamentsgebäude, die breiten, baumbestandenen Straßen und die zahlreichen innerstädtischen Parkanlagen beweisen.

Orientierung in Ottawa

Ottawas Wahrzeichen, die Parlamentsgebäude und das Château Laurier Hotel, sind weithin sichtbar und helfen Ihnen bei der Orientierung. Der Rideau Canal teilt die Innenstadt in zwei Hälften. Die Straßen der Innenstadt sind schachbrettartig angelegt; wichtige Hauptverkehrsstraßen sind die Wellington Street, die sich am Ottawa River hinzieht, die O'Connor Street und die Kent Street, die als Einbahnstraßen auf die Wellington Street hinführen bzw. von ihr abgehen.

Die **Macdonald-Cartier Bridge** und die **Alexandra Bridge** überspannen den Ottawa River und verbinden die beiden Städte Ottawa und Hull/Gatineau.

Sehenswertes im Zentrum

Die interessantesten Sehenswürdigkeiten der Stadt lassen sich gut zu Fuß auf einem Stadtrundgang besichtigen, sodass Sie für die Innenstadt kein Auto benötigen.
Als Ausgangspunkt für einen Stadtrundgang eignet sich der Parliament Hill besonders gut.

 ### Stadtrundgänge
In der Touristeninformation, 90 Wellington St., gegenüber dem Parlamentsgebäude erhalten Sie Informationen über geführte Stadtrundgänge.
Ottawa Walking Tours, *100 Florence St., ☎ 613-799-1774, www.ottawawalkingtours. com, an der Ecke Wellington/Metcalfe Street beginnen ca. 2-stündige, geführte Spaziergänge zu 25 historischen Sehenswürdigkeiten in Ottawa. Die Führungen werden in englischer und französischer Sprache kommentiert. Anmeldungen sind erforderlich, Erwachsene $ 15, Kinder bis 10 J. frei.*
The Haunted Walk of Ottawa, *Ecke Sparks/Elgin St., ☎ 613-232-0344, http://haun*

❶ Unterkunft
1 Avalon Bed and Breakfast
2 Courtyard by Marriott Ottawa
3 Swiss Hotel
4 Fairmont Château Laurier Hotel
5 The Westin Hotel
6 Les Suites Hotel
7 HI-Ottawa Jail
8 Auberge The King Edward
9 Marriott Ottawa
10 Sheraton Ottawa Hotel
11 Arc The Hotel
12 The Metcalfe Hotel
13 Lord Elgin Hotel
14 Cartier Place Suite Hotel
15 Delta Hotel Ottawa
16 Best Western Plus Victoria
   Park Suits

❶ Essen & Trinken
1 Vineyards Wine Bar
2 Le Moulin de Provence
3 Highlander Pub
4 La Bottega
5 Santé
6 Le Café
7 Yangtze
8 The Manx Pub

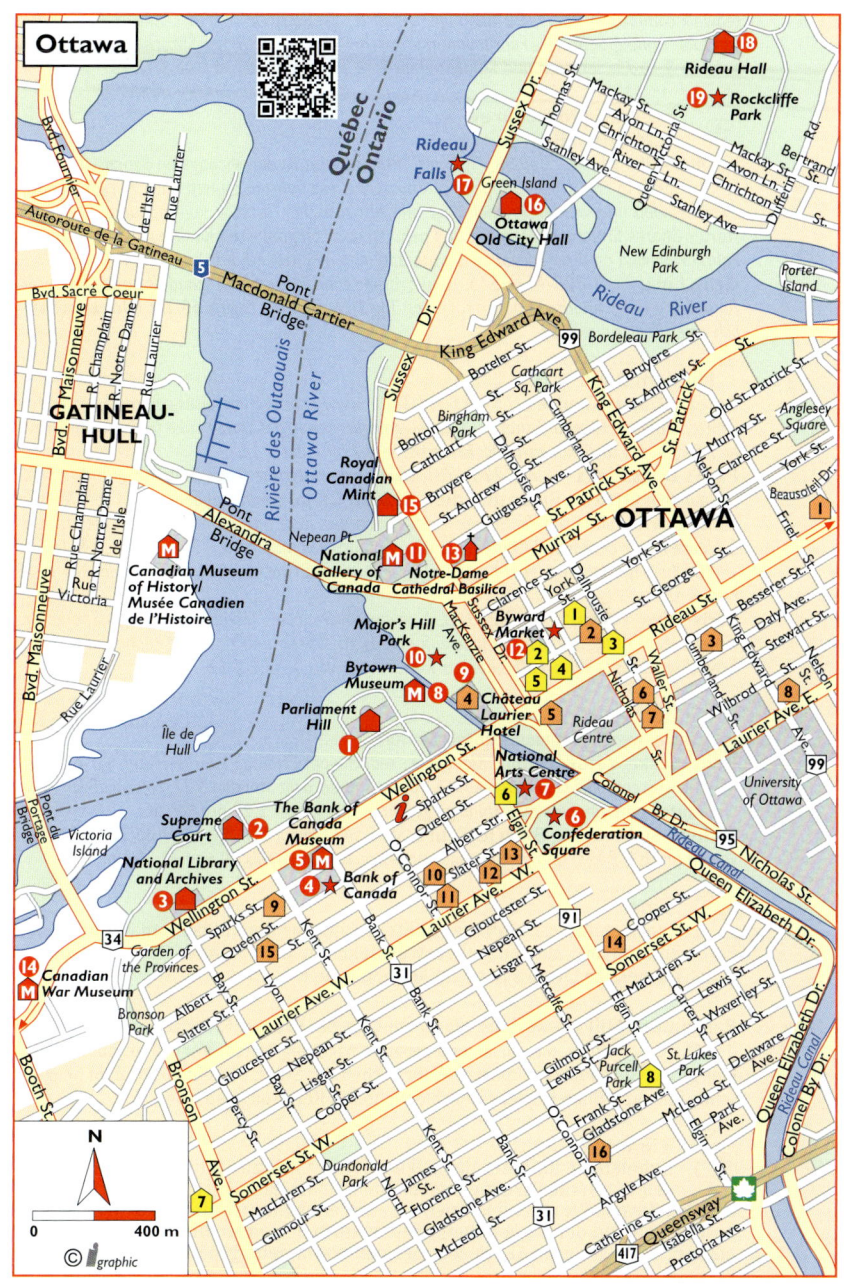

Ottawa

Québec
Ontario

Rideau Hall 18

Rockcliffe Park 19

Rideau Falls 17

Green Island

Ottawa Old City Hall 16

New Edinburgh Park

Porter Island

Blvd. Fournier

Rue Laurier

Autoroute de la Gatineau 5

Blvd. Sacré Coeur

Pont Macdonald Cartier Bridge

King Edward Ave. 99
Bordeleau Park St.

GATINEAU-HULL

Rivière des Outaouais / Ottawa River

Royal Canadian Mint 15

Nepean Pt.

National Gallery of Canada M 11
Notre-Dame Cathedral Basilica 13

Canadian Museum of History / Musée Canadien de l'Histoire M

Major's Hill Park

Bytown Museum M 8
10 9 4

Château Laurier Hotel 5

Rideau Centre

Parliament Hill 1

National Arts Centre 6 7
6 Confederation Square

University of Ottawa 99

Île de Hull

Victoria Island

Supreme Court 2

The Bank of Canada Museum 5 M
4 Bank of Canada

National Library and Archives 3

Garden of the Provinces 9
15

Canadian War Museum 14 M

Bronson Park

N

0   400 m

© graphic

Byward Market 12 1 2 3
2 4 8
5
6
7

Rideau Falls

Somerset St. W. 7

tedwalk.com/ottawa-tours, 90-minütige, geführte „Geistertour" durch Ottawas Geschichte, von Juni–Anfang Sept. tgl., Führungen in englischer und französischer Sprache, Preis Erwachsene ab $ 16.75, Senioren und Studenten ab $ 14.75, Kinder 10–14 J. ab $ 12.75.

 ## Besichtigungstouren
Mit dem Bus

Von April–Okt. gibt es „hop on – hop off"-Rundfahrten zu den wichtigsten Sehenswürdigkeiten der Stadt in englischen Doppeldeckerbussen. Diese Fahrten dauern ohne Ausstieg knapp zwei Stunden und werden in englischer und französischer Sprache kommentiert. Die Busse starten Sparks Street und Metcalfe und nehmen auch an größeren Hotels noch Fahrgäste auf. Fahrkarten sind am Confederation Square und in den Hotels erhältlich.
Gray Line, ☏ *1-800-472-9546, www.grayline.com/things-to-do/canada/ottawa, Fahrpreis für beliebig viele Unterbrechungen für einen Tag $ 26, für zwei Tage $ 40, für 1 Tag einschließlich einer Bootsfahrt $ 39.*

Mit dem Boot

Rideau Canal Cruises, ☏ *613-317-3919, www.rideaucanalcruises.ca, ca. 1,5-stündige Fahrten auf dem Rideau-Kanal mit Aussteigemöglichkeiten am Dow´s Lake und am Landsdowne Park, 3–4 x täglich, Fahrpreis: Erwachsene $ 27, Kinder $ 12.*
Paul's Boat Lines, ☏ *613-225-6781, www.paulsboatcruises.com, führt 1,5-stündige Fahrten auf dem* **Ottawa River und dem Rideau Canal** *durch, bei denen man vom Wasser aus schöne Ausblicke auf die Sehenswürdigkeiten der Stadt hat. Abfahrtstelle ist die Ottawa-Schleuse hinter dem Hotel Château Laurier. Abfahrtszeiten: 15. Mai–Sept. tgl. 11, 14, 16 und 19.30 Uhr, Sept./Okt. tgl. 11, 14 und 16 Uhr, Fahrpreis: Erwachsene ab $ 25, Kinder von 6–15 J. ab $ 15.*
Lady Dive Tours, ☏ *613-223-6211, www.ladydive.com, Ticketschalter Elgin/Sparks St., lernen Sie die Stadt in einem Amphibienfahrzeug zu Wasser und zu Lande kennen, Fahrpreis: Erwachsene $ 32, Senioren/Studenten $ 29, Kinder von 3–12 J. $ 22.*

Mit dem Rad

Im Sommer werden Radtouren angeboten von:
Rent a Bike Vélocation, *2 Rideau St., seitlich vom Château Laurier-Hotel, ☏ 613-241-4140, www.rentabike.ca, Mietgebühr: $ 10 pro Stunde, acht Stunden $ 32, einschließlich Helm und Kartenmaterial. Eine zweistündige geführte Tour kostet $ 28 pro Person.*
Guided Sightseeing Bicycle Tours, *Sparks/O´Connor Sts., ☏ 613-608-7407, Fahrradverleih (auch E-Bikes) und geführte zweistündige Touren jeweils 10 und 13.30 Uhr.*

👉 ### Tipp
Eine schöne, 22 km lange Radtour führt Sie am Rideau Canal und Rideau River entlang bis zu den Sehenswürdigkeiten in der Innenstadt. Auf dieser Fahrt können Sie Ottawa bequem kennenlernen.

Parlaments-
hügel
Parliament Hill (1) wird der Hügel am Ufer des Ottawa River genannt, auf dem in der Mitte des 19. Jh. die Parlamentsgebäude nach englischem Vorbild erbaut wurden. Der große Gebäudekomplex, das Wahrzeichen der Stadt, besteht aus drei im neugotischen Stil mit grünen Kupferdächern errichteten Regierungsgebäuden.

👉 ### Tipp
Nehmen Sie an einer der englisch- oder französischsprachigen Führungen durch die Parlamentsgebäude teil, die ganzjährig durchgeführt werden. Bei diesem Rundgang können Sie auch einige Amtsräume und Sitzungssäle besichtigen und den 92 m hohen Friedensturm besteigen. In der Touristeninformation, 90 Wellington St., gegenüber dem Parlamentsgebäude erhalten Sie die

Bei einer Fahrt auf dem Rideau Canal hat man einen guten Blick auf die Sehenswürdigkeiten Ottawas

Tickets für die kostenlosen Führungen durch die Parlamentsgebäude. Die Tickets werden jeweils für den ganzen Tag ausgegeben; da die Nachfrage groß ist, holt man sie besser gleich morgens ab. Eine Vorbestellung ist nicht möglich. In den Sommermonaten steht vormittags auf der Westseite ein „Mounty", ein berittener Polizist der Royal Canadian Mountain Police (RCMP), für Erinnerungsfotos bereit.

Am Haupteingang, gleich vor den Regierungsgebäuden, wurde 1967 ein Brunnen errichtet, in dessen Mitte die ewige Flamme (**Centennial Flame**) zur Erinnerung an das 100-jährige Bestehen der Konföderation und als Symbol für Kanadas Einheit brennt.

Der **East Block**, der von 1859–1865 gebaut wurde, ist der älteste Gebäudeteil; hier liegen die Räume der kanadischen Regierung, das Arbeitszimmer des britischen Generalgouverneurs und die im Stil der Konföderationszeit eingerichteten Arbeitszimmer einiger ehemaliger Premierminister, wie z. B. von John Macdonald und Lord Dufferin. Während des Rundgangs sehen Sie die Arbeitszimmer des Generalgouverneurs und die der beiden „Väter der Konföderation", Sir John A. Macdonald und Sir George-Etienne Cartier, sowie das Kabinettszimmer.

Der **Centre Block** entstand um dieselbe Zeit, wurde aber bei einem Brand im Jahre 1916 stark zerstört. Von den Flammen verschont blieb nur die Bibliothek. 1927 wurde mit dem Wiederaufbau begonnen.

Zum Hauptgebäude gehören
• der 92 m hohe Friedensturm (**Peace Tower**), der 1927 zu Ehren der im 1. Weltkrieg gefallenen Soldaten errichtet wurde. Im Inneren wird das „Book of Remembrance" mit den Namen der Gefallenen aufbewahrt. Das Glockenspiel des Friedensturmes besteht aus 53 Glocken und ertönt dienstags und donnerstags im Juli stündlich von 8–21, im August von 7.30–20.30 Uhr. In der Turmspitze brennt ein weißes Licht, wenn das Parlament tagt. Sie können den Turm besteigen und den Ausblick auf die Hauptstadt genießen,

- die Halle der Konföderation (**Confederation Hall**) und die Ehrenhalle (**Hall of Honour**)
- die Abgeordnetenkammer (**House of Commons**) für die Vertreter der Regierungs- und Oppositionsparteien
- der Senat (**Senate Chamber**) mit den Mitgliedern des Oberhauses
- der Sitz des Regierungssprechers (**Speaker's Chamber**) und
- die Bibliothek (**Parliamentary Library**) und der Leseraum (**Reading Room**), die mit ihrer prächtigen Ausstattung besonders sehenswert sind.

„Changing of the Guard"

Im **West Block** liegen die Arbeitszimmer der Abgeordneten und Senatoren sowie Sitzungsräume und Festsäle.

Die Parlamentsgebäude sind von großen Grünflächen umgeben; hier paradieren täglich die Wachsoldaten, die in ihrer Erscheinung an die Garde vor dem Buckingham-Palast erinnern. Der Wachwechsel, **Changing of the Guard**, ist eine der städtischen Attraktionen, die im Sommer jeden Tag viele Besucher anzieht. Beim Wachwechsel treten die Governor General's Foot Guards und die Canadian Grenadier Guards in ihren traditionellen rot-schwarzen Uniformen mit schwarzen Bärenfellmützen zu einer 30-minütigen Zeremonie mit Musikkapellen an.

Zu den Grünanlagen gehört auch der **Skulpturengarten** mit einer Statue der Königin Victoria und den Statuen kanadischer Premierminister. Dort trifft man auch auf die Skulpturengruppe der „Famous Five", ein Denkmal zu Ehren der fünf Aktivistinnen, die 1927 für die Gleichberechtigung der Frauen kämpften.
Changing of the Guard: *von Ende Juni–Ende Auf. tgl. um 10 Uhr.*

Am Abend findet auf dem Parliament Hill „**Northern Lights**" statt, Licht- und Tonspiele, die in englischer und französischer Sprache die Geschichte Kanadas lebendig werden lassen.
Northern Lights, *www.canada.ca/northern-lights, tgl. Anfang Juli–Anfang Sept., im Juli 22 Uhr, Aug. 21.30 Uhr, Sept. 21 Uhr, die Aufführungen dauern etwa 30 Minuten, Eintritt frei.*

Westlich der Regierungsgebäude, ebenfalls am Ufer des Ottawa River, liegen das 1875 erbaute Gebäude des Obersten Gerichtshofes (**2, Supreme Court of Canada**), die Nationalbibliothek (**3, Archives and National Library**) und der schöne Garten der Provinzen (**Garden of the Provinces**). Dieser kleine Park, in dem die Fahnen der zehn kanadischen Provinzen wehen, wurde als Sinnbild der kanadischen Einheit geschaffen und mit Blumenbeeten, Springbrunnen und Skulpturen ansprechend gestaltet.

Noch weiter westlich, etwa 15 Minuten Fußweg von der Nationalbibliothek entfernt, liegt das architektonisch interessante **Canadian War Museum (14)**, das eine umfassende Waffensammlung von der Indianerzeit bis zur Gegenwart besitzt und die kanadische Militärgeschichte seit der Kolonialzeit dokumentiert; außerdem wird der Beitrag Kanadas für die internationalen Friedensbemühungen dargestellt.

Canadian War Museum, 1 Vimy Place, ☎ 613-776-8600, www.warmuseum.ca, geöffnet tgl. 9–18, im Sommer zusätzlich Do/Fr –21 Uhr, Eintritt Erwachsene $ 15, Senioren $ 13, Jugendliche von 13–17 J. $ 11, Kinder von 3–12 J. $ 9, Familienkarte $ 36, freier Eintritt Do 16–20 Uhr und an den beiden Nationalfeiertagen am 1. Juli und 11. November.

Die Innenstadt

In der Nähe vom Parliament Hill liegt das **Canada's Capital Information Centre** (90 Wellington St., ☎ 1-800-363-4465, www.ottawatourism.ca, geöffnet tgl. 9–17 Uhr).

Nur einen Straßenblock vom Parliament Hill entfernt, zwischen der Lyon Street und der Elgin Street, liegt die **Sparks Street Mall**, eine Fußgängerzone mit Geschäften, Straßencafés und Restaurants. Im Sommer finden sich hier Straßenkünstler und Musikanten ein.

Lohnend ist der Besuch der 12-stöckigen **Bank of Canada (4)**, 245 Sparks Street, die im Innenbereich mit baumhohen Pflanzen, Springbrunnen und Kunstwerken gestaltet ist. Hier befand sich bis 2013 auch das **Currency Museum of the Bank of Canada** das nicht nur eine komplette Sammlung aller kanadischen Münzen und Banknoten zeigte, sondern auch eine Ausstellung zur Geschichte des Geldes, die von Perlen, Muschelgeld, Walfischzähnen und Münzen als Zahlungsmittel berichtet. Ab Mitte 2017 soll die Sammlung im „**The Bank of Canada Museum**" **(5)** wieder zu sehen sein.
The Bank of Canada Museum, 234 Laurier Avenue W., ☎ 613-782-8914, www.bankofcanadamuseum.ca, das Museum ist voraussichtlich bis Mitte 2017 geschlossen.

Folgen Sie der Sparks Street nach Osten bis zum **Confederation Square (6)**, dem Hauptplatz der Stadt, wo das **National War Memorial** an die Gefallenen des 1. Weltkrieges erinnert. An diesem Platz wurde 1969 das **National Arts Centre (7, NAC)**, eingeweiht; im NAC, zu dem ein Opernhaus mit 2.300 Plätzen, ein Theater und eine Experimentierbühne gehören, finden regelmäßig Konzerte, Theater- und Ballettaufführungen sowie Ausstellungen und Vorträge mit international angesehenen Künstlern statt. Vor dem NAC erinnert eine Plastik an den kanadischen Jazz-Pianisten Oscar Peterson, der hier häufig aufgetreten ist.
National Arts Centre, 53 Elgin St., ☎ 613-947-7000, www.nac-cna.ca, geöffnet tgl. 9–17 Uhr, Parkplätze in der Tiefgarage.

Das **Government Conference Centre**, das für die Öffentlichkeit nicht zugänglich ist, wurde 1912 als Bahnhof gebaut. Wenn Sie den Platz überqueren, kommen Sie zum **Rideau Canal**, der die Stadt durchzieht und sich im Winter zur „längsten Schlittschuhbahn der Welt" verwandelt (s. auch S. 153, Informationen zum Rideau Canal). Durch acht Schleusen wird der Höhenunterschied von 24 m zum Ottawa River überwunden.

An den Schleusen des Rideau Canal liegt das **Bytown Museum (8)**, das in einem der ältesten Steinhäuser der Stadt aus dem Jahr 1827 eingerichtet wurde und die Anfänge von Bytown/Ottawa veranschaulicht; außerdem gibt es eine Ausstellung mit Informationen zum Bau des Kanals.
Bytown Museum, 1 Canal Lane, ☎ 613-234-4570, www.bytownmuseum.com, ganzjährig geöffnet, Mitte Mai–Mitte Okt. tgl. 10–17, Do bis 20 Uhr, Juli/Aug. tgl. 10–19, Do bis 20 Uhr, Eintritt Erwachsene $ 6.50, Senioren und Studenten $ 4.50, Kinder von 5–12 J. $ 3.50, Familienkarte $ 15.

Schleusen am Rideau Canal

Ein Lehrpfad führt an den Schleusen entlang. Die Schleusen sind auch Ausgangsort für die Bootsfahrten auf dem Ottawa River und auf dem Rideau Canal; hier liegt außerdem die Abfahrtsstelle des Wassertaxis, das den Ottawa River überquert und so Ottawa und Gatineau verbindet.

Bytown Museum und Rideau Canal

Tipp
Wenn Sie das Canadian Museum of History in Gatineau besuchen wollen, ist das Wassertaxi eine gute Wahl, das direkt unterhalb des Museums anlegt. Das Taxi kann täglich zwischen 9.30 und 19 Uhr von beiden Anlegestellen aus angefordert werden, Tickets gibt es an Bord, einfache Fahrt $ 6, Hin- und Rückfahrt $ 10. Die Fahrt dauert nur 10 Minuten, bietet aber wunderschöne Ausblicke auf Ottawa.

Oberhalb der Schleusen liegt das **Château Laurier Hotel (9),** ebenfalls ein Wahrzeichen der Stadt. Das Hotel wurde zwischen 1908 und 1912 gegenüber der Union Station im Stil eines französischen Schlosses gebaut und nach dem früheren kanadischen Premierminister Sir Wilfred Laurier (1841–1919) benannt wurde. Das Château Laurier Hotel war das Prestigeobjekt der Canadian National-Hotelkette, bis es an die Canadian Pacific verkauft wurde. Zu seinen Gästen zählen Könige, Politiker und andere Berühmtheiten.

Von der Terrasse des Hotels bietet sich ein schöner Blick auf den Rideau Canal und den **Major's Hill Park (10).** Der zentral gelegene Park ist ein beliebter Treffpunkt, ein schöner Platz für kurze Mittagspausen und ein geeignetes Gelände für Spaziergänger und Jogger. Im Park steht die sogenannte „12-Uhr-Kanone", eine alte Schiffskanone, die seit 1869 werktags um 12 Uhr, sonntags um 10 Uhr abgefeuert wird.

Am Ende des Parks liegt der Aussichtspunkt **Nepean Point**; hier steht eine Statue von **Samuel de Champlain**, der das Gebiet des Ottawa River als erster Europäer erforscht hat. Im **Astrolabe Theatre** finden Theateraufführungen und Konzerte statt.

Archtekto-nisches Meisterwerk

Die **National Gallery of Canada (11)**, 380 Sussex Drive, verfügt nicht nur über die größte Sammlung europäischer Kunstwerke in Kanada, sondern lohnt auch wegen ihrer ungewöhnlichen Architektur einen Besuch. Architekt dieses modernen gläsernen Bauwerkes ist **Moshe Safdie**, der zuvor zur Weltausstellung in Montréal das experimentelle Wohnungsbauprojekt „Habitat" entworfen hatte. Kennzeichen der National Gallery sind große Glasflächen, Lichtschächte und verglaste Türme. Das Museum verfügt mit über 40.000 Gemälden, Zeichnungen, Skulpturen und Drucken über eine umfassende Sammlung internationaler und kanadischer Kunst, die auf einer Fläche von mehr als 30.000 m² präsentiert wird.

Hinweis
Im Tiefgeschoss des Museums gibt es zwei Parketagen. In der National Gallery erhalten Sie einen „Wegweiser mit allgemeinen Informationen" auch in deutscher Sprache.

Die Ausstellung ist gegliedert in die „kanadischen Galerien", die Werke in chronologischer Abfolge zeigen, die „zeitgenössische Kunstsammlung", die „europäische Galerie", die „amerikanische Galerie", die „Inuit-Kunst" und eine „Photo-Galerie". Außerdem werden Film- und Videopräsentationen, Vorträge und Konzerte angeboten.

National Gallery of Canada, *380 Sussex Drive, ☎ 613-990-1985 oder 1-800-319-2787, www.gallery.ca/, geöffnet Mai–Sept. tgl. 10–17, Do 10–20, sonst Di–So 10–17, Do 10–20. Do 17–20 Uhr, freier Eintritt. Führungen Juni–Sept. tgl. 14 Uhr . Eintritt Erwachsene $ 12, Senioren und Studenten $ 10, Kinder ab 12 J. $ 6, Familienkarte $ 24, bei besonderen Veranstaltungen gelten andere Preise.*

Sie können an dieser Stelle über die Mackenzie Avenue zum Ausgangspunkt zurückkehren oder den Rundgang über den Sussex Drive fortsetzen.

Sehenswert: die National Gallery of Canada

Byward Market (12) und Sussex Drive

Zwischen George Street und York Street liegt der **Byward Market**, ein beliebtes und geschäftiges Viertel. Seit 1840 treffen sich hier die Bauern der Umgebung, um frisches Obst und Gemüse zu verkaufen. In der großen Markthalle und rund um die Markthalle herum werden auch heute noch Blumen und landwirtschaftliche Produkte verkauft, aber nach der sorgfältigen Restaurierung des Marktviertels finden sich hier auch kleine Kleidergeschäfte, Boutiquen, Kunstgewerbeläden, Kaufhausfilialen, Straßencafés, Eisdielen und Restaurants. An warmen Sommerabenden drängen sich im Byward Market die Menschen und lassen sich von den Straßenkünstlern unterhalten.

☞ **Tipp**
Am Sussex Drive, der vom Confederation Square am Ottawa River entlang bis zum Rockcliffe Park führt, liegt die **kanadische Münzprägeanstalt**, die einen Besuch wert ist. Wenn Sie anschließend den Rockcliffe Park besuchen möchten, empfiehlt es sich, die Strecke mit dem Auto oder mit dem Bus (Linie Nr. 3) zu fahren oder an einer Stadtrundfahrt teilzunehmen.

Ecke Sussex Drive/St. Patrick Street liegt die **Basilika Notre-Dame (13)**. Mit dem Bau der römisch-katholischen Kirche wurde bereits 1846 begonnen, doch es dauerte fast 50 Jahre, bis die im neugotischen Stil gebaute und mit sehr schönen Holzschnitzereien und Glasmalereien ausgestaltete Basilika völlig fertiggestellt war. Viele der Künstler, die an den Parlamentsgebäuden mitarbeiteten, waren auch an der Gestaltung des Kircheninneren beteiligt. Die Kirche ist der Sitz des Erzbischofs von Ottawa.
Basilika Notre-Dame, *385 Sussex Dr., ☎ 613-241-7496. geöffnet Mo–Fr 9–16 Uhr, Führungen im Juli/Aug., Eintritt frei.*

1992 wurde das **Peacekeeping Monument**, Sussex Drive, eingeweiht, das die Beteiligung Kanadas an den internationalen Friedensbemühungen und die 50.000 kanadischen Soldaten ehrt, die bisher dazu beigetragen haben, den Frieden zu wahren.

Die **Royal Canadian Mint (15)** ist die kanadische Münzprägeanstalt. Nach Voranmeldung können Sie an einer Führung teilnehmen und bei der Prägung der Münzen zuschauen oder auch frisch geprägte Gold- und Silbermünzen kaufen.
Royal Canadian Mint, *320 Sussex Dr.,* ☎ *613-993-8990 oder 1-800-276-7714, www. mint.ca, geöffnet im Sommer tgl. 9–18, im Winter 9–16 Uhr, Führungen 10–17 Uhr abwechselnd in englischer und französischer Sprache, Dauer 45 Minuten, Eintritt Mo–Fr Erwachsene $ 6, Senioren $ 5, Kinder von 5–17 J. $ 3, Familienkarte $ 15, Sa/So ermäßigter Eintritt.*

Auf Green Island liegt die **Ottawa Old City Hall (16)**, 111 Sussex Drive, das ehemalige Rathaus von Ottawa. An das 1958 errichtete Gebäude wurde 1992 vom Architekten Moshe Safdie ein bemerkenswerter Anbau angefügt. Seit dem Umzug der Verwaltung im Jahr 2000 wird die Old City Hall vor allem als Zweigstelle des Auswärtigen Amtes genutzt.
Ottawa Old City Hall, *111 Sussex Drive, geöffnet während der Bürozeiten.*

Gegenüber dem Rathaus liegt ein kleiner Park, von dem aus der **Rideau-Wasserfall (17)** gut zu sehen ist. Dieser wirkt dort, wo sich der Rideau River in den Ottawa River ergießt, wie ein „Vorhang aus Wasser", sodass die ersten Forscher dem Wasserfall den Namen „Rideau" (Vorhang) gaben.

Sitz des britischen General-gouverneurs

Folgen Sie weiterhin dem Sussex Drive, so erreichen Sie die **Rideau Hall (18)**, 1 Sussex Drive, den Wohnsitz des britischen Generalgouverneurs in Kanada. Das Haus stammt aus dem Jahr 1838 und wurde 1868 von der kanadischen Regierung für $ 82.000 mit dem dazugehörigen Grund und Boden erworben. Kanadier suchen sich gerne in den schattigen Wäldern oder auf den weiten Wiesen ein schönes Plätzchen für ein Picknick und genießen die an Sommerwochenenden dort stattfindenden Musikveranstaltungen.

Von Ende Juni bis Ende August findet täglich von 9–17 Uhr die Wachablösung der Gardesoldaten vor dem Haus statt.
Rideau Hall, *1 Sussex Dr., der Park ist tgl. 8 Uhr bis zum Einbruch der Dämmerung geöffnet. Einstündige kostenlose Führungen durch die Residenz Mai–Okt. tgl., jeweils zur vollen Stunde, Reservierungen unter* ☎ *613-991-4422 oder 1-866-842-4422, www.gg.ca.*

Gegenüber der Rideau Hall beginnt der **Rockcliffe Park (19)**, der sich am Ottawa River entlang zieht und ein beliebter Ort zum Spazierengehen, Ausruhen, Joggen und Picknicken ist. Fotografen schätzen die schönen Ausblicke auf den Ottawa River und den Gatineau River.

Weiter östlich am Sussex Drive liegt **Rockcliffe Village**, ein vornehmes Wohnviertel mit Residenzen der Botschafter, herrschaftlichen Villen und Landhäusern, die von gepflegten Gartenanlagen umgeben sind.

 Tipp
Von der Rideau Hall aus können Sie mit dem Bus (Linie 3) ins Zentrum zurückfahren.

Museen in Ottawa

 Tipp
Ein „Museums-Passport" bietet ermäßigten Eintritt in drei Museen an drei aufeinanderfolgenden Tagen. Teilnehmende Museen sind das Canadian Museum of History, die National Gallery of Canada, das Canada Aviation and

Space Museum, das Canada Agriculture and Food Museum, das Canadian Museum of Nature und das War Museum. Der Pass ist in den sechs Museen und in der Touristeninformation, 90 Wellington St., erhältlich und kostet $ 30. Informationen unter ☎ 1-844-878-8333, www.museumspassport.ca.

➤ **Canada Aviation & Space Museum**: Die Ausstellung zeigt an über 115 Flugzeugen, an Modellen, in Videos und mit Flugsimulatoren die Entwicklung des Flugzeugs von der Pionierzeit bis zum modernen Starfighter.
11 Aviation Parkway, am Rockcliffe Airport, ☎ 613-993-2010, http://casmuseum.techno-science.ca, geöffnet Mai–Anfang Sept. tgl. 9–17, Sept.- Mai tgl. außer Di 10–17 Uhr, Eintritt Erwachsene $ 13, Senioren und Studenten $ 10, Kinder und Jugendliche von 4–15 J. $ 8, Familienkarte $ 30, freier Eintritt tgl. 16–17 Uhr.

➤ Im **Canada Science and Technology Museum** werden Wissenschaft und Technik in ihrer Entwicklung in Vergangenheit, Gegenwart und Zukunft dokumentiert und demonstriert; viele Ausstellungen und technische Geräte fordern zum Experimentieren auf. Ein Besuch ist auch für Kinder sehr lohnend.
1867 St. Laurent Boulevard, ☎ 613-991-3044, http://cstmuseum.techno-science.ca, geöffnet Mai–Aug. tgl. 9–17, Sept.–April Di–So 9–17 Uhr, Eintritt Erwachsene $ 12, Senioren und Studenten $ 10, Kinder von 3-12 J. $ 8, Familienkarte $ 30, voraussichtlich bis November 2017 wegen Renovierungsarbeiten geschlossen.

➤ Das **Canadian Museum of Nature** zeigt in sechs Ausstellungen die Entwicklung des Lebens auf der Erde und macht die ökologische Verantwortung des Menschen deutlich.
Ecke Metcalfe/ 240 McLeod St., ☎ 613-566-4700, www.nature.ca, geöffnet Juni bis Anfang. Sept. tgl. 9–18, Do/Fr bis 20 Uhr, sonst Di–So 9–17, Do bis 20 Uhr, Eintritt Erwachsene $ 13.50, Senioren und Studenten $ 11.50, Kinder $ 9.50, freier Eintritt Do 17–20 Uhr.

➤ Die **National Gallery of Canada** s. S. 272.

➤ **Library and Archives of Canada**: mehr als 100.000 Bücher, Schriften, Filme, Drucke, Zeichnungen, Fotos und Karten illustrieren die Geschichte Kanadas, das Archiv wird vielfach zur Ahnenforschung genutzt.
395 Wellington St., ☎ 613-996-5115, www.bac-lac.gc.ca, geöffnet ganzjährig tgl. 9–16 Uhr, Leseraum 8–23 Uhr, Eintritt frei.

➤ **Royal Canadian Mounted Police Stables (R.C.M.P.)**: nach der Besichtigung der Ställe kann man den Pferden und den Reitern der berühmten Royal Canadian Mounted Police's Musical Ride zuschauen.
1 Sandridge Rd./St. Laurent Blvd. N., ☎ 613-998-8199, www.rcmp-grc.gc.ca/en/ride-centre, geöffnet Mai–Aug. tgl. 9–15.30, sonst Di/Do 10–13.30 Uhr, Eintritt frei. Bitte beachten: In den Sommermonaten gehen die RCMPs oft auf Tournee, die Ställe sind jedoch zu besichtigen.

Theater in Ottawa

Das **National Arts Centre NAC** ist das große Kulturzentrum der Region mit erstklassigen Opern- und Theaterinszenierungen, Konzerten und Ballettaufführungen sowie mit weltbekannten Solisten und Orchestern.
National Arts Centre NAC, *53 Elgin St., ☎ 613-947-7000, www.nac-cna.ca, Kartenschalter geöffnet Mo–So 10–21 Uhr.*

Neben dem National Arts Centre hat Ottawa mehrere **kleinere Bühnen** wie z. B. Centre Point Theaters (☎ 613-580-7200), Great Canadian Theatre (☎ 613-236-5196) und Ottawa Little Theatre (☎ 613-233-8948), die das ganze Jahr über ein breites Spektrum an Theateraufführungen bieten. Im Sommertheater Odyssey Theatre, Strathcona Park, ☎ 613-232-8407, finden im Juli/August Aufführungen und Shows unter freiem Sternenhimmel am Ufer des Rideau River statt.

☞ **Tipps**
Eintrittskarten für Theater, Konzerte und Sonderveranstaltungen können Sie bei **Ticketmaster**, 112 Kent St., unter ☎ 613-755-1111 oder unter www.ticketmaster.ca vorbestellen.
Filmfreunde sollten auf die Ankündigungen des **Bytowne-Cinema** (325 Rideau St., ☎ 613-789-3456) und des **Mayfair Theatre** (1074 Bank St., ☎ 613-730-3403) achten, wo vor allem Filmklassiker und internationale Erstaufführungen auf dem Programm stehen.

☞ **Veranstaltungen in Ottawa**
Anfang Februar: Winterlude, das zehntägige **Karnevalsfest**, *wird mit Eissportveranstaltungen, Wettbewerben und Feuerwerk am Rideau Canal gefeiert.*
Mitte Mai: **Tulpenfest**, *über 4 Mio. Tulpen blühen in der Stadt, die zehn Tage lang mit Märkten, Konzerten, geschmückten Booten und einem Feuerwerk gefeiert.*
3. Juniwoche: **Franco-Ontarian Festival**, *französische Kultur in Kanada wird lebendig durch Konzerte, Handwerkermärkte und Straßenmusikanten.*
Ende August: **Central Canada Exhibition**, *eine landwirtschaftliche Messe mit Pferderennen, Shows, Märkten und Unterhaltung.*

Sehenswertes in der Umgebung von Ottawa

☞ **Hinweis**
Informationen zur Stadt **Hull/Gatineau**, zum dortigen bedeutenden **Museum of History** und zum **Gatineau Park** finden Sie in Kapitel 6, S. 260, Von Montréal über Hull nach Ottawa.

Die 500 ha große **Central Experimental Farm** besteht schon seit 1886 und ist heute eine Forschungsanstalt des Canada Department of Agriculture. Zur Farm gehören vier Forschungsinstitute, Gartenanlagen, Musterbeete, tropische Gewächshäuser, ein Arboretum, sowie Milchkühe, Rinder, Schweine, Schafe und Pferde.
Central Experimental Farm, *Driveway at Maple Dr., ☎ 613-759-1982, www.agr.gc.ca. Die Außenanlagen sind tgl. bis zum Einbruch der Dämmerung geöffnet, Ausstellungen von März–Okt. Mo–Do 9–15, Tiergehege tgl. 9–17 Uhr, Eintritt Museum Erwachsene $ 10, Senioren und Studenten $ 8, Kinder von 3–12 J. $ 7, Familienkarte $ 26.*

Bei Kindern beliebt

Die **Valleyview Little Animal Farm** in Nepean ist mit seinen vielen Tieren, die auch gestreichelt werden können, bei Kindern besonders beliebt. 2-mal täglich kann man beim Melken zuschauen, ein kleines Bauernmuseum, Spazierwege, Picknick- und Spielplätze und Planwagenfahrten laden zu längerem Aufenthalt ein.
Valleyview Little Animal Farm, *4750 Fallowfield Rd., Nepean, ☎ 613-591-1126, www.vvlittleanimalfarm.com, geöffnet Di–So 9.30–16 Uhr, Mo geschl., 613-591-1126, www.vvlittleanimalfarm.com, geöffnet Di–So 9.30–16 Uhr, Mo geschl., Eintritt $ 10 pro Person, Kinder unter 2 J. frei.*

Das **Cumberland Heritage Village Museum** besteht aus ca. 20 Häusern und liegt etwa 20 Autominuten von Ottawa entfernt. Kostümierte Führer und besondere Veranstaltungen lassen das Leben im Ottawa Valley zu Beginn des 20. Jh. besonders anschaulich werden.
Cumberland Heritage Village Museum, *2940 Old Montreal Rd., ☎ 613-833-3059, http://ottawa.ca/en/liveculture/museums/cumberlandmuseum, geöffnet Anfang Mai–Ende Okt. Mi–So 10–17 Uhr, Eintritt Erwachsene $ 7, Senioren und Studenten $ 5, Familienkarte $ 18.*

Reisepraktische Informationen zu Ottawa

Karte s. S. 267

Information

Canada's Capital Information Centre, *90 Wellington St, ☎ 1-844-878-8333, www.ottawatourism.ca und www.canadascapital.gc.ca, geöffnet Mai–Mitte Sept. tgl. 8.30–21, Sept.–Mitte Mai Mo–Sa 9–18, So 10–16 Uhr, im neuen Gebäude direkt dem Parlamentsgebäude gegenüber erhalten Sie Informationsmaterial und Auskünfte aller Art über die Region Ottawa. Außerdem gibt es eine Multimediashow und Wechselausstellungen.*

Entfernungen

Ottawa – Kingston: 180 km
Ottawa – Toronto: 430 km
Ottawa – Montréal: 210 km
Ottawa – Québec: 465 km

Wichtige Anschriften und Telefonnummern

Polizei, Feuer, Medizinischer Notdienst: *911*
Canadian Automobile Association CAA: *1224 Wellington St. W., ☎ 613-729-0707*
Ärztliche Versorgung:
• **Ottawa Civic**, *☎ 613-761-4000*
• **Ottawa General**, *☎ 613-737-7777*
Wetterbericht: *☎ 613-998-3439*
Straßenzustandsbericht: *☎ 1-877-401-8777*

Unterkunft

> **Hotels im Stadtzentrum**

$$ Carleton University, *1125 Colonel By Dr., ☎ 613-520-5611, http://conferenceservices.carleton.ca/accommodations, preiswerte Zimmer in den Studentenwohnheimen von Ende Mai–Ende Aug., Frühstück und die Benutzung der Sportanlagen sind im Preis inbegriffen, ca. 6 km vom Zentrum entfernt.*
$$$$ Cartier Place Suite Hotel (14), *180 Cooper St., ☎ 613-236-5000 oder 1-800-236-8399, www.suitedreams.com, großes Haus mit 250 Studios und 1- und 2-Zimmer-Apartments mit Küchenzeile, Swimmingpool, Sauna und Fitnessraum.*
$$$$ Lord Elgin Hotel (13), *100 Elgin St., ☎ 613-235-3333 oder 1-800-267-4298, www.lordelgin.ca, 1940 gebautes, sehr schön renoviertes Hotel mit 312 Zimmern, gegenüber dem National Arts Centre, zentrale Lage, Garage.*
$$$$ Delta Hotel Ottawa (15), *101 Lyon St., ☎ 613-237-3600, www.marriott.de/hotels/travel/yowdm-delta-hotels-ottawa-city-centre, angenehmes, gut geführtes Hotel mit 410 modern eingerichteten Zimmern und freundlichem Service, alle Sehenswürdigkeiten sind gut zu Fuß zu erreichen.*
$$$$–$$$$$ Marriott Ottawa (9), *100 Kent St., ☎ 613-238-1122 oder 1-800-853-8463, www.ottawamarriott.com, empfehlenswertes Hotel mit 478 großzügig ausgestatteten Räumen, Pool, Sauna, Drehrestaurant; alle innerstädtischen Sehenswürdigkeiten sind bequem zu Fuß erreichbar, Parkhaus.*
$$$$–$$$$$ The Metcalfe Hotel (12), *123 Metcalfe St., ☎ 1-844-871-6555, www.themetcalfehotel.com, ansprechendes Boutiquehotel in zentraler Lage mit 106 modernen Zimmern, Hallenbad, Fitnessraum und Restaurant.*
$$$$–$$$$$ Best Western Plus Ottawa Downtown Suites (16), *377 O'Connor St., ☎ 613-567-7275, www.bestwesternottawa.com, das Haus verfügt über 123 gut ausgestattete Suiten, etwa 20 Gehminuten vom Zentrum entfernt.*

$$$$$ Arc The Hotel (11), *140 Slate St., ☎ 613-238-2888, 1-800-699-2516, www.arc thehotel.com, 127 Zimmer und Suiten, Fitnessraum, Spa, elegantes Restaurant.*
$$$$$ Les Suites Hotel (6), *130 Besserer St, ☎ 613-233-2000, 1-866-682-0879, www. les-suites.com, in der Nähe des Rideau Shopping Centre, alle Suiten sind mit einer Küchenzeile ausgestattet, Swimmingpool, Fitness-Center.*
$$$$$ The Westin Hotel (5), *11 Colonel By Dr., ☎ 613-560-7000, www.thewestinotta wa.com, zentral gelegenes, erstklassiges Haus mit Restaurants, Pools, Sportmöglichkeiten und direktem Zugang zum Rideau Centre Complex.*
$$$$$ Courtyard by Marriott Ottawa (2), *350 Dalhousie St., ☎ 613-241-1000 oder 1-800-321-2211, www.marriottcourtyardottawa.com, Das in der Nähe von Bayward Market und Rideau Centre gelegene Hotel verfügt über 183 angenehme Zimmer sowie einen Swimmingpool.*
$$$$$ Fairmont Château Laurier Hotel (4), *1 Rideau St., ☎ 613-241-1414, www. fairmont.com/laurier-ottawa, im neugotischen Stil erbautes Hotel mit eindrucksvoller Architektur aus Granit, Marmor und Glas. Ein historisches Canadian Pacific Hotel, das mit der eleganten Lobby, sehr gut ausgestatteten Räumen und Suiten und der vorzüglichen Küche von „Wilfrid's Restaurant" zu den besten Ontarios zählt; ein weiterer Pluspunkt ist seine zentrale Lage mit Blick auf den Rideau Canal.*
$$$$$ Sheraton Ottawa Hotel (10), *150 Albert St., ☎ 613-238-1500, www.sheraton ottawa.com, elegantes, zu allen Sehenswürdigkeiten günstig gelegenes Hotel mit Swimmingpool und Fitnessraum.*

▶ B&B im Stadtzentrum
$$-$$$ Auberge The King Edward (8), *525 King Edward Ave., ☎ 613-565-6700, www.kingedwardottawa.com, empfehlenswertes B&B in schönem viktorianisches Haus in guter Lage, gutes Frühstück.*
$$-$$$ Avalon Bed and Breakfast (1), *539 Besserer St., ☎ 613-241-6403, www.avalonbedandbreakfast.com, und das benachbarte* **$$-$$$ Benner's Bed and Breakfast**, *541 Besserer St., ☎ 613-789-8320, www.bennersbnb.com, zwei zusammengehörende, stilvolle Gästehäuser mit bequemen Zimmern unterschiedlicher Größe und Einrichtung, reichhaltiges Frühstück, in der Nähe von Byward Market, die innerstädtischen Sehenswürdigkeiten sind gut zu Fuß erreichbar.*
$$-$$$ Shirley Samantha's Bed and Breakfast, *28 Carlotta Ave., ☎ 613-745-2105, www.ottawabnb.com/shirley_en.php, angenehmes Gästehaus in einer ruhigen Straße mit zwei ansprechend eingerichteten Zimmern mit Bad und gutem Frühstück, in der Nähe des Rideau River und ca. 15 Gehminuten vom Stadtzentrum entfernt.*
$$$$ Swiss Hotel (3), *89 Daly Ave., ☎ 613-237-0335 oder 1-888-663-0000, www.swiss hotel.ca, historisches Bed&Breakfast-Haus aus dem Jahr 1872 mit 22 Nichtraucher-Zimmern, dreigeschossiges Haus im Schweizer Stil, begrenzte Zahl an Parkplätzen.*

▶ Jugendherberge im Stadtzentrum
$$ HI-Ottawa Jail (7), *75 Nicholas St., ☎ 613-235-2595 oder 1-866-299-1478, www.hi hostels.ca/ottawa. Diese Jugendherberge ist etwas Besonderes: sie wurde im ehemaligen Carleton County Gefängnis eingerichtet! Nach der Restaurierung können 160 Gäste preiswert (ab $ 40) in dem historischen Gebäude übernachten und die Atmosphäre der Zellen und Gefängnisgänge nachempfinden. Einstündige Führungen durch die Jugendherberge, die 1973 von Prinz Philip offiziell eröffnet wurde, finden täglich jeweils um 19 Uhr für $ 7.50 statt.*

Wenn Sie nicht im Zentrum von Ottawa übernachten möchten, bieten sich als empfehlenswerte Übernachtungsalternativen an:

▶ nur ca. 15 Minuten vom Stadtzentrum entfernt
$$ Rideau Heights Inn, *72 Rideau Heights Dr., ☎ 613-226-4152, www.rideauheightsinn. com, Motel mit 36 ordentlichen Zimmern, ca. 10 Min. vom Stadtzentrum entfernt.*

$$$ Olde Virginia Manor, *1451 River Rd.,* ☎ *613-692-4329, www.bbcanada.com/534. html, das schöne Herrenhaus ist von einem weitläufigen Park umgeben und verfügt über elegante und mit allem Komfort eingerichtete Zimmer und Suiten; ein Haus für besondere Ansprüche und Gelegenheiten!*

🍴 Essen und Trinken

Die international zusammengesetzte Bevölkerung hat ihr Spiegelbild in dem internationalen Restaurantangebot. Nach einem Einkaufsbummel durch Byward Market können Sie eines der dortigen Cafés oder Restaurants aufsuchen oder an einem Stand frische „**Beavertails**" *probieren. Diese Spezialität von Ottawa ist ein mit Zimt, Zucker, Marmelade oder auch mit Käse oder Schinken gefülltes Gebäckstück.*

Ottawas kleine **Chinatown** *zieht sich an der Somerset Street W. entlang, von der Kent Street zur Preston Street; italienische Restaurants finden Sie besonders an der Preston Street.*
Agave Grill, *1331 Wellington St. W.,* ☎ *613-728-5588, kleines Restaurant mit guter mexikanischer Küche.*
Canal Ritz, *375 Queen Elizabeth Dr.,* ☎ *613-238-8998, gute italienische Küche, schöne Terrasse am Rideau Canal, mittlere Preiskategorie.*
Giovanni's, *362 Preston St.,* ☎ *613-234-3156, beliebtes italienisches Restaurant mit guter Weinauswahl in Little Italy, preisgünstig.*
Le Café **(6)**, *im National Arts Centre, 53 Elgin St.,* ☎ *613-594-5127, beliebtes Café mit Blick auf den Rideau Canal, frische kanadische Küche mit Lachs- und Lammgerichten; probieren Sie zum Dessert den Newfoundland-Kuchen, mittleres Preisniveau.*
The Green Door, *198 Main St.,* ☎ *613-234-9597, gut eingeführtes vegetarisches Restaurant mit abwechslungsreichem Buffet und guten Curries, gut und preisgünstig.*
Santé **(5)**, *45 Rideau St.,* ☎ *613-241-7113, exotische Küche mit Spezialitäten aus Thailand, Malaysia, Indonesien und Vietnam, mittleres Preisniveau.*
Yangtze **(7)**, *700 Somerset St.,* ☎ *613-236-0555, traditionelle chinesische Küche, täglich Dim sum, preisgünstig.*

▶ **Kleine Köstlichkeiten für zwischendurch und für's Picknick**
Budapest Delicatessen, *54 Byward Market,* ☎ *613-241-5400, verschiedene Wurst- und Käsesorten, Pasteten und Sandwiches.*
Chip Trucks, *O'Connor St.,* an diesen Ständen bekommen Sie besonders gute „Poutine", die in Kanada beliebte Schale mit Pommes Frites, Käse und Bratensauce.
La Bottega **(4)**, *64 George St.,* ☎ *613-789-7575, gute und preiswerte italienische Gerichte, zur Mittagszeit werden „Lunch specials" angeboten.*
Le Moulin de Provence **(2)**, *55 Byward Market,* ☎ *613-241-9152, nettes Café am Byward Market, in dem man bei schönem Wetter auch draußen sitzen kann, gute Sandwiches, Quiches, Salate und Kuchen.*
Pasticceria Gelateria Italiano, *200 Preston St.,* ☎ *613-233-2104, sehr gutes Eis, köstlicher Cappucino und italienische Kuchen und Torten.*
Moulin de Provence, *55 Byward Market,* ☎ *613-241-9152, bekannt gute Croissants, leckere Gebäck- und Dessertauswahl.*

🍸 Pubs und Bars

Vor allem in der Gegend um Byward Market finden Sie Dutzende von Pubs und Bars. In Ottawa schließen die Bars um 1 Uhr nachts, aber am gegenüberliegenden Ufer im französischen Hull/Gatineau bleiben Bars und Diskotheken an der Hauptstraße, der Promenade du Portage, bis 3 Uhr geöffnet.

Highlander Pub **(3)**, *115 Rideau St.,* ☎ *613-562-5678, schottischer Pub, oft Livemusik.*
The Earl of Sussex, *431 Sussex Dr.,* ☎ *613-562-5544, freundlicher Pub mit 30 verschiedenen Biersorten vom Fass, am Wochenende gibt es Livemusik.*

The Manx Pub (8), *370 Elgin St.,* ☎ *613-231-2070, zahlreiche Bier- und Scotch-Sorten, leckere Burger, So und Mo abends Livemusik.*

Vineyards Wine Bar (1), *54 York St.,* ☎ *613-241-4270, gemütlicher Weinkeller gegenüber vom Market Square, große Auswahl an offenen Weinen und verschiedene Biersorten, sachkundige Bedienung.*

Zoe's, *1 Rideau St.,* ☎ *613-241-1414, elegante Piano Bar im Hotel Chateau Laurier.*

Einkaufen

Ottawa bietet vielfältige Einkaufsmöglichkeiten:

Der **Byward Market** *ist ein farbenprächtiger Einkaufsort, der auf das Jahr 1830 zurückgeht, als die Bauern der Umgebung Gemüse und Obst zum Verkauf in die Stadt brachten. Auch heute noch bieten Bauern, Fischer und Bäcker ihre frischen Waren an. Byward Market liegt zwischen York und George St. und ist auch am Sonntag geöffnet.*

Die **Sparks Street Mall** *liegt zwischen der Elgin St. und Lyon St.; in der autofreien Zone gibt es zahlreiche Straßencafés, Boutiquen, Galerien und Straßenkünstler.*

Im **Rideau Centre**, *im Stadtzentrum, gibt es 230 Geschäfte und Kaufhäuser, außerdem ein Hotel und mehrere Kinos.*

In der **Bank Street Promenade**, *von der Wellington St. bis zur Gladstone Ave., befinden sich 500 Geschäfte und kleinere Läden.*

Entlang der Bank Street, von der 1. bis zur 5. Ave., gibt es im Stadtteil **Glebe** *viele kleine, originelle Geschäfte und Boutiquen.*

Neben ausgezeichneten Einkaufszentren gibt es gute Spezialgeschäfte und originelle Läden:

The Snow Goose Gallery, *83 Sparks St.,* ☎ *613-231-2213, schönes Geschäft mit kanadischem Kunsthandwerk, ausgezeichnete Auswahl an Arbeiten der Indianer und Inuit.*

Maple Leaf Souvenirs, *59 Williams St., im Byward Market,* ☎ *613-241-9505, viele verschiedene Produkte aus Ahornsirup.*

Drake General Store, *73 Rideau St.,* ☎ *613-241-7511, große Auswahl kanadischer Produkte und Souvenirs.*

Roots Canada, *50 Rideau St., im Rideau Centre,* ☎ *613-236-7760, der Laden für Kanadas bekannte und sehr beliebte Marke für Sport- und Freizeitkleidung bietet auch eine Auswahl an Lederwaren und Souvenirs.*

Octopus Books, *16 Third Avenue, 613-233-2589 und 251 Bank St.,* ☎ *613-688-0752, zwei gut sortierte Buchhandlungen mit fachkundigem Personal.*

Busse

Der öffentliche Nahverkehr **OC Transpo**, ☎ *613-741-4390, www.octranspo.com, ist preiswert und zuverlässig und wird von der Mehrheit der Bevölkerung für den Weg zur Arbeitsstelle genutzt. Auch während des Berufsverkehrs sind die Busse schneller als der Privatverkehr, da sie die eigens eingerichteten Express-Spuren benutzen können. Das Busnetz ist sehr weit ausgebaut, die Busse verkehren auf allen Linien zwischen 6 und 23 Uhr. Die OC Transpo-Stadtbusse sind rot und weiß, während Québec-Busse an den weiß-blauen Farben zu erkennen sind.*

Das **Fahrgeld** *sollte abgezählt bereitgehalten werden. Der Grundpreis, der für die meisten Strecken gültig ist, beträgt als Einzelticket $ 3.65, für Kinder von 6–12 J. $ 1.90.*

Für $ 8.50 erhalten Sie beim Busfahrer einen **Tagespass**; *dafür brauchen Sie exakt abgezähltes Fahrgeld. Der Pass berechtigt zu beliebig vielen Fahrten mit allen öffentlichen Verkehrsmitteln und auf allen Linien. An Sonntagen und Nationalfeiertagen gilt der Tagespass auch als Familienpass für zwei Erwachsene und bis zu vier Kindern unter 11 Jahren.*

Informationen *über das Streckennetz und Straßenkarten des OC Transpo sind in der 294 Albert Street erhältlich. $ 4,39 kosten einige Fahrten während des Berufsverkehrs, mit dem Expressbus oder auf ausgewiesenen Strecken.*

Voyageur-Colonial Ltd. *unterhält den Linienbusverkehr zwischen Ottawa und Städten in Ontario und Québec.*
Der **Busbahnhof** *ist in der 265 Catherine St.,* ☎ *613-238-5900.*

Bahn

Der Hauptbahnhof Ottawa Train Station liegt im Osten der Stadt, 200 Tremblay Rd. am Queensway, ☎ *613-244-8289 oder 1-888-842-7245, www.viarail.ca.*
Vom Confederation Square fahren Busse zum Bahnhof.
Ottawa–Toronto 4-mal tgl., 4 Std. 15. Min. Fahrzeit
Ottawa–Montréal 4-mal tgl., 2 Std. Fahrzeit

Flugverbindungen

Der Ottawa International Airport, 1000 Airport Parkway, ☎ *613-248-2000, http:// ottawa-airport.ca, liegt etwa 20 Fahrminuten entfernt im Süden der Stadt, jedoch fliegen nur wenige internationale Gesellschaften Ottawa direkt an.*

Air Canada, *www.aircanada.com,* ☎ *1-888-247-2262*
Air Transat, *www.airtransat.com,* ☎ *1-877-872-6728*
Lufthansa, *www.lufthansa.com,* ☎ *1-800-563-5954*
Die Buslinie 97 fährt im 20-Minuten-Takt ins Stadtzentrum, Fahrzeit ca. 30 Minuten. Fahrkarten sind am „Ground Transportation Desk" in der Ankunftshalle, Level 1 erhältlich.
Taxi am Flughafen: Coventry Connections, ☎ *613-523-8740, Fahrpreis zur Innenstadt: ca. $ 40*

Mietwagen

Avis: *449 Gladstone Ave.,* ☎ *613-238-3421, www.avis.ca*
Budget: *443 Somerset St.,* ☎ *613-232-1527, www.budget.ca*
Hertz: *30 York St.,* ☎ *613-241-7681, www.hertz.ca*
National: *1003 Airport Parkway,* ☎ *613-737-7023, www.nationalcar.ca*

Taxi

Coventry Connections, ☎ *613-746-8740*
Blue Line Ottawa, ☎ *613-238-1111*
Capital Taxi, ☎ *613-744-3333*

Parken

Es gibt nur wenige Parkmöglichkeiten auf den Straßen, die zudem sehr stark reglementiert sind und genauestens kontrolliert werden. Stattdessen gibt es ausreichend viele Parkhäuser und -garagen in der Innenstadt, deren Gebühren zwischen $ 2 und $ 4,50 pro Stunde oder $ 7–18 pro Tag betragen.
Unter dem National Arts Centre gibt es eine öffentliche Parkgarage, in der Sie auch während der Hauptgeschäftszeiten meistens noch einen Parkplatz finden.
Bei der Touristeninformation gibt es Verzeichnisse der innerstädtischen Parkmöglichkeiten.

Botschaften

Deutsche Botschaft, *1 Waverley St., Ottawa, ON, K1N 8V4,* ☎ *613-232-1101, www.ottawa.diplo.de, geöffnet Mo–Do 8–16.30 Uhr, Fr 8–13.30 Uhr.*
Österreichische Botschaft, *445 Wilbrod St., Ottawa, ON, K1N 6M7,* ☎ *613-789-1444, www.bmeia.gv.at/botschaft/ottawa.html, geöffnet Mo–Fr 9–12 Uhr.*
Schweizer Botschaft, *5 Marlborough Ave., Ottawa, ON, K1N 8E6,* ☎ *613-235-1837, www.eda.admin.ch/canada, geöffnet Mo–Fr 9–12 Uhr.*

7. DER NORDEN ONTARIOS

Von Ottawa über Pembroke zum Algonquin Provincial Park

Auf diesem Streckenabschnitt lernen Sie das schöne **Ottawa Valley** kennen, das zwischen Ottawa und dem Algonquin Park liegt. In dieser Region finden Sie idyllische Dörfer und historische Museen, vor allem aber eine wunderschöne Ferienlandschaft, die für alle Arten von Wassersport, von Schlauchboot-Fahrten auf den Wildwassern der Flüsse bis zum Fischen an einem einsamen See, besonders geeignet ist.

 Streckenhinweis

Entfernung bis zum Ost-Eingang des Algonquin Provincial Park: ca. 280 km. Sie verlassen Ottawa auf dem Queensway (Hwy 417) und folgen dann dem Hwy 17 über **Arnprior**, **Renfrew** und **Cobden** nach **Pembroke**. Von dort können Sie über die Hwys 41 und 60 nach **Barry's Bay** fahren; Sie können ebenfalls von Pembroke aus alternativ über den Hwy 58 nach Barry's Bay fahren und dann weiter dem Hwy 60 folgen, der den Algonquin Park durchquert.

Alternativ können Sie, nachdem Sie Ottawa verlassen haben, an der Kreuzung mit dem Hwy 7 abbiegen und dem landschaftlich reizvollen Hwy 7 bis **Carleton Place** folgen und von dort am Mississippi River entlang über den Hwy 29 nach Arnprior fahren, wo Sie wieder auf den Hwy 17 nach Pembroke stoßen. Der Hwy 17 führt Sie durch das Ottawa Valley, das zu den früh besiedelten Gebieten Kanadas zählt.

Arnprior

In Arnprior, wo der Madawaska River in den Ottawa River mündet, können Sie im Posthaus aus dem Jahr 1896 das **Arnprior & District Museum** besuchen, in dem das Leben im 19. Jh. dargestellt wird.

Der Norden Ontarios

Arnprior & District Museum, *35 Madawaska St., ☏ 613-623-4902, www.arnprior.ca/town/arnprior-district-museum, geöffnet Mitte Juni–Aug. Mo–Sa 11–16 Uhr, sonst Di 11–16 Uhr; Eintritt: Erwachsene $ 3.50, Senioren und Kinder $ 2, Familienkarte $ 9.*

Unterkunft

$$ Country Squire Motel, *111 Staye Court Dr., ☏ 613-623-6556 oder 1-800-267-5378, www.countrysquiremotel.ca, kleines Hotel mit schöner Gartenanlage und 15 einfach eingerichteten Zimmern.*

$$ Daniel House Bed and Breakfast, *145 Daniel St. N., ☏ 613-769-8168, www.bbcanada.com/10701.html, angenehmes, im Ortskern gelegenes Bed&Breakfast-Haus mit drei stilvoll eingerichteten Zimmern und gutem Frühstück*

Renfrew

Der knapp 8.000 Einwohner zählende Ort **Renfrew** wurde im 19. Jh. von den aus Schottland eingewanderten Siedlern nach einem Herrensitz der Stuarts benannt und liegt eingebettet zwischen Flüssen, Seen und Wäldern. Im O'Brien Park wurde die am Bonnechere River gelegene, 1855 gebaute Getreidemühle zum **McDougall Mill Museum**, umgebaut, wo Ausstellungsstücke die Pionierzeit lebendig werden lassen.

McDougall Mill Museum, *65 Arthur Ave., ☏ 613-432-2129, geöffnet Juni–Aug. tgl. 10–16 Uhr, Eintritt Spende.*

Sehenswert ist auch die moderne Nachbildung der 1895 gebauten „Swinging Bridge", die den Bonnechere River überquert.

Im Freizeitpark **Storyland**, ca. 13 km nordwestlich von Renfrew, können Sie Märchenfiguren, Attraktionen für Kinder, Naturpfaden und Wanderwegen vom 122 m hohen **Champlain Lookout** den Ausblick auf den Ottawa River und das Flusstal genießen.

☞ Streckenhinweis

Von Renfrew können Sie dem Hwy 60 folgen, der Sie direkt über Eganville, Barry's Bay und Whitney zum Eingang des Algonquin Provincial Park führt.

Reisepraktische Informationen zu Renfrew

i Information

Town of Renfrew, *127 Raglan St. S., ☏ 613-432-4848, www.town.renfrew.on.ca.*

☞ Tipp

Wenn Sie Gefallen an Wildwasserfahrten haben, sollten Sie auf dem Weg nach Pembroke einen Abstecher nach **Foresters Falls** oder **Beachburg** machen. Dort können Anfänger und Fortgeschrittene an Wildwasserfahrten auf dem Ontario River mit unterschiedlichen Schwierigkeitsgraden teilnehmen.

Bootsfahrten

OWL Rafting, *40 OWL Lane, Forester Falls, ☏ 613-646-2263 oder 1-800-461-7238, www.owl-mkc.ca, ein- und zweitägige Wildwasserexkursionen auf dem Ottawa River und dem Madawaska River; außerdem werden zur Einstimmung „Family Float Trips" angeboten, die auch schon für jüngere Kinder (ab 25 kg Körpergewicht) geeignet sind. Diese Touren werden tgl. von Jun.–Aug. durchgeführt, Voranmeldung ist erforderlich.*

Wilderness Tours Whitewater Rafting, *Beachburg,* ☎ *1-888-723-8669, www.wildernesstours.com, ein- oder mehrtägige Schlauchbootfahrten durch die Stromschnellen des Ottawa River; zum Programm gehören eine Einweisung in die Technik des Wildwasserfahrens, fachkundige Führung während der Fahrten und auf Wunsch eine Grillmahlzeit. Voranmeldung ist erforderlich. Die eintägigen Touren beginnen im Mai–Sept. mehrmals wöchentlich zw. 8.15 und 9.45 Uhr, die meisten Touren für Teilnehmer ab 13 J., aber auch einige Angebote für Familien/Kinder, Übernachtungsmöglichkeit.*

Pembroke

Pembroke rückte am Ende des 19. Jh. ins Rampenlicht, weil die Gemeinde als erste schon 1884 eine allgemeine elektrische Straßenbeleuchtung einführte. Informationen zu dieser Zeit und zu diesem Ereignis finden Sie im **Murray L. Moore Hydro Museum**, das im Original-Maschinenraum der Pembroke Electric Light Co. eingerichtet wurde.
Murray L. Moore Hydro Museum, *283 Pembroke St. W, Eingang seitlich Frank Nighbor St.,* ☎ *613-732-3687, www.orpowercorp.com/hydro-museum, geöffnet Mo–Fr 9–15 Uhr, Eintritt frei.*

Zu den Sehenswürdigkeiten der Stadt gehört das **Champlain Trail Museum and Pioneer Village**, wo Sie die Geschichte des Ottawa Valley und die Bedeutung des Pelz- und Holzhandels für diese Region kennenlernen. Einige restaurierte Häuser, eine Bahnstation, eine Mühle und eine alte, einklassige Dorfschule aus dem Jahr 1838 können besichtigt werden.
Champlain Trail Museum and Pioneer Village, *1032 Pembroke St. E.,* ☎ *613-735-0517, www.champlaintrailmuseum.com, geöffnet Juni Di–Sa 10–16, Juli/Aug. Mo–Sa 10–16, Sept. Di–Sa 12.30–16 Uhr, Eintritt Erwachsene $ 6, Senioren $ 5, Studenten $ 4, Kinder von 6–12 J. $ 2.*

Wildwasserfahrt auf dem Ottawa River

Mehr als 30 Wandmalereien an öffentlichen Gebäuden erzählen vom Alltagsleben in Pembroke von der Stadtgründung bis zur Gegenwart. Bei einem Bummel über den **Farmers' Market** (*Ecke Lake St./Victoria St., www.pembrokefarmersmarket.com*), der von Mitte Mai bis November jeden Mittwoch und Samstag von 8.30–13 Uhr stattfindet, sehen Sie Obst, Backwaren, Blumen und Säfte aus der Region, aber auch praktische Haushaltsgeräte und Kunsthandwerk. Beliebte Treffpunkte sind die „Waterfront", die im Sommer mit Musik und Unterhaltung lockt, und der Kiwanis Waterfront Trail, der von der Marina am Ufer des Ottawa River entlang bis zum Riverside Park führt und mit Bänken und Picknickplätzen zum Verweilen einlädt.

Schöne Waterfront

Nur 21 km von Pembroke entfernt liegt am Hwy 17 die kleine Ortschaft **Chalk River**. 1945 wurden hier die **Chalk River Laboratories** eingerichtet, der erste Atomreaktor, der außerhalb der USA gebaut wurde.

Reisepraktische Informationen zu Pembroke

Information
Pembroke Welcome Centre, *1 Pembroke St. E., ☏ 613-735-6821, www.pembrokeontario.com.*

Unterkunft
$$ Colonial Fireside Inn, *1350 Pembroke St. W., ☏ 613-732-3623 oder 1-888-468-8882, www.colonialfiresideinn.com, altes Kolonialhaus mit teilweise antik, teilweise rustikal eingerichteten Zimmern; die Zimmer im angeschlossenen Motel sind sehr einfach.*
$$ Econo Lodge Inn & Suites, *1218 Pembroke St. E., ☏ 613-732-4222, www.econolodgepembroke.com, die zentral gelegene Unterkunft nahe dem Ottawa River bietet 33 solide ausgestattete, saubere Zimmer unterschiedlicher Kategorien, darunter große Familiensuiten für bis zu sechs Pers. mit vollständig eingerichteter Küche.*
$$$ Best Western Pembroke Inn, *1 International Dr., ☏ 613-735-0131 oder 1-800-567-2378, www.bestwesternpembroke.com, gutes Mittelklassehotel mit 88 Zimmern und Pool.*
$$$ Grey Gables Inn Bed and Breakfast, *353 Mackay St., ☏ 613-635-7011 oder 613-602-7011, www.greygablesinn.ca, in dem 1911 gebauten, schlossähnlichen Gebäude wurden elegante Nichtraucher-Suiten mit Wohn- und Schlafzimmer, Küche und Bad eingerichtet.*

☞ Streckenhinweis

Von Chalk River aus können sie dem Hwy 17 weiter bis North Bay folgen, dem Ausgangspunkt für Fahrten in den hohen Norden Kanadas.

Eine **Alternativstrecke** führt von Pembroke über den Hwy 60 nach Barry's Bay. In **Eganville** können Sie an einer Führung durch die **Bonnechere Caves** mit ihren fossilen Abdrücken teilnehmen; diese Touren werden alle 20 Min. angeboten; Wanderschuhe und ein warmer Pullover sind empfehlenswert. **Bonnechere Caves**, ☏ 613-628-2283, www.bonnecherecaves.com, geöffnet Ende Mai–Anfang Sept. tgl. 10–16, sonst bis Mitte Okt. an den Wochenenden 10–16 Uhr, Eintritt Erwachsene $ 18, Senioren $ 16, Jugendliche von 13–17 J. $ 14, Kinder von 4–12 J. $ 13.

Barry's Bay

Barry's Bay, ein ehemaliger Holzfällerort, liegt inmitten der Kamaniskeg-Seenregion. Auf dem Madawaska River gibt es Gelegenheit zu Wildwasserfahrten, und Eisenbahnfreunde können am Hwy 60 das restaurierte Bahnhofsgebäude aus dem Jahr 1894 besuchen, in dem sich heute die Touristeninformation befindet.

Von Barry's Bay folgen Sie dem Hwy 60, der Sie in **Whitney** zum östlichen Eingang des **Algonquin Provincial Park** führt.

Reisepraktische Informationen zu Barry's Bay

i Information

Visitor Information Centre, in der historischen Bahnstation, *19503 Opeongo Line*, ☎ *613-756-5885, geöffnet Juli/Aug. tgl. 10–18, Fr 10–20, Sept.–Nov. Mi–So, Dez. Mi–Sa, Mai–Juni Do–Mo 10–16 Uhr.*

🛏 Unterkunft

$$$ **Chippawa Cottage Resort**, *835 Chippawa Rd.* ☎ *613-756-2703 oder 1-800-267-8507, www.chippawaresort.com, die für Familienferien geeignete Anlage bietet unterschiedlich große Ferienhäuser und Cottages an, Campingplatz, Sandstrand, Tennis, Kinderprogramme, Ausflüge mit Wasserflugzeugen, „Fly-in-Fishing".*
$$ **Mountain View Motel**, *18508 Hwy 60,* ☎ *613-756-2757 oder 1-800-363-6936, www.mountainview-motel.com, ganzjährig geöffnetes Hotel mit zwölf modern eingerichteten Zimmern und einem Cottage für 2–6 Personen, ca. 5 km außerhalb von Barry's Bay.*
$$$ **Spectacle Lake Lodge**, *202 Spectacle Lake Rd., South Algonquin Township,* ☎ *613-756-2324 oder 1-800-567-4044, www.spectaclelakelodge.com, ganzjährig geöffnete Anlage mit Ferienhäusern direkt am Spectacle Lake, im Sommer Gelegenheit zum Angeln, Kanufahren und Schwimmen, im Winter zum Skilaufen, Schlittschuhfahren und Snowmobilfahren.*

▶ Weitere Unterkünfte

In allen Ortschaften vor dem westlichen und östlichen Eingang zum Algonquin Provincial Park gibt es zahlreiche Übernachtungsmöglichkeiten in Hotels, Motels, Bed&Breakfast-Häusern und Resorthotels. Da in dieser Region viele Kanadier ihre Ferien verbringen, ist eine rechtzeitige Reservierung empfehlenswert, anderenfalls können Sie sich in den Touristenbüros nach freien Unterkünften erkundigen. Übernachtungsmöglichkeiten finden Sie z. B. in den Ortschaften **Whitney** *(S. 288),* **Barry's Bay** *(s. o.),* **Dwight** *(s. u.) und* **Huntsville** *(S. 295).*

▶ In Dwight

$$–$$$ **Spring Lake Resort**, *2893 Hwy 60 RR #1,* ☎ *705-635-9995 oder 1-877-635-9995, www.springlakeresort.net, schön gelegenes Hotel am Spring Lake mit 16 modernen Zimmern und Suiten, sehr schönem Sandstrand, Restaurant, Kanu- und Bootsverleih und Garten, alle Zimmer haben Seeblick, ca. 15 Autominuten vom Park entfernt.*
$$$ **Blue Spruce Inn**, *1215 Oxtongue Lake Rd., RR #1,* ☎ *705-635-2330 oder 1-855-635-2330, www.bluespruce.ca, Ferienhäuser mit Kamin und Grillplatz am Oxtongue Lake, Sandstrand, Kanuverleih, Tennisplätze.*
$$$ **White Birches**, *1016 Oxtongue Lake Rd., RR #1,* ☎ *705-635-2322 oder 1-800-263-4794, www.whitebirchescottages.ca, gepflegte Anlage mit voll ausgestatteten Ferienhäusern am Oxtongue Lake, Sandstrand, Bootsvermietung.*
$$$–$$$$ **Bristlecone Lodge**, *1091 Dwight Beach Rd.,* ☎ *705-635-3838 oder 1-855-635-3838, www.bristlecone-lodge.ca, gemütliche Ferienhäuser unterschiedlicher Größe mit Kamin, Apartments und B&B am Lake of Bays.*

$$$-$$$$ Oxtongue Lake Cottages, *4019, Hwy 60 RR #1,* ☎ *647-309-3061 oder 705-635-2951, www.oxtonguelakecottages.com, ansprechende, gut ausgestattete Ferienhäuser mit 1, 2 oder 3 Schlafräumen und offenem Kamin, schöner Strand, Bootsverleih.*
$$$$ Port Cunnington Lodge, *1679 Port Cunnington Rd. Lake of Bays,* ☎ *705-635-2505 oder 1-800-894-1105, www.portcunnington.com, historisches Landgasthaus mit guter Küche aus dem Jahr 1890 am Lake of Bays, Sie können Zimmer in der viktorianischen Lodge oder in neuen Ferienhäusern wählen.*

▶ In Whitney
$$ Algonquin East Gate Motel, ☎ *613-637-2652, www.algonquineastgatemotel.com, älteres, gut geführtes Familienhotel mit einfachen, sauberen Zimmern, das nur fünf Minuten vom Eingang zum Algonquin Park entfernt liegt, der angeschlossene Ausrüstungsladen bietet komplette Ausrüstungen an, außerdem Kanuvermietung und Kanukurse.*
$$$$ Couples Resort, *139 Galeairy Lake Rd.,* ☎ *1-866-202-1179, www.couplesresort.ca, das Resorthotel bietet ansprechend eingerichtete Zimmer, Aufenthaltsräume mit Kamin und ein sehr gutes Restaurant; neben den Attraktionen des Algonquin Park gibt es Gelegenheit zum Tennisspielen, Segeln und Wasserskifahren.*

Bootsfahrten
Madawaska Kanu Centre, *247 River Rd., http://owl-mkc.ca/mkc,* ☎ *613-756-3620 oder 1-888-652-5268, bieten von Mitte Juni–Ende Aug. Wochenend- oder Fünf-Tages-Kurse zum Kanu-, Kajak- und Wildwasserfahren an. Voranmeldungen sind erforderlich, ab $ 320.*

Outfitter/Ausrüster
Ausrüstungen zum Zelten, Sportgeräte, Wanderbedarf, Bootszubehör bis zu Lebensmitteln finden Sie bei den „Outfittern" in der Umgebung des Parks. Außerdem werden geführte Touren in unterschiedlicher Länge mit verschiedenen Schwierigkeitsgraden durch die Wildnis des Algonquin Park angeboten.
• **Algonquin East Gate Motel & Outfitters**, *Whitney,* ☎ *613-637-2652, www.algonquineastgatemotel.com.*
• **Opeongo Outfitters**, *Whitney,* ☎ *613-637-5470 oder 1-800-790-1864, www.opeongooutfitters.com.*

Algonquin Provincial Park

Ein Besuch im Algonquin Park – das kann ein Tagesausflug ins Grüne, ein Erlebniswochenende mit Wanderungen und Kanufahrten oder ein wochenlanger Aufenthalt in wilder Einsamkeit sein – es kann auch Ihre erste Begegnung mit der unverfälschten Natur und Wildnis Kanadas sein!

Großartige Natur-erlebnisse

Etwa ein Drittel aller Besucher kommt zunächst für einen Tagesausflug in den Park. Sie machen Spaziergänge, schwimmen, angeln und picknicken, fahren auf Kanus auf einem der Seen und machen erste Erfahrungen in der Wildbeobachtung. Der Algonquin Provincial Park zählt zu den beliebtesten Ausflugszielen Ostkanadas, denn er verbindet in einzigartiger Weise gleich mehrere Vorteile für den Besucher: Er liegt nur 3–4 Autostunden von Toronto und Ottawa entfernt, bietet in seinem erschlossenen Teil alle touristischen Annehmlichkeiten, weist Wanderwege und Kanutouren aller Schwierigkeitsgrade auf, lädt ein zu Entdeckungen und zum Abenteuer auf eigene Faust.

1893 gegründet, ist der Algonquin Park der älteste Provinzpark Ontarios. In diesem Gebiet lebten ursprünglich die Algonquin-Indianer, die sich von der Jagd und dem Fischfang ernährten und das Land zum Maisanbau bestellten. Im 17. Jh. kamen europäische Entdecker und Forscher in das riesige Waldgebiet; ihnen folgten Trapper, Waldläufer und Händler, die mit den Indianern vor allem Pelze handelten. Zu Beginn des 19. Jh. kamen die ersten Holzfäller auf der Suche nach Weißkiefern in dieses Gebiet, deren Holz zu jener Zeit besonders begehrt war. Sie lebten in einfachen Lagern und fällten die Bäume, deren Stämme sie dann im Frühjahr bei Hochwasser zum Ottawa River flößten. 1893 wurde das Waldgebiet mit seinen zahllosen Flüssen und Seen unter Naturschutz gestellt; in den einsamen Wäldern und in den klaren Gewässern konnten die ursprüngliche Flora und Fauna bewahrt bleiben.

Der Algonquin Provincial Park umfasst eine Fläche von 7.650 km² – das ist halb so groß wie das Bundesland Schleswig-Holstein – mit Wäldern, Hügeln, Flüssen, Mooren und fast 2.000 Seen. Der südliche Teil dieses Gebietes ist durch den Hwy 60 und viele Wander- und Wasserwege gut erschlossen; der nördliche Teil ist nur zu Fuß oder mit dem Kanu zu erforschen. Ein 1.500 km langes Netzwerk von Kanurouten verbindet viele der Seen miteinander und führt die Menschen tief hinein in die Wildnis, wo Hirsche, Bären, Elche, Wölfe, Biber und viele andere Tiere leben.

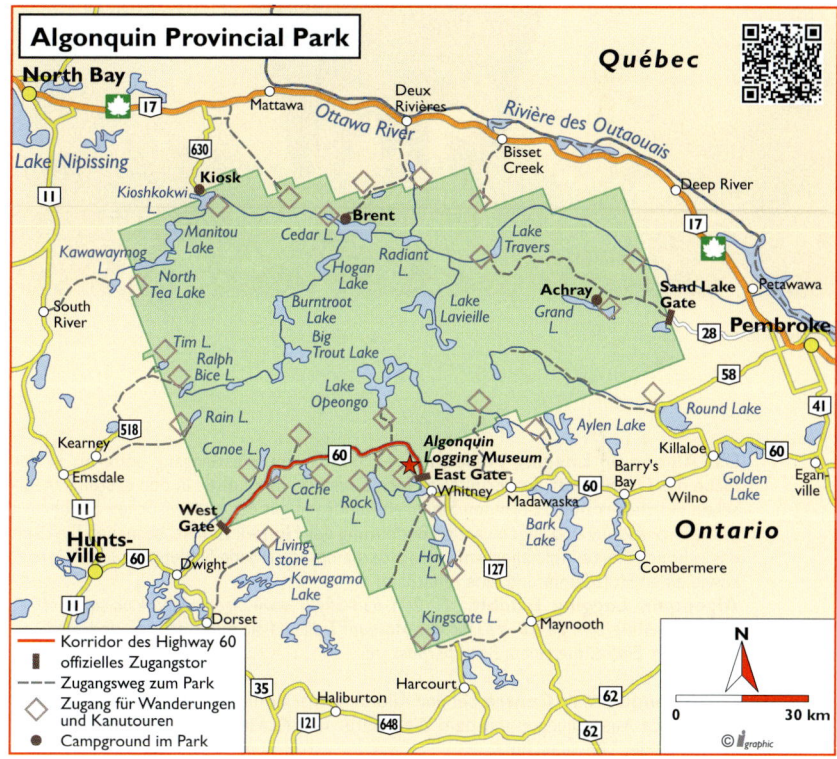

Ein „moose" unterwegs

Das **Algonquin Logging Museum** liegt 55 km vom Westeingang entfernt, in der Nähe des Osteingangs. Es vermittelt einen Eindruck vom Leben in den ersten kanadischen Holzfällercamps. Beginnen Sie Ihren Rundgang mit der audiovisuellen Einführung in die Entwicklung und gegenwärtige Bedeutung der Holzwirtschaft, besuchen Sie dann das rekonstruierte Holzfällercamp, das alte, dampfbetriebene Schleppboot „Alligator" sowie einen Holzdamm und eine -gleitbahn.
Algonquin Logging Exhibit, ☏ *705-633-5572, www.algonquinpark.on.ca, geöffnet Ende Juni–Mitte Okt. tgl. 10–17 Uhr, der Museum Trail und die Außenanlagen sind immer zu besichtigen. Eintritt mit einem Besucherpass frei.*

Das **Algonquin Art Centre** bei der Kilometermarkierung 20 zeigt innen und außen wechselnde Ausstellungen mit dem Ziel, Natur und Kunst zu verbinden; ein weiteres Thema ist der Umweltschutz.

Reisepraktische Informationen zum Algonquin Park

i **Öffnungszeiten und Information**
Der Park ist über den Hwy 60 jederzeit zugänglich. An den beiden Haupteingängen zum Algonquin Park befinden sich **Informationszentren**, ☎ 705-633-5572, www.algon quinpark.on.ca, *wo Sie die Eintrittstickets, umfangreiches Informationsmaterial, praktische Tipps und nützliche Hinweise erhalten. Durch Ausstellungen und Filme wird man in die Besonderheiten des Parks eingeführt. Geöffnet tgl. 7–22 Uhr, Tagesticket pro Auto $ 17, Sommerpass $ 125, Winterpass $ 85.*

Außerdem gibt es das **Algonquin Visitors Centre**, *43 km vom Westeingang entfernt, am Hwy 60,* ☎ 705-633-5572, *ganzjährig geöffnet (genaue Öffnungszeiten: www.algonquin park.on.ca/involved/calendar/index.php), Eintritt mit einem Besucherpass frei. Es informiert über Geografie, Geschichte, Pflanzen- und Tierleben des Parks. In der Hochsaison gibt es Film- und Theatervorstellungen, themenbezogene Führungen und Angebote für Kinder. Im Bookstore finden Sie eine sehr gute Zusammenstellung interessanter Bücher, Filme, Drucke und Karten.*

i **Info**
Hinweise auf Tagesveranstaltungen und aktuelle Programme finden sich in der Zeitschrift „This Week in Algonquin" und in den beiden Informationsschriften „Algonquin Provincial Park Parkway Corridor" und „The Park Interior", die im Informationszentrum erhältlich sind.

☞ **Zugänge zum Park**
Westgate, in der Nähe der Ortschaft Dwight.
East Gate, in der Nähe der Ortschaft Whitney.
Daneben gibt es weitere Zugänge: von den Hwys 17 und 630 von Norden, vom Hwy 11 im Westen und vom Hwy 60 im Osten, die aber keine Verbindung zum erschlossenen Teil des Parks haben.

☞ **Autofahren im Park**
Der Hwy 60 ist die Hauptzugangsstraße und führt über 56 km durch den südlichen Teil des Algonquin Park. Entlang dieser Straße, dem Parkway Corridor, sind Parkbuchten und Parkplätze eingerichtet, die als Ausgangspunkt für Wanderungen geeignet sind. Im Abstand von jeweils 1 km gibt es Kilometermarkierungen, die die Entfernung vom Westeingang anzeigen.

🛏 **Unterkunft**
Es gibt acht organisierte **Campingplätze** *in der Nähe des Parkway Corridor, für die Sie von Anfang April–Anfang Sept. einen Stellplatz vormerken lassen können. Für die Übernachtung müssen Sie im Informationsbüro ein „Interior Camping Permit" erwerben,* ☎ 519-826-5290 *oder* 1-888-668-7275. *Vier weitere Campingplätze liegen weit entfernt.*
Die Übernachtungskosten liegen pro Auto und bis zu sechs Personen pro Stellplatz zwischen $ 40 und 51 pro Nacht.
Es gibt im Parkgebiet Unterkunftsmöglichkeiten in drei **Lodges**, *die vom Hwy 60 ausgeschildert sind und über guten Komfort verfügen.*
Außerdem gibt es viele Übernachtungsmöglichkeiten in den Ortschaften, die an der Zufahrt zu den beiden Parkeingängen liegen. Angaben dazu finden Sie auf den entsprechenden regionalen Seiten.
$$$$$ Arowhon Pines, ☎ 416-483-4393 *oder* 1-866-633-5661, www.arowhonpines.ca, *die Anlage liegt 8 km vom Hwy 60 entfernt in völliger Ruhe am Ufer des Little Joe Lake; die 50 rustikal eingerichteten Zimmern sind auf 13 Blockhäuser verteilt; gute Möglichkeiten zum Schwimmen, Kanufahren und zur Tierbeobachtung, von Ende Mai–Mitte Okt. geöffnet, Restaurantzeiten: Frühstück 8–10, Lunch 12.30–14, Dinner ab 18.30 Uhr.*

$$$$$ **Bartlett Lodge**, ☎ 705-633-5543 oder 1-866-614-535, www.bartlettlodge.com, die gut ausgestatteten neuen Zelte und Ferienhäuser für bis zu sechs Personen liegen direkt am See, das gepflegte Restaurant und die Artist Studios liegen im Haupthaus mit schönem Ausblick auf den Cache Lake; Schwimmen, Kanu, Segeln, Reiten, Badminton, von Mitte Mai–Mitte Okt. geöffnet. 200m südlich des Highway 60, bei Km 23,5.

$$$$$ **Killarney Lodge**, ☎ 1-866-473-5551, www.killarneylodge.com, geöffnet von Mitte Mai–Mitte Okt. Die schöne Anlage mit gemütlich eingerichteten Blockhäusern (Mahlzeiten im Preis inbegriffen) liegt 33 km vom westlichen Parkeingang entfernt am Lake of Two Rivers. Dort kann man schwimmen, Kanu fahren, segeln. Renommiertes Restaurant mit offenem Kamin.

🍴 Essen und Trinken
Kleine Mahlzeiten erhalten Sie im Portage Store zwischen km 10 und 15, im Lake of Two Rivers Store zwischen km 30 und 35, im Gazebo des Algonquin Art Centre sowie in den drei Lodges.

🎁 Geschäfte
Einkaufsmöglichkeiten gibt es im Two Rivers Store, Portage Store und Opeongo Store, wo Sie Lebensmittel, aber auch Benzin bekommen können.

☞ Outfitter/Ausrüster
In der näheren Umgebung des Parks gibt es zahlreiche Ausstatter. Komplett- und Teilausrüstungen zum Zelten, Sportgeräte, Wanderbedarf, Bootszubehör oder Lebensmittel z. B. in Whitney, Dwight, South River oder Deep River. Außerdem werden geführte Touren in unterschiedlicher Länge und Kanutouren mit verschiedenen Schwierigkeitsgraden durch die Wildnis des Algonquin Park angeboten, z. B. am Canoe Lake oder am Opeongo Lake.

☞ Motorboote
Motorboote sind nur auf 27 der rund 2.000 Seen zugelassen. Im Informationszentrum erhalten Sie Auskünfte, an welchen Seen Motorbootfahrten möglich sind.

☞ Fischen
Der Algonquin Park ist allgemein bekannt für seine guten Fischgründe; er gilt als einer der besten Forellenfangplätze in Kanada. Im Informationscenter erhalten Sie die Broschüre „Fishing in Algonquin Provincial Park". Online-Infos unter: www.algonquinpark.on.ca.

🚲 Radfahren
Einige Radwege wurden im Algonquin Park bereits angelegt, weitere sind geplant. Der **Minnesing Mountain Bike Trail** beginnt an km 23.

☞ Wintersport
Der Algonquin Park ist ein gutes Wintersportgebiet. In der Nähe des Hwy 60 gibt es vier Trails zwischen 5 und 24 km Länge; insgesamt sind es ca. 80 km Loipen. Am Westeingang finden Sie einen Skiverleih; der **Mew Lake Campground** ist ganzjährig geöffnet. Einkaufsmöglichkeiten gibt es in Dwight, 6 km vom Westeingang, oder in Whitney, 5 km vom Osteingang.

🚶 Wandern
Im Bereich des Parkway Corridor gibt es zwölf ausgeschilderte, kurze Wanderwege, die jeweils unter einem besonderen Aspekt angelegt wurden. Am Beginn jeden Weges sind illustrierte Wegbeschreibungen mit interessanten Informationen ausgelegt, die am Ende des Weges wieder in einen Sammelkasten zurückgegeben werden. Jede dieser Broschüren ist auch im Informationsbüro erhältlich.

Außerhalb des Parkway Corridor *gibt es ebenfalls kurze Wanderwege wie den Brent Crater Trail an der Nordgrenze, den Barron Canyon Trail und den Archray Trail mit dem Berm Lake Trail im Osten, die aber nur über 3- bis 4-stündige Fahrten zu erreichen sind. Auch für diese Wanderungen gibt es Wegbeschreibungen und Informationsmaterial. Außerdem gibt es zwei mehrtägige Wanderungen, die nur erfahrenen Wanderern empfohlen werden: Der Highland Backpacking Trail besteht aus zwei Rundwegen von 19 und 35 km Länge, der Western Uplands Backpacking Trail kann über 32, 55 oder 71 km erwandert werden. Kartenmaterial dazu erhalten Sie im Informationscenter.*

Tierwelt/Tierbeobachtungen

Schon bei der Einfahrt in den Algonquin Provincial Park fällt ein ganz besonderes Verkehrszeichen auf: Achtung Elche! Für viele Besucher sind Tierbeobachtungen ein besonderer Anreiz zum Besuch des Algonquin Park, wo mehr als 20 verschiedene Reptilien und Amphibienarten, 40 Säugetierarten und mehr als 100 Vogelarten vertreten sind. In der Parkzeitschrift „Algonquin Park Parkway Corridor" finden Sie einige nützliche Tipps zur Tierbeobachtung:
• Die besten Tageszeiten zur Beobachtung sind der frühe Morgen und der späte Abend.
• Nehmen Sie auf jeden Fall ein Fernglas mit.
• An den Waldrändern zu beiden Seiten des Hwy 60 sind Elche besonders häufig zu entdecken.
• Einige der ausgeschilderten Wanderwege, wie z. B. der Mizzy Lake Trail, bieten besonders gute Beobachtungsplätze.

 Info
　Informationen zur Tierwelt Kanadas sowie zu den National- und Provinzparks finden Sie ab S. 34 sowie ab S. 49.

Vom Algonquin Provincial Park in die Muskoka-Region

☞ **Streckenhinweis**

Vom Westeingang des Algonquin Provincial Park können Sie dem Hwy 60 bis Huntsville folgen.
Von dort bieten sich Ihnen drei Streckenalternativen:
Alternative 1: s. Kap. 7, S. 299
über den Hwy 11 nach North Bay, der Sie von dort in den weiten Norden und Nordwesten Ontarios führt. Sie können nach Cochrane fahren und von dort mit dem Polar Bear Express weiterfahren nach Moosonee an der James Bay.
Alternative 2: s. Kap. 9, S. 370
zunächst über den Hwy 11 nach Süden, dann über die Hwys 141 und 69 nach Parry Sound und zu den schönen Feriengebieten an der Georgian Bay.
Alternative 3: über den Hwy 11 am Lake Simcoe entlang nach Süden, ab Barrie über den Hwy 400 direkt nach Toronto.

Auf der **Route 3** lernen Sie die **Muskoka-Region** kennen, ein reizvolles Feriengebiet in einer schönen Seenlandschaft, das den Beinamen „Land of Pleasure Lakes" trägt. Die

Muskoka-Region beginnt in Huntsville und dehnt sich bis zum Severn River im Süden und bis zur Georgian Bay im Westen aus. Die Landschaft ist geprägt durch dichte Nadel- und Laubwälder, in die zahllose Seen mit kleinen Inseln eingebettet sind – ein Paradies für Wanderer und Wassersportler! Zentren dieses Feriengebietes sind die Ortschaften Huntsville, Gravenhurst, Bracebridge und Port Carling.

*Beliebtes
Feriengebiet*

Da die Muskoka-Region nur 2–3 Autostunden von Toronto entfernt liegt, verbringen viele Familien aus Toronto hier ihre Wochenenden und Ferien. Entsprechend haben sich die kleinen Ortschaften mit vielen Hotels und Ferienanlagen auf den Fremdenverkehr eingestellt. Neben den vielen Freizeitaktivitäten im Sommer wie Wandern, Radfahren, Schwimmen, Angeln, Segeln, Surfen, Kanufahren, Reiten, Tennis und Golf gibt es in den Wintermonaten ausgezeichnete Wintersportbedingungen; sehr beliebt sind dann auch Fahrten mit Hundeschlitten.

Huntsville

Huntsville ist nicht nur der Ausgangsort für Ausflüge zum Algonquin Park, sondern auch ein ganzjährig viel besuchter, von Seen und Wäldern umgebener Ferienort mit ca. 19.000 Einwohnern und guten Möglichkeiten zum Wandern, Radfahren, Schwimmen, Bootfahren, Skilaufen und Schlittenfahren. Da der Fremdenverkehr die Haupteinnahmequelle des Ortes ist, gibt es vor allem im Bereich der Main St. eine gute Auswahl an Restaurants und Geschäften. Eine Sehenswürdigkeit ist das Freilichtmuseum **Muskoka Heritage Place**, das aus 18 restaurierten Häusern besteht und das Dorfleben in der Zeit von 1860–1910 zeigt. Kostümierte „Dorfbewohner" erzählen von ihrer Arbeit z. B. in der Schmiede, dem Kaufladen, der Mühle oder in der Schule. Außerdem findet man eine Ausstellung über die Lebensbedingungen der hier ansässigen Indianer.

Der „Portage Flyer Train", ein alter Dampfzug aus dem Jahr 1902 fährt über eine 2 km lange Strecke am Muskoka River entlang zum Fairy Lake.
Muskoka Heritage Place, *88 Brunel Rd., ☎ 705-789-7576 oder 1-888-696-4255, www.muskokaherita geplace.org, geöffnet Mitte Mai–Mitte Okt. tgl. 10–16 Uhr, sonst Mo–Fr, Eintritt zum Pioneer Village einschließlich Museum und Zugfahrt Erwachsene $ 17.20, Senioren $ 15.50, Kinder von 3–12 J. $ 11.65. Der Dampfzug verkehrt nur Di–Sa bis Okt., Zugfahrt $ 6, Senioren $ 5.30, Kinder $ 3.65.*

Im **Algonquin Theatre** werden im Juli im Rahmen des „Huntsville Festival of the Art" Theaterstücke, Konzerte und Shows aufgeführt.
Algonquin Theatre, *37 Main St. E., ☎ 705-789-4975 oder 1-877-989-4975, www.algonquintheatre.ca.*

Von Mai bis Ende Oktober findet jeweils donnerstags der beliebte **Farmers' Market** mit lokalen Produkten statt.

Wann kommt der Elch?

Reisepraktische Informationen zu Huntsville

ℹ Information
Huntsville/Lake of Bays Chamber of Commerce, *37 Main St. E.,* ☏ *705-789-4771, www.huntsville.ca und http://huntsvilleadventures.com.*

🛏 Unterkunft
$$ Tally-Ho Inn, *2222 Hwy 60 RR # 4,* ☏ *705-635-2281 oder 1-800-461-4232, www.tallyhoinn.ca, Ferienhäuser in verschiedenen Größen mit Halbpension oder Selbstversorgung, direkt am Peninsula Lake, Schwimmen, Kanufahren, Angeln und Wandern, Golf- und Reitmöglichkeiten in der Nähe.*
$$–$$$ Roadway Inn King William, *23 King William St.,* ☏ *705-789-9661 oder 1-888-995-9169, www.kingwilliaminn.com, ansprechendes, zentral in Huntsville gelegenes Hotel mit 32 geräumigen Zimmern unterschiedlicher Kategorien, vom Algonquin Park ca. 30 Fahrminuten entfernt. Continental Breakfast inklusive.*
$$$ Holiday Inn Express Hotel and Suites Huntsville, *100 Howland Dr.,* ☏ *705-788-9500, www.ihg.com, modernes, gut geführtes Hotel mit geräumigen Zimmern, Swimmingpool, Fitnessräumen, Restaurant, knapp 2 km vom Muskoka Heritage Place entfernt.*
$$$$ Cedar Grove Lodge, *167 Grassmere Resort Road,* ☏ *705-789-4036 oder 1-800-461-4269, http://cedargrove.on.ca, die Lodge liegt am Ufer des Peninsula Lake und besteht aus 19 Ferienhäusern verschiedener Größen und Ausstattung, teilweise mit offenem Kamin, ganzjährig geöffnet, gutes Restaurant, drei Tage Mindestbuchzeit im Sommer. Mahlzeiten im Preis inbegriffen.*

Port Carling

Port Carling, an den Ufern der Seen Muskoka, Joseph und Rousseau gelegen, ist im Sommer ein Treffpunkt vieler Freizeitkapitäne, die mit ihren Booten die Schleuse nutzen und die umliegenden Seen und Flüsse befahren. Interessant sind die Drehbrücke in der Ortsmitte und das **Muskoka Lakes Museum** mit einer Ausstellung zur regionalen Geschichte.
Muskoka Lakes Museum, *100 Joseph St.,* ☏ *705-765-5367, www.mlmuseum.com, geöffnet Mitte Mai–Mitte Okt. Mi–Sa 10–16, So 12–16 Uhr, im Juli/Aug. bis 17 Uhr. Eintritt Erwachsene $ 2.50, Senioren und Schüler von 5–17 J. $ 2, Familienkarte $ 8.*

Höhepunkt ist die alle zwei Jahre stattfindende „Port Carling Antique Boat Show". Im Hafen werden Bootsfahrten auf dem Muskoka Lake, Rosseau Lake und Joseph Lake angeboten.

Reisepraktische Informationen zu Port Carling

🛏 Unterkunft
$$$ The Manse B&B, *12 Bailey St.,* ☏ *705-765-1117, www.themansemuskoka. com, zentral, aber ruhig gelegenes Haus aus dem Jahr 1912 mit vier liebevoll eingerichteten Zimmern, schöner Veranda und reichhaltigem Frühstück.*
$$$$ Shamrock Lodge, *1090 Shamrock Rd.,* ☏ *705-765-3177 oder 1-888-742-6742, www.shamrocklodge.com, ganzjährig geöffnetes, gut geführtes Resorthotel am Rousseau Lake mit verschieden großen Zimmern in unterschiedlicher Ausstattung, hilfsbereiter Service, gutes Restaurant; mit, Swimmingpool, Fahrrad- und Bootsverleih, Übernachtung inkl. drei Mahlzeiten.*

Bracebridge

Die schöne Lage am Muskoka Lake macht den ca. 16.000 Einwohner zählenden Ort **Bracebridge** zu einem beliebten Ferienziel. In den Sommermonaten werden dreistündige Bootsfahrten durch das Seengebiet der Muskokas durchgeführt, und 22 Wasserfälle in der näheren Umgebung laden zu schönen Wanderungen ein. Für einen Einkaufsbummel bietet sich die Manitoba Street im historischen Viertel an oder der **Farmers' Market**, wo man in den Sommermonaten samstags die große Vielfalt der regionalen Produkte probieren kann.

Interessant ist ein Besuch in der Galerie **Muskoka Arts and Crafts**. Hier gibt es Wechselausstellungen, Kunsthandwerk, Workshops, Lesungen und Veranstaltungen. **Muskoka Arts and Crafts**, *15 King St., ☏ 705-645-5501, www.muskokaartsandcrafts. com, geöffnet Di–Sa 10–17 Uhr.*

Reisepraktische Informationen zu Bracebridge

i **Information**
   Bracebridge Visitor Information Centre, *1 Manitoba St., ☏ 705-645-8121 oder 1-866-645-8121, www.tourismbracebridge.com.*

Unterkunft
   $$ Brobst Forest Bed and Breakfast, *16 Brobst Forest Crescent, ☏ 705-646-1542, heimeliges B&B in Seenähe mit sehr aufmerksamen Gastgebern. Das Frühstück wird im idyllischen Garten serviert, in dem auch ein Swimmingpool zur Verfügung steht. Gemeinschaftsbad.*
$$ Travelodge Bracebridge, *320 Taylor Rd., ☏ 705-645-2235 oder 1-800-578-7878, www.travelodge.ca/property/travelodge-bracebridge#main, die Unterkunft bietet zweckmäßig ausgestattete, sehr saubere Zimmer. Das Frühstück ist nicht spektakulär, aber im Preis inbegriffen. Schön ist der recht große, beheizte Außenpool samt Liegestühlen.*

Bootsfahrten
   Lady Muskoka Cruises, *ab Riverside Inn und Port Carling, ☏ 705-646-2628 oder 1-800-263-5239, www.ladymuskoka.com, von Mai–Okt. tgl. dreistündige Fahrten auf dem Lake Muskoka (und Rosseau Lake und Joseph Lake), Fahrpreis Erwachsene $ 32, Senioren $ 30, Jugendliche von 13–18 J. $ 23.50, Kinder von 5–12 J. $ 16, ab Port Carling und Bracebridge.*

Gravenhurst

Der gepflegte Ferienort Gravenhurst mit schönen Alleen und herrschaftlichen Häusern ist ganzjährig ein beliebtes Ferienziel. Sehenswert sind:

Die **Bethune Memorial House National Historic Site**: Es ist das Geburtshaus des Arztes Dr. Norman Bethune, der sich in den 1930er-Jahren für eine öffentliche Gesundheitsvorsorge einsetzte und vorbildliche Arbeit in China leistete. **Bethune Memorial House**, *235 John St. N., ☏ 705-687-4261, www.pc.gc.ca/bethune, geöffnet im Juni Mi–Sa 10–16 Uhr, Juli–Ende Okt. tgl. 10–16 Uhr, Eintritt Erwachsene $ 3.90, Senioren $ 3.40, Kinder von 6–16 J. $ 1.90, Familienkarte $ 9.80.*

Das **Gravenhurst Opera House & Arts Centre**, das in einem historischen Gebäude untergebracht ist und wo im Sommer ansprechende Theateraufführungen zu sehen sind. Vor dem Haus erinnert ein Standbild an Norman Bethune.

Gravenhurst Opera House & Arts Centre, *295 Muskoka Rd. S., ☎ 705-687-5550 oder 1-888-495-8888, www.gravenhurst.ca/en/opera/opera.asp.*

In der Muskoka Bay liegt das 1887 gebaute Postschiff **RMS Segwun**, das als eines der ältesten Dampfschiffe Nordamerikas noch in Betrieb ist. Das Schiff läuft mehrmals täglich zu Fahrten aus, ebenso wie die im traditionellen Stil gebaute Menonah II. **Muskoka Steamships**, *185 Cherokee Lane, ☎ 705-687-6667 oder 1-866-687-6667, http://realmuskoka.com, von Juni–Mitte Okt.tgl. 1–8-stündige Fahrten, Fahrpreis einstündige Fahrt Erwachsene $ 25, Kinder $ 15.*

Schöne Dampfer- fahrt

Auf dem Gelände des **Muskoka Discovery Centre** erhält man einen Einblick in die Geschichte der Region und erfährt vieles über die ausgestellten Dampfschiffe. **Muskoka Discovery Centre**, *275 Steamship Bay Rd., ☎ 705-687-2115, http://realmuskoka.com, geöffnet Juni–Okt. Mo–Fr 9–18, Sa/So 9–16 Uhr, sonst Mi–Sa 10–16 Uhr, Eintritt Erwachsene $ 11, Senioren $ 9, Kinder 5–12 J. $ 6.50, Familienkarte $ 25.*

Reisepraktische Informationen zu Gravenhurst

Information
Gravenhurst Chamber of Commerce, *275 Muskoka Rd. S., ☎ 705-687-4432, www.gravenhurstchamber.com und www.experiencegravenhurst.com.*

Unterkunft
$$$ The Inn on Bay B&B, *291 Bay St., ☎ 705-801-6601 oder 1-800-493-0235, www.innonbay.com, gepflegtes, altes Haus in der Ortsmitte mit vier stilvoll eingerichteten Zimmern, Aufenthaltsraum mit Kamin und reichhaltigem Frühstück.*
$$$–$$$$ The Muskoka Rose Guest House and Retreat, *1401 Muskoka Rd., ☎ 647-8009306, www.muskokarose.com, direkt am Pine Lake gelegenes Haus (vormals Days at the Lake) mit schöner Veranda, großem Garten und Panoramablick über den See. Die günstigeren Zimmer mit Gemeinschaftsbad.*

Orillia

Der Hwy 11 führt nach Orillia, einer kleinen Stadt am Nordufer des **Lake Simcoe** mit ca. 30.000 Einwohnern. Der Ort lädt mit Kopfstein gepflasterten, kleinen Straßen, schönen Parkanlagen, Galerien und vielen kleinen Geschäften zu einem Besuch ein; die Hafenfront mit einem Sandstrand und einer großen Marina ist ein guter Ausgangsort für Bootsfahrten mit der „Island Princess" auf dem Lake Couchiching und den anschließenden Wasserwegen und für Ausflüge auf dem „Trent-Severn Waterway" (s. Kapitel 4).

Die Gegend um Orilla war die Heimat der Huronen und Ojibwa-Indianer, die sich hier wegen der reichen Fischvorkommen niedergelassen hatten. 1615 bereiste und erforschte Samuel de Champlain das Gebiet; ihm zu Ehren wurde im Couchiching Beach Park das Champlain Monument aufgestellt. 1802 wurde hier ein erster Handelsposten gegründet.

Einst Heimat der Indianer

Zu den Sehenswürdigkeiten der Stadt gehören das 1895 gebaute **Opera House**, 20 Mississaga Street W., das **Ontario Provincial Police Museum**, 777 Memorial Avenue, das **Orillia Museum of Art and History**, 30 Peter Street S., und das 5 km außerhalb gelegene **Casino Rama**. Seit den 1840er-Jahren bringen die Bauern der Umgebung ihre Produkte zum **Farmers' Market**, der ganzjährig samstags von 7.30–12.30 Uhr an der Orilla Public Library, 36 Mississaga Street W., abgehalten wird.

Reisepraktische Informationen zu Orillia

i **Information**
Orillia and District Chamber of Commerce, *150 Front St.,* ☎ *705-326-4424 oder 1-888-326-4424, www.orillia.ca.*

Unterkunft
$$$ Best Western Couchiching Inn, *440 Couchiching Point Rd.,* ☎ *705-325-6505 oder 1-888-869-2306, www.bestwesternorillia.com, ansprechendes Hotel mit 81 geräumigen, gut ausgestatteten Zimmern.*
$$$ Best Western Plus Mariposa Inn & Conference Centre, *400 Memorial Ave.,* ☎ *705-325-9511 oder 1-800-780-7234, http://orilliaontariohotels.h.bestwestern.com, modernes Hotel mit 83 ansprechend eingerichteten Zimmern in zentraler Lage.*

Bootsfahrten
Orillia Boat Cruises, *Mississaga St.,* ☎ *705-325-2628, www.obcruise.com, ein- oder mehrstündige Bootsfahrten mit der Island Princess auf dem Lake Couchiching und den anschließenden Wasserwegen, Abfahrt am Orilla Dock von Mai–Okt. 3-mal täglich. Außerdem werden Abendfahrten und eine Schiffstour auf dem Trent-Severn-Kanal angeboten.*

Östlich von Orillia liegt „Mara Reserve", ein Reservat der Ojibwa-Indianer, die selbst gefertigtes Kunsthandwerk anbieten und Sie als Führer auf Kanutouren und Angelausflügen begleiten.

Der Hwy 11 führt weiter am Westufer des Lake Simcoe entlang nach **Barrie**, einem beliebten, viel besuchten Ferienort mit guten Wander- und Wassersportmöglichkeiten, der nur knapp 100 km von Toronto entfernt liegt. Der historische Stadtkern mit zahlreichen Geschäfts- und Wohnhäusern aus dem 19. Jh. erinnert an den Wohlstand des früheren Handelszentrums.

Fahrt mit der RWS Segwun

Vom Algonquin Provincial Park über North Bay nach Cochrane und zur James Bay

Diese Fahrt führt in den Norden Ontarios mit zahllosen Flüssen und Seen, mit unberührten Naturlandschaften und großartigen Möglichkeiten zur Tierbeobachtung, z. B. von Elchen, Bären, Füchsen oder Bibern. In Cochrane, wo die Straße endet und man nur noch mit dem Boot oder der Eisenbahn weiterreisen kann, wartet der Polar Bear Express, der Touristen, aber auch Minenarbeiter, Jäger und die in dieser Region ansässigen Cree Indianer nach Moosonee an der James Bay bringt. Der Ausflug zur James Bay, dem südlichen Ausläufer der Hudson Bay, ist zeitaufwendig und vor allem für Reisende mit Interesse an indianischer Kultur und für Eisenbahnfreunde interessant.

☞ Streckenhinweis

Vom Westeingang des Algonquin Povincial Park können Sie dem Hwy 60 bis Huntsville folgen. Von dort fahren Sie über den Hwy 11 zunächst nach North Bay und von dort weiter auf dem Hwy 11 in den hohen Norden und Nordwesten Ontarios. Entfernung 130 km.

Sehenswertes an der Strecke nach North Bay

Von Huntsville (s. S. 294) fahren Sie auf dem Hwy 11 am **Arrowhead Provincial Park** mit guten Wander- und Wassersportmöglichkeiten vorbei nach **Burk's Falls** am Magnetawan River. Einen Abstecher, vielleicht auch einen längeren Aufenthalt wert ist der kleine, 30 km westlich von Burk's Falls gelegene Ort Magnetawan am gleichnamigen Fluss.

☞ Tipp

Bootsfahrer können vom Sand Lake aus, der östlich von Burk's Falls liegt, mit dem Kanu in den Algonquin Park hineinfahren. Den Sand Lake erreichen Sie vom Hwy 11 aus über den Hwy 518.

🛏 Unterkunft

$$$ Pickerel Lake Cottage Resort, *61 Cottage Court, RR # 2, Burk's Falls, ☎ 877-425-5253, www.pickerel-lake.com, diese Ferienanlage mitsamt Cottages, Bootsanlegestelle, Bootshaus und Sportangebot liegt im Westen des Algonquin Park, Vollpension ist hier möglich.*

Magnetawan

Magnetawan ist ein ganzjährig beliebter und geschäftiger Fremdenverkehrsort, der im Sommer ausgezeichnete Wasser- und Angelsportmöglichkeiten bietet und über ein gut ausgebautes Wanderwegenetz bzw. Loipennetz im Winter verfügt. Kartenmaterial erhalten Sie im Woodland Echoes Resort am Hwy 520, Nipissing Road. Das **Magnetawan Historical Museum**, bei den Schleusen am Hwy 520, wurde in einem Gebäude aus dem Jahre 1925 eingerichtet.

Magnetawan Historical Museum, *am Hwy 520/ Biddy St., ☎ 705-387-3308, geöffnet Anfang Juli–Ende Aug. tgl. 11–17 Uhr, Eintritt frei.*

Beliebt ist eine Radtour oder eine Wanderung über den **Ghost Trail**, der Teil des Trans Canada Trail ist und an den alten Häusern und Scheunen der ersten Siedler vorbei führt. Die in der näheren Umgebung liegenden Seen sind teilweise durch Flüsse miteinander verbunden, sodass längere Fahrten, auch mit dem Motorboot, möglich sind.

Bei der Weiterfahrt kommen Sie auf dem Hwy 11 am **Sundridge Maple Sugar House** (*21 Maple Sugar Lane*, ☎ *705-384-7764*) vorbei, wo Sie in einem Blockhaus alles Wissenswerte über Ahornsirup und seine Verwendungsmöglichkeiten erfahren. Sie durchfahren **Sundridge** mit reichem Forellenbestand am Lake Bernard, **South River**, von wo Sie einen Abstecher zum **Mikisew Provincial Park** und seinen schönen Badestränden machen können, **Trout Creek** und **Powassan**, bevor Sie nach ca. 130 km North Bay erreichen.

Reisepraktische Informationen zu Magnetawan

Unterkunft

$$ Quiet Bay Log Motel & Café, *5333 Hwy. 124, RR # 2*, ☎ *705-387-0115 oder 1-877-224-8235, www.quietbaylog.com, Motel mit zehn Zimmern, von denen einige eine Küche haben und zwei für Rollstuhlfahrer geeignet sind, mit Restaurant, Schwimmbad und Blick auf den Ahmic Lake, wo Motorboote vermietet werden. Die Besitzer sprechen deutsch.*
$$ Woodland Echoes Cottage Resort, *3 Woodland Lane*, ☎ *705-387-3866, www. echobeachcottageresort.ca, empfehlenswerte, gepflegte Ferienanlage mit neun kleinen Lodges, die direkt am Ahmic Lake liegen. Jedes Häuschen hat zwei oder drei Schlafräume und einen Kamin. Bootsverleih und Bootsanlegestelle, Massagen, Minigolf, Garten und Kinderspielplatz. Die Anlage ist von Burk's Fall über den Hwy 520 zu erreichen, ca. 27 km entfernt.*

North Bay

North Bay ist mit etwa 64.000 Einwohnern das Wirtschafts- und Kulturzentrum der Region, Ausgangsort für Fahrten in den Norden Ontarios und ein ganzjährig beliebter Ferienort. Die Stadt liegt am Ostufer des Lake Nipissing, der mit einer Fläche von 775 km² anderthalb mal so groß ist wie der Bodensee und kilometerlange Sandstrände hat. „Ontarios naher Norden" wird dieses Gebiet genannt, das sich um den Lake Nipissing ausdehnt und durch das weit verzweigte Flussgebiet des French River sogar noch mit der Georgian Bay verbunden ist.

Das landschaftlich sehr reizvolle Hinterland war das **Stammesgebiet der Nipissing-Indianer**; später verlief die wichtige Pelzhandelsroute durch dieses Gebiet, das mit seinen zahllosen Seen und Wasserstraßen ein Paradies für Naturfreunde, Angler und Wassersportler aller Art ist.

Schöne Marina An die neu gestaltete Innenstadt mit dem Capitol Centre schließt sich die **Lake Nipissing Waterfront** an mit großer Marina, der Anlegestelle der Ausflugsboote, mit schönen Badeplätzen und einer lebhaften Promenade, die am See entlang führt und viele Spaziergänger, Radfahrer und Skater anzieht; beliebt sind auch das Heritage Carousel mit 33 handgeschnitzten Pferden und auch die 2,5 km lange Fahrt mit einer historischen Miniatur-Dampfeisenbahn. Im August findet alljährlich das North Bay Heritage Festival mit Konzerten, Feuerwerk und einer Flugschau statt.

Das Museum **Discovery North Bay** hat zwei große Ausstellungsthemen: im Nipissing Room werden die Geschichte der Nipissing-Indianer und die Entwicklung des Transportwesens über den Nipissing Lake aufgezeigt; die andere Ausstellung bezieht sich auf die ersten Eisenbahnen und die Geschichte der Holzfäller.

Discovery North Bay Museum, *100 Ferguson St.,* ☏ *705-476-2323, www.discovery northbay.com, geöffnet Di–Fr 10–18, Sa 9.30–15, im Sommer Mi–Fr bis 20.30, Sa 10–16.30, So 12–16.30 Uhr, Eintritt Erwachsene $ 7, Senioren und Studenten $ 6, Kinder von 5–12 J. $ 5.*

Bei den alljährlich im Januar, März, April, Juni und Dezember stattfindenden **öffentlichen Versteigerungen** werden Biber-, Marder-, Fuchs- und Nerzfelle lautstark zur Versteigerung ausgerufen.

Sehr lohnend ist auch die **Lake Nipissing Circle Tour**, eine Auto-Rundfahrt auf einer gut ausgeschilderten Strecke, die um den Lake Nipissing herumführt. Bei der Touristeninformation in North Bay erhalten Sie ausführliches Karten- und Informationsmaterial.

Südwestlich von North Bay liegt die **French-River-Ferienregion**, die das Südufer des Lake Nipissing mit dem Ostufer der Georgian Bay verbindet. Besonders Sport- und Hobbyangler zieht es in dieses Gebiet, das zu den besten Fischrevieren Kanadas zählt und reiche Bestände u. a. an Zander, Hecht, Barsch, Stör und Forellen hat. Aber auch für Naturliebhaber, Wanderer und Kanufahrer ist der French River ein ideales Urlaubsgebiet (s. auch Kapitel 9, Von Sudbury nach Kitchener, S. 353).   *Ein Traum für Angler*

Ein Netz von Kanurouten durchzieht den Norden Ontarios

Reisepraktische Informationen zu North Bay

 ### Information
Tourist Information Centre, 205 Main St. E., ☎ 705-472-8480 oder 1-888-249-8998, www.cityofnorthbay.ca, www.tourismnorthbay.com.

Wichtige Anschriften und Telefonnummern
Polizei, Feuer, Medizinischer Notruf: *911*
Canadian Automobile Association CAA, 995 McKeown Ave., ☎ 705-474-8230, *geöffnet Mo–Fr 9–18, Sa 10–16 Uhr.*

 ### Unterkunft
An den Ortseingängen liegen mehrere Hotels und Motels dicht beieinander.
$$ Sunset Inn on the Park, 641 Lakeshore Dr., ☎ 705-472-8370 oder 1-800-463-8370, www.sunsetinn.ca, *gemütliches Hotelgebäude aus Holz und moderne Ferienhäuser mit gut ausgestatteten Zimmern, teilweise mit Kamin, gutes Restaurant, Strand, Bootsverleih.*
$$$ Best Western North Bay, 700 Lakeshore Dr., ☎ 705-474 5800, http://bestwesternontario.com, *Hotel mit 130 bequemen Gästezimmern, Swimmingpool, Whirlpool, Saunen, Restaurant und Terrassencafé, das Stadtzentrum ist nicht weit entfernt.*
$$$ Clarion Resort Pinewood Park, 201 Pinewood Park Dr., ☎ 705-472-0810, *gepflegtes Hotel mit 102 ansprechend eingerichteten Zimmern, ca. 10 km vom Zentrum entfernt.*
$$$ Hampton Inn by Hilton North Bay, 950 McKeown Ave. ☎ 705-474-8400, http://hamptoninn3.hilton.com, *modernes Hotel in der Nähe des Flughafens mit 102 geräumigen, gut ausgestatteten Zimmern und Pool.*

 ### Einkaufen
In der Innenstadt liegen viele kleine Geschäfte an der Main St.
Am Lakeshore Drive liegen große Einkaufszentren, wie z. B. Nipissing Plaza, 390 Lakeshore Dr., im Northgate Square, 1500 Fisher St., gibt es mehr als 100 Läden.
Der North Bay Farmer's Market, Downtown Civic Square, findet von Mai–Mitte Okt. von 8.30–13 Uhr hinter dem Bus Terminal statt.

 ### Bahn und Bus
North Bay ist Kreuzungspunkt der Eisenbahngesellschaften Canadian Pacific und Canadian National Railways, deren Züge in Ost-West-Richtung verkehren, und der Ontario Northland Railway Gesellschaft, die die Nord-Süd-Verbindungen unterhält. In North Bay können Sie die Bahnfahrt in den hohen Norden nach Cochrane und weiter nach Moosonee an der James Bay beginnen. Im Transportation Terminal, Seymour St./Northgate Square, werden Züge und Überlandbusse der Gesellschaften Gray Coach, Greyhound, Voyageur und Ontario Northland abgefertigt, die North Bay regelmäßig mit anderen kanadischen Großstädten verbinden.

Bootsfahrten
Lohnend ist auch eine Schiffsreise mit der **Chief Commanda II**, ☎ 705-494 8167 *oder 1-866-660-6686, wobei Sie wählen können zwischen einer 3-stündigen Kreuzfahrt auf dem Lake Nipissing bis zur Callander Bay oder zu den Manitou Islands und einer 6-stündigen Fahrt, die über den French River bis zum Indianerreservat Dokis führt. Abfahrt ist am Waterfront Park/Memorial Dr.*

Flüge
Der **Jack Garland Airport** *liegt auf dem Airport Hill, gleich neben der Basis der kanadischen Luftwaffe, und wird von Bearskin Airlines und Air Canada angeflogen.*

Kanufahren im „Nahen Norden"

info

Nirgends sonst in der Provinz Ontario gibt es so gute und vielfältige Möglichkeiten, Kanufahrten in die Wildnis zu unternehmen. Die große Zahl an Flüssen und Seen, die miteinander verbunden sind, bildet ein dichtes Netzwerk von Kanurouten, die durch die Wildnis führen. Dazu gehören u. a. die bekannten Wasserwege des Wolf- und Pickerel-Flusses, der historische „Champlain Trail", der am Mattawa River und am French River entlang führt, und der Temagami.

Auch die Provinzparks bieten beste Voraussetzungen für den Kanuwanderer, wie z. B. der Mattawa River Provincial Park, der Lady Evelyn-Smoothwater Wilderness Park oder der Marten River Provincial Park. Die schnell fließenden Gewässer in dieser Region sind besonders für Wildwasserkanuten geeignet; in den kleinen Ortschaften oder in den Informationszentren der Provinzparks erhalten Sie detaillierte Angaben über Schwierigkeitsgrade, Fließgeschwindigkeit, Portagen und besondere Erschwernisse.

Die ortsansässigen Ausrüster bieten nicht nur vollständige Ausrüstungen und alles zum Kanuwandern Notwendige an, sondern auch geführte Touren, Einweisungs- und Trainingskurse und gelegentlich auch Übernachtungsmöglichkeiten.

Von North Bay nach Cochrane

Marten River und der **Marten River Provincial Park** sind ein ganzjährig beliebtes Ferienziel, ca. 55 km nördlich von North Bay am Hwy 11 gelegen. Der 4 km² große Park bietet ein weit verzweigtes Netz an Wander- und Fahrradwegen und Kanurouten, mehr als 200 Campingstellplätze, einen Bootsverleih und drei sehr gute Badestrände.

 ## Streckenhinweis

Von North Bay führt der Hwy 11 über Kirkland Lake und Iroquois Falls nach Cochrane, der Bahnstation in den Norden zur James Bay. Entfernung 373 km.

Im Besucherzentrum erhalten Sie Informationen über den Park und den 5 km langen Naturlehrpfad, an dem riesige, dreihundertjährige Kiefern beeindrucken. Zum reichen Tierbestand des Parks zählen auch Elche, die häufig schon vom Hwy 11 aus gesehen werden können. Achten Sie auf das Schild „Moose crossing"! Ein Logging Camp ist die authentische Rekonstruktion eines Holzfällerlagers aus der Zeit um 1900.
Marten River Provincial Park, *2860 Hwy 11 N., ☎ 705-892-2200, geöffnet Mitte Mai–Ende Sept. tgl. 10–17 Uhr.*

Zur **Temagami-Region** gehören der gleichnamige Ort **Temagami Village** und der 48 km lange **Temagami Lake** mit mehr als 1.200 Inseln. Die Flussarme und kleinen Seen, die unregelmäßige, buchtenreiche Küste mit vielen vorgelagerten Inselchen sind bestens für alle Wassersportarten geeignet; Angler schätzen den Temagami Lake wegen seines großen Fischreichtums. Besonders schöne Ausblicke bieten sich auf High Rock Island und vom Devil's Mountain und Mount Ferguson. *Wassersportparadies*

Auf **Bear Island** liegt ein Indianerreservat, in dem gegenwärtig ca. 100 Familien leben.

Temagami Village, wo ein modernes „Welcome Centre" mit einer Touristeninformation eingerichtet wurde, war ursprünglich ein Pelzhandelsposten und eine Holzfällerstation. Heute ist es ein Zusammenschluss mehrerer Gemeinden, deren Einwohner überwiegend von der Holzverarbeitung und dem Fremdenverkehr leben. Da Temagami der Ausgangsort für Wanderungen und Kanufahrten in die nur wenig weiter nördlich beginnende Wildnis ist, hat der Ort sich mit Übernachtungsmöglichkeiten, Geschäften, Ausrüstern und Bootsverleihstationen auf Touristen eingestellt.

Interessant sind die kleine Werft **Temagami Canoe Company**, in der seit 1929 Kanus gebaut werden, und die Fischzuchtstation **Temagami Fish Hatchery**; die **Sherman Mine**, in der man früher bei der Eisenerzgewinnung zuschauen konnte, ist geschlossen. Nur knapp 2 km südlich des Ortes liegt der schöne **Finlayson Point Provincial Park** am Temagami Lake.

Reisepraktische Informationen zur Temagami-Region

i **Information**
 Temagami Chamber of Commerce Information Centre, 7 *Lakeshore Drive, Temagami*, ☏ *705- 569-3344 oder 1-800-661-7609.*

Unterkunft
 Am Temagami Lake gibt es eine große Zahl an Ferienhotels, Ferienhausanlagen und Campingplätzen, die alle auf Angler, Wassersportler, Wanderer und Familien mit Kindern eingerichtet sind. Das Angebot an Ausflugsfahrten mit Booten ist groß, außerdem gibt es Mietstationen für Haus- und Motorboote.
$$ **Temagami Shores Inn and Resort**, *6612 Hwy 11 N.,* ☏ *705-569-3200, www.temagamishores.com, Anlage mit fünf Cottages und 18 Zimmern direkt am See.*
$$$ **Blue Haven Lodge**, *18-T Island 203,* ☏ *705-237-8945, www.bluehavenlodge.ca, geräumige, moderne Ferienhäuser direkt am See, Ausflüge zum Wandern und Fischen.*
$$$ **Ravenscroft Lodge**, ☏ *705-569-3865, www.ontario-fishing-cottage-rental.com, zur Anlage gehören ein Motel mit Restaurant, Ferienhäuser und ein Campingplatz, Kanu- und Motorbootverleih, Sandstrand, Wanderwege. Mindestaufenthalt: zwei Nächte.*
$$$ **Wanapitei Chateau**, *Sandy Inlet,* ☏ *705-237-8830, www.wanapitei.net/chateau, rustikale Ferienhäuser am See, Gelegenheit zum Kanu- und Kajakfahren und zum Segeln, sicherer, auch für Kleinkinder geeigneter Strand. Nur im Juli/Aug. geöffnet.*

Hausboote
 Leisure Island, *115 Lakeshore Dr.,* ☏ *705-569-3261, www.leisureislandhouseboats.com, bei dieser Verleihstation können Sie Hausboote für Fahrten auf dem Temagami Lake mieten, Juli/Aug. $ 950/Woche, Mai/Juni/Sept. $ 185/Tag, $ 840/Woche.*
Three Buoys Houseboat Vacations, *25 Lakeshore Dr.,* ☏ *705-569-3455, www.threebuoyshouseboats.ca, Vermietung von Hausbooten unterschiedlicher Größe und Durchführung von geführten Kanutouren.*

Cobalt

Cobalt ist eine kleine Stadt mit reichen Silber- und Kobaltvorkommen. Die örtliche Chronik berichtet, dass im Jahr 1903 der Schmied Fred LaRose mit einem Hammer auf die glühenden Augen eines Fuchses geworfen habe. Aber er irrte sich, denn die vermeintlich glühenden Augen stellten sich als eine schimmernde Silberader heraus. Damit begann in Cobalt die Ausbeutung der Silbervorkommen, die in kurzer Zeit mehr als 30.000 Menschen nach Cobalt zog. In den 1930er-Jahren waren die Minen erschöpft und wurden geschlossen; in den 1950er-Jahren wurden dann Kobaltvorkommen entdeckt. Die Förderung wurde schnell vorangetrieben, denn Kobalt erwies sich als sehr wichtig für die Herstellung medizinischer und militärischer Produkte.

Im **Cobalt Mining Museum** wird die Geschichte der Stadt und des Bergbaus in sieben Räumen dargestellt. Einige Abraumhalden und unterirdische Stollen sind auf einer geführten Tour zugänglich, an offiziellen „Klopfplätzen" kann man selbst nach interessanten Mineralien suchen. Den 6 km langen Heritage Silver Trail können Sie selbst mit dem Auto befahren. *Museum zur Geschichte des Bergbaus*
Cobalt Mining Museum, *24 Silver St., ☎ 705-679-8301, geöffnet Juni–Sept. tgl. 9–17, sonst Mo–Fr 13–16 Uhr, Eintritt Erwachsene $ 8, Senioren und Studenten $ 5, Kinder 6–18 J. $ 7.*

Reisepraktische Informationen zu Cobalt

Information
Town of Cobalt, ☎ 705-679-8877, www.cobalt.ca.

Unterkunft
Übernachtungsmöglichkeiten gibt es in den Nachbarorten Haileybury und New Liskeard.

Kirkland Lake

Kirkland Lake gehört ebenfalls zu Ontarios reichem Bergbaugebiet. Das Städtchen, das heute knapp 9.000 Einwohner zählt, wurde 1912 gegründet, nachdem in dieser Region Goldfunde gemacht worden waren. Der Ort verdankt seinem Namen einem nahen, inzwischen aber nicht mehr existenten See, der seinerseits nach einer Sekretärin des Ontario Department of Mines benannt wurde, die selbst allerdings nie in der Gegend vorstellig wurde. Die Hauptstraße von Kirkland Lake ist als „Golden Mile" bekannt, da hier an zwölf Stellen Gold gefunden wurde. Gegenwärtig stammt mehr als ein Fünftel der kanadischen Goldproduktion aus Kirkland Lake.

Im **Museum of Northern History**, das im Sir Harry Oakes Château eingerichtet wurde, werden die Stadtgeschichte und damit einhergehend die Entwicklung des Bergbaus bis in die heutige Zeit anschaulich dargestellt.
Museum of Northern History, *2 Chateau Dr., ☎ 705-568 8800, www.museumkl.com, geöffnet Mitte Mai–Sept. Mo–Fr 10–17, Sa 12–16, sonst Di–Fr 12–17, Sa 12–16 Uhr, Eintritt Erwachsene $ 6, Senioren und Kinder von 5–17 J. $ 4, Familienkarte $ 15.*

Außerdem ist Kirkland Lake stolz auf seine jahrzehntelange Tradition erfolgreicher **Hockeyspieler**, die von hier aus ihren Sport aufzumischen begannen.

Reisepraktische Informationen zu Kirkland Lake

Information
Discover Kirkland Lake, *3 Kirkland St., ☎ 705-567-9361 oder 1-800-249-8933, www.discoverkl.ca.*

Unterkunft
$$$ Comfort Inn, *455 Government Rd. W., Route 66,* ☏ *705-567-4909, www.comfortinnkirklandlake.com, ganzjährig geöffnetes Hotel mit 65 Zimmern, am Stadtrand in einer Mall gelegen, kurze Entfernung zu den Sehenswürdigkeiten des Ortes.*

Fest
Am Wochenende des „Canada Day" findet die „Homecoming Week" mit Festivitäten und Ausstellungen statt.

Iroquois Falls

Iroquois Falls, früher die Heimat der Ojibwa-Indianer, ist ein ruhiger, gepflegter Ort mit alten Häusern und schönen Parkanlagen, die der Stadt den Namen „Gartenstadt des Nordens" geben. Im Ort leben ca. 4.500 Einwohner, die etwa zur Hälfte jeweils englisch- oder französischsprachig sind. 1935 wurde hier mit -58 °C die niedrigste Temperatur der kanadischen Provinzen gemessen.

Hauptarbeitgeber des Ortes war lange Zeit die Resolute-Forest-Products-Gesellschaft, einer der globalen Marktführer in der Herstellung von Zeitungspapier; mit der Schließung der **Pulp and Paper Mill** endete allerdings diese lange Tradition - ein schwerer Schlag für die kleine Stadt. Das **Iroquois Falls Pioneer Museum** im alten Bahnhof dokumentiert die Geschichte der Papierfabrik, die einmal die größte Nordamerikas war. Außerdem kann man sich hier über das Leben der ersten Siedler informieren.
Iroquois Falls Pioneer Museum, *245 Devonshire Ave.,* ☏ *705-258-3730, geöffnet Mai–Sept. Mo–Fr 9–16 Uhr, Eintritt Erwachsene $ 3, Senioren und Studenten $ 2.*

In der näheren Umgebung von Iroquois Falls gibt es zahlreiche Flüsse, Seen und Provinzparks; an der Marina Twin Falls gibt es einen Zugang zum großen Lake Abitibi.

7 km südlich liegt **Porquis Junction**, wo immer im Juli das Porquis Blues Festival stattfindet.

Information
Iroquois Falls Chamber of Commerce, *723 Synagogue Ave.,* ☏ *705-232-4656, www.iroquoisfallschamber.com, geöffnet Mo–Fr 8.30–16.30 Uhr.*

Cochrane

Eisenbahn-knotenpunkt

Cochrane ist eine kleine Bergbau- und Industriestadt mit knapp 5.400 Einwohnern. Ihre Gründung im Jahre 1908 – und ihre bis in die heutige Zeit anhaltende Bedeutung – verdankt sie ihrer günstigen Lage, die sie zum Knotenpunkt zweier wichtiger Eisenbahnlinien prädestinierte: der Ontario Northland Railway, die den weiten Norden erschließt, und der Canadian National Railway, die den Osten Kanadas mit den Provinzen im Westen verbindet. Dies ist wohl auch der Grund, warum Cochrane, nachdem es, kaum gegründet, zwischen 1910 und 1916 gleich mehreren verheerenden Brandkatastrophen zum Opfer fiel, immer wieder neu aufgebaut wurde.

Cochrane liegt an der Arktischen Wasserscheide, von der aus die Flüsse nach Norden in die James Bay und die Arktis oder nach Süden in die Großen Seen fließen.

Zu Beginn des vorigen Jahrhunderts war Cochrane zudem ein wichtiges Handelszentrum für Jäger, Fischer, Trapper und Pelzhändler und gewann dann als Umschlagplatz für die in dieser Region geförderten Bodenschätze weiter an Bedeutung. In den letzten Jahren hat Cochrane sich immer mehr zu einem wichtigen Touristenort entwickelt, da hier die Ausgangsstation für die Fahrten mit dem berühmten „Polar Bear Express" zur James Bay ist, der inzwischen nicht mehr nur Jäger, Trapper, Indianer und Minenarbeiter befördert, sondern zunehmend auch von Touristen für ihre Fahrt in den unberührten Norden genutzt wird.

Am Ortseingang und am Bahnhof begegnet Ihnen der Eisbär „Chimo", das Maskottchen der Stadt, dessen Name in der Sprache der Inuit „Willkommen" bedeutet.

Eisenbahnfreunde können das **Cochrane Railway and Pioneer Museum** besuchen, das in vier ehemaligen, restaurierten Eisenbahnwaggons eingerichtet wurde. Historische Aufnahmen, altes Werkzeug und Mobiliar, Dokumente und indianische Handarbeiten vermitteln ein lebendiges Bild von der Geschichte der Region, die vor der Stadtgründung vor allem Indianern und Händlern als Lagerpalatz diente.
Cochrane Railway and Pioneer Museum, 171 4th Ave., ☎ 705-272-4361, www.museumsontario.ca/museum/Cochrane-Railway-and-Pioneer-M, geöffnet Mitte Juni–Mitte Sept. tgl. 8.30–20.30 Uhr, Eintritt Erwachsene $ 2, Familienkarte $ 5.

Eine besondere Attraktion ist das **Polar Bear Habitat and Heritage Village**, wo Sie zusammen mit Eisbären im Swimmingpool ein Bad nehmen können; dabei trennt nur eine Glasscheibe das Schwimmbecken der Menschen von dem der Bären. Näher kann man den Kolossen auf gefahrlose Weise nicht kommen.

Das Polar Bear Habitat, ein ca. 2 ha großes Naturgehege, ist eine weltweit einzigartige Einrichtung zur Aufzucht und Pflege von kranken, verletzten oder verwaisten Eisbären. Nach ihrer Gesundung werden jüngere Tiere in ein neues Zuhause, z. B. einen Zoo, vermittelt; ältere Tiere, denen die Umgewöhnung schwer wird, können im Habitat bleiben. Dauerbewohner des Habitat sind zurzeit die Eisbären Ganuk und Inukshuk sowie seit Oktober 2015 der 2013 geborene Henry. Man kann die Tiere vom Besichtigungsgebäude aus oder draußen in ihrem Alltag beim Schwimmen, Spielen, Herumtollen und Schlafen beobachten. Einmal täglich, um die Mittagszeit, können Besucher auch bei der Fütterung zuschauen.

Begegnung mit Eisbären

Neben weiteren Forschungseinrichtungen befindet sich auf dem Gelände noch das **Heritage Village**. Ein Spaziergang führt über die rekonstruierte Dorfstraße „Memory Lane" zu einer Gemischtwarenhandlung, einer Schmiede, einem Farmhaus, einer Arztpraxis und zum Schneemobilmuseum und vermittelt einen Eindruck vom Leben in Cochrane in der Zeit um 1900.
Polar Bear Habitat and Heritage Village, am Hwy 11 N, Haupteingang 1 Drury Park Rd., ☎ 705-272-2327, http://polarbearhabitat.ca, geöffnet ganzjährig tgl. 10–16 Uhr, Eintritt Erwachsene $ 16, Senioren $ 14, Schüler von 12–17 J. $ 12, Kinder von 5–11 J. $ 10, Familienpass $ 45.

👉 **Hinweis: Reiseplanung mit der Bahn nach Moosonee**
Wenn Sie mit dem „Polar Bear Express" reisen wollen, müssen Sie in Cochrane oder in der näheren Umgebung übernachten, da der Zug morgens um 9 Uhr Cochrane verlässt. Die Hotels in Cochrane sind auf durchreisende Gäste eingestellt; wegen der großen Nachfrage sollten Sie im Sommer auf jeden Fall das Hotelzimmer reservieren, sobald Sie die Bahnfahrkarte gelöst haben.

In Cochrane und dem Zielort des Polar Bear Express in Moosonee ist alles auf die An- und Abfahrtszeiten der Züge abgestimmt. Sie können selbst wählen, ob Sie die Fahrt in den hohen Norden als Tagesausflug oder als zwei- oder mehrtägige Tour gestalten wollen. Die Fahrzeit nach Mossonee beträgt ca. 4 Std. 45 Min. Der Zug verfügt über einen Ausflugswagen mit gläsernem Dach und Panoramablick, während der Fahrt werden landeskundliche Informationen durchgesagt.

Polar Bear Express, Abfahrten an der Ontario Northland Station, Railway St., ☎ 705-472-4500, www.ontarionorthland.ca, ganzjährig Mo–Fr 9 Uhr, Rückfahrt ab Moosonee um 17 Uhr; im Sommer auch So. Preis für Hin- und Rückfahrt Erwachsene $ 104.90, Senioren und Studenten $ 89.20, Kinder von 2–11 J. $ 52.50. Für jede Fahrt wird eine **Reservierung** verlangt!

Ausflüge in Moosonee

In Moosonee werden verschiedene organisierte Boots- und Busfahrten durchgeführt, die vor Ort gebucht werden können.

Vorschlag für einen Tagesausflug nach Moosonee	
9 Uhr	Abfahrt von Cochrane
13.50 Uhr	Ankunft in Moosonee; Besuch des James Bay Education Centre, des Railway Car Museum oder Besuch des Ministry of Natural Resources Interpretive Centre
17 Uhr	Rückfahrt nach Cochrane
21.45 Uhr	Ankunft in Cochrane

Reisepraktische Informationen zu Cochrane

Information

Town of Cochrane, *171 Fourth Ave.,* ☎ *705-272-4361, www.cochraneontario. com.*

Unterkunft

$–$$ **Commando Motel**, *80 7th Ave. S.,* ☎ *705-272-2700, kleines Motel mit sieben einfachen, aber ordentlich ausgestatteten und sauberen Zimmern. Vernünftiges Preis-Leistungs-Verhältnis.*

$$ **The Station Inn**, *200B Railway St.,* ☎ *705-272-3500 oder 1-800-265-2356, www.ontarionorthland.ca/en/station-inn-hotel, an der Bahnstation gelegenes Hotel von Ontario Northland mit 23 modern eingerichteten Zimmern, außerdem gibt es eine Sauna, einen Parkplatz sowie ein Restaurant.*

$$ **Westway Motel**, *Hwy 11 W.,* ☎ *705-272-4285 oder 1-877-772-4285, www.westwaymotel.ca, familiär geführtes Motel mit 42 ordentlichen Zimmern, nicht weit vom Bahnhof entfernt.*

$$$ **Best Western Swan Castle Inn**, *189 Railway St.,* ☎ *705-272-5200 oder 1-800-780-7234, www.bestwesternontario.com/, modernes Hotel mit 42 geräumigen Zimmern in der Nähe des Bahnhofs, mit Sauna und Fitnessraum.*

$$$$ Kesagami Lake Lodge, ☎ 1-800-253-3474, www.kesagami.com, *die sehr schöne Fly-In-Lodge besteht aus einem gemütlichen Haupthaus mit komfortablen Zimmern, gut ausgestatteten Blockhäusern am See und einem sehr guten Restaurant; ausgezeichnete Möglichkeiten zum Angeln, zur Tierbeobachtung von Bären und Elchen; Jagdgelegenheit. Mindestaufenthalt: drei Tage und Nächte. Zu besonderen Reservierungsregelungen finden sich Informationen auf derWebsite.*

Essen & Trinken

The Ice Hut Bar and Grill, *105 3rd St.*, ☎ 705-272-4777, *die 2011 eröffnete und überaus beliebte Bar serviert sehr gute Pub-Küche, Steaks, Fingerfood, Salate – Aushängeschild sind allerdings die Burger. Sehr nette Bedienung, auf diversen Bildschirmen laufen Sportübertragungen. Mo–Fr ab 11, am Wochenende ab 17 Uhr geöffnet.*

Eisenbahn

Cochrane Railway Station, *200 Railway St.*, ☎ 705-272-4228, *Abfahrt des Polar Bear Express nach Moosonee.*

Wer die Bären live erleben möchte, muss den Polar Bear Provincial Park nördlich von Moosonee besuchen, der nur per Flugzeug zu erreichen ist

Von Cochrane mit der Bahn zur James Bay

Die Fahrt mit der Bahn nach Moosonee an der James Bay zieht viele Reisende an, die einen ersten Eindruck von der rauen, unberührten Wildnis des kanadischen Nordens gewinnen möchten.

info

Eine Fahrt mit dem Polar Bear Express

Anglerparadies

Der **Polar Bear Express** stellt die einzige Verbindung nach Moosonee an der ca. 300 km entfernten James Bay her; sonst ist die James Bay ausschließlich mit dem Flugzeug, mit dem Kanu oder zu Fuß zu erreichen. Der bequem eingerichtete Polar Bear Express startet frühmorgens um 9 Uhr in Cochrane. Während der Fahrt werden Sie über Sehenswürdigkeiten an der Strecke und die Geschichte der „James Bay Frontier" informiert. Ein Begleitheft bezieht sich auf die Meilenangaben an der Strecke und hilft bei der Orientierung.

Der Zug fährt zunächst durch fruchtbares Farmland und unberührte Wälder bis an den Rand der subarktischen Tundra. In den letzten Jahrzehnten wurden allerdings riesige Waldgebiete durch Brände völlig vernichtet. Vom Zugfenster aus sehen Sie wasserreiche Flüsse wie den Abitibi River, der früher eine wichtige Pelzhandelsroute war, und vereinzelte kleine Häuser, deren Bewohner sich hauptsächlich von der Jagd, vom Fischfang und dem Fallenstellen ernähren.

Am Meilenstein 69 endet die letzte Straße, und am Meilenstein 94 beginnt das „Hudson Bay Lowland", eines der größten Feuchtgebiete der Erde, das einst vom Wasser der Hudson Bay überflutet war. Diese Region ist geprägt von Mooren, Sümpfen und Nadelwäldern. Am Meilenstein 96,3, bei den Coral Rapids, gibt es eine kleine, ganzjährig bewohnte Siedlung, in der Arbeiter der Eisenbahngesellschaft und Prospektoren leben, die hier nach Diamantenvorkommen suchen.

Der Onakawana River ist bei Kanuten und, wegen seines großen Fischbestandes, vor allem bei Anglern sehr beliebt.

Der Moose River, der am Meilenstein 142 von der langen Eisenbahnbrücke überspannt wird, ist Ontarios einziger Gezeitenfluss. Obwohl die James Bay noch fast 20 km entfernt ist, wirkt sich im Sommer der Gezeitenunterschied zwischen Ebbe und Flut noch mit einem Höhenunterschied von 1,5 m aus.

Nach dem Zusammenfluss mit dem Mattagami River, dem Missinaibi River und dem Cheepash River ergießt sich der Moose River in die James Bay. An der Mündung liegt der Ort Moosonee mit der Endstation der Eisenbahn, die der Polar Bear Express nach 4,5-stündiger Fahrt erreicht.

Moosonee

Moosonee, das „Tor zur Arktis", liegt an der Mündung des Moose River in die James Bay, der südlichen Spitze der Hudson Bay. Der Ort wurde erst 1903 gegründet, als die französische Handelsgesellschaft „Revillon Frères" hier eine Niederlassung einrichtete. Zu der Zeit konnte Moosonee nur mit dem Kanu oder mit Schneeschuhen erreicht werden; für die Strecke von Cochrane nach Moosonee wurden 8–10 Tage benötigt. Das erste Flugzeug landete 1920 in Moosonee, aber erst die Fertigstellung der Eisen-

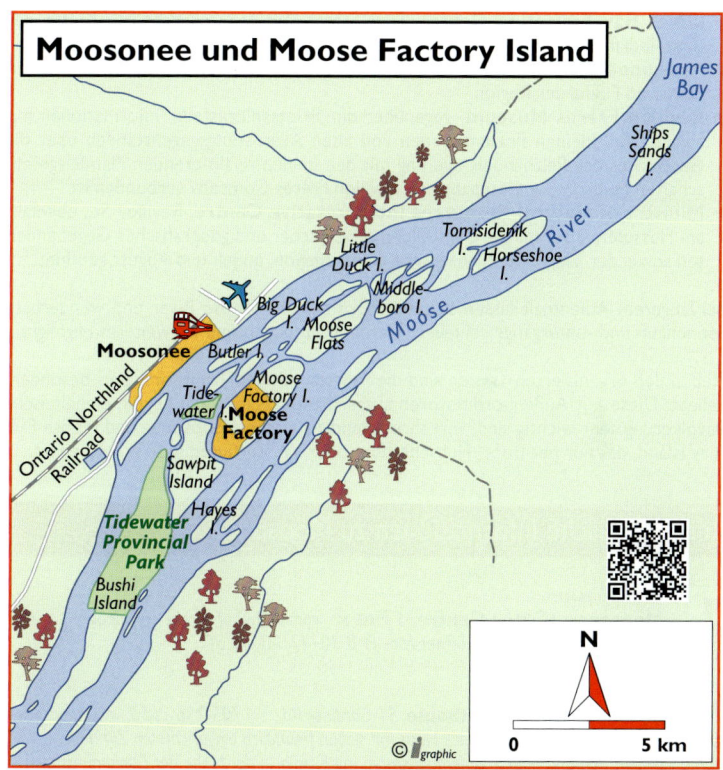

Moosonee und Moose Factory Island

bahnstrecke im Jahr 1932 verband den Ort regelmäßig mit der Außenwelt. Bis heute ist Moosonee nicht an das Straßennetz von Ontario angeschlossen, denn die letzte Straße endet bereits in Otter Rapids, ca. 140 km südlich von Moosonee.

6-mal wöchentlich gibt es eine Eisenbahnverbindung nach Cochrane, außerdem besteht eine Flugverbindung durch Air Creebec mit der Stadt Timmins. Vom kleinen Hafen fahren Transportkanus hinüber nach Moose Factory Island.

Heute leben etwa 3.500 Menschen in Moosonee, von denen fast 85 % Nachfahren der hier ansässigen Cree-Indianer sind. Neben Englisch ist Cree als zweite Sprache gebräuchlich. Der Ort wirkt nicht sonderlich anziehend; er besteht vorwiegend aus einfachen Zweckbauten, die sich an der Hauptstraße entlang ziehen, und schlichten Wohnsiedlungen der Indianer. Schöner ist die Lage der Wohnhäuser und der beiden Hotels am Ufer des Moose River. Moosonee ist noch immer Ausgangsort für Fahrten zur James und Hudson Bay, in die Arktis und zum Polar Bear Provincial Park.

Sehenswürdigkeiten des Ortes:
- ➤ **Wasserturm**, gleich in der Nähe des Bahnhofs, der mit dem Symbol der Cree-Indianer geschmückt ist.
- ➤ **Eisenbahnmuseum**, First St., gleich rechts vor der Bahnstation, mit Informationen zur Geschichte dieser Region, im Juli und August geöffnet
- ➤ **James Bay Education Centre**, First Street, mit Ausstellungen zur Kultur der Cree-Indianer und kunsthandwerklichen Arbeiten.
- ➤ **Moosonee Visitors' Centre** mit Ausstellungen und einem Videofilm zur Kultur, Flora und Fauna der Region.
- ➤ **Revillon Frères Museum**, gegenüber der Bootsanlegestelle, Informationen mit Schautafeln, kleinen Präsentationen und alten Ausrüstungsgegenständen über die Geschichte des Pelzhandels, die eng mit den beiden rivalisierenden Handelsgesellschaften Hudson Bay Company und Revillon Frères Company verbunden ist.
- ➤ **Ministry of Natural Resources Interpretative Centre**, Revillon St., ebenfalls am Flussufer, anschauliche Darstellung geologischer und geografischer Gegebenheiten sowie der Tier- und Pflanzenwelt dieser Region, im Juli und August geöffnet.

Bei längerem Aufenthalt lassen sich Ausblicke auf den Moose River und wunderbare Sonnenauf- und -untergänge genießen; Tierbeobachtungen sind ein weiteres Highlight.

Neben den organisierten Touren sind die Fahrten mit den Transportkanus besonders beliebt. Diese mit Außenbordmotoren ausgerüsteten Kanus, die für die einheimische Bevölkerung sehr wichtig sind, verkehren ständig zwischen Moosonee und Moose Factory Island, das nur per Boot, Hubschrauber oder Wasserflugzeug zu erreichen ist.

Reisepraktische Informationen zu Moosonee

i   **Information**
Moosonee Visitor Centre, *5 First St., vom Bahnhof direkt geradeaus,* ☎ *705-336-2993, www.moosonee.ca, geöffnet Mo–Fr 8.30–12, 13–16.30.*

🛏   **Unterkunft**
$$ Moose River Guesthouse, *51 Gardiner Rd.,* ☎ *705-336-1555, www.mooseriver guesthouse.com, ganzjährig geöffnetes Haus mit sieben freundlich eingerichteten Zimmern, teilweise mit eigenem Bad und nettem Aufenthaltsraum mit Kamin. In der Nähe der Eisenbahnstation.*

Ausflug
Moose River Tours, *46 Ferguson Rd. S.,* ☎ *705-336-6162, http://mooseriver tours.wix.com/mooserivertours, organisiert Bootsausflüge nach Moose Factory Island, auf dem Moose River und zur James Bay.*

Moose Factory Island

Die kleine Insel ist eine der zahlreichen Inseln im Moose River, die fast ausschließlich von Cree-Indianern bewohnt wird. Vor mehr als 10.000 Jahren wanderten die Vorfahren der Cree-Indianer über die Landbrücke, die Sibirien mit Alaska verband, in dieses Gebiet ein. Im Laufe der Zeit passten sich die Nomaden den Erfordernissen ihrer Umgebung an und wurden sesshaft; das Kanu wurde während der Sommermonate das wichtigste Transport- und Fortbewegungsmittel, und im Winter waren die Menschen mit Schlitten und Schneeschuhen unterwegs.

Siedlung der Cree-Indianer

1668 kamen die ersten Weißen in dieses Gebiet, **1773** errichtete die Hudson Bay Company hier den befestigten Handelsposten Moose Fort. Dieser war die erste permanente Siedlung der Engländer in der heutigen Provinz Ontario und ein wichtiger Treffpunkt für Pelztierjäger und -händler. Da später auch Franzosen in den Pelzhandel einstiegen, kam es in den Jahren **1688** und **1730** zu heftigen Kämpfen zwischen Engländern und Franzosen.

Wichtigstes Transportmittel ist das Kanu

Missionare machten die Indianer mit dem christlichen Glauben bekannt. **1840** entwickelte der Methodistenmissionar James Evans ein Schriftsystem für die indianische Sprache, bei dem jeder Wortsilbe ein Zeichen zugeordnet wurde. Durch diese Silbenschrift konnte ein Text lautgetreu niedergeschrieben werden, sodass die Cree, die bis zu diesem Zeitpunkt keine geschriebene Sprache hatten, in wenigen Tagen Texte in ihrer Muttersprache lesen konnten.

Heute wird in den Schulen in Moosonee und Moose Factory neben Englisch auch Cree als Muttersprache in Wort und Schrift unterrichtet.

Cree Village ist als Ausgangsort geeignet, um die **Sehenswürdigkeiten** von Moose Factory Island kennenzulernen:

➤ Die **St. Thomas' Anglican Church**, die 1860 gebaut worden und liebevoll mit indianischen Kunstwerken ausgestaltet ist; Sie können sich die mit bunten Glasperlen bestickte, aus Elchleder gegerbte Altardecke anschauen, die bunten Glasfenster und das in der Sprache der Cree verfasste Messbuch.

➤ Im **Moose Factory Centennial Museum Park** können Sie einige der ältesten Überreste aus der Zeit der ersten Europäer sehen, z. B.

das Haus der **Hudson's Bay Post**, das aus dem modernen Verwaltungsgebäude, dem alten Staff House, das vor mehr als 150 Jahren von Schiffszimmerleuten gebaut wurde und einer „Pelzpresse" besteht, wo Pelze für die Verschiffung nach England verpackt wurden,

die alte Schmiede „**Blacksmith's Shop**" aus dem Jahr 1740 mit gelegentlichen Vorführungen,

das **Powder Magazine**, das einzige Steinhaus der Insel, in dem Waffen und Pulver aufbewahrt wurden, das jedoch nicht betreten werden kann,

den alten **Friedhof** mit Gräbern der ersten Entdecker, Händler, Siedler und Missionare.

➤ Im **Cree Cultural Interpretive Centre** und der **Anglican Church Parish Hall** können auf der Insel hergestellte Handarbeiten und Andenken gekauft erworben werden. Vor diesen Häusern sind die traditionellen Zelte, die Tipis, aufgestellt, in denen Indianerfrauen bannock, das Brot des Nordens, auf Spießen über dem offenen Feuer backen.

Reisepraktische Informationen zu Moose Factory Island

Unterkunft

$$$ **Cree Village Eco-Lodge**, in Moose Factory, ☎ 705-658-6400, www.cree village.com, am Ufer des Moose River von der ansässigen Indianergemeinschaft erbaute Anlage, die modernen Komfort mit traditionellen Bauelementen verbindet; die 20 freundlich eingerichteten Zimmer wurden nach einheimischen Tieren benannt.

Ausflüge

Es werden gut organisierte **Ausflugsfahrten** angeboten von **Moose Cree Outdoor Discoveries & Adventures**, Moose Factory, ☎ 705-658-4619, www.moosecree.com/tourism/outdoordiscoveries.html, z. B.:

Führungen auf Moose Factory Island mit ausführlichen Informationen zur Kultur der Cree

Kanufahrten auf dem Moose River und zur James Bay

Ausflüge mit Skiern oder Schneeschuhen im Winter

Die Preise richten sich nach der Zahl der Teilnehmer und der Dauer des Ausflugs.

Von Cochrane über Timmins nach Sudbury

Auf diesem Streckenabschnitt passieren Sie die „Atlantische und die Arktische Wasserscheide".

☞ Streckenhinweis

Von Cochrane fahren Sie auf dem Hwy 11 zurück nach Iroquois Falls, von dort auf den Hwys 67 und 101 nach Timmins, dann über den Hwy 144 nach Greater Sudbury. Entfernung 380 km.

Timmins

Timmins zählt mit ca. 43.000 Einwohnern zu den größten Städten im Norden Ontarios. Der Ort hatte zunächst nur als Zentrum des Pelzhandels Bedeutung; als aber im Jahr 1909 reiche Goldvorkommen im nahe gelegenen Porcupine-Feld entdeckt wurden, brach ein regelrechter Goldrausch aus, der die Einwohnerzahl und die Bedeutung der *Goldrausch* Stadt schnell vergrößerte. Die Stadt, die für sich den Slogan „die Stadt mit dem Herzen aus Gold" gewählt hat, liegt im Zentrum der Porcupine-Bergbau-Region, in der Gold, Silber, Kupfer, Nickel, Blei, Zinn, Cadmium und Zink gewonnen werden.

Bei einem Spaziergang durch die Stadt trifft man auf das 2008 aufgestellte Porcupine Miner's Memorial, das die Namen von 594 Bergleuten trägt, die bei einem Grubenunglück ihr Leben verloren. Auffällig sind auch die Fassadenmalereien an einigen Häusern, die von lokalen Künstlern mit Motiven aus der Stadtgeschichte gestaltet wurden, z. B. am McIntyre Community Centre, am Hollinger Park und an der neuen, architektonisch interessanten Public Library.

Die Hollinger Gold Mine und die größte Attraktion von Timmins, die Timmins Underground Gold Mine Tour, sind seit 2013 geschlossen, nachdem das Gelände von dem Bergbauunternehmen Goldcorp, einem der größten Goldproduzenten Nordamerikas, aufgekauft worden war. Über eine Wiedereröffnung wurde noch nicht entschieden.

Sehenswert ist das moderne **Timmins Museum National Exhibition Centre**, das sich mit der regionalen Geschichte und Kultur und dem Bergbau beschäftigt und im Innen- und Außenbereich Mineraliensammlungen, geologische Ausstellungen und alte Bergbaugerätschaften aus der Zeit vor 1940 zeigt. In der Museums-Boutique finden Sie regionales Kunsthandwerk und interessante Bücher über den Norden Ontarios.

Die atlantische Wasserscheide

Timmins Museum National Exhibition Centre, *325 Second Ave.,* ☎ *705-360-2617, www.timminsmuseum.ca, geöffnet Mo–Fr 9–17, Mi/Do bis 20, Sa/So 12–16 Uhr, im Winter montags geschlossen, Eintritt frei.*

Im Sommer samstagmorgens von 8–12 Uhr bieten Bauern auf dem **Farmers' Market** an der Park Avenue frisches Obst, Gemüse, Kuchen, Desserts und Kunsthandwerk an.

Die Umgebung von Timmins lädt zu jeder Jahreszeit zu Ausflügen ein: im Winter zu Skilanglauf und Hundeschlitten- und Snowmobilfahrten, in der wärmeren Zeit zur Naturbeobachtung, zum Wandern, Radfahren, Fischen, Kanufahren und Schwimmen. Etwa 40 km östlich liegt der **Kettle Lake Provincial Park**, mit 22 in der letzten Eiszeit entstandenen Seen, die von dichten Nadelwäldern umgeben sind.
Kettle Lake Provincial Park, *1350 Municipal Rd., Connaught,* ☎ *705-363-3511, www. ontarioparks.com/park/kettlelakes, Eintritt Erwachsene $ 2, Senioren $ 1.75, Kinder von 6–12 J. $1, Pkw $ 11.25, geöffnet Mitte Mai–Mitte Okt.*

Reisepraktische Informationen zu Timmins

Information
Tourism Timmins, *76 McIntyre Rd.,* ☎ *1-800-387-8466, www.tourismtimmins. com.*

Unterkunft
$$ Ramada Timmins, *1800 Riverside Dr.,* ☎ *705-267-6241 oder 1-800-461-3795, www.ramadatimmins.ca, angenehmes Mittelklassehotel mit 105 ansprechend eingerichteten Zimmern.*
$$$ Comfort Inn, *939 Algonquin Blvd.,* ☎ *705-264-9474, www.timminscomfortinn.com, Hotel mit 89 geräumigen Zimmern am Hwy 101, günstig zu allen Sehenswürdigkeiten gelegen.*

Streckenhinweis

Wenn Sie weiter in den Westen Ontarios fahren wollen, können Sie von Timmins über den Hwy 101 nach Wawa und von dort weiter über den Hwy 17 am Lake Superior entlang nach Thunder Bay und Kenora fahren.

Greater Sudbury

Greater Sudbury, von der Bevölkerung meist nur Sudbury genannt, ist eine moderne Stadt mit ca. 160.000 Einwohnern und Zentrum des größten kanadischen Bergwerksgebietes. Den Wohlstand der Stadt machen die Gold-, Silber-, Nickel-, Kobalt- und Platinvorkommen aus, die im Boden des Kanadischen Schildes gefunden wurden. Dabei kommt den Nickelfunden besondere Bedeutung zu, denn in der Umgebung Sudburys findet sich die größte Konzentration, die 80 % der Weltproduktion ausmachen.

Die Sudbury-Region ist in Kanada bekannt für neue, umweltbewusste, wirtschaftliche Vorgehensweisen mit der Zielsetzung, das Land, das jahrzehntelang durch Umweltschä-

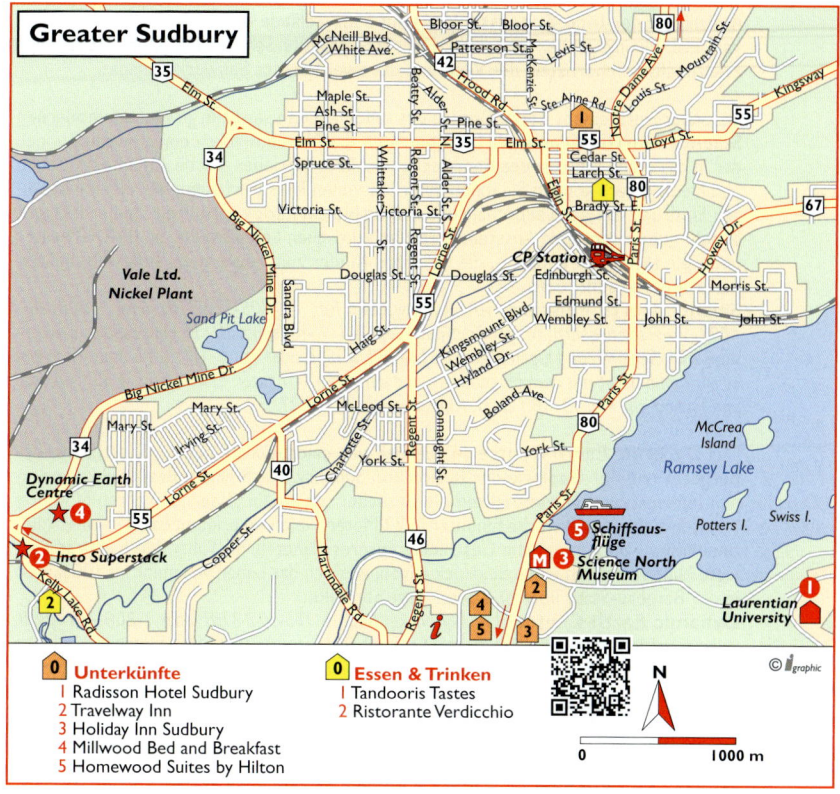

Greater Sudbury

0 Unterkünfte
1 Radisson Hotel Sudbury
2 Travelway Inn
3 Holiday Inn Sudbury
4 Millwood Bed and Breakfast
5 Homewood Suites by Hilton

0 Essen & Trinken
1 Tandooris Tastes
2 Ristorante Verdicchio

den, die durch zu starken Holzabbau, Emissionen von Hüttenwerken und Erosionen verursacht worden waren, durch geeignete Bodenbehandlung und sorgfältig ausgewählte Anpflanzungen zu regenerieren. Heute zeigen sich erste Resultate, denn das Ökosystem ist auf dem Wege der Gesundung. Die Stadt Sudbury ist weltweit als Zentrum für Umweltstudien im Zusammenhang mit dem Bergbau bekannt geworden und hat mehrere Auszeichnungen für ihr Engagement im Umweltschutz erhalten, wie z. B. durch den „United Nations Local Government Award".

Greater Sudbury bietet dem Besucher mit Museen, Galerien, Theatern und einer Universität ein breites kulturelles Angebot, wie z. B. die Freiluftkonzerte im Bell Park, die klassischen und modernen Theateraufführungen im Sudbury Theatre Centre und die Kunstausstellungen in der Galérie du Nouvel Ontario oder im Laurentian University Museum and Art Centre. An der **Laurentian University (1)**, einer modernen, zweisprachig geführten und naturwissenschaftlich-technisch orientierten Universität, die am Lake Ramsey liegt, werden im Sommer Führungen angeboten, die den Besuch des **Doran Planetarium** (*https://laurentian.ca/planetarium*) einschließen.

Auffällig ist der **Inco Superstack (2)** auf dem Gelände der Copper-Cliff-Hütte der Vale Ltd. Mining (früher Inco Ltd.). Der 1972 gebaute Schornstein ist mit 381 m der zweithöchste Schornstein der Welt und das zweithöchste Bauwerk Kanadas.

Besonders interessant ist der Besuch des schön am Ramsey Lake gelegenen, modernen **Science North Museum (3)**. Sie betreten das Museum durch einen langen Tunnel, der in das uralte Gestein des Kanadischen Schildes getrieben wurde. Im unterirdischen „Höhlentheater" können Sie einen eindrucksvollen Film anschauen, der einen lebendigen Eindruck von der Landschaft und Kultur Nordontarios vermittelt. Außerdem gibt es sehr gut präsentierte Ausstellungen zum arktischen Lebensraum, ein IMAX-Theater und viele technische Objekte, die nicht nur Kinder zum Anschauen, Anfassen und Experimentieren auffordern.
Science North Museum, *100 Ramsey Lake Rd., ☎ 705-522-3701 oder 1-800-461-4898, www.sciencenorth.ca, geöffnet Juni–Sept. tgl. 9–18, sonst 10–16 Uhr, Eintritt Erwachsene $ 21, Senioren und Jugendliche von 13–18 J. $ 19, Kinder von 2–12 J. $ 17. Außerdem gibt es ein Kombiticket mit dem Planetarium und dem IMAX-Theater: Erwachsene $ 35, Senioren und Jugendliche von 13–18 J. $ 31, Kinder von 2–12 J. $ 27.*

Das **Dynamic Earth Centre (4)** befasst sich eindrucksvoll mit der Geschichte des Bergbaus und der Geologie der Region von Sudbury. Nach einem Besuch des modernen Informationszentrums fahren die Besucher mit einem gläsernen Fahrstuhl in drei Minuten sieben Stockwerke hinunter in 22 Meter Tiefe und erleben dabei in einer Multimediashow die geologische Geschichte unseres Planeten; die Fahrt durch eine still gelegte Mine vermittelt einen Eindruck davon, wie sich das Leben vor mehr als 100 Jahren in der Bergbau-Stadt über und unter Tage abspielte.

Multimedia unter der Erde

Dynamic Earth Centre, *122 Big Nickel Rd., ☎ 705-522-3701 oder 1-800-461-4898, www.dynamicearth.ca, geöffnet Juni bis Sept. tgl. 9–18, sonst 10–16 Uhr, Eintritt Erwachsene $ 20, Senioren $ 18, Kinder und Jugendliche von 6–18 J. $ 16. Außerdem gibt es ein Kombiticket mit dem Science North Museum oder dem IMAX-Theater: Erwachsene ab $ 30, Senioren, Kinder und Jugendliche von 6–18 J. $ ab 25.*

Auf die Bedeutung des Nickels für die Entwicklung der Stadt weist auch das Wahrzeichen „**The Big Nickle**" hin, die 9 m hohe Nachbildung der 1951 herausgegebenen kanadischen 5-Cent-Nickelmünze, die oberhalb der Big Nickle Mine aufgestellt wurde.

Die schöne Umgebung der Stadt, die sich mit zahlreichen Seen und bewaldetem Hügelland für viele Freizeitaktivitäten eignet, können Sie nicht nur zu Lande, sondern auch auf Schiffsausflügen kennenlernen, z. B. mit der **William Ramsey Cruise (5)**, ☎ 705-523-4629 oder 705-691-5237.

Reisepraktische Informationen zu Greater Sudbury

ℹ️ Information
Greater Sudbury Tourism, *200 Brady St., ☎ 1-866-451-8525, www.sudburytourism.ca.*

🛏️ Unterkunft
$$ Millwood Bed and Breakfast (4), *1808 Millwood Cres., ☎ 705-522-1441, www.millwoodbb.com, gepflegtes Haus nicht weit vom Science North Museum entfernt, schöner Aufenthaltsraum mit Bibliothek und Kamin.*

$$$ Holiday Inn Sudbury (3), *1696 Regent St.,* ☏ *705-522-3000, www.holidayinn.com, gepflegtes Hotel mit 138 angenehmen Zimmern, Atrium Centre, Pools und Restaurant, knapp 3 km vom Science North Centre entfernt.*
$$$ Radisson Hotel Sudbury (1), *85 St. Anne Rd.,* ☏ *705-675-1123 oder 1-800-333-3333, www.radisson.com, gutes Mittelklassehotel mit 146 geräumigen, ansprechend einge-richteten Zimmern, Restaurant, Pool, Sauna, die Sudbury City Centre Mall ist zu Fuß zu erreichen.*
$$$ Travelway Inn (2), *1200 Paris St.,* ☏ *705-522-1122 oder 1-800-461-4883, www.tra velwayinnsudbury.com, Hotel mit 83 geräumigen Zimmern, nur einen kurzen Fußweg vom Sci-ence North entfernt.*
$$$$ Homewood Suites by Hilton Sudbury (5), *2270 Regent St.,* ☏ *705-523-8100, http://homewoodsuites3.hilton.com, empfehlenswertes Hotel mit gut ausgestatteten Studios und Apartments, ca. 3 km vom Science North Centre entfernt.*

In der Umgebung Sudburys gibt es zahlreiche gute Ferienlodges und Campingplätze. Infos un-ter www.sudburytourism.ca.

Tipp
Preiswerte Übernachtungsmöglichkeiten finden Sie von Mai–Mitte Aug. in den Studentenwohnheimen der Laurentian University, ☏ 705-675-1151, www. laurentian.ca. Das DZ kostet ca. $ 60.

Essen und Trinken
Ristorante Verdicchio (2), *1351-D Kelly Lake Rd.,* ☏ *705-523-2794, im West End Business Park, italienisches Restaurant mit freundlichem Service, guten italienischen Wei-nen und eigenem Olivenöl zum Verkauf, Hauptgericht ab $ 20.*
Tandoori Tastes (1), *96 Larch St.,* ☏ *705-675-7777, Restaurant mit indischer Küche, Hauptgerichte zwischen $ 15 und $ 20.*

Busse
Sudbury Handi Transit, *1299 Lorne St.,* ☏ *705-670-2300*
Sudbury Transit, *9 Elm St.,* ☏ *705-675-3333*

Fluglinien
Air Canada*:* ☏ *1-888-247-2262*
Bearskin Airlines*:* ☏ *1-800-465-2327*
Porter Airlines*:* ☏ *1-888-619-8622*
Sunwing*:* ☏ *1-800-668-4224*

☞ Streckenhinweis

Für Ihre **Weiterfahrt** bieten sich drei Alternativen an:
Alternative 1: s. ab S. 321
Sie können über Sault Ste. Marie und Thunder Bay in den Westen Ontarios und nach Manitoba fahren.
Alternative 2: s. ab S. 354
Sie fahren über Manitoulin Island, an der Westküste der Georgian Bay ent-lang und über Owen Sound nach Kitchener.
Alternative 3: s. ab S. 366
Sie fahren an der Ostküste der Georgian Bay entlang über Parry Sound und Midland nach Kitchener.

8. DER WESTEN ONTARIOS

Von Sudbury in den Westen Ontarios

Der Westen Ontarios reicht von der Georgian Bay im Osten bis zur Grenze von Manitoba im Westen und umfasst nördlich des Lake Superior riesige Wildnisgebiete. Der Lake Superior ist das zweitgrößte Binnengewässer der Erde, dessen Fläche etwa der Größe Österreichs entspricht. Es ist ein ganz besonderes Erlebnis, am Ufer dieser scheinbar endlosen Wasserfläche zu stehen.

Durch den Lake Superior verläuft die Grenze zwischen Kanada und den USA; auf kanadischer Seite zieht sich an seinem Ufer der Trans-Canada Highway bis Thunder Bay entlang.

Der Westen Ontarios ist mit großen Flüssen und Seen bestens zum Kanufahren geeignet; beliebt sind auch Ferien mit dem Hausboot, z. B. auf dem Lake of the Woods bei Kenora. Auch zum Wandern mit vielen Möglichkeiten zur Tierbeobachtung, im Winter zum Skilanglauf und Snowmobilfahren ist der Westen Ontarios bestens geeignet.

Redaktionstipps

> Für die etwa 700 km lange Strecke von **Sault Ste. Marie nach Thunder Bay** benötigen Sie ohne Stopps mindestens 8–10 Stunden; für die Weiterfahrt bis nach Kenora nochmals mindestens 6 Stunden. Besser als die direkte Fahrt ist es, sich Zeit zu nehmen für die reizvolle Landschaft, die eindrucksvollen Parks und die vielen Wanderwege und mindestens eine Zwischenübernachtung einzulegen.

> Unterschätzen Sie nicht die Entfernungen zwischen den Orten, füllen Sie Ihren Tank immer frühzeitig auf und sorgen Sie rechtzeitig für eine Unterkunft.

Zwischen Sudbury und Sault Ste. Marie

Am Highway 17, der parallel zum Ufer des Lake Huron verläuft, liegen mehrere kleine Ortschaften, die sich auch als Ausgangsort für Ausflüge ins Algoma Country eignen.

Der Westen Ontarios

Streckenhinweis

Entfernungen:
  Sudbury – Sault Ste. Marie: 305 km
  Sault Ste. Marie – Wawa: 225 km
  Sault Ste. Marie – Thunder Bay: 709 km
  Sault Ste. Marie – Kenora: 1.170 km
Von Sudbury führt die Fahrt auf dem Hwy 17 über Sault Ste. Marie am Lake Superior entlang nach Thunder Bay und weiter nach Dryden und Kenora.

Blind River

Blind River ist eine ehemalige Holzfällersiedlung mit etwa 3.500 Einwohnern, die auch heute noch ihre Arbeitsplätze vorwiegend in der Forstwirtschaft finden. Die Umgebung des Ortes bietet schöne Strände, gut ausgeschilderte Wanderwege, mehrere Golfplätze, gute Wassersportmöglichkeiten in den nahe gelegenen Seen und eine moderne Marina mit allen Versorgungseinrichtungen.

Im **Timber Village Museum** können Sie sich über den Pelzhandel, das Leben in den Holzfällercamps und den Holztransport informieren.
Timber Village Museum, *180 Leacock St., 1 km östlich am Hwy 17,* ☎ *705-356-7544, geöffnet Ende Mai–Aug. tgl. 10–16.30, Sept.–Mai Mo–Fr 10–16.30 Uhr mit Anmeldung, Eintritt Erwachsene $ 4, Senioren und Studenten $ 3, Kinder von 5–12 J. $ 1, Familienkarte $ 10.*

Neben dem Museum befindet sich die **Blind River Travel Information**. Hier gibt es auch einen netten Picknickplatz mit Kinderspielplatz.
Blind River Travel Information, *243 Causley St.,* ☎ *705-356-5715 oder 1-800-563-8719.*

Jeden Samstag bieten Bauern aus der Umgebung vormittags im Farmer's Market Pavillon auf den Travel Centre Grounds ihre Waren an.

Der Ort **Thessalon** wurde zu Beginn des 19. Jh. nach dem gleichnamigen Fluss benannt, der östlich der Ortschaft in den Lake Huron mündet. Zunächst waren Fischfang, Landwirtschaft und Bergbau die Erwerbsgrundlage der Bevölkerung, aber der Fremdenverkehr entwickelte sich in den letzten Jahrzehnten zur Haupteinnahmequelle, denn die schöne Lage am Lake Huron zieht Segler, Surfer, Angler und Naturliebhaber an.

Das **Thessalon Township Heritage Park and Museum** schildert die Arbeit der Holzfäller und zeigt, wie die ersten Siedler gelebt haben.
Thessalon Township Heritage Park and Museum, *3 km nördlich von Thessalon am Hwy 129,* ☎ *705-843-2033, geöffnet Juli/August tgl. 10–17 Uhr.*

Sault Ste. Marie

An beiden Ufern des St. Mary's River liegt eine Stadt namens Sault Ste. Marie, die eine in der Provinz Ontario, die andere im amerikanischen Bundesstaat Michigan. Der St. Mary's River bildet die Grenze zwischen Kanada und den USA und ist zugleich die Verbindung zwischen dem Lake Superior und dem Lake Huron.

Schon die Indianer hatten diese Gegend wegen ihrer günstigen Lage als Handelsplatz genutzt; als erste Europäer kamen zu Beginn des 17. Jh. französische Voyageure, Pelztierjäger und Händler in das Land der Indianer, mit denen sie regen Handel trieben. **1669** wurde die erste Missionsstation von französischen Jesuiten gegründet, **1671** das Gebiet für Frankreich in Besitz genommen. Nachdem ab **1797/98** die starken Stromschnellen durch den Bau eines Kanals umschifft werden konnten, ließen sich viele französische und englische Siedler am St. Mary's River nieder. Bis **1842** war der Ort ein wichtiges Pelzhandelszentrum. Sault Ste. Marie, das **1887** die Stadtrechte erhalten hatte, gewann durch den Anschluss an die Eisenbahnstrecke der Canadian Pacific Railway weiter an Bedeutung. Wichtige Firmen und Industriebetriebe siedelten sich an und schufen neue Arbeitsplätze. *Stadtgeschichte*

Von großer wirtschaftlicher Bedeutung ist noch heute der Hafen, der zum St.-Lorenz-Seeweg gehört. Über die großen Schleusen, von denen die ersten **1895** auf kanadischer Seite angelegt wurden, gelangen die Schiffe vom Lake Huron in den Lake Superior; in jedem Jahr werden über 100 Mio. t Waren durchgeschleust.

Sehenswürdigkeiten der Stadt

Selten wird die Stadt, in der ca. 75.000 Menschen leben, mit ihrem korrekten Namen genannt – viel gebräuchlicher ist die Abkürzung „The Soo".

Brücke über die Schleuse von „The Soo"

Die größte Sehenswürdigkeit der Stadt, die auf der Landenge zwischen dem Lake Huron und dem Lake Superior liegt, sind die beiden mächtigen Schleusen, von denen je eine auf kanadischer und US-amerikanischer Seite liegt. Es sind die beiden letzten der insgesamt 16 Schleusen des St.-Lorenz-Seeweges, der die Großen Seen mit dem Atlantischen Ozean verbindet. Die kanadische Schleuse, die 1895 gebaut wurde, ist 77 m lang, 15,4 m breit und 3 m tief. Seit 1998 wird sie für Sportboote und Ausflugsverkehr genutzt. Im Besucherzentrum der **Sault Canal National Historic Site (1)** können Sie sich ausführlich über den Bau und die Funktionsweisen der Schleusen informieren. Empfehlenswert ist auch eine zweistündige **Bootsfahrt** mit Lock Tours Canada, Foster Drive, die auf dem St. Mary's River und durch die „Amerikanischen Schleusen" führt.

Sault Canal National Historic Site, *1 Canal Drive,* ☏ *705-941-6262, Besucherzentrum geöffnet tgl. Mitte Mai–Mitte Juni 11.30–19.30, Juli/Aug. 9–19, Sept.–Mitte Okt. 11.30–19.30 Uhr; Eintritt: $ 5.80, Führung $ 2.90.*

Die anderen Sehenswürdigkeiten der Stadt können Sie auf einem Spaziergang besuchen, der vom Informationszentrum am Ufer des St. Mary's River entlang führt, vorbei an der Bahnstation des **Agawa Canyon Tour Train (2)** und dem großen Einkaufszentrum **Station Mall** mit 120 Geschäften bis zur Bootsanlegestelle von Soo Locks Boat Tours, weiter zum Marine Heritage Centre, zum Roberta Bondar Park, zu den historischen Häusern Ermatinger/Clergue und zu verschiedenen Aussichtspunkten, zur Art Gallery of Algoma, zum Sault Ste. Marie Museum und schließlich noch zum Bushplane Heritage Centre.

Die **Ermatinger/Clergue Heritage Site (3)** ist ein gutes Beispiel für die frühe kanadische Architektur. Das Haus wurde 1814 für den prominenten Pelzhändler Charles Ermatinger gebaut und nach der Restaurierung mit kostbaren Möbeln und vielen Haushaltsgegenständen aus der Erbauerzeit ausgestattet. Das Clergue Blockhaus steht auf den Überresten eines Pulvermagazins und ist von einem nach altem Vorbild gestalteten Garten umgeben. Im Juli 2014 wurde auf dem Gelände das **Heritage Discovery Centre** mit interaktiven Ausstellungen eingeweiht, das die Vergangenheit lebendig werden lässt.

Ermatinger/Clergue Heritage Site, *831 Queen St. E.,* ☎ *705-759-5443, www.ecnhs. com, geöffnet tgl. 9.30–16.30 Uhr, Eintritt Erwachsene $ 10, Senioren, Kinder von 3–12 J. $ 8.*

Das **Sault Ste. Marie Museum (4)** im alten Postamt zeigt anschaulich und vielseitig die regionale Geschichte; außerdem gibt es Wechselausstellungen und einen „Entdeckungsraum" zum Anfassen und Ausprobieren.

Sault Ste. Marie Museum, *690 Queen St. E.,* ☎ *705-759-7278, http://saultmuseum. com, geöffnet Juni–Sept. Mo–Sa 9.30–17, sonst Di–Sa 9.30–17 Uhr, Eintritt Erwachsene $ 8, Senioren, Jugendliche und Kinder ab 6 J. $ 6, Familienkarte $ 20.*

Die **Art Gallery of Algoma (5)** bietet wechselnde Kunstausstellungen, Filme und Konzertaufführungen.

Art Gallery of Algoma, *10 East St.,* ☎ *705-949-9067, www.artgalleryofalgoma.com, geöffnet Di–Sa 9–17, Mi bis 21, Mitte Mai–Weihnachten So 12–17 Uhr, Eintritt Erwachsene $ 7, Studenten $ 5.*

Das **Canadian Bushplane Heritage Centre (6)** am östlichen Ende der Bay Street, erinnert an die Piloten und ihre Flugzeuge, die seit 1910 in den entlegenen Gebieten Nordkanadas und bei Notfällen und Löscheinsätzen ihren Dienst taten. Ohne die Fliegerei hätte Kanada nicht so intensiv erforscht und besiedelt werden können. Flugzeuge aller Art sind ausgestellt, z. B. Wasser-, Schneekufen-, Lösch-, Passagier- und Frachtmaschinen, außerdem zahlreiche Memorabilien und Fotos der Buschfliegerei. Auf einem Motorenteststand wird vorgeführt, wie ein Flugzeugmotor gestartet und auf Leistung durchgecheckt wird. *Flugzeugmuseum*

Canadian Bushplane Heritage Centre, *50 Pim St.,* ☎ *705-945-6242 oder 1-877-287-4752, www.bushplane.com, geöffnet Mitte Mai–Mitte Okt. tgl. 9–18, sonst 10–16 Uhr, Eintritt Erwachsene $ 12, Senioren $ 11, Studenten $ 7, Kinder von 5–12 J. $ 3.*

Die mächtigen Dieselloks des Agawa Canyon Train

Sehenswürdigkeiten auf der amerikanischen Seite

„**Soo Locks**" **(7)**, die Schleusen, können von den oberen und unteren Parks eingesehen werden. Der obere Park (Upper Park) hat drei Aussichtstürme. Am östlichen Ende der MacArthur-Schleuse gibt es ein Modell der Schleusen und ein **Besucherzentrum** mit weiteren Informationen.
„**Soo Locks**", *329 W. Portage Ave., ☏ 906-253-9290, geöffnet tgl. Mai–Mitte Okt. 9–21 Uhr, Eintritt frei.*

Der 21-stöckige Aussichtsturm **Tower of History** bietet die Gelegenheit, die Zwillingsstädte von oben zu sehen und sich ein Bild von den beeindruckenden Schleusenanlagen zu machen.
Tower of History, *501 East Water St., ☏ 906-632-3658 oder 1-888-744-7867, www. saulthistoricsites.com/tower-of-history-4/, geöffnet Juli/Aug. Mo–Sa 9.30–17.30, So 10–17, Mai/Juni und Sept./Okt. Mo–Sa 10–17, So ab 12 Uhr, Eintritt Erwachsene $ 7, Kinder und Jugendliche von 5–17 J. $ 3.50.*

Museumsschiff „Valley Camp" und „Great Lakes Maritime Museum": Eindrucksvolles Seefahrtsmuseum mit dem alten Dampfschiff „Valley Camp", mit Schiffsmodellen, der „Marine Hall of Fame" und zahlreichen Ausstellungsstücken zur Geschichte der Seefahrt auf den Großen Seen. Das Schiff liegt weiter östlich, gleich hinter seinem letzten Ankerplatz beginnen auf amerikanischer Seite die „Soo Lock Tours".
Museum Ship Valley Camp und Museum, *5 Blocks östlich der Schleusen, ☏ 906-632-3658, www.saulthistoricsites.com/museum-ship-valley-camp, geöffnet Ende Juni/Ende Aug. Mo–Sa 9–18, So 10–17, Mitte Mai/Ende Juni und Ende Aug./Mitte Okt. Mo–Sa 10–17, So ab 11 Uhr, Eintritt Erwachsene $ 13.50, Kinder und Jugendliche von 5–17 J. $ 7, Kombiticket Museumsschiff und Tower of History Erwachsene $ 18, Kinder und Jugendliche 6–17 J. $ 9.*

Ausflug
In Sault Ste. Marie beginnen verschiedene Touren der **Agawa Canyon Train Tours**, *die mit der Bahn durch die eindrucksvolle, unberührte Gebirgs- und Canyonlandschaft von Algoma führen. Die 183 km lange Fahrt dauert knapp drei Stunden je Richtung und bietet durch große Panoramafenster herrliche Ausblicke auf Berge, Wälder, Seen, Flüsse und Wasserfälle. Am Agawa Canyon, einer tiefen Schlucht mit tobendem Wildwasser, haben Sie gut zwei Stunden Aufenthalt und Gelegenheit, kurze Wanderungen zu unternehmen. Der Zug hat auch einen Speisewagen. Besonders reizvoll ist diese Fahrt Ende Sept./Anfang Okt., wenn im Indian Summer die Wälder in herrlicher Farbenpracht leuchten.*
Agawa Canyon Train Tours, *129 Bay St., ☏ 705-946 7300 oder 1-800-242-9287, www. agawacanyontourtrain.com, Rundfahrten Ende Juni–Mitte Okt. tgl. 8 Uhr, Rückkehr ca. 18 Uhr, Erwachsene $ 95, Senioren $ 85, Kinder und Jugendliche von 6–18 J. $ 45, Kinder von 2–5 J. $ 40, Preise Mitte Sept–Mitte Okt: Erwachsene $ 115, Kinder und Jugendliche von 6–18 J. $ 78, Kinder unter 5 J. $ 55.*

Reisepraktische Informationen zu Sault Ste. Marie

Karte s. S. 323

Information
Tourism Sault Ste. Marie, *99 Foster Dr., ☏ 705-759-5442 oder 1-800-461-6020, www.saulttourism.com.*

Wichtige Anschriften und Telefonnummern
Polizei: ☎ *911*
Krankenhaus: ☎ *705-759-3434*

Unterkunft
Die meisten Hotels liegen an der Wasserfront oder an der Great Northern Road.

$$ Best Western Hotel, *4335 I-75 Business Spur,* ☎ *906-632-2170 oder 1-800-780-7234, www.bestwestern.com, freundliches, gut geführtes Hotel mit 53 Zimmern, Pool, Sauna und modernem Fitnessraum, ca. 3 km südlich der International Bridge.*

$$ Days Inn & Suites (3), *332 Bay St.,* ☎ *705-759-1400, www.daysinn.com, gegenüber der Station Mall zentral gelegenes Hotel mit gut eingerichteten, geräumigen Zimmern.*

$$$ Algoma's Water Tower Inn & Suites (1), *360 Great Northern Rd.,* ☎ *705-949-8111 oder 1-888-461-7077, www.watertowerinn.com, angenehmes Hotel mit 176 ansprechend eingerichteten Zimmern, Swimmingpool, Sauna, Whirlpool.*

$$$ Delta Sault Ste. Marie Waterfront Hotel (4), *208 St. Mary's River Dr.,* ☎ *705-949-0611 oder 1-888-236-2427, www.deltahotels.com/en/hotels, gut gelegenes, empfehlenswertes Hotel mit 195 Zimmern, die meisten mit Blick auf den Fluss, Pool, Sauna, Fitnessraum.*

$$$ Glenview Cottages (2), *2611 Great Northern Rd.,* ☎ *705-759-3436 oder 1-800-668-3100, www.glenviewcottages.com, 30 Ferienhäuser mit 1 und 2 Schlafräumen in ruhiger Umgebung, Spielplatz, Fahrradverleih, Volleyballfelder, Reitmöglichkeit, knapp 10 km außerhalb der Stadt.*

Restaurants
Adolfo's, *920 Great Northern Rd.,* ☎ *705-254-4578, preiswertes Restaurant mit guten, hausgemachten Nudelgerichten.*

Ernie´s Coffee Shop, *13 Queen St. E.,* ☎ *705-253-9216, beliebtes Familienrestaurant mit reichhaltigem Frühstücksangebot, guten Suppen, Sandwiches und Muffins.*

Giovanni's, *516 Great Northern Rd.,* ☎ *705-942-3050, gute, preiswerte italienische Küche, aber auch amerikanische Gerichte.*

Einkaufen
In der Altstadt finden Sie in der Queen St. E. Geschäfte aller Art.

Die Station Mall, 293 Bay St., ☎ *705-946-7239 oder 1-888-277-6880, zwischen Bay St. und St. Mary's River Dr. bietet über 120 Geschäfte und einen Foodcourt. Geschäftszeiten: Mo–Fr 9.30–21 Uhr, Sa 9.30–17.30 Uhr, So 12–17 Uhr.*

Bootsfahrten
Auf der amerikanischen Seite:

Soo Lock Boat Tours, ☎ *906-632-6301, 2-stündige Schiffsfahrten auf dem St. Mary's River, durch die historische kanadische und die amerikanischen Schleusen, Ende Mai–Mitte Okt. tägliche Abfahrten an den Docks #1 (1157 E. Portage Ave.) und #2 (515 E. Portage Ave.), Erwachsene $ 29, Jugendliche von 5–12 J. $ 12.*

Flughafen
Der **Sault Ste. Marie Airport**, *475 Airport Rd.,* ☎ *705-779-3031 liegt ca. 30 km außerhalb der Stadt. Flugverbindungen bestehen mit u. a. mit Toronto, Ottawa, Sudbury, Thunder Bay und Winnipeg.*

Mietwagen
Avis, *475 Airport Rd.,* ☎ *705-779-2644*
Budget, *475 Airport Rd.,* ☎ *705-779-2644*
National Car Rental, *308 Great Northern Rd.,* ☎ *844-307-8014*

Von Sault Ste. Marie nach Thunder Bay

Die Fahrt von Sault Ste. Marie nach Thunder Bay verläuft zum größten Teil am Lake Superior entlang und führt in den nordwestlichen, rauen, landschaftlich sehr reizvollen Teil Ontarios. An der Strecke gibt es einige Ortschaften, die wegen der Eisenerz-, Mineralien-, Edelstein-, Silber- und Goldvorkommen gegründet wurden. Einige der Minen an dieser Strecke können besichtigt werden, im Vordergrund stehen aber die Naturerlebnisse und -erfahrungen auf Wanderungen, Kanutouren und Radfahrten.

Dem Naturfreund bietet sich in dieser Region eine Fülle großartiger Naturerscheinungen: Wasserfälle, Küstenformationen, Canyons und unzählige Flüsse und Seen.

Am Hwy 17 liegen zahlreiche, meist einfachere Motels für die Durchreisenden; abseits der Hauptstraße, an den Ufern der Seen und Flüsse, gibt es viele Übernachtungsmöglichkeiten, die vom einfachen Blockhaus bis zum luxuriösen Fly-In-Resorthotel reichen. Nehmen Sie sich Zeit für diese Strecke, unterbrechen Sie die Fahrt, um in den zahlreichen wunderschönen Provinzparks zu wandern, bei einem Picknick die herrlichen Ausblicke auf den Lake Superior zu genießen, ein Kanu zu mieten oder einen Bootsausflug auf dem See zu machen.

Trans Canada Highway

Wenn Sie nach etwa 70 km hinter Sault Ste. Marie den Chippewa River überqueren, sehen Sie einen Merkstein für den 1962 fertiggestellten „Trans-Canada Highway". Der Stein wurde 1964 hier, etwa bei der Hälfte der Gesamtlänge des 7.775 km langen Highway, aufgestellt.

Genießen Sie die wunderschöne Fahrt am See entlang und planen Sie Fotostopps und Pausen ein, z. B. im **Batchawana Bay Provincial Park** mit Seen, Wäldern, schönen Wanderwegen von unterschiedlicher Länge und zahlreichen kleinen Motels und Lodges.

Der Hwy 17 durchquert dann auf einer Strecke von ca. 80 km den etwa 130 km nördlich liegenden Lake Superior Provincial Park.

Lake Superior Provincial Park

Der Park dehnt sich über eine Fläche von 1.200 km² aus. Naturpfade, Wanderwege und Kanurouten erschließen die raue Wildnis, in die kleine Waldseen mit schönen Sandstränden eingebettet sind; das Wasser der Seen ist jedoch auch im Sommer recht kalt. Mit Fragezeichen gekennzeichnete Schilder weisen auf Informationsstellen im Park hin.

Vom **Park Office** aus werden geführte Wanderungen und Naturbeobachtungen angeboten; so sind z. B. Elche im Park gut zu beobachten. Besonders sehenswert sind Felsmalereien der Ojibwa-Indianer am Agawa-Felsen, die sie 8 km nördlich der Agawa Bay sehen können. Folgen Sie dorthin einem kurzen, gut ausgeschilderten Weg zu einer 30 m hoch aufragenden Felswand, auf der 35 jahrhundertealte Felszeichnungen zu sehen sind. Außerdem gibt es im Park drei große Camping- und mehrere Picknickplätze, einen Kanuverleih und Angelmöglichkeiten.
Park Office, ☏ *705-856-2284, www.lakesuperiorpark.ca, der Park ist ganzjährig geöffnet, Die einfache Fahrt durch den Park, ohne Aufenthalt im Park, ist kostenlos. Wenn man die Trails benutzt oder Badeplätze aufsucht, müssen Gebühren pro Person und Pkw je nach Aufenthaltsdauer bezahlt werden.*

Die Ortschaften liegen weit auseinander und ziehen sich meistens mit ihren Häusern, Tankstellen, kleinen Betrieben, einfachen Restaurants und Motels am Highway ent-

An einem Strand im Lake Superior Provincial Park

lang. Die Orte selbst sind nicht sehr sehenswert, haben aber meist gut geführte Informationszentren und dienen als Ausgangspunkte für Wanderungen, Rad- und Kanutouren.

Nach 225 km erreichen Sie den Ort Wawa.

Wawa

„Wawa" bedeutet in der Sprache der Ojibwa-Indianer „Wildgans" – und so sehen Sie das Wahrzeichen des Ortes, die 9 m hohe Wildgans-Statue, gleich am Ortseingang. Wawa ist Ausgangspunkt für die Erkundung des Lake Superior Provincial Park, für Kanutouren in der weiteren Umgebung und für Fly-in-Fishing-Camps in den nördlich angrenzenden Gebieten: Sie werden dabei mit einem Wasserflugzeug in eine einsam gelegene Lodge geflogen, wo Sie in völliger Ruhe fischen oder sich einfach entspannen können.

Ausflugsziele in der Umgebung Wawas sind

➤ der nur wenige Minuten entfernte **Lion's Waterfront Park** am Wawa Lake und der **Sandy Beach Eco-Interpretive Park** mit großartigem Ausblick, weißem Sandstrand und einem kleinen Infocenter, wo man sich über die Geschichte der First Nations informieren kann,

➤ die **Scenic High Falls** mit einem schönen Picknickplatz am Wasserfall; Schautafeln informieren über die Entstehungsgeschichte,

➤ **Mitchipicoten Harbour und Silver Falls**, ein wunderschönes Wandergebiet, das neben herrlichen Ausblicken auf den Lake Superior auch noch gute Badeplätze bietet,

Schöne Ausflugsziele

➤ der **Obatanga Provincial Park** liegt 56 km nordwestlich von Wawa; 32 mit einander verbundene Seen sind für Kanufahrer ein Paradies. Kanus können am Besucherzentrum gemietet werden.

Die Wildgans – das Wahrzeichen von Wawa

Reisepraktische Informationen zu Wawa

ℹ️ Information
Regional Tourist Information Centre, *an der Kreuzung von Hwy 17 und Hwy 101,* ☎ *705-856-2244 oder 1-800-367-9292, www.wawa.cc und www.experiencewawa.ca.*

🛏️ Unterkunft
$$ High Falls Motel and Cabins, *280 King's Hwy,* ☎ *705-856-4496 oder 1-888-856-4496, www.highfallsmotel.com, gut geführtes Motel mit drei rustikal eingerichteten Zimmern und sieben Blockhütten, freundliche Besitzer.*
$$ Miss Ellie's Bed & Breakfast, *14 Ross St.,* ☎ *795-856-7156, www.bbcanada. com/8389.html, kleines Haus mit drei freundlich eingerichteten Nichtraucher-Zimmern, Frühstück nach Wahl.*
$$ The Mystic Isle Motel, *am Hwy 17,* ☎ *705-856-1737 oder 1-800-667-5895, www. mysticisle.com, Motel mit 14 geräumigen Zimmern, teils mit kleiner Küchenecke, in ruhiger Lage.*
$$ Wawa Northern Lights Motel & Chalets, *am Hwy 17 N, 8 km außerhalb von Wawa,* ☎ *705-856-1900, www.nlmotel.com, Motel mit vier Zimmern und Cottages, mit Frühstücksbuffet.*

🍴 Essen und Trinken
Cedarhof, *Highway 17 S.,* ☎ *705-856-1136, gut geführtes Restaurant mit guter europäischer und kanadischer Küche und einer großen Terrasse, hier bekommen Sie selbstgebackenes Brot und Kuchen.*

Hinter Wawa führt der Hwy 17 am Catfish Lake vorbei, berührt den **Obatanga Provincial Park** und erreicht nach ca. 90 km den kleinen Ort **White River**, der etwa auf der halben Strecke zwischen Sault Ste. Marie und Thunder Bay liegt. Im Ort gibt es mehrere einfache Motels, die sich für eine Zwischenübernachtung eignen; in der Umgebung mit mehreren Provinzparks und Seen laden Campingplätze und einsam gelegene Lodges zu längerem Aufenthalt ein. Wahrzeichen des Ortes ist die 1922 aufgestellte Statue von „Winnie the Pooh", die am Information Centre direkt am Hwy 17, ☏ 807-822-2794, steht.

Winnie the Pooh

info

Das beliebte Kinderbuch „Winnie the Pooh" hat seinen Ursprung in dem kleinen Ort White River. 1914 fuhr der junge Soldat Captain Harry Colebourne mit dem Zug von Winnipeg nach Val Quartier in Québec. Während der Zug in White River mit Kohle und Wasser versorgt wurde, sah Colbourne einen Trapper mit einem jungen Bären im Arm. Dieser gefiel dem Captain so gut, dass er ihn für 20 Dollar kaufte. Er nannte ihn Winnipeg, nahm ihn mit zur Ostküste und von dort auf ein Schiff nach England.

Als Colbourne mit seinem Regiment nach Frankreich verlegt wurde, konnte er Winnie nicht mitnehmen; deshalb übergab er den kleinen Bären dem Londoner Zoo, wo dieser bald zu einer beliebten Attraktion wurde. Als A. A. Milne mit seinem Sohn Christopher den Zoo besuchte, wurde Winnie schnell zu dessen Lieblingstier.

1926 veröffentlichte A. A. Milne die „Geschichte vom kleinen Bärenkind". Alljährlich am 3. Wochenende im August wird in White River das „Winnie's Hometown Festival" gefeiert.

„Winnie the Pooh"

Sie folgen weiter dem Hwy 17 und kommen nach Marathon.

Marathon

Der kleine Ort gewann an wirtschaftlicher Bedeutung, als eine große Papierfabrik im Ort gebaut und nochmals, als 1983 in Hemlo Gold entdeckt wurde. Viele Bewohner finden heute Arbeit in den Minen; in Hemlo gibt es die drei größten Goldminen Kanadas. In der sehr gut sortierten Touristeninformation, die direkt am Hwy 17 liegt, sehen Sie eine interessante Ausstellung mit Filmen und Materialsammlungen zum **Pukaskwa National Park**.

Nur 2 km von Marathon entfernt liegt der **Pebble Beach**, ein beliebter Badestrand mit besonders großen, gerundeten Kieseln.

Reisepraktische Informationen zu Marathon

Information
Marathon Information Centre, ☎ 807-229-0480 oder 1-800-621-1029 (Mai–Sept.).

Hinweis
Jedes Jahr im Juli findet im „Pic River First Nations Reserve" ein traditionelles Pow Wow statt.

Unterkunft
$$ Marathon Harbour Inn, *67 Peninsula Rd.,* ☎ *807-229-2121, einfaches Motel mit kleinen, aber sehr sauberen Zimmern.*
$$ Peninsula Inn, *am Hwy 17,* ☎ *807-229-0651 oder 1-866-866-8444, www.peninsula motorinn.com, Motor Inn mit 21 ordentlich eingerichteten Zimmern und freundlichem Restaurant.*
$$–$$$ Lakeview Manor, *24 Drake St.,* ☎ *807-229-2248, www.canadianbandbguide. ca/bb.asp?ID=3445 und www.bbcanada.com/3917.html, schön gelegenes Haus mit fünf Zimmern, schönem Aufenthaltsraum mit Kamin und großartigem Blick auf den Lake Superior, ganzjährig geöffnet.*

Die Umgebung Marathons bietet gute Wander-, Wassersport- und Campingmöglichkeiten, z. B. auf **Pic Island** und im **Neys Provincial Park**, der 25 km westlich am Hwy 17 liegt. Sandstrände laden zum Baden ein, Wanderwege führen zu den schroffen Klippen am Lake Superior. Es gibt auch einen Kanuverleih. Im Park finden Sie ein Hinweisschild zu den Überresten eines Lagers, in dem 1941/42 deutsche Kriegsgefangene lebten.
Neys Provincial Park, ☎ *807-229-1624, www.ontarioparks.com, geöffnet Mitte Mai–Mitte Sept.*

Am Pebble Beach

Pukaskwa National Park

Vor Marathon zweigt vom Hwy 17 die kleine Straße Nr. 627 ab und führt an den Nationalpark heran; der Park selbst ist jedoch nur zu Fuß oder mit dem Kanu zu erkunden. Im Frühjahr sind Wildwasserfahrten auf dem Pukaskwa River und dem White River möglich. Für Wanderer und Kanufahrer sind wegen des Klimas nur die Sommermonate zu empfehlen, im Winter bietet sich der Park zum Ski-Langlauf an.

Wildwasser- und Kanufahrten

Der Nationalpark, dessen Name „Puck-a-saw" ausgesprochen wird, ist der einzige Wildnispark Ontarios, ein 1.878 km² großes Ökosystem, das die Küste des Lake Superior und die borealen Wälder einschließt. Eine der vielfältigen wissenschaftlichen Forschungen im Nationalpark beschäftigt sich mit den Lebensgewohnheiten und Interaktionen zwischen Elchen, Wölfen und Karibus. Der Nationalpark ist durch dichte Nadelwälder geprägt, die mit hellen Birken- und Espenwäldern abwechseln.

Der Reiz des Parks besteht in dem Gegensatz zwischen der riesigen Wasserfläche des Lake Superior, der 128 km langen Uferlinie und den felsigen Landplatten des Kanadischen Schildes. Es führt keine Straße durch den Park; die Erkundung kann nur per Kanu oder zu Fuß erfolgen und ist nur Wildnis erfahrenen Wanderern und Kanuten zu empfehlen.

Reisepraktische Informationen zum Pukaskwa NP

i   *Der Park ist ganzjährig geöffnet, der Campingplatz von Mai–Sept. Bevor Sie aufbrechen, um in das 1.878 km² große, einsame, raue Urwaldgebiet mit felsigen Küstenabschnitten und dichten Wäldern vorzudringen, sollten Sie sich im* **Besucherzentrum***, dem „Travel Information Centre", ausführlich informieren.*
In der Nähe des Besucherzentrums gibt es Picknickplätze, Badestrände und kurze, beschilderte Wanderwege, die an der Küste entlang, zu Aussichtspunkten und zu kleinen Inseln führen. Wanderer und Kanufahrer, die ins Innere des Nationalparks vordringen wollen, müssen ihre Tour im Besucherzentrum anmelden und eine Gebühr bezahlen.

Das **Besucherzentrum***, Hattie Cove, liegt 25 km östlich von Marathon am Hwy 626, ☎ 807-229-0801, www.pc.gc.ca/eng/pn-np/on/pukaskwa/index.aspx, geöffnet Juli/Aug. 9–16 Uhr. Hier ist der Ausgangspunkt für alle Parkaktivitäten. Eintritt Erwachsene $ 6, Senioren und Studenten $ 5, Jugendliche bis 16 J. $ 3, Kinder unter 6 J. frei, Familienkarte $ 15.*

Karten und Bücher
Erhältlich bei **Friends of Pukaskwa***, General Delivery, Heron Bay, ☎ 807-229-0801.*

Unterkunft
Im Park gibt es keine Lodges; übernachten können Sie in Marathon oder Heron Bay.

Camping
Es gibt einen einfachen Campingplatz mit 67 Plätzen, Schutzhütten und Waschräumen im Park, der von Anfang Juni–Ende Sept. geöffnet ist. Preise im Sommer ab $ 25.

Kanus
Kanus können am Pic River in der Nähe des Parkeingangs gemietet werden.

Wandern
Sehr schön ist der 60 km lange **Coastal Hiking Trail***, an dem einige sehr einfache Zeltplätze liegen.*

Algoman Hills

Küste mit schönen Ausblicken

Von Marathon folgt der Hwy 17 weiter dem Küstenverlauf des Lake Superior; die zerklüftete Küste wird durch die **Algoman Hills** gebildet. Auffallend sind die vielen ungewöhnlichen Felsformationen, die zu den ältesten der Welt zählen, und die roten Klippen. Die vielen Rastplätze entlang der Straße bieten wunderschöne Ausblicke auf den Lake Superior mit vielen kleinen bewaldeten Inseln und laden zum Picknick ein.

 Unterkunft
In den kleinen Ortschaften Terrace Bay, Schreiber, Rossport, Nipigon und Red Rock gibt es gute Übernachtungsmöglichkeiten.

Terrace Bay

Die Ortschaft Terrace Bay zieht sich am Hwy 17 entlang; Schilder weisen zum Golfplatz und zum ca. 3 km entfernten schönen, kleinen Strand. Der Ort mit etwa 1.700 Einwohnern ist bekannt für die guten Möglichkeiten zum Angeln, Wandern, Schwimmen, Jagen, Tauchen und Skifahren im Winter. Terrace Bay ist ein guter Ausgangspunkt zur 2007 eingerichteten **Lake Superior National Marine Conservation**. Mit einer rund 10.000 km² großen Wasserfläche und zahlreichen Inseln erstreckt sich das größte Süßwasser-Schutzgebiet der Welt über 140 km am Nordufer des Lake Superior, dem angestammten Lebensraum der Ojibwa-Indianer.

 Information
Terrace Bay Tourist Information Centre, *1008 Hwy 17,* ☏ *807-825-3315, www.terracebay.ca, geöffnet Mitte Mai–Mitte Okt. tgl. 9–20 Uhr.*

 Unterkunft
$$ **Coach House Motel**, *Jackfish Lake, Hwy 17,* ☏ *807-825-9113, www.coach housemotel.net, das nur im Sommer geöffnete Hotel liegt 18 km östlich von Terrace Bay, mit freundlich eingerichteten Zimmern und dem „Wilderness Café" für Hausgäste.*

Schreiber

In der Nähe des Ortes Schreiber liegt am Hwy 17 der **Rainbow Falls Provincial Park** mit zwei Campingplätzen. Beliebt sind der zu den Wasserfällen führende Rainbow Trail und der Badestrand am Whitesand Lake. Geöffnet von Juni bis Ende September.

 Information
Township of Schreiber, *Kontakt für Touristen: Mark Giordani, 204 Alberta St.,* ☏ *807 824 2711, ced@schreiber.ca, www.schreiber.ca.*

 Wanderung
Von Terrace Bay über Schreiber führt der abwechslungsreiche North Superior Hiking Trail über 48 km nach Rossport. Dieser ist Teil des insgesamt 1.100 km langen Voyageur Trail, der erst abschnittsweise fertig gestellt ist und sich einmal von Manitoulin Island am Lake Superior entlang bis nach Thunder Bay hinziehen soll.

Rossport

Rossport ist ein kleiner Fischerort, dessen Hafen in einer natürlichen Bucht durch eine Reihe vorgelagerter Inseln geschützt ist. Lange Zeit war der Fischfang die wichtigste Erwerbsquelle der Bewohner. Der Bau der Eisenbahnstrecke der Canadian Pacific Railway machte den schnellen Transport der frischen Fischfänge möglich, sodass der Ort wirtschaftlich an Bedeutung gewann. Nach dem Rückgang der Erträge spielt der Fischfang heute kaum noch eine Rolle. Stattdessen ist der Ort heute beliebt als Ausgangspunkt für Naturfreunde, Wanderer und Sportler; der Hafen wird wegen seiner guten Infrastruktur von Sportschiffern geschätzt. Seit 2009 gehören die acht vorgelagerten Wilson Islands zur Lake Superior National Marine Conservation Area; unter besonderem Schutz stehen die Felszeichnungen und archäologische Funde der Ureinwohner auf der **Sibley Peninsula**.

Ein kleines Museum berichtet über die Geschichte des Ortes.

Das ehemalige Bahnhofshotel aus dem Jahr 1884 wurde zu einem gemütlichen Landgasthaus umgebaut. Rossport hat einige einladende Restaurants und Übernachtungsmöglichkeiten; im Hafen werden in den Sommermonaten täglich Bootsausflüge angeboten.

Reisepraktische Informationen zu Rossport

Unterkunft

$$ Island Shores Bed & Breakfast, 440 Main St., ☎ 807-824-1182, www.bb canada.com/10755.html, schön gelegenes und gepflegtes Haus mit drei liebevoll eingerichteten Zimmern, schönem Aufenthaltsraum mit Kamin und Bibliothek, sehr gutes Frühstück.
$$ Rossport Inn, 6 Bowman St., ☎ 807-824-3213 oder 1-877-824-4032, das ehemalige Bahnhofshotel der Canadian Pacific Railway wurde in ein gemütliches Landgasthaus mit persönlicher Atmosphäre umgewandelt und verfügt nun über sechs Zimmer, die sich zwei Bäder teilen müssen, und neun Blockhütten mit Bad und Seeblick; das Restaurant ist bekannt für seine gute Küche, häufig wird frisch gefangener Fisch angeboten.
$$ Serendipity Gardens Guest House, 222 Main St., ☎ 807-824-2890, www.seren dipitygardens.ca, ungewöhnlich gestaltetes, modernes Gästehaus mit vier Studios mit kleiner Küchenzeile und gutem Restaurant.
$$ The Willows, 116 Main St., ☎ 807-824-3389 oder 1-877-825-1275, www.bbcanada. com/willowsinn, ganzjährig geöffnetes, einladendes Bed&Breakfast-Haus mit privaten Bädern, freundlich eingerichteten Zimmern, einem guten Frühstück und schönem Ausblick auf den Lake Superior.

Bootsfahrten

Discovery Charters, Main Dock, ☎ 807-824-3323, 1,5–2-stündige Bootstour durch die Rossport vorgelagerte Inselwelt, pro Person $ 55.

Zwischen Rossport und Nipigon liegt der **Kama Lookout** (östlich am Hwy 17), von dem sich ein weiter Panoramablick auf die Kama Bay und den Lake Superior bietet.

Nipigon

Nipigon liegt an der Mündung des gleichnamigen Flusses in den Lake Superior. Er ist vor allem bei Anglern bekannt und beliebt, 1915 wurde in Nipigon die größte Forelle der

Welt geangelt. Sie wog 6,58 kg. Im Ort selbst fallen die drei „Nipigon Murals" auf, die von dem Künstler Dan Sawatsky an den Hauswänden gestaltet wurden.

Reisepraktische Informationen zu Nipigon

i **Information**
Information Centre, *direkt am Hwy 11/17,* ☏ *807-887-3188, http://nipigon.net/ business/business-directory/municipal, geöffnet von Ende Mai–Anfang Sept.*

Unterkunft
$$ Northland Motel, *an der Kreuzung Hwy 17/11,* ☏ *807-887-2032, www. northland-motel.com, kleines Hotel mit 18 freundlich eingerichteten Zimmern auf schönem Gelände.*
$$–$$$ Birchville Motel, *RR # 1, Hwy 11/17,* ☏ *807-887-3141, http://birchvillemotel. com, sympathisches Motel mit 8 Zimmern (teils mit Kochnische), darunter 1 Familienzimmer. Reservierung empfohlen.*

Bootsfahrten
In Nipigon werden Bootsfahrten auf dem Lake Superior und zu den vorgelagerten Inseln angeboten. Erfahrene und sachkundige Schiffsführer bringen Sie ganz nach Wunsch zu den schönsten Buchten, erklären Flora und Fauna der Küstenregion, zeigen Ihnen interessante Felsmalereien und erzählen Geschichten und Märchen der Indianer. Die Dauer der Fahrten reicht von zweistündigen Ausflügen bis zu mehrtägigen Fahrten.

Wandern
Zwischen den Ortschaften Nipigon und Red Rock wurde der Nipigon River Recreation Trail angelegt, der zu kurzen Spaziergängen rund um die Marina, einem ca. einstündigen Rundweg nach Sawmill Point, aber auch zu einer ca. dreistündigen, mittelschweren Wanderung nach Red Rock einlädt.
Unterwegs bietet sich Gelegenheit, seltene Pflanzen zu sehen und Adler, Falken, Pelikane und Kraniche, aber auch Elche, Otter und Biber zu beobachten. Entlang des Weges sind Informationstafeln aufgestellt. Der Weg ist ganzjährig zugänglich; während der erste Abschnitt leicht zu begehen ist, gibt es auf der Strecke von Sawmill Point nach Red Rock einige steile Wegstücke; drei Rastplätze bieten unterwegs sehr schöne Ausblicke auf die Nipigon Bay und die vorgelagerten Inseln, z. B. von Eagle's Ridge aus. In der Touristeninformation von Nipigon gibt es eine Broschüre mit Wanderkarte zum Nipigon River Recreation Trail.

Mit dem Auto ist Red Rock über die Straße 628 zu erreichen.

Red Rock

Der Ort, der 8 km südlich des Hwy 17 liegt, zieht sich am Ufer des Lake Superior entlang, wo eine Marina und ein Fußgängerweg mit mehreren Picknickplätzen angelegt wurden.

Im Sommer verkehren Boote zur Isle Royale und zu den Orten an der Südküste des Lake Superior. Für Sportler gibt es Gelegenheit zum Segeln, Windsurfen, Golfen, Wandern und Fahrradfahren. Im Winter zieht es Wintersportfreunde zum Skifahren, Eisklettern und Snowmobilefahren nach Red Rock, das an den Trans-Ontario-Provincial Snowmobile Trails liegt; und im Februar wird der Karneval gefeiert.

Auf dem letzten Streckenabschnitt führt der Hwy 17 über Dorion nach Thunder Bay.

Dorion

Von **Dorion** führt eine kleine Straße zum **Ouimet Canyon**. Vom Parkplatz gehen Sie über einen ca. 1 km langen Trail zum bis zu 150 m tiefen Ouimet Canyon. Von Aussichtsplattformen können Sie hinunter in die Tiefe schauen, wo arktische Pflanzen wachsen, denn die Sonne dringt nur selten in die Schlucht. Sogar im Hochsommer sehen Sie noch winterliche Eis- und Schneereste.

Bei **Pass Lake** führt der Hwy 587 zum **Sleeping Giant (Sibley-)Provincial Park** mit dem Wahrzeichen von Thunder Bay, dem „Sleeping Giant". Die Beschreibung des Parks finden Sie auf S. 341 bei den Ausflugszielen von Thunder Bay.
Entlang des Hwy 17 finden Sie mehrfach Hinweisschilder auf Mineralien-Minen (s. Ausflugsziele in der Umgebung von Thunder Bay, S. 341).

In Pass Lake können Sie beim Old Station Master's House in **Karen's Country Kitchen** eine Kaffeepause mit selbstgebackenen Kuchen oder eine Rast mit frischen Salaten und vegetarischen Gerichten einlegen und dabei den Ausblick auf den Pass Lake genießen,
Karen's Country Kitchen, *Hwy 587, 6 km vom Hwy 11/17 entfernt, ☎ 807-977-2882, www.karenskountrykitchen.com, geöffnet Juni Fr–So 12–19, Juli/Aug. Mi–So 12–19, Sept./Okt. Do–So 12–18 Uhr.*

Ein Blick in den Ouimet Canyon

Bevor Sie **Thunder Bay** erreichen, sehen Sie am Hwy 11/17 einen Aussichtspunkt mit einem Standbild zu Ehren von Terry Fox. Auf demselben Gelände befindet sich das **Terry Fox Tourist Information Centre**.
Terry Fox Tourist Information Centre, *☎ 807-983-2041 oder 1-800-667-8386, ganzjährig geöffnet von 9–17, in den Sommermonaten –19 Uhr.*

Terry Fox

info

Eine 2,70 m hohe Bronzestatue erinnert an Terry Fox, der für viele Kanadier zu einer Symbolfigur geworden ist. Im Jahr 1980 startete der 18-Jährige, der durch Krebs ein Bein verloren hatte, zu einem „Marathon der Hoffnung", der ihn von der Küste in British Columbia zur Küste nach Newfoundland quer durch ganz Kanada führen sollte. Bei diesem Lauf sammelte er Spenden zur Finanzierung der Krebsforschung. Jeden Tag legte er 42 km zurück, aber nach 5.373 km zwang ihn der erneute Ausbruch der Krankheit zum Abbruch. Er kehrte nach Hause zurück und starb im folgenden Jahr.

Östlich von Thunder Bay wurde zur Erinnerung an den jungen Mann die Statue am Hwy 11/17 aufgestellt; seitdem trägt der Trans-Canada-Highway auf dem Streckenabschnitt zwischen Nipigon und Thunder Bay den Namen „Terry Fox Courage Highway".

Thunder Bay und Umgebung

1970 schlossen sich die Ortschaften Fort William und Port Arthur zur Stadt Thunder Bay zusammen, die am Nordufer des Lake Superior liegt und als Tor zu den Prärieprovinzen gilt. Thunder Bay hat ca. 110.000 Einwohner und ist der drittgrößte Hafen Kanadas und letzte kanadische Stadt am St.-Lorenz-Seeweg. Der Hafen hat große wirtschaftliche Bedeutung, da hier nicht nur Erze und Kohlen verladen werden, sondern vor allem auch Getreide aus den kanadischen Prärien, wie die riesigen Weizensilos mit einer Speicherkapazität von 2 Mio. t zeigen.

Auffällig ist die ethnische Spannbreite in der Bevölkerung, denn in der Stadt leben 43 verschiedene Volksgruppen, deren kulturelle Einrichtungen das Stadtbild prägen, wie z. B. das Scandinavia House, das Italian Cultural Centre oder der Finnish Labour Temple. Unter den ethnischen Minderheiten sind die Finnen am stärksten vertreten; in und um Thunder Bay lebt sogar die größte finnische Gemeinde außerhalb des Mutterlandes. Thunder Bay ist vor allem ein ausgezeichneter Ausgangsort für Fahrten in das eindrucksvolle Umland mit vielen landschaftlichen Höhepunkten und interessanten Sehenswürdigkeiten.

Sehenswürdigkeiten der Stadt

Aussichts-punkt

Einen schönen Überblick über Thunder Bay gewinnen Sie, wenn Sie auf den 483 m hohen Mount-McKay-Aussichtspunkt im Reservat Fort William Ojibwa am Hwy 61 B hinauffahren. Die dort lebenden Indianer erheben eine kleine Zugangsgebühr.

Mit Hilfe einer Broschüre der Touristeninformation **Thunder Bay Historical Walking Tours** können Sie einen Rundgang durch das historische Viertel der Stadt machen.

Im **Thunder Bay Museum** können Sie sich über die Geschichte des nordwestlichen Teils von Ontario informieren.
Thunder Bay Museum, *425 Donald St. E.,* ☎ *807-623-0801, www.thunderbaymuseum. com, geöffnet Mitte Juni–Anfang Sept. tgl. 11–17, im Winter Di–So 13–17 Uhr, Eintritt Erwachsene $ 3, Kinder von 6–17 J. $ 1.50.*

Im **Founders Museum and Pioneer Village** werden Sie in die Zeit um 1900 zurückversetzt; Bahnstation, Häuser, Geschäfte, die Kirche, die einklassige Schule und Werkzeuge und Gebrauchsgegenstände vermitteln ein lebendiges Bild vom Alltag jener Zeit.
Founders Museum and Pioneer Village, *Highway 61 & Gillespie Rd.,* ☎ *807-475-7424, www.oliverpaipoonge.ca/the-founders-museum-pioneer-village, geöffnet Mai–Sept. Fr–So 13–16.30 Uhr.*

Die Marina von Thunder Bay

Die sehenswerte **Thunder Bay Art Gallery** zeigt wechselnde Ausstellungen zeitgenössischer indianischer Künstler, z. B. Webarbeiten, Töpfereien, Bilder und Skulpturen.
Thunder Bay Art Gallery, *Confederation College Campus, 1080 Keewatin St./Red Lake Rd., ☎ 807-577-6427, http://theag.ca, geöffnet Di–Do 12–20, Fr–So 12–17 Uhr, Eintritt Erwachsene $ 3, Senioren und Studenten $ 1.50, Kinder unter 12 J. frei.*

Die **International Friendship Gardens**, Victoria Avenue/Legion Track Drive, wurde von den Angehörigen der verschiedenen, in Thunder Bay lebenden ethnischen Gruppen entworfen und angelegt. Tagsüber frei zugänglich.

Der **Centennial Park** erstreckt sich im Norden der Stadt über 57 ha am Current River. Neben einer kleinen Tierfarm und einem Museum gibt es die Rekonstruktion eines typischen Holzfällerlagers des frühen 20. Jh. mit Blockhütten, einer Schmiede und einer „Küche". Kanus und Boote werden vermietet. Im Park gibt es ein gutes Wegenetz für Wanderer, Radfahrer und Skiläufer.   *Kanu- und Bootsfahrten*
Centennial Park, *Boulevard Lake Park Rd., ☎ 807-625-2941, geöffnet tgl. 7.30 Uhr bis zum Einbruch der Dämmerung; das Holzfällerlager ist von Juni–Okt. tgl. 8–19 Uhr geöffnet, sonst bis 16 Uhr, Eintritt in den Park frei.*

Das **Duke Hunt Museum** informiert über das Leben der Pioniere, die das Land gegen Ende des 19. Jh. besiedelte.
Duke Hunt Museum, *3218 Rosslyn Rd., 14 km westlich am Hwy 130, ☎ 807-939-1262, www.oliverpaipoonge.ca/museums/content/the-duke-hunt-historical-museum, geöffnet Mai–Ende Aug. Di–So 13–17 Uhr, Eintritt Erwachsene $ 2, Kinder 6–12 J. $ 1.*

Ausflugsziele in der Umgebung von Thunder Bay

Das Gebiet um **Fort William** war bereits vor über 200 Jahren ein wichtiger Handelsposten. 1801 bauten die Engländer ein Fort, das schon bald von der „Northwest Company of Montreal" als Hauptumschlagplatz genutzt wurde. In jedem Sommer trafen sich hier die Indianer und Trapper, die ihre Felle und Pelze gegen die Waren eintauschten, die die Voyageure aus Montréal mitbrachten.

Museums-
dorf
Old Fort William ist die Rekonstruktion des britischen Forts und besteht aus mehr als 40 Gebäuden, die von mächtigen Palisaden umgeben sind. Im Fort wird die Zeit um 1815 wieder lebendig, wenn Indianer, Trapper, Pelzhändler, Soldaten, Angestellte der Northwest Company, Frauen und Kinder in der Kleidung jener Zeit ihren alltäglichen Beschäftigungen nachgehen. Sie fertigen Kanus aus Birkenrinde an, beschlagen die Pferde, putzen ihre Waffen, wiegen die Felle und packen sie in Ballen, sie säubern die Häuser, backen Brot oder bereiten das Essen zu.

Fort William Historical Park, *1350 King Rd., 8 km außerhalb der Stadt, ☎ 807-577 8461 oder 1-807-473-2344, www.fwhp.ca, geöffnet ganzjährig 10–17 Uhr, Führungen alle 45*

Begrüßung im Fort William

Min. (Mitte Sept.–Mitte Mai nur mit Reservierung), Eintritt Erwachsene $ 14, Senioren und Studenten $ 12, Kinder 6–12 J. $ 10, Kinder unter 5 J. frei.

Der **Sleeping Giant (Sibley-)Provincial Park** verfügt über ein Streckennetz von fast 80 km Wanderwegen; in den schluchtenreichen Wäldern leben noch Bären, Luchse, Füchse, Biber und Hirsche sowie über 200 Vogelarten. Das Wahrzeichen von Thunder Bay ist der „Sleeping Giant", eine 11 km lange und 335 m hohe Felsformation, die Teil einer in den Oberen See hineinragenden Halbinsel ist. Diese erinnert an einen „schlafenden Riesen", von dem die alten Geschichten der Ojibwa-Indianer berichten. *Fast 80 Wanderwege*

Sleeping Giant (Sibley-)Provincial Park, ☎ *807-977-2526, www.ontarioparks.com, liegt nordöstlich von Thunder Bay. Sie erreichen ihn über den Hwy 17, wo nach 35 km bei **Pass Lake** der Hwy 587 abzweigt, der zum Provinzpark führt. Ganzjährig geöffnet (Campingplätze von Mai–Okt.).*

Die Legende erzählt, dass, lange bevor die Weißen dieses Gebiet besiedelten, hier die Ojibwa-Indianer lebten und den Gott Nanibijou, den „Großen Geist", verehrten. Er lebte auf dem Mt. McKay und beobachtete und beschützte die Indianer, damit sie heil den „Gitchie Gumee", den Lake Superior, befahren konnten. Als Dank für ihre Opfergaben schenkte Nanibijou den Ojibwa eine reiche Silbermine, warnte sie aber davor, den Ort der Mine an die Weißen zu verraten.

Ein geldgieriger Indianer erzählte aber den Weißen von der Silbermine. Als diese dann in ihren Kanus heranfuhren, kam ein großer Sturm auf, und alle ertranken. Am Morgen danach stieg die Halbinsel aus dem See in Form eines großen, schlafenden Giganten auf – Nanibijou hatte sich in einen großen Stein verwandelt.

Von der Höhe des „Sleeping Giant" bietet sich eine besonders schöne Aussicht auf den Lake Superior.

Die Wassermassen des Kaministiquia River stürzen bei den **Kakabeka Falls** fast 40 m donnernd in die Tiefe. Informationen erhalten Sie im Besucherzentrum. Kurze Wanderwege von 1–6 km Länge führen zu den besonders interessanten Punkten des Parks, z. B. der Beaver Meadows Trail, der am Kaministiquia River entlang führt oder der 3 km lange Rundwanderweg Little Falls Trail mit einem Abstieg ins Flusstal. *Wasserfälle*

Kakabeka Falls Provincial Park, *25 km westlich von Thunder Bay am Hwy 11/17, ☎ 807-473-9231, www.ontarioparks.com, ganzjährig geöffnet, von Mai–Okt. sind die Campingplätze geöffnet.*

Für **Mineraliensammler** interessant:
Amethyst Mine Panorama, die 1949 entdeckt wurde und seit 1960 in ständigem Betrieb ist, gilt als die größte Mine ihrer Art in ganz Nordamerika. Hier können Sie selbst Steine sammeln (pro gesammeltem Pfund fallen 3 $ Gebühren an). Die notwendige Ausrüstung wird gestellt.

Amethyst Mine Panorama, *56 km nordöstlich von Thunder Bay, 500 Bass Lake Rd., ☎ 807-622-6908, www.amethystmine.com, geöffnet Mitte Mai–Mitte Okt. tgl. 10–17, im Juli/ August tgl. 10–18 Uhr, kurze Führung durch die Steinschneider-Werkstatt auf Anfrage, Eintritt zur Mine $ 8.*

Eine weitere Möglichkeit, auf Amethyst-Suche zu gehen, bietet die familienbetriebene **Diamond Willow Amethyst Mine**. Einen Souvenirshop gibt es selbstredend auch.

Diamond Willow Amethyst Mine, *55 km östlich von Thunder Bay am Hwy 11/17, No. 5 Rd. N., Pass Lake, ☎ 807-627-5515, geöffnet tgl. 10–17 Uhr, Eintritt frei.*

Reisepraktische Infos zur Umgebung von Thunder Bay

ℹ Information

Terry Tourist Information Centre, *am östlichen Stadteingang am Hwy 11/17,*
☏ *807-983-2041 oder 1-800-667-8386, www.thunderbay.ca, ganzjährig geöffnet, tgl. 9–17,
in den Sommermonaten –19 Uhr.*
Thunder Bay's Tourist Information, *Water St./Red River Rd.,* ☏ *807-476-3670,
www.thunderbay.ca und www.thunderbay.ca/Visiting. Die Touristeninformation an der Marina
ist in der alten „Pagode" eingerichtet, die schon 1909 gebaut wurde. Geöffnet Juni–Sept. tgl.
10–18 Uhr.*

🛏 Unterkunft

$$ B&B Eldorado Beach on Lake Superior, *2845 Eldorado Beach Rd., RR 13,*
☏ *807-983-2276 oder 1-866-205-0855, www.bbcanada.com/3619.html, das ganzjährig ge-
öffnete Haus liegt ca. 20 Fahrminuten von Thunder Bay entfernt, direkt am Lake Superior. Die
drei Zimmer sind gut eingerichtet, der Aufenthaltsrum hat einen offenen Kamin, die Gastgeber
sprechen deutsch.*
$$ Prince Arthur Hotel, *17 North Cumberland St.,* ☏ *807-345-5411 oder 1-800-267-
2675, www.princearthurwaterfront.com, historisches Hotel on 1914 mit allem modernen Kom-
fort und 123 geräumigen Zimmern in der Innenstadt mit schönem Blick auf den Hafen.*
$$$ Days Inn Thunder Bay North, *1250 Golf Likns Rd.,* ☏ *807-344-3297, www.days
innthunderbay.com, geschmackvoll eingerichtetes Hotel mit 92 gut ausgestatteten Zimmern
verschiedener Kategorien. Fitnessraum und Joggingwege für die sportlichen Gäste, Frühstück
im Preis inbegriffen.*
$$$ Best Western Nor'Wester Resort Hotel, *2080 Hwy 61,* ☏ *807-473-9123
oder 1-800-780-7234, www.bestwestern.com, ruhig gelegenes Hotel in ländlicher Umgebung
mit 89 geräumigen Zimmern, einem großen Amethyst-Kamin in der Eingangshalle, Swimmingpool, Sauna, Fitnessraum und Restaurant und einer schönen Sonnenterrasse mit Ausblick auf
die Berge.*
$$$–$$$$ Valhalla Inn, *1 Valhalla Inn Rd.,* ☏ *807-577-1121 oder 1-800-964-1121, www.
valhallainn.com, Hotel mit gutem Service und 262 geräumigen, schönen Zimmern, Swimming-
pool, Sauna, Fahrradverleih und Restaurant, 2 km nördlich des Flughafens gelegen.*

🍴 Restaurants

The Hoito Restaurant, *314 Bay St.,* ☏ *1-807-345-6323, einfach eingerichtetes,
aber sehr gutes finnisches Restaurant mit skandinavischer Küche.*
The Prospector Restaurant, *27 Cumberland St. S.,* ☏ *807-345-5833, beliebtes Res-
taurant, in dem gut zubereitete Steaks und Seafood-Gerichte serviert werden.*

🎁 Einkaufen

*Die besten Einkaufsmöglichkeiten finden Sie in der Intercity Mall, 1000 Fort William
Rd., mit ca. 100 Einzelhandelsgeschäften und einem großen Kaufhaus der Kette Sears.*
Amethyst Gift Centre, *400 E. Victoria Ave.,* ☏ *807-622-6908, hier finden Sie Amethys-
te und andere Edelsteine; interessant ist die Vorführung des Edelsteinschleifens.*

✈ Flüge

Der **Thunder Bay International Airport** *liegt ca. 12 km südwestlich der Stadt,*
☏ *807-473-2600, www.thunderbayairport.com, u. a. tägliche Flüge nach Toronto, Ottawa,
Winnipeg und Minneapolis.*

Von Thunder Bay nach Kenora

Im äußersten Westen von Ontario liegt das „Sunset Country", ein vor allem von Anglern, Wassersportlern und Naturliebhabern besuchtes riesiges Wald- und Seengebiet. In den kleinen Ortschaften am Hwy 17 starten Wasserflugzeuge und bringen die Touristen zu Lodges oder Camps, die in völliger Abgeschiedenheit an einem der vielen Seen liegen. Dabei haben Sie die Wahl, ob Sie Ihre Zeit in einfachen Anglercamps, komfortablen Cottages oder gar luxuriösen Lodges verbringen wollen.

Seenland-schaften

Von Thunder Bay führen zwei reizvolle Strecken nach Kenora. Sie verlassen Thunder Bay auf den Hwys 11/17 und fahren bis Shabaqua Corners, wo die Straßen sich trennen.

Die Kakabeka Falls

Streckenalternative 1

Von Shabaqua Corners folgen Sie dem Hwy 17 über Ignace, Dryden und Vermillion Bay nach Kenora. Sie durchfahren ein beliebtes Feriengebiet mit Seen und dichten Wäldern, in denen noch viele Elche leben. In dieser Region gibt es viele Lodges in der Wildnis, die besonders auf Jäger und Angler eingerichtet sind. Die Entfernung beträgt ca. 600 km.

Nördlich und südlich des Hwy 17 liegen einige Provinzparks, die über kleinere Straßen zugänglich sind, wie z. B. der **Sandbar Lake Provincial Park**, der **Aaron Provincial Park**, der **Turtle River Provincial Park** oder der **Blue Lake Provincial Park**.

Zeitgrenze In **Upsala** verläuft die Zeitgrenze zwischen der Eastern und Central Standard Time. Nun müssen Sie Ihre Uhr um eine weitere Stunde zurückstellen = MEZ -7 Stunden.

Ignace

Ignace liegt eingebettet zwischen Wäldern und Seen und dient als Ausgangsort für Auto- und Kanufahrten in die unberührten Seenlandschaften im Norden. In der neuen, gut gestalteten **Touristeninformation** können Sie sich umfassend informieren. **Ignace Regional Travel Centre**, *34 Main St.,* ☎ *807-934 2202.*

Sehenswert sind die Wandmalereien regionaler Künstler, z. B. am alten Bahnhof der Pacific Railway Station, die von der Geschichte des Ortes erzählen. Vor allem ist es die reizvolle Landschaft mit steilen Kliffs, mächtigen Wasserfällen, kristallklaren Flüssen und Seen, die zu einem längeren Aufenthalt einlädt. Ausflüge bieten sich an zu den eindrucksvollen **Raleigh Waterfalls**, zum Wandern und Kanufahren im **Turtle River Provincial Park** oder Sandbar Lake Provincial Park und zu den indianischen Felszeichnungen, die rund um Ignace zu entdecken sind.

Dryden

 Streckenhinweis

Sie können einen alternativen Streckenabschnitt nach **Sioux Lookout** wählen (ca. 200 km), wo Jäger und Angler hervorragende Bedingungen vorfinden. Es gibt mehrere Hotels, viele Resorts und Lodgen, von denen sich einige auf Ökotourismus eingestellt haben.
Sioux Lookout Travel Information Centre, *11 First Ave. S., direkt am Hwy 72, am Pelican Lake,* ☎ *807-737-1937, www.siouxlookout.com, ganzjährig geöffnet.*

Ab Ignace fahren Sie zunächst über den Hwy 599, dann nach 53 km über den Hwy 642 bis nach Sioux Lookout; für die Weiterfahrt können Sie dann den Hwy 72 benutzen, der Sie vor Dryden wieder auf den Hwy 17 zurückbringt.

Dryden ist ein kleiner Ort mit 7.600 Einwohnern, die überwiegend in der Holzverarbeitung und Papierherstellung tätig sind. Immer mehr gewinnt aber der Fremdenverkehr an Bedeutung, denn die ausgezeichneten Jagd- und Fischreviere ziehen viele Besucher an, die Dryden als Ausgangsort für die Camps und Lodges im Norden wählen. Wahrzeichen des Ortes ist die 6 m hohe Elchskulptur „Max The Moose", die vor der Touristeninformation steht.

Reisepraktische Informationen zu Dryden

i **Information**
Tourist Information Centre, *284 Government St.*, ☎ *1-807-223-2174 oder 1-800-667-0935, www.experiencedryden.ca und www.dryden.ca.*

Unterkunft
$$–$$$ **Hide Away Inn**, *700 Government St.*, ☎ *807-223-5519, www.hideaway-inn.ca, kleines Motel mit ordentlich ausgestatteten Zimmern, z. T. mit Kochnische.*
$$$ **Best Western Plus Dryden Hotel**, *349 Government St.*, ☎ *807-223-3201 oder 1-800-780-7234, www.bestwestern.com, das moderne Hotel mit 89 geräumigen Zimmern, Swimmingpool und Restaurant liegt am Hwy 17, nicht weit vom Einkaufszentrum entfernt.*

Vermillion Bay

Vermillion Bay, ein kleiner Ort, der im 18. Jh. als Pelzhandelsposten der Hudson Bay Company gegründet wurde und dessen Wahrzeichen ein großer Totempfahl ist, dient dem weiten Hinterland als Versorgungszentrum mit mehreren Geschäften, Postamt, Krankenstation, Bootsverleih und kleinem Flugplatz. Nicht weit entfernt liegt der **Blue**

Dryden

Lake Provincial Park mit schönen Wanderwegen und Badegelegenheiten. Von Vermillion Bay führt der Hwy 105 nach Norden bis **Ear Falls**, der als einer der besten Orte in Nordamerika gilt, um Weißkopfseeadler zu beobachten.

Streckenalternative 2

Von Shabaqua Corners folgen Sie dem Hwy 11 nach Atikokan und Fort Frances, bis Sie auf den Hwy 71 treffen, der nach Nestor Falls und Sioux Narrows führt und kurz vor Kenora wieder auf den Hwy 17 stößt. Die Entfernung beträgt 640 km.

Atikokan

Atikokan, ein kleiner Ort mit knapp 3.000 Einwohnern, lebt vorrangig vom Bergbau und der Forst- und Holzwirtschaft und zunehmend auch vom Fremdenverkehr. Hauptanziehungspunkt sind die ausgezeichneten Bedingungen zum Kanufahren im nahe gelegenen Quetico Provincial Park und in der White Otter Wilderness Area, die dem Ort auch den Beinamen „Kanu-Hauptstadt Kanadas" geben.

Atikokan ist Ausgangsort für den Besuch des **Quetico Provincial Park**, der sich mit einem ganzen Netzwerk von Flüssen und Seen bis zur amerikanischen Grenze hinzieht.

Kaum erschlossene Wildnis

Der 475.800 ha große Park ist einer der ältesten und größten Provinzparks in Ontario und noch immer kaum erschlossen. Es gibt keine Straßen, sondern nur ein Netz von etwa 1.500 km Kanurouten, die weitgehend den historischen Routen der Indianer und Pelzhändler folgen. In der Wildnis leben noch zahlreiche Schwarzbären, Hirsche, Fischotter und Biber, und mit etwas Glück können Sie auch Fischadler beobachten. Besonders interessant sind indianische Felszeichnungen, die Tiere und Menschen bei der Jagd zeigen.

Das **Informationszentrum des Parks** (☎ 807-597-2735) finden Sie am French Lake; hier erhalten Sie Hinweise auf einige Naturlehrpfade und können sich gründlich informieren und sich bei der Planung Ihrer Kanurouten beraten lassen. Es gibt einen Campingplatz, Bootsverleih und Ausrüster, die alles Notwendige zum Leben- und Überleben in der Wildnis bereithalten, von der technischen Ausrüstung über Kartenmaterial, Handlungsanweisungen bis hin zur Verpflegung und Begleitung. Bevor Sie zu Fahrten ins Hinterland aufbrechen, müssen Sie sich im Informationszentrum melden.

Reisepraktische Informationen zu Atikokan

Unterkunft
$$ Atikokan Hotel, 400 Front St., ☎ 807-597-2533, www.atikokanhotel.com, im Ort gelegenes, preiswertes Hotel mit kürzlich renovierten Zimmern und beliebtem Restaurant.

Ausrüster
Canoe Canada Outfitters, ☎ 807-597-6418 oder 877-597-6418, www.canoecanada.com.
QuetiQuest Wilderness Outfitters, ☎ 807-929-2266

Fort Frances

Fort Frances liegt auf der kanadischen Seite des Rainy River und ist durch die International Bridge mit der am anderen Ufer liegenden amerikanischen Stadt International

Falls im Bundesstaat Minnesota verbunden. Der Grenzverkehr bestimmt das Leben des *Grenzverkehr* Ortes, der sich aus dem 1731 gebauten Fort St. Pierre entwickelt hat.

Beliebte Treffpunkte des geschäftigen Ortes sind die Marina und der „La Verendrye Parkway", der sich mit Fuß- und Radweg am Rainy River entlang zieht und mit mehreren Pavillons zum Picknick einlädt.
Das **Fort Frances Museum & Cultural Centre** wurde in einem Schulhaus von 1898 eingerichtet und zeigt die wirtschaftliche und kulturelle Entwicklung der Region.
Fort Frances Museum & Cultural Centre, *259 Scott St.,* ☏ *807-274-7891, geöffnet Mai–Mitte Sept. tgl. 10–17 Uhr, sonst Di–Sa 11–16 Uhr, Eintritt Erwachsene $ 4, Kinder von 5–12 J. $ 3, Familienkarte $ 12.*

Eine Rekonstruktion des Fort St. Pierre sehen Sie ca. 3 km östlich am Hwy 11 im **Pither's Point Park**. Vom Aussichtsturm „Lookout Tower Museum" haben Sie einen schönen Blick auf Fort Frances und den Rainy Lake.

Reisepraktische Informationen zu Fort Frances

i **Information**
Fort Frances Chamber of Commerce, *474 Scott St.,* ☏ *807-274-7303 oder 1-800-820-3678, www.fort-frances.com/experience.*

☛ **Hinweis**
Beim Überqueren der International Bridge müssen Sie pro Auto einen Brückenzoll von derzeit $ 9 bezahlen.

🛏 **Unterkunft**
$$ La Place Rendez-vous, *1202 Idlywild Dr.,* ☏ *807-274-9811 oder 1-800-544-9435, www.rendezvoushotel.com, angenehmes Hotel etwas außerhalb der Stadt, am See gelegen.*
$$ Mid-Town Motel, *417 Portage Ave.,* ☏ *807-274-9814, älteres Motel, zentrale Lage.*

Für die Weiterfahrt folgen Sie dem Hwy 11 bis zur Kreuzung mit dem Hwy 71 und fahren dann in nördliche Richtung nach Nestor Falls.

Nestor Falls
Der Ort liegt am südöstlichen Rande des Lake of the Woods und ist ganzjährig ein beliebtes Ferienziel mit hervorragenden Möglichkeiten zum Fischen, Wandern und für jede Wassersportart. Im Winter bietet Nestor Falls sichere Schneeverhältnisse. Vom Aussichtsplatz am Hwy 71 können Sie die **Wasserfälle** von Nestor Falls zwischen dem Lake Kakabikitchiwan und der Sabaskong-Bucht sehen.

Reisepraktische Informationen zu Nestor Falls

i **Information**
The Northwest Ontario Sunset Country Travel Association, ☏ *807-468-5853 oder 1-800-665-7567, www.visitsunsetcountry.com.*

Unterkunft
$$ Arrowhead Resort & Motel, ☎ 807-484-2132 *oder im Winter 515-360-8940, www.arrowheadresortmotel.com, gepflegte Anlage mit modernen Zimmern im Haupthaus und 14 Cottages am Crooked Pine Lake, Paddel- und Motorbootverleih.*

Rundflüge
Nestor Falls Fly-In Outposts, ☎ 807-484-2345 *oder 1-877-653-1524, www.nestorfalls.com, führt Rundflüge und Flüge zu verschiedenen Lodges in der Umgebung durch. Preise auf Anfrage, abhängig von der nach Jahreszeit, Entfernung und Dauer.*

Inselreichster See der Welt

Der Hwy 71 führt an der Ostküste des 4.348 km² großen **Lake of the Woods** entlang. Der See ist nicht sehr tief, aber sehr fischreich und gilt als der inselreichste See der Welt. Mehr als 14.000 sollen es sein (inzwischen liegt die Zahl bei 14.632 offiziell gezählten Inseln), die alle dicht bewaldet sind. Als der See um 1688 entdeckt wurde, bot das Inselgewirr für die Pelzhändler vergangener Jahrhunderte noch viele Gefahren; heute ist der See ein Paradies für Wassersportler und Angler. Durch den Lake of the Woods verläuft die Grenze zwischen Kanada und den USA; etwa die Hälfte des Sees gehört zu Kanada.

Zu beiden Seiten des Hwy 71 liegen einige Provinzparks, die sich ebenfalls sehr gut zum Kanufahren und Angeln eignen, so z. B. der **Lake of the Woods Provincial Park,** der **Caliper Lake Provincial Park,** der **Sioux Narrows Provincial Park** und der **Rushing River Provincial Park**.

Sioux Narrows

Eine kriegerische Auseinandersetzung zwischen den hier ansässigen Ojibwa und einem Trupp Sioux-Indianer gab dem Ort seinen Namen. Heute ist Sioux Narrows Ausgangsort für Fahrten und Aufenthalte im weiten Seengebiet, das sich nach Osten und Westen ausdehnt. Hier finden Sie Geschäfte mit allem, was Sie für Ihren Aufenthalt brauchen. Ausrüster, Boots- und Hausbootvermieter und kleine Fluggesellschaften sind auf alle Bedürfnisse eingestellt. In der Umgebung gibt es eine Fülle von Übernachtungsmöglichkeiten in Lodges und Camps.

Der **Sioux Narrows Provincial Park** liegt 7 km nördlich von Sioux Narrows auf einer Insel im Lake of the Woods. Der Park ist von weiteren Seen umgeben, die zu allen Wassersportarten einladen; mieten Sie sich ein Kanu, um die alten indianischen Felszeichnungen oder Tiere zu beobachten. Der Park verfügt über 56 einfache Zeltplätze.

Pow Wow

Am Lake of the Woods findet im Juli das große Pow-Wow-Fest statt, zu dem Indianer aus ganz Kanada und den USA anreisen.

Reisepraktische Informationen zu Sioux Narrows

Unterkunft
$$$ Totem Lodge, ☎ 807-226-5275, *www.totemresorts.com, die komfortable Anlage, die unter derselben Leitung wie die Willey Point Lodge steht, liegt am Ende der Long Bay direkt am Wasser und bietet sowohl gute Jagd-, Fisch- als auch Wassersportmöglichkeiten.*

$$$$ Willey Point Wilderness Lodge, ☏ 807-226-5275, www.totemresorts.com, große Anlage mit Haupthaus und gut eingerichteten 2- und 3-Zimmer-Cottages direkt am See,
gute Angelmöglichkeiten sowie Bootsverleih.

🛥 Hausboote
Die Hausboote können beliebig lang gemietet werden. Da die Nachfrage in den Sommermonaten groß ist, ist eine rechtzeitige Reservierung empfehlenswert. Die Hausboote sind,
je nach Größe für 2–12 Personen geeignet.
Floating Lodges, ☏ 1-807-226-5476 oder 1-800-743-5171, www.floatinglodges.com.
Lake of the Woods Houseboats, ☏ 807-226-5462 oder 1-800-341-1048, www.low
houseboats.com.
Tomahawk Resort, ☏ 807-226-5622 oder 1-800-465-1091, www.tomahawkhouse
boats.com.

Kenora und Umgebung

Kenora ist das Zentrum des „Sunset Country". Der beliebte Ferienort liegt wunder-
schön am Nordufer des Lake of the Woods, im äußersten Westen von Ontario, inmit- *Beliebter*
ten einer großartigen Seenlandschaft, die ausgezeichnete Möglichkeiten zum Jagen, Fi- *Ferienort*
schen und Bootsfahren bietet. Hier starten Wasserflugzeuge und kleine Privatmaschinen, die Abenteuerurlauber zum Jagen oder Angeln zu einsamen Lodges in der Wildnis
bringen, hier werden Kanus für jede beliebige Zeitdauer vermietet, und ein großes Angebot an Hausbooten steht denjenigen zur Verfügung, die die Inselwelt eher geruhsam
kennenlernen möchten.

Mittelpunkt der Stadt ist die Hafenfront mit der Anlegestelle des Kreuzfahrtschiffes
M.S. Kenora und vielen kleinen Kunstgewerbegeschäften, Souvenirläden und netten
Restaurants; am McLeod Park, dem Grüngürtel am Hafen, steht „Husky the Muskie",
das Standbild eines überlebensgroßen Fisches. Manche Häuser im Zentrum fallen durch
ihre Wandmalereien auf, die von kanadischen Künstlern gestaltet wurden und z. B. historische Szenen aus dem Pelzhandel oder der Goldgräberzeit zeigen. Zu den historischen Gebäuden der Stadt gehören u.a. der Bahnhof, McClellan Ave., der 1899 erbaut
wurde, die Öffentliche Bibliothek in der Main Street aus dem Jahr 1916 und das Feuer-
wehrhaus in der Second Street S. aus dem Jahr 1912.

Sehenswürdigkeiten des Ortes und der näheren Umgebung

Das **Lake of the Woods Museum** zeigt eine reiche Sammlung von Ausstellungsstücken zeigt, die sehr anschaulich die Geschichte der Region verdeutlichen mit dem
Schwerpunkt auf der Zeit von 1880–1920.
Lake of the Woods Museum, 300 Main St., ☏ 807-467-2105, www.lakeofthewoodsmu
seum.ca, geöffnet Juli/Aug. tgl. von 10–17, Sept.–Juni Di–Sa 10–17 Uhr, Eintritt Erwachsene
$ 4, Senioren und Kinder 6–17 J. $ 3.

Die vier Felslöcher der **Keewatin Rock Holes** entstanden während der Eiszeit vor
über 20.000 Jahren und sind über 2 m tief und 1 m breit.
Keewatin Rock Holes, 6. St., in Keewatin, südlich vom Hwy 17, jederzeit frei zugänglich.

Der **Keewatin Boat Lift** in Kewatin ermöglicht Booten die 370 km lange Fahrt zwischen Fort Frances am Lake of the Woods bis zu den White Dog Falls am Winnipeg Ri-

ver. Die Boote überwinden den Höhenunterschied von fast 8 m in einem Lift und werden so von einem Gewässer zum anderen gehoben.

Kenora hat mehrere schöne Parks und Strände, z. B. den **Anicinabe Park** mit Picknickplätzen und einer schönen Badebucht, Coney Island Beach, dessen schöner Strand von Boottaxis angefahren wird, Norman Beach Park, 3,2 km außerhalb mit schönem Sandstrand, und den Memorial Park direkt im Zentrum.

Im Laufe des Jahres werden in Kenora viele **Feste** mit Umzügen, Musik und Feuerwerk gefeiert, z. B. das Eisbrecher-Winterfest im Februar, die Multikulturelle Messe im Juni, die internationale Segelregatta im Juli oder das Harbourfest im August.

Wanderung

Unterwegs auf den 5 km langen **Vernon Interpretive Nature Trails***, ☎ 613-396-3226, www.ontariotrails.on.ca, lernen Sie die ökologischen Zusammenhänge dieser Region kennen. Eine ausführliche Beschreibung der Wege finden Sie in einem Faltblatt, das im Informationszentrum erhältlich ist.*

Wasserflugzeuge und Kanus verbinden die Stadt mit der Wildnis

Reisepraktische Informationen zu Kenora

Information
Lake of the Woods Discovery Centre, *931 Lakeview Drive,* ☎ *1-800-535-4549, www.kenora.ca, geöffnet So–Do 10–18, Fr/Sa –19 Uhr.*

Unterkunft
$$ Kenora Comfort Inn, *1230 Hwy 17 E.,* ☎ *807-468-8845, www.kenoracomfortinn.com, Motel mit 75 solide eingerichteten Zimmern am Hwy 17, ein kleines Frühstück ist im Preis inbegriffen.*
$$$ The Kendall House, *127 Fifth Ave. S.,* ☎ *807-468-4645, www.bbcanada.com/3568.html, das viktorianische Haus liegt günstig zum Ortszentrum und zum See; die drei stilvoll eingerichteten Zimmer teilen sich ein Badezimmer; das Frühstück wird im viktorianischen Speiseraum serviert.*
$$$ Clarion Inn Lakeside, *470 First Ave. S.,* ☎ *807-468-5521, www.choicehotels.ca, zentral, am See gelegenes Hotel mit 94 Zimmern, Bootsanlegestelle und einem Restaurant, das einen herrlichen Ausblick auf den Lake of the Woods bietet.*
$$$$$ Hawk Lake Lodge, *Hawk Lake Rd.,* ☎ *807-548-2930 oder 1-617-820-4056 (im Winter), http://hawk-lake.com, kleine Anlage mit zehn Ferienhäusern direkt am See, Gelegenheit zum Schwimmen, Bootfahren, Windsurfen und Fischen. Vollpension und Nutzung der hauseigenen Boote inklusive.*

Hausboote
Bei allen Firmen können Sie Größe und Mietdauer der gut ausgestatteten Hausboote selbst bestimmen. Für die Hochsaison ist eine rechtzeitige Reservierung zu empfehlen.
Houseboat Adventures, ☎ *1-800-253-6672, www.houseboatadventures.com.*
Ontario Wilderness Houseboat Rental, ☎ *807-488-5594 oder 1-800-359-6199, www.wildernesshouseboats.com.*

Einkaufen
An der Hafenfront liegen kleine Kunstgewerbegeschäfte und Souvenirläden und nette Restaurants; die Kenora Shoppers Mall finden Sie in der Park St. Besonders bekannt ist der Blue Heron Gift Shop an der Hafenfront, ☎ *807-468-7748, mit einem großen Angebot an Souvenirs, Kunsthandwerk und Geschenken.*

Bootsfahrten
MS Kenora Cruise Ship & Tours, *Kenora Harbour Front,* ☎ *807-468-9124, www.mskenora.com, 2-stündige Bootsfahrten auf dem Lake of the Woods, Abfahrtszeiten Anfang Juni–Mitte Sept. Mo–Sa 12, 15 und 18.30, So 12.30 und 15.30 Uhr, Erwachsene $ 32.50, Senioren $ 31.50, Kinder von 3–10 J. $ 17, Kinder unter 3 J. frei, Familienkarte $ 82.*

Hinweis
Von Kenora bis zur Grenze nach Manitoba sind es nur noch knapp 50 km. Falls Sie Ihren Urlaub hauptsächlich im Bereich des Lake of the Woods verbringen wollen, können Sie die lange Anfahrt vermeiden, wenn Sie von Europa aus nach Winnipeg fliegen und von dort die ca. 200 km bis Kenora fahren.

9. DER SÜDWESTEN ONTARIOS

Von Sudbury nach Kitchener

Von Sudbury führt der Weg nach Süden an der Georgian Bay entlang; dabei können Sie zwischen der westlichen und der östlichen Strecke wählen:

➤ die **westliche Strecke** (s. S. 354ff.) führt über das vorwiegend von Indianern bewohnte Manitoulin Island nach Tobermory mit dem Bruce Peninsula National Park und dem Unterwasser-Nationalpark Fathom Five, weiter über die Bruce Peninsula nach Owen Sound und dann nach Kitchener. Die Entfernung beträgt etwa 445 km.

➤ die **östliche Strecke** (s. S. 366ff.) führt über Parry Sound, die Welt der 30.000 Inseln, die Midland-Halbinsel und entlang der Nottawasaga Bay bis Collingwood und dann weiter nach Kitchener. Die Strecke ist 455 km etwa gleich lang.

Die **Georgian Bay**, eine tief eingeschnittene Bucht des riesigen Lake Huron, ist ein beliebtes Ausflugsziel der Bevölkerung aus dem Süden Ontarios, denn die südlichen Ausläufer der Georgian Bay sind nur etwa 1,5 Fahrstunden von Toronto entfernt. Besonders reizvoll ist das Gebiet der 30.000 Inseln, die verstreut in der Georgian Bay liegen und von denen einige zum Nationalpark erklärt wurden.

Die Georgian Bay ist ein optimales Feriengebiet für Wassersportler und Naturfreunde; für Tauchsportler sind die versunkenen, auf dem Meeresgrund deutlich sichtbaren Schiffswracks besonders interessant, Kanufahrer entdecken einsame, unbewohnte Inseln, Segler und Windsurfer haben günstige Winde, und Schwimmer freuen sich am warmen, klaren Wasser. Die Ferienorte eignen sich bestens für einen geruhsamen, längeren Aufenthalt oder für ein paar Tage Entspannung nach einer anstrengenden Rundfahrt. Küsten und Inseln der Georgian Bay gehören zum ehemaligen Stammland der Huronen, die **Etienne Brulé** im Jahr 1610 als erster Weißer besuchte. Ihm folgten Pelztierjäger, Händler und Missionare, die 1639 die erste Missionsstation gründeten. In den Folgejahren kam es immer wieder zu Kämpfen zwischen den Huronen und den von Süden kommenden Irokesen, bei denen auch Missionare und Jesuitenmönche getötet wurden.

Ideal für Wassersportler und Naturfreunde

Der Südwesten Ontarios

Von Sudbury über Manitoulin Island an der West-küste der Georgian Bay entlang nach Kitchener

Sie folgen von Sudbury dem Hwy 17 nach Westen und fahren dann bei der Kreuzung mit dem Hwy 6 nach **Espanola** und weiter nach Manitoulin Island. Espanola ist ein Ort am Spanish River mit nur 5.500 Einwohnern, in dessen Umgebung sich gute Möglichkeiten zum Wandern, Schwimmen und Bootsfahren bieten. Bei einem Zwischenstopp kann man im Juli und August an einer Führung durch eine Papiermühle teilnehmen.

Manitoulin Island

Sie erreichen Manitoulin Island über eine Schwingbrücke in Little Current. Der Hwy 6 ist der direkte Weg nach South Baymouth, von wo Sie mit der Fähre nach Tobermory zum Festland übersetzen. Manitoulin Island ist 176 km lang und zwischen 5 und 80 km breit; es ist die größte, in einem Süßwassersee gelegene Insel der Welt! Im Inneren liegen mehr als 100 Seen, die alle zum Kanufahren, Tauchen, Angeln und Fischen einladen. Am besten lernen Sie die Insel mit ihrer 1.600 km langen, buchtenreichen Küste, mit den feinen Sandstränden und den kleinen, verträumten Ortschaften bei einem mehrtägigen Aufenthalt kennen.

Lohnende Ziele sind:

➤ der mit 1.500 Einwohnern größte Inselort **Little Current**, der aus einem Handelsposten der Hudson's Bay Company entstand und heute ein beliebter Treffpunkt vor allem für Segler und Wassersportler ist. Die einspurige Schwingbrücke mit ihrer hölzernen Fahrbahn wird jeweils zur vollen Stunde für die auf die Durchfahrt wartenden Schiffe zur Seite geschwungen.

➤ das **Centennial Museum of Sheguiandah**, 10 km südlich von Little Current in Sheguiandah am Hwy 6, das ca. 9.500 Jahre alte Artefakte sowie Möbel, Kleidung und Werkzeuge der ersten weißen Siedler zeigt.

Centennial Museum of Sheguiandah, ☎ 705-368-2367, geöffnet Anfang Mai–Ende Aug. tgl. 9–16.30, Do bis 20 Uhr, Sept./Okt. Di–Sa 9–16.30 Uhr, Eintritt Erwachsene $ 4.50, Senioren $ 4, Kinder von 6–11 J. $ 2, von 12–16 J. $ 3.50, Familienkarte $ 12.

Manitoulin Island

North Cha

Cape Robert

Cockburn I.

Vidal I.

Sheshegwaning

Bar

Meldrum Bay

Meldrum Bay

Ba Isl

Bayfield So

540

Mississagi Strait

Lily Lake

Loon Lake

Silver Lake

Elizabeth Bay

Silver Water

540

Elizabe Bay

Mississagi Lighthouse

Greene I.

Burnt I.

Misery Bay Prov. Nature Reserve

Western Duck I.

L a k e

Great Duck I.

N

Ontario, Kanada
Michigan, USA

0   10 km

© graphic

➤ die **Bridal Veil Falls** bei Kagawong, am Hwy 540, das beliebteste Ausflugsziel auf Manitoulin Island, wo in schöner, waldreicher Umgebung die Wasser des Kagawong River in Kaskaden aus großer Höhe herabströmen.

➤ die langen, feinen Sandstrände von **Providence Bay** und der **Mindemoya Lake**.

➤ die **Blue Jay Creek Fish Culture Station** in Tehkummah am Hwy 6, wo Sie Entwicklung und Aufzucht von Forellen besichtigen können.

➤ der kleine Ort **Manitowaning** mit der St. Paul's Anglican Church von 1845, dem 1886 gebauten Leuchtturm und dem **Assiginack Museum Heritage Complex**, der Alltagsgegenstände der Pionierzeit, eine Schmiede, eine Schule und ein Wohnhaus jener Zeit zeigt. Im dazugehörigen **Heritage Park** sind eine alte Mühle und das Cargo- und Fährschiff S.S. Norisle zu besichtigen.

➤ **Assiginack Museum Heritage Complex**, *125 Arthur St.,* ☎ *705-859 3905, geöffnet Juni–Sept. tgl. 10–17 Uhr, Eintritt Erwachsene $ 1.50*

➤ **Heritage Park**, ☎ *705-859-3905, geöffnet Juli/Aug. tgl. 10–17 Uhr*

➤ der Aussichtspunkt **Ten Mile Point**, 16 km südlich von Little Current, wo Sie einen Panoramablick auf die Georgian Bay und die Bay of Islands bis hinüber nach Killarney haben.   *Panoramablick*

➤ der kleine Ferienort **Gore Bay** an der Nordküste mit guten Wassersportmöglichkeiten und dem **Gore Bay Museum** (*12 Dawson St.,* ☎ *705-282-2040, www.gore bay.ca/discover/museum, geöffnet Juli/Aug. Mo–Sa 10–16, So 14–16, Okt. Mo–Fr 10–16 Uhr, Eintritt Erwachsene $ 4, Senioren $ 3, Kinder bis 15 J. $ 2*), wo die Zellen des ehemaligen Gefängnisses besichtigt werden können.

➤ die 3-stündige Wanderung über den **Cup and Saucer Trail**, der 19 km westlich von Little Current beginnt und zum 351 m hohen Aussichtspunkt mit schönem Blick auf den Inselsüden führt.

➤ das **Mississagi Lighthouse Museum**, liegt an der Westspitze der Insel und wurde in einem Leuchtturm aus dem Jahr 1873 eingerichtet. Es zeigt eine Ausstellung über Leben und Arbeit der Leuchtturmwärter in der Vergangenheit. Außerdem gibt es einen einfachen Campingplatz.

Mississagi Lighthouse Museum, *12 km westlich von Meldrum Bay,* ☏ *705-283-3444, www.facebook.com/mississagilighthousecamping, geöffnet Anfang Mai–Anfang Sept. tgl. 8–20 Uhr, Eintritt Erwachsene $ 3.*

Indianer auf Manitoulin Island

„Heimat des großen Geistes"

Manitoulin Island ist, wie der indianische Namen sagt, die „Heimat des großen Geistes"; von den etwa 13.000 Einwohnern sind ca. 5.000 Indianer, die in Reservaten auf der Insel leben. Ihre Geschichte reicht fast 12.000 Jahre zurück, wie archäologische Ausgrabungen bei Sheguiandah beweisen; diese Siedlungen zählen zu den ältesten indianischen Stätten in Nordamerika.

Die Indianer sind stolz darauf, dass Manitoulin Island „unceded land" ist, was bedeutet, dass dieses Gebiet zu keiner Zeit von den Indianern in Verhandlungen oder durch Verträge an die Weißen abgetreten wurde, dass die Indianer besondere Rechte haben und jederzeit ihre Unabhängigkeit erklären könnten.

Die Mehrzahl der Indianer auf Manitoulin Island gehört zum großen Stamm der Ojibwa, die genau wie die außerdem noch im Reservat lebenden Indianer der Ottawa und Pottowotomie zur Sprachfamilie der Algonquin-Indianer gehören.

Die größte Siedlung im Reservat ist Wikwemikong mit dem Verwaltungszentrum sowie dem Stammeshaus. In Zusammenarbeit mit der Regierung in Ottawa wird langfristig ein Projekt zur Verbesserung der

Pow Wow auf Manitoulin Island

Lebensumstände der Indianer durchgeführt; zu den Zielen zählt dabei vor allem der Kampf gegen Arbeitslosigkeit, Alkohol- und Drogenabhängigkeit.

Alljährlich findet am ersten Wochenende im August im Wikwemikong-Reservat auf Manitoulin Island ein großes **Pow Wow** statt. Zu diesem traditionellen Volksfest kommen Indianer aus ganz Nordamerika, um für einige Tage das gemeinsame Erbe lebendig werden zu lassen und die alten kulturellen Bräuche zu bewahren.

Auch viele Besucher fühlen sich von den Veranstaltungen angezogen, hören auf den Klang der Trommeln, schauen den Tänzern, die Federschmuck und Kriegsbemalung tragen, bei den komplizierten Schrittfolgen der Stammestänze zu und beobachten Kanurennen und Schießwettbewerbe, die mit Pfeil und Bogen ausgetragen werden.

Reisepraktische Informationen zu Manitoulin Island

Karte s. S. 355

Information
Manitoulin Tourism Association, *70 Meredith St. E. Little Current,* ☎ *1-705-368-3021, www.manitoulintourism.com oder www.manitoulin-island.com.*

Tipp
Da von Jahr zu Jahr immer mehr Touristen zum Pow Wow auf Manitoulin Island kommen, ist eine frühzeitige Fähr- und Zimmerreservierung für diese Zeit unbedingt erforderlich.

Wanderung
*Die von acht Indianerstämmen gegründete Initiative „***Great Spirit Circle Trail***" bietet ein- und mehrtägige geführte Wanderungen an, bei denen auch Begegnungen mit „Stammesältesten" vorgesehen sind, die Geschichten und Legenden ihres Volkes erzählen. Übernachtet wird während der Touren in Holzhütten oder Zelten.*
Great Spirit Circle Trail, *5905 Hwy 540,* ☎ *705-377-4404 oder 1-877-710-3211, http://circletrail.com.*

Unterkunft
$$ South Bay Guesthouse B&B, *14-15 Given Rd., South Baymouth,* ☎ *705-859-2363, www.southbayguesthouse.com, die vier Zimmer im restaurierten Fischerhaus sind mit antiken Möbeln eingerichtet; gemütliche Veranda und Garten, in der Nähe der Fähranlegestelle.*
$$$ Green Bay Lodge, *RR # 1, 322 Cosby Subdivision Rd.,* ☎ *705-368-2848, www.greenbaylodge.com, einsam gelegene Lodge mit Gästehaus am Manitou Lake, die Besitzer sprechen deutsch.*
$$$ Manitoulin Hotel, *66 Meredith St. E., Little Current,* ☎ *705-368-9966, www.manitoulinhotel.com, 2013 eröffnetes Hotel mit 59 modernen, im Inselstil eingerichteten Zimmern, Restaurant und Swimmingpool.*
$$$ Red Lodge Resort, *363 Redlodge Rd., RR #1, Sheguiandah,* ☎ *705-368-3843 oder 1-877-553-5585, www.redlodgeresort.ca, familienfreundliche Anlage oberhalb des Lake Manitou mit zehn Cottages für 2–8 Personen und fünf Zimmern im Bungalow; Restaurant mit deutscher und kanadischer Küche.*
$$$ Silver Birches, *südlich von Little Current, bei Honora am Hwy 540, 372 Queen St.,* ☎ *705-368-2669, www.silverbirchesresort.com, im Nordteil von Manitoulin Island liegt diese Ferienhaus-Anlage mit unterschiedlich ausgestatteten „cabins"; angeboten werden ein- und mehrtägige Kanufahrten und Ausflüge zum Killarney Provincial Park.*

Von Manitoulin Island zur Bruce Peninsula und nach Owen Sound

Der Hafenort **South Baymouth**, der größte Ort auf Manitoulin Island, ist mit der Bruce Peninsula durch regelmäßigen Fährverkehr verbunden. Das große, moderne Fährschiff mit dem Indianernamen „Chi-Cheemaun" (Großes Kanu) durchquert den Main Channel, der die Georgian Bay vom Lake Huron trennt. Die Fähre befördert 4-mal täglich über 100 Autos und ca. 600 Passagiere.

 Fähren
Owen Sound Transportation Company (OSTC), ☏ *519-376-8740, www. ontarioferries.com.*
Chi-Cheemaun, *Mitte Juni– Anfang Sept. 4-mal täglich, Mai/Juni und Sept./Okt. 2–3-mal täglich. Die Überfahrt dauert knapp zwei Stunden. Reservierungen sind empfehlenswert. Fahrpreise für die einfache Überfahrt: Erwachsene $ 16.50, Senioren $ 14.25, Kinder von 5–11 J. $ 8.25, Familienkarte $ 54.75; Pkw $ 36.95.*

Bruce Peninsula

Die Bruce Peninsula, die den Lake Huron und die Georgian Bay voneinander trennt, ist der Ausläufer des Niagara Escarpments, einer 725 km langen Gesteinsstufe, die aus massiven Kalkablagerungen durch Erosion entstanden ist und sich von Queenston Heights am Niagara River bis nach Tobermory zieht und an der äußersten Spitze der Insel Manitoulin im Lake Huron endet. 1990 wurde das Niagara Escarpment durch die UNESCO zum Biosphärenreservat erklärt; es gilt als Beispiel für eine unzerstörte und schützenswerte Landschaft, in der das ökologische Gleichgewicht noch gewahrt wird.

Ferien-
gebiet für
Natur-
liebhaber
Die Halbinsel ist mit ihrer reichen Flora und Fauna ein ideales Feriengebiet für Naturliebhaber, Geologen und Fotografen, die hier u. a. mehr als 170 verschiedene Vogelarten, über 40 Orchideenarten, Wildblumen, Amphibien und Gesteinsformationen entdecken, beobachten und erforschen können.

 Streckenhinweis

Für die Weiterfahrt benutzen Sie den Hwy 6, der von Tobermory die gesamte Bruce Peninsula bis nach Wiarton durchzieht; Stichstraßen führen vom Hwy 6 zu kleinen Ortschaften und Stränden am Lake Huron im Westen und an der Georgian Bay im Osten. Die Entfernung beträgt 75 km.

Tobermory

Tobermory, an der Nordspitze der Bruce Peninsula gelegen, war schon in der Mitte des 19. Jh. ein wichtiger Hafenort. Die Leuchttürme „Cove Island Lighthouse" aus dem Jahr 1855, „Big Tub Lighthouse" von 1885 und „Flowerpot Island Lighthouse" von 1896 gaben den Seeleuten sichere Orientierung, und die beiden Häfen Little Tub und Big Tub boten Schutz vor den heftigen Herbststürmen auf der Georgian Bay, die immer wieder Schiffe stranden ließen.

In den letzten Jahrzehnten hat Tobermory sich aus einem Fischerdorf zu einem viel besuchten Ferienort entwickelt. Der Ort, der nicht einmal 1.000 ständige Einwohner zählt, muss in den Sommermonaten ein Vielfaches an Besuchern verkraften, die angezogen

Bruce Peninsula

Fathom Five National Marine Park

Cove I.

Sch. Baymouth
Manitoulin I.

Bears Rump I.

Flowerpot I.

Russel I.

Cape Hurd

Tobermory

Bruce Trail   Cyprus

Bruce Peninsula National Park

Cameron Lake

George

Indian Reserve

Dorcas Bay

Cabot Head

Cabot Head Prov. Nature Res.

G e o r g i a n

B a y

Gillies Lake

Gillies Lake

Dyer's Bay

Johnston Harbour

Dyers Bay

Johnston Harbor-Pine Tree Point Prov. Nature Reserve

Miller Lake

Miller Lake

Cape Chin

Smokey Head-White Bluff Prov. Nature Reserve

Clarke's Corners

Bruce Trail

Stokes Bay

Isthmus Bay

Lions Head

Lion's Head Prov. Nature Reserve

Black Creek Prov. Park

Ferndale

Barrow Bay

Lyal I.

Lookabout Bay

Old Woman's River

Greig's Caves

Cape Dundas

Cape Croker

Eden-hurst

Hope Bay Forest Prov. Nature Res.

Hope Bay

Pike Bay

Hope Bay

Cape Croker

Cape Croker Park

Cape Croker Indian Reserve

Hay I.

Howdenvale

Sky

Berford Lake

Purple Valley

L a k e

H u r o n

Red Bay

White Cloud I.

Griffith I.

Cape Commodore

Colpoy's Bay

Colpoy's Bay

Isaac L.

Spry L.

Oliphant

Oxenden

Big Bay

Lake Charles

Bruce Trail

Wiarton

Chief's Point Indian Reserve

Boat Lake

Wolseley

Kemble

Sauble Beach North

Clavering

Mountain L.

Sauble Beach

Sauble Falls Prov. Park

Francis L.

East Linton

Sauble Beach South

Gould L.

Chesley L.

Park Head

Shallow Lake

Balmy Beach

Leith

Annan

Saugeen Indian Reserve

Chippawa Hill

Allenford

Jackson

Springmount

Bothwell's Corner

Southampton

Elsinore

Alvanley

Owen Sound

Owen Sound Bay

0   10 km

©graphic

werden von den guten Wandermöglichkeiten, den fischreichen Seen und Flüssen und dem außergewöhnlich klaren Wasser, das Tobermory zu einer Hochburg der Sporttaucher werden ließ. Im Ort gibt es entsprechend viele Übernachtungsmöglichkeiten, Restaurants und Geschäfte. Außerdem ist Tobermory der beste Ausgangsort für Ausflüge zu den beiden nahe gelegenen Nationalparks Bruce Peninsula National Park und Fathom Five National Marine Park.

Reisepraktische Informationen zu Tobermory

 Information
Visitor Information Centre, ☏ 519-596-2452, www.tobermory.com.

 Unterkunft
$$–$$$$ **Wireless Bay Cottages**, 112 Bay St., ☏ 1-855-596-2999, www.wirelessbaycottages.com, zehn urige, gut ausgestattete Cottages, sieben davon direkt am Wasser. Mindestaufenthalt: zwei Nächte.
$$$ **Big Tub Harbour Resort**, 236 Big Tub Rd., ☏ 519-596-2219, www.bigtubresort.ca, am Big Tub Hafen gelegenes Hotel mit 22 Zimmern und drei Cottages.
$$$ **Blue Bay Motel**, 32 Bay St., ☏ 519-596-2392, www.bluebay-motel.com, einfaches Mittelklassehotel in zentraler Lage am Fähranleger mit 16 geräumigen Zimmern und Blick auf den Little-Tub-Hafen und die Fähranlegestelle, Parkmöglichkeit.
$$$ **Bruce Anchor Motel**, 7468 Hwy 6, ☏ 519-596-2555 oder 1-800-591-4254, www.bruceanchor.com, Hotel mit 42 ansprechend eingerichteten Zimmern und je nach Wunsch einfachen oder komfortablen Cottages mit zwei oder drei Zimmern, Kinderspielplatz und Sonnenterrasse.
$$$ **Grandview Motel**, 8 Earl St., ☏ 519-596-2220, www.grandview-tobermory.com, Hotel mit 18 netten Zimmern und Blick auf den Hafen von Tobermory, Restaurant, von Mai–Okt. geöffnet.

Bruce Peninsula National Park

*Klippen-
und
Höhlen-
landschaft*

Der Bruce Peninsula National Park erstreckt sich zwischen der Georgian Bay und dem Lake Huron über 154 km² auf beiden Seiten der Bruce Peninsula und ist eines der letzten Wildnisgebiete des südwestlichen Ontario. Kalksteinfelsen, zerklüftete Klippen, Höhlen, Mischwälder und Sandstrände prägen das Landschaftsbild. Der Park wurde zum Schutz der Küstenlandschaft eingerichtet, die aus dem beeindruckenden Niagara-Steilhang (Niagara Escarpment) entstanden ist, der in die Tiefen der Georgian Bay hinab reicht.

 Information und Öffnungszeiten
Der Park ist ganzjährig geöffnet. Das Besucherzentrum in den Sommermonaten tgl. geöffnet 8–20 Uhr, an den Wochenenden länger, Mai/Juni und Sept.–Okt. 9–17 Uhr. Hier erhalten Sie Informationsmaterial und Auskünfte über Sehenswürdigkeiten, Veranstaltungen, Campingplätze und Wintersportbedingungen, ☏ 519-596-2233, www.pc.gc.ca. Vom 20 m hohen Turm gibt es einen schönen Überblick über den Park, Eintritt Park $ 12 pro Pkw.

An der Ostseite des Parks haben die Wasser der Georgian Bay eine abwechslungsreiche Klippen- und Höhlenlandschaft geschaffen, während sich das Land im Westteil mit Marschen, sanften Buchten und Dünen zum Lake Huron neigt. In den Feuchtgebieten gedeihen Farne und eine große Orchideenvielfalt – es wurden 42 verschiedene Orchideenarten entdeckt. Auch die Tierwelt ist sehr vielfältig: neben Wiesel,

Eichhörnchen, Nerz, Zobel, Biber und Fuchs, leben auch Schwarzbären und verschiedene Schlangenarten im Park, u. a. auch die vom Aussterben bedrohte, giftige Massassauga-Schlange.

Der Park verfügt über ein gutes Wanderwegenetz. Am Besucherzentrum beginnen mehrere Wanderungen von unterschiedlicher Länge und Schwierigkeit, z. B. der leicht, knapp 2 km lange Rundweg zum „Little Dunks Bay Lookout" oder der 4,8 km lange Rundweg „Bruce Trail Burnt Point Loop".

Am „Head of Trails" beginnt ein ca. 1,5-stündiger Rundwanderweg, der zu den weißen Kreidefelsen an der Georgian Bay führt. Durch den Park verläuft auch der sehr abwechslungsreiche und eindrucksvolle Wanderweg **Bruce Trail**, der von Tobermory im Norden über 885 km nach Queenston an den Niagara Falls führt. Das Besucherzentrum liegt nur wenige Gehminuten vom Hafen in Tobermory entfernt.

Fathom Five National Marine Park

Der 1987 eingerichtete **Fathom Five National Marine Park**, ist Kanadas ältester „Marine Park"; er liegt vor der Nordküste der Bruce Peninsula und nimmt eine Wasserfläche von 112 km² am Lake Huron und an der Georgian Bay ein. Zum Nationalpark gehören 19 Inseln; auf einer Insel entdeckten Wissenschaftler nicht nur seltene Farne und Orchideen, sondern auch den mit über 850 Jahren wahrscheinlich ältesten Baum Kanadas.

Ältester Marine Park Kanadas

In der Vergangenheit waren die „Tobermory Islands" unter Seefahrern wegen der heftigen Stürme, die in jedem Herbst über der Georgian Bay tobten, sehr gefürchtet. Im Bereich des Nationalparks liegen mindestens 26 gut erhaltene Schiffswracks im kristallklaren Wasser, die im 19. Jh. in den Stürmen beschädigt und gegen die gefährliche Felsküste geschleudert wurden und nun von Tauchern, Schnorchlern und Unterwasserfotografen gesichtet werden. Aber nicht nur gesunkene Schiffs, sondern auch alte Korallenriffe und der erstaunliche Artenreichtum der Unterwasserwelt machen den Fathom Five National Marine Park zu einem besonderen Erlebnis.

Reisepraktische Informationen zum Fathom Five NP

i Information
Fathom Five National Marine Park, ☎ 519-596-2233, www.pc.gc.ca, geöffnet Mai–Okt., Eintritt Erwachsene $ 6, Senioren $ 5, Kinder von 6–16 J. $ 3, Familienkarte $ 15.

☞ Hinweis
Taucher müssen sich vor ihrem Tauchgang im „Diver Registration Centre" in Tobermory anmelden. Um den Einstieg zu den Wracks für Taucher zu erleichtern, wurden eine Plattform und ein Plankenweg angelegt.

🚢 Bootsfahrten
*Auch als „Nicht-Taucher" können Sie einen Blick in die Unterwasserwelt werfen. In den Sommermonaten werden mehrmals täglich 1–2-stündige Ausflugsfahrten mit Glasbodenbooten nach Flowerpot Island und zu einigen der in Stürmen gestrandeten Schiffen im Nationalpark durchgeführt, die im ungewöhnlich klaren Wasser der Georgian Bay auf dem Grund gut zu erkennen sind. Z.B. mit **Blue Heron Cruises**, www.cruisetobermory.com, Fahrpreis für Erwachsene ab $ 43, Kinder von 6–16 J. ab $ 33.*

Auf „Flowerpot Island"

Flowerpot Island ist eine kleine Insel mit Kalksteinfelsen, die von Wind und Wasser wie „Blumentöpfe" geformt worden sind.

Auf der Insel gibt es Bootsanlegestellen, einen Picknickplatz mit Feuerstellen, Zeltplätze und Wanderwege, jedoch kein Gasthaus oder Geschäft. Mindestens zwei Stunden Zeit sollten Sie sich nehmen, um die „Flowerpots" zu besuchen und dem ausgeschilderten Rundwanderweg über die Insel zu folgen.

⚠ Camping

Die sechs nahe beieinander liegenden Zeltplätze auf Flowerpot Island sind für je ein Zelt vorgesehen; dazu gehören jeweils eine Feuerstelle und eine Bootsanlegestelle. Camping-Permits gibt es beim Park Visitor Centre in Tobermory, Reservierungen unter: ☎ 519-596-2233, Infos unter: www.pc.gc.ca/eng/amnc-nmca/on/fathomfive/activ/activ1.aspx.

Wiarton

Wiarton liegt an der Colpoys Bay und ist eine wichtige Einkaufstadt für die Bruce Peninsula. Wahrzeichen ist das für das Murmeltier Wiarton Willie aufgestellte Denkmal. Wie im amerikanischen Punxsutawnwy wird auch in Wiarton jedes Jahr am 2. Februar der „Groundhog Day", der „Tag des Murmeltiers", gefeiert.

Weitere besuchenswerte Ziele auf der Bruce Peninsula

➤ das **Hope Bay Forest Provincial Nature Reserve** mit ausgezeichneten Wandermöglichkeiten.

➤ **Greig's Scenic Caves**, Lion's Head, (☎ 519-377-8762, www.greigscaves.ca, geöffnet Mai–Thanksgiving tgl. 9–17, Juli/Aug. bis 18 Uhr) ein Gewirr aus mehreren Höhlen, die durch mehrere Tunnel miteinander verbunden sind, Eintritt Erwachsene $ 10, Kinder von 3–12 J. $ 5.

➤ der lebhafte Ferienort **Lion's Head** mit seinem natürlichen Hafen, dem Leuchtturm und feinen Sandstränden.

➤ die **St. Margaret's Chapel** am Cape Chin.

Indianisches Kunsthandwerk

➤ das **Cape Croker Indian Reserve**, 19 km nördlich von Wiarton, ist eine große Siedlung der Ojibwa-Indianer, die für Besucher geöffnet ist. Es gibt Kunstgewerbeläden, Picknick- und Campingplätze, Wassersportmöglichkeiten und gute Wanderwege entlang der Küste an der Georgian Bay.

➤ der **Sauble Falls Provincial Park** nördlich des Ferienortes Sauble Beach.

Sauble Beach ist ein kleiner Ort, in dem ganzjährig nur etwa 3.000 Menschen leben. Im Sommer verwandelt sich Sauble Beach in einen lebhaften Ferienort mit vielen Hotels und

Campingplätzen, der vor allem mit seinem 11 km langen, feinen Sandstrand die Besucher anzieht. Aber auch andere Strände in der näheren Umgebung lohnen einen Besuch.

Der ganze Küstenbereich ist Indianerland, das die Regierung zur Wiedergutmachung an die Saugeen-Indianer abgetreten hat.

Owen Sound

Owen Sound hat etwa 21.500 Einwohner und liegt im schönen Sydenham River Valley, wo der Sydenham River und der Pottawatomi in die Georgian Bay münden. Es ist ein beliebter Ferienort mit guten Wassersportmöglichkeiten und, wie Tobermory, ein geeigneter Ausgangspunkt zum Besuch der Bruce Peninsula und der Blue Mountains. Um die Stadt kennenzulernen, können Sie an der geführten „Historic Downtown Walking Tour" teilnehmen, die an der Touristeninformation beginnt, wo Sie auch die genauen Startzeiten erfahren. In den Straßen rund um den Sydenham River liegen 23 historische Gebäude, die sogenannten „Heritage Buildings", die eng mit der Geschichte der Stadt verbunden sind, wie z. B. die 1871 gebaute Marien-Kirche, das Alte Postamt oder der Alte Markt, 114 Eight St. E., wo jeden Samstag der Owen Sound **Farmers' Market** abgehalten wird.

Historischer Stadtrundgang

Eine weitere Sehenswürdigkeiten des Ortes ist die **Tom Thomson Memorial Art Gallery**, wo u. a. Werke des hier geborenen Malers Tom Thomson ausgestellt sind, der zur „Gruppe der Sieben" gehört (s. Kapitel 4, S. 119). Kennzeichnend für die Arbeiten dieser Künstlergruppe ist die bildliche Darstellung der rauen Landschaften des kanadischen Nordens.
Tom Thomson Memorial Art Gallery, 840 1st Ave. W., ☎ 519-376-1932, http:// tomthomson.org, geöffnet im Juli/Aug. Mo–Sa 10–17, So 12–17, sonst Di–Fr 11–17, Sa/So 12– 17 Uhr, Eintritt frei, Spende erbeten.

An der Touristeninformation beginnt die „Black History Driving Tour", die über das Leben der schwarzen Sklaven informiert, die aus den Vereinigten Staaten nach Kanada flohen, um hier in Freiheit leben zu können.

Besonders beliebt sind der **Harbour Walkway** und der am Sydenham River gelegene **Harrison Park** an der 2nd Avenue. In dem 46 ha großen Park gibt es gepflegte Anlagen, Bäche und Flüsse, Picknick- und Campingplätze und den 18 m hohen Wasserfall **Inglis Falls**, wo sich das Wasser des Sydenham River über den Niagara-Abhang in eine tiefe Schlucht stürzen. Die beiden anderen Wasserfälle der Umgebung sind die 12 m hohen **Jones Falls** am Bruce Trail und die 15 m hohen **Indian Falls**, 5 km nördlich der Stadt am CR 1.

 Feste
In der **dritten Augustwoche** *findet das Summerfolk Musical and Crafts Festival mit Musik-, Tanz- und Gesangsaufführungen statt.*
Höhepunkt des Karnevals im **Februar** *ist ein Hundeschlittenrennen.*

☞ Streckenhinweis

Wenn Sie genügend Zeit haben, können Sie von Owen Sound zur Midland-Halbinsel fahren, dort das Museumsdorf Sainte-Marie among the Hurons besuchen und anschließend die Strände an der Nottawasaga Bay genießen (s. Kap. 9, S. 370).

Reisepraktische Informationen zu Owen Sound

i **Information**
Owen Sound Tourism Office, *1155 First Ave.,* ☎ *519-371-9833 oder 1-888-675-5555, www.owensound.ca.*

Unterkunft
$$ **B&C Moses' Sunset Country B&B**, *398139 28th Ave., E.,* ☎ *519-371-4559, www.bbcanada.com/181.htm, ruhig, in einem Park gelegenes Haus mit drei antik eingerichteten Zimmern, auf Wunsch mit eigenem Bad, sehr gutes Frühstück.*
$$ **Between the Maples**, *2344 3rd. Ave. W.,* ☎ *519-370-0202 oder 1-877-470-0202, www.bbcanada.com/betweenthemaples, in der Innenstadt gelegenes, gepflegtes altes B&B-Haus mit Blick auf die Georgian Bay und zwei schönen Zimmern mit eigenem Bad und reichhaltigem Frühstück, alle Sehenswürdigkeiten sind gut zu Fuß zu erreichen.*
$$ **Comfort Inn**, *955 9th Ave. E.,* ☎ *519-371-5500, www.choicehotels.ca, zentral gelegenes Hotel mit 60 gut eingerichteten Zimmern.*
$$ **Owen Sound Inn**, *485 9th Ave. E.,* ☎ *519-371-3011 oder 1-800-681-1411, www.owensoundinn.com, ansprechendes Hotel mit 26 geräumigen Zimmern und freundlichem Service.*
$$$ **Best Western Inn On the Bay**, *1800 2nd Ave. E.,* ☎ *519-371-9200 oder 1-800-780-7234, www.bestwestern.com/ca/innonthebay, das Hotel liegt direkt an der Georgian Bay und nicht weit vom Ortszentrum entfernt, es verfügt über 60 komfortable Zimmer, zwei gute Restaurants und schöne Außenanlagen.*

Von Owen Sound nach Kitchener

Wenn Sie sich Zeit zum Baden und Muße für die kleinen Ortschaften am Lake Huron nehmen wollen, können Sie alternativ von Owen Sound über den Hwy 21 nach Port Elgin und weiter bis Goderich fahren. Von dort folgen Sie dem Hwy 8 nach Waterloo und Kitchener. Insgesamt 293 km. Kleine Stichstraßen führen vom Hwy 21 ans Ostufer des Lake Huron, wo Sie freundliche Ferienorte mit guten Erholungs- und Wassersportmöglichkeiten an den langen Stränden der „Saugeen Shores" finden, z. B. in **Southampton** mit alten Häusern im Kolonialstil und schönen Alleen, in **Port Elgin**, das schon seit dem Ende des 19. Jh. als Sommerfrische beliebt ist und in den **Provincial Parks Inverhuron** in der Nähe des gleichnamigen Ortes oder **Point Farms**, 8 km nördlich von Goderich.

Gute Wassersportmöglichkeiten

Die Region **Huron County** war ursprünglich Indianerland. Die erste bekannte Huronen-Siedlung stammt aus der Zeit um 1340; bei Ausgrabungen von 1971 wurden zwölf Langhäuser und eine doppelte Palisadenreihe freigelegt.

Mitten im Huron County, in Wingham, wurde 1931 **Alice Munro**, die 2013 mit dem Nobelpreis für Literatur ausgezeichnet wurde, geboren. Sie wuchs dort auf einer kleinen Farm auf, lebte einige Jahre in Toronto und Vancouver und kehrte dann wieder ins Huron County nach Clinton zurück. „Ich bin ganz berauscht von dieser besonderen Landschaft", sagte sie in einem Interview, und so ist es nicht verwunderlich, dass die kleinen Ortschaften des Huron County oftmals Schauplätze ihrer Erzählungen sind – wie in den Kurzgeschichten „Das Bettlermädchen" oder in dem autobiografisch geprägten Band „Wozu wollen Sie das wissen?".

Ein anderer Weg ist die 151 km lange und direkte Strecke von Owen Sound über den Hwy 6 bis Guelph und weiter über den Hwy 7 nach Kitchener.

Unterkunft
$$ Windspire Inn, 276 Mill St., Port Elgin, ☎ 519-389-3898 oder 1-888-389-7111, www.windspireinn.com, das im viktorianischen Stil erbaute Haus verfügt über 14 stilvoll eingerichtete Zimmer und zwei Cottages, nur zwei Block vom Lake Huron entfernt gelegen.

$$$ Silken Retreat, 570 Johnston Ave., Port Elgin, ☎ 519-832-3808, www.silkenretreat.com, viktorianisches Haus mit drei stilvoll eingerichteten Gästezimmern und schönem Garten.

Goderich

Goderich ist ein kleiner Ort am Lake Huron mit 7.500 Einwohnern, der 1827 gegründet wurde und sich zum größten Hafen auf der kanadischen Seite des Sees entwickelt hat. Das Zentrum des Ortes ist der achteckige Platz mit dem Gerichtsgebäude, von dem alle Straßen speichenförmig abgehen. Goderich wird wegen seiner schönen Hafenfront, der historischen Gebäude und der einladenden Strände zu den hübschesten Ortschaften dieser Region gezählt. Einen besonders schönen Blick auf den Hafen, den Lake Huron und den Maidland River können Sie von der Menesetung Bridge genießen, die 1907 als längste Eisenbahnbrücke in Ontario gebaut worden war und nun als Fußgängerbrücke genutzt wird.

Aussichtspunkt auf der Menesentung Bridge

Sehenswertes

➤ Das **Huron County Museum** informiert über die Geschichte des Huron County seit den Tagen der ersten Siedler.
Huron County Museum, 110 North St., ☎ 519-524-2686, www.huroncountymuseum.ca, geöffnet Nov.–April Di–Fr 10–16.30, Do –20, Sa 12–16.30, Mai–Okt. Mo–Sa 10–16.30, Do –20, So 13–16.30 Uhr, Eintritt Erwachsene $ 5, Senioren $ 4.50, Studenten $ 4, Kinder von 6–11 J. $ 3.50, Familienkarte $ 18; es gibt ein Kombiticket mit dem Huron Historic Goal and Governor's House Erwachsene $ 7.50, Senioren $ 6.50, Studenten $ 5.50, Kinder von 6–11 J. $ 4, Familienkarte $ 25.

➤ Das **Huron Historic Goal and Governor's House** ist ein achteckig angelegtes Steinhaus mit drei Stockwerken aus dem Jahr 1842, das bis 1972 als Gefängnis diente. Die Räume des Gouverneurs bilden einen deutlichen Gegensatz zu den einfachen Gefängniszellen. Von Mai bis Oktober findet hier jeden Sonntag ein Flohmarkt statt.
Huron Historic Goal and Governor's House, 181 Victoria St. N, ☎ 519-524-6971, geöffnet Anfang Mai–Anfang Sept. Mo–Sa 10–16.30, Do –20, So 13–16.30, Sept.–Okt. So–Fr 13–16, Sa 10–16.30 Uhr. Eintritt Erwachsene $ 5, Senioren $ 4.50, Studenten $ 4, Kinder von 6–12 J. $ 3.50; es gibt ein Kombiticket mit dem Huron County Museum.

➤ Das kleine **Marine Museum**, das in dem ehemaligen Führerhaus der „SS Shelter Bay" eingerichtet wurde, zeigt alte Navigationsinstrumente, Modellschiffe und Schiffszubehör und informiert über den großen Sturm von 1913.
Marine Museum, am Süddock im Hafen, ☎ 519-524-2686, geöffnet Juli/Aug. 13–16.30 Uhr, Eintritt im Preis von Huron County Museum bzw. Huron Historic Goal inbegriffen.

➤ Der **Goderich Farmers' Market** findet jeden Samstag von Juni bis Oktober 8–13 Uhr an der Südseite des Courthouse Park statt.

Goderich lockt mit schönen Stränden. Von hier aus können Sie den Seglern und Surfern auf dem Lake Huron zuschauen oder beobachten, wie ein großes Schiff von einem Schlepper in den Hafen gezogen wird.

Reisepraktische Informationen zu Goderich

ℹ Information
Goderich Visitor Information Centre, *91 Hamilton St., ☏ 519-524-6600 oder 1-800-280-7637, www.goderich.ca, geöffnet tgl. 9–19, Sept.–April 10–16 Uhr.*

🛏 Unterkunft
$$ Colborne B&B, *72 Colborne St., ☏ 519-524-7400, www.colbornebandb. com, gepflegtes, historisches Haus mit vier ansprechend eingerichteten Zimmern, jeweils mit Bad.*
$$ Silver Birch Motel, *79764 Bluewater Hwy, ☏ 519-524-8516 oder 1-800-467-9511, www.silverbirchmotelgoderich.com, ca. 2,5 km außerhalb von Goderich gelegenes Motel mit neun zweckmäßig eingerichteten Zimmern, jeweils mit kleiner Küchenzeile, ganzjährig geöffnet.*
$$$ Benmiller Inn & Spa, *81175 Benmiller Line, RR 4, ☏ 519-524-2191 oder 1-800-265-1711, http://benmiller.ca, eine Mühle aus dem 19. Jh. und fünf ehemalige Wirtschaftsgebäude wurden zu einem komfortablen Hotel umgestaltet, dessen Restaurant für gute französische Küche bekannt ist. Zum Hotel gehören Swimmingpool, Sauna.*

Von Sudbury über Parry Sound an der Ostküste der Georgian Bay entlang nach Kitchener

Von Sudbury folgen Sie dem Hwy 69 nach Süden, auf dem Sie nach 163 km Parry Sound erreichen. An diesem Streckenabschnitt liegen einige besonders schöne oder interessante Ausflugsziele; kleine Stichstraßen führen an die Georgian Bay oder zu einem der Seen.

Killarney und der Killarney Provincial Park

Südlich der Ortschaft Estaire zweigt der Hwy 637 nach Killarney und zum Killarney Provincial Park ab, den Sie nach 67 km erreichen. Dies ist die einzige Straßenverbindung nach Killarney, sonst sind Ort und Park nur mit Boot oder Wasserflugzeug zu erreichen. Killarney, das früher ein wichtiger Pelzhandelsposten war, ist heute ein ruhiger Ferienort, der geeignete Ausgangspunkt für ganztägige Wanderungen im Killarney Provincial Park. Die Geschäfte des Ortes sind darauf eingestellt, Sie mit Proviant, Kartenmaterial und Kanus auszurüsten.

Das kleine **Killarney Museum** zeigt Interessantes aus der lokalen Geschichte.
Killarney Museum, *29 Commissioner's St., http://municipalityofkillarney.ca/index.php/ facilities-ms, geöffnet Juli–Anfang Sept. Do–Mo 10–12, 13–17 Uhr, freier Eintritt.*

Reizvolle Wanderungen und Trecks

Der **Killarney Provincial Park** liegt 10 km nordöstlich der Straße und ist mit einer Fläche von 363 km² und Dutzenden von Seen ein Paradies für Kanufahrer und Wanderer. Die Landschaft zeigt ein beeindruckendes Farbenspiel: dichte, dunkle Nadelbäume, ein heller, fast weißer Felsboden, ein blauer, oft wolkenloser Himmel und das tiefblaue oder smaragdgrüne Wasser des Lake Huron; diesen ganz eigenartigen, sehr ursprünglichen Reiz haben viele Maler, darunter auch Mitglieder der Group of Seven, in ihren Bildern einzufangen versucht.

Reisepraktische Informationen zu Killarney

Information

Das **Park Office**, *960 Hwy 637,* ☎ *705-287-2900, www.ontarioparks.com, liegt am George Lake und bietet Informations- und Kartenmaterial, geführte Wanderungen und Lehrveranstaltungen an. Der Park ist ganzjährig geöffnet, Tagespass für einen Pkw mit Insassen ab $ 11.*

Unterkunft

Übernachtungsmöglichkeiten im Park gibt es auf den **Campingplätzen***; für die Sommermonate sind Platzreservierungen empfehlenswert. Anmeldungen zur Reservierung eines Zeltplatzes tgl. 7–21 Uhr, telefonisch:* ☎ *519-826-5290 oder 1-888-668-7275, oder online: www.ontarioparks.com/reservations. Die* **Hotels** *bieten gute Wassersportmöglichkeiten in nächster Umgebung.*

$$$ The Sportsman's Inn, *37 Channel St.,* ☎ *705-287-9990 oder 1-877-333-7510, www.sportsmansinn.ca, 1903 gebautes Haus mit freundlichen Zimmern, teilweise mit Blick auf die Bay, Restaurant und Pub und beliebter Marina.*

$$$–$$$$ Killarney Mountain Lodge, *3 Commissioner St.,* ☎ *705-287-2242 oder 1-800-461-1117, www.killarney.com, familienfreundliche Anlage an der Georgian Bay mit einem Haupthaus und mehreren rustikalen cabins und chalets, Tennisplätzen, Kanu-, Kayak- Motorboot- und Fahrradverleih. Die Lodge liegt ca. 10 km vor dem Eingang zum Killarney Provincial Park, etwa 1,5 Stunden von Parry Sound entfernt. Geöffnet Mitte Mai–Mitte Okt.*

Kanus

Killarney Outfitters, *5 km östlich von Killarney, 1076 Hwy 637,* ☎ *705-287-2828 oder 1-888-222-3410, www.killarneyoutfitters.com, hier finden Sie Informationsmaterial zu den Routen im Killarney Provincial Park, einen Kanuverleih, komplette Ausrüstungen für mehrtägige Fahrten und Zubringerdienste zum Park.*

Wandern

Kurze Tageswanderungen sind vom Lake George aus möglich; mehrtägige Trecks führen Sie in das unberührte Hinterland mit ganz unterschiedlichen Landschaftsformen.

French River

Zwischen dem Lake Nipissing und der Georgian Bay liegt das wasserreiche, von Nebenflüssen durchzogene Gebiet des **French River**, der das Südufer des Lake Nipissing mit dem Ostufer der Georgian Bay verbindet. Besonders Sport- und Hobbyangler zieht es in dieses Gebiet, das zu den besten Fischrevieren Kanadas zählt und reiche Bestände u. a. an Zandern, Hechten, Barschen, Stören und Forellen hat. Aber auch für Naturliebhaber, Wanderer und Kanufahrer ist dies ein ideales Urlaubsgebiet. Wie der Name vermuten lässt, entdeckten die Franzosen als erste Europäer diesen Wasserweg, um vom Lake Nipissing weiter nach Westen bis zur Georgian Bay vorzudringen. Ihnen folgten Pelzhändler aus Montréal, die ihre Waren in Fort William am Lake Superior einkauften und nach Montréal zurückbrachten.

Weitverzweigtes Fluss- und Seensystem

Der etwa 125 km lange French River bildet mit vielen kleinen Nebenflüssen und Seen ein weit verzweigtes Wassernetz und bahnt seinen Weg durch die eindrucksvolle Fels- und Waldlandschaft des Kanadischen Schildes. Kanufahrer finden hier ein Fluss- und Seensystem, das allen Ansprüchen gerecht wird. Besonders beliebt ist das Kanuwandern, das Sie von Lodge zu Lodge führt. In den meisten Lodges können Sie Kanus oder Motorboote mieten. Auch anderen Wassersportarten können Sie nachgehen, und im Juli und August ist das Wasser warm genug zum Schwimmen.

Reisepraktische Informationen zu French River

Unterkunft

In der **French River Resorts Association**, *haben sich 17 Lodges und Camps zu-sammengeschlossen und bieten Übernachtungsmöglichkeiten in jeder Preisklasse an, www. frenchriverresorts.com.*

$$ **Wolseley Lodge**, *RR #1; 2652 Highway 528, Noelville,* ☏ *705-898-3356 oder 1-800-488-4964, www.wolseleylodge.com, die traditionsreiche Lodge (seit 1928) am French River bietet 16 gut ausgestattete Cabins mit bis zu vier Schlafräumen, außerdem drei Zimmer mit Gemeinschaftsbad im Haupthaus.*

$$$ The Lodge at Pine Cove, *Noelville,* ☏ *705-898-2500, www.frenchriver.com, ge-pflegte Anlage am French River mit ansprechenden Zimmern in der Lodge und gut ausgestat-teten Cottages in großartiger Umgebung, Kanu- und Bootsverleih. Geöffnet Mai–Okt.*

Parry Sound

Parry Sound, an der gleichnamigen Bucht gelegen, ist das Tor zu der großen Schären-landschaft an der Ostküste der Georgian Bay. Der Ort wurde nach dem britischen Po-larforscher William E. Parry (1790–1855) benannt, der seit 1811 Fahrten in die arkti-schen kanadischen Gewässer unternahm. Heute ist der Hafen von Parry Sound sowohl wichtig für die Schifffahrt auf den Großen Seen zwischen Kanada und den USA als auch als Ausgangspunkt für Schiffs- und Bootsausflüge in die Region der 30.000 Inseln. Ein Spaziergang mit schönen Ausblicken auf die Stadt und die Bucht führt über den Algon-quin Regiment Fitness Trail an der Küste der Georgian Bay entlang.

Parry Sound zählt nur 5.800 Einwohner, aber in dem ganzjährig beliebten Ferienort übersteigt die Zahl der Besucher die der Einwohner um ein Vielfaches.

Im Winter lädt die Umgebung von Parry Sound zum Ski- und Schneemobilfahren und zum Eisfischen ein, im Sommer gibt es ausgezeichnete Möglichkeiten für alle Wasser-sportler, Angler und Golfer. Parry Sound trägt den Beinamen „Tor zu den 30.000 In-seln"; auf einem Ausflugsschiff können Sie durch die Inselwelt fahren, das Inselgewirr mit dem eigenen Boot erforschen oder mit dem Wasserflugzeug die kleinen und gro-ßen Inseln überfliegen.

Schöne Inselwelt   Die „**30.000-Inseln-Kreuzfahrt**" ist ein besonderes Erlebnis. Auf Kanadas größtem Binnen-Kreuzfahrtschiff, der „Island Queen" oder auf dem Schlepper „MV Chippewa", fahren Sie durch die wunderschöne Inselwelt; nirgends sonst liegen so viele Inseln so dicht beisammen. Das Schiff fährt durch enge Kanäle, seichte Wasserstraßen, an Leuchttürmen und Kaps vorbei, umrundet Inseln und ermöglicht immer wieder schöne Ausblicke. Die Inseln unterscheiden sich stark voneinander: Es gibt winzige Eilande, auf deren felsigem Boden nur ein paar Bäume stehen, Inseln mit kleinen Ferienhäuschen, an deren Bootsstegen Kinder im Wasser spielen, Inseln mit baumbestandenen Buchten und feinem Sandstrand, Inseln mit luxuriösen Villen und großen Motorbooten und men-schenleere Inseln mit steilen Felsabbrüchen.

Auf Ihrer „See-Fahrt" kommen Sie an der Südspitze des **Killbear Provincial Park** vorbei, der ausgezeichnete Wassersportmöglichkeiten bietet und vor allem bei Tau-chern sehr beliebt ist. Am felsigen Ufer sind vom Gletschereis geglättete Granitbro-cken und tiefe Rillen im Felsgestein als deutliche Spuren der Eiszeiten erkennbar.

Die „Island Queen" umrundet **Parry Island** mit einem Indianerreservat der Huronen und kehrt dann in den Hafen von Parry Sound zurück. Dabei passieren Sie eine Insel, deren Besitzer häufig die vorbeifahrenden Touristen mit einem Spiel auf seinem Dudelsack grüßt. Besonders reizvoll ist die Kreuzfahrt auch Ende September/Anfang Oktober, wenn sich im Indian Summer das Laub der Ahornbäume verfärbt und rot und golden zwischen den dunklen Kiefern hervorleuchtet.

Zurück in Parry Sound, lohnt auch der Aufstieg über 131 Stufen auf den **Tower Hill**, der 1920 als Ausguck gebaut wurde und von der Höhe einen herrlichen Ausblick auf die Inselwelt und Wälder bietet. Hier wurde das **West Parry Sound District Museum** mit Ausstellungen zur Geschichte der Indianer, der Fallenstellerei, dem Fischfang und der Seefahrt eingerichtet.
The Museum on Tower Hill, *17 George St., ☎ 705-746-5365, www.museumontower hill.com, geöffnet Mi–So 11–16 Uhr, Eintritt Erwachsene $ 5, Senioren und Kinder $ 3.*

Seit 1979 findet jeden Sommer im Juli/August das beliebte **Festival of the Sound** statt. Dazu gehören Konzerte mit klassischer Musik am Mittag und Abend, Familienkonzerte in den Parkanlagen und Schiffskonzerte zum Sonnenaufgang und -untergang.

Ein schöner Ausflug ins Hinterland führt von Parry Sound über den **Seguin Recreational Trail** 61 km ostwärts nach Seguin. An der Strecke sind Spuren aus der großen Zeit der ersten Siedler, Holzfäller und der Eisenbahngeschichte zu sehen; vor allem aber locken schöne Aussichten, dichte Wälder, mächtige Granitsteine und idyllische Rastplätze an mehreren Seen und Flüssen.

Reisepraktische Informationen zu Parry Sound

Information
Georgian Bay Country Visitor Centre, *70 Church St., ☎ 705-746-1287 oder 1-888-229-7257, www.gbcountry.com.*

Unterkunft
$$$ Bayside Inn, *10 Gibson St., ☎ 705-746-7720 oder 1-866-833-8864, www.ps baysideinn.com, gut geführtes Haus mit 12 ansprechend eingerichteten Zimmern an der Hafenfront, Parkmöglichkeit am Haus.*
$$$ Comfort Inn,*120 Bowes St., ☎ 705-746-6221, www.parrysoundcomfortinn.com, gut geführtes Hotel mit 60 freundlichen Zimmern.*
$$$ Sunny Point Reort Cottages & Inn, *41 Sunny Point Rd., ☎ 1-800-265-0432, www.sunnypointresort.com, ruhige Anlage 20 km südlich von Parry Sound am Otter Lake mit zehn Ferienhäusern verschiedener Größen, vielseitige Sportmöglichkeiten wie Schwimmen, Fischen, Kanufahren, Surfen, Wasserski, Tennis und Wandern.*
$$$$ Glenn-Burney Lodge, *49 Glenn Burney Rd., Seguin River Bridge, ☎ 705-773-3423, www.glennburneylodge.ca, kleines Resorthotel mit vier Cottages, teilweise mit Blick auf die Georgian Bay, Strand, Bootsverleih, Gelegenheit zum Segeln und Surfen. Geöffnet Mitte Mai–Ende Nov.*

Essen und Trinken
Log Cabin Inn, *9 Little Beaver Blvd., Seguin, ☎ 705-746-7122, sehr gemütliches Restaurant in einer alten Holzscheune, gute Küche mit frischen Fischgerichten, Sonntagsbrunch. Hauptgerichte ab ca. $ 15.*

Trapper's Choice Restaurant & Tavern, *50 Joseph St.,* ☎ *705-746-9491, kleines, beliebtes Restaurant in der Parry Sound Mall. Hauptgerichte ab ca. $ 20.*

Bootsfahrten
Island Queen Cruise, *9 Bay St., Parry Sound Government Wharf,* ☎ *705-746-2311 oder 1-800-506-2628, http://islandqueencruise.com, 2–3-stündige Kreuzfahrten durch die Welt der 30.000 Inseln, 2-Std.-Fahrt: Abfahrt Juli/Aug. tgl. 10 Uhr, Erwachsene $ 36, Kinder von 6–12 J. $ 18, 3-Std.-Fahrt: Abfahrt Juni-2. Montag im Okt. (Thanksgiving) 13 Uhr, Erwachsene $ 47.50, Kinder von 6–12 J. $ 24.*
Spirit of the Sound, *Bay St.,* ☎ *705-746-6064 oder 1-888-283-5870, www.spiritofthe sound.ca, von Juni-Sept. verschiedene Ausflugsfahrten mit kulinarischem Schwerpunkt. Genaue Angebote und Termine s. Website.*

Rundflüge
Georgian Bay Airways, *11 A Bay St.,* ☎ *705-774-9884 oder 1-800-786-1704, www.georgianbayairways.com, Flüge über die Inselwelt der Georgian Bay ab $ 105, Tagesausflüge.*

Von Parry Sound nach Midland

Von Parry Sound fahren Sie über den Hwy 400 bis dieser schließlich auf den Hwy 12 trifft, dem Sie dann in westlicher Richtung bis nach Midland folgen. Die Entfernung beträgt 110 km.

Georgian Bay Islands National Park

National-park aus 59 Inseln

Etwa 10 km hinter Crooked Bay zweigt der Hwy 48 vom Hwy 400 ab und führt über Hwy 5 nach Honey Harbour und zum Georgian Bay Islands National Park. 59 Inseln im Südosten der Georgian Bay wurden zum **Georgian Bay Islands National Park** zusammengefasst. Sie sind nur mit dem eigenen Boot oder mit Wassertaxis erreichbar, die in **Honey Harbour** am Hwy 5 bereit liegen. Zum Park gehört das Schiff „Day Tripper", Muskoka Rd. 5, mit dem von Ende Mai bis Oktober Tagesausflüge nach Beausoleil Island durchgeführt werden.

Information
In Honey Harbour gibt es ein Informationszentrum, ☎ *705-756-2415, das Kartenmaterial bereit hält und mit kleinen Ausstellungen, Diapräsentationen und Einführungsveranstaltungen gründlich informiert.*
Georgian Bay Islands National Park, *www.pc.gc.ca, ganzjährig geöffnet, Eintritt April–Okt. Erwachsene $ 6, Kinder $ 3.*

Die größte der Inseln ist **Beausoleil Island**, wo es ebenfalls ein Informationszentrum sowie einen Campingplatz gibt. Im Sommer ist Beausoleil Island ein beliebtes Ferienziel für Wanderer, im Winter zieht die Insel viele Skilangläufer an.

Die Inseln weisen unterschiedliche, von der Eiszeit geprägte Landschaftsformen auf: während auf der Nordhälfte nur anspruchslose Kiefern im felsigen Grund mühsam ihre Wurzeln verankern, dehnen sich im Süden Wälder, Moore und kleine Wälder aus, Überreste der riesigen Waldgebiete, die einst ganz Ostkanada bedeckten. Die kanadischen Maler der „Group of Seven" (s. S. 119) haben die Inseln der Georgian Bay oft besucht und in ihren Bildern häufig dargestellt. Viele Landschaftsmaler suchen auch heute noch hier ihre Motive.

Midland

Midland, ein historisch bedeutsamer Ort in der Huronia-Region, ist heute ein lebhafter Hafenort und zusammen mit Penetanguishene ein beliebtes Feriengebiet an der südlichen Georgian Bay, denn es bietet nicht nur ausgezeichnete Wassersport- und Erholungsmöglichkeiten, sondern ist auch nur 1,5 Stunden Fahrzeit von Toronto entfernt. In Midland haben Sie die Gelegenheit, an Bord der „Miss Midland" noch einmal an einer Kreuzfahrt durch die Welt der 30.000 Inseln teilzunehmen.

Die Region Huronia zählt zu den ältesten Siedlungsgebieten Ontarios, wo die ersten weißen Missionare und Siedler zu Beginn des 17. Jh. auf den hier seit dem 14. Jh. ansässigen Indianerstamm der Huronen trafen.

Im Ort gibt es interessante historische Sehenswürdigkeiten:

➤ Das **Huronia Museum** zeigt Gebrauchsgegenstände, Kleidung und Töpferwaren der Huronen sowie eine Ausstellung zur Geschichte der östlichen Georgian Bay. **Huronia Museum**, *549 Little Lake Park,* ☏ *705-526-2844, www.huroniamuseum.com, geöffnet Mitte Mai–Mitte Okt. tgl. 9–17, sonst Mo–Fr 9–17 Uhr. Kombinierte Eintrittskarte für das Museum und das Huron Indian Village, Erwachsene $ 12, Senioren $ 8.50, Kinder von 6–17 J. $ 7.25.*

➤ Das **Huron-Quendat Village** liegt am Eingang des Little Lake Park und ist die mit großer Sorgfalt ausgeführte Rekonstruktion eines Indianerdorfes, das das Leben im 16. Jh. widerspiegelt. **Huron-Quendat Village**, *549 Little Lake Park,* ☏ *705-526-8757, geöffnet wie das Museum. Die Eintrittskarte ist am Museum erhältlich.*

Rekonstruktion eines Indianerdorfes

Reisepraktische Informationen zu Midland

ℹ Information

Visitor Information Centre, *Midland Harbour, 165 King St.,* ☏ *705-527-4050 oder 1-855-527-4050, www.midland.ca/Pages/Visitor-Information-Center.aspx, geöffnet Mai–Sept. 9–18 Uhr.*
North Simcoe Sports and Recreation Centre, *527 Len Self Boulevard, ganzjährig geöffnet tgl. 8–20 Uhr.*

🛏 Unterkunft

$$ Beacon Shore on Georgian Bay, *128 Midland Point Road,* ☏ *705-526-5005, www.beaconshorebb.com oder www.bbcanada.com/beaconshorebb, gut geführtes Haus in schöner Lage mit drei gemütlich eingerichteten Zimmern, jeweils mit eigenem Bad, mit schönem Garten und eigenem Zugang zum Wasser; der Morgen beginnt immer mit einem köstlichen, frisch zubereiteten Frühstück. Nur für Gäste ab 18 J.*
$$ Best Western Plus Highland Inn Resort & Conference, *924 King St.,* ☏ *705-526-9307 oder 1-800-461-4265, www.bestwesternmidland.com, modernes Hotel im Ortszentrum mit 121 ansprechend eingerichteten Zimmern, Restaurant, Swimmingpool, Sauna und Whirlpool.*
$$ Comfort Inn, *980 King St.,* ☏ *705-526-2090, www.choicehotels.ca, angenehmes Hotel mit freundlich eingerichteten Zimmern, günstig zu allen Sehenswürdigkeiten gelegen.*
$$ Midland Inn & Suites, *720 Prospect Blvd., am Hwy 12,* ☏ *705-245-1166 oder 1-855-566-2320 , http://midlandinn.com, neueres Motel mit 30 teilweise sehr geräumigen Zimmern, 10 Min vom Strand entfernt.*

Bootsfahrten

Miss Midland 30.000 Island Boat Cruises, *Town Dock, King St.,* ☎ *705-549-3388 oder 1-877-668-2286, 3-stündige Fahrten durch die Inselwelt der 30.000 Inseln. Abfahrt Mitte Mai–Mitte Okt. tgl. 11 und 14 Uhr, im Juli/Aug. auch 17 und 19 Uhr, Fahrpreis Erwachsene $ 30, Senioren $ 28, Jugendliche von 15–19 J. $ 21, Kinder 5–14 J. $ 16, Familienkarte $ 80.*

Sainte-Marie among the Hurons

Nachgebaute Missionsstation

Die interessanteste Sehenswürdigkeit dieser Region ist **Sainte-Marie among the Hurons**, 5 km östlich von Midland am Hwy 12. Es ist die Rekonstruktion der Missionsstation, die von Jesuitenmönchen im 17. Jh. gegründet worden war. Besuchen Sie zunächst das moderne, eindrucksvoll gestaltete Museum, das die Arbeit der Archäologen verdeutlicht und die Geschichte der Missionsstation darstellt.

Sainte-Marie wurde 1639 von den französischen Jesuiten Jean de Brébeuf und Gabriel Lalemant gegründet und war für ein Jahrzehnt ein wichtiger Stützpunkt der Europäer, in dem 1648 ein Fünftel der europäischen Bevölkerung von Neufrankreich lebte. Die ersten Begegnungen zwischen den sesshaften Huronen und den weißen Neuankömmlingen, bei denen Indianer und Franzosen ihre Kenntnisse und Fertigkeiten austauschten, verliefen friedlich, doch kam es aus Glaubensgründen auch zu Unstimmigkeiten und Zerwürfnissen. Zahlreiche Huronen erkrankten und starben zudem an von den Weißen eingeschleppten Krankheiten wie Grippe, Masern und Pocken. Die weiter südlich lebenden, mit den Huronen verfeindeten Irokesen versuchten, die zahlenmäßige Schwächung ihrer Feinde auszunutzen, und überfielen mehrfach die Missionsstation. Aufgrund der Kämpfe gaben die Jesuiten im Juli 1649 ihre Niederlassung auf. Zusammen mit einigen getauften Huronen steckten sie die Station in Brand und zogen sich auf die heutige Insel Christian Island zurück, wo sie Sainte-Marie II gründeten. 1650 kehrten sie endgültig zusammen mit einigen Hundert christlichen Indianern nach Québec zurück.

Die Missionsstation wurde 1964–1967 rekonstruiert und vermittelt einen sehr guten Eindruck von dieser frühen europäischen Siedlung. Bei Ihrem Rundgang werden Ihnen kostümierte „Dorfbewohner" und Indianer begegnen, die den Alltagsbeschäftigungen jener Zeit nachgehen und das damalige Leben schildern.

Die befestigte Missionsstation Sainte-Marie war von Palisaden umgeben, hinter denen sich drei abgeteilte Bereiche befanden. Zum nördlichen Gebiet der Europäer gehörten eine Kapelle, die Residenz der Jesuiten, Wohnhäuser, Getreidespeicher,

Im Museumsdorf Sainte-Marie among the Hurons

die Missionsküche und Handwerkerquartiere; im mittleren Bereich lagen weitere Werkstätten und die St. Josephskirche, an deren Südseite der von christianisierten Indianern bewohnte Teil begann. Hier gab es ein Langhaus, ein Wigwam und eine Krankenpflegestation mit Kräutergarten und Apotheke. Vor dem Palisadenzaun, aber noch im Schutze der befestigten Anlage, lebten ebenfalls Indianer, die noch nicht den christlichen Glauben angenommen hatten.

Sainte-Marie among the Hurons, *16164 Hwy 12 E., ☎ 705-526-7838, www.sainte marieamongthehurons.on.ca, geöffnet Mai–Anfang Okt. tgl. 10–17 Uhr, tgl. 10–17 Uhr, Eintritt Erwachsene $ 12, Senioren $ 10, Jugendliche $ 10.50, Kinder von 6–12 J. $ 9.25 (außerhalb der Hochsaison etwas preiswerter).*

☞ Tipp

Nach dem Rundgang können Sie im Café Speisen des 17. Jh. probieren oder, im Juli und August, eine Kanufahrt auf dem Isaraqui (Wye) River machen, der an der Missionsstation vorbeiführt.

The **Martyr's Shrine**, am östlichen Ende des Ortes am Hwy 12, wurde 1926 zu Ehren der acht französischen Jesuitenmönche errichtet, die in den Jahren 1642–1649 von den Indianern getötet worden waren und später selig gesprochen worden sind. Im Inneren befindet sich der Schrein der Märtyrer. Die Kirche wurde zu einem Wallfahrtsort für *Wallfahrts-* die kanadischen Katholiken, an dem 1984 Papst Johannes Paul II. vor vielen Pilgern eine *ort* Messe zelebrierte. Sehr schön ist der Blick auf die Georgian Bay und den Wye River.

The Martyr's Shrine, *http://martyrs-shrine.com, geöffnet Mai–Ende Okt. tgl. 8–21 Uhr. Eintritt Erwachse $ 5, Kinder unter 12 J. frei.*

Der Kirche gegenüber, am Hwy 12, beginnt das **Wye Marsh Wildlife Centre**, eine für Botaniker und Vogelkundler interessante Sumpflandschaft, die sich am Wye River entlangzieht. Naturlehrpfade, Plankenwege und Wanderwege durchziehen das Gelände, das Sie am besten von der Höhe des Aussichtsturms überblicken können; Kanutouren führen zur Stelle der ehemaligen Missionsstation.

Wye Marsh Wildlife Centre, *16160 Highway 12 E., ☎ 705-526-7809, www.wyemarsh. com, geöffnet ganzjährig tgl. 9–17 Uhr, Eintritt Erwachsene $ 11, Senioren und Jugendliche $ 8.50, Kinder 4–12 J. $ 8, Familienkarte $ 30.*

👁 Ausflüge

Von Midland aus sollten Sie nicht versäumen, einen Ausflug nach Penetanguishene zu unternehmen und dort an einer geführten Tour durch den „Discovery Harbour" teilzunehmen. Infos: www.discoveryharbour.on.ca.

Penetanguishene

Penetanguishene ist ein hübscher Ort, 7 km entfernt von Midland, dessen indianischer Namen in der Übersetzung „Stelle des weißen Sandes" bedeutet. Der Ort ist geprägt durch das indianische, französische und englische Erbe; Einwanderer aus den beiden Ländern ließen sich in der Nähe der ehemaligen britischen Garnison nieder. Zwei am südlichen Ortseingang aufgestellte Engel sollen die Harmonie zwischen den Kulturen symbolisieren. Urlauber finden hier gute Möglichkeiten zum Wandern, Schwimmen, Schnorcheln, Tauchen – und im Winter zum Skifahren.

Der Weg zum **Discovery Harbour** und zu den **Historic Naval and Military Establishments** ist mit blauen Schiffslogos ausgeschildert. Discovery Harbour besteht aus 15 rekonstruierten Gebäuden mit Schreibstuben, Offiziersquartieren, Lagerhäusern und Soldatenunterkünften, die nach dem Krieg mit den Amerikanern im Jahre 1812 ge-

Erläuterungen im Wye Marsh Wildlife Centre

baut und bis 1856 genutzt worden sind. Eine Diapräsentation und kostümierte Führer informieren über die Bedeutung der Garnison. Ganzjährig finden hier Theateraufführungen des „King's Wharf Theatre" statt.

Discovery Harbour, *93 Jury Dr., ☎ 705-549-8064, www.discoveryharbour.on.ca, und Historic Naval and Military Establishments, geöffnet Ende Mai–Aug. tgl. 10–17 Uhr, Eintritt Erwachsene $ 7, Senioren und Jugendliche $ 6.25, Kinder von 6–12 J. $ 5.25.*

An der King's Wharf liegen aufgedockt die beiden Segelschiffe HMS Bee und HMS Tecumseth, die Schonern des 19. Jh. nachgebaut wurden.

Reisepraktische Informationen zu Penetanguishene

Information
Tourist Information Centre, *I Main St., ☎ 705-549-2232, www.penetanguishene.ca, geöffnet Mai–Aug. tgl. 9–18, Sept.–Okt. ab 10 Uhr.*

Bootsfahrten
Midland Tours Inc., *☎ 705-549-3388 und 705-728-9888, www.midlandtours.com/boat-cruise-tours/penetanguishene-boat-cruise, der Veranstalter bietet von Juni–Sept. anderthalbstündige historische Rundfahrten auf dem Raddampfer Serendipity Princess an (Erw. $ 26, Kinder $ 14), außerdem zweistündige Lunch- (Erw. $ 43, Kinder $ 31) und Dinnerfahrten (Erw. $ 51, Kinder $ 39). Anlegeplatz ist am Town Dock, 2 Main St., genaue Termine s. Website.*

Von Midland an der Nottawasaga Bay entlang nach Kitchener

 Streckenhinweis

Die schnellste Verbindung führt Sie von Midland über den Hwy 93, dann nach Süden über den Hwy 400 bis zur Kreuzung mit dem Hwy 9, dem Sie nach Westen folgen bis zum Hwy 6, der Sie über Fergus nach Guelph und von dort über den Hwy 7 nach Kitchener führt.

Wenn Sie mehr Zeit haben und unterwegs noch baden wollen, können Sie von Midland zur Nottawasaga Bay fahren, dann der Küstenstraße über Wasaga Beach nach Collingwood folgen und von dort über die Hwys 124, 10, 24, 124 bis Guelph, dann über den Hwy 7 nach Kitchener.

Entfernung ca. 225 km.

Die kleinen Ortschaften an der Nottawasaga Bay zählen zu den beliebtesten Ausflugszielen Ontarios. Während im Sommer die feinsandigen Strand- und Dünenlandschaften vor allem Familien anlocken, sind es im Winter die ausgezeichneten Skisportmöglichkeiten in den Blue Mountains, die Urlauber und Ausflügler anziehen. Da Toronto mit seinen Vorstädten nur etwas mehr als eine Autostunde entfernt liegt, ist der Besucherandrang in diesem Naherholungsgebiet in allen Jahreszeiten entsprechend groß. Alle Ortschaften haben sich mit Übernachtungsmöglichkeiten, Restaurants, Geschäften, Sport- und Freizeitangeboten völlig auf den Fremdenverkehr eingestellt. *Kilometerlange Strände und Dünenlandschaften*

Da an der Nottawasaga Bay vor allem Familien ihre Ferientage verbringen, sind viele Hotels und Privathäuser schon lange im Voraus ausgebucht. Am besten erkundigen Sie sich bei der jeweiligen **Touristeninformation**, die Ihnen Auskünfte über die aktuelle Situation in den Ortschaften Wasaga Beach, Collingwood, Meaford und Stayner gibt.

Collingwood

Collingwood ist mit ca. 20.000 Einwohnern der größte Ort an der Nottawasaga Bay. Der Ort liegt am Fuße des Blue Mountain und ist ganzjährig viel besucht, Im Sommer lockt er mit langen Sandstränden und im Winter mit Ontarios größtem Skigebiet.

Reisepraktische Informationen zu Collingwood

i **Information**
Georgian Triangle Tourist Information Centre, *45 St. Paul St.*, ☎ *705-445-7722 oder 1-888-227-8667, www.visitsouthgeorgianbay.ca.*

🛏 **Unterkunft**
$$$ Blue Mountain Inn, *108 Jozo Weider Blvd*, ☎ *705-445-0231 oder 1-877-445-0231, www.bluemountain.ca, ausgezeichnete Hotelanlage mit 93 Hotelzimmern und Ferienhäusern, großes Sportangebot mit Pool, Squash- und Tennisplätzen, Fitnessraum, Golf, Privatstrand.*

14 km Sandstrand an einem Süßwassersee

An der Ostseite der Nottawasaga Bay sind **Ferienorte** wie Perlen an einer Kette aufgereiht: Wahnekewaning Beach, Cawaja Beach, Balm Beach, Ossossane Beach, Wendake Beach, Bluewater Beach, Deanlea Beach, Woodland Beach und **Wasaga Beach**, das sich eines 14 km langen Sandstrandes rühmt, der zu den längsten Süßwasserstränden der Welt gehört.

In allen Orten gibt es neben den ausgezeichneten Wasser- und Wintersportmöglichkeiten ein vielseitiges **Sport- und Unterhaltungsprogramm** für alle Altersstufen:
- Kanufahren auf dem Beaver River und dem Nottawasaga River mit geführten Touren zur Tierbeobachtung,
- Tennis, Squash und Badminton auf öffentlichen Plätzen,
- Fahrradtouren auf ausgeschilderten Wegen zwischen Meaford und Collingwood,
- Rasenbowling in Meaford, Stayner und Collingwood,

Vielfältige Aktivitäten
- Reiten und Reitturniere in Collingwood im Cedar Run Horse Park,
- einstündige, geführte Spaziergänge durch die historischen Viertel von Collingwood,
- Golfkurse in Collingwood, Wasaga Beach, Meaford und Cranberry Village,
- und große Wasservergnügungsparks.

Reisepraktische Informationen zu Wasaga

Information
Wasaga Visitor Centre, 550 River Road W., Wasaga Beach, ☎ 705-429-2247 oder 1-866-292-7242, www.wasagainfo.com.

Unterkunft
$$ **Angel's Wasaga Inn**, 159 Main St., ☎ 705-429-2535 oder 1-888-557-7706, www.angelswasagainn.com/, zentral gelegenes Motel mit Cottages und beheiztem Swimmingpool, Sonnenterrasse, ca. 5 Min. vom Strand entfernt.
$$–$$$ **Casa Wasaga**, 1 Tamarack Way, ☎ 416-402-1997, www.casawasaga.com, von einem überaus sympathischen Ehepaar geführtes schönes, kleines Bed and Breakfast. Das Frühstück lässt keine Wünsche offen.
$$$ **Luau Motel and Cottages**, 231 Mosley St., ☎ 705-429-2252 oder 1-866-429-0283, www.luauresort.com, freundliche Anlage mit 25 Zimmern im Haupthaus und in Cottages mit schönem Blick auf den Nottawasaga River; einige Cottages haben eine Küchenzeile und einen Kamin.

Kitchener/Waterloo und der Südwesten Ontarios

Nur eine Autostunde von Toronto entfernt liegt in der Region um die Doppelstadt Kitchener/Waterloo das größte Siedlungszentrum deutscher Einwanderer in Kanada, was sich leicht an den Namen der umliegenden Ortschaften ablesen lässt: New Hamburg, Wartburg, Neustadt, Holstein oder Hanover. Das heutige Kitchener trug noch bis zum 1. Weltkrieg den Namen Berlin.

Im Jahr 1799 wurde der Ort von deutschstämmigen Mennoniten gegründet, die während des Amerikanischen Unabhängigkeitskrieges von Pennsylvania nach Kanada zogen und sich dann in dieser fruchtbaren Region Südwest-Ontarios niederließen. Als im frühen 19. Jh. viele Deutsche in das Gebiet um Kitchener und Waterloo kamen, erhielt die Stadt 1833 den Namen Berlin. In Folge des wirtschaftlichen Aufschwungs folgten weitere Einwanderungswellen von Schotten und Engländern; während des 1. Weltkrieges wurde die Stadt zu Ehren des britischen Heerführers Lord Kitchener umbenannt. Die Schwesterstädte Kitchener und Waterloo entwickelten sich zu einem wichtigen Wirtschafts- und Forschungszentrum mit knapp 220.000 Einwohnern in Kitchener und ca. 125.000 Einwohnern in Waterloo. *Stadtgeschichte*

Auch der Ort Waterloo, der ursprünglich Ebytown hieß und erst später zur Erinnerung an die Schlacht von Waterloo und den Sieg über Napoleon umbenannt wurde, geht auf mennonitische Bauern und deutsche Einwanderer zurück. Heute hat die Stadt zwei bekannte Universitäten und ist ein wichtiger Standort für Industrie, Forschung und neue Technologien.

Schöne Parkanlagen wie der **RIM Park** im Nordosten von Waterloo und der **Victoria Park** im Zentrum von Kitchener laden mit kleinen Seen, Wanderwegen, Spiel- und Sportplätzen, historischen Wahrzeichen zu einer Pause im Grünen oder einem Picknick ein.

Alljährlich feiern Kitchener und Waterloo ihr **Oktoberfest** – das zweitgrößte Oktoberfest der Welt! Es findet immer Anfang Oktober statt und dauert neun Tage. 20 Festzelte werden aufgebaut, in denen mehr als 50 Veranstaltungen unter dem Motto „Gemütlichkeit" mit bayrischer Blasmusik, Jodelwettbewerben und bayrischen Volkstänzen durchgeführt werden. Dazu werden Sauerkraut, Weißwürste und deutsches Bier von Kellnerinnen und Kellnern in bayrischen Volkstrachten serviert. *„Wiesn" in Ontario*

> **i** **Information**
> *Weitere Informationen zum Oktoberfest und aktuelle Veranstaltungshinweise erhalten Sie unter der Rufnummer 519-570-4267 oder unter www.oktoberfest.ca.*

Sehenswürdigkeiten in Kitchener

Der **Pioneer Tower** wurde 1926 zur Erinnerung an die ersten Siedler gebaut, die auf dem nahe gelegenen Friedhof beigesetzt sind.
Der **Market Square**, Ecke King St./Frederick St., ist ein moderner Gebäudekomplex aus Glas und Stahl mit zahlreichen Geschäften und Dienstleistungsbetrieben.

Woodside National Historic Site ist das Elternhaus des späteren kanadischen Premierministers William Lyon Mackenzie King, der von 1886–1893 hier lebte. Das Haus wurde 1853 auf einem 4 ha großen bewaldeten Grundstück gebaut. Die 14 Räume wurden nach der Restaurierung der damaligen Zeit entsprechend wohnlich eingerichtet. Die Grünanlagen eignen sich gut für ein Picknick.

Woodside National Historic Site, *528 Wellington St. N., ☏ 519-571-5684, www. pc.gc.ca, geöffnet Mai–Dez. tgl. 10–17 Uhr, Eintritt Erwachsene $ 4, Senioren und Studenten $ 3.50, Kinder 2, Familienkarte $ 10.*

Sehenswürdigkeiten, die an die frühen Siedler erinnern:

➤ Das **Joseph Schneider Haus** ist das renovierte Haus der Mennonitenfamilie Schneider, die um 1850 in diesem Haus lebte. „Hausbewohner" in altdeutscher Tracht zeigen Ihnen das Haus und berichten auch in deutscher Sprache vom Alltag jener Zeit.

Joseph Schneider Haus Museum, *466 Queen St. S., ☏ 519-742-7752, www.joseph schneiderhaus.com, geöffnet Juli/ Aug. Mo–Sa 10–17, So 13–17 Uhr, sonst Mi–Sa 10–17, So 13–17 Uhr, Eintritt Erwachsene $ 6, Senioren und Studenten $ 5, Kinder von 5–12 J. $ 4, Familienkarte $ 15.*

➤ Einen Besuch lohnt das moderne **Waterloo Region Museum**, das sich am Eingang zum Museumsdorf Doon Heritage Village befindet und eindrucksvoll die Geschichte der Region lebendig macht; außerdem gibt es Wechselausstellungen, Konzerte, Theateraufführungen, ein Museumscafe mit Außenterrasse und einen Museumsshop.

➤ Das Museumsdorf **Doon Heritage Village** veranschaulicht das Leben in einem Dorf im Jahr 1914. Zu den 30 Gebäuden, die alle aus der Kitchener/Waterloo-Region stammen, gehören Bahnhof, Krämerladen, Sattlerei, Druckerei, Weberei, Schmiede, Post, Mühle, Kirche und verschiedene Wohnhäuser. Eine Beschreibung in deutscher Sprache erhalten Sie auf Wunsch am Eingang.

Waterloo Region Museum und Doon Heritage Village, *10 Huron Rd., ☏ 519-748-1914, www.waterlooregionmuseum.com, geöffnet Mai–Sept. tgl. 9.30–17 Uhr, sonst*

Herbstliches Angebot auf dem Farmers' Market

Mo–Fr 9.30–17, Sa/So 11–17 Uhr, Village Mai–Sept. s. Museum, Sept.–Dez. Mo–Fr 9.30–16 Uhr, Jan.–April geschlossen. Kombiticket für Museum, Doon Heritage Village und Waterloo Region Hall of Fame: Erwachsene $ 10, Senioren und Studenten $ 8, Kinder von 5–12 J. $ 5, Familienkarte $ 25.

➤ Der **Farmers' Market in Kitchener** (*300 King St. E., zwischen Cedar St. und Eby St.*) findet ganzjährig jeden Samstag statt. Dazu kommen seit 1839 die Bauern der Umgebung, darunter viele Mennoniten, nach Kitchener und bringen Obst, Gemüse, Blumen, Kräuter, Honig, selbst gemachte Marmeladen, Geflügel, Produkte aus Ahornsirup, junge Pflanzen und Handarbeiten mit. Seitdem der Markt in Kitchener im modernen Market Square abgehalten wird, ziehen jedoch viele der konservativen Mennoniten den Markttag in St. Jacobs vor.

Traditionsreicher Markt

Sehenswürdigkeiten in Waterloo

Die **Canadian Clay and Glass Gallery** stellt sehenswerte Glas-, Töpfer- und Emailarbeiten kanadischer Künstler aus und ist einen Besuch wert.
Canadian Clay and Glass Gallery, *25 Caroline St. N., ☎ 519-746-1882, www.theclayandglass.ca, geöffnet Mo–Fr 11–18, Sa 10–17, So 13–17 Uhr, Eintritt frei.*

Das **Brubacher House** auf dem Campus des Universitätsgeländes wurde um 1850 von einer Mennonitenfamilie gebaut. In einer 12-minütigen Diashow erfahren Sie, wie die frühen Siedler gelebt und gearbeitet haben.
Brubacher House Museum, *☎ 519-886-3855, https://uwaterloo.ca, geöffnet Mai–Okt. Mi–Sa 14–17 Uhr, Eintritt frei, Spende erwünscht.*

Das **Earth Sciences Museum** auf dem Campus der Universität zeigt naturkundliche und naturwissenschaftliche Ausstellungen, u. a. Funde von Sauriern und einen Felsengarten mit Gesteinsproben aus ganz Kanada.
Earth Sciences Museum, *auf dem Campus der Universität, ☎ 519-888-4567, https://uwaterloo.ca/earth-sciences-museum, geöffnet Mo–Fr 8.30–16.30 Uhr, Eintritt frei.*

Reisepraktische Informationen zu Kitchener/Waterloo

i **Information**
Kitchener Welcome Centre, *200 King St. W., ☎ 519-741-2345, www.kitchener.ca und www.explorewaterlooregion.com.*
Waterloo Visitors Centre, *10 Father David Bauer Dr., ☎ 519-885-2297, www.waterloo.ca, geöffnet Mitte Mai–Mitte Okt.*

Wichtige Anschriften und Telefonnummern
Medizinischer Notdienst, *☎ 911*
Canadian Automobile Association CAA, **Kitchener**: *655 Fairway Rd. S., ☎ 519-893-9604 oder 1-877-223-2286;* **Waterloo**: *572 King St. N., ☎ 519-746-8875*
Grand River Transit, *☎ 519-585-7555*

Unterkunft
$$ Sunbridge Crescent B&B, *11 Sunbridge Cres., ☎ 519-743-4557, www.sunbridgecres.com, freundliches, gut geführtes Bed&Breakfast-Haus mit schönen Zimmern, reichhaltigem Frühstück und Pool.*

$$$ Queensway Landing Bed & Breakfast, 46 Queensway Dr., St. Jacobs, ☏ 519-664-2824, www.bbcanada.com/9444.html. Heimeliges B&B mit drei gemütlichen, gut ausgestatteten Zimmern mit Bad. Sehr herzliche Gastgeber, exzellentes Frühstück.
$$$ Best Western Plus Kitchener-Waterloo, 2899 King St. E., ☏ 519-894-3500 oder 1-800-780-7234, www.bestwestern.com, Hotel mit 99 gut ausgestatteten Zimmern.
$$$ Crowne Plaza Kitchener-Waterloo, 105 King St. E., ☏ 519-744-414, www.ihg. com, zentral gelegenes Hotel, gleich gegenüber dem Market Square, mit 201 ansprechend eingerichteten Zimmern, Restaurants, Swimmingpool und Fitnessräumen.
$$$ Radisson Hotel Kitchener-Waterloo, 2960 King St. E., ☏ 519-894-9500 oder 1-800-333-3333, www.radisson.com/kitchenerca, zu allen Sehenswürdigkeiten günstig gelegenes Hotel mit geräumigen, hellen Zimmern, drei Restaurants, Café, Pool und Fitnessraum.
$$$$ Walper Hotel, 20 Queen St. S., ☏ 519-745-4321 oder 1-800-265-8749, www.walper.com, im Stadtzentrum gelegenes, gepflegtes Hotel mit 92 schönen Zimmern in einem viktorianischen Haus, Restaurant mit klassischer italienischer Küche.
$$$$$ Langdon Hall Country House Hotel, 1 Langdon Dr., Cambridge, ☏ 519-740-2100 oder 1-800-268-1898, www.langdonhall.ca, sehr schön restauriertes Landhaus mit ausgedehntem Garten und stilvoll und wohnlich eingerichteten Räumen, empfehlenswertes Restaurant.

▸ **Unterkunft in Waterloo**
$$$ Comfort Inn, 190 Weber St. N., ☏ 519-747-9400 oder 519-747-2134, www.waterloo comfortinn.com, ordentliches Mittelklassehotel mit 85 freundlich eingerichteten Zimmern.
$$$ Courtyard Marriott Waterloo St. Jacobs, 50 Benjamin Rd. E., ☏ 519-884-9295 oder 1-800-972-5371, www.marriott.com, gut geführtes Hotel mit 119 angenehmen Zimmern, nahe dem Farmers Market, ein gutes kontinentales Frühstück ist im Preis eingeschlossen.
$$$ Les Diplomates B&B, 100 Blythwood Rd., ☏ 519-725-3184 oder 1-888-645-9457, www.lesdiplomates.com, elegantes B&B-Haus in günstiger Lage zu allen Sehenswürdigkeiten mit komfortablen Zimmern, schönem Aufenthaltsraum und reichhaltigem Frühstück.
$$$–$$$$ Four Points by Sheraton Waterloo-Kitchener Hotel, 547 King St. N, ☏ 519-884-0100 oder 866-716-8133, www.fourpointswaterlookitchener.com, Hotel mit 104 ansprechend eingerichteten Zimmern an der Conestoga Mall.

Während der Sommermonate werden in den **Studentenwohnheimen der Universität** von Waterloo, ☏ 519-884-5400, https://uwaterloo.ca/summer-accommodations, preiswerte Zimmer vermietet.

🍴 **Essen und Trinken**
Charcoal Steak House, 2980 King St. E., Kitchener, ☏ 519-893-6570, seit vielen Jahren beliebtes Steakrestaurant.
Marbles, 8 William St. E., Waterloo, ☏ 519-885-4390, preiswertes Familienrestaurant mit frischen Salaten und guten Burgern.
Stone Crock Restaurant, 1396 King St. N., St. Jacobs, ☏ 519-664-2286, herzhafte, gut zubereitete Gerichte und gute Desserts.

▸ **Kleine Köstlichkeiten für Zwischendurch und für's Picknick**
Sproll's Fine German Baklery, 300 Trillium Dr., ☏ 519-748-5451, hier werden Brote, Brötchen und Kuchen nach deutschem Rezept gebacken.
Taste of Europe Meat, 612 King St. E., ☏ 519-342-6378, europäische Delikatessen.

🎁 **Einkaufen**
Das größte Einkaufszentrum der Stadt ist **Fairview Park Mall**, 2960 Kingsway Dr., am Highway 8, mit den Kaufhäusern Hudson's Bay und Sears.

The Kitchener Market, *300 King St. E., hat mehrere kleinere Geschäfte.*
Im Ort Baden an der Regionalstraße 51, westlich von Kitchener, liegt das **„Baden Emporium Gift Store & Café"**, *43 Snyder's Rd. E.,* ☎ *519-634-5344, u. a. mit Kunstgewerbearbeiten von 120 einheimischen Künstlern.*

Sehenswertes in der Umgebung von Kitchener und Waterloo

Der Mennonitenort **St. Jacobs**, der ursprünglich den Namen Jakobsstettel trug, liegt am Ufer des Conestogo River, ca. 10 km nördlich von Kitchener. Die ländliche Region lädt mit vielen, gut beschilderten Wegen zum Wandern und Radfahren oder zu Kanufahrten auf dem Conestogo River und Grand River ein.

Bekannt ist vor allem der **St. Jacobs Farmers' Market and Fleamarket**, 878 Weber St. N., 2 km südlich von St. Jacobs, der ganzjährig donnerstags und samstags von 7–15.30 Uhr stattfindet, von Juni bis August außerdem noch dienstags von 8–15 Uhr. Die Bauern bieten hausgemachten Schinken, Wurstwaren, Fleisch, Käse und Brot an, ebenso Obst, Gemüse, Eingemachtes, Produkte aus Ahornsirup und regionale Spezialitäten wie „Summer Sausage" oder „Apple Fritters". Aber auch junge Hunde, Kätzchen und Hühner, Werkzeuge und kunsthandwerkliche Arbeiten sind zu sehen; außerdem werden für Kinder Fahrten auf dem Karussell und mit dem Pferdewagen angeboten. Auf dem Flohmarkt gibt es alte Gebrauchsgegenstände, Bücher, Möbel, Antiquitäten und Kuriositäten. Auf dem Markt werden Sie viele Mennonitenfamilien sehen, die in ihrer altmodisch anmutenden Kleidung sofort auffallen; die Männer tragen schwarze Anzüge und Hüte, die Frauen lange, schmucklose Kleider mit Hauben, und auch die Kinder sind ähnlich gekleidet. Im Sommer bauen die Mennonitenfrauen häufig auch an den Rändern der Landstraßen kleine Stände auf und bieten frisches Obst und Gemüse an.

Ein alltägliches Bild im „Land der Mennoniten"

Zwischen dem Farmers' Market in St. Jacobs und der **St. Jacobs Factory Outlet Mall** mit vielen Geschäften und Restaurants verkehren an Markttagen jeweils von zwei Pferden gezogene Trolleywagen, die den alten Straßenwagen von 1885 nachempfunden sind. 24 Personen finden in einem Wagen Platz.

Wenn Sie durch das fruchtbare Farmland mit weiten Weizen- und Roggenfeldern fahren, werden Ihnen die vielen schmucken Bauernhäuser auffallen, die von kleinen, gepflegten Gärten umgeben sind, und Bauern, die ihre Pferde vor den Pflug spannen und das Feld bestellen. An den Straßen sehen Sie Hinweisschilder „Achtung Pferdewagen", und vielleicht werden Ihnen solche Pferdefuhrwerke mit Mennoniten auf dem Kutschbock begegnen.

„Wer sind die Mennoniten?" – diese Frage wird Ihnen in St. Jacobs beantwortet. Das **Mennonite Story Museum** ist ein Zentrum der Mennoniten, das eingerichtet wurde, um Fremde über ihre Geschichte, den Glauben und die Lebensweise ausführlich zu informieren. **Mennonite Story Museum**, *1406 King St., ☎ 519-664-3518, www.stjacobs.com/Culture-Heritage-The-Mennonite-Story.htm, geöffnet April–Dez. Mo–Sa 11–17, So 13.30–17, sonst Sa 11–16.30, So 14–16.30 Uhr, Eintritt frei, Spende erbeten.*

info

Die Mennoniten

Hinweis auf die Pferdefuhrwerke der Mennoniten

Die Mennoniten gehören einer Religionsgemeinschaft an, die nach strengen Vorschriften lebt, alte Traditionen bewahrt und sich modernen Einflüssen weitgehend verschließt.

Die Geschichte dieser Glaubensgemeinschaft reicht bis in das Zeitalter der Reformation zurück, als in den Niederlanden der katholische Priester Menno Simons sich gegen die Lehrmeinung der katholischen Kirche wandte und sich wiedertaufen ließ. Er sammelte andere Gläubige um sich, die wie er der Ansicht waren, dass der Mensch nicht einer weltlichen Obrigkeit, sondern nur Gott verantwortlich sei. Sie nannten sich Mennoniten und zogen auf der Suche nach Glaubensfreiheit von Holland über Deutschland und die Schweiz bis nach Ostpreußen. In der Mitte des 17. Jh. wanderten viele von ihnen nach Nordamerika und nach Russland aus.

Die Glaubensgemeinschaft der Mennoniten, die im Laufe der Jahrhunderte Verfolgungen ausgesetzt war, zählt zu den Friedenskirchen; sie vertritt die Grundsätze der Wehrlosigkeit und der Feindesliebe. Sie richtet sich streng nach der „Bergpredigt" aus und lehnt staatlichen Zwang, Krieg und Eidesleistung ab. Sie versteht die Erwachsenentaufe als Zeichen der Wiedergeburt und als einen verpflichtenden

Glaubensbund. Die Mennoniten haben keine allgemein verbindliche Kirchenverfassung. Jede Gemeinde ist autonom; doch werden grundsätzliche Fragen auf landesweiten Konferenzen diskutiert.

Innerhalb der Mennonitischen Glaubensgemeinschaft gibt es viele Gruppierungen. Etwa 170.000 Mennoniten leben in Kanada, davon ca. 40.000 in Ontario; diese gehören 17 verschiedenen Gruppen an, die je nach Einstellung als eher konservativ, gemäßigt oder progressiv bezeichnet werden können.

Während die traditionsverhafteten Alt-Mennoniten auch heute noch überwiegend in der Landwirtschaft tätig sind, eine einfache Schulbildung für ausreichend halten und Errungenschaften der modernen Zivilisation wie Elektrizität, Telefon, Fernsehen und Autos ablehnen, arbeiten die progressiven Mennoniten in allen Berufszweigen der freien Wirtschaft und des öffentlichen Dienstes, treten für eine bessere Schulbildung ein und leben mit den technischen Neuerungen unserer Zeit.

Westlich von St. Jacobs liegt der kleine Ort **West Montrose**, in dem eine der ältesten „covered bridges" von Ontario steht. Die Brücke wurde 1881 gebaut und dient noch heute dem Straßenverkehr über den Grand River. Im kleinen Dorfladen können Sie sich mit einem Eis erfrischen.

Elora und Elmira

Auch Elmira und Elora sind Mennoniten-Ortschaften mit schön gerichteten alten Häusern und Farmen inmitten fruchtbaren Farmlandes. Am ersten Sonntag im April wird in Elmira das „Maple Syrup Festival" gefeiert. Dazu gehören Heuwagenfahrten, Vorführungen alter Handwerkskunst und die Zubereitung traditioneller Gerichte wie Pfannkuchen mit Ahornsirup.

Reizvoll ist ein Ausflug zur **Elora Gorge Conservation Area** mit kleinen, romantischen Wasserläufen, dem Grand River, einem Bade-See, kleinen Wasserfällen, ungewöhnlichen Felsformationen und einer tiefen Schlucht mit zahlreichen Höhlen. **Elora Gorge Conservation Area**, *7400 Wellington County Rd. 21, ☎ 519-846-9742, www.grandriver.ca, geöffnet Mai–Mitte Okt. tgl. 8 Uhr bis zum Einbruch der Dämmerung, Eintritt: Erwachsene $ 6, Senioren $ 5.25, Kinder 6–14 J. $ 3.*

Reisepraktische Informationen zu Elora und Elmira

Information
Elora Information Services, *10 Mill St. E., ☎ 519-846-9691, www.elorafergus.ca.*

Unterkunft
$$$–$$$$ The Flying Leap Bed and Breakfast, *249 Geddes St., Elora, ☎ 226-369-0376, www.theflyingleap.com, das charmante B&B bietet vier individuell und klassisch eingerichtete Zimmer. Kein TV, dafür über 600 Bücher. Hervorragendes Frühstück! Die Gastgeberin Edeltraud, die das Haus mit ihrer Tochter Karen führt, stammt aus Deutschland.*
$$$$ Best Western Plus Fergus, *830 Saint David St. N., Fergus, ☎ 519-843-2100 oder 1-800-780-7234, www.bestwestern.com, das neue Hotel liegt im 6 km entfernten Ort Fergus und verfügt über 33 komfortable Zimmer.*

Von Kitchener durch den Südwesten Ontarios nach Niagara Falls

👉 Streckenhinweis

Fahren Sie von Kitchener über den Hwy 7/8 nach Stratford, von dort über den Hwy 7 bis Elginfield und weiter über den Hwy 4 nach London. Von London führen der Hwy 2 und der schnellere Hwy 401 nach Windsor. Von Windsor können Sie über den Hwy 3 fahren, bei Leamington einen Abstecher zum Point Pelee National Park machen und entweder über den Hwy 3 zurück nach London fahren oder die Fahrt auf dem Hwy 3 über Simcoe und Port Colborne fortsetzen. An der kanadisch-amerikanischen Grenze stoßen Sie auf den QEW (Queen Elizabeth Way), der Sie nach Niagara Falls führt. Entfernung ca. 760 km.

Stratford

Stratford wurde im 19. Jh. von Einwanderern aus dem englischen Städtchen Stratford gegründet, die der an einem Fluss liegenden Siedlung den Namen aus der alten Heimat gaben: Stratford-upon-Avon. Das umliegende Land ist gutes Ackerland, auf dem überwiegend Mais, Gerste, Sojabohnen, Obst und Gemüse angebaut werden.

Shakespeare und mehr — Seit 1953 findet alljährlich das **Stratford Festival** statt, das zu den bekanntesten Theaterfestspielen Nordamerikas gehört und von Jahr zu Jahr mehr Besucher anzieht. Von April bis November werden in vier Theatern, von denen das Festival Theatre mit 1.826 Plätzen das größte ist, klassische und moderne Stücke sowie Musicals aufgeführt. Zu den Höhepunkten zählen die sehr guten Shakespeare-Inszenierungen mit international bekannten Künstlern.
Stratford Festival, ☎ 519-273-1600 oder 1-800-567-1600, *www.stratfordfestival.ca. Spielpläne, Broschüren und Reservierungsformulare sind ab 1. Februar erhältlich. Führungen finden in den Sommermonaten statt.*

Stratford ist wegen der Festspiele auf ein internationales Publikum eingerichtet und bietet gute Übernachtungsmöglichkeiten, gepflegte Restaurants, interessante Galerien, Antiquitätengeschäfte und Boutiquen. In den Sommermonaten können Sie die Stadt und ihre schönen Parkanlagen bei einer Fahrt mit einem „typisch englischen" Doppeldeckerbus kennenlernen; außerdem werden geführte Stadtrundgänge angeboten.

Auf den Stratford Fairgrounds findet seit 1855 am Samstag der wöchentliche **Farmers' Market**, ☎ 519-271-5130, statt, auf dem Bauern aus der Region ihr Gemüse, Obst, Marmelade und selbstgebackenes Brot verkaufen (7–12 Uhr). Einmal im Jahr findet hier auch der Ontario Pork Congress statt, auf dem Schweine aus ganz Ontario versteigert werden.

Entspannung bieten Spaziergänge durch die schönen Parkanlagen oder an den Ufern des Avon River entlang; dabei können Sie zwischen dem jeweils ausgeschilderten „Small Loop" (ca. 1 km) und dem „Big Loop" (knapp 3 km) wählen. Ein beliebtes Ausflugsziel ist der **Lake Victoria**.

Reisepraktische Informationen zu Stratford

ℹ️ Information

Stratford Tourism Alliance, 47 Downie St., ☏ 519-271-5140 oder 1-800-561-7926, www.visitstratford.ca, geöffnet ganzjährig Mo–Fr 9–17, Jan.–März Sa 10–16, April–Sept. Sa 10–18, So 10–14, Okt. Sa 10–18, So 10–17, Nov.–Dez. Sa 10–17, So 11–15 Uhr.

🛏️ Unterkunft

$$$ Mercer Hall Inn, 108 Ontario St., ☏ 519-271-1888 oder 1-888-816-4011, www.mercerhallinn.com, zentral gelegenes Hotel. Die gut ausgestatteten Zimmer liegen im 2. und 3. Stock, kein Aufzug, Parkplatz hinter dem Haus.

$$$–$$$$ The Queen's Inn, 161 Ontario St., ☏ 519-271-1400 oder 1-800-461-6450, www.queensinnstratford.ca, sehr schön restauriertes und geschmackvoll eingerichtetes Stadthotel aus dem Jahr 1853 mit 30 stilvoll eingerichteten Zimmern und gutem Restaurant.

$$$$ Grandville Manor, 157 Church St., ☏ 519-273-3613 oder 1-800-667-9031, www.grandvillemanor.com, das im historischen Bezirk stehende viktorianische Haus aus dem Jahr 1890 wurde in ein sehr ansprechendes Bed&Breakfast-Haus umgewandelt.

$$$$$ Stewart House Inn, 62 John St. N., ☏ 519-271-4576 oder 1-866-826-7772, www.stewarthouseinn.com, liebevoll restauriertes Herrenhaus aus dem Jahr 1875, großer Garten, beheizter Swimmingpool, Veranda.

🍴 Essen und Trinken

Stratfords Theaterdistrikt zieht jedes Jahr sehr viele Besucher an. Deshalb hat Stratford für eine Stadt dieser Größenordnung eine sehr große Zahl an Restaurants und Pubs, sodass der Gast die Wahl zwischen allen Preiskategorien hat. Die Pubs eignen sich besonders für kleine, leichte, schnelle Mahlzeiten wie Salate, Sandwiches oder Fish and Chips.

Pazzo Ristorante, 70 Ontario St., ☏ 519-273-6666 oder 1-877-440-9666, gut belegte Holzofenpizzas und frische Salate.

Rundles, 9 Cobourg St., ☏ 519-271-6442, gutes Speiserestaurant am Wasser, mittlere Preiskategorie.

Revival House, 70 Brunswick St., ☏ 519-273-3424, http://revival.house, eine alte Kirche aus dem Jahr 1874 wurde in das elegante Restaurant „The Church" umgewandelt. Inzwischen unter neuer Leitung und neuem Namen, werden hier kreative, französisch inspirierte Gerichte serviert. Tgl. ab 11 Uhr, So ist zum Brunch (11–14 Uhr) geöffnet.

The Keystone Alley Café, 34 Brunswick St., ☏ 519-271-5645, beliebtes Café, in dem leichte Gerichte, gute Sandwiches, Suppen, Salate und Quiches serviert werden.

The Old Prune, 151 Albert St., ☏ 519-271-5052, das Restaurant ist in einem schönen, viktorianischen Haus untergebracht, Spezialitäten sind Lamm- und Fischgerichte sowie jahreszeitlich abgestimmte Tagesgerichte, gehobenes Preisniveau, im Winter geschlossen.

🍸 Pubs

In Stratford gibt es viele nette Orte für einen Drink, sei es vor oder nach einem Theaterbesuch.

Bentley's, 99 Ontario St., ☏ 519-271-1121, beliebter Pub im britischen Stil mit einer schönen Sommerterrasse.

The Boar's Head Pub, 161 Ontario St., ☏ 519-271-1400 oder 1-800-461-6450, angenehmer, im alt-englischen Stil eingerichteter Pub, in dem mehrere Biersorten vom Fass gezapft werden.

The Olde English Parlour, 101 Wellington St., ☏ 519-271-2772 oder 1-877-728-4036, gemütlicher englischer Pub.

🎁 Einkaufen

Stratford hat viele kleine, originelle Geschäfte und Boutiquen, von denen die meisten an der York St., Downie St. und an der Ontario St. liegen.

Bradshaws, *129 Ontario St.,* ☏ *519-271-6283 oder 1-844-271-6281, sehr gute Kristallwaren, feines China-Porzellan und Geschenkartikel.*
Family and Company, *6 Ontario St.,* ☏ *519-273-7060, schönes Spielwarengeschäft.*
Samsonite Travel Store, *753 Ontario St.,* ☏ *519-271-7962, Koffer, Trolleys und Taschen zu günstigen Preisen.*
The Green Room, *40 Ontario St.,* ☏ *519-271-3240, Geschenkeladen mit ungewöhnlichen Dingen.*

London

Vor der Besiedelung durch europäische Einwanderer lebten verschiedene Stämme der Algonquin und Irokesen in dieser Region. Wie die englische Hauptstadt liegt auch die kanadische Stadt London an einem Fluss mit Namen Thames. Die Industriestadt, die 1792 durch John Graves Simcoe gegründet wurde, hat ca. 366.000 Einwohner und ist das wirtschaftliche Zentrum Südwestontarios. Im Stadtbild fallen die vielen schönen, alten Bäume auf, die gepflegten Parkanlagen wie z. B. der Victoria Park und der Springbank Park mit einem Kinderzoo, und die roten Doppeldeckerbusse, die ebenso an die englische Hauptstadt erinnern wie zahlreiche Straßenschilder, z. B. Hyde Park oder Trafalgar Square. Die Stadt, deren wichtigste Wirtschaftszweige Fahrzeugbau, Biotechnologie und Informationstechnologie sind, hat ein reges kulturelles Leben, wozu auch die University of Western Ontario mit ihren 35.000 Studenten beiträgt.

Erinnerungen an England

Sehenswürdigkeiten der Stadt

Das elegante **Eldon House** wurde 1834 von einem englischen Marinekapitän gebaut. Es ist das älteste Wohnhaus der Stadt, das stilvoll mit Möbeln des 19. Jh. eingerichtet wurde. Der schön angelegte Garten ist ebenfalls für Besucher geöffnet. Im Juli und August wird ein „Afternoon Tea" serviert.
Eldon House, *481 Ridout St. N.,* ☏ *519-661-5169, www.eldonhouse.ca, geöffnet Juni–Sept. Di–So 12–17 Uhr, Mai/Okt.–Dez. Mi–So 12–17, Jan.–April Sa/So 12–17 Uhr, Eintritt: Spende erwünscht.*

Das **Museum of Ontario Archaeology** neben einer prähistorischen, indianischen Ausgrabungsstätte. In einer großen Ausstellung und mit einem kurzen Film wird über die indianische Siedlungsgeschichte in Ontario informiert.
Museum of Ontario Archaeology, *1600 Attawandaron Road,* ☏ *519-473-1360, http://archaeologymuseum.ca, geöffnet Mai–Aug. tgl., Sept.–April Di–So 10–16.30 Uhr, Eintritt Erwachsene $ 5, Senioren und Studenten $ 4, Kinder von 6–12 J. $ 3, Familienkarte $ 12.*

Das 1980 gebaute **Museum London** liegt am Ufer des Thames River und ist wegen seiner modernen Architektur und der großen Ausstellung mit Werken kanadischer und internationaler Künstler bekannt.
Museum London, *421 Ridout St. N.,* ☏ *519-661-0333, www.museumlondon.ca, geöffnet Di–So 12–17, Do bis 21 Uhr, Eintritt: Spende erwünscht.*

Die 1846 gebaute **St. Paul's Cathedral**, 472 Richmond St., ist Londons älteste Kirche mit sehenswerten Glasmalereien.

Das **Banting House National Historic Site** erinnert an Sir Frederick Banting, den ersten kanadischen Nobelpreisträger, der in den Jahren 1920/21 hier als Arzt praktizierte und mit seinen Versuchen begann, die schließlich zur Entdeckung des Insulin führten.
Banting House National Historic Site, *442 Adelaide St. N.,* ☏ *519-673-1752, geöffnet Di–Sa 12–16 Uhr, Eintritt Erwachsene $ 5, Kinder und Jugendliche $ 4, Familienkarte $ 12.*

Die **Labatt Brewery** ist eine der ältesten Brauereien Kanadas. Bei einer Führung kann man den kompletten Brauvorgang kennenlernen. Den Abschluss bildet eine Kostprobe.

Labatt Brewery, *150 Simcoe St., ☏ 519-850-8687, www.labatt.com, Führungen finden ganzjährig Mo–Fr 9–17 Uhr statt, Eintritt Erwachsene $ 12.*

Sehenswertes in der Umgebung Londons

Das 8 km außerhalb gelegene **Fanshawe Pioneer Village** vermittelt einen Eindruck vom Leben in einer Siedlung des 19. Jh. In den 30 Häusern, von denen einige nachgebil- *Museums-*
det, andere sorgfältig restauriert wurden, führen kostümierte Angestellte die alten *dörfer*
Handwerkskünste jener Zeit vor.

Fanshawe Pioneer Village, *1424 Clarke Road, in der Fanshawe Conservation Area, ☏ 519-457-1296, www.fanshawepioneervillage.ca, geöffnet Mitte Mai–Mitte Okt. Di–So 10–16.30 Uhr, sonst –15.30 Uhr, Eintritt $ 7, Kinder unter 3 J. frei.*

Das **Ska-Nah-Doht Village & Museum** ist die Rekonstruktion eines Irokesendorfes aus dem 10. und 11. Jh. mit drei Langhäusern, Vorrichtungen zum Trocknen von Fisch und Fleisch und zahlreichen Gegenständen des täglichen Lebens. Im Besucherzentrum wird eine Diavorführung angeboten.

Ska-Nah-Doht Village & Museum, *8348 Longwoods Rd., Mount Brydges, ca. 30 km südwestlich in der Longwoods Road Conservation Area, ☏ 519-264-2420, www.lowerthames -conservation.on.ca, geöffnet Mai–Okt. tgl. 9–16.30 Uhr, sonst Mo–Fr 9–16.30 Uhr. Eintritt frei, Parkgebühren bis 1,5 Std. $ 4.*

Reisepraktische Informationen zu London

Information

Tourism London Information Centres, *a) 696 Wellington Rd. S., geöffnet Mitte Mai–Aug. tgl. 8.30–18, sonst Mo–Fr 8.30–12.30 und 13.30–16.30, Sa/So 10–17 Uhr; b) 267 Dundas St., im Zentrum, geöffnet ab Mitte Mai Mo–Fr 8.30–16.30, Mitte Mai–Aug. auch Sa 10–17 Uhr.*
Für beide Informationsbüros gilt die Rufnummer ☏ 519-661-5000 oder 1-800-265-2602, www.londontourism.ca.

Unterkunft

Bei **Bed & Breakfast Network of London**, *www.londonbbnetwork.com, erhalten Sie Informationen und Broschüren über die privaten Übernachtungsmöglichkeiten in dieser Region.*
$$ Park View B&B, *131 Victoria St., ☏ 519-858-4170, www.parkviewbb.ca, freundliches Haus in Old North London mit ansprechend eingerichteten Gästezimmern, einem gemütlichen Aufenthaltsraum und schönen Gartenanlagen, reichhaltiges Frühstück.*
$$–$$$ Woodfield Bed & Breakfast, *499 Dufferin Ave., ☏ 519-675-9632, http://wood fieldbb.com, behagliches, familiengeführtes B&B in einem gründlich renovierten viktorianischen Haus aus dem Jahr 1873. Drei große Zimmer mit eigenem Bad. Gute Lage, überaus sympathi- sche Gastgeber.*
$$$ Best Western Plus Lamplighter Inn, *591 Wellington Rd. S, ☏ 519-681-7151 oder 1-800-780-7234, www.bestwestern.com, angenehmes Hotel mit 172 gut ausgestatteten Zimmern, Restaurant und Schwimmbad mit Wasserrutsche.*
$$$ DoubleTree by Hilton Hotel London, *300 King St., ☏ 519-439-1661, http://doub letree3.hilton.com, empfehlenswertes Hotel in zentraler Lage mit 336 geräumigen Zimmern, Pool, Fitnessraum und Restaurant.*

$$$ Idlewyld Inn, *36 Grand Ave.*, ☎ *519-432-5554, www.idlewyldinn.com, sehr schön mit alten Möbeln und Antiquitäten eingerichtetes viktorianisches Haus aus dem Jahr 1878 mit 21 Zimmern und schönem Garten.*

$$$–$$$$ Delta London Armouries, *325 Dundas St.*, ☎ *519-679-6111, www.deltahotels.com, elegantes Hotel mit 246 schönen Zimmern, Restaurant und umfangreichem Sportangebot.*

🎁 Einkaufen
London hat drei große Einkaufszentren mit vielen kleinen Läden und den großen Kaufhäusern Hudson's Bay und Sears.
Viele kleine Geschäfte mit Kunsthandwerk, Geschenkartikeln und Boutiquen finden Sie an der Richmond Row und Richmond St.
Der Covent Garden Market, 130 King St., ist ein offener Marktplatz mit Obst, Gemüse, Fleisch und regionalen Spezialitäten.

Windsor

Windsor liegt auf der Südseite des Flusses Detroit, der amerikanischen Stadt Detroit gegenüber. Die beiden Städte sind durch den „Detroit-Windsor-Tunnel" und durch die „Ambassador Bridge" miteinander verbunden. Windsor wurde um 1830 von Franzosen gegründet, nachdem Antoine de Lamothe de Cadillac bereits 1704 einen Handelsposten am Nordufer des Detroit River, das heutige Detroit, eingerichtet hatte. Diese Handelsstation war in der Folgezeit für den französischen Pelzhandel von großer Bedeutung. Im Jahr 1760 eroberten die Briten beide Siedlungen, mussten aber Detroit nach dem amerikanischen Unabhängigkeitskrieg den Amerikanern überlassen. Seit dieser Zeit bildet der Fluss die Grenze zwischen Kanada und den USA. Die Städte Windsor und Detroit pflegen gute nachbarliche Beziehungen; Zeichen dafür sind der „Friedensbrunnen" im Coventry Garden und das „International Freedom Festival", das anlässlich der beiden Nationalfeiertage vom 1. Juli (dem Canada Day) bis zum 4. Juli (dem amerikanischen Unabhängigkeitstag) gemeinsam mit Konzerten, Tänzen, Paraden und Feuerwerken gefeiert wird.

Freiheitsfestival

Windsor, die südlichste Großstadt Kanadas, ist mit ca. 210.000 Einwohnern das Zentrum der kanadischen Automobilindustrie und ein wichtiges Wirtschafts- und Handelszentrum.

Einen schönen Blick auf die Stadt vermittelt eine einstündige, kommentierte Bootsfahrt auf dem Detroit River. Der Farmers' Market wird von Di–So am Marktplatz, 2109 Ottawa St., abgehalten.

Sehenswürdigkeiten der Stadt
In der **Art Gallery of Windsor** wird eine große Gemäldesammlung kanadischer Künstler vom 18. Jh. bis zur Gegenwart und eine Ausstellung der Inuitkunst gezeigt.
Art Gallery of Windsor, *401 Riverside Dr. W.*, ☎ *519-977-0013, www.agw.ca, geöffnet Mi–So 11–17 Uhr, Eintritt Erwachsene $ 10, Kinder 6–17 J. $ 5.*

Am Detroit River, an der Quellette Avenue, ziehen sich die schönen Parkanlagen des **Jackson Park – Queen Elizabeth II Garden** entlang mit über 12.000 Rosen in 450 verschiedenen Arten sowie der **Ojibway Prairie Complex and Nature Centre**, 5200 Matchette Rd., mit Wanderwegen, Tierbeobachtungsstationen, Feucht- und Waldgebieten mit seltenen Pflanzenarten. Ganzjährig geöffnet und frei zugänglich.

Im **Canadian Club Heritage Centre** lernt man bei einer Führung, wie der international bekannte kanadische Club Whisky produziert wird. An dieser historischen Stätte begann Hiram Walker 1858, Whisky zu destillieren.

Canadian Club Heritage Centre, *2072 Riverside Dr. E.,* ☎ *519-973-9503, Führungen Jan.–März Fr–Sa 11, 13, 15 und 17, So 12 und 14, sonst Mi–Sa 11, 13, 15 und 17, So 12 und 14 Uhr, Erwachsene $ 12, Senioren $ 10, Kinder und Jugendliche unter 19 J. frei in Begleitung eines Erwachsenen.*

Das **Caesar's Windsor** ist ein viel besuchtes Casino mit 80 Spieltischen, einschließlich Roulette und Blackjack, und mehr als 1.700 Spielautomaten.

Caesar's Windsor, *377 Riverside Dr. E.,* ☎ *1-800-991-7777, www.caesars.com/caesarswindsor/casino, geöffnet tgl.24 Stunden.*

Reisepraktische Informationen zu Windsor

i Information

Windsor Convention and Visitors Bureau, *333 Riverside Dr. W., Suite 103,* ☎ *519-255-6530 oder 1-800-265-3633, www.visitwindsoressex.com, geöffnet Mo–Fr 8.30–16.30 Uhr.*

Unterkunft

$$ Ivy Rose Motor Inn, *2885 Howard Ave.,* ☎ *519-966-1700 oder 1-800-265-7366, www.ivyrose.ca, Motel mit 91 gut eingerichteten Zimmern unterschiedlicher Größe, Swimmingpool, Restaurant, knapp 5 km vom Stadtzentrum entfernt.*

$$$ Hampton Inn & Suites by Hilton Windsor, *1840 Huron Church Rd.,* ☎ *519-972-0770, http://hamptoninn3.hilton.com, gut geführtes Hotel mit 147 geräumigen und gut ausgestatteten Zimmern, Swimmingpool und Fitnessraum.*

$$$ Best Western Plus Waterfront Hotel, *277 Riverside Dr. W.,* ☎ *1-877-973-7829, www.bestwestern.com, in der Innenstadt gelegenes Hotel mit 305 gut ausgestatteten Zimmern, die alle einen schönen Blick auf den Detroit River bieten, mit Restaurant, Swimmingpool, Sauna und Fitnessraum.*

Bootsfahrt

Windsor River Cruises, ☎ *519-258-0911, www.windsorrivercruises.com, Abfahrt Riverfront Plaza, Mai-Anfang Okt. u. a. 2-stündige Fahrt auf dem Detroit River (genaue Termine s. Website), Fahrpreis Erwachsene $ 30, Kinder $ 21.*

Ausflug

Machen Sie einen Abstecher hinüber in die amerikanische Millionenstadt **Detroit**, z. B. zum **Civic Center**, einem architektonisch interessanten Gebäudekomplex am Flussufer, oder zum **Henry Ford Museum**, das einen guten Überblick über die Geschichte der Autoindustrie gibt, mit dem dazu gehörigen großen Freilichtmuseum **Greenfield Village**, wohin Henry Ford z. B. die Werkstatt der Gebrüder Wright transportieren ließ.

Henry Ford Museum, *20900 Oakwood Blvd., Dearborn, MI,* ☎ *313-982-6001 oder 1-800-835-5237, www.thehenryford.org, geöffnet tgl. 9.30–17 Uhr, Eintritt Erwachsene $ 21, Senioren $ 19, Kinder 3–11 J. $ 15.75.*

Von Windsor kann man dem Hwy 20, ab Leamington dann dem Hwy 3 folgen, der bis nach Buffalo führt. An dieser Strecke liegen einige reizvolle Städtchen und Provinzparks mit schönen Badestränden.

Amherstburg

Amherstburg ist eine der ältesten Siedlungen im Südwesten Ontarios, die 1796 von den Loyalisten gegründet wurde.

i   **Information**
    Amherstburg Visitor Information Centre, *116 Sandwich St. N, ☎ 519-736-8320 oder 1-800-413-9993, www.amherstburg.ca, Mai–Sept. geöffnet Do–Mo 10–17 Uhr; ein weiteres Büro liegt im Zentrum, 268 Dalhousie St., im historischen Gordon House, ☎ 519-730-1309, geöffnet Mo–Fr 9–16, Sa/So ab 10 Uhr.*

Sehenswert sind:

➤ das **Fort Malden National Historic Site**, das 1796–1799 von den Briten zur Sicherung ihrer Grenze gebaut wurde und im Krieg von 1812 von großer militärischer Bedeutung war. Im Informationszentrum wird die Geschichte des Forts durch Diavorführungen erläutert; an den Wochenenden finden Paraden und Exerzierübungen statt.
    Fort Malden National Historic Site, *100 Laird Avenue, ☎ 519-736-5416; www.amherstburg.ca/attractions, geöffnet Juli/Aug. tgl. 10–17, Mitte Mai–Juni Di–Sa 10–17 , Sept.–Mitte Okt. Mo–Fr 7–17, Sa 10–17 Uhr, Eintritt Erwachsene $ 4, Senioren $ 3.50, Kinder von 6–16 J. $ 2, Familienkarte $ 10.*

➤ Im **Amherstburg Freedom Museum** wird in mehreren Ausstellungen die Geschichte der schwarzen Sklaven erzählt, die von Afrika zur Arbeit auf den amerikanischen Plantagen verschleppt wurden und später aus den USA auf dem „underground railway" nach Kanada geflohen sind.
    Amherstburg Freedom Museum, *277 King St., ☎ 519-736-5433, www.amherstburgfreedom.org, geöffnet Di–Fr 12–17, Sa/So 13–17 Uhr, Eintritt Erwachsene $ 7.50, Senioren und Schüler $ 6.50, Gruppenkarte (für 5 Personen) $ 30.*

Kingsville

Kingsville ist eine kleine Hafenstadt am Lake Erie mit regelmäßigen Fährverbindungen nach Pelee Island. Der hübsche Ort mit gut erhaltenen viktorianischen Häusern ist im Frühjahr und im Herbst ein beliebtes Ausflugsziel für Vogelbeobachter, da er direkt in der Vogelfluglinie der Zugvögel liegt.

Im kleinen Museum **Jack Miner Bird Sanctuary** kann man sich über die Lebensgewohnheiten der Vögel, besonders der Kanada-Gänse, informieren. Dieses Naturschutzgebiet wurde schon zu Beginn des 20. Jh. von Jack Miner eingerichtet und diente vielen späteren als Modell.
Jack Miner Bird Sanctuary, *360 Road 3 W., ☎ 519-733-4034, ganzjährig tgl. bis Einbruch der Dunkelheit geöffnet, Büro Mo–Fr 10–16 Uhr, Juni-Aug. auch am Wochenende, das Museum ist von März–Nov. geöffnet, Eintritt frei.*

Im **Canadian Transportation Museum and Heritage Village** sind historische Gebäude aus der Zeit von 1826–1925 zu sehen, die aus verschiedenen Regionen aus dem Südwesten Ontarios stammen.
Canadian Transportation Museum and Heritage Village, *6155 Arner Townline, ☎ 519-776-6909 oder 1-866-776-6909, www.museumsontario.ca/museum/Canadian-Transportation-Museum, geöffnet April–Okt. Di–So 9–16, Nov.–März Museum Mi–Sa 9–16, So –15 Uhr (Village im Winter geschlossen), Eintritt Museum: Erwachsene $ 6, Kinder von 6–12 J. $ 2, Eintritt Village: Erwachsene $ 7, Kinder $ 3, Kombitickets sind erhältlich.*

Seit 2012 befindet sich hier auch das **Windsor Wood Carving Museum**, das über 150 traditionelle und moderne Holzschnitzereien und gelegentlich handwerkliche Einführungen in die Technik der Holzschnitzkunst zeigt.
Windsor Wood Carving Museum, *6155 Arner Townline, ☎ 519-776-7056, www.wind sorwoodcarvingmuseum.ca, geöffnet Mai–Okt. nur nach Anmeldung, Eintritt frei, Spende erwünscht.*

Leamington

Der Ort, in dem heute ca. 28.000 Menschen leben, entstand erst in der Mitte des 19. Jh., obwohl französische Voyageure und Missionare die Region schon im 17. Jh. besucht hatten. In der Ortsmitte, 76 Talbot St. W., finden Sie im Sommer den Kiosk der **Touristeninformation** in einer großen Beton-Tomate, die das Wahrzeichen der Stadt ist, die sich gerne „Tomato Capital of Canada" nennt. Schon 1907 gründete Henry John Heinz, der Sohn deutscher Einwanderer aus der Pfalz, eine Fabrik, in der aus frischen Tomaten und verschiedenen Gewürzen das bekannte Ketchup hergestellt wurde, dessen Rezeptur noch heute verwendet wird. Jeweils am dritten Wochenende im August wird das „Leamington Tomato Festival" mit Paraden, Konzerten und vielen Aktionen gefeiert.

„Tomato Capital of Canada"

Leamington ist nicht nur ein geeigneter Ausgangspunkt für den Besuch des südlich gelegenen **Point Pelee National Park**, sondern auch ein beliebtes Ziel vieler Sporttaucher, die in der Pelee Passage nach zahlreichen, dort versunkenen Schiffswracks suchen.

Schiffswracks

Weitere Anziehungspunkte in der Region rund um Amherstburg und Leamington sind mehrere **Weingüter**, die zu einer Führung mit anschließender Weinprobe einladen. Die Geschichte des Weinanbaus geht bis auf die 1860er-Jahre zurück, als Weinbauern aus Kentucky nach geeigneten Anbaugebieten suchten und diese auf Pelee Island und am Nordufer des Lake Erie vorfanden. Die Region im Südwesten Ontarios, die geografisch auf der Höhe des Mittelmeeres liegt, ist mit vielen Sonnenstunden klimatisch sehr begünstigt, da sie von der Nähe zum Lake Erie profitiert. Zurzeit laden 13 Weingüter, deren Produkte in den letzten Jahren mehrfach bei internationalen Wettbewerben ausgezeichnet wurden, zu einer Besichtigung ein. Dazu gehören u. a. die Weingüter D'Angelo Estate Winery, Oxley Estate Winery, Erie Shore Vineyard & Winery, Colio Estate Wines, Pelee Island Winery, Muscedere Vineyards und Wagner Estate Winery.

Information
Leamington District Chamber of Commerce, *http://tourismleamington. com.*

Weingüter
Windsor's Wine Country – Canada South Wine Tours, *125 Tecumseh Rd. W., Windsor, ☎ 519-252-7966 oder 1-800-901-1563, www.canadasouthwinetours.com – geführte, mehrstündige Besichtigungen auf mehreren Weingütern*

Point Pelee National Park

Der Point Pelee National Park liegt 10 km südlich von Leamington. Er ist mit einer Fläche von 15 km² einer der kleinsten kanadischen Nationalparks und zugleich einer der beliebtesten. Der Park liegt auf der südlichsten Landspitze Kanadas, einer sandigen

Landzunge, die 20 km in den Lake Erie hineinragt. Charakteristisch für den Park ist das Marschland, das mehr als die Hälfte der Parkfläche einnimmt. Daneben gibt es große Dünenlandschaften, an die sich dichte Mischwälder mit Bergahorn, Walnuss- und Maulbeerbäumen, Eichen, Zuckerahorn und Zedern anschließen.

Der Park gehört zu den besten Vogelbeobachtungsstellen in Kanada, denn die Marschgebiete dienen vielen Wasservögeln als Brutstätte, und im Frühjahr und Herbst ist die Landzunge Rastplatz für Tausende von Zugvögeln. Mehr als 100 verschiedene Zugvogelarten können in dieser Zeit beobachtet werden; im Laufe eines ganzen Jahres wurden mehr als 340 verschiedene Vogelarten gesichtet. Im September kann der Besucher Tausende von orangefarbenen Schmetterlingen sehen, die gen Süden nach Mexiko ziehen.

Für Wander-
freunde
Der Nationalpark wird von vielen Wanderwegen durchzogen. Außerdem wurde ein 1,5 km langer Plankenweg angelegt, der Marsh Boardwalk, der am Rande der Marschgebiete entlang führt; am Anfang dieses Weges steht ein Aussichtsturm, der gute Beobachtungsmöglichkeiten bietet. Im Besucherzentrum, das 8 km vom Parkeingang entfernt ist und auf jeden Fall einen Besuch lohnt, gibt es interessante, halbstündige Dia- und Filmvorführungen sowie gutes Informations- und Kartenmaterial. Dort können Sie von Mai bis Oktober auch Fahrräder und Kanus mieten. Eine kleine Bahn fährt von Mai bis Oktober durch den Südteil des Parks.

i **Information**
Point Pelee National Park, *geöffnet April–Ende Okt. tgl. 6–22, sonst 7–18.30 Uhr. Das Besucherzentrum, ☎ 519- 322-2371, www.pc.gc.ca, geöffnet Anfang April–Mitte Okt. tgl. 10–17, Juli/Aug. bis 18 Uhr, Eintritt von April–Okt. Erwachsene $ 8, Senioren $ 7, Kinder und Jugendliche von 6–16 J. $ 4, Familienkarte $ 20.*

Der Hwy 3 führt direkt am Nordufer des Lake Erie entlang; kleine Stichstraßen bringen Sie zu reizvollen **Provinzparks**, die direkt am See liegen und ausgezeichnete Wassersport- und Wandermöglichkeiten bieten, wie z. B. der Wheatley Provincial Park, der Rondeau Provincial Park, der John E. Pearce Provincial Park, der Port Bruce Provincial Park, der Port Burwell Provincial Park, der Long Point Provincial Park, der Turkey Point Provincial Park, der Selkirk Provincial Park und der Rock Point Provincial Park.

Port Colborne

Der Hwy 3 führt weiter bis nach **Port Colborne**, einem Binnenhafen am Lake Erie mit einem Zugang zum Welland Canal. Einen schönen Blick auf den Schiffsverkehr im Kanal und die große Schleuse haben Sie vom „Fountain View Park" aus.

Das **Port Colborne Historical and Marine Museum** informiert über den Bau des Welland Canal und über die regionale Geschichte. Zum Museum gehören noch Ausstellungen zur Schifffahrt, ein altes Schulgebäude und eine Schmiede.
Port Colborne Historical and Marine Museum, *280 King St., ☎ 905-834-7604, http://portcolborne.ca/page/museum, geöffnet Mai–Dez. tgl.12–17 Uhr, Eintritt frei.*

i **Information**
Port Colborne Chamber of Commerce, *☎ 905-834-9765, www.pcwcham ber.com.*
Port Colborne Visitor Information Centre, *76 Main St. W., ☎ 905-834-5722 oder 1-888-7678-386, www.portcolborne.ca/page/visitors, geöffnet Fr 8.30–16.30, Sa–So 9–17 Uhr.*

Der Welland Canal

Der Welland Canal verbindet den Lake Ontario mit dem knapp 100 m höher lie-genden Lake Erie. Er durchquert die Niagara-Halbinsel und verläuft 13 km westlich der Niagara Falls. Der erste Wellandkanal mit 40 kleinen Schleusen wurde bereits 1829 eröffnet und in den folgenden Jahrzehnten weiter ausge-baut. Da der Kanal für das wachsende Verkehrsaufkommen nicht mehr aus-reichte, wurde 1932 ein neuer Kanal gebaut; 1973 wurde für ein 13 km langes Teilstück bei Welland eine neue Trasse angelegt. Der neue Kanal ist 43,5 km lang und 8,2 m tief. Um den Höhenunterschied zwischen den beiden Seen zu überwinden, wurden acht große Schleusenanlagen gebaut, in denen die Frachtschiffe auf ihrer ca. 12-stündigen Fahrt vom Lake Ontario zum Lake Erie um 99,5 m gehoben werden; dabei dauert jeder Hebe- bzw. Absenkungsvor-gang etwa zehn Minuten.

Schiffe, die die Schleusen passieren wollen, dürfen nicht länger als 222 m und nicht breiter als 23 m sein. Besonders interessant sind die Doppelschleusen 4, 5 und 6, die südlich von St. Catherines unmittelbar hintereinander liegen; hier können die Schiffe in beiden Fahrtrichtungen durchgeschleust werden. Am Ausgang des Kanals zum Lake Erie liegt bei Port Colborne die Schleuse 8, die eine der größten Schleusen der Welt ist. Vom nahe gelegenen Aussichtsturm können Sie die Durchfahrt der Schiffe beobachten. Durch den Welland Canal werden jährlich mehr als 5.000 Hochsee- und Binnenschiffe geschleust, die vor allem Getreide, Eisenerz und Kohle transportieren. Da die alte Kanalstrecke bei Welland seit 1973 für die Binnenschifffahrt nicht mehr benötigt wird, ist dieses Teilstück, der Welland Recreational Waterway, nun ein beliebtes Gebiet für Was-sersportler aller Art.

Niagara Falls

Die Niagara Falls zählen zu den bekanntesten Natursehenswürdigkeiten Kanadas. Da sie aber nicht wie viele andere Naturwunder in großer Abgeschiedenheit, sondern mit-ten in einer Stadt liegen und leicht erreichbar sind, gehören sie auch zu den meist be-suchten Sehenswürdigkeiten Kanadas.

Mehr als 12 Mio. Besucher kommen jährlich nach Niagara Falls, um die eindrucksvollen Wasserfälle zu erleben: die kanadischen „Horseshoe-Falls", die Hufeisen-Fälle, die den Namen ihrer Form verdanken, sind 640 m breit und stürzen 54 m tief; der amerikani-sche Wasserfall ist 328 m breit und stürzt in 2 Stufen 55 m tief; sein südlicher Teil wird „Bridal Veil Falls", Brautschleier-Fälle, genannt.

Aber Niagara Falls ist nicht nur der Name der Wasserfälle, sondern auch der Name der beiden Städte, die an den Ufern des Niagara River, jeweils auf kanadischer und amerikanischer Seite, liegen. Die Städte sind durch die „Rainbow Bridge" und die „Whirlpool Rapids Bridge" miteinander verbunden. Die **kanadische Stadt** (ca. 83.000 Ew.) am Westufer des Niagara River ist wegen ihrer spektakulären Ausblicke auf die Wasserfälle ein bedeutendes Touristenzentrum mit gepflegten Parkanlagen, sehr guten touristischen Einrichtungen und vielen interessanten Sehenswürdigkeiten. Die **amerikanische Stadt** (ca. 50.000 Ew.) am Ostufer gehört zur Metropolitan Area von Buffalo; sie hat Wasserkraftwerke und eine ausgeprägte elektrizitätsabhän-

Überblick über die Schwester-städte

Redaktionstipps

> Machen Sie eine Bootsfahrt mit den „Hornblower Niagara Cruises" auf kanadischer Seite (S. 400) oder traditionell mit der berühmten „Maid of the Mist" auf amerikanischer Seite (S. 407)
> Nehmen Sie teil an der Reise „Journey behind the Falls" (S. 399)
> Schauen Sie sich die **Niagara Falls** bei Nacht an (S. 401)
> Genießen Sie die Auffahrt auf den **Skylon Tower** und die herrliche Aussicht (S. 399)
> Fahren Sie mit dem „Whirlpool Aero Car" (S. 402)
> Besuchen Sie die „Windhöhle" und das „Hurricane Deck" (S. 408) auf der amerikanischen Seite der Wasserfälle
> Machen Sie eine Rundfahrt durch das „Niagara County" und über die „Niagara-Wein-Route" (S. 412)

gige Industrie. Der Fremdenverkehr konzentriert sich dort auf die nähere Umgebung der Wasserfälle.

Von beiden Städten hat der Tourismus vollständig Besitz ergriffen; sowohl auf der kanadischen als auch auf der amerikanischen Seite des Niagara River gibt es viele Hotels in allen Kategorien, Restaurants, Geschäfte, Freizeitparks und Attraktionen wie Wachsmuseum, Casino, Kinos, Shows und die abendliche Illumination der Wasserfälle.

Vor allem in den Sommermonaten scheint ganz Niagara Falls ein großer Jahrmarkt voller Trubel zu sein. Vor den Sehenswürdigkeiten bilden sich lange Warteschlangen, die Straßen sind mit Autos verstopft und voller Lärm, die Restaurants sind überfüllt – aber das alles zählt nicht mehr, wenn Sie sich den Wasserfällen zu Fuß, mit Booten, Jetboats, Heißluftballon oder Hubschraubern nähern und das tosende Schauspiel der herab stürzenden Wasserfälle hautnah erleben.

Eine Fahrt mit der „Maid of the Mist" sollten Sie nicht versäumen

👉 **Reise- und Zeitplanung**
Die Niagara Falls sind zu jeder Jahreszeit einen Besuch wert. Die Sommermonate haben den Vorteil, dass alle Attraktionen rund um die Fälle geöffnet sind, aber auch den Nachteil, dass aufgrund der hohen Besucherzahlen mit langen Wartezeiten gerechnet werden muss, vor allem an den Wochenenden.
Im Winter geht es ruhiger zu in Niagara Falls. In besonders kalten Wintern friert der Fluss auch schon einmal unterhalb der Fälle zu und die Gischt vereist zu bizarren Gebilden. Dann sucht sich der Fluss seinen Weg durch die hoch aufgetürmten Eisschollen.

Geschichtlicher Überblick

Indianer, französische Entdecker, Forscher und Missionare erkundeten zuerst das Land bei den Wasserfällen. Nach den amerikanischen Freiheitskriegen wurde bei Niagara-on-the-Lake das Fort George angelegt, um die Niagara-Region vor den Angriffen der amerikanischen Truppen zu schützen, die sich von der englischen Vorherrschaft befreit hatten. 1812 kam es zur entscheidenden Schlacht, 1814 wurde durch den Vertrag von Gent die Grenzlinie festgelegt, womit die Geschichte der beiden Schwesterstädte begann.

Der Bau der Eisenbahn brachte um 1840 die ersten Touristen zu den Wasserfällen, deren Zahl schnell anstieg. 1846 gab es die ersten Bootsausflüge mit der „Maid of the Mist". 1885 wurde die Niagara Parks Commission zum Schutz der Natur und der Wasserfälle gegründet, 1888 wurden die Niagara Parklands für die Öffentlichkeit freigegeben. *Erste Ausflüge mit der „Maid of the Mist"*

Zu Beginn des 20. Jh. wagten „Daredevils", wagemutige, tollkühne und sensationslüsterne Männer und Frauen, immer wieder, sich die Niagara Falls hinunterzustürzen oder den „Whirlpool" zu durchschwimmen. Nicht alle überlebten! Heute sind solche Versuche verboten! 1941 wurde der Bau der Rainbow Bridge beendet; 1951 wurde der Vertrag „Niagara Diversion Treaty" zwischen Kanada und den USA abgeschlossen, der die gemeinsame Nutzung der Wasserfälle zur Stromerzeugung beinhaltete.

Zur Entstehungsgeschichte der Niagara Falls

Die Niagara Falls liegen im Süden der Provinz Ontario und gehören zu den größten, berühmtesten und eindrucksvollsten Wasserfällen der Welt. Als der französische Franziskanermönch **Louis Hennepin** (1640–um 1700) im Jahr 1678 das Gebiet um den Lake Ontario bereiste und erforschte, staunte er über „lautes Donnern"; er folgte dem Getöse und entdeckte die Wasserfälle, von denen er eine gute Beschreibung ablieferte, deren Angaben z. T. von seinen Zeitgenossen aber bezweifelt wurden.

Die Wasserfälle sind Überreste der Eiszeit, als vor etwa 50.000 Jahren riesige Gletscher den amerikanischen Kontinent bedeckten. Als durch die fortschreitende Erwärmung die Eismassen schmolzen, blieb ein großes Binnenmeer zurück. Seine Überreste sind die fünf „Großen Seen" zwischen den USA und Kanada, von denen der Lake Erie und der Lake Ontario durch den Niagara River miteinander verbunden sind. In seinem Verlauf zwischen Erie- und Ontario-See muss der Niagara River einen Höhenunterschied von 109 m überwinden. Auf halbem Weg liegt eine Felsbarriere, über die der Fluss in die Tiefe stürzt – das sind die Niagara Falls, die „donnernden Wasser".

Die Entstehung der Niagara Falls gleicht der anderer Wasserfälle, die dadurch verursacht wird, dass eine härtere und eine weichere Gesteinsschicht aneinander stoßen. Das Wasser gräbt sich in das weichere Gestein ein tiefes Tal, sodass sich eine Stufe zwischen den *Entstehung der Fälle* beiden Gesteinsschichten bildet. Über diese Stufe stürzt das Wasser in die Tiefe. Der Niagara River strömt bei seinem Ablauf aus dem Lake Erie zunächst über hartes Kalkgestein, bis er bei der Mündung in den Lake Ontario auf weichen Sandstein und Mergel trifft. An dieser Stelle entstand einst auch der Wasserfall; im Laufe der Zeit aber schritten die Wasserfälle durch die Auswaschung der weichen Mergelschicht von ihrer ursprünglichen Lage zurück. Gegenwärtig beträgt dieser „Rückzug" jährlich ca. 107 cm.

Unterhalb der Wasserfälle hat sich der Niagara River bei diesem Zurückschreiten eine mehr als 11 km lange Schlucht zwischen über 100 m hohen Felswänden eingegraben; dabei hat er bei den „Whirlpool Rapids" ein sehr starkes Gefälle. In der Mitte des Flusses und der Horseshoe Falls verläuft die Staatsgrenze zwischen Kanada und den USA. 1951 schlossen die beiden Staaten einen Vertrag zur gemeinsamen Nutzung der Wasserkraft ab.

Von der Gesamtwasserkraft der Niagara Falls werden etwa 30 % für industrielle Zwecke genutzt. Das „Niagara Power Project" ist das größte Wasserkraftwerk der westlichen Welt, Erweiterungspläne werden zurzeit kontrovers diskutiert.

Der Niagara River wird nach dem Austritt aus dem Lake Erie durch die Ziegen-Insel, **Goat Island**, in zwei Flussarme geteilt:

• Zwischen Goat Island und der kanadischen Stadt liegen die mächtigen **Horseshoe Falls**, die Hufeisen-Fälle, über die etwa 90 % der Wassermassen in die Tiefe stürzen.
• Zwischen Goat Island und der amerikanischen Stadt liegen die **American Falls** und nahe dabei die kleineren **Bridal Veils Falls**, die Brautschleier-Fälle.

Sehenswertes in Niagara Falls

Orientierung in Niagara Falls

Der **Niagara Parkway** und der „Niagara River Recreation Trail" verlaufen parallel zum Niagara River, während die anderen Hauptstraßen wie Clifton Hill, Victoria Ave. und Lundy's Lane senkrecht auf den Fluss zulaufen. Die meisten Sehenswürdigkeiten liegen am Niagara Parkway im Streckenabschnitt zwischen dem Table Rock und der Rainbow Bridge sowie im Clifton Hill-Viertel. Von der „Rainbow Bridge" und der „Whirlpool Rapids Bridge" bieten sich sehr schöne Ausblicke auf die Wasserfälle.

| P |

Parken
Innerhalb des Zentrums ist das Parken ein Problem. Während der Sommermonate ist der Verkehr so dicht, dass sich oft lange Autoschlangen auf dem Niagara Parkway und der Victoria Avenue bilden. Entsprechend schwer ist es, einen Parkplatz zu finden. Am besten parkt man deshalb auf den großen Sammelparkplätzen am Südende des Niagara Parkway. Die Parkplätze sind gebührenpflichtig, Parkgebühr pro Stunde $ 5, Tageskarte $ 25. Das ist teuer, aber dennoch sinnvoll, da man von hier aus das Zentrum und die südlich von der Rainbow Bridge liegenden Sehenswürdigkeiten bequem zu Fuß bzw. mit den WEGO-Bussen erreichen kann.
• *Falls Parking Lot, gegenüber dem Table Rock Complex, 500 m südlich der Fälle, ganzjährig geöffnet.*
• *Floral Showhouse Parking, 500 m südlich der Fälle, stundenweises Parken an den Gewächshäusern.*
• *Rapidsview Parking Lot, 1,5 km südlich der Rainbow Bridge (auch für Wohnwagen geeignet), Mai/Juni nur an Wochenenden geöffnet, Juli–Anfang Sept. tgl., Parkgebühr gilt auch für den Shuttlebus zum Table Rock Complex.*
Zu den nördlich gelegenen Attraktionen Whirlpool Rapids und Whirlpool Aero Car kann man mit dem Wagen fahren und parken bei:

- **Niagara Parks Botanical Gardens and Butterfly Conservatory Parking**, *9 km nördlich der Horseshoe Falls, Parkgebühr $ 5. Von hier aus fahren WEGO-Busse auch ins Zentrum und zu allen Sehenswürdigkeiten, Tageskarte Erwachsene $ 7.50, Kinder $ 4.50.*
Gebührenfreie *Parkplätze liegen weiter außerhalb, haben aber auch Anschluss an das Bussystem, z. B. die Parkplätze White Water Walk, Whirlpool Aero Car oder Floral Clock.*

Sehenswertes auf der kanadischen Seite der Niagara-Fälle

Das touristische Zentrum der Stadt mit zalreichen interessanten Sehenswürdigkeiten und Attraktionen liegt zwischen der „Regenbogenbrücke" und den „Hufeisen-Fällen". Der gepflegte Ferienort Niagara Falls bietet eine ganze Palette von eindrucksvollen und ungewöhnlichen Ausblicken auf die Wasserfälle, die an Sommerabenden zwischen 21 und 24 Uhr angestrahlt werden und dann in allen Farben des Regenbogens leuchten. In den Wintermonaten setzt die Beleuchtung schon um 17 Uhr ein.

☞ Tipp

Mit dem **Niagara Falls Adventure Pass Classic**, www.niagaraparks. com, erhalten Sie ermäßigten Zutritt zu den vier Sehenswürdigkeiten „Journey behind the Falls", „Hornblower Niagara Cruises", „Niagara's Fury" und „White Water Walk". Der Pass ist von Mai–Ende Okt. gültig, in den Informationszentren erhältlich und zeitlich nicht begrenzt.
Preis Erwachsene $ 54.95, Kinder von 6–12 J. $ 36.95, Kinder unter 6 J. kostenlos.

Außerdem gibt es zum selben Preis den **Niagara Falls Adventure Pass Nature**, der für Fahrten mit „Hornblower Niagara Cruises" und „Whirlpool Aero Car" sowie für das „Floral Showhouse" und „Butterfly Conservatory" gilt. Der **Niagara Falls Wonder Pass** (Erw. $ 59.90, Kinder (6–12 J.) $ 38) gilt für „Journey behind the Falls", „Butterfly Conservatory" und „Niagara Fury". Mit allen drei Pässen kann an zwei Tagen kostenlos das „WEGO"-Bussystem benutzt werden, das auf vier Buslinien regelmäßig die wichtigsten Sehenswürdigkeiten und großen Hotels anfährt und dabei beliebig viele Ein- und Ausstiege erlaubt.

Sehenswürdigkeiten südlich der Rainbowbridge

Beginnen Sie Ihren Besuch im Besucherzentrum im **Table Rock Complex (1)**, ca. 1,5 km südlich der Rainbow Bridge am Niagara Parkway, ☎ 905-358-3268, der an einem Felsvorsprung an den „Horseshoe Falls"

Der „Skylon Tower"

Niagara Falls

gebaut wurde. Hier werden Sie ausführlich, anschaulich und anregend über die Stadt und ihre Sehenswürdigkeiten informiert und erhalten auch Karten, Veranstaltungshinweise und die Informationsbroschüre „Visitor's Guide". Von der Terrasse haben Sie einen großartigen Blick auf die Wasserfälle.

Dichter an die Fälle heran kommen Sie bei der **Journey behind the Falls**. In Regenmäntel gehüllt, können Sie im Besucherzentrum mit einem Aufzug 38 m in die Tiefe der Horseshoe Falls hinunterfahren. Dort führen drei Tunnel zu drei verschiedenen Aussichtspunkten: das Observation Deck liegt nur knapp 8 m über dem Niagara River, fast „greifbar" nahe. Die beiden anderen Tunnel führen Sie hinter die Wasserfälle. An den Wochenenden im Juli und August ist ein uniformierter Mountie, ein Offizier der „Royal Canadian Mounted Police" am Fuß der Fälle postiert. In den Sommermonaten muss mit langen Wartezeiten gerechnet werden.
Journey behind the Falls, *River Rd.,* ☏ *905-354-1551, www.niagaraparks.com, der Tunnel ist tgl. geöffnet 9–22, Sept. 9–20, sonst Mo–Fr 9–18, Sa/So 9–20 Uhr. Erwachsene $ 16.95, Kinder 6–12 J. $ 11.*

Wenn Sie die Fälle auch aus der Vogelperspektive schauen möchten, können Sie hinauf fahren zur Spitze der beiden Aussichtstürme **Niagara Tower** (Konica Minolta Tower Centre) und **Skylon Tower**.

Zwischen dem Table Rock Point und der Fallsview Tourist Area, in deren Bereich u. a. viele Hotels, Restaurants, das Fallsview Casino, der Skylon Tower und das Imax Theater liegen, verkehrt täglich die historische Seilbahn **Falls Incline Railway**.
Falls Incline Railway, ☏ *877-642-7275, Abfahrten ganzjährig tgl. je nach Wetterlage, Fahrpreis Erwachsene $ 2.75, Hin- und Rückfahrt $ 5.50, Tageskarte mit beliebig vielen Fahrten $ 7.*

Das **Niagara Tower Hotel** (Konica Minolta Tower Centre) **(2)** liegt ganz in der Nähe der Horseshoe Falls. Der 99 m hohe Turm, der sich 203 m über dem Fuß der Wasserfälle erhebt, verfügt über ein gut geführtes Hotel und ein gepflegtes Restaurant, die drei Aussichtsterrassen mit herrlichem Rundblick stehen nur noch Gästen zur Verfügung.
Niagara Tower Hotel, *6732 Fallsview Blvd.,* ☏ *905-356-1501, www.niagaratower.com.*

Der **Skylon Tower (3)** steht am Rande der schönen Queen-Victoria-Parkanlagen, den Wasserfällen direkt gegenüber. Auf den unteren Ebenen des Turms finden Sie zahlreiche Geschäfte, Ausstellungen, kleine Restaurants und ein großes, lautes und meistens sehr volles Vergnügungszentrum mit Spielautomaten aller Art. Es ist ein Erlebnis, zu den Aussichtsterrassen mit einem der drei gelben Aufzüge „Yellow Bugs" hochzufahren, die in 52 Sekunden außen am 236 m hohen Turm in die Höhe steigen. Auf den drei oberen Etagen gibt es zwei Restaurants und eine Innen- und Außenplattform. Von der Höhe haben Sie einen großartigen Blick auf die Wasserfälle, den Niagara River und die Stadt; bei gutem Wetter können Sie fast 130 km weit schauen.

Tolle Sicht von den Außenaufzügen

❶ Unterkunft
1 Great Wolf Lodge
2 HI-Niagara Falls Youth Hostel
3 Bedham Hall Bed & Breakfast
4 Always Inn Bed & Breakfast
5 Niagara Inn Bed & Breakfast
6 Trillium Bed & Breakfast
7 Travelodge Fallsview Hotel
8 Best Western Plus Cairn Croft Hotel
9 The Old Stone Inn
10 Holiday Inn by the Falls
11 The Oakes Hotel Overlooking The Falls
12 Marriott on the Falls
13 Surfside Inn
14 Comfort Inn The Pointe
15 Sheraton at the Falls
16 Holiday Inn Niagara Falls

❶ Essen & Trinken
1 Queen Victoria Place Restaurant
2 Casa Mia
3 Copacabana Steakhouse
4 Qila Halal Restaurant
5 Skylon Tower's Revolving Dining Room
6 Marylin's Bistro & Lounge

Die Niagara Falls aus sicherer Distanz erleben

Skylon Tower, *5200 Robinson St.,* ☏ *905-356-2651 oder 1-888-975-9566, www.skylon.com, geöffnet Mai–Okt. 8–24, sonst 9–22 Uhr, Erwachsene $ 15, Senioren und Jugendliche von 4–12 J. $ 9.*

Angrenzend an die Parkplätze des Skylon Tower wurde das **Niagara Falls Imax Theatre & Daredevil Adventure (4)** gebaut. Auf einer sechs Stockwerke hohen Leinwand können Sie den mitreißenden Film „Miracles, Myths & Magic" erleben. Die Ausstellung der Dardevils zeigt die größte Sammlung von Fässern und anderen Gerätschaften, mit denen Todesmutige versucht haben, die Fälle zu überwinden. **Niagara Falls Imax Theatre & Daredevil Adventure**, *6170 Fallsview Blvd.,* ☏ *905-358-3611, www.imaxniagara.com. geöffnet Mai–Okt. tgl. 9–20, sonst 10–16 Uhr, Eintritt Erwachsene $ 24, Kinder 4–12 J. $ 18, Kombiticket mit dem Skylon Tower Erwachsene 44, Kinder $ 31.*

Vom Skylon Tower können Sie einen schönen etwa 1,5 km langen Spaziergang durch den **Queen Victoria Park** am Fluss entlang zur Anlegestelle der „Hornblower Niagara Cruises" machen. Der Park wurde bereits 1887 angelegt und bietet immer wieder reizvolle Ausblicke auf die Wasserfälle; am Abend wird der Park illuminiert.

Hinweis

Seit 2014 bietet das Unternehmen „Maid of the Mist" keine Fahrten mehr von kanadischer Seite aus zum Wasserfall an, stattdessen wird die 30-minütige Fahrt mit zwei modernen Katamaranen der „**Hornblower Niagara Cruises**" **(5)** durchgeführt. Dies ist ein besonderes Erlebnis, um die Niagara Falls „hautnah" zu erleben, wobei große Aussichtsplattformen, Glaswände und bereit gelegte Regenponchos vor allzu großer Nässe schützen.

Abfahrt der Boote: *5920 Niagara Parkway, am nördlichen Ende des Queen Victoria Park, Büro: 5775 River Rd.,* ☏ *905-642-4272 oder 1-855-264-2427, www.niagaracruises.com. Fahrzeit 30 Minuten, Abfahrten im 15-Minuten Takt, Fahrpreis Erwachsene $ 19.95, Kinder 6–12 J. $ 12.25, Sunset Cruise oder Feuerwerkstour: Erwachsene $ 35, Kinder $ 31.50. In der Hauptreisezeit ist mit langen Wartezeiten an allen Abfahrtsstellen zu rechnen; eine vorherige online-Buchung ist deshalb zu empfehlen.*

Auf Ihrem Weg zur Rainbow Bridge können Sie das Getümmel in der **Clifton Hill Street (6)** und den angrenzenden Straßen kennenlernen. Nicht umsonst trägt die Straße den Beinamen „Clifton Hill – where the action is"! Auf engem Raum drängen sich hier Geschäfte, Restaurants, Bars und Hotels, aber auch Vergnügungsstätten und originelle und interessante Museen. Dazu gehören u. a.:

➤ das **Guinness World Records Museum (7)** mit nachgebildeten oder originalen Ausstellungsstücken aus dem „Guinness-Buch der Rekorde".
4943 Clifton Hill, ☎ *905-356-2299, Eintritt Erwachsene $ 15, Senioren und Studenten $ 13, Kinder von 4–12 J. $ 10.*

➤ **Ripley's Believe it or Not! Museum (8)**, ein Museum mit mehr als 550 „unglaublichen" Ausstellungsstücken und Aktionen, z. B. lebensechte Wachsfiguren oder optische Täuschungen.
4960 Clifton Hill, ☎ *905-356-2238, Eintritt Erwachsene $ 18, Senioren $ 15, Kinder von 6–12 J. $ 11.*

➤ Zu einer besonderen Touristenattraktion haben sich die beiden Casinos entwickelt, das **Casino Niagara** und das **Fallsview Casino (9)**, die täglich 24 Stunden geöffnet sind.
Casino Niagara, *5705 Falls Ave.,* ☎ *1-888-325-5788.*
Fallsview Casino, *6380 Fallsview Blvd.,* ☎ *1- 888 325-5788.*

👁 **Tipp**

Jeden Abend werden die Wasserfälle mit weißen und farbigen Lichtern im Abstand von jeweils 15 Minuten angestrahlt; ganzjährig von Einbruch der Dämmerung bis Mitternacht (im Feb. bis 23 Uhr). Außerdem findet von Mai–Okt. jeden Mi, Fr und So um 22 Uhr ein Feuerwerk statt. *Illumination der Wasserfälle*

Wer für eine Weile der Hektik an den Wasserfällen entfliehen will, kann einen Spaziergang machen zum **Niagara Parks Floral Showhouse (10)**, das nur 500 m südlich der kanadischen Horsehoe Falls liegt. Hier finden Sie Ruhe und Schatten zwischen Blumenbeeten und unter Palmen; mehr als 70 tropische Vogelarten fühlen sich hier heimisch.
Niagara Parks Floral Showhouse, ☎ *905-354-1721, www.niagaraparks.com/niaga ra-falls-attractions/floral-showhouse.html, tgl. 9.30-17 Uhr, Erwachsene $ 5,65, Kinder (6-12 J.) $ 4,25.*

Der **Marineland Theme Park** lädt dazu ein, Delfine, Wale, Seelöwen und Seeelefanten zu beobachten, zu füttern oder zu berühren.
Marineland Theme Park, *7657 Portage Rd.,* ☎ *905-356-9565, geöffnet Ende Mai–Anfang Sept. tgl. 9–18, sonst bis Anfang Okt. 10–17 Uhr, Eintritt Erwachsene $ 49.95, Kinder von 5–9 J. $ 38.95, außerhalb der Hochsaison oft niedrigere Preise.*

Sehenswürdigkeiten nördlich der Rainbow Bridge

Die Fahrt über den Niagara Parkway weiter nach Norden führt am Niagara River entlang, der unterhalb der Fälle zunächst recht gemächlich durch eine tiefe Schlucht fließt. Wo diese sich verengt, nach etwa 3 km, stürzen die Wassermassen nun in heftigen Stromschnellen, den **Whirlpool Rapids (11)**, weiter dem Lake Ontario entgegen. An der schmalsten Stelle des Niagara River können Sie seit dem Aufzug vom oberen Rand der Schlucht 70 m zu den Whirlpool Rapids hinunterfahren. Ein 300 m langer Pfad, der **White Water Walk**, führt Sie über Holzstege und Stufen ein Stück an den Stromschnellen entlang zu zwei Aussichtsplätzen am Fluss. Eine kleine Ausstellung informiert darüber, wie immer wieder versucht wurde, die Whirlpool Rapids zu durchqueren. *Stromschnellen*
Whirlpool Rapids und White Water Walk, *Niagara River Parkway,* ☎ *905-374-1221, geöffnet Mitte März–Mitte Nov. Mo–Fr 9–17, Sa/So 9–18 Uhr, Eintritt Erwachsene $ 12.95, Kinder 6–12 J. $ 8.*

Nach weiteren 2 km über den Niagara Parkway erreichen Sie den **Whirlpool**. Hier geraten die Whirlpool Rapids in einen tosenden, kreisrunden Strudel. Etwa 400 m Durchmesser hat der gewaltige Whirlpool, der von 90 m hohen Felswänden umschlossen ist.

Der **Whirlpool Aero Car (12)**, eine Art Schwebebahn, überquert mit ihrer offenen Gondel den Whirlpool in luftiger Höhe. Auf der etwa 10-minütigen Fahrt über das Wasser können Sie noch einmal die tosenden Whirlpool Rapids sehen und gut fotografieren.
Whirlpool Aero Car, *Niagara River Parkway*, ☎ *905-354-5711, geöffnet Mitte März–Mitte Nov. tgl. 10–17 Uhr, Juli/Aug. 9–20 Uhr, Hin- und Rückfahrt Erwachsene $ 14.25, Kinder von 6–12 J. $ 9.25.*

In der Nähe der südlichen Station des Whirlpool Aero Car bietet **Niagara Helicopters (13)** Rundflüge über die Stadt und die Wasserfälle an, ein unvergessliches Erlebnis.
Niagara Helicopters, *3731 Victoria Ave*, ☎ *905-357-5672, www.niagarahelicopters.com, Die Hubschrauber starten bei gutem Wetter ganzjährig tgl. zwischen 9 Uhr und Sonnenuntergang. Flugdauer: 12 Minuten, Preis Erwachsene ab $ 140, Kinder $ ab 87.*

Schmetter-   Weitere 2 km nördlich liegen die schon 1936 angelegten **Niagara Parks Botanical**
lingsgarten   **Gardens (15)**. Die reizvollen Gärten werden von Studenten der namhaften Gartenbauschule „Niagara Park School of Horticulture“ gepflegt. Auf dem Gelände befindet sich auch das **Niagara Parks Butterfly Conservatory (14)**. Die große Anlage ist dem tropischen Regenwald nachempfunden und beheimatet eine der weltweit größten Ausstellungen mit über 2.000 farbenprächtigen und schön gemusterten Schmetterlingen.
Niagara Parks Botanical Gardens, *2565 Niagara Parkway*, ☎ *905-356-8119, geöffnet tgl. von Sonnenauf- bis Sonnenuntergang, Eintritt frei.*
Niagara Parks Butterfly Conservatory, *Niagara River Parkway*, ☎ *905-354-5711, www.niagaraparks.com. Geöffnet Juni–Anfang Sept. tgl. 9–21 Uhr, Mai/Sept./Okt. 9–18, sonst 9–17 Uhr, Eintritt Erwachsene $ 14.25, Kinder von 6–12 J. $ 9.75, Parken $ 5.*

Dem Parkway folgend, kommen Sie nach weiteren 2 km bei der „Sir Adam Beck Niagara Gernerating Station“ zur **Floral Clock (16)**, einer im Durchmesser 12 m großen Blumenuhr, die mit fast 20.000 Pflanzen gestaltet wurde. Ganz in der Nähe liegt „Queenston Heights“, eine gepflegte Parkanlage mit Wanderwegen und Picknickplätzen und schönem Blick auf den Fluss. Von Ende Juni bis Ende August finden am Sonntag Konzerte im Freien statt.

Weiter nach Norden fließt der Niagara River dann über die „Lower Rapids“ in den Lake Ontario.

Reisepraktische Informationen für die kanadische Seite

Karte s. S. 398

 Information
Niagara Falls Tourism, *5355 Stanley Ave.*, ☎ *905-358-3221 oder 1-800-668-2746, www.niagarafallstourism.ca, geöffnet Mitte Mai–Anfang Juni So–Do 8.30–18, Fr–Sa 8–20, Juni–Aug. tgl. 8–20, Sept.–Mitte Okt. So–Do 8.30–16.30, Fr–Sa 8.30–18, sonst tgl. 8.30–16.30 Uhr. Ein weiteres Besucherzentrum befindet sich am Table Rock Complex, am Niagara Parkway gleich neben den Horseshoe Falls.*

 Wichtige Anschriften und Telefonnummern
Polizei, Feuer, Medizinischer Notdienst: *911*
Canadian Automobile Association CAA: *4465 Drummond Rd.*, ☎ *905-357-0001, geöffnet Mo–Fr 9–17, Sa 9–12 Uhr*
Wetter: ☎ *905-227-3393, www.infoniagara.com/fastfacts/index.aspx*

Unterkunft

Als eines der weltweit beliebtesten Reiseziele bietet Niagara Falls natürlich Hunderte von Übernachtungsmöglichkeiten, die von einfachen Hotels über Landgasthäuser und Bed&Breakfast-Häuser bis zu Luxushotels reichen. Je nach Jahreszeit, Lage und Aussicht des Hotels gibt es große Preisunterschiede. In vielen Hotels werden Sonderkonditionen eingeräumt, sodass sich das Nachfragen lohnt.

▶ Hotels

$$ Travelodge Fallsview Hotel (7), 5599 River Rd., ☎ 905-354-2727 oder 1-800-578-7878, www.travelodge.ca, älteres Hotel mit 130 Zimmern, die einen schönen Blick auf die amerikanischen Wasserfälle bieten, Swimmingpool, Sauna und Wasserrutsche, gutes Preis-Leistungs-Verhältnis, nördlich der Rainbow Bridge.

$$$ Holiday Inn by the Falls (10), 5339 Murray St., ☎ 905-356-1333, www.holidayinn.com, modernes, komfortables Hotel in der Nähe der Wasserfälle, des Skylon Towers und des IMAX-Theaters, Swimmingpool.

$$$ Marriott on the Falls (12), 6755 Fallsview Blvd., ☎ 905-374-1077 oder 1-800-618-9059, www.marriottonthefalls.com, 95 sehr geschmackvoll eingerichtete Zimmer, viele von ihnen mit großartigem Blick auf die Fälle, Swimmingpool, Fitnessraum, alle Attraktionen sind gut zu Fuß erreichbar.

$$$ Surfside Inn (13), 3665 Macklem St., ☎ 905-295-4354 oder 1-800-263-0713, Haus mit 30 einfachen Zimmern, 2 km südlich der Wasserfälle.

$$$ Best Western Plus Cairn Croft Hotel (8), 6400 Lundy's Ln., ☎ 905-356-1161 oder 1-800-780-7234, www.cairncroft.com, familienfreundliches Hotel mit 165 geräumigen Zimmern, Restaurant, Swimmingpool im „tropischen Courtyard", ca. 3 km von den Fällen entfernt, Shuttleservice und Bushaltestelle in der Nähe.

$$$$ The Oakes Hotel Overlooking The Falls (11), 6546 Fallsview Blvd., ☎ 1-877-843-6253, www.oakeshotel.com, komfortables Hotel mit 200 geräumigen Zimmern und bestem Blick auf die Wasserfälle, gleich neben dem Niagara Tower und dem Fallsview Casino gelegen, ausgezeichnetes Restaurant.

$$$$ The Old Stone Inn (9), 6080 Fallsview Blvd., ☎ 905-357-1234 oder 1-800-263-6208, www.oldstoneinnhotel.com, die ehemalige Getreidemühle wurde restauriert und zu einem Landgasthaus mit unterschiedlich großen, rustikal eingerichteten Räumen, offenen Kaminen, Swimming- und Whirlpool umgestaltet, zehn Gehminuten zu den Wasserfällen.

$$$$–$$$$$ Great Wolf Lodge (1), 3950 Victoria Ave., ☎ 1-800-605-9653, www.greatwolf.com/niagara, rustikales, kinderfreundliches Hotel mit 406 Einheiten, Restaurant und großem Indoor-Wasserpark.

▶ Bed&Breakfast-Häuser

Informationen erhalten Sie bei der Touristeninformation, ☎ 905-356-6061.

$$ Trillium Bed & Breakfast (6), 5151 River Rd., ☎ 905-354-3863, www.trilliumbb.ca, das Haus, das über drei freundlich eingerichtete Nichtraucherzimmer mit Bad verfügt, liegt wenige Gehminuten von den Wasserfällen entfernt und bietet einen Blick auf die Schlucht des Niagara River.

$$ Niagara Inn Bed & Breakfast (5), 4300 Simcoe St., ☎ 905-353-8522 oder 1-877-353-8522, www.niagarainn.com, das viktorianische Haus verfügt über drei antik eingerichtete Zimmer; das reichhaltige Frühstück wird im eleganten Speisesaal serviert. Das Haus liegt etwa 1,5 km von den Wasserfällen entfernt. Der Besitzer spricht deutsch.

$$$ Always Inn Bed & Breakfast (4), 4327 Simcoe St., ☎ 905-371-0840, www.alwaysinn.ca, das 1878 gebaute Haus liegt etwa 15 Gehminuten von den Sehenswürdigkeiten entfernt und bietet vier geräumige, sehr ansprechend eingerichtete Zimmer mit Bad und ein ausgezeichnetes Frühstück, sehr freundliche hilfsbereite Gastgeber.

$$$ Bedham Hall Bed & Breakfast (3), 4835 River Rd., ☎ 905-374-8515, www.bedhamhall.com, in dem schönen viktorianischen Haus wurden vier große, sehr komfortable Gästezimmer mit Kamin eingerichtet. Das Haus liegt ca. 1,5 km nördlich der Wasserfälle.

Jugendherberge

$ HI-Niagara Falls Youth Hostel (2), 4549 Cataract Ave., ☎ 905-357-0770 oder 1-888-749-0058, www.hostellingniagara.com, die Jugendherberge verfügt über 70 Betten, eine Gemeinschaftsküche und eine Wäscherei; Fahrräder können gemietet werden, in der Nähe der Whirlpool Bridge.

Essen und Trinken

Es gibt ein breites Restaurantangebot in Niagara Falls; hier eine Auswahl:

Betty's Restaurant, 8921 Sodom Rd., Chippawa, ☎ 905-295-4436, gutes, preiswertes Familienrestaurant mit großen Portionen und guten Desserts.

Casa Mia (2), 3518 Portage Rd., ☎ 905-356-5410, www.casamiaristorante.com, leckere italienische Küche abseits des Touristenrummels, gute Antipasti- und Weinauswahl.

Queen Victoria Place Restaurant (1), 6345 Niagara Parkway, ☎ 905-356-2217, großartige Aussicht vom obersten Stockwerk des Queen Victoria Place auf die kanadischen und amerikanischen Wasserfälle, was sich z. T. auch auf die Preise niederschlägt. Das Lokal bietet gute Pub-Kost und -Atmosphäre. Geöffnet Mai–Okt. 11.30 bis mind. 20 Uhr (je nach Saison).

Marylin's Bistro & Lounge (6), 6732 Fallsview Blvd., ☎ 905-356-1501, Restaurant in 155 m Höhe im Niagara Tower. Mehrfach ausgezeichnetes Restaurant in schönem Ambiente, Tischreservierung empfehlenswert.

Qila Halal Restaurant (4), 5875 Victoria Ave., ☎ 289-296-7797, indisches Restaurant mit eleganter Ausstattung, Hauptgerichte ab $ 15.

Copacabana Steakhouse (3), 6671 Fallsview Blvd., ☎ 905-354-8775, www.thecopa.ca/niagara-falls, hier wird hervorragendes Fleisch in vielerlei Sorten serviert und direkt am Tisch geschnitten. Auch Buffet und Salatbar. Am Samstag brasilianisches Unterhaltungsprogramm und Live-Musik.

Skylon Tower's Revolving Dining Room (5), 5200 Robinson St., ☎ 905-356-2651, genießen Sie den Blick aus der Höhe des Drehrestaurants, das sich in einer Stunde vollständig dreht, auf die tosenden Wasserfälle, Tischreservierung empfehlenswert, gehobene Preiskategorie.

Einkaufen

Als vielbesuchter Touristenort hat sich die Stadt mit zahllosen Souvenirgeschäften auf die Käuferwünsche eingestellt; das Angebot ist groß, jedoch sind originelle Dinge eher selten.

Canada One Brand Name Outlets, 7500 Lundy's Lane, ca. 3 km westlich der Fälle, ☎ 905-356-8989, 40 Geschäfte z. T. bekannter Markenhersteller.

Niagara Square Shopping Centre, 7555 Montrose Rd., ☎ 905-357-1110, großes Einkaufszentrum mit über 70 Geschäften und Restaurants.

Rundfahrten/Touren/Besichtigungen

Da Niagara Falls vollständig auf Tourismus eingestellt ist, gibt es ein sehr großes Angebot an Besichtigungstouren, die die Wasserfälle aus allen erdenklichen Blickwinkeln zeigen.

▶ mit dem Boot

Hornblower Cruises, 5920 Niagara Parkway, am nördlichen Ende des Queen Victoria Park, Büro: 5775 River Rd., ☎ 905-642-4272 oder 1-855-264-2427, www.niagaracruises.com, Fahrzeit 30 Minuten, Abfahrten im 15-Minuten Takt, Fahrpreis Erwachsene $ 19.95, Kinder 6–12 J. $ 12.25, Sunset Cruise oder Feuerwerkstour: Erwachsene $ 35, Kinder $ 31.50. In der Hauptreisezeit ist mit langen Wartezeiten an allen Abfahrtsstellen zu rechnen; eine vorherige online-Buchung ist deshalb zu empfehlen.

Whirlpool Jet Boat Tours, 61 Melville St., ☎ 905-468-4800 oder 1-888-438-4444, rasante Fahrt mit offenen und geschlossenen Schnellbooten durch die Stromschnellen, Abfahrten stündlich von Mai bis Oktober in Niagara-on-the-Lake.

> **mit dem Bus**

Double Deck Tours, *Tickets: Ecke Clifton Hill/Niagara Parkway, ☎ 905-374-7423, www. doubledecktours.com, die Doppeldeckerbusse starten im Juli/Aug. um 9.30 Uhr und fahren im 20-Minuten-Takt, sonst alle 30 Min., Ein- und Ausstieg nach Belieben bei allen Sehenswürdigkeiten. Die Fahrt dauert ohne Halt etwa 90 Min. Die Double Deck Deluxe Tour ist eine kombinierte Tagestour mit dem Bus, der „Hornblower Boat Tour" und der Whirlpool Aero Car.*

Gray Line Sightseeing Tours, *☎ 716-285-2113 oder 1-877-285-2113, www.grayline niagarafalls.com, bietet die beiden ca. 4-stündigen Fahrten, u. a. „Niagara Falls Rainbow Tour" und „Niagara Falls Maid in America Tour" an. Abfahrten Mai–Okt. 9, 13.30 und 18.30 Uhr.*

> **mit dem Hubschrauber**

Niagara Helicopter Rides, *3731 Victoria Avenue, ☎ 905-357-5672, www.niagaraheli copters.com, 12-minütige Flüge über die Wasserfälle und den Niagara River, Erläuterungen über Kopfhörer. Starts ganzjährig tgl. 9 Uhr bis zum Einbruch der Dämmerung.*

✈ **Flüge**

Niagara Falls ist per Flugzeug über die internationalen Flughäfen von Toronto und Buffalo schnell zu erreichen. Regionale Flughäfen gibt es darüber hinaus in St. Catharines und Hamilton.

Buffalo Niagara International Airport, *☎ 716-630-6000, der Flughafen ist durch Shuttle-Bus-Verkehr mit den Städten Niagara Falls/NY und Niagara Falls/ON verbunden, Shuttle-Busse ☎ 716-633-8318 oder 1-800-551-9369, Preis pro Strecke ab $ 50.*

Toronto Lester B. Pearson International Airport, *☎ 416-247-7678, der Flughafen ist ca. 2 Stunden von Niagara Falls entfernt; es besteht ein direkter Limousinenverkehr ab ca. $ 230.*

Niagara District Airport, *Niagara-on-the-Lake, 468 Niagara Stone Rd., ☎ 905-684-7447.*

Hamilton Regional Airport, *Hamilton, ☎ 905-679-1999.*

🚍 **Busse**

Niagara Falls ist durch regelmäßigen Busverkehr mit allen Teilen Kanadas und mit vielen Großstädten der USA verbunden. Am Busbahnhof, 4555 Erie Ave., ☎ 905-357-2133, werden die Überlandbusse abgefertigt.

Der **Niagara Transit Bus Service** *verkehrt in allen Stadtteilen; der Busbahnhof ist in der 4320 Bridge St., ☎ 905-356-1179. Preis auf allen Strecken Erwachsene $ 2.75, Senioren und Studenten $ 2.50, Kinder $ 1.50. Tageskarte $ 7. Abgezähltes Fahrgeld ist erwünscht.*

WEGO Visitor Transportation System, *das neue gemeinsame Bussystem von Niagara Falls Transit und Niagara Parks Commission, ☎ 905-356-2241 oder 1-877-642-7275, bedient im 10–30-Minuten-Takt auf vier farblich unterschiedlich gekennzeichneten Routen den Nahverkehr mit Haltestellen bei allen wichtigen Sehenswürdigkeiten und großen Hotels. Alle Linien starten ab Table Rock. Fahrpreis in der Hauptsaison: 24-Stunden-Pass Erwachsene $ 7.50, Kinder von 6–12 J. $ 4.50, 48-Stunden-Pass Erwachsene $ 12, Kinder $ 8.50. Die fünfte Route ist der Shuttlebus nach Niagara-on-the-Lake, Fahrpreis Erwachsene $ 7, Kinder $ 5.*

🚆 **Bahnverbindungen**

Es bestehen Bahnverbindungen der kanadischen Eisenbahngesellschaft VIARail über Toronto mit allen kanadischen Provinzen und der amerikanischen Gesellschaft Amtrak mit den Städten Buffalo, Boston und New York.

Der **Bahnhof**, *4267 Bridge St., ☎ 1-888-842-7245, www.viarail.ca, liegt in der Nähe der Whirlpool Bridge, ca. 4 km von den Fällen entfernt.*

🚗 **Mietwagen**

Hertz, *414 Ontario St, St. Catharines, ☎ 905-934-0163*

Budget, *5127 Victoria Ave., ☎ 905-356-1431*

Blick aus dem Helikopter auf die Horseshoe Falls

Sehenswertes auf der amerikanischen Seite der Niagara-Fälle

Die **Rainbow Bridge** verbindet Kanada mit den USA; wenn Sie die Brücke bei sonnigem Wetter überqueren, können Sie über den Wasserfällen schillernde Regenbögen erkennen, die durch die aufschäumende Gischt entstehen und der Brücke ihren Namen gaben.

Hinweis

Man sollte auf jeden Fall die Wasserfälle auf der kanadischen und der amerikanischen Seite besuchen! Dazu kann man über die Rainbow Bridge in die USA fahren, mit starkem Verkehr und langen Wartezeiten an der Grenze muss aber gerechnet werden. Zusätzlich wird die Einreise in die USA durch die langwierigen **Grenzformalitäten** erschwert, denn auch Besucher, die nur für einen Tagesausflug in die USA einreisen wollen, müssen sich der Pass- und Einreisekontrolle unterziehen; beachten Sie bitte, dass auch Kinder einen Reisepass benötigen, ein Kinderausweis reicht nicht! Betritt man als Tourist die USA über den Landweg, ist derzeit die elektronische Einreisegenehmigung ESTA nicht nötig, allerdings wird bei der Einreise in die USA über Kanada eine Gebühr fällig. Da zurzeit kanadische Dollar und auch Kreditkarten nicht akzeptiert werden, muss man unbedingt vorher amerikanisches Geld eintauschen; dazu gibt es am Fuß der Brücke Wechselautomaten, die kanadische und amerikanische Banknoten wechseln. Wenn Sie die Brücke **zu Fuß** überqueren, können Sie den Warteschlangen meistens entgehen; aber Sie müssen ebenfalls ihren Reisepass und **amerikanische Dollar** bereithalten! Generell sollte man sich vor einem solchen USA-Kurzbesuch noch einmal kurzfristig über die Einreisebestimmungen informieren, da sich diese durchaus ändern können.

Der **Niagara Falls State Park**, schon 1885 gegründet, ist der älteste Park Amerikas. Er umfasst das ganze Gelände der amerikanischen Wasserfälle mit allen Sehenswürdigkeiten, den besten Aussichtspunkten, mit Parkanlagen, Spazier- und Wanderwegen, Restaurant und Informationscenter.

Niagara Falls State Park, *Eingang: 24 Buffalo Ave.,* ☏ *716-278-1796, www.niagarafalls statepark.com.*

„Maid of the Mist"

Im Jahr 1846 wagte der Kapitän des hölzernen Dampfschiffes „Maid of the Mist" zum ersten Mal die Fahrt in das Becken der Horseshoe Falls. Inzwischen haben Millionen Besucher, zu denen auch Könige, Präsidenten, Filmstars und Sportler zählen, die Wasserfälle besucht, nicht ohne vorher einen der bereitgelegten blauen Regenmäntel angezogen zu haben. Der Kapitän steuert das Schiff, auf dem 150–200 Passagiere Platz finden, zuerst zu den „American Falls", wo das Wasser auf die Felsen donnert und weiter zu den „Bridal Veil Falls". Dann nähert sich das Schiff dem Becken der großartigen „Horseshoe Falls" und immer weiter dem Halbrund mit seinen tosenden Fluten und der hoch aufschäumenden Gischt, die bis zu den Passagieren hinauf spritzt. Nur durch Wasserschleier hindurch können Sie sehen, wie der Kapitän das Schiff sicher durch das brodelnde Wasser wieder hinaus steuert.

Tipp
Auch in der amerikanischen Stadt Niagara Falls gibt es ein Kombiticket mit ermäßigten Eintrittspreisen. Der **Niagara Falls USA Discovery Pass** ist von Ende Mai–Ende Okt. gültig für die fünf Attraktionen „Maid of the Mist"-Bootsfahrt, Cave oft he Winds Trip, Niagara Gorge Discovery Center, Niagara Aquarium und Niagara Adventure Theater. Preis Erwachsene $ 45, Kinder von 6–12 J. $ 34, Kinder unter 6 J. kostenlos. Im Preis enthalten ist ein Tag mit beliebig vielen Fahrten im Trolleybus.

P Parken
Zentrale Parkmöglichkeiten gibt es am Visitor Center und in der Prospect St. Wenn Sie hier den Wagen abstellen, können Sie die Hauptsehenswürdigkeiten im Niagara Reservation-State Park gut zu Fuß oder mit dem Trolley erreichen.

Trolleys
*Auf der amerikanischen Seite können Sie sich vom **Niagara Scenic Trolley** bequem zu den Sehenswürdigkeiten fahren lassen. Die kleinen Züge verkehren von Mitte Mai–Okt. tgl. zwischen 8.45 und 22 Uhr.*
Sie befahren die Strecke vom Prospect Point nach Goat Island mit Haltestellen an: Cave of the winds, Terrapin Point, Schoellkopf-Museum, Aquarium und „Three Sister Islands".

Sehenswürdigkeiten südlich der Rainbowbridge
Im Niagara Falls State Park liegen die folgenden Sehenswürdigkeiten und Attraktionen:
➤ Im **Prospect Park Visitor Center (17)** erhalten Sie Infomaterial, Tickets und Souvenirs, beliebt sind das Café-Restaurant und und die Wasserspiele.
➤ Gleich hinter dem Visitor Center erhebt sich der 86 m hohe **Prospect Point Observation Tower (18)**, ein Aussichtsturm aus Stahl, Aluminium und Glas am nördlichen Fuß der American Falls, und überragt diese um 30 m. Sie können mit dem Aufzug hinauffahren und einen ersten Eindruck von den amerikanischen und kanadischen Wasserfällen gewinnen. Am Fuße des Turmes führen ein Weg und eine Treppe zum Crows Nest, einem Aussichtspunkt dicht an den American Falls.
Prospect Point Observation Tower, ☏ *716-278-1796, geöffnet Anfang April–Ende Okt. tgl. 9.30–17 Uhr, im Sommer auch länger.*

Bootsfahrt
*Am Fuß des Observation Tower ist eine der Bootsanlegestellen der „Maid of the Mist"; ein Aufzug bringt Sie dorthin. Die Fahrt mit der **„Maid of the Mist"** ist ein Erlebnis, das Sie*

auf jeden Fall mitmachen sollten! In der Hauptreisezeit bilden sich lange Warteschlangen an allen Abfahrtsstellen der Schiffe. Im Allgemeinen ist die Wartezeit am Observation Tower am kürzesten.

Goat Island (19), die Insel im Niagara River, trennt die amerikanischen und kanadischen Fälle. Die Insel ist über eine Fußgängerbrücke oder mit dem „Niagara Scenic Trolley" zu erreichen. Der Inselpark wurde von Frederick Law Olmsted (1822–1903) angelegt, der sich u. a. durch den Entwurf des Central Park in New York und des Mount Royal in Montréal einen Namen gemacht hat und als Begründer der amerikanischen Landschaftsarchitektur gilt. Durch gepflegte Anlagen geht man zunächst bis zur Nordostspitze der Insel, wo man ganz nah an die Wasserfälle und die Stromschnellen heran kommt.

Nicht versäumen sollten Sie den Besuch der **Cave of the Winds** und der **Bridal Veil Falls (20)**. Bevor Sie mit einem Aufzug zur „Windhöhle" fahren, erhalten Sie am Eingang wasserfeste Plastikumhänge und -schuhe, denn in der Tiefe ist es recht nass und rutschig. Unten angekommen, gehen Sie durch einen Tunnel und weiter über Holztreppen und -planken bis zum **Hurricane Deck** unterhalb der donnernd herabstürzenden Bridal Veil Falls. Hier sind Sie ganz dicht an diesem grandiosen Naturereignis: Es herrscht ein ohrenbetäubender Lärm, das Wasser spritzt hoch – Sie spüren ganz eindringlich die Allgewalt der Natur!
Bridal Veil Falls – Cave of the Winds, *Goat Island,* ☎ *716-278-1762, geöffnet geöffnet ab 9 Uhr bis: Anfang–Mitte Mai tgl. 17, Mitte Mai–Mitte Juni So–Fr 19, Sa 21, Mitte Juni–Aug. So–Do 21, Fr/Sa 22, Sept. So–Fr 19, Sa 21, Okt. 17 Uhr, Erwachsene $ 17, Senioren und Kinder von 4–12 J. $ 14, Parkgebühren auf Goat Island $ 8.*

Die amerikanischen Fälle aus kanadischer Sicht

Der **Terrapin Point (21)** liegt an der Südwestspitze von Goat Island. Von hier aus hat man einen großartigen Blick auf die kanadische Seite und die eindrucksvollen Horseshoe Falls, über die 90 % des Wassers stürzt. Oberhalb von Terrapin Point liegt das Top of the Falls Restaurant, ebenfalls mit eindrucksvollem Ausblick. Über eine Fußgängerbrücke erreicht man die kleine Insel Luna Island, die zwischen den Bridal Veil Falls und den American Falls liegt und einen grandiosen Blick auf die Wasserfälle bietet.

Schöne Ausblicke bieten auch die im Süden liegenden Three Sisters Islands, die durch Fußgängerbrücken mit Goat Island und mit einander verbunden sind.

Sehenswürdigkeiten nördlich der Rainbow-Bridge

Im **Niagara Gorge Discovery Center (22)** lernen Sie durch eine eindrucksvolle audiovisuelle Show Entstehung und Geschichte der Niagara-Fälle kennen; im Außenbereich gibt es einen geologischen Garten, eine Kletterwand, Wanderwege und eindrucksvolle Ausblicke.
Niagara Gorge Discovery Center, *200 Robert Moses Parkway,* ☏ *716-278-0820, geöffnet tgl. 9–16.30, im Sommer 9–19 Uhr.*

Am Niagara Gorge Discovery Center beginnen einige der schönsten Wanderwege der Region von unterschiedlicher Länge und Schwierigkeit, z. B. der etwa einstündige Great Gorge Scenic Overlook Hike oder der etwa 4 km lange Naturlehrpfad zu den Whirlpool Rapids. *Naturlehrpfad*

Im **Niagara Power Project Visitor Center (23)** erfährt man durch interessante Filme, Diavorführungen und Demonstrationen, wie aus den Wassermassen elektrische Energie gewonnen wird. Vom Aussichtsplatz „Power Vista" haben Sie einen großartigen Ausblick auf den Niagara River und die Lower Rapids.
Niagara Power Project Visitor Center, *5777 Lewiston Rd.,* ☏ *716-286-6661 oder 1-866-697-2386, geöffnet tgl. 9–17 Uhr, Eintritt frei.*

Im **Aquarium of Niagara (24)** leben mehr als 2.000 Meerestiere, u. a. Seelöwen, Delfine, Haie und Piranhas.
Aquarium of Niagara, *701 Whirlpool St./Pine Ave.,* ☏ *716-285-3575, geöffnet tgl. 9–18 Uhr, je nach Saison wechselnde Zeiten. Eintritt Erwachsene $ 13, Senioren $ 11.25, Kinder (3–12 J.) $ 9.*

Reisepraktische Infos für die amerikanische Seite

Karte s. S. 398

Information
Niagara USA Official Visitor Center, *10 Rainbow Blvd.,* ☏ *1-877-325-5787, www.niagara-usa.com.*

Unterkunft
Die Mehrzahl der Motels und einfacheren Hotels von Niagara Falls liegt dicht beieinander an der Kreuzung von I-190 und US-62. Sie liegen ca. 5 mi/8 km von den Wasserfällen entfernt und sind in der Regel preiswerter als die Hotels in der Nähe der Wasserfälle.

▸ **Hotels in der Nähe der Wasserfälle**
$$–$$$ Comfort Inn The Pointe (14), *1 Prospect Pointe,* ☏ *716-284-6835 oder 1-800-284-6835, www.comfortinnthepointe.com, am Eingang zum Niagara Falls State Park gelegen.*

$$$ Holiday Inn Niagara Falls (16), 114 Buffalo Ave., ☎ 716-285-2521, www.ihg.com, 189 ansprechend eingerichtete Zimmer, Indoor-Pool, Fitnesscenter.
$$$–$$$$ Sheraton at the Falls (15), 300 Third St., ☎ 716-285-3361, www.sheraton atthefalls.com, 392 Zimmer und Suite, Indoor-Pool, Fitnesscenter.

Einkaufen

Souvenirgeschäfte und Boutiquen finden Sie auch in der Nähe der Wasserfälle; außerdem gibt es Einkaufszentren mit vielen Spezialgeschäften und kleinen Restaurants:
Fashion Outlets of Niagara Falls, 1900 Military Rd., ☎ 716-297-2022, geöffnet Mo–Sa 10–21, So 10–18 Uhr, hier werden Artikel von etwa 200 bekannten Markenherstellern und Designern zu besonders günstigem Preis angeboten.
Artisans Alley, 10 Rainbow Blvd., ☎ 716-282-0196, ist ein Geschäfts- und Galeriezentrum für Kunst und Kunstgewerbe.

Rundfahrten/Touren/Besichtigungen/Rundflüge

Bedore Tours, 454 Main St., in der Lobby des Howard Johnson Closest to the Falls Hotel & Casino, ☎ 716-696-3200 oder 1-800-538-8433, www.bedoretours.com.
Gray Line of Niagara Falls, ☎ 716-285-2113, in vielen Hotel-Lobbies vertreten.
Maid of the Mist, ☎ 905-358-5781, www.maidofthemist.com, Abfahrt unterhalb des Observation Tower. Abfahrtszeiten Ende Juni–Anfang Aug. 9–20, Aug. 9–19.30 Uhr alle 15 Minuten, Mai/Sept. Mo–Fr 9–17, Sa/So bis 18, Okt. tgl. 10–17 Uhr, Preis einschließlich Regenmäntel Erwachsene $ 18.25, Kinder von 6–12 J. $ 10.65.
Rainbow Air Helicopter Tours, 454 Main St., ☎ 716-284-2800

Flughafen

Der internationale Flughafen liegt im Osten der Stadt; es gibt Flugverbindungen u. a. mit New York City, Washington, Boston, Toronto und Montreal.

Umgebung von Niagara Falls

Wander- und Radweg am Niagara River

Der 56 km lange, schön angelegte **Niagara Parkway** führt durch eine reizvolle Landschaft vom Lake Ontario am Niagara River entlang bis zum Lake Erie. Unterwegs können Sie auf einem der zahlreichen Rastplätze, die direkt am Fluss liegen, eine kleine Rast einlegen oder sich inmitten von Wein- und Obstgärten ein wenig vom Trubel in Niagara Falls ausruhen.

Für nicht motorisierte Reisende ist der **Niagara River Recreation Trail** ein schöner, gut markierter, 56 km langer Wander- oder Radweg, der vom Fort George in Niagara-on-the-Lake am Niagara River entlang zum Fort Erie führt.

Niagara-on-the-Lake

Niagara-on-the-Lake liegt im Norden der Niagara Falls, an der Mündung des Niagara River in den Lake Ontario. Es ist ein beschaulicher, gepflegter Ort mit schönen Parkanlagen und stattlichen Häusern aus dem 19. Jh., dessen Ruhe man nach der Großstadthektik von Niagara Falls besonders genießt. Von 1791–1796 war Niagara-on-the-Lake die erste Hauptstadt von Upper Canada, der heutigen Provinz Ontario, und entwickelte sich aufgrund seiner verkehrsgünstigen Lage bald zu einer geschäftigen Hafenstadt und zu einem Zentrum des Schiffbaus.

Der heutige Ort ist mit kleinen Boutiquen, Galerien, Restaurants, Hotels und Bed&Breakfast-Häusern auf den Fremdenverkehr eingerichtet; ein Spaziergang über die Queen Street führt an historischen Gebäuden aus der Zeit von 1820–1870 vorbei

Beschaulicher Ort: Niagara-on-the-Lake

und zeigt in Haus Nr. 5 die authentisch restaurierte **Niagara Apothecary** (*www.nia garaapothecary.ca*) aus dem Jahr 1869.

Besondere Anziehungskraft hat der Ort heute durch das **Shaw Festival**, das alljährlich von Ende April bis Mitte November stattfindet und zu den großen Theaterereignissen Kanadas zählt. Mehr als 300.000 Besucher kommen jährlich zu den Aufführungen im Festival Theatre, im Court House Theatre, im Studio Theatre und im Royal George Theatre; dabei stehen Stücke von George Bernard Shaw, Oscar Wilde und Agatha Christie sowie anderen Autoren auf dem Programm.
Shaw Festival, ☏ *905-468-2172 oder 1-800-511-7429, www.shawfest.com.*

Zu den Sehenswürdigkeiten des Ortes zählen:
➤ das 1797–1799 von den Engländern zum Schutz gegen die aufständischen Amerikaner errichtete **Fort George National Historic Site**, das heftig umkämpft und bis 1820 mehrfach zerstört wurde. Nach den Restaurierungsarbeiten sind die Offiziersquartiere sowie einige Soldatenunterkünfte, die Küche und ein Handwerksladen für Besucher geöffnet. In den Sommermonaten führen Soldaten in historischen Kostümen Übungen vor und informieren über die Geschichte des Forts.
Fort George National Historic Site, ☏ *905-468-6614, www.pc.gc.ca/fortgeorge, geöffnet Mai–Okt. tgl. 10–17, April/Nov. Sa/So 10–17 Uhr, Eintritt Erwachsene $ 12, Senioren $ 10, Kinder von 6–16 J. $ 6, Familienkarte $ 30.*
➤ **Niagara Historical Society Museum** mit Ausstellungen zur Geschichte der Stadt von der Zeit der Indianer bis zum Ende des 19. Jh.
Niagara Historical Society Museum, *43 Castlereagh St.*, ☏ *905-468-3912, www. niagarahistorical.museum, geöffnet Mai–Okt. tgl. 10–17 Uhr, Nov.–April tgl. 13–17 Uhr, Eintritt Erwachsene $ 5, Senioren $ 3, Studenten $ 2, Kinder 5–12 J. $ 1.*

Reisepraktische Informationen zu Niagara-on-the-Lake

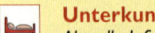 **Information**
Chamber of Commerce and Visitor Bureau, *26 Queen St.,* ☎ *905-468-1950, www.niagaraonthelake.com, geöffnet Mai–Okt. tgl. 9–18, Nov.–Apr. tgl. 9–17 Uhr.*

Unterkunft
Aktuelle Informationen zu vielen B&B-Häusern erhalten Sie unter der Rufnummer 905-468-1950, www.niagaraonthelake.com oder www.theniagaraguide.com/bed-and-breakfast.
$$ **Wild Rose Bed & Breakfast**, *322 Dorchester St.,* ☎ *905-468-9118, www.bedand breakfastwildrose.com, ruhig gelegenes Haus mit schönem Garten und drei Nichtraucherzimmern, jeweils mit eigenem Bad, nur wenige Minuten von den Sehenswürdigkeiten entfernt.*
$$$ **Canterbury Inn**, *170 Mary St.,* ☎ *905-468-7945, www.canterburyinn.on.ca, etwa 1 km außerhalb des Ortes gelegenes Landgasthaus mit schönen, komfortabel ausgestatteten Zimmern, Fahrradverleih, ein reichhaltiges Frühstück ist im Preis enthalten.*
$$$ **Hilton Garden Inn Niagara-on-the-Lake**, *500 York Rd. SS4,* ☎ *905-984-4200, www.ongardeninn3.hilton.com, gut gelegenes Hotel mit 118 geräumigen, gut ausgestatteten Zimmern, Restaurant, Swimmingpool.*
$$$ **King George III Inn**, *61 Melville St.,* ☎ *1-888-438-4444, https://thegeorge3.ca, kleines Hotel mit acht ruhigen Zimmern in der Innenstadt, einige mit Balkon und schönem Blick auf den Fluss und die Marina, von Mitte April–Ende Okt. geöffnet.*

Niagara-Weinroute

„Wein-Rundfahrt"

Nicht weit von den spektakulären Wasserfällen entfernt liegt eine ruhige, grüne Landschaft, in die mehr als 20 Weingüter eingebettet sind. Im milden Klima dieser Region, das wesentlich vom Niagara Escarpment und vom Lake Ontario bestimmt wird und ganzjährig gemäßigte Temperaturen aufweist, wurden große Weingärten angelegt, in denen unterschiedliche Rebensorten gedeihen. Die hiesigen Winzer, die über die Erfahrungen vieler Generationen verfügen, verstehen es, die guten Trauben in ausgezeichnete Weine zu verwandeln. Dies zeigte sich nicht zuletzt bei Weinproben, in deren Verlauf die Weine der Niagara-Region viele Auszeichnungen erhielten, z. B. für einen Eiswein, und bei „Blindproben" mit den besten Weinen der Welt mithielten.

Auf einer kleinen „Wein-Rundfahrt" können Sie einige der Weingüter besuchen:
Cave Spring Cellars, *3836 Main St., Jordan,* ☎ *905-562-3581 oder 1-888-806-9910, www.cavespring.ca, auf diesem Weingut, das sich auf Riesling-, Chardonnay- und Cabernet/Merlotweine spezialisiert hat, können Sie an kostenlosen Führungen teilnehmen, die mit einer kleinen Weinprobe abschließen, Juni–Aug. tgl. 13.30, Sept.–Mai Fr–So 13.30 Uhr.*
Château des Charmes, *1025 York Rd.,* ☎ *905-262-4219, www.fromtheboscfamily.com/ chateau-des-charmes, Führungen finden tgl. (außer Neujahr, Ostern und Weihnachten) 13 und 15 Uhr statt, $ 15, Winzer der fünften Generation bauen hier den Wein an.*
Inniskillin Wines, *Niagara Parkway at Line 3,* ☎ *1-888-466-4754, www.inniskillin.com. In einer restaurierten Scheune aus dem 19. Jh. zeigt eine Ausstellung die verschiedenen Stadien der Weinerzeugung. Weinproben Juni–Sept. 10.30–16.30, Okt.–Mai So–Fr 10.30, 12.30, 14.30, Sa stündlich 10.30–15.30 Uhr, $ 10.*
Trius Winery at Hillebrand, *1249 Niagara Stone Rd. (Hwy 55),* ☎ *905-468 7123, www.triuswines.com, Führungen und Weinproben mit unterschiedlichen Schwerpunkten finden mehrmals täglich statt, genaues Programm s. Website.*

Information
Auskünfte zur ausgeschilderten „Niagara Wine Route" erhalten Sie in den örtlichen Informationsbüros oder bei: **VQA Wines of Ontario and Wine Country Ontario**, *4890 Victoria Ave. N., Vineland, ☎ 905-562-8070, www.winesofontario.ca. Eine gute Info-Website ist außerdem: www.winecountryontario.ca.*

☞ Streckenhinweis

Von Niagara-on-the-Lake können Sie über St. Catharines und Hamilton nach Toronto fahren, wo die große Rundreise durch den Osten Kanadas endet.

Sehenswertes an dieser Strecke

St. Catharines

St. Catharines ist mit ca. 132.000 Einwohnern das Zentrum des Obst- und Weinanbaus und Ausgangsort für kurze Rundfahrten durch die schöne Umgebung.

Alljährlich im September findet das „Niagara Grape & Wine Festival" mit Paraden, Konzerten und vielen Weinproben statt. Im **Welland Canals Centre at Lock 3** gewinnen Sie einen Überblick über die Geschichte und Kultur dieser Region; ein 15-minütiger Videofilm informiert über den Bau des Welland Canal, ein 5 m hohes Modell der Schleuse verdeutlicht die Arbeitsweise. Von der Plattform an Schleuse 3 kann man den Schiffsverkehr auf dem Kanal beobachten.
Welland Canals Centre at Lock 3, *1932 Welland Canals Parkway, ☎ 905-984-8880 oder 1-800-305-5134, www.niagarafallstourism.com/play/historic-sites/welland-canals-centre-lock-3, geöffnet tgl. 9–17 Uhr, Eintritt frei, Spende erwünscht.*

Informa-tion zum Welland-Kanal

Reisepraktische Informationen zu St. Catharines

 Information
St. Catharines Tourism Chamber of Commerce, *1 St. Paul St., ☎ 905-684-2361, http://gncc.ca, geöffnet Mo–Fr 8.30–16.30.*
City of St. Catharines, *☎ 905-688-5601 oder 905688-4889, www.tourismstcatharin es.ca.*

🛏 **Unterkunft**
$$ Comfort Inn, *2 Dunlop Dr., ☎ 905-687-8890 oder 905-687-4033, www. stcatharinescomfortinn.com, Hotel mit 100 freundlich eingerichteten Zimmern, gute Verkehrsanbindung nach Niagara Falls.*
$$$ Harbourfront Inn, *38 Lakeport Rd., ☎ 905-934-1913, www.harbourfrontinn.com, in dem alten Haus aus dem 18. Jh. wurden im Obergeschoss vier Gästezimmer eingerichtet; im Erdgeschoss befindet sich Murphy's Restaurant.*
$$$ Best Western St. Catharines Hotel, *2 North Service Rd., ☎ 905-934-8000 oder 1-800-780-7234, www.bestwestern.com, angenehmes Hotel mit 142 ansprechend eingerichteten Zimmern, Swimmingpool, Sauna, nur ca. 15 Fahrminuten von Niagara Falls entfernt.*
$$$$$ Four Points by Sheraton St. Catharines Niagara Suites, *3530 Schmon Parkway, Thorold, ☎ 905-984-8484, www.fourpointsstcatharines.com, komfortables Hotel mit 2- und 3-Zimmer-Suiten, die mit einer kleinen Küchenzeile ausgestattet sind, mit Restaurant, Swimmingpool und Fitnessraum.*

Hamilton

Hamilton ist ein wichtiger Standort der kanadischen Stahlindustrie und eine bedeutende Hafenstadt. Der Ort wurde um 1812 gegründet und gewann nach der Fertigstellung des Welland Canal im Jahr 1829 rasch an Bedeutung. Zu den geschäftigen Hafenanlagen und den großen Stahlwerken bilden die **Royal Botanical Gardens**, an der nördlichen Stadtgrenze mit verschiedenen Gärten, einem Felsengarten, den bekannten Lilienbeeten und Wasserfällen einen reizvollen Kontrast, ebenso wie der **Confederation Park** mit seiner 4 km langen Uferpromenade und Picknickplätzen.

Royal Botanical Gardens, *680 Plains Rd. W.,* ☎ *905-527-1158, www.rbg.ca, geöffnet tgl. 10 Uhr bis zum Einbruch der Dunkelheit, Eintritt Erwachsene $ 16, Senioren und Studenten $ 13, Kinder 4–12 J. $ 9, Familienkarte $ 37.*

Sehenswürdigkeiten der Stadt:

➤ Das Altstadtviertel **Hess Village**, Hess St./George St., mit restaurierten, schönen Häusern des 19. Jh., in denen Restaurants, Boutiquen, Galerien und Antiquitätengeschäfte eingerichtet wurden.

Webster Falls im Winter

➤ **Dundurn Castle**, ein renoviertes, viktorianisches Herrenhaus mit 40 im Stil der damaligen Zeit eingerichtete Zimmern, das dem kanadischen Premierminister Sir Allan Napier McNab gehörte.
Dundurn Castle, *610 York Blvd., am Dundurn Park,* ☎ *905-546-2872, www.hamilton. ca, geöffnet Di–So 12–16 Uhr, Eintritt Erwachsene $ 11.50, Senioren und Studenten $ 9.50, Kinder 6–12 J. $ 6, Familienkarte $ 30.*

➤ **Whitehern Historic House and Garden**, ein gutes Beispiel für georgianische Architektur im 19. Jh.
Whitehern Historic House and Garden, *41 Jackson St. W,* ☎ *905-546-2018, www.hamilton.ca, geöffnet Di–So 12–16 Uhr, Eintritt Erwachsene $ 7, Senioren und Studenten $ 6, Kinder 6–12 J. $ 5, Familienkarte $ 20.*

➤ Der **Hamilton Farmer's Market** gilt als Kanadas größter überdachter Markt und wird schon seit 1837 abgehalten.
Hamilton Farmer's Market, *55 York Blvd., geöffnet mit 180 Ständen Di/Do/Fr 8–18, Sa 7–17 Uhr.*

Sehenswert in der Umgebung von Hamilton:
➤ die Stadt **Burlington** in reizvoller Lage am Westufer des Lake Ontario,
➤ die **Webster Falls**, die in einem Naturschutzgebiet bei Dundas liegen.

Reisepraktische Informationen zu Hamilton

ℹ️ Information
Tourism Hamilton, *28 James St. N.,* ☎ *905-546-2424 oder 1-800-263-8590, www.tourismhamilton.com, geöffnet Mo–Fr 8.30–16.30 Uhr.*

🛏️ Unterkunft
$$ Creekside B&B, *3158 Pinemeadow Dr., Burlington,* ☎ *905-336-5382 oder 289-795-9799, www.stayburlington.com, das Haus bietet drei angenehme Zimmer und eine Suite mit Wohnzimmer und Küchenzeile, Swimmingpool.*
$$ Log Inn B&B, *8211 Chippewa Creek Rd. E., Mount Hope,* ☎ *905-679-1876 oder 905-921-8960, www.loginnbb.ca/loginne.htm, das Blockhaus mit vier Zimmern (z. T. Gemeinschaftsbad) liegt ruhig nicht weit vom Lake Erie und Lake Ontario entfernt auf einem großen Waldgrundstück mit Bachlauf und eigenen Angelteichen, es erwarten Sie ein reichhaltiges Frühstück und auf Wunsch deutsche Küche, die Besitzer sprechen deutsch.*
$$$ Comfort Inn, *183 Centennial Pkwy N.,* ☎ *905-560-4500, www.hamiltoncomfortinn. com, Mittelklassehotel nahe beim QEW-Highway, mit freundlich eingerichteten Zimmern, nicht weit von Geschäften und Restaurants entfernt.*
$$$–$$$$ Sheraton Hamilton, *116 King St W.,* ☎ *905-529-5515, www.sheraton.com, schönes Hotel mit 301 geräumigen, gut eingerichteten Zimmern in der Stadtmitte, mit Pools, Fitnesscenter und Sauna.*
$$$$ Visitors Inn, *649 Main St. W.,* ☎ *905-529-6979, www.visitorsinn.com, ansprechendes Hotel mit 60 modern eingerichteten Zimmern, Pool und Fitnessraum, etwas außerhalb des Zentrums.*

🍴 Essen und Trinken
Shakespeare's Restaurant, *181 Main St. E.,* ☎ *905-528-0689, alteingesessenes, gepflegtes Restaurant mit sehr gut zubereiteten Steaks.*

10. RUNDREISE DURCH DIE ATLANTIKPROVINZEN

Allgemeiner Überblick

Als „Atlantikprovinzen" oder „Maritimes" werden die vier östlichsten Provinzen Kanadas bezeichnet: Nova Scotia, New Brunswick, Newfoundland & Labrador und Prince Edward Island. In den Atlantikprovinzen begann die Erschließung des Kontinents durch die europäischen Entdecker, wie z. B. durch John Cabot, der erstmals 1498 nordamerikanischen Boden betrat. Die Landschaft und die Menschen der Atlantikprovinzen sind vor allem geprägt durch das Meer.

Gemeinsam ist allen Atlantikprovinzen, dass sie ein ideales Feriengebiet für Reisende sind, die unberührte Natur und einzigartige Landschaften kennenlernen möchten. Sie können bei Ihrem Aufenthalt malerische Fischerdörfer, kristallklare Seen und Bäche, eindrucksvolle Panoramastrecken, endlose Sandstrände mit großen Vogelkolonien, Fjorde und Berglandschaften, Steilküsten, Wasserfälle und Stromschnellen entdecken und Seehunde, Wale, Elche, Karibus und Adler beobachten.

Als beste Reisezeit für Besucher gelten auch in den Atlantikprovinzen die Sommermonate von Mitte Mai bis Anfang September und der Monat Oktober mit seiner überwältigenden Farbenpracht der Wälder im Indian Summer. Eine klimatische Besonderheit werden Sie schnell selbst feststellen: gerade nach einem sommerlich warmen Tag muss man am nächsten Morgen mit Nebel rechnen, der sich nur zögernd auflöst und viel Feuchtigkeit verbreitet. Für Fotofreunde bieten sich dann ganz besonders reizvolle Motive!

Da es darüber hinaus auch im Hochsommer durchaus kühle Tage und Regen geben kann, sollten Sie wetterfeste Kleidung, Regenzeug, Windjacken und warme Pullover mitnehmen.

Rundreisevorschläge

Trotz mancher Gemeinsamkeiten hat jede der vier Provinzen ihren ganz eigenen Charme; im Folgenden werden deshalb zunächst kleine Rundreisen für die jeweiligen Provinzen vorgeschlagen, die ganz nach Belieben wie Bausteine verbunden werden kön-

Die Atlantikprovinzen

nen. Anschließend wird eine große Rundreise vorgestellt, die zu den Hauptstädten, Sehenswürdigkeiten und Naturschönheiten aller vier Atlantikprovinzen führt. Als Ausgangspunkt wurde Halifax mit seinem internationalen Flughafen gewählt.

Baustein Nova Scotia

Zeit: ca. 8–10 Tage, **Streckenlänge**: ca. 1.600 km
Halifax/Dartmouth – Fahrt entlang der Südküste bis Liverpool – Besuch des Kejimkujik National Park – Fahrt entlang der Bay of Fundy bis zur alten Universitätsstadt Wolfville – Truro – New Glasgow – Baddeck – über die großartige Panoramastrecke des Cabot Trail auf Cape Breton Island zum Cape Breton Highlands National Park – Sydney – das Fort von Louisbourg – am Ufer des Bras d'Or Lake entlang – Sherbrooke – Halifax

Höhepunkte in Nova Scotia
- Fahrt entlang der **Leuchtturmroute** an der Südküste Nova Scotias
- Fahrt über den **Cabot Trail** auf Cape Breton Island
- Wanderungen und Tierbeobachtungen im **Cape Breton Highlands National Park**
- Besuch der rekonstruierten Festung **Louisbourg**
- Kanufahrt durch den **Kejimkujik National Park**
- Tagesfahrt mit dem **Segelschoner Bluenose II** in Lunenburg
- Teilnahme an einem „**Lobster Dinner**"

Baustein New Brunswick

Zeit: ca. 8–10 Tage, **Streckenlänge**: ca. 1.250 km
Halifax – Digby – Saint John und die Reversing Falls – Fredericton – Grand Falls – Campbellton – Bathurst – Caraquet – Chatham/Miramichi – Fahrt zum Kouchibouguac National Park – Moncton – Bay of Fundy mit den Hopewell Rocks und dem Fundy National Park – Truro – Halifax

Höhepunkte in der Provinz New Brunswick
- Besuch des **Fundy National Park**
- Besichtigung der „**Reversing Falls**" in Saint John
- Besuch des Freilichtmuseums „**Kings Landing Historical Settlement**" bei Fredericton
- Fahrt über den „**Magnetic Hill**" bei Moncton
- Besuch des **Botanischen Gartens** bei Edmundston

Baustein Prince Edward Island

Zeit: ca. 1 Woche, **Streckenlänge**: ca. 750 km
Von Nova Scotia über die Confederation Bridge – Summerside – Carleton – Besuch des Cedar Dunes Provincial Park bei West Point – North Cape – Malpeque Bay – Fahrt an die Nordküste zum Prince Edward Island National Park mit endlosen Sandstränden – Charlottetown – East Point – Georgetown – Montague – Fährüberfahrt von Wood Islands nach Caribou/NS

Höhepunkte auf Prince Edward Island
- **Strandwanderungen** im Prince Edward Island National Park
- **Golfspielen** auf ausgezeichneten Golfplätzen
- Besuch der Ausflugsziele von „**Anne of Green Gables**"
- Bootsausflüge

Baustein Newfoundland

Zeit: ca. 10 Tage, **Streckenlänge**: ca. 1.400 km
Fährfahrt nach Port aux Basques – Deer Lake – Fahrt zum Gros Morne National Park – Springdale – Gander – Terra Nova National Park – St. John's – Argentia – Fährüberfahrt nach Sydney/NS

Höhepunkte auf Newfoundland
- die Inselhauptstadt **St. John's**
- Besuch der Nationalparks **L'Anse aux Meadows** und **Gros Morne**
- Beobachtung von **Eisbergen** vom Boot oder von der Steilküste aus
- **Walbeobachtungsfahrten**
- **Wild- und Vogelbeobachtungen**

Rundreisevorschlag durch die Atlantikprovinzen

Dauer: 4–6 Wochen
Ausgangspunkt der Rundreise ist Halifax, da die Stadt durch Direktflüge mit Europa verbunden und auch von anderen kanadischen und nordamerikanischen Städten durch gute Flugverbindungen bequem zu erreichen ist. Sollten Sie von Montréal, der Provinz Québec oder von Maine/USA aus die Atlantikprovinzen bereisen wollen, können Sie in New Brunswick mit der Rundreise beginnen und der vorgeschlagenen Route folgen.

 Hinweis
Die im Folgenden beschriebene große Rundreise führt zu den Sehenswürdigkeiten und Naturschönheiten der vier Atlantikprovinzen. Wenn diese auch von den Ausdehnungen her kleiner als Québec und Ontario sind, sind die Entfernungen und die nötigen Fahrzeiten dennoch nicht zu unterschätzen. Planen Sie für den Besuch der National- und Provincial Parks genügend Zeit ein; erst beim Wandern, Kanu- oder Fahrradfahren lernen Sie die einzigartige Landschaften und das unverwechselbare „wildlife" kennen. Nehmen Sie sich Zeit für Vogel-, Seehund- oder Walbeobachtungsfahrten und für die großen Museumsdörfer, in denen die Geschichte zum Leben erweckt wird.

Seestern

Nova Scotia

Die Provinz Nova Scotia hat eine Gesamtfläche von ca. 55.000 km² – das entspricht etwa der Fläche der beiden Bundesländer Nordrhein-Westfalen und Rheinland-Pfalz. Aber während in den beiden Bundesländern ca. 21 Mio. Menschen leben, sind es in Nova Scotia nicht einmal 1 Mio.

Nova Scotia ist eine sehr vielseitige Provinz, in der das Leben der Menschen vom Meer geprägt ist. An der buchtenreichen, 7.400 km langen Küste liegen wie aufgereiht die kleinen Fischerdörfer, deren Bewohner inzwischen nicht mehr nur vom Fischfang, sondern auch vom Fremdenverkehr leben. Nova Scotia lädt Naturliebhaber ein zur Wal- und Vogelbeobachtung, Sportler zum Wandern, Radfahren, Segeln, Bergsteigen, Kanufahren und Golfen, Kulturinteressierte zum Besuch von Museen, Museumsdörfern und historischen Stätten.

Halifax/Dartmouth

Redaktionstipps

> Besuch der **Citadel** (S. 424) und Spaziergang durch die **Public Gardens** (S. 427)
> Kurze Überfahrt mit der Fähre nach **Dartmouth** – schöner Blick auf die Schwesterstädte Halifax und Dartmouth (S. 425)
> Bummel entlang der restaurierten **Hafenfront** und Besuch des **Maritime Museum of the Atlantic** (S. 426)
> Besuch von **Pier 21**, der historischen Einwanderungsbehörde (S. 427)

Halifax ist zusammen mit der Stadt Dartmouth auf der gegenüber liegenden Seite der Bucht die größte und wirtschaftlich bedeutendste Stadt der Atlantikprovinzen. In diesem Großraum mit einer sehr guten Infrastruktur leben ca. 390.000 Einwohner, die sich selbst „Haligonians" nennen. Das Stadtbild von Halifax wird durch das Nebeneinander von sorgfältig restaurierten historischen Gebäuden und modernen Bauwerken geprägt. Der Hafen von Halifax ist der zweitgrößte Naturhafen der Welt. An der schmalsten und damit sehr geschützten Stelle der 20 km tief eingeschnittenen Bucht des Atlantischen Ozeans wurden die beiden Städte Halifax und Dartmouth gebaut. Halifax entwickelte sich zu einem militärischen Stützpunkt, einer wichtigen Handelsstadt und einem Zentrum der Wissenschaft und Forschung.

Halifax ist die Hauptstadt von Nova Scotia und das wirtschaftliche und kulturelle Zentrum der Region. Der Fremdenverkehr gewinnt zunehmend an Bedeutung, denn Halifax bietet mit guten Hotels und originellen Restaurants, Kunstgalerien und Museen sowie einem breit gefächerten Unterhaltungsangebot nicht nur alle Annehmlichkeiten einer modernen Großstadt, sondern auch gute Freizeit- und Erholungsmöglichkeiten in großen Parkanlagen, an den nahe gelegenen Seen und Stränden und reizvolle Ausflugsziele in der näheren Umgebung.

Geschichtlicher Überblick

Die Geschichte von Halifax beginnt 1749 mit dem Bau einer befestigten Siedlung, die den Einfluss und die Macht Englands auf dem amerikanischen Kontinent sichern und zugleich ein Gegengewicht zu der französischen Festung Louisbourg auf Cape Breton Island bilden sollte. Die Stadt wurde nach dem britischen Handelsminister Halifax benannt und schon 1750 zur Hauptstadt von Nova Scotia erklärt. In diesem Jahr wurde mit dem Bau der St. Paul's Church begonnen, der ältesten anglikanischen Kirche Kanadas. 1752 wurde der Fährverkehr im Hafen von Halifax nach Dartmouth aufgenommen. Den ersten 2.500 Siedlern aus England folgten strenggläubige Protestanten aus der Pfalz und vom Niederrhein. Zwischen 1794 und 1800 lebte Edward, Herzog von Kent, als Oberbefehlshaber der englischen Truppen von Nordamerika in Halifax. Während dieser Zeit wurden mit großem finanziellen Aufwand einige öffentliche Gebäude, wie z. B. das Government House errichtet, die heute zu den schönsten der Stadt zählen.

Die Entwicklung der Stadt ist bis in die Gegenwart von ihrer militärischen Bedeutung geprägt. Der Wohlstand von Halifax wuchs in Zeiten kriegerischer Auseinandersetzungen, denn der Hafen war von höchster Wichtigkeit sowohl für den Transport aller notwendigen Waffen und Hilfsmittel als auch als Sammelort für Schiffe, die im 1. und 2. Weltkrieg zum Schutz vor deutschen U-Booten in Konvois den Atlantischen Ozean überquerten. Dabei kam es 1917 zu einem tragischen Unglück. Durch den Zusammenstoß eines Munitionsschiffes mit einem anderen Schiff im Hafen von Halifax wurde eine so starke Explosion ausgelöst, dass 1.400 Menschen ums Leben kamen, viele Tausend schwere Verletzungen erlitten und ein großer Teil der Stadt zerstört wurde. „The explosion" ist heute noch ein markantes Datum, das in Gesprächen häufig erwähnt wird.

Entwicklung der Stadt

Der Hafen ist das Herzstück von Halifax. Aufgrund der geschützten Lage ist er auch im Winter eisfrei und somit ganzjährig auch für die größten Schiffe zugänglich. Es ist Kanadas größter Passagierhafen, zugleich aber auch wichtiger Handelshafen mit hoher Umschlagskapazität und supermodernen Containereinrichtungen und ein militärischer Stützpunkt der kanadischen Atlantikflotte.

Die restaurierte Altstadt von Halifax zieht viele Besucher an

Halifax

Unterkünfte
1 Halifax Marriott Harbourfront
2 Delta Halifax
3 The Prince George Hotel
4 The Hollis Halifax – a Double-Tree Suites by Hilton Hotel
5 The Lord Nelson Hotel
6 The Halliburton
7 The Westin Nova Scotian
8 At Robies End B&B

Essen & Trinken
1 Harbourstone Sea Grill & Pour House
2 Salty's
3 Five Fishermen
4 The Wooden Monkey
5 McKelvie's Delishes Fishes Dishes
6 Da Maurizio
7 Stories Restaurant

Halifax/Dartmouth

N

0   250 m

© graphic

Dartmouth, NS

Woodside, NS

Halifax Harbour

Ferry Terminal

Historic Properties

1 **Halifax Citadel National Historic Site**

2 **Halifax Town Clock**

St. Paul's Church

Province House

Visitor Information Centre

M **Maritime Museum of the Atlantic**

Brewery Square

Public Gardens

Royal Artillery Park

Dalhousie University

Wanderer's Grounds

Victoria Park

Holy Cross Cemetery

Victoria General Hospital

Health Centre

Cornwallis Park

Via Rail Halifax

Canadian Museum of Immigration at Pier 21

Gorsebrook Park

13 **Point Pleasant Park**

Orientierung in Halifax

Die Orientierung in Halifax ist leicht; die Sehenswürdigkeiten liegen recht nah beieinander. Gleich hinter dem Hafen beginnt das Geschäftszentrum der Stadt; die Straßen steigen leicht an und führen auf das große Gelände der Zitadelle zu, deren Uhrenturm das Wahrzeichen von Halifax ist. Erst hinter dem Festungshügel breiten sich die Wohnbezirke der Stadt, die vier Universitäten und die großen Parkanlagen aus.

Sehenswertes in Halifax

Alle Sehenswürdigkeiten der Stadt sind gut zu Fuß, die Zitadelle auch mit dem Auto über die Citadel Road zu erreichen.

Halifax Citadel National Historic Site of Canada (1), die auf einem Hügel oberhalb der Stadt liegende Zitadelle, zieht die meisten Besucher an. An der Stelle kleinerer Befestigungen wurde 1828 auf Befehl des Herzogs von Wellington mit dem Bau der heutigen, sternförmig angelegten Festungsanlage begonnen, die mit ihren starken Verteidigungsanlagen dem Schutz der Stadt dienen sollte. Ein Angriff auf die Zitadelle erfolgte nie; sie wurde aber bis 1906 von der britischen Armee und danach bis nach dem 2. Weltkrieg von den kanadischen Streitkräften genutzt.

Sternförmige Zitadelle

Im **Besucherzentrum** erhalten Sie Informationen über die Anlage und Anregungen für den Besuch der Festung; außerdem werden einstündige Führungen in englischer und französischer Sprache angeboten und militärische Übungen durchgeführt. Die bisherige audiovisuelle Schau „**Tides of History**" über die Geschichte der Stadt Halifax und ihrer Befestigungsanlagen soll im Laufe des Jahres 2017 – rechtzeitig zu Kanadas 150. Geburtstag – durch eine neue, interaktive Präsentation ersetzt werden; diese war bei Redaktionsschluss allerdings noch in Arbeit. Außerdem können Sie noch das **Armeemuseum** und die Kasernenräume besichtigen. In der kleinen Kaffeestube gibt es Speisen nach Rezepten des 19. Jh. Von der Höhe der Zitadelle haben Sie einen großartigen Blick auf Halifax, den Hafen und die gegenüberliegende Stadt Dartmouth.

Auf dem Zitadellhügel steht auch die **Town Clock (2)**, das Wahrzeichen von Halifax. Der für seine Strenge bekannte Prinz Edward, Herzog von Kent, ordnete 1803 den Bau des Uhrenturmes an. Um die Soldaten und die Einwohner von Halifax zur Pünktlichkeit zu ermahnen und zu erziehen,

Der Uhrenturm ist das Wahrzeichen von Halifax

Die Historic Properties

ließ er den Turm mit vier großen Zifferblättern und vier weithin hörbaren Glocken versehen. Der Glockenturm wurde 1962 restauriert und erfüllt wieder seine Aufgabe.
Halifax Citadel National Historic Site of Canada, ☎ 902-426-5080, *www.pc. gc.ca, das Fort ist geöffnet Juli/Aug. tgl. 9–18, Mai/Juni/Sept.–Ende Okt. tgl. 9–17 Uhr, die Außenanlagen ganzjährig 9–17 Uhr. Eintritt Erwachsene $ 12, Senioren $ 10, Kinder und Jugendliche von 6–16 J. $ 6, Familienkarte $ 30.*

Hafen und Stadtzentrum

Zwischen Hafen und Festungshügel liegt das Zentrum von Halifax. Besonderer Anziehungspunkt ist die Hafenfront, denn die historischen Kaianlagen mit ihren alten Backsteinhäusern und großen Lagerhallen und die kopfsteingepflasterten Straßen mit mehrstöckigen Holzhäusern wurden in den 1960er-Jahren mit großem Aufwand restauriert. *Restaurierte* **Historic Properties (3)** werden die alten Häuser liebevoll genannt, die nun mit Restaurants, Pubs, Teestuben, Boutiquen, Galerien, Kunstgewerbeläden und Buchhandlungen viele Haligonians und auswärtige Besucher anziehen. Manchmal liegt die **Bluenose II** im Hafen, eine Nachbildung des berühmten Segelschiffes Bluenose. *Altstadt*

Nur ein paar Schritte entfernt liegt das **Ferry Terminal (4)**, die Abfahrtsstelle der Fähren nach Dartmouth (die erste Fähre – ein Ruderboot – fuhr bereits 1752) und Woodside. Versäumen Sie die kurze Überfahrt nach Dartmouth nicht, denn vom Schiff aus können Sie sehr schöne Ausblicke auf das Stadtbild von Halifax und Dartmouth genießen. An der **Cable Wharf** starten die Boote von Halifax Water Tours zu zweistündigen Hafenrundfahrten, außerdem werden Segeltouren mit dem Dreimaster „Tall Ship Silva", Ausflüge zum Hochseefischen, zur Wal- und Vogelbeobachtung, zum Tauchen oder zu Mondscheinfahrten angeboten. *Fähren nach Dartmouth*

An der Hafenfront befindet sich das **Nova Scotia Visitor Information Centre (5)**, das ausführliche Information über Halifax und Nova Scotia bereithält.

Ebenfalls an der Hafenfront liegt das **Maritime Museum of the Atlantic (6)**. Es wurde in einem der alten Lagerhäusern eingerichtet und durch einen Neubau ergänzt. Hier können Sie interessante Ausstellungen zur Meeresgeschichte, zur Entwicklung der Seefahrt und des Fischfangs sehen sowie zur Geschichte der Menschen in den Atlantikprovinzen. So können Sie sich z. B. im restaurierten Laden für Schiffsausrüstungen umsehen, Wissenswertes über die Entwicklung der kanadischen Marine seit ihrer Gründung im Jahre 1910 und über Schiffswracks und Lebensrettung erfahren oder sich mit den Ausstellungen zu den Themenbereichen „Zeitalter der Segelschiffe" und „Dampfschifffahrt", „Titanic" oder „Halifax Explosion" beschäftigen.

Marine-museum mit einer Titanic-Ausstellung

Maritime Museum of the Atlantic, *1675 Lower Water Street,* ☎ *902-424-7490, http://maritimemuseum.novascotia.ca, geöffnet Mai–Ende Okt. tgl. 9.30–17.30, Di bis 20 Uhr, sonst Di–Sa 9.30–17, So 13–17 Uhr. Eintritt Mai–Okt. Erwachsene $ 9.55, Senioren $ 8.50, Jugendliche und Kinder von 6–17 J. $ 5.15, Familienkarte $ 24.75; sonst jeweils etwa die Hälfte.*

Im Hafen vor dem Museum liegen die historischen Schiffe „CSS Acadia" und „Sackville", die besichtigt werden können. Das Forschungsschiff „Acadia" wurde 1913 gebaut und war 57 Jahre lang im Einsatz zur Erforschung und Vermessung der kanadischen Gewässer.

Im Häuserblock zwischen Lower Water Street und Hollis Street liegt der **Brewery Square (7)**, 1496 Lower Water St. In den sorgfältig restaurierten Gebäuden der ehemaligen Brauerei, die von Alexander Keith gegründet worden war und von 1820–1970 bestand, befinden sich jetzt kleine Geschäfte und Restaurants. Kostümierte Guides berichten von der Geschichte der Braukunst und zeigen gelegentlich Proben ihres Könnens. Im Innenhof werden samstags von 7–13 Uhr Stände für den Bauern-, Handwerks- und Kunstgewerbemarkt aufgebaut (*http://historicfarmersmarket.ca*).

Zwischen Hafen und Festungshügel liegen die innerstädtischen Sehenswürdigkeiten. Das **Province House (8)** ist der Sitz des Parlamentes von Nova Scotia. Das Haus wurde 1818 aus Sandstein gebaut und gilt als besonders gelungenes Beispiel der georgianischen Architektur. Bei den Führungen lernen Sie u. a. die Bibliothek und den Sitzungssaal kennen. Vor dem Gebäude steht die Statue des einflussreichen kanadischen Journalisten und Politikers **Joseph Howe**, der sich erfolgreich für die allgemeine Pressefreiheit einsetzte und später, trotz seiner kritischen Einstellung gegenüber der kanadischen Konföderation, im Kabinett des ersten kanadischen Premierministers John MacDonalds mitarbeitete.

Province House, *1726 Hollis St.,* ☎ *902-424-4661 bzw. 902-424-0574 (Tourbuchung), http://nslegislature.ca, geöffnet Juli/Aug. Mo–Fr 9–17, Sa/So 10–16, sonst Mo–Fr 9–16 Uhr, Eintritt frei.*

Die **St. Pauls's Church (9)**, Ecke Prince St./Barrington St., wurde schon 1750 gebaut und ist damit die älteste protestantische Kirche in Kanada. Die Kirche besitzt interessante Wandmalereien und ein kleines Museum. Zwischen der St. Paul's-Kirche und dem Rathaus liegt der kleine Platz „Grand Parade", der früher für Paraden genutzt wurde. Heute verbringen bei schönem Wetter viele der Angestellten aus den umliegenden Bürohäusern und Banken hier ihre kurzen Mittagspausen und schauen den Straßenkünstlern und Musikanten zu.

Westlich vom Festungshügel liegt das **Museum of Natural History (10)**, ein heimatkundliches Museum mit Bildern und Ausstellungen zur Geschichte, Geologie, Flora und Fauna von Nova Scotia. Interessant sind die Informationen zum Leben der Micmac-Indianer und der ersten europäischen Siedler.

Museum of Natural History, *1747 Summer St.,* ☎ *902-424-7353, https://naturalhisto ry.novascotia.ca, geöffnet Mitte Mai–Okt. tgl., sonst Di–So 9–17 Uhr, Eintritt Erwachsene $ 6.30, Senioren $ 5.70, Kinder $ 4.05, Familienkarte $ 17.95.*

Vom Museum of Natural History können Sie einen Spaziergang durch die **Public Gardens (11)** machen. Diese beliebte, stadtnahe Parkanlage, die schon 1836 angelegt wurde, zählt mit ihren schön angelegten Blumenbeeten, kleinen Ententeichen, alten, Schatten spendenden Bäumen und blühenden Sträuchern zu den schönsten viktorianischen Gärten in Nova Scotia.

Folgt man der Hafenstraße weiter nach Süden, kommt man zum großen Containerhafen. Im Bereich von Halifax Seaport liegt das **Canadian Museum of Immigration at Pier 21 (12)**. Pier 21 war die historische Erfassungsstelle für rund 1 Mio. kanadischer Einwanderer und Flüchtlinge in den Jahren 1928–1971. Das ehemalige Lagerhaus wurde zum Museum umgestaltet und für Besucher geöffnet, die in den Ausstellungsräumen in interaktiven Ausstellungen, durch Führungen, Bilder und Filme von persönlichen Erfahrungen und Schicksalen der Einwanderer erfahren. *Eindrucksvolle Ausstellung*
Canadian Museum of Immigration at Pier 21, *1055 Marginal Rd., am Südhafen,* ☎ *902-425-7770, www.pier21.ca, geöffnet Mai–Nov. tgl. 9.30–17.30, sonst Mi–So (April auch Di) 10–17 Uhr, Eintritt Erwachsene $ 11, Senioren $ 8.35, Kinder 6–16 J. $ 7, Familienkarte $ 26.*

An der Südspitze der Halifax-Halbinsel liegt der **Point Pleasant Park (13)**. Die 74 ha große Anlage war früher militärisches Gelände mit starken Befestigungsanlagen, wie z. B. dem Prince of Wales Tower (früher Mortello Tower), einem runden Steinbau aus dem Jahr 1796. Point Pleasant ist heute ein schöner Park mit Spazierwegen, Naturpfaden, Picknickplätzen und einem beaufsichtigten Badestrand. Der Park gehört noch immer zum Besitz der britischen Regierung und ist für die Laufzeit von 999 Jahren für 1 Schilling pro Jahr an die Stadt Halifax verpachtet. Vom Park aus bieten sich großartige Ausblicke auf Halifax, den Hafen, auf McNabb Island und die „Eastern Passage".

👁 Fototipp
Der Park ist auch der geeignete Ort, um die „Bluenose II" zu fotografieren. Auf der Höhe des Point Pleasant Park hat das Schiff noch alle Segel gesetzt, weiter zum Hafen hin werden diese dann eingeholt.

Etwa 4 km außerhalb der Stadt, am nördlichen Ende der Windsor Street, liegt der **Fairview Cemetery**, wo 121 Tote nach dem Untergang der Titanic begraben wurden. Ihre Grabsteine sind in Form eines Schiffrumpfes aufgestellt. Viele Besucher kommen zu den Gräbern, aber seit dem Erscheinen des Films „Titanic" mit Leonardo DiCaprio und Kate Winslet zieht es die Besucher vor allem zum Grab von Joseph „J." Dawson, einem zufälligen Namensvetter der Figur *Jack Dawson* aus dem preisgekrönten Filmdrama von James Cameron. *Friedhof für die Passagiere der Titanic*

🏖 Baden
Im Stadtgebiet und in der Umgebung von Halifax gibt es viele gute Bademöglichkeiten. Zu den schönsten und beliebtesten Stränden gehören:
Rainbow Haven Beach, *Bissett Rd., Strandpark mit allen Einrichtungen, erreichbar über den Hwy 207*
Martinique Beach, *der längste Strand in Nova Scotia, erreichbar über Hwy 7/107*
Clam Harbour Beach, *Strand mit allen Einrichtungen, an Wochenenden auch Badeaufsicht; hier findet jedes Jahr im Juli der beliebte Sandburgen-Bauwettbewerb statt, erreichbar über den Hwy 7.*
Lawrencetown Beach, *beaufsichtigter Strand, gute Surfbedingungen, erreichbar über Hwy 7*
Dollar Lake, *großer See mit beaufsichtigtem Strandbad, alle Einrichtungen*

Reisepraktische Informationen zu Halifax

Karte s. S. 422

i Information

Nova Scotia Visitor Information Centre – Halifax Waterfront, 1655 *Lower Water St.*, ☎ *902-424-4248, www.destinationhalifax.com, geöffnet tgl. 9–18 Uhr.*
Halifax Airport Visitor Information Centre, *Halifax International Airport*, ☎ *902-873-1223, geöffnet tgl. 9–21 Uhr.*
Check In: *☎ 1-800-565-0000 für ganz Kanada und ☎ 902-425-5781 für Halifax, Reservierungsportal in Nova Scotia für Hotels, Motels, Landgasthäuser, Bed&Breakfast-Häuser, Campingplätze und Mietwagen.*

Wichtige Anschriften und Telefonnummern

Victoria General Hospital: *☎ 902-473-2700*
Canadian Automobile Association CAA: *in Halifax: 3514 Joseph Howe Dr., ☎ 902-443-5530 oder 1-800-561-8807; in Dartmouth: 330 John Savage Ave., ☎ 902-468-6306*
Wetter: *902-426-9090*

Unterkunft

Preiswerte Unterkunft finden Sie in den **Studentenwohnheimen**, *die von Mai–Aug. Zimmer oder Apartments anbieten, z. B.*
$ Saint Mary's University, *5865 Gorsebrook Ave.*, ☎ *902-420-5486, www.smu.ca, freies Parken, nur wenige Minuten vom Stadtzentrum entfernt.*
$$ Dalhousie University, *☎ 902-494-8840 oder 1-888-271-9222, www.dal.ca, nur wenige Minuten vom Stadtzentrum entfernt.*
$$$ SeaWatch B&B, *139 Ferguson's Cove Rd.*, ☎ *902-477-1506, https://seawatch.ca, der Name dieses kleinen, etwas außerhalb gelegenen Bed and Breakfast verspricht nicht zu viel: tolle Blicke aus den beiden großen, charmant „seemännisch" eingerichteten Zimmern. Dazu zaubern die sehr freundlichen Gastgeber ein leckeres Frühstück.*
$$$ Delta Halifax (2), *1990 Barrington St.*, ☎ *902-425-6700, www.deltahotels.com, zentral gelegenes Hotel mit 297 komfortablen, gut eingerichteten Räumen, Innen- und Außenswimmingpool, Sauna, der Hafen ist fußläufig zu erreichen.*
$$$ At Robies End B&B (8), *836 Robie St.*, ☎ *902-405-2424, www.robiesend.com, ruhig, außerhalb des Stadtzentrums gelegenes Haus mit zwei geschmackvoll eingerichteten Nichtraucher-Zimmern, jeweils mit eigenem Bad, reichhaltiges Frühstück.*
$$$$ The Prince George Hotel (3), *1725 Market St.*, ☎ *902-425-1986 oder 1-800-565-1567, www.princegeorgehotel.com, zentral gelegenes Hotel mit 203 elegant eingerichteten Zimmern, freundlichem Service, Swimmingpool, Sauna, Restaurant.*
$$$$ The Hollis Halifax – a DoubleTree Suites by Hilton Hotel (4), *1649 Hollis St.*, ☎ *902-429-7233, www.doubletree3.hilton.com, in der Innenstadt gelegenes, komfortables Hotel mit 120 geräumigen 2-Zimmer Suiten, Hafen, Sehenswürdigkeiten, Restaurants und Geschäfte sind fußläufig zu erreichen.*
$$$$ The Lord Nelson Hotel (5), *1515 Park St.*, ☎ *902-423-6331 oder 1-800-565-2020, www.lordnelsonhotel.com, Hotel mit 261 ansprechend eingerichteten Zimmern in guter Lage im Stadtzentrum mit Blick auf Public Gardens und nahe zu allen Sehenswürdigkeiten.*
$$$$ The Halliburton (6), *5184 Morris St.*, ☎ *902-420-0658 oder 1-888-512-3344, www.thehalliburton.com, historisches Haus mit 29 eleganten, antik möblierten Gästezimmern, Aufenthaltsräume mit Bibliothek und Kamin, das Restaurant des Hauses zählt zu den besten der Stadt.*
$$$$ The Westin Nova Scotian (7), *1181 Hollis St.*, ☎ *902-421-1000 oder 1-888-627-8553, www.thewestinnovascotian.com, historisches Hotel mit 310 unterschiedlich ausge-*

statteten Zimmern aus dem Jahr 1931 in guter Lage mit schönem Blick auf die Hafenfront oder den Cornwallis Park.

$$$$$ Halifax Marriott Harbourfront (1), *1919 Upper Water St.,* ☎ *902-421-1700 oder 1-800-943-6760, www.marriott.com, sehr gutes Hotel direkt am Hafen bei den „Historic Properties" mit eleganter Lobby und sehr komfortablen Zimmern mit Blick auf den Hafen oder die Stadt, Swimmingpool, Sauna, Restaurant und Casino.*

🍴 Restaurants

Stories Restaurant (7), *5184 Morris St.,* ☎ *902-444-4400, gepflegtes Restaurant mit ausgezeichneten Wild- und Seafoodgerichten; im Sommer wird der Lunch auf der Gartenterrasse serviert, gehobene Preiskategorie.*

Salty's (2), *1877 Upper Water St.,* ☎ *902-423-6818, originelles, ansprechendes Restaurant in den restaurierten Historic Properties, ausgezeichnete Hummer- und Meeresfrüchtegerichte, mittleres Preisniveau.*

Five Fishermen (3), *1740 Argyle St.,* ☎ *902-422-4421, gepflegtes Fischrestaurant in historischem Gebäude, gute Weinkarte, Hauptgerichte ab $ 30.*

The Wooden Monkey (4), *1707 Grafton St.,* ☎ *902-444-3844, frisch zubereitete, auch vegetarische Gerichte mit lokalen Produkten, in schöner Umgebung, mittleres Preisniveau; es gibt ein weiteres Restaurant in Dartmouth, 40 Alderney Dr.,* ☎ *902-466-3100, mit schönem Blick auf den Hafen von Halifax.*

McKelvie's Delishes Fishes Dishes (5), *1680 Lower St.,* ☎ *902-421-6161, nahe der Waterfront gelegenes beliebtes Fischrestaurant, mittleres Preisniveau.*

Da Maurizio (6), *1496 Lower Water St.,* ☎ *902-423-0859, sehr ansprechendes italienisches Restaurant, an der Waterfront gelegen, mittelere Preiskategorie.*

Harbourstone Sea Grill & Pour House (1), *1919 Upper Water St.,* ☎ *902-428-7852, an den Historic Properties gelegenes Restaurant mit guter Küche und bester Aussicht auf den Hafen, Gerichte zwischen $ 10 und $ 30.*

🎁 Einkaufen

Halifax ist eine beliebte Einkaufsstadt mit großen, modernen Einkaufszentren und vielen kleinen Geschäften, Boutiquen und Galerien. Die wichtigsten Geschäftsviertel liegen in den Straßen nahe bei den Historic Properties, um den Platz Grand Parade und in der Spring Garden Rd.

▶ Einkaufszentren

Spring Garden Place, *5640 Spring Garden Rd., modernes Einkaufszentrum mit vielen Designergeschäften in der Nähe des Parks Public Gardens.*

Scotia Square, *Duke St./Barrington St., großes Einkaufszentrum mit über 100 Geschäften und kleinen Restaurants im Zentrum von Halifax.*

Maritime Centre, *Barrington St./Spring Garden Rd., Geschäftszentrum mit Supermarkt.*

▶ Interessante, originelle Geschäfte

Zwicker's Gallery, *5415 Doyle St.,* ☎ *902-423-7662, eine der ältesten Kunstgalerien Ostkanadas mit Gemälden, Zeichnungen, Plastiken und Drucken kanadischer Künstler.*

Amos Pewter, *1869 Upper Water St., Souvenirladen mit vielen Artikeln aus Zinn.*

Clearwater Seafoods, *Halifax International Airport,* ☎ *902-873-4509, rechtzeitig zu Ihrem Abflugtermin können Sie telefonisch einen Hummer bestellen, der Ihnen fertig verpackt am Flughafen ausgehändigt wird.*

Brewery Square, *1496 Lower Water St.,* ☎ *902-329-3276. In den sorgfältig restaurierten Gebäuden der ehemaligen Brauerei, die von 1820–1970 bestand, befinden sich jetzt kleine Geschäfte und Restaurants. Im Innenhof werden im Sommer samstags von 7–13 Uhr Stände für den „Farmers' Market" mit Handwerks- und Kunstgewerbemarkt aufgebaut.*

> **Pedway**

In Halifax sind Sie bei Ihren Besorgungen vom Wetter unabhängig. Viele Geschäfte, Hotels, Banken, Parkhäuser und öffentliche Einrichtungen können Sie über die überdachten „pedways" erreichen, ohne dass Sie dazu einen Fuß ins Freie setzen müssen.

👁 Stadtrundgänge/Ausflugsfahrten mit Bus und Boot

In der Broschüre **Greater Halifax Visitors Guide***, die bei den Touristeninformationen erhältlich ist, finden Sie Vorschläge für einen Stadtrundgang von ca. 2–3 Stunden und einen Spaziergang am Hafen entlang mit einer Beschreibung der Sehenswürdigkeiten. Auch online abrufbar unter: www.destinationhalifax.com/plan-your-travel/travel-guides.*

Blue Diamond Tours*, ☎ 902-444-6883 oder 1-866-414-6883, www.bluediamondtours.com, verschiedene Touren durch Halifax und Umgebung, die auch individuell variiert werden können.*

Halifax Ghost Walk*, ☎ 902-494-0525, www.tattletours.ca/ghostwalk.html, in einer alten Hafenstadt wie Halifax gibt es viele Geschichten von Piraten und verborgenen Schätzen; auf nächtlichen Spaziergängen lernen Sie geheimnisvolle Orte kennen. Treffpunkt: um 19.30 Uhr am Uhrenturm auf dem Festungshügel, Mi, Fr und So von Mai– Okt.*

Gray Line*, ☎ 902-423-6242 oder 1-800-565-9662, es werden Stadtrundfahrten, Ausflugsfahrten nach Peggy's Cove und kombinierte Bus-/Schiffsausflüge angeboten.*

In pinkfarbenen Doppeldeckerbussen können Sie mit „Halifax Hop on Hop off" die Stadt ganz individuell erforschen, es gibt an allen bekannten Sehenswürdigkeiten insgesamt 17 Haltestellen auf 2 Strecken.

Murphy's – The Cable Wharf – Harbour Queen I*, ☎ 902-420-1015, www.mtcw.ca, zweistündige Ausflugsfahrten mit sachkundigen Erklärungen auf dem Raddampfer „Harbour Queen", Abfahrten an der Cable Wharf Juni–Mitte Okt. 8-mal tgl., außerdem Ausflüge zum Hochseefischen, zur Wal- und Vogelbeobachtung, zum Tauchen oder Dinner-Kreuzfahrten.*

Tall Ship Silva*, Queen's Wharf, ☎ 902-420-1015, http://www.mtcw.ca/tall-ship-sailing, ebenfalls von Murphy organisierte Ausflüge mit dem Dreimaster durch die Häfen von Halifax und Bedford und nach Mc Nabs Island, von Juni–Aug. tgl. 11 und 12.30 Uhr.*

✈ Flughafen

Der Flughafen „Halifax International Airport" liegt am Hwy 102 in Enfield, 1 Bell Blvd., ☎ 902-873-4422, https://halifaxstanfield.ca, ca. 35 km nördlich von Halifax und ca. 30 km von Dartmouth entfernt.

Air Canada*: Reservierungen: 1-888-247-2262, Fluginformationen: 1-888-422-7533*

Air Transat*: ☎ 1-877-872-6728*

Condor*: ☎ 1-800-524-6975*

Der **AirportShuttle***, ein Bus-Zubringerdienst zu allen größeren Hotels der Innenstadt bzw. von der Innenstadt zum Flughafen, verkehrt täglich 6.30–23.15 Uhr. Preis für eine Strecke $ 22 p. P., Kinder unter 12 J. in Begleitung von Erwachsenen kostenlos. Informationen unter* **Maritimes Bus***, ☎ 800-575-1807. Das Unternehmen bedient sowohl den Flughafen als auch die Ortschaften in der ganzen Provinz Nova Scotia. Die* **Limousinen-** *oder* **Taxifahrt** *in die Innenstadt kostet $ 53.*

⛴ Fähren

Halifax – Dartmouth*, die Fähren verkehren an Werktagen alle 15 Minuten zwischen den beiden Städten, Sa alle 30 Min., Juni–Sept. auch So alle 30 Min., sonst So stündlich. Abfahrt in beiden Städten im Terminal an der Hafenfront; Preis pro Strecke Erwachsene $ 2.50 Senioren und Kinder $ 1.75. Das Geld muss passend eingeworfen werden; im Terminal gibt es jeweils einen Geldwechselautomaten.*

Halifax – Woodside *(im Süden von Dartmouth), die Fähren fahren von Halifax Mo–Fr jeweils zur vollen Stunde, Preis pro Strecke Erwachsene $ 2.50 Senioren und Kinder $ 1.75.*

Öffentliche Verkehrsmittel

Halifax Transit, ☎ 311, Fahrten innerhalb des Stadtgebietes kosten für Erwachsene $ 3 und für Kinder und Senioren $ 2.25.

Der **Busbahnhof** für den **überregionalen Verkehr** liegt an der 1161 Hollis St. Es bestehen folgende Busverbindungen:
   von Halifax nach Annapolis Royal – ca. 4 Std.
   von Halifax nach Yarmouth – ca. 6 Std.
   von Halifax nach Charlottetown/PE – ca. 6 Std.
   von Halifax nach Saint John/NB – ca. 6 Std.

Bahn

Die VIA RAIL-Eisenbahnstation, 1161 Hollis St., ☎ 888-842-7245, liegt am Cornwallis Square am südlichen Ende der Innenstadt. Die Bahnverbindung von Halifax nach Montreál dauert etwa 22 Std.

Von Halifax aus können Sie auch zur großen „Transkanada-Bahnreise" starten; für die ca. 6.400 km lange Strecke zur Westküste des Kontinents brauchen Sie fünf Tage! Vorausbuchungen sind erforderlich.

Mietwagen

Avis, ☎ 902-492-2847, 1717 Grafton St.
Budget, ☎ 902-492-7542, 1554 Hollis St.
Hertz, ☎ 902-421-1763, 1919 Upper Water St.
Thrifty, ☎ 902-422-4455, 1181 Hollis St.

Außer den beiden Fährverbindungen für den Personenverkehr gibt es zwei gebührenpflichtige **Straßenbrücken** hinüber nach Dartmouth:
• die Angus L. MacDonald Bridge mit ca. 1,6 km Länge (auch für Fußgänger und Radfahrer zugelassen) und im Norden
• die A. Murray MacKay Bridge mit ca. 2,1 km Länge.
Brückengebühr: Eine einfache Überfahrt kostet $ 1.

Sehenswertes in der Umgebung von Halifax

Auch die Umgebung von Halifax lädt zu Besichtigungen und Ausflügen ein. Das nächstgelegene Ziel ist die Schwesterstadt Dartmouth, die nur wenige Fährminuten entfernt ist und den besten Blick auf Halifax bietet. Am Shubenacadie Canal, einer Wasserstraße aus Seen und Schleusen, führen ausgedehnte Wanderwege entlang. Eine Fahrt nach Truro und Wolfville führt zur Bay of Fundy, wo Sie den größten Gezeitenunterschied der Welt erleben können.

Dartmouth

Dartmouth liegt auf der östlichen Seite der Halifax-Bucht und ist mit ca. 88.000 Einwohnern die zweitgrößte Stadt in Nova Scotia. Die Stadt ist mit Halifax durch zwei große Brücken und eine Fähre verbunden. Es ist eine lebhafte Hafen- und Industriestadt, die aber auch wegen ihrer vielen Grünanlagen und der 23 Seen innerhalb der Stadtgrenzen bekannt ist und deshalb den Beinamen „Stadt der Seen" trägt. Die Stadt wurde um 1750 von Einwanderern aus Plymouth/England gegründet. Im 19. Jh. wurde von hier aus mit dem Bau des „**Shubenacadie Canal**" begonnen, der Halifax durch eine 88 km lange Seenkette und mehrere Schleusen mit der Bay of Fundy verband.

Auf dem „Heritage Walk"

Im **Ferry Terminal Park**, gleich an der Fähranlegestelle, wird an das Schiff „Alderney" erinnert, das 353 Siedler aus England 1750 nach Nova Scotia brachte. Gleich gegenüber liegt der **World Peace Pavilion**, der 1995 während des Weltwirtschaftsgipfels eröffnet wurde. In dieser Ausstellung sind 65 Länder durch jeweils landestypische Mineralien und Steine repräsentiert, z. B. die Bundesrepublik Deutschland durch Stücke von der Berliner Mauer. An der **Dartmouth Waterfront**, die sich mit Parkanlagen zu beiden Seiten der Fähranlegestelle hinzieht, wurde anlässlich der Hundertjahrfeier Kanadas je ein Baum für jede der kanadischen Provinzen gepflanzt.

Das **Dartmouth Heritage Museum** zeigt die Häuser **Evergreen House**, das 1867 gebaut wurde und mit zeitgenössischen Möbeln ausgestattet ist, und das **Quaker House**, das als das älteste Haus in Dartmouth gilt und über die von 1785–1792 in Dartmouth tätige, von Quäkern aus Nantucket geführte Walgesellschaft informiert.
Dartmouth Heritage Museum, Evergreen House, *26 Newcastle St.,* ☎ *902-464-2300, www.dartmouthheritagemuseum. ns.ca, ganzjährig geöffnet Di–Fr 10–17 Uhr, Sa/So 10–13 und 14–17 Uhr, von Sept.–Mai So/Mo geschlossen, Eintritt Erwachsene $ 5, Kinder unter 12 J. frei.* **Quaker House**, *57 Ochterloney St.,* ☎ *902-464-2300, geöffnet Juni–Aug. Di–So 10–13 und 14–17 Uhr, Eintritt $ 5.*

Das **Black Cultural Centre for Nova Scotia** informiert über die Geschichte „afrikanischer Kanadier". Der erste Afrikaner kam bereits 1606 nach Nova Scotia. Im amerikanischen Unabhängigkeitskrieg flohen viele schwarze Loyalisten nach Nova Scotia, und ca. 600 Menschen wanderten 1796 aus Jamaica ein. Nach dem Krieg von 1812 gab es eine weitere Einwanderungswelle amerikanischer Sklaven, die sich vor allem in der Gegend des Preston niederließen.
Black Cultural Centre for Nova Scotia, *10 Cherry Brook Rd.,* ☎ *902-434-6223 oder 1-800-465-0767, ganzjährig geöffnet Mo–Fr 10–16, Juni–Sept. auch Sa 12–15 Uhr, Eintritt Erwachsene $ 6, Senioren und Studenten $ 4, Kinder unter 5 Jahren frei, Familienkarte $ 20.*

Ausflug zum Shubenacadie Canal

Der **Shubenacadie Canal** und das **Shubenacadie Canal Interpretative Centre** sind einen Ausflug wert. Das Museum veranschaulicht mit Modellen, Zeichnungen und Abbildungen den Bau und die Funktionsweise des 115 km langen Kanal- und Schleusensystems. Anschließend laden die schön angelegten Wege entlang des Shubenacadie Canal zum Wandern und Radfahren ein. Sie können aber auch mit einem Kanu- oder Paddelboot fahren und dann den Ausflug mit einem Picknick abschließen.

Shubenacadie Canal *und* **Fairbanks Centre**, *54 Locks Rd.,* ☎ *902-462-1826, www. shubenacadiecanal.ca, ganzjährig geöffnet; der Kanal und die Schleusen sind immer zugänglich. Eintritt frei.*

Die 23 Seen der Stadt, von denen der Lake Banook, der Lake Micmac und der Lake Charles die größten sind, bieten sehr gute Gelegenheit zum Schwimmen, Kajak- und Kanufahren, Windsurfen, Angeln und Segeln.

Etwas außerhalb der Stadt liegt Kanadas führendes Meeresforschungsinstitut, das **Bedford Institute of Oceanography**, mit interessanten Ausstellungen, Aquarien und Führungen.
Bedford Institute of Oceanography, *1 Challenger Dr.,* ☎ *902-426-4306 oder 902-426-2373, www.bio.gc.ca, geöffnet Mai–Aug. Mo–Fr 9–16 Uhr, Eintritt frei, kostenlose Führungen nach Voranmeldung.*

Ein kurzer Ausflug führt von Dartmouth aus über die Hwys 111 und 322 nach **Eastern Passage**, einem der ältesten Siedlungsgebiete von Halifax, und nach **Fisherman's Cove**, einem alten, noch recht ursprünglichen Fischerdorf. Im kleinen Heritage Centre gibt es zwei Aquarien, Ausstellungen von lokalen Künstlern, Informationen zum Fischfang und Tickets für Bootsfahrten nach McNabs Island. An der Government Wharf Road liegen kleine Geschäfte und Restaurants, die für ihre frischen Fischgerichte bekannt sind.
Fisherman's Cove Visitor Information, *4 Government Wharf Rd., Eastern Passage,* ☎ *902-465-6093, www.fishermanscove.ns.ca.*

Am Shubenacadie Canal

Reisepraktische Informationen zu Dartmouth

 Unterkunft

Unterkünfte in Dartmouth sind eine gute Alternative zum Aufenthalt in Halifax, denn Halifax-Zentrum ist sowohl über die Autobrücken als auch mit der Fähre schnell zu erreichen.

$$ Blockhouse Hill B&B, *62 Wentworth St.,* ☎ *902-463-1811 oder 1-866-873-1699, www.blockhousehillbedandbreakfast.com, gepflegtes Haus mit zwei gemütlich eingerichteten Zimmern, liebevoll zubereitetes Frühstück, nicht weit von der Fähre nach Halifax entfernt*

$$ Best Western Plus Dartmouth Hotel & Suites, *15 Spectacle Lake Dr.,* ☎ *902-463-2000 oder 1-800-780-7234, www.bestwesternatlantic.com, gut ausgestattetes Hotel mit 121 modernen Zimmern, Restaurant, Pool und Fitnessraum, Parkplatz.*

$$$ Braeside Court B&B, *34 Braeside Ct.,* ☎ *902-462-3956 oder 1-866-277-8138, http://braesidecourtbandb.ca, Stadthaus mit zwei ansprechend eingerichteten Zimmern, zwei Minuten von Lake Micmac, fünf Minuten von der Fähre nach Halifax entfernt gelegen.*

$$$ Holiday Inn Harbourview, *101 Wyse Rd.* ☎ *902-463-1100 oder 1-888-434-0440, www.hiharbourview.ca, gut geführtes Hotel mit 196 geräumigen, komfortablen Zimmern, von denen einige einen Balkon und Blick auf den Hafen haben. Derzeit wegen Renovierungsarbeiten nur eingeschränkter Betrieb.*

$$$ Travellodge Suites Dartmouth, *101 Yorkshire Ave. Extension,* ☎ *902-465-4000 oder 1-800-578-7878, www.travelodge.ca, modernes Hotel mit 75 geräumigen und freundlich eingerichteten Zimmern, einige mit Blick auf den Hafen.*

Rundfahrt von Halifax

Gezeiten-wechsel

Diese Rundfahrt führt Sie an Seen, Flüssen und Provinzparks vorbei, die immer zu einem erholsamen Zwischenstopp mit einem kleinen Bad, einer Wanderung oder einem Picknick einladen, z. B. am **Shubenacadie Grand Lake** mit bewaldeten Klippen und glasklarem Wasser oder im **Shubenacadie Provincial Wildlife Park** bei der Ortschaft Shubenacadie. Sie besuchen die Ortschaften **Truro** und **Wolfville**, die nationale **Gedenkstätte Grand Pré** und die **Bay of Fundy** mit ihrem eindrucksvollen Gezeitenwechsel.

Wegstrecke

Fahren Sie von Halifax aus über den Hwy 102 nach Truro; von dort folgen Sie dem ausgeschilderten „Glooscap Trail" über die Hwys 236, 215 und 14 nach Windsor und von dort dem Hwy 101 nach Wolfville. Die schnelle Rückfahrt nach Halifax führt von Wolfville über den Hwy 101. Entfernung ca. 250 km.

Truro

Truro liegt an der Mündung des Salmon River in die Bay of Fundy. Die kleine Stadt mit ca. 12.000 Einwohnern ist der Verkehrsknotenpunkt dieser Region. Der Ort geht auf eine Siedlung der Akadier zurück, die sich hier seit dem 17. Jh. niedergelassen hatten. Später kamen Siedler aus Schottland und England sowie amerikanische Loyalisten.

Der besondere Anziehungspunkt des Ortes ist die „**Tidal Bore**", das eindrucksvolle Naturschauspiel von Ebbe und Flut, bei dem Sie hier die stärksten Gezeiten der Erde beobachten können, wenn die Wasser des Salmon River sich in den letzten Ausläufer der Bay of Fundy ergießen. Im Nordwesten der Stadt, wo der Blick auf den Gezeitenwechsel am besten ist, wurde an der Tidal Bore Rd. ein Aussichtspunkt eingerichtet; Pläne mit den tagesaktuellen Uhrzeiten von Ebbe und Flut erhalten Sie im Informationsbüro.

Reisepraktische Informationen zu Truro

Information

Truro Welcome Centre, *9 Commercial St., am Victoria Square,* ☎ *902-893-2922, www.truro.ca, ganzjährig tgl. geöffnet 9–17, Juli/Aug. 8.30–19.30 Uhr.*

Unterkunft

$$$ Best Western Glengarry, *150 Willow St.,* ☎ *902-893-4311 oder 1-800-780-7234, www.bestwestern.com, modernes Hotel mit 92 gut ausgestatteten Zimmern.*
$$ Holiday Inn Truro, *437 Prince St.,* ☎ *902-895-1651, www.holidayinn.com, gut geführtes Hotel im Zentrum mit 114 unterschiedlich großen Zimmern, Swimmingpool, Sauna und Restaurant, Parkplatz.*
$$$ Tulips and Thistle B&B, *913 Pictou Rd.,* ☎ *902-895-6141 oder 1-866-724-7796, www.tulipsandthistlebedandbreakfast.com, ruhig gelegenes Haus auf großem Grundstück mit 4 ansprechend eingerichteten Zimmern, großem Aufenthaltsraum, gutem Frühstück und freundlichen Gastgebern.*
$$$ Baker's Chest Tearoom and B&B, *53 Farnham Rd.* ☎ *902-893-4824 oder 1-877-822-5655, www.bakerschest.ca, gepflegtes Haus mit vier Zimmern, jeweils mit Bad, schönem Garten und Pool, freundliche, deutsch sprechende Besitzer.*

Bootstouren

Wenn Sie Lust zu einer besonderen Wildwasserfahrt haben, können Sie mit Schlauchbooten auf dem Shubenacadie River fahren und dabei erleben, wie der zunächst ruhige Fluss sich innerhalb von Minuten in einen reißenden Strom verwandelt.
Tidal Bore Rafting, *12215 Highway 215, Urbania,* ☎ *902-758-8433 oder 902-237-7380, www.raftingcanada.ca, die Boote werden von Mai–Okt. in Maitland zu Wasser gelassen, Halbtagesfahrten mit eingeschlossenem Lunch auf einer 9 oder 18 km langen Strecke, Reservierung erforderlich.*

Von Truro folgen Sie zunächst dem Hwy 236 nach Westen bis zum Hwy 215, dem Sie an der Bay of Fundy entlang bis Grand-Pré folgen.

Grand-Pré

Seit 1655 ließen sich Siedler aus Port Royal in Grand-Pré nieder, das sich bis zum frühen 18. Jh. zu einer der wichtigsten Siedlungen der Akadier entwickelte. Der Name bedeutet „große Wiese" und weist darauf hin, wie die Akadier mit einem sehr durchdachten Damm- und Kanalsystem dem Meer fruchtbares Land abgerungen und ertragreiche Weiden geschaffen haben. Ständige Auseinandersetzungen zwischen Engländern und Franzosen führten zu wechselnden Besitzverhältnissen. 1755 begann die Leidenszeit der Akadier: Nachdem in den Auseinandersetzungen zwischen britischen und französischen Truppen ein Angriff der Franzosen bei Grand-Pré fast 100 britische Tote gefordert hatte, zerstörten englische und schottische Truppen akadische Ansiedlungen, rissen die Familien auseinander und vertrieben und verschleppten Männer, Frauen und Kinder. Das gut bewirtschaftete Land wurde in Parzellen aufgeteilt und an Kolonisten, später auch an Loyalisten aus den Neuenglandstaaten vergeben. Bis 1763 waren Dreiviertel aller Akadier getötet oder aus ihrem Siedlungsgebiet vertrieben worden.

Akadische Siedlung

Die **Grand-Pré National Historic Site of Canada** wurde zur Erinnerung an die akadischen Siedler errichtet, die von 1755–1763 vertrieben worden waren. Im kleinen

Museum werden die akadische Kultur und ihre Geschichte dargestellt. Im Park sehen Sie außerdem ein Denkmal für den Dichter **Henry Wadsworth Longfellow**, der 1847 in seinem Werk „Evangeline – a Tale of Acadie" das tragische Schicksal der Akadier darstellte: die junge Evangeline wird durch die Vertreibung von ihrem Geliebten getrennt. Sie bleibt ihm zehn Jahre lang treu und muss dann feststellen, dass er längst eine andere geheiratet hat. Evangeline stirbt an gebrochenem Herzen. Das Los von Evangeline ist ein Symbol für das Schicksal der Akadier geworden. Vor der Kapelle des Parks steht eine Bronzefigur der „Evangeline", die von dem Künstler Louis-Philippe Hébert geschaffen worden ist.

Grand-Pré National Historic Site of Canada, ☎ *902-542-3631 oder 1-866-542-3631, www.pc.gc.ca, geöffnet Juli–Mitte Okt. tgl. 9–17 Uhr, Eintritt Erwachsene $ 8, Senioren $ 7, Kinder von 6–16 Jahren $ 4, Familienkarte $ 20.*

Wolfville

Der Ort wurde um 1760 von Farmern aus Neuengland gegründet, trägt aber erst seit 1893 den jetzigen Namen. Charakteristisch sind die großen, herrschaftlichen Häuser vom Beginn des 19. Jh., wie z. B. das Randall House, 259 Main St., große, gepflegte Rasenflächen und wunderschöne alte Ulmen. Kleine, originelle Geschäfte und Boutiquen, gute Restaurants mit regionaler und französischer Küche und stilvolle Bed&Breakfast-Häuser laden zu einem längeren Aufenthalt ein.

Universitäts-stadt   Auf einem Hügel im Zentrum des Ortes liegt die 1838 gegründete Acadia-Universität, die 3.800 Studenten hat. Gartenfreunde können den schön gestalteten und sehr informativen **Botanischen Garten** auf dem Universitätsgelände besuchen.

Schöne Ausblicke auf das Minas Basin mit seinen wechselnden Gezeiten und auf die roten Klippen von Cape Blomidon bieten sich am **Waterfront Park**, Front St./Gaspereau Ave., Schautafeln entlang der Wege informieren über Deichbau, Flora und Fauna der Region.

Das **Robie Tufts Nature Centre**, Front St., mit seinem hohen Schornstein wurde 1990 eingerichtet, um den „Schornsteinseglern" Ruhepätze zu bieten. Die graubraunen Vögel lassen sich jedes Jahr zu Hunderten im Frühling und Sommer zum Brüten in Wolfville nieder, um dann im Herbst zum Überwintern nach Peru zu ziehen.

In den Sommermonaten wird gegenüber vom Robie Tufts Nature Centre an Samstagen der **Farmers' Market** abgehalten.

Reisepraktische Informationen zu Wolfsville

ℹ️ Information
Touristeninformation, *11 Willow Ave.,* ☎ *902-542-7000, www.wolfville.ca, geöffnet Mai–Okt. tgl. 10–18 Uhr.*

🛏️ Unterkunft
$$$ Blomidon Inn, *195 Main St.,* ☎ *1-800-565-2291, www.blomidon.ns.ca, in einem Kapitänshaus aus dem 19. Jh. wurden 31 Zimmer sehr schön mit Antiquitäten eingerichtet; das Restaurant hat eine bekannt gute Küche*
$$$ Victoria's Historic Inn, *600 Main St.,* ☎ *902-542-5744 oder 1-800-556-5744, www.victoriashistoricinn.com, historisches, elegantes Gästehaus aus dem Jahr 1893 mit 16 komfortablen Zimmern im Haupthaus und im ehemaligen Kutscherhaus und gutem Restaurant.*

Windsor

Der Ort, der am Zusammenfluss der Flüsse Avon und Ste. Croix liegt, wurde von französischen Siedlern gegründet, die durch den Bau von Deichen fruchtbares Ackerland gewannen. Im 18. Jh. wurde die Gegend von Loyalisten neu besiedelt.

Sehenswert ist **Fort Edward National Historic Site of Canada**, das als das älteste Blockhaus dieser Art in Kanada gilt. Es gehörte zu der Festung, die 1750 von den Engländern gebaut wurde und den Weg von Halifax zur Bay of Fundy schützen sollte. 1755 wurden im Fort die letzten Vorbereitungen für die Deportation der hier ansässigen französischsprachigen Akadier getroffen. *Altes Backhaus*

Fort Edward National Historic Site of Canada, *Fort Edward St.,* ☎ *902-798-2639 (Juli/Aug.) oder 902-532-2321, www.pc.gc.ca, geöffnet Ende Juni–Anfang Sept. Di–Sa 10–17 Uhr, die Anlagen sind tgl. bis zum Einbruch der Dämmerung zugänglich, Eintritt frei.*

Hauptsehenswürdigkeit sind auch in Windsor die großen Gezeitenunterschiede im Minas Basin, Höhepunkte des Jahres sind das **„Annapolis Valley Apple Blossom Festival"** im Mai und die Anfang August stattfindenden **„Avon River Days"** mit Straßenfest, Märkten, einer Parade und einem Feuerwerk an der Bay of Fundy.

Reisepraktische Informationen zu Windsor

i **Information**
Town of Windsor's Tourist Bureau, *321 Gerrish St.,* ☎ *902-798-2275, www. wolfville.ca, geöffnet Mai–Okt. tgl. 9–17, Juli/Aug. bis 19 Uhr.*

 Unterkunft
$$$ Phoenix Hollow, *65 Chestnut St.,* ☎ *902-472-2436 oder 1-866-900-6910, www.phoenixhollow.com, in dem viktorianischen Haus von 1873 wurden zwei Gästezimmer liebevoll mit Antiquitäten und Sammlerstücken eingerichtet.*
$$$ Meander In Bed and Breakfast, *153 Albert St.,* ☎ *902-798-2514 oder 1-877-387-6070, www.meanderin.ca, ganzjährig geöffnetes viktorianisches Haus aus dem Jahre 1898 mit vier stilvoll eingerichteten Zimmern; am Nachmittag wird noch ein Tee serviert.*

☞ Streckenhinweis

Für die Rückfahrt nach Halifax brauchen Sie über den schnellen Highway 101 nicht viel mehr als eine Stunde Zeit.

Von Halifax die Südküste entlang nach Liverpool und weiter über Yarmouth nach Digby

Fast 30 Leuchttürme geben dem rund 340 km langen **Lighthouse Trail**, der von Halifax an der Südküste von Nova Scotia entlang nach Yarmouth führt, seinen Namen und laden zum Kennenlernen vieler Geschichten, zu kleinen Zeitreisen in die Vergangenheit und zum Verweilen ein, denn in den letzten Jahren wurden in den Leuchttürmen auch kleine Museumsräume, Souvenirläden oder winzige Teestuben eingerichtet.

Redaktionstipps

> **Peggy's Cove** mit seinem malerischen Leuchtturm (S. 438f.)
> **Lunenburg**, die Stadt der Schiffbauer, mit dem berühmten Segelschiff „Bluenose II" und dem Fisheries Museum of the Atlantic (S. 443ff.)
> der **Kejimkujik National Park** mit ausgedehnten Wäldern und Seen (S. 455)
> **Vogelbeobachtungen** auf Cape Sable Island (S. 451) und **Walbeobachtungsfahrten** auf Digby Neck Brier Island (S. 463)
> das **Mahone Bay Classic Boat Festival** findet Ende Juli/Anfang August statt (S. 441)

Der Leuchtturm von Peggy's Cove ist wohl der bekannteste an dieser Route und zieht täglich Besucher aus aller Welt an, aber auch die weniger bekannten Leuchttürme haben ihren Reiz: so lotst z. B. der Leuchtturm auf George's Island in einen der größten Naturhafen der Welt, im Fort Point Lighthouse bei Liverpool können Besucher die Wohnung des ehemaligen Leuchtturmwärters besichtigen und selbst das Nebelhorn bedienen, am Cape Forchu informiert ein Museum über die regionale Seefahrt, und in Cape d'Or kann man im ehemaligen Leuchtturmwärter-Häuschen sogar übernachten.

☞ Streckenhinweis

Entfernung ca. 430 km
Alternative 1: Sie können über die landschaftlich besonders reizvolle, jedoch zeitaufwendige Küstenstraße fahren. Dazu folgen Sie von Halifax aus dem ausgeschilderten **Lighthouse Trail** zunächst nach Peggy's Cove. Diese Route führt Sie weiter an der zerklüfteten Südküste Nova Scotias entlang zu kleinen freundlichen Fischerdörfern, zu weißsandigen Stränden und großen Waldgebieten. An der „Leuchtturmroute" entdecken Sie Häfen, Buchten, Werften, Fähr- und Segelschiffe, Fischerboote, Hummerkörbe und immer wieder Leuchttürme.
Alternative 2: Sie fahren ebenfalls von Halifax über den Hwy 333 nach Peggy's Cove, fahren dann die schnellere Strecke über den Hwy 103 und machen von dort aus Abstecher zu ausgewählten Fischerdörfern und Ortschaften, wie z. B. nach Chester, Mahone Bay oder Lunenburg.

Peggy's Cove

Bekanntes Fotomotiv

Seit der Mitte des 20. Jh. ist der Fremdenverkehr die Haupteinnahmequelle des Ortes, denn dieses winzige Fischerdorf, in dem ganzjährig nicht einmal hundert Menschen leben, ist mit seinen bunt gestrichenen Holzhäusern, die sich im Wasser spiegeln, dem kleinen Fischerhafen und den ausgelegten Hummerkörben eines der beliebtesten Fotomotive Ostkanadas.

👁 Fototipp
Das Wetter an der zerklüfteten, sturmumtosten Atlantikküste ist häufig dunstig oder gar neblig, wodurch sich besonders reizvolle Fotomotive ergeben.

Das Dorf liegt oberhalb einer kleinen Meeresbucht auf großen, vom Meer geglätteten Granitfelsblöcken, die als Überreste der letzten Eiszeit zurückblieben. Hier brechen die mächtigen Wellen des Atlantiks, und die Gischt spritzt weit über die gerundeten Steine, die so fantasievolle Namen wie Walrücken, Pferdehuf oder Teufelsarm tragen. An der höchsten Stelle liegt einer der wohl bekanntesten Leuchttürme Kanadas.

Um die Ursprünglichkeit des Ortes zu erhalten, wurden strenge Regeln für eine neue Bebauung aufgestellt; da außerdem der Zuzug von neuen Bewohnern eingeschränkt ist, prägen weiterhin die vielen Hummerkörbe und die Fischer das Ortsbild, die mit ihren Booten zum Fang ausfahren oder die Netze reparieren.

Hinweis

Am Ortseingang wurde ein **Besucherzentrum** eingerichtet, 109 Peggy's Point Rd., ☎ 902-823-2253, geöffnet Mitte Mai–Mitte Okt. täglich. Großer Parkplatz.

Etwa 1 km nordwestlich der Ortschaft wurde die Gedenkstätte **The Whalesback** zur Erinnerung an den tragischen Absturz der Swissair-Maschine am 2. September 1998 eingerichtet, bei dem alle 215 Passagiere und 14 Besatzungsmitglieder ums Leben kamen. Das Flugzeug, das sich auf dem Flug von New York nach Genf befand, wurde bei dem Aufprall ins Meer völlig zerstört. Das „Swissair Flight 111 Memorial" ist in Richtung Mahone Bay ausgeschildert.

Die Straße führt weiter an der Margarets Bay entlang durch viele kleine Fischerorte, von denen die meisten nicht weniger reizvoll als Peggy's Cove sind. Auf der ganzen folgenden Strecke gibt es gute Restaurants, ausreichend Bed&Breakfast-Häuser und kleine Hotels sowie Hotels der bekannten Ketten.

Strand

In Queensland und im Bayswater Beach Provincial Park finden Sie schöne, feinsandige Strände und Picknick-Einrichtungen.

Ein schottischer Nachfahre erzählt von der Arbeit der Fischer

Chester

In dem heute knapp 1.600 Einwohner zählenden Ort ließen sich 1759 einige neuenglische Familien nieder. Schon 1827 wurde hier ein Hotel gebaut, und bis heute ist Chester vor allem bei Golfern, Seglern und Freizeitkapitänen beliebt. Alljährlich findet von Mitte Juli bis Ende August das bekannte „Chester Playhouse Summer Festival" statt, *Große* und Mitte August zieht die größte Segelregatta der Atlantikprovinzen, die „Chester *Segelregatta* Race Week", viele Besucher an. Der kleine Ort bietet mit drei Marinas, einem Golfplatz, netten, kleinen Geschäften und gemütlichen Restaurants und Cafés viele Freizeitmöglichkeiten. Ein Picknickplatz wurde direkt am Hafen angelegt.

Reisepraktische Informationen zu Chester

i Information
Chester Visitor Information Centre, *20 Smith Rd., Old Chester Train Station, am Hwy 3,* ☎ *902-275-4616 oder 902-275-4709, www.vic.chesterchamber.ca, geöffnet Mai–Okt. 10–17, Juli/August 9.30–17.30 Uhr.*

Unterkunft
$$ Windjammer Motel, *4070 Hwy 3,* ☎ *902-275-3567, www.windjammermotel.ca, Motel mit 18 einfachen Zimmern und schönem Blick auf den Stanford Lake.*
$$$ Gray Gables B&B, *19 Graves Island Rd.,* ☎ *902-275-2000, www.graygables.ca, großes Haus mit drei liebevoll eingrichteten Zimmern, jeweils mit eigenem Bad, schöne Lage mit weitem Ausblick, 3 km außerhalb von Chester.*
$$$ Mecklenburgh Inn, *78 Queen St.,* ☎ *902-275-4638, www.mecklenburghinn.ca, kleines Gästehaus aus dem Jahr 1902 mit vier geräumigen Zimmern, teilweise mit eigenem Bad und Balkon, in der Ortsmitte. Geöffnet Mai–Dez.*

Bootstouren
Von Chester gibt es werktags 4-mal tgl., an Wochenenden 2-mal tgl. eine Personenfähre zu den beiden kleinen Inseln **Big Tancook** *und* **Little Tancook**, *die zu Wanderungen und auf Big Tancook auch zu einem Cafébesuch einladen. Die 45-minütige Fährfahrt kostet $ 7 (hin und zurück). Informationen bei der* **Touristeninformation** *in der alten Bahnhofsstation.*

Oak Island

Nicht nur die tosenden Wogen des Atlantiks, sondern auch Schmuggler und Piraten waren in den vergangenen Jahrhunderten eine ständige Gefahr für die Menschen an der wild zerklüfteten Küste. Geschichten von Freibeutern, Piratenschiffen und vergrabenen Schätzen sind bis heute lebendig geblieben. Vor allem um einen angeblich verschwundenen Goldschatz, der entweder dem legendären Captain Kidd oder Francis Drake zugeschrieben wird, ranken sich viele Geschichten, sodass schon viele kostspielige Versuche unternommen wurden, um diesen Schatz zu bergen. Obwohl viele Schächte und Tunnel gegraben wurden, waren bisher alle Mühen und Kosten vergebens. Sie können an einer kurzen Busfahrt über die Insel teilnehmen.

Unterkunft
$$$ Atlantica, *36 Treasure Dr., Western Shore,* ☎ *902-627-2600 oder 1-800-565-5075 www.atlanticaoakisland.com, Resorthotel mit schönem Blick auf Oak Island, Tennisplätzen, Marina, Swimmingpool und Sauna; Golfplätze sind nicht weit entfernt.*

An der Südküste von Nova Scotia

Mahone Bay

Mahone Bay gehört wegen seiner schönen Lage an der großen gleichnamigen Bucht mit vielen vorgelagerten Inselchen zu den reizvollsten Orten an diesem Küstenabschnitt.

Kennzeichen der 1754 gegründeten Stadt, in der heute ca. 900 Menschen leben, sind die drei fast neben einander stehenden Kirchen an der Hafenfront; nur wenige Schritte entfernt steht dann noch eine vierte Kirche! In den Sommermonaten werden hier in schöner Atmosphäre Konzerte mit klassischer Musik von bekannten Solisten aufgeführt. Auf den alten Grabsteinen des Bayview-Friedhofs ist an den Namen der Verstorbenen abzulesen, dass viele der ersten Siedler aus Deutschland und der Schweiz stammten. Die wichtigste Erwerbsgrundlage der Dorfbewohner war für lange Zeit der Schiffsbau; daran erinnert das „Mahone Bay Classic Boat Festival", das jedes Jahr in der ersten Augustwoche gefeiert wird. *Reizvoller Küstenort*

Das **Mahone Bay Settlers Museum & Cultural Centre** verdeutlicht in einem historischen Haus aus dem Jahr 1850 durch Möbel, Keramiken und Haushaltsgegenstände die Lebensweise der ersten Siedler im 18./19. Jh.
Mahone Bay Settlers Museum & Cultural Centre, *578 Main St.,* ☏ *902-624-6263, www.mahonebaymuseum.com, geöffnet Juni– Sept. Di–So 10–16 Uhr, Eintritt frei.*

Inzwischen ist der Fremdenverkehr zu einer wichtigen Einnahmequelle des Ortes geworden, der komfortable Übernachtungsmöglichkeiten, gepflegte Restaurants, originelle Geschäfte und gute Möglichkeiten zum Segeln, Bootfahren und Wandern bietet.

Kirchen in Mahone Bay

Reisepraktische Informationen zu Mahone Bay

i Information
Visitor Information, *165 Edgewater St.,* ☎ *902-624-6151 oder 1-888-624-6151, www.mahonebay.com, geöffnet Mo–Fr 10–17 Uhr.*

Unterkunft
$$$ Bayview Pines Country Inn, *678 Oakland Rd.,* ☎ *902-624-9970, www.bayviewpines.com, dieses ruhig gelegene Bed and Breakfast wird seit 20 Jahren von einem freundlichen englischen Ehepaar betrieben. Liebevoll und individuell eingerichtete Zimmer mit Bad, dazu zwei Apartments ($$$-$$$$) für längere Aufenthalte. Tolle Aussicht auf die Bucht.*
$$$ Fisherman's Daughter Bed and Breakfast, *97 Edgewater St.,* ☎ *902-624-0660, www.fishermans-daughter.com, das um 1840 gebaute, restaurierte Haus liegt in der Ortsmitte und verfügt über vier komfortable Zimmer mit eigenem Bad, sehr gutes Frühstück. Geöffnet Mai–Okt.*
$$$ Amber Rose Inn, *319 West Main St.,* ☎ *902-624-1060, www.amberroseinn.com, in dem 1875 gebauten Haus wurden drei geräumige, geschmackvoll gestaltete Gästezimmer eingerichtet, mit angeschlossener Galerie regionaler Künstler.*

Einkaufen
Amos Pewter, *589 Main St.,* ☎ *1-800-565-3369, in Kanada sehr bekannte Zinngießerei mit großer Auswahl.*

Kanufahren
South Shore Boat Tours, *Marina,* ☎ *902-527-8544, www.southshoreboattours.com, zweistündige Motorbootfahrten entlang der Südküste, mit Gelegenheit zu vielfältigen Tierbeobachtungen.*

Lunenburg

Lunenburg ist Nova Scotias ältester Fischerhafen, der auf eine lange und bewegte Vergangenheit zurückblickt. In der Mitte des 16. Jh. ankerten erstmals französische Seefahrer in der geschützten Bucht, aber erst 100 Jahre später, in den Jahren 1751–1753, ließen sich auf Anweisung des englischen Königs Georg II., der aus dem Hause Hannover stammte, Protestanten aus Deutschland und der Schweiz an dieser Stelle nieder. Da die meisten Siedler aus Lüneburg stammten, gaben sie ihrer neuen Heimat den vertrauten Namen. Fruchtbares Ackerland, reiche Fischgründe, gute Handelsmöglichkeiten und Steuererlasse waren den Siedlern versprochen worden, aber schon bald erkannten sie, dass die Ernteerträge zum Leben kaum ausreichten. So wandten die Lunenburger sich mehr und mehr dem Schiffsbau und dem Fischfang zu und machten Lunenburg zu einem der wichtigsten Fischereihäfen der amerikanischen Ostküste mit einer der größten Fischverarbeitungsanlagen der Welt. Inzwischen sind die Fischvorkommen jedoch weitgehend erschöpft, vor allem die Kabeljaubestände sind aufgrund der jahrelangen Überfischung drastisch zurückgegangen. Der Bootsbau ist weiterhin eine Haupteinnahmequelle der Stadt, der Fremdenverkehr gewinnt zunehmend an Bedeutung.

Von der reichen Vergangenheit zeugen die alten, meist farbig gestrichenen Häuser, die mit Türmchen, Balkonen, Erkern und Balustraden verschönert wurden.

Der Ortskern mit seinen schmucken Häusern wurde als bestes Beispiel einer Stadt der *Welt-* britischen Kolonialzeit in Nordamerika unter Denkmalschutz gestellt und in die *kulturerbe* UNESCO-Liste des Weltkulturerbes aufgenommen. Die im Jahr 1753 gebaute und mehrfach erweiterte Kirche **St. John's** (Townsend St.) brannte im November 2001 ab, konnte aber schon 2005 mit Spenden aus aller Welt wieder aufgebaut werden.

Den historischen Hafen der Stadt kann man am besten auf dem **Front Harbour Trail** kennenlernen. Alles Wissenswerte über Fische, Fischfang und Schiffsbau erfahren Sie am Hafen im interessanten **Fisheries Museum of the Atlantic**, das auf zwei historischen Schiffen und in fünf Hafengebäuden eingerichtet wurde. Sie sehen den alten Scho-

Lunenburg – die Stadt der Schiffsbauer und Fischer

ner „Theresa E. Connor" und den Trawler „Cape Sable", eine Ausstellung zur Geschichte der „Bluenose", einen halbstündigen Film über Hochseefischerei und können auch einem Bootsbauer bei der Arbeit zuschauen. In der neu gestalteten Aquariumsanlage können Besucher neben einheimischen Fischarten wie Kabeljau und Flunder auch seltene Arten wie z. B. den „Blauen Hummer" sehen und teilweise sogar anfassen.
Fisheries Museum of the Atlantic, *68 Bluenose Drive*, ☎ *902-634-4794 oder 1-866-579-4909, http://fisheriesmuseum.novascotia.ca/, geöffnet Anfang Mai–Mitte Okt. tgl. 9.30–17 Uhr, Juli/Aug. 9.30–17.30 Uhr, Eintritt Erwachsene $ 12, Senioren $ 8, Kinder 6–17 J. $ 3.50, Familienkarte $ 26.*

Segelschiff
Bluenose

Größter Beweis für die Tüchtigkeit der Lunenburger Schiffsbauer ist das berühmte Segelschiff „Bluenose", das 1921 als Hochseefangschiff gebaut und in allen Regatten zum ungeschlagenen schnellsten Segler Nordamerikas wurde. Zur Erinnerung an dieses Schiff wurde die Bluenose II 1963 detailgetreu in Lunenburg nachgebaut und kreuzt jetzt vor der Küste Nova Scotias oder liegt im Hafen von Halifax vor Anker. Auch eine kanadische Münze erinnert an die Bluenose: schauen Sie dazu auf die Rückseite eines kanadischen 10-Cent-Stückes! Auch für den Film „Meuterei auf der Bounty" (1962) wurde ein in Lunenburg gebautes Schiff eingesetzt.

info

Das Segelschiff Bluenose

Kanadische und amerikanische Fischereischiffe standen schon seit Jahrzehnten in Wettstreit miteinander, als die Halifaxer Zeitung „Herald" 1920 die „Internationale Fischerei-Trophäe" für das beste Segelschiff aussetzte. Der Sieger war das amerikanische Schiff „Esperanto" aus Massachusetts. Die enttäuschten Neuschottländer beauftragten den Schiffsbauer William Roue, ein neues Hochseefangschiff zu bauen. 1921 wurde die „Bluenose" vom Stapel gelassen. Im Herbst 1921, nach einer langen Saison auf den Grand Banks, errang die

Die Bluenose II – eine „Botschafterin des guten Willens"

„Bluenose" den Sieg. Die begehrte Trophäe konnte der „Bluenose" auch in den folgenden 18 Jahren nicht entrissen werden; sie war der schnellste Segler Nordamerikas.

Mit dem 2. Weltkrieg endete die Zeit der großen Segelschiffe. Trotz großer Bemühungen, das Schiff in Nova Scotia zu belassen, wurde die „Bluenose" 1942 als Frachtschiff zu den Westindischen Inseln verkauft, wo sie 1946 an einem Riff zerschellte. 1963 wurde die „Bluenose II" in Lunenburg anhand der Originalpläne nachgebaut und unterscheidet sich nur im Innenausbau vom Original. 1971 wurde sie für 1 $ an die Regierung von Nova Scotia verkauft und fährt seitdem als „Botschafter des Guten Willens" für Nova Scotia zu vielen kanadischen und amerikanischen Häfen.

Die Abbildung der Bluenose ziert seit 1937 die Rückseite des kanadischen 10-Cent-Stückes und ist auch auf den Kfz-Schildern von Nova Scotia zu sehen.

Am Hafen starten die Ausflugsboote zu Fahrten entlang der Küste und zur Wal- und Vogelbeobachtung; außerdem werden Touren mit einem Glasbodenboot, Fahrten auf großen Segelschiffen und Fahrten auf der Bluenose II angeboten. Wer will, kann sogar für einen Tag als Crewmitglied auf dem Schiff „anheuern" (*Infos: https://bluenose.nova scotia.ca*).

Es gibt abwechslungsreiche, gut gekennzeichnete Wander- und Radwege, wie z. B. den 12 km langen „Bay to Bay Walk" nach Mahone Bay oder den Lunenburg Black Harbor Trail, der der still gelegten Eisenbahntrasse folgt und sich mit dem „Bay to Bay Trail" verbinden lässt.

Reisepraktische Informationen zu Lunenburg

i Information

Lunenburg Visitor Information Centre, *11 Blockhouse Hill Rd.,* ☎ *902-634-8100, 902-634-3656 oder 1-888-615-8305, www.lunenburgns.com, die Touristeninformation ist an der höchsten Stelle des Ortes in einem nachgebildeten Leuchtturm mit Aussichtsplattform eingerichtet. Außerdem wurde gleich am Eingang zur Altstadt ein neues Besucherzentrum eröffnet, geöffnet tgl. Mai und Okt 9–17, Juni und Sept. 9–18, Juli/Aug. 8.30–19 Uhr.*

Unterkunft

$$$ Ashlea House Bed & Breakfast, *42 Falkland St.,* ☎ *1-866-634-7150, www.ashleahouse.com, historisches Herrenhaus aus dem Jahr 1886 mit fünf stilvoll eingerichteten Gästezimmern, jeweils mit eigenem Bad, großem Aufenthaltsraum, Terrasse und ausgezeichnetem Frühstück.*
$$$ Bluenose Lodge, *10 Falkland St.,* ☎ *902-634-8851 oder 1-800-565-8851, www. bluenoselodge.ca. 130 Jahre altes Gästehaus mit neun geräumigen Zimmern und schöner Atmosphäre.*
$$$ Boscawen Inn, *150 Cumberland St.,* ☎ *902-634-3325 oder 1-800-354-5009, www. boscawen.ca, stattliches Herrenhaus aus dem Jahr 1888 mit 16 elegant möblierten Zimmern und schönem Blick vom Stadthügel auf den Hafen.*
$$$ Kaulbach House Historic Inn, *75 Pelham St.,* ☎ *902-634-8818 oder 1-800-568-8818, www.kaulbachhouse.com, viktorianisches Gebäude in zentraler Lage mit antiker Möblierung im alten Ortskern mit acht Nichtraucher-Gästezimmern, Gourmet-Frühstück.*

$$$ The Lunenburg Inn, *26 Dufferin St.,* ☏ *1-800-565-3963, www.lunenburginn.com, das traditionsreiche Gästehaus an der Hauptstraße bietet sieben geschmackvoll eingerichtete Nichtraucherzimmer, Veranda, Kamin und es gibt ein ausgiebiges Frühstück.*

$$$$ Mariner King, *15 King St.,* ☏ *902-634-8509 oder 1-800-565-8509, www.mariner king.com, antik eingerichtete Gästezimmer in einem 170 Jahre alten Haus mit Garten, mitten im Ort.*

Bootstouren

Bluenose II, ☏ *902-634-8483 oder 1-800-441-0347, https://bluenose.novascotia. ca, zwischen Juni und Sept. Fahrten auf dem Nachbau des bekannten Segelschiffes Bluenose, jedoch liegt das Schiff nicht ständig in Lunenburg. Genaue Termine s. Homepage.*

Heritage Fishing Tours, ☏ *902-640-3535 oder 1-877-386-3535, www.boattour.ca, Ausfahrten mit einem kleinen Boot für zwölf Passagiere, einstündige Fahrten auch für Kleingruppen, die ihr Ziel selbst bestimmen wollen, Fahrpreis ab $ 20, Abfahrt Juni–Okt.*

Lunenburg Ocean Adventures, ☏ *902-634-4833 oder 902-521-0251, www.lunen burgoceanadventures.com, Abfahrt der ein- und mehrstündigen Bootsfahrten (Deep Sea Fishing, Diving) am Fisheries Museum.*

Lunenburg Whale Watching, ☏ *902-527-7175, www.novascotiawhalewatching.com, mehrstündige Fahrten zur Wal- und Vogelbeobachtung, Fahrpreis Erwachsene $ 58, Kinder von 5–14 Jahren $ 35, Kinder (2–5 J.) $ 21.*

Star Charters, *an der Fisheries Museum Wharf,* ☏ *902-634-3535 oder 1-877-386-3535, www.novascotiasailing.com, zweistündige Fahrt an der Küste vor Lunenburg mit der Eastern Star, Fahrpreis Erwachsene $ 37, Kinder unter 16 J. $ 18, Familienkarte $ 92.*

Südlich von Lunenburg liegt der **Ovens Natural Park** mit Klippen und Naturpfaden, einem Höhlen-Wanderweg und eindrucksvollen Seehöhlen. Es gibt ein kleines Museum mit Informationen zum Goldrausch von 1861 und die Gelegenheit, sich selbst als Goldwäscher zu versuchen.

Ovens Natural Park, *326 Ovens Rd., Riverport,* ☏ *902-766-4621, www.ovenspark.com, geöffnet Mai–Sept. tgl. 9–17, Juli/Aug. 9–21 Uhr, Eintritt Erwachsene $ 10, Senioren/Kinder (5–15 J.) $ 5. Auch Bootsfahrten sind möglich.*

Schöner Ausflug

Ein schöner Ausflug führt zum ca. 8 km entfernten Fischerdorf **Blue Rocks**, das seinen ursprünglichen Charakter noch weitgehend bewahrt hat und wunderschöne Motive zum Fotografieren bietet. Hier kann man den Fischern bei ihren alltäglichen Arbeiten zuschauen, mit ihnen zum Fischfang oder zum „Lobster Picnic" ausfahren oder ein Fahrrad mieten und die reizvolle Umgebung erkunden.

Etwa 8.200 Menschen leben in **Bridgewater**, einer geschäftigen Stadt im LaHave River Valley mit Übernachtungsmöglichkeiten, Restaurants, einer Landbäckerei und netten Geschäften, wie z. B. einem Ausstellungsraum mit Arbeiten von 30 einheimischen Künstlern.

Information

Bridgewater Visitor Information Centre, *125 Cornwall Rd.,* ☏ *902-530-4677, www.bridgewater.ca.*

Zwischen **Bridgewater** und **Liverpool** reihen sich viele kleine Fischerdörfer und Hafenorte aneinander, wie z. B. **Crecent Beach**, **Petite Rivière**, **Broad Cove**, **Cherry Hill**, **Port Medway**, **West Berlin** und **Beach Meadows**, die sich alle gut auf den Fremdenverkehr eingestellt haben.

Liverpool

Liverpool, heute ein beliebter Ferienort, liegt an der Mündung des Mersey River; der Ort wurde 1759 gegründet und entwickelte sich im 19. Jh. wie Lunenburg zu einem Schiffsbauzentrum. Außerdem war es ein wichtiger Umschlagplatz für Holz, das aus dem Landesinneren über den Mersey River geflößt wurde. Die schönen Holzhäuser erinnern an den Wohlstand früherer Zeiten. In der Touristeninformation erhalten Sie Informationen zu dem knapp einstündigen Rundgang, der **Historic Liverpool Walking Tour**, der Sie zu den interessantesten historischen Stätten führt.

Historischer Stadt-rundgang

Im **Rossignol Cultural Centre** gibt es 5 kleine Museen und Galerien. Im **Perkins House Museum** aus dem Jahr 1766 sind Möbel und Gebrauchsgegenstände aus dieser Zeit ausgestellt.
Rossignol Cultural Centre, *205 Church St., ☎ 902-354-3067, www.rossignolcultural centre.com, Eintritt Erwachsene $ 5, Senioren $ 4, Kinder $ 3.*
Perkins House Museum, *105 Main St., ☎ 902-354-4058, http://perkinshouse.novasco tia.ca, geöffnet Juni–Mitte Okt. Mo–Sa 9.30–17.30, So 13–17.30 Uhr, Eintritt Erwachsene $ 4, Familienkarte $ 9.*

Gleich daneben liegt das **Queen's County Museum** mit Ausstellungen zur Stadtgeschichte und zum Leben der hier ansässigen Indianer.
Queen's County Museum, *109 Main St., ☎ 902-354-4058, www.queenscountymu seum.com, geöffnet 1. Juni–15. Okt. Mo–Sa 9–17, So 13–17, sonst Mo–Sa 9–17 Uhr, Eintritt Erwachsene $ 8, Familienkarte $ 15.*

Ein schöner Spaziergang führt zum **Fort Point Lighthouse Park**, der am Ende der Main St. an der Stelle liegt, wo Samuel de Champlain und Sieur de Monts im Jahre 1604 an Land gingen. Das Fort verteidigte die Siedlung und die Handelsrouten im 18. Jh., 1855 nahm der Leuchtturm seine Arbeit auf. Heute ist er von Mai bis Oktober für Besucher geöffnet; eine interessante Videoshow informiert über das Leben an der Küste und über die Arbeit der Leuchtturmwächter und Fischer. Nicht nur Kinder können gerne das alte Nebelhorn ausprobieren!

Ende Juni/Anfang Juli werden die „**Privateer Days**" mit viel Musik und einer Hochzeitszeremonie im Stil des ausgehenden 18. Jh. Gefeiert; im Mai findet das **Liverpool International Theatre Festival** statt mit internationalen Aufführungen im **Astor Theatre**, 59 Gorham Street, das 1902 gebaut wurde.

Historisches Haus mit Ausguck, dem sogenannten „Widow's walk", in Lunenburg

Fort Point Lighthouse lädt Kinder zu Entdeckungen ein

Reisepraktische Informationen zu Liverpool

Information
Touristeninformation, *28 Henry Hensey Dr., an der Brücke über den Merse River, ☎ 902-354-5421, www.regionofqueens.com, geöffnet Juli/Aug. 9–19 Uhr, Juni–Mitte Sept. 10–17 Uhr.*

Unterkunft
$$$ Best Western Plus Liverpool Hotel, *63 Queens Place Dr., ☎ 902-354-2377 oder 1-800-780-7234, http://bestwesternatlantic.com, gut geführtes und ansprechend eingerichtetes Hotel mit 65 Zimmern am Hwy 103.*
$$$ Lane's Privateer Inn, *27 Bristol Ave, ☎ 902-354-3456 oder 1-800-794-3332, www.lanesprivateerinn.com, ganzjährig geöffnetes Hotel aus dem Jahre 1798 mit 24 Zimmern; mit Restaurant und Pub, kleinem Buchladen, Kanuverleih und schönem Garten.*

Restaurants
Memories Café and Eatery, *28 Water St., kleines Café, mit gesunden, leichten Gerichten.*

Stadtrundgang
Von Mai–Sept. werden geführte Spaziergänge zu den historischen Sehenswürdigkeiten von kostümierten Führern angeboten.

Tipp
Falls Sie der Lighthouse Route über Liverpool hinaus bis Yarmouth folgen wollen, sollten Sie dafür einen ganzen Tag einplanen. Von Yarmouth aus können Sie dann über den Hwy 101 weiter nach Digby fahren.

Die **Lighthouse Route** führt zu vielen kleinen Fischerdörfern, die einen ganz besonderen Reiz haben, zu schönen, meist einsamen Sandstränden und Badebuchten, zu Ferienorten, in denen Sie die Ateliers einheimischer Künstler besuchen können, zu Provinzparks mit schönen Bade- und Picknickplätzen und guten Möglichkeiten zur Tierbeobachtung.

Einen besonders schönen Strand finden Sie in **Port Mouton**, 18 km südlich von Liverpool. Das ungewöhnlich klare Wasser im **Spectacle Island Dive Park** eignet sich besonders gut zum Schnorcheln und Tauchen, wobei Sie Schiffswracks, Riffe und viele Fische entdecken werden.

Zwischen Port Mouton und Port Joli liegt an der Küste der 22 km² große Park **Kejimkujik Seaside Adjunct**, der dem Kejimkujik Nationalparksystem angeschlossen ist. Zwei Wanderwege, die immer wieder grandiose Ausblicke auf den Atlantik bieten, führen in dieses unberührte Gebiet mit herrlichen weißen Sandstränden, zu denen auch der 4 km lange **St. Catherines River Beach** gehört. Hier können Sie Seehunde und viele Seevogelarten beobachten. In den Feuchtraumgebieten des Parks leben einige bedrohte Küstenvögel wie z. B. der Gelbfuß-Regenpfeifer. *Schöne Sandstrände*
Kejimkujik Seaside Adjunct, *1188 St. Catherines River Rd., Port Joli, ☎ 902-682-2772, www.pc.gc.ca.*

Lockeport ist wegen seiner schönen, feinsandigen Strände bekannt, zu denen auch der 1,5 km lange Strand von Crescent Beach mit einem neuen **Besucherzentrum**, 157 Locke St., und allen Strandeinrichtungen gehört. Sehenswert sind einige historische Häuser aus den Jahren 1836–1876 und das **Little School Museum**, das in der 1845 gebauten Schule eingerichtet wurde.
Little School Museum, *29 Locke St., ☎ 902-875-7768, www.lockeport.ns.ca.*

Die Umgebung ist mit Wäldern, kleinen Seen, Salzwassermarschen und Meeresstränden für Tierbeobachtungen sehr geeignet; nur wenige Kilometer entfernt liegt der schöne „Islands Provincial Park", der zum Baden einlädt.

Shelburne

Der 1783 gegründete Ort **Shelburne** war eine der größten Loyalistensiedlungen in Nordamerika und ist bis heute ein wichtiges Schiffsbauzentrum. Die Hafenfront mit ihren ansprechend restaurierten Handelshäusern und die schönen alten Wohnhäuser des 18. Jh. machen den besonderen Reiz des Ortes aus; einige dieser Häuser wurden als Museen eingerichtet.

 Hinweis
Für alle Museen gibt es ein **Kombiticket**. Eintritt Erwachsene $ 8.

Das **Ross-Thomson House** hat einen authentischen Laden des 18. Jh. und einen schön angelegten „Loyalist Garden".
Ross-Thomson House, *9 Charlotte Ln., ☎ 902-875-3219, geöffnet Juni–Mitte Okt. tgl. 9.30–17.30 Uhr, Eintritt Erwachsene $ 4, Senioren $ 3, Kinder und Jugendliche –16 J. frei.*

ℹ Information
Shelburne Nova Scotia, *43 Dock St., an der Hafenfront, ☎ 902-876-4547, www.shelburnenovascotia.com, geöffnet Mitte Mai–Mitte Okt.*

Im ehemaligen **J.C. Williams Dory Shop** wurden bis 1971 Tausende Fischerboote ausschließlich in Handarbeit hergestellt. Eine Ausstellung verdeutlicht den ganzen Arbeitsprozess.

The Dory Shop Museum, *11 Dock St,* ☎ *902-875-3219, https://doryshop.novascotia.ca, geöffnet Juni–Mitte Okt. tgl. 9.30–17.30 Uhr, Eintritt Erwachsene $ 4, Senioren $ 3, Kinder und Jugendliche –16 J. frei.*

Gleich daneben liegt das **Shelburne County Museum** mit einer Feuerwehrpumpe aus dem Jahr 1740 und wechselnden Ausstellungen zur Geschichte der Region.

Traditioneller Bootsbau

Shelburne County Museum, *20 Dock St./Maiden Ln.,* ☎ *902-875-3219, geöffnet Mitte Mai–Mitte Okt. tgl. 9.30–17.30, sonst Mo–Fr 9.30–12 und 14–17 Uhr.*

Im September findet jedes Jahr das **Whirligig Festival** statt, bei dem originelle, selbst gebastelte Windräder aus Holz von Ausstellern aus ganz Kanada päsentiert werden.

Birchtown, 1783 gegründet, war die größte Siedlung befreiter afrikanischer Sklaven, die sich nach dem Unabhängigkeitskrieg in Kanada niederließen.

Im **Black Loyalist Heritage Centre** kann man sich über das Schicksal der rund 3.500 „Black Loyalists" informieren und von dort einen Spaziergang zum historischen Friedhof, dem „Black Burial Ground" machen.

Black Loyalist Heritage Centre, *119 Birchtown Rd.,* ☎ *902-875-1293 oder 1-888-354-0772, http://blackloyalist.com, geöffnet Mitte Mai–Mitte Okt. tgl. 10–17 Uhr, Eintritt Erwachsene $ 8, Senioren/Jugendliche (6–17 J.) $ 5, Familienkarte $ 20.*

Jedes Jahr kommen viele Besucher zum Whirligig Festival

Die Lighthouse Route führt weiter nach **Barrington**, das um 1755 gegründet wurde. Hier haben Sie vom nachgebildeten Leuchtturmmuseum **Seal Island Lighthouse Museum** einen besonders schönen Blick über die Bucht von Barrington.
Seal Island Lighthouse Museum, *2410 Hwy 3, ☏ 902-637-2185, http://capesablehisto ricalsociety.com, geöffnet Juni–Sept. tgl. Mo–Sa 9.30–17.30, So 13–17.30 Uhr, Eintritt Erwachsene $ 5, Familienkarte $ 15.*

Ebenfalls am Hwy 3 liegen zwei kleine heimatkundliche Museen und die 1882 gebaute **Barrington Woolen Mill**, wo Schautafeln über die Arbeit der 1882 gebauten Mühle informieren und in Sommermonaten die Techniken des Spinnens, Färbens und Webens vorgeführt werden.
Barrington Woolen Mill, *2368 Hwy 3, ☏ 902-637-2185, https://woolenmill.novascotia. ca, geöffnet Juni–Sept. tgl. Mo–Sa 9.30–17.30, So 13–17.30 Uhr, Eintritt Erwachsene $ 5, Familienkarte $ 15.*

Cape Sable Island ist der südlichste Punkt der Atlantikprovinzen, eine kleine Insel mit dem lebhaften Fischerhafen **Clark's Harbour** und ausgezeichneten Möglichkeiten zur Vogelbeobachtung.

Die Ortschaften **West Pubnico**, **Middle West Pubnico** und **Lower West Pubnico** gehören zu den ältesten akadischen Siedlungen von Nova Scotia, deren Gründung auf das Jahr 1653 zurückgeht. Für den Besucher zeigt sich der akadische Ursprung daran, dass die Bewohner überwiegend französischsprachig sind. In West Pubnico sehen Sie im **Musée des Acadien des Pubnicos** das akadische Erbe mit Haushaltsgegenständen, einem Webstuhl, Spinnrädern, einer Druckerpresse, alten Karten und eine Sammlung von 325 alten Fotoapparaten. *Akadische Siedlungen*
Musée des Acadien des Pubnicos, *898 Hwy 335, ☏ 902-762-3380, www.museeacadi en.ca, geöffnet Mitte Mai–Aug. Mo–Sa 9–17, So 12.30–16.30, Sept./Okt. Mo–Fr 12.30– 16.30 Uhr, Eintritt Erwachsene $ 4, Kinder unter 12 J. frei.*

In **Tusket**, einer alten holländischen Siedlung, steht das 1805 gebaute **Argyle Township Court House & Goal**, eines der ältesten Gerichtsgebäude in Kanada aus dem Jahre 1805. Im Sommer werden Führungen durch das sorgfältig restaurierte Haus angeboten, wobei u. a. die Gefängniszellen und der Gerichtssaal besichtigt werden.
Argyle Township Court House & Goal, *8162 Hwy 3, ☏ 902-648-2493, geöffnet Mai/Juni/Sept./Okt. Mo–Fr 8.30–16.30 Uhr, Juli/Aug. tgl. 9–17, Eintritt Erwachsene $ 2, Kinder unter 10 J. frei, Familienkarte $ 4.*

Die kleine Ortschaft **Wedgeport** liegt etwa 10 km südlich des Hwy 3 an der Route 334 und war früher ein wichtiges Zentrum für den Thunfischfang. Das **Sport Tuna Fishing Museum and Interpretative Centre** informiert über den Thunfischfang und über die akadische Geschichte.
Sport Tuna Fishing Museum and Interpretative Centre, *57 Tuna Wharf Rd., Hwy 334, Lower Wedgeport, ☏ 902-663-4345, www.wedgeporttunamuseum.com, geöffnet Juni– Ende Aug. 9–18 Uhr, Eintritt $ 3.*

Yarmouth

Yarmouth wurde schon 1651 von französischen Siedlern gegründet und ist auch heute noch eine akadische Region mit teilweise frankophoner Bevölkerung. Im 19. Jh. entwickelte der Ort sich zu einem wichtigen Schiffbauzentrum und verlor erst durch die aufkommende Dampfschifffahrt an Bedeutung. Heute sind Fisch- und Hummerfang, Fremdenverkehr und der Fährhafen die wichtigsten Erwerbsquellen.

Die Sehenswürdigkeiten des Ortes

➤ Das gut gestaltete **Yarmouth County Museum & Archives**, das in einer alten Kirche eingerichtet wurde und über die Geschichte der Seefahrt informiert. In fünf Räumen werden historische Dokumente und Fundstücke aus Nova Scotia präsentiert.
Yarmouth County Museum & Archives, *22 Collins St.,* ☎ *902-742-5539, http://yarmouthcountymuseum.ca, geöffnet Juni–Sept. Mo–Sa 9–17, sonst Di–Sa 14–17 Uhr, Eintritt Erwachsene $ 3, Senioren $ 2.50, Studenten $ 1, Kinder und Jugendliche (6–14 J.) $ 0.50, Familienkarte $ 6.*

➤ Die **Art Gallery of Nova Scotia** mit Werken moderner Künstler aus den Atlantikprovinzen und mit interessanten Wechselausstellungen.
Art Gallery of Nova Scotia, *341 Main St.,* ☎ *902-749-2248, www.artgalleryofnovascotia.ca, geöffnet Mi–Sa 10–17, So 12–17 Uhr, Eintritt Erwachsene $ 6, Senioren $ 5, Studenten $ 3.50, Kinder und Jugendliche von 6–17 J. $ 2.50, Familienkarte $ 15.*

➤ Das **Firefighters Museum of Nova Scotia** mit verschiedenen alten Feuerwehrgeräten, historischen Löschfahrzeugen und einem „Löschapparat" für Kinder.
Firefighters Museum of Nova Scotia, *451 Main St.,* ☎ *902-742-5525, https://firefightersmuseum.novascotia.ca, geöffnet Mo–Sa 9–18, So 10–17 Uhr, Eintritt Erwachsene $ 4, Senioren $ 3, Kinder und Jugendliche $ 2, Familienkarte $ 8.*

Lohnendes Ausflugsziel

Eine schöne, etwa 11 km lange Fahrt führt über den Cape Forchu Scenic Drive an der Route 304 entlang zum **Cape Forchu**, wo an der Stelle des 1840 gebauten Leuchtturms nun ein neuerer Turm steht, dessen Licht eine Reichweite von über 50 km hat. Das Besucherzentrum informiert über die regionale Seefahrt und die geologische Entwicklung dieser Region; Picknickplätze laden zur Rast ein. Auf den schönen Wanderwegen rund um das Kap bieten sich immer wieder herrliche Ausblicke, reizvolle Fotomotive und gute Möglichkeiten zur Vogelbeobachtung.
Cape Forchu, Lightstation Museum und Mug Up Tea Room, *1856 Cape Forchu, Hwy 304,* ☎ *902-742-4522, www.capeforchulight.com, geöffnet Mai–Sept. tgl. 9–17 Uhr.*

Reisepraktische Informationen zu Yarmouth

ℹ Information
Visitor Information Centre, *228 Main St.,* ☎ *902-742-5033, www.yarmouthandacadianshores.com, oberhalb der Fähranlegestelle, Informationen über Nova Scotia allgemein und u. a. eine gute Beschreibung eines Stadtrundganges durch Yarmouth.*

Fähre
Nach längerer Unterbrechung gibt es seit 2014 wieder eine tägliche Verbindung (außer Di) zwischen **Yarmouth** *und* **Portland** *im Bundesstaat Maine/USA von Mitte Mai–Ende Okt. Die Überfahrt dauert 10 Std., Kabinen sind buchbar,*
The CAT, *58 Water St.,* ☎ *1-877-762-7245, www.ferries.ca, Fahrpreis: Erwachsene ab US-$ 80, Kinder (6–13 J.) US-$ 49, Senioren US-$ 77, Pkw ab US-$ 149, Pkw ab US-$ 99. Rechtzeitige Reservierungen sind in der Hochsaison zu empfehlen.*

Unterkunft
$$–$$$ **Lakelawn B&B and Motel**, *641 Main St.,* ☎ *902-742-3588, www.lakelawnmotel.com, gut gelegenes, sympathisches Bed and Breakfast der alten Schule mit bequemen, sauberen Zimmern inkl. Bad.*

Spektakuläre Aussichten bieten sich am Cape Forchu

$$$ Best Western Mermaid Hotel, *545 Main St.,* ☎ *902-742-7821 oder 1-800-780-7234, www.bestwestern.com, zentral und günstig zum Fähranleger gelegenes Hotel mit 45 geräumigen Zimmern, Swimmingpool.*
$$$ Comfort Inn, *96 Starrs Rd.,* ☎ *902-742-1119, www.comfortinn.com, modernes Hotel mit kürzlich renovierten, freundlich eingerichteten Zimmern,*
$$$ Rodd Grand Yarmouth, *417 Main St.,* ☎ *902-742-2446, www.roddvacations.com, zentral in der Innenstadt gelegenes Hotel mit 135 ansprechend eingerichteten Zimmern, teilweise mit Meer- und Hafenblick, Swimmingpool, Sauna und Fitnessraum.*
$$$$ Churchill Mansion Country Inn, *44 Old Post Rd.,* ☎ *902-400-0045, www.churchillmansion.com, in dem 1890 gebauten Haus gibt es drei unterschiedlich große Gästezimmer und ein Cottage, jeweils mit eigenem Bad, zwei große Aufenthaltsräume, Kanu- und Fahrradverleih und schöne Ausblicke auf den Darling Lake oder die Bay of Fundy.*

Von Yarmouth nach Digby

In Yarmouth endet die Lighthouse Route; an dem Küstenabschnitt zwischen Yarmouth und Digby, dem **Evangeline Trail**, liegen kleine malerische Fischerdörfer, wie z. B. Sandford mit einem hübschen Hafen, der von einer kleinen hölzernen Hebebrücke überspannt wird, und alte akadische Siedlungen, deren Bewohner von den ersten französischen Einwanderern abstammen, die sich bereits im frühen 17. Jh. hier niederließen. Die meisten Menschen in diesen Dörfern sind zweisprachig.   *Malerischer Küstenabschnitt*

In **Pointe de l'Église** (oder **Church Point**) ist die auf dem Campus der Universität stehende St. Mary's Church, errichtet zu Beginn des vergangenen Jahrhunderts, ein Zentrum der akadischen Kultur und darüber hinaus eine der größten Holzkirchen Nordamerikas.

Der 1783 gegründete Ort **Weymouth** ist heute vor allem bei Wassersportlern beliebt, die Mary's Bay mit dem Kanu oder Kajak erforschen, und bei Mineralogen oder Mineraliensammlern, die in dieser Region Amethysten, Almandine und andere Quarzkristalle finden können.

Reisepraktische Informationen zum Evangeline Trail

 Unterkunft
➤ **Meteghan**

$$$ **L'Auberge au Havre du Capitaine**, *9118 Hwy 1, Meteghan River, ☏ 902-769-2001, www.havreducapitaine.ca, ganzjährig geöffnetes Landgasthaus mit 18 Zimmern, teilweise mit eigenem Bad, einem gemütlichen Aufenthaltsraum mit Kamin und schönem Blick auf die St. Mary's Bay.*

➤ **Weymouth**

$$ **Goodwin Hotel**, *4616 Route 1, ☏ 902-837-5120, ganzjährig geöffnetes, seit 1890 bestehendes Gasthaus mit zehn Zimmern, teilweise mit eigenem Bad, und Restaurant.*

➤ **Little Brook**

$$$ **Chateau Sainte-Marie B&B**, *959 Hwy 1, ☏ 902-769-8346, www.chateausainte-marie.ca, das kleine Bed and Breakfast bietet 7 behaglich eingerichtete Zimmer mit Bad und teils schönem Meerblick.*

An diesem Küstenabschnitt liegen außerdem mehrere **Provincial Parks**, wie z. B. der Smugglers Cove Provincial Park bei **St. Alphonse**, am Leuchtturm von **Gilbert's Cove** und der Savary Provincial Park bei **Plympton**.

Nach etwa 75 km erreichen Sie die Stadt Digby, wo es Fährverbindungen nach New Brunswick gibt (s. S. 462).

Von Liverpool über Annapolis Royal und Digby nach Saint John/NB

 ## Streckenhinweis

Von Liverpool folgen Sie dem Hwy 8, der auch Kejimkujik Drive genannt wird, über Caledonia zum Kejimkujik National Park und weiter bis nach Annapolis Royal. Von dort führt der Hwy 1 nach Digby; mit der Fähre überqueren Sie dann die Bay of Fundy nach Saint John/New Brunswick. Entfernung Liverpool–Digby 142 km.

Der Kejimkujik Drive folgt einer der ältesten Reiserouten Nordamerikas, denn die Kette der Seen und Flüsse war seit alters her die Wasserstraße für die Kanufahrten der Indianer. 1686 kam DeMeulles als erster Europäer in dieses Gebiet; 1799 beschloss dann die Provinzregierung den Bau eines „Pfades durch die Wildnis"; dies war der Beginn des Kejimkujik Drive. Heute führt die Straße vorbei an kleinen Siedlungen, Sägemühlen, Wäldern und Weihnachtsbaumanpflanzungen bis zum Kejimkujik National Park. Besonders reizvoll ist diese Fahrt im Herbst, wenn die ersten Nachtfröste das Laub der Bäume färben und der „Indian Summer" seinen Einzug hält. *Routenalternative*

Über 60 % des Waldbestandes sind in Privatbesitz; so gehören z. B. der großen amerikanischen Tageszeitung Washington Post große Waldgebiete am Mersey River, die zur Papierherstellung für die Zeitung genutzt werden.

Kejimkujik National Park

Der Kejimkujik National Park, Maitlandbridge, zählt zu den schönsten Nationalparks Kanadas; Wälder, Flüsse und Seen prägen das 403 km² große Gebiet, das einst Heimat der Micmac-Indianer war. Sie nutzten die Wasserwege, um das Land zwischen der Bay of Fundy und dem Atlantik zu durchqueren. Etwa ein Fünftel der Parkfläche ist mit dem Auto zu erreichen, der größere Teil ist ein Paradies für Kanufahrer, Wanderer, Botaniker und Tierfreunde, die zu jeder Jahreszeit Neues entdecken und beobachten können: Rotwild, Stachelschweine oder Biberbauten, Wasserlilien, Hemlocktannen, Orchideen oder Farne, den Ruf des Loons oder den Schrei der Eulen, Wasserfälle, Seeufer und Badestrände oder im Herbst die überwältigende Farbenpracht der Laubfärbung. *Unberührte Natur*

Der Kejimkujik Park ist der einzige Naturraum in den Atlantikprovinzen, wo die seltene „Blandingsschildkröte" lebt; sie ist leicht erkennbar an ihrem gelben Hals und den Streifen auf ihrem Panzer.

Reisepraktische Infos zum Kejimkujik National Park

ℹ️ Information
Informationszentrum, ☎ 902-682-2772, am Parkeingang, www.pc.gc.ca, Informationen über Zeltplätze, Kanurouten, Wanderwege, Tierbeobachtungen und Veranstaltungen mit ausführlichem Material. Der Park ist ganzjährig geöffnet; das Besucherzentrum Ende Mai–Juni und Sept. Mo–Do 8.30–16.30, Fr bis 19, Sa/So bis 18, Juli/Aug. tgl 8.30–20, Okt. tgl. 8.30–16.30 Uhr. Eintritt zum Park Mai–Okt. Erwachsene $ 6, Senioren $ 5, Kinder und Jugendliche 6–16 J. $ 3, Familienkarte $ 15.

⚠️ Camping
In der Jeremy's Bay gibt es einen Campingplatz mit 329 Plätzen für Zelte und Wohnwagen, Toiletten und Duschen, Übernachtung von Mai–Okt. $ 29,40; außerdem liegen 52 einfache Zeltplätze entlang der Trails und Kanurouten, ohne sanitäre Einrichtungen.

🛏️ Unterkunft
am Hwy 8, außerhalb des Kejimkujik National Park
$$ The Whitman Inn, 12389 Hwy 8, Kempt, ☎ 902-682-2226 oder 1-800-830-3855, www.whitmaninn.com, historisches, familiär geführtes Landgasthaus mit altem Mobiliar, schönem Aufenthaltsraum, Pool und guter Küche, nur 5 Fahrminuten vom Nationalpark entfernt
$$$$ Mersey River Chalets, am Hwy 8, in Caledonia, ☎ 902-682-2443 oder 1-877-667-2583, www.merseyriverchalets.ns.ca, die rollstuhlgerecht ausgestattete Ferienanlage mit sieben kanadischen Holzhäusern und vier Indianerzelten liegt ca. 7 km vom Kejimkujik National Park entfernt.

Restaurants
Eine kleine Kantine gibt es am beaufsichtigten Badestrand von Merrymakedge.

 Autofahren
Autofahren ist nur auf den befestigten Straßen zum Campingplatz an der Jeremys Bay, zur Bootsanlegestelle in Jake's Landing und zum Badestrand in Merrymakedge erlaubt.

Kanutouren
Mit dem Kanu lernen Sie den Park am besten kennen; Sie können ein- oder mehrtägige Fahrten über das ausgedehnte Fluss- und Seennetz unternehmen oder an einem der von Parkrangern geführten ca. 1,5–2-stündigen Kanutrips teilnehmen. Genauere Informationen zu den einzelnen Routen gibt Ihnen der Backcountry Guide, den Sie im Informationszentrum kaufen können, oder das kostenlose Informationsblatt Day Canoe Trips.
Whynot Adventure and Keji Outfitters, 1507 Main Parkway, Maitland Bridge, ☎ 902-682-2282, http://whynotadventure.ca, bei Jake's Landing gelegener Verleih von Kanus, Mountainbikes und Campingausrüstung. Auch Shuttle-Service.

Wandern
Die verschiedenen Wanderwege, die in Länge und Schwierigkeitsgrad variieren, sind alle zuverlässig gekennzeichnet; gutes Schuhwerk ist jedoch immer erforderlich. Für Rollstuhlfahrer ist der kurze Mersey Meadow-Rundweg und der Weg von Jakes Landing zur Merrymakedge geeignet.

Radfahren
Das Radfahren ist nur auf den befestigten Straßen, die auch für Autofahrer zugelassen sind, erlaubt. Auf den Wanderwegen ist das Radfahren verboten. Ausgeschildert als Routen sind: **McGinty Lake**: Hin- und Rückfahrt 10 km, **Fire Tower Road**: Hin- und Rückfahrt 36 km.

Annapolis Valley und Annapolis Royal

Das Annapolis Valley liegt an der Bay of Fundy; das fruchtbare Land wird von 200 m hohen Bergen vor kalten Winden geschützt und wird seit der ersten Besiedlung durch Obst- und Gemüseanbau intensiv genutzt. Die schönste Zeit für einen Besuch ist der Monat Mai, wenn sich das ganze Tal in einen blühenden Obstbaumgarten verwandelt. *Geschichte der Region* Die fast vierhundertjährige Geschichte dieser Region ist gekennzeichnet durch viele kriegerische Auseinandersetzungen und wechselnde Herrschaften. Briten und Schotten (daher der Name Nova Scotia – Neu-Schottland) und Franzosen kämpften um die Vorherrschaft, bis die Briten 1710 das inzwischen befestigte Port Royal eroberten und es zu Ehren ihrer Königin Anne in „Annapolis Royal" umbenannten. 1713 wurde Nova Scotia durch den Frieden von Utrecht den Briten zugesprochen, die Franzosen behielten die Inseln in der Mündung des St.-Lorenz-Stroms. Annapolis Royal wurde die erste Hauptstadt von Nova Scotia.

Annapolis Royal ist ein beliebter Ferienort mit einer guten Auswahl an Hotels und B&B-Häusern, netten Geschäften, kleinen Cafés und originellen Restaurants. Vom kleinen Hafen führt die schön angelegte Promenade Sieur de Mont am Wasser entlang bis zum Rathaus am Fort Anne und bietet je nach Gezeitenstand eindrucksvolle Ausblicke auf die Bay of Fundy. Die Umgebung von Annapolis Royal rühmt sich, Kanadas Geburtsstätte zu sein; überall gibt es Hinweise auf „der, die oder das Erste"! In Port Royal wurde das erste Getreide geerntet, die erste Getreidemühle Nordamerikas gebaut, das erste Theaterstück aufgeführt, der erste Club gegründet, und die ersten Indianer wurden zum Christentum bekehrt.

Sehenswertes in Annapolis Royal und Umgebung

Annapolis Royal, die kleine Stadt am Annapolis River, war bis 1749 die Hauptstadt Akadiens. An die historische Bedeutung der Stadt erinnern das Adams-Ritchie-Haus (1712), das De-Gannes-Cosby-Haus (1708), das das älteste Holzhaus in Kanada ist, und das Runciman-Haus (1817). Die Lower St. George Street ist sogar die älteste Dorfstraße Kanadas.

Das **O'Dell House Museum** ist in einem alten Kutschenhaus eingerichtet und zeigt eine Ausstellung zur Stadtgeschichte, zur regionalen Schifffahrt und zum Schiffsbau. **O'Dell House Museum**, *136 Lower St. George St.,* ☎ *902-532-7754, www.annapolisheri tagesociety.com, geöffnet Di–Do und Sa 9–17, Fr 13–20 Uhr, Eintritt frei, Spende erwünscht.*

Hier finden Sie das **Robertson-McNamara-Haus** mit einer alten Schulausstellung und das **King's Theatre** mit wechselnden Ausführungen und einem Sommer Festival. Gegenüber dem Theater findet von Mai bis Oktober jeweils samstags (*Juli/Aug. auch mittwochs*) der **Farmers' and Traders' Market** statt, wo frische Produkte der Region und bäuerliches Handwerkszeug angeboten werden.

Das **Fort Anne National Historic Site und Museum**, das 1917 zu einer nationalen historischen Stätte erklärt wurde, ist die von Engländern und Franzosen heftig um- *Historische* kämpfte Befestigungsanlage. Sie können die alten Befestigungen, Bastionen, ein Pulver- *Stätte* magazin vom Anfang des 18. Jh. und das Quartierhaus der britischen Offiziere besichtigen. Hier werden Sie ausführlich über die Geschichte Akadiens und Nova Scotias informiert. Von den Wallanlagen bietet sich ein schöner Blick auf das Annapolis Valley und die Bay of Fundy.

Blick auf Fort Anne

Fort Anne National Historic Site und Museum, *St. George St.,* ☏ *902-532-2397, www.pc.gc.ca, der Park ist ganzjährig geöffnet, das Museum ist geöffnet Anfang Juni–Ende Sept. Di–Sa 9–17.30 Uhr, Juli/Aug. tgl. 9–17.30 Uhr, Eintritt Erwachsene $ 4, Senioren $ 3.50, Kinder und Jugendliche 6–16 J. $. 2, Familienkarte $ 10.*

👁 **Führungen**
Nachtführungen zum historischen Friedhof beginnen um 21.30 Uhr am Fort Anne, Juni–Mitte Okt. jeweils So, Di, Mi und Do (Juli–Sept. tgl.), www.tourannapolisroyal.com/ graveyard.html, Erwachsene $ 9, Jugendliche $ 5, Kinder bis 12 J. $ 3.

Botanischer Garten **Annapolis Royal Historic Gardens** ist eine der schönsten Gartenanlagen Kanadas. Das ca. 4 ha große Parkgelände mit seinen prächtig blühenden Blumenrabatten, kleinen Bauerngärtchen, Kräuter- und Gemüsebeeten, großzügig angelegten Gärten mit Wasserspielen und verschiedenen Themengärten bietet immer wieder schöne Ausblicke auf die weiten Wiesen und Feuchtgebiete des Annapolis Valley. Gärtner geben Auskunft über die Pflanzen und ihre Pflege und Anregungen zum Gärtnern nach altem Vorbild oder nach neuesten Kenntnissen.
Annapolis Royal Historic Gardens, *441 St. George St.,* ☏ *902-532-7018, www.histo ricgardens.com, geöffnet Mitte Mai–Mitte Okt. tgl. 9–17, Juli/Aug. bis 20 Uhr, Eintritt Erwachsene $ 14.50, Senioren und Studenten $ 12.50, Jugendliche von 12–18 J. $ 6, Kinder von 6–11 J. $ 3, Familienkarte $ 32.*

Annapolis Royal Tidal Power Generating Station: In diesem Kraftwerk, das als Demonstrations- und Versuchsanlage auf einer kleinen Insel in der Mündung des Annapolis River gebaut wurde, wird die Kraft der Gezeiten, die in der Bay of Fundy besonders groß ist, für die Stromerzeugung genutzt. Es ist die einzige Anlage dieser Art in Nordamerika mit der größten Durchström-Turbine der Welt, die jährlich mehr als 50 Mio. Kilowattstunden erzeugt. Eine Ausstellung informiert über die Arbeitsweise des Kraftwerkes.

Annapolis Royal Tidal Power Generating Station, *236 Prince Albert Rd., am Annapolis River zwischen Annapolis Royal und Granville Ferry,* ☏ *902-532-0502, geöffnet Mitte Mai–Mitte Okt. tgl. 10–18 Uhr, Eintritt frei.*

Habitation Port Royal, am Nordufer des Annapolis River in Port Royal, erreichbar über den Hwy 1, war ein französischer Pelzhandelsposten und die erste europäische Siedlung in Kanada. Überreste des alten Dorfes wurden 1911 entdeckt; 1938 wurde mit der detailgetreuen Rekonstruktion nach den Plänen Champlains begonnen. Heute lernen Sie hier die Lebensweise der Menschen in Kanadas ältester französischer Dauersiedlung kennen. Im Jahr 1604 brachen die französischen Forscher Samuel de Champlain und Sieur de Monts zu ihrer Expedition auf, um auf Geheiß ihres Königs das Gebiet mit den reichen Fischgründen für die französische Krone in Besitz zu nehmen. Die Franzosen landeten zu-

„Siedler" in Port Royal

nächst auf einer Flussinsel; bald wurden sie dort jedoch durch winterliches Treibeis völ- *Großes* lig vom Land abgeschnitten, sie fanden nicht ausreichend frische Nahrung, erkrankten *Museumsdorf* und hatten viele Tote zu beklagen.

Die Überlebenden zogen im folgenden Frühjahr in die geschützte Bucht in der Bay of Fundy, bauten Unterkünfte und gründeten so 1605 Port Royal, die erste europäische Siedlung in Kanada. Diese hatte jedoch nur kurze Zeit Bestand, denn 1613 zerstörten Mitglieder einer englischen Expedition alle Gebäude.

1629 entstand in der Nähe der französischen Siedlung ein schottisches Fort, das bis 1632 bestand; 1635 gründeten die Franzosen nur 8 km entfernt eine neue Siedlung an der Stelle des heutigen Annapolis Royal. Zur frühen Siedlung von Port Royal, die von einem Palisadenzaun umgeben war, gehörten die Häuser des Gouverneurs und des Priesters, eine Kapelle, eine Küche, eine Bäckerei, eine Schmiede, ein Gemeinschaftswohnhaus, Schlafquartiere und Handwerkskammern. Kostümierte „Bewohner" geben den Besuchern Auskunft über das Alltagsleben im 17. Jh.

Habitation Port Royal, *am Nordufer des Annapolis River in Port Royal, erreichbar über den Hwy 1, ☎ 902-532-2898, www.pc.gc.ca, geöffnet Mitte Mai–Mitte Okt. Di–Sa 9–17.30, Juli/Aug. tgl. 9–17.30 Uhr, Eintritt Erwachsene $ 4, Senioren $ 3.50, Kinder und Jugendliche von 6–16 J. $ 2, Familienkarte $ 10.*

Ausflugsziele in der Umgebung

➤ **Delaps Cove Wilderness Trail**, ein Naturschutzgebiet mit Lehrpfaden, herrlichen Ausblicken auf die Bay of Fundy und schönen Rundwanderwegen, wie z. B. dem einstündigen „Bohaker Trail" und dem 2 km langen „Charles Trail", die zu einer ca. 3–4-stündigen Wanderung verbunden werden können.

➤ In dem weitläufigen Freizeitpark **Upper Clements Amusement Park** gibt es Abenteuer, Spiele, Spaß, Musik und Unterhaltung auf traditionelle und moderne Art. Insgesamt erwarten die Besucher hier über 30 Fahrgeschäfte und Attraktionen. Seit 2012 können sich Abenteuerlustige zudem im zugehörigen **Upper Clements Tree Topper Adventure Park** auf einen luftigen Seilbahn-Parcours in den Baumkronen wagen (auch Teilstrecke zu geringerem Preis möglich) und sich bei der Sonder-Attraktion **THE Tower** 20 Meter in die Tiefe fallen lassen.

Upper Clements Amusement Park, *2931 Highway 1, Annapolis Royal, ☎ 902-532-7557 oder 1-888-248-4567, http://upperclements.com, geöffnet Juli–Anfang Sept. 11–19 Uhr (Vorsaison Mitte-Ende Juni 10–17 Uhr), Eintritt (ohne Attraktionen) frei; Tagesticket für nahezu alle Attraktionen Erwachsene $ 34,45, einzelne Fahrten $ 5.75.*

Upper Clements Tree Topper Adventure Park, *geöffnet ab dem Frühling (wetterabhängig, genaue Termine s. Website), Eintritt (Gesamt-Parcours) Erwachsene $ 40, Jugendliche –18 J. $ 34 (Mindestgröße: 158 cm). THE Tower: $ 23 (jeder weitere Sprung: $ 11,50); Kombiticket (Parcours und Tower): $ 51.*

Reisepraktische Informationen zu Annapolis Royal

i **Information**
Annapolis Royal and Area Visitor Information Centre, *236 Prince Albert Rd., ☎ 902-532-5454, www.annapolisroyal.com, in der Tidal Power Station, geöffnet Mitte Mai–Mitte Okt.*
Annapolis Royal Town Hall, *285 St. George St., ☎ 902-532-5454, http://annapolisroyal. com, geöffnet Mitte Okt.–Mitte Mai.*

Unterkunft

Annapolis Royal hat einige schöne, sehr einladend wirkende historische Bed-&-Breakfast-Häuser, von denen die meisten an der St. George St. liegen; die rechtzeitige Reservierung ist unbedingt zu empfehlen.

$$ King George Inn, 548 St. George St., ☎ 1-888-799-5464, www.kinggeorgeinn.20m.com, von Juni–Sept. geöffnetes Haus aus dem Jahr 1868 mit acht liebevoll eingerichteten Zimmern, jeweils mit eigenem Bad, mit Garten, gutem Frühstück, das von der reiseerfahrenen Besitzerin serviert wird.

$$$ Annapolis Royal Inn, 3924 Hwy 1, ☎ 902-532-2323, 30 freundlich eingerichtete Zimmer in schöner Gartenanlage mit guter Weitsicht, Restaurant.

$$$ Bread and Roses Inn, 82 Victoria St., ☎ 902-532-5727 oder 1-888-899-0551, www.breadandroses.ns.ca, restauriertes viktorianisches Haus in ruhiger Seitenstraße mit antiker Möblierung in den neun Zimmern, Badezimmer, Kamin, Nachmittagstee und Frühstück.

$$$ Hillsdale House Inn, 519 George St., ☎ 902-532-2345 oder 1-877-839-2821, www.hillsdalehouseinn.ca, historisches Gebäude aus dem Jahr 1849 mit 13 antik ausgestatteten Zimmern mit eigenem Bad, Speisezimmer, einem großem Garten und Rasenflächen, Ententeich und einer Sammlung alter Fotos und Hotelregister, inklusive Frühstück. Geöffnet Mai–Okt.

$$$ Queen Anne Inn, 494 Upper St. George St., ☎ 902-532-7850, www.queenanneinn.ns.ca, großes, aus dem Jahr 1865 stammendes viktorianisches Haus mit zwölf antik möblierten, großen Räumen mit Badezimmern, inklusive umfangreichem Frühstück.

$$$ The Garrison House, 350 St. George St., ☎ 902-532-5750 oder 1-866-532-5750, www.garrisonhouse.ca, historisches Haus von 1854 mit sieben antik eingerichteten Zimmern, jedes mit eigenem Bad, sehr gutes Restaurant.

Restaurants

The Garrison Grill Restaurant, 350 St. George St., ☎ 902-532-5750, in den beiden historischen Speiseräumen können Sie am Morgen ausgiebig frühstücken, am Nachmittag stilvoll einen English Cream Tea zu sich nehmen oder am Abend elegant speisen.

Ye Olde Towne Pub and Restaurant, 9 Church St., ☎ 902-532-2244, ganzjährig geöffnetes, traditionsreiches, zwangloses Restaurant und Pub mit guten Burger-, Fisch- und Seafood-Gerichten, Bier vom Fass.

Wenn Sie von Annapolis Royal nach Halifax zurückkehren möchten, können Sie über den Hwy 101 über Bridgetown, Middleton und Kentville nach Wolfville fahren und von dort weiter bis Halifax. An dieser Strecke liegt der hübsche Ort **Bridgetown** mit schön restaurierten Häusern und alten Alleen in der Granville St. In **Middleton** ist die „Town Water Clock", Commercial Street, sehenswert. Es ist die erste städtische Wasseruhr in Nordamerika – das Besondere daran ist, dass eines der Uhrwerke durch Wasser, die anderen drei durch Strom angetrieben werden. So macht die Uhr einen Vergleich alter und neuer Technologien möglich.

Städtische Wasseruhr

Digby und Umgebung

Digby ist ein geschäftiger Hafenort im Annapolis Valley mit ca. 2.100 Einwohnern. Der Ort wurde nach dem britischen Admiral Robert Digby benannt, der 1.500 Loyalisten aus den Neuenglandstaaten 1793 an die Bay of Fundy brachte. Grundlage für den Wohlstand des Ortes sind seit jeher Fischfang und Fischverarbeitung; dabei zählen geräucherte Heringe, Digby Chicken genannt, zu den lokalen Spezialitäten. Außerdem ist Digby der Heimathafen einer der größten Scallop-Fangflotten der Welt. Alljährlich im August werden die „Digby Scallop Days" mit viel Musik und originellen Speisen gefeiert.

Am Hafen von Digby

Scallops

info

„Weißes Gold" nennen die Einheimischen die „Scallops" aus der Bay of Fundy, die zu den besten der Welt zählen und deren Verkauf zum Wohlstand der Akadier beiträgt. Scallops sind bei uns als Jakobsmuscheln bekannt und werden von Feinschmeckern als Coquilles Saint Jacques sehr geschätzt. Diese Muscheln gehören zur Familie der Kamm-Muscheln mit strahlig gerippten, fächerförmigen Klappen. Es sind Meeresbewohner, die nur im Nordatlantik und im Indopazifik leben; durch Auf- und Zuklappen ihrer Schalen können sie nach dem Rückstoßprinzip schwimmen. Der Muschelkörper ist in der Regel weiß; falls der weiße Muschelkörper von einer orangefarbenen Masse umgeben ist, handelt es sich um eine weibliche Jakobsmuschel. Die farbige Masse ist der Rogen, der als besondere Delikatesse gilt und „corail" genannt wird.

Das feste Fleisch der Scallops steckt in großen, flachen Muschelschalen, die man als Förmchen zum Überbacken von kleinen Vorspeisen, z. B. von Ragout fin, kennt.

Da Digby Ausgangshafen für die wichtige Fährverbindung nach Saint John/New Brunswick ist, hat der Ort sich mit kleinen Hotels, einigen Bed&Breakfast-Häusern und mehreren Restaurants auf Besucher eingestellt.

Fährverbindungen nach New Brunswick

Ein Spaziergang entlang der neu gestalteten Hafenfront führt zu dem restaurierten Fangschiff „Lady Vanessa" und zum **Admiral Digby Museum**, das über die lokale Geschichte informiert

Admiral Digby Museum, 95 Montague Row, ☎ 902-245-6322, http://admiraldigbymuse um.ca, geöffnet März/April/Okt./Nov. Di–Fr 13–16.30, Mai Mo–Fr 13–16.30, Juni Mo–Mi 13– 16.30, Do/Fr 9–16.30, Juli/Aug. Mo–Sa 9–17, Sept. Mo 13–16.30, Di–Fr 9–16.30 Uhr; Mittags-pause 12–13 Uhr; da auch sonst wegen Personalmangels stundenweise geschlossen sein kann (außer im Sommer), sollte man seinen Besuch auf jeden Fall telefonisch anmelden. Eintritt frei.

Reisepraktische Informationen zu Digby

i Information
Nova Scotia Visitor Information Centre, 110 Montague Row, an der Shore Rd. am Hafen, ☎ 902-245-2201, geöffnet Mai tgl. 9–17, Juni–Mitte Okt. 8.30–19.30 Uhr.

Fähre
MV Fundy Rose, **Bay Ferries**, ☎ 902-245-2116 oder 1-888-249-7245, www.fer ries.ca. Die Anlegestelle „**Bay Ferries Terminal**" liegt außerhalb der Ortschaft. Die Autofäh-re verkehrt 1–2-mal tgl. nach Saint John, New Brunswick, Dauer der Überfahrt ca. 3 Std. Reser-vierungen sind empfehlenswert. Preise in der Hochsaison für eine Strecke: Auto $ 94, Erwachse-ne $ 47, Senioren $ 37, Studenten $ 37, Kinder von 6–13 J. $ 32, Kinder bis 5 J. frei.

Unterkunft
$$ Bayside Inn B&B, 115 Montague Row, ☎ 1-888-754-0555, www.baysideinn. ca, das historische Haus mit zehn freundlich eingerichteten Zimmern liegt direkt an der Ha-fenpromenade mit schöner Aussicht auf das Annapolis Basin, von April–Okt. geöffnet.
$$ Coastal Inn Digby, 111 Warwick St., ☎ 1-800-401-1155, https://coastalinns.com, in der Nähe der Fährstation, gut geführtes Haus mit 36 Zimmern, Restaurant und Deutsch spre-chender Bedienung, ganzjährig geöffnet.
$$ Seawinds Motel, 90 Montague Row, ☎ 902-245-2573, www.seawindsmotel.ca, kleines, freundlich geführtes Haus mit zehn Zimmern mit Küchenzeile und Blick auf die Annapolis Basin.
$$ Summer's Country Inn, 16 Warwick St., ☎ 902-245-2250, www.summerscountry inn.ca, zentral gelegenes Hotel in einem viktorianischen Haus von 1830 mit elf freundlich ein-gerichteten Zimmern.
$$$ Admiral Digby Inn, 441 Shore Rd., ☎ 902-245-2531 oder 1-800-465-6262, www. digbyhotels.com, knapp 1 km von der Fähre entfernt, 46 geräumige Motelzimmer mit schö-nem Blick auf das Annapolis Basin, beheizter Swimmingpool, Restaurant.
$$$–$$$$ Cliffside B&B, 1820 Culloden Rd., ☎ 902-245-4285 oder 1-855-280-8445, http://cliffside.ca, ca. 10 km von Digby entfernt gelegenes Haus in ruhiger Lage mit vier gut ausgestatteten Gästezimmern, schöner Blick auf die Bay of Fundy.
$$$$ Digby Pines Golf Resort, 103 Shore Rd., ☎ 902-245-2511, 1-800-667-4637, www. digbypines.ca, 2,5 km von der Fähranlegestelle entfernt, in landschaftlich reizvoller Lage mit schö-nem Blick auf das Annapolis-Tal gelegene großzügige Hotelanlage mit 85 Zimmern und Cottages mit 1–3 Zimmern, Swimmingpool, Tennisplätze, Golfplatz, Spielplatz. Geöffnet Mai–Okt.

Restaurants
Admiral Digby Restaurant, 441 Shore Rd., ☎ 902-245-2531, im Hotel Admiral Digby Inn, freundliches Restaurant mit Meeresspezialitäten und schöner Aussicht, preiswert.
Fundy Restaurant, 34 Water St., ☎ 902-245-4950, großes Restaurant mit schönen Aus-sichtsterrassen, Fischgerichte, Steaks und Pasta, mittlere Preiskategorie.

Ausflüge in der Umgebung von Digby
Digby ist gut als Ausgangsort für Ausflüge zur **Bay of Fundy** geeignet, die als eines der besten Walbeobachtungsgebiete an der amerikanischen Ostküste gilt.

Digby Neck Brier Island

Von Digby führt der Hwy 217 West auf die Halbinsel **Digby Neck**, durchquert sie in *Reizvoller* ganzer Länge und bietet immer wieder schöne Ausblicke auf die Bay of Fundy. Am *Ausflug* Hwy liegen kleine Siedlungen, wie z. B. **Sandy Cove**, ein bekanntes Künstlerdorf, Mink Cove und Little River, aber auch Aussichtspunkte wie Gulliver's Cove und Flour Cove. Am Lake Midway gibt es einen großen Picknickplatz mit Badegelegenheit im Süßwassersee.

Auf dieser Strecke müssen Sie zweimal mit einer **Fähre** übersetzen:

Von **East Ferry nach Tiverton**, 24 Stunden-Service, Dauer der Überfahrt zehn Minuten, Preis für Hin- und Rückfahrt Auto $ 7, Fußgänger kostenlos, Abfahrt jeweils zur halben Stunde in East Ferry.

Von **Freeport nach Westport**, 24 Stunden-Service, Dauer der Überfahrt zehn Minuten, Preis für Hin- und Rückfahrt Auto $ 7, Fußgänger kostenlos, Abfahrt jeweils zur vollen Stunde in Freeport, die Fähre kann zwölf Autos transportieren.

Die kleinen Ortschaften, deren Bewohner einst nur vom Fischfang lebten, haben sich längst mit guten Übernachtungsmöglichkeiten und Restaurants auf den Tourismus eingestellt und bieten Ausflugsfahrten zur Wal- und Vogelbeobachtung an.

Die **Walbeobachtungsfahrten** finden von Juni bis September statt und dauern etwa 3–3,5 Std. Die Durchführung der Fahrten ist wetterabhängig, sodass bei Vorausbuchungen telefonisch auch die aktuellen Wetterbedingungen nachgefragt werden sollten. Auf Ihrer Fahrt werden Sie wahrscheinlich Finnwale, Minkwale und Buckelwale beobachten können, aber auch Delfine, Tümmler und Seehunde sowie viele verschiedene Seevögel.

Für die Fahrt sollten Sie wind- und regenfeste Kleidung, rutschfeste Schuhe, Sonnenbrille, ggf. Fernglas und Kamera mitbringen.

Reisepraktische Informationen zu Digby Neck Brier Island

Unterkunft
$$ The Olde 1890 Village Inn, *387 Church Hill Rd., Sandy Cove,* ☎ *902-834-2202 oder 905-434-5544, www.theoldevillageinn.com, 13 Zimmer verteilen sich auf das alte Landgasthaus, einen Anbau und drei Cottages. Diese sind gut eingerichtet und haben teilweise Kamin und Balkon, das Restaurant ist wegen seiner guten Küche bekannt.*

Walbeobachtung
Brier Island Whale and Seabird Cruises, *Westport,* ☎ *902-839-2995 oder 1-800-656-3660, www.brierislandwhalewatch.com, Mai–Okt. tgl. 9.30, 13.30 und 17.30 Uhr, wissenschaftliche Begleitung. Reservierung erforderlich, Preise Erwachsene $ 50, Senioren $ 42, Kinder von 4–12 J. $ 28, Kinder unter 3 J. $ 22.*
Ocean Explorations, *Tiverton,* ☎ *902-839-2417 oder 1-877-654-2341, www.oceanexplorations.ca, 3–4-stündige Fahrten nach Vereinbarung.*

New Brunswick

Von Saint John nach Fredericton

Wenn Sie das Fährschiff in Saint John verlassen, betreten Sie die Provinz New Brunswick (Neu-Braunschweig). Um Verwechslungen der Stadt mit St. John's in Newfoundland zu vemeiden, wird Saint John in New Brunswick wird immer vollständig ausgeschrieben, während die Stadt in Newfoundland als St. John's abgekürzt wird.

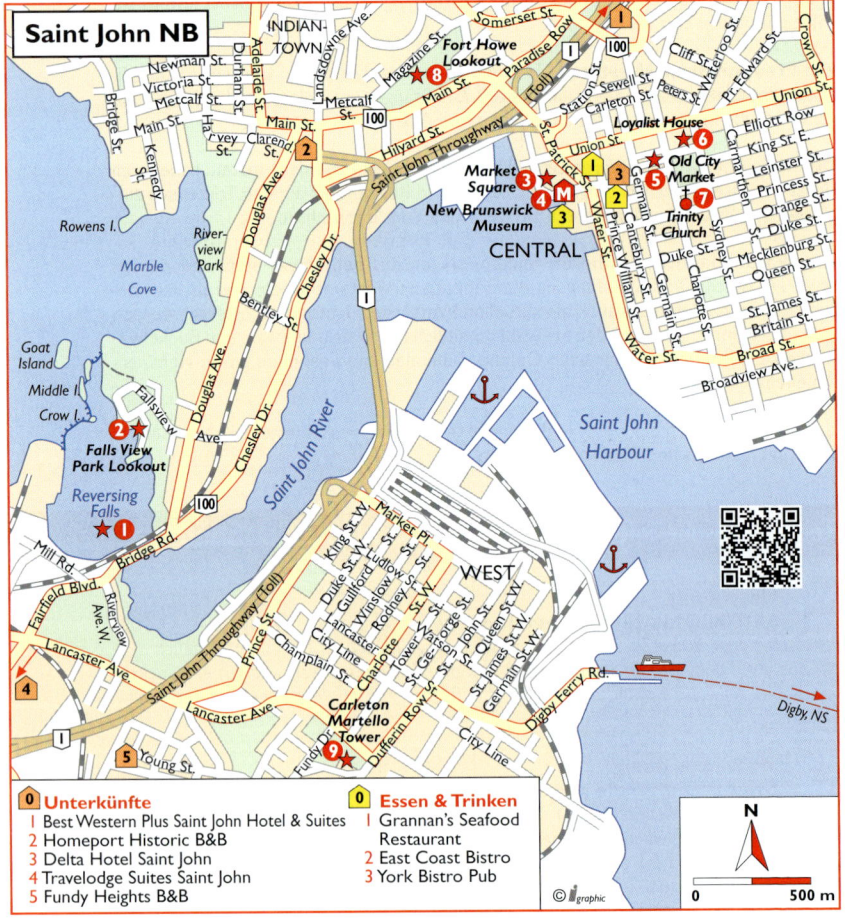

Saint John NB

Fort Howe Lookout
Loyalist House
Old City Market
Market Square
New Brunswick Museum
Trinity Church
CENTRAL
Marble Cove
Rowens I.
Goat Island
Middle I.
Crow I.
Falls View Park Lookout
Reversing Falls
Saint John River
Saint John Harbour
WEST
Carleton Martello Tower
Digby, NS

Unterkünfte	**Essen & Trinken**
1 Best Western Plus Saint John Hotel & Suites	1 Grannan's Seafood Restaurant
2 Homeport Historic B&B	2 East Coast Bistro
3 Delta Hotel Saint John	3 York Bistro Pub
4 Travelodge Suites Saint John	
5 Fundy Heights B&B	

© graphic

N

0   500 m

Saint John/New Brunswick

Saint John, mit knapp 70.000 Einwohnern die größte Stadt von New Brunswick, liegt an der Mündung des Saint John River in die Bay of Fundy; der Besucher wird schnell den Reiz der Stadt entdecken, der in dem Gegensatz von Vergangenheit und Gegenwart, von Kleinstadtcharme und Großstadtatmosphäre, von Naturerlebnis und moderner Technik liegt. Die **Geschichte der Stadt** geht bis ins Jahr 1604 zurück, als Samuel de Champlain die Gegend erforschte und dem Fluss den Namen des Heiligen gab. Die erste feste Siedlung entstand 1762, nachdem das Land durch den Vertrag von Paris den Engländern zugesprochen worden war; im Jahr 1783 ließen sich 3.000 Loyalisten aus den Neuenglandstaaten in Saint John nieder, das sich zu einer wichtigen Handelsstadt mit großen Schiffswerften entwickelte. 1877 wurde die Stadt durch einen Großbrand stark zerstört; der damit einsetzende wirtschaftliche Niedergang konnte erst in den 1960er-Jahren aufgefangen werden. Heute ist Saint John nicht nur eine bedeutende **Industrie- und Handelsstadt mit Werften, Zucker- und Ölraffinerien** und einem wichtigen Umschlaghafen, sondern auch ein angenehmer Aufenthaltsort mit interessantem kulturellem Angebot, modernen Geschäftsvierteln und gepflegten Parkanlagen. Nach der gelungenen Restaurierung hat sich die Hafenfront, die durch einen „**Skywalk**" mit dem Geschäftszentrum verbunden ist, zu einem beliebten Anziehungspunkt der Stadt entwickelt.

Geschichte der Stadt

Die größte Sehenswürdigkeit der Stadt sind die berühmten **Reversing Fall Rapids (1)**, die Stromschnellen.

Redaktionstipps

> die **Reversing Falls**, die Stromschnellen in Saint John, wo der Fluss scheinbar seinen Lauf ändert (S. 465)
> das Museumsdorf **Kings Landing** zeigt das Alltagsleben im 18. und 19. Jh. (S. 475f.)
> der Farmers Market in **Fredericton** findet ganzjährig am Samstagmorgen statt (S. 475)
> der **Grand Falls and Gorge Park** mit Wasserfällen, Höhlen und schönen Aussichten (S. 478)

Die Reversing Fall Rapids

In Saint John ändert das Wasser des Saint John River zweimal täglich seine Fließrichtung von flussabwärts in flussaufwärts. Wie erklärt sich dieses einmalige Naturschauspiel? Der Fluss mündet in die Bay of Fundy, wo sich der Gezeitenwechsel von Ebbe und Flut durch einen Tidenhub von 8,5 m auswirkt. Wenn nun der Fluss die Bay of Fundy bei Ebbe erreicht, liegt die Bucht 4 m tiefer als der Wasserstand des Flusses; der Saint John River stürzt hinab in die Bucht.

Bei aufkommender Flut ändern sich die Verhältnisse: das Wasser in der Bay of Fundy steigt an und erreicht bei der Gezeitengleichheit die Höhe des Flusswasserstandes; die Strömung ist ausgeglichen, die Wasserfläche spiegelglatt, Boote können den Fluss in dieser kurzen Zeit ungehindert in beiden Richtungen befahren. Tritt die Flut ein, ändert sich das Bild ein drittes Mal. Das Wasser in der Bay of Fundy steigt über den Wasserstand des Flusses, das Meerwasser ergießt sich in den Saint John River, ist stärker als der Fluss, sodass es scheint, als ändere der Fluss seine Fließrichtung. Bei abnehmender Flut gleichen sich die Wasserstände von Meer und Fluss einander wieder an, und mit einsetzender Ebbe sinkt der Meerwasserstand unter das Flussniveau.

Am besten können Sie das Ungewöhnliche der „Reversing Fall Rapids" beobachten und auch einschätzen, wenn Sie den Fluss zu drei verschiedenen Tageszeiten jeweils von derselben Stelle aus betrachten. Als **Aussichtspunkt** bietet sich die große Brücke am Besucherzentrum an den Reversing Falls an; fast noch eindrucksvoller ist die Aussicht am **Falls View Park Lookout (2)**, der nicht weit von der Brücke entfernt ist. Sie erreichen ihn über die Bridge Road, Douglas Avenue und folgen dann der Ausschilderung Fallsview. Von hier aus können Sie die Stromschnellen sehen, aber auch Kormorane beobachten, die sich vom wechselnden Lauf des Wassers tragen lassen, oder den Seehunden zuschauen, die sich vielleicht im Wasser tummeln. Die Zeit zwischen den großen Gezeitenunterschieden können Sie für einen Besuch der **Innenstadt** von Saint John nutzen, die in den letzten Jahren durch den Bau moderner Geschäftshäuser, die Restaurierung alter Gebäude und die Sanierung des Hafenviertels zu einem lebendigen Stadtviertel umgestaltet wurde. In den Sommermonaten unterhalten Straßenmusikanten das Publikum, der freie Platz am Hafen wird als Volleyballfeld oder Tanzfläche genutzt, schattige Parkanlagen laden zur Rast ein.

Der **Market Square (3)** liegt an der Hafenfront, direkt im Zentrum der Stadt. Zu diesem großen Gebäudekomplex gehören ein Einkaufszentrum mit mehr als 60 Geschäften, das auf mehreren Ebenen um einen Innenhof mit Wasserspielen und Restaurants liegt, ein Hotel, Konferenzräume und attraktive Wohnungen; außerdem wurde eine Zeile alter Lagerhäuser aus dem 19. Jh. in den Komplex einbezogen, vor deren Front der Hochseeschlepper „Ocean Hawk II" vor Anker liegt. Der Market Square ist durch Übergänge mit dem Büro- und Geschäftsviertel Brunswick Square und mit dem Rathaus verbunden, in dessen oberstem Stockwerk wochentags eine Galerie mit schönem Blick auf die Stadt und den Hafen geöffnet ist.

Im gleichen Gebäude befindet sich das interessante **New Brunswick Museum (4)**, das zu den ältesten Museen Kanadas zählt. Es zeigt Wissenswertes über die Geschichte der Stadt und der Provinz sowie deren wirtschaftliche und kulturelle Entwicklung. Das Museum besitzt interessante Sammlungen mit indianischer Kunst, Fabergé-Silber, Porzellan und Bildern der Region. Im Juli und August gibt es spezielle Angebote für Kinder.
New Brunswick Museum, *1 Market Square, ☎ 506- 643-2300, www.nbm-mnb.ca, geöffnet Mo–Fr 9–17, Do bis 21, Sa 10–17, So 12–17 Uhr (Nov.–Mitte Mai Mo geschlossen), Eintritt Erwachsene $ 10, Senioren $ 8, Kinder und Jugendliche von 4–18 J. $ 6, Familienkarte $ 22.*

In Betrieb seit 140 Jahren

Der **Old City Market (5)** im City Centre besteht schon seit 1876 und gilt als die älteste noch genutzte Markthalle Kanadas. Sie wurde aufwendig unter Verwendung des alten Baumaterials restauriert. Als der Markt eröffnet wurde, zählte Saint John zu den wichtigsten Schiffsbauzentren Nordamerikas; entsprechend großartig wurde das Gebäude gestaltet. Heute finden Sie hier frisches Obst und Gemüse, Blumen, Gewürze, Fleisch, Fisch und Käse, aber auch Hummer und andere Meeresfrüchte. Probieren Sie ein Lobster-Brötchen oder eine Muschelsuppe im neuen verglasten Anbau. Außerdem gibt es kunsthandwerkliche Produkte aus der Region.
Old City Market, *47 Charlotte St., ☎ 506-658-2820, www.sjcitymarket.ca, geöffnet Mo–Fr 7.30–18, Sa 7.30–17 Uhr.*

Das **Loyalist House (6)**, 1810–1817 von einem Loyalisten gebaut, gehört zu den wenigen Häusern, die nicht dem großen Brand von 1877 zum Opfer fielen. Es war mehr als 150 Jahre im Besitz derselben Familie und ist ein gutes Beispiel für die georgianische Innenarchitektur.

Loyalist House, 120 Union Street/Ecke Germain St., ☏ 506-652-3590, www.loya-list-house.com, geöffnet Mitte Mai–Mitte Sept. Mo–Fr von 10–17, Juli/Aug. tgl. 10–17 Uhr, Eintritt Erwachsene $ 5, Kinder und Jugendliche von 4–18 J. $ 2, Familienkarte $ 7.

Der Grundstein für die **Trinity Church (7)**, 115 Charlotte St., wurde 1788 gelegt, der erste Gottesdienst am Weihnachtstag 1791 gehalten. Der Brand von 1877 zerstörte die Kirche, die 1880 wieder aufgebaut wurde. Während der Sommermonate finden Führungen durch die Kirche statt.

Das rekonstruierte Blockhaus **Fort Howe Lookout (8)**, Magazine St., wurde 1777 in Halifax gebaut und in Fort Howe zur Überwachung des Hafens aufgestellt. Vom Aussichtsturm kann man den schönen Blick auf die Stadt und den Hafen genießen.

Der **Carleton Martello Tower (9)** wurde 1812 zur Verteidigung der Stadt vor einem möglichen Angriff amerikanischer Truppen gebaut und war im Falle eines Angriffes während des 2. Weltkrieges als Flugabwehr- und Feuermeldehauptquartier vorgesehen. Führer in historischen Kostümen informieren die Besucher über die militärische Geschichte des Turmes, von dessen Höhe sich ein großartiger Blick auf die Bay of Fundy bietet. **Carleton Martello Tower**, 454 Whipple St., ☏ 506-636-4011, www.pc.gc.ca, geöffnet Ende Juni–Aug. tgl. 10–17.30, Sept./Okt. Mo–Fr 9–16.30 Uhr, Eintritt Erwachsene $ 4, Senioren $ 3.50, Kinder von 6–16 J. $ 2, Familienkarte $ 10.

Das „Loyalist-Haus"

Reisepraktische Informationen zu Saint John

Karte s. S. 464

ℹ️ Information
Shoppes of City Hall Visitor Information Centre, 15 Market Square, ☏ 506-658-2855 oder 1-866-463-8639, http://discoversaintjohn.com, ganzjährig geöffnet.
Saint John Throughway Visitor Information Centre, 1509 Saint John Throughway West (Eastbound), ☏ 506-658-2940, geöffnet Mai–Okt.

 Wichtige Anschriften und Telefonnummern
Polzei/Notruf, ☏ 911
Medizinischer Notdienst, St. Joseph's Hospital, 130 Bayard Dr., ☏ 506-632-5555
Canadian Automobile Association Maritimes CAA, 378 Westmorland Rd., ☏ 506-634-1400
Gezeitenvorhersage „Fundy Tide Watch", www.discoversaintjohn.com/fundy-tides

Busse

Saint John Transit, ☏ *506-658-4700, Auskunft über Fahrzeiten und Routen des innerstädtischen Busverkehrs.*
Acadian Lines, *Saint John Terminal, 199 Chesley Dr.,* ☏ *506-648-3550, Informationen zum überregionalen Busverkehr.*

Fähren

Bay Ferries, ☏ *902-245-2116 oder 1-888-249-7245, www.ferries.ca, die Autofähre verkehrt 1–2-mal tgl. nach Digby/Nova Scotia. Dauer der Überfahrt ca. 3 Std., Reservierungen sind empfehlenswert. Preise für eine Strecke in der Hochsaison: Auto $ 94, Erwachsene $ 47, Senioren $ 37, Studenten $ 37, Kinder von 6–13 J. $ 32, Kinder bis 5 J. frei.*
East Coast Ferries, ☏ *506-747-2159, www.eastcoastferriesltd.com, Informationen über die Fahrten nach Deer Island und Grand Manan Island, Preis Auto mit Fahrer $ 16, Erwachsene $ 4, Kinder unter 12 J. frei, Erwachsener mit Fahrrad $ 5.*

Unterkunft

$$ Fundy Heights B&B (5), *360 Young St.,* ☏ *506-635-1213 oder 1-800-240-7866, http://fundyheightsbedandbreakfast.com, ruhig gelegenes Haus in der Nähe des Fähranlegers mit vier unterschiedlich eingerichteten Zimmern, jeweils mit Bad.*
$$$ Best Western Plus Saint John Hotel & Suites (1), *55 Major Brook Dr.,* ☏ *506-657-9966 oder 1-800-780-7234, www.bestwesternatlantic.com/saint-john-hotels, neues, außerhalb der Stadt an einer Mall gelegenes Hotel mit 77 modernen Zimmern und Swimmingpool, freundlicher Service, gutes Frühstück.*
$$$ Delta Hotels Saint John (3), *39 King St.,* ☏ *506-648-1981 oder 1-888-236-2427, http:// deltahotels.marriott.com, direkt im Zentrum gelegenes Hotel mit 252 Zimmern, Sauna, Swimmingpool, vom Hotel aus gibt es einen direkten Zugang zum Market Square und zum Geschäftsviertel.*
$$$ Homeport Historic B&B (2), *80 Douglas Ave.,* ☏ *506-672-7255 oder 1-888-678-7678, www.homeport.nb.ca, das eindrucksvolle Haus aus dem Jahr 1858 mit zehn antik eingerichteten Räumen liegt oberhalb der Stadt mit großartigem Blick auf die Bay of Fundy, reichhaltiges Frühstück.*
$$$ Travelodge Suites Saint John (4), *1011 Fairville Blvd.,* ☏ *506-635-0400 oder 1-800-578-7878, www.travelodge.ca, Motel mit 60 geräumigen, freundlich eingerichteten Zimmern, in der Nähe der Reversing Falls, kontinentales Frühstück inbegriffen.*

Restaurants

East Coast Bistro (2), *60 Prince William St.,* ☏ *506-696-3278, gemütliches Bistro, Seafood, Steak und Burger, Hauptgerichte ab $ 18.*
Grannan's Seafood Restaurant (1), *Market Square,* ☏ *506-634-1555, beliebtes, zwangloses Restaurant für Meeresspezialitäten, wo Sie Hummer und Austern aus dem Wasserbecken wählen können, Hauptgerichte ab $ 20.*
York Bistro Pub (3), *im Hotel Hilton, 1 Market Square,* ☏ *506-693-8484, Restaurant mit schönem Blick auf den Hafen.*

Orte und Sehenswürdigkeiten an der Bay of Fundy

An der Küste westlich von Saint John liegen einige hübsche Fischer- und Ferienorte, die einen Besuch ebenso lohnen wie die kleinen Inseln in der Bay of Fundy, die mehrmals täglich durch Fährverkehr mit dem Festland verbunden sind.

St. Andrews

Der beliebte Ferienort St. Andrews liegt an der Spitze einer Halbinsel, die in die Passamaquoddy Bay hineinragt; der Ort wurde 1783 von Loyalisten gegründet. Wegen seiner malerischen Lage und des guten Klimas wurde er schon früh zu einem beliebten Sommerziel wohlhabender Kanadier und Neuengländer. Schöne Alleen und herrschaftliche, viktorianische Villen stammen aus dem frühen 19. Jh. und geben dem Ort bis heute ein liebenswertes Aussehen. Am kleinen Hafen weisen die unter Wasser liegenden „Lobster Pounds" auf den Hummerreichtum dieser Region hin; entlang der Hauptstraße liegen Hotels, Restaurants, Boutiquen und mehrere Kunstgewerbeläden.

Traditionsreicher Ferienort

Sehenswürdigkeiten:

➤ Das **Huntsman Marine Science Centre** mit großem Aquarium und Ausstellungen zum Fischfang, zur Forschung und zur Geologie der Bay of Fundy.
Huntsman Marine Science Centre, *1 Lower Campus Rd.,* ☎ *506-529-1200, www. huntsmanmarine.ca, geöffnet Mitte Mai–Mitte Okt. 10–17 Uhr, Eintritt Erwachsene $ 14.25, Senioren $ 11.75, Kinder und Jugendliche 4–17 J. $ 10.*

➤ **Kingsbrae Garden**, großes Parkgelände mit 26 schön angelegten Themen- und Wildblumengärten; in einigen Anlagen ist bei den Beeten klassische Musik zu hören.
Kingsbrae Garden, *220 King St.,* ☎ *506-529-3335 oder 1-866-566-8687, www. kingsbraegarden.com, geöffnet Mitte Mai–Aug. tgl. 9–20, Sept.–Mitte Okt. –18 Uhr, Eintritt Erwachsene $ 16, Senioren und Schüler 7–17 J. $ 12, Familienkarte $ 38.*

➤ **St. Andrews Blockhouse National Historic Site**, das Blockhaus und Teil einer Befestigungsanlage aus dem Krieg von 1812 wurde 1993 durch ein Feuer stark beschädigt; das restaurierte Gebäude heute zeigt Nachbildungen der Originale des frühen 19. Jh. Am Strand gibt es einen schönen Picknickplatz.
St. Andrews Blockhouse National Historic Site, *23 Joe's Point Rd.,* ☎ *506-529-4270, www.pc.gc.ca, geöffnet Juni-Aug. tgl. 10–18 Uhr, Eintritt Erwachsene $ 1, Familienkarte $ 2.50.*

Im Ort werden mehrstündige Bootsfahrten zur **Vogel- und Walbeobachtung** in der Bay of Fundy und der Passamaquoddy Bay angeboten.

Reisepraktische Informationen zu St. Andrews

ℹ️ Information
Saint Andrews Chamber of Commerce, *252 Water St., Unit C,* ☎ *506-529-3555, www.standrewsbythesea.ca.*

🛏️ Unterkunft
$$$ Rossmount Inn, ☎ *506-529-3351, www.rossmountinn.com, etwas außerhalb am 4599 Hwy 127 gelegenes viktorianisches Haus mit 18 antik eingerichteten Zimmern und schönem Blick auf die Passamaquoddy Bay, außerdem wird ein gut eingerichtetes Cottage vermietet.*
$$$ Tara Manor Inn, *559 Mowat Dr.,* ☎ *506-529-3304 oder 1-800-691-8272, www.taramanor.ca, sehr schönes historisches Landgasthaus auf großem Gelände mit weiten Rasenflächen, Gärten und hundertjährigen, geformten Hecken; die 26 eleganten Zimmer und Suiten haben Balkon oder Terrasse und bieten großartige Ausblicke auf die Bucht oder die Gärten.*
$$$–$$$$ The Algonquin Resort, *184 Adolphus St.,* ☎ *506-529-8823 oder 1-855-529-8693, www.marriott.com, elegantes Resorthotel auf schön gestaltetem Gelände mit 234 sehr gut eingerichteten Räumen, Swimmingpool, Sauna, Strand, Fahrradverleih, Golfplatz und Kinderprogramm.*

🚤 Bootstouren
Fundy Tide Runners Whale Watching an Nature Tours, *16 King St.,* ☎ *506-529-4481, www.fundytiderunners.com, die Boote fahren zu 2-stündigen Walbeobachtungsfahrten in die Bay of Fundy und die Passamaquoddy Bay aus. Abfahrt Mitte Juni–Anfang Okt. tgl., Erwachsene $ 60, Kinder 5–12 J. $ 45, Kinder unter 5 J. sind nicht erlaubt.*

Die vorgelagerten Inseln **Deer Island**, **Campobello Island** und **Grand Manan Island** sind sehr reizvoll und laden mit schönen Stränden, Golfplätzen, Provinzparks, Leuchttürmen und kleinen Museen zu längerem Aufenthalt ein. Nach dem Amerikanischen Unabhängigkeitskrieg wurde diese Region von Loyalisten besiedelt. Sie ließen sich an den Küsten nieder und profitierten von den reichen Fischvorkommen und den großen Hummerbänken, die vor Deer Island liegen.

Campobello Island (zu erreichen über die Memorial Bridge nach Lubec/Maine und durch die Fährverbindung mit Deer Island) war ein bevorzugter Aufenthaltsort des amerikanischen Präsidenten Franklin D. Roosevelt, der sich in den Sommermonaten gerne hier aufhielt.

Der **Roosevelt Campobello International Park** ist ein 1.200 ha großer Park, der das 34-Zimmer-Sommerhaus der Familie Roosevelt umgibt. Einige Räume zeigen Erinnerungsstücke, Fotos und persönlichen Besitz. Sieben Wanderwege führen zu Klippen, Leuchttürmen, Stränden und Buchten.
Roosevelt Campobello International Park, *459 Route 774, Welshpool, ☏ 506-752-2922 oder 1-877-851-6663, www.fdr.net, geöffnet Mitte Mai–Mitte Okt. tgl. von Sonnenauf- bis Sonnenuntergang, Eintritt frei.*

Grand Manan Island

Grand Manan Island ist die größte der Fundy-Inseln. Sie liegt 15 km vor der Küste von Maine und ist ebenfalls wegen ihrer reichen Hering- und Hummerbestände bekannt.
Schöner Ort für Natur-liebhaber Auf der Insel leben etwa 2.600 Menschen. Grand Manan ist ein kleines Paradies für alle Naturliebhaber und bietet Malern und Fotografen immer neue Motive. 19 Wanderwege führen über die Insel, von denen einige von Mitte Juli bis Mitte September gute Gelegenheit zur Wal- und Seehundbeobachtung bieten. Für Ornithologen ist Grand Manan sehr interessant, da hier viele Zugvögel im Frühjahr und im Herbst rasten. Dabei wurden mehr als 300 verschiedene Vogelarten beobachtet.

Der Ornithologe **James Audubon** hat viele seiner berühmten Vogelzeichnungen auf Grand Maman angefertigt. Im **Grand Manan Museum** gibt es Ausstellungen zur Vogelwelt.
Grand Manan Museum, *Grand Harbour, 1141 Route 776, ☏ 506-662-3524, www.grandmananmuseum.ca, geöffnet Juni–Sept. 9–17 Uhr, Eintritt Erwachsene $ 5, Senioren und Studenten $ 3, Kinder unter 12 J. frei.*

Auf der Insel können Fahrräder und Kanus gemietet werden; außerdem werden Bootsfahrten zur Wal-, Seehund- und Vogelbeobachtung durchgeführt.

i **Information**
Grand Manan Tourism Association, *130 Route 776, ☏ 506-662-3442 oder 1-888-525-1655, www.grandmanannb.com, geöffnet Mo–Fr 9–16 Uhr.*

Bootstouren zur Walbeobachtung
Sea Watch Tours, *Seal Cove Pier, ☏ 506-662-8552 oder 1-877-662-8552, www.seawatchtours.com, geöffnet Anfang Juli–Ende Sept., Abfahrten tgl. Juli 8 bzw. 13, sonst 11.30 und 16.30 Uhr, Erwachsene $ 66, Kinder $ 46.*
Top of the Island Boat Tours, *North Head Fisherman's Wharf, ☏ 506-660-1122, www.gmboattours.ca, Juli–Mitte Sept. „Sightseeing Charter" Abfahrten Mo–Mi und Fr/Sa 10–13 und 14–17 Uhr, Erwachsene $ 60, Kinder unter 12 J. $ 50.*

Fredericton und Umgebung

Fredericton

Die Hauptstadt New Brunswicks ist eine liebenswerte Stadt mit 56.200 Einwohnern am Ufer des Saint John River. Universität, Bischofssitz, Theater und Museen prägen das kulturelle Leben. Daneben entwickelte sich Fredericton auch zu einem Handels- und Geschäftszentrum. Die erste Niederlassung an dieser Stelle aus dem Jahr 1732 trug noch den Namen Pointe Ste. Anne und war eine akadische Siedlung, die immer wieder in kriegerische Auseinandersetzungen zwischen Franzosen, Briten und Micmac-Indianern verwickelt war. Ab 1768 ließen sich amerikanische Loyalisten im Ort nieder und nannten ihn Frederick's Town zu Ehren des zweiten Sohnes von König Georg III. 1785 wurde Fredericton zur Provinzhauptstadt. Viele der Garnisons- und Regierungsgebäude jener Zeit werden noch heute genutzt, so z. B. durch die bekannte Kunstgewerbeschule von New Brunswick.

☞ **Streckenhinweis**

Von Saint John fahren Sie über den Hwy 7 nach Fredericton, das Sie nach 103 km erreichen.

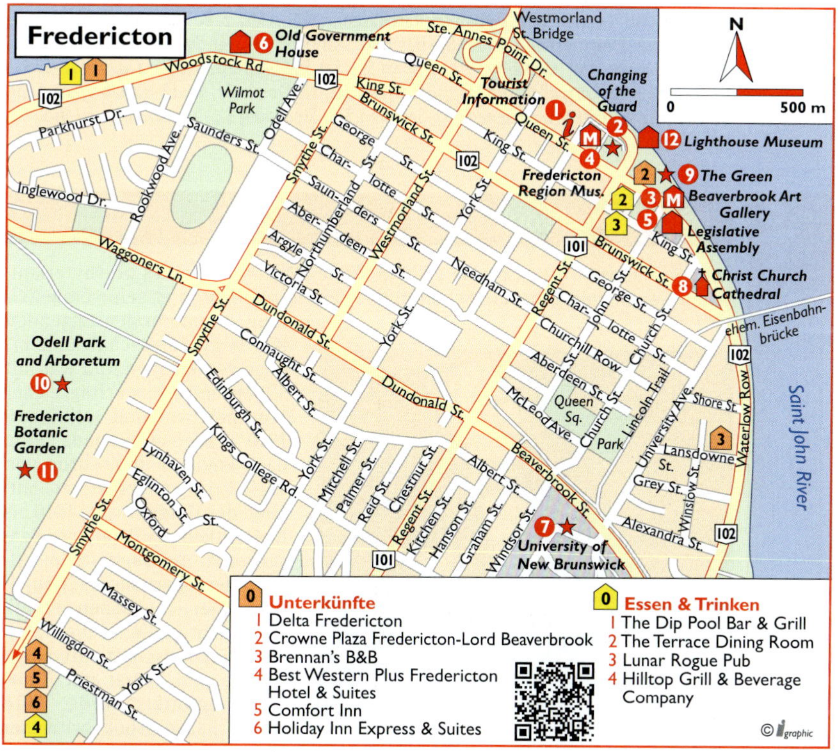

Fredericton

Old Government House
Ste. Annes Point Dr.
Westmorland St. Bridge
Woodstock Rd.
Queen St.
Tourist Information
Changing of the Guard
Wilmot Park
King St.
Brunswick St.
George St.
Odell Ave.
102
Parkhurst Dr.
Saunders St.
Rookwood Ave.
Inglewood Dr.
Char-lotte St.
Smythe St.
Saun-ders St.
Waggoners Ln.
Aber-deen St.
Argyle St.
Northumberland St.
Westmorland St.
York St.
Victoria St.
Dundonald St.
Connaught St.
Albert St.
Needham St.
Lighthouse Museum
Fredericton Region Mus.
The Green
Beaverbrook Art Gallery
Legislative Assembly
Christ Church Cathedral
101
Regent St.
Char-lotte St.
George St.
Church St.
Brunswick St.
King St.
ehem. Eisenbahn-brücke
Odell Park and Arboretum
Fredericton Botanic Garden
Smythe St.
Edinburgh St.
Kings College Rd.
Dundonald St.
Aberdeen St.
McLeod Ave.
Queen St.
Park
Lincoln Trail
University Ave.
Shore Rd.
Waterloo Row.
Saint John River
Lynhaven St.
Eglinton St.
Oxford St.
York St.
Mitchell St.
Palmer St.
Reid St.
Chestnut St.
Regent St.
Kitchen St.
Hanson St.
Albert St.
Beaverbrook St.
Windsor St.
Lansdowne St.
Grey St.
Montgomery St.
Massey St.
Willingdon St.
Priestman St.
York St.
Graham Ave.
University of New Brunswick
Alexandra St.
101
102
N
0   500 m

Unterkünfte
1 Delta Fredericton
2 Crowne Plaza Fredericton-Lord Beaverbrook
3 Brennan's B&B
4 Best Western Plus Fredericton Hotel & Suites
5 Comfort Inn
6 Holiday Inn Express & Suites

Essen & Trinken
1 The Dip Pool Bar & Grill
2 The Terrace Dining Room
3 Lunar Rogue Pub
4 Hilltop Grill & Beverage Company

© graphic

Hinweis
In der **Touristeninformation (1)**, 11 Carleton St., erhalten Sie Informationsmaterial für einen Rundgang durch das Stadtzentrum. Im Sommer werden täglich Führungen angeboten. Außerdem können Sie von Mai–Okt. an einstündigen Spaziergängen teilnehmen, bei denen Sie von Mitgliedern des Fredericton-Sommertheaters in historischen Kostümen begleitet werden.

Bei Ihrem Gang durch die Stadt werden Ihnen in den Auslagen der Geschäfte die schönen kunsthandwerklichen Arbeiten auffallen: in Fredericton finden Sie besonders schöne Töpferwaren, Quilts, gewebte Stoffe und vor allem Gebrauchsgegenstände aus Zinn.

Am Officer's Square, zwischen Carleton und Regent St., findet im Juli und August der Wachwechsel der Garde, **Changing of the Guard (2)**, statt, der immer viele Besucher anzieht (*jeweils Di–Sa um 11 und um 16, Di und Do auch um 19 Uhr*). Von Ende Mai bis Anfang September finden auf dem Platz kostenlose **Freiluftkonzerte** lokaler Künstler statt (*Infos:* ☎ *506-460-2129, www.tourismfredericton.ca/en/events/outdoor-summer-concert-series*).

Kunst-galerie
Die **Beaverbrook Art Gallery (3)** wurde 1959 eröffnet und nach dem Gönner der Stadt, Lord Beaverbrook, benannt, dessen private Kunstsammlung den Grundstock des Museumsbestandes bildete. Zu den besonderen Anziehungspunkten der Galerie gehören Werke von Botticelli, Lucas Cranach und Delacroix, Gemälde von Gainsborough, Hogarth und Turner und Arbeiten kanadischer Künstler, z. B. der Group of Seven; gleich in der Eingangshalle sehen Sie das Bild „Santiago el Grande" von Salvador Dali.
Beaverbrook Art Gallery, *703 Queen St.,* ☎ *506-458-2028 oder 1-877-458-8545, http://beaverbrookartgallery.org, geöffnet Di–Sa 10–17, Do bis 21, So 12–17 Uhr, Juni–Sept. tgl. geöffnet, Eintritt Erwachsene $ 10, Senioren $ 8, Studenten $ 5, Kinder unter 6 J. frei, Familienkarte $ 20.*

info

Lord Beaverbrook

William Maxwell Aitken wurde 1879 in Maple/ON als Sohn eines presbyterianischen Geistlichen geboren. Schon mit 13 Jahren publizierte er seine erste Zei-

tung, konnte in den folgenden Jahren große geschäftliche Erfolge verzeichnen und war mit 30 Jahren bereits erfolgreicher Unternehmer und Millionär. 1910 verließ er Kanada, ging nach England und wurde von 1910–1916 konservatives Mitglied des Unterhauses. 1916 erhielt Aitken den Titel Lord Beaverbrook und war seitdem Mitglied des Oberhauses. Er spielte in der englischen Politik eine wichtige Rolle, die durch seine Freundschaft mit Lloyd George und später mit Churchill verstärkt wurde. 1918 wurde Beaverbrook britischer

info

Propaganda-Minister, von 1940–1945 war er unter Churchill Minister für Flugzeugherstellung, für Materialbeschaffung und schließlich noch Lordsiegelbewahrer.

Neben der Wahrnehmung seiner politischen Aufgaben baute Lord Beaverbrook ein Zeitungsimperium auf, zu dem die auflagenstarken Zeitungen Daily Express, Sunday Express und Evening Standard gehörten. 1954 gab Beaverbrook die Aktienmehrheit seiner Zeitungen auf und vermachte seine wertvolle Sammlung zeitgenössischer Dokumente der Universität von Fredericton. Er stiftete die Art Gallery, das Schauspielhaus und Erweiterungsgebäude der Universität. 1964 starb Lord Beaverbrook.

Ebenfalls an der Queen Street liegt das **Fredericton Region Museum (4)** mit Ausstellungen über frühe Indianersiedlungen, über das Leben der Akadier und Loyalisten in Fredericton und mit Informationen zur Geschichte der Region.
Fredericton Region Museum, *571 Queen St, ☎ 506-455-6041, https://frederictonregionmuseum.wordpress.com, geöffnet Juli/Aug. tgl. 10–17, April–Juni und Sept.–Nov. Di–Sa 13–16 Uhr, sonst nur nach Voranmeldung, Eintritt Erwachsene $ 5, Studenten $ 2, Kinder unter 6 J. frei, Familienkarte $ 10.*

Das **Parlamentsgebäude** (**Legislative Assembly**) **(5)** stammt aus dem Jahr 1882 und wurde an der Stelle des 1880 durch ein Feuer vernichteten Provinzamtes gebaut. Sehenswert sind der eindrucksvolle Sitzungssaal mit Porträts von der Hand des Malers Joshua Reynolds und die Bibliothek, die u. a. die komplette, handkolorierte Kupferstichsammlung „Birds of America" des aus Haiti stammenden Künstlers John James Audubon enthält. Audubon war 1830 in Fredericton und fertigte während dieser Zeit einige seiner Vogelbilder an. Besucher können die Parlamentssitzungen von der Zuschauergalerie aus verfolgen.
Parlamentsgebäude, *706 Queen St., ☎ 506-453-2527, geöffnet Ende Juni–Mitte Aug. tgl. 9–17, sonst Mo–Fr 8.30–16 Uhr, Führungen nur nach Voranmeldung, Eintritt frei.*

Das **Old Government House (6)** stammt aus dem Jahr 1826 und dient seitdem als Residenz des jeweiligen „Lieutenant Governor". Das Haus mit dem antiken Mobiliar, der Bibliothek und dem Musikzimmer kann besichtigt werden.
Old Government House, *51 Woodstock Rd., ☎ 506-453-2505, www.gnb.ca/lg/ogh/, 45-minütige Führungen von Mitte Mai–Ende Aug. Mo–Sa 10–16, So 12–16 Uhr, Eintritt frei.*

Die **University of New Brunswick (7)** wurde 1785 gegründet und ist die drittälteste Universität Kanadas; hier wurde 1851 das erste Planetarium Kanadas eingeweiht. In der Universitätsbibliothek, der Harriet Irving Library, finden Sie

In der Provinzhauptstadt Fredericton

Erstausgaben von Charles Dickens, James Joyce und H.G. Wells, außerdem den Nachlass von Lord Beaverbrook.

University of New Brunswick, *MacKay Dr.,* ☎ *1-888-895-3344, www.unb.ca, Führungen Mo–Sa (Reservierung nötig), Eintritt frei.*

Die anglikanische Bischofskirche **Christ Church Cathedral (8)** wurde 1853 fertiggestellt. Sie ist die Nachbildung der gotischen Kirche St. Mary's in Norfolk, England, und zu sehen sind einige interessante Glasmalereien.

Christ Church Cathedral, *168 Church St.,* ☎ *506-450-8500, geöffnet Mo–Fr 9–16 Uhr; Führungen im Juli/Aug. Mo–Fr 9–18, Sa 10–18 Uhr, Eintritt frei.*

The Green (9) wird die schöne Promenade genannt, die sich am Ufer des Saint John River entlang zieht und zu schönen Spaziergängen einlädt. Hier sehen Sie die Statue des *Promenade* berühmten schottischen Dichters Robert Burns und einen Marmorbrunnen, der von *am Fluss* Lord Beaverbrook gestiftet wurde.

Sehr schön sind auch die Grünanlagen der Stadt; der 157 ha große **Odell Park and Arboretum (10)**, mit Wanderwegen, Picknickplätzen und Kinderspielplatz, und der **Fredericton Botanic Garden (11)** mit interessanten Pflanzen und Wanderwegen, die durch hügeliges Gelände und an einem Bachlauf entlang führen. Besonders reizvoll sind Spaziergänge zur Zeit der Azaleen- und Rhododendronblüte.

Von der Spitze des **Leuchtturmmuseums (Lighthouse on the Green) (12)** haben Sie einen weiten Blick auf das schöne Umland von Fredericton. Im Sommer finden hier abends kleine Freiluftkonzerte statt. An der Marina beginnen die **Bootsfahrten**, die auf dem St. John River durchgeführt werden; außerdem gibt es hier einen Kanu- und Hausbootverleih.

Reisepraktische Informationen zu Fredericton

Karte s. S. 471

Information
Visitor Information Centre – Downtown, *City Hall, 397 Queen St.,* ☎ *506-460-2129, www.tourismfredericton.ca, geöffnet Mai/Okt. Mo–Fr 10–16.30, Juni/Sept. 10–17, Juli–Aug. 10–20 Uhr.*
West of City, *42 Prince William Rd., Route 2, Exit 253, geöffnet Juni–Aug. Fr–So und Feiertage, Sept. Sa/So 10.30–17.30 Uhr.*

Wichtige Anschriften und Telefonnummern
Notruf, Feuer, Polizei: *911*
Fredericton Medical Clinic: *1015 Regent St.,* ☎ *506-458-0200*
Canadian Automobile Association CAA: *5 Trinity Ave.,* ☎ *506-452-1987, geöffnet Mo–Mi und Fr 8.30–17.30, Do 8.30–19, Sa 10–14 Uhr*

Unterkunft
$$$ The Colonel's Inn B&B, *843 Union St.,* ☎ *506-452-2802 oder 1-877-455-3003, www.thecolonelsin.com, historisches Haus mit drei freundlichen Zimmern am jenseitigen Ufer des St. John River, das Zentrum ist mit dem Auto gut zu erreichen. Geöffnet Mai–Okt.*
$$$ Best Western Plus Fredericton Hotel & Suites (4), *333 Bishop Dr.,* ☎ *506-455-8448 oder 1-800-780-7234, www.bestwesternatlantic.com, modernes Hotel mit gut ausgestatteten Zimmern in der Nähe der Regent Mall.*

$$$ Brennan's B&B (3), *146 Waterloo Row,* ☎ *506-455-7346 oder 1-800-655-7346, www.bbcanada.com/3892.html, das 1885 gebaute, viktorianische Haus liegt stadtnah am Fluss; die fünf mit Antiquitäten eingerichteten Gästezimmer verfügen über allen Komfort, ausgezeichnetes Frühstück, ganzjährig geöffnet, schöner Blick auf den Saint John River, ein 15-minütiger Spaziergang führt am Fluss entlang zum Stadtzentrum.*

$$$ Comfort Inn (5), *797 Prospect St.,* ☎ *506-453-0800, www.choicehotels.ca, Motel mit 100 Zimmern am Trans-Canada Hwy 2.*

$$$ Holiday Inn Express & Suites (6), *665 Prospect St. W.,* ☎ *506-459-0035, www.ihg. com, gut geführtes Mittelklassehotel mit 91 geräumigen, freundlich eingerichteten Zimmern.*

$$$$ Crowne Plaza Fredericton-Lord Beaverbrook (2), *659 Queen St.,* ☎ *506-455-3371, www.cpfredericton.com, modernes Hotel mit 168 komfortablen Zimmern, teilweise mit Blick auf den St. John River, Swimmingpool, Sauna, Whirlpool, Restaurant und Parkplatz.*

$$$$ Delta Fredericton (1), *225 Woodstock Rd.,* ☎ *506-457-7000, http://deltahotels. marriott.com, große Hotelanlage mit 222 komfortablen, ansprechend eingerichteten Zimmern am Ufer des St. John River, mit Swimmingpool, Sauna, Whirlpool, Bootsanlegestelle.*

🍴 Restaurants

Hilltop Grill & Beverage Company (4), *1034 Prospect St.,* ☎ *506-458-9057, ausgezeichnete Steaks und tägliches Lunch-Buffet, Hauptgerichte zwischen $ 8 und 10.*

Lunar Rogue Pub (3), *625 King St.,* ☎ *506-450-2065, Pub mit Sommerterrasse in der Innenstadt, tgl. wechselnde Speisekarte, empfehlenswert und preisgünstig.*

The Dip Pool Bar & Grill (1), *225 Woodstock Rd.,* ☎ *506-451-7925, genießen Sie die gute Küche und den schönen Ausblick vom Delta Fredericton auf den Saint John River, gehobene Preiskategorie.*

The Terrace Dining Room (2), *659 Queen St.,* ☎ *506-455-3371, gepflegtes Restaurant im Lord Beaverbrook Hotel, Hauptgerichte ab $ 17.*

🎁 Einkaufen

Fredericton besitzt einige moderne Einkaufszentren. Interessant sind außerdem die kleinen Boutiquen und Geschäfte, in denen besonders kunsthandwerkliche Arbeiten, u. a. auch Quilts und Zinnartikel, zu finden sind. Da es in Fredericton eine sehr gute Kunstgewerbeschule, das New Brunswick College of Craft and Design, gibt, ist das Angebot der Zinngießer, Töpfer, Weber und Holzschnitzer groß und vielseitig.

Soldier's Barracks, *Queen/Carleton St., gegenüber vom College, in den früheren Soldatenunterkünften gibt es in mehreren kleinen Läden eine große Auswahl an originellen handwerklichen Arbeiten der Kunststudenten; gelegentliche Vorführungen, geöffnet Juni–Sept. tgl. 10–17 Uhr.*

Fredericton Boyce Farmers Market, *665 George St.,* ☎ *506-451-1815, http://frederictonfarmersmarket.ca/, der Markt findet ganzjährig am Samstagvormittag von 6–13 Uhr statt mit landwirtschaftlichen Produkten aus der Region und mit kunstgewerblichen Arbeiten.*

🚗 Mietwagen

Avis, *1285 Hanwell Rd.,* ☎ *506-452-8017 und am Flughafen,* ☎ *506-446-6006*

Budget, *1285 Hanwell Rd.,* ☎ *506-452-8016 und am Flughafen 506-446-6123*

Hertz, *659 Queen St.,* ☎ *506-459-3444 und am Flughafen,* ☎ *506-446-9079*

Sehenswertes in der Umgebung von Fredericton

Das meistbesuchte Ausflugsziel in der Umgebung von Fredericton ist **Kings Landing Historical Settlement**, ein großes Freilichtmuseum in schöner Lage am St. John River. *Museums-* Da durch den Bau des Mactaquac Dam gegen Ende der 1960er-Jahre zahlreiche alte Häu- *dorf*

Tanzvergnügen in Kings Landing

ser durch Überflutung gefährdet waren, wurde entschieden, einige Häuser zu einem höher gelegenen Ort zu schaffen und vollständig zu restaurieren. So entstand Kings Landing.

In dem großen Dorf, zu dem Bauernhäuser, Geschäfte, eine Schule, eine Schmiede, funktionstüchtige Mühlen, eine Druckerei, ein gemütlicher Landgasthof und ein Theater gehören, lernen Sie das Leben der frühen Siedler aus der Zeit von 1784–1890 kennen. Während kostümierte Dorfbewohner Ihnen die täglichen Verrichtungen zeigen, gibt es noch besondere Veranstaltungen, wie z. B. eine Herbstauktion, ein Erntedankfest oder ein Weihnachtsessen. Für Kinder gibt es sogar ein fünftägiges Programm, bei dem sie im Dorf wie die Kinder jener Zeit leben, lernen und spielen können.
Kings Landing Historical Settlement, *5804 Route 102 Prince William, 37 km westlich von Fredericton,* ☎ *506-363-4999, www.kingslanding.nb.ca, geöffnet Anfang Juni–Mitte Okt. 10–17 Uhr, Eintritt Erwachsene $ 18, Senioren und Studenten $ 16, Kinder und Jugendliche von 6–16 J. $ 12.50, Familienkarte $ 42.*

Mactaquac Provincial Park, am Hwy 105, 24 km westlich von Fredericton. Im ganzjährig geöffneten Park gibt es ausgezeichnete Wanderwege, Anlegestellen für Kanu- und Bootsfahrten und eine Marina, beaufsichtigte Badestrände, einen großen Zeltplatz, ein Restaurant, Windsurfen und einen 18-Loch-Golfplatz.

Oromocto, am Hwy 102, ca. 15 km südlich von Fredericton, liegt am Zusammenfluss des Saint John River mit dem Oromocto River. An den Flüssen siedelten früher Micmac- und Malecit-Indianer, heute ist der Ort mit knapp 9.000 Einwohnern ein beliebtes Feriengebiet für Angler und Freizeitkapitäne. In Oromocto befindet sich eines der größten militärischen Ausbildungslager des britischen Commonwealth.

Sie können das **New Brunswick Military History Museum** besichtigen, das Uniformen und Waffen aus Kriegen vom frühen 18. Jh. bis hin zu UN-Missionen der Gegenwart zeigt.

New Brunswick Military History Museum, *Bldg A5, Stn Forces,* ☎ *506-422-1304, http://nbmilitaryhistorymuseum.ca, geöffnet Mo–Fr 8–16 Uhr, Sa/So nach Anmeldung, Juli/ Aug. tgl. geöffnet, Eintritt $ 2, Familien-/Gruppenkarte $ 5.*

In dem malerischen, am Fluss gelegenen Ort **Gagetown**, am Hwy 102, ca. 55 km südöstlich von Fredericton, können Sie Künstlern und Kunsthandwerkern bei ihrer Arbeit zusehen, vor allem den Webern, die in einem früheren Pelzhandelsposten ihre Arbeiten anfertigen. Im **Queens County Museum** sehen Sie Möbel, Bilder und Haushaltsgegenstände aus der Zeit der Loyalisten und aus viktorianischer Zeit. Im Hafen von Gagetown können Sie während der Sommermonate Boote aus aller Welt bestaunen und das rege Treiben beobachten. **Queens County Museum, Tilley House**, *69 Front St.,* ☎ *506-488-2483, www. queenscountyheritage.com, geöffnet Mitte Juni–Mitte Sept. tgl. 10–17 Uhr, Eintritt $ 3.*

Von Fredericton nach Edmundston und Rivière-du Loup/QC

 ## Streckenhinweis

Von Fredericton können Sie über die Hwys 2 oder 105 über Woodstock, Grand Falls und Edmundston in die Provinz Québec fahren. Der Hwy 2 führt auf Québecer Seite dann als Hwy 185 weiter.

Beide Hwys folgen weitgehend dem Verlauf des Saint John River, der oftmals als der „Rhein von Kanada" bezeichnet wird, und durchqueren das landschaftlich sehr reizvolle **Saint John River Valley**. Der Saint John River, der im US-Bundesstaat Maine entspringt, ist 673 km lang und bildet auf ca. 100 km die Grenze zwischen Kanada und den USA. Er durchfließt die nordöstlichen Ausläufer der Appalachen, bildet mehrere Wasserfälle und mündet bei Saint John in die Bay of Fundy. Er ist der längste und auch wichtigste Fluss der Atlantikprovinzen; an seinen Ufern liegen mehrere Kraftwerke, die einen großen Teil des in New Brunswick benötigten Stroms liefern. Wenn Sie dem Flusslauf folgen, lernen Sie ganz unterschiedliche Landschaften mit dichten Wäldern, langen Schluch-

Redaktionstipps

> eine **Radtour am Madawaska River** entlang (S. 478)
> der **New Brunswick Botanical Garden** bei Edmundston (S. 479)
> die **Hopewell Rocks** mit einem Spaziergang zu den Sandsteinfelsen bei Ebbe (S. 489)
> der **Fundy National Park** mit dem größten Gezeitenwechsel der Welt (S. 492)

ten, fast menschenleerem Bergland, fruchtbaren Farmlandschaften und grünen Tälern kennen. An der Straße weisen Hinweisschilder immer wieder auf Elche hin; das ist erklärlich, wenn man bedenkt, dass der US-Bundesstaat Maine mit den größten Elchherden Nordamerikas nur wenige Kilometer weiter westlich beginnt.

In **Hartland** sehen Sie die 1921 gebaute, gedeckte Holzbrücke über den Saint John River, die mit 391 m Länge die längste „covered bridge" in Kanada ist. Wirtschaftliche Bedeutung hat das Gebiet um Hartland durch den intensiven Kartoffelanbau und die Niederlassung kartoffelverarbeitender Betriebe, die ihre tiefgefrorenen Pommes frites auch nach Europa liefern.

Lange Holzbrücke

Bei **Grand Falls/Grand-Sault**, der einzigen offiziell zweisprachig benannten Stadt in den Atlantikprovinzen, windet sich der Saint John River durch eine tiefe Schlucht, die dem Ort den Namen gab. Seit die ursprünglich französische Siedlung 1790 in britischen Besitz überging, sind beide Sprachen gebräuchlich, was sich heute darin zeigt, dass 80 % der Einwohner zweisprachig sind.

> *i*   **Information**
> **Centre Touristique d'information Malobiannah**, *25 Madawaska Rd.,* ☎
> *1-877-475-7769, www.grandfallsnb.com, geöffnet Mai–Okt.*

Der **Grand Falls and Gorge Park** liegt zu beiden Seiten des Flusses, den eine Brücke überspannt; auf dem gegenüber liegenden Ufer befinden sich das Malabeam Reception Centre und das La-Rochelle-Besucherzentrum, wo Sie gutes Informationsmaterial zur Region erhalten. Dort sehen Sie auch ein Modell der Schlucht, das deutlich macht, wie in jedem Frühjahr die Wassermassen, die bis zu 9/10 der Wassermassen der Niagara Falls ausmachen, über die Felsen durch die Schlucht tosen. Im Sommer bleiben nach der Ableitung des vor dem Felsen aufgestauten Wassers zur Elektrizitätsgewinnung nur Rinnsale übrig. Wanderwege führen zu Wasserfällen und Höhlen. Der beste Blick auf den 23 m hohen Fall bietet sich am Malabeam Reception Centre.
Grand Falls and Gorge Park, ☎ *506-475-7788*, **Malabeam Centre** *geöffnet Juni 10– 18, Juli/Aug. 9.30–16.30, Sept.–Mitte Okt. 10–17 Uhr, Eintritt frei, Führungen Erwachsene $ 5, Kinder $ 2.*

Im **Grand Falls Museum** kann man sich über die Wasserfälle und die Geografie der Region informieren.
Grand Falls Museum, *68 Madawaska Rd.,* ☎ *506-473-5265 oder 506-475-7769, geöffnet Juli–Anfang Sept., Eintritt frei.*

Edmundston

Der Ort Edmundston liegt an der Mündung des Madawaska River in den Saint John River. In der kleinen Industriestadt haben sich einige Zellulose- und Papier herstellende Betriebe angesiedelt. Im Ort leben etwa 16.000 Einwohner, von denen viele Nachkommen der frühen französischen Siedler sind. Diese nennen sich „Brayons" und „Bürger der Republik Madawaska", die Anfang des 19. Jh. ausgerufen wurde. Damit wollten die Bürger beider Länder die jahrzehntelangen Grenzstreitigkeiten zwischen Kanada und den USA beenden. Hauptstadt dieser „Republik", die von der Kanadischen Föderation und den USA jedoch niemals anerkannt wurde, sollte Edmundston sein.

Der kleine, zweisprachige Ort hat eine hübsche Marina mit einem Bootsverleih; auch Fahrräder können dort gemietet werden. Edmundston ist der Beginn des sehr gut ausgebauten Radwanderweges nach Rivière-du-Loup in der Provinz Québec.

Im **Madawaska Historical Museum** gibt eine kleine Ausstellung Einblick in das historische und kulturelle Leben der Madawaska Region.
Madawaska Historical Museum, *Hwy 2/165 Hébert Blvd.,* ☎ *506-737-5282, geöffnet Mo–Fr 10–15, Mi–Do auch 19–22, So 13–17 Uhr, Eintritt Erwachsene $ 5, Jugendliche $ 3.*

Reisepraktische Informationen zu Edmundston

> *i*   **Information**
> **Edmundston Madawaska Tourism Office**, *121 Victoria St.,* ☎ *506-737- 1850 oder 1-866-737-6766, http://tourismedmundston.com, geöffnet im Sommer tgl. 9–20, sonst Mo–Fr 9–12 und 13–17 Uhr.*

$$$ Auberge Aucoin, *87 Church St.,* ☏ *506-353-0088, www.aubergeaucoin.ca, komplett renoviertes, gut geführtes, historisches Haus mit fünf hellen, zeitlos modern eingerichteten Zimmern und sehr gutem Frühstück, sehr freundliche Gastgeber.*
$$$ Comfort Inn, *5 Bateman Ave.,* ☏ *506-739-8361, www.choicehotels.ca, Mittelklasse-Hotel mit 122 Zimmern und schönem Blick über die Stadt und die Umgebung*
$$$–$$$$ Best Western Plus Edmundston Hotel, *280 Hébert Blvd.,* ☏ *506-739-0000 oder 1-800-780-7234, www.bestwesternatlantic.com, angenehmes Hotel mit 125 geräumigen, gut ausgestatteten Zimmern, Swimmingpool und Frühstück.*

Ein lohnendes Ausflugsziel ist **St.-Jacques**, nur 6 km von Edmundston entfernt, das von irischen Einwanderern um 1830 am Ufer des Madawaska River gegründet wurde. Einen Besuch wert ist der schöne Botanische Garten. Der **New Brunswick Botanical Garden** besteht aus acht miteinander verbundenen Gärten, die nach verschiedenen Themen gestaltet sind. Über versteckte Lautsprecher ertönt beim Näherkommen klassische Musik, die sich mit der Schönheit der gestalteten Natur zu einem Gesamtkunstwerk verbindet. *Botanischer Garten*
New Brunswick Botanical Garden, *15 Principale St., am Hwy 2, Exit 8,* ☏ *506-737-4444, www.jardinnbgarden.com, geöffnet Mai–Sept. tgl. 9–17, Juli/Aug. bis 20 Uhr, Eintritt Erwachsene $ 14, Senioren und Studenten $ 12, Kinder 7–12 J. $ 7, Familienkarte $ 30.*

Wenige Kilometer nordwestlich von St.-Jaques beginnt die französischsprachige Provinz Québec. Die nächsten Ortschaften sind Dégelis und **Notre-Dame-du-Lac** am Lac Témiscouata mit netten Unterkünften und guten Wassersportmöglichkeiten. Am See und am Ufer des Madawaska River entlang führt der schöne, die beiden Provinzen New Brunswick und Québec verbindende **Radwanderweg**.

Auberge Marie Blanc, *2629, rue Commerciale Sud,* ☏ *418-899-6747, www.aubergemarieblanc.com, stilvolles Landgasthaus aus dem Jahr 1905 mit angenehmer Atmosphäre, einige der Zimmer sind recht klein, gutes Restaurant, direkt am Lac Témiscouata.*

In **Cabano** steht das **Fort Ingall**, 81, rue Caldwell, die Rekonstruktion eines 1839 errichteten Forts zur Sicherung der Grenze in den kanadisch-amerikanischen Auseinandersetzungen. Angeschlossen ist der Rosengarten „La roseraie du Témiscouata" mit mehr als 250 verschiedenen Rosensorten.

Machen Sie einen Abstecher nach **Saint-Louis-du-Ha! Ha!** zur „Station scientifique Aster du Bas-St.-Laurent", die vom Highway her ausgeschildert ist. Es ist ein interessant gestaltetes Planetarium mit seismologischen und geologischen Ausstellungen und großem Teleskop. An der Einfahrt stellen Sie an Ihrem Autoradio die Frequenz 97,3 ein, und Sie erhalten eine Nachricht aus dem Sonnensystem. *Planetarium*
Museum and ASTER Observatory, *170, chemin Jacques-Pelletier,* ☏ *418-854-2172 oder 1-877-775-2172, www.asterbsl.ca, geöffnet Juli–Anfang Sept., Mo–Sa 18 Uhr bis Mitternacht, Eintritt Erwachsene $ 15, Studenten und Senioren $ 13, Kinder von 5–11 J. $ 12, Familienkarte $ 40.*

Über Whitworth erreichen Sie weiterhin auf dem Hwy 185 die Stadt Rivière-du-Loup am Sankt-Lorenz-Strom.

Von Fredericton nach Caraquet

Die Fahrt führt Sie streckenweise am Miramichi River entlang durch das bewaldete Herz New Brunswicks und durch das Miramichi-Basin bis zur Baie des Chaleurs. Damit folgen Sie der Route der tatkräftigen Holzfäller-Pioniere vergangener Zeiten und lernen den Miramichi River kennen, der wegen seiner reichen Lachsvorkommen weltbekannt ist.

*Reiche Lachs-
vorkommen*

> ## Streckenhinweis
>
> Von Fredericton folgen Sie dem Hwy 8 über Doaktown, Newcastle, Chatham und Bathurst nach Caraquet. Entfernung 290 km.

In **Doaktown** können Sie das **Atlantic Salmon Museum** besuchen, wo Sie durch Ausstellungen und einen 12-minütigen Film über die wirtschaftliche Bedeutung der Lachsfischerei informiert werden; außerdem wird die Entwicklung des Atlantiksalms in seinem natürlichen Lebensraum veranschaulicht.
Atlantic Salmon Museum, *263 Main St., ☎ 506-365-7787 oder 1-866-725-6662, www.atlanticsalmonmuseum.com, geöffnet Juni–Sept. Mo–Sa von 9–17, So 12–17 Uhr, Eintritt Erwachsene $ 5, Senioren $ 4, Schüler $ 3, Familienkarte $ 12.*

Miramichi

Miramichi trägt seinen Namen nach den ursprünglich dort lebenden Micmac-Indianern. Nachdem sich im 18. Jh. akadische Siedler dort niedergelassen hatten, folgten später Einwanderer aus Irland und Schottland.

Im Ort und in Ortsnähe sehen Sie einige restaurierte und als Museum eingerichtete Häuser, wie z. B. das **W.S. Loggie Cultural Centre**, *222 Wellington St., ☎ 506-773-4996, geöffnet: Juli/Aug. tgl. 10–18 Uhr, Eintritt frei.*

Per Boot erreicht man **Beaubears Island National Historic Site**, eine Insel im Miramichi River. Im Informationscenter kann man sich über die Geschichte der Insel und das Leben der Indianer informieren.
Beaubears Island Interpretive Centre, *35 St. Patrick's Dr., ☎ 506-622-8526, www.pc.gc.ca, geöffnet tgl. Mitte Juni–Mitte Sept., Park ganzjährig geöffnet, Touren Juli/Aug. Erwachsene $ 15, Senioren und Studenten $ 13.50. Verschiedene Tourangebote, s. www.beaubearsisland.com/tours.*

MacDonald Farm Historic Park ist ein georgianisches Steinhaus aus dem Jahre 1815. In den Ausstellungsräumen, in denen kostümierte Führer für Fragen bereitstehen, erfahren Sie alles über die Lebensweise der schottischen Einwanderer im 19. Jh.
MacDonald Farm Historic Park, *600 Hwy. 11, 13 km nordöstlich bei Bartibog Bridge, ☎ 506-778-6085, www.macdonaldfarm.ca, geöffnet Ende Juni–Anfang Sept. Di–So 10–16 Uhr, Eintritt Erwachsene $ 4, Kinder und Senioren $ 3, Familienkarte $ 10.*

Chatham

Am gegenüberliegenden Ufer des Miramichi River liegt der kleine Ort Chatham. Dies ist der Geburtsort des ehemaligen kanadischen Premierministers Richard Bedford **Bennet**, der 1870 geboren wurde und in Chatham aufwuchs. Im vergangenen Jahrhundert war Chatham geprägt durch das Holzfäller-, Fischer- und Schiffsbauimperium, das die Brüder Cunard aufbauten. Die in Chathams Werften gebauten Segelschiffe zählten zu den besten der Welt. Heute ist Chatham bekannt für das alljährlich Mitte Juli stattfindende „Irish Festival" mit vielen bekannten Interpreten.

 Streckenhinweis

Von Chatham aus können Sie über den Hwy 11 direkt zum Kouchibouguac Park und weiter nach Prince Edward Island fahren.

Bathurst

Das Gebiet um Bathurst wurde schon 1534 von Jacques Cartier erkundet, der den Handel mit den Micmac-Indianern aufnahm. Später siedelten sich zunächst Akadier, dann Briten in dieser Region an. 1826 wurde die Stadt gegründet und nach dem britischen Kolonialsekretär Bathurst benannt. Bathurst ist heute ein geschäftiger Hafen- und Handelsort, zugleich auch ein wichtiges Industriegebiet, da hier eine der größten Zinkminen der Erde ausgebeutet wird.

Vielseitiges Freizeit-angebot

Bathurst ist aber auch ein beliebter Ferienort, der sehr hübsch an der Mündung des Nepisiguit River in die Baie des Chaleurs liegt. Schöne Strände, eine abwechslungsreiche Küste, eindrucksvolle Wasserfälle, große Vogelkolonien fordern zu längerem Aufenthalt auf, außerdem gibt es gute Möglichkeiten zum Golfspielen, Schwimmen, Tauchen, Segeln und Surfen. An der Hafenpromenade „La Promenade" findet man hübsche kleine Geschäfte, Galerien und Restaurants mit schönem Blick auf den Hafen und auf die Bay of Chaleur, an der Fußwege entlang führen. Besuchen Sie an einem Samstagmorgen den **Farmers' Market**, 150 Main St., wo die Bauern der Umgebung ihre frischen Waren anbieten, Händler allerlei Haushaltwaren ausbreiten und außerdem viel Kunstgewerbliches aus den Atlantikprovinzen zu finden ist.

In der **Umgebung von Bathurst** können Sie die **Tetagouche Falls** (9,6 km südwestlich) am Hwy 180 und die **Pabineau Falls** (11,2 km südlich) am Hwy 8, East King Avenue, besuchen, wo sich der Nepisiguit River seinen Weg durch schwarzen Granit sucht und Kanuten an den Wasserschnellen ihre Geschicklichkeit erproben.

Reisepraktische Informationen zu Bathurst

i **Information**
Visitor Information Centre, 86 Douglas Ave., an der Hafenpromenade, ☎ 506-548-0418 oder 1-877-548-1966, www.bathurst.ca, geöffnet Mo–Fr 9–16 Uhr.

Unterkunft
$$ Lakeview Inn & Suites, 777 St. Peter Ave., ☎ 506-548-4949 oder 1-877-355-3500, www.lakeviewhotels.com/bathurst, angenehmes Motel mit 78 gut ausgestatteten Zimmern und großen Suiten, ein kleines Frühstück ist im Preis inbegriffen.
$$$ Atlantic Host Hotel, 1450 Vanier Blvd., ☎ 506-548-3335 oder 1-800-898-9292, www.atlantichost.com, Hotel auf weiträumigem Gelände mit 106 freundlich eingerichteten Zimmern, Swimmingpool, Sauna, Restaurant.
$$$ Auberge de la Vallée, 1810 Vallée Lourdes Dr., ☎ 506-549-4100, www.aubergede lavallee.ca, außerhalb der Stadt gelegenes Haus im Blockhausstil mit geräumigen, rustikal eingerichteten Zimmern, Pool, Spa mit großen Fenstern und schönem Ausblick, französisches Bistro, angeschlossen sind mehrere „Chalets" mit kleiner Küche.

Restaurants
La Fine Grobe By The Sea, *289, rue Principale, Nigadoo, 11 km nördlich von Bathurst,* ☎ *506-783-3138, weithin bekanntes Restaurant mit gepflegter französischer Küche, ansprechendes Haus mit schönem Blick auf die Nepisiguit Bay, Terrassencafé, Kunstgalerie, Gästezimmer.*

👉 Streckenhinweis

Von Bathurst können Sie über die Hwys 11 oder 134 nach Dalhousie und Campbellton und zur Halbinsel Gaspésie/QC fahren. An dieser Strecke liegen die folgenden Ortschaften.

Petit-Rocher mit dem **New Brunswick Mining and Minerals Interpretation Centre**, das mit Ausstellungen, Videofilmen und einer Fahrt in eine Schachtanlage die harte Arbeit untertage zum Abbau der reichen Mineralienvorkommen verdeutlicht.
New Brunswick Mining and Minerals Interpretation Centre, *397 rue Principale,* ☎ *506-542-2672, geöffnet Juni–Aug. tgl. 10–16 Uhr, Eintritt Erwachsene $ 6, Senioren $ 5,20, Kinder 5–18 Jahre $ 3.50, Familienkarte $ 13,80.*

Dalhousie ist Hafenort mit guten Bademöglichkeiten in der Baie des Chaleurs und Gelegenheiten zum Hochseefischen.

Vogel-
beobachtung
Von Bathurst fahren Sie über den Hwy 11 nach Caraquet. Bei Janeville zweigt der Carron Drive ab, der Sie zum ca. 1 km entfernten **Daly Point Reserve** führt. Wanderwege verlaufen durch Marschen, Felder und Mischwälder und bieten gute Möglichkeit zur Tierbeobachtung, vor allem im Herbst, wenn sich hier Tausende von Kanada-Gänsen für den Vogelzug sammeln.

Eine Besonderheit ist auch der **Maritime Ringlet Butterfly**, eine sehr seltene Schmetterlingsart, die weltweit nur in vier Kolonien vorkommt und ungewöhnlicherweise ausschließlich in Salzwassermarschen lebt.

 # Caraquet

Der etwa 4.200 Einwohner zählende Ort **Caraquet** liegt der Halbinsel Gaspésie gegenüber an der Akadischen Küste. Der Ort wurde 1758 gegründet und ist damit die älteste französische Siedlung im Norden New Brunswicks. Zu Ehren der ersten Siedler wurde das Denkmal der Sainte Anne du Bocage aufgestellt. Der malerische Ort ist der Heimathafen einer großen Fischfangflotte und lockt viele Besucher an. Alljährlich Anfang bis Mitte August wird das „Acadian Festival" gefeiert, in dessen Verlauf auch die „Segnung der Schiffe" stattfindet.

Besuchen Sie den **Fischmarkt**, und probieren Sie den fangfrischen Fisch in den kleinen Hafenkneipen oder einem der Restaurants. Einen Besuch wert ist auch das **Acadian Museum**, das in seiner Ausstellung über die Halbinsel und die akadische Kultur informiert. **Acadian Museum**, *15, boul. St. Pierre,* ☎ *506-726-2682, www.museecaraquet.ca, geöffnet Juni/Sept. 10–18, Juli/Aug. 10–20, So 13-18 Uhr, Eintritt Erwachsene $ 3, Senioren und Schüler $ 1, Kinder unter 12 J. frei.*

Das **Acadian Historical Village** ist ein großes Freilichtmuseum, in dem Sie Wissenswertes über das Leben der Akadier im 18. und 19. Jh. erfahren. Mehr als 40 typische

Gebäude, zu denen Wohnhäuser, Bauernhöfe, eine Kirche, eine Schule, Druckerei, Schmiede, Mühle sowie ein Gasthaus und Krämerladen gehören, wurden hierhin versetzt und vollständig restauriert. Die „Dorfbewohner", die die Kleidung jener Zeit tragen, zeigen den Alltag der Akadier an Werk- und Festtagen. Zur Einführung gibt es eine 18-minütige Dia-Show.

Acadian Historical Village (Experience Acadia), *5, rue Du Pont, Bertrand, am Hwy 11, 10 km westlich von Caraquet,* ☎ *506-726-2600 oder 1-877-721-2200, www.villagehisto riqueacadien.com, geöffnet Juni–Ende Sept. tgl. 10–18 Uhr, Eintritt Erwachsene $ 20, Senioren und Studenten $ 16, Kinder und Jugendliche 6–18 J. $ 16, Familienkarte $ 45, Mitte-Ende Sept. nur halber Preis.*

Reisepraktische Informationen zu Caraquet

Information
Caraquet Visitor Information Centre, *39, boul. St. Pierre ouest,* ☎ *506-726-2676.*

Unterkunft
$$ Gite Le Poirier, *98, boul. St. Pierre ouest,* ☎ *506-727-4359 oder 1-888-748-9311, www.gitelepoirier.com, das 1927 gebaute, mit Antiquitäten eingerichtete Haus verfügt über 5 Zimmer, nicht weit entfernt vom Museumsdorf „Acadian Historical Village", ganzjährig geöffnet.*

$$$ Maison Touristiques Dugas B&B, *683, boul. St. Pierre ouest,* ☎ *506-727-3195 oder 1-866-727-3195, www.maisontouristiquedugas.ca, das große, 1926 gebaute Haus hat neun im akadischen Stil eingerichtete Zimmer. Ganzjährig geöffnet und etwa 10 Min. vom eigenen Strand entfernt.*

$$$$ Hotel Paulin, *143, boul. St. Pierre ouest,* ☎ *506-727-9981 oder 1-866-727-9981, www.hotelpaulin.com, schön gelegenes viktorianisches Haus aus dem Jahr 1891 mit antik eingerichteten Zimmern, stilvollem Speisesaal und persönlichem Service.*

Ausflugsziele in der Umgebung von Caraquet

Grande-Anse, Ferienort mit herrlichem Blick auf die Baie des Chaleurs, Provinzpark mit Badestrand, Papst-Museum mit einer Porträtgalerie aller Päpste und einer Nachbildung des Petersdomes.

Shippagan, im Nordosten der Akadischen Halbinsel, sehenswertes **Aquarium & Marine Centre**, am Hwy 113, mit Diashow, mehreren Aquarien und einer Ausstellung zur Fischereigeschichte.

Aquarium & Marine Centre, *100, rue de l'Aquarium,* ☎ *506-336-3013, www.aquari umnb.ca, geöffnet Anfang Juni–Ende Sept. tgl. 10–18 Uhr, Eintritt Erwachsene $ 9.15, Senioren $ 6.88, Studenten $ 7.12, Kinder und Jugendliche 6–16 J. $ 6.11, Familienkarte $ 24.81.*

Île Miscou, eine der Insel Lamèque nochmals vorgelagerte kleine Insel, auf der seit 1856 einer der ältesten Leuchttürme von New Brunswick steht. Es gibt nur drei kleine Siedlungen auf der Insel, aber viele sehr schöne Badebuchten, lange Sandstrände und Lagunen. Die Insel, die seit 1995 über eine Brücke mit der Île Lamèque verbunden ist, eignet sich besonders gut zur Beobachtung von Walen und Vögeln.

Strände und Buchten

Von Caraquet nach Moncton

An der Strecke von Caraquet nach Chatham liegen mehrere Provinzparks wie z. B. der **Val Comeau Provincial Park** oder der **Neguac Provincial Park**, die ausgezeichnete Bademöglichkeiten bieten. Von Chatham können Sie den Kouchibouguac Park über den Hwy 11 oder über den landschaftlich reizvollen Hwy 134 erreichen.

> **Streckenhinweis**
>
> Der Hwy 11 führt von Caraquet an der Küste entlang über Tracadie-Sheila nach Chatham und weiter nach Süden bis Shediac. Von dort erreichen Sie Moncton über den Hwy 15 oder den Hwy 134.

Kouchibouguac National Park

Reiche Tierwelt

Der Kouchibouguac Park (der indianische Name des Parks wird „kuschäbakwak" ausgesprochen!) an der Akadischen Küste ist einer der neueren Parks Kanadas, der erst 1969 zum Nationalpark erklärt wurde, auf einer Fläche von 238 km² sehr unterschiedliche Landschaftsformen vereint und eines der leistungsfähigsten Ökosysteme der Welt aufweist. Sie können lang gezogene Sandstrände und hohe Dünen, Lagunen und Salzwassermarschen, Wälder und Felder erforschen und zugleich die artenreiche Pflanzen- und Tierwelt beobachten. Der Kouchibouguac National Park ist ein Paradies für Wasservögel, die sich vor allem in den Lagunen und Marschen aufhalten; allein 225 verschiedene Vogelarten wurden schon gesichtet. Auf den vorgelagerten Sandbänken ruhen Kolonien von 300 bis 400 Robben, und in den Wäldern leben noch Schwarzbären, Elche, Füchse und Koyoten.

Die Micmac-Indianer nannten den Kouchibouguac River den „Fluss der langen Gezeiten"; er wird, ebenso wie der Black River und der St. Louis River, von Kanuten als Wasserweg ins Parkinnere genutzt. Auch Bootsfahrten werden im Park angeboten.

Reisepraktische Informationen zum Kouchibouguac NP

ⓘ Information/Öffnungszeiten
Der Park ist ganzjährig geöffnet. Das Informationszentrum, ☏ 506-876-2443, www.pc.gc.ca, liegt 1 km östlich vom Haupteingang, geöffnet Mitte Mai–Mitte Okt., Eintritt pro Tag Erwachsene $ 8, Senioren $ 7, Kinder 6–16 J. $ 4, Familienkarte $ 20.

⚠ Camping
Im Park gibt es zwei gut ausgestattete Campingplätze und über 200 Einzelzeltplätze, jeweils mit Toilette und Feuerstelle. Die Einzelplätze sind nur zu Fuß, mit dem Fahrrad oder per Boot zu erreichen.
Wenn Sie auf den abgelegenen Plätzen übernachten wollen, müssen Sie sich bei der Ankunft und bei der Abreise im Besucherzentrum an- bzw. abmelden. Die Plätze können im Voraus bestellt werden.

☞ Fischen
Angler brauchen eine Genehmigung für den Park, um Forellen, Stint oder Flundern zu fangen; für Lachse ist eine besondere Angelerlaubnis erforderlich.

Baden

Der Strand von Kellys Beach wird von Mitte Juni–Anfang Sept. beaufsichtigt; außerdem gibt es hier Duschen, Umkleidekabinen und eine Snackbar. Genießen Sie das Schwimmen und Baden im Meerwasser, denn hier gibt es die höchsten Wassertemperaturen nördlich von Florida.

Boots- und Radtouren, Skifahren

Innerhalb des Parks, im Ryans Recreation Equipment Rental Centre beim South Kouchibouguac Campground, können Sie Fahrräder, Ruderboote, Kajaks und Kanus stunden-, tage- oder wochenweise mieten. Der Park wird von einem Netz gut markierter Wander- und Fahrradwege durchzogen; außerdem gibt es informative Naturlehrpfade und Plankenwege. Der 60 km lange Fahrradweg zählt zu den besten in den Atlantikprovinzen; er wird im Winter zu einer zweispurigen Loipe geräumt.

Für Natur- und Tierliebhaber

Ein außergewöhnlicher Ausflug führt nach Acadieville zur Little Big Bear Safari, 4120 Route 480, ☎ 506-775-2354, www.bearsafari.com, wo Schwarzbären in ihrem natürlichen Umfeld betreut werden. Besucher können die Bären jeden Abend zwischen 18 und 21 Uhr von einer sicheren, gut ausgebauten Plattform aus beobachten.

Im weiteren Verlauf der Küste von New Brunswick sehen Sie Felsenriffe und Klippen, weite Marschen und sandige Strände, holzgedeckte Brücken und weiße Leuchttürme, Sie erleben kleine Fischerdörfer, beliebte Seebäder und lebhafte Handelsstädtchen.

Bouctouche

Bouctouche, eine ehemalige akadische Siedlung, erinnert in jedem Jahr mit dem Anfang Juli stattfindenden „Shellfish Festival" daran, dass der Fischfang für lange Zeit die wichtigste Erwerbsquelle war. Im **Musée de Kent** erfahren Sie Wissenswertes über regionale Kultur, Geschichte, Kunst und Handwerk.
Musée de Kent, 150, rue du Couvent, 2 km nordöstlich am Hwy 457, ☎ 506-743-5005, www.museedekent.ca, geöffnet Juli/Aug. Mo–Sa 9–17.30, So 12–18 Uhr, Eintritt Erwachsene $ 4, Senioren $ 3, Studenten und Schüler $ 2, Kinder unter 5 J. frei.

Im Naturschutzgebiet **Irving Eco-Centre: La Dune de Bouctouche** beeindruckt eine riesige Düne, die sich über 12 km an der Bucht hinzieht und als Landzunge ins Meer reicht. Man kann auf einem 2 km langen Boardwalk und einem Lehrpfad die besondere Pflanzen- und Tierwelt der seit der Eiszeit unverändert gebliebenen Dünenlandschaft kennenlernen und sich im Irving Eco Centre über die Bedeutung dieses Ökosystems informieren. *Dünen-landschaft*
Irving Eco-Centre: La Dune de Bouctouche, 10 km nördlich am Hwy 475, ☎ 506-743-2600 oder 1-888-640-3300, www.jdirving.com, geöffnet Ende Juni–Anfang Sept. tgl. 10–18, Mai/Juni und Sept./Okt 10–17 Uhr, Eintritt frei.

Shediac

Das Wahrzeichen von **Shediac** ist ein überlebensgroßer Hummer, denn Shediac nennt sich „Hummerhauptstadt der Welt". Jedes Jahr im Juli wird für eine Woche das „Lobster Festival" gefeiert, dessen Höhepunkt das Bauen von Sandskulpturen im nahe gelegenen Parlee Beach Provincial Park ist. Shediac ist ein beliebter Ferienort, der mit langen Sandstränden und angenehmen Wassertemperaturen jedes Jahr viele Besucher anzieht. Am Strand gibt es Kanu- und Kajakverleih, und während der Sommermonate werden auch einstündige Flusskreuzfahrten durchgeführt. *„Hummer-hauptstadt"*

Der **Parlee Beach Provincial Park**, der nur 1,5 km entfernt liegt, ist wegen seines langen, sehr feinsandigen Badestrandes sehr beliebt; das Meerwasser erwärmt sich hier im Sommer bis auf 20 °C! Am Abend trifft man sich an der kleinen Marina oder bei sommerlichen Konzerten im Stadtpark.

Reisepraktische Informationen zu Shediac

Information

Shediac Visitor Information Bureau, *229 Main St., gleich neben dem Hummer-Wahrzeichen gelegen,* ☎ *506-532-7788, www.shediac.com, geöffnet Mai–Sept.*

Unterkunft

$$ Seely's Motel, *21 Bellevue Heights, an der Route 33,* ☎ *506-532-6193 oder 1-800-449-4141, www.seelysmotel.com, freundliches Motel mit 32 geräumigen und sieben Zimmern mit Küchenzeile.*
$$$ The Tait House, *293 Main St.,* ☎ *506-532-4233 oder 1-888-532-4233, www.maisontaithouse.com, gepflegtes, viktorianisches Landgasthaus mit 9 komfortablen, stilvoll eingerichteten Zimmern und gutem Restaurant, ganzjährig geöffnet.*
$$$$ Hotel Shediac, *222, rue Bellliveau,* ☎ *506-532-6100, www.hotelshediac.ca, Hotel mit geräumigen, ansprechend eingerichteten Zimmern, meist mit Balkon und Blick auf die Shediac Bay und Studios mit Kücheneinrichtung, gutes Restaurant*

Moncton

Die Stadt am nördlichen Ausläufer der Bucht von Fundy hat etwa 69.000 Einwohner und ist ein wichtiges Handels- und Verkehrszentrum von New Brunswick. Die Geschichte der Stadt reicht bis ins 17. Jh. zurück, als sich 1638 die ersten akadischen Siedler in der Nähe des Fort Beausejour niederließen. Sie wurden jedoch schon 1755 von den Engländern vertrieben; um 1850 kamen deutschstämmige Siedler aus Pennsylvania, amerikanische Loyalisten, Schotten und Iren in den Ort und benannten ihn nach dem britischen Offizier Robert Moncton, der das Fort Beausejour eingenommen hatte.

Die **Touristeninformation** befindet sich im modernen Baukomplex **Resurgo Place**, ebenso wie das **Moncton Museum**, das neue **Transportation Discovery Centre,** kleine Galerien und die innen gelegene „Public Plaza", die dem Schutz der Sandsteinfassade des früheren, 1916 gebauten Rathauses dient. Das Museum zeigt in seinen Räumen anschaulich die Stadtgeschichte und interessante Wechselausstellungen kanadischer und internationaler Künstler.
Resurgo Place, *20 Mountain Rd.,* ☎ *506-856-4383, geöffnet ganzjährig Di–Sa 10–17, So 12–17 Uhr.*

Direkt am Resurgo Place steht das älteste Gebäude der Stadt, das **Free Meeting House,** das 1821 als Versammlungsort für Angehörige aller Glaubensrichtungen errichtet wurde. Im 1883 gebauten **Thomas Williams House** kann man in der viktorianischen Teestube eine kleine Pause einlegen und den Blick in den Garten genießen. *103 Park St.,* ☎ *506-857-0590, geöffnet Juli/August Mi–So 13–16 Uhr.*

Das **Acadian Museum** und die **Galerie d'Art** wurden in der Universität von Moncton eingerichtet und informieren über die Geschichte und Kunst der Akadier und zeigen Ausstellungen mit Werken zeitgenössischer Künstler.

Acadian Museum und **Galerie d'Art**, *Clément Cormier Building, 165 Massey Ave.,* ☎ *506-858-4088, www.umoncton.ca/umcm-maum, geöffnet Juni–Sept. Mo–Fr 10–17, Sa/So 13–17, sonst Di–Fr 13–16.30, Sa/So 13–16 Uhr, Acadian Museum Eintritt: Erwachsene $ 5.75, Senioren $ 3.45, Studenten und Kinder von 6–12 J. $ 2.30, Galerie d'Art Eintritt frei.*

Monctons besondere Anziehungskraft auf Touristen beruht aber vor allem auf zwei **Naturphänomenen**: der Gezeiten-Springflut und dem Magnetic Hill. Einen beson- ders guten Blick auf den eindrucksvollen **Gezeitenwechsel** haben Sie vom **Bore View Park** (Parc du Mascaret) aus. Da Moncton an der Mündung des Petitcodiac River in die Bay of Fundy liegt, sind die großen Gezeitenunterschiede, um derentwillen die Bay of Fundy weltbekannt ist, auch noch in ihrem letzten Ausläufer deutlich sichtbar. Während der Ebbe ist der Petitcodiac nur ein kleiner, ruhig dahin gleitender Fluss, der *Springflut und* mit einsetzender Flut jedoch gewaltig anschwillt. Innerhalb einer Stunde steigt der *Magnetberg* Wasserspiegel um mehr als 6 m an, und der Fluss weitet sich auf 1,5 km Breite aus, so- dass das Marschland ganz unter Wasser steht.

Im Nordwesten der Stadt liegt der große Freizeitpark **Magnetic Hill Park**, den Sie über den Trans-Canada-Hwy und den Hwy 126 erreichen. Zu diesem Vergnügungspark gehören das sogenannte „Naturwunder" Magnetic Hill, der Magic Mountain Water Park, der Magnetic Hill Zoo, das Magnetic Hill Concert Centre und der Magnetic-Hill- Golfclub. **Magnetic Hill**, der „magnetische Hügel", der zahllose Besucher in seinen Bann zieht, zählt zu den meistbesuchten „Naturwundern" Kanadas.
Magnetic Hill, *Mountain Rd.,* ☎ *506-389-5980, geöffnet Mitte Mai–Mitte Juni/Sept. 9–18, Mitte Juni–Aug. 9–21, Ende Aug.–Anfang Sept. 9–20, Okt. 9–17 Uhr; von Mitte Juni– Mitte Okt. sind Einweiser beim Fahren behilflich, die Fahrt auf den Hügel kostet pro Pkw $ 8.*

Was ist das Besondere am Magnetic Hill? Sie folgen zunächst der Ausschilderung Magnetic Hill und werden von Einweisern mit Ihrem Wagen zu einer gekennzeichneten Stelle gewiesen. Dort schalten Sie in den Leerlauf, lösen die Bremsen – und erleben, wie das Auto ohne Ihr Zutun scheinbar rückwärts den Hügel hinauffährt! Ma- chen Sie selbst diese un- gewöhnliche Erfahrung und versuchen Sie, wie viele andere, das Uner- klärliche zu erklären! Es gibt verschiedene Theori- en; vielleicht ist es aber auch nur eine optische Täuschung, wenn Ihr Fahrzeug, wie von magne- tischen Kräften getrieben, gegen alle Naturgesetze bergauf fährt!?

Zum **Magic Mountain Water Park** gehören sechs große Wasserrut- schen, ein Wellenbad, ein Minigolfplatz und mehre- re Schwimmbecken und Wasserspiele.

Das Free Meeting House ist das älteste Gebäude der Stadt

Magic Mountain Water Park, *2875 Mountain Rd., am Hwy 126, ☏ 506-857-9283, www.magicmountain.ca, geöffnet Mitte Juni–Anfang Juli, Ende Aug.–Anfang Sept. tgl. 10–18 Uhr, Juli–Ende Aug. tgl. 10–19 Uhr, Eintritt Erwachsene und Kinder über 122 cm $ 27, Kinder 106–121 cm $ 20.65, Kinder 91–105 cm $ 15.22, Kinder unter 91 cm frei, Familienpass (4 Pers.) $ 92,17.*

Zum Wandern, Radfahren, Baden und Bootfahren lädt der **Centennial Park**, 811 St. George Blvd., ein.

Reisepraktische Informationen zu Moncton

ℹ Information
Visitor Information Centre, *20 Mountain Rd., ☏ 1-800-363-4558, http://tourism.moncton.ca, im neuen Resurgo Place-Komplex.*

🛏 Unterkunft
$$$ Rodd Moncton Hotel, *434 Main St., ☏ 506-382-1664 oder 1-800-565-7633, www.roddvacations.com, Hotel mit 97 Zimmern und Blick auf den Boreview Park, Swimmingpool, Restaurant.*
$$$ Best Western Plus Moncton, *300 Lewisville Rd., ☏ 506-388-0888 oder 1-888-887-8788, www.bestwesternatlantic.com, modernes Hotel mit 68 gut ausgestatteten Zimmern, teilweise mit Küchenzeile, am Hwy 2, günstig zu allen Sehenswürdigkeiten gelegen.*
$$$ Hampton Inn & Suites by Hilton Moncton, *700 Mapleton Rd., ☏ 506-855-4819, http://hamptoninn3.hilton.com, modernes Hotel mit 127 geräumigen, gut ausgestatteten Zimmern und Suiten, Pool mit großer Wasserrutsche, hilfsbereiter Service.*
$$$–$$$$ Delta Beauséjour, *750 Main St., ☏ 506-854-4344, www.marriott.de, stilvolles Hotel in zentraler Lage mit über 300 komfortablen Zimmern und Suiten, Schwimmbad mit eindrucksvoller Wasserrutsche, Spa und sehr gutem Restaurant.*

🍴 Restaurants
Windjammer Dining Room, *750 Main St., ☏ 506-877-7137, im Hotel Beauséjour, ausgezeichnetes Restaurant mit kreativer Küche, stilvolle Umgebung mit Aquarien und großen Schiffsmodellen, Tischreservierung empfehlenswert, gehobene Preiskategorie.*
Calactus Cafe Restaurant, *125 Church St., ☏ 506-388-4833, in der Innenstadt gelegenes gutes vegetarisches Restaurant, tgl. geöffnet von 11–22 Uhr.*
Moncton Market, *120 Westmorland St., findet samstags von 8–13 Uhr statt und bietet neben frischen Produkten auch fertige Köstlichkeiten.*

Wenn Sie **nicht** nach Prince Edward Island weiterreisen möchten, können Sie von Moncton über den Hwy 2 nach Amherst und weiter über die Hwys 104 und 102 direkt nach Halifax zurückkehren.

Von Moncton führt der **Tidal Trail** genannte Hwy 114 über Hillsborough und Hopewell Cape zum Fundy National Park.

Hillsborough

Hillsborough liegt ca. 32 km südlich von Moncton am Petitcodiac River. Die ersten Siedler, die sich 1765 am Fluss niederließen, waren Deutsche, die aus Pennsylvania einwanderten und den Ort Dutch Village nannten. Erst gegen Ende des 18. Jh. erhielt der Ort seinen jetzigen Namen. Interessant sind die alljährlich im Juli stattfindenden „Hillsborough Homecoming Days" mit Musik und Unterhaltung sowie die Fahrten mit einer Museumsdampfeisenbahn.

Eisenbahnfreunde können im **New Brunswick Railway Museum** Ausstellungen und restaurierte Eisenbahnwagen besichtigen oder in den Sommermonaten und im September/Oktober gelegentlich an kurzen Fahrten durch die reizvolle Umgebung teilnehmen. **New Brunswick Railway Museum**, *2847 Main St.*, ☎ *506-734-3195, www.nbrm.ca, geöffnet Ende Juni–Anfang Sept. tgl. 9.30–17.30 Uhr, Fahrzeiten Mitte Juni–Anfang Sept. Di/Mi und Sa/So, Sept./Okt. tgl., Eintritt Erwachsene $ 6, Kinder 6–16 J. $ 3, Familienkarte $ 12.*

Hopewell Cape

Deutliche Beweise für die Macht der Gezeiten finden Sie in **Hopewell Cape** und bei **The Hopewell Rocks Ocean Tidal Exploration Site** an der Mündung des Petitcodiac River. Hier sehen Sie die „Flowerpot Rocks", die von den Fluten aus dem Felsen herausgewaschen wurden. Bei Ebbe können Sie einen Spaziergang zu den Sandsteinfelsen machen, die wie riesige Blumentöpfe aussehen; wenn die Flut kommt und das Wasser steigt, ragen nur noch die Felsspitzen aus dem Wasser und die Felsen sehen wie kleine, mit Kiefern bewachsene Inseln aus. Ein besonderes Erlebnis ist es, als Kanufahrer beim größten Tidenhub der Welt zwischen den „Inseln" zu paddeln.

Großartiges Naturerlebnis

Hopewell Cape *und* **The Hopewell Rocks Ocean Tidal Exploration Site**, *am Hwy 114,* ☎ *1-877-734-3429, www.thehopewellrocks.ca, geöffnet Mitte Juni–Ende Aug. tgl. 8–20, Mitte Mai–Mitte Juni und Anfang Sept.–Anfang Okt. tgl. 9–17 Uhr, Eintritt Erwachsene $ 10, Senioren und Studenten $ 8, Kinder und Jugendliche 5–18 J. $ 7.25, Familienkarte $ 25.50, Shuttle einfache Fahrt $ 2.*

Bei Ebbe an den Hopewell Rocks

Die ausgeschilderten Zeiten sind unbedingt zu beachten!

Als beste und sicherste Besuchszeit gilt die Zeit drei Stunden vor Beginn der Ebbe bis drei Stunden nach der Ebbe. Um das Naturschauspiel bei Ebbe und Flut erleben zu können, ist die Eintrittskarte für zwei Tage gültig. Der Weg zur Abfahrt der Shuttlebusse ist ausgeschildert.

Reisepraktische Informationen zu Hopewell Cape

Tipp

Im **Besucherzentrum** kann man sich über die täglichen Gezeitenwechsel, Wandermöglichkeiten in der Umgebung und in mehreren Ausstellungen über die Bay of Fundy informieren. Da der Anstieg des Wassers während der Flut überraschend schnell ist, werden die Besucher mehrfach auf die Gefahren hingewiesen.

Unterkunft

rund um die Hopewell Rocks

$$–$$$ **Hopewell Rocks Motel & Country Inn**, *4135 Route 114, ☎ 506-734-2975 oder 1-888-759-7070, www.hopewellrocksmotel.com, an der Zufahrt zu den Hopewell Rocks gelegenes Hotel mit 39 Zimmern und einem großen Restaurant, von Mai–Okt. geöffnet.*

$$ **Peck Colonial B&B**, *5566 Route 114, ☎ 506-882-2114, www.peckcolonial.com, schönes Haus aus dem Jahr 1795 mit großem Garten, drei antik eingerichteten Zimmern, gutem Frühstück und einer netten Teestube, in der auch leichte Mahlzeiten serviert werden.*

$$$ **Innisfree B&B**, *4270 Route 114, ☎ 506-734-3510 oder 905-713-0598, www.innisfreebandb.com, restauriertes Farmhaus mit Garten und freundlichen Zimmern, alle mit eigenem Bad und schönem Ausblick, das Haus ist nur ca. 1 km von den Hopewell Rocks entfernt.*

Riverside-Albert und Cape Enrage

Riverside-Albert liegt am Shepody River am Ausläufer der Bay of Fundy. Einige schöne alte Häuser und ein Schiffs-Nachbau im kleinen Hafen erinnern daran, dass der Ort im 19. Jh. ein wichtiges Schiffsbauzentrum war.

Unterkunft

$$$ Florentine Manor B&B, *356 Route 915, Harvey on the Bay,* ☎ *1-800-665-2271, www.florentinemanor.com, in dem alten Herrenhaus aus den 1870er-Jahren wurden neun Nichtraucher-Gästezimmer stilvoll eingerichtet, alle mit eigenem Bad; den Gästen stehen ein schöner Aufenthaltsraum und der Garten zur Verfügung; auf halber Strecke zwischen Hopewell Rocks und Fundy National Park.*

In Riverside-Albert zweigt der Hwy 915 ab, der über eine landschaftlich reizvolle Nebenstrecke zum Shepody Bay Shorebird Reserve, zum Cape Enrage und weiter nach Alma zum Fundy National Park führt.

Das **Shepody Bay Shorebird Reserve**, Mary's Point Rd., ist ein küstennahes Naturschutzgebiet, das von vielen Lehrpfaden und Plankenwegen durchzogen wird und sich ausgezeichnet zur Vogelbeobachtung eignet. Vor allem im Juli und August halten sich hier Strandläufer, Kanadagänse, Regenpfeifer und Schwarzenten auf, denen das Schwemmland vor der Küste reichlich Nahrung bietet. Das Informationszentrum ist von Ende Juni bis Anfang September geöffnet, die Wege sind ganzjährig zugänglich. *Natur-schutzgebiet*

Die Abzweigung zum **Cape Enrage** ist ausgeschildert; nach 6,5 km einer kurvenreichen Strecke mit vielen Steigungen erreicht man das häufig von starken Winden umtoste Kap mit dem Leuchtturm aus dem Jahr 1848 und wird mit einem schönen Blick über die Bay of Fundy belohnt. Das Cape Enrage zählt zu den besten Orten in New Brunswick, um die gewaltigen Gezeitenunterschiede an der Bay of Fundy zu beobachten. Der historische Leuchtturm arbeitet ganzjährig vollautomatisch und wird von Studenten betreut, die auch Kajak- und Klettertouren organisieren und im Leuchtturm einen „Lunchroom" eingerichtet haben. *Kap mit eindrucks-voller Aussicht*

Cape Enrage, *650 Cape Enrage Rd., Waterside,* ☎ *506-887-2273 oder 1-888-423-5454, www.capeenrage.ca, geöffnet Mitte Mai–Mitte Okt. tgl. 10–17, Mitte Juni–Mitte Aug. bis 19, Mitte Aug.–Anfang Sept. bis 18 Uhr, Eintritt Erwachsene $ 6, Senioren $ 5.50, Studenten $ 5.50, Kinder von 5–17 J. $ 5, Familienkarte $ 20.*

Alma ist ein kleiner Fischerhafen am Eingang zum Fundy National Park. Im Ort gibt es während der Sommermonate kleine Geschäfte, Restaurants, Übernachtungsmöglichkeiten, eine Tankstelle und das Besucherzentrum für den Fundy National Park, das an der Mündung des Upper Salmon River liegt. Im Harbour View Market, das zugleich Geschäft und Restaurant ist, gibt es als Spezialität einen bekannt guten „Seafood-Chowder".

Unterkunft

$$–$$$ Parkland Village Inn, *8601 Main St.,* ☎ *506-887-2313 oder 1-866-668-4337, www.parklandvillageinn.com, modernes, gut geführtes Hotel am Hafen von Alma mit Restaurant und geräumigen, freundlichen Zimmern, von denen einige Balkon mit Meerblick bieten.*

$$$ Cleveland Place, *8580 Main St.,* ☎ *506-887-2213, www.cleveland-place.com, schönes Haus aus dem Jahr 1926 mit vier hellen, antik eingerichteten Zimmern, angeschlossen sind ein kleiner Buchladen und eine Galerie im Kutschenhaus.*

$$$ Cliffside Suites, *22 Bayview Dr.,* ☎ *506-887-1022 oder 1-866-881-1022, www.cliffsidesuites.com, oberhalb von Alma gelegenes Haus mit schönem Ausblick und drei gut ausgestatteten Gästezimmern und einem Cottage.*

Fundy National Park

Der Fundy National Park, der 1948 gegründet wurde, ist 206 km² groß und zieht sich 13 km an der Küste der Bay of Fundy entlang. Auf ca. 20 km durchquert der Hwy 114 den Park und führt durch eine hügelige und dicht bewaldete Landschaft; Wanderwege von 0,5–20 km Länge und die jeweiligen Schwierigkeitsgrade sind ausgeschildert. Erholsam ist ein Ausflug zum Bennett Lake mit schönem Badestrand und Bootsverleih im Sommer.

info

Die Bay of Fundy

Die Bay of Fundy ist die fast 300 km lange Senke zwischen New Brunswick und Nova Scotia, in die der Atlantische Ozean eindringt. Die Bucht ist stellenweise bis zu 80 km breit und ca. 300 m tief. In der Bay of Fundy können Sie das eindrucksvolle Naturschauspiel des größten Gezeitenunterschiedes der Welt beobachten. Vor ca. 6.000 Jahren stieg der Meeresspiegel so stark an, dass eine Verbindung zwischen dem Atlantischen Ozean und der Bay of Fundy entstand. Während sich der Gezeitenwechsel auf dem offenen Meer nur durch einen geringfügigen Höhenunterschied von unter einem Meter bemerkbar macht, steigt oder sinkt das Wasser in der Bay of Fundy, wenn alle 12,5 Stunden der volle Gezeitenwechsel von Ebbe und Flut einsetzt, um durchschnittlich 9 m. Bei Springflut wurde bei Moncton und Truro schon der weltweit höchste Tidenhub von 21 m gemessen.

Blick über die Bay of Fundy

An der Küste, die stark zerklüftet und an manchen Stellen von tiefen Schluchten zerschnitten ist, fallen bis zu 60 m hohe Klippen steil ins Meer ab. Der Fundy National Park ist besonders geeignet, um den eindrucksvollen Gezeitenwechsel zu beobachten und zu erleben. „The Edge of the Tide" wird das Schauspiel genannt, wenn der Strand bei Flut oder Ebbe sein Aussehen völlig verändert.

Der Park bietet gute Übernachtungs- und Sportmöglichkeiten, sodass er sich auch für einen mehrtägigen Aufenthalt eignet. Im Park gibt es ein beheiztes Salzwasserschwimmbad, einen 9-Loch-Golfplatz, Tennisplätze und einen Spielplatz; Badestrände finden Sie in Alma, Cannontown, Herring Cove und Point Wolfe.

*Im **Besucherzentrum in Alma**, ☎ 506-887-6000, gibt es Informationen über Gezeitenwechsel, Wanderwege, Führungen und Veranstaltungen. Park ganzjährig geöffnet, Besucherzentrum Mitte Mai–Ende Juni und Mitte–Ende Okt. tgl. 10–16.45, Juli/Aug. 8–21.45, Sept.–Mitte Okt. 8–18.45 Uhr, Eintritt Tagespass für Erwachsene $ 7.80, Senioren $ 6.80, Kinder von 6–16 J. $ 3.90, Familienkarte $ 19.60.*

Unterkunft
*Im Park gibt es vier Campingplätze mit ca. 650 Plätzen sowie ein Motel und das **Fundy Highlands Inns & Chalets**, ☎ 506-887-2930 oder 1-888-883-8639, www.fundyhighlandchalets.com, mit 20 einfach eingerichteten Motelzimmern und 24 rustikalen, kleinen Holzhäusern auf großem Gelände.*

Wandern
25 Wanderwege erschließen das Innere des Parks oder führen an der Küste entlang, wo der Strand sich bei Ebbe kilometerweit ausdehnt. Im Winter eignet sich dieses mehr als 100 km umfassende Wegenetz prima zum Ski-Langlauf und für Snowmobile.

Fundy Trail Parkway

Westlich vom Fundy National Park liegt am Hwy 111 der kleine Ort **St. Martins**. Hier, in der 229 Main St., beginnt der 16 km lange Fundy Trail, ☎ *506-833-2019 oder 1-866-386-3987, www.fundytrailparkway.com,* eine neu angelegte Panoramastraße entlang der Bay of Fundy mit Aussichtspunkten, Picknick- und Parkplätzen. Die Fortführung des Parkways bis zum Fundy National Park ist geplant. Außerdem wurde ein schöner, 16 km langer Wander- und Radweg angelegt, der teilweise durch Wildnisgebiete führt. *Geöffnet Mitte Mai-Mitte Okt.*

Von Moncton nach Prince Edward Island

Die meisten Reisenden entscheiden sich für die schnellste Straßenverbindung nach Prince Edward Island, aber es lohnt sich durchaus, einen Abstecher an die Bay of Fundy oder an den Küstenabschnitt zwischen Shediac und Cape Tormentine zu machen.

Sackville

👉 **Streckenhinweis**

Die Entfernung beträgt insgesamt 172 km; von Moncton bis Cape Tormentine 102 km, dann Brückenüberfahrt nach Borden/P.E.I., von Borden nach Charlottetown 56 km. Von Moncton folgen Sie dem Hwy 2 und dann ab Aulac dem Hwy 16 nach Cape Tormentine. Sie können vom Hwy 2 einen Abstecher nach **Sackville** machen, einer alten akadischen Siedlung.

Hier können Sie den **Sackville Waterfowl Park** besuchen, der an einer der wichtigsten Zugvögelrouten Nordamerikas liegt und ausgezeichnete Möglichkeiten zur Vogelbeobachtung bietet. Im Besucherzentrum erhalten Sie gutes Informationsmaterial; an dem 3,2 km langen Lehrpfad, der einige schöne Aussichtspunkte und einen Beobachtungsturm hat, sind zusätzlich Informationstafeln aufgestellt.
Sackville Waterfowl Park, *34 Mallard Drive,* ☎ *506-364-4967 oder 1-800-249-2020, www.sackville.com, geöffnet Mai–Dez. tgl. 9–17, Juni/Sept. 9–18, Juli/Aug. 9–20 Uhr, Eintritt frei; geführte Wanderungen Mitte Mai–Aug. Erwachsene $ 6, Senioren und Kinder bis 12 J. $ 4, Familienkarte $ 12.*

Befestigungs-anlage
8 km östlich von Sackville, wieder am Hwy 2, liegt das **Fort Beauséjour National Historic Site**, die Ruine einer Befestigungsanlage aus dem 18. Jh. Seit der 2. Hälfte des 17. Jh. ließen sich in diesem Landstrich französische und britische Siedler nieder. Durch den Vertrag von Utrecht wurde das Land den Briten zugesprochen. Franzosen und Briten bauten jeweils auf ihrer Seite der Grenze eine Festung: Fort Lawrence wurde von den Engländern, Fort Beauséjour 1751 von den Franzosen gebaut. 1755 eroberten die Briten das Fort und vertrieben die französischsprachigen Akadier. 1776 widerstand das Fort einem amerikanischen Angriff, es verlor jedoch zu Beginn des 19. Jh. seine militärische Bedeutung.
Fort Beauséjour National Historic Site, *111 Fort Beauséjour Rd.,* ☎ *506-364-5080, www.pc.gc.ca geöffnet Ende Juni–Anfang Sept. 9–17 Uhr, Eintritt Erwachsene $ 4, Senioren $ 3.50, Kinder $ 2, Familienkarte $ 10.*

Reisepraktische Informationen zu Sackville

ℹ Information
Sackville´s Welcome Centre, *34 Mallard Dr.,* ☎ *506-364-4967, www.sack ville.com. Im Informationszentrum gibt es Ausstellungen zum Sackville Waterfowl Park; geöffnet Mai–Ende Nov. tgl., Mai/Okt. 9–17, Juni/Sept. 9–18, Juli/Aug. 9–20, Nov./Dez. Mo–Sa 10–17 Uhr.*

👁 Ausflug
Nur wenige Kilometer hinter Sackville verläuft die Grenze zwischen New Brunswick und Nova Scotia, wo die kleine Industriestadt **Amherst** *liegt. Von dort können Sie eine Rundfahrt nach Joggins und Parrsboro machen und auch auf dieser Fahrt noch einmal den eindrucksvollen Gezeitenwechsel in der Bay of Fundy beobachten.*

☞ Streckenhinweis

Über den Hwy 16 fahren Sie über Port Elgin nach Cape Tormentine.

In der Gegend von **Joggins** wurden 1985 Fossilien gefunden. Sehenswert ist das **Joggins Fossil Centre** mit einer der weltweit größten Ausstellung von 300 Mio. Jahre alten Fossilien und täglichen Führungen.
Joggins Fossil Centre, *100 Main St.,* ☎ *902-251-2727, www.jogginsfossilcliffs.net, geöffnet Apr.–Okt. tgl. 10–16, Juni–Aug. 9.30–17.30 Uhr, Eintritt mit geführter Tour (30 Min., 2 und 4 Stunden) ab $ 10,50, Familienkarte ab $ 28,50.*

Parrsboro

Parrsboro liegt am Nordufer des Minas Basin, eine alte Siedlung, die sich zu einem beliebten Ferienort entwickelt hat, wo sich der Gezeitenwechsel mit Höhenunterschieden zwischen 12 und 15 m auswirkt. Am besten können Sie das Naturschauspiel vom Glooscap Park und vom Government Pier aus beobachten. 1985 wurde im Minas Basin der bisher größte Fund an Fossilien in Nordamerika gemacht. Unter den mehr als 100.000 Fossilien fand man auch Fußabdrücke von Dinosauriern.

Fossilienfunde

Im **Fundy Geological Museum** kann man die Fossilien- und Mineralienfunde, die teilweise älter als 200 Mio. Jahre sind, bestaunen, u. a. Achate und Amethysten. Modelle veranschaulichen den Lebensraum der Dinosaurier. Führungen an der Bay of Fundy werden im Sommer täglich angeboten.
Fundy Geological Museum, *162 Two Islands Rd.,* ☎ *902-254-3814, http://fundygeological. novascotia.ca, geöffnet tgl. 9.30–17.30, Nebensaison Mo–Sa 10–16 Uhr, Eintritt Erwachsene $ 8.25, Senioren $ 6.75, Kinder und Jugendliche von 6–17 J. $ 4.75, Familienkarte $ 17.50.*

ℹ Information
Town of Parrsboro, *4030 Eastern Ave.,* ☎ *902-254-2036, www.town.parrsboro. ns.ca, geöffnet Mo–Fr 9–14 Uhr.*

Streckenhinweis

Von Parrsboro können Sie über den Hwy 2 wieder zurück nach Amherst fahren.

Prince Edward Island

Seit 1997 Jahren ist Kanadas kleinste Provinz keine Insel mehr. Die mit 12,9 km längste Brücke Kanadas, die **Confederation Bridge**, verbindet die Insel nun mit New Brunswick auf dem Festland. Nach vierjähriger Bauzeit war die Brücke zwischen Borden und Cape Tormentine am 1. Juni 1997 dem Verkehr übergeben worden.

Brücken-
gebühr

Hinweis
Die Brücken- bzw. Fährgebühr ist erst beim Verlassen der Insel zu bezahlen. Auf der Brücke gilt eine Geschwindigkeitsbegrenzung von 80 km/h; die Überfahrt dauert ca. 10 Min. Es besteht generelles Überholverbot. Die Brücke ist nur für Kraftfahrzeuge zugelassen; Fußgänger und Radfahrer können den regelmäßig mindestens alle 2 Std. verkehrenden kostenlosen Bus benutzen. Die Brücke ist ganzjährig Tag und Nacht befahrbar.
Confederation Bridge, ☎ *1-888-437-6565, www.confederationbridge.com, Pkw $ 46, Motorräder $ 18.50, Shuttle-Service: Radfahrer $ 8.75, Fußgänger $ 4.25.*

Fähre
Wood Islands Ferry Terminal, *Northumberland Ferries Limited, 94 Water St.,* ☎ *902-566-3838 oder 1-888-249-7245, www.ferries.ca/ns-pei-ferry. Überfahrt nach Caribou/ NS von Mai–Anfang Nov. mind. 5-mal tgl., Nov./Dez. 3-mal tgl., Dauer ca. 1 Std., Hin- und Rückfahrt für* **Fußgänger**: *Erwachsene $ 19, Senioren $ 16, Kinder unter 12 J. frei.* **Fahrzeuge**: *Pkw einschließlich Insassen $ 71, Motorräder $ 40, Fahrräder $ 20, Wohnwagen je nach Größe von $ 71–115.*

Prince Edward Island ist 224 km lang und zwischen 6 und 64 km breit. Die Mythen der Micmac-Indianer erzählen, dass der Gott Glooscap die Insel „Abegweit" zu seiner Lieblingsinsel wählte und alljährlich das „Land, auf den Wellen gewiegt" wegen seiner großen Schönheit besucht. Die Schönheit dauert bis heute an. Prince Edward Island wirkt mit seinen langen Sandstränden, den klaren Buchten, den kleinen verträumten Dörfern, den rot-weiß gestrichenen Leuchttürmen und den sauber bestellten Feldern wie die

Die Confederation Bridge verbindet Prince Edward Island mit dem Festland

aufgeschlagene Seite eines Bilderbuchs. Ein US-amerikanisches Urlaubsmagazin wählte Prince Edward Island sogar als eines der fünf besten nordamerikanischen Insel-Ferienziele aus, wobei die Schönheit der Natur, die Freundlichkeit der Menschen, gutes Essen und das Angebot an Freizeitaktivitäten als Kriterien zählten.

P.E.I., wie der Inselname häufig abgekürzt wird, ist mit einer Gesamtfläche von 5.656 km² nicht nur Kanadas kleinste Provinz, sondern auch die am dichtesten bevölkerte ländliche Region.

140.200 Menschen leben auf der Insel, von denen ca. 70 % britischer und 21 % französischer Herkunft sind; die Micmac-Indianer machen nur noch knapp 4 % aus. P.E.I. wird durch zwei Landengen in drei Teile gegliedert, denen die Verwaltungsbezirke Kings County, Queens County und Prince County entsprechen. Da der Boden sehr fruchtbar ist, werden mehr als 90 % der Inselfläche landwirtschaftlich intensiv genutzt für den Anbau von Gemüse, Getreide und Obst. Auffallend ist die ziegelrote Farbe des Bodens, die von einem hohen Eisengehalt herrührt. Besonders geschätzt werden die Kartoffeln von P.E.I., die auf ca. 70.000 ha angebaut und in alle Welt ausgeführt werden. Weiterhin gehören Viehzucht und Fischfang zu den traditionellen Erwerbsquellen. Die Fischer fangen mehr als 30 verschiedene Meeresfische wie z. B. Kabeljau, Seezunge, Hering, Lachs, Forelle und Thunfisch. Besonders hohen Gewinn bringt der Fang von Kamm-Muscheln (scallops), Austern aus der Malpeque Bay und Hummern, der mehr als die Hälfte des gesamten Einkommens aus dem Fischfang ausmacht.

Landwirt-schaft und Fischerei

Der Fremdenverkehr gewinnt immer mehr an Bedeutung; dabei geht die Saison von Mai bis Oktober. Das Klima wird durch die geschützte Lage im St.-Lorenz-Golf bestimmt; die Temperaturen sind eher gemäßigt und können im Juli und August gelegentlich bis auf 30 °C ansteigen; dabei sind die Sommer relativ trocken.

French River

Geschichtlicher Überblick

Als 1534 Jacques Cartier mit seinen Begleitern auf die Insel kam, nannte er sie „Ile St. Jean"; erst 1719 folgten französische Akadier und später Engländer, die sich auf der Insel als Siedler niederließen. Nach dem Sieg der Briten über die Franzosen wurde die Insel 1763 an England abgetreten und 1769 eigenständige Kolonie. 1799 wurde sie zu Ehren von Prinz Edward, dem Herzog von Kent, umbenannt. Im 19. Jh. siedelten sich 800 Schotten aus den Highlands, amerikanische Loyalisten, Akadier und Iren auf der Insel an, die sich von der Fruchtbarkeit des Bodens reiche Ernteerträge versprachen.

Der Schiffbau trug ebenfalls zum Wohlstand der Bewohner bei, von denen die Reichsten eigene Handelsflotten besaßen. Gegen Ende des 19. Jh. verlor der Schiffbau jedoch seine Bedeutung, als die hölzernen Schiffe weltweit durch eiserne ersetzt wurden.

Am 1. September 1864 trat in Charlottetown, der Hauptstadt von P.E.I., erstmals eine Versammlung von acht Delegationen mit dem Ziel zusammen, einen möglichen Zusammenschluss aller Provinzen zu beraten. Als Beobachter war eine Delegation aus allen Teilen Kanadas eingeladen, die zuvor schon eine Diskussion um eine „von Meer zu Meer reichende Konföderation" aller britischen Kolonien Nordamerikas angeregt hatte. Die Delegierten in Charlottetown griffen diesen Gedanken auf und einigten sich nach heftigen Debatten auf ein „Grundsatzpapier" für eine zukünftige gesamtkanadische Konstitution.

Es folgten Konferenzen in Québec City und in London, die 1867 zur Bildung der „Dominions von Kanada" führten. Da die Delegierten sich bei der Konferenz in Charlottetown auf die grundlegenden Prinzipien geeinigt hatten, erhielt Kanadas kleinste Provinz den Ehrentitel „Wiege der Konföderation". P.E.I. trat dieser Gemeinschaft 1873 bei.

Reisepraktische Informationen für P.E.I.

ℹ Information Provinzparks

Auf Prince Edward Island finden Sie 25 Provincial Parks, die jeweils ihren ganz eigenen Reiz oder eine besondere Attraktion haben und immer einen Besuch lohnen. Neun dieser Parks verfügen über gut eingerichtete Campingplätze, Rastplätze, beaufsichtigte Badestrände und einen Bootsverleih; in vielen Parks finden Naturlehrgänge, Treffen am Lagerfeuer, Kinderprogramme und Gemeinschaftsveranstaltungen statt. Einige Parks stehen unter besonderem Naturschutz, wie z. B. die Strände am Cabot Beach, die Cedar Dunes oder das Waldland von Stratgartney. Die meisten Provincial Parks bieten im Winter optimale Langlaufbedingungen, im Mill River Park gibt es sogar eine 11 km lange beleuchtete Loipe. **Infos**: *www.tourismpei.com/pei-provincial-parks.*

🏹 Strände

P.E.I. hat zahllose schöne und verschiedenartige Strände: Sie können wählen zwischen kilometerlangen weißen Sandstränden an der Nordküste oder roten Sandsteinklippen im Süden. Aufgrund der geschützten Lage der Insel im St.-Lorenz-Golf ist das Wasser während der Sommermonate angenehm warm mit Temperaturen bis zu 21 °C.

🚶 Radfahren und Wandern

Prince Edward Island bietet in seinen Parks und auf den zahllosen kleinen Straßen und Wegen, die das flache, teilweise auch leicht hügelige Land durchziehen, ideale Möglichkeiten zum Wandern und Fahrradfahren. Neben vielen kurzen Wanderwegen ist vor allem der **Confederation Trail** *interessant, der auf 279 km Länge die ganze Insel durchzieht. Der Mehrzweckpfad verläuft entlang still gelegter Bahngleise und führt durch Wälder und Felder, durch Dünenlandschaften und durch stille Ortschaften, in denen Bed and Breakfast-Häuser ansprechende Unterkünfte bieten.*
In den größeren Ortschaften gibt es Fahrradverleihstationen und die Möglichkeit, an geführten Touren teilzunehmen. Fahrradfahrern wird das Tragen von Schutzhelmen empfohlen.

🚩 Golf

Prince Edward Island ist wegen seiner ausgezeichneten Golfplätze international bekannt; es gibt sieben 18-Loch- und drei 9-Loch-Plätze, die alle von Ende Mai–Ende Okt. bespielbar sind. **Infos**: *Golf PEI Reservation Centre, ☎ 1-866-465-3734, www.golfpei.ca.*

Charlottetown

Charlottetown ist seit 1764 die Hauptstadt von P.E.I., in der heute rund 35.000 Menschen leben. Es ist eine freundliche, liebenswerte Stadt mit gepflegten Grünanlagen, eleganten, alten Häusern, Museen und Galerien und einer Universität. Die Stadt liegt im Zentrum der Insel, wo die drei Flüsse North River, West River und Hillsborough River einen natürlichen Hafen bilden, der Charlottetown zu einem wichtigen Handelszentrum der Atlantikprovinzen macht. Die meisten Sehenswürdigkeiten liegen in der historischen Altstadt und sind gut zu Fuß zu erreichen.

Inselhauptstadt

Rund um den Hafen, in dem Segelboote neben großen Kreuzfahrtschiffen liegen, zieht sich Peake's Wharf, die Hafenpromenade mit kleinen Restaurants und Geschäften, die im Sommer ein beliebter Treffpunkt ist.

Mittelpunkt des kulturellen Lebens ist das moderne **Confederation Centre of the Arts**, das 1964 anlässlich des 100. Jahrestages der historischen Konferenz eingeweiht wurde. Die Kosten für dieses Bauwerk wurden von allen Bewohnern Kanadas dadurch getragen, dass jede Provinz für jeden ihrer Bürger 15 c für das Confederation Centre bezahlte. Außerdem erinnert eine Ausstellung mit Originalmanuskripten, Notizsammlungen und persönlichen Dingen an Lucy Maud Montgomery, die Verfasserin der Geschichten von „Anne of Green Gables".

Im Kulturzentrum gibt es weiter zwei Kunstgalerien mit Wechselausstellungen und einer großen Sammlung kanadischer Kunstwerke, eine Bibliothek und zwei Theater. Im größeren Theater können Sie von Juni bis Oktober musikalische Aufführungen besuchen, u. a. auch das Musical „Anne of Green Gables", das im Rahmen des jährlich stattfindenden Charlottetown Festival aufgeführt wird.
Confederation Centre of the Arts, *130 Queen St.,* ☎ *902-628-1864, www.confedera tioncentre.com, geöffnet in den Sommermonaten tgl. 9–17, sonst Mi–Sa 11–17, So 13–17 Uhr.*

Um die Stadt kennenzulernen, können Sie bei der Touristeninformation die Broschüre „Historic Charlottetown" erwerben, die einen Stadtrundgang zu den historischen Sehenswürdigkeiten, zur Hafenpromenade und zum Victoria Park beschreibt. Von Anfang Juli bis Mitte August haben Sie aber auch mehrmals täglich die Gelegenheit, an einer **Confederation Players Walking Tour** teilzunehmen (Dauer: 45 Min.–1 Std.), bei der Sie von kostümierten Führern durch die Straßen der Innenstadt begleitet und mit den Anfängen des Staates Kanada bekannt gemacht werden. Die „Great George Street Tour" startet am Visitor Centre in der Water Street (s. u.), die „Historic Queen Square Tour" am gleichnamigen Platz.

Zu den historischen Häusern gehören:

➤ **Province House National Historic Site**: Das Haus wurde 1847 im georgianischen Stil mit neo-klassizistischen Details gebaut. In diesem Haus fand 1864 die entscheidende Konferenz statt, in deren Verlauf die Idee einer Föderation aller britischen Kolonien in Nordamerika mit einer eigenen Verfassung Gestalt annahm. Der berühmte Sitzungssaal wurde restauriert und mit dem Originalmobiliar eingerichtet. Bis voraussichtlich 2020 ist das Haus wegen erneuter umfangreicher Renovierungsarbeiten allerdings nicht für Besucher zugänglich.
Beginn der Kanadischen Konföderation
Province House National Historic Site, *165 Richmond St.,* ☎ *902-566-7050, www.pc.gc.ca.*
➤ Die katholische **St. Dunstan's Basilica**, die in Form eines Kreuzes gebaut wurde; im Innern sind die Marmorarbeiten und die aus Deutschland stammende Fensterrose sehenswert.
St. Dunstan's Basilica, *45 Great George St.,* ☎ *902-894-3486, www.stdunstanspei. com, geöffnet tgl. 8–16 Uhr, Eintritt frei.*
➤ **Ardgowan National Historic Site**, das viktorianische Haus eines der Gründerväter, lohnt einen Besuch wegen der schönen historischen Gärten, die im viktorianischen Stil angelegt sind.
Ardgowan National Historic Site, *2 Palmers Ln.,* ☎ *902-566-7050, www.pc.gc.ca, tgl. bis zum Einbruch der Dämmerung geöffnet, Eintritt frei.*
➤ Ein schöner Spaziergang führt von der Founders' Hall zum **Beaconsfield Historic House.** Es stammt aus dem Jahr 1877 und wurde für den Kaufmann und Reeder James Peake entworfen. Das Haus zählt heute zu den schönsten Residenzen der Stadt und bietet eine herrliche Aussicht.
Beaconsfield Historic House, *2 Kent St.,* ☎ *902-368-6603, www.peimuseum.com, geöffnet Mai/Sept./Okt. Mo–Fr 12–16, Juni Mo–Fr 10–16, So 13–16, Juli/Aug. Mo–Sa 10– 16.30, So 12–16.30, Nov.–April Mo/Di/Do/Fr 12–16 Uhr, Eintritt Erwachsene $ 5, Studenten $ 4, Familienkarte $ 14.*

Charlottetowns ganzer Stolz: die historischen Herrenhäuser

➤ Der Weg führt weiter zum **Victoria Park** und zum **Government House** aus dem Jahr 1834, das noch heute bei Staatsbesuchen für Repräsentationszwecke genutzt wird und mit einem mächtigen Treppenhaus, dorischen Säulen und einer Galerie beeindruckt.

Victoria Park *und* **Government House**, *1 Terry Fox Dr.,* ☎ *902- 368-5480, www. gov.pe.ca/olg/index.php?number=1022336, geöffnet Juli/Aug. Mo–Fr 10–15.30 Uhr, Eintritt frei. Das Außengelände ist tgl. geöffnet.*

Reisepraktische Informationen zu Charlottetown

ℹ️ Information

Charlottetown Visitor Information Centre, *178 Water St.,* ☎ *902-370-2842 oder 902-370-2382, www.discovercharlottetown.com und www.tourismpei.com. Hier gibt es ausführliches Informations- und Kartenmaterial über alle Regionen und Aktivitäten der Insel. Geöffnet Juni 8–18, Juli/Aug. 8.30–19, Sept. 9–17, Okt. 9–16 Uhr.*

👁️ Ausflugsfahrten und Führungen

Confederation Players Walking Tour, ☎ *1-800-565-0278, zwei verschiedene, 45-60-minütige Stadtrundgänge (s. o.) in Begleitung kostümierter Führer durch die Innenstadt. Juli/Aug. mehrmals tgl.*

Harbour Hippo, *Lower Prince St.,* ☎ *902-628-8687, www.harbourhippo.com, einstündige Fahrten durch Charlottetown mit dem Amphibienfahrzeug oder mit einem „Londoner"- Doppeldeckerbus.*

Die Kreuzfahrtschiffe bringen viele Besucher nach Charlottetown

MacQueen's Island Tours, *430 Queen St.,* ☎ *902-368-2453 oder 1-855-969-2822, www.macqueens.com, individuell gestaltete Radtouren, Gepäcktransport auf Wunsch. Radmiete ab $ 27.50 für 4 Std., $ 40/Tag.*

Peakes Wharf Boat Cruise, *Peakes Wharf,* ☎ *902-566-4458, www.peakeswharfboat tours.com, Juni–Sept., zweistündige Bootsfahrten zur Seehundbeobachtung und einstündige Hafenrundfahrten 2–4-mal tgl.*

✈ Flughafen
Der **Flughafen** *von P.E.I., 250 Maple Hills Ave,* ☎ *902-566-7997, www.flypei.com, liegt nördlich von Charlottetown; mehrmals tgl. gibt es Flugverbindungen von und nach Halifax; Flugdauer ca. 25 Minuten.*
Außerdem gibt es **tägliche Flugverbindungen** *zu kanadischen und US-amerikanischen Großstädten, wie z. B. Toronto, Montréal oder Boston mit regionalen Fluggesellschaften.*
Air Canada: ☎ *1-888-422-7533, www.aircanada.com.*
Westjet: ☎ *1-877-929-8646, www.westjet.com.*
Sunwing Airlines: ☎ *1-800-761-1711, www.flysunwing.com.*

🛏 Unterkunft
$$ Duchess of Kent Inn, *218 Kent St.,* ☎ *902-566-5826 oder 1-800-665-5826, www.bbcanada.com/5155.html, altes Haus aus dem Jahr 1875 in zentraler Lage mit vier stilvoll eingerichteten Nichtraucherzimmern.*
$$$ Holiday Inn Express, *200 Capital Dr.,* ☎ *902-892-1201, www.ihg.com, außerhalb der Innenstadt gelegenes Mittelklassehotel mit 132 gut eingerichteten Zimmern, Swimmingpool und Sauna, ein kleines Frühstück ist im Preis inbegriffen.*
$$$ Dundee Arms, *200 Pownal St.,* ☎ *902-892-2496 oder 1-877-638-6333, http://eden. travel/dundee, am Rande der Innenstadt gelegenes, renoviertes Herrenhaus zwischen alten Ahornbäumen mit acht antik eingerichteten Zimmern und modernem Anbau mit heller und freundlicher Ausstattung, ganzjährig geöffnet.*

$$$$ Charlotte's Rose Inn, *11 Grafton St.,* ☎ *902-892-3699 oder 1-888-237-3699, www.charlottesrose.com, das schöne, viktorianische, 1884 erbaute Haus liegt in einer grünen Wohnstraße am Rande der Innenstadt und verfügt über vier gut ausgestattete Gästezimmer.*
$$$$ Fitzroy Hall, *45 Fitzroy St.,* ☎ *902-368-2077 oder 1-866-627-9766, www.fitzroy hall.com, in dem traditionsreichen Bed- and Breakfast-Haus aus dem Jahr 1872 gibt es sechs sehr geschmackvoll eingerichtete Zimmer und ein ausgezeichnetes Frühstück, günstig zu allen Sehenswürdigkeiten gelegen.*
$$$$ Rodd Charlottetown, *75 Kent St.,* ☎ *902-894-7371 oder 1-800-565-7633, www. rodd-hotels.ca, im Zentrum der Stadt gelegenes elegantes Hotel der großen Hotelkette auf P.E.I.*
$$$$ The Great George, *58 Great George St.,* ☎ *902-892-0606 oder 1-800-361-1118, www.thegreatgeorge.com, das traditionsreiche Hotel mit 50 komfortablen Zimmern liegt zentral im historischen Bezirk, sehr freundlicher Service.*
$$$$–$$$$$ Delta Prince Edward, *18 Queen St.,* ☎ *902-566-2222 oder 1-888-236-2427, www.deltahotels.com, erstklassiges Hotel mit allem Komfort in schöner Lage am Hafen, zentral zu Sehenswürdigkeiten, Theater, Geschäften und Restaurants gelegen.*

🍴 **Restaurants**
The Merchantman Fresh Seafood & Oyster Bar , *23 Queen St.,* ☎ *902-892-9150, von 11.30 bis 22 Uhr werden in dem originell eingerichteten Pub leichte Gerichte und Meeresfrüchte in einem historischen Gebäude serviert, Hauptgerichte zwischen $ 9 und 25.*
Lobster on the Wharf, *2 Prince St.,* ☎ *902-368-2888, auf der Terrasse des großen Hafenrestaurants kann man Lobster, Muscheln, Scallops und Krebse genießen, aber auch Steaks und Pasta. Gerichte zwischen 13 $ und $ 42.*
Lucy Maud Dining Room, *4 Sydney St., im „Culinary Institute of Canada",* ☎ *902-894-6868, Auszubildende des angesehenen „Kulinarischen Instituts" servieren kreativ zubereitete Seafood- und Fleischgerichte an elegant eingedeckten Tischen. Speisen, Ambiente und Aussicht überzeugen, Hauptgerichte zwischen $ 13 und $ 32.*

Rundfahrten auf Prince Edward Island

Um die Sehenswürdigkeiten der Insel kennenzulernen, können Sie den vier vom Fremdenverkehrsamt ausgearbeiteten Rundfahrten folgen, die landschaftlich besonders reizvoll sind. Der **North Cape Coastal Drive** ist ca. 290 km lang und führt von Summerside durch den Westteil der Insel bis zur Nordspitze. **Green Gables Shore** ist der nördliche Küstenstreifen im Mittelteil der Insel zwischen Malpeque und Tracadie, während **Red Sands Shore** den südlichen Bereich zwischen Summerside und Charlottetown umfasst; die Rundfahrt um den gesamten Mittelteil der Insel ist ca. 220 km lang. Der **Points East Coastal Drive** ist ca. 410 km lang und erschließt den interessanten Ostteil von P.E.I.

Ausgeschilderte Rundfahrten

ℹ️ **Information**
Informationen und Kartenmaterial über die Routen erhalten Sie bei den Touristeninformationen in Borden-Carleton, Brackley, Cavendish, Charlottetown, Pooles Corner, Portage, Souris, Stanhope, Wilmot, Summerside und Wood Islands.

Der Westteil der Insel

Unterwegs auf dem North Cape Coastal Drive

Diese Route führt von Summerside in den Nordwesten der Insel und folgt weitgehend der Küstenlinie. Auf Ihrer Fahrt werden Sie die rote, fruchtbare Erde sehen, grüne

Viehweiden, alte Dörfer, in denen die akadische Fahne weht, rote Sandsteinklippen, helle Sandstrände und hölzerne Leuchttürme.

Summerside

Summerside ist mit knapp 15.000 Einwohnern nach Charlottetown der zweitgrößte Ort der Insel. Um 1700 kamen die ersten französischen Siedler aus der Bretagne und Normandie und ließen sich in dem von Micmac-Indianern bewohnten Gebiet nieder, gründeten 1840 die erste ständige Siedlung und legten in den folgenden Jahren einen Hafen an. Bei einem Spaziergang durch die Stadt sieht man mehrere stattliche Häuser, Zeugen des Wohlstandes, den die Bewohner in den vergangenen Jahrhunderten durch Fischfang, Schiffsbau und die Zucht von Silberfüchsen erwarben.

Touristisches Zentrum Die Hafenpromenade und das restaurierte Hafenviertel **Spinnakers' Landing** sind die beliebtesten Sehenswürdigkeiten. Hier finden Sie die Touristeninformation, Geschäfte mit einheimischem Kunsthandwerk, kleine Läden, Boutiquen, gemütliche Restaurants und Musikveranstaltungen im Freien; hier liegt auch die Abfahrtsstelle der Boote zur Hafenrundfahrt.

Gleich daneben liegt das **Eptek Art & Culture Centre** mit Kunstsammlungen, historischen Ausstellungen und der **Hall of Fame**, in der Interessantes über kanadische Sportler dargestellt ist.
Eptek Art & Culture Centre, *130 Heather Moyse Dr.,* ☎ *902-888-8373, www.peimu seum.com, geöffnet Juli/Aug., Mo–Sa 9–17, So 12–17 Uhr, Juni/Sept. Mo–Fr 10–16, So 12–16 Uhr, sonst Di–Fr 10–16, So 12–16 Uhr, Eintritt frei.*

„Spinnakers' Landing"

Mitte Juli wird das **Summerside Lobster Festival** gefeiert, ein großes Fest mit kunsthandwerklichen Ausstellungen, Schaubuden, Sportveranstaltungen, Talentshows, Musik- und Tanzdarbietungen und natürlich Hummer-Festessen.

Reisepraktische Informationen zu Summerside

i **Information**
Summerside Visitors Information, *124 Heather Moyse Dr.*, ☏ *902-888-8364 oder 1-877-734-2383, www.exploresummerside.com, ganzjährig geöffnet.*

🛏 **Unterkunft**
$$ Cairns Motel, *721 Water St. E.*, ☏ *902-436-5841 oder 1-877-224-7676, www.cairnsmotel.net, kleines, persönlich geführtes Motel auf großem Gelände mit 21 geräumigen Zimmern, teilweise neu oder kürzlich renoviert, 3 km östlich von Summerside, mit Zugang zum Confederation Trail.*
$$ Clark's Sunny Isle Motel, *720 Water St. E.*, ☏ *902-436-5665 oder 1-877-682-6824, www.sunnyislemotel.com, freundliches Motel auf großem Gelände mit 21 Zimmern in ruhiger Lage, 2 km östlich von Summerside. Geöffnet April–Nov.*
$$$ Loyalist Lakeview Resort Summerside, *195 Heather Moyse Dr.*, ☏ *902-436-3333 oder 1-877-355-3500, www.lakeviewhotels.com/summerside, elegantes Landgasthaus in traditionellem Stil in schöner Lage, 79 komfortable Zimmer, teilweise mit Blick auf den Hafen, Restaurant, Innenpool, Sauna, Tennisplatz.*
$$$ Quality Inn & Suites Garden of the Gulf, *618 Water St. E.*, ☏ *902-436-2295, www.qualityinnpei.com, Motel mit 94 geräumigen, ansprechend eingerichteten Zimmern auf weitem Gelände, Swimmingpools, 9-Loch-Golfplatz.*

Summerside ist als Ausgangsort für den North Cape Coastal Drive gut geeignet; Informationen über diese Strecke erhalten Sie im **Provincial Visitor Information Centre** in **Wilmot**, 2 km östlich von Summerside am Hwy 1 A.

In dem Gebiet zwischen Miscouche und Mont-Carmel leben vorwiegend Familien mit akadischer Herkunft. Ihre Muttersprache ist Französisch und vor ihren Häusern weht die akadische Flagge.

Die akadische Flagge

info

Im Verlauf der zweiten akadischen Nationalversammlung, die 1884 in Miscouche stattfand, wurde die akadische Flagge offiziell eingeführt. Es ist die französische Tricolore, der im blauen Streifen ein gelber Stern hinzugefügt wurde. Dieser Stern symbolisiert Maria, die Schutzpatronin der Akadier.

Miscouche ist ein altes akadisches Dorf mit dem **Acadian Museum**, in dem die Geschichte der Akadier von 1720 bis zur Gegenwart dargestellt wird. Eine 15 Minuten dauernde Einführung gibt einen guten Überblick über das Leben der Akadier auf P.E.I. **Acadian Museum**, *23 Main Dr. E., am Hwy 2,* ☏ *902-432-2880, www.peimuseum.com, geöffnet Juli/Aug. tgl. 9.30–19 Uhr, sonst Mo–Fr 9.30–17, So 13–16 Uhr, Eintritt Erwachsene $ 5.25, Studenten $ 3.50; Familienkarte $ 14.25.*

Im „Island Traditions Store"

In **Mont-Carmel** mit der Notre-Dame-Kirche aus dem Jahr 1898 und einem alten Kirchhof und in den umliegenden Ortschaften leben ebenfalls Nachkommen der Akadier. Ein Abstecher führt von hier nach **Richmond**, wo Sie im „Island Traditions Store", 17 Sunnyside Rd., von Mai bis Oktober Korbflechterinnen bei ihrer Arbeit zuschauen können und im angeschlossenen Laden Korbwaren und anderes Kunsthandwerk kaufen können.

Kartoffel-museum

Ein weiterer Abstecher führt von **Carleton** aus zum Kartoffelmuseum in **O'Leary**, das von weiten Kartoffelfeldern umgeben ist. Das **Canadian Potato Museum** zeigt Ihnen auf ansprechende Art alles Wissenswerte über die Kulturgeschichte sowie die wirtschaftliche und ernährungsphysiologische Bedeutung der Kartoffel. Auf demselben Gelände stehen noch ein kleines Museum, eine Kapelle, ein Heuschuppen mit alten landwirtschaftlichen Geräten und das „Little Red Schoolhouse" von Alaska/P.E.I. Nach der Besichtigung können Sie in einer kleinen Stube Kartoffel-Snacks probieren.
Potato Museum, 1 Dewar Lane, ☏ 902-859-2039 oder 1-844-849-1470, www.peipotatomuseum.com, geöffnet 15. Mai–15. Oktober tgl. 9.30–17.30 Uhr, Eintritt Erwachsene $ 10, Senioren $ 8.85, Familienkarte $ 20.50.

2009 wurde auf der West Cape & Norway Wind Farm in O'Leary mit 55 Turbinen der größte Windpark in den Atlantikprovinzen eröffnet, der rund 25.000 Haushalte mit Energie versorgt.

West Point
In West Point lohnt sich ein Besuch des **Cedar Dunes Provincial Park** mit seinem langen Sandstrand, einer schönen Dünenlandschaft und einem alten, hölzernen Leucht-

turm, in dem ein kleines Museum und Fremdenzimmer eingerichtet wurden. Zum Provincial Park gehört auch ein Campingplatz. Dieser Küstenabschnitt ist zum Surfen sehr geeignet. Das **West Point Lighthouse Museum** wurde in dem 1875 gebauten Leuchtturm eingerichtet; nachdem man die 72 Stufen hochgestiegen ist, kann man den großartigen Meerblick genießen und die kleine Ausstellung, die die Geschichte der Leuchttürme auf P.E.I. veranschaulicht. Außerdem laden 13 gemütliche Gästezimmer von Mitte Juni bis Mitte September zur Übernachtung in einem Leuchtturm ein.

West Point Lighthouse Museum, *Hwy 14,* ☎ *902-859-3605 oder 1-800-764-6854, www.westpointharmony.ca, geöffnet Juni–Sept. tgl. 9–20.30 Uhr, Eintritt Erwachsene $ 5.*

🛏 Unterkunft

$$$$ **West Point Lighthouse**, *364 Cedar Dunes Park Rd. Lot 8,* ☎ *902-859-3605 oder 1-800-764-6854, www.westpointharmony.ca, im Leuchtturm wurde ein Gästezimmer mit Bad eingerichtet und mit alten, ansprechenden Möbeln möbliert, weitere Zimmer mit Meerblick befinden sich im Anbau. Geöffnet Juni–Sept.*

Der North Cape Coastal Drive folgt nun der Küstenlinie nach Norden zum **Cape Wolfe** und weiter über **Campbellton**, **Miminegash** und den **Miminegash Pond** zum **North Cape**. Immer wieder laden lange Sandstrände zum Ausruhen oder zu Strandspaziergängen ein; vielleicht sehen Sie auch Reiter oder Traktoren, die an der Westküste irisches Moos sammeln und es dann zu einem der Verarbeitungsbetriebe bringen. In einem früheren Fischerboot am Hafen von Miminegash können Sie sich über das Irische Moos informieren. *Lange Sandstrände*

So sah der „Elephant Rock" aus, bevor sein „Rüssel" zerstört wurde

Irish Moss (Irisches Moos)

Das Irische Moos gehört zur Gattung der Rotalgen, aus denen der Quellstoff und das Geliermittel Carrageen gewonnen wird. Das Moos wird mit Rechen im seichten Wasser und an den Stränden zusammengezogen, gewaschen, getrocknet, zu Ballen verpackt und aufbereitet. Das Irische Moos wird in der Lebensmittelindustrie u. a. als Geliermittel für Süßspeisen und als Stabilisator für Speiseeis, Kakaogetränke und Salatsaucen verwendet; außerdem wird es als Verdickungsmittel für Farben und Appreturen von Textilien genutzt.

Besuchen Sie von **Norway** aus den „Elefantenfelsen", eine Sandsteinformation, die sich wuchtig aus dem Meer erhebt. Auch wenn am **Elephant Rock** der Rüssel des Elefanten vor einigen Jahren abgebrochen ist und der Felsen nun nicht mehr an einen Elefanten erinnert, ist die Formation eindrucksvoll.

North Cape
In North Cape, an der nördlichen Spitze von P.E.I., befindet sich **North Cape, Nature & Technology in Perfect Harmony.** Auf dem Gelände steht noch der erste Leuchtturm der Insel aus dem Jahr 1866. Da das Gebiet besonders stark von heftigen Winden umtost ist, wurden hier eine Windfarm und die Versuchsstation **Atlantic Wind Test Site** zur Gewinnung und Erprobung von Windenergie eingerichtet. Im angegliederten Museum erfahren Sie alles Wissenswerte in verschiedenen Ausstellungen und einer 10-minütigen Videoschau. Bei Ebbe können Besucher zum Felsenriff laufen. **North Cape, Nature & Technology in Perfect Harmony**, 21817 Hwy 12, ☎ 902-882-2991, geöffnet Juli/Aug. tgl. 9–20, Mai/Juni/Sept./Okt. tgl. 10–18 Uhr, Eintritt Erwachsene $ 5, Senioren $ 4, Studenten $ 3.

Windfarm

❙❙ ### Restaurants
Wind & Reef Restaurant, direkt an der Küste, ☎ 902-882-3535, in dem rundum verglasten Restaurant genießen Sie den Blick auf den St. Lorenz-Golf und die köstlichen Fischgerichte und Meeresfrüchte gleichermaßen.

Tignish ist ein lebhafter Fischerort; vor allem Kabeljau, Thunfisch und Hummer werden von hier aus verschifft. Das Mitte August stattfindende Fest „La Fête Acadienne" erinnert ebenso wie das kleine Tignish Museum an das akadische Erbe des Ortes. Bekannt ist die 1882 gebaute Orgel der Kirche „St. Simon und St. Jude Parish House", die noch immer bespielt wird.

Südlich von **Kildare** breitet sich der 11 ha große **Jacques Cartier Provincial Park** aus. Ein Denkmal erinnert an Jacques Cartier, der 1534 auf Prince Edward Island anlegte. Der Park, der auch über einen Campingplatz verfügt, ist besonders bei Windsurfern sehr beliebt. **Alberton** war am Anfang dieses Jahrhunderts ein wichtiger Ort für den Handel mit Silberfuchspelzen. An den damaligen Wohlstand erinnern einige schöne, alte Häuser, baumbestandene Straßen und das **Alberton Museum**, Church Street, das in dem 1878 gebauten Gerichtsgebäude eingerichtet wurde.

Hummer-fang

Alberton Harbour ist einer der Heimathäfen der kanadischen Hochseefischereiflotte; mit einheimischen Fischern können Sie zum Fisch- und Hummerfang oder zum Angeln ausfahren. Das Gebiet zwischen Alberton und **Woodstock** ist für einen längeren Ferienaufenthalt sehr geeignet, da es hier viel sportliche Anregung und Unterhaltung gibt.

Nach getaner Arbeit

Der **Mill River Fun Park** bietet auf 183 ha Tennis, Windsurfen, Kanufahren, Spielplätze, Kinderprogramm, Golfplatz, Wanderwege, Schwimm- und Angelgelegenheiten sowie Langlaufloipen im Winter. In Woodstock, am Rande des Parks, liegt ein gutes Hotel, außerdem ist ein Campingplatz vorhanden.

Unterkunft

$$$ **Rodd Mill River Resort**, *180 Mill River Resort Rd. am Route 136,* ☎ *902-859-3555, www.roddvacations.com/hotels/rodd-mill-river, gern besuchtes Sporthotel am Rande des Mill River Fun Park mit Schwimmbädern, Fitnessraum, Kanu- und Surfbrettverleih, Squash- und Tennisplätzen und einem ausgezeichneten 18-Loch-Golfplatz.*

Der North Cape Coastal Drive führt weiter durch fruchtbares Bauernland auf die **Malpeque Bay** zu. Der **Green Park Provincial Park** bei **Port Hill** hat gute Strände und Campingplätze sowie ein interessantes Schiffsbaumuseum. Das **Green Park Shipbuilding Museum and Historic Yeo House** im Provincial Park besteht aus einer rekonstruierten Schiffswerft des 19. Jh., einem instandgesetzten Schiff und der renovierten Villa des wohlhabenden Schiffsbauers James Yeo Jr., die mit dem Originalmobiliar eingerichtet wurde. Die Geschichte des Schiffsbaus wird in einem Informationszentrum dargestellt.

Green Park Shipbuilding Museum and Historic Yeo House, ☎ *902-831-7947, www.peimuseum.com, geöffnet Juni Mo–Fr 9–17 Uhr, Juli/Aug. tgl. 9–17 Uhr, Eintritt Erwachsene $ 6, Studenten $ 4, Familienkarte $ 16.*

Lennox Island ist das größte Indianerreservat von P.E.I. Heute leben hier ca. 50 Familien der Micmac-Indianer als Nachfahren der ersten Inselbewohner. Diese gelten als die ersten zum Christentum bekehrten Indianer Kanadas. Die kleine St. Anne-Kirche aus dem Jahr

1895 an der Südspitze von Lennox Island trägt den Namen der Schutzheiligen der Indianer. In dem kleinen Museumsraum gibt es eine Ausstellung zum Leben der Micmac-Indianer.

Einkaufen

Indian Art and Craft of North America, *4 Eagle Feather Trail*, ☎ *902-831-2653, www.indianartpei.com, im Verkaufsraum, gleich bei der Kirche, finden Sie Kunst und Kunsthandwerkliches der hiesigen Familien, z.B. Silberschmuck, Töpfer- und Lederarbeiten, Holz- und Steinplastiken, Puppen und Souvenirs. Öffnungszeiten: Mai/Juni/Sept./Okt. tgl. 10–17, Juli/Aug. Mo–Sa 9–17.30, So 10–17 Uhr, sonst nach Absprache.*

Austern-zucht

Die **Malpeque Bay** ist wegen der hohen Qualität der hier lebenden Malpeque-Austern weltbekannt geworden. Sie ist eines der wichtigsten Zentren der kanadischen Austernzucht, wo alljährlich mehr als 5 Mio. Austern gesammelt und in den umliegenden Betrieben verarbeitet werden. Aber die Auster ist nicht nur für Feinschmecker von Bedeutung, sondern dient auch der wissenschaftlichen Forschung. Da diese Austernart 1917 aufgrund von Krebserkrankungen fast völlig ausgestorben war, sich jedoch von dieser Krankheit ohne menschliches Einwirken erholte, wird seit mehreren Jahren nach den Ursachen für den Heilungsprozess gesucht.

Bootstouren

An der Malpeque Wharf werden Fahrten zum Hochseefischen und zum Thunfischfang angeboten, außerdem Kayaktouren und -verleih.

Feste

*Besuchen Sie Anfang Aug. das **Tyne Valley Oyster Festival** (www.tvoysterfest.ca), zu dem viel Musik und Tanz, aber auch die beliebten Austern- und Hummer-Essen gehören.*

Der North Cape Coastal Drive führt Sie an der Bucht entlang zurück nach Summerside.

Der Mittelteil der Insel

Green Gables Shore und Red Sands Shore

Mit der Green Gables Shore lernen Sie den nördlichen Mittelteil von P.E.I. kennen, dessen besondere Attraktionen die langen Sandstrände an der Nordküste mit den roten Sandsteinklippen sind. An diesem Küstenabschnitt liegen auch die Sehenswürdigkeiten von „Anne of Green Gables", einer in ganz Kanada und besonders auch in Japan durch Bücher, Filme und Fernsehserien bekannten und beliebten Romanfigur.

Prince Edward Island National Park

40 km Nationalpark an der Küste

Der 1937 eingerichtete Prince Edward Island National Park zieht sich über 40 km an der Nordküste zwischen der Tracadie Bay im Osten und der Cavendish Bay im Westen am Golf des St.-Lorenz-Stromes entlang. Hier finden Sie lange, weiße Sandstrände, ausgedehnte Sanddünen, rote Sandsteinklippen und Salzwassermarschen, an denen mehr als 200 verschiedene Vogelarten leben. Es gibt Golf- und Tennisplätze und gute Wander- und Radfahrmöglichkeiten. Wanderwege durchziehen den ganzen Park; für Radfahrer wurde ein 8 km langer Weg in der Nähe des Cavendish Zeltplatzes und ein 5 km langer Weg beim Dalvay-Eingang angelegt.

An dem Küstenabschnitt zwischen Cavendish und Stanhope liegen die meisten Ferienorte der Insel. Wie an den Stränden herrscht auch in den Ortschaften viel Betrieb, vor allem in jenen Orten, die mit „Anne of Green Gables" in Verbindung gebracht werden können. Außerdem gibt es vor allem für Familien mit Kindern abwechslungsreiche Unterhaltung in mehreren Freizeit- und Abenteuerparks.

Im Prince Edward Island National Park

Reisepraktische Informationen zum Prince Edward NP

ℹ️ Information

Der **Prince Edward National Park** zieht sich über 40 km an der Nordküste entlang. Es gibt sechs Zugänge zum Strand, an denen sich jeweils Informationskioske befinden, ☎ 902-672-6350, www.pc.gc.ca, geöffnet Mitte Juni–Mitte Okt. tgl. von 10–17 Uhr, Eintritt Anfang Juni–Anfang Sept. Erwachsene $ 8, Senioren $ 7, Kinder und Jugendliche 6–16 J. $ 4, Familienkarte $ 20, in den Wintermonaten Eintritt frei.

🛏️ Unterkunft

Es gibt in allen Orten zahlreiche Unterkunftsmöglichkeiten in jeder Preiskategorie. Wegen der starken Nachfrage empfiehlt sich eine rechtzeitige Reservierung.

▶ **Rustico**
$$ **Saint Nicholas Motel**, ☎ 902-963-2898, einfache Motelanlage, geöffnet Mitte Mai–Mitte Okt.
$$$ **Gulf View Cottages**, Gulf Shore Rd., ☎ 902-963-2052 oder 1-877-963-2052, www.gulfviewcottages.com, im Nationalpark gelegene Cottages mit rustikaler Einrichtung und Meerblick.
$$$$ **Barachois Inn**, 2193 Church Rd., am Hwy 243, ☎ 902-963-2194 oder 1-800-963-2194, www.barachoisinn.com, viktorianisches Haus aus dem Jahr 1880 mit vier stilvoll eingerichteten Nichtraucherzimmern, dazu ein neues Haus mit vier Zimmern, schöner Blick auf die Rustico Bay.

▶ **Stanhope**
$$–$$$ **Chelsy by the Sea**, 98 Blanchard Lane, ☎ 902-672-3646, http://chelsybythesealive-inresort.com, fünf gut ausgestattete Cottages, etwa 300 m vom Strand entfernt. Geöffnet Juni–Okt.

> **Brackley Beach**

$$$ Brackley Beach North Winds Inn & Suites, *3828 Portage Rd., Route #6,* ☏ *902-672-2245 oder 1-800-901-2245, www.brackleybeachnorthwinds.com, Motel mit 66 unterschiedlich eingerichteten Zimmern in mehreren Gebäuden, teilweise mit Meerblick, Swimmingpool.*

$$$–$$$$ Shaw's Hotel, *Apple Tree Rd.,* ☏ *902-672-2022, www.shawshotel.ca, seit 1860 bestehendes Landgasthaus mit 16 Zimmern und 18 Cottages, Frühstück inklusive; ca. 500 m vom Strand entfernt.*

⚠ **Camping**
Die Campingplätze in Cavendish und Stanhope sind von Mitte Juni–Anfang Okt. geöffnet; der etwas abgelegenere, ruhigere Platz auf Rustico Island von Ende Juni–Mitte Aug.

⚲ **Strände**
Die vielbesuchten Strände von Brackley Beach, Cavendish, Dalvay by the Sea, North Rustico, Ross Lane und Stanhope Lane stehen unter Aufsicht.

Cavendish

Beliebter Ferienort

Schöne Strände, gute Übernachtungsmöglichkeiten, viele Restaurants, ein breites Unterhaltungsangebot und vor allem die Sehenswürdigkeiten von „Anne" machen Cavendish zu einem beliebten, im Sommer häufig auch überfüllten Ferienort. Im **Cavendish Visitor Information Centre** erhalten Sie ausführliche Informationen und aktuelle Veranstaltungshinweise.

Überall in dieser Region werden Sie auf den Namen **Anne of Green Gables** stoßen. Geschäfte, Restaurants, Hotels, Boote, Ausflugsfahrten und Souvenirs aller Art tragen diesen Namen; vollbesetzte Busse bringen laufend Besucher jeden Alters, jeder Nationalität und jeder Hautfarbe zu den Sehenswürdigkeiten, die mit diesem Namen verbunden sind.

info

Lucy Maud Montgomery und „Anne of Green Gables"

Lucy Maud Montgomery ist eine der beliebtesten Schriftstellerinnen Kanadas und die Verfasserin des bekannten Kinderbuches „Anne of Green Gables", das seit vielen Generationen von kanadischen Kindern gelesen wird, in 17 Sprachen übersetzt wurde und durch erfolgreiche Fernsehserien einem großen Publikum in Kanada, den USA und Japan bekannt geworden ist. Lucy Maud Montgomery wurde 1874 in New London/P.E.I. geboren, wuchs aber nach dem frühen Tod ihrer Mutter bei ihren Großeltern in der Nähe von Cavendish auf. Anders als die meisten Mädchen jener Zeit erhielt sie eine gute Schulbildung und besuchte das Prince of Wales College in Charlottetown und später die Dalhousie University in Halifax.

Mit 17 Jahren zog sie nach Halifax und begann mit ihrer Arbeit beim „Halifax Chronicle". Sie kehrte bald als Lehrerin nach Prince Edward Island zurück und lebte bis zu ihrer Heirat bei ihrer Großmutter in Cavendish. 1908 veröffentlichte sie zunächst als Fortsetzungsgeschichte in einer Sonntagsschulausgabe die Erlebnisse von „Anne of Green Gables", der noch weitere Bücher folgten. Lucy Maud Montgomery starb 1942 in Toronto und wurde an der Stelle begraben, die sie zuvor auf dem **Cavendish Cemetery/P.E.I.** selbst ausgewählt hatte.

Lucys eigene Kindheitserinnerungen werden in ihren Büchern wieder lebendig, wenn sie die Geschichten und Erlebnisse der kleinen Anne erzählt, die in der Umgebung von Cavendish spielen. Anne ist ein kleines, rothaariges Waisenkind, das Adoptiveltern auf Prince Edward Island findet. Ihren Spuren folgen die heutigen Besucher, die entweder an geführten Touren teilnehmen oder sich jeweils an Ort und Stelle von kostümierten Führern informieren lassen.

Das Geburtshaus der Schriftstellerin **Lucy Maud Montgomery** finden Sie in **New London**. Das Haus wurde weitgehend unverändert gelassen und zeigt viele persönliche Dinge der Autorin, wie z. B. Tagebücher, Skizzen, Hochzeitskleid und -schuhe sowie den Brautstrauß.
L.M. Montgomery Birthplace, *New London, New London Corner, 6461 Route 20, an der Kreuzung des Hwy 6 mit dem Hwy 20, ☏ 902-886-2099, www.lmmontgomerybirth place.ca, geöffnet Mitte Mai–Mitte Okt. tgl. 9–17 Uhr, Eintritt Erwachsene $ 3, Kinder 6–12 J. $ 1.*

Im **Lucy Maud Montgomery's Cavendish Home**, das sie zum „Haus mit den grünen Giebeln" inspirierte, lebte Lucy Montgomery von 1876–1911. Hier schrieb sie in der stillen Dachkammer des alten Bauernhauses ihre erfolgreiche Geschichte von „Anne of Green Gables".
Lucy Maud Montgomery's Cavendish Home, *am Hwy 6, ☏ 902- 963-2231, www. peisland.com/lmm, geöffnet Juli/Aug. tgl. 9–18, Mitte Mai–Juni/Sept.–Mitte Okt. tgl. 9–17 Uhr. Eintritt Erwachsene $ 3, Kinder unter 16 J. $ 1.*

Im **Green Gables House** spielt die Geschichte der kleinen Anne. Seit 1937 gehört das Haus mit seinem Bauernland zum Prince Edward Island National Park. Es wurde nach den Beschreibungen des Buches möbliert, wobei jede der Hauptpersonen ein eigenes Zimmer mit ganz typischen Gegenständen und Kleidern hat. Die Guides erzählen dazu die passenden Begebenheiten. *Bei „Anne" zu Hause*
Green Gables House, *8619 Cavendish Rd., am Hwy 6 westlich der Kreuzung mit dem Hwy 13, ☏ 902-693-7874, www.pc.gc.ca, geöffnet Mai–Ende. Okt. tgl. 9–17 Uhr, sonst nach Voranmeldung, Eintritt Erwachsene $ 8, Senioren $ 7, Schüler $ 4, Familienkarte $ 20.*

Das **Lucy Maud Montgomery Festival** findet Mitte August in Cavendish statt.

Auf dem Gelände des **Avonlea Village of Anne of Green Gables** stehen die Kirche und das Schulhaus, in dem Lucy Maud Montgomery 1896 unterrichtete. Kostümierte Führer begleiten die Besucher durch die Gebäude, spielen und tanzen mit den Kindern und zeigen ihnen, wie Kühe gemolken werden; außerdem gibt es Planwagenfahrten, Ausritte und Konzerte.

Hier wurde Lucy Maud Montgomery geboren

Kirche in Avonlea Village

Avonlea Village of Anne of Green Gables, *8779 Route 6, ☎ 902-963-3050, http:// avonlea.ca, geöffnet Mitte Juni–Ende Aug., tgl. 10–18, Juli/Aug. –20 Uhr.*

Im **Stanley Bridge Marine Aquarium** sehen Sie Fische, Seehunde, Robben, Delfine, mehr als 700 Vogelarten und eine große Schmetterlingssammlung. Interessant sind die Ausstellungen über den Lebenszyklus von Austern und die Gewinnung des Irischen Mooses.
Stanley Bridge Marine Aquarium, *32 Campbellton Rd., Stanley Bridge, New London, ☎ 902-886-3355, www.maureenbster.wixsite.com/carrspei/aquarium, geöffnet Mitte Juni– Mitte Aug. tgl. 9–20 Uhr, von Mitte Aug.–Mitte Sept. tgl. 9–17.30 Uhr, Eintritt Erwachsene $ 9, Kinder von 5–12 J. $ 7.50.*

Reisepraktische Informationen zu Cavendish

ⓘ Information
Cavendish Visitor Information Centre, *7591 Cawnpore Lane, an der Kreuzung von Route 6 und Route 13, ☎ 902-963-7830 oder 1-800-463-4734, geöffnet Mitte Juni–An- fang Sept. 8–21, Sept.–Anfang Okt. 9–17 Uhr.*

🛏 Unterkunft
$$ The Resort at Cavendish Corner, *Intersection of Route 6 and Route 13, ☎ 902-963-2251 oder 1-877-963-2251, www.cavendishmotel.pe.ca, Motel mit 56 geräumigen, ansprechend eingerichteten Zimmern, außerdem ein Country Inn und Cottages, nur wenige Minuten vom Strand und dem Green-Gables-Haus entfernt. Geöffnet Mai–Okt.*
$$$ Silverwood Motel, *8933 Route 6 Cavendish Rd., ☎ 902-963-2439 oder 1-800-565- 4753, www.silverwoodmotel.com, Motel mit 45 Einheiten, je nach Wunsch mit einem oder zwei Schlafräumen, Swimmingpool, Spielplatz, Golf- und Tennisplatz, Restaurant, Strand in Laufnähe. Geöffnet Mai–Okt.*

$$$ Kindred Spirits Country Inn and Cottages, *46 Memory Lane, Route 6, ☎ 902-963-2434 oder 800-461-1755, www.kindredspirits.ca, schönes Landhaus mit 37 geräumigen, gut eingerichteten Zimmern oder voll ausgestatteten Cottages, 800 m vom Strand entfernt.*
$$$$ Cavendish Maples Cottages, *73 Avonlea Blvd., Route 6, ☎ 1888-662-7537 oder 1-888-662-6537, www.cavendishmaples.com, schöne ruhige Anlage mit 25 gut ausgestatteten, rustikalen Cottages für 2–6 Pers., Spiel- und Sportplätze, nicht weit vom Nationalpark entfernt.*

☞ **Tipp**
Versäumen Sie in dieser Gegend nicht, eines der traditionellen **Lobster Dinner Restaurants** zu besuchen und den frischen Hummer und die hausgemachten Pies oder Chowders zu probieren, z. B. das Blue Mussel Café am Hafen von North Rustico Harbour, 312 Harbourview Dr., ☎ 902-963-2152, geöffnet Mai-Okt.

Park Corner
Auch in Park Corner gibt es eine Verbindung zu Lucy Maud Montgomery, denn im heutigen **Anne of Green Gables Museum at Silver Bush** verbrachte Lucy Maud Montgomery ihre Schulferien. Hier heiratete sie im Jahr 1911. Zu den Erinnerungsstücken gehören auch die Erstausgaben ihrer Bücher. Außerdem können Sie auf einer Kutschfahrt das ganze Gelände kennenlernen.
Anne of Green Gables Museum at Silver Bush, *4542 Hwy 20, ☎ 902-665-2663 oder 902-886-2884, www.annemuseum.com, geöffnet Juli/Aug. tgl. 9–17, Juni/Sept. tgl. 10–16, Mai/Okt. 11–16 Uhr, Eintritt Erwachsene $ 5.50, Kinder 6–12 J. $ 2, Kutschfahrt Erwachsene $ 6, Kinder $ 2.*

Das **Lucy Maud Montgomery Heritage Museum** ist seit 1879 im Besitz der Familie Montgomery und zeigt viele Erinnerungsstücke.
Lucy Maud Montgomery Heritage Museum, *am Hwy 20, ☎ 902-886-2807.*

Malpeque
Malpeque entstand aus einer alten Siedlung, in der zunächst Micmac-Indianer und später französische Siedler lebten, die sich zu Beginn des 18. Jh. hier niederließen. Ab 1765 kamen Engländer und Schotten in dieses Gebiet, deren Nachkommen noch heute hier leben. Malpeque ist ein Zentrum der Austernfischerei; dabei werden die Austern mit Schürfnetzen vom Meeresboden abgefischt. Im **Keir Memorial Museum**, einem kleinen Heimatmuseum, erfahren Sie Wissenswertes über die Austernfischerei und das Alltagsleben der Bevölkerung.

Zentrum der Austernfischerei

Keir Memorial Museum, *2214 Hwy 20, ☎ 902-836-3054, www.malpequebay.ca/keir museum.htm, geöffnet Juli–Mitte Sept. Mo–Fr 9–17, Sa/So 13–17 Uhr, Eintritt Erwachsene $ 2, Kinder 5–12 J. $ 1, Familienkarte $ 5.*

Am Hafen von Malpeque finden Sie viele Fischer, die Sie zum Thunfischfang und zu Hochseeausflugsfahrten mitnehmen.

Kensington
Kennzeichnend für den Süden von P.E.I., Red Sands Shore genannt, sind sanfte Hügel, fruchtbares Bauernland, saftige Viehweiden mit schwarz-weißen Holsteiner Kühen, runde Heuballen, weite Kartoffelfelder und kleine Flüsse, die sich durch das Land winden. Im Sommer werden die „neuen Kartoffeln" an vielen Ständen entlang der Straßen angeboten, die vor allem als Pellkartoffeln mit Butter, Salz und Pfeffer gegessen werden. An der Küste können Sie rote Sandsteinklippen sehen, die warmen Wassertemperaturen genießen, nach Muscheln suchen, lange Strandspaziergänge machen oder einen der schönen Provincial Parks besuchen.

In Kensington können Sie **Kensington Water Gardens** besuchen mit Ton- und Licht-
spielen, einer historischen Eisenbahnstation und Spielszenen aus dem Leben von König
Arthur und seiner Tafelrunde.
Kensington Water Gardens, 81 Victoria St., ☎ 902- 836-3336, geöffnet Mitte Juni–
Anfang Okt. tgl. 9–20, Juni/Sept. tgl. 9–17 Uhr, Eintritt Erwachsene $ 7, Senioren $ 6, Kinder
von 6–12 J. $ 4.

Die Straße führt weiter am St.-Lorenz-Golf und an der Ostküste der Malpeque Bay entlang in den Südteil der Insel. Diese Strecke ist sehr reizvoll und bietet immer wieder die
schönsten Fotomotive.

i **Information**
   Kensington Welcome Centre, 13 Commercial St., ☎ 902-836-3031, www.
kensington.ca, Mitte Mai–Sept. geöffnet.

Victoria
Victoria erinnert an die Ferienorte an der englischen Küste. Das **Victoria Seaport
Museum** ist in einem Leuchtturm eingerichtet, der noch in Betrieb ist. Sie können auf
die Spitze des Turms hinaufsteigen oder vom 2. Stock aus einen Blick auf den Hafen mit
seinen Fischerbooten und Segelyachten werfen.
Victoria Seaport Museum, Route 116, ☎ 902-368-4000, geöffnet Anfang Juli–Mitte
Sept. tgl. außer Mo 12–17 Uhr, Eintritt Spende.

Im **Victoria Playhouse** werden von Ende Juni bis Anfang Oktober Theaterstücke
und Konzerte aufgeführt. Im Hafen werden zudem noch Bootsausflüge und Kanutouren angeboten.

🛏 **Unterkunft**
   $$–$$$ **Victoria Inn**, 32 Victoria St. E., ☎ 902-836-3010, www.victoriainnpei.
com, heimeliges, ruhiges Bed and Breakfast in einem gut 100 Jahre alten Gebäude mit hüb-
schem Garten. Drei Zimmer im Haupthaus inklusive Frühstück; mietet man eine der vier gut
ausgestatteten Cottage Suites, kann man Frühstück anfragen.
$$–$$$ **The Bryanton's**, 25133 Hwy 2, ☎ 902-836-3452 oder 1-888-836-3452, klei-
nes Bed and Breakfast mit drei hübschen, sauberen Zimmern und einer überaus herzlichen
Gastgeberin, die auch das schmackhafte Frühstück zubereitet, z. T. aus selbstgemachten bzw.
-gepflanzten Zutaten.

Bonshaw
Bonshaw liegt, umgeben von einer sanften Hügellandschaft, im Tal des West River und
lädt mit dem Bonshaw Provincial Park zu schönen Wanderungen und Radtouren ein.

Historische Beliebt ist auch ein Besuch im **Car Life Museum**. Das älteste Auto der Sammlung
Autos wurde im Jahr 1898 gebaut; die ausgestellten landwirtschaftlichen Geräte und Maschinen stammen aus dem frühen 18. und 19. Jh. Viele Besucher schauen sich einen Cadillac
aus dem Jahr 1959 an, der einmal Elvis Presley gehört hat.
Car Life Museum, 18191 Hwy 1, ☎ 902-675-3555, geöffnet Mitte Juni–Ende Sept. tgl.
10–16, Eintritt Erwachsene $ 8.50, Senioren $ 7.50, Kinder 6–14 J. $ 3.

Die **Fort Amherst Port La Joye National Historic Site** erinnert an die erste europäische Siedlung auf P.E.I., die auf französische Fischer und Bauern zurückgeht und die
hier 1720 an Land gingen. Ausstellungen, ein Videofilm und archäologische Funde berichten von den Kämpfen zwischen Franzosen und Engländern. Vom Fort aus bietet sich
ein schöner Blick auf die Einfahrt zum Hafen von Charlottetown.

Fort Amherst Port La Joye National Historic Site, *191 Hache Gallant Dr., Rocky Point, südlich von Charlottetown, am Hwy 19, ☎ 902-566-7050, www.pc.gc.ca, das Besucherzentrum ist geöffnet Juli/Aug. 9–17 Uhr, das Gelände ist ganzjährig von Sonnenaufgang bis -untergang zugänglich, Eintritt frei.*

Der Ostteil der Insel

Unterwegs auf dem Points East Coastal Drive

An dieser Strecke sehen Sie kleine Fischerdörfer, Leuchttürme, Sandstrände und Klippen, Erdbeer-, Kartoffel-, Getreide- und Tabakfelder; zahlreiche Provincial Parks laden zum Baden und Erholen ein. Der Osten ist touristisch weniger erschlossen als die Nordküste, ist noch recht ursprünglich und bietet viel Ruhe und Natur. Die Fahrt durch das „Land der Buchten und Dünen, der Hügel und Häfen" kann in Charlottetown beginnen; dabei sollten Sie für die gesamte Rundfahrt ein oder zwei Übernachtungen einplanen. Diese Route führt durch Kings County, den Ostteil von P.E.I., der auch heute noch überwiegend von Nachkommen der schottischen Einwanderer bewohnt wird, die das Erbe ihrer Vorfahren in Musik, Tanz und Brauchtum pflegen.

Ursprünglicher Osten

Fahren Sie von Charlottetown auf dem Hwy 2 zunächst nach Norden; die Straße folgt dem Lauf des Hillsborough River und führt dann über **Morell** nach **St. Peters Bay**.

Eine der vielen Buchten an der Ostküste

Reisepraktische Informationen zu St. Peters Bay

Unterkunft und Restaurant

$$$ **Shady Lane B&B**, 25 Creek Rd., Morell, ☎ 902-961-3087, www.shadylane cottage.ca. Das von einem freundlichen älteren Ehepaar geführte Bed and Breakfast liegt etwa zehn Autominuten westlich von St. Peters bei Morell. Zwei große Zimmer mit Bad, außerdem ein Cottage für bis zu sechs Personen, das allerdings nur wochenweise (in der Nebensaison: 3 Tage Mindestaufenthalt) gemietet werden kann.

$$$$$ **The Inn at St. Peters**, 1668 Greenwich Rd., St. Peters, ☎ 902-961-2135 oder 1-800-818-0925, www.innatstpeters.com, 16 gemütliche Zimmer mit eigener Terrasse, Spezialitäten des Hauses sind Fisch- und Seafoodgerichte, serviert mit frischem Gemüse aus dem eigenen Garten.

Fest

Anfang Aug., wenn die weiten Blaubeerfelder abgeerntet sind, wird in St. Peters Bay das Blueberry Festival mit viel Musik und Tanz und einem „Blaubeerpfannkuchen-Brunch" gefeiert.

Der Points East Coastal Drive führt an die Nordküste und zu den Ortschaften **Naufrage**, wo Irisch-Moos geerntet wird, und **North Lake**, dem Zentrum des Thunfischfangs auf P.E.I. In **East Point**, dem östlichsten Punkt von Prince Edward Island, steht **East Point Lighthouse**, ein Leuchtturm aus dem Jahr 1867 mit einer **Touristeninformation** und kleinem Shop. Wenn Sie in die Spitze des Turmes gestiegen sind, werden Sie mit einem schönen Ausblick auf die Gewässer der Northumberland Strait und des St.-Lorenz-Golfes belohnt.

East Point Lighthouse, 404 Lighthouse Rd., ☎ 902-357-2106, www.eastpointlighthouse. ca, geöffnet Juni–Sept tgl. 10–18, Eintritt Erwachsene $ 5, Senioren $ 4, Kinder und Jugendliche 6–18 J. $ 3, Familienkarte $ 15.

3 km landeinwärts vom East Point Coastal Drive, am Hwy 16 A, liegt die kleine Ortschaft **Elmira**. Hier befindet sich die Endstation der Inselbahn; im **Elmira Railway Museum** wird die Geschichte der Eisenbahn auf P.E.I. anschaulich dargestellt.

Elmira Railway Museum, ☎ 902-357-7234, www.peimuseum.com, geöffnet Juli/Aug. tgl. 9.30–17 Uhr, Eintritt Erwachsene $ 5, Studenten $ 4, Familienkarte $ 14. Fahrt im Miniaturzug Erwachsene $ 6, Kinder $ 4, Familienkarte $ 15.

Der Points East Coastal Drive führt nun an der buchtenreichen Ostküste entlang; hier finden Sie hübsche Ferienorte, zahlreiche Provinzparks mit Camping- und Freizeiteinrichtungen und ausgezeichneten Badestränden, wie z. B. im Red Point Provincial Park und im Souris Beach Provincial Park. Zwischen **Bothwell** und **Souris** liegen einige der schönsten Strände mit ganz feinem, weißem Sand.

Besuchen Sie in **Basin Head** das **Basin Head Fisheries Museum**, wo die Lebensweise der ortsansässigen Fischer und verschiedene Fischfangmethoden dargestellt werden. Originale Ausrüstungen, Boote, eine Räucherkammer und eine alte Konservenfabrik können *Singing Sand Beach* besichtigt werden. Ein Plankenweg führt hinunter zum „Singing Sand Beach"; wenn Sie mit Ihren Füßen über den Sand schleifen, können Sie den sirrenden Klang hören.

Basin Head Fisheries Museum, Basin Head Rd., Souris, ☎ 902-357-7233, an der Klippe an der Northumberland Strait, geöffnet Juni Mo–Fr, Juli/Aug. tgl. 9–16.45 Uhr, Eintritt Erwachsene $ 4, Studenten $ 3.50, Familienkarte $ 11.50, das Gelände und der Weg zum Strand sind jederzeit zugänglich.

East Point Lighthouse

Souris

Souris ist der Hauptort dieser nordöstlichen Region mit Geschäften, Restaurants und Übernachtungsmöglichkeiten. Es ist ein wichtiger Hafen, von dem die Fischer vor allem zum Hummer- und Thunfischfang ausfahren. Im **Matthew and McLean Building** befindet sich das neue Kultur- und Visitor Information Centre. Von Souris aus besteht eine regelmäßige Fährverbindung zu den 134 km entfernten Îles de la Madeleine; außerdem werden Ausflugsfahrten entlang der Ostküste angeboten mit guten Möglichkeiten zur Vogelbeobachtung. Vor allem aber locken die langen weißen Sandstrände an wunderschönen Buchten.

Fähre zu den Magdalen-Inseln

Reisepraktische Informationen zu Souris

Unterkunft
$$ Rollo Bay Inn, am Hwy 2, ☎ 902-687-3550 oder 1-877-687-3550, www.peisland.com/rollobayinn, neues, im georgianischen Stil gebautes Haus in schöner Lage mit 20 geräumigen, ansprechend eingerichteten Zimmern, 4 km westlich von Souris, Strandnähe.
$$$–$$$$ McLean House Inn, 16 Washington St., ☎ 902-687-1875, www.mcleanhouseinn.com, charmant-antiquierte Unterkunft mit sieben liebevoll eingerichteten Zimmern mit Bad und schöner Aussicht aufs Wasser, dazu ein Cottage für bis zu fünf Personen (wöchentlich zu mieten).

Bootsfahrten
CTMA Ferry, 38 Breakwater St., ☎ 902-687-2181 oder 1-888-986-3278, www.traversierctma.ca, ganzjährig Abfahrt der **Fähre** zu den Îles de la Madeleine vom ausgeschilderten Fährhafen, Dauer 5 Std., Abfahrt April Di/Do–So, Mai–Juni/Sept. Di–So, Juli/Aug. tgl., Okt. Di/Do/Sa/So, Dez.–März Di/Do/Sa 14 Uhr, Fahrpreis Erwachsene $ 60, Senioren $ 48, Kinder von 5–12 J. $ 30.

Glasschmuck ist ein beliebtes Souvenir

Alljährlich finden im Juli das „Rollo Bay Fiddle Festival" mit Künstlern aus ganz Nordamerika und das „Sea Glass Festival" statt.

Der Points East Coastal Drive führt an der Boughton und Cardigan Bay entlang nach Georgetown. Auch an dieser Strecke finden Sie gute Strände und kleine Fischer- und Hafenorte mit gemütlichen Bed&Breakfast-Häusern. Reizvoll ist ein Spaziergang bei Ebbe von **Launching** hinüber zur **Boughton Island**.

Schöner Platz für ein Picknick In **Cardigan**, einem kleinen Hafenort, können Sie sich im Cardigan River Heritage Centre über die Geschichte dieser Region informieren. Werfen Sie auch einen Blick in „Kanadas kleinste Bibliothek" auf der anderen Straßenseite.

Der **Brudenell River Provincial Park** mit Campingplätzen, Kanu- und Bootsverleih sowie einem Yachthafen liegt im Mündungsgebiet des Brudenell River.

Unterkunft
$$$ **Rodd Brudenell River Resort**, *86 Dewars Lane,* ☎ *902-652-2332 oder 1-800-565-7633, www.roddvacations.com, ist eine Ferienanlage auf einem ca. 460 ha großen Gelände mit Hotel, Chalets am Flussufer, Swimmingpools, Fitnessräumen, Sauna, Tennisplätzen und gutem Wassersportangebot; der 18-Loch-Golfplatz gehört zu den 20 besten Golfplätzen Kanadas.*

Georgetown ist mit seinem natürlichen Hafen, mehr als 60 historischen Häusern und netten kleinen Geschäften und Restaurants ein beliebter Ausflugsort. In den Sommermonaten zieht das **King's Playhouse**, 65 Grafton St., durch erstklassige Theateraufführungen viele Besucher an; der daneben liegende Stadtpark lädt zu einer Rast ein.

Reizvolle Ferienorte Zwischen **Georgetown** und **Murray River** liegen einige der beliebtesten Ferienorte von P.E.I. Sie können mit Fischern hinausfahren, um Seevögel und Seehunde zu beobachten, oder die kleinen Handwerksbetriebe besuchen, in denen Glas-, Holz- und andere Handarbeiten verkauft werden.

Die schöne Lage am See lädt zu einem Picknick ein

Sie können sich über die Anzucht von Muscheln informieren, die sich hier aufgrund der guten Qualität zu einem wichtigen Erwerbszweig entwickelt hat, und anschließend in einem der zahlreichen Restaurants „Island Blues" probieren. Sie können schwimmen, reiten, Golf oder Tennis spielen, Kanu fahren oder windsurfen und zum Picknicken, Wandern und Baden in die Provincial Parks fahren.

„Island Blue"-Muscheln

info

„Island Blue" werden die in den klaren Gewässern von Prince Edward Island gezüchteten Muscheln genannt, die sich innerhalb weniger Jahre einen internationalen Ruf als Feinschmeckerprodukt erworben haben. Diese dicke Muschelsorte hat einen feinen Meeresfruchtgeschmack; sie ist fettarm, aber reich an Proteinen, Vitaminen und Mineralien. Weibliche Muscheln sind an ihrem orangefarbenen Fleisch zu erkennen, während das Fleisch männlicher Muscheln eher blass ist. Die Zuchtmuscheln haben gegenüber den wilden Muscheln einen deutlich höheren Fleischanteil und erfordern weniger Reinigungsarbeit.

Montague

Montague liegt am Ufer des Montague River und ist die größte Gemeinde von King's County, die schon um 1760 entstand. Mit dem Bau der ersten Brücke über den Fluss begann 1826 das Wachstum des Ortes, dessen geschäftiger Hafen bis heute an die große Zeit des Schiffbaus erinnert.

Die **Touristeninformation** liegt gleich am Hafen in einem restaurierten historischen Gebäude, ebenso wie das sehenswerte **Garden of the Gulf Museum**, das als das älteste Museum von P.E.I. gilt und die Entwicklung der Region und das Leben der Pioniere veranschaulicht.

Garden of the Gulf Museum, *564 Main St.,* ☎ *902-838-2467, www.montaguemuseum pei.com, geöffnet Juli/Aug. Mo–Sa 10–18, Juni/Sept. Mo–Fr 10–18 Uhr, Eintritt Erwachsene $ 5, Kinder unter 12 J. frei.*

Schöne Marina Die **Marina**, ☎ *902-838-4778*, ist auch Ausgangspunkt für die beliebten ein- oder mehrstündigen Bootsfahrten in der Cardigan Bay und auf den Flüssen der näheren Umgebung, bei denen Sie Seehunde und Seevögel beobachten können.

Reisepraktische Informationen zu Montague

ℹ️ Information
Touristinformation, *am Hafen und im Rathaus, 24 Queens Rd., geöffnet Mo–Fr 8.30–16 Uhr.*

🛏️ Unterkunft
$$$ Lanes Riverhouse Inn & Cottages, *33 Brook St.,* ☎ *1-800-268-7532, www.lanesriverhouseinn.com, gepflegtes Hotel mit 30 geräumigen Zimmern und gut ausgestattete Cottages mit schönem Ausblick auf den Montague River und die Marina.*

🚣 Bootsfahrten
Cardigan Sailing Charters, ☎ *902-583-2020, www.peisland.com/sailpei/cardigan.html, Tagestouren in die Cardigan Bay, Abfahrten Ende Juni–Ende Sept. tgl. 10 Uhr, Rückkehr gegen 15 Uhr, Erwachsene ab $ 60.*

Am Montague River

Wenn Sie dem Points East Coastal Drive weiter folgen, können Sie von der Abzweigung des Hwy 317 einen Ausflug zum ganzjährig geöffneten **Buffaloland Provincial Park** machen, in dem Büffel und Hirsche leben, oder von **Gaspereaux** aus über den Hwy 347 einen Abstecher zum **Panmure Island Provincial Park** unternehmen. Auf der Insel können Sie besonders schöne weißsandige Strände mit hohen Dünen finden und die stille Landschaft mit dem Fahrrad erkunden. Zum Provincial Park gehören Campingplätze, ein Restaurant und ein Bootsverleih.

Im Murray-Fjord liegen die kleinen Ortschaften **Murray River**, **Murray Harbour** und **Murray Harbour North**, von deren Häfen die Fischer täglich zu ihren Hochsee- und Thunfischfahrten aufbrechen. *Hochseefischerei*

Besuchen Sie in **Murray River** den **Old General Store**, 9387 Main St., der um 1900 eingerichtet wurde und heute in drei Verkaufsräumen allerlei Handarbeiten, Souvenirs und Kunsthandwerk anbietet.

Auf Cape Bear können Sie das **Cape Bear Lighthouse & Marconi Station Museum** besuchen, das seit 1881 hoch auf einer roten Sandsteinklippe steht und einen weiten Blick über die Northumberland Strait bietet. Cape Bear war eine der sieben „Marconi-Stationen", deren Nachbildung heute zu sehen ist. Die Station wurde 1905 in Betrieb genommen (s. auch S. 550) und empfing im Frühjahr 1912 die ersten Notrufe der Titanic, bevor das Schiff 153 Kilometer südlich von Newfoundland sank. *Notruf von der Titanic*
Cape Bear Lighthouse & Marconi Station Museum, *42 Black Brook Rd., 6 km östlich von Murray Harbour, ☎ 902-962-2917, www.capebearlighthouse.com, geöffnet Juni–Sept. tgl. 10–18 Uhr, Eintritt Erwachsene $ 3, Senioren $ 2.50, Kinder 6–15 J. $ 1.50, Familienkarte $ 8.*

Der Points East Coastal Drive führt weiter zur Landspitze **Murrays Head** mit ihren drei Leuchttürmen und weiter südwärts vorbei an kleinen Ortschaften und dem **Northumberland Provincial Park** mit Campingplatz und schönem Badestrand bis zum **Fährhafen Wood Islands**.

Die Straße folgt dem Küstenverlauf, führt über **Gascoigne Cove** und **Pinette** nach **Eldon** und **Belfast**; ein Abstecher führt über den Hwy 209 zum ältesten Leuchtturm der Insel **Point Prim**. Dieser wurde 1845 aus Backstein gebaut; von der Spitze des Leuchtturmes haben Sie einen schönen Blick auf die Northumberland Strait, und im Chowder House können Sie Meeresfrüchte oder Rhabarberkuchen probieren. Im Gebiet um **Eldon** und **Belfast** ließen sich im Jahr 1803 ca. 800 schottische „Highlanders" unter der Führung von Lord Selkirk nieder. Das schottische Erbe wird bis in die Gegenwart bewahrt, wie die im August stattfindenden „Highland Games" und die Zusammenkünfte der Clans zeigen.

Die Ortschaft **Orwell** wurde Ende des 17. Jh. von Schotten, Iren und britischen Loyalisten gegründet. Einen Besuch lohnt das **Orwell Corner Historic Village**. In den sorgfältig restaurierten Bauernhäusern, die an den Originalplätzen stehen, wird das Leben der schottischen und irischen Siedler im frühen 19. Jh. deutlich. Zum Dorf gehören eine Schule, Kirche, Mühle, Schmiede, Scheunen, ein Postamt, eine Gemischtwarenhandlung und eine Schneiderstube.
Orwell Corner Historic Village, *98 Macphail Park Rd. Vernon Route 2, ☎ 902-651-8515, www.peimuseum.com/orwell, geöffnet Juni Mo–Fr 9.15–16.45, Juli/Aug. tgl. 9.30–17, Sept.–Ende Okt. Mo–Fr 8.30–16.30 Uhr, Eintritt Erwachsene $ 7.50, Kinder und Jugendliche 6–18 J. $ 4.50, Familienkarte $ 20.*

Der Points East Coastal Drive führt weiter an der **Hillsborough Bay** entlang; von der Höhe des **Tea Hill** bietet sich ein besonders schöner Blick über die weite Bucht. Durch gepflegte Wohngebiete geht es zurück nach Charlottetown.

Von Prince Edward Island nach Cape Breton Island

Der Ostteil von Prince Edward Island ist durch regelmäßige Fährfahrten mit Nova Scotia verbunden.

👉 Wegbeschreibung

Nach der Überfahrt von Wood Islands/P.E.I. nach Caribou/NS bieten sich Ihnen zwei Alternativen für die Fahrt nach Cape Breton Island:
1. Alternative: die schnelle Verbindung nach Cape Breton. Folgen Sie vom Fährhafen in Caribou dem Hwy 106 bis zur Kreuzung mit dem Hwy 104, der Sie über New Glasgow und Antigonish zum Canso Causeway nach Cape Breton führt.
2. Alternative: die geruhsame Fahrt durch das Pictou County und an der Northumberland Strait entlang nach Cape Breton. Von New Glasgow aus können Sie über den ausgeschilderten „Sunrise Trail" immer an der Küste entlang fahren, zum Baden und Picknicken kleine Pausen einlegen, die hier häufig anzutreffenden Kormorane beobachten, am Strand nach Muscheln und Krebsen suchen oder in einem der kleinen Häfen den heimkehrenden Fischerbooten zuschauen.

Wood Islands

Sunrise Trail

Der „Sunrise Trail" durchquert das Küstenland an der Northumberland Strait mit fruchtbarem Farmland, zahllosen feinsandigen Buchten, kleinen Hafenorten und Salzwassermarschen. Dieses Gebiet wurde vor 200 Jahren von schottischen Highlandern besiedelt, deren Erbe in Musik, Tänzen und Spielen bis in die Gegenwart bewahrt wird. In den Sommermonaten können Sie die Festivals besuchen, den Dudelsackbläsern zuhören und den Tänzern in ihren schottischen Trachten zuschauen.

Reisepraktische Informationen zu Wood Islands

Fähre
Die Fähre legt am **Wood Islands Ferry Terminal** *ab, Northumberland Ferries Limited, 23 Service Rd.,* ☎ *800-565-0201 oder 1-888-249-7245, www.peiferry.com. Überfahrt nach Caribou/NS vom 1. Mai–Anfang Nov. mind. 5-mal tgl., Nov./Dez. 3-mal tgl. Dauer ca. 1 Std., Hin- und Rückfahrt für* **Fahrzeuge**: *Pkw einschließlich Insassen $ 71, Motorräder $ 40, Fahrräder $ 20, Wohnwagen je nach Größe von $ 71–115.* **Fußgänger**: *Erwachsene $ 19, Senioren $ 16, Kinder unter 12 J. frei. Es empfiehlt sich, 30–45 Min. vor Abfahrt der Fähre am Hafen zu sein.*

Unterkunft
$$$$ **Cliffside Inn**, *11561 Shore Rd.,* ☎ *902-313-1184, http://cliffsideinn.ca, das Haus liegt ca. 7 km östlich der Wood Island Fähre, auf einer Klippe hoch über der Northumberland Strait. Es verfügt über fünf Zimmer jeweils mit eigenem Bad, Liegewiesen und bietet sehr schöne Ausblicke und viel Ruhe. Geöffnet Anfang Mai–Ende Sept.*

Feste
Juli: *Antigonish Highland Games, Antigonish, und Festival of the Tartans, New Glasgow,* **Mitte September**: *Hector Homecoming, Pictou.*

Pictou

Pictou wird der „Geburtsort Neuschottlands" genannt, denn hier landeten 1773 mit dem Schiff „Hector" die ersten Schotten – 33 Familien und 25 unverheiratete Männer. Am Hafen, am **Hector Heritage Quay**, liegt die originalgetreue Nachbildung des Dreimast-Segelschiffes „Hector"; an Bord des Schiffes erfahren Sie alles Wissenswerte von der aufregenden Überfahrt. In der alten Schmiede und im „Hector Company Store" berichten kostümierte Führer vom anstrengenden Leben der ersten schottischen Siedler.
Hector Heritage Quay, *Caladh Ave.,* ☎ *902-485-4371, http://shiphector.com/, geöffnet Mai–Sept. tgl. 10–16 Uhr, Eintritt Erwachsene $ 8, Senioren $ 6, Studenten $ 3, Kinder unter 6 J. frei, Familienkarte $ 20.*

Heute ist der Hafen von Pictou ein wichtiger Umschlagplatz für den Hummerfang und ein Zentrum des Schiffsbaus in den Atlantikprovinzen.
Das **Northumberland Fisheries Museum** befindet sich im ehemaligen, 1904 gebauten Bahnhofsgebäude der Canadian National Railway und stellt mit einer großen Sammlung von alten Fotos, Schiffsmodellen, Fanggeräten und Ausrüstungen den Fischfang und den Alltag der Fischer an der Northumberland Strait anschaulich dar; zum Museumskomplex gehören außerdem die Fischaufzucht und der neue Leuchtturm an der Waterfront.
Northumberland Fisheries Museum, *71 Front St.,* ☎ *902-485-8925, geöffnet Mi–Sa 10–16.30, So 12.30–16 Uhr, Eintritt frei.*

Seit 1934 wird im Juli für vier Tage der **Pictou Lobster Carnival** gefeiert mit zahlreichen Musikaufführungen, Paraden, Bootsrennen und Kostümwettbewerb.

Am Hector Heritage Quay

Reisepraktische Informationen zu Pictou

ℹ️ Information

DEANS Administration Office, *ganzjährig geöffnet*, ☎ 902-752-6383 *oder 1-877-816-2326, www.townofpictou.ca.*
Irving Station – Cowan Street Rest Area, *Exit 21, Trans Canada Hwy 104, 2500 Old Truro Rd., ganzjährig geöffnet* ☎ 902-396-2800.
John Visitor Information Centre, *Hwy 6 (Sunrise Trail),* ☎ 902-351-2403, *geöffnet Ende Juni-Aug.*
Pictou Recreation, Tourism & Culture, *40 Water St.,* ☎ 902-485-6057 *oder 1-877-574-2868, ganzjährig geöffnet.*

🛏️ Unterkunft

$$ The Scotsman Inn, *78 Coleraine St.,* ☎ 902-485-1433 *oder 855-770-1433, www.scotsmaninn.com, sorgfältig restauriertes Haus (vormals Auberge Walker Inn) aus dem Jahr 1865, im Ortskern gelegen, mit zehn traditionell eingerichteten Zimmern, ganzjährig geöffnet.*
$$ Willow House Inn, *11 Willow St.,* ☎ 902-485-5740 *oder 1-800-459-4133, www.willowhouseinn.com, ansprechend restauriertes Bed&Breakfast-Haus aus dem Jahr 1840; das Haus liegt im Zentrum und verfügt über acht Zimmer mit unterschiedlicher Möblierung.*
$$$ Braeside Country Inn, *126 Front St.,* ☎ 902-485-5046 *oder 1-800-613-7701, www.braesideinn.com, großes Haus aus dem Jahr 1938 mit 20 Zimmern, Blick auf den historischen Hafen.*
$$$$ Pictou Lodge Resort, *172 Lodge Rd.,* ☎ 902-485-4322 *oder 1-800-495-6343, www.pictoulodge.com, großzügige Anlage an der Northumberland Strait mit einem Haupthaus und sehr gemütlich eingerichteten Cottages mit Kamin, Strandlage, Bootsverleih, nur wenige Fahrminuten vom Fährhafen entfernt, 7 km nordwestlich von Pictou.*

New Glasgow

New Glasgow ist mit ca. 9.500 Einwohnern die größte Stadt dieser Region. An der Stelle einer alten indianischen Siedlung wurde sie 1809 gegründet, nachdem wenige Jahre zuvor in der Umgebung Kohlevorkommen entdeckt worden waren.

Das 1880 gebaute **Carmichael Stewart House Heritage Museum** mit seinem historischen Garten informiert über die regionale Geschichte und zeigt u.a. Glas-, Porzellan- und Fotosammlungen.
Carmichael Stewart House Heritage Museum, *86 Temperance St.,* ☎ 902-752-5583, geöffnet Anfang Juni–Ende Aug. Mo–Fr 9–16.30, Sa 13–16.30 Uhr, Eintritt frei.

Der „Samson Trail", ein 2,5 km langer Fußweg, führt am Ufer des East River entlang; er erhielt seinen Namen zur Erinnerung an Kanadas älteste Dampflokomotive, die den Namen „Samson" trug, aus dem Jahr 1839 stammte und als das erste Gefährt gilt, das in Kanada über Stahlschienen fuhr.
Die Umgebung von New Glasgow ist sehr fruchtbar; vor allem Kartoffeln, Erdbeeren und Blaubeeren werden angebaut. Im Sommer sieht man an den Straßen viele kleine Verkaufsstände. Neben Fischfang und Fisch verarbeitender Industrie ist auch der Fremdenverkehr von Bedeutung, denn die schönen Strände entlang der Northumberland Strait und das Wasser, das im Sommer angenehm warm ist, ziehen viele Besucher an. Ein beliebtes Ausflugsziel ist **Pictou Island**, das mit dem Boot in 40 Minuten zu erreichen ist.

Reisepraktische Informationen zu New Glasgow

i Information
Town of New Glasgow, *Department of Marketing & Communications, 111 Provost St.,* ☏ *902-755-0356.*

🛏 Unterkunft
$$ Travelodge Suites New Glasgow, *700 Westville Rd.,* ☏ *902-928-1333, www.travelodge.com, empfehlenswertes Hotel am Hwy 104 mit 66 geräumigen, hell eingerichteten Zimmern, kleines Frühstück im Preis enthalten.*
$$$ Comfort Inn, *740 Westville Rd.,* ☏ *902-755-6450, www.newglasgowcomfortinn.com, kürzlich renoviertes Hotel mit 60 modernen Zimmern, in der Nähe einer großen Einkaufsmall.*

Antigonish

Die ca. 4.500 Einwohner zählende lebhafte, kleine Universitätsstadt steht während der Sommermonate ganz im Zeichen schottischer Tradition. Seit 1861 finden Mitte Juli die „Antigonish Highland Games" mit vielen Musik-, Tanz- und Sportveranstaltungen statt, *Universitäts-* von denen die altschottischen Bräuche die beliebtesten sind; im Rahmen des „Festival *stadt* Antigonish" werden von Ende Juni bis Ende September im Theater der St. Francis Xavier University Theaterstücke, Musicals und Shows aufgeführt.

Mittelpunkt der Stadt ist die Main Street mit Geschäften und Restaurants. Im Norden der Stadt liegen schöne Strände, außerdem bietet die Umgebung gute Wandermöglichkeiten, z. B. den 4 km langen Weg „Antigonish Landing", der gegenüber vom Heritage Museum, 20 E Main St., beginnt und sich gut zur Vogelbeobachtung eignet.

Reisepraktische Informationen zu Antigonish

i Information
Visitor Information Centre, *145 Church St., im Antigonish Mall Complex,* ☏ *902-863-4921, www.visitantigonish.ca, geöffnet Juni–Okt.*

🛏 Unterkunft
$$$ Antigonish Victorian Inn, *149 Main St.,* ☏ *902-863-1103 oder 1-800-706-5558, www.antigonishvictorianinn.ca, das große Haus aus dem Jahre 1904 mit zehn schönen Gästezimmern und zwei Apartments liegt ruhig auf einem großen Grundstück.*
$$$ Maritime Inn Antigonish, *158 Main St.,* ☏ *902-863-4001 oder 1-888-662-7484, www.maritimeinns.com, Motel mit 32 ansprechend eingerichteten Zimmern auf großem Gelände, Restaurant.*

🍴 Restaurant
The Townhouse, *76 College St.,* ☏ *902-863-2248, bei Einheimischen beliebtes Brauhaus mit verschiedenen Biersorten vom Fass, frisch zubereiteten Gerichten, netter Atmosphäre, freundlichem Service und gelegentlichen Musikabenden.*

Von Antigonish führt der Hwy 104 zum **Canso Causeway**. Die Meerenge wird von dem 1955 gebauten, 1.385 m langen Damm zwischen Nova Scotia und der Insel Cape Breton überbrückt. Über diesen Damm wird der gesamte Eisenbahn- und Autoverkehr geleitet. Die Überfahrt ist **nicht** gebührenpflichtig.

Cape Breton Island

Redaktionstipps

> Fahrt über den **Cabot Trail** (S. 533ff.), eine der schönsten Panoramastrecken der Welt
> Naturerlebnisse im **Cape Breton Highlands National Park** (S. 540f.)
> Besuch des **Alexander Graham Bell Museum** in Baddeck (S. 534)
> Adlerbeobachtung an den Küsten des **Bras d'Or Lake** (S. 555)
> **Walbeobachtungsfahrt** in Chéticamp (S. 538) oder Dingwall (S. 544)
> Besichtigung der Festung **Louisbourg** (S. 551ff.)

Die Insel Cape Breton ist wegen ihrer großen landschaftlichen Schönheit sehr bekannt. Zerklüftete Felsküsten, weite Buchten und enge Täler, windumtoste Hochplateaus, einsame Hochmoore, wellengepeitschte Klippen, dunkle Nadelwälder, abgeschiedene Dörfer prägen das Land und die Menschen, deren Vorfahren einst aus Frankreich, England und Schottland in die Neue Welt kamen und ihre überlieferten Bräuche, Sprache, Musik und Tanz mitbrachten. Diese werden bis in die heutige Zeit lebendig gehalten, wie Sie bei einem der zahlreichen Sommerfeste selbst erleben können, wenn Dudelsack und Trommel zum Tanz rufen.

In der Mitte der Insel liegt der große Bras d'Or Lake, der das Hochland des Nordens von den Ebenen im Süden trennt. Beiderseits des Sees führen Hauptstraßen nach Sydney, der wichtigsten Hafenstadt von Cape Breton. Während der Südteil der Insel von vielen kleinen Straßen durchzogen wird, ist der Nordteil nur über den berühmten Cabot Trail zugänglich.

Sie können die Sehenswürdigkeiten und die abwechslungsreichen Landschaften von Cape Breton Island besonders gut auf fünf ausgeschilderten „Trails" kennenlernen:

> Der **Ceilidh Trail** (ausgesprochen Kay-lee, 107 km) führt an der Westküste Cape Bretons entlang bis Margaree Harbour, wo er auf den Cabot Trail trifft. An dieser Strecke entdecken Sie menschenleere Strände und baumbestandene Schluchten, genießen von den Klippen herrliche Ausblicke auf die St. Georges Bay und können kleine Wanderungen über das Mabou-Hochland machen und Schafherden begegnen, am Lake Ainslie fischen oder Boot fahren.

Herrliche Panorama-strecke

> Der **Cabot Trail** (ca. 300 km) zählt zu den schönsten Panoramastrecken Nordamerikas und vielleicht sogar der Welt. Er umrundet den Nordteil der Insel und bietet spektakuläre Ausblicke auf das Meer und die raue Berglandschaft des Cape Breton Highlands National Park. Sie können mit Fischern zur Walbeobachtung hinausfahren, in Baddeck das Alexander Graham Bell Museum und in St. Anns ein gälisches College besuchen, in der Einsamkeit des Nationalparks oder in weit abseits der Straßen gelegenen Lodges oder gepflegten Hotels übernachten.
> Der **Marconi Trail** (60 km) führt von Glace Bay durch kleine Fischerorte nach Louisbourg, vorbei an kleinen Badebuchten und großen Wellenbrechern.
> Der **Fleur-de-Lis Trail** (262 km) beginnt am Canso Causeway und führt an der Ostküste entlang nach Louisbourg und Sydney durch ein Gebiet mit alten akadischen Siedlungen.

Cape Breton Island

Gulf of
St. Lawrence

Cabot Strait

Northumberland Strait

Cape St.
Lawrence
St. Lawrence
Bay
Cape
North
Meat Cove
Aspy Bay
Cape North
Dingwall
Cape Egmont
Pleasant Bay
North Barren
Mtn.
▲ 532 m
Neil Harbour
Cape Breton
Highlands
National Park
Cap Rouge
Ingonish
Chéticamp
Ingonish Beach

Channel-Port-aux-Basques, Newfoundland

Gaelic Coast

Cabot Trail

Cape
Breton
Island

Indian Brook

Margaree
Harbour
Northeast Margaree River
Indian
Brook
St. Ann's Bay
Bird
Islands
Margaree
Forks
N.E.
Margaree
Point Aconi
Spanish
Bay
New Waterford
Argentia, Newfoundland
St. Ann's
Sydney
Mines
Dominion
Inverness
19
Southwest River
105
North
Sydney
28
Glace Bay
Mabou
Highlands
Lake
Ainslie
Gairloch
Mountain
Baddeck
Boularderie Island
125
Sydney
Port Morien
Mabou
Salt
Mountain
Whyco-
comagh
Iona
St. Andrews Channel
Boisdale
Hills
Sydney River
Mira
22
Mira Bay
Port
Hood
Estmere
East Bay
4
Judique
Bras
d'Or Lake
Big Pond
East Bay
Louisbourg
St. George's Bay
Craignish Hills
105
Glendale
Johnstown
East Bay Hills
The Big Barren
Gabarus Bay
★ Fortress of
Louisbourg
N.H.S.
Gabarus
19
North Mtn.
West Bay
Mira
Hills
Fourchu
Bay
Port
Hastings
Sporting Mtn.
4
Fourchu
104
Port
Hawkesbury
St. Peter's
Battery
Prov. Park
Fleur-de-Lis Trail
Mulgrave
104
Louisdale
Grand River
16
Arichat
Isle
Madame
Chedabucto
Bay
ATLANTISCHER
16
Canso
OZEAN

N

0   30 km

© graphic

▶ Der **Bras d'Or Lakes Scenic Drive** führt an den Ufern des Sees entlang, vorbei an Golfplätzen, zu kleinen Dörfern und stillen Plätzen, an denen Sie Adler beobachten können.

Tipp für die Zeitplanung
Für einen Aufenthalt auf Cape Breton Island sollten Sie mindestens drei Tage Zeit einplanen; für Naturliebhaber und Erholungssuchende ist jeder weitere Tag ein Gewinn.

Sehenswertes am Ceilidh Trail

Der Ceilidh Trail beginnt in **Port Hastings**, einer kleinen Industriestadt mit Ölraffinerien.

Im **Port Hastings Historical Museum and Archives** können Sie in einem typischen Cape-Breton-Haus die Pläne und Konstruktionszeichnungen für den Bau des Canso Causeway einsehen.
Port Hastings Historical Museum and Archives, *24 Route 19, direkt am Kreisverkehr,* ☎ *902-625-1295, geöffnet Mitte Juni–Mitte Okt. Mo–Fr 9–17, Sa/So 13–17 Uhr, Eintritt Erwachsene $ 3, Kinder unter 12 J. $ 1.*

Der Cabot Trail

Information

☎ **Visitor Information Centre**, *96 Hwy 4, gleich hinter dem Canso Causway,
902-625-4201, ausführliche Informationen über alle Regionen von Cape Breton Island, geöffnet Mitte Mai–Mitte Okt. tgl. 9–17 Uhr.*

Judique

Direkt am Ceilidh Trail liegt das **Cape Breton's Celtic Music Interpretive Centre** *Keltische*
mit einer informativen Ausstellung zur keltischen Musik.   *Musik*
Cape Breton's Celtic Music Interpretive Centre, ☎ *902-787-2708, www.celticmu
siccentre.com,* **Interactive Exhibit Room** *geöffnet Mitte Juni–Mitte Okt. Mo–Fr 9–17,
Sa 10–17, So 10–13 Uhr. Musikdarbietungen mit einer Einführung gibt es mehrmals täglich.
Im angeschlossenen Restaurant können Sie auch während des Essens die kleinen Konzerte genießen.*

Port Hood

Port Hood ist ein kleiner Fischerhafen, in dessen Umgebung Sie einige schöne Sand-
strände finden. Vom Hafen fahren Boote hinüber zur kleinen Insel **Port Hood**, die zum
Wandern und Picknicken einlädt.
In **Harbourview**, 2 km südlich des Ortes, sehen Sie im alten Schulhaus das **Chestico
Museum & Historical Society** mit Informationen über das Leben der frühen Siedler.
Chestico Museum & Historical Society, *8095 Route 19,* ☎ *902-787-2244, http://
chesticoplace.com, geöffnet Juni–Anfang Sept. Mo–Fr 9–17, Juli/Aug. auch Sa 12–16 Uhr, Ein-
tritt Erwachsene $ 2, Familienkarte $ 5.*

An der Westküste von Cape Breton Island

Unterkunft

$$–$$$ Haus Treuburg Guest House, *175 Main St.,* ☎ *902-787-2116 oder 1-877-787-2116, www.haustreuburg.com, das restaurierte und geschmackvoll eingerichtete Landgasthaus hat zwei schöne Zimmer und eine komfortable Suite sowie drei mit allem Komfort ausgestattete Ferienhäuser, einen eigenen Sandstrand und ein ausgezeichnetes, sehr empfehlenswertes Restaurant. Besichtigungsfahrten um die Inseln und Angelfahrten können im Hotel gebucht werden, außerdem steht ein kleines Boot für Fahrten nach Port Hood Island zur Verfügung.*

Gälisches Erbe

Durch sanftes Hügelland fahren Sie weiter zum kleinen Ort **Mabou**, wo das gälische Erbe noch besonders spürbar ist. In der kleinen Dorfschule wird die gälische Sprache als Unterrichtsfach erteilt, jeden Samstagabend findet in West Mabou ein Tanzabend mit schottischen Volkstänzen statt. Sehenswert ist die kleine, weiße Kirche „Our Lady of Sorrows Pioneer Shrine", die im Inneren wie eine kleine Kathedrale ausgestaltet ist.

In **Glenville**, 9 km nördlich von Mabou, können Sie die **Glenora Distillery** besuchen, die einzige Malt-Whiskey-Brennerei in Nordamerika. Führungen durch die stattliche Anlage finden täglich statt, anschließend können auch Kostproben genommen werden. **Glenora Distillery**, *13727 Route 19,* ☎ *902-258-2662 oder 1-800-839-0491, www. glenoradistillery.com, geöffnet Mai–Okt., Führungen Sa/So 9–17 zur vollen Stunde, Eintritt Erwachsene $ 7, Kinder unter 17 J. frei.*

Unterkunft

Komfortable auf dem Gelände der Destillerie:

$$$$ Glenora Inn & Distillery Resort, *13727 Hwy 19,* ☎ *902-258-2662 oder 1-800-839-0491, www.glenoradistillery.com, die schöne Anlage mit neun ansprechend eingerichteten Zimmern und sechs Chalets liegt auf dem Gelände der Glenora Distillery zwischen Mabou und Inverness.*

Zwischen Mabou und Inverness erstreckt sich der **Cape Mabou Provincial Park** mit weiten Buchten, schönen Sandstränden und ausgeschilderten Wanderwegen zwischen 4 und 20 km Länge. Von den Höhen bieten sich immer wieder schöne Ausblicke auf weite Täler und das Meer.

Inverness

Die Hoffnung, in einer 1890 eröffneten Kohlemine Arbeit zu finden, zog viele europäische Einwanderer an, sodass um 1900 der Ort Inverness gegründet und eine Eisenbahnstrecke zum Abtransport der Kohle gebaut wurden. Der Ort florierte, bis alle Minen 1958 stillgelegt wurden. Heute ist Inverness ein lebhafter Hafenort mit 1.400 Einwohnern, deren Erwerbsgrundlage vor allem Fischfang und Fremdenverkehr ist.

Das **Miners Museum**, im 1901 erbauten Bahnhofsgebäude, informiert über die Geschichte des Kohlebergbaus in dieser Gegend. **Miners Museum**, *62 Lower Railway St.,* ☎ *902-258-3291, www.inverness-ns.ca/inverness-miners-museum.html, geöffnet Juni–Okt. tgl. 10–18 Uhr, Eintritt Erwachsene $ 1, Studenten und Senioren $ 0.50, Kinder unter 5 J. frei.*

Unterkunft

$$$ Inverness Beach Village, *16058 Central Ave., am Hwy 19,* ☎ *902-258-2653, www.macleods.com/beach-village.html, schöne Anlage direkt am Strand mit 41 Cottages, gutem Restaurant, Sandstrand, Tennisplatz, Verleih von Surfbrettern, Bootsfahrten, geöffnet von Mitte Mai –Mitte Okt.*

$$$$–$$$$$ **Cabot Links Resort**, *15933 Central Ave.,* ☎ *855-652-2268, www.cabot links.com/, schön gelegene, gepflegte Lodge mit 48 sehr ansprechend gestalteten, hellen Zimmern mit großartigem Ausblick, Panorama-Restaurant und Golfplatz.*

In **Margaree Harbour** trifft der Ceilidh Trail auf den Cabot Trail.

Sehenswertes am Cabot Trail

Nach der Überfahrt nach Cape Breton Island fährt man von Port Hastings über den Hwy 105 in nördlicher Richtung bis nach Baddeck, wo der Cabot Trail beginnt. An dieser Strecke liegt am Skye River der hübsche Ort **Whycocomagh**, der aus einem Reservat der Micmac-Indianer und einer Siedlung mit Nachfahren schottischer Einwanderer besteht. Im Reservat können Sie Arbeiten der Micmac-Indianer kaufen.

Mehr als eineinhalb Jahrhunderte waren nötig, um den Cabot Trail zu einer eindrucksvollen Panoramastraße auszubauen, die sich in vielen Serpentinen hoch über dem Meer durch das Hochland windet.

Der Cabot Trail wurde nach dem Entdecker **Giovanni Caboto** (**John Cabot**) benannt. Nur wenige Jahre nach Cabots Landung kamen die ersten französischen Siedler aus der Bretagne nach Cape Breton, die von dem großen Fischreichtum und dem fruchtbaren Boden ebenso angelockt wurden wie die etwas später einwandernden Schotten. Die heftigen Kämpfe zwischen Franzosen und Engländern endeten erst 1713, als die ganze Region den Briten zugesprochen wurde. Die Schotten begannen im Zusammenhalt ganzer Clans das Leben in der neuen Heimat und bemühten sich sehr, ihre Kultur in reiner Form zu bewahren. *Schottische Traditionen*

John Cabot

info

Giovanni Caboto wurde 1450 in Genua geboren. 1461 verließ er seine Heimatstadt und ging nach Venedig. Als Angestellter einer venezianischen Handelsfirma führte er mehrere Reisen im östlichen Mittelmeer durch und besuchte Mekka, das zu jener Zeit ein wichtiges Handelszentrum war. Er verbesserte im Laufe der Zeit seine Navigationskenntnisse immer mehr und erkannte, unabhängig von Columbus, dass Asien auf Fahrten nach Westen erreichbar sein müsse.

1484 zog er mit seiner Familie nach London, 1894 erhielten er und seine Söhne von dem englischen König Heinrich VII. die Vollmacht für eine Reise mit dem Ziel, unbekanntes Land für England zu entdecken, dieses zu kolonisieren und Handel mit diesen Kolonien zu treiben. 1496 brach Cabot von Bristol aus mit einem Schiff auf, musste aber bald wegen Nahrungsmangels, schlechten Wetters und Streitigkeiten mit der Mannschaft umkehren. Im Mai 1497 setzte Cabot mit dem kleinen Schiff „Mathew" und einer nur 18-köpfigen Besatzung ein zweites Mal Segel; sechs Wochen später ging er an Land, jedoch ist ungeklärt, ob er im südlichen Labrador, auf Newfoundland oder auf Cape Breton Island landete, wobei er vermutete, die Nordostküste von Asien erreicht zu haben.

Obwohl er an Land Hinweise auf Bewohner fand, sah er keine Menschen; er hisste die englische und die venezianische Fahne und nahm das Gebiet für England in Anspruch. Er erforschte das Küstengebiet und kehrte im August desselben

Jahres nach Bristol zurück. Dem König berichtete er von dem fruchtbaren Boden des Landes, dem angenehmen Klima und dem großen Fischreichtum.

1498 erhielt er die Erlaubnis für eine zweite Expedition, zu der er mit fünf Schiffen und zweihundert Mann aufbrach. Auf dieser Reise erforschte Cabot die Ost- und Westküste von Grönland sowie Baffin Bay, Labrador und Newfoundland. Große Versorgungsprobleme zwangen ihn jedoch zur Rückkehr nach England. Die Berichte über sein Lebensende sind widersprüchlich; es ist ungeklärt, ob Cabot mit seinen Schiffen auf See verloren ging oder ob er England erreichte und dort kurz nach seiner Ankunft starb.

Durch seine Reisen legte Cabot den Grundstein für den Anspruch Englands auf Kanada. Seinen Namen trägt auch der 97 km lange Kanal, Cabot Strait, zwischen Cape Breton und dem Südwesten Newfoundlands. Dieser Schifffahrtsweg verbindet den St.-Lorenz-Golf mit dem Atlantischen Ozean.

Baddeck

Baddeck liegt eingebettet in eine schöne Landschaft am Ufer des Bras d'Or Lake und zählt schon lange zu den beliebtesten Ferienorten im Osten Kanadas, wie die schönen, im 19. Jh. gebauten Sommerhäuser zeigen. Der Ort, der sich gut als Ausgangspunkt für die Rundfahrt über den Cabot Trail eignet, verfügt über gute Hotels und Restaurants, zwei interessante Museen, eine Bibliothek und bietet viel Abwechslung. Mittelpunkt des Ortes ist die „Government Wharf", wo Fischer- und Segelboote, große und kleine Yachten anlegen und im Sommer regelmäßig Regatten beginnen. Der Badestrand von Kidston Island ist besonders beliebt; im Sommer gibt es einen kostenlosen Bootsshuttle hinüber.

Außerhalb des Ortes, am Bras d'Or Lake, gibt es Gelegenheit zum Wandern, Angeln, Kanufahren und Segeln; ausgezeichnete Golfplätze ziehen die Liebhaber dieses Sports an.

Interessantes   Die große Attraktion von Baddeck ist **Alexander Graham Bell National Historic**
Museum   **Site** mit der größten Sammlung von Fotos, Erinnerungsstücken, Versuchsobjekten und Modellen aus dem Leben des vielseitigen Forschers und Erfinders. Das Museum liegt am Ostende des Ortes auf einem 10 ha großen Gelände, das an den Bras d'Or Lake angrenzt.

Das Museum ist in drei Bereiche mit jeweils eigenem Themenkomplex gegliedert; zunächst wird Alexander Bell als Mensch, Lehrer und Erfinder dargestellt; ein Videofilm informiert über die Entstehungsgeschichte des Telefons. In der Experimentierhalle verdeutlichen Ausstellungen, Rekonstruktionen, Modelle und Demonstrationen die vielseitige Forschungsarbeit von Bell. In der Hydrofoil-Halle wird die Entwicklung des Tragflügelbootes anschaulich dargestellt, u. a. durch einen 10-minütigen Videofilm. Das Museum bietet im Juli und August tagsüber sehr interessante, auf spielerische Art lehrreiche Veranstaltungen für Kinder an; abends werden Filme über das Leben Bells und über die Geschichte und die Natur Cape Bretons vorgeführt. Von der Dachterrasse des Museums haben Sie einen schönen Blick auf die Bucht von Baddeck und auf das Sommerhaus von Alexander Graham Bell.
Alexander Graham Bell National Historic Site, *559 Chebucto St.,* ☏ *902-295-2069, www.pc.gc.ca, geöffnet Mitte Mai–Okt. tgl. 9–17 Uhr. Eintritt Erwachsene $ 8, Senioren $ 7, Kinder 6–16 J. $ 4, Familienkarte $ 20.*

Alexander Graham Bell

info

Alexander Graham Bell wurde 1847 in Edinburgh geboren. Da sowohl sein Großvater als auch sein Vater Sprachlehrer und erfolgreiche Autoren eines weit verbreiteten Lehrbuches waren, wurden auch Alexander Bell und seine beiden Brüder als Taubstummenlehrer ausgebildet. Nachdem die Brüder an Tuberkulose gestorben waren und Alexander sich ebenfalls infiziert hatte, wanderte er mit seinen Eltern 1870 nach Kanada aus. Bald besserte sich sein Gesundheitszustand; er lehrte und demonstrierte das von seinem Vater entwickelte Verfahren, Taube sprechen zu lehren; 1872 eröffnete er eine eigene Schule in Boston für Taubstummenlehrer und wurde 1873 Professor für Stimmphysiologie an der Universität Boston.

Bell beschäftigte sich außerdem sehr intensiv mit der Umwandlung von Schallschwingungen in elektrische Strom- oder Spannungsschwingungen, die dann durch elektrische Leitungen übertragen und anschließend wieder in Schallschwingungen rückverwandelt werden können. Nächtelang arbeitete er mit dem jungen Techniker Thomas Watson zusammen, finanzielle Unterstützung erhielt er von den Vätern zweier ehemaliger Studenten, bis er 1875 das erste brauchbare Telefon entwickelte, das 1876 patentiert wurde. 1877 wurde die Bell Telephone Company gegründet, deren Einnahmen Bell zu beachtlichem Wohlstand verhalfen.

Alexander Graham Bell

1877 heiratete Bell seine ehemalige Schülerin Mabel Hubbard. Einige Jahre später zog er nach Washington um und nahm 1882 die amerikanische Staatsbürgerschaft an. Bell finanzierte die Forschungsprojekte anderer und setzte selbst seine vielseitigen Forschungen und Studien fort; er arbeitete an der Entwicklung der Photozelle und der „eisernen Lunge", an Verfahren zur Meerwasserentsalzung und zur Aufzucht einer besonderen Schafsrasse und an der Konstruktion von Doppeldeckern und Tragflügelbooten. 1885 erwarb Bell Landbesitz in Baddeck auf Cape Breton; in ei-

info

ner Landschaft, die ihn an seine Kindheit in Schottland erinnerte, baute er ein Sommerhaus, das er „Beinn Bhreagh" („Schöner Berg") nannte. Er richtete sich in diesem Haus Forschungslabors ein und verbrachte 37 Jahre lang in Baddeck die Sommermonate. 1898 wurde er Nachfolger seines Schwiegervaters als Präsident der National Geographic Society. Mithilfe seines zukünftigen Schwiegersohnes entwickelte er das Konzept eines Journals, das dem Leser Länderkundliches aus aller Welt vermittelte.

Alexander Graham Bell meldete auf seinen Namen 18 Patente an, zwölf weitere teilte er sich mit seinen Mitarbeitern. Er war bis zu seinem Lebensende sehr aktiv, wie die regelmäßigen Eintragungen in seine Tagebücher zeigen, die er bis wenige Tage vor seinem Tod im Jahre 1922 in Baddeck führte.

Reisepraktische Informationen zu Baddeck

Information
Visitor Information Centre, *454 Chebucto Rd.*, ☏ *902-295-1911, www.visit baddeck.com, geöffnet Juni/Sept./Okt. 10–16, Juli/Aug. 10–18 Uhr.*

Unterkunft
$$$ **Ceilidh Country Lodge**, *368 Shore Rd.*, ☏ *1-800-565-5660, http://cape bretonresorts.com/our-resorts/ceilidh-lodge, das Motel mit 54 Zimmern liegt etwas entfernt vom Highway in einer schönen Gartenanlage; einige Zimmer haben einen schönen Blick auf den See. Mai–Okt. geöffnet.*
$$$ **Inverary Inn Resort**, *368 Shore Rd.*, ☏ *902-295-3500 oder 1-800-565-5660, http://capebretonresorts.com/our-resorts/inverary-resort, am Hwy 205, Resorthotel auf großem Gelände am Bras d' Or Lake, Haupthaus und Cottages, Swimmingpools, Sauna, Whirlpool, Kanus und Paddelboote, 3 Tennisplätze, Spielplatz, Fahrradverleih.*
$$$–$$$$ **Auberge Gisele's Country Inn**, *387 Shore Rd.*, ☏ *902-295-2849 oder 1-800-304-0466, www.giseles.com, gepflegtes Landhaus in Familienbesitz mit 78 Zimmern, von denen 43 im neuen Gebäude untergebracht sind. Die Zimmer sind ansprechend eingerichtet, haben teilweise schönen Seeblick, großer Garten, Aufzug, Sauna, Whirlpool und ausgezeichnetes Restaurant.*
$$$–$$$$ **Silver Dart Lodge**, *257 Shore Rd.*, ☏ *902-295-2340 oder 1-800-565-8439, www.maritimeinns.com, am Hwy 205, Motel mit 90 Zimmern und zwölf Cottages in Hanglage, Blick auf den Bras d'Or Lake, Swimmingpool, Spielplatz, Boot- und Fahrradverleih, gutes hauseigenes Restaurant* **McCurdy's** *(s. u.).*
$$$$ **MacNeil House**, *257 Shore Rd.*, ☏ *902-295-2340 oder 1-800-565-8439, www. maritimeinns.com, ansprechend eingerichtete Zimmer, Aufenthaltsraum mit Kamin, Boot- und Fahrradverleih, Swimmingpool, Restaurant mit schottischer Livemusik.*

Restaurants
Bell Buoy Restaurant, *536 Chebucto St.*, ☏ *902-295-2581, in schöner Umgebung, mit Blick auf den Hafen von Baddeck, können Sie vor allem Fisch und Meeresfrüchte genießen.*
McCurdy's Restaurant, *257 Shore Rd., im Hotel Silver Dart Lodge*, ☏ *902-295-2340, Restaurant mit schottischen Spezialitäten und frischen Fischgerichten, die Sie bei schottischer Musik und dem schönen Blick auf den Bras d'Or Lake genießen können, mittlere Preiskategorie.*

Baddeck am Bras d'Or Lake

Baddeck Lobster Suppers, *17 Ross St., ☎ 902-295-3307, frische Muscheln und Hummer. Seafood Chowder und Fischsuppe, dazu selbst gebackenes Brot, alles in schlichter Umgebung, aber mit freundlicher Bedienung, preiswert.*
Yellow Cello Café, *525 Chebucto St., ☎ 902-295-2303, beliebter Treffpunkt mit einer großen Auswahl an Pizza, Pasta und Seafood, Hauptgericht ab $ 8.*
Highwheeler Cafe, *484 Chebucto St., ☎ 902-295-3006, Bäckerei, Deli und nettes Café in einem, hier kann man gut frühstücken, einen vegetarischen Lunch zu sich nehmen (Suppen, Sandwiches, Salate) oder ganz klassisch Kaffee trinken. Geöffnet Di–So 7-18 Uhr.*
McCurdy's Dining Room, *in der Silver Dart Lodge (s. o.), hier gibt es zum Dinner gutes Seafood, aber auch Burger und Fleischgerichte, zum Abschluss empfiehlt sich eine der Kaffeespezialitäten mit Schuss. Schöne Aussicht von den Fensterplätzen.*

🚤 Bootstouren
Von Baddeck aus können Sie in den Sommermonaten an zwei- bis dreistündigen Rundfahrten über den See an Bord eines Segelschiffes teilnehmen oder mit einem Fischerboot zum Fischen oder zur Vogelbeobachtung hinaus fahren.
Bird Island Tours, *1672 Old Route 5, ☎ 1-800-661-6680, www.birdisland.net, Ausflugsfahrten zur Vogelbeobachtung tgl. von Mai–Sept., Erwachsene $ 45, Kinder von 7–12 J. $ 19.*
Bannockburn Cabot Trail Tours, *☎ 902-295-3310 oder 1-888-577-4747, www.bannockburntours.com, achtstündige Ausflugsfahrten über den Cabot Trail zum Cape Breton Highlands National Park, Abfahrten tgl. von Mitte Mai–Ende Okt., Abholung bei der jeweiligen Unterkunft, Preis Erwachsene $ 95, Kinder bis 16 J. $ 85.*

Von Baddeck nach Chéticamp

Der Cabot Trail führt über Mountain Hunters zum **Margaree Valley**, das vom **Margaree River** durchflossen wird. Der Margaree River ist vor allem bei Anglern sehr beliebt; die besten Monate zum Lachs- und Forellenfischen sind hier August und September.

In **North East Margaree** können Sie sich im sympathisch-altmodischen **Margaree Salmon Museum**, das in einem alten Schulhaus eingerichtet wurde, über den Lachsfang informieren.
Margaree Salmon Museum, 60 East Big Intervale Rd., ☏ 902- 248-2848, http://marga reens.com/margaree_salmon.html, geöffnet Mitte Juni–Mitte Okt. tgl. 9–17 Uhr, Eintritt Erwachsene $ 2, Kinder unter 12 J. $ 1.

Reisepraktische Informationen zum Margaree Valley

Unterkunft

$$ Duck Cove Inn Motel, *10289 Cabot Trail, Margaree Harbour, ☏ 902-235-2658 oder 1-800-565-9993, www.duckcoveinn.com, Motel in schöner Lage auf einem Hügel mit 24 Zimmern, teilweise mit Balkon, schöner Blick auf den Margaree River, Bootsverleih. Juni–Okt. geöffnet.*

$$ Margaree Riverview Inn, *21045 Route 19, Margaree Forks, ☏ 902-248-2948 oder 1-888-493-5151, www.margareeriverviewinn.com, schön und ruhig gelegenes Motel mit 31 Zimmern in vier ebenerdigen Gebäuden, Restaurant, mit Blick auf den Margaree River, Fahrrad- und Bootsverleih. Mitte Mai–Mitte Okt. geöffnet.*

$$$ Salmon Pool Inn, *9378 Cabot Trail, Margarie Harbour, ☏ 902-235-2737, www.sal monpoolinn.com, die ruhig gelegene Lodge in Flussnähe ist besonders bei Anglern beliebt. Fünf rustikale, saubere Zimmer, drei davon mit eigenem Bad, sowie ein Cottage (Mindestaufenthalt: fünf Tage) für Selbstversorger.*

$$$ Normaway Inn, *Egypt Rd., Margaree Valley, ☏ 902-248-2987 oder 1-800-565-9463, www.normaway.com, historisches Inn aus dem Jahr 1920 mit neun komfortablen Zimmern und 19 Cottages, meist mit Kamin, Restaurant, Abendunterhaltung, Tennisplatz, Wanderwege, Rasenspiele, Fahrradverleih, organisierte Touren; ausgezeichnetes Restaurant.*

Chéticamp

Chéticamp ist ein kleiner Ort, dessen Einwohner von Landwirtschaft, Fischfang, Fremdenverkehr und „Rug Hooking" leben. Die meisten Bewohner sind Nachfahren jener Akadier, die von den Briten aus Zentral-Nova Scotia vertrieben wurden. Straßenschilder, Auslagen in den Geschäften und Speisekarten in den Restaurants sind häufig in französischer Sprache abgefasst; im Informationscenter begrüßt man Sie freundlich mit „Bonjour". Da der Ort am westlichen Eingang des Cape Breton Highlands National Park liegt, bietet sich Chéticamp als Übernachtungsort an; von hier aus kann man am nächsten Morgen früh zur Fahrt in den Park aufbrechen oder bei längerem Aufenthalt zu Tagesausflügen starten. Der Ort, der an einem besonders schönen Abschnitt des Cabot Trail liegt, hat sich mit Hotels, Restaurants und Geschäften auf die steigende Besucherzahl eingestellt.

Eingang zum Cape Breton Highlands National Park

Die **St. Peter's Church** wurde 1893 aus Stein gebaut. Das Baumaterial wurde von der vorgelagerten Insel nach Chéticamp mit Schlitten herübergeschafft, die von Pferden über den zugefrorenen Hafen gezogen wurden.

Einen Besuch lohnt die **Dr. Elizabeth LeFort Gallery** in dem unter dem Namen „Les Trois Pignons" bekannten Gebäude. Sie sehen Arbeiten der aus Chéticamp stammenden Künstlerin Elizabeth LeFort, die mehr als 300 Wandteppiche hergestellt hat, von denen einige sogar im Vatikan, im Weißen Haus in Washington und im Buckingham Palast hängen. **Dr. Elizabeth LeFort Gallery**, *15584 Main St.,* ☏ *902-224-2642, http://lestroispignons.com, geöffnet Mitte Mai–Mitte Okt. 8.30–17, Juli/Aug. bis 18.30 Uhr, Erwachsene $ 3.50, Senioren $ 3, Kinder unter 12 J. frei.*

In Chéticamp lohnt es sich, mit den Fischern zu einer Walbeobachtungsfahrt aufzubrechen; die Chance, Pilot-, Finn- oder sogar Blauwale beobachten zu können, ist hier recht hoch. Vogelfreunde können auf diesen Fahrten Adler beobachten. Da auf den kleinen Booten nur 15–20 Passagiere mitfahren können, ist eine rechtzeitige Voranmeldung empfehlenswert.   *Walbeobachtungsfahrten*

Reisepraktische Informationen zu Chéticamp

ℹ️ Information
Visitor Information Centre, *15584 Cabot Trail,* ☏ *902-224-2642, www.cheticamp.ca, geöffnet Mai/Juni/Sept./Okt. 9–17, Juli/Aug. 9–19 Uhr.*

🛏️ Unterkunft
$$ Cornerstone Motel, *am Cabot Trail,* ☏ *902-224-3232 oder 1-844-224-3232, http://cornerstonemotel.com, einfaches Motel auf großem Gelände mit 17 Zimmern, umgeben von Bäumen, mit schönem Blick auf den vorbeifließenden Chéticamp River, Restaurant. Geöffnet Mai–Mitte Okt.*
$$–$$$ L'Auberge Doucet Inn, *14758 Cabot Trail, 1 km südlich von Chéticamp,* ☏ *902-224-3438 oder 1-800-646-8668, www.aubergedoucetinn.com, geöffnet Mai–Ende Okt., das gemütliche Gasthaus verfügt über 13 moderne Zimmer, beim ausgiebigen Frühstück können die Gäste den schönen Blick auf Chéticamp Island genießen.*
$$$ Laurie's Motor Inn, *15456 Cabot Trail,* ☏ *902-224-2400 oder 1-800-959-4253, www.lauries.com, zentral und doch ruhig gelegenes Motel mit 53 geräumigen Zimmern, gutes Seafood-Restaurant, Fahrradverleih.*

🍴 Restaurants
Le Gabriel Restaurant, *15424 Main St.,* ☏ *902-224-3685, akadische Spezialitäten, gute Fisch- und Seafoodgerichte, traditionelle Unterhaltungsmusik, Di Square Dancing, Hauptgerichte ab $ 14.*
Harbour Restaurant, *15299 Cabot Trail,* ☏ *902-224-1144, hier können Sie die traditionelle akadisch-französische Küche genießen. Hauptgerichte ab $ 15, den schönen Blick auf den Hafen gibt es gratis dazu.*

🚢 Bootsfahrten/Ausflüge
Im kleinen Hafen starten von Mai bis Sept. 2–3-mal tgl. die Boote der verschiedenen Anbieter zur 2–3-stündigen Fahrt. Während der Fahrt informiert der Kapitän über Arten, Vorkommen und Verhaltensweisen der Wale.
Captain Zodiac Whale Cruise, ☏ *1-877-232-2522, www.novascotiawhales.com, zweistündige Walbeobachtungsfahrten mit Gelegenheit zum Schnorcheln, Fahrpreis Erwachsene $ 59, Kinder $ 39.*
Love Boat Whale Crusies, ☏ *902-224-2899 oder 1-877-880-2899, www.loveboatwhalecruises.ca, von Juni-Mitte Okt. mehrfach tgl. Walbeobachtungsfahrten (2-2, 5 Std.).*
Whale Cruisers, ☏ *902-224-3376, drei 3-stündige Ausfahrten tgl. von Juni–Sept.*

Cape Breton Highlands National Park of Canada

Im Cape Breton Highlands National Park

Der Park, der sich an der rauen, nördlichen Spitze von Cape Breton zwischen dem St.-Lorenz-Golf und dem Atlantischen Ozean erstreckt, wurde 1936 der erste Nationalpark in den Atlantikprovinzen. Der Cabot Trail umrundet an drei Seiten das ca. 950 km² große Gebiet; im nördlichen und östlichen Streckenabschnitt des Cabot Trail liegen kleine Ortschaften, in denen Sie Unterkunft, Restaurants, Geschäfte und Golf- und Tennisplätze finden.

Der Cape Breton Highlands Nationalpark zeigt eine einzigartige Vielfalt der Landschaftsformen: großartige Hochlandplateaus mit windumtosten Felsen, sanfte Täler, tiefe Schluchten, rauschende Wasserfälle, feinsandige Buchten und weit überhängende Klippen.

Großartige Naturerlebnisse   Sie können Wale und Seehunde, Adler und Seevögel, Elche und Biber beobachten, Wanderungen ins menschenleere Hochland unternehmen und bei den Menschen in den kleinen Siedlungen unverfälschte und unverwechselbare akadische, schottische oder irische Musik und Tänze kennenlernen.

Reisepraktische Information zum Cape Breton NP

ℹ Information

Eingänge *zum Nationalpark befinden sich an der Westseite der Insel nördlich von Chéticamp und an der Ostseite in Ingonish Beach. Der Park ist während des ganzen Jahres für Besucher zugänglich. Die* **Informationszentren**, ☎ *902-224-2306 oder 1-888-773-8888, www. pc.gc.ca, geöffnet Mitte Mai–Mitte Okt., geöffnet tgl. 9–17 Uhr, Juli/Aug. 8.30–19 Uhr.*
Für die **Durchfahrt** *müssen Sie ein Tagesticket kaufen, das zugleich zur Nutzung der sanitären Einrichtungen und zur Teilnahme an allen Veranstaltungen berechtigt; zusätzliche Tickets brauchen Sie für Camping, Fischen und mehrtägige Wanderungen.*
Der **Eintritt** *gilt für den ganzen Park mit allen Aussichtsplätzen, Wanderwegen, Badeständen und Picknickplätzen. Tagespass Erwachsene $ 8, Senioren $ 7, Kinder 6–16 J. $ 4, Familienkarte $ 20.*

📖 Bücher

In den beiden Informationszentren finden Sie in den **Nature Bookstores** *eine sehr gute Auswahl an Informationsschriften, Sachbüchern und Bildbänden.*

👉 Tipp

Für die 106 km lange Strecke zwischen Chéticamp und Ingonish brauchen Sie an reiner Fahrzeit ca. 2 Std. Wenn Sie unterwegs nicht übernachten möchten, sollten Sie für die Fahrt mit kurzen Unterbrechungen an den Aus-

sichtspunkten, kleinen Spaziergängen und Abstechern zu besonders reizvollen Stellen 6–8 Std. Zeit einplanen. Dabei empfiehlt es sich, von Chéticamp möglichst frühzeitig loszufahren, da während der Sommermonate viel Ausflugsverkehr auf dem Cabot Trail herrscht.

Telefone

Öffentliche Telefone finden Sie in den beiden Informationszentren, an den Campingplätzen, bei den beiden Parkstationen Grande Anse und Big Intervale; Notrufsäulen gibt es entlang des Cabot Trail.

Toiletten

Überall im Park gibt es Toiletten und Waschräume; am Lone Shieling Trail ist von Mitte Mai–Mitte Okt. ein Duschraum geöffnet.

Camping

Es gibt sechs Campingplätze, die von Mitte Mai–Mitte Okt. geöffnet sind und mit Waschräumen, Duschen, Feuerstellen und Wasser ausgestattet sind. Jedoch können Sie dort keine Lebensmittel und kein Holz kaufen. Reservierungen sind nur für Gruppen und Rollstuhlfahrer möglich.

Wandern

Im Park gibt es 26 Wanderwege unterschiedlicher Länge. Detaillierte Angaben über Länge und Dauer gibt die Broschüre „Walking in the Highlands", die Sie in den Informationszentren erhalten. Um die Vegetation zu schützen, sollten Sie auf den eingerichteten Wegen bleiben. Für mehrtägige Wanderungen müssen Sie sich im Informationszentrum anmelden und eine Berechtigungskarte kaufen. Aktuelle Informationen, Ratschläge für die Ausrüstung und Auskünfte über Bären erhalten Sie ebenfalls im Informationszentrum. Besonders geeignete Ausgangspunkte für längere Wanderungen sind Fishing Cove und Lake of Islands.

Fahrradfahren

Im Chéticamp-Informationszentrum können Sie Mountain Bikes für Touren innerhalb des Parks mieten. Mehrtägige Radtouren müssen sorgfältig vorbereitet werden. Da das Gebiet des Nationalparks vom Meeresspiegel bis auf 450 m Höhe steil ansteigt und durch Berg- und Talführung der Straße immer wieder große Höhenunterschiede bewältigt werden müssen, ist die Fahrt sehr anstrengend und nur für trainierte und sehr gut ausgerüstete Fahrer geeignet. Für diese allerdings ist der Cape Breton National Park als Teilstück des Cabot Trail ein Traumziel.

Schwimmen

Gute Bademöglichkeiten finden Sie in La Bloc an der Westküste, in Ingonish, North Bay, Black Brook und Warren Lake an der Ostseite.

Fischen

In den Informationszentren und an den Campingplätzen erhalten Sie zusammen mit den Lizenzen für den Forellen- und Lachsfang die allgemeinen Vorschriften für den Park.

Golf

Innerhalb des Nationalparks liegt der 18-Loch-Golfplatz Highland Links.

Wintersport

Von Jan.–Anfang April können Sie mit guten Schneeverhältnissen rechnen. Möglich sind Langlauf, auch auf gebahnten Loipen, Abfahrtsski am Cape Smokey und Schlittenfahrten.

Von Chéticamp nach Sydney

Von Chéticamp bis Pleasant Bay führt der Cabot Trail in vielen Kurven bergauf und bergab und rechtfertigt eindrucksvoll den Namen „Achterbahn mit Brandung". Umrundet man den Norden der Insel findet man in den kleinen Ortschaften Pleasant Bay, Cape North, Dingwall, Ingonish, Breton Cove, Indian Brook, Tarbotvale und St. Ann's ausreichend ansprechende Hotels, Motels, Bed&Breakfast-Häuser und gute Restaurants, die vor allem wegen ihrer hervorragenden Fischgerichte bekannt sind. Entlang der Straße weisen Schilder auf Zinngießer, Glasbläser oder Korbmacher hin, deren Arbeiten in den Dörfern verkauft werden. An der Strecke gibt es viele schöne Strände und Buchten, wo das Meer zum Schwimmen einlädt.

Pleasant Bay liegt am Fuße des MacKenzie Mountain und ist wie Chéticamp ein guter Ausgangsort für Walbeobachtungsfahrten.

Im **Whale Interpretive Centre** erfahren Sie an lebensgroßen Modellen, in Ausstellungen und an interaktiven Stationen alles Wissenswerte über 16 verschiedene Walarten, die im Laufe der Jahre in den Gewässern rund um Cape Breton gesichtet wurden. **Whale Interpretive Centre**, *104 Harbour Rd., ☎ 902-224-1411, http://pleasantbay.ca/things-to-do/whale-interpretive-centre, geöffnet Mai–Okt. tgl. 9–17 Uhr, Eintritt Erwachsene $ 5, Senioren, Studenten und Kinder bis 17 J. $ 4, Familienkarte $ 16. In den Sommermonaten werden naturkundliche Führungen und Wal- und Vogelbeobachtungsfahrten angeboten.*

Hinter Pleasant Bay steigt der Cabot Trail zur Spitze des North Mountain auf und führt weiter zur Ortschaft **Cape North**, die nur aus wenigen Häusern besteht; im North Highlands Community Museum gibt es eine Touristeninformation.

In Cape North zweigt die Bay St. Lawrence Nord nach Norden ab und erreicht nach 10 km den **Cabot's Landing Provincial Park** an der Aspy Bay, wo eine Büste an John Cabot erinnert, der hier 1497 mit seinem Schiff „The Matthew" gelandet ist. Unterhalb

Am Lone Shieling Trail

des Denkmals liegt eine schöne Bucht mit einem 1,6 km langen roten Sandstrand und herrlichen Ausblicken auf Bergketten und dichte Wälder.

Eine Straße führt von dort nordwärts entlang der Aspy Bay bis zum kleinen Fischerhafen **Bay St. Lawrence,** wo Bootsausflüge zur Walbeobachtung angeboten werden und im Bay St. Lawrence Community Centre ein kleines Café mit selbst gebackenem Kuchen und Sandwiches zu einer Fahrtunterbrechung einlädt.

Whale Watching

Reisepraktische Informationen zu Pleasant Bay, Cape North und Bay St. Lawrence

> **Pleasant Bay**

Bootstouren
Pleasant Bay Zodiac Tours, ☎ 902-224-2174 oder 1-844-224-2101, www.cabottrail.com/PleasantBayZodiacTours, 1,5-2-stündige Schlauchbootfahrten zur Beobachtung von Walen und Delfinen, aber auch von Seevögeln und Meeresschildkröten. Abfahrten mehrfach tgl. zwischen Mitte Mai und Mitte Okt., Erwachsene $ 49, Senioren und Studenten $ 44, Kinder von 3-12 J. $ 24.
Capt Mark's Whale and Seal Cruise, Pleasant Bay, ☎ 902-224-1316 oder 1-888-754-5112, http://whaleandseacruise.com, 2,5-stündige Wal- und Seehundbeobachtungsfahrten mit einem Motorboot oder Schlauchboot von Juni–Aug., Abfahrten 3–4-mal tgl., Erwachsene $ 55, Senioren und Studenten $ 50, Kinder von 3–18 J. $ 35.

Wanderung
Kurz hinter Pleasant Bay ist der „Lone Shieling Trail" ausgeschildert, ein nur 1 km langer Weg, der zu einem Wald mit 350-jährigen Ahornbäumen führt, die vor allem im Herbst zur Zeit der Laubfärbung einen herrlichen Anblick bieten.

> **Cape North**

Unterkunft
$$ Country Haven B&B, 49 Courtney Rd., Cape North, ☎ 902-383-2369 oder 1-888-540-7575, www.countryhavenbedandbreakfast.com, gepflegtes Haus mit zwei stilvoll eingerichteten Räumen, gutem Frühstück und Kamin im Wohnraum.
$$ Four Mile Beach Inn, Cape North, ☎ 902-383-2282 (Juni–Okt.), 902-718-7366 (Nov.–Mai) oder 1-877-779-8255, www.fourmilebeachinn.com, historisches Gasthaus mit acht geräumigen Zimmern, teilweise mit Küchenzeile, und mit schönem Blick auf die Aspy Bay und die Berge, ganz in der Nähe von Cabot's Landing.

> **Bay St. Lawrence**

Ausflug
An die Nordspitze von Cape Breton Island mit Gelegenheit zur Walbeobachtung und zum Baden im Cabot's Landing Provincial Park an der Aspy Bay.
Gesamtstrecke: Hin- und Rückfahrt bis **Bay St. Lawrence** ca. 85 km, Hin- und Rückfahrt bis **Meat Cove** ca. 125 km.

Unterkunft
Einfache Übernachtungsmöglichkeiten gibt es im **Burton's Sunset Oasis Motel,** 105 Money Point Rd., ☎ 902-383-2666, www.burtonsoasismotel.ca, und auf dem **Jumping Mouse Eco-Camping,** ☎ 902-383-2914, mit zehn Zeltplätzen und einer „Wilderness cabin".

Bootstouren

Captain Cox's Whale Watch, Bay St. Lawrence, ☎ 902-383-2981 oder 1-888-346-5556, www.whalewatching-novascotia.com, Fahrten mit einem Zodiacboot zur Beobachtung von Walen, Adlern und Kormoranen, Abfahrten 2–3-mal tgl. Mitte Juni–Ende Sept., Erwachsene $ 45, Jugendliche und Kinder von 6–17 J. $ 25.

Oshan Whale Watch, 3384 Bay St. Lawrence Rd., ☎ 902-383-2883 oder 1-877-383-2883, www.oshan.ca, Walbeobachtungsfahrten mit einem erfahrenen Kapitän auf einem kleinen Fischerboot vom 1. Juli – 31. Oktober, Erwachsene $ 30, Senioren und Schüler $ 25, Kinder $ 15.

Noch weiter nach Nordwesten, 13 km von Bay St. Lawrence entfernt und auf den letzten 7 km nur über eine geschotterte Straße erreichbar, liegt in völliger Abgeschiedenheit die kleine Siedlung **Meat Cove** auf einem Steilufer an der St. Lawrence Bay mit sehr guten Möglichkeiten zur Walbeobachtung und zum Wandern. Mit Meat Cove ist die nördlichste Ortschaft von Cape Breton Island erreicht; im **Meat Cove Welcome Centre**, 2296 Meat Cove Rd., ☎ 902-383-2284, gibt es ausführliche Informationen zum Wandern und zur Walbeobachtung.

Für den Rückweg muss man dieselbe Straße bis nach Cape North zurückfahren.

Zurück in Cape North und auf dem Cabot Trail zweigt man nach knapp 3 km links auf die Dingwall Rd. und erreicht den Ort **Dingwall**. Hier werden Wal- und Robbenbeobachtungsfahrten angeboten.

Reisepraktische Informationen zu Dingwall

Unterkunft

$$$–$$$$ The Markland Coastal Beach Cottages, 802 Dingwall Rd., ☎ 1-800-872-6048, www.marklandresort.com, 5 km vom Cabot Trail entfernte, empfehlenswerte Anlage mit acht rustikalen Cottages mit einem oder zwei Schlafräumen, von Mitte Mai–Ende Okt. geöffnet, gutes Restaurant, Strand.

Boots- und Wandertouren

Eagle North Canoe and Kayak, 299 Shore Rd., ☎ 902-383-2552, www.kaya kingcapebreton.ca, geführte Kayaktouren von Juni–Sept. zur Wal- und Vogelbeobachtung, Fahrpreis p. P.: Halbtagstour $ 65.

Cabot Trail Adventures, 299 Shore Rd., ☎ 902-383-2552, www.cabottrailoutdoorad ventures.com, breites Angebot an geführten Wander- und Fahrradtouren, an Kanutouren und Walbeobachtungsfahrten mit Schlauchboot oder Motorboot.

Der Cabot Trail führt weiter über die „Highlands", durchquert von **South Harbour** bis **Neils Harbour** dicht bewaldetes Gebiet und folgt dann der buchtenreichen Küste am Atlantik mit kleinen Sandstränden, Wanderwegen und vielen Aussichtspunkten. Von hier aus lohnt ein Abstecher zu den gleißenden Wasserfällen **Mary Ann Falls** oder eine kurze Wanderung zur Spitze des **Broad Cove Mountain**.

Restaurants

Chowder House, 90 Lighthouse Rd., Neil's Harbour, kleines Restaurant neben dem Leuchtturm mit schönem Blick auf den Atlantischen Ozean, das vor allem für seine Fischsuppen, Seafood Chowder und für die „Lobster Suppers" bekannt ist.

Die Umgebung von **Ingonish** ist als Feriengebiet sehr beliebt. Die kleinen Orte **Ingonish Centre**, **Ingonish Beach**, **South Ingonish Harbour** und **Ingonish Ferry** liegen an der North Bay und South Bay, zwischen denen die malerische Halbinsel Middle Head in den Atlantischen Ozean ragt. Auch hier werden Fahrten zur Wal-, Delfin- und Seehundbeobachtung angeboten. Am Hotel Keltic Lodge beginnt eine ca. 1–1,5-stündige Wanderung zur Spitze von Middle Head mit herrlichen Ausblicken auf den Ozean und guten Möglichkeiten zur Beobachtung von Seevögeln.

Beliebte Ferienorte

Reisepraktische Informationen zu Ingonish

Unterkunft

$$$ Ingonish Chalets, *36784 Cabot Trail, Ingonish Beach,* ☎ *902-285-2008 oder 1-888-505-0552, www.ingonishchalets.com, Motel mit fünf Zimmern und drei rustikalen Cottages, Kinderspielplatz, Wanderwege direkt vom Haus aus.*

$$$$ Lantern Hill & Hollow, *36845 Cabot Trail, Ingonish Beach,* ☎ *902-285-2010 oder 1-888-663-0225, http://lanternhillandhollow.com, schöne Ferienanlage mit gepflegtem Wohnraum, zwei stilvoll eingerichteten Zimmern im Haupthaus und sechs freundlichen Cottages für vier Personen, leichter Zugang zum Strand, Selbstversorgung.*

$$$$$ Keltic Lodge, *Ingonish Beach,* ☎ *902-285-2880 oder 1-800-565-0444, http://keltic lodge.ca, das Resort Hotel im Landhausstil, eines der besten Hotels von Cape Breton, liegt zauberhaft auf der Halbinsel Middle Head; im Haupthaus sind 32 Zimmer, in dem White Birch Inn 40 Räume, außerdem gibt es 9 gut ausgestattete Cottages, ein gutes Sport- und Unterhaltungsprogramm, in der Nähe liegt der „Cape Breton Highland Links", einer der besten Golfplätze Kanadas.*

Bootstouren

Ingonish Whale Watching Tours, *103 Harbour Dr.,* ☎ *902-285-1053, www. ingonishwhalewatching.canic.ws, 2-stündige Fahrten mit einem Fischerboot zur Wal- und Vogelbeobachtung und zum Hummerfang von Juni–Ende Okt., 2–3-mal tgl., Fahrpreis: Erwachsene $ 35, Senioren $ 30, Kinder von 5–12 J. $ 17.50.*

Keltic Express Zodiac Adventures (**KEZA**), *101 Wharf Rd.,* ☎ *1-888-688-2424, www.capebretonwhalewatching.com, von Mai–Okt. 4-mal tgl. 2-stündige Fahrten, Fahrpreis: Erwachsene $ 49, Kinder unter 10 J. die Hälfte.*

Am Cape Smokey Trail

Hinter Ingonish Beach verlassen Sie den Cape Breton Highlands National Park. Von Ingonish Ferry klettert der Cabot Trail das Vorgebirge von **Cape Smokey** hinauf. Dichte Nebelschleier, die die Spitze oft überziehen, gaben dem Berg seinen Namen. Auf der Spitze liegt der **Cape Smokey Provincial Park**, von Mitte Mai–Mitte Oktober geöffnet, der sehr schöne Ausblicke auf die Berge und das Meer bietet; mit dem Fernglas können Sie häufig sogar Wale beobachten. Der Park ist Ausgangspunkt für den 11 km langen **Cape Smokey Rundwanderweg**, der zu einem Aussichtspunkt an der Spitze des Kaps führt.

Der Cabot Trail führt weiter vorbei an Weilern und geduckten Bauernhäusern, zieht sich dann an der nun rauen Küste bis **Indian Brook** hin. Die von hier aus durchgeführten Bootsausflüge zu den **Bird Islands** bieten gute Möglichkeiten zur Vogelbeobachtung, z. B. von Adlern, Kormoranen und anderen Seevögeln.

Bootstouren

Bird Island Boat Tours, *1672 Old Route 5*, ☎ *1-800-661-6680, knapp 3-stündige Bootsfahrten von Mitte Mai–Mitte Sept. 2–3-mal tgl.*

Hinter Indian Brook verlässt der Cabot Trail die Küste, wendet sich ins Hügelland um **North River Bridge** und führt über **St. Ann's** nach **South Gut St. Ann's**, das von schottischen Siedlern gegründet wurde. Hier erinnern die aufgestellten Straßenschilder, dass das schottische Erbe noch heute lebendig ist.

Gälische Kultur

Besondere Anziehungskraft in South Gut St. Ann's hat das **Gaelic College of Celtic Arts and Culture**, das einzige gälische College in Nordamerika. Hier werden während der Sommermonate sechs- bis achtwöchige Gälisch-Sprachkurse abgehalten; außerdem gibt es zahlreiche Veranstaltungen über gälische Musik, Tanzformen des schottischen Hochlandes, Stepptänze von Cape Breton und über die Geschichte der einzelnen Clans; Anleitungen zum Spiel auf dem Dudelsack, zum Fiedeln und Trommeln, und zum Weben der Clan- und Familientartans stehen ebenfalls auf dem Programm. Die „**Große Halle der Clans**" ist Schottland gewidmet. An den Außenwänden ist die schottische Geschichte von den Anfängen bis zur Gegenwart dargestellt; zwölf Szenen mit Figuren in traditioneller schottischer Kleidung stellen die Clans dar, die zuerst in dieser Gegend siedelten. **Gaelic College of Celtic Arts and Culture**, *51779 Cabot Trail*, ☎ *902-295-3441, www.gaeliccollege.edu*, **Great Hall of the Clans Museum**, *geöffnet Mitte Mai–Mitte Okt. Mo–Fr 9–17 Uhr, Eintritt Erwachsene $ 8, Kinder unter 12 J. $ 6, Familienkarte $ 20.*

Reisepraktische Infos zu St. Ann's und Umgebung

Restaurants

The Lobster Galley, *St. Ann's, beliebtes Fischrestaurant mit schönem Blick auf die Bay, Spezialitäten sind Fischgerichte, Jakobsmuscheln und vegetarische Speisen, mittlere Preiskategorie.*

Fest

Anfang Aug. findet das viertägige „Gaelic Mod"-Fest mit Musikwettbewerben, Konzerten und Tänzen statt. Außerdem können Sie beim Scheren der Schafe, beim Spinnen, Färben und Weben zuschauen und der Dudelsack-, Geigen- und Trommelmusik lauschen.

Wenn Sie Ihre Rundfahrt auf Cape Breton Island fortsetzen möchten, können Sie von St. Gut St. Ann's auf dem Hwy 105 weiterfahren bis North Sydney, wo die Fährschiffe nach Newfoundland abfahren, und von North Sydney auf dem Hwy 125 weiter bis Sydney oder eine Rundfahrt um den Bras d'Or Lake machen – s. S. 555.

Streckenhinweis

Von South Gut St. Ann's können Sie nach Baddeck zurückfahren; damit endet nach ca. 300 km die Rundfahrt über den Cabot Trail.

Vom Hwy 105 zweigt eine Straße nach **Boularderie Island** ab; die schmale, lang gezogene Insel ist von Cape Breton Island durch den St. Andrew's Channel und den St. Patrick's Channel getrennt. Durch diese beiden Kanäle ist der Bras d'Or Lake mit dem Atlantischen Ozean verbunden. Im Nordteil von Boularderie Island liegt die kleine Ortschaft **Big Bras d'Or**, der Ausgangsort für 2,5-stündige Ausflüge zu den **Bird Islands**. Die beiden Inseln Hertford und Ciboux sind besonders im Juni und Juli gut zur Tierbeobachtung geeignet, denn hier leben nicht nur viele verschiedene Seevögel und die größte Kolonie von Kormoranen in Nordamerika, sondern auch mehrere Robbenarten.

Ausflug zu den Bird Islands

Sydney, Louisbourg und der Marconi Trail

Sydney und Umgebung

Die 1785 gegründete Stadt **Sydney** ist mit ca. 32.000 Einwohnern die größte Stadt auf Cape Breton und die drittgrößte Stadt in Nova Scotia. Nach der Schließung der großen Stahl- und Kohlenbergwerke wurden neue Arbeitsplätze vor allem in den Bereichen Energie und Umwelt und im Fremdenverkehr geschaffen. Dazu trägt auch die neu gebaute Hafenanlage bei, an deren Pier jährlich 60 große Passagierschiffe anlegen.

Sydney ist eine Verwaltungs- und Universitätsstadt mit ausgedehnten Parkanlagen, vielseitigen Sportzentren, zahlreichen Picknickplätzen, viel besuchten Yachthäfen, schönen Badestränden, historischen Gebäuden und interessanten Sehenswürdigkeiten.

Redaktionstipps

> Besuchen Sie das **Fortress of Louisbourg**, die eindrucksvolle Rekonstruktion einer befestigten französischen Stadt des 18. Jh. (S. 551)
> **Marconi National Historic Site** zeigt, wie es gelang, die erste drahtlose Botschaft von Amerika nach Europa zu senden (S. 549)
> Das moderne **Cape Breton Miners' Museum** gehört zu den größten Bergwerksmuseen Nordamerikas (S. 549)

In zwei historischen Häusern wurden Museen eingerichtet:

> Das **Cossit House Museum** aus dem Jahr 1787 ist das älteste Gebäude in Sydney und mit Möbeln des 18. Jh. eingerichtet. Kostümierte Guides erzählen anschaulich vom Leben im 18. Jh. und zeigen z. B., wie Butter hergestellt wurde oder wie ein mühsamer Waschtag in der damaligen Zeit ausah.
> **Cossit House Museum**, *75 Charlotte St.*, ☎ *902-539-7973, https://cossithouse.nova scotia.ca, geöffnet Juni–Mitte Okt. Di–Sa 9–17 Uhr, Eintritt Erwachsene $ 2, Senioren und Kinder bis 17 J. $ 1, Familienkarte $ 5.*
> Das **Jost House** wurde vor 200 Jahren aus Holz gebaut. Ausgestellt sind Gegenstände der Seefahrt sowie eine Küche des 18. Jh. und Werkzeuge und Geräte aus der Anfangszeit einer Apotheke.
> **Jost House**, *54 Charlotte St.*, ☎ *902-539-0366, www.oldsydney.com/jost-house, geöffnet Juni–Ende Aug. Mo–Sa 9–17 Uhr, Sept./Okt. Mo–Sa 10–16 Uhr, Eintritt Erwachsene $ 3, Kinder bis 12 J. frei.*

Im **Cape Breton Centre for Heritage and Science** gibt es interessante Ausstellungen zur Geschichte und Natur von Cape Breton und für Kinder aufbereitete „Entdeckerecken". **Cape Breton Centre for Heritage and Science**, *225 George St.,* ☎ *902-539-1572, www.oldsydney.com/cape-breton-centre-for-heritage-science, geöffnet Juni–Aug. Mo–Sa 9–15, sonst Mo 13–16, Di–Fr 10–16 Uhr, Eintritt frei.*

Die **St. Patrick's Church** wurde 1828 gebaut und gilt als die älteste katholische Kirche auf Cape Breton; sie dient heute als Museum und informiert über die Geschichte der Region. **St. Patrick's Church Museum**, *87 Esplanade,* ☎ *902-562-8237, geöffnet Juni–Aug. Mo–Sa 9–17, So 13–17 Uhr.*

Ein Casino gibt es auch: das **Casino Nova Scotia**. **Casino Nova Scotia**, *525 George St.,* ☎ *902-425-7777, ganzjährig geöffnet, Juli/Aug. 24 Std., sonst Mo–Do 11–3 Uhr; durchgehend von Fr 11 Uhr bis Mo 3 Uhr, das Mindestalter beträgt 19 Jahre.*

Zum Großraum Sydney gehören noch die Nachbargemeinden **Reserve Mines**, **Glace Bay**, **New Waterford**, **North Sydney**, **Sydney Mines** und **Louisbourg**. Der Abbau der reichen Kohlevorkommen und der Transport von Kohlen bestimmten für drei Jahrhunderte die Entwicklung dieser Region, aber im neuen Jahrtausend musste das letzte Kohlebergwerk schließen. Zwei Jahre lang hatte sich die kanadische Regierung, die in den letzten 30 Jahren die traditionsreiche Kohlenförderung in Cape Breton mit rund zwei Milliarden Dollar subventionierte, vergeblich um einen Käufer für das Bergwerk bemüht.

Reisepraktische Informationen zu Sydney

ℹ️ Information

Joan Harriss Cruise Pavilion Visitor Information Centre, *60 Esplanade,* ☎ *902-562-0620, Juli/Aug. 9–18, Sept./Nov. 9–17 Uhr; City of Sydney, www.sydney.cape bretonisland.com.*

🛏️ Unterkunft
in North Sydney und Sydney

$ Cape Breton University, *1250 Grand Lake Rd.,* ☎ *902-563-1792, www.cbu.ca, preiswerte Unterkunft im Studentenwohnheim von Mitte Mai–Mitte Aug.*

$$ Clansman Motel, *9 Baird St.,* ☎ *902-794-7226 oder 1-800-565-2668, www.clans manmotel.com, etwa 2 km von der Fähranlegestelle entferntes Motel mit 44 Zimmern und Cottages in ruhiger Lage.*

$$ Hotel North – North Sydney, *39 Forest St.,* ☎ *902-794-8581 oder 1-800-561-8585, www.hotelnorth.ca, in der Nähe des Fähranlegers nach Newfoundland, mit 101 geräumigen, teilweise renovierten Zimmern, einige mit Blick auf den Hafen, Swimmingpool, Restaurant.*

$$$ Cambridge Suites Hotel, *380 Esplanade,* ☎ *902-562-6500 oder 1-800-565-9466, www.cambridgesuitessydney.com, die Mehrzahl der 1- und 2-Zimmer-Suiten ist mit einer kleinen Küche ausgestattet, kleiner Swimmingpool, Sauna, Fitnessraum auf der Dachterrasse, schöne Aussicht, Restaurant.*

$$$ Hampton Inn by Hilton Sydney, *60 Maillard St., Membertou,* ☎ *902-564-6555, http://hamptoninn3.hilton.com, neues Hotel mit 128 geräumigen, modernen Zimmern, Pool und Fitnessraum, günstig gelegen zum Hwy 125, ca. 20 Minuten Fahrzeit zum Fähranleger.*

$$$ Holiday Inn Sydney Waterfront, *300 Esplanade,* ☎ *902-562-7500, www.ihg. com, empfehlenswertes Stadthotel mit 152 komfortablen Zimmern, teilweise mit schönem Blick auf den Hafen, Restaurant ebenfalls mit schöner Aussicht, Swimmingpool, Wasserrutsche, Sauna, Fitnessraum, nur wenige Gehminuten vom Zentrum entfernt.*

Flughafen
JA Douglas McCurdy Sydney Airport, *280 Silver Dart Way*, ☏ *902-564-7720, liegt ca. 10 km außerhalb, beim Ort Reserve Mines. Es gibt tgl. Flüge nach Toronto, Montréal, Ottawa und Halifax.*
Air Canada, ☏ *1-888-247-2262;* **Westjet**, ☏ *1-800-538-5696;* **Air St. Pierre**, ☏ *1-877-277-7765;* **Provincial Airlines**, ☏ *1-877-576-3140*

Fähren nach Newfoundland
Allgemeine Informationen zu den Fährverbindungen: **Marine Atlantic Ferries**, *in North Sydney, Abfahrtsstelle der Fähren nach Newfoundland,* ☏ *1-800-341-7981, www.marine-atlantic.ca.*
North Sydney – Port aux Basques, *160 km; ganzjährig, Fahrzeit. ca. 6 Std., für die Tag- und Nachtfahrten können Sie Kabinen buchen; Abfahrtszeiten Ende Juni–Mitte Sept. 2–3-mal tgl., sonst 1–2-mal tgl., Fahrpreis einfache Fahrt Erwachsene $ 43.50, Senioren $ 39.90, Kinder $ 20.15, Pkw $ 113.20.*
North Sydney – Argentia, *426 km, Fahrzeit ca. 14 Std., Kabinen sind im Voraus buchbar; Abfahrtszeiten Mitte Juni–Mitte Sept. Mi, Fr und So um 17.30 Uhr, Fahrpreis einfache Fahrt Erwachsene $ 115, Senioren $ 104, Kinder $ 56, Pkw $ 232.*

Tipp
Das beliebteste Ausflugsziel in dieser Gegend ist die große **Fortress of Louisbourg National Historic Site** (s. S. 551), die von Sydney nur etwa 45 Minuten entfernt ist. Wenn Sie schon früh am Morgen aufbrechen, können Sie den Besuch dieses Museumsdorfes in Louisbourg mit der Fahrt über den **Marconi Trail** und der Besichtigung der Marconi Station verbinden.

Sehenswertes am Marconi Trail
Der 52 km lange **Marconi Trail** wurde nach dem italienischen Erfinder und Techniker **Guglielmo Marconi** benannt, der drei Telegrafenstationen auf Cape Breton errichtete. Von Sydney fahren Sie über den Hwy 4 nach Glace Bay. Dort beginnt der Hwy 255, der die Ortschaften Glace Bay und Louisbourg verbindet und an der rauen und schroffen Ostküste von Cape Breton Island entlang führt.

Glace Bay, ein Hafenort mit ca. 19.000 Einwohnern, hat zwei Sehenswürdigkeiten: das Miner's Museum am Quarry Point und die Marconi Station am Table Head. Das **Cape Breton Miner's Museum** ist eines der größten Bergbaumuseen auf dem nordameri- *Bergbau-*
kanischen Kontinent. Die Ausstellungen und Filme in diesem modernen Museumskomplex *museum*
vermitteln einen Eindruck von der Entstehung der Kohlefelder um Sydney, von den unterschiedlichen Abbaumethoden seit 1720, vom Leben in den kleinen Minensiedlungen und von der Bedeutung der Kohle als Energiequelle. Eindrucksvoll ist auch die 20-minütige Führung durch eine unterirdische Mine, die von ehemaligen Bergleuten geleitet wird.
Miner's Museum, *Quarry Point, 42 Birkley St.,* ☏ *902-849-4522, www.minersmuseum. com, geöffnet Anfang Juni–Mitte Okt. tgl. 10–18 Uhr, sonst nur nach Voranmeldung, Eintritt mit Führung Erwachsene $ 7.50, Kinder unter 12 J. $ 6.50.*

Die **Marconi National Historic Site**, liegt hoch oben auf den steil zum Atlantischen Ozean abfallenden Klippen von Table Head. Von hier aus haben Sie einen weiten Blick auf das Meer und auf den Ort Glace Bay.
Marconi National Historic Site, *1 Timmerman St.,* ☏ *902-842-2530 (Sommer) oder 902-295-2069, www.pc.gc.ca, geöffnet Juli–Ende Aug. tgl. 10–18 Uhr, Eintritt $ 2.50.*

Wer war Guglielmo Marconi?

Guglielmo Marconi war ein italienischer Funktechniker, der 1874 in Bologna geboren wurde. 1895 erfand er die geerdete Senderantenne, Anfang 1896 gelang ihm die Übertragung drahtloser Signale auf 3 km. Er zog 1896 nach England, um seine Erfindung weiterzuentwickeln. Er erhielt das britische Patent für die drahtlose Übertragung von elektrischen Impulsen und Signalen. Im Mai 1897 konnte er Signale schon auf eine Entfernung von 14,5 km übertragen und noch im Dezember desselben Jahres gelang es mit der Distanz von 29 km.

Die Übertragungstechnik wurde immer weiter verbessert: 1899 auf 52 km zwischen England und Frankreich, 1901 auf 3.600 km zwischen England und Newfoundland. Dabei wurde der Buchstabe „S" als Morsezeichen übertragen. 1902 konnte er beweisen, dass es mithilfe elektromagnetischer Wellen möglich war, Botschaften über den Atlantik zu senden. 1909 erhielt Marconi zusammen mit K.F. Braun den Nobelpreis für Physik. Er starb 1937 in Rom.

Historische Funkstation Gehen Sie zuerst in das **Besucherzentrum der Marconi Station**, wo die Radiostation Marconis originalgetreu in verkleinertem Maßstab nachgebaut wurde; außerdem sehen Sie dort Versuchsaufbauten, alte technische Geräte und Fotografien aus dem Leben Marconis sowie Erfindungen und Entdeckungen zehn anderer Wegbereiter der modernen Telekommunikation. Anschließend können Sie **Table Head** mit den Überresten der vier 64 m hohen Türme und des Übertragungsgebäudes aufsuchen. Von dieser Stelle aus gelang es Marconi am 15. Dezember 1902, von der Ostküste Amerikas die erste drahtlose Botschaft zur Westküste Europas nach Poldhu in England zu senden.

☞ **Tipp**
Am Table Head ist es auch im Sommer sehr windig und kühl. Vorsicht ist bei den schroffen Felsvorsprüngen angesagt.

Wenn Sie von Glace Bay dem Marconi Trail an der Küste entlang folgen, kommen Sie zunächst nach **Donkin**, wo Sie noch heute die dunklen Kohleflöze in den Felsen sehen können, und nach Port Morien. **Port Morien** hatte schon im 18. Jh. wegen seiner Kohlevorkommen, die von hier aus leicht verschifft werden konnten, als Hafenort Bedeutung; heute laufen die Boote der hier beheimateten Fischereiflotte in den durch Wellenbrecher geschützten Hafen ein. Der breite Sandstrand **Port Morien Beach** und die vielen flachen Strände, die am Küstenabschnitt zwischen Glace Bay und Mira liegen, sind besonders gut geeignet zum Muschel- und Krebsesammeln und zur Beobachtung der vielen Wasservögel.

Bei **Mira Gut** liegt im Mündungsbereich des Mira River der **Mira River Provincial Park**, der sich gut für kleinere Bootsfahrten eignet. Der breite, weiße Sandstrand von Mira Gut ist besonders beliebt.

Der Marconi Trail führt weiter zu den kleinen Fischerorten **Catalone**, **Main-à-Dieu** mit dem Main-à-Dieu Fishermen's Museum (geöffnet Juni bis September), **Baleine**, wo ein 1 km langer Küstenwanderweg beginnt, und **Little Lorraine** und endet dann in **Louisbourg** mit seinem geschützten Hafen, dem Ausgangspunkt für Hafenrundfahrten und Hochsee-Ausflugsfahrten. Von hier aus können Sie zum **Fortress of Louisbourg** fahren.

Fortress of Louisbourg National Historic Site

 ## Wegstrecke

Von Sydney führt der Hwy 22 über Albert Bridge zum heutigen Ort Louisbourg. Etwa 1,5 km außerhalb liegt das Museumsdorf; der Weg dorthin ist
ausgeschildert. Die Entfernung Sydney – Louisbourg beträgt ca. 40 km.

Das **Fort von Louisburg** ist die Rekonstruktion einer befestigten französischen Stadt *Lebendige*
aus dem 18. Jh. Die Museumsanlage ist die größte historische Rekonstruktion in Nord- *Vergangen-*
amerika; sie gehört zu den meistbesuchten Sehenswürdigkeiten Ostkanadas und ver- *heit*
mittelt lebendige Eindrücke vom Leben in jener Zeit.

Die **Geschichte von Louisbourg** ist die Geschichte der heftigen Kämpfe zwischen
englischen und französischen Truppen auf dem amerikanischen Kontinent. Zwischen
den beiden großen Kolonialmächten kam es immer wieder zu kriegerischen Auseinandersetzungen. Durch den Friedensvertrag von Utrecht musste Frankeich 1713 Newfoundland und den größten Teil Akadiens an England abtreten; Isle Royale (das heutige
Cape Breton Island) und Isle Saint-Jean (das heutige Prince Edward Island) blieben die
einzigen französischen Besitzungen in den jetzigen Atlantikprovinzen.

Die Franzosen begannen 1719 in Louisbourg mit dem Bau einer befestigten
Stadt, um den Zugang zum St.-Lorenz-
Strom und nach Québec zu sichern.
Die Bauarbeiten an den Befestigungen
dauerten mehrere Jahrzehnte; in der
Zwischenzeit wuchs die Stadt und entwickelte sich zu einem wichtigen Handelszentrum mit großen Hafenanlagen.
1745 belagerten die Engländer die
Stadt und konnten sie trotz der neuen,
fast fertiggestellten Befestigungsanlagen in nur sechs Wochen einnehmen,
denn diese schützten zwar den Hafen,
waren aber nicht zur Abwehr von
Landangriffen geplant worden. Drei
Jahre später wurde Louisbourg nach
dem Frieden von Aachen den Franzosen wieder zurückgegeben.

1758 belagerten die Engländer die Stadt
ein zweites Mal mit 150 Schiffen und
16.000 Soldaten. Sie eroberten die Festung in sieben Wochen. Um einen Wiederaufbau zu verhindern, wurden die
Befestigungsanlagen und die Stadt von
den Engländern völlig zerstört.

Eingang zum Fortress of Louisbourg

Mit der Rekonstruktion von Louisbourg wurde 1961 begonnen; die Regierung finanzierte ein 25-Mio.-$-Projekt, um etwa ein Fünftel der ursprünglichen Stadt und ihrer Befestigungsanlagen wiederaufzubauen. Inzwischen wurden Gebäude der Festung, Straßen und Häuserblöcke mit Innenhöfen, Gärten und Brunnen, der Gouverneurspalast, Unterkünfte der Soldaten, Vorratshäuser, eine Bäckerei, eine Schmiede und ein Hafentor so rekonstruiert, wie sie in der Zeit um 1740 ausgesehen haben. Der Wiederaufbau wurde mit wissenschaftlicher Beratung durchgeführt. Archäologische Ausgrabungen und historische Schriften vermitteln ebenso wie die im Stil jener Zeit gekleideten freiwilligen Helfer Eindrücke und Vorstellungen vom Leben in einer französischen Siedlung in jener Zeit.

Rekonstruktion und Wiederaufbau

Den Eingang bildet das **Besucherzentrum**, wo Sie die Eintrittskarten und einen Orientierungsplan sowie Informationsmaterial auch in deutscher Sprache bekommen. Kleine Ausstellungen und Diavorführungen informieren bereits hier über die Themenbereiche Hafen, Festung und Stadt.

Fortress of Louisbourg National Historic Site, ☎ *902-733-2280 oder 1-800-213-7275, www.fortressoflouisbourg.ca, geöffnet Mitte Mai–Mitte Okt. tgl. 9.30–17, Okt.–Mai Mo–Fr 9.30–16 Uhr; in der Vor- und Nachsaison gibt es weniger Führungen, nicht alle Häuser sind geöffnet. Eintritt: Hauptsaison Erwachsene $ 17.60, Senioren $ 14.95, Kinder $ 8.80, Familienkarte $ 44.10; Eintritt Nachsaison Erwachsene $ 7.30, Senioren $ 6.05, Kinder $ 3.65, Familienkarte $ 18.10. Außerdem gibt es ermäßigte Zweitageskarten. Im Eintrittspreis sind die Busfahrt vom Besucherzentrum zum eigentlichen Museumsdorf, der Eintritt zu allen Gebäuden und die Teilnahme an Führungen enthalten.*

Reisepraktische Infos zum Fortress of Louisbourg

P   **Parken**
Sie müssen Ihren Wagen am Informationszentrum parken. Kostenlose Busse bringen die Besucher in zehn Minuten zum Museumsdorf. Um keine Zeit durch Hin- und Rückfahrten zu verlieren, sollten Sie alles für den Tag Notwendige mitnehmen: Windjacke, einen warmen Pullover, Regenschutz, bequeme Schuhe, eventuell auch Badezeug und Picknicksachen, Kamera.

Tipp
Innerhalb des Museumsdorfes müssen Sie alle Strecken zu Fuß zurücklegen. Da die Anlage sehr weitläufig ist und auf der Festung, in den Straßen und in vielen Häusern Vorführungen stattfinden, sollten Sie mindestens 4 Std., eher aber mehr Zeit für Ihren Besuch einplanen. Wenn Sie nur wenig Zeit zur Verfügung haben, sollten Sie sich auf den Stadtkern und die King's Bastion beschränken.

Orientierung
Das weitläufige, 6.700 ha große Areal lässt sich in vier Bereiche gliedern:
- *in den **Stadtkern** mit Straßen, Wohn- und Handelshäusern, Restaurants, Handwerksbetrieben und Hafen,*
- *in die **King's Bastion** mit der Residenz des Gouverneurs, Kasematten, Soldatenunterkünften, Wachtoren und Ställen,*
- *in die **Dauphin Demi Bastion** mit dem Pulvermagazin, Wachtürmen, Soldatenbaracken und dem Dauphin-Tor,*
- *in das übrige ehemalige, nicht wiederaufgebaute Stadtgebiet, wo Sie noch Grundmauern, alte Grabsteine und Steinplatten entdecken können.*

Führungen und Vorführungen

Empfehlenswert sind die ca. 1,5-stündigen Führungen, die von Juni–Sept. in englischer und französischer Sprache stattfinden: um 10.30 Uhr in englischer, um 13 Uhr in französischer Sprache. Alle Führungen beginnen am gelben De La Plagne House.
Auf der Festung kann man von Juli–Anfang Sept. auch aktiv in die Vergangenheit eintauchen. Kostümierte Fachleute führen mehrmals tgl. in die Kunst des Kanonen- und Musketen-Abfeuerns ein (Mindestalter 16 J., lange Hosen und geschlossene Schuhe Pflicht, $ 36,80 (Musketen) bzw. $ 55.20 (Kanonen)). Wer es eher geistig als martialisch mag, kann an einer historischen Rumverkostung teilnehmen ($ 10.80), für die Kleinen gibt es ein eigenes einstündiges Programm ($ 7.30, mit Elternbegleitung).

Restaurants

Es gibt im Museumsdorf drei Restaurants. Die Einrichtung der Gaststuben und die Zubereitung der Speisen entsprechen dem 18. Jh. Sie können wählen, ob Sie in einer Hafenkneipe eine Kleinigkeit mit Seeleuten und Handwerkern essen wollen, ob Sie mit wohlhabenden Bürgern in eleganter Umgebung dinieren möchten oder ob Sie beim Bäcker ein ganzes Brot oder nur eine Scheibe ofenfrischen Brotes kaufen sollen.
Die Restaurants sind im Juni–Sept. tgl. geöffnet. Reservierungen unter ☎ 902-733-3552.

In den Straßen und in den Häusern des historischen Ortes Louisbourg fühlen Sie sich in die Zeit des 18. Jh. zurückversetzt. Sie erleben, wie Fischer, Handwerker, Offiziere, Händler, Dienstboten, Soldaten, Straßenverkäufer, Wirte, Schulkinder und hohe Beamte im Jahr 1744 arbeiteten, wohnten, aßen, sich kleideten, spielten, sangen und tanzten. Sie können sich mit den Bewohnern der Stadt unterhalten, die der damaligen Zeit entsprechend gekleidet sind und gerne ihre Tätigkeiten unterbrechen, um Ihnen über ihre Arbeit und ihren Tagesablauf zu berichten.

In einigen Häusern werden Sie außerdem durch kleine Ausstellungen und Videofilme über besondere Aspekte der Stadt informiert, z. B.
• im **De La Plagne House**: Film über Louisbourg als Hauptstadt der Isle Royale,
• im **Ordonnateur's Residence**: in der Residenz können Sie die Lebensweise der Wohlhabenden kennenlernen,
• im **DuHaget House**: 15-minütiger Videofilm über das Soldatenleben in Louisbourg,
• im **De la Perelle Property**: Ausstellung zu den Themen „Religion, Tod und Heirat" im 18. und 20. Jh.,
• im **Museum**: Modell der Festung und Ausgrabungsfunde.

Sie können über die Zugbrücke die King's Bastion betreten, wo Soldaten Wache halten, exerzieren, Waffen reinigen, Pferde striegeln, die Zugänge kontrollieren oder sogar betrunkene Kumpane in Gewahrsam nehmen. Am Hafen können Sie den Fischern beim Ausladen ihres Fanges zuschauen und auf den Holzgestellen, den „Klippen", den zum Trocknen ausgelegten Fisch betrachten, oder Sie können den Wegweisern in das ehemalige Stadtgebiet folgen, alte Gräber entdecken und ans Meer oder an einen der kleinen Seen und Bäche wandern und dort rasten und schwimmen.

Wach-soldaten und Fischer

Hinweis

Wenn Sie noch genügend Zeit haben, können Sie in Louisbourg noch das **Sydney and Louisbourg Railway Museum**, 16 Brook St., ☎ 902-733-2720, www.novascotiarailwayheritage.com/louisbourg.htm, mit Lokomotiven, Passagierwagen von 1881 und 1914 und Caboose besichtigen. Geöffnet Mitte Mai–Mitte Okt. tgl. 9–17, Juli/Aug. 8–20 Uhr, Eintritt frei, oder am Abend eine Vorstellung im **Louisbourg Playhouse**, 11 Aberdeen St., ☎ 902-733-2996, einem Konzerthaus im Stil des 17. Jh. besuchen. Geöffnet Ende Juni–Mitte Okt. tgl. abends.

Sehenswertes am Fleur-de-Lis Trail

Der Fleur-de-Lis Trail mit insgesamt 265 km führt von Louisbourg an der schönen Ostküste Cape Bretons entlang zurück zum Canso Causeway in Port Hastings. An dieser
Strecke sehen Sie alte akadische Siedlungen, schöne, weitgehend unberührte Küstenab-
schnitte am Atlantischen Ozean und die malerische Isle Madame.

> 👉 **Tipp**
> Da der Fleur-de-Lis Trail weitgehend in vielen Kurven der Küstenlinie
> folgt, brauchen Sie für die Strecke ohne Zwischenhalt 3–4 Stunden. Eine schnel-
> lere Alternative ist die ab S. 555 dargestellte Fahrt am Bras d'Or Lake entlang.

👉 Streckenhinweis

Von Louisbourg fahren Sie zunächst über den Hwy 22 bis Albert Bridge,
dann am Mira River entlang, über Gabarus Lake, Fourchu, Framboise und
Grand River nach St. Peter's. Der Fleur-de-Lis Trail führt weiter über River
Tillard nach Louisdale, überquert die Lennox Passage, umrundet die Isle
Madame und führt über Grand Anse und Cleveland nach Port Hastings.

Der Trail führt Sie durch ein Gebiet, das überwiegend von Nachkommen der frühen
akadischen Siedler und schottischer Einwanderer bewohnt wird. Kleine Siedlungen, ge-
Reizvolle schäftige Hafenorte, weithin sichtbare Leuchttürme, einsame Buchten, fischreiche Flüs-
Ferienorte se und Seen und sorgfältig hergerichtete kleine Museen liegen an der Strecke; Picknick-
und Campingplätze, Bootstouren, Kanu- und Tauchfahrten, einfache, jedoch liebevoll
geführte Bed&Breakfast-Häuser, urige, bequem eingerichtete Ferienblockhäuser oder
komfortable Gästehäuser laden zu längerem, erholsamem Aufenthalt ein. Sehr gute
Wassersportmöglichkeiten, Gelegenheit zum Wandern, Schwimmen, Angeln und Fischen finden Sie am **Mira River**, im **Mira River Provincial Park** bei Albert Bridge
und im **Two Rivers Provincial Wildlife Park** bei Marion Bridge.

Der hübsche Ort **St. Peter's** liegt auf einem schmalen Landstreifen, der den Bras d'Or
Lake vom Atlantischen Ozean trennt. Besuchenswert sind der historische **St. Peters Canal** und das **Nicolas Denys Museum** mit einer Fotoausstellung zur Konstruktion des Kanals. Mit dem Bau des St. Peters Canal, der dem Bras d'Or Lake einen schiffbaren Zugang
zum Atlantik eröffnet, wurde bereits 1854 begonnen, aber die Fertigstellung dauerte bis
1917. Sie können an dieser Stelle sehen, wie ein gezeitenabhängiges Schleusensystem funktioniert, und bei einer Rast die Durchfahrt von Fischerbooten und Segelyachten beobachten.
St. Peters Canal National Historic Site, ☎ *902-535-2118, geöffnet Mitte Mai–Mitte Okt.*

> 🛏 **Unterkunft**
> **$$$ Bras d'Or Lakes Inn**, *10095 Greenville St.,* ☎ *902-535-2200 oder 1-800-
> 818-5885, www.brasdorlakesinn.com, kleines Hotel mit 20 freundlich und rustikal eingerich-
> teten Zimmern direkt am St. Peters Canal, beliebtes Restaurant mit freundlicher Bedienung.*

Die 42.5 km² große **Isle Madame** können Sie in etwa einer Stunde umfahren. Hier ist das
strenge akadische Erbe in den kleinen Ortschaften noch sehr lebendig. Die Insel ist dicht bewaldet, die Küste bietet schöne Buchten zum Schwimmen und Surfen, und der Grand Lake
ist ideal zum Kanufahren. **Arichat** auf Isle Madame ist eine der ältesten Siedlungen von
Nova Scotia und war im vergangenen Jahrhundert eine wohlhabende Hafenstadt mit weit-

reichenden Handelsbeziehungen. Interessant ist das **LeNoir Forge Museum**, am Hwy 320, das in einer alten französischen Schmiede des 18. Jh. eingerichtet wurde.
LeNoir Forge Museum, *708 Veterans Memorial Dr.,* ☎ *902-226-9364 oder 902-226-2880, http://imhs.ca/le-noir-forge-museum, geöffnet Juni Sa/So 10-17, Juli/Aug. tgl. 10-17 Uhr.*

🛏 **Unterkunft in Arichat**
$$ L'Auberge Acadienne, *2375 Hwy. 206,* ☎ *902-226-2200 oder 1-877-787-2200, www.acadienne.com, neues, im akadischen Stil des 19. Jh. gebautes Hotel mit acht Zimmern im Haupthaus und neun Motelzimmern, Restaurant mit traditioneller akadischer Küche und Seafood-Gerichten.*

Sehenswertes am Bras d'Or Lakes Scenic Drive

Alternativ zum Fleur-de-lis Trail können Sie von Sydney aus die direkte, sehr schöne Strecke über den Hwy 4 nach Port Hastings fahren, wo Sie Cape Breton Island wieder verlassen. Sie durchfahren auf dem Hwy 4 die Ortschaften **Sydney River**, **Howie Centre**, **Sydney Forks** und **Portage**, bevor Sie in **East Bay** einen Ausläufer des Bras d'Or Lake erreichen, wo Ihre Fahrt am Ostufer des Sees entlang beginnt und dem schönen **Bras d'Or Lakes Scenic Drive** folgt.

Von East Bay aus können Sie einen Ausflug nach **Iona** machen und das **Nova Scotia Highland Village Museum** besuchen. In diesem Museumsdorf an der Barra Strait lernen Sie in den historischen Häusern und von den kostümierten „Bewohnern" das einfache Leben der ersten schottischen Siedler kennen. Am ersten Samstag im August wird der „Highland Village Day" mit traditioneller Musik, Tänzen und Umzügen gefeiert.
Nova Scotia Highland Village Museum, *4119 Hwy 223,* ☎ *902-725-2272 oder 1-866-442-3542, https://highlandvillage.novascotia.ca, geöffnet Juni–Mitte Okt. tgl. 10–17 Uhr, Eintritt Erwachsene $ 11, Senioren $ 9, Kinder und Jugendliche von 6–17 J. $ 5, Familienkarte $ 25.*

Der **Bras d'Or Lake** und die vielen kleinen Ortschaften an seinem Seeufer sind ein ideales Feriengebiet. Sie finden lebhafte Orte mit sehr guten Hotels und Restaurants oder einfache, behagliche Blockhäuser in völliger Abgeschiedenheit. Sie können schwimmen, surfen oder Kanu fahren, segeln oder eine Rundfahrt auf einem großen Schoner machen. Sie können wandern und die reiche Flora und Fauna entdecken.

Zwischen dem Hochland im Nordwesten und den Tälern im Südosten von Cape Breton Island liegt der Bras d'Or Lake wie eine große schimmernde Perle, umgeben und geschützt von sanft geschwungenen, bewaldeten Hügelketten. Durch den Great Bras d'Or Channel und durch den St. Andrews Channel dringt das Wasser des Atlantischen Ozeans in den See, der der größte Salzwassersee der Welt ist. Das Land um den Bras d'Or Lake war über Jahrhunderte Siedlungsgebiet der Micmac-Indianer, die heute noch in den vier Reservaten bei Whycocomagh, Eskasoni, Wagmatcook und Chapel Island am See leben. Der See diente ihnen als Transport- und Handelsroute und bietet ihnen heute wie damals reiche Fischgründe. Da die Indianer die Natur zwar nutzten, aber nicht zerstörten, blieb der Bras d'Or Lake bis heute Heimatregion für viele Wasservögel und ein bevorzugtes Brutgebiet der Adler. Mehr als 200 Adlerpaare nisten in der Umgebung des Sees und können in den Sommermonaten bei ihren Flügen beobachtet werden.

Während die 960 km lange, buchtenreiche Küste ein ideales Gebiet für Wanderer, Angler, Naturfreunde und Vogelkundler ist, ist der See selbst ein Paradies für Segler, Surfer, Kanu- und Kajakfahrer. Boots- und Yachthäfen gibt es in Baddeck, St. Peter's und Dun- *Wassersport-paradies* dee, Bootsanlegestellen in Big Pond, Ross Ferry, Big Bras d'Or, Wkycocomagh und Little Narrows. Kleine Bootsstege finden Sie überall am See und auf den zahllosen kleinen Inselchen im See. Die beliebteste Surfregion ist Big Pond an der East Bay; besonders geeignet zum Kanu- und Kajakfahren sind das River Denys Basin und das Gebiet um **West Bay**, wo Sie auch Boote mieten und an Bootsfahrten teilnehmen können, sowie **Johnstown**, wo am Hafen mehrstündige Segeltouren mit Katamaranen zur Vogel- und Tierbeobachtung angeboten werden.

Reisepraktische Informationen zum Bras d'Or Lake

Unterkunft

$$ Kayak Cape Breton & Cottages, 5385 West Bay Hwy, ☎ 902-535-3060, www.kayakcapebreton.com, drei rustikal eingerichtete, gemütliche Ferienwohnungen und Cottages für 4–5 Personen, direkt am Bras d'Or Lake mit schönem Kieselstrand und Bootsanlegesteg, die Besitzer sprechen deutsch, drei Tage Mindestaufenthalt im Juli/Aug. Geöffnet Mai–Okt.

$$–$$$ The Iona Heights Inn, 4115 Hwy 223, Iona, ☎ 1-844-733-4662, www.iona heightsinn.com. Das komplett renovierte ehemalige Highland Heights Inn bietet 21 ansprechende Zimmer, alle mit Blick auf den Bras d'Or Lake, und ist nur wenige Schritte vom Nova Scotia Highland Village Museum, von Radwegen und Stränden entfernt.

$$$ Dundee Resort, 2750 West Bay Rd., ☎ 902-345-2649 oder 1-844-638-6333, www.capebretonresorts.com, etwas in die Jahre gekommene, aber schön gelegene Hotelanlage mit 60 komfortablen Hotelzimmern, teilweise renoviert, 18 1- und 2-Zimmer-Cottages. Zur Anlage gehören ein sehr guter 18-Loch-Golfplatz, Swimmingpools, Tennis- und Volleyballplätze, Bootshafen, Bootsverleih, Kinderspielplatz; außerdem werden 2-stündige Fahrten auf dem Bras d'Or Lake mit dem Segelschiff „Lady of Dundee" angeboten. Geöffnet Mai–Okt.

Kajakfahren

Kayak Cape Breton, 5385 West Bay Hwy, ☎ 902-535-3060, www.kayak capebreton.com, Unterricht für Anfänger und Fortgeschrittene in deutscher Sprache, Verleih von Kajaks, Kanus, Rädern und Campingausrüstung.

Tipp

Legen Sie in Big Pond eine kleine Pause ein, um im Heimatdorf der in Kanada sehr beliebten, 2013 verstorbenen Sängerin Rita MacNeil in **Rita's Tearoom**, einen Tee zu trinken. Das Café und die Ausstellungsräume sind von Juni–Mitte Okt. tgl. geöffnet.

Redaktionstipps

> Das **Sherbrooke Village Museum**, wo das Alltagsleben im 19. Jh. lebendig wird (S. 557)
> das Nova Scotia Lighthouse Interpretive Centre in **Port Bickerton** mit herrlichem Meerblick und schönem Badestrand (S. 558)
> Im August werden beim Wettbewerb „**Sandcastle Competition**" im Clam Harbour Beach Provincial Park die schönsten Sandburgen gebaut (S. 558)

Von Cape Breton Island zurück nach Halifax

Obwohl weit weniger besucht als die Südküste Nova Scotias, gibt es auch am langen Küstenabschnitt zwischen Canso und Halifax viel zu entdecken und zu genießen: lange Sandstrände, interessante Museen und Museumsdörfer, die das indianische Erbe lebendig werden lassen, ursprüngliche Hafenorte und ausgezeichnete Wanderwege.

Nachdem Sie Cape Breton Island verlassen und den Canso Causeway passiert haben, können Sie zwischen drei Routenalternativen nach Halifax wählen:

1. Alternative: Die schnellste Verbindung führt über den Hwy 104 über Antigonish, New Glasgow bis Truro; von dort über den Hwy 102 nach Halifax. Entfernung ca. 405 km, Fahrzeit ca. 5 Std.

2. Alternative: Abwechslungsreicher ist die Fahrt über den Hwy 104 bis Antigonish, dann über den Hwy 7 durch das reizvolle Binnenland mit klaren Flüssen und kleinen Seen bis Sherbrooke und von dort über den sehr kurvenreichen, an der Südküste Nova Scotias entlangführenden „Marine Drive" durch viele kleine Fischerdörfer bis nach Halifax. Entfernung ca. 460 km, reine Fahrzeit ca. 6–7 Std.

An dieser Strecke liegt in der Nähe des netten Ferienortes **Sherbrooke** das sehenswerte Freilichtmuseum **Sherbrooke Village**, die Rekonstruktion einer Holzfäller- und Schiffsbauersiedlung aus der Zeit um 1860. Das Museumsdorf besteht aus 25 restaurierten Häusern, in denen Sie den Menschen bei den Arbeiten jener Zeit z. B. in einer Schmiede, einer Mühle, einer Werft oder einem Krämerladen zuschauen können; in manchen Häusern sitzen die Frauen beisammen und spinnen und weben oder fertigen Quilts in schönen Mustern und Farben. *Museumsdorf*

Sherbrooke Village, *42 Main St., ☏ 1-888-743-7845, https://sherbrookevillage.novascotia.ca, geöffnet Juni–Mitte Sept. tgl. 9.30–17 Uhr, Eintritt Erwachsene $ 13.75, Senioren $ 10.75, Kinder 6–16 J. $ 4.75, Familienkarte $ 33.*

ℹ️ Information

Tourist Information Bureau, *785, King St. W., ☏ 819-821-1919 oder 1-800-561-8331, www.destinationsherbrooke.com, geöffnet Mo–Sa 9–17, So 9–15 Uhr, Ende Juni–Mitte Aug. tgl. 9–19 Uhr.*

🛏️ Unterkunft

$$ St. Mary's River Lodge, *21 Main St., ☏ 819-522-2177 oder 902-522-2240, www.riverlodge.ca, ganzjährig geöffnetes Haus mit sieben gut ausgestatteten Zimmern und Appartements, nahe beim Museumsdorf, es wird deutsch gesprochen.*

3. Alternative: Wenn Sie genügend Zeit zur Verfügung haben, können Sie von Port Hastings aus dem **Marine Drive** bis Halifax folgen. Diese Straße, die in unzähligen Kurven der Küstenlinie folgt und durch zahllose kleine Fischerdörfer, zu historischen Stätten, Museen und schönen Parks führt, ist sehr reizvoll, aber auch sehr zeitaufwendig zu befahren. Es empfiehlt sich deshalb, eine Zwischenübernachtung einzuplanen. Übernachtungsmöglichkeiten gibt es in z. B. in Liscomb Mills, Port Dufferin, Salmon River Bridge und Guysborough. Entfernung: ca. 540 km.

🛏️ Unterkunft

$$ Salmon River Country Inn, *9931 Hwy 7, Salmon River Bridge, ☏ 902-889-2233 oder 902-221-7080, http://salmonrivercountryinn.ca, kleines, ganzjährig geöffnetes Landgasthaus aus dem Jahr 1850 mit sieben Zimmern und Cottages, Sonnenterrasse mit Blick auf die Bucht, Bootsverleih und Restaurant.*

$$$ Liscomb Lodge, *2884 Hwy 7, Liscomb Mills, ☏ 902-779-2307 oder 1-800-665-6343, www.liscombelodge.ca, Ferienanlage mit 68 Zimmern und Cottages, Swimmingpool, Fitnessraum, Tennisplatz, Boot- und Kanuverleih, Spielplatz, gute Möglichkeiten zum Angeln, Wandern. Geöffnet Mai–Okt.*

$$$$ DesBarres Manor Innes, *90 Church St., Guysborough, ☏ 902-533-2099 oder 1-888-933-2099, stattliches Herrenhaus mit komfortablen Zimmern und gepflegtem Restaurant.*

Sehenswert an dieser Strecke sind:

Das Besucherzentrum der **Canso Islands National Historic Site of Canada** befindet sich im Ort Canso an der Union St. Hier informieren Ausstellungen und ein 10-minütiger Videofilm über die Geschichte von Grassy Island als wichtige Fischer- und Handelssiedlung in Nova Scotia und ihre Bedeutung während der englisch-französischen Auseinandersetzungen auf dem amerikanischen Kontinent. Vom Besucherzentrum fahren auf Anfrage Boote hinüber zur Insel; die Fahrt dauert jeweils ca. 15 Minuten. Auf der Insel führt ein markierter Weg zu den interessanten Stellen.

Canso Islands National Historic Site of Canada, *1 km vor der Küste von Canso,* ☎ *902-295-366-3136, www.pc.gc.ca, geöffnet Juli–Ende Aug. tgl. 10–18 Uhr. Vom Besucherzentrum aus fahren auf Anfrage Boote um 11 und 16 Uhr zur Insel; Fahrtdauer jeweils ca. 15 Min., Erwachsene $ 3.50.*

In Port Bickerton: Im alten Leuchtturm **Nova Scotia Lighthouse Interpretive Centre** gibt es viele Informationen zu den Leuchttürmen Nova Scotias; von der Spitze genießen Sie einen herrlichen Blick auf die wilde Felsenküste und den Ort Bickerton. Am Leuchtturm beginnt ein Wanderweg hinunter zum Port **Bickerton Lighthouse Beach Park** mit einem schönen Badestrand.

Nova Scotia Lighthouse Interpretive Centre, *Route 211, www.portbickertonlight house.ca, geöffnet Mitte Juni–Ende Sept. tgl. 9–17 Uhr.*

*Strandburgen-
wettbewerb* Am langen, feinsandigen Strand in **Clam Harbour Beach** findet in jedem Jahr Mitte August ein großer Wettbewerb im Strandburgen- und Sandfigurenbau statt, der viele Besucher anzieht.

Rings um **Ship Harbour** sehen Sie Hunderte weißer Bojen, die den Bereich von Nordamerikas größter Muschelfarm kennzeichnen.

Muschelsucher

Newfoundland & Labrador

Schon wenn Sie in North Sydney an Bord des Fährschiffes nach Newfoundland gehen, spüren Sie das Gefühl von Abenteuer, das Sie auf Ihrer Reise durch Newfoundland und Labrador begleiten wird. Auf Newfoundland gibt es kein hektisches Großstadtleben und keine Freizeit- und Vergnügungsparks, wohl aber viele Begegnungen mit freundlichen, aufgeschlossenen Menschen, gemütliche Pubs und urige Fischerkneipen. Vorherrschend aber ist das Naturerlebnis, wenn Sie Eisberge sichten, seltene Vögel, Seehunde oder Wale beobachten oder die Karibuherden vorbeiziehen sehen. Newfoundland ist vor allem ein Reiseziel für Naturliebhaber. Kennzeichen der Insel sind wildreiche Wälder, schroffe Felsküsten, kleine Fischerdörfer, tief eingeschnittene Fjorde, einsame Moore und liebliche Täler mit kristallklaren Seen.

Redaktionstipps

> Besuch des **Gros Morne National Park** (S. 566) und des **Terra Nova National Park** (S. 575)
> Besuch der Wikingersiedlung in **L'Anse aux Meadows** (S. 570)
> Bootsfahrt zur Sichtung von **Eisbergen** (S. 574)
> **Vogel-, Seehund- und Walbeobachtungsfahrten** (S. 576)
> Besuch der Hauptstadt **St. John's** (S. 577ff.)

Newfoundland & Labrador ist die östlichste Provinz Kanadas. Sie besteht aus der 112.299 km² großen Insel Newfoundland, vielen kleineren Inseln und dem 292.218 km² großen Landesteil Labrador, der von der Insel durch die 16 km breite Strait of Belle Isle getrennt ist. Die Insel Newfoundland ist Teil des Appalachengebirges; wie dieses verläuft auch die wichtigste Bergkette der Insel, die Long Range Mountains, in Nord-Ost-Richtung. Die höchste Erhebung ist mit 814 m der **Lewis Hill** an der Westküste. Von den Long Range Mountains senkt sich das Land nach Osten und Nordosten ab. Das fast menschenleere Inselinnere ist eine hügelige, von Bergzügen durchzogene, glazial überformte Hochfläche. Die felsige Steilküste ist durch zahlreiche Fjorde gegliedert. Die nördlichen Teile von Newfoundland sind mit Tannen und Fichten dicht bewaldet; in den südlichen Teilen herrschen Sümpfe und Heidelandschaften vor. Auf Labrador gibt es im Süden ebenfalls Nadelwälder, die nach Norden in subarktischen Nadelbaum-Birken-Wald und weiter in karge Tundra übergehen. *Östlichste Provinz*

Das **Klima** der Provinz Newfoundland & Labrador ist in den einzelnen Landesteilen sehr unterschiedlich. Die Insel Newfoundland hat sehr kühle, feuchte Sommer und kalte, schneereiche Winter. Charakteristisch sind während des ganzen Jahres auftretende Nebel, die im Sommer durch das Aufeinandertreffen der Kaltluft über dem Labradorstrom mit den wärmeren Luftmassen des Golfstromes verursacht werden. Im Frühsommer sind an der Nordostküste große Eisberge zu beobachten, die mit dem Labradorstrom nach Süden treiben. Das Klima Labradors ist strenger und weist im Sommer und Winter größere Temperaturunterschiede auf. Der Winter hält mehr als sechs Monate an und bringt Temperaturen unter -40 °C mit sich; der Sommer, der nur drei Monate dauert, hat Durchschnittstemperaturen von 10 °C. *Feuchter Sommer, kalter Winter*

Die Bevölkerung der Provinz ist sehr homogen: 92% der ca. 530.000 Einwohner sind britischer Abstammung, 99% sprechen Englisch. Die indianische Urbevölkerung war schon zu Beginn des 19. Jh. fast ausgerottet; es gibt hier heute nur noch eine geringe Anzahl von Micmac-Indianern. 95% der Bevölkerung leben auf der Insel Newfoundland; dennoch ist die Bevölkerungsdichte, die mit 5,1 Einwohner pro km² angegeben wird, extrem niedrig. Etwa ein Viertel der Bevölkerung wohnt im Einzugsbereich der Hauptstadt St. John's, ein weiteres Viertel in den anderen größeren Ortschaften. Die anderen Neufundländer leben in den sogenannten „Outports", den kleinen, oft völlig abgeschiedenen Fischerdörfern an den Küsten.

Labrador ist fast unbewohnt. Statistisch gibt es 0,1 Einwohner pro km²! Nur im Nordosten und Südwesten Labradors leben einige Indianer vom Stamme der Naskapi und Montagnais sowie etwa 2.600 Inuits in kleinen Gemeinschaften.

Aufgrund der Abgeschiedenheit vieler Ortschaften blieben die Traditionen, die Sprache und die Musik der ersten Siedler über Jahrhunderte bewahrt. So kann man in manchen Outports altenglische Dialekte hören, die sich seit der Zeit Shakespeares kaum verändert haben, oder auch altertümliche französische Sprachformen. Musik, Tanz und traditionelle Speisen sind wesentliche Elemente der vielen Festivals, die auf Newfoundland stattfinden.

Mit Abstand wichtigste Grundlage der neufundländischen **Wirtschaft** war lange Zeit die Fischerei. Die wichtigsten Fischarten sind Kabeljau, Hering, Lachs und Heilbutt. Die besten Fanggründe liegen auf den Neufundlandbänken, dem Festlandschelf vor der Südostküste. Die meisten der etwa 32.000 neufundländischen Fischer haben sich in Kooperativen zusammengeschlossen. Da aber strikte Fangquoten festgelegt wurden und die Fischerei zudem starken Marktschwankungen und großer Konkurrenz unterworfen ist, erfährt die Fischerei seit Jahren erhebliche Umsatzrückgänge, die die Arbeitslosigkeit der Bevölkerung vergrößern. In Labrador ist auch der Fang von Walen und Seehunden von Bedeutung.

Weitere wichtige Wirtschaftszweige sind die Holzwirtschaft mit Zellulose- und Papierfabriken im Westen Newfoundlands und der Bergbau. In Labrador wurden große Eisenerzvorkommen bei Labrador City und Wabush erschlossen, die fast die Hälfte des ka-

Winter im Bay Roberts Harbour

nadischen Eisenerzes ausmachen. Außerdem werden Kupfer, Blei, Zink und Asbest abgebaut. Auf der Bohrinsel Hibernia, 315 km vor der Küste Newfoundlands, wurde im November 1997 mit der Erdölförderung aus dem Atlantik begonnen. Für die mit großen wirtschaftlichen Problemen kämpfende Provinz erhofft man sich dadurch eine spürbare Konjunkturbelebung. Die Landwirtschaft ist nur wenig ausgeprägt und nur für die regionale Versorgung ausreichend; dagegen gewinnt der Tourismus an Bedeutung. Es sind vor allem Jäger und Angler, Wanderer und Naturliebhaber, die die einsame Provinz aufsuchen.

Mit der Nutzung erneuerbarer Energien wird heute ein neues Energiepotenzial erschlossen, das für die gesamte kanadische Wirtschaft und die Weltpolitik von großer Bedeutung ist, da sich der CO_2-Ausstoß und somit der Treibhauseffekt verringert.

Die **Arbeitslosigkeit** ist mit 13,3 % (Oktober 2016, Quelle: Statistics Canada) zwar immer noch höher als der Landesdurchschnitt von 7 %, aber auch für Newfoundland & Labrador registriert Statistics Canada eine Zunahme der Arbeitsplätze und damit den niedrigsten Stand der Arbeitslosigkeit seit vielen Jahren.

Geschichtlicher Überblick

Ausgrabungen in Port aux Choix beweisen, dass Newfoundland schon vor ca. 6.000 Jahren von Indianern besiedelt war; die Ausgrabungen von L'Anse aux Meadows, die von 1961–1967 durchgeführt wurden, brachten Überreste einer Wikingersiedlung aus der Zeit um 1000 n. Chr. ans Licht. Es wird vermutet, dass zu diesen Wikingern auch **Leif Erikson** gehörte, der von Island über Grönland nach Newfoundland segelte und es „Vinland" nannte. 1497 entdeckte der in englischen Diensten stehende Italiener **Giovanni Caboto** (John Cabot) die Insel und gab ihr den Namen „New Founde Land". Er wies nach seiner Rückkehr nach England auf die ertragreichen Fanggründe vor Newfoundland hin, und schon bald verbrachten englische, französische, portugiesische und spanische Fischer die Sommermonate vor Newfoundland. 1583 erklärte der englische Entdecker Sir Humphrey Gilbert im Hafen von St. John's den Anspruch der englischen Königin Elisabeth I. auf das Land. Newfoundland wurde zur ersten britischen Kolonie in Nordamerika.

Wikingerzeit

Seit dem 17. Jh. ließen sich Franzosen an der Bucht von Placentia nieder. Die englischfranzösischen Auseinandersetzungen wurden durch den Friedensvertrag von Utrecht im Jahr 1713 beendet; Newfoundland wurde England zugesprochen, Frankreich behielt nur die beiden kleinen Inseln St.-Pierre und Miquelon vor der Südküste und das Fischereimonopol an den Küsten im Nordosten und Nordwesten Newfoundlands. Im 18. Jh. kamen viele neue Siedler nach Newfoundland, von denen die meisten von den britischen Inseln stammten. 1832 wurde der Insel die interne Selbstverwaltung zugestanden, 1855 erhielt Newfoundland volle Selbstverwaltung und 1918 den Status eines britischen Dominions. 1949 trat Newfoundland als 10. Provinz der kanadischen Konföderation bei, nachdem bei einer Volksabstimmung eine knappe Mehrheit für den Anschluss votiert hatte. Seit 1965 wird Newfoundland in Ost-West-Richtung vom Trans-Canada Highway durchzogen, von dem immer wieder Seitenstraßen zu landschaftlich reizvollen Regionen und Sehenswürdigkeiten abzweigen. Seit 2001 ist der offizielle Name der Provinz „Newfoundland & Labrador".

Reiseplanung

Sie sollten einen mindestens 8- bis 10-tägigen Aufenthalt auf Newfoundland planen. Dabei gelten die Monate Juni bis August als die günstigste Reisezeit. Ausgangsorte für die Inselfahrt können die Hauptstadt St. John's an der Ostküste sein, die Sie mit dem Flugzeug von Toronto, Montréal und Halifax erreichen, oder der Hafenort Port-aux-Basques, der mit North Sydney auf Cape Breton Island/NS durch Fährverkehr verbunden ist. In diesem Reisehandbuch wird die Inselüberquerung von Port-aux-Basques über Corner Brook und Gander nach St. John's beschrieben. Die Gesamtstrecke ist ca. 1.900 km lang.

Camper-
touren
Am besten lernen Sie die Insel kennen, wenn Sie mit dem Auto oder Camper den Trans-Canada Highway als Hauptstrecke benutzen, aber immer wieder kleine Abstecher ins Landesinnere und Ausflüge an die Küste machen. Gerade durch diese Touren werden Sie das unbekannte, unverwechselbare Newfoundland kennenlernen; alle touristischen Einrichtungen wie Restaurants, Hotels und Motels finden Sie am Trans-Canada Highway.

☞ **Tipp**
Wenn Sie nicht die gesamte Strecke mit dem Auto fahren möchten, besteht die Möglichkeit, den Ostteil der Insel von St. John's aus zu erkunden, dann nach Corner Brook zu fliegen und von dort aus Ausflüge in den Westteil zu unternehmen.

Das Zubehör der Fischerboote am Ende der Saison

Von Port-aux-Basques über Corner Brook zum Gros Morne National Park mit einem Abstecher nach L'Anse aux Meadows

Von Port-aux-Basques folgen Sie bis Deer Lake dem Trans-Canada Highway (Hwy 1) und von dort dem Hwy 430 bis zum Gros Morne National Park. Die Entfernung beträgt ca. 295 km.

Port-aux-Basques

Port-aux-Basques, auch Channel-Port-aux-Basques genannt, hat den wichtigsten Fähr- *Fährhafen* hafen Newfoundlands mit Schiffsverbindungen nach North Sydney/NS. Hier, im ersten Ort, den Sie nach Ihrer Überfahrt von Nova Scotia auf Newfoundland sehen, lernen Sie gleich die typische Architektur der Insel mit ihren in Pastellfarben gestrichenen, auf Stelzen dicht am Meer liegenden Häusern kennen.

Port-aux Basques erhielt seinen Namen zur Erinnerung an die baskischen Fischer, die im frühen 16. Jh. nach Newfoundland kamen. Zu jener Zeit war Port-aux-Basques eine Fischstation für Basken, Franzosen und Portugiesen. Heute ist der Ort an der Südwestspitze Newfoundlands, in dem ca. 4.500 Menschen leben, ein bedeutendes Fischereizentrum.

Reisepraktische Informationen zu Port-aux-Basques

Information
Visitor Information Centre, *Trans-Canada Highway*, ☎ 709-695-2262, *www. portauxbasques.ca, modernes Informationsbüro nur wenige Minuten vom Fährhafen entfernt.*

Fähre
Reservierungen für die Überfahrt von und nach Newfoundland – Nova Scotia übernimmt **Marine Atlantic**, ☎ 1-800-341-7981, *www.marine-atlantic.ca.*
Port-aux-Basques – North Sydney/NS, *160 km; ganzjährig, Fahrzeit. ca. 6 Std., für die Tag- und Nachtfahrten können Sie Kabinen buchen; Abfahrtszeiten Ende Juni–Mitte Sept. 2–3-mal tgl., sonst 1–2-mal tgl., Fahrpreis einfache Fahrt Erwachsene $ 43.50, Senioren $ 40, Kinder von 5–12 J. $ 20.15, Pkw $ 113.30.*

Unterkunft
Die nachstehenden, einfachen Hotels liegen nahe am Trans-Canada Highway, haben einen Speise- und einen kleinen Aufenthaltsraum:
$$ **Radio Station Inn B&B**, *100 Caribou Rd.*, ☎ 709-695-2906, *www.radiostationinn. com, kleines Haus mit fünf Zimmern in der Nähe des Fähranlegers, geöffnet Mai–Okt.*
$$ **Right Off Da Boat B&B**, *3 Dennis Rd.*, ☎ 709-695-2906, *das kleine Bed and Breakfast bietet drei solide und recht günstige Zimmer mit Gemeinschaftsbad.*
$$–$$$ **Hotel Port-aux Basques**, *2 Grand Bay Rd.*, ☎ 709-695-2171 *oder* 1-877-695-2171, *http://hotel-port-aux-basques.com, ganzjährig geöffnetes Motel mit 47 Zimmern und drei Suiten, Restaurant und Fitnessraum.*
$$$ **St. Christopher's Hotel**, *146 Caribou Rd.*, ☎ 709-695-3500, *www.stchrishotel. com/, zweistöckiges Hotel mit 83 geräumigen Zimmern, mit schönem Blick auf den Hafen, nicht weit vom Fähranleger entfernt.*

Ausflüge
Bevor Sie nach Norden aufbrechen, können Sie über den Hwy 470 einen Ausflug nach **Rose Blanche** machen, der Sie durch einsame Fischerdörfer und zur Cabot Strait führt. Vom 1873 erbauten Leuchtturm in Rose Blanche haben Sie einen großartigen Ausblick auf die Cabot Strait, auf deren Grund ca. 40 Schiffswracks liegen.

Von Port-aux Basques nach Corner Brook

Wildreichtum

Die Strecke zwischen **Cape Ray** und **Corner Brook** mit kargen Berglandschaften und bewaldeten Hügeln und Tälern ist bekannt wegen ihres Wildreichtums; hier können Sie Elche, Karibus und Weißkopfadler sehen. Der **Codroy River** ist wegen seiner reichen Lachsvorkommen sehr beliebt; im **Grand Codroy Provincial Park** bieten sich gute Möglichkeiten zum Schwimmen und Kanufahren, ebenso kann man wandern oder angeln. Im 3.465 ha großen **Barachois Pond Provincial Park** gibt es ein Hotel und einen Campingplatz; für Interessierte werden geführte Wanderungen und Naturprogramme angeboten.

Die **Port-au-Port-Halbinsel**, die zu den schönsten Landstrichen im Südwesten Newfoundlands zählt, wird auch die „französische Küste" genannt, da sich hier die Nachkommen französischer Fischer von den Kanalinseln niedergelassen hatten. Während die Südküste der Halbinsel von steilen Klippen geprägt ist, besitzt die Nordküste lang, weite Sandstrände. Immer wieder bieten sich von der Küste sehr schöne Ausblicke auf das Meer.

Der **Blue Pond Provincial Park** liegt nur wenige Kilometer vor Corner Brook. Hier gibt es zwei von unterirdischen Quellen gespeiste Süßwasserseen, gute Möglichkeiten zum Wandern und Schwimmen sowie einen Campingplatz.

Corner Brook

Versorgungszentrum

Corner Brook ist mit ca. 20.000 Einwohnern die zweitgrößte Stadt Newfoundlands und mit Behörden, Einkaufsmöglichkeiten, Krankenhaus und Universität das Versorgungszentrum für den Westen Newfoundlands. Sie liegt an der Mündung des Humber River, der wegen seiner großen Lachsbestände bekannt ist. Die Wirtschaft des Ortes wird von der „Corner Brook Pulp & Paper Mill" bestimmt, deren Papierproduktion mit 500.000 t pro Jahr zu den größten der Welt zählt. Sehenswert ist das **Arts and Cultural Centre**, University Drive, mit Ausstellungen zur Geschichte der Westküste Newfoundlands; architektonisch interessant ist das zehnstöckige **Government Centre** an der Mount Bernard Avenue.

Nördlich von Corner Brook liegt **Marble Mountain**, das einzige Skigebiet Newfoundlands.

In der Umgebung Corner Brooks finden sich viele schöne Ausflugsziele an der **Bay of Islands**, die Sie über die Highways 440 und 450 erreichen. Beide Strecken bieten Ihnen immer wieder überwältigende Ausblicke auf die weite Bucht mit ihren schönen Stränden.

Reisepraktische Informationen zu Corner Brook

 Information
Corner Brook Visitor Information Centre, 15 Confederation Dr., ☎ 709-639-9792, www.cornerbrook.com.

Unterkunft

$$$ Comfort Inn, 41 Maple Valley Rd., ☎ 709-639-1980, www.cornerbrookcom fortinn.com, angenehmes Hotel mit gut ausgestatteten Zimmern und schönem Blick auf die Bay of Islands, nahe der Corner Brook Mall, nicht weit vom Zentrum entfernt, leichte Zufahrt vom Trans-Canada Highway.

$$$ The Glynmill Inn, 1B Cobb Ln., ☎ 709-634-5181 oder 1-800-563-4400, www.stee lehotels.com, 81 ansprechend eingerichtete Zimmer in einem Tudor-Landgasthaus von 1924 mit Restaurant im Carriage House, Weinkeller und Pub, in der Lobby gibt es eine Galerie mit örtlichem Kunsthandwerk.

Restaurants

Mamateek Restaurant & Pub, 64 Maple Valley Rd., ☎ 709-639-8901, vom Speisesaal bietet sich ein großartiger Blick auf den Hafen und auf den Berg, Spezialitäten sind Fischgerichte und „crab au gratin", Hauptgerichte ab $ 8.

Shez West, 13 West St., ☎ 709-632-2255, das Restaurant hat sich durch seine innovative Küche mit frischen Zutaten schnell einen sehr guten Ruf erworben, Hauptgerichte ab $ 12.

The Glynmill Inn, 1B Cobb Lane, ☎ 709-634-5181, bekanntes Restaurant mit Steakspezialitäten und gutem Weinkeller.

Harbour Grounds, 9 Humber Rd., ☎ 709-639-1677, das freundliche Café eignet sich gut für einen Snack zwischendurch oder einen Kaffee oder Tee auf der Terrasse mit Blick aufs Wasser.

Deer Lake

Der kleine Ort Deer Lake, der um 1890 als Holzfällerlager gegründet wurde, liegt am gleichnamigen See in einer waldreichen Umgebung. Er ist Ausgangspunkt für die Fahrt zum Gros Morne National Park und weiter nach Norden zur Wikingersiedlung L'Anse aux Meadows. In Deer Lake gibt es ein **Besucherzentrum**, in dem Sie ausführliches Informationsmaterial über den Gros Morne Nationalpark und den „Viking Trail" erhalten.

Unterkunft

$$ Lush's Cottages and B&B, 116 Veterans Dr., Cormack, ☎ 709-635-7253 oder 1-877-635-7253, www.lushscottages.com, die ganzjährig geöffnete Anlage verfügt über sechs 2-Zimmer-Cottages, zwei Suiten, ein Apartment und drei Zimmer; geeigneter Ausgangsort für die Fahrt zum Gros Morne National Park.

$$$ Deer Lake Motel, Trans-Canada Highway, ☎ 709-635-2108 oder 1-800-563-2144, www.deerlakemotel.com, ansprechend eingerichtetes Motel, günstig zum Flughafen gelegen und nur 37 km vom Gros Morne National Park entfernt, mit Frühstücksbuffet, freundlicher Service.

Von Deer Lake zum Gros Morne National Park

Von Deer Lake führt der Hwy 430, der auch „Viking Trail" genannt wird, zum Gros Morne National Park und weiter an der Westküste Newfoundlands nach Norden bis L'Anse aux Meadows. Für die Rückfahrt müssen Sie dieselbe Straße wieder benutzen. Die Entfernung beträgt ca. 430 km pro Strecke.

Wiltondale

Wiltondale liegt am Eingang zum Gros Morne National Park. Der **Entrance Kiosk** ist von Mitte Mai–Mitte Oktober von 9–17 Uhr geöffnet.

Gros Morne National Park

Ein Besuch des Gros Morne National Park gehört zu den Höhepunkten einer New-foundlandreise. Der Park zählt zu den landschaftlich reizvollsten Gegenden Nordamerikas und wurde 1988 UNESCO-Weltnaturerbe.

Der große Nationalpark breitet sich auf 1.805 km² im Gebiet der **Long Range Mountains** aus, die zu den ältesten Gebirgen der Erde gehören und im Laufe der Zeit von Eisvorstößen und durch Erosion geprägt wurden. Die Abhänge des 806 m hohen **Gros Morne Mountain** laufen auf einem von spärlicher „Tundra" bewachsenen Tafelland aus, dessen Klippen plötzlich 600–750 m tief ins Meer abfallen. Der Nationalpark
Fjordland- beeindruckt durch seine herrlichen Fjordlandschaften, dicht bewaldete Bergzüge,
schaften schroffe Felsen, die zum tiefblauen Meer abfallen, und kleine Seen mit kristallklarem Wasser. Die Pflanzenwelt ist durch die Anpassung an die rauen klimatischen Verhältnisse gekennzeichnet, vom Tang an der Küste bis zur Tundra-ähnlichen Vegetation auf dem Bergplateau. Besonders schön sind die wilden Orchideen im Frühling. Im Park gibt es eine reiche Tierwelt, zu der auch Schwarzbären, Elche, Karibus, Füchse, Schneehasen, Otter und Biber gehören; in den Lüften werden Sie Weißkopfadler und Seeadler sehen können. Mehr als 230 Vogelarten wurden beobachtet, von denen einige hier auch ihre Brutplätze finden.

In früherer Zeit, von ca. 2500 v. Chr. bis 700 n. Chr., war das Land von Indianern und Inuit besiedelt.

Reisepraktische Infos zum Gros Morne National Park

ℹ Information

Das **Informationszentrum**, ☎ *709-458-2417, www.pc.gc.ca, liegt 3 km südlich von Rocky Harbour, der Park ist ganzjährig geöffnet, das Informationszentrum Ende Juni–Anfang Sept. tgl. 8–20, Mai–Ende Juni und Sept./Okt. 9–17 Uhr, Eintritt Mitte Mai–Mitte Okt. Erwachsene $ 10, Senioren $ 8.50, Kinder von 6–16 J. $ 5, Familienkarte $ 20, Okt.–Mai ermäßigte Preise.*

⚠ Camping

Im Park gibt es Übernachtungsmöglichkeiten auf fünf Zeltplätzen: Green Point ist ganzjährig geöffnet, Lomond von Mitte Mai–Mitte Okt. die übrigen Plätze von Anfang Juni–Mitte Sept. Für mehrtägige Wanderungen mit Übernachtungen außerhalb der Zeltplätze brauchen Sie eine Genehmigung, die Sie im Besucherzentrum erhalten. Reservierungen: ☎ *1-519-826-5391 oder 1-877-737-3783, www.pc.gc.ca. Bei den Campingplätzen Lomond und Green Point ist allerdings keine Reservierung möglich (first-come, first-served).*

🚶 Wandern

Zwölf Wanderwege durchziehen den Park, von denen der James Callaghan Trail und der Green Gardens Trail die beliebtesten sind.
Der **James Callaghan Trail** *beginnt 4 km südlich von Rocky Harbour und führt auf einer teilweise beschwerlichen Wanderung bergan auf den Gros Morne Mountain. Vom Gipfel haben Sie einen überwältigenden Blick auf den Park und auf die Küstenorte. Die Wanderung dauert hin und zurück ca. 7 Std.*
Der **Green Gardens Trail** *beginnt 10 km südwestlich von Woody Point am Hwy 431 und führt an der Küste entlang.*

Long Point Lighthouse (s. S. 574)

Bootstouren

In Western Brook Pond und Bonne Bay werden von Mitte Juni–Mitte Sept. Bootsfahrten angeboten.
Western Brook Pond Boat Tour, ☎ 709-458-2016 oder 1-888-458-2016, www.bontours.ca, *zweistündige Bootsfahrten mit ca. 45-Minuten-Weg vom Parkplatz zum Dock, Abfahrten: Juli/Aug. 7-mal tgl., Juni/Sept. 12.30 Uhr. Ticketverkauf im Ocean View Hotel in Rocky Harbour, am Dock in Western Brook Pond oder online.*

Schwimmen

Nur ganz abgehärtete Schwimmer wagen sich ins Wasser, denn auch im Hochsommer steigen die Wassertemperaturen kaum über 15 °C.

Ortschaften im Gros Morne National Park

Von Wiltondale führt der Hwy 431 am Little Bonne Bay Pond entlang durch ein hügeliges Seengebiet zur Bonne Bay, einem tiefen Fjord mit steil abfallenden Felsenhängen, die teilweise dicht bewaldet sind. Das intensive Grün und Blau der Landschaft wird nur von den pastellfarbenen Häusern der kleinen Fischerdörfer unterbrochen, wie z. B. in den Ortschaften Trout River und Woody Point, zwei reizvollen Dörfchen in einer eindrucksvollen Landschaft, wo man den Fischern zuschauen kann, die die gerade gefangenen Fische verarbeiten oder ihre Netze, Hummerkörbe oder Angelgeräte reparieren.

Unterkunft

$$ Aunt Jane's Place B&B, *1 Water St., Woody Point,* ☎ 709-453-2485 *oder 1-866-453-2485, www.grosmorneescapes.com/accomodations, historisches Bed&Breakfast-Haus aus dem Jahre 1920 mit fünf Gästezimmern.*

Norris Point, 1833 gegründet, ist ein malerisches Fischerdorf an der Bonne Bay mit dem Forschungszentrum **Bonne Bay Marine Station**, wo Führungen u. a. durch das Aquarium angeboten werden.
Bonne Bay Marine Station, *Norris Point Waterfront,* ☎ 709-458-2550 *oder 709-458-2874, www.bonnebay.ca, geöffnet Ende Mai–Ende Aug. tgl. 9–17, Sept. Mi–So 9–17 Uhr.*

Streckenhinweis

Von Wiltondale aus führt der Hwy 430 an der Bonne Bay entlang nach Rocky Harbour und weiter nach L´Anse aux Meadows. Entfernung ca. 450 km.
Eine Nebenstrecke führt von Wiltondale nach Woody Point und weiter über Norris Point nach Rocky Harbour; diese Strecke empfiehlt sich nur, wenn die Fähre von Woody Point nach Norris Point verkehrt. Die Fährverbindung wurde aber zwischenzeitlich mehrmals eingestellt. Erkundigen Sie sich deshalb unbedingt vor Antritt der Fahrt im Informationszentrum am Eingang zum Gros Morne National Park. Falls die Fähre verkehrt, kann man von Woody Point über die Bonne Bay übersetzen nach Norris Point und von dort aus nach Rocky Harbour und zum Hwy 430 fahren.

Boots- und Wandertouren
Auf Bootsausflügen oder Kayaktouren erhält man die besten Gelegenheiten, die Bonne Bay richtig kennenzulernen.
Bon Tours, *Norris Point,* ☎ *709-458-2016 oder 1-888-458-2016, www.bontours.ca, Bonne Bay Tour: Abfahrten Juli/August tgl. 10 und 14 Uhr, Juni/Sept. 14 Uhr, Fahrpreis: Erwachsene $ 45, Jugendliche von 12–16 J. $ 19, Kinder bis 11 J. $ 16; Discovery Tour: Erwachsene $ 30, Jugendliche $ 17, Kinder $ 8.*
Gros Morne Adventures, *Norris Point,* ☎ *709-458-2722 oder 1-800-685-4624, www.grosmorneadventures.com, zwei- und mehrstündige geführte Kayaktouren, Fahrpreis: Erwachsene ab $ 59, Jugendliche ab $ 49. Das Unternehmen bietet auch ganztägige geführte Wandrungen zum Big Lookout und zu den Tablelands an, $ 149.*

Rocky Harbour

Auf dem Hwy 430 kommen Sie zum Ort Rocky Harbour, der sehr malerisch an der Bonne Bay liegt und Übernachtungsmöglichkeiten und Ausflugsfahrten mit dem Boot bietet.

Reisepraktische Informationen zu Rocky Harbour

i **Information**
Town of Rocky Harbour, *73 Main St.,* ☎ *709-458-2376, www.rockyharbour.ca, geöffnet Mo–Fr 9–17 Uhr.*

Unterkunft
$$ **Bottom Brook Cottages**, *36 Main St.,* ☎ *709-458-2236 oder 1-866-922-2236, www.bottombrookcottages.ca, ganzjährig geöffnetes Haus mit Cottages, Restaurant.*
$$ **The Ocean View Hotel**, *42 Main St.,* ☎ *709-458-2730 oder 1-800-563-9887, www.theoceanview.ca, beliebtes Motel mit geräumigen Zimmern, teilweise mit Meerblick, Restaurant, hier erhalten Sie Tickets für organisierte Bootsfahrten zum Western Brook Pond und zur Bonne Bay.*

Bootstouren
Bon Tours, *42 Main St. , im Ocean View Motel,* ☎ *709-458-2016 oder 1-888-458-2016, www.bontours.ca, zwei- und mehrstündige Ausflugsfahrten durch die* **Bonne Bay** *und zum* **Western Brook Pond**, *Abfahrt jeweils ab Norris Point.*

Sie fahren auf dem Hwy 430 weiter nach **Sally's Cove**; der große Parkplatz ist Ausgangspunkt für einen 8 km langen Rundwanderweg, der durch dichte Wälder und sumpfige Wiesen zum Rand des **Western Brook Pond** führt. Dies ist eine der schönsten Landschaften Ostkanadas, eine 200 m tiefe Schlucht, die sich durch die Long Range Mountains zieht und von 600 m hoch aufragenden Klippen begrenzt ist. Auf einer Bootsfahrt sehen Sie tief einschneidende Fjorde und Wasserfälle, die 600 m tief herabstürzen. Im Fischerdorf **St. Paul's**, das an einem Fjord liegt, werden Seehund-Beobachtungsfahrten angeboten, in **Shallow Bay** gibt es ausgezeichnete Wandermöglichkeiten, und in **Cow Head** soll der französische Entdecker Jacques Cartier 1534 geankert haben.

Fjorde und Wasserfälle

Vom Gros Morne NP nach L'Anse aux Meadows

 Hinweis
Entfernung: ca. 365 km pro Strecke, Fahrzeit: ca. 5 Stunden. Die Rückfahrt erfolgt auf derselben Route über Rocky Harbour nach Deer Lake.

Nachdem Sie den Gros Morne National Park durchfahren haben, führt der „Viking Trail" Sie an der Küste entlang durch kleine Fischerdörfer wie **Portland Creek** und **River of Ponds**, das wegen reicher Lachsvorkommen bekannt ist und ein Walmuseum besitzt, zu schönen Provinzparks mit guten Campingplätzen und vielen Wandermöglichkeiten, wie z. B. dem **River of Ponds Provincial Park** und dem **Arches Provincial Park**.

Einfaches Leben

Aus-
grabungen

Sehenswert ist die archäologische Stätte **Port au Choix National Historic Site** 15 km westlich von **Port Saunders**. 1967 stieß man bei Ausschachtungsarbeiten für ein neues Gebäude auf menschliche Knochen, Waffen und Werkzeuge. Archäologische Grabungen legten vier alte Friedhöfe mit 54 Gräbern frei, die aus dem 2. und 3. Jahrtausend v. Chr. stammen. Die Funde belegen, dass dieses Gebiet um 2300 v. Chr. von maritimen archaischen Indianern bewohnt war, später lebten Dorset- und Groswater-Inuit hier, die um 1100 n. Chr. von den Beothuk-Indianern verdrängt wurden. Im Besucherzentrum sind die Funde ausgestellt.

Port au Choix National Historic Site, *Point Riche Rd.,* ☎ *709-861-3522, www.pc.gc. ca, geöffnet Mitte Juni–Mitte Sept. tgl. 9–17 Uhr, Eintritt Erwachsene $ 8, Senioren $ 6.50, Kinder 6–16 J. $ 4, Familie $ 20.*

Der „Viking Trail" führt durch weitere Ortschaften wie **Plum Point** und **St. Barbe**, wo es eine Fähre nach **Blanc Sablon/QC** gibt.

Fähre

Marine Transportation Services, ☎ *709-535-0810 oder 1-866-535-2567, www.tw.gov.nl.ca/ferryservices, Ende Juni–Mitte Sept. 3-mal tgl., sonst 1–2-mal tgl., keine Fahrten im Februar/März, Fahrpreis: Erwachsene $ 11.75, Senioren, Studenten und Kinder $ 9.50, Pkw $ 35.25.*

Die Straße umrundet die nördliche Spitze von Newfoundland; jetzt werden Sie schon die weißen Spitzen der Eisberge erkennen, die im Sommer von der Westküste Grönlands nach Labrador ziehen. In **Eddies Cove** zweigt die Straße nach L'Anse aux Meadows ab.

L'Anse aux Meadows National Historic Site

Welt-
kulturerbe

L'Anse aux Meadows National Historic Site liegt an der Nordspitze der „Great Northern Peninsula". Hier wurde bei Ausgrabungen eine Siedlung aus der Zeit der Wikinger entdeckt, die seit 1978 UNESCO-Weltkulturerbe ist. 1960 machten sich die Norweger Helge und Anne Stine Ingstad auf die Suche nach der legendären Vinland-Siedlung, von der in den alten Sagas der Norweger berichtet wird. Sie fanden die überwachsenen Erdhügel von L'Anse aux Meadows und stießen bei den 1961–1968 durchgeführten Ausgrabungen auf die Grundmauern von Häusern, die in der Zeit um 1000 n. Chr. von Wikingern aus Grassoden errichtet worden waren. Sie legten drei Wohngebäude, in denen jeweils etwa 20 Menschen leben konnten, eine Schmiede und vier kleine Werkstätten frei, die die bisher einzigen authentischen Siedlungsspuren der Wikinger in Nordamerika sind. Zu den Funden gehören Werkzeuge, bearbeitete Knochen, Torf und Holzkohle. Archäologen gehen davon aus, dass Leif Erikson mit seinen Wikingern um das Jahr 1000 n. Chr. auf seiner Fahrt von Norwegen nach Grönland durch starke Strömungen und Stürme an die Küste Nordamerikas verschlagen wurde. Er nannte das entdeckte Land „Vinland". Archäologen haben einige dieser Erdhäuser rekonstruiert, die besichtigt werden können. Im Besucherzentrum sind die Funde ausgestellt; in einem Film wird die Arbeit der norwegischen Archäologen dargestellt.

L'Anse aux Meadows National Historic Site, ☎ *709-623-2608, www.pc.gc.ca, ganzjährig geöffnet, Besucherzentrum von Mitte Juni–Ende Sept. 9–18 Uhr, Anfang Juni/Anfang Okt. 9–17 Uhr, Eintritt Erwachsene $ 12, Senioren $ 10, Kinder und Jugendliche 6–16 J. $ 6, Familienkarte $ 30.*

Alljährlich findet das **Wikinger-Festival** mit zahlreichen Veranstaltungen statt. Ein Rundgang über nachgebaute Schiffe und durch alte Lagerhäuser, Bootsfahrten, Sagen und traditionelle Musik vermitteln einen lebendigen Eindruck von der Lebenswelt und der Kultur der Wikinger.

Südlich von L'Anse aux Meadows liegt der Ort **St. Anthony** mit dem Sitz der „Grenfell-Stiftung", einer sozialen Einrichtung, die die abgeschieden lebenden Bewohner des nördlichen Newfoundland & Labradors medizinisch versorgt.

Unterkunft
$$$ **Valhalla Lodge B&B**, *265 Gunner's Cove,* ☏ *709-754-3105 oder 1-877-623-2018, www.valhalla-lodge.com, von Mai–Okt. geöffnet, von Wanderwegen umgeben, ca. 8 km vom Nationalpark entfernt. Die fünf Zimmer, jeweils mit eigenem Bad, sind mit hellen Möbeln freundlich im skandinavischen Stil eingerichtet. In der Bibliothek finden Sie eine gute Auswahl an Newfoundland-Literatur.*
$$$ **Grenfell Heritage Hotel and Suites**, *1 McChada Drive,* ☏ *709-454-8395 oder 1-888-450-8398, www.grenfellheritagehotel.ca, in der Ortsmitte gelegenes Hotel mit 20 wohnlich eingerichteten Zimmern, freundlicher Service.*

Vom Gros Morne National Park nach Gander

Auf dieser Fahrt durchqueren Sie Zentral-Newfoundland, dessen Landschaft durch Moore, Sümpfe, dichte Wälder, Flüsse und Seen gekennzeichnet ist. Besonders reizvoll sind die kleinen Küstenorte, die sich in vielen Buchten und auf den vorgelagerten Inseln an die Felsen schmiegen. Hier können Sie noch das ursprüngliche Leben der Neufundländer kennenlernen.

☞ Streckenhinweis

Die Entfernung beträgt ca. 300 km. Sie fahren vom Gros Morne National Park zurück nach Deer Lake und folgen dann immer dem Hwy 1 bis Gander.

Am **Sandy Lake** zweigt der Hwy 410 zur Halbinsel **Baie Verte** ab, die wegen ihrer landschaftlichen Schönheit einen Besuch wert ist und schöne Provinzparks mit guten Übernachtungsmöglichkeiten besitzt, wie z. B. den **Flatwater Pond Provincial Park** oder den **Indian River Provincial Park**, wo Sie mit etwas Glück Karibus beobachten können.

Im Norden von **Springdale**, wo es Übernachtungsmöglichkeiten und Restaurants gibt, breitet sich die **Notre Dame Bay** mit vielen Buchten und Inseln aus.

Ein Abstecher über den Hwy 380, den Beothuk Trail, führt nach **Robert's Arm**. Dies ist *Urein-* die Heimat der **Beothuk-Indianer**, die hier lange vor der Ankunft der Franzosen und *wohner* Engländer lebten, von diesen jedoch später ausgerottet wurden. 1823 wurden die beiden letzten lebenden Beothuk-Indianer, Shanawdithit und Demasduit (Mary March), in der Nähe von South Brook gefangen genommen. Shanawdithit, die von den Weißen Nancy genannt wurde, fertigte zahlreiche Zeichnungen an, die die Mythen, Geschichten und Lebensgewohnheiten ihres Stammes verdeutlichten und den Forschern wichtige Hinweise auf die Beziehungen der Beothuk zu anderen Indianerstämmen im Nordosten Amerikas gaben.

Badger ist vor allem ein Treffpunkt für Jäger und Angler, die am Exploit River und am Red Indian Lake gute Bedingungen vorfinden. Im nahegelegenen **Mary March Provincial Park** können Sie an der Stelle übernachten, wo die Beothuk-Indianer ihr Winterlager aufschlugen. Der Highway folgt dem Lauf des Exploits River und führt nach Grand Falls.

Grand Falls-Windsor

1991 wurden die Städte Grand Falls und Windsor zusammengeschlossen. Grand Falls-Windsor ist mit 13.700 Einwohnern die fünfgrößte Stadt der Provinz Newfoundland & Labrador. In Grand Falls, das 1909 gegründet wurde, gibt es viele Holz verarbeitende Betriebe, u.a. auch Papierfabriken, die zu den weltweit größten Lieferanten von Zeitungspapier gehören.

Das **Mary March Provincial Museum** zeigt die Geschichte der Besiedlung Newfoundlands von den Anfängen bis zur Gegenwart. Eine Ausstellung widmet sich der Kultur der Beothuk-Indianer, die hier beheimatet waren.
Mary March Provincial Museum, *24 St. Catherine St.,* ☎ *709-292-4522, www.therooms.ca/museums#Mary, geöffnet Ende April–Anfang Okt. Mo–Sa 9–16.30, So 12–16.30 Uhr, Eintritt Erwachsene $ 2.50, Kinder und Jugendliche frei.*

Das am Exploits River liegende **Salmonid Interpretation Centre**, eines der größten seiner Art in Nordamerika, informiert in mehreren Ausstellungen über den Lebenszyklus des atlantischen Lachses.
Salmonid Interpretation Centre, *100 Taylor Dr.,* ☎ *709-489-7350, www.exploitsriver.ca, geöffnet Mitte Juni–Mitte Sept. tgl. 8–20 Uhr, Eintritt Erwachsene $ 7, unter 12 Jahre $ 5.*

Im Juli lockt jedes Jahr das mehrtägige **Salmon Festival** mit vielen Konzerten (Infos: *www.evsalmonfestival.com*).

Reisepraktische Informationen zu Grand Falls-Windsor

i   **Information**
Town of Grand Falls-Windsor, *5 High St., Town Hall,* ☎ *709-489-0407, www.townofgrandfallswindsor.com.*

🛏   **Unterkunft**
$$ Carriage House Inn and B&B, *181 Grenfell Heights,* ☎ *709-489-7185 oder 1-800-563-7133, http://carriagehouseinn.ca, das ruhig gelegene Haus kann mit zwölf ansprechend eingerichteten Zimmern aufwarten und serviert seinen Gästen jeden Morgen ein reichhaltiges Frühstück.*
$$$ Hill Road Manor, *1 Hill Rd.,* ☎ *709-489-5451 oder 1-866-489-5451, www.hillroadmanor.com, das 1939 gebaute Haus bietet geräumige, stilvoll eingerichtete Zimmer, einen schönen Garten und ein gutes Frühstück.*
$$$ Hotel Robin Hood, *78 Lincoln Rd.,* ☎ *709-489-5324, www.hotelrobinhood.com, das familiengeführte Hotel bietet recht große Zimmer sowie Suiten, darunter die Maid Marion Suite für bis zu 4 Personen.*

👁   **Ausflug**
Wenn Sie viel Zeit zur Verfügung haben, können Sie über den Hwy 360 nach Süden bis nach **Harbour Breton** *fahren. Diese Fahrt führt durch raue Wildnis und zu kleinen Ortschaften, deren Bewohner noch stark an den überlieferten Bräuchen festhalten. Da es nur diese Straße nach Harbour Breton gibt, müssen Sie die 156 km lange Strecke allerdings auch wieder zurückfahren.*

Streckenhinweis

Vom Hwy 1 zweigt der Hwy 340 nach Lewisporte und Twillingate ab. Von Twillingate können Sie zurück über die Hwys 331 und 330 nach Gander fahren.

Lewisporte

Lewisporte wurde um 1880 gegründet und ist heute mit ca. 3.300 Einwohnern ein lebhafter Hafenort an der Notre Dame Bay mit einer schönen Marina, einigen Übernachtungsmöglichkeiten und dem **Lewiston Train Park.** 1887 war eine Eisenbahnverbindung nach Notre Dame Junction gebaut worden, die jedoch in den 1980er-Jahren stillgelegt wurde. Der ehemalige Bahnhof wurde zu einem kleinen Museum mit liebevoll restaurierten Lokomotiven und Eisenbahnwagen umgestaltet und ist mit Picknickplätzen Ausgangspunkt für einen Wanderweg.
Lewiston Train Park, *152 Main St.,* ☎ *709-535-2737, geöffnet Ende Juni–Ende Aug.*

Reisepraktische Informationen zu Lewisporte

i **Information**
Town of Lewisporte, *152 Main St.,* ☎ *709-535-2737, www.lewisportecanada.com, geöffnet Mo–Fr 9–16 Uhr.*

Unterkunft
$$ Brittany Inns, *373 Main St.,* ☎ *709-535-2533 oder 1-800-563-8386, kleines, einfaches, nicht mehr taufrisches Gasthaus mit Restaurant, Aufenthaltsraum und Blick auf den Hafen von Lewisporte.*
$$ Ocean View B&B, *210 Main St.,* ☎ *709-535-8181 oder 1-709-541-3067, www.bbcanada.com/9104.html, das ganzjährig geöffnete Haus bietet vier gemütlich eingerichtete Zimmer mit Bad. Schöner Blick auf den Hafen von Lewisporte, nicht weit vom Fähranleger entfernt.*

Twillingate

Twillingate wurde bereits um 1720 von bretonischen Seeleuten unter dem Namen „Toulinguet" gegründet. Der Ort, in dem heute etwa 2.200 Menschen leben, liegt im ehemaligen Lebensraum der Beothuk-Indianer an der Mündung des Exploits River in die Notre Dame Bay und war ein wichtiger Handelshafen. Sehenswert ist das **Twillingate Museum** in der Nähe der St. Peters Anglican Church, das einen Eindruck vom Leben einer neufundländischen Familie um die Jahrhundertwende zeigt. Weitere Ausstellungen zeigen Funde der 3.000-jährigen Inuit-Kultur und Tagebücher und Aufzeichnungen von John Peyton, der Kontakte zu den letzten Beothuk-Indianern hatte.
Twillingate Museum, ☎ *709-884-2825, www.tmacs.ca, geöffnet Mai–Okt. tgl. 9–17 Uhr, Eintritt Erwachsene $ 1, Kinder 50 cent.*

Der Tourismus gewinnt zunehmend an Bedeutung. Dabei profitiert Lewisporte von den ausgezeichneten Möglichkeiten zur Walbeobachtung und, wie Newfoundland überhaupt, von der zunehmenden Sichtung von Eisbergen. Besonders lohnend ist ein Besuch des

Ortes im Mai und Juli. In dieser Zeit können Sie verschiedene Walarten und Delfine, aber auch Eisberge sichten, die vor der Küste nach Süden driften. Vom Leuchtturm in **Long Point** sind die Ausblicke höchst eindrucksvoll.

Reisepraktische Informationen zu Twillingate

i Information

Twillingate Islands Tourism Association, ☎ 709-884-1467, www.twillinga tetourism.ca.

Unterkunft

$$ Harbour Lights Inn, 189 Main St., ☎ 709-884-2763, www.harbourlightsinn.com, *nettes Haus mit neun ansprechend eingerichteten Zimmern mit Bad, freundliche, ortskundige Besitzer.*

$$$ Captain's Legacy B&B, 14 Ocher Pit Rd., ☎ 709-884-5648, www.captainslegacy. com, *viktorianisches Haus mit angenehm eingerichteten Zimmern mit eigenem Bad und schönem Ausblick auf das Meer, sehr gutes Frühstück.*

Bootstouren

Es werden von Mai–Juli 2–4-mal tgl. zwei- und mehrstündige Bootsfahrten angeboten, Fahrpreis: Erwachsene $ 50, Kinder $ 25.

Iceberg Quest Ocean Tours, ☎ 709-884-1888 oder 1-866-720-1888, http://iceberg quest.com.

Twillingate Adventure Tours, ☎ 709-884-5999 oder 1-888-447-8687, http://twillin gateadventuretours.com.

Twillingate Island Boat Tours, ☎ 1-800-611-2374, www.icebergtours.ca.

info

Eisberge

Ein Eisberg ist eine im Meer schwimmende Eismasse von unterschiedlicher Form und Größe, die sich von einem Gletscher oder einer bis an das Meer reichenden Inlandeismasse losgelöst hat und mit der Strömung im Meerwasser treibt. Von der Gesamtmasse des Eisberges ragt durchschnittlich nur etwa ein Siebtel aus dem Wasser heraus, da das spezifische Gewicht von Eis mit 0,916 g/cm³ nur wenig unter dem des Wassers liegt. Durch Einwirkung der Brandung und durch Abtauen des Eises kann sich die Lage des Schwerpunktes des Eisbergs erheblich verändern, sodass der Eisberg umkippt. Dadurch entstehen gefährliche Strudel. Bei ihrer Wanderung in wärmere Zonen schmelzen die Eisberge allmählich ab, und der aus den Herkunftsgebieten mitgeführte Moränenschutt sinkt auf den Meeresboden.

Eisberge stellen einen wesentlichen Bestandteil des Treibeises dar. Besondere Bedeutung kommt den Eisbergen im Nordatlantik zu, wo Eisberge bei der Neufundlandbank eine große Gefahr für die Schifffahrt darstellen. Die Eisberge entstammen hier den grönländischen Gletschern und werden mit dem Labradorstrom südwärts getrieben. Da die Eisberge vor der Küste von Newfoundland die Sicherheit der Erdöl-Bohrplattform „Hibernia" und ihrer Versorgungsstationen gefährden, werden sie von Versorgungsschiffen, die dort unterwegs sind, unter Beschuss genommen, damit sie den Förderanlagen nicht zu nahe kommen.

Gander

Etwa 11.000 Menschen leben in Gander, einer Stadt am nordöstlichen Ufer des 56 km   *Handels-*
langen Gander Lake. Gander ist das Handelszentrum im Nordosten Newfoundlands.   *zentrum*
Die Stadt entstand erst in den 1930er-Jahren, als dort ein Flugplatz gebaut wurde. Seitdem ist die Geschichte des Ortes eng mit der Entwicklung der Luftfahrt verbunden.
Von Gander starteten die ersten transatlantischen Flüge, während des Zweiten Weltkrieges war Gander eine wichtige Militärbasis der alliierten Streitkräfte, und nach den
Terroranschlägen am 11. September 2001 in den USA wurden Transatlantikflüge kurzfristig nach Gander umgeleitet, wo die 6.500 Passagiere mit beispielhafter Gastfreund-
schaft und Hilfsbereitschaft aufgenommen wurden.

Das neu gestaltete **North Atlantic Aviation Museum** informiert über die Geschichte der Luftfahrt im Raum Gander.
North Atlantic Aviation Museum, *135 Trans-Canada Highway*, ☎ *709-256-2923,*
northatlanticaviationmuseum.com, geöffnet Mai–Okt. Mo–Fr 9–17, Juni/Juli tgl. 9–19 Uhr,
Eintritt Erwachsene $ 6, Senioren und Kinder $ 5, Familienkarte $ 4 p. P.

Reisepraktische Informationen zu Gander

i **Information**
  Gander Tourism Chalet, *109 Trans-Canada Highway*, ☎ *709-256-7110, www.*
ganderchamber.nf.ca/tourism, im Sommer tgl. geöffnet 8–20 Uhr.

🛏 **Unterkunft**
  $$ Country Inn Motel, *315 Magee Rd.*, ☎ *709-256-4005 oder 1-877-956-*
4005, www.countryinngander.ca, das Motel bietet ordentliche Zimmer, ein Cottage mit zwei
Schlafräumen sowie einen Wohnmobilstellplatz für Camper.
$$$ Albatross Hotel, *114 Trans-Canada Highway*, ☎ *709-256-3956 oder 1-800-563-*
4900, www.steelehotels.com, älteres Hotel mit 89 einfachen Zimmern und beliebtem Restau-
rant, dessen Spezialität „cod au gratin" ist.
$$$ Comfort Inn, *112 Trans-Canada Highway*, ☎ *709-256-3535, www.choicehotels.com,*
das Hotel liegt zenral und verfügt über 64 funktionale Zimmer.

Von Gander nach St. John's

Eine reizvolle Alternative zum Hwy 1 ist der **Gander Loop**, eine Rundfahrt auf den
Hwys 330 und 320, die durch hübsche, kleine Dörfer und landschaftlich sehr schöne   *Schöne Rund-*
Gegenden führt. Bei Gambo kommen Sie dann wieder auf den Hwy 1 zurück.   *fahrt*

Südlich von Gambo liegt an der Bonavista Bay der Terra Nova National Park, den der
Highway durchquert.

Terra Nova National Park

Der ca. 400 km² große Nationalpark ist einer der beliebtesten Parks der Provinz und
beeindruckt durch überwältigende Panoramablicke und großartige Landschaften mit
bewaldeten Hügeln, zerklüfteten Küstenabschnitten, tief eingeschnittenen Fjorden,
steil aufragenden Klippen, weiten Sumpfgebieten und zahlreichen Seen und Flüssen. Zur

Tierwelt gehören u. a. Elche, Schwarzbären, Rotfüchse, Biber und Luchse. Im Frühjahr und Herbst legen Zugvögel im Park einen Zwischenstopp ein, und vor der Küste tauchen immer wieder Wal- und Seehundherden auf. Hier können Sie im Juni und Juli auch Eisberge sehen.

Eisberge

Wanderwege von insgesamt mehr als 100 km Länge durchziehen den ganzen Park. Es werden auch geführte Wanderungen angeboten. Besonders großartige Ausblicke bieten sich vom **Blue Hill Lookout** und vom **Ochre Hill Tower**. Am **Newman Sound**, wo ein kurzer Wanderweg um die tief eingeschnittene Bucht mit steilen Klippen führt, wurden Teleskope zur Beobachtung der Zugvögel aufgestellt. Außerdem bietet der Park sehr gute Freizeitmöglichkeiten, wie z. B. Golfspielen, Kanufahren, Radfahren und Angeln, außerdem interessante Veranstaltungen, wie z. B. Wanderungen zur Biberbeobachtung oder Bootsfahrten ab Salton's Brook im Newman Sound.

Reisepraktische Infos zum Terra Nova National Park

i   **Information und Öffnungszeiten**
Das **Informationszentrum**, ☎ *709-533-2801, www.pc.gc.ca, liegt etwa in der Mitte des Parks, außerdem gibt es Informationskiosks auf den Campingplätzen am Malady Head und am Newman Sound, der Park ist ganzjährig geöffnet, das Informationszentrum ist geöffnet Mitte Mai–Mitte Okt. Do–Mo 10–16, Juli/Aug. tgl. 10–18 Uhr, Eintritt Erwachsene $ 6, Senioren $ 5, Kinder und Jugendliche 6–16 J. $ 3, Familienkarte $ 15.*

Unterkunft
Die beiden Campingplätze Newman Sound und Malady Head sind von Anfang Mai–Anfang Okt. geöffnet, ab $ 21 pro Nacht. Reservierungen sind möglich unter Terra Nova National Park, Glovertown, Newfoundland, Canada A0G 2L0, ☎ 1-877-737-3783, www.pccamping.ca. Weitere Übernachtungsmöglichkeiten gibt es in den kleinen umliegenden Ortschaften.

Ausflug
Vom Südausgang des Parks können Sie eine Rundfahrt über die **Bonavista-Halbinsel** *machen, eine der ältesten besiedelten Regionen von Newfoundland. Am* **Cape Bonavista** *soll John Cabot im Jahre 1497 erstmals die „Neue Welt" gesichtet und dem Ort den Namen „Bona vista – schöne Aussicht" gegeben haben. Heute erinnert eine Statue an John Cabot. 1843 wurde ein Leuchtturm gebaut, der seit seiner Renovierung als* **Cape Bonavista Lighthouse Historic Site** *zugänglich ist. Kostümierte Führer erzählen die Geschichte der Halbinsel.*
Cape Bonavista Lighthouse Provincial Historic Site, *Route 230, ☎ 709-468-7444, www.seethesites.ca, geöffnet Mitte Mai–Anfang Okt. tgl. 9.30–17 Uhr, Eintritt Erwachsene $ 6, Senioren und Studenten $ 4, Kinder von 6–16 J. $ 3, Familienkarte $ 15.*
Ab 1600 wurde die Halbinsel von französischen Fischern besiedelt, die hier eine Fangstation einrichteten. 1696 wurde das Kap von den Engländern befestigt.
Auf der Rundfahrt lernen Sie eine abwechslungsreiche, stark zerklüftete Küstenlandschaft und kleine, malerische Fischerdörfer kennen, wie z. B. **King's Cove**, *das zu den ältesten Siedlungen Newfoundlands zählt, und* **Trinity** *mit seinen historischen Gebäuden.*

Über **Clarenville**, das als Holzfällerlager gegründet wurde, fahren Sie auf dem Trans-Canada Highway nach St. John's.

St. John's

St. John's ist mit ca. 106.000 Einwohnern die größte Stadt und zugleich Hauptstadt der Provinz. Es ist die östlichste Stadt Nordamerikas und eine der ältesten Hafenstädte des Kontinents, die an einer geschützten Bucht der Halbinsel Avalon liegt, mit einem großen, ganzjährig eisfreien Naturhafen. Die Stadt ist terrassenartig angelegt; die bunt gestrichenen Häuser ziehen sich an den Hängen empor, die den ovalen Hafen umschließen. In St. John's und dem Umland wohnt fast die Hälfte der neufundländischen Bevölkerung; die Stadt ist Sitz eines anglikanischen Bischofs, eines katholischen Erzbischofs und der 1925 gegründeten Memorial University mit ca. 18.500 Studenten. St. John's ist ein wichtiger Stützpunkt und Schutzhafen für die neufundländischen Fischer. Neben dem Fischfang sind der Schiffs- und Maschinenbau von wirtschaftlicher Bedeutung.

Provinz-hauptstadt

Geschichtlicher Überblick

Der Überlieferung nach soll John Cabot im Juni 1497 auch in die Bucht von St. John's gesegelt sein. Ab etwa 1500 benutzten französische und portugiesische Fischer die günstig gelegene Bucht, um an Land die Fänge zu trocknen, die anschließend nach Europa verschifft wurden. 1583 wurde St. John's durch Sir Humphrey Gilbert zum Eigentum der englischen Königin Elisabeth I. erklärt. Die beiden folgenden Jahrhunderte waren durch die Auseinandersetzungen zwischen Holländern, Portugiesen, Spaniern und vor allem Engländern und Franzosen um den Besitz der Stadt geprägt, die außerdem noch mehrfach von Piraten angegriffen wurde. 1762 errangen die Briten den Sieg; beim Frieden von Paris 1763 wurde ihnen St. John's endgültig zugesprochen.

Im 19. Jh. entwickelte sich St. John's zu einem wichtigen Handelszentrum. Mehrere Brände zerstörten die Stadt, die nach dem großen Brand von 1892 fast vollständig wieder aufgebaut werden musste.

Zu Beginn des 20. Jh. und während des Zweiten Weltkrieges erlebte die Stadt einen wirtschaftlichen Aufschwung. Nachdem 1979 ausgedehnte Erdölvorkommen vor der Küste Newfoundlands entdeckt wurden, erhoffen St. John's und die ganze Provinz sich für die Zukunft vom Ausbau des Hibernia-Feldes die Rückkehr zum einstigen Wohlstand.

Sehenswertes in St. John's

Der neufundländischen Hauptstadt sieht man nicht an, dass sie die älteste Stadt Nordamerikas ist, denn sie wurde durch Feuerbrünste mehrfach zerstört und anschließend wieder neu aufgebaut. Typisch für das heutige Stadtbild sind die pastellfarben gestrichenen, mehrstöckigen Holzhäuser mit Flachdächern und die schmalen Altstadtstraßen, die von den Zwillingstürmen der Basilika St. John's Baptist überragt werden. Der Stadtkern hat seinen viktorianischen Charakter behalten; denn die großen, modernen Verwaltungs- und Geschäftshäuser wurden außerhalb des Zentrums errichtet, wie z. B. das Confederation Building mit dem Sitz der Provinzregierung, das hoch über der Stadt liegt.

Viktoria-nischer Stadtkern

Am Rathaus, der **City Hall**, beginnt der Trans-Canada Highway, der mit einer Strecke von 8.000 Kilometern die längste Autostraße der Welt ist.

Die meistbesuchte Sehenswürdigkeit der Stadt ist **Signal Hill National Historic Site (1)**. Sie erreichen den hohen Felsen an der Hafeneinfahrt am besten über die Duckworth Street. Wenn im Sommer Kanonendonner über den Hafen von St. John's

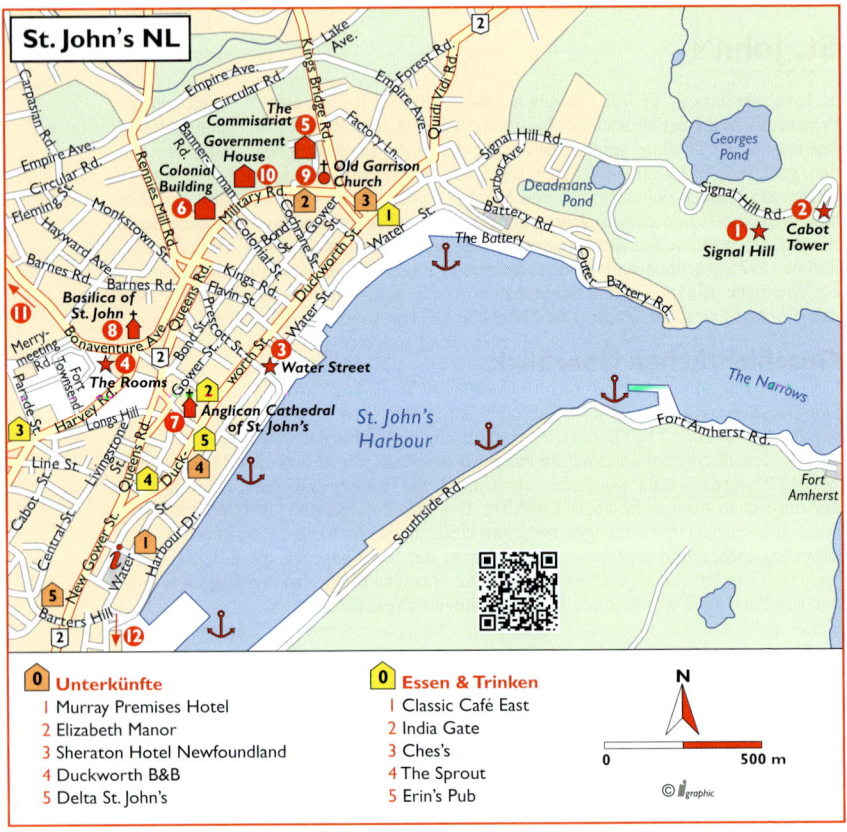

St. John's NL

0 Unterkünfte
1 Murray Premises Hotel
2 Elizabeth Manor
3 Sheraton Hotel Newfoundland
4 Duckworth B&B
5 Delta St. John's

0 Essen & Trinken
1 Classic Café East
2 India Gate
3 Ches's
4 The Sprout
5 Erin's Pub

0   500 m

© graphic

hallt, der „Union Jack" aufgezogen wird und Soldaten in der rot-schwarzen Uniform der britischen Armee exerzieren, wird an die entscheidende Schlacht zwischen Engländern und Franzosen erinnert, die 1762 an dieser Stelle stattfand. Von den Ruinen der Festung, die 1812 zerstört wurde, bieten sich herrliche Ausblicke auf den geschäftigen Hafen und die Stadt.

Auf dem höchsten Punkt des Hügels wurde 1897 der **Cabot Tower** (2) zur Erinnerung an den 400. Jahrestag der Entdeckung der Insel errichtet. 1901 gelang Guglielmo Marconi von hier aus die erste drahtlose Nachrichtenübermittlung von Nordamerika nach Europa.

Im **Besucherzentrum** und im Cabot Tower gibt es Ausstellungen zur Stadtgeschichte und zur Arbeit von Marconi.
Signal Hill National Historic Site und **Cabot Tower**, 230 Signal Hill Rd., ☎ 709-772-5367, www.pc.gc.ca, Besucherzentrum und Cabot Tower geöffnet Juni–Ende Aug. tgl. 10–18, Mitte–Ende Mai Mi–So 10–18, Sept./Mitte Okt. Sa–Mi 10–18 Uhr, Eintritt auf das Gelände ist frei, Eintritt zu den Ausstellungen Erwachsene $ 4, Senioren $ 3.50, Kinder und Jugendliche 6–16 J. $ 2, Familienkarte $ 10.

Durch das Zentrum der Stadt verläuft die **Water Street (3)**, eine der ältesten Straßen Nordamerikas und Handelszentrum der Stadt. Hier finden Sie zahlreiche Geschäfte, Restaurants, Bars und Pubs, aber auch historische Gebäude und Denkmäler, wie z. B. das National War Memorial, das an der Stelle errichtet wurde, wo Sir Gilbert 1583 das Land für Königin Elisabeth I. in Besitz nahm.

Weitere Sehenswürdigkeiten

The Rooms (4) umfassen ein Museum, eine Kunstgalerie und mehrere Archive und Ausstellungen, die u. a. über die fast 9.000-jährige Geschichte Newfoundlands und Labradors, über die auf Newfoundland beheimateten Beothuk-Indianer und die Geologie und Tierwelt Newfoundlands informieren. In der Kunstgalerie sind überwiegend Werke zeitgenössischer kanadischer Künstler ausgestellt.
Interessantes Museum

The Rooms, *9 Bonaventure Ave.,* ☎ *709-757-8000, www.therooms.ca, geöffnet Juni–Mitte Okt. Mo–Sa 10–17, Mi 10–21, So 12–17 Uhr, sonst Mo/Di geschlossen, Eintritt Erwachsene $ 10, Senioren und Studenten $ 6.50, Kinder von 6–16 J. $ 5, Familienkarte $ 26, Mi 18–21 Uhr, Eintritt frei.*

The Commissariat (5) und das **Colonial Building (6)** gehören zu den wenigen Gebäuden, die von den Bränden im 19. Jh. verschont worden sind. Das Colonial Building, das von 1850–1960 der Regierungssitz Newfoundlands war, enthält die Archive der Provinz, ist derzeit aber wegen Renovierungsarbeiten geschlossen.
The Commissariat, *11 King's Bridge Rd.,* **Colonial Building**, *Military Rd., www.seethesites.ca.*

Die **Anglican Cathedral of St. John The Baptist (7)** gilt als eines der besten Beispiele für neugotische Kirchenarchitektur in Nordamerika. Die Kathedrale wurde 1816 gebaut, durch die großen Brände von 1846 und 1892 stark beschädigt und im Jahr 1902 wieder aufgebaut.
Anglican Cathedral of St. John The Baptist, *16 Church Hill/Gower St.,* ☎ *709-726-5677, www.stjohnsanglicancathedral.org, geöffnet Juni–Sept., Führungen Mo–Fr 10–17, Sa/So 10–12 Uhr, Eintritt frei.*

Die **Basilica of St. John The Baptist (8)** wurde um 1850 in Form eines lateinischen Kreuzes gebaut und mit Statuen und einer sehr reich mit Blattgold geschmückten Decke ausgestaltet.
Basilica of St. John The Baptist, *200 Military Rd.,* ☎ *709-754-2170, http://thebasilica.ca, geöffnet Mo–Fr 8–16, Sa 10–17, So 8–12.30 Uhr, Eintritt frei.*

In der Nähe des **Government House (10)**, 50 Military Road, wurde 1836 die **Old Garrison Church (St. Thomas) (9)** gebaut, eine der ältesten Holzkirchen in St. John's.
St. Thomas – Old Garrison Church, *8 Military Rd.,* ☎ *709-576-6632, www.st-thomaschurch.com.*

Das **Arts and Culture Centre (11)** wurde 1967 zur Jahrhundertfeier Kanadas eingeweiht. Zum architektonisch interessanten Gebäudekomplex gehören ein Theater, eine Bibliothek, Musik- und Filmbüchereien sowie eine Kunstgalerie.
Arts and Culture Centre, *95 Allandale Rd.,* ☎ *709-729-3900 oder 1-800-663-9449, https://artsandculturecentre.com/stjohns, geöffnet Mo–Sa 12–18 Uhr, Eintritt frei.*

Das **James J. O'Mara Pharmacy Museum (12)** ist ein restaurierter „Drugstore" aus dem 19. Jh. mit der Einrichtung jener Zeit, mit Medizinflaschen, Arzneimittelbehältern, Wiegevorrichtungen und einer alten Kasse.

James J. O'Mara Pharmacy Museum, *488 Water St.,* ☎ *709-753-5877 oder 1-877-453-5877, www.nlpb.ca/for-the-public/james-j-omara-pharmacy-museum, geöffnet Juli/Aug. tgl. 10–17 Uhr, Eintritt frei.*

Malerischer Vorort

Besonders interessant ist der Vorort **Quidi Vidi**, der am östlichen Stadtrand von St. John's liegt. Es ist eine der Siedlungen Newfoundlands, die schon um 1700 gegründet wurden. Quidi Vidi hat sich bis heute den Reiz eines kleinen Fischerortes bewahrt. Es ist durch einen engen Kanal mit dem **Quidi Vidi Lake** verbunden, auf dem seit 1826 im August die St. John's Regatta, die als ältestes Sportereignis in Nordamerika gilt, ausgetragen und wie ein Volksfest gefeiert wird.

Oberhalb des Dorfes liegt die **Quidi Vidi Battery**, eine Festung, die von den Franzosen im Jahr 1762 gebaut worden war. Sie wurde später von den Briten erobert und 1780 wieder aufgebaut. Bis 1870 wurde sie von britischen Truppen benutzt und 1967 anlässlich der Hundertjahrfeier Kanadas restauriert. Kostümierte Führer machen die Geschichte lebendig.
Quidi Vidi Battery, *Cuckhold's Cove Rd.,* ☎ *709-729-0592, www.historicplaces.ca, geöffnet Mai–Sept. tgl. 10.30–17.30 Uhr, Eintritt Erwachsene $ 3, Kinder unter 13 J. frei.*

Für Spannung sorgt eine „**Geistertour**": Ein Führer, gekleidet in ein historisches Gewand, erzählt beim Rundgang durch die Stadt von Geistern und Gespenstern, die die Stadt angeblich heimgesucht haben.

Etwa 1 km nördlich vom Hwy 1 liegt der 1.343 ha große **Pippy Park**, der geschaffen wurde, um die modernen Gebäude der Stadt in die ländliche Umgebung zu integrieren. Auf dem Parkgelände befinden sich das **Confederation Building** mit den Regierungsbehörden, das **Newfoundland Freshwater Resource Centre** mit dem „Fluvarium", einem 25 m langen Tank, der einen Blick auf die Unterwasserwelt ermöglicht, und die **Memorial University** mit den **Botanical Gardens**. Außerdem bietet der Pippy Park gute Freizeitmöglichkeiten mit einem Golfplatz, Picknick- und Spielplätzen, einem Streichelzoo, Wanderwegen, Naturlehrpfaden und Informationszentrum.

Reisepraktische Informationen zu St. John's

Karte s. S. 578

i **Information**
City of St. John´s Visitor Information Centre, *348 Water St.,* ☎ *709-576-8106, www.stjohns.ca, geöffnet Mo–Fr 9–16.30, Mai–Okt. tgl. 9–16.30 Uhr. Außerdem gibt es je ein Information Centre am Flughafen,* ☎ *709-758-8515, sowie in der Quidi Vidi Village Plantation, 10 Maple View Place,* ☎ *709-570-2038 oder 1-844-570-2009, geöffnet Di–Sa 11–17, Sa 11.30–16 Uhr.*

✈ **Flughafen**
St. John's International Airport, *100 World Parkway,* ☎ *709-758-8500 oder 1-866-758-8581, www.stjohnsairport.com, ist mit den Flughäfen von Halifax, Toronto und Montréal, Gander und Deer Lake durch wöchentlich mehrere Flüge verbunden. Der Flughafen liegt knapp 10 km nordwestlich der Stadt. Es gibt keine öffentlichen Verkehrsmittel zum Flughafen. Taxis kosten ca. $ 20–30.*

Busse

Metrobus Transit *bedient den Großraum St. John's auf 18 Busrouten. Für die Busfahrten gilt ein Einheitspreis von $ 2.50 für Erwachsene und Senioren, $ 2 für Kinder; Fahrkarten sind beim Schaffner erhältlich, jedoch nur gegen genau abgezähltes Fahrgeld.*
Metrobus Transit, *25 Messenger Dr., Routen und Fahrplaninformationen* ☎ 709-722-9400, www.metrobus.com.

Unterkunft

$$$ Duckworth B&B (4), *331 Duckworth St.,* ☎ *709-738-1802 oder 1-888-394-4222, www.duckworthhotel.com, im Stadtzentrum gelegenes historisches Haus mit ansprechend eingerichteten Zimmern und Café.*
$$$ Elizabeth Manor (2), *21 Military Rd.,* ☎ *709-753-7733 oder 1-888-263-3786, www.elizabethmanor.nl.ca, das viktorianische Bed&Breakfast-Haus lädt mit sechs geräumigen, wohnlich eingerichteten Zimmern und einem ausgiebigen Frühstück ein.*
$$$–$$$$ Hampton Inn & Suites by Hilton, *411 Stavanger Dr.,* ☎ *709-738-4888, neues Hotel mit gut ausgestatteten, geräumigen Zimmern, in der Nähe des Flughafens.*
$$$$ Delta St. John's (5), *120 New Gower St.,* ☎ *709-739-6404 oder 1-888-793-3582, http://deltahotels.marriott.com, elegantes, modernes Hotel mit beheiztem Swimmingpool, Fitnessraum, Squashplätzen und gemütlichem Pub.*
$$$$ Murray Premises Hotel (1), *5 Beck's Cove,* ☎ *709-738-773 oder 1-866-738-773, http://murraypremiseshotel.com, das an der Waterfront gelegene Hotel verfügt über 70 modern und geschmackvoll eingerichtete Zimmer und Suiten.*
$$$$ Holiday Inn St. John's, *180 Portugal Cove Rd.,* ☎ *709-722-0506, www.ihg.com, in der Nähe des Flughafens gelegenes Hotel mit 252 modernen Zimmern und beheiztem Pool, im Sommer werden spezielle Familientarife angeboten.*
$$$$ Sheraton Hotel Newfoundland (3), *115 Cavendish Square,* ☎ *709-726-4980 oder 1-888-627-8125, www.sheratonhotelnewfoundland.com, zentral gelegenes, luxuriöses Hotel mit sehr schönem Blick auf den Hafen, Swimmingpool, Sauna, Squashplätze.*

Restaurants

Ches's (3), *9 Freshwater Rd.,* ☎ *709-726-2373, einfaches, aber schon seit 1950 bestehendes Lokal, das wegen seiner guten „Fish and Chips" bekannt ist.*
Classic Café East (1), *73 Duckworth St.,* ☎ *709-726-4444, regionale Spezialitäten, z. B. „seafood chowder" oder „fishcakes", preiswert.*
India Gate (2), *286 Duckworth St.,* ☎ *709-753-6006, schmackhafte indische Küche mit Lamm- und Geflügelspezialitäten, gutes Lunch-Buffet, preiswert.*
Quidi Vidi Brewery, *35 Barrows Rd.,* ☎ *709-738-4040, in einer ehemaligen Fischfabrik am Hafen wird das beliebteste Bier von Newfoundland gebraut. Geöffnet Mo–Sa 10–17.30 Uhr, im Sommer tgl., 45-minütige Führungen mit Bierproben Fr 12, 13, 15 Uhr, $ 10. Probieren Sie das Iceberg Beer, das mit dem Wasser der Eisberge gebraut wird!*
The Sprout (4), *346 Duckworth St.,* ☎ *709-579-5485, vegetarisches Restaurant, Hauptgerichte ab $ 12.*

Bars und Pubs

St. John's hat den Ruf, mehr Bars und Pubs pro Einwohner zu haben als jede andere Stadt Nordamerikas, was sich bei einem Spaziergang über die George St. oder Water St. schnell zu bestätigen scheint.
Sie haben die Wahl zwischen den glitzernden Lobby Bars der großen Hotels bis hin zu den einfachen, unverfälschten Fischerkneipen in Quidi Vidi, nur wenige Minuten von der Innenstadt entfernt.
Traditionelle neufundländische, aber auch irische Volksmusik erleben Sie live in **Erin's Pub (5)**, *186 Water St.,* ☎ *709-722-1916.*

Einkaufen

Newfoundland ist bei Touristen vor allem für die guten kunsthandwerklichen Arbeiten und die hochwertigen Wollsachen und Handarbeiten bekannt. Die wichtigste Einkaufsstraße ist die Water St. mit vielen kleinen Geschäften und **Murray Premises**, einem restaurierten Gebäudekomplex aus dem Jahr 1846, in dem sich jetzt kleine Spezialgeschäfte, Boutiquen, Restaurants und ein Hotel befinden.

Craft Council of Newfoundland and Labrador, Devon House Craft Centre, 59 Duckworth St., ☎ 709-753-2749, erstklassiges Geschäft mit ausgewähltem Kunsthandwerk, das von der Provincial Crafts Association geführt wird.

Fred's Records, 198 Duckworth St., ☎ 709-753-9191, Musikgeschäft mit einer großen Auswahl traditioneller neufundländischer Musik.

Newfoundland Weavery, 177 Water St., ☎ 709-753-0496 oder 1-877-753-8062, sehr schöne Webarbeiten.

NONIA, 286 Water St., ☎ 709-753-8062, bekannter Kunstgewerbeladen.

Stadtrundgänge/Ausflüge/Besichtigungsfahrten

Boyle Tours, ☎ 709-364-6845, www.boyletours.com, verschiedene Stadtführungen von Mai–Sept., z. B. Di und Fr einstündiger historischer Stadtrundgang, Treffpunkt: 115 Cavendish Square, im Sheraton Hotel.

Iceberg Quest Boat Tours, Pier 6, 135 Harbour Dr., ☎ 709-722-1888 oder 1-866-720-1888, http://icebergquest.com, 2-stündige Fahrten, Fahrpreis Erwachsene $ 65, Senioren $ 60, Kinder von 2–12 J. $ 28.

O'Brien's Whale and Bird Tours, Lower Rd., Bay Bulls, ☎ 709-753-4850, www.obriensboattours.com, 2-stündige Bootsfahrten, Abfahrt tgl. Mai–Sept. Fahrpreis Erwachsene $ 60, Senioren $ 55, Kinder von 9–17 J. $ 32, Kinder unter 9 J. $ 27, Familienkarte $ 149, Shuttlebus von Downtown St. John's.

The St. John's Haunted Hike, ☎ 709-685-3444, www.hauntedhike.com, seit 1997 wird die **Geistertour** durchgeführt, eine 1,5-stündige Führung durch die geheimnisvolle und spannende Geschichte der Stadt, Anfang Juni–Mitte Sept. Mo–Do 21.30 Uhr, $ 10.

Sehenswertes in der Umgebung von St. John's

Zahlreiche Ausflugsziele bieten sich auf der Halbinsel Avalon an, die man von St. John's aus auf einer nördlichen und einer südlichen Rundfahrt gut erreichen kann.

Nördliche Rundfahrt

Entfernung: ca. 330 km, Fahrzeit ca. 5 Std.

Die nördliche Rundfahrt führt über den Hwy 30 nach Torbay und folgt der zerrissenen, heftig umbrandeten Nordküste zu vielen malerischen Fischerorten, wie z. B. nach **Pouch Cove**, das schon 1611 besiedelt und auf schroffen Felsen gebaut wurde, oder **Conception Harbour** und **Colliers** an der Conception Bay. Sie werden sehen, dass viele dieser Orte so dicht an der felsigen Küste gebaut sind, dass die Häuser und Schuppen auf Stelzen stehen. Die Fischer fahren mit ihren Booten an die Felsen heran und klettern über eine Sprossenleiter zu ihren Häusern hinauf.

Harbour Grace ist eine lebhafte Handelsstadt mit etwa 3.000 Einwohnern. Im Ort sehen Sie die St. Paul's Anglican Church, die älteste Steinkirche Newfoundlands, die im Jahr 1835 gebaut wurde. 1932 startete hier Amelia Earhart als erste Frau einen Alleinflug über den Atlantik.

Heart's Content war über mehrere Jahrzehnte bis 1965 eine wichtige Relais-Station in Nordamerika, nachdem es 1866 gelungen war, das erste transatlantische Kabel über

4.440 km von Irland nach Nordamerika zu verlegen. Sie können die **Cable Station Provincial Historic Site** besuchen, wo die originalen Telegrafengebäude, die Ausrüstung und die Werkzeuge zu sehen sind, die für die frühe transatlantische Kabelverlegung benutzt wurden.

Heart´s Content Cable Station Provincial Historic Site, *am Hwy 80, 1 km nordöstlich vom Hwy 74,* ☎ *709-729-0592, www.seethesites.ca, geöffnet Mitte Mai–Mitte Okt. tgl. 9.30–17 Uhr, Eintritt Erwachsene $ 6, Senioren und Studenten $ 4, Kinder 6–16 J. $ 3, Familienkarte $ 15.*

An der Strecke liegen auch zwei Provinzparks: der **Salmon Cove Sands Provincial Park** mit Führungen zur Vogelbeobachtung und der **Northern Bay Sands Provincial Park** mit Sandstränden und einem Campingplatz.

Südliche Rundfahrt
Entfernung: ca. 390 km, Fahrzeit: ca. 6 Std.
Die südliche Rundfahrt beginnt auf dem Hwy 10 südlich von St. John's, folgt der Ost- und Südküste der Avalon-Halbinsel und führt zu den beiden Vogelschutzgebieten in **Bay Bulls** und **Cape St. Mary's**, die zu den bedeutendsten der Welt zählen.

11 km südlich von St. John's liegt am östlichsten Punkt des nordamerikanischen Kontinents die **Cape Spear National Historic Site** mit einem Leuchtturm aus dem Jahr 1835, der 75 m über dem Meeresspiegel steht. Der Leuchtturm wurde restauriert und wird jetzt als Museum genutzt. Von der Höhe des Turms können Sie je nach Jahreszeit Wale beobachten oder Eisberge sichten. An dieser Stelle sind Sie England näher als der kanadischen Provinz British Columbia!

Östlichster Punkt Nordamerikas

Die Fischerhütten sind auf Stelzen gebaut

Cape Spear National Historic Site, *Blackhead Rd.,* ☎ *709-772-5367, www.pc.gc.ca, der Park ist durchgängig geöffnet, Eintritt frei. Das Besucherzentrum und der Leuchtturm geöffnet Juni–Ende Aug. tgl. 10.30–17.30, Mai/Juni Mi–So 10.30–17.30, Sept./Mitte Okt. Sa–Mi 10.30–17.30 Uhr, Eintritt Erwachsene $ 4, Senioren $ 3.50, Kinder und Jugendliche 6–16 J. $ 2, Familienkarte $ 10.*

Petty Harbour ist ein malerischer Fischerort. Die Häuser, die gleich an der Hafenbucht liegen oder sich an den felsigen Hängen hinaufziehen, sind in leuchtenden Farben gestrichen und wirken wie bunte Farbtupfer in der herben Landschaft. Im Hafen können Sie den Fischern zuschauen, die ihren Fang ausladen, auf einer großen Waage wiegen und in die Kühlhalle der kleinen Fischfabrik bringen.

Vogel-schutz-gebiete

Von **Bay Bulls** und **Witless Bay** aus können Sie an Bootsfahrten zu den bei Ornithologen und Fotografen weltbekannten Seevögel-Schutzgebieten auf Gull Island, Green Island und Great Island teilnehmen, wo es große Kolonien von Sturmvögeln, Seeschwalben, Tordalken und anderen Seevögeln gibt. Die Boote werden von den Fischern ganz dicht an die Inseln herangefahren, sodass Sie die Vögel in Ruhe beobachten und fotografieren können. Das Betreten der Inseln ist nur mit einer speziellen Genehmigung erlaubt. Mit etwas Glück können Sie während der Bootsfahrt auch Wale sichten.

Der Südteil der Avalon-Halbinsel ist im Inneren unerschlossene Wildnis; die buchtenreiche Küste bot in den vergangenen Jahrhunderten vor allem Piraten und Rumschmugglern Zuflucht, die zollfreien Alkohol von den französischen Inseln St. Pierre und Miquelon nach Newfoundland brachten.

Renews ist ein kleiner Fischerort, wo der Überlieferung nach im Jahr 1620 nach 66-tägiger Fahrt von England die „Mayflower" vor Anker ging, um sich vor ihrer Weiterfahrt nach Süden mit Wasser und Proviant zu versorgen; an der Südspitze liegt **Portugal Cove South,** eines der ältesten Fischerdörfer Newfoundlands, in dessen karger, unwirtlicher Umgebung die **Trepassey Barrens** Karibu-Herden leben.

Nachdem Sie die St. Mary's Bay umfahren haben, folgen Sie hinter **Branch** der Ausschilderung auf einer unbefestigten Straße zum **Cape St. Mary's Ecological Reserve**. Es ist ein Seevogel-Schutzgebiet mit Tausenden von Sturmvögeln, Möwen und einer riesigen Kolonie von Tölpeln. Die natürlichen Gegebenheiten bieten den Vögeln ausreichend Schutz, denn eine tiefe Schlucht trennt die Vögel von den Besuchern. Felstürme ragen aus dem Wasser auf, die weiß von Vögeln sind. Die Luft ist erfüllt vom Kreischen und Schreien der Vögel.
Cape St. Mary's Ecological Reserve, ☎ *709-227-1666, www.env.gov.nl.ca/env/parks. Das Reservat ist Tag und Nacht zugänglich, das Besucherzentrum ist geöffnet Ende Mai–Okt. tgl. 9–19 Uhr, Eintritt zum Reservat frei.*

Schöner Ausblick

Placentia liegt sehr schön von Hügeln umgeben oberhalb der Placentia Bay. Die Gegend wurde seit 1500 von baskischen Fischern aufgesucht, später befestigten die Franzosen den Hafen, um den Ort vor den Engländern zu schützen. Im Frieden von Utrecht wurde Placentia den Engländern zugesprochen. Zur **Castle Hill National Historic Site** gehören französische und englische Befestigungsanlagen. Von der Höhe des Festungshügels bietet sich ein prachtvoller Blick auf die Placentia Bay.
Castle Hill National Historic Site, ☎ *709-227-2401, www.pc.gc.ca, Besucherzentrum geöffnet Juni–Anfang Sept. tgl. 10–18 Uhr, Eintritt Erwachsene $ 4, Senioren $ 3.50, Jugendliche $ 2, Familienkarte $ 10.*

In **Argentia**, einem ehemaligen Marinestützpunkt der USA, gibt es eine **Fährverbindung** nach North Sydney/NS und Bootsverbindungen zur Südküste Newfoundlands. Der Hafen ist im Allgemeinen eisfrei.

Fähren
Marine Atlantic, ☎ *1-800-341-7981, Reservierungen unter www.marine-atlantic.*
ca und Marine Atlantic Ferries, P.O. Box 250, North Sydney, NS B2A 3V2, ☎ *1-800-341-7981.*
Argentia – **North Sydney**, *Fahrzeit ca. 14–16 Std., Abfahrt Mitte Juni–Mitte Sept. Mo,*
Do und Sa , Ende Sept. nur Sa. Fahrpreis: Erwachsene $ 115, Senioren $ 104, Kinder von 5–12
J. $ 56, Pkw 232, Kabinen sind buchbar.

Weitere Sehenswürdigkeiten in der Provinz Newfoundland & Labrador

👉 Streckenhinweis

Von Argentia können Sie über die Hwys 100 und 1 zurück nach St. John's
fahren oder die Fähre nach Nova Scotia benutzen.

Zur Provinz Newfoundland gehört noch die Region **Labrador**. Das felsige Land mit ho- *Inuit und*
hen Bergen und tiefen Fjorden ist fast menschenleer, schwer zugänglich und noch weit- *Indianer*
gehend unerschlossen. Labrador ist die Heimat von Inuit und Indianern, die seit Jahrhunderten als Fischer und Jäger hier leben. Die Nutzung der großen Holz-, Metall-,
Uran-, Gas- und Wasservorkommen führte zum Bau moderner Städte, z. B. Labrador
City, Wabush, Churchill Falls und Happy Valley. Bei Churchill Falls wurde eines der
größten Kraftwerke der Erde gebaut.

Schiffsverbindungen
Schiffsverbindungen bestehen zwischen St. Barbe/NL und Blanc Sablon/QC, direkt an
der Grenze zu Labrador.

Flugverbindungen
Flugverbindungen gibt es zwischen St. John's und Goose Bay/Labrador sowie Toronto
und Goose Bay/Labrador.

Die Inseln **St. Pierre** und **Miquelon**, die 25 km vor der Südküste Newfoundlands liegen, sind die **letzten französischen Besitzungen** in Nordamerika. Diese kleinen,
zusammen nur 242 km² großen Granitinseln wurden von Engländern und Franzosen in
den Jahren 1660–1763 heftig umkämpft; erst im Frieden von Paris wurden sie Frankreich zugesprochen. Die Inseln sind mit dem Boot von Fortune auf der Halbinsel Burin
aus zu erreichen, ebenso per Flugzeug von St. John's, Halifax und Sydney/NS aus.

St. Pierre ist eine felsige, fast unwirtliche Insel. In der gleichnamigen Hauptstadt leben fast
alle der etwa 6.000 Bewohner, die ihren Lebensunterhalt als Fischer oder Arbeiter in einer
kleinen Konservenfabrik verdienen. Auch der Fremdenverkehr ist eine wichtige Erwerbsquelle, denn die Inseln, auf denen französische Waren zollfrei eingekauft werden können,
ziehen viele Besucher an. Häuser mit schmiedeeisernen Balkonen, Bistros und Cafés vermitteln ein wenig französische Atmosphäre; von Mitte Juli bis Ende August finden Folklore-
veranstaltungen statt. Vom St. Pierre Tourist Bureau am Place du Général de Gaulle werden
Inselrundfahrten und Fahrten zur Nachbarinsel Miquelon angeboten.

Im Norden der Insel **Miquelon** liegt der kleine Fischerort **Grand Miquelon**, der noch
heute von Nachkommen der ersten baskischen Fischer bewohnt ist. Von den Gefahren
des hier oft stürmischen Meeres zeugen die vielen Wrackteile an der Küste.

II. ANHANG

Literaturverzeichnis

Sachbücher (Auswahl)

Funck, M., Kanada. Ein Länderportrait, 2012, informative, faktenreiche und aufschlussreiche Darstellung des Landes und seiner multikulturellen Bewohner

Lenz, K., Kanada, Geographie, Geschichte, Wirtschaft, Politik, Darmstadt 2006, ausführliche wissenschaftliche Länderkunde mit sozialgeographischem Schwerpunkt

Raach, K.-H./Teuschl, Kanada, 2001, schöner Bildband mit Fotos und anschaulich gestalteten Illustrationen

Ohlhoff/De Wiel u. a., Kanada und seine Provinzen, 2008, Übersicht über alle Provinzen und Territorien Kanadas

Pfaff, H.-G., Kanada. Die Atlantischen Provinzen, Badenia 2002, schöner Bildband mit Reise- und Wandertipps und Übersichtskarten für die Atlantikprovinzen

Sautter, U., Geschichte Kanadas, München 2007, Darstellung der kanadischen Geschichte von der Entdeckung durch die Europäer bis zur Gegenwart

Treasures of Canada, Toronto 2006, Bildband mit vielseitigen Informationen und Fotos aus allen Provinzen Kanadas

Viedebantt, K. u. a., Kanada. Eine Reise durch Landschaft, Kultur und Alltag. München 2004, ein informatives und lesenswertes Buch

Belletristik (Auswahl)

Atwood, Margaret, Moralische Unordnung, 2009, eine gut konstruierte, verschlüsselte Familiengeschichte, in der die Autorin ihr eigenes Leben beschreibt

Atwood, Margaret, Das Zelt, 2006, fantasievolle Erzählungen mit Illustrationen der Autorin

Baier, L./Filion, P., Anders schreibendes Amerika, eine interessante Anthologie der französischsprachigen Literatur aus Quebec aus den Jahren 1945–2000

Johann, A. E., Kanadas ferner Osten, München 1989, Schilderung persönlicher Erlebnisse während einer Reise durch die Atlantikprovinzen

Lawson, Mary, Auf der anderen Seite des Flusses, 2006, Geschichte einer Familie, die im rauen Norden Kanadas lebt

MacLeod, Alistair, Die Insel, 2005, Erzählungen vom Leben der Menschen auf der rauen Insel Cape Breton

Montgomery, Lucy Maud, Anne of Green Gables, Erzählungen vom turbulenten Leben eines Waisenmädchens, das auf Prince Edward Island aufwächst

Munro, Alice, Das Bettlermädchen, 1987/2014, geeigneter Einstieg in die Kurzgeschichten der Literaturnobelpreisträgerin von 2013, die von scheinbar alltäglichen Ereignissen im Alltag einer kleinstädtischen Familie erzählt

Munro, Alice, Liebes Leben, 2013, die bislang neueste Erzählungssammlung der gefeierten Autorin mit 14 Geschichten, die vier letzten Texte bilden als „Finale" eine Einheit

Urquhart, Jane, Die gläserne Karte, 2006, Geschichte einer Familie, verknüpft mit eindrucksvollen Naturbeschreibungen

Stichwortverzeichnis

Bildnachweis

Bis auf die unten aufgeführten Abbildungen sind alle Fotos von der Autorin **Leonie Senne**.

Dave Dyet: S. 567
Anton Fercher: S. 194
iStockphoto: S. 282 (Elenethewise), 310 (Luxul), 324 (RiverNorthPhotography), 414 (SKyF), 487 (Arpad Benedek), 514 (OliverChilds)
Mandatory Canadian Tourism Commission: S. 12
New Brunswick Department of Tourism and Parks: S. 14, 57, 476
New Foundland and Labrador Tourism/CTC: S. 62
Nova Scotia Tourism, Culture and Heritage: S. 21, 22, 36, 38, 44, 54
Ontario Tourism: S. 50, 81, 104, 107, 108, 116, 124, 131, 133, 136, 151, 159, 290, 298, 301, 309, 320, 343, 345, 352, 356, 376
Ottawa Tourism: S. 29, 82, 254, 269, 270, 272, 273, 285
Québec City Tourism: S. 98, Jean-François Bergeron, Enviro Foto: 199; Luc-Antoine Couturier: 202, 206; Jean-Guy Lavoie: 204; Yves Marcoux: 209
Shannon Cole: 560
Tourisme Montréal, Stéphan Poulin: S. 170
Tourism P.E.I./CTC: S. 416
Angelika Trippe: S. 32, 34, 102, 109, 113, 261, 378, 394, 397, 400, 406, 408, 411
Caroline West/Caroline West Images/CTC: S. 100
www.old.montreal.qc.ca, le photographe masqué: S. 174

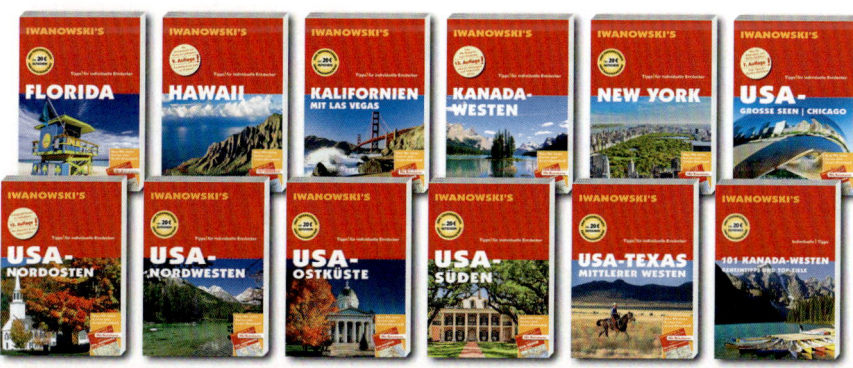

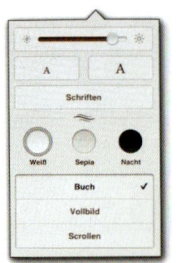

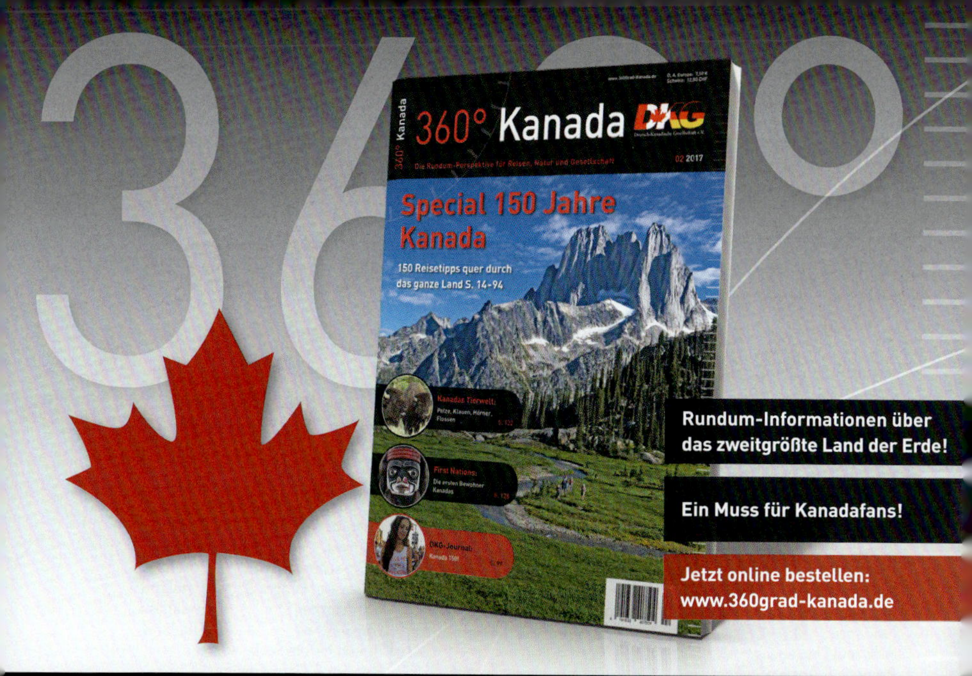